국역 매산선생문집 2

정중기 지음
김정기 옮김

한국국학진흥원

역자소개

김정기 金正基

| 경력 |

한림대학교 부설 태동고전연구소 수료
강원대학교 국어국문학과 박사과정 수료
한국국학진흥원 객원연구원(現)

| 역서 |

『국역 습재선생문집』(공역)
『본리지』(공역)
『용산세고』
『무첨당선생문집』
『유연당선생문집』(공역)

15 영남선현문집 국역총서

국역 매산선생문집 2

인쇄 2014년 10월 21일
발행 2014년 10월 31일

발행인 이용두
발행처 한국국학진흥원
기획 한국국학진흥원 연구부 고전국역팀

저자 정중기
번역 김정기
해제 이지락
교열 김능하
교정 남재주·이기훈

주소 경북 안동시 도산면 퇴계로 1997
전화번호 054-851-0700·0743
팩시밀리 054-851-0754
Homepage http://www.koreastudy.or.kr
E-mail master@koreastudy.or.kr
출판등록 2002년 3월 18일

편집·제작 도서출판 성심
전화번호 054-857-8051
팩시밀리 054-841-8051

ISBN 978-89-6178-209-8 94810 정가 40,000원
ISBN 978-89-6178-098-8 (세트)

본 도서는 경상북도 영남선현문집 번역사업비의 지원으로 발간되었습니다.

‖ 일러두기 ‖

1. 이 번역본은 『매산선생문집』(원집 목판본, 속집 석판본[12권 6책])을 저본으로 하였다.
2. 한글 전용을 원칙으로 하였지만, 한자가 필요하다고 판단될 경우에 한자를 병기하였다. 단, 같은 단어가 인접해서 두 번 이상 나오는 경우에는 뒤의 한자를 생략하였다.
3. 운문의 경우 오른쪽에 원문을 부기하고, 번역에서는 한자를 생략하였다.
4. 각주의 한자 표기는 괄호쓰기를 원칙으로 하였지만, 경우에 따라서 원문을 그대로 노출하기도 하였다.
5. 한자 가운데 한글과 음이 다른 표현은 대괄호[ ]로 표기하였다.
6. 관직명을 표기할 때, 한글은 관직에 따라 띄어 쓰고 한문은 붙였다. 예) 이조 판서吏曹判書
7. 원문에 결락된 글자는 '□'로 표기하였다.
8. 본서의 원문은 말미에 영인으로 수록하였다.
9. 본서에서 사용된 부호와 그 의미는 다음과 같다.
   - 『 』 : 책명
   - 「 」 : 편명, 작품명
   - " " : 인용문이나 대화체
   - ' ' : 강조 표현이나 간접 인용문
   - [ ] : 한자와 음이 다른 한글 또는 표현
   - · : 병렬형 단어의 중간 표시
   - …… : 중간 생략문

목차

매산선생문집 제7권

축문祝文

제문祭文

뇌문誄文

묘지명墓誌銘

매산선생문집 제8권

묘갈명墓碣銘

행장行狀

매산선생문집 속집 제9권

시詩

서書

잡저雜著

발跋

축문祝文

제문祭文

매산선생문집 속집 제10권

매산선생문집 속집 제11권

매산선생문집 속집 제12권

매산선생문집

梅山先生文集

제7권

매산선생문집 제7권

축문祝文

선조 사성공 묘소를 가토할 때의 고유문[先祖司成公墓加土時告由文] 병자년(1756)

세대가 오래되어	歲代綿邈
봉분이 무너졌습니다	堂封圮傾
고상한 풍도 널리 감동시켜	高風曠感
훌륭한 사또 장정을 주셨습니다	賢侯賜丁
이에 길일을 잡아	茲涓吉辰
장차 개수하려고 합니다	將以改修
경건히 술과 포를 차리고	敬陳酒脯
먼저 사유를 고합니다	先告事由

가토한 뒤의 위안문[加土後慰安文]

한 잔 술을 이제야 올리니	一抔纔加
봉분[1]이 높아졌습니다	四尺其崇

---

1) 봉분[四尺] : “공자가 방 땅에 부모를 합장하고 말하기를 ‘내가 들으니, 옛날에는 묻기만 하고 봉분은

정령께서 위에 계시니 精靈在上
슬픔과 그리움이 교차합니다 愴慕交中
때가 초겨울이어서 維時孟冬
상로가 이미 내렸습니다 霜露已垂
경건히 묘사를 지내며 祇薦歲事
위의를 아울러 거행합니다 幷伸慰儀

가묘의 고유문[家廟告由文] 갑자년(1744)

이전의 기제사는 前此忌祀
유명을 좇고 가례를 따라 遵遺命依家禮
단지 한 위만 마련하였습니다 只設一位
예에는 비록 당연하더라도 禮雖當然
정에는 도리어 아쉬웠습니다 情卻有歉
이제 「잡기」 부제[2] 때의 今欲倣雜記祔祭時
존자에게 일이 있으면 有事尊者
비자에게 미칠 수 있다는 뜻대로 可以及卑之義

만들지 않았다고 한다. 지금 나는 동서남북으로 돌아다니는 사람이어서 표지하지 않을 수 없다.' 하고는, 이에 봉분을 만드니 그 높이가 4척이었다.[孔子 旣得合葬於防曰 吾聞之 古也墓而不墳 今丘也 東西南北之人也 不可以弗識也 於是 封之 崇四尺]"고 한 데서 온 말이다.(『禮記』「檀弓上」)

2) 「잡기(雜記)」 부제(祔祭) : 『예기』「잡기」에 "남자가 왕부에게 부제할 때에는 왕모를 함께 제사하지만, 여자가 왕모에 부제할 때에는 함께 제사하지 않는다.[男子附於王父則配 女子附於王母則不配]" 하였다. 주(注)에 "높은 사람에게 일이 있으면 낮은 사람에게까지 미치지만, 낮은 사람에게 일이 있으면 감히 높은 사람을 끌어들이지 못한다.[有事於尊者 可以及卑 有事於卑者 不敢援尊也]" 하였다. 이것에 의거하면, 선고(先考)의 제사 때에는 선비(先妣)를 함께 제사할 수 있지만, 선비의 제사 때에는 선고를 함께 제사할 수 없다.

부군의 제삿날에는	府君諱日
배위를 함께 차리고	並設配位
부인의 제삿날에는	夫人諱日
단지 한 위만 차리는 것을	只設一位
영구한 법식으로 정하려고 합니다	定爲永久之式
삼가 술과 과일로	謹以酒果
감히 사유를 고합니다	敢告事由
삼가 고합니다	謹告

선조 공조 판서공의 묘소에 입석과 가토를 할 때의 축문[先祖工曹判書公墓立石加土時祝文]

묘소 앞의 비석은	墓前儀石
법에 따라 세울 수 있으나	法所得爲
후손들의 힘이 모자라	孱孫力薄
이제야 빗돌을 깎았습니다	今始斲治
엄연한 문인석도 있고	有儼人像
청정한 상석도 있습니다	有侐方牀
이에 배치하여 세우니	于以鋪植
날은 길하고 때는 좋았습니다	日吉辰良
더구나 봉분이	矧惟封塋
장맛비로 무너져서	見壞霖潦
이에 새 흙을 올리고	爰加新土
잔디를 더 심었습니다	改附莎草
때는 마침 동짓달이어서	時維仲冬
벌써 상로가 내렸습니다	已降霜露

쓸어내고 두루 살피니 汎掃周省
감모의 마음 더욱 간절합니다 采切感慕
맛있는 술 이미 맑고 旨酒旣清
여러 제수 다 마땅합니다 庶品俱宜
경건히 묘사를 지내며 祇薦歲事
위의를 함께 거행합니다 犿伸慰儀

환구서당 터를 닦을 때의 축문[環丘書堂開基祝文] 정축년(1757)

환구 한 굽이는 環丘一曲
영천에서 큰 마을입니다 永州巨坊
산은 수려하고 有山明秀
물은 넘실거립니다 有水汪洋
광채를 내리고 정기를 돋우어 降彩騰氣
우리 포옹을 낳았습니다 生我圃翁
우리 포옹께서는 維我圃翁
이학의 종사宗師이시라 理學之宗
남기신 교화 적셔져서 餘化所霑
뛰어난 선비 대대로 나왔으니 髦士代起
진실로 이 땅은 允矣玆土
해동의 궐리[3]입니다 海東闕里

---

3) 궐리(闕里) : 유학의 발상지를 말한다. 산동성(山東省) 곡부현(曲阜縣)에 있는 공자(孔子)의 고리(故里)이다.

생각건대 저는 미천하나　顧余鯫生
유허지 가까이에서 살며　居近遺墟
외람되이도 선비 차림하고　叨忝縫掖
게다가 시서를 익혔습니다　尚習詩書
유독 한스럽기는 말세에　獨恨季世
당서[4]의 법이 없어졌으니　黨序無法
어디에서 벗을 모으고　於何會友
어디에서 학문을 강론하겠습니까　於何講學
근래의 서당　近來書堂
또한 예전의 의미가 있습니다　亦有古意
여러 동지들과 도모하니　謀諸同志
모두 옳다고 하였습니다　僉曰可矣
이에 와서 집터를 보아　聿來胥宇
여기에 터를 잡았습니다　爰卜於斯
이제 좋은 때를 잡아　簡茲良辰
터를 닦으려고 합니다　將以開基
맛있는 술 좋은 음식으로　旨酒嘉羞
경건히 그 사유를 고합니다　敬告厥由
백세토록 영원히 보존되도록　百世永保
신의 도움 바랍니다　庶賴神休

4) 당서(黨序) : 인구 비례에 따라 지방에 세워진 학교를 말한다. "옛날의 학교라는 것은 가에 숙이 있으며 당에 상이 있으며 술에 서가 있으며 나라에 학이 있다.[古之敎者 家有塾 黨有庠 術有序 國有學]"에서 유래한다.(『禮記』「學記」) 그 주에 "25가(家)가 여(閭)이고, 5백 가가 당(黨)이고, 술(術)은 2천 5백 가이다." 하였다.

상충사의 춘추 향사 축문[尙忠祠春秋常享祝文] 정사년(1737)

의가 드러나 왜구를 복종시키고 義著服頑
공은 커서 명明을 섬겼습니다 功茂事大
나라를 보위한 충성 衛國精忠
영원히 더욱 빛날 것입니다 永世彌耦

송산서원 경현사의 춘추 향사 축문[松山景賢祠春秋常享祝文] 기사년(1749)

따라서 도 있음에 귀의하고 依歸有道
배워서 존심을 구하였습니다 學求存心
식견은 높고 재주는 온전하며 識高才全
봉직함에 오직 공경하셨습니다 奉職惟欽

– 이상은 송정松亭[5] 최공崔公에게 고하다. –

학문은 연원이 있고 學有淵源
재주는 경륜을 간직하셨습니다 才蘊經綸
진퇴는 오직 의로웠고 進退惟義
평소 신조는 줄지 않으셨습니다[6] 素守不磷

– 이상은 인재訒齋[7] 최공崔公에게 고하다. –

---

5) 송정(松亭) : 최응룡(崔應龍, 1514~1580)의 호이다. 자는 견숙(見叔), 본관은 전주이다. 1546년 문과에 급제, 사헌부 감찰·나주 목사·개성 유수 등을 지냈다.

6) 줄지 않으셨습니다[不磷] : 심지가 지극히 견고하여 주위 환경에 영향을 받지 않는 것을 말한다. "견고하지 않은가, 아무리 갈아도 줄지 않았네. 하얗지 않은가, 물들여도 검어지지 않네.[不曰堅乎 磨而不磷 不曰白乎 涅而不緇]"에서 온 말이다.(『論語』「陽貨」)

7) 인재(訒齋) : 최현(崔晛, 1563~1640)의 호이다. 자는 계승(季昇), 본관은 전주, 시호는 정간(定簡)이다.

제문祭文

법용연의 기우문[法龍淵祈雨文] 을사년(1725)

아! 법용연에는 緊法之淵
신룡이 숨어 있어 震鱗攸藏
구름과 비로써 以雲以雨
우리 온갖 생물 살렸습니다 生我百昌
그 영험을 드러내기는 厥惟著靈
오직 영천이었습니다 于永之鄉
어찌하여 오늘에는 云胡今日
여러 달 늘 불볕만 내리쬐어 數月恒暘
돌과 쇠가 녹아내리고 石流金焦
곡식들이 끝내 시들어 禾稼卒痒
온 들녘이 모두 타 들어가 四野皆赤
온 백성들 하늘에 호소하였습니다 萬口呼蒼
백성이야 무슨 죄이겠습니까 民其曷辜
실은 관리가 못나서입니다 吏實無良
경건히 들으니 영험한 용연은 祇聞靈潭
예전부터 상서로워서 自古載祥
빌기만 하면 언제나 감응하여 有禱輒應
단비를 뿌려주었다고 합니다 甘澍乃雱
이에 길일을 잡아서 玆涓吉辰

기우제를 지내려 합니다　虔禮以將
깨끗한 희생 넉넉한 폐백　潔牲豊幣
좋은 술 맛있는 곡식을 올립니다　桂酒蘭粻
못에 만약 신룡이 있다면　淵若有靈
과연 아득하기만 하겠습니까　其果茫茫
백성은 편안하고 만물은 자라나며　民安物阜
산수는 빛이 날 것입니다　山水之光
한 번 큰비를 내려서　一施大霈
그 영험을 더욱 드러내소서　厥靈尤彰
사람들이 영원히 법 받아　人其永式
보답의 제사 끝없을 것입니다　報祀無疆

구룡산의 기우문[九龍山祈雨文]

동쪽에 있는 산에　維東有山
신룡이 모여 있다고 합니다　曰龍斯糺
하나도 오히려 신령한데　一之猶靈
하물며 아홉이겠습니까　矧乎其九
비구름 일으켜 단비 내리니　蒸湆降澍
모든 초목이 무성해졌습니다　庶草蕃茂
지금은 아예 없이　今也極無
두건을 세 번이나 옮겼습니다[8]　三焉轉斗

---

8) 두건(斗建)을⋯⋯옮겼습니다 : 석 달이 지났음을 말한다. 북두칠성의 자루가 다달이 회전하면서 십이지(十二支)를 가리키는 것을 따라 12개월을 정하였다.

무성하던 푸른 밭두둑	芃芃綠疇
씻은 듯 붉은 이랑이 되었습니다	滌滌赭畝
백성 중에 살아남을 자 없으니	民其靡子
책임이 사또에게 있지 않겠습니까	責不在守
희생을 아끼지 않고	靡愛斯牲
신이라면 모두 올렸습니다	靡神不侑
가랑비는 비록 뿌렸으나	小霢雖灑
온 고을 적시지는 못하였습니다	闔境未周
다만 이 높은 산은	顧茲穹岑
그 신령함이 오래 되었습니다	厥靈惟舊
이에 심란한 마음 재계하고서	玆潔蓬心
삼가 좋은 술을 올립니다	式薦桂酒
바라건대 우리 영험한 신령께서는	願我英靈
이 백성들 애처로워하여	哀此黔首
더욱 큰비를 내려서	益施大霈
마른 이삭을 두루 적셔 주소서	普潤枯秀

용신에게 드리는 제문[祭龍神文]

신룡이시여! 신룡이시여!	龍乎龍乎
사령[9]의 으뜸이십니다	四靈之最
못에서 뛰고 하늘을 날며	淵躍天飛
번개를 치고 우레를 울려서	電淫雷磕

9) 사령(四靈) : 네 가지 영물(靈物)로, 상상의 동물인 기린(麒麟)·봉황(鳳凰)·거북[龜]·용(龍)을 말한다.

구름 몰아 비를 만드니	嘘雲成雨
온갖 보물들이 무성해졌습니다	萬寶蔚藹
덕의 베풂이 이렇게 넓어서	德施斯普
백성들이 의지하였습니다	黎民以賴
어떻게 오늘날에는	如何今日
가뭄이 이리도 심합니까	旱甚旣太
저 북두 자루를 보니	瞻彼斗柄
남쪽에서 서쪽으로 가도록	自離將兌
물이 없고 벼가 없어서	無水無禾
경계[10]를 요란히 외쳤습니다	庚癸聲譀
사람이 무슨 죄이겠습니까	人其曷辜
실로 신룡께서 내린 재해입니다	龍實貽害
외람되이 이곳의 수령이 되어	職忝羊牧
낭패할까 두렵고 절박합니다	懼切狼狽
강이건 산이건	于水于山
신이라면 모두 빌어 보았으나	靡神不丐
한 줄기 가랑비 겨우 뿌려서	一雩纔過
온 경내가 적셔지지 않았습니다	四境未葢
불볕이 그대로이니	其暘自若
속수무책입니다.	束手無奈
이에 예전 의식대로	茲倣古儀

10) 경계(庚癸) : 양식과 음료를 보내 달라는 다급한 요청을 말한다. 오(吳)나라 신숙의(申叔儀)가 공손유산씨(公孫有山氏)에게 양식을 구걸하자 좋은 곡식은 없어도 거친 곡식은 있으니, 만약 수산(首山)에 올라가 '경계(庚癸)!' 하고 외치면 바로 가져다주겠다고 한 일에서 온 말이다.(『春秋左氏傳』「哀公」 13年) 경(庚)은 서방(西方)으로 곡식을 주관하고, 계(癸)는 북방(北方)으로 물을 주관하기 때문에 양식과 음료의 은어(隱語)이다.

목상을 세우고 그림을 그려서 設像爲繪
목욕재계하고 정성 다하여 沐身殫誠
잔을 받들어 올립니다 奉爵以酹
신룡께서 만약 영험하다면 龍若有靈
마땅히 자성하여 宜亦自艾
빨리 구름을 일으켜 速興靉靆
큰비를 뿌려주소서 大施滂霈
만일 그렇게 하지 않는다면 如或不爾
누가 그 큼에 복종하겠습니까 孰服其大
사람들이 장차 보기를 人將視之
교활한 견양에 견줄 것입니다 犬羊之獪
신룡이시여! 신룡이시여! 龍乎龍乎
아직도 모르시지는 않겠지요 尙其無昧

사직단의 기우문[社稷壇祈雨文] 신해년(1731)

아! 사직신은 於維社稷
영천군의 가장 큰 신이십니다 郡之大神
땅과 곡식을 관장하여 司土司穀
우리 백성을 길렀습니다 以養吾民
비와 바람이 순조로우니[11] 風調雨順

11) 비와……순조로우니: 풍년이 듦을 말한다. 소식(蘇軾, 1037~1101)의 「지탄(支嘆)」에 "비와 바람 순조로워 풍년이 들면, 백성들 추위와 굶주림 면하니 최고의 복이네.[雨順風調百穀登 民不飢寒爲上瑞]"에서 온 말이다.(『蘇東坡詩集』)

아! 신께서 도우셨습니다	繄神之佑
이에 우리는 정성을 다하여	肆我虔誠
해마다 제수를 올렸습니다	歲薦胡豆
어떻게 오늘에는	如何今日
그만 베풂을 아끼십니까	乃嗇厥施
가뭄 귀신 사납게 구는 사이	旱魃爲虐
북두 자루 두 번 옮겨졌습니다	斗柄再移
온 들녘에는 벼가 없고	四野無禾
온 고을이 다 타들어갑니다	百里皆赤
백성들이 다 죽어 가는데	民其盡劉
신인들 어찌 두렵지 않겠습니까	神豈無惕
저는 조정의 명을 받아	余受朝命
인끈 차고 이 고을로 와서	佩符玆土
뭇 백성을 어루만지며	撫摩羣黎
제 자리 잃을까 염려하였습니다	惟恐失所
이제 이 지경이 되었으니	今焉至此
신이 아니면 어디에 호소하겠습니까	匪神焉訴
이에 길일을 잡아서	玆涓吉辰
희생과 폐백을 함께 차렸습니다	牲幣交鋪
신께서는 우리를 돌아보아	神其眷我
상제께 호소하여 주소서	籲于上帝
구름 수레와 우레 북을	雲車雷鼓
급히 몰고 세차게 두드려	揮霍砰磕
큰 소나기를 흠뻑 뿌려서	大霈甘澍
우리 백성들을 살려주소서	蘇我百昌
백성들이 "신이시다" 하여	民曰神矣
그 영험 더 드러낼 것입니다	厥靈尤彰
이 큰 공을 공경하여	欽玆巨功

보답의 제사 더욱 향기로울 것입니다	報祀愈馨
만일 그렇지 않다면	如其不爾
신은 기어코 영험이 없을 것입니다	神必無靈

환귀리의 기우문[還歸里祈雨文]

저 산악과 시내는	維岳維川
원기를 품고 있어	元氣攸結
구름과 비로써	以雲以雨
만물을 적셔주었습니다	以澤萬物
어떻게 올해에는	如何今歲
펴지는 않고 거두기만 합니까	不舒而斂
너른 들판이 말라붙어	原野滌滌
불난 자리 같습니다	如惔如燄
모든 싹이 다 시들어	百苗皆枯
생명이 끊어질 지경입니다	大命近止
우리 왕께서 이를 불쌍히 여겨	我王斯惻
신이라면 다 제사지냈습니다	靡神不祀
여러 고을에 명을 내려	分命列邑
정갈히 전예[12]를 지냈습니다	並蠲奠瘞
가랑비 비록 내렸으나	小霢雖灑
마른 대지를 어찌 적셨겠습니까	焦土寧洗
촉촉해졌다가 금방 마르니	乍潤而涸

12) 전예(奠瘞) : 지신(地神)에게 제사지내는 것을 말한다.

벌건 화로 위의 눈과 같습니다	若紅鑪雪
태수께서 “아!	太守曰噫
나의 정성은 이미 다하였구나	我誠已竭
아! 너희 백성들은	咨爾坊民
각자 호소하여라” 하였습니다	其各呼籲
우리는 곧 두려워서	我乃惕然
이에 모의하고 이에 당부하여	爰謀爰諭
우리 유생들을 모아	萃我儒生
목욕재계를 하였습니다	以齊以沐
우리가 가져온 희생과 술은	齎我牲醴
매우 정갈하고 깨끗합니다	克明克潔
이 척암으로 올라와서	登玆尺巖
땅을 쓸어 자리를 만들고는	掃地爲位
밤새도록 이슬 맞으며	星夜露立
엄숙히 기우제를 거행하려 합니다	肅敬將事
다만 우리의 옛 마을은	顧我舊里
평소 영구라고 불려졌습니다	素稱靈區
산이 있어 웅장하게 둘러쌌으며	有山雄盤
물이 있어 길게 흐릅니다	有水長流
맑은 정기는 영걸을 잉태하고	淑氣孕傑
기름진 땅은 농사에 마땅합니다	沃壤宜稼
뭉게뭉게 구름 만들어	油沛之作
매번 쏟는 비 우리부터였습니다	每倡自我
봉암에 깔린 안개는	蜂巖抹烟
비올 조짐 점쳐집니다	可占潦形
지금 만약 응하지 않는다면	今若不應
어찌 영험하다 하겠습니까	豈云其靈
빌건대 밝은 신령께서는	伏乞明神

뭇 백성들을 밝게 살펴주소서	炯察羣眉
우러러 상제께 호소하여	仰訴上帝
우사를 널리 불러	旁招雨師
짙은 구름을 일으켜서	揚以晻靄
큰비를 내려 주소서	注以滂沱
우리 메마른 들녘을 적셔 주고	浸我荒田
우리 시든 벼들을 살려 주소서	蘇我枯禾
아! 신령이시어	惟神之靈
이에 곧 영험을 보여 주소서	於斯乃暢
우리 뭇 백성들이	凡我羣生
누군들 흠앙하지 않겠습니까	孰不欽仰

유봉산의 기우문[乳鳳山祈雨文]

저 우리 신산은	維我神山
평소 단혈[13]로 불려졌습니다	素稱丹穴
맑은 정기가 모여서	淑氣攸鍾
신령한 샘이 솟아나옵니다	靈泉中泄
구름을 일으키고 비를 만들어	興雲作雨
은택이 만물에 미쳤습니다	利澤及物
어떻게 올해에는	如何今歲

13) 단혈(丹穴) : 봉황이 산다고 전해지는 전설상의 산 이름이다. 『산해경(山海經)』에 "단혈산에는 모양이 마치 닭과 같고 오채(五采)의 무늬가 선명한 새가 있어 이름이 봉황이다."라고 한 데서 유래한다.

펴지는 않고 막기만 합니까	不宣而遏
잠깐 적시고 곧장 마른 지	乍霑旋枯
두 달이 넘었습니다	跨涉兩月
돌과 쇠마저 녹아내리는데	石流金鑠
싹을 어찌 논하겠습니까	矧論芽茁
사방의 들판이 다 갈라지고	四野皆坼
온갖 곡식이 타는 듯합니다	百穀如爇
애처로운 우리 백성들	哀我民斯
살아남은 이가 없게 되었습니다	其無遺子
외람되이도 이 고을을 맡아	忝守是邦
마음이 슬프고 안타깝습니다	心焉忉怛
이에 깨끗한 제사를 갖추고	玆蕆明禋
마음을 다하여 재계하였습니다	克致齊祓
맛있는 술 이미 맑고	旨酒旣淸
수컷 희생 또 살졌습니다	牡牲且腯
산신령이시여 버리겠습니까	山其舍諸
바라건대 음덕[14]을 내려주소서	庶垂陰騭
빨리 큰비를 쏟아서	亟垂大霈
싹들이 우쩍 자라게 해 주소서	俾苗興勃
사람들이 신령함에 감복하여	人服其靈
우러름이 더욱 간절해질 것입니다	仰止彌切

14) 음덕[陰騭] : 암암리 내리는 덕을 말한다. “하늘이 암암리 하민을 안정시켜 거처하는 것을 도와 화합하게 하시니.[惟天陰騭下民 相協厥居]”에서 온 말이다.(『書經』「洪範」)

채약산의 기우문[採藥山祈雨文]

영천군의 남쪽에	維郡之南
산이 높이 솟아 있습니다	有山嶷嶷
자라는 지초[15] 약이 되어	產草爲藥
그 액으로 사람을 살렸습니다	活人以液
비를 빚어 만물을 적심은	釀雨潤物
또한 여벌의 은택이었습니다	亦其餘澤
그 영험 매우 밝았는데	其靈孔昭
오늘에는 어찌 이리 적막합니까	今也胡寂
두 달 동안 메말라	二朔枯暵
들판이 깨끗해졌습니다	田野滌滌
가는 비 비록 뿌렸으나	細滴雖灑
붉은 땅은 그대로입니다	赤地自若
파종할 시기 이미 놓쳤으니	種播已失
수확을 어찌 바라겠습니까	奚望其穫
거듭된 흉년에 남은 백성들	荐饑餘氓
구렁텅이를 구르게 될 것입니다	其將轉壑
외람되이 군의 부절을 찼으나	忝佩郡符
구제할 대책이 없습니다	拯濟無策
날을 가려[16] 정성껏 비오니	吉蠲虔禱

15) 자라는 지초[產草] : 한 무제 원봉(元封) 2년에 감천궁(甘泉宮)에서 지초가 나니, 한 무제가 상서로운 일이라고 여겨 재방가(齋房歌)를 지어 “재방에서 지초가 났는데, 줄기는 아홉에 잎은 이었네. 궁동이 효험이 다르다 하여, 도서를 펼쳐보고 첩을 살펴보았네. 원기의 정이, 이것으로 회복되니, 뻗고 뻗어 날로 무성해져, 지초가 성대하고 화려하네.[齋房產草 九莖連葉 宮童效異 披圖按牒 元氣之精 廻復此部 蔓蔓日茂 芝盛靈華]”에서 온 말이다.(『漢書』「武帝紀」)

신령께서 강림하소서	靡神不格
이에 깨끗한 제사를 차려	玆蕆明禋
우러러 신령한 산악에 호소합니다	仰籲神嶽
산악이 만일 영험하다면	嶽如有靈
어찌 불쌍해하지 않겠습니까	寧不矜惻
빨리 짙은 구름을 토하고	亟噴薈蔚
위로 탁약[17]에게 아뢰어	上啓橐籥
크게 소나기를 뿌려서	大注滂沱
우리의 백곡을 소생시키소서	蘇我百穀

고조부 증 좌승지 부군의 분황문[高祖考贈左承旨府君焚黃文] 을묘년(1735)

아! 우리 부군께서는	惟我府君
전란을 당하여 절의를 바쳤습니다	臨亂效節
나라와 어버이 위하여 순절하시니	殉國死親
충효가 함께 빛났습니다	忠孝並烈
지난날 선왕의 조정에서	昔在先朝
이미 포창을 내렸는데도	已垂褒嘉
지난해 우리 임금께서	昨歲吾王

16) 날을 가려[吉蠲] : 길일을 택하여 정결하게 재계하고 제사지내는 것을 말한다. "길일을 잡아 정결히 주식을 장만하여 이를 효성으로 제향한다.[吉蠲爲饎 是用孝享]"에서 온 말이다.(『詩經』「小雅·天保」)

17) 탁약(橐籥) : 탁(橐)은 풀무의 바깥쪽 몸체이고, 약(籥)은 안쪽에 있는 관(管)으로 움직이면서 바람을 일으키는 작용을 한다. "하늘과 땅 사이는 아마 풀무와 같은 것이 아니겠는가? 비어 있으면서도 다하지 않고 움직일수록 더욱 나온다.[天地之間 其猶橐籥乎 虛而不屈 動而愈出]"에서 온 말이다.(『道德經』) 여기서는 직접 천지를 가리킨다.

높은 작위를 또 더 올리니 崇秩又加
할머니의 봉호도 祖妣封號
따라서 화려해졌습니다 亦隨而華
특별한 은전이 융숭하여 異渥隆至
영광이 저승을 밝혔습니다 光耀泉臺
온 문중이 감축하며 闔門感祝
희비를 가누기 어려웠습니다 悲喜難裁
종손이 서둘러 세상을 떠나 宗孫遽歿
명서[18]를 읽어드리지 못하였습니다 命書未宣
오늘에야 비로소 거행하니 今焉始擧
바로 조천[19]하는 날입니다 乃在祧遷
경건히 써서 불사르니 敬錄以焚
슬픔이 그지없습니다 哀隕罔涯
삼가 밝은 제사를 드리며 謹薦明禋
고유하는 의절을 거행합니다 用伸告儀

증 지평 신공의 분황문[贈持平申公焚黃文] 신용기申龍起를 대신하여 짓다. 갑자년(1744)

삼가 생각건대 부군께서는 恭惟府君
성효가 천성에서 나왔습니다 誠孝出天
몸을 잊고 화살을 무릅쓰니 忘身冒鏑

18) 명서(命書) : 증직한다는 직첩을 말한다.
19) 조천(祧遷) : 친진(親盡)한 조상의 신주를 원조(遠祖)의 사당으로 옮기는 것이다. 왕가(王家)에서는 친진한 신주를 원조의 사당으로 옮기지만 사가(私家)에서는 일반적으로 묘소 옆에 묻는다.

오륜에 허물이 없었습니다 五致罔愆

마음을 옮겨 나라에 충성하니 移忠於國

적을 보고 절치부심하였습니다 見賊腐心

청약을 스스로 지키며 清約自守

산림에서 몸을 마쳤습니다 沒齒山林

거룩한 행신과 아름다운 절의 懿行芳節

사람을 감복시켜 절실하였습니다 服人也切

여러 선비가 포상을 청하여 多士請褒

번신이 장계를 올렸습니다 藩臣上徹

왕께서 “그렇게 하라” 하니 王若曰兪

누가 이보다 더 훌륭하겠습니까 孰如其賢

찬란한 명서 煌煌命書

사헌부의 높은 자리입니다 柏府華聯

아! 우리 할머니께서도 惟我祖妣

드러난 봉호를 받았습니다 亦膺顯號

사당의 모습 광채가 나고 廟貌生輝

묘도는 고쳐져 빛이 납니다 泉塗改照

돌아보건대 이 불초자 顧玆不肖

추모의 마음 미칠 수 없습니다 追慕莫逮

은총을 공경히 대하니 祇對寵光

감격의 눈물만 더 흐릅니다 徒增感涕

길일이 오늘이어서 吉日維今

은혜로운 명서를 받들어 읽어드립니다 奉宣恩誥

맑은 술과 제철 제수로 清酌時羞

경건한 고유를 거행합니다 用伸虔告

단구향사에 삼현을 봉안하는 글[丹丘鄕祉奉安三賢文]

군주 섬김에 몸을 바치는 일은	事君致身
아! 예전에도 어려운 일이었습니다	緊古維難
높은 벼슬을 하면서도	峩冠大紳
대부분 편안함을 추구하였습니다	尙多偸安
아! 우리 공께서는	於維我公
전승[20]이라는 말직으로	殿丞末職
집에서는 효를 다하고	居家盡孝
마음을 옮겨 나라에 충성하였습니다	移忠於國
섬 오랑캐 주제를 모르고[21]	島夷匪茹
배를 타고 국경을 넘었습니다	隨駕播越
임금께서 “가서	王曰往哉
너희가 적을 염탐하라” 하니	汝其偵賊
명을 받아 달려가느라	受命奔走
집을 지나도 돌아보지 않았습니다	過家不顧
우리 진영[22]으로 돌아오려는데	逮回我車
흉적들의 창이 길을 끊으니	凶鋒截路
죽지 않고 어찌하겠습니까	不死何爲

20) 전승(殿丞) : 대궐에서 임금을 보좌하는 벼슬을 말한다. 이 제문만으로는 어떤 자리인지 정확하게 알 수 없다.

21) 주제를 모르고[匪茹] : 스스로의 역량을 헤아리지 못하고 함부로 침입하는 것을 말한다. “험윤이 스스로 주제를 모르고, 초 땅과 호 땅에 정연하게 거처하네.[玁狁匪茹 整居焦穫]”에서 온 말이다.(『詩經』「小雅·六月」)

22) 우리 진영[我車] : ‘아거’는 전쟁 준비를 마친 우리 진영을 말한다. “우리 수레 이미 견고하고, 우리 말이 이미 가지런하네, 사마가 충실하니, 사마 타고 동녘으로 가네.[我車旣攻 我馬旣同 四牡龐龐 駕言徂東]”에서 온 말이다.(『詩經』「小雅·車攻」)

저들은 많고 우리는 적었습니다	彼衆我寡
피를 뿌리며 활을 당기다가[23]	沫血彎弧
유골이 거친 들판에 버려졌습니다	委骨荒野
아들 있어 죽음으로 원수 갚았고	有子死讎
부인 있어 순절을 하였습니다	有婦殉貞
한 집안이 삼강의 도리 다하니	一室三綱
천고에 누가 나란히 하겠습니까	千古誰幷
성조에서 이를 포상하여	聖朝是褒
작위 내리고 정려를 하였습니다	以爵以門
향리에서 이 소문 듣고	鄕里聞風
누군들 정신을 가다듬지 않겠습니까	孰不竦神
또한 뛰어난 권공은	亦越權公
한 마을 사람으로 절의를 바쳤습니다	共閈媲節
더구나 공의 훌륭한 아들	況公賢督
그 공렬 잘 이었음이겠습니까	能世其烈
한 곳에서 함께 제향하자고	一體同祀
여러 사람 한목소리를 내었습니다	萬口齊聲
바로 사당을 경영하여	迺營祠屋
이에 오늘 대충 완공하였습니다	迺今粗成
좋은 날을 가려서	載簡靈辰
이에 성대한 의식을 거행합니다	爰擧縟禮
의젓이 늘어앉은 분은	列坐儼然

23) 피를……당기다가: 피눈물을 흘리며 죽음을 무릅쓰고 적과 싸우는 것을 말한다. 전한(前漢) 때 이릉(李陵)이 흉노(匈奴)에게 포위되어 많은 군대가 죽고 화살도 다 떨어지자 피눈물을 흘리며 적진으로 들어가 사투를 벌인 고사에서 유래한다.(『漢書』「武帝紀」)

여러 벗과 부자분이십니다　儕友父子
영령께서 외롭지 않게　英靈不孤
오르내리며 서로 따를 것입니다　陟降相隨
정갈한 제사 이제부터　精禋自今
영세토록 멈추지 않을 것입니다　永世無虧

– 이상은 증 호조 참의 이희룡李希龍[24] 공에게 고하다. –

선비는 나라에 있어　韋布於國
의리가 대부와 달라서　義異簪組
적개심으로 순절하는 일은　敵愾殉身
예전에도 드물었습니다　鮮矣終古
아! 우리 공께서는　猗歟我公
어찌 이리 강개하십니까　一何慷慨
초가집에 살면서　身居草茅
또 병으로 세상일 접었으나　又癃而廢
왜란을 만나자　逮遭寇亂
유독 먼저 소매를 걷었습니다[25]　獨先投袂
고장 사람들이 만류하기를　鄉人尼之
자네는 다리를 전다 하였으나　爾實病蹶

24) 이희룡(李希龍, 1549~?) : 자는 운로(雲老), 본관은 경주이다. 1576년 무과에 급제하였다. 임진왜란 때 충주 달천에서 적과 싸우다가 전사하였다. 1710년 호조 참의에 증직되었다.

25) 소매를 걷었습니다[投袂] : '투메'는 원수에게 복수하려는 마음을 말한다. 춘추 시대 초 장왕(楚莊王)이 자기의 사신을 송(宋)나라에서 죽였다는 말을 듣자 격분한 나머지 "소매를 걷고 일어나서 달려 나가느라, 신발은 궁전 앞 토방에서 신고, 칼은 침문 밖에서 허리에 차고, 수레는 포서라는 시가지에서 올라탔다.[投袂而起 屨及於窒皇 劍及於寢門之外 車及於蒲胥之市]"고 한 고사에서 온 말이다.(『春秋左氏傳』「宣公」14年) 여기서는 침범한 왜적을 물리치려고 다급하게 나서는 것이다.

공이 “아니다. 아니다.	公曰否否
나는 꼭 나라를 위할 것이다.	吾必國耳
이 다리는 비록 절어도	此足雖躄
이 마음은 죽지 않았다” 하였습니다	此心不死
말을 사고 수레를 몰게 하여[26]	市馬戎僕
몸을 떨쳐 남쪽으로 갔습니다	挺身南征
독한 해악이 제거되지 않아서	虺毒莫掃
목숨을 홍모[27]처럼 여겼습니다	鴻毛已輕
노반[28]을 돌아보니	回看鷺班
몇몇 육식[29]하는 자들이었습니다	幾箇肉食
새처럼 다투다 쥐처럼 숨다가	爭鳥鼠竄
공을 보고 매우 부끄러워했습니다	視公多恧
번신이 장계를 올려서	藩臣上徹
정려문이 높이 솟았습니다	棹楔高揭
위대한 공렬 사람을 감동시켜	偉烈聳人
나약한 자는 이에 분발하였습니다	懦夫斯厲
하물며 이 고장에는	矧玆鄕井

26) 수레를 몰게 하여[戎僕] : ‘융복’은 주관(周官)의 이름으로, 수레를 모는 일을 맡은 사람을 말한다. 이 봉안문에서는 사람을 시켜 말을 몰도록 한 것을 가리킨다.

27) 홍모(鴻毛) : 나라를 위하여 목숨을 기러기 털처럼 가볍게 여기는 것을 말한다. “대장부는 선을 보는 것이 밝기 때문에 명분과 절의를 태산보다 중하게 여기고, 마음을 쓰는 것이 정밀하기 때문에 죽고 사는 것을 기러기 털보다 가볍게 여긴다.[大丈夫 見善明 故重名節於泰山 用心精 故輕死生於鴻毛]”에서 온 말이다.(『景行錄』)

28) 노반(鷺班) : 질서가 엄격하여 서 있을 때나 날아갈 때에 작은 것이 큰 것을 추월하지 않는 백로는 말한다.(『禽經』) 관직에 따라 차서가 엄격한 조정의 관리를 비유한다.

29) 육식(肉食) : 현실을 회피하는 고위 관료들을 말한다. 마을 사람들이 “고기 먹는 자들이 도모할 텐데, 또 어찌 끼어드는가?[肉食者謀之 又何間焉]” 물으니, 조귀가 “고기 먹는 분들은 식견이 낮아서 멀리 꾀하지 못한다.[肉食者鄙 未能遠謀]”고 대답한 일에서 온 말이다.(『春秋左氏傳』「莊公」10年)

절의 지킨 분 이리 많음에이겠습니까	節義何多
아버지는 충성하고 아들은 효도하는	父忠子孝
이씨의 집안입니다	李氏之家
한 마을의 세 현인은	一里三賢
다 같이 사당에 제향할 만합니다	俱可祭社
사당의 모습이 새로워지고	廟貌新成
여론이 달아올랐습니다	輿議攸赭
날이 길하고 때가 좋아	日吉辰良
이에 봉안하려고 합니다	于以揭虔
계산은 변하지 않아	溪山不改
분유[30]의 모습 그대로입니다	枌楡依然
예전 의식대로 향례를 거행하니	社飮舊儀
마치 다시 뵙는 듯합니다	怳若重覩
신께서는 길이 편안하여	神其永寧
추모하는 우리 마음 흠향하소서	歆我遐慕

– 이상은 처사 권복흥權復興[31] 공에게 고하다. –

사람의 선과 악은	人之淑慝
세상의 상식과 맞지 않아	不係世類
아버지의 덕이 비록 훌륭하나	父德雖賢
아들이 닮기가 쉽지 않습니다	子肖未易

30) 분유(枌楡) : 한 고조(漢高祖) 유방(劉邦)의 고향이다. 이후 고향의 이칭으로 쓰인다.

31) 권복흥(權復興, ?~1592) : 자는 중원(仲元), 본관은 안동이다. 임진왜란 때 다리를 절었기 때문에 의병에 참여하지 못하자, "충과 효는 우리 집안에 대대로 내려오는 법도이다. 지금 임금이 몽진하고 계시는데 어찌 나라의 은혜를 갚지 않을 수 있겠는가?"라고 하고는 부산으로 갔다. 다대포에서 왜적을 만나 싸우다가 화살이 다하여 순절하였다. 후에 경기 감사의 주청에 의하여 포상을 받았다.

누가 우리 공과 같이	孰若我公
아버지의 자취를 잘 따랐습니까	能趾前轍
지난날 임진년에	昔在執徐
바다의 도적이 창궐하였습니다	海寇猖獗
아버지께서 왕명을 받들어	家君奉使
항전하다가 목숨을 잃자	抗鋒捐頭
공께서 이에 눈물을 뿌리며	公洒雪涕
아버지 원수를 갚으려고	思復父讎
한 자루 칼을 들고 서쪽으로 가며	尺劒西赴
하늘을 함께 이지 않겠다 맹세하였습니다	誓不共天
중도에 적을 만나	中路遇賊
힘껏 싸우다가 목숨을 잃었습니다	力鬪身顚
아버지는 군주를 위하여 죽고	父死於君
아들은 또 아버지를 위하여 죽으니	子又死父
변가[32]의 아름다운 절의와	卞家姱節
미덕이 만고에 나란합니다	齊休萬古
아름다운 저 가인께서는	孌彼佳人
또한 따라 자결하였습니다	亦能引決
부인의 훌륭함 뿐이겠습니까	奚獨婦哲
공의 충렬 때문입니다	由公之烈

32) 변가(卞家) : 진(晉)나라 변호(卞壼, 281~328)와 그 두 아들 변진(卞眕)·변우(卞盱)를 말한다. 진나라 성제(成帝) 때 소준(蘇峻)이 반란을 일으켜 청계(靑溪)를 공격하자, 변호가 육군(六軍)을 거느리고 소준의 군대를 맞아 싸웠으나 고전 끝에 전사하였으며, 그 두 아들도 아비의 죽음을 보고 적에게 달려들었다가 동시에 해를 당하였다. 징사(徵士) 적탕(翟湯, 272~344)이 아비는 임금을 위하여 죽고 자식은 아비를 위하여 죽었으니, 충효의 도가 일문(一門)에 모였다고 말한 일에서 유래한다. (『晉書』「卞壼列傳」)

증직하고 정려하니	贈秩表閭
세 분의 절의 우뚝합니다	磊磊三節
여느 부녀와 아이들까지도	凡在婦孺
모두 머리털이 곤두섰습니다	莫不竪髮
돌아보건대 이 옛 사당에서	顧玆古社
아버지의 향사를 받들었으니	于祀先公
아들이 아버지를 모셔야 한다고	子宜配父
모두의 의논이 모아졌습니다	僉議攸同
덕은 반드시 이웃이 있으니	德必有鄰
장하도다! 권공이시여	毅哉權老
동정[33]의 사당에 함께하니	同井幷廟
실로 예전 정리에 딱 맞습니다	實叶舊好
좋은 날에 일을 거행하여	吉辰將事
받들어 배향하고 제사를 지냅니다	奉祔以侑
훌륭한 아버지를 모신 데다	旣侍賢爺
또 아버지의 친구를 마주하였습니다	又對先友
가르침 받으며 모시니	趨庭撰屨
노닐 때와 비슷할 것입니다	髫鬌徜徉
부디 밝게 왕림하여서	尙冀昭格
세세토록 끝없이 무궁하소서	世世無疆

– 이상은 증 도사 이문진李文軫 공에게 고하다. –

33) 동정(同井) : 한 마을을 말한다. "8가구가 정을 함께 하여 경작할 때는 힘을 모아 일하고 수확할 때는 이랑 수를 계산하여 분배한다.[八家同井 耕則通力而作 收則計畝而分]"에서 온 말이다.(『孟子』「滕文公上」)

청호서원에 류사월[34]을 추배하는 글[靑湖書院追配柳沙月文]

도산에 가르침이 끊어진 뒤	陶山輟響
사수[35]에 서당을 열어서	泗水挂牌
풍도를 이어 일어난 분	承風而起
낙암[36]과 이애[37]였습니다	洛巖伊涯
또 이에 모옹[38]이	亦越慕翁
교화를 입어 승당[39]하니	攀化升堂
남은 자취를 잘 미루어	克推餘軌
한 고장을 인도하였습니다	導迪一鄕
아! 우리 선생께서는	惟我先生
더불어 시대를 같이하였습니다	與之同辰
이미 선생에게 배웠고	旣得於師
또 여러 사람을 사숙하였습니다	又淑諸人
그 이룬 바를 살펴볼 때	究厥所就
문채가 어찌 바탕이 없겠습니까	絢豈無素
아름다운 자질 받아 태어났으며	生賦美質

34) 류사월(柳沙月) : 사월은 류시번(柳時蕃, 1569~1640)의 호이다. 자는 위중(衛中), 본관은 문화(文化)이다.

35) 사수(泗水) : 정구(鄭逑, 1543~1620)를 말한다. 자는 도가(道可), 호는 한강(寒岡), 본관은 청주이다.

36) 낙암(洛巖) : 인동의 동락서원(東洛書院)과 영천의 입암서원(立巖書院)으로, 여헌(旅軒) 장현광(張顯光, 1554~1637)을 말한다.

37) 이애(伊涯) : 대구의 이강서원(伊江書院)으로, 낙재(樂齋) 서사원(徐思遠, 1550~1615)을 말한다.

38) 모옹(慕翁) : 손처눌(孫處訥, 1553~1634)을 말한다. 자는 기도(幾道), 호는 모당(慕堂), 본관은 일직(一直)이다. 임진왜란 때 의병을 모아 왜군과 투쟁하려다 부모상을 연이어 당해 실현하지 못하였다. 향교의 재건에 앞장서서 후진을 양성하였다.

39) 승당(升堂) : 실(室)은 방이고 당(堂)은 대청마루이다. 도의 심오한 경지에 들어간 것을 말한다. 공자가 제자 자로(子路)의 경지를 두고 "당에는 올랐고 아직 실에는 들어가지 못하였다.[升堂矣 未入於室也]"에서 온 말이다.(『論語』「先進」)

훌륭한 부모 계심을 즐겼습니다[40] 樂有賢父
약관에 책을 열심히 읽으니 弱齡劬書
벌써 높은 명성 있었습니다 已有雋聲
일찍이 법문에 유학하여 早遊法門
선비의 길을 들을 수 있었습니다 得聞儒程
선달[41]을 두루 좇아서 旁追先達
훈도되어 덕이 아름다웠습니다 薰染德懿
어버이 뜻대로 과거에 응시하였으나 爲親應擧
평소의 뜻은 아니었습니다 匪其素志
득실에 무어 매였겠습니까 得失何關
외면이지 내면은 아니었습니다 外也非內
돌아와 고서를 궁구하여 歸繹古紙
자신에게 돌이켜 수양하였습니다 反躬自艾
청호가 아득히 멀었으나 靑湖莽蒼
자주자주 나아가 모시면서 源源趨侍
경전의 뜻을 강토하였고 講討經訓
도의를 절차탁마하였습니다 磨琢道義
저 사월을 살펴보니 瞻彼沙月
맑고 맑은 모래톱이었습니다 湜湜其洲
이에 터를 잡아 살면서 于以卜居
유유자적하였습니다 以優以游

---

40) 훌륭한……즐겼습니다 : 훌륭한 부형이 있어 자신을 이루어 주는 것을 말한다. “맞는 자가 맞지 않는 자를 길러주며, 재주 있는 자가 재주 없는 자를 길러준다. 그러므로 사람들이 훌륭한 부형이 있음을 좋아하는 것이다.[中也養不中 才也養不才 故人樂有賢父兄也]”고 한 데서 온 말이다.(『孟子』「離婁下」)

41) 선달(先達) : 벼슬이나 학문이 자기보다 앞선 선배를 말한다.

세상 소식 들이지 않아　風埃不入
부귀는 뜬구름 같았습니다　富貴如雲
유종이라 칭찬하고 권장하며　林宗嘉奬
유륜[42]에 견주었습니다　比擬有倫
노나라에 군자가 없었다면　魯無君子
어디서 이 덕을 취하였겠습니까[43]　斯焉取斯
생각건대 우리 고장에　念我鄕邦
끼친 은덕 아직도 넘쳐납니다　餘馥尙滋
백년 만에 공의를 발의하니　公議百年
모두 "사에 제향하자" 하였습니다　咸曰祭社
돌아보건대 이 청호서원은　顧玆湖院
선생님을 모신 곳입니다　皐比攸妥
이에 받들어 배향하니　於焉奉配
강학하던 자리와 흡사합니다　髣髴講座
한 자리에서 함께 제향하니　一體同祀
모든 사람들 다 같이 축하합니다　萬口齊賀
이에 좋은 날을 가려서　簡玆良辰
경건히 성대한 의식을 거행하니　祇擧縟儀
영혼이 계신 듯하여　神理如在
사당의 모습 다시 광채가 납니다　廟貌重輝
삼가 술과 포로써　謹以酒脯

42) 유륜(有倫) : 덕이 높은 것을 말한다. "『시경』에 이르기를 '덕은 가볍기가 터럭과 같다.'고 하였는데, 터럭도 오히려 비교할 만한 것이 있으니, '상천의 일은 소리도 없고 냄새도 없다.'는 표현이어야 지극하다 할 것이다.[詩云 德輶如毛 毛猶有倫 上天之載無聲無臭 至矣]"에서 온 말이다.(『中庸』)
43) 노나라에……취하였겠습니까 : 『논어』「공야장(公冶長)」에서 공자가 자천(子賤)을 평한 말을 그대로 인용하여, 류사월의 주변에 어진 사람이 많았음을 말하였다.

받들어 경건히 고유합니다	奉伸虔告
고산을 우러러 보듯이[44]	高山仰止
영원토록 융숭히 보답할 것입니다	永世崇報

갈암 이선생을 애도하는 제문[祭葛庵李先生文] 을유년(1705)

예전 기자箕子의 땅에	古箕之壤
성학이 황폐하여 끊어졌습니다	聖學荒闕
우리 포은 선생 때부터	自我圃隱
오도[45]가 동방으로 왔습니다	吾道東矣
두 대를 이어 내려와	傳之至再
일두[46] 한훤당[47]이 계셨습니다	蠹耳寒耳
당시 인물이 있었으니	維時有人
정암[48]은 순수하였습니다	靜庵其粹
회재가 이어서 일어나고	晦翁繼作
퇴계가 비슷한 때 일어났습니다	溪老埒起

---

44) 고산을……보듯이 : 『시경』「소아(小雅)·거할(車舝)」에 나오는 말로, 높은 덕이 있는 자를 사모하는 자세를 말한다.

45) 오도(吾道) : 유도(儒道)를 말한다. "나의 도는 하나로써 꿰뚫는다.[吾道一以貫之]"고 한 데서 온 말이다.(『論語』「里仁」)

46) 일두(一蠹) : 정여창(鄭汝昌, 1450~1504)의 호이다. 자는 백욱(伯勗), 본관은 하동(河東), 시호는 문헌(文獻)이다.

47) 한훤당(寒暄堂) : 김굉필(金宏弼, 1454~1504)의 호이다. 자는 대유(大猷), 본관은 서흥(瑞興), 시호는 문경(文敬)이다.

48) 정암(靜庵) : 조광조(趙光祖, 1482~1519)의 호이다. 자는 효직(孝直), 본관은 한양, 시호는 문정(文正)이다.

사문이 크게 흥기하여	斯文大興
많은 현인이 배출되었습니다	衆賢蔚簸
우뚝한 한강이	有覺寒岡
실로 그 기치를 세웠습니다	實建其幟
산아가 한 번 비니	山阿一空
누가 남긴 자취 잇겠습니까	孰繼遺軌
오직 우리 선생께서	惟我先生
홀로 뛰어난 정기 받았습니다	獨稟間氣
맹모[49]의 아들이요	孟母之兒
정백의 아우[50]였습니다	程伯之季
천품이 본래 순후한 데다	天資本醇
훈도되어 덕이 아름다웠습니다	濡染德懿
나이 겨우 약관에	年纔勝衣
오당의 학문에 뜻을 두었습니다	有志吾事
성현의 경전을 힘써 연구하여	力考遺經
먼저 심오한 뜻을 찾았습니다	先尋奧旨
일에 따라 마음을 보존하고	隨事存心
사물에 나아가 이치를 궁구하였습니다	卽物窮理
무엇이 의리이고 이욕인지 알아	孰義孰利
하나의 옳음만 추구하였습니다	求一箇是
자신의 반성은 증자의 삼성[51]이고	省己曾三

49) 맹모(孟母) : 자녀의 훈육을 잘한 맹자의 어머니 장씨(仉氏)를 말한다. 이 제문에서는 갈암의 어머니 안동 장씨(安東張氏)를 말한다.

50) 정백(程伯)의 아우 : '정백'은 송나라의 성리학자 정호(程顥)를 말하며, '아우'는 정이(程頤)를 말한다. 이 제문에서 '정백'은 갈암 이현일의 중씨(仲氏) 존재(存齋) 이휘일(李徽逸, 1619~1672)이다. 형제가 모두 학자로서 명성이 높았음을 비유한다.

일의 처리는 안자의 사물[52]이며	從事顔四
경과 의[53]를 아울러 견지하고	敬義夾持
명과 성[54]을 아울러 잡으니	明誠兩摯
본색의 마음이 비고 밝아져	本色虛明
맑은 거울과 잔잔한 수면이었습니다	鑑空水止
오직 내면에 얻은 것이지	惟其內得
어찌 외모로 꾸민 것이겠습니까	夫豈貌爲
평생의 대업은	平生大業
겉치레 예절에 있지 않았습니다	不在擎跽
공자의 학문을 배우고	學孔之學
이윤의 지조를 뜻하였습니다	志尹之志
한 구역의 임학에서	一區林壑
반평생 유유히 은거하였습니다	半生賁趾
구름을 가는 신세이며	耕雲身世
달을 낚는 풍치였습니다[55]	釣月風致

51) 삼성(三省) : 증자(曾子)가 세 가지로 자신을 돌아본 것을 말한다. "나는 하루에 세 가지로 자신을 반성하노니, 남을 위하여 도모함에 충성스럽지 않았는가? 벗과 더불어 사귐에 믿음이 없었는가? 전수받은 것을 복습하지 않았는가이다.[吾日三省吾身 爲人謀而不忠乎 與朋友交而不信乎 傳不習乎]"에서 유래한다.(『論語』「學而」)

52) 사물(四勿) : 공자와 안자의 대화에 나오는 사물을 말한다. "예가 아니면 보지 말며, 예가 아니면 듣지 말며, 예가 아니면 말하지 말며, 예가 아니면 움직이지 말라.[非禮勿視 非禮勿聽 非禮勿言 非禮勿動]"에서 유래한다.(『論語』「顔淵」)

53) 경과 의[敬義] : 내와 외를 닦는 방법이다. "군자는 경으로 내면을 곧게 하고 의로써 외면을 방정하게 한다.[君子 敬以直內 義以方外]"에서 유래한다.(『周易』「坤卦·文言」)

54) 명과 성[明誠] : "성을 말미암아 밝아짐을 성이라 하고 명을 말미암아 성해짐을 교라 이르니, 성하면 밝아지고 밝아지면 성해진다.[自誠明 謂之性 自明誠 謂之教 誠則明矣 明則誠矣]"에서 온 말이다.(『中庸』)

55) 구름을……풍치였습니다 : 은자(隱者)의 고답적인 생활을 말한다. 송나라 관사복(管師復, 1045~1109)이 숭산(崇山)에 은거하였는데, 어떤 사람이 무슨 즐거움이 있느냐고 물으니, "언덕에 덮인 흰 구름은 갈아도 다함이 없고, 못에 가득한 밝은 달은 낚아도 흔적이 없네.[滿塢白雲耕不盡 一潭明月釣無痕]"라고

천금의 금전도 초개로 여기고 千金草芥
만종의 녹봉도 헌신짝으로 보아 萬鍾弊屣
초야를 스스로 분수로 여기며 自分丘山
세상의 명리 꿈꾸지 않았습니다 無夢名利
이윽고 선생의 숨은 덕이 俄然潛德
갑자기 상위[56]에 알려져서 遽達象魏
우는 말이 골짜기로 들어오니 鳴騶入谷
들판의 학이 놀라 깨어났습니다[57] 野鶴驚睡
잠깐 나갔다 돌아오니 乍出而歸
세상에는 뜻이 없었습니다 於世無意
본분대로 하기를 달가워하며 甘心素履
벼슬길은 돌아보지도 않았습니다 不顧青紫
노년이 되어서는 迨其晩歲
임금님의 은총 더욱 커졌습니다 天眷益侈
십항[58]의 교서를 내리니 十行絲綸
성의와 예우가 남달랐습니다 誠禮優異
당시 어찌 가만히 있었겠습니까 時豈可止

답한 데서 유래한다.

56) 상위(象魏) : 대궐의 성문(城門)을 말한다. 상(象)은 법상(法象), 위(魏)는 높다는 의미로 옛적에 법률을 성문에 높게 달았던 데에서 유래한 말이다.

57) 우는……깨어났습니다 : '우는 말'은 임금이 보낸 사자(使者)의 말이고, '들판의 학'은 임금이 은자(隱者)를 부르는 조서 학두서(鶴頭書)를 보고 놀란 갈암 이현일을 말한다. 공치규(孔稚圭, 447~501)의 「북산이문(北山移文)」에서 벼슬길로 나아간 주옹(周顒)을 꾸짖으며 "우는 말이 골짜기에 들어오고 학두서가 산언덕을 넘어오자 맞이하러 달려가느라 정신이 없으며 뜻과 정신이 동요되고 말았다.[及其鳴騶入谷 鶴書赴隴 形馳魄散 志變神動]"에서 유래한다.

58) 십항(十行) : 교서를 말한다. 『후한서(後漢書)』「순리전서(循吏傳序)」에 "수적(手迹)으로 방국(方國)에 내릴 때는 모두 1찰(札)에 10항(行)으로 세서(細書)하여 문장을 작성한다."에서 유래한다.

신하의 의리에 피하기 참 어려웠습니다	義固難避
마음을 돌려 억지로 일어나니	幡然强起
학문이 넉넉하여 한 벼슬이었습니다	學優而仕
조야는 흠모하고 기대하며	朝野想望
성상께서 마음 비우고 기다렸습니다	聖心虛竢
의리 아닌 것 어떻게 진달하며	非義何陳
덕이 아닌 쪽 어떻게 가리켰겠습니까	非德何指
한 마루에서 도유[59]를 하니	都兪一堂
천 년만의 기회였습니다	際會千祀
지성으로 계옥[60]을 하니	至誠啓沃
한마디 말마저 약이 되었습니다	片言藥餌
군신 간에 믿음 더 깊어지니	交如益孚
“너를 지주로 삼는다” 하였습니다	用汝作砥
경연에 출입하면서	出入經幄
성상 곁에서 잘 보필하였습니다	黼黻皇扆
나라만을 한 마음에 두고	國耳一心
여덟 글자를 좌우에 써두었으니	座右八字
“나라 위하여 심신을 다 바쳐서	鞠躬盡瘁
죽은 뒤에야 그만둔다”[61] 였습니다	死而後已
노력하며 싫증내지 않으니	孜孜不厭
경륜을 크게 펼쳤더라면	將大有施

---

59) 도유(都兪) : 도유우불(都兪吁咈)의 준말로, 임금과 신하가 마음을 합쳐서 서로 토론하는 것을 말한다.

60) 계옥(啓沃) : 정성을 다 바쳐서 임금을 치밀하게 인도하며 보좌하는 것을 말한다. 은 고종(殷高宗)이 재상 부열(傅說)에게 “그대 마음을 열어서 나의 마음을 적시게 하라.[啓乃心 沃朕心]”고 한 데서 유래한다.(『書經』「說命上」)

61) 나라……그만둔다 : 제갈량(諸葛亮)의 「출사표(出師表)」에 나오는 구절이다.

거의 우리 성상께서는	庶幾吾君
요순이 될 수 있었을 것입니다	可姚可姒
어찌 이리 불운하여	云胡不淑
대운이 중도에서 막히고 맙니까	大運中否
간사한 소인들 옆길로 득세하고	明夷左入
사특한 무리들 안에서 성내었습니다	邪流內奰
천애의 험한 귀양길	天涯嶺路
행장 꾸려 도성을 나서니	去國行李
어떤 때는 북쪽 변방에 내쳐지고	或投窮髮
어떤 때는 더운 남쪽에 갇혔습니다[62]	或禦炎魅
만 리 밖 모진 풍상 속에서	萬里風霜
10년 동안 외로이 지냈습니다	十載孤纍
용납 받지 못함이 무어 아쉬우랴	不容奚病
나의 지조 더욱 견고한데	吾操彌堉
환난을 그대로 받아들이며	素患行患
조금도 위축된 적 없었습니다	曾不少葸
채원정의 그림자[63] 무어 부끄러우며	蔡影何愧
부주의 자발[64]보다 더 아름다웠습니다	涪髮增美

---

62) 어떤……갇혔습니다 : 갈암 이현일이 1694년에 함경도 홍원현으로 유배 갔다가, 1697년 호남의 광양현으로 유배를 갔던 일을 말한다.

63) 채원정의 그림자[蔡影] : 잘못된 일을 한 적이 없어 혼자 있으면서 돌이켜 보아도 부끄러움이 없는 것을 말한다. 송(宋)나라 한탁주(韓侂胄, 1152~1207)의 모함으로 도주(道州)로 유배간 채원정(蔡元定, 1135~1198)이 아들에게 편지를 보내 "홀로 걸어가도 그림자에 부끄럽지 않고, 홀로 잠을 자도 이불에 부끄럽지 않다. 너희들은 내가 죄를 얻었다고 하여 게을리하지 말아라."고 당부한 고사에서 유래한다. (『宋史』「蔡元定列傳」)

64) 부주의 자발[涪髮] : 부주(涪州)로 유배 갔다가 돌아온 정이(程頤, 1033~1107)의 수염과 머리를 말한다. 유배갔다 돌아온 정이의 기색이 모두 예전보다 낫기에 문인(門人)이 그 이유를 물으니, "학문의 힘이다. 무릇 학문이란 환난과 빈천에 처하는 법을 배우니 부귀영달 같은 것은 굳이 배울 필요 없다.[學之力也

우레와 비[65]가 하루 저녁 내리더니	雷水一夕
성상의 노여움 뜻밖에 풀렸습니다	天意忽弛
이에 바로 돌아왔으나	薄言旋歸
어디가 고향이겠습니까	何處桑梓
저 안동을 바라보니	瞻彼永嘉
선비들의 기주[66]였습니다	士夫之冀
어찌 가서 머물지 않으리오	盍往棲遲
금수 물가에 즐거움이 있었습니다	有樂錦涘
이에 강학의 자리를 열어	爰開法筵
옛 경전을 강론하였습니다	講明古紙
고요하고 한가로운 서당 안에서	一室清燕
학생들이 늘어서 모셨습니다	諸子列侍
우뚝이 종사가 되어	立爲宗師
엄연히 강석에 앉았습니다	儼臨皐比
좌우로 다 수답하고	左酬右答
숨김없이 다 내주었습니다	無隱不披
목종[67]의 교화 크게 펼치어	大設木鐘
우연히 노추[68]를 운용하였습니다	偶運鑪錘

大凡學者 學處患難貧賤 若富貴榮達 卽不須學]"고 대답한 일에서 유래한다.(『心經』 권2)

65) 우레와 비[雷水]: 유배지에서 석방되는 상황이 만들어졌음을 말한다. 뇌수(雷水) 해괘(解卦)의 대상(大象)에 "우레와 비가 일어남이 해이니, 군자가 본받아서 과오를 저지른 자를 사면하고 죄를 지은 자를 너그럽게 처리한다.[雷雨作解君子以赦過宥罪]"에서 유래한다.(『周易』)

66) 기주[冀]: 중국에서 좋은 말이 나는 동네이다. 이 제문에서는 인재가 많이 사는 동네임을 말한다.

67) 목종(木鐘): 목탁(木鐸)과 같은 의미로, 세상에 교화를 펼치는 사람을 말한다. 공자를 만난 의(儀) 땅의 봉인(封人)이 나와서 "이삼자는 공자가 자리 잃은 것을 어찌 걱정하리요? 천하가 무도해진 지 오래이니, 하늘이 장차 부자로 목탁을 삼을 것이다.[二三子何患於喪乎 天下之無道也久矣 天將以夫子爲木鐸]"고 한 데서 유래한다.(『論語』「八佾」)

68) 노추(鑪錘): 줄과 망치로, 줄로 갈고 망치로 두드리듯이 인재를 양성하는 것을 말한다.

많은 선비들 모여들어	菁莪坌集
젊은 학자들 기개 높았습니다	衿佩軒輊
글 읽는 소리 울려 퍼지니	洋洋絃誦
수사[69]를 방불케 하였습니다	彷彿洙泗
이제는 그만입니다	今焉已矣
하늘이 선생을 남겨두지 않았습니다	天不慭遺
공청[70]도 약효가 없고	空青莫效
화타도 재주를 다하였습니다	華陀窮技
이 학문은 누가 전하며	此學誰傳
우리 도는 어디에 부치겠습니까	吾道何寄
사람들은 길을 잃어 헤맬 것이고	人將擿埴
나라는 인재 잃어 쇠퇴할 것입니다	國其殄瘁
아! 선생이시여	嗚呼先生
태어남이 어찌 우연이었겠습니까	生豈偶爾
팔십 평생 사는 동안	八十年來
부끄러울 것이 전혀 없었습니다	了無所愧
안과 밖이 한결같고	表裏如一
평탄하건 험난하건 변치 않았으니	夷險不二
터럭 끝 같은 영욕에	一毫榮辱
어이 슬퍼하고 기뻐하였겠습니까	奚戚奚喜
천부[71]가 담연하니	天府淡然

69) 수사(洙泗) : 중국 산동성(山東省)에 있는 수수(洙水)와 사수(泗水)를 말한다. 공자가 이곳에서 제자를 가르쳤다고 한다.

70) 공청(空靑) : 선가의 약물(藥物)인데, 『풍아익선(風雅翼選)』의 주에 나온다.

71) 천부(天府) : 학문이 깊거나 도를 체득하는 것을 말한다. "누가 말하지 않은 변론과 말하지 않은 도를 알겠는가? 만약에 알 수 있다면 이를 천부라고 이른다.[孰知不言之辯 不道之道 若有能知 此之謂天府]"고

옥호[72]에 티가 없었습니다	玉壺無累
하남[73]에는 상서로운 해 오르고	瑞日河南
기수[74]에는 봄바람이 일어	春風沂水
화락한 모습으로 유유자득하여	雍容自得
가는 곳마다 즐거웠습니다	隨處樂只
선생께서 힘쓴 공부	蓋其用工
오로지 본심에 있어서	專在本地
널리 배우고 상세히 물어	博學審問
참되게 알고 성실히 실천하였습니다	眞知實履
우물은 이미 원천에 미치었고	井已及泉
산은 삼태기 흙도 모자라지 않았습니다	山不虧簣
바야흐로 사람을 가르침에	方其誨人
착실하고 절실한 공부로	着實近裏
단계대로 나아가게 하니	盈科乃進
그 방법 어떠하였겠습니까	其法何以
먼저 『소학』을 가르치고	先教小學
다음에 사서를 언급하였습니다	次及四子
도가 어찌 멀리 있겠습니까	道豈在遠

한 데서 온 말이다.(『莊子』「齊物論」)

72) 옥호(玉壺) : 맑은 마음을 말한다. 당나라 왕창령(王昌齡)의 「부용루에서 신점을 보내며[芙蓉樓送辛漸]」에 "낙양의 친우가 만약 묻거든, 한 조각 빙심이 옥호에 있다고 하게.[洛陽親友如相問 一片氷心在玉壺]"에서 온 말이다.

73) 하남(河南) : 북송(北宋)의 거유(巨儒)인 정자(程子) 형제가 살았던 지방으로, 여기서는 갈암 이현일이 태어난 곳을 말한다.

74) 기수(沂水) : 고상한 뜻을 가지고 자연 속에서 즐기는 낙을 말한다. 증점(曾點)이 "늦은 봄에 봄옷이 이루어지거든 관자 5~6인, 동자 6~7인과 함께 기수에서 목욕하고 무우에서 바람을 쐬고 시 읊으면서 돌아오겠습니다.[暮春者 春服旣成 冠者五六人 童子六七人 浴乎沂 風乎舞雩 詠而歸]"에서 유래한다.(『論語』「先進」)

학문은 진실로 평이합니다	學固平易
드러내어 말로 표현하니	發而爲言
그 뜻 심원하고도 광대하였습니다	奫深宏肆
하해 같은 깊은 문장이요	河海之文
숙속[75] 처럼 담박한 맛이었습니다	菽粟之味
사도를 보위하고	羽翼斯道
경전의 뜻을 발휘하였습니다	發揮經義
더구나 이 『홍범연의』가	況玆禹範
『주역』과 경위가 됨에 이겠습니까	大易經緯
아! 형님께서 세상을 떠나	嗟伯之沒
저술하던 책을 마치지 못하여서	秉筆未旣
선생께서 기술하려니	先生述之
공력이 몇 배나 들었습니다[76]	功乃倍蓰
몇 해를 두고 연구하여	幾年硏賾
문득 편찬을 완성하니	奄成編紀
이고[77]에 엇비슷하고	上下二古
구류[78]에 견줄 만하였습니다	伯仲九類
상의 유추와 수의 궁구를	推象極數
조리 있게 갖추었습니다	鑿鑿該備

75) 숙속(菽粟) : 평범하면서도 맛이 깊고 세상에 큰 도움이 되는 문장을 말한다. 정자의 문장을 "그 말씀의 아름다움이 포백과 숙속 같았다.[其言之旨 若布帛菽粟然]"에서 온 말이다.(『宋史』「程頤列傳」)

76) 아……들었습니다 : 갈암 이현일의 형 존재(存齋) 이휘일(李徽逸, 1619~1672)이 『홍범연의(洪範衍義)』를 저술하다가 완성하지 못한 채 세상을 떠나자, 그 일을 이어받아 완수하였기에 한 말이다.

77) 이고(二古) : 처음 홍범(洪範)을 만든 우(禹)임금과 주(周)나라 무왕(武王)에게 홍범을 말해준 기자(箕子) 두 고인을 말한다.

78) 구류(九類) : 한대(漢代)의 아홉 학파, 즉 유가(儒家)·도가(道家)·음양가(陰陽家)·명가(名家)·종횡가(縱橫家)·잡가(雜家)·농가(農家) 등을 말한다.

채침의 주[79]를 이을 수 있고	蔡註能續
주자의 전에도 비길 만하였습니다	朱傳可擬
사단칠정의 변론	四七之辨
이기의 심오함	理氣之秘
긴절히 사람들을 위하여	喫緊爲人
저술한 것이 많았습니다	多所著記
예절과 같은 경우는	如其禮節
더욱 치밀하고 신중하여	益加詳毖
큼을 말하든 작음을 말하든	語小語大
철두철미하였습니다	徹頭徹尾
우리 후학들을 깨우쳐 주어	開我來學
소경도 알아볼 수 있었습니다	眇者能視
어디에서 취하였겠습니까	斯焉取斯
연원이 소종래가 있었습니다	源委有自
산은 학록[80]과 이어져 있고	山連鶴麓
물은 퇴사[81]와 닿았습니다	水接退汜
예전 성현에게서 찾아보아도	求諸往喆
그 법규는 한 가지입니다	一般其揆
남긴 교화의 미친 바가	餘化所霑
직접 배운 제자뿐이겠습니까	親炙奚啻
큰 공적이 열렬하여	洪功烈烈
백세토록 사문을 보호할 만합니다	百世可庇

---

79) 채침(蔡沈)의 주(註) : 송(宋)나라 유학자 채침이 지은 『홍범황극내편(洪範皇極內篇)』을 말한다.
80) 학록(鶴麓) : 학봉(鶴峯) 김성일(金誠一)의 고향인 금계(金溪) 학가산(鶴駕山)을 말한다.
81) 퇴사(退汜) : 퇴계 이황을 모신 도산서원(陶山書院) 앞을 흐르는 낙동강을 말한다.

사람은 비록 이미 멀어졌어도	人雖已遠
도만은 영원할 것입니다	道則不死
저 같은 소생은	某也小生
녹록하여 투미하나	鹿鹿無似
성대한 덕을 흠모한 것은	鑽仰盛德
어릴 때부터였습니다	粤自童稚
조부께서 살아계시던 지난날	王父在昔
뵙기를 자주하였습니다	容接累被
연릉의 한마디 말씀[82]	延陵一言
유택의 비석에 쓸 수 있었습니다	防墓可誌
게다가 저의 아버님께서	矧余家君
선생께 수학하였음이겠습니까	及門執贄
그 인연으로 출입한 것이	夤緣出入
바로 신사년이었습니다	歲在辛巳
소자가 문하에 들어가	小子從游
가까이서 모실 수 있었습니다	獲負其篲
저를 가까이 불러 앉히고서	來汝座隅
다정히 가르치며	提誨亹亹
"격물치지格物致知만이	曰惟格致
초학자가 처음 익힐 것이다" 하셨습니다	初學所始
하나의 간목[83] 같은 심오한 이치를	一竿妙契

82) 연릉(延陵)의……말씀: 비문을 말한다. 춘추 시대 오(吳)나라 계찰(季札)의 무덤에 세워진 비석에 공자(孔子)가 전서(篆書)로 "오호라, 오나라 연릉 계자의 무덤이다.[嗚呼有吳延陵季子之墓]"에서 유래한다. 갈암 이현일이 지은 「학암처사정달중묘표(鶴巖處士鄭達仲墓表)」를 가리킨다.

83) 간목(竿木): 옛날에 기예를 부리는 광대가 가지고 다니는 장대이다. 중국의 등은봉(鄧隱峯)이 마조선사(馬祖禪師)의 곁을 떠날 때 마조선사가 "어디로 가느냐?" 하자, 등은봉이 "석두(石頭)에게로 갑니다."

간곡히 가르쳐 주셨습니다	丁寧告示
또 더러는 주제를 바꾸어서	亦或更端
깊은 경지도 아끼지 않았습니다	不靳其邃
중화위육[84]이며	中和位育
기삭영비[85]이며	氣朔贏費
학문의 핵심을 설파하고	頭腦講破
학문의 요체를 분석하셨습니다	肯綮條牌
이틀을 봄바람 속에 앉아서[86]	兩日坐春
긴긴 밤새도록 말씀을 들었습니다	長夜回晷
돌아와 가슴에 새겨두었으니	歸來感佩
어느 날인들 생각나지 않았겠습니까	何日罔思
다만 어버이의 병환 때문에	只緣親癠
잠시라도 떠날 수 없었습니다	無敢少離
지난번 과장으로 가는 길에	曩赴荊圍
잠시 선생님 댁을 찾았습니다	暫叩門戺
선생님의 병환이 위독하여	夫子疾革
아무 가르침도 받지 못하였습니다	未承糠粃

하였다. 이에 마조선사가 "석두의 길은 미끄럽다." 하자, 등은봉이 "간목이 저를 따르니 가는 곳마다 한바탕 놀 것입니다.[竿木隨己 逢場作戲]" 하였다. 이는 오도(悟道)의 경지가 자기에게 있으므로 어떠한 상황을 만나도 자유자재하다는 것을 말한다.

84) 중화위육(中和位育) : "중화를 지극히 하면 천지가 자리 잡히고 만물이 길러진다.[致中和 天地位焉 萬物育焉]"고 한 대목을 말한다.(『中庸』)

85) 기삭영비(氣朔贏費) : 기영(氣盈)과 삭허(朔虛)의 영축(零縮)을 말한다. 해가 하늘과 만나는 주기는 360일보다 5와 235/940일이 더 많은데 이를 기영이라 한다. 달이 해와 만나는 주기는 360일보다 5와 592/940일이 적은데 이를 삭허라 한다. 기영과 삭허를 합쳐서 윤달이 생긴다.(『書傳』「堯典」蔡沈注)

86) 봄바람 속에 앉아서 : 스승과 함께 지내는 것을 말한다. 송(宋)나라 주광정(朱光庭)이 정명도(程明道)를 보고 돌아와 "내가 봄바람 속에서 한 달 동안을 지냈다.[光庭 在春風中 坐了一個月]"에서 유래한다.

마음이 잃은 듯 허전하여 心焉若喪
부질없이 한숨만 더 쉬었습니다 徒增歔欷
어이 알았겠습니까 흉한 부음이 那知凶問
뒤따라 서둘러 이를 줄을 隨後遽至
북쪽을 바라보고 길게 울부짖으며 北望長號
만 줄기 슬픈 눈물만 흘렸습니다 萬行悲淚
세월이 덧없이 흘러서 居諸忽遒
발인 날이 다가왔습니다 卽遠在邇
의형이 영원히 멀어지니 儀刑永隔
도맥이 끊어지게 되었습니다 道脈荒墜
슬픕니다! 우리 후학들은 哀哉後學
다시 누구를 의지하겠습니까 更誰依倚
생각이 여기에 미치니 言念及此
아픔이 오장을 베어내는 듯합니다 痛割臟胃
영전에 무엇을 올리겠습니까 享之曷用
한 잔 술에 두 궤[87]입니다 一巵二簋
전물은 비록 아주 조촐하나 物雖甚菲
정만은 얕지 않습니다 情則不菲
아! 선생이시여 嗟嗟先生
이 마음 굽어 살피소서 尙亦鑑此

87) 두 궤[二簋]: 서(黍)와 직(稷)을 담는 두 제기를 말하는데, 전하여 성경(誠敬)의 마음이 극진하면 이궤의 박한 제수일지라도 신(神)에게 제사할 수 있음을 말한다. “이궤로도 신에게 드릴 수 있다.[二簋可用享]”에서 유래한다.(『周易』「損卦」)

족형 도형 내양을 애도하는 제문[祭族兄道亨 來陽 文] 신묘년(1711)

황천이 사물을 낳음에	皇天生物
그 쓰임을 각각 맞도록 합니다	其用各當
용문의 오동나무는	龍門之桐
악률에서 궁상 소리를 내고	律抽宮商
조래산의 소나무는	徂徠之松
재목 중에 동량으로 적합합니다	材合棟梁
공적으로 공을 살펴보면	以公觀公
이 이치 도로 아득합니다	此理還茫
부여하기는 이리도 두터우면서	賦之何厚
빼앗기는 어이하여 바쁩니까	奪之何忙
공의 자질은	葢公資質
이미 맑고도 강하여	旣潔而剛
맑은 의표는 깨끗하고	清標灑落
묘한 말씀은 낭랑하였습니다	妙語琤琅
남을 대함에는 반드시 후덕하고	接物必厚
일을 처리함에는 오직 자세하였습니다	處事惟詳
일찍 문단에 올라	早登騷壇
문장으로 이름이 높았으나	高擅詞章
형옥[88]처럼 팔리지 않고	荊玉未售
갑상[89]에 속절없이 간직되었습니다	匣霜空藏

---

88) 형옥(荊玉) : 초(楚)나라 변화(卞和)가 형산(荊山)에서 얻은 박옥(璞玉)을 말한다.

89) 갑상(匣霜) : 갑 속의 서리로, 검을 말한다. 명나라 왕치등(王穉登)의 「일본도가(日本刀歌)」에 "양랑이 손으로 한 자루 갑 속의 검을 가지고, 내게 주기에 먼지를 터니 찬 빛이 이네.[楊郎手持一匣霜 贈我拂拭生寒芒]"에서 온 말이다. 이 제문에서는 좋은 상자를 말한다.

하루아침에 귀의하니　一朝依歸
금소琴韶[90]의 양지였습니다　于錦之陽
선생님의 가르침을 받아　沐浴師訓
법도 있는 문정에 노닐었습니다　游衍法場
속세의 모습 벗고서　脫落塵容
난을 차고 연잎 옷[91]을 입었습니다　蘭佩荷裳
만약 장수를 누렸다면　若享遐年
대방인[92]이 될 수 있었습니다　可得大方
어떻게 중도에서　如何中途
하나의 병이 먼저 해칩니까　一病先戕
만 리 밖 저의 초심[93]은　萬里初心
앞길이 막혀서 방황하며　鈍滯彷徨
오히려 신의 도움으로　尙冀神佑
병이 벌써 회복되었기를 바랐습니다　己疾回康
여러 해 질질 끌면서　沈綿累載
점점 고황[94]으로 들어가니　漸入膏肓
영산에 단사가 숨어버리고　靈遁丹砂
의술이 청낭서[95]에서 다하였습니다　術窮青囊

---

90) 금소(琴韶) : 갈암 이현일이 머물렀던 곳이다.
91) 연잎 옷[荷裳] : 은사(隱士)가 입는 옷을 말한다. “마름과 연잎으로 저고리를 만들고, 부용을 엮어 바지를 만들어 입는다.[製芰荷以爲衣兮 集芙蓉以爲裳]”에서 유래한다.(『楚辭』「離騷」)
92) 대방인[大方] : 식견이 훌륭하여 큰 도를 아는 사람을 말한다.
93) 초심(初心) : 수구초심(首丘初心)의 준말로, 고향을 향하는 마음을 말한다.
94) 고황(膏肓) : ‘고’는 가슴 밑의 작은 비계, ‘황’은 가슴 위에 얇은 막(膜)이다. 심장과 횡경막의 사이로 병이 그 속에 생기면 낫기 어렵다고 한다.
95) 청낭서[青囊] : ‘청낭’은 약을 넣는 주머니, 또는 천문(天文)·복서(卜筮)·의술(醫術)에 관한 서적을 말한다. 진(晉)나라 곽박(郭璞)이 곽공(郭公)이라는 사람으로부터 천문·복서·의술에 관한 책 6권을 넣은 푸른 주머니를 전해 받았다는 고사에서 유래한다.(『晉書』「郭璞列傳」)

덧없는 인생	倏忽浮生
사십 이년 세월 동안	四十二霜
재주 있어도 쓰이지 못하고	有才未試
뜻 있어도 펴지 못하였습니다	有志未償
하늘은 어떻게 남기지 않고	天何不憖
귀신은 어떻게 어질지 않습니까	鬼何無良
더구나 공은 떠나도	況公之歿
양친이 살아계심에 이겠습니까	雙親在堂
훌륭한 동생은 일찍 떠났고	賢季早殞
남은 아이도 아직은 어립니다	孤兒甫黃
숙수의 봉양96)을	菽水之養
아! 또 누가 하겠습니까	嗟又誰將
공의 원통함을 생각하면	想公寃恨
땅도 시들고 하늘도 거칠어집니다	地老天荒
다만 저는 공에게	顧余於公
바로 형제의 항렬입니다	乃昆弟行
정리 깊어 단문97)의 사이이고	情深袒免
정취 맞아 아양98)과 같았습니다	韻契峩洋

96) 숙수(菽水)의 봉양 : 가난 속에서 어버이를 극진하게 봉양하는 것을 말한다. 공자의 제자 자로(子路)가 집안이 가난해서 효도를 제대로 하지 못한다고 탄식하자, 공자가 "콩죽을 끓여 먹고 물을 마시더라도 기쁘게 해 드리는 일을 극진히 행한다면, 그것이 바로 효이다.[啜菽飮水盡其歡 斯之謂孝]"에서 유래한다.(『禮記』「檀弓下」)

97) 단문(袒免) : 상복을 입지 않고 윗옷의 왼쪽 소매를 벗은 채 관을 벗은 뒤 머리를 묶기만 하는 것을 말한다. 고조의 친형제나 증조의 당형제(堂兄弟) 등과 같이 오복(五服)을 입지 않는 먼 친척의 상례 때 지키는 예법이다.

98) 아양(峩洋) : 서로 마음이 맞는 것을 말한다. 춘추 시대 거문고의 명인 백아(伯牙)가 높은 산에 뜻을 두고 연주하면, 친구인 종자기(鍾子期)가 "멋지다, 마치 태산처럼 높기도 하구나.[善哉 峩峩兮若泰山]"라고 하였고, 흐르는 물에 뜻을 두고 연주하면, "멋지구나, 마치 강하처럼 넘실대는구나.[善哉 洋洋兮

만남을 자주 가지며	勝會頻數
고운 시를 번갈아 나누었습니다	佳唱迭相
무성한 숲의 난정이며	茂林蘭亭
봄풀이 자란 지당이었습니다	春草池塘
이제는 그만이니	今焉已矣
누구와 더불어 어울릴까요	誰與翺翔
장삿날이 기약 있어	窀穸有期
상여가 벌써 꾸며졌습니다	靈輀已裝
소리와 모습은 적막하고	音容寂寞
영위와 자리는 처량합니다	几筵凄凉
선한 이 복 받는다는 이야기	福善之說
이제 와서 황당해졌습니다	到此荒唐
한 잔 술로 와서 영결하며	一杯來訣
경건히 마음 담은 향을 사릅니다	敬炷心香
영혼이 만약 모르지 않는다면	靈若不昧
공께서는 반드시 잘 아실 것입니다	公必知卬

아우 중우를 애도하는 제문[祭亡弟重禹文] 신축년(1733)

아! 아프도다. 우리 집안의 화가 어찌하여 이다지 참혹하다는 말인가? 사람이라면 누군들 죽음의 화가 없겠는가만, 우리 집안같이 참혹한 경우가 누구에게 있었겠는가? 나는 천지간의 큰 죄인이 되고도 스스로 죽지 못하였네. 우리 자애로운 어머님을 잃은

若江河"라고 한 데서 유래한다.(『列子』「湯問」)

지 겨우 한 해 지났으나 우리 아버님께서 또 여러 아들을 버렸네. 가슴을 치고 뛰며 울부짖어 오장이 찢어진 지가 채 두 달이 못 되었는데, 너마저 또 이 지경이 되었네. 하늘이 우리 집안에 재앙을 내림이 어찌하여 이처럼 너무나 참혹한가?

지난해 초겨울 우리 숙부께서 갑자기 걸린 감기가 급히 위독해져서 네댓새 만에 세상을 떠났네. 이는 천연두의 독기에 의한 증세였으나 반점이 하나도 생긴 적이 없어서 자질 중에 병구완하는 이가 멍하니 느끼지 못하였네. 아버님이나 한 집안의 아직 천연두를 겪지 않은 사람들이 병구완에서부터 반함飯含과 염斂까지 모두 기피하지 않고 직접 처리하여 천연두의 독기가 이미 사람에게 감염되었네.

이달 그믐께 언경彥經이 먼저 아프고 2일에 또 자네가 아팠네. 이에 아버님께서 임시 거처 나가서 머문 지 이틀 만에 또 갑자기 불편해하셔서, 어쩌면 우연히 걸린 감기려니 하였네. 나는 벌써 자네의 처소에 와 있어서 곧장 달려가 모시지 못하고 단지 막내아우에게 가서 모시도록 하였으나, 나의 마음은 이미 천 길의 깊은 연못으로 빠져드는 듯하였네.

아버님의 몸에 반점이 생긴 뒤에는 나도 즉시 자네를 떠나 나아가 모시느라 자네 곁에는 병구완할 사람이 없어서 서숙庶叔에게 부탁하고 막내 누이를 남겨서 맡겼네. 이튿날 의원을 불러 아버님의 증세를 물어 보니, 의원이 매우 걱정하였네. 이윽고 아버님의 명으로 의원을 데리고 자네를 보이니, 의원이 "증세가 매우 좋습니다." 하였네. 내가 조섭할 방도를 거듭거듭 병구완하는 이들에게 자세히 말해 주고 다시 의원을 데리고 아버님께로 돌아왔네.

연이어 여러 가지의 약을 쓰며 밤낮 내 몸으로 대신할 것을 하늘에 축원하였으나, 나의 악행이 지독하여 신명神明에게 죄를 지었네. 마침내 하늘이 무너지는 아픔을 겪어 가슴을 치며 땅에 엎어져서 나의 목숨이 거의 끊어질 지경이었네. 더구나 언경彥經이 또 수일 앞서 요절하고 건중健仲이 수일 지나 세상을 떠났음에랴.

한 가문의 안에 살기가 하늘 가득하였으나, 그래도 자네의 증세가 차츰 좋아져서 조금씩 더 마시고 먹는다는 소식을 들었네. 나는 적이 자네의 품부稟賦가 두텁고 기혈氣血이 왕성하여 다행히 독한 병을 이기고 장수를 누릴 것이라 생각하였네. 날마다 묵묵히 마음속으로 이를 기도하였으나, 아버님을 가매장하고 빈소를 차리고서도 세속의 꺼림에 구애되어 병의 상태를 들어가 살피지 못하였네. 어찌 잠깐 사이에 위급한 증세가 갑자기 발작하여 약석藥石[99]을 써볼 겨를도 없이 훌훌히 불붙은 볏짚처럼 그냥 재가 될 줄을 생각이나 하였겠는가?

아! 자네는 자품資稟이 순후하고 기국器局이 광대하여 일을 맞아서는 수고를 아끼지 않았고 후환을 염려해서는 대비를 잘하였네. 남과 더불어 사귐에는 탁 터놓고 경계를 짓지 않아서 귀천과 대소가 없이 모두에게 환심을 샀으니, 이는 족당族黨이나 향리에서 함께 칭송한 바이네.

그러나 만약 가정 안에서의 독실한 효성이라면 또한 남들이 알지 못하는 것이 있네. 어릴 적부터 할머니께서 집에 계시고 아버님과 어머님께서도 연세가 드셔서, 자네는 노고를 아끼지 않고 맛난 음식을 직접 올렸으며 또 더러는 여름철에 물고기를 직접 잡아서 맛난 음식을 이어 대었네. 심지어 제사나 빈객을 위하여 쓰이는 물자이며, 전원에서 거두어들이는 일이며, 아랫사람들을 감독하는 일이며, 집안의 자잘한 군일까지도 계획하고 처리하여 저마다 그 마땅함을 얻지 않음이 없었네.

우리 아버님께서 서적을 완미하고 산수를 마음껏 노니시며 그 고상함을 이루도록 여건을 만들었고, 투미한 형은 또한 공부에 전념하여 그 힘을 쏟도록 만들었네. 우리 자애로운 어머니께서 병으로 자리에 누웠을 적에는 경황없이 애를 태우며 자고 먹을 겨를도 없이 지낸 것이 1년 반이었네. 나와 막내아우는 허약하고 병이 많아 자못 버티지 못할 듯하였으나, 자네는 밤을 지새워 새벽까지 적절한 간호를 하였네. 죽을 끓이거나 고기를 굽는 수고로움 또한 언제나 몸소 하며 조금도 게을리하지 않았으니, 이는 근력이 남보다 나았을 뿐만 아니라 대개 그 정성이 천성에서 우러나왔기 때문이었네.

---

99) 약석(藥石) : 병을 치료하는 데 쓰는 약과 침을 말한다.

누가 자네의 아름다운 자품이 이와 같고 독실한 효성이 이와 같은데도 수명이 짧아 서른한 살에 서둘러 멈출 줄을 생각이나 했겠는가? 한 아들은 나이 겨우 세 살이고 딸은 나이 겨우 일곱 살인 데다가, 홀로 된 청상과부는 참담하게도 의지할 곳이 없네. 자네가 만약 생각이 있다면 지하에서 눈을 감을 수 있겠는가?

아! 초상과 난리를 겪은 뒤로 나는 중병을 얻어 죽을 뻔한 것이 여러 번이었네. 또 거친 말에게 물려서 한 손가락의 중간 마디가 잘려나가 여러 달을 고생하였네. 장례마저 때를 넘겨 통곡하며 애를 태웠네. 지난달 아버님의 유택을 신방동新坊洞에 마련하고서, 또 자애로운 어머님의 관구를 옮겨 같은 날 부장附葬하였네. 숙부 또한 이미 옛 재사 뒤편 산기슭에 안장하였으며, 자네의 명정銘旌과 삽선翣扇[100]도 내일이면 숙부의 묘소 아래를 가리게 될 걸세. 그 터가 좋아서가 아니라 단지 선영과 서로 바라보고 있어서 자네의 혼령이 왕래하며 청소하기에 편안하고 나의 정리에도 편하기 때문이네.

자네에게 이미 아이가 있으니, 초상이나 제사를 아이에게 주재하도록 해야 하나, 칭얼대며 포대기에 있는 아이가 스스로 주재하지 못하네. 이제 제주題主·우제虞祭·소상小祥·대상大祥 등의 의절을 내가 우선 주재하는 것은 반부班祔[101]의 예를 따라서이네. 자네의 아이가 장성하기를 기다려 신주를 개제改題하고 사당을 별도로 세우려 하네. 이는 모두 제수씨의 뜻인데, 그 심정 또한 참담하지 않은가?

아! 장례는 예절이 있고 좋은 날은 머무르지 않아 이제 상여를 받들고 발인제를 지내니, 우리 형제는 이제부터 영결할 것이네. 어찌 목 놓아 하늘에 울부짖어 간장이 뽑히고 오장이 찢어지지 않을 수 있겠는가? 그만이고 그만이네. 마음이 아프고 마음이 아프네.

---

100) 명정(銘旌)과 삽선(翣扇) : 명정은 붉은 천에 망자의 관직과 성명을 쓴 조기(弔旗)이고, 삽선은 네모진 화포(畫布)에 다섯 자 길이의 자루를 붙여 상여의 양옆에 세우고 가는 제구(諸具)를 말한다.

101) 반부(班祔) : 자식이 없는 사람의 신주를 조상의 사당에 함께 모시는 법을 말한다.

고모부 이공을 애도하는 제문[祭姑夫李公文] 계묘년(1723)

삼가 생각건대 옥산은 恭惟玉山
해동의 용문[102] 입니다 海東龍門
그 훌륭한 후손 중에 厥有賢裔
오직 공이 그 사람이었습니다 惟公其人
우뚝한 의표와 岐嶷之表
드넓은 기국으로 恢廓之器
학문 세계를 소요하며 翺翔學圃
예전 서적을 음미하였습니다 咀嚼故紙
문장은 백설곡[103] 처럼 고상하고 詞高白雪
기개는 청하[104] 에 맺혔습니다 氣鬱青霞
시운을 만나지 못하였으니 時乎不遇
운명인 것을 어찌하겠습니까 命也奈何
뒤따라 소요하고 노니니 追遊徜徉
혜실과 난장 같았습니다 蕙室蘭墻
단혈에 갈무리되어 깃 붉으며 丹藏而赤
가법을 이어 방정하였습니다 矩襲而方

---

102) 용문(龍門): 황하(黃河)에 있는 물살이 매우 센 폭포로 세 단계로 되어 있었다. 그래서 작은 물고기들은 뛰어오르지 못하고 큰 물고기가 이곳을 거슬러 뛰어넘으면 용이 된다고 전한다. 후한의 이응(李膺)은 명망이 높아 선비들이 그로부터 인정을 받으면 명성이 높아지므로 그의 접대를 받는 것을 등용문(登龍門), 즉 용문에 오른다 하였다.(『後漢書』「黨錮列傳·李膺」) 이 제문에서는 옥산서원에서 인재가 남을 말한다.

103) 백설곡[白雪]: 전국 시대 초(楚)나라의 가곡(歌曲) 이름이다. 너무도 고아하여 따라 부를 수 있는 사람이 극히 적었다는 기록이 초(楚)나라 시인 송옥(宋玉)의 「대초왕문(對楚王問)」에 보인다.

104) 청하(靑霞): 뜻이 매우 고상함을 말한다. 강엄(江淹)의 「한부(恨賦)」의 "청하 같은 기이한 뜻을 맺었다.[鬱靑霞之奇意]"에서 온 말이다.

달빛은 언뜻 저물어도　霜暉乍晏
연꽃 같은 흉금 더욱 맑았습니다　荷佩益潔
유가를 다 섭렵하고　涉獵儒家
예절을 따라 실행하여　循蹈禮節
이익을 보면 겁쟁이 같고　見利如怯
남을 대하면 따뜻하였습니다　接物惟溫
덕은 고장에서 높고　德尊鄕閭
명망은 유림에서 무거웠습니다　望重衿紳
돌아보건대 우리 고모는　顧余姑母
공에게 짝이 되었습니다　於公爲偶
고모는 비록 일찍 떠났으나　姑雖早歿
공은 예전 정리 그대로였습니다　公不替舊
지난날 우리 아버지께서　昔我先人
동기처럼 여겼습니다　視若同氣
외로이 남은 이 인생이　孤露餘生
우러를 곳이 있었습니다　瞻仰有地
까닭 없는 하나의 병으로　一疾無端
서둘러 이 지경이 되었습니다　遽爾至此
나이는 겨우 중년이고　壽纔中身
이름은 처사에 그쳤습니다　名止處士
선한 사람이 그만이니　善類已矣
천도가 잘못된 것입니까　天道非耶
부고를 받고 목 놓아 우니　承訃失聲
눈물이 파도처럼 흐릅니다　淚下如波
발인하는 오늘 저녁　卽遠今夕
저의 아픔 어찌 다하겠습니까　我痛何極
한 잔 술로 전을 올리며　一觴奉奠
천고의 영결을 합니다　千古永訣

척형 손시채를 애도하는 제문[祭孫戚兄 是釆 文] 갑진년(1724)

아! 공께서 떠나고 나서 어이하여 날이 많이 흘러갔으나 아픔이 더 깊어갑니까? 사문을 위하여 앞장섰으나 끝내 비명횡사하였으니, 이는 참으로 많은 선비들이 함께 마음 아파하는 바입니다. 저와 같이 여러 대를 이은 친척의 정의와 일생동안 따라 노닌 우호가 또 남보다 다름이 있고 보면, 생각지도 못한 이 참화를 보고 안타까움과 슬픔이 또 어찌 많은 선비들이 공적인 마음으로 아파하는 것보다 만 배나 되지 않겠습니까?

아! 공의 할머니께서는 바로 우리 조부의 종누이이며, 선부군先府君 처사공은 저의 아버님보다 비록 나이는 조금 많으나 특별히 도의道義의 사귐을 허락하여 왕래하고 따르며 성현의 책을 강론하였습니다. 또 더러는 산수의 사이에서 노닐고 읊으며 화락하게 서로 즐겼습니다. 관계는 비록 내외종간이나 자못 한 집안의 형제와 거의 같았으니, 우리 아버님의 제문으로도 알 수 있습니다.

공의 형제들은 가정의 훌륭한 가르침을 받아서 시례詩禮로써 몸을 처신하고 충신忠信으로써 마음을 보존하며 선善을 즐기고 의義를 사모하여 진실로 유가의 풍도가 있었습니다. 저는 공에게 비록 장유長幼의 차이는 있으나 또한 항렬이 같아서 또래의 벗으로 대하여 주셨습니다. 아버님께서 춘부장春府丈을 찾아갈 적에는 제가 매번 따랐으며, 춘부장께서 우리 아버님에게 들를 적에는 공의 형제가 또한 늘 따라왔습니다. 모시는 여가에 물러나 사사로이 토론하면서 더러는 술을 마시고 서로 농담을 하며 더러는 운자를 가려 시를 수창하다 보니, 날이 저물고 밤이 깊음을 느끼지 못하였습니다.

공은 타고난 품성이 정미하고 자세하며 뜻을 세움이 강직하고 방정하였습니다. 효우孝友·돈목敦睦한 행실과 서책書冊·한묵翰墨의 공부이며, 일을 처리하는 능력과 남을 대하는 충심이 다 같이 남보다 뛰어난 점이 있으나, 어버이를 섬기는 성효誠孝에 있어서는 더욱 더 우뚝하여 미칠 수 없는 점이 있었으니, 이는 제가 흠모하고 애모해하며 멈추지 못하는 것입니다.

지난해 친상親喪을 당하던 날에는 참혹한 화가 겹쳐서 깊은 산속으로 피신하며 남은 목숨이 거의 끊어질 지경이어서, 친구들 중에도 깊이 아껴주는 사람이 아니면 찾아오는 이가 드물었습니다. 그러나 공은 무더위를 무릅쓰고 험한 산속으로 찾아와 곡하고 위로하는 의절을 다하였으니, 공이 선대의 세의를 잊지 않는 것 또한 어찌 성효에서 흘러나온 것이 아니겠습니까?

오늘날 일의 경우라면 더욱 차마 말하지 못할 바가 있습니다. 여론이 벌써 정해지고 나서 수일 만에 공이 비로소 그 자리에 왔으나 또 다음날에 여론대로 동주洞主가 되었고 보면, 여론 또한 벌써 형성된 것입니다. 우리 공의 선현을 존중하고 사도를 중시하는 정성이 감히 한 몸을 위할 계책으로 이미 형성된 여론을 허물지 못하였으나, 이를테면 관찰사의 의중을 거스른 일은 일찍이 생각이 미치지 못한 바였습니다. 어찌 교묘하고도 험악한 인심이 온갖 변고를 만들어 집에서의 노여움을 거리에서 풀고 깃털이 쌓여 배가 침몰하듯이 엄청난 화가 도리어 무고한 몸에 적중할 줄을 생각이나 했겠습니까?

하양河陽 사람은 군주의 하사품을 빼앗아 불좌를 넓혔으나 득의하여 팔을 걷어붙였으며, 우리 공은 군주의 하사품을 밝혀 도학을 높였으나 형을 받아 죽었으니, 이는 참으로 이치상 아주 괴이한 일입니다. 기호 지방 유생은 준엄한 말로 그 죄를 성토하였으나 감히 어떻게 하지 못하였으며, 우리 공은 한마디 말로도 그 실수를 거론하지 않았으나 이렇게 억울한 재앙에 걸렸으니, 이는 또한 너무나 원통한 일입니다. 논의를 주창한 선비는 많았으나 모두 무사할 수 있었으며, 마지막에 참여한 우리 공은 홀로 목숨을 잃었으니, 이는 더욱더 인정상 너무 애통한 점입니다.105)

저는 일찍이 선대 처사공의 덕을 닦고 선을 쌓은 공효로 반드시 후인에게 큰 복이 있을 것이고 우리 공의 효우孝友·충신忠信의 행실로 반드시 앞으로 큰 복을 길이 받아서

---

105) 하양(河陽)……점입니다. : 임고서원에 소속된 절이 하양(河陽) 땅에 있는데, 전임 관찰사 김동필(金東弼)이 하양 사람들의 청탁에 따라 빼앗아 버렸다. 이 때문에 다른 곳에서도 호응하여 용인(龍仁)의 사림과 성균관에서 통문이 왔는데, '나무를 벤 것과 다름이 없다.[無異伐樹]'라는 등의 말이 있었다. 이에 전임 관찰사는 영천(永川)의 사림이 부추겨서 벌어진 일이라고 여겨 크게 성을 내어 당시 원장이던 손시채를 매질하여 죽인 사건을 말한다.(『淸臺日記』「1724年 12月 21日 條」)

무궁한 수명을 누릴 것이라고 생각하였습니다. 그러나 뜻하지 않게 이번에 결국 이렇게 너무 괴이쩍고 너무 원통하며 너무 애통한 일이 있었으니, 이 무슨 세상의 변고란 말입니까? 착한 자에게 복을 주고 나쁜 자에게 화를 내린다는 천리가 오늘날에 와서는 시들어 들림이 없는 것입니까? 아니면 또한 세도가 이미 무너져서 사람이 귀신과 도깨비로 변하여 하늘 또한 이기지 못해서입니까?

공이 세상을 떠난 뒤로 계절이 한겨울이어서 양기가 닫혔으나, 은은한 우레가 우르릉 울리고 큰 번개가 번쩍 일어나며 검은 안개가 어둑어둑 사방을 덮었으니, 이는 과연 천년만년 쌓인 울분과 불평의 기운이 천지간을 매워서가 아닙니까? 그렇지 않다면 어찌하여 하늘의 변고가 이 지경에까지 이르렀겠습니까? 너무나 한탄스럽습니다. 무슨 말을 더하며 무슨 말을 더하겠습니까?

아! 세월은 멈추지 않아 장삿날이 어느덧 다가왔습니다. 돌아보건대 우리들 중에 누구인들 한목소리를 내며 땅속에 들어가지 않겠습니까? 오늘 저녁 공만이 무슨 죄로 의관을 묻는 것이며, 유명을 달리하는 것입니까? 맑고 따듯한 모습을 다시 볼 수 없을 것이며, 삼가고 후덕한 말씀을 다시 들을 수 없을 것이며, 수십 년 동안 서로 따르던 즐거움을 다시 누릴 수 없을 것입니다. 어떻게 피눈물을 닦으며 목 놓아 길게 통곡하지 않겠습니까?

지난날 영천군 향교의 유생들이 제수를 마련하여 여사旅舍에서 곡한 것은 사림의 공론에서이고 지금 보잘것없는 전奠으로 구택舊宅에서 곡하는 것은 친척의 사정에서이며, 공론으로 곡한 것은 의리에 있어서이고 사정으로 곡하는 것은 정의를 따라서입니다. 영령께서 만약 모르지 않는다면 또한 저의 정의를 살피어 저의 잔을 흠향하실 것입니다. 아! 슬픕니다.

조병애[106] 선생을 애도하는 제문[祭曺屛厓先生文] 병오년(1726)

퇴계의 연원이 멀어지며 退洛源遠

도학이 갈수록 쇠미해졌습니다	道學浸微
우뚝한 인산[107]은	卓乎仁山
형제분이 서로 빛을 내었습니다	雙棣交輝
훌륭한 문도들이 있어	厥有賢徒
유림의 인망이 성대하였습니다	儒望蔚然
오직 우리 선생께서	惟我先生
실로 그 학문을 계승하였습니다	實承其傳
선생의 선대는 누구인가요	先生何世
하성부원군[108]에서 나왔습니다	肇出夏城
벼슬을 이어온 망족이며	簪纓望族
시례를 전해온 명문이었습니다	詩禮名庭
맑은 정기가 모여서	淑氣攸鍾
바로 선생을 내었습니다	乃降先生
난초처럼 곱고 계수처럼 향기로우며	蘭芳桂烈
옥처럼 온윤하고 금처럼 순정하였습니다	玉溫金精
자품이 이미 빼어난데	資旣秀美
의지가 어찌 비루하였겠습니까	志豈卑夷
어려서 아버지를 잃었으나	幼失嚴訓
스스로 선생을 얻었습니다	能自得師
먼 곳으로 선생을 찾아가	隅趨函丈
직접 경전의 뜻을 배웠습니다	面受經旨

106) 조병애(曺屛厓) : 병애는 조선장(曺善長, 1661~1726)의 호이다. 자는 인백(仁伯), 본관은 창녕(昌寧)이다.

107) 인산(仁山) : 경북 영덕군 창수면 인량리 뒷산인 인량대산(仁良大山)의 준말로, 존재 이휘일과 갈암 이현일 형제를 말한다.

108) 하성부원군(夏城府院君) : 조익청(曺益淸, ?~1353)을 말한다. 본관은 창녕이다. 고려의 무관으로 1352년에는 공민왕이 원나라에 있을 때 호종(扈從)한 공으로 연저수종공신(燕邸隨從功臣) 1등에 올랐으며, 이어 좌정승에 올라 하성부원군에 봉해졌다. 시호는 양평(襄平)이다.

또한 학암[109]께서	亦越鶴巖
공의 외숙이어서	是公舅氏
왕래 주선하며	往來周旋
덕의에 훈도되었습니다	薰染德義
이에 우리 선비들 중에	迺知吾儒
참으로 이 일이 있을 줄 알았습니다	眞有此事
몸을 세움은 이미 바르고	立脚旣正
굳은 지조는 더욱 확고하였습니다	厲操彌確
정문[110]을 물리쳐 버리고	屛棄程文
오로지 실학을 공부하니	專攻實學
『소학』과 『주자가례』	小學家禮
『심경』과 『근사록』이며	心經思錄
사서를 계단으로 삼아	以階四子
육경에 거슬러 올랐습니다	以泝六籍
학식이 비록 이미 명확하였으나	知雖已的
행동은 오직 어렵게 하였습니다	行之惟艱
용감히 앞으로 나아가며	勇往直前
주저한 적은 없었습니다	不曾蹣跚
충신하고 독경하며	忠信篤敬
화평하고 개결하였습니다	和易介潔
일처리에는 정밀하고 자세하였으며	處事精詳
남을 대함에는 기쁘고 흡족하였습니다	接物歡洽
도가 아니고서 어떻게 이행하며	非道何履

109) 학암(鶴巖) : 정시연(鄭時衍, 1632~1687)의 호이다. 자는 달중(達仲), 본관은 영일이다. 과거를 포기하고 학문에 전념하며 후학을 양성하였다. 저서로는 『학암집』이 있다.

110) 정문(程文) : 과거를 볼 때 쓰던 일정한 법식의 문장을 말한다.

의가 아니고서 어떻게 지키겠습니까	非義奚執
넉넉하여 가득 쌓이고	裕然充積
빛이 나서 티가 없었습니다	瑩無瑕累
여사로 하는 문장은	餘事文章
항상 즐길 거리 될까 경계하며	恒戒玩好
꾸미지를 않았으나	雕鏤不施
운격이 저절로 갖추어졌습니다	韻格自到
아! 선생께서는	嗟惟先生
문질이 빈빈[111]하여	質文彬彬
온축한 재능이 이미 깊었으나	積蘊旣深
구고의 울음소리[112] 누가 듣겠습니까	皐唳孰聞
탁류가 하늘까지 넘치니	濁流滔天
향기로운 난초 계곡에 버려졌습니다	芳蘭委谷
남들은 더러 슬퍼하였으나	人或懷戚
공은 그냥 태연자약하였습니다	公乃自若
덧없는 명예 구름처럼 여기고	雲視浮榮
먼지 속 세상 꿈에서도 잊었습니다	夢斷塵寰
이 병애를 살펴보니	睠茲屛厓
물도 있고 산도 있어	有水有山
바위에 터 닦아 집을 짓고는	開巖築室
약초 심고 꽃을 가꾸었습니다	種藥蒔花

111) 문질(文質)이 빈빈(彬彬) : 형식과 내용이 아름답게 조화된 것을 말한다. "바탕이 문채를 이기면 촌스럽고, 문채가 바탕을 이기면 지나치게 꾸미니, 문채와 바탕이 조화를 이룬 뒤에야 군자이다.[質勝文則野 文勝質則史 文質彬彬然後君子]"에서 유래한다.(『論語』「雍也」)

112) 구고의 울음소리[皐唳] : 구고는 수택(水澤)의 깊은 곳으로, 은거한 이를 말하며, 울음소리는 명성을 말한다. "학이 구고에서 울면 소리가 하늘에까지 들린다.[鶴鳴于九皐 聲聞于天]"에서 유래한다.(『詩經』「小雅·鶴鳴」)

여기에서 소요하며	於焉徜徉
휘파람 불고 읊었습니다	以嘯以哦
유유자적하며 해를 마치니	優游卒歲
즐거움 또한 그지없었습니다	樂且無央
춘추가 높아 갈수록	春秋向晏
명성이 더욱 드러나서	聲譽益彰
관찰사가 양식을 보내오고	藩伯致粟
군수가 공손히 찾아왔을 때	邑侯擁篲
단간목[113]처럼 담장 넘지 않았어도	段垣莫踰
백이처럼 뜻 더러워지는 듯하였으니	夷志若浼
외물이 어찌 누를 끼쳤겠습니까	外物焉加
내면이 절로 윤택해졌습니다	內得自肥
공부가 깊어지고 노력이 오래되며	功深力久
도가 높아지고 덕이 빛났습니다	道隆德輝
고장에서는 대로요	鄉邦大老
사림에서는 현사였습니다	士林賢師
지산[114]의 가학을	芝翁家學
공이 실로 이었습니다	公實繼之
지난날 저의 아버님께서는	昔我先公
일찍부터 마음으로 사귀었습니다	早託心交
교분은 진순[115]같이 친밀하고	契密陳荀

113) 단간목(段干木) : 전국 시대 진(晉)나라 사람으로 위(魏)나라에 살면서 도를 지킨 채 벼슬살이를 하지 않았는데, 위나라 문후(文侯)가 어진 것을 알고서 찾아가자 담을 넘어 문후를 피하여 도망쳤다는 고사가 있다.(『呂氏春秋』「期賢」)

114) 지산(芝山) : 조호익(曺好益, 1545~1609)의 호이다. 자는 사우(士友), 본관은 창녕, 시호는 문간(文簡)이다.

115) 진순(陳荀) : 형제와 같이 친밀하였음을 말한다. '진'은 후한(後漢) 때 진식(陳寔)의 두 아들 진기

취향은 허소[116]같이 딱 맞았습니다	趣協許巢
도의를 서로 격려하고	道義相勖
이학을 서로 연마하였습니다	理學相磨
산벼랑의 정자에 꽃비가 내리고	崖亭花雨
시냇가 집에 안개 물결이 필 때	溪舍烟波
서로 왕래하며	互往互來
자주자주 함께 모였습니다	源源合席
뛰어난 강설로	崢嶸講說
밤낮을 이으며	竟晷通夕
경문의 심오한 뜻	經文蘊奧
주석의 다른 설	箋註同異
심술의 미묘함	心術之微
물리의 오묘함	物理之秘
함양의 공부	涵養之工
극치의 방도	克治之方
횡설수설 변론하니	橫竪卞難
무르익고 자세하였습니다	瀾漫消詳

(陳紀)와 진심(陳諶)을 가리킨다. 이 형제는 우열을 가릴 수 없을 정도로 함께 명망이 뛰어나 세상에서 난형난제(難兄難弟)라 일컬었다. '순'은 후한 때의 명사 순숙(荀淑)의 여덟 아들 검(儉)·곤(緄)·정(靖)·도(燾)·왕(汪)·상(爽)·숙(肅)·부(敷)를 가리킨다. 이들은 모두 명망이 뛰어나 순씨 팔룡(荀氏八龍)이라 일컬어졌다.

116) 허소(許巢) : 요임금 때의 고사(高士)인 허유(許由)와 소부(巢父)처럼 마음이 맞았음을 말한다. 소부와 허유가 기산(箕山)에 들어가 숨어 살았는데, 요임금이 허유를 불러 구주(九州)의 장(長)으로 삼으려고 하였다. 그러자 허유가 그 소리를 듣고는 더러운 말을 들었다고 하면서 영수(潁水)의 물에다가 귀를 씻었다. 소부가 소를 끌고 와서 물을 먹이려고 하다가 허유가 귀를 씻는 것을 보고는 그 까닭을 물으니, 허유가 "요임금이 나를 불러 구주의 장을 삼으려고 하므로 그 소리가 듣기 싫어서 귀를 씻는 것이다." 하였다. 그러자 소부가 그 귀를 씻은 물을 먹이면 소의 입을 더럽히겠다고 하면서, 소를 끌고 상류로 올라가서 물을 먹였던 고사에서 유래한다.(『高士傳』)

또한 더러 쉬기도 하니　亦或流憩

시내 굽이와 바위 사이에서　磵曲巖罅

음풍농월을 하면서　吟風詠月

서로 번갈아 창화하였습니다　更唱迭和

아름다운 산수를 만나면　佳山美水

더러는 들어가 품평도 하였습니다　或入評議

화려한 명성과 재리는　聲利棼華

입에 올리지도 않았습니다　不挂牙齒

상안산의 머리 흰 노인[117]이며　商顔皓叟

기수 가의 훌륭한 무리[118]였습니다　沂水賢儔

취미가 서로 잘 맞아　臭味相合

정의는 더없이 정다웠습니다　情義綢繆

이에 저 소자는　肆我小子

여러 해 부형같이 섬겼습니다　父事幾年

지난날 고아가 되면서부터　自頃孤露

앙모의 마음 더욱 간절하였으니　仰慕尤懸

자양과 병산[119]이며　紫陽屛山

백온과 이천[120]이었습니다　伯溫伊川

117) 상안산(商顔山)의……노인 : 상안산은 진(秦)과 한(漢)의 교체기에, 상산사호(商山四皓) 즉 동원공(東園公)·하황공(夏黃公)·녹리선생(甪里先生)·기리계(綺里季)가 은거하던 산 이름이다. 피세(避世)의 뜻을 담은 「자지가(紫芝歌)」를 부르면서 세상에 나오지 않았다고 한다.

118) 기수(沂水)……무리 : 세상의 공명에는 뜻이 없고 자연을 벗 삼아 도를 즐기는 자세를 말한다. 증점(曾點)이 "늦은 봄에 봄옷이 만들어지면 관을 쓴 벗 대여섯 명과 아이들 예닐곱 명을 데리고 기수에 가서 목욕하고 기우제 드리는 곳에서 바람을 쏘인 뒤에 노래하며 돌아오겠다.[暮春者 春服旣成 冠者五六人 童子六七人 浴乎沂 風乎舞雩 詠而歸]"고 한 데서 유래한다.(『論語』「先進」)

119) 자양(紫陽)과 병산(屛山) : '자양'은 주자이고, '병산'은 주자의 어릴 때 스승 유자휘(劉子翬)의 호이다. 여기서는 매산이 병애 조선장을 선생으로 여겼음을 말한다.

120) 백온(伯溫)과 이천(伊川) : '백온'은 소옹(邵雍)의 아들이고, '이천'은 정이(程頤)이다. 백옹이 나이

경건히 가르침 받들어　祗奉警誨
투미한 마음에 새겼습니다　獲鐫愚妄
마음속으로 몰래 빌며　私心暗祝
건강하기만을 바랐습니다　庶幾無恙
어찌 알았겠습니까 하나의 병으로　那知一疾
서둘러 수명이 막히게 될 줄을　遽啬遐齡
청산에는 주인이 없고　青山無主
소미[121]는 빛을 거두었습니다　少微收精
이 학문은 누가 천명하고　此學誰闡
우리 도는 누가 강론하며　吾道誰講
외진 고장은 어디에 기준하며　窮鄉何準
후생들은 어디를 우러르겠습니까　後生何仰
더구나 불초한 저는　矧余不肖
또 누구를 의지하겠습니까　又將疇依
부고를 받들고 통곡하니　承訃痛哭
눈물이 턱에 홍건합니다　涕淚交頤
다만 그때에는　第於彼時
마침 종기가 나서　適患瘡瘢
아프실 때 탕약도 올린 적 없고　病未嘗湯
돌아가심에 관에 기대지도 못하였으며　歿未憑棺
문상마저 남보다 뒤늦었으니　奔赴後人
이 한이 하늘에 닿습니다　此恨窮天

차이가 많음에도 불구하고 이천과 통교(通交)하였다. 여기서는 병애 조선장이 매산을 친구처럼 대해준 것을 말한다.

121) 소미(少微) : 처사성(處士星)으로, 소미성이 희미하거나 떨어지면 인간 세상의 처사(處士)가 죽는다고 전해진다.

세월이 빨리 지나간다 하나	跳丸易走
장삿날이 이리도 바쁩니까	窀穸何忙
사우당은 적막해지고	四友堂寂
이요당은 황폐해졌습니다	二樂臺荒
세곡의 시내도 오열하고	細溪嗚咽
병애의 나무도 처량합니다	崖樹凄凉
음성도 들을 수 없고	謦欬莫聆
전형도 볼 수 없습니다	典刑莫覿
상여 줄 잡는 오늘 저녁	執紼今夕
저의 아픔 어찌 끝이 있겠습니까	我痛何極
이에 보잘것없는 제수 받들어	玆奉薄具
경건히 한 잔 술을 올립니다	敬奠一勺
엎드려 관 앞에서 곡하며	伏哭柩前
만고의 영결을 합니다	萬古永訣

울산 부사 김휴백[122)]을 애도하는 제문[祭金蔚山休伯文] 기유년(1729)

아! 공의 태어남은	繄公之生
그 연원이 머네	厥惟源遠
삼로[123)]가 복을 기르고	三路毓祉

122) 김휴백(金休伯) : 휴백은 김시빈(金始鑌, 1684~1729)의 자이다. 호는 백남(白南), 본관은 함창(咸昌)이다. 1702년 문과에 급제, 병조 정랑·거창 현감·울산 부사 등을 지냈다. 울산 부사 시절 폐습을 과감히 개선하는 등 선정을 베풀다가 임지에서 죽었다. 저서로는 『관동호서남만록(關東湖西南漫錄)』이 있다.

물암[124]이 가르침을 남겼네	勿庵貽訓
맑은 정기가 모여서	淑氣攸鍾
묘한 자품이 뛰어났네	妙質超常
금옥 같은 관상에	金玉之相
비단 같은 속마음이었네	錦綺其腸
경사를 널리 찾고	博蒐經史
문묵을 많이 익혔네	大翫文墨
문장 솜씨는 빼어나고	才華穎秀
글씨 기세는 힘찼으니	筆勢風發
겨우 열아홉의 나이로	纔年十九
소과 대과에 연이어 뽑혔네	並擢蓮桂
승문원에 보임되어	選補槐院
낭관직을 두루 역임하였네	閱歷郎署
더러는 사신으로 나가고	或奉使節
더러는 수령이 되었네	或佩縣符
내외의 직책을 다 거치며	出入盡職
명망과 실적이 서로 맞았네	望實交孚
이는 참으로 큰 인물이니	此眞巨手
어찌 보통 자리에 맞겠는가	豈宜常秩
명리[125]의 강석은	明离講肆

---

123) 삼로(三路) : 김이음(金爾音, ?~1409)의 호이다. 자는 백옥(伯玉), 본관은 함창이다. 1374년 문과에 급제, 예문관 검열·호조 참판 등을 지냈다.

124) 물암(勿庵) : 김륭(金隆, 1549~1594)의 호이다. 자는 도성(道盛), 본관은 함창이다. 퇴계 이황의 제자로 산법(算法)에도 통달하였다. 학문과 행실이 뛰어나 참봉에 제수되었다. 물암(勿庵)의 '암(庵)' 자는 일반적으로 '암(巖)' 자로 되어 있다.

125) 명리(明离) : 세자를 말한다. "밝음이 둘인 것이 이가 되니, 대인이 보고서 밝음을 이어 사방을 비춘다. [明兩作離 大人以繼明照于四方]"에서 유래한다.(『周易』「離卦·大象」)

보도의 중책이어서 輔導重責
왕께서 바로 "너에게 명한다" 하니 王乃命汝
자리에 맞는 그 사람이었네 官惟其人
중화[126]께서 공업을 잇게 되자 重華繼勛
지성으로 현인을 찾았네 至誠渴賢
이에 우리 영남을 둘러보고 迺眷吾嶺
뛰어난 현인을 뽑았네 爰拔其尤
사헌부에 발탁하라는 霜臺擢置
윤음이 따뜻하고 넉넉하였네 綸語溫優
마음이 겸허하니 志顧撝謙
은명을 어찌 함부로 받았겠는가 恩豈妄受
상소하여 심정을 토로하니 尺疏披腹
약석이 입에 쓴 것과 같았네[127] 藥石苦口
큰 진노가 거듭되니 霆威震疊
결연히 곡하고 먼 변방으로 나섰네 玦泣遐荒
다시 체직을 당하여 仍被褫削
산장으로 물러나 지냈네 退伏山庄
세월이 문득 흘러 流丸乍轉
떨어진 신이 다시 거두어졌네 墜履復收
이에 분우[128]를 하니 于以分憂
울산이라는 고을이었네 于蔚之州

---

126) 중화(重華): 왕위를 이을 세자를 말한다. 『서경』「요전(堯典)」에서 요(堯)의 덕을 '방훈(放勳)'이라 하고, 「순전(舜典)」에서 순(舜)의 덕을 '중화(重華)'라고 한 데서 유래한다.

127) 약석(藥石)이……같았네: 간절한 충언을 말한다. "충언은 귀에는 거슬리나 행동에는 이롭고, 양약은 몸에는 좋으나 입에 쓰다.[忠言 逆於耳 利於行 良藥 苦於口 利於病]"에서 유래한다.(『孔子家語』)

128) 분우(分憂): 임금의 근심을 나눠 갖는다는 뜻으로, 지방관의 임명을 말한다.

시국이 어려워서	惟時艱屯
소추[129]들이 소란을 피웠으나	小醜擾攘
험난한 길이라고 어찌 꺼리랴	險途奚憚
충의만이 지킬 수 있었네	忠義可仗
당일에 사은숙배하고	當日陛辭
필마로 바삐 달려갔네	匹馬奔往
옥호에 얼음을 담으니[130]	玉壺貯氷
탐천[131]을 마셔도 상쾌하였네	貪泉覺爽
일상의 세금도 거두지 않아	常科不徵
관아의 창고가 깨끗이 비었네	官庫如滌
두모[132]처럼 사랑을 베푸니	杜母施乳
한해[133]처럼 덕을 기렸네	韓孩頌德
혜택이 이슥고 베풀어지니	惠澤旣敷
문풍이 더 진작되었네	文風更張
현가 소리는 무성[134]같이 넘치고	絃洋武城
문장은 유방[135]같이 성대하였네	詞菀柳邦

---

129) 소추(小醜) : 소인 무리들을 말한다. 이 제문에서는 일본을 말하는 것으로 여겨진다.
130) 옥호(玉壺)에……담으니 : 고결한 마음을 비유한다.
131) 탐천(貪泉) : 광동성 광주시 북쪽 석문에 있는 샘이다. 이 물을 마시면 청렴한 사람도 탐욕스럽게 변한다고 전해진다.
132) 두모(杜母) : 남양 태수(南陽太守)가 되어 덕정(德政)을 베푼 후한(後漢)의 두시(杜詩)를 말한다. "앞에는 소부가 있고 뒤에는 두모가 있다.[前有召父 後有杜母]"고 한 데서 온 말이다.(『漢書』「循吏傳·召信臣」)
133) 한해(韓孩) : 원주 자사(袁州刺史)로 선정을 베푼 당나라 한유(韓愈)를 말한다.(『新唐書』「韓愈傳」)
134) 현가(絃歌)……무성(武城) : 고을이 잘 다스려졌음을 말한다. 현가는 거문고·비파 등을 연주하며 시가(詩歌)를 읊는 것을 말한다. 무성은 춘추 시대 노(魯)나라의 현읍(縣邑)이다. 자유(子游)가 무성의 읍재(邑宰)가 되어 백성들에게 예악을 가르쳤으므로, 곳곳마다 현가의 소리를 들게 되었다는 고사에서 유래한다.(『論語』「陽貨」)
135) 유방(柳邦) : 유종원(柳宗源, 773~819)을 말한다. 자는 자후(子厚), 호는 하동(河東)이다. 왕숙문(王叔

바다와 산이 편안해지고	海山晏然
백성과 아전이 다투어 노래하였네	民吏爭謠
큰 칼로 어찌 닭을 잡으랴	大刀寧雞
단혈의 깃털은 하늘이 마땅하네	丹羽宜霄
지켜보게 되겠네 교지가	竚看璽書
명광[136]에서 내려오는 것을	將下明光
수아[137]가 몰래 침입하여	竪兒暗鑠
초혼이 이리도 바쁜가	皐招何忙
규벽[138]이 광채를 잃으니	奎壁晦彩
완염[139]이 먼지 속에 묻히네	琬琰埋塵
벼슬살이 중도에서 멈추고	爵稅半塗
나이는 쉰도 되지 않았네	年缺五旬
자신에게 이미 인색하더니	於身旣嗇
또 아들마저 없네	又無家督
선류를 어떻게 권면하겠는가	善類奚勸
신도를 규명하기 어렵네	神逵難覈
돌아보건대 나는 공에게	顧余於公
나이 한살 차이였네	齒爭一歲
마음으로 사귄 지 이미 오래어도	神交幾久

文)의 일당으로 몰려 유주 자사(柳州刺史)로 나갔다.

136) 명광(明光) : 한대(漢代)의 궁전 이름이다. 여기서는 대궐을 말한다.

137) 수아(竪兒) : 고칠 수 없는 병 기운을 말한다. 병이 든 진후(晉侯)가 두 아이[二竪]가 의원이 오기 전에 고황(膏肓)으로 숨을 것을 의논하는 꿈을 꾼 이후 고칠 수 없는 병에 걸린 고사에서 유래한다.(『春秋左氏傳』「成公」 10年)

138) 규벽(奎壁) : 규성(奎星)과 벽성(壁星)으로, 문장을 주관한다는 별들의 이름이다.

139) 완염(琬琰) : 옥(玉)으로 된 홀(笏)의 일종인 완규(琬圭)와 염규(琰圭)이다. 여기에 아름다운 행실을 적어서 후세에 전한다고 전하였다. 여기서는 김휴백의 행적이 후세에 전할 만하다는 것이다.

글로 사귐은 만년이었네　文契晩締
지난번 구강에 들렀을 때　頃過鷗江
함께 매헌에 올랐네　一登梅軒
여러 날 머무르면서　留連數日
서로의 속마음을 토로하였네　倒廩傾囷
작별하고 막 돌아오자　別袂乍回
부고가 금세 날아왔네　訃聲俄及
그간에 며칠이나 지났던가　中間詎幾
스무 날을 겨우 채웠네　兩旬纔浹
꿈인가 현실인가　夢耶眞耶
뼈가 저리고 마음이 내려앉네　骨驚心墜
이제는 그만이구나　今焉已矣
우리들은 누구를 의지할까　吾儕誰依
여우의 머리도 고향 향하니　狐首故丘
운구 행렬이 우리 고을 지나가네　櫬過鄙邑
지난날 행차를 기약하였더니　昔期枉旆
오늘날 무슨 운구 행렬인가　今何戢木
펄럭이는 명정이 길을 열어도　飛旐啓路
덮은 운불삽은 간신히 지나가네　牆翣間關
훌륭한 의론 들을 수 없고　英論莫聆
고아한 의표 대하기 어렵네　雅標難扳
상여 줄 잡고 길이 통곡하니　執紼長痛
나의 눈물 강물처럼 쏟아지네　我涕河傾
한 잔 술로 와서 전을 드리며　一杯來奠
보잘것없는 심정을 경건히 펴네　敬伸微情

훈수 선생을 애도하는 제문[祭塤叟先生文] 경술년(1730)

아! 영남의 남쪽은	繄嶺之南
민락[140]과 같으나	厥惟閩洛
세상의 격이 떨어지면서	世級而下
정학이 쓸쓸해졌습니다	正學蕭索
하늘이 사문을 돌아보아	天眷斯文
바로 선생을 내었습니다	乃降先生
정기는 화악에서 나눠 받고	精分華嶽
광채는 덕성을 품었습니다	光孕德星
옥같이 온윤하고	如玉之溫
난같이 향기로웠습니다	如蘭之馨
형창[141]에서 열심히 공부하니	螢牕攻苦
훌륭한 아우가 함께하였습니다	玉季聯芳
경사를 널리 수집하고	博蒐經史
문장에 힘을 쏟았습니다	大肆文章
출입하여 사사한 곳은	出入周旋
학암과 갈암의 문하였습니다	巖庭葛門
덕의에 훈도되어	薰陶德義
적확한 연원을 찾았습니다	溯洄的源
잠시 과장에 참여하여	暫屈擧場
보상을 꾸미려[142] 하였으나	擬綴黼裳

140) 민락(閩洛) : 송대의 성리학을 뜻하는 염락관민(濂洛關閩)의 준말이다. 염계(濂溪)의 주돈이(周敦頤)·낙양(洛陽)의 정자(程子)·관중(關中)의 장재(張載)·민중(閩中)의 주자를 통칭한다.

141) 형창(螢牕) : 가난 속에서도 의지를 잃지 않고 노력하는 것을 말한다. 진(晉)나라 차윤(車胤)이 반딧불을 모아 그 빛으로 책을 읽은 일에서 유래한다.(『晉書』「車胤傳」)

잠깐만에 벗어 버리니 俄然蟬蛻
과거에 뜻이 없었습니다 無意蜂房
이 당시 지수께서는 是時篪翁
먼저 산림에 은거하였습니다 先屛巖藪
식구들 데리고 서로 따라가 挈家相隨
아침저녁으로 마주하였습니다 昕夕聚首
산에는 구름이 있고 維山有雲
물에는 돌이 있었습니다 維水有石
두어 칸의 모옥에 數架茅齋
서책이 만 권이었습니다 萬軸芸籍
형은 차분하고 동생은 과묵하여 伯靜仲默
상체[143]가 학문을 닦았습니다 常棣麗澤
위로는 육경을 탐구하고 上搜六經
아래로는 백가를 섭렵하였습니다 下及百氏
깊이 사색하고 힘써 탐구하니 深探力索
사나운 장수 독한 관리와 같았습니다 猛將酷吏
정미함을 궁구하고 거침을 섭렵하니 鉤精獵粗
빠짐없이 포괄하였습니다 包括無漏
도와 기의 惟道惟器
상하의 다름이며[144] 上下之異

---

142) 보상(黼裳)을 꾸미려 : 보상은 도끼 모양을 수놓은 옷으로, 임금을 말한다. 꾸민다고 함은 벼슬하는 것을 말한다.

143) 상체(常棣) : 형제를 말한다. "아가위꽃이여! 찬란하게 빛나지 아니한가? 많고 많은 사람 중에, 형제만한 이가 없네.[常棣之華 鄂不韡韡 凡今之人 莫如兄弟]"에서 온 말이다.(『詩經』「小雅·常棣」)

144) 도(道)와……다름이며 : 도는 형이상(形而上)의 리(理)요, 기는 형이하(形而下)의 기(氣)이다. 도는 기를 이루는 소이연이고 기는 도를 싣는 그릇이다. 상과 하는 '이(而)' 자로 묘미를 담고 있어 서로 섞일 수 없고, 상하에 모두 '형(形)' 자가 붙어 불상리(不相離)의 관계를 보이고 있다.

성과 정의　曰性曰情
체용의 은밀함이며　體用之秘
사람의 이륜과 사물의 법칙의　民彝物則
크고 작은 무궁함이며　巨細無窮
번다한 곡례의　曲禮繁文
상변이 같지 않음이며　常變不同
역대의 쇠퇴와 융성　歷代汚隆
인물의 선함과 악함을　人物臧否
연구하지 않음이 없어　靡不硏究
깊은 통찰이 딱 들어맞았습니다　燭照龜契
이치 탐구가 정미해지자　玩理旣精
몸에 돌이켜 실천하니　反躬以踐
정에서 존양하고 동에서 성찰하여　靜存動察
힘쓰지 않을 때가 없었습니다　無時不勉
무엇으로 주장하였습니까　何以爲主
시종 경으로 하였습니다　敬以始終
일을 처리함은 의리이고　處事惟義
남을 대함은 공손이었습니다　接物惟恭
뜻은 평온하고　意思安閒
기상은 화평하였습니다　氣像和易
학문이 닦이고 덕성이 높아져서　學修德尊
진실로 군자였습니다　允矣君子
계곡의 난이 향기 뿜어내고　谷蘭芬播
언덕의 학 울음소리 커졌습니다　皐鶴聲大
천목[145]에 자주 올라　薦目頻登
교지가 갑자기 내려왔으나　除書忽居
백구의 물결[146]이 저절로 넓어지고　鷗波自闊
거북이 꼬리를 즉시 끌었습니다[147]　龜尾旋曳

허씨의 강석이 언뜻 열리니　許帷乍闢
이씨의 책 상자[148]를 다투어 졌습니다　李笈爭負
문 밖에는 신이 가득하고　戶外盈屨
담장이 변하여 창이 되었습니다　墻化爲牖
사람들 사양의 마음 일으키고　人多興讓
선비들도 방향을 알게 되었습니다　士亦知方
연세가 높아 질수록　年齡向晏
덕업이 더욱 드러났습니다　德業彌彰
산아에서는 노은이며　山阿老隱
사림에서는 종사였습니다　士林宗師
목가[149]가 재앙을 드러내고　木稼呈凶
소미성이 빛을 거두었습니다　少微韜輝
하나의 병이 까닭 없이　一疾無端
서둘러 손발을 열게[150] 하였습니다　遽啓手足

---

145) 천목(薦目) : 관리를 천거할 때 필요한 명목을 말한다.

146) 백구의 물결[鷗波] : 얽매이지 않고 호연(浩然)히 떠나 은거함을 말한다. 두보의 「위 좌승 어른에게 받들어 올린 22수[奉贈韋左丞丈二十二韻]」의 "백구가 드넓은 물결 위에서, 만 리 거침없으니 뉘라서 길들이랴?[白鷗波浩蕩 萬里誰能馴]"에서 온 말이다.

147) 거북이……끌었습니다 : 거처하는 장소에 그대로 머무는 것을 말한다. 초왕(楚王)이 장자(莊子)를 재상으로 초빙하자, 장자가 "나는 진흙탕 속에서 꼬리를 끌며 살아가련다.[吾將曳尾於塗中]"라고 한 데서 유래한다.(『莊子』「秋水」)

148) 허씨(許氏)의……상자 : 누구의 일화를 말하는지 자세히 알 수 없다. 대의는 훈수 정만양이 강석을 열자 수많은 문도가 모였음을 가리킨다.

149) 목가(木稼) : 극심한 추위 때문에 나무에 얼어붙은 고드름으로, 현인(賢人)에게 재앙이 있을 때 나타나는 조짐이라고 한다. 송나라 왕안석(王安石)의 「한기의 죽음을 애도한 시[韓忠獻挽詞]」에 "나무 고드름에 고관이 떨었다는 말 들었는데, 산이 무너진 오늘 철인이 돌아갔네.[木稼曾聞達官怕 山頹今見哲人萎]"라고 한 데서 온 말이다.(『石林詩話』)

150) 손발을 열게 : 선생의 죽음을 말한다. 증자(曾子)가 죽을 때 제자들을 불러 "내 발을 열고 내 손을 열어 보아라.……지금 이후에야 내가 면하였음을 알겠다. 소자들아![啓予足 啓予手……而今而後 吾知免夫 小子]"라고 한 데서 유래한다.(『論語』「泰伯」)

이 도가 그만이니 此道已矣
우리들은 어디를 의탁합니까 吾黨何託
아! 선생이시여 嗟嗟先生
어찌 쉽게 만날 분입니까 夫豈易得
공부는 내외를 겸하여 工夫夾持
두 수레바퀴와 두 날개였습니다 車輪鳥翼
계급이 분명하고 階級分明
문로가 적확하였으며 門路端的
수양이 이미 두터워 養之旣厚
넉넉히 가득 쌓았습니다 裕然充積
만약 등용되었다면 若使登庸
경세제민하였을 것이나 經濟有科
나가지 않고 산야에 은거하니 不朝而山
천명인데 어찌하겠습니까 天也奈何
궁하여 소찬도 잇지 못하였으나 窮不素餐
찬술한 것은 많았습니다 多所撰述
예서를 읽어 기록을 남기고 讀禮有記
심경을 논하여 질의를 남겼으며 論心有輯
영남 학문의 연원을 밝히고 嶠洛淵源
치도에 관한 유설을 엮었습니다 治道類說
이외의 논변들도 餘外論辨
다 같이 학문을 도왔습니다 俱裨來學
얼마간만 더 사셨더라도 假之以年
이 일을 끝마칠 수 있었으나 可期卒業
지금 이 지경이 되었으니 今焉至此
통곡한들 무엇하겠습니까 慟矣何及
저 중기는 투미하기는 하나 器也無似
단문[151)]의 어린 아우입니다 袒免稚弟

아우 분에게 배우다가	從叔子學
선생님의 가르침도 받았습니다	荷先生誨
더구나 우리 아버님과는	矧我先君
학문의 연원이 같음이겠습니까	學同源派
우리 두 선생님 및	推我二叟
병애 선생을 추중하여	洎夫屛老
삼익[152]이라 지목하며	指爲三益
상산사호에 견주었습니다	比之商皓
서로 이끌고 노닐며	提攜徜徉
도의를 강마하였습니다	講磨道義
뜻은 금란[153]같이 맞았으며	志合金蘭
정취는 산수에 어울렸습니다	韻契山水
우리 후인들에게도	肆我後人
정의가 더욱 진지하시니	情義彌至
반평생 모시는 동안	摳衣半生
얼마나 애써 이끌어 주셨습니까	幾勤提耳
큰 논의를 받들 때마다	每奉宏論
저도 모르게 심취하였습니다	不覺心醉
제가 과거에 급제하자	逮竊科第
기쁨이 깊어 잠들지 못하셨습니다	喜深不寐

151) 단문(袒免) : 앞의 주 97) 참조.

152) 삼익(三益) : 유익한 세 벗을 말한다. “유익한 벗이 세 가지이고 손해되는 벗이 세 가지이니, 벗이 곧으며 벗이 성실하며 벗이 견문이 많으면 유익하다.[益者三友 損者三友 友直 友諒 友多聞 益矣]”에서 유래한다.(『論語』「季氏」)

153) 금란(金蘭) : 벗과 서로 의기가 투합하여 굳기는 쇠를 자를 만하고 향기롭기는 난초와 같은 것을 말한다. “두 사람이 마음을 함께 하면 그 예리함이 쇠를 자르고, 마음을 함께 한 말은 그 향기가 난초와 같다.[二人同心 其利斷金 同心之言 其臭如蘭]”에서 유래한다.(『周易』「繫辭傳上」)

과분한 기대를 하시며	期望過當
경륜에 힘쓰라 조언하셨습니다	勖以經綸
돌아보건대 부족한 제가	顧此僬僥
천근을 어찌 감당하겠습니까	豈勝千勻
자주자주 찾아뵈며	源源拜候
마주하여 담소를 나눌 때면	笑語相對
나는 늙고 쇠약하나	我老而衰
너는 건장하니 게을리 말라 하셨습니다	爾強無怠
이 말씀 경건히 받들어	敬奉斯言
지키려고 노력하였습니다	庶幾勿墜
어찌 알았겠습니까 하루 저녁에	那知一夕
문득 이수[154]에 걸릴 줄을	奄嬰二豎
저의 병이 막 심하여	賤疾方苦
탕제도 모시지 못하였습니다	湯劑未侍
얼마 뒤 병세가 위중하다는 소식 듣고	俄聞疾革
몸을 이끌고 달려갔습니다	扶曳奔往
미약한 숨이 끊어질 지경이더니	淺息奄奄
갑자기 촉광[155]을 하였습니다	遽爾屬纊
목 놓아 길게 울부짖으니	失聲長號
흐르는 눈물 샘과 같았습니다	淚下如泉
유명도 받들지 못하여	末音未承
이 아픔 하늘에 닿습니다	此痛窮天

154) 이수(二竪): 앞의 주 137) 참조.

155) 촉광(屬纊): 죽은 자의 숨이 끊어졌는지를 확인하기 위하여 죽은 사람의 코에 솜을 대어 움직이는 정도를 확인하는 것을 말한다.

나라에 국상이 있어서	國有大恤
장사를 제때 모시지 못하였습니다	葬未及時
국상일이 벌써 잡혀서	因山已卜
광중을 파려고 하면서	懸壙將治
이번 새로운 일에 대하여	惟玆新役
경연의 교지가 신칙하였습니다	筵敎申飭
선생께서는 평소에	丈席平日
저를 위하여 매우 염려하였으나	爲我深惕
왕릉을 바라보며 곡하느라	漢陵瞻哭
상여 줄도 잡지 못하였습니다	汾紼未執
공의는 비록 다하였으나	公義雖伸
사은에는 아쉬움이 있습니다	私恩有缺
이제 수레 타고 멀리 와서	玆理征轅
경건히 빈소에 아룁니다	敬辭靈室
한 잔 술로 통곡하며	一觴痛哭
천고의 영결을 합니다	千古永訣

지수 선생을 애도하는 제문[祭篪叟先生文] 임자년(1732)

하늘이시어! 하늘이시어!	天乎天乎
사문을 망치려고 하십니까	將喪文歟
훈수 선생께서 막 떠나시고	塤翁纔去
상기도 채 끝나지 않아	喪筭未除
아직 화가 거두어지지 않았는데	猶未悔禍
또 선생을 빼앗아 가다니요	又奪先生
저 하늘이 아주 밝았는데	彼蒼孔昭

어쩌다 그만 어두워졌습니까	胡乃冥冥
아! 우리 선생께서는	惟我先生
세대에 드문 걸출한 선비였습니다	間世豪英
규성이 정수를 기르고	奎璧毓粹
산하가 정기를 모았습니다	山河鍾精
어려서부터 영기가 드러나니	髫齡穎拔
형제분이 함께 문단에 올랐습니다	聯棣詞圃
뛰어나고 빼어난 재기로	雄才逸氣
고금을 거침없이 섭렵하였습니다	佚宕今古
우뚝한 학암께서는	有覺鶴翁
욕담[156]의 여파였습니다	浴潭餘派
가학을 즐겨 들어서	樂聞家學
일찍부터 내외를 분변하였습니다	早辨內外
과장에서 세 번 선발되어	擧場三選
큰 명성이 이르려 하였으나	大名將至
번연히 헌신짝 같이 버리고	幡然脫屣
약관에 처사가 되었습니다	弱冠處士
한 구역 세 갈래 협곡에	一區鼎峽
나무 무성하고 구름 짙었습니다	樹老雲深
모옥을 지어 살면서	結茅棲息
책을 안고 읊었습니다	抱書歌吟
이 횡계를 살펴 보니	睠茲橫溪
선영과 조금 가까웠습니다	稍近桑梓

156) 욕담(浴潭) : 여헌(旅軒) 장현광(張顯光, 1554~1637)을 말한다. '욕담'은 장현광이 머물렀던 입암(立巖)에 있는 학욕담(鶴浴潭)의 준말이다.

이에 터를 잡으니　於焉卜居
백씨께서도 함께하였습니다　偕我伯氏
청산이 모옥을 두르고　青山繞屋
벽담이 섬돌 따라 흘렀습니다　碧潭循砌
심의와 대대 차림으로　深衣大帶
한 자리에 나란히 하니　一榻聯袂
형은 서리 같고 동생은 눈 같아　伯霜仲雪
맑은 모습 서로 비추었습니다　清標交暎
밤낮으로 열심히 탐구하니　夙夜孜孜
같은 뜻 어이 그리 오래였습니까　志一何永
배워서 익히지 않는 것이　學之不講
우리들의 근심이라 하며　是吾之憂
예전에 얻음이 있으니　于古有獲
서적 있어 구할 수 있다 하였습니다　有籍可求
위로 복희씨와 요임금에서　上自羲堯
아래로 원과 명에 이르기까지　下至元明
성인의 모범이 얼마이며　幾許聖謨
유자의 논평이 얼마입니까　幾許儒評
두루 찾고 널리 얻어서　旁搜廣獵
힘써 연구하고 깊이 탐구하여　力究深探
정추와 거세를　精粗巨細
빠뜨리지 않고 다 연구하였으니　不漏而咸
이기의 심오함과　理氣之妙
성정의 그윽함이며　性情之奥
선악의 기미와　善惡之幾
왕패의 방도이며　王霸之道
도상의 원류와　圖象源流
역산의 기영[157]이며　歷筭奇贏

예법가의 법도와	禮家繩尺
역사가의 권형이며	史林權衡
이에 만물에 미쳐 가서	爰曁萬物
우주를 포괄하였습니다	包括宇宙
고치실 소털처럼 섬세하게	蠶絲牛毛
분석하여 틀림이 없었습니다	辨析無繆
연구가 깊고 나서는	研究旣深
실천이 더욱 독실하였으니	踐履彌篤
동정 간에 서로 수양하여	動靜交養
경의를 함께 확립하였습니다	敬義偕立
잊지 않고 조장하지 않으며[158]	不忘不助
나는 솔개 뛰는 물고기[159]를 살폈습니다	鳶飛魚躍
일을 처리함에는 오직 정직하며	制事惟正
물을 접함에는 오직 삼갔습니다	接物惟恪
강의하고 방직하여	剛毅方直
의젓한 산 같이 서있었습니다	凝然山立
교화와 계도가 미치는 곳에는	化導攸及
난향이 스미고 비가 적시듯 하였습니다	蘭薰雨沐
책 상자 지고 먼 곳에서 와	負笈自遠
믿고 따르는 자가 많았습니다	信從者衆

157) 역산(歷筭)의 기영(奇贏) : 차고 빠짐에 맞추어 일력을 계산하는 것을 말한다.

158) 잊지……않으며: 맹자가 일찍이 호연지기(浩然之氣)를 기름을 말하면서 “잊지도 말고 조장하지도 말라.[勿忘 勿助長]”고 한 데서 유래한다.(『孟子』「公孫丑上」)

159) 나는……물고기: 현상으로 나타나는 모습은 다르지만 관통하는 원리는 하나인 자연 만물의 이치를 말한다. “솔개는 날아 하늘에 이르고, 물고기는 못에서 뛰네.[鳶飛戾天 魚躍于淵]”에서 온 말이다.(『詩經』「大雅·旱麓」)

문정에는 선비들이 모였으며	戶簇衿紳
거리에는 글 읽는 소리 넘쳤습니다	巷咽絃誦
진지하게 말씀하여 주시니	諄諄說與
마디마디 충심이었습니다	片片赤心
우리의 어리석음 열어줄 때면	開我羣蒙
명쾌하기가 정침[160] 같았습니다	快若頂針
더러는 면체[161]를 마련하여	或置綿蕝
예의를 강습하였습니다	講習禮儀
호학처럼 과정[162]이 있고	湖學有科
관유처럼 선생[163]이 있었습니다	關儒有師
옥을 싸서 깊이 간직하였으나	匵玉深藏
가락이 밖으로 퍼져나갔습니다	宮鐘外徹
수의[164]들이 서로 추천하여	繡衣交章
학서[165]가 산골로 들어왔으나	鶴書入谷
오직 고상한 취향이	惟其雅趣
계수 골짜기와 난 연못이어서	桂壑蘭汀
드러누운 채 일어나지 않으니	堅臥不起

160) 정침(頂針) : 정문일침(頂門一針)의 준말이다. 남의 잘못을 매섭고 정확하게 질책하는 것을 말한다.
161) 면체(綿蕝) : 야외에서 예의(禮儀)를 익히는 장소를 말한다. 대나무를 죽 이어서 세우고 거기에 띠로 꼰 새끼를 둘러서 존비(尊卑)의 위차를 표시하였다. 한 고조(漢高祖) 때 박사(博士) 숙손통(叔孫通)이 제자 1백여 인과 함께 야외에서 면체를 베풀고 예를 익혔다고 전해진다.(『史記』「叔孫通傳」)
162) 호학(湖學)처럼 과정 : 송나라 호원(胡瑗)이 호주(湖州)에서 교육을 관장하면서 경의(經義)와 사무(事務) 두 과(科)로 나누어 교육한 것을 말한다. 경의재에는 경학에 소통하고 기국(器局)이 있는 자가 기거하였으며, 치사재에서는 사람마다 각각 한 가지 일을 전공하고 또 한 가지 일을 겸하였다.
163) 관유(關儒)처럼 선생 : 송나라 학자 장재(張載, 1020~1077)가 관중(關中)에서 강학하니, 관중의 유생에게 선생이 생겼었음을 말한다.
164) 수의(繡衣) : 왕명을 받고 지방에 나가 정사를 살피는 관리를 말한다.
165) 학서(鶴書) : 앞의 주 57) 참조.

확고히 그윽하고 곧았습니다	確乎幽貞
만년에 이르러서	迨其晚歲
도가 높고 덕이 완전하여	道尊德全
관찰사가 공손히 맞아	藩伯擁篲
천거의 글을 올리니	薦牘登天
어벽에 제명[166]을 하고	御壁題名
총애로운 발탁을 하려 하였습니다	將以寵擢
어찌 알았겠습니까 하나의 병으로	那知一疾
서둘러 손발을 열게[167] 될 줄을	遽啓手足
나라에는 대로가 사라지고	邦無大老
선비는 종장을 잃었습니다	士失宗匠
이 학문은 누가 천명하겠으며	此學誰闡
우리 무리 어디에 의지하겠습니까	吾黨安放
아! 우리 영남은	噫噫吾嶺
관중이자 낙양[168]입니다	伊關伊洛
포은과 야은[169]이 서로 전하고	圃冶相傳
회재와 퇴계가 나란히 일어났습니다	晦陶並作
정학이 크게 밝아져서	正學大明
해가 중천에 있음과 같았습니다	如日中天

166) 제명(題名): 관아의 벽에 이름과 이력을 써서 기록하는 것을 말한다.

167) 손발을 열게: 앞의 주 150) 참조.

168) 관중(關中)이자 낙양(洛陽): 송나라 때 관중에서 장재(張載)가 태어났으며 낙양에서 정호(程顥)와 정이(程頤)가 태어났다. 훌륭한 분이 많이 태어났음을 말한다.

169) 야은(冶隱): 길재(吉再, 1353~1419)의 호이다. 자는 재보(再父), 본관은 해평(海平)이다. 1386년 진사에 입격한 이후 성균관 학정(成均館學正)·문하 주서(門下注書) 등을 지냈다. 조선이 개국한 이후 불사이군(不事二君)의 절의를 따랐다. 시호는 충절(忠節)이다. 저서로는 『야은집』·『야은속집』·『야은언행습유록(冶隱言行拾遺錄)』 등이 있다.

한강과 여헌이 돌아가시고는	寒旅旣歿
전하여 익히는 자가 드물었습니다	傳習者鮮
아직 백 년이 채 못 되었으나	曾未百年
선비의 취향이 더욱 잘못되었습니다	士趨益訛
더러는 훈고학에 빠지고	或溺訓詁
더러는 문장에 힘을 쏟는가 하면	或騖詞華
여기에서 뛰쳐나가	有出乎此
도리어 불교에 떨어진 자도 있었습니다	反墮空寂
선생의 학문은	先生之學
문로가 아주 적확하였습니다	門路甚的
체가 있고 용이 있으며	有體有用
본이 있고 말이 있었습니다	有本有末
해박하면서 잡되지 않고	博而不雜
요약하면서 고루하지 않았습니다	約而不陋
두 바퀴를 아울러 지니어	兩輪夾持
순서에 따라 점점 나아갔습니다	循序漸就
주문의 전철을	朱門塗轍
그대로 따르고 지켰습니다	是遵是守
만약 등용되었다면	若使登庸
큰 경륜 펼칠 수 있었을 것이나	可展大手
고반이 시냇가에 있어서	考槃在澗
알리지 않기를 길이 맹세하였습니다[170]	永矢不告

170) 고반(考槃)이……맹세하였습니다 : 고(考)는 이루다의 뜻이고 반(槃)은 한가히 노닌다는 뜻으로, 은거하는 집이나 은거하는 것을 말한다. “고반이 시냇가에 있으니, 훌륭한 분이 태연하네. 홀로 잠을 자고 깨어, 길이 잊지 않으려 맹세하네.[考槃在澗 碩人之寬 獨寐寤宿 永矢弗告]”에서 온 말이다. (『詩經』「衛風·考槃」)

애처로운 우리 백성들　哀我民斯
어찌하여 복이 없습니까　奈何不祿
그래도 하신 사업이 있으니　抑有事業
대부분 저술하는 일이었습니다　多在著述
대도를 발휘하고　發揮大道
성경을 보완하였습니다　羽翼聖籍
끝없이 후세에 전해지리니　悠悠來世
어떻게 조모에 그치겠습니까　孰其朝暮
한 줄기 높은 산처럼　一髮高山
만고토록 길이 푸를 것입니다　長靑萬古
중기는 투미하여　器也惷愚
꿈에서 깨지 못한 듯하였습니다　如夢未覺
게다가 어린나이였으니　况在稚年
어찌 가르칠 만하였겠습니까　何足以敎
지난날 저의 아버님과는　昔我先君
일찍부터 교분을 맺어서　早結蘭契
따라 노닐고 소요하며　追遊徜徉
쉼 없이 절차탁마하였습니다　講磨不替
소자가 이에　小子於是
나아가 뵈올 수 있었습니다　得以趨拜
선생께서 비루하다 여기지 않고　先生不鄙
이끌어 가르쳐 주셨습니다　辱賜提誨
책을 들고 선생님 찾은 지　執經函丈
전후로 몇 년이나 되었습니다　前後幾載
다행히도 목종[171]의 교화를 입어　幸被木鐘
시해[172]를 대강 분간하였습니다　粗辨豕亥
제가 고아가 되어서는　逮我孤露
우러름이 배나 간절하였습니다　倍切瞻仰

자주자주 모시면서	源源省侍
황하로 양을 채우듯[173] 하였습니다	飮河充量
다만 투미한 저는	顧此昏庸
기대를 저버렸습니다	有負期奬
저를 돌아보니 망연하여	撫躬茫然
저도 모르게 이마에 땀이 납니다	不覺泚顙
작년에 서울로 와	昨歲戾洛
말직에서 분주한 중에도	奔走末職
장문과 단문의 편지로	長書短牘
가르침이 빈 달이 없었습니다	敎無虛月
군주를 섬기고 나라에 보답함에	事君報國
일심을 다해야 한다 하며	一心當盡
사물잠 속의	四勿箴中
추기[174]를 삼가라고 하고는	樞機宜愼
말미에 다시 경계하기를	末復有誡
신하된 도리를 다하라 하셨습니다	須殫分義
간절히 마음에 새겨두고	拳拳佩服
실추하지 않으려 하였습니다	庶幾無墜

171) 목종(木鐘) : 앞의 주67) 참조.

172) 시해(豕亥) : 배워서 비슷한 글자를 구별하게 되었음을 말한다. 『사기(史記)』의 '기해도하(己亥渡河)'를 '삼시도하(三豕渡河)'라 잘못 읽은 것을 자하(子夏)가 바로 가르쳐 준 일에서 유래한다.(『呂氏春秋』)

173) 황하로……채우듯 : 자신의 국량만큼 학문적인 성취를 이루었음을 말한다. "생쥐가 황하 물을 마셔도 제 배의 양만 채울 뿐이다.[偃鼠飮河 不過滿腹]"에서 유래한다.(『莊子』「逍遙游」)

174) 추기(樞機) : 말을 말한다. 정이(程頤)의 「사물잠(四勿箴)·언잠(言箴)」의 "더구나 이는 추기이다. 전쟁을 일으키기도 하고 우호를 만들기도 하니 길흉과 영욕은 말이 불러들이는 바이다.[矧是樞機 興戎出好 吉凶榮辱 惟其所召]"에서 온 말이다.

어찌 알았겠습니까 이 말씀이	安知是語
서둘러 절필이 되고 말 줄을	遽作絶筆
병중에는 병구완도 못하였으며	病未將護
돌아가시고는 염습도 못하였습니다	歿未含襲
천 리의 길이 멀어	千里路脩
보름이 지나서야 부고를 받았습니다	月半承訃
동쪽을 향하여 곡하며 뛰니	東向哭踊
눈물이 시냇물처럼 흘렀습니다	淚若川注
은혜로움을 추억해 보면	追惟恩義
마땅히 빈소를 차려야 하나	宜作塚室
어찌하겠습니까 이 나라 제도에는	奈此邦制
관복을 벗는 법이 없습니다	解官無法
태묘에 일이 있어	太廟有事
휴가를 내어 배알하지도 못하기에	休告未謁
단지 머무르는 곳에서	只於所次
임시로 환질[175]을 썼습니다	權設環絰
멀리서 장삿날을 듣고	遙聞壤樹
휴가를 내어 돌아왔습니다	乞暇來歸
말이 여위고 비가 길을 막아	馬瘏雨阻
오는 걸음에 차질이 있었습니다	行李參差
우리 경내로 막 들어서자	乍到吾境
유택이 벌써 닫혔습니다	玄宅已閉
새 유택을 우러러 보니	瞻望新阡

175) 환질(環絰) : 소렴(小斂) 때 상제가 쓰는 사각건(四角巾)에 덧씌워 쓰는 삼으로 꼰 둥근 테두리를 말한다.

그만이라 미칠 길이 없습니다	已矣無逮
이수는 황량하고	尼峀荒凉
옥간은 오열합니다	玉磵嗚咽
서림[176]의 남은 아픔을	西林餘慟
어느 날에 멈출 수 있겠습니까	何日可絶
영위 앞에 엎드려 곡하며	伏哭筵前
경건히 한 잔 술을 올립니다	敬奠一觴
영혼께서 모르시지 않는다면	靈其不昧
바라건대 저의 마음 살펴 주소서	庶照余腸

종형을 애도하는 제문[祭宗兄文]

우리 성씨 면면이 이어와	我姓嬋嫣
그 대수가 이십입니다	二十其世
가학을 서로 전하고	詩禮相傳
벼슬을 연이어 왔습니다	紱冕以繼
공께서 그 아름다움을 따르니	公趾厥美
남다른 자품을 타고 났습니다	篤稟異質
옥과 같이 온윤하며	如玉之潤
난과 같이 향기로웠습니다	如蘭之馥
일찍부터 선생님을 찾아	早登丈席

---

176) 서림(西林) : 서림원(西林院)이라는 절을 말하는데, 글을 배우던 장소를 가리킨다. 주자(朱子)가 연평(延平) 이동(李侗)에게 수학하면서 서림원의 달관헌(達觀軒)에서 유숙하였다.(『朱子大全』 권2 「題西林可師達觀軒」)

마음 가다듬고 학문 닦았습니다 銳意文學
여사인 문장도 익혀 餘事詞藻
약관에 향시에 입격하였으나 弱冠鄕擧
중년에 접고 그만두니 中年廢休
인연이 아니어서 어긋났습니다 匪緣齟齬
득실이 무슨 상관이겠습니까 得失何關
양귀[177]가 절로 온전해졌습니다 良貴自全
어버이 섬김에 효를 다하니 事親盡孝
지극한 정성 성대하였습니다 至誠藹然
어버이 병환이 막 위급하자 色憂方急
손가락의 피로 소생시켰습니다 血指回天
형제에게는 우애롭고 於兄弟友
족친에게는 돈독하였습니다 於族黨敦
남을 대함에는 화기로워서 待人惟和
마치 진한 술 마시듯 하였습니다 若飮以醇
마음이 고아하고 개결하니 胷次雅潔
외물의 누가 어떻게 침범하겠습니까 外累寧侵
이익을 보면 겁쟁이 같아 見利如怯
황금도 마음에 없었습니다 無意籯金
덕행의 아름다움은 德行之美
고인에게 부끄럽지 않았습니다 古人無愧
지난날 선생의 문하에 있을 적에 昔在師門

177) 양귀(良貴): 사람마다 본래 갖추고 있는 덕성과 그 덕성을 자연스럽게 실현할 수 있는 능력을 말한다. 맹자는 "귀히 되고자 하는 것은 누구나 같은 생각이다. 그러나 사람에게는 누구나 귀한 것이 자기에게 있건만 생각하지 못할 뿐이다.[欲貴者 人之同心也 人人有貴於己者 弗思耳]" 하였는데, 그 주에서 주자는 "나에게 있는 귀함은 천작(天爵)이다."고 한 데서 유래한다.(『孟子』「告子上」)

많은 칭찬을 받았습니다	盛加推娓
혼탁한 말속에서	末俗澆澆
누가 그 귀함을 알았겠습니까	孰識其貴
안타깝게도 외로운 꽃이	可惜孤芳
뭇 꽃들 속에 묻혀 버렸습니다	埋沒衆卉
아우처럼 투미한 제가	如弟讕劣
십가[178]한들 어찌 따라잡겠습니까	十駕何及
어려서부터 늙을 때까지	自幼及老
집을 잇고 자리 함께하여	聯舍同榻
문자를 서로 강마하고	文字相磨
질병을 서로 보살폈습니다	疾憂相庇
관계는 비록 재종간이나	親雖再從
정의는 형제와 같았습니다	情若連氣
난정[179]에서 모인 좋은 날이나	蘭亭勝日
이원[180]에서 모인 좋은 밤이면	李園良宵
술잔을 들고 운을 나누니	酌酒分韻
그 즐거움 도도하였습니다	其樂陶陶
제가 벼슬에 매이고는	逮余縻職
여러 해를 만나지 못하다가	累歲睽違

178) 십가(十駕) : 끊임없이 노력하는 것을 말한다. “천리마는 하루에 천 리를 달리지만, 노둔한 말이 열흘을 달린다면 역시 따라잡을 수 있다.[夫驥一日而千里 駑馬十駕 則亦及之矣]”에서 온 말이다.(『荀子』「修身」)

179) 난정(蘭亭) : 중국 회계(會稽) 산음(山陰)에 있던 정자의 이름인데, 동진(東晉) 때 회계 내사(會稽內史)로 있던 왕희지(王羲之)를 비롯하여 손작(孫綽)·사안(謝安) 등 당시의 명사 42인이 그곳에 모여 계제사(禊祭祀, 삼월 삼짇날 흐르는 물에 몸을 씻어 액을 막고 복을 비는 풍속)를 행한 뒤에 술을 마시고 시를 지으며 놀았다.

180) 이원(李園) : 이태백(李太白)이 형제들과 봄밤에 모여 놀던 도리원(桃李園)을 말한다.

휴가를 얻어 남쪽으로 오니	謁告南來
공의 병이 이미 위독하였으나	公疾已危
손을 잡고 마음 터놓기를	握手開懷
끝없이 멈추지 않았습니다	縷縷不停
정신은 변함없으며	精神不改
말소리는 또렷하여서	語音丁寧
신의 도움을 빌며	尙冀神佑
소생의 길 찾기를 바랐습니다	獲尋蘇路
어찌 알았겠습니까 천리가	那知天理
이와 같이 어두울 줄을	若是瞢瞀
예순 해 세월에	六旬光景
오히려 오년이 부족합니다	五歲猶歉
임종하며 남긴 한마디	臨絶一言
정력을 입증할 수 있습니다	定力可驗
아! 그만입니다	于嗟已矣
후생은 누구를 본받을까요	後生誰範
지난해 횡계에	昨歲橫溪
훈수 지수 선생의 빈소 차린 지가	二叟帷堂
아직 두어 달이 채 되지 않았는데	曾未數月
공께서 또 이어 돌아가시니	公又繼亡
집안에는 장덕이 없고	家無長德
고장에는 양사가 다하였습니다	鄕乏良士
저는 이제 전원으로 돌아왔으나	我今歸田
누구와 강론하고 익히겠습니까	誰與講肄
세월이 물같이 흘러	遒序如流
어느덧 대상을 맞았습니다	奄見終祥
당우는 적막하고	堂宇寂寞
음성과 모습 아득합니다	音容渺茫

한 잔 술로 전을 올리니	一觴奉奠
아픔이 창자를 뽑는 듯합니다	慟若抽腸

외숙 권공을 애도하는 제문[祭舅氏權公文] 을묘년(1735)

아! 외숙께서는	緊惟外氏
안동 권씨의 뛰어난 주손이었습니다	永嘉靈胄
면면이 이어온 고관대작이	遙遙簪紱
구슬 꿰듯 수를 놓듯 하였습니다	貫珠錯繡
우뚝한 구봉[181]은	有覺龜翁
회재 문하의 고제였습니다	晦門高弟
가학을 이어 받아	詩禮攸傳
능참봉과 훌륭한 수령이 났습니다	寢郎賢宰
증손과 현손은	若曾若玄
재주 있어도 등용되지 못하여	有材未售
공께서는 해낼 것이라 생각했는데	謂公當做
어찌 이치가 이리 틀어졌습니까	胡理之謬
삼가 생각건대 우리 공에게	恭惟我公
하늘이 큰 자품을 부여하였습니다	天賦孔爽
순후하고 단아한 기질과	淳雅之氣
온윤하고 순정한 덕성으로	溫順之德

181) 구봉(龜峯) : 권덕린(權德麟, 1529~1573)의 호이다. 자는 군서(君瑞), 본관은 안동이다. 회재 이언적의 문인이다. 1553년 문과에 급제, 성균관 전적·예조 좌랑·합천 군수 등을 지냈다. 저서로는 『구봉유집』이 있다.

일찍부터 학문을 일삼아	早事鉛槧
명성이 문단에 자자하였습니다	名藉詞場
변화의 옥덩이[182] 쪼개지지 못하고	卞璞未剖
풍성의 검[183] 헛되이 감추어졌습니다	豊劒空藏
쓰러져 가는 집이 쓸쓸해져서	破屋蕭然
명아주죽도 이어대지 못하였으나	藜糝未繼
담박하게 스스로 지키며	泊然自守
생계에는 아무 생각이 없었습니다	無意活計
해치지 않고 추구하지 않으니[184]	不忮不求
어떻게 경계를 두었겠습니까	焉有畦畛
일을 처리함에는 여유가 있고	處事和緩
물을 대함에는 충신하였습니다	接物忠信
집안 사람이나 고장의 이웃이나	族黨鄉鄰
흐뭇해하며 경건히 따르니	洽然敬服
맑은 수양과 단아한 행동	清修雅行
무너진 풍속을 다듬을 수 있었습니다	可礪頹俗
누가 생각했겠습니까 하나의 병으로	誰料一疾

182) 변화(卞和)의 옥덩이 : 참된 가치를 인정받지 못하였음을 말한다. 춘추 시대 초(楚)나라 변화가 산속에서 옥돌을 얻어 여왕(厲王)에게 바쳤다가 왼쪽 발을 잘리고, 무왕(武王)에게 바쳤다가 다시 오른쪽 발을 잘린 뒤, 세 번째로 문왕(文王)에게 바쳐 진가(眞價)를 인정받았던 고사에서 유래한다.(『韓非子』「和氏」)

183) 풍성(豊城)의 검 : 걸출한 인재를 말한다. 뇌환(雷煥)이 천문을 살펴 풍성에 보검의 정기가 어리고 있음을 장화(張華)에게 알려주었다. 이에 뇌환을 풍성령(豊城令)에 임명하니 옥옥(獄屋)의 기지를 파서 하나의 석함(石函)을 얻었다. 그 속에 쌍검(雙劒)이 들어 있었는데, 하나는 '용천(龍泉)' 하나는 '태아(太阿)'라고 제각(題刻)되어 있었다는 고사에서 유래한다.(『晋書』「張華傳」)

184) 해치지……않으니 : 덕행을 쌓아가는 것을 말한다. "그대 모든 군자들이여, 덕행을 모르는가? 해치지 않고 구하지 않는다면, 어찌 선하지 않겠는가?[百爾君子 不知德行 不忮不求 何用不臧]"에서 온 말이다.(『詩經』「邶風·雄雉」)

서둘러 이 지경에 이를 줄을　遽爾至此
어쩌다가 자품은 풍부하면서　何質之豊
어찌하여 수명은 짧습니까　何命之否
자녀들이 줄을 이루었으나　子女成行
더러는 그 짝을 잃었습니다　或喪其耦
일흔의 나이 비록 드무나　七旬雖稀
공에게는 장수가 아닙니다　在公非壽
돌아보건대 이 소자에게는　顧此小子
오직 한 분의 외숙이었습니다　惟一元舅
제가 고아가 되고부터는　自我孤露
어머님 같이 여겼습니다　視之如母
산천길이 너무 멀어서　川道脩闊
안부 여쭈지 못한 지 오래였습니다　曠候多時
말직에 매여서　逮縻末職
수년간 서울에서 지내며　數載京師
남쪽을 바라보니 가물가물하여　南望迢遞
마음만 산을 넘어 날아갔습니다　神越魂飛
단지 풍체[185]편을 통하여　只憑風遞
이따금 편지를 받들었습니다　時奉手墨
말의 뜻이 자상하고　辭旨纖悉
필력이 굳건하여서　筆力勁確
강건하심을 적이 기뻐하며　竊喜康健
남몰래 백수를 기원하였습니다　暗祝期頤

185) 풍체(風遞) : 풍편과 같은 말이다. 직접 사람을 보내지 못하고 그 곳으로 가는 사람이 있으면 부탁하여 보내는 불확실한 편지를 말한다.

마지막 편지를 받자마자 　末書乍登
부고가 금세 따라왔으니 　訃聲俄追
천 리 밖의 체편[186]이어서 　千里遞便
두 달 만에 온 것이었습니다 　兩月乃徹
곡위를 차려 어깨 벗고 뛰며 　爲位袒踊
슬피 울부짖은들 어찌 미치겠습니까 　號痛何及
휴가를 받는 법도 없어서 　謁告無法
즉시 달려가지 못하였습니다 　奔赴未卽
지난가을 인끈을 풀었으나 　昨秋解綬
질병이 연이어 끌어당겨서 　病憂連掣
한 해가 지나서야 　一周之後
이제 비로소 와서 곡합니다 　今始來哭
한 잔 술을 받들어 올리니 　單杯奉奠
눈물이 샘솟듯이 흐릅니다 　淚若泉泄

상사 신렴 어른을 애도하는 제문[祭上舍申丈 濂 文] 정사년(1737)

아! 공의 일족은 　繄公之族
영남의 명문이었습니다 　維嶺之右
옥서의 증손이며 　玉署曾孫
회당의 현손이었습니다 　晦堂玄胄
그 연원이 깊어서 　厥惟源深

186) 체편(遞便) : 파발을 통하여 전달하는 편지를 말한다.

이에 품부가 두터웠습니다	乃厚其賦
풍채는 아주 출중하고	風儀魁磊
기상은 온화하였습니다	氣像和裕
일찍부터 문단에 올라	早登文苑
문장이 뛰어났습니다	詞翰蔚如
겨우 소과에 입격하고는	纔占小試
끝내 대과에 마음을 접었습니다	竟屈公車
의도 있고 명도 있으니	有義有命
득실을 어찌 논하였겠습니까	得喪何論
편안히 자취를 감추고는	恬然屛跡
형문[187]에서 조용히 지냈습니다	偃臥衡門
저 금수를 쳐다보니	瞻彼錦水
선생도 있고 친구도 있었습니다	有師有友
종유하며 앞서고 뒤서니	從遊前後
의리가 중해지고 우정이 두터워졌습니다	義重情厚
진실로 취미를 함께하니	寔惟同臭
어찌 다만 반양[188]뿐이겠습니까	奚特潘楊
만년에 슬픔을 당하여[189]	晩遭卜慽
심장이 타고 오장이 끊어졌으나	燬心摧腸
오히려 이치로써 달래고	猶以理遣

---

187) 형문(衡門) : 나무를 가로질러 만든 보잘것없는 문으로, 안분자족(安分自足)하는 은자의 거처를 말한다. "형문의 아래에서, 한가로이 지낼 만하다.[衡門之下 可以棲遲]"에서 온 말이다.(『詩經』「陳風·衡門」)

188) 반양(潘楊) : 친의가 돈독한 인척지간을 말한다. 진(晉)나라 반악(潘岳)이 그의 아내 양씨(楊氏) 집안과 여러 대에 걸쳐 인척의 교분을 맺어 왔다. 반악이 생질 양유(楊綏)를 위하여 지은 「양중무에게 올리는 뇌문[楊仲武誄]」의 "반양의 친목 관계는 본래 유래가 있었네.[潘楊之穆 有自來矣]"에서 유래한다.

189) 슬픔을 당하여[卜慽] : 아들의 죽음을 말한다. '복'은 공자 제자인 자하(子夏)의 성이다. "자하가 아들을 잃고서 실명을 하였다.[子夏 喪其子而喪其明]"에서 유래한다.(『禮記』「檀弓上」)

몸을 해치지는 않았습니다	不至傷生
어린 손자를 가르치고 길러	敎養稚孫
가문의 명성을 이었습니다	得紹家聲
말세를 돌아보니	回看末路
오직 이익만을 좇았습니다	惟利是趨
공께서 두려워하며 피하니	公惟畏避
겁 많은 겁쟁이 같았습니다	惴惴怯夫
명예가 부질없는 꿈과 같아	名場如夢
생계를 어찌 돌아보았겠습니까	活計奚顧
선대의 집이 읍내에 있어도	先廬在邑
관청에는 발걸음 끊었습니다	跡絶公府
채소와 거친 밥을 입으로 즐기고	蔬糲悅口
경서와 역사서를 마음에 두었습니다	書史灌心
온 집이 텅 비어 쓸쓸하니	一室蕭然
성시가 한가한 산림이었습니다	城市山林
연세가 더 들어도	年齡益尊
정력은 노쇠해지지 않았으니	精力不老
누런 관과 흰 머리	黃冠素髮
바라보기에 상산사호 같았습니다	望若商皓
다만 몽매한 저도	顧余顓蒙
문하로 들어가 모시었습니다	詣門供掃
세의를 다진 데다가	講以世誼
다시 좋은 인척이 되었습니다	重之姻好
얼마 전 호남으로 가면서	頃赴湖南
찾아와 안부를 묻고는	歷候牀隅
목소리 다시 듣지 못하였으나	謦欬旋阻
편지는 연이어 왔습니다	札翰連紆
손수 쓴 편지를 받을 때마다	每擎手筆

강건하심을 적이 기뻐하였습니다	竊喜康健
더구나 이웃에 터를 잡아	矧伊卜鄰
좋은 약속 소원대로 이루었음에 이겠습니까	芳約適願
집터를 살펴보라 명하였으나	胥宇有命
우환이 끌어당겨 가지 못하였습니다	掣憂未赴
어찌 알았겠습니까 하루 저녁에	那知一夕
서둘러 부고를 받게 될 줄을	遽爾承訃
용사[190] 해의 괴이한 참설	龍蛇異讖
지금에도 틀리지 않았습니다	在今靡爽
덕 있는 분이 돌아가셨으니	耆德云亡
후생은 누구를 우러르겠습니까	後生誰仰
우뚝한 저 소원에	節彼蘇原
청오[191]가 묏자리를 잡았습니다	青烏載卜
장삿날은 기약이 있어	窀穸有期
상여 벌써 당도하였을 것입니다	輤車已泊
소식이 점점 아득해지니	音塵漸邈
슬픈 마음을 금하기 어렵습니다	痛懷難禁
한 잔 술로 영결하며	一觴奉訣
경건히 미미한 정성을 아룁니다	敬伸微忱

190) 용사(龍蛇) : 현인군자가 죽는다는 진년(辰年)이나 사년(巳年)을 말한다. 후한의 대유(大儒) 정현(鄭玄)의 꿈에 공자(孔子)가 나타나 금년은 용해이고 내년은 뱀해라고 하는 말을 듣고, 잠에서 깨어나 그 말을 비결로 맞춰 보고 자신이 죽을 것을 알았으며 그해 6월에 죽었다는 고사에서 유래한다.(『後漢書』「鄭玄列傳」)

191) 청오(靑烏) : 지리풍수설(地理風水說)을 담은 『청오경(靑烏經)』을 말한다. 이 제문에서는 지리를 잘 아는 지관(地官)을 말한다.

상사 족부를 애도하는 제문[祭上舍族父文] 기미년(1739)

아! 슬픕니다. 고장의 운수가 막혀서입니까? 가문의 참화가 혹독해서입니까? 어찌하여 숙부께서 홀연히 돌아가셨습니까? 혹시 이 세상의 혼탁함이 싫어서 신을 벗어두고 현포玄圃[192]를 유람하고 계십니까? 아니면 또 훌륭한 인재가 방황하는 것이 화나서 붓을 놀려 백옥루白玉樓[193]의 기문을 쓰고 계십니까? 고장에서는 선비들이 의지할 곳이 없고 집안에서는 자제들이 우러를 곳이 없게 되었습니다. 어찌 목 놓아 길게 울부짖지 않을 수 있겠습니까?

대개 공을 세상에 낼 적에는 장경長庚[194]의 정기를 모으고 규수奎宿[195]의 광채를 품어서 빼어난 재기가 표표하여 적수가 없었으니, 이는 모두 우리 호수湖叟 선생께서 쌓은 두터운 덕성과 삼휴정三休亭[196]께서 닦은 아름다운 행실이 여경餘慶[197]을 길러 발함이 있어서입니다.

어려서부터 문방文房에 들어 문장을 거침없이 지으니, 대개 벌써 성대히 높은 명성이 있었습니다. 장성해서는 방수放叟 권공權公의 문하에 유학하며 기저機杼[198]를 익히고 윤색

---

192) 현포(玄圃) : 곤륜산(崑崙山) 정상에 있다는 신선이 사는 곳으로 다섯 금대(金臺)와 열두 옥루(玉樓)가 있다고 전해진다.

193) 백옥루(白玉樓) : 천상에 있는 누(樓)이다. 당나라 이상은(李商隱)의 「이장길소전(李長吉小傳)」에 나온다. 어려서부터 문장을 잘 짓던 이하(李賀)가 꿈에서 붉은 관복을 입은 도인을 만나, "상제께서 백옥루를 완성하시고, 그대를 불러 기문을 지으려고 한다.[上帝成白玉樓 召君作記]"는 말을 듣고 세상을 떠났다고 전해진다.

194) 장경(長庚) : 금성(金星)의 별칭이며 태백성(太白星)이라고도 한다. 저녁 무렵 서쪽 하늘에서 가장 밝게 빛나는 별이다.

195) 규수(奎宿) : 28수(宿)의 하나로, 그 별자리의 모양이 문자의 형태를 이루고 있어서 문장(文章) 혹은 문운(文運)을 주관한다고 여겨졌다.

196) 삼휴정(三休亭) : 정호신(鄭好信, 1605~1653)의 호이다. 자는 덕기(德基), 본관은 영일이다. 과거에 실패한 후 출사를 단념하고 학문에 잠심하였다. 저서로는 『삼휴정유고』가 있다.

197) 여경(餘慶) : 선조의 선행 덕분에 자손들이 받는 길한 복을 말한다. "적선한 집안에는 반드시 남은 경사가 있다.[積善之家 必有餘慶]"에서 온 말이다.(『周易』「坤卦·文言傳」)

하여 또 하나의 품격을 기르니, 문단의 연세 많은 선비들도 모두 앞자리를 양보하고 발걸음을 물렸습니다. 사람들이 모두 젊은 나이로 크게 울릴 사람은 반드시 이 사람이라고 생각하였습니다.

불행히도 향시鄕試에서는 자주 입격하고도 성균시成均試에서는 매번 떨어졌습니다. 중년이 되어서야 비로소 장원으로 입격하였으니, 이 어찌 기수氣數에 매달린 것이 아니겠습니까? 이때부터 과거에 응시할 마음을 접어서, 사람들이 더러 권유하면 공은 언제나 "늙어서 과장에 들어가는 것은 나의 뜻이 아니다."라고 하였습니다. 드디어 문을 닫아 자취를 감추고서 네 형을 섬김에는 그 애경愛敬을 다하고 제자諸子들을 가르침에는 그 학업學業을 점검하였습니다.

지내는 방에 '월송재月松齋'라고 편액을 걸고는, 그 안에서 밤낮 술 마시고 시를 읊으며 맑고 개결한 흥취를 부쳤습니다. 좋은 계절이나 뛰어난 경치를 만나면 매번 시를 읊으니, 격조格調와 성률聲律이 호쾌하여 구차하지 않았습니다. 왕왕 성당盛唐·만당晩唐 제가들의 시풍을 출입해서, 시를 배우는 많은 사람들이 전하여 암송하였으나, 공은 마음속으로 이를 자부하지 않았습니다.

만년에 『심경心經』·『근사록近思錄』을 취하여 읽고서 "선비 된 자는 이 책을 보지 않을 수 없다. 봄이 늦어서 제때에 실천하지 못한 것이 매우 한스럽다." 하였습니다. 이는 비록 가정의 남긴 가르침에서 유래한 바와 문당門黨의 여러 선배들에게 훈도된 바에서 나왔으나, 그 지상志尙이 바른 길을 얻음은 본래 말세의 일없이 보내는 자들로서 미칠 수 있는 바가 아니었습니다.

아! 우리 제부諸父들께서 무려 서른다섯 분이었으나, 차례로 돌아가시고 지금은 단지 두어 분만이 계십니다. 오직 공께서는 연세가 일흔이 넘어서도 체력이 오히려 강건하여 출입과 기거에 자못 기운이 왕성한 장년과 다름이 없어서, 여러 자질들이 마음속으로

---

198) 기저(機杼) : 베틀과 북으로 방직에 쓰이는 기구이다. 문장을 구성하는 기량을 말한다.

기뻐하며 백수하시기만을 축원하였습니다. 어찌 하나의 병으로 수일 만에 서둘러 이 지경에 이를 줄을 생각이나 했겠습니까?

가까이 살면서도 아프시다는 소식을 듣지 못하여 달려가 자리 가에서 유언을 받들지 못하고, 부고를 받던 날에는 저의 질병이 막 심해져서 또 직접 염습斂襲도 돕지 못하였으니, 평소 앙모하던 정이 여기에 이르러 끊어졌습니다. 제 마음의 참담함과 애통함을 다시 어떻게 해야 되겠습니까?

내일이 바로 발인하는 날입니다. 작은 집은 예전 그대로이고 소나무와 달은 창창蒼蒼하나, 훌륭한 의표와 쾌활한 논의는 아득하게 영원히 멀어졌습니다. 제가 인간 세상에서 그 어느 때에 다시 뵙겠습니까? 병을 무릅쓰고 와서 곡하며 한잔 술로 영결하니, 말은 끝이 있어도 눈물은 멈출 수 없습니다. 아! 슬픕니다.

당숙부를 애도하는 제문[祭堂叔父文] 계해년(1743)

아버님에게는 종형제가	先子同堂
지난날 일곱 분 계셨으나	昔有七房
차례로 돌아가시고	次第淪謝
공께서 홀로 우뚝이 계셨습니다	公獨靈光
연세 여든이 넘어서도	年踰八袠
정력은 오히려 왕성하였습니다	精力猶旺
홀로 남은 저는	孤露餘生
적이 기뻐하며 의지하였습니다	竊喜依仰
어찌 알았겠습니까 하나의 질병으로	那知一疾
서둘러 돌아가실 줄을	遽爾不淑
대개 공의 자품은	葢公天質
강직하고 성실하였습니다	剛毅淳慤
가범을 삼가 지키고	謹守家法

예로써 몸을 단속하였습니다	檢身以禮
백행의 근원이어서	百行之源
효를 큰 덕목으로 삼았습니다	惟孝爲大
어버이 병환이 막 위급하자	親癠方急
손가락을 베어 피를 드리웠습니다	刲指灌血
지자는 제사를 받들지 않으나	支子不祭
기제와 묘사를 돌아가며 차렸습니다	忌墓輪設
무릇 봉선에 관한 일이라면	凡係奉先
반드시 그 정성을 다하였습니다	必殫其誠
미루어 족친을 대우함에	推以遇族
저마다 기쁜 정을 얻었습니다	各得歡情
손님마저 친소를 가리지 않고	客無親疎
찾아오면 정성껏 대접하였습니다	來則款接
고장의 이웃들이 부러워하였으니	鄉鄰艶想
누구인들 탄복하지 않았겠습니까	孰不歎服
일생토록 지킨 충신은	一生忠信
늙을수록 더욱 독실하였습니다	到老彌篤
자하가 본다면	子夏見之
반드시 배웠다고 할 것입니다[199]	其必謂學
이제는 그만입니다	今焉已矣
가르침 받을 기약이 없습니다	奉誨無期
도도한 말세에	叔世滔滔

199) 자하(子夏)가…… 것입니다 : "자하가 '훌륭한 이를 훌륭하게 여기되 여색을 좋아하는 마음과 바꿔 하며, 부모를 섬기되 그 힘을 다하며, …… 비록 아직 배우지 못했다고 하더라도 나는 반드시 그를 배웠다고 말할 것이다.'고 하였다.[子夏曰 賢賢易色 事父母 能竭其力 …… 雖曰未學 吾必謂之學矣]"에서 유래한다.(『論語』「學而」)

훌륭한 분이 그 누구입니까	長德其誰
세월이 쉽게 흘러가	日月易邁
장삿날이 어느덧 되었습니다	葬期奄至
오수와 어산은	烏水魚山
선조의 고향 마을입니다	祖先鄕里
바람대로 고향에 묻히시니	願協首丘
혼령이 초혼을 기다리지 않을 것입니다	魂不待招
오복의 친척이 장사에 참여하여	五服臨穴
예식이 매우 분명합니다	於禮孔昭
집에 있는 어린 손자는	家有孤孫
마침 괴이한 병에 걸려서	適感異疾
품에 안고 치료하는 중이라	保抱醫治
차마 멀리 나서지 못합니다	未忍遠出
상여 따르다가 중도에서	隨紼半塗
곡으로 영결하고 돌아갔습니다	哭訣而歸
펄럭이는 명정을 바라보니	瞻望飛旐
통렬한 한 어찌 끝 있겠습니까	痛恨何涯
서리 내리는 계절이 되면	逝待霜節
산소 가에서 함께 곡하겠습니다	一哭墓側
이제 하찮은 전을 드려	玆奉薄奠
슬픈 심정 경건히 호소합니다	敬訴悲臆

삼종제 종만을 애도하는 제문[祭三從弟宗萬文]

아! 우리 가문의 참혹한 상화喪禍가 어찌 이리도 지독한가? 지난해 겨울 장방長房 단호丹湖 당숙부께서 갑자기 여러 자질들을 버리시고, 이어서 만시萬始가 젊은 나이로 여러 친족들을 등져서, 아픔이 뭇 새들의 슬픈 울음과 같았네. 자네가 또 며칠 사이에 세상을 떠날 줄을 어찌 생각이나 하였겠는가?

자네는 순수하고 성실한 자품으로 삼휴정三休亭과 오회당五懷堂[200]의 가정에서 태어나 시서詩書를 익히고 효제孝悌를 돈독히 하였네. 조금 장성해서는 책 상자를 지고 훈수塤叟·지수篪叟 두 선생의 문하로 찾아가 예의의 가르침을 충분히 들었네. 무릇 몸가짐이나 남을 대하는 것이 모두 법도가 있어서 능히 고가의 명성을 실추시키지 않았으니, 자네와 같은 사람이 어찌 예전의 이른바 선인善人[201]이 아니겠는가?

이 때문에 종족에서부터 이웃과 고장에 이르기까지 친애親愛하며 열복悅服하지 않는 이가 없었네. 마땅히 하늘의 도움을 받아 큰 복을 길이 누릴 줄 알았으나, 재주는 한 번도 쓰이지 못하고 수명 또한 겨우 중년에 그쳤으니, 이 무슨 천도인가? 자네와 만시萬始가 떠나고 나서 문중 안의 큰일을 주관할 사람이 없으니, 나와 같이 노쇠한 사람은 쓸쓸함이 하도 심하여 마치 좌우의 손을 잃은 듯하네. 이제 내가 목 놓아 길게 통곡하는 이유가 어찌 다만 자네의 죽음을 슬퍼해서 만이겠는가?

자네가 땅속으로 들어갈 적에 마침 몸에 병이 있어서 묘소로 가서 영결을 하지도 못하였는데, 짧은 사이에 어느덧 벌써 한 해가 흘러갔네. 묘소의 풀이 벌써 한 해 묵어 유명幽明이 영원히 막혀버렸네. 내가 인간 세상에서 장차 어느 때에 다시 만나겠는가? 그만이고 그만이네. 아프고 아프네.

---

200) 오회당(五懷堂) : 정석현(鄭碩玄, 1656~1730)의 호이다. 자는 지원(志遠), 본관은 영일이다. 사당 문 밖에 따로 집 한 채를 지어 오회당이라 이름하고 형제 5인이 모여 유유자적하는 삶을 즐겼다.

201) 선인(善人) : 인(仁)에 뜻을 두어 악함이 없는 사람을 말한다. "선인을 내가 만나 볼 수 없으면 항심이 있는 자라도 볼 수 있다면 좋겠다.[善人 吾不得而見之矣 得見有恒者 斯可矣]"에서 온 말이다. (『論語』「述而」)

진사 손경언 세탁을 애도하는 제문[祭孫進士警彦 世鐸 文] 갑자년(1744)

지난날 내가 성동이 되어	昔余成童
비로소 향교로 유학할 때	始遊鄕學
공과 서로 만나	與公相遇
함께 문묵을 익혔네	同事文墨
자웅처럼 나란히 으뜸을 차지하여	雄雌聯甲
젊어서부터 줄을 이루었네	丱角成列
어른이 되어 늙을 때까지	逮壯而老
정리는 깊고 우의는 친밀하였네	情深誼密
매번 서로 마주하여	每與相對
속마음을 털어놓았네	吐露心腸
공은 나를 잘 알고	公能知我
나도 공의 자상함을 알았네	我知公詳
대개 공의 자품은	葢公資地
본래 맑고 참 되었네	本來淸眞
일을 처리함에는 정밀하고	處事精審
남을 대접함에는 온화하였네	接人和溫
책을 극자[202] 같이 열심히 익혀	劬書劇炙
밤을 새우고 낮을 이었네	夜以繼晷
문단에서 우뚝 서서	傑步騷壇
우이[203]를 잡을 수 있었네	能執牛耳

202) 극자(劇炙) : 구운 고기를 좋아하는 것과 같이 전념하는 것을 말한다. 주희의 「재에서 지내는데 감흥이 있어[齋居感興]」의 “책을 열심히 읽어 구운 고기를 매우 좋아하듯이 하네.[劬書劇嗜炙]”에서 유래한다.

203) 우이(牛耳) : 문단(文壇)의 우두머리가 된 것을 말한다. 춘추 시대 제후들이 회맹(會盟)할 적에 맹주(盟主)가 소의 귀[牛耳]를 잡아 베어 피를 취하여 의식에 사용한 일에서 유래한다.

단번에 소과에 입격하여	一擧搴蓮
어머니를 기쁘게 해드리니	以悅春闈
고가의 유풍을	故家遺風
공이 실로 이었네	公實繼之
돌아보건대 공이 온축한 바는	顧公所蘊
작지 않고 컸었네	匪小而大
대과에도 아직 응시 못하였는데	公車未試
선골이 서둘러 세상을 떠났네	仙骨遽蛻
몇 해를 살았나 꼽아보니	屈指行年
겨우 쉰아홉이네	纔五十九
수를 누려야 하나 짧으니	宜豊而嗇
이치 또한 어이 이리 잘못되었나	理又何謬
나는 그 당시에	余於是時
멀리 서울에 있어서	遠在西陲
천리 밖에서 부음을 듣고	千里聞訃
놀라고 또 의심하였네	且驚且疑
마침내 와서 곡을 하자니	及其來哭
빈 집만이 덩그러니 남아있네	但有虛堂
나의 거문고 이미 깨어졌으니	我琴已破
누가 높으니 넘실대느니 하겠는가[204]	孰峩孰洋
대상이 어느덧 다가오니	終祥倏如
만사가 그만이네	萬事已矣
한 잔 술을 와서 올리니	一觴來侑
눈물만 쉼 없이 흐르네	有泫其淚

204) 나의……하겠는가: 자신을 알아주는 지음과 같은 친구가 세상을 떠났음을 말한다.

열세 번째 족형 헌길 몽양[205]을 애도하는 제문[祭十三族兄獻吉 夢陽 文] 을축년(1745)

아! 슬픕니다	嗚呼哀哉
지난날 우리 사문에	昔我師門
훈수 지수 선생께서 나란히 일어나	塤篪並起
도학을 강명하였습니다	講明道學
막힌 귀 열어주고 취한 술 깨웠으니	啓聾醒醉
그 속에 한 아우가 있었습니다	厥有一弟
생각건대 공의 훌륭함은	維公之賢
자품이 순후하고 성실하며	質淳而慤
의지가 확고하고 전일한 데다가	志確而專
일찍부터 교화와 훈도에 물드니	夙染化導
물이 도랑을 얻음과 같아서	如水得渠
과거 공부를 사절하였습니다	謝絕場屋
예서에 깊이 침잠하여	沈潛禮書
의문 나는 예문과 변례는	疑文變節
반드시 분변하고 연구하면서	必辨必究
선생 형제분에게 질정 받았습니다	質諸伯仲
그때마다 장려하심을 입어	輒被奬誘
법도를 그대로 지켰습니다	循繩蹈矩
늙을수록 더욱 독실하여	老而彌篤

---

205) 정몽양(鄭夢陽, 1679~1746) : 자는 헌길(獻吉), 호는 우졸재(迂拙齋), 본관은 영일이다. 평생 동안 자신을 드러내는 것을 싫어하고 오직 겸손함을 일삼아 당호를 우졸(迂拙)이라 하고 항상 의관을 정제하고 단정히 앉아 독서와 수양에 힘을 쏟았다. 저서로는 『우졸재집』이 있다.

장씨 중의 정수[206]와 같고 張之定叟
여씨 중의 자약[207]과 같았습니다 呂之子約
관찰사가 소문을 듣고서 藩伯聞風
천거의 글을 조정에 올렸습니다 薦墨登陛
아! 세상이 공정하지 않아 嗟世不公
그 누가 살펴 천거하겠습니까 其誰撿擧
돌아보건대 이 횡계의 골짜기 顧玆溪壑
오랫동안 쓸쓸하였습니다 久矣蕭索
공께서 비로소 측연히 여기어 公乃惻然
들에서 돌아와 머물렀습니다 自野還泊
대단을 물 뿌리고 쓸며 汛掃臺壇
송황을 북돋우고 보호하였습니다 培護松篁
철인께서 남기신 터가 哲人遺墟
덕분에 황폐해지지 않았습니다 賴以不荒
어찌 알았겠습니까 하나의 병이 那知一疾
서둘러 장수를 아끼게 할 줄을 遽嗇遐筭
산림이 주인을 잃은 듯하고 林巒如失
붕우들이 탄식을 일으킵니다 朋舊興惋
하물며 저 어리석은 아우는 矧余癡弟
어깨를 나란히 하며 열을 따랐습니다 齒肩隨列
아! 젊어서부터 粤自丱紒
함께 선생님을 모셨습니다 同侍丈席

---

206) 정수(定叟) : 송나라 장표(張杓, ?~1197)의 자이다. 단명전 학사(端明殿學士)와 지건강부(知建康府)를 지냈다.
207) 자약(子約) : 송나라 여조검(呂祖儉, ?~1200)의 자이다. 금화(金華) 사람이다.

자리 함께하고 이불 나란히 하여	對榻聯被
온 종일 밤새도록 같이 지냈습니다	晝永宵闌
관계는 단문의 친족이고	親爲袒免
교분은 금란과 같았습니다	契若金蘭
이렇게 같이 늙어서	及此同衰
서로 탈 없기만을 축원하였습니다	互祝無恙
문중의 큰일을	門內大事
상의할 수 있었으며	可以商量
시렁 위의 유집을	架上遺集
편집할 수 있었습니다	可以編摩
이제는 그만입니다	今焉已矣
누구와 절차탁마하겠습니까	誰與講磨
이 몸은 외로워서	此生涼踽
아픔과 슬픔이 배나 더합니다	倍增傷怛
떠남에 달려가 곡해야 하고	歿宜奔哭
장사에 장지로 가야 하나	葬宜臨穴
어찌하겠습니까 저의 등창이	奈此賤疽
두 달이나 끈 것을	沾濃兩朔
정과 의를 다 쓸어버렸으니	情義俱掃
부끄러움과 아픔 어찌 끝이 있겠습니까	愧痛曷極
이에 보잘것없는 술을 갖추고	茲蕆薄酌
제문을 함께 보내어	並齎以文
한 움큼의 슬픈 눈물을	一掬哀淚
돌아가는 구름에 부쳐봅니다	付與歸雲

재종 아우 명언을 애도하는 제문[祭再從弟明彥文] 병인년(1746)

아! 아프도다. 자네가 떠나고 나서 어떻게 날이 지날수록 아픔은 더 깊어지는가? 하늘이 자네에게 부여할 적에는 후하나 자네에게 보답할 적에는 박하여 친구들까지도 모두 안타까워 탄식하는데, 하물며 나는 골육의 지정至情간으로서 어찌 애를 끓이고 목 놓아 울지 않을 수 있겠는가?

대저 순수하고 온아하며 강경하지도 않고 유약하지도 않은 것은 자네의 자품이며, 어버이에 대한 효심으로 손가락을 베고 족친에게 마음을 다하여 돈독히 한 것은 자네의 행실이며, 글을 지음에 섬세하면서도 우아하고 일을 처리함에 분명하면서도 결단력 있는 것은 자네의 재주였네.

마땅히 길이 큰 복을 누려야하나, 입신양명立身揚名이고 보면 꺾여서 펴지 못하였으며, 산업產業이고 보면 가난하여 곳간이 자주 비었으며, 연령年齡이고 보면 중년이고 노년이 아니었네. 까닭 없는 하나의 병으로 서둘러 세상을 떠나니, 어찌하여 이리도 품부를 후하게 하고도 보답을 박하게 한다는 말인가?

나는 어려서부터 자네와 담장을 이어서 살고 자리를 함께 하여 쉬며 서책이나 필묵으로 서로 절차탁마하였네. 이사하여 산속으로 들어갔을 적에도 자주자주 왕래할 수 있었으나 이웃에 자리 잡기를 간절히 바랐었네. 관계는 비록 재종간이나 정리는 실로 형제와 같았는데, 어찌 오늘날 늙은이는 아직 온전하고 젊은 자네가 먼저 떠날 줄을 생각이나 했겠는가?

자네가 땅속으로 들어가는 날, 나는 마침 종기가 나서 장지에서 영결하지도 못하였네. 지금 한 해가 되는 날에도 먼 곳에서 병으로 드러누워 있어서 잔을 올려 곡하지 못하니, 이 마음의 통한痛恨이 어찌 끝이 있겠는가?

아! 유택幽宅의 풀이 벌써 묵고 목소리와 모습은 점점 아득해지니, 늙은이가 세상에서 어떻게 회포를 가누겠는가? 닿는 곳마다 쓸쓸해도 만나 말할 사람이 없어 단지 추억하며 길게 통곡할 뿐이네. 무엇을 더 말하겠는가? 아! 아프도다.

족수 인천 이씨를 애도하는 제문[祭族嫂仁川李氏文] 무진년(1748)

벼슬 이어온 거족이요	簪纓巨族
난혜[208] 같은 아름다운 자태였습니다	蘭蕙美姿
결리[209]하고 시집와서	結褵于歸
부덕을 극진히 다하였습니다	克盡婦儀
남편께서 병에 걸려	夫子有疾
여러 해를 신음할 때	數紀沈綿
밤낮 걱정으로 울며	晝夜憂泣
몸을 씻고 하늘에 빌었습니다	澡身祝天
단표[210]는 자주 비어도	簞瓢屢空
정로[211]는 다 구비하였습니다	鼎爐備購
정성을 다하여 간호하니	竭誠調護
마침내 신의 도움을 받아	竟獲神佑
운림의 모옥에서	雲林茆屋
금슬지락을 누렸습니다	琴瑟以樂
안살림을 공손히 챙기며	祇修內政

208) 난혜(蘭蕙) : 난초(蘭草)와 혜초(蕙草)이다. 모두 난초의 종류로, 꽃이 아름답고 향기롭다. 흔히 부인의 아름다운 자질을 '난혜지질(蘭蕙之質)'이라고 한다.

209) 결리(結褵) : 결리(結縭)라고도 하는데, 딸이 시집갈 때 어머니가 딸에게 경계의 말을 하며 향주머니를 채워 주는 것을 말한다. "아가씨 시집가니, 누른 말과 얼룩말이네. 어머니가 향주머니 채워 주니, 그 위의 성대하네.[之子于歸 皇駁其馬 親結其縭 九十其儀]"에서 유래한다.(『詩經』「豳風·東山」)

210) 단표(簞瓢) : 일단사일표음(一簞食一瓢飮)의 준말로, 가난한 생활을 말한다. "한 그릇의 밥과 한 바가지의 물로 누추한 시골에 사는 것을 사람들은 그 근심을 견디지 못하는데, 안회는 그 즐거움을 바꾸지 아니하니 어질도다! 안회여.[一簞食一瓢飮 在陋巷 人不敢其憂 回也不改其樂 賢哉回也]"에서 유래한다.(『論語』「雍也」)

211) 정로(鼎爐) : 박산로(博山爐)와 비슷하게 생긴 화로로, 위에는 꽃 모양의 뚜껑이 없고 아래에는 세 발이 달려 있는 화로이다. 여기서는 치료에 필요한 약재를 사서 달이는 것을 말한다.

부덕夫德을 은밀히 도왔습니다	密贊乾德
불행하게도 노년에	不幸晩歲
기성[212]이 서둘러 무너지자	杞城遽崩
남긴 법도를 한결같이 따라	一遵遺法
먹줄같이 처리하였습니다	如墨如繩
본종의 제사가 끊어지자	本宗祀絶
멀리서 제전을 받들었습니다	遙奉祭奠
고심하여 후사를 세우고도	辛勤立後
변함없이 돌보았습니다	猶自不變
이미 정조 있고 또 효성스러우니	旣貞且孝
곤사[213]에도 견줄 이 없습니다	壼史無對
진실로 착한 부덕婦德은	允矣淑德
군자의 훌륭한 짝이었습니다	君子賢配
지난날 제가 어렸을 적에	昔余幼稚
이른 나이로 사문에 오르자	早登師門
형수께서 보살펴 주시며	嫂氏撫恤
삼년동안 애를 썼습니다	三載其勤
평생토록 은덕을 생각하며	平生戀德
마음에 새겨 두었습니다	銘在心臟
제가 정침에서 곡하고서부터	自我哭寢
더욱 간절히 앙모하였습니다	尤切慕仰
연세 여든이 넘어서도	年踰八袠

212) 기성(杞城) : 남편의 죽음을 말한다. 기양(杞梁)이 제나라 장공(莊公)을 따라 거(莒)를 공격하다 죽었는데, 그 아내 맹강(孟姜)이 기성을 향하여 곡을 하니 기성이 무너졌다고 한 데서 유래한다.(『烈女傳』「齊杞梁妻」)

213) 곤사(壼史) : 부인의 덕행을 모아둔 역사서를 말한다.

정력이 더 왕성하여　精力尚旺
막 백수를 기원하였는데　方祝期頤
어찌하여 촉광을 서둘렀습니까　胡遽屬纊
전당[214]과 문정이　鱣堂戶庭
더욱더 쓸쓸해졌습니다　益復凄凉
지난 일을 추억하자니　追惟往事
애통한 회포 가누기 어려워　痛懷難量
발인하는 오늘 저녁　卽遠今夕
눈물이 샘솟는 듯합니다　淚若泉泄
한 잔 술을 곡하여 올리며　單杯哭奠
천고의 영결을 합니다　千古永訣

매부 이대수 명후를 애도하는 제문[祭妹壻李大受 命厚 文]

자네의 선대는 대대로 벼슬을 하였네. 시서와 문장은 자네의 사업이고 순수와 자애는 자네의 자품이었네. 아! 행의行誼는 청아菁莪[215]에서 인정을 받았는데, 어떻게 명운命運은 끝내 봉필蓬蓽[216]에 묻혔는가?

나는 젊어서부터 자네와 인척姻戚이 되어서 책을 들고 서로 절차탁마하며 신의를 격려하고 친교를 맺었네. 비록 나의 누이가 불행히도 일찍 세상을 떠났으나 오히려 옛 정의는

---

214) 전당(鱣堂) : 제자들을 모아 강의하는 서당을 말한다. 한(漢)나라 양진(楊震)이 제자들을 모아 강의하였는데, 양진이 새가 전어(鱣魚) 세 마리를 물고 날아와 강당 앞에서 머리를 조아리는 것을 꿈꾸었다는 고사에서 유래한다.(『後漢書』「楊震列傳」)

215) 청아(菁莪) : 인재를 양성하는 곳을 말한다. "무성하고 무성한 새발쑥이여, 저 언덕 가운데 있도다.[菁菁者莪 在彼中阿]"에서 유래한다.(『詩經』「小雅·菁菁者莪」)

216) 봉필(蓬蓽) : 봉문(蓬門)과 필호(蓽戶)의 준말로, 시골 가난한 선비의 집을 말한다.

오랠수록 더 새로워지는 듯하여 산천이 막혀서 그리워하고 서찰을 통하여 마음을 털어 놓았네.

바야흐로 만날 때가 있기를 바랐는데, 어찌하여 서둘러 촉광屬纊을 알려오는가? 지난날 만났다 헤어질 적에도 오히려 서글펐는데, 오늘날 삶과 죽음으로 갈라졌으니 비통함을 어떻게 견디겠는가? 생질녀가 순절한 일은 실로 곤사壼史에도 드물게 보이는 일이네. 저의 마음에는 참으로 한 번의 죽음이 편안하였겠으나 나의 간장은 이미 아홉 굽이가 다 끊어졌네. 생각건대, 자네의 모르지 않는 자정慈情으로 반드시 지하에서 눈물을 삼킬 것이네.

쳐다보니, 저 유택이 이미 마련되어 자네의 상여가 이를 것이라고 들었네. 돌아보건대, 병으로 누워 지내는 쇠잔한 이 몸은 장지에 가려는 본래의 계획을 이루지 못하였네. 보잘것없는 술을 받들어 멀리서 작은 정성을 보내니, 영령께서 강림하여 살펴주게나.

진사 이안경 여적[217]을 애도하는 제문[祭李進士安卿 如迪 文]

왕실의 훌륭한 후예로	璿源寶派
인후한 기린과 같았네	振振麟定
효령대군 한 갈래로	孝寧一枝
자손들 더욱 번성하였네	玉葉尤盛
종반[218]이 다하고 나서는	宗班既盡
과명[219]으로 가문을 이었네	繼以科名

217) 이여적(李如迪, 1687~?) : 자는 안경(安卿), 호는 영호(映湖), 본관은 전주이다. 문장과 행의로 향리의 추중을 받았다. 1727년 진사에 입격하였다.

218) 종반(宗班) : 왕가의 가까운 겨레붙이에게 내리는 벼슬을 말한다.

우뚝하신 병와[220]는	有覺甁翁
세대에 드문 호걸이었네	間世豪英
위로는 육경을 연구하고	上泝六籍
옆으로는 백가를 섭렵하였네	旁涉百氏
식견이 넓고 도량이 커서	博識弘量
참으로 불기[221]의 군자였네	展也不器
아들을 네 분 두었는데	有遺胤四
공은 그 중에 막내였네	公居其季
온화하고 단아한 성품	溫雅之性
해맑고 빼어난 기질로	明秀之氣
일찍부터 가정의 가르침 받아	早承庭訓
문단에 종사하였네	從事文囿
글의 구상은 샘솟듯이 하고	藻思泉湧
붓의 기세는 세찬 바람과 같았네	筆勢風驟
시단에 기를 세우니	騷壇建幟
노장들도 손을 놓았네	老將袖手
소연[222]을 꺾자마자	沼蓮纔折
섬계[223]를 취할 만하였네	蟾桂可取

219) 과명(科名) : 과거 급제의 종류에 따른 명칭을 말한다.

220) 병와(甁窩) : 이형상(李衡祥, 1653~1733)의 호이다. 자는 중옥(仲玉), 본관은 전주이다. 1680년 문과에 급제, 호조 좌랑·제주 목사·한성 부윤 등을 지냈다. 저서로는 『병와집』·『둔무록(遯篋錄)』·『강도지(江都志)』·『남화박물지(南宦博物誌)』·『악학편고(樂學便考)』·『예학편고(禮學便考)』·『성리학대전(性理學大典)』 등이 있다.

221) 불기(不器) : 그릇처럼 한 가지 쓰임새에 국한되지 않고 체(體)와 용(用)을 두루 갖춘 군자를 말한다. "군자는 그릇하지 않는다.[君子不器]"고 한 데서 온 말이다.(『論語』「爲政」)

222) 소연(沼蓮) : 생원과 진사를 뽑는 소과를 말한다.

223) 섬계(蟾桂) : 두꺼비가 사는 월궁의 계수나무를 꺾는다는 섬궁절계(蟾宮折桂)의 준말로, 대과에 급제하는 것을 말한다. 현량 대책(賢良對策)에서 장원을 한 극선(郤詵)에게 진 무제(晉武帝)가

자주 대과에 응시하였으나	屢應公車
끝내 날아오르지 못하였네	竟閼鵬翮
시운이 그러해서이지	時乎使然
재주가 어찌 부족해서이겠는가	才豈不足
찬 부엌의 나물과 콩에도	寒廚茹藿
뜻을 굽힌 적이 없었네	曾不隕穫
강산 속의 고택에서	江山古宅
시주로 유유자적하였네	詩酒自適
노년에 비록 병은 있었으나	晩雖有疾
정신이 또렷하여 오히려 기뻤네	尙喜神旺
치료가 좋은 효과를 얻어서	將護得宜
물약[224]하기를 바랐네	勿藥是望
부고가 서둘러 이르니	凶音遽至
신리가 어찌 이리 어긋났는가	神理奚忒
예순 해의 세월이	六十光陰
공에게라면 짧다네	在公則嗇
돌아보건대 나는 공에게	顧余於公
나이 두 살이 앞섰네	齒爭二歲
아! 젊어서부터	粤自角丱
일찍 금란지교를 맺었네	早結蘭契
나는 공의 순후함에 감복하고	我服公淳
공은 나의 어리석음을 잊었네	公忘我癡

소감을 묻자 “계수나무 숲의 하나의 가지를 꺾고 곤륜산의 한 조각 옥돌을 캔 것과 같습니다.[猶桂林之一枝 崑山之片玉]”라고 답변한 고사에서 유래한다.(『晉書』「郤詵列傳」)

224) 물약(勿藥) : 병이 완치됨을 말한다. “구오는 무망의 병이니 약을 쓰지 않아도 낫는다.[九五 无妄之疾 勿藥有喜]”에서 온 말이다.(『周易』「无妄」)

더러는 책상을 나란히 하고	或聯書榻
더러는 예위[225]에 따라 참여하였네	或隨禮圍
정의가 깊고 돈독하여	情深誼篤
늙어서까지 잊기 어려웠네	皓首難諼
매번 만나서	每當會晤
속마음을 다 털어 놓았네	倒廩傾困
아무 물가와 아무 언덕[226]을	某水某丘
거닐자고 약속을 하였네	芳踐有約
이 계획도 이루지 못하였는데	此計未遂
서둘러 달려가 곡을 하다니	遽爾趨哭
영위의 휘장이 아련하나	靈帷曖然
참 모습 대하지 못하네	眞範莫接
지나간 일을 추억하자니	追惟往事
슬픔의 눈물 속눈썹타고 흐르네	哀淚承睫
단지 병마로 인하여	只緣病魔
한 잔 술 아직 올리지 못하였네	一酹尙闕
대상일이 어느덧 다가와	終祥奄迫
궤연을 치우려 하니	几筵將撤
비록 억지로라도 가보고 싶으나	雖欲強赴
노쇠하여 엎드렸으니 어찌하랴	奈此癃伏
대신 시켜서 잔을 드리며	代手薦觴
슬픈 마음을 대략 말하네	略伸悲臆

225) 예위(禮圍) : 과거 시험장을 말한다.

226) 아무……언덕 : 고향을 말한다. 당나라 한유(韓愈)의 「양 소윤을 보내며 지은 서[送楊少尹序]」에 "저 물가와 저 언덕은 내가 어린 시절에 물고기를 잡으며 노닐었던 곳이다.[某水某丘 吾童子時所釣遊也]"고 한 데서 온 말이다.

김진백[227]을 애도하는 제문[祭金振伯文]

금상今上(영조) 25년 기사(1749) 4월 18일 을미에 오천 정중기鄭重器는 옛 친구 제산霽山 김진백金振伯 형의 영위 앞에 나아가 한 번 통곡하며 회포를 쏟아내려고 하였으나 행장을 벌써 꾸려놓고 나서 병이 발작하여 나서지 못하였네. 삼가 구운 닭과 술에 적신 솜을 보내어 집사의 손을 빌어 전을 드리니, 그가 떠날 적에 곡하여 보내며 말하네.

아! 슬프도다. 하늘은 어찌하여 형에게 아름다운 자품을 부여하고도 긴 수명을 빌려주지 않았으며, 어찌하여 또 세상에 드문 영광을 주고도 도리어 예사롭지 않은 화를 내렸는가? 그 학문이 이미 넉넉하였으나 쓰이지 못하도록 하고 그 재주를 장차 펴려하였으나 도리어 꺾이도록 하였으니, 이것이 뜻을 함께하는 선비들이 목 놓아 길게 울부짖는 이유이자, 비록 일면식이 없는 사람이라도 또한 탄식하며 눈물 흘리지 않는 자가 없는 이유이네.

아! 형은 약봉藥峯[228]과 표은瓢隱[229]이 남긴 복으로 하악河嶽과 규성奎星의 빼어난 정기를 모아, 온화하기는 부드러운 혜란蕙蘭과 같으며 선명하기는 해맑은 빙옥冰玉과 같았네. 어려서는 문방에 종사하여 서사書史를 두루 섭렵하고 장성해서는 선생에게 나아가 그 연원을 거슬러 올라가서, 근원을 캐물어 정미한 부분까지 깊이 연구하고 법도를 따라 다리를 굳건히 안정시키니, 오직 식견이 굉박하고 행실이 독실하였네. 문장의 넉넉하고 화려함과 필력의 정미하고 오묘함과 같은 경우는 바로 형의 여사였네.

과연 학의 울음소리가 위로 들리어 이에 정초旌招[230]가 답지함을 보았네. 청문淸問을 선실宣室[231]에서 잠시 파하자, 상운祥雲[232]이 다시 금방金榜[233]으로 아뢰어졌으니, 어찌

---

227) 김진백(金振伯) : 진백은 제산(霽山) 김성탁(金聖鐸, 1684~1747)의 자이다.
228) 약봉(藥峯) : 김극일(金克一, 1522~1585)의 호이다.
229) 표은(瓢隱) : 김시온(金是榲, 1598~1669)의 호이다.
230) 정초(旌招) : 임금이 초빙하여 벼슬을 주는 것을 말한다.
231) 청문(淸問)을 선실(宣室) : 청문은 신하를 불러 마음을 비우고 묻는 것이며, 선실은 한(漢)나라 궁전

형만이 어버이 봉양을 이유로 뜻을 굽혔겠는가? 이는 또한 산림에 은거한다는 명성을 자처하며 평소 소신대로 은거만 하고 싶지 않아서였네. 임금께서 사람을 얻었다는 기쁨이 용안에 넘치며 은총의 교지로 이리 오라고 불렀네.

발탁하여 사헌부의 가까운 반열에 두고서 조낭皁囊[234]의 고언苦言을 너그러이 받아들였으며, 경연에서의 고문顧問에 대비하고자 또 논사論思[235]하는 홍문관으로 승진시키니, 이는 반드시 성덕을 도와 치도를 빛낼 수 있을 것으로 보아서였네. 중인衆人들이 모두 하늘과 사람이 꼭 들어맞는 시기라고 여겼는데, 어찌 사면을 청하는 한 장의 상소[236]가 도리어 소인들의 무서운 쇠뇌를 불러올 줄을 생각이나 했겠는가?

오직 선사先師[237]의 복분覆盆[238]이 하도 억울하여 제자로서 마땅히 거번擧幡[239]하며 알려야 할 일인데, 어찌하여 자개무늬 비단이 울긋불긋[240] 즐거이 사람을 그물 속으로

이름이다. 한 문제(漢文帝)가 일찍이 제사를 지내고 나서 막 음복(飮福)하고 선실에 앉았다가, 귀신(鬼神)의 일에 느낀 바가 있어 가의(賈誼)를 불러 귀신의 근본에 대하여 물은 일에서 유래한다.

232) 상운(祥雲) : 높고 고결한 인품을 말한다. 주희(朱熹)의 「명도선생찬(明道先生贊)」에 정호(程顥)의 인품을 형용하여 "상서로운 해와 구름이요. 온화한 바람 단비로다.[瑞日祥雲 和風甘雨]"라고 한 데서 온 말이다. 이 제문에서는 김성탁이 1735년 과거에 급제한 일을 가리킨다.

233) 금방(金榜) : 전시(殿試)의 방을 말한다.

234) 조낭(皂囊) : 비밀스러운 일을 임금에게 아뢸 때 밀봉한 소(疏)를 싸서 올리던 검은 보자기이다. 후한(後漢) 말에 임금이 채옹(蔡邕)에게 재변을 막을 계책을 적어서 검은 보자기에 싸서 올리라고 한 데서 온 말이다. 후대에는 일반적인 상소를 가리키는 말로 쓰이기도 하였다.

235) 논사(論思) : 임금과 함께 정사를 논의하고 생각하는 것을 말한다.

236) 사면을……상소 : 1737년에 올린 갈암(葛庵) 이현일(李玄逸, 1627~1704)의 신원소(伸寃疏)를 말한다. 김성탁은 이 일로 왕의 노여움을 사서 정의(旌義)에 유배되었다.

237) 선사(先師) : 1694년 갑술옥사에 유배를 당한 갈암 이현일을 말한다.

238) 복분(覆盆) : 밝은 빛을 받지 못한 채 깜깜한 어둠 속에 파묻히는 것으로, 억울한 일을 당하고서도 그 처지를 변명할 수 없는 경우를 말한다. "해와 달과 별이라 할지라도 엎어 놓은 동이의 속까지 비춰 주지는 못한다.[三光不照覆盆之內也]"는 데서 온 말이다.(『抱朴子』「辨問」)

239) 거번(擧幡) : 사람을 모아 억울함을 알리는 일을 말한다. 전한(前漢) 때 사례(司隷) 포선(鮑宣)이 부당하게 하옥되자, 박사제자(博士弟子)인 왕함(王咸)이 번(幡)이라는 깃발을 들고 태학(太學) 아래에 서서 포 사례(鮑司隷)를 구할 사람을 찾았다. 이에 태학의 제생(諸生) 천여 명이 모여 승상 공광(孔光)의 수레를 막아 입궐하지 못하게 하고 궐문에 모여 상소하여 마침내 포선의 죄가 감사일등(減死一等)으로 낮추어졌다.(『漢書』「鮑宣傳」)

밀쳐 넣었는가? 형틀의 형벌이 혹독하였으나 흔들리지 않고, 바다의 장독이 모질었으나 더욱더 편안해하였으니, 하나로 섬긴 형의 의리[241]에 있어서 돌아보건대 무엇이 아쉬웠겠는가? 저 참소한 자들이여. 아! 또한 심하도다.

그래도 성감聖鑑[242]이 가련히 여겨서 금계金鷄의 은혜로운 사면[243]이 내려지기를 기대하였네. 만약 고향으로 돌아와 스스로 마음 편히 지냈다면 후학을 이끌어 성취시킬 수 있었을 것이네. 누가 부고가 서둘러 와서 끝내 이 바람이 이루어지지 못하도록 할 줄을 생각이나 했겠는가? 관을 실은 배가 돌아오는 길에 부침을 거듭하니, 강물이 그대를 위하여 오열을 하네. 이 어찌 장자후章子厚[244]가 한 짓이겠는가? 실로 우리 영남의 운기運氣가 다해서이네.

아! 나는 본래 투미하나 형이 비루하게 여기지 않고 약관 때부터 비로소 교우를 맺어서 늙어서까지 서로 따르며, 금란金蘭처럼 마음을 함께 하는 친교를 맺어 봉마蓬麻[245]처럼 서로 의지하며 도움을 주었네. 비록 산천이 막혀 있어 만남은 드물었으나 매번 편지가

240) 자개무늬……울긋불긋: 터무니없는 사실을 꾸며 내어 참소하는 것을 말한다. "울긋불긋 잘도 짠 자개무늬 비단이여, 참소하는 저 사람 또한 너무 심하지 아니한가?[萋兮斐兮 成是貝錦 彼讒人者 亦已大甚]"라고 한 데서 유래한다.(『詩經』「小雅·巷伯」)

241) 하나로……의리: 임금과 스승과 어버이의 은혜는 같다는 뜻의 '군사부일체(軍師父一體)'의 도리를 말한다. "사람이 세 곳에 의하여 살아가니 섬기기를 똑같이 한다. 어버이는 낳아주신 분이고, 스승은 가르쳐주시는 분이고, 임금은 먹여주시는 분이니, …… 그러므로 똑같이 섬긴다.[民生于三 事之如一 父生之 師教之 君食之 …… 故壹事之]"고 한 데서 유래한다.(『國語』「晉策」)

242) 성감(聖鑑): 사물을 분변하는 임금의 올바른 안목을 말한다.

243) 금계(金鷄)의……사면: 죄인을 석방시킨다는 것을 말한다. 당나라 때 사령(赦令)을 내리는 날 나무로 4자쯤 되게 만든 닭의 머리는 금으로 꾸미고 입에는 비단으로 만든 기를 물려서 채반(采盤)에다 높이 세우고 하늘의 천계성(天鷄星)을 상징하였다는 고사에서 유래한다.(『唐書』「禮儀志」)

244) 장자후(章子厚): 자후는 송 철종(宋哲宗) 때 권신 장돈(章惇, 1035~1105)의 자이다. 폐지된 왕안석(王安石, 1021~1086)의 신법(新法)을 다시 시행하면서 이에 반대하는 사마광(司馬光)·문언박(文彦博)·여공저(呂公著)·범순인(范純仁) 등 원우제현(元祐諸賢)이라 불리는 사람들을 배척하였다.(『宋史』「章惇列傳」)

245) 봉마(蓬麻): 봉생마중(蓬生麻中)의 준말로, 훌륭한 벗의 관계를 말한다. "쑥이 삼대 속에 나면 붙잡아 주지 않아도 곧다.[蓬生麻中 不扶而直]"에서 유래한다.(『荀子』「勸學」)

올 때마다 심정을 드러내었네.

남쪽으로 이배移配된 지 여러 해 만에 큰마음을 내어 복사鵩舍[246]에 한 번 찾아가려고 하였네. 다만 아들의 죽음으로 인하여 병이 덧나서 말을 타고 먼 길을 갈 길이 없었네. 더구나 또 산속에 외로이 지내다보니 안사鴈使[247]마저 끊어져서 소식 또한 연이어 듣지 못하였음에랴. 단지 풀려 돌아올 날이 있어서 다시 만나 학문을 강론하기만을 바랐네.

아! 사람의 일이란 기필하기 어렵구나. 이제는 그만이네. 저승길이 영원히 막혔으니, 남은 경전은 누구와 함께 강명하겠으며 지극한 이치는 누구와 함께 논변하겠는가? 산수를 연주하던 거문고 줄을 이제는 끊을 것이니,[248] 나도 모르게 침문寢門에서 통곡을 하게 되네. 처음에는 강가에서 상여를 맞이하려고 하였으나 보러가기에는 때가 늦었으니 어찌하겠는가?

병마가 번갈아 기세를 부리고 있기 때문에 아직까지 영위에서 곡哭 한 번 하지 못하였네. 이제 상기祥期가 다하는 날을 맞아 또 소거素車[249]의 굴대에 기름을 쳤다가 도리어 멈추었네. 이에 감히 제문을 지어 술과 함께 보내어 이 슬픔과 통한을 말하네. 오직 영령께서는 그래도 보고 들음이 있겠지. 아! 슬프도다.

---

246) 복사(鵩舍) : 유배소(流配所)를 말한다. 한 문제(漢文帝) 때 가의(賈誼)가 장사왕 태부(長沙王太傅)로 폄척되어 나갔다. 장사 지방은 본래 땅이 낮고 습기가 많다는 말을 진작 들었던 터라, 스스로 오래 살지 못하리라 생각하였는데, 상서롭지 못한 복조(鵩鳥)가 날아 들어오자 「복조부(鵩鳥賦)」를 지어 스스로를 위로하였다는 고사에서 온 말이다.(『漢書』「賈誼傳」)

247) 안사(鴈使) : 소식을 전하는 심부름꾼을 말한다. 한(漢)나라의 소무(蘇武)가 19년간 흉노에 잡혀 있었다. 한의 사신이 한의 궁궐에서 잡은 기러기 발목에서 소무의 편지를 얻어 소무를 돌려 달라고 요구하여 석방된 고사에서 유래한다.(『漢書』「蘇建傳」)

248) 산수를……것이니 : 친구의 죽음으로 실의한 것을 말한다. 백아(伯牙)가 종자기(鍾子期)가 죽은 이후 자신의 거문고 줄을 끊은 고사에서 유래한다.

249) 소거(素車) : 상사(喪事)에 사용하는 백토를 칠한 흰 수레이다. 후한의 범식(范式)이 벗 장소(張劭)가 죽은 뒤 꿈속에 나타나 자기의 죽음을 알리자 백마가 끄는 흰 수레를 몰고 호곡하러 갔다는 고사에서 유래한다.(『後漢書』「范式列傳」)

재종질 일진을 애도하는 제문[祭再從姪一鎭文] 갑술년(1754)

아! 슬프도다. 하늘이 자네를 낼 적에는 의도가 있는 듯하였으나 자네를 죽일 적에는 어이 이리도 너무 서두르는가? 자네의 어버이 섬기는 효성과 조상을 받드는 예의이며 동당의 친족을 아끼고 돌보는 은혜는 가도家道를 진작시키고 후생後生의 모범이 될 수 있고, 총민한 재주와 해박한 지식은 경사經史의 글을 넘나들어서 과거에 급제하여 대명大名을 취할 수 있었네.

종족들이 의지하는 바와 사우들이 기대하는 바가 어떠하였겠는가? 그러나 한 번 홍역에 감염되어 수명이 마흔에 그쳤으니, 하늘이 한 것인가? 귀신이 한 짓인가? 어찌 차마 이 사람에게 이토록 포악하게 한다는 말인가? 어린 두 아이는 믿고 의지할 곳이 없으며 투미한 여러 젊은이는 이끌어 줄 사람이 없으니, 어찌 가슴이 무너지고 기운이 꺾이지 않을 수 있겠는가?

더구나 자네는 어려서부터 나에게 문자를 물었으며, 내가 산속으로 들어온 뒤에도 늘 왕래하며 의문스러운 구절을 강토하였음에랴. 나에게 공경과 사랑을 다하여 하지 않는 일이 없었으나, 자네가 세상을 떠날 적에는 마침 나명拿命에 달려가느라고 시신을 어루만지며 곡하지도 못하고, 장사지낼 적에는 오랫동안 병석에 누워 있어서 또 묘소로 가서 영결하지도 못하였네. 이러고 보면 자네는 나를 아버지같이 여겼으나 나는 자네를 아들같이 여기지 못하였으니, 어찌 부끄럽지 않겠는가?

세월이 물같이 흘러서 대상이 어느덧 다가왔으니. 이제부터 만사가 그만이네. 지난날 강토講討하던 즐거움을 언제 다시 누리겠는가? 남녘을 바라보고 눈물을 뿌리며 단지 천도天道가 무지無知한 것을 원망할 뿐이네. 아! 슬프도다.

박천수[250]를 애도하는 제문[祭朴天壽文]

세상이 말세로 들어서면서	世入衰季

인품이 더욱 떨어졌네 人品益下
더러는 명예를 좇아가고 或趨榮名
더러는 재물을 탐하였네 或耽財貨
급급히 추구하다 보니 汲汲營求
대부분 제 뜻을 잃었네 多喪其志
뉘라서 우리 형과 같이 孰如吾兄
시종 흠이 없었겠는가 始終無累
천성은 순수하고 고아하며 性質淳雅
심성은 청명하고 고요하였네 心界淸靜
충신하고 간묵하여 忠信簡默
남과는 경쟁하지 않았네 與物無競
문장이 이미 넉넉하여도 文詞旣富
오히려 진취에는 게을렀네 猶懶進取
쌀독이 자주 비어도 甑石屢空
생계에는 마음이 없었네 無意生計
안분하고 수졸[251]하며 安分守拙
한가함과 담백함에 맡겼네 任他閒澹
시가 있어 내가 읊었고 有詩我詠
술이 있어 내가 마셨네 有酒我飮
여유 있고 만족하니 于于於於
태고 적의 의상이었네 太古意象

---

250) 박천수(朴天壽) : 천수는 박평(朴枰, 1626~1692)의 자이다. 호는 병독헌(秉獨軒), 본관은 밀양이다. 훈수 정만양의 문인이다. 저서로는 『병독헌집』이 있다.

251) 수졸(守拙) : 자신의 소박한 본성을 지키면서 전원에서 살아가는 것을 말한다. 도잠(陶潛)의 「전원으로 돌아와 머물다[歸田園居]」의 "남쪽 들판의 끝 황량한 밭을 일구고서, 전원으로 돌아와 졸렬한 본성을 지키네.[開荒南野際 守拙歸田園]"에서 유래한다.(『陶淵明集』)

대음은 저절로 드무니[252]	大音自希
속세의 귀로 누가 듣겠는가	俗耳誰賞
우리는 한 고장 사람이라	惟我同社
어렸을 적부터 친구였네	髫齔故舊
사문에서 소매 닿고	師門接袂
문단에서 손을 끌었네	墨場攜手
간담을 서로 비추며	肺肝相照
늙어서도 잊지 않았네	白首靡諼
어찌 알았겠는가 하나의 병으로	那知一疾
일흔 나이에 서둘러 떠날 줄을	遽齒七旬
텅 빈 집에서 한 번 곡하니	一哭虛堂
슬픔의 눈물 옷자락을 적시네	哀淚霑裾
빠른 세월 쉽게 지나가	跳丸易走
영위를 치우려고 하네	几筵將除
나는 인간 세상에서	此生人間
그만이라 다시 보기 어렵네	已矣難覿
이제 보잘것없는 술로	玆將薄酌
서글픈 심정을 대충 말하네	略伸悲臆

서른다섯 번째 족숙 석헌을 애도하는 제문[祭族叔三十五房 碩憲 文] 을해년(1755)

아! 우리 정씨는	緊惟我鄭

252) 대음(大音)은……드무니: 심오하여 잘 들리지 않는 위대한 소리를 말한다. "대기는 만성이요, 대음은 희성이네.[大器晩成 大音希聲]"에서 유래한다.(『道德經』)

가학을 이어온 가문입니다 詩禮之門
노촌[253]께서는 유자의 행실 있었고 魯村儒行
호수께서는 충의의 정성 있었습니다 湖叟忠勤
또한 삼휴정께서는 亦越三休
가르침을 잇고 법칙을 전하였습니다 繩教貽則
아! 공의 아름다운 자품 惟公美質
실로 남은 은택에 물들어서입니다 實霑餘澤
효제를 근본으로 삼고 孝悌爲本
농사일까지 두루 챙겼습니다 旁搜學圃
말씀은 월로[254]를 토해내고 詞吐月露
필력은 홍무[255]를 뿌렸습니다 筆灑虹霧
향시에는 자주 입격하였으나 屢占鄕解
성균시에는 매번 낙방하였습니다 輒屈南省
겨죽도 질려하지 않으며 糟糠不厭
분수에 편안해하고 정도를 지켰습니다 安分守正
충신하고 겸근하여 忠信謙謹
남과 경쟁하지 않았습니다 與物無競
덕이 고장에서 높고 德尊鄕閭
거동이 문중의 모범이 되었습니다 儀範宗黨
일흔이 채 못 된 나이에 七旬未滿
하나의 병이 치료하기 어려워 一疾難醫

---

253) 노촌(魯村) : 정윤량(鄭允良, 1515~1580)의 호이다. 자는 원우(元佑), 본관은 영일이다. 약관에 퇴계 이황의 문하에 유학하였고, 학행이 있고 성리학 탐구에 전심하였다. 1553년 임고서원(臨皐書院)을 창건하여 사액을 받았다.

254) 월로(月露) : 시문의 소재인 달과 이슬로, 화려하게 꾸민 시문을 말한다.

255) 홍무(虹霧) : 무지개 안개로, 문장의 아름다운 색채를 말한다.

족숙께서 돌아가시니 先行零盡
후생은 어디에 의지하겠습니까 後生何依
장방이 이미 비었으니 長房已空
조묘에서 주재할 사람이 없습니다 祧廟無主
묘비는 비록 깎았으나 墓碑雖斲
누가 다시 새겨 세우겠습니까 誰復鐫竪
생각이 여기까지 미치자 言念及此
간담이 무너지고 목이 멥니다 膽墜哽塞
세월이 쉽게 흘러 流光易逝
소상이 어느덧 다가왔습니다 練期奄迫
청아한 의표 점점 멀어지니 清儀漸邈
만사가 모두 부질없습니다 萬事皆虛
영위 앞에 엎드려 곡하니 伏哭筵前
눈물이 흐르는 시내와 같습니다 有淚漣如

권자후[256]를 애도하는 제문[祭權子厚文] 병자년(1756)

아! 자네가 혼탁한 세상을 싫어하여 영원히 떠난 지가 벌써 2년이나 되었네. 다시는 돌아오지 못한다는 말인가?

온화하고 윤택한 자품과 효성스럽고 우애로운 정성이며 몸가짐에 경근敬謹한 법도와 남을 대함에 충신忠信한 덕행으로 산속에서 지내는 정정貞靜한 풍도는 온통 사우들이

256) 권자후(權子厚) : 자후는 권득중(權得重, 1687~1754)의 자이다. 호는 동와(東窩), 본관은 안동이다. 1753년 효행과 경술로 암행어사의 천거를 받아 임금이 이조(吏曹)에 등용하라는 명을 내렸으나 곧 죽어 호조 좌랑에 증직되었다. 저서로는 『동와집』·『화동역대통기(華東歷代通紀)』 등이 있다.

부러워하는 바였네. 명성이 어사를 움직여 이름이 대궐에까지 알려졌고 보면, 자네가 떠났다는 소식을 듣고 애통해하는 것은 공의公義에서이네.

자네의 어머니는 바로 나의 재종고모여서 자네와 나는 삼종 형제간이었네. 나이가 서로 비슷한 데다가 취향 또한 서로 같아서, 젊어서는 문예를 익히는 자리에서 나란히 하고 늙어서는 수석의 아름다운 풍경을 좇아 다녔으니, 정리의 친밀함은 자못 상복을 입어야하는 친척과 같았네. 금석과 같은 친구였고 보면, 자네의 떠남을 생각하고 눈물 흘리는 것은 사정私情에서이네.

공의로 보나 사정으로 보나 마땅히 영위에 나아가 한 번 슬픈 감회를 쏟아내어야 하나, 나이는 들고 병은 깊어서 나서려다가 다시 멈추고 머뭇머뭇 시일을 끌었네. 오늘 영위를 치우는 날에도 뜻을 이루지 못하였으니, 이 한을 이 세상 어느 때에나 멈출 수 있겠는가? 동녘의 살던 곳을 바라보니 산천은 예전 그대로이나, 유인幽人의 여유롭고 고아한 풍도를 다시 볼 수 없으며 평생 함께 노닐던 즐거움을 다시 이을 수 없네. 그만이고 그만이네. 마음이 아프고도 아프네.

진사 송정부를 애도하는 제문[祭宋進士定夫文] 정축년(1757)

아! 슬프도다. 아우는 공에게 바로 내외재종간으로, 나이는 서로 비슷하고 취향마저 서로 같았습니다. 할머니께서 살아계시던 날과 아버지께서 세상일에 마음을 접었을 때부터 서로 왕래하며 즐겁게 지냈습니다. 또 함께 경사經史를 이야기하고 지업志業을 격려하였으니, 공의 깊이를 알고 있는 사람 중에 누가 나보다 더 낫겠습니까?

빼어나고 밝은 자품과 효성스럽고 우애로운 행실이며 넉넉하고 풍부한 문장과 단아하고 개결한 지조는 이미 저절로 세상에서 우뚝하였습니다. 소과小科에 입격하자마자 또 별시別試에 급제하나, 이어서 장기杖期[257]의 상을 당하여 결국 대과에는 응시하지 않았으니, 이는 공이 일찍부터 과거에 마음을 접을 뜻이 있으나 어버이의 명을 못 견디어 응시하였다가 이때 와서 비로소 벗어서입니다.

이때부터 위기爲己의 학문[258]에 전념하니, 성리서性理書에 침잠하여 오묘한 뜻을 탐구하고 퇴계 문집의 중요한 말을 초절抄節[259]하여 늘 스스로 완미하고 연구하였습니다. 또 능히 자신에게 돌이켜 스스로 반성하여 마음을 거두고 몸을 단속하는 방도로 삼았으니, 이 어찌 상자는 사고 진주는 돌려보내는 속유들이 헤아릴 수 있는 바였겠습니까?

아우와 같이 투미한 사람은 매번 공의 장려를 입었습니다. 늘 중간 지점의 산사山寺에서 한 번 만나 열흘이나 달포 동안 강토하고 싶었으나, 초상과 병환이 서로 끌어당겨서 끝내 이 계획을 실행하지 못한 채 갑자기 이 지경에 이르렀습니다. 천리 밖에서도 일부러 찾아가는 고인의 뜻에 견주어 볼 때 어찌 부끄럽지 않겠습니까?

목소리와 용모가 한 번 막힌 지 벌써 한해가 지났습니다. 한바탕 기쁨을 나누는 일이 그 어느 때에나 있겠습니까? 단지 저승에서 기약해야 할 뿐입니다. 더는 무슨 말을 하겠습니까? 아! 슬픕니다.

---

257) 장기(杖期) : 상장(喪杖)을 짚고 거상(居喪)하는 기년복(朞年服)을 말한다.

258) 위기(爲己)의 학문 : 오직 자신의 덕성을 함양하기 위하여 공부하는 것을 말한다. "옛날의 학자들은 자신을 위한 학문을 하였는데, 지금의 학자들은 남에게 보여 주기 위한 학문을 한다.[古之學者爲己 今之學者爲人]"고 한 데서 온 말이다.(『論語』「憲問」)

259) 초절(抄節) : 중요한 대목만을 가려서 초록하는 것을 말한다.

뇌문誄文

도사 이숙통 장260)을 애도하는 뇌문[誄李都事叔通 欌 文] 무오년(1750)

아! 숙통의 죽음이 정말인가? 처음 들었을 적에는 놀라고 또 의심하였는데, 이윽고 그 종제가 장삿날을 알려오니 과연 정말이구나. 아! 하늘이 이리도 어둡고 귀신이 이리도 모진가?

숙통은 왕가의 후예로서 규성의 정수를 품었네. 또 훌륭한 아버지와 조부의 문아한 가르침을 받들어 힘써 배우며 게을리하지 않아서 문장이 넉넉하고 화려해지니, 어려서부터 벌써 성대한 명성이 있었네. 20세에 소과에 입격하고 또 6년 만에 대과에 급제하나, 오히려 벼슬길을 즐거워하지 않았네.

여러 해 동안 한가로이 지내며 성리서를 더 연구하여 그 지식과 취향을 넓히니, 사람들이 다 같이 집현전이나 홍문관이 바로 숙통의 평평한 앞길이라고 생각하였네. 그러나 당색黨色이 사람을 제한하고 인선이 공정하지 않아서 처음에는 승문원에 보임되고 끝내 병조에 그쳤으니, 이 어찌 숙통이 있을 곳이겠는가?

지난해 전라도로 발령이 날 적에 숙통은 매우 불편해하더니 끝내 천연두로 그 수명을 재촉하였네. 나이 겨우 마흔 둘이니 어찌하여 운명이 이리도 궁한가? 게다가 숙통이 세상을 떠난 지 얼마 되지 않아 유림에 명망이 높던 아버지 처사 부군께서 또 갑자기

260) 이장(李欌, 1696~1737) : 자는 주여(舟汝)·숙통(叔通), 호는 호산(毫山), 본관은 전주이다. 1723년 문과에 급제, 전적·예조 좌랑·전라도 도사 등을 지냈다. 저서로는 『호산집』이 있다.

세상을 버렸음에랴.

참혹하도다. 이 어찌 다만 이씨만의 화이겠는가? 근년에 들어 영남의 운명이 막혀서 덕망 있는 여러 어른과 뛰어난 후배들이 세상을 버리고 재주와 식견을 갖춘 젊은 선비들이 대부분 일찍 떠나 현달하지 못하였네. 지금 숙통이 병을 조심하지 않은 것은 아니나 또 이 지경에 이르렀으니, 어찌 천운이 아니겠는가?

나는 숙통과 서울에서 두 번 만나 한두 마디 말을 건네고는 비범한 재능이 있음을 이미 알아서 마음속으로 적이 아꼈으나, 산천이 너무 멀어서 자주 만나지는 못하고 다만 서로 그리워하며 자나 깨나 마음에서 놓은 적이 없었네. 이제는 그만이니 어찌 숙통을 위하여 눈물 흘리지 않겠는가?

땅에 묻힐 적에 의리상 상여 줄을 잡고 심정을 말해야 하나, 나의 죄악이 크게 쌓여서 신이 벌을 내려 수십일 사이에 맏아들과 맏며느리를 연이어 잃었네. 상중에 심담이 다 타버려서 붓을 들 경황이 없었네. 이제 장사를 치른 뒤에야 비로소 이렇게 긴 말로써 예전의 정의를 서술하여 보내네. 아! 슬프도다.

묘지명墓誌銘

종숙부 선전관 정공의 묘지명[從叔父宣傳官鄭公墓誌銘] 서문 병기

공의 휘는 석조碩祖이고, 자는 여승汝承이며, 본관은 영일迎日이다. 비조는 고려 때 추밀원 지주사樞密院知奏事를 지낸 휘 습명襲明으로 충직하여 대신의 풍도가 있었다. 이때부터 대대로 경상卿相을 지냈으며, 고려 말에 영천군永川郡으로 이주하였다. 조선에 들어와 휘 광후光厚는 벼슬이 공조 판서에 이르렀다. 3세를 지나 이부랑吏部郞 휘 종소從韶는 외숙인 대전大田 이보흠李甫欽[261]을 스승으로 섬겼다. 또 3세를 지나 창릉승昌陵丞 휘 윤량允良은 퇴계 선생의 문하에서 유학하였다. 모두 대명大名이 있었다.

이분이 휘 세아世雅를 두었다. 진사로서 임진왜란 때 의병장이 되어 성을 회복한 공로가 있었으나 남에게 넘겨주고 스스로 차지하지 않았다. 조정에서 훌륭히 여겨서 황산찰방黃山察訪을 제수하였으며 뒤에 병조 판서에 추증하였으니, 바로 공의 고조부이다. 증조부 휘 의번宜藩은 생원이고, 아버지를 따라 경주 전투에 참전하여 아버지를 돕다가 전사하였으며, 좌승지에 추증되었다. 조부 휘 호례好禮는 해남 현감海南縣監이다. 아버지 휘 시교時僑는 종사랑從仕郞이고, 효행이 있고 문장이 우아하였으나 일찍 세상을 떠나 드러나지 못하였다. 어머니는 월성 최씨月城崔氏로, 진사 직㣅의 딸이다. 효종孝宗 임진년

---

261) 이보흠(李甫欽, 1397~1457) : 자는 경부(敬夫), 호는 대전(大田), 본관은 영천(永川)이다. 1429년 문과에 급제, 동부 훈도관(東部訓導官)·지대구군사(知大邱郡事) 등을 지냈다. 1457년 금성대군(錦城大君)과 단종복위를 모의하였다는 혐의를 받고 박천에 유배된 뒤 같은 해 10월에 교살되었다.

(1652)에 공을 영천군의 북쪽 선원촌仙源村에서 낳았다.

공은 용모와 자질이 빼어났으며, 천성 또한 자상하고 영민하여 글을 배움에 대의를 이해하였다. 14세에 아버지의 상을 당하고, 또 5년이 지나 어머니의 상을 치렀는데, 장례를 모두 예에 맞게 거행하였다. 상복을 벗고는 가업을 다스려 실추하지 않았다. 두 아우와 한 누이를 보살피면서 우애를 다하였으며, 시기를 놓치지 않고 장가와 시집을 보내니, 사람들이 모두 젊은 사람이 쉽게 할 수 있는 일이 아니라고 하였다.

병진년(1676) 국가에서 무관武官을 많이 선발하여 글 읽던 유생들이 대부분 붓을 내던지니, 백부 종사랑從仕郎 공이 명하기를 "너의 아버지가 글 짓는 일에 힘을 쏟았으나 쓰이지 못하고 요절하였으니, 이치로 보아 마땅히 너에게서 발복할 것이다. 이번 과거에 만약 급제한다면 또한 지하에 계시는 아버지를 위로하기에 충분하니, 문과와 무과가 무어 다르겠느냐?" 하였다. 공이 이에 억지로 나서서 응시하였다.

문방으로 나가 글을 읽고부터 한 번도 활을 잡아 본 적이 없었으나, 과장에 들어가 활을 쏘니 더불어 대적할 사람이 없었다. 드디어 점수에 들어 급제하니, 당시 나이가 스물다섯이었다. 종족들이 벼슬하기를 권하여 공이 일찍이 한 번 서울에 가보았다가, 관직을 구하는 사람들이 대부분 권문세족들의 집을 분주히 찾아다니는 모습을 보고서, 바로 머리를 내저으며 "이제는 나의 양친께서 계시지 않는데, 내가 누구를 위하여 이렇게 꼬리치는 개처럼 구차한 짓을 하겠는가?"라고 하고는, 드디어 고향으로 내려왔다.

기사년(1689) 9월에 비로소 선략宣略[262]으로서 선전관宣傳官에 제수되었다. 본청의 상관이 선례에 따라 신진에게 귀복鬼服을 입혀 귀신놀이를 하면서 시키지 않는 짓이 없자, 공이 예禮로써 사양하며 무례한 짓을 하지 않으니, 동료들이 경탄하였다.

마침 교외에 나가 노는데, 어떤 은전 전대가 말 앞에 떨어져 있는 것을 하인이 주우려고 하니, 공이 엄하게 꾸짖어 줍지 못하도록 하였다. 당시 알고 지내던 사람이 말을

262) 선략(宣略) : 선략장군(宣略將軍)의 준말로, 무관의 정4품 둘째 품계이다.

타고 함께 가며 뒤에서 “어찌 그리 청렴하십니까?”라고 하니, 공이 웃으며 “길에 버려진 것을 줍지 않는 것은 성세盛世의 아름다운 풍속이 아닙니까?”라고 하였다.

11월에 내지內旨를 받들어 서도西道의 봉화를 순검巡檢하고, 얼마 지나지 않아 품계가 정략定略[263]으로 승진하였다. 12월에 돌연 천연두에 전염되었는데, 종형 정석명鄭碩明이 마침 저사邸舍에 있으면서 힘을 다하여 치료하였으나 병세가 갈수록 악화되었다. 이달 12일에 세상을 떠나니, 나이 겨우 38세였다.

병조 판서가 소식을 듣고 애석해하며 “조정이 훌륭한 장수가 될 재목을 잃었구나.”라고 하였다. 부조가 특히 넉넉하였으며, 본청에서도 공이 납입한 예전禮錢을 그 액수대로 다 환급해 주었다. 여러 동료들이 모두 와서 곡하고 직접 염습하였으며, 심지어 옷을 벗어 수의로 주기도 하고 재물을 내어 서로 도운 사람도 또한 많았다.

이듬해 정월에 중제仲弟 정석호鄭碩祜가 관을 모시고 남쪽으로 돌아오니, 조가朝家에서 길을 따라 상여꾼을 제공하였으며, 문무 관원들 중에 도성 밖까지 나와 곡하며 상여를 전송한 사람이 거리를 메워서 셀 수가 없었다. 3월 임자일에 기룡산騎龍山의 부임負壬 터에 장사지냈다. 서쪽으로 종사랑 공의 유택과 십여 걸음 떨어져 있다.

부인은 의인宜人 이씨李氏로, 본관이 성주星州[264]이다. 산화 선생山花先生 견간堅幹[265]의 후손으로, 증조부는 만생晩生이며, 조부는 계윤繼胤이며, 아버지 이장而樟은 진사이고, 어머니는 영산 신씨靈山辛氏로, 군수郡守 초礎의 딸이다. 의인은 온화하고 유순하며 부덕이 있었다. 나이 스물 둘에 공에게 시집와서 공보다 17년 뒤에 세상을 떠나니, 향년 58세였다.

---

263) 정략(定略) : 정략장군(定略將軍)의 준말로, 무관의 정4품 첫째 품계이다.

264) 성주(星州) : 이견간(李堅幹)은 본관이 벽진(碧珍)인데. 그가 살던 성주를 본관으로 처리한 것은 오기(誤記)로 보인다.

265) 이견간(李堅幹, ?~1330) : 자는 직경(直卿), 호는 국헌(菊軒), 본관은 벽진이다. 집현전 대제학·홍문관사(弘文館事) 등을 지냈다. 1317년 원나라에 사신으로 가서 상주객관(常州客館)에 머물 때 지은 「관동에 봉사하여 두견새소리 들으며[奉使關東杜鵑]」가 천하에 명성을 떨쳤고, 그 시의 끝 구절에 나오는 산화(山花)라는 시구로 인하여 산화 선생(山花先生)으로 불렸다. 시호는 문안(文安)이다.

공의 유택에서 몇 걸음 뒤에 부장附葬하였다.

공은 딸 둘을 두고 아들이 없어서 중제 석호碩祜의 아들 중선重善을 후사로 삼았다. 공이 세상을 떠날 당시 나이 겨우 열한 살이었으나 성인같이 집상執喪을 잘하였다. 두 딸은 손시옹孫是雍과 권수중權洙重에게 각각 시집갔다. 중선의 두 아들은 일진一鎭과 일황一鐄이며, 한 딸은 김응원金應元에게 시집갔다. 손시옹의 세 아들은 명록命祿·명욱命勖·명옥命沃이며, 사위는 권즙權濈·최경림崔慶霖·황세석黃世錫·서련徐鍊이다. 권수중은 후사가 없다.

아! 공은 안색이 훤하고 신채神采가 빼어났다. 남과 더불어 경계를 짓지 않고 직무를 볼 때는 오직 삼가서, 조정의 관리 중에 보는 사람마다 호남아好男兒로 지목하였다. 또 장차 크게 쓰여서 당시에 우리나라의 병한屛翰266)이 될 것이라고 하였으나, 벼슬한 지 몇 달 만에 하나의 병으로 요절하였다. 세상에서 허리에는 금 인끈을 두르고 머리에는 옥 장식 모자267)를 쓴 차림으로 높고 큰 깃발을 세우고서 곤외閫外268)에서 호령하는 자는 또 어떠한 사람인가? 어쩌면 이른바 천리라는 것이 아니겠는가?

이제 정일진鄭一鎭이 뛰어나고 효성스러워서 선대의 덕이 전해지지 않을 것을 두려워하며 나에게 묘갈명을 부탁하니, 내가 감히 사양하지 못한다.

명銘한다.

간성지재이나 쓰이지 못하고	干城也而未試
봉황과 같으나 장수하지 못하였네	鸑鷟也而無壽

266) 병한(屛翰) : 병풍과 기둥으로, 나라의 동량이 되는 것을 말한다. "병풍이 되고 기둥이 되니, 모든 제후들이 법으로 삼도다.[之屛之翰 百辟爲憲]"에서 유래한다.(『詩經』「小雅, 桑扈」)

267) 허리에는……모자 : 변방을 지키는 장군의 장식을 말한다.

268) 곤외(閫外) : 왕성의 밖을 말한다. 임금이 도성 밖으로 장수를 떠나보낼 때 수레바퀴를 밀어주며 "왕성 안의 일은 과인이 처리할 테니, 왕성 밖의 일은 장군이 처리하라.[閫以內者 寡人制之 閫以外者 將軍制之]"고 한 데서 유래한다.(『史記』「馮唐列傳」)

이미 끊어진 세대를 이었으니 世旣絶而紹
장차 영원한 복을 후손에게 내리겠네 其將錫永祚于來後

선조 성균관 사성 부군의 묘지[先祖成均館司成府君墓誌]

공의 휘는 종소從韶이고, 자는 가정可貞이며, 관향은 영일迎日이다. 상조上祖는 고려 때 추밀원 지주사를 지낸 휘 습명襲明으로, 문장과 경술이 뛰어나 인종仁宗·의종毅宗 두 왕을 섬겼으나 너무 강직하여 중용되지는 못하였다. 사적이 역사가의 기록에 실려 있다. 그 뒤로 6대가 모두 급제하여 높은 벼슬에 올랐으며, 더러는 경상卿相을 지냈다. 7대를 내려와 전공 판서典工判書 휘 인언仁彦이 영천에서 사니, 바로 문충공文忠公 포은圃隱 선생 휘 몽주夢周의 종증조부이다.

이분이 휘 광후光厚를 두었는데, 우리 조정에서 공조 판서를 지냈으며 영천군 동쪽 원당리元堂里의 부진負震 터에 장사지냈다. 부인 익양군부인益陽郡夫人 이씨李氏는 영천군 서쪽 당지산唐旨山의 부감負坎 터에 장사지냈다. 이분들이 공의 증조부와 증조모이다. 조부 휘 위瑋는 문과에 급제하여 사정司正을 지냈고, 부인 의인宜人 서씨徐氏는 선부인先夫人의 유택 앞에 나란히 부장하였다.

아버지 휘 문예文裔는 생원으로 영산 교도靈山敎導를 지냈는데, 시로 명성이 있었다. 어머니 유인孺人은 영양 이씨永陽李氏로, 부사직副司直 현실玄實의 딸이고 대전大田 선생 보흠甫欽의 누나이다. 영천군 북쪽 삼귀동三歸洞의 자좌子坐 터에 나란히 장사지냈다. 영천군 북쪽 대전촌大田村 제일봉 아래에서 공을 낳았다.

공은 어려서 용모가 빼어나고 총명하며 영기英氣가 있었다. 외숙 대전 이공에게 수학하여 문예가 일찍부터 드러나니, 동문들이 따라잡을 수 없었다. 나이 겨우 열다섯에 팔공산 은해사銀海寺에서 독서하였다. 당시 윤통尹統269) 공이 이웃 고을의 태수로 와서 유람하는데, 추종騶從의 관개冠蓋가 너무 성대하였다. 공이 동무들을 데리고 작은 북을 치며 "산당에 늦게 도착하였으니, 고풍에 따라 벌이 있어야지."라고 하자, 윤공이 노여워하는

척하며 "네가 어린아이이면서 감히 어른을 모욕하는구나. 만약 시를 잘 짓는다면 죄를 용서받을 수 있으나 짓지 못한다면 너를 매질해야겠다."라고 하고는, 드디어 운을 뽑아 시를 지으라고 하였다. 공이 붓을 잡고 그 자리에서 지으니, 시어가 사람을 퍽 놀라게 하였다. 윤공이 혀가 닳도록 기동奇童이라 칭찬하고는 마침내 그의 딸로 아내를 삼아주었다.

정통正統 정묘년(1447) 봄, 문과에 급제하여 성균관 학유成均館學諭에 보임되었다. 이해 가을, 성삼문成三問[270]이 장원한 중시重試에서 급제하였다. 세종世宗께서 바야흐로 문학을 중시하던 중이어서 이 과방이 당시 더할 수 없는 선발이었으므로 관료에게는 큰 영광이어서, 대전 이공이 교도공敎導公에게 시를 올려 서로 축하하였다.

성공成公이 이미 장원을 차지하였고, 박팽년朴彭年[271] 공·이개李塏[272] 공·류성원柳誠源[273] 공 등도 그 방목 속에 있었다. 공이 드디어 함께 교분을 맺어 경전을 연구하고 절의를 연마하는 막역한 친구가 되었다. 이윽고 성균관을 떠나 사간원·사헌부를 거쳐 이조좌랑으로 옮기자, 세상 사람들이 모두 공을 재상의 그릇으로 기대하였다.

을해년(1455) 단종端宗께서 손위遜位한 뒤에 육신옥六臣獄이 일어나고 대전 이공이 이어서 죽임을 당하자, 공은 더욱 벼슬에 마음을 접었다. 그러나 다만 어버이께서 계셨기 때문에 화가 부모님에게까지 뻗칠까 염려되어 입을 꼭 다물고 감히 기절氣節을 드러내지 못하였다.

---

269) 윤통(尹統, ?~?) : 본관은 경주이다. 1414년 문과에 급제하여 통정대부(通政大夫)에 오르고 수문전직학사(修文殿直學士)를 지냈다.

270) 성삼문(成三問, 1418~1456) : 자는 근보(謹甫), 호는 매죽헌(梅竹軒), 본관은 창녕(昌寧)이다. 1438년 문과에 급제, 홍문관 수찬·예조 참의 등을 지냈다. 사육신 중의 한 명이다. 시호는 충문(忠文)이다.

271) 박팽년(朴彭年, 1417~1456) : 자는 인수(仁叟), 호는 취금헌(醉琴軒), 본관은 순천(順天)이다. 1434년 문과에 급제, 우승지·충청도 관찰사 등을 지냈다. 사육신 중의 한 명이다. 시호는 충정(忠正)이다.

272) 이개(李塏, 1417~1456) : 자는 청보(淸甫), 호는 백옥헌(白玉軒), 본관은 한산(韓山)이다. 1436년 사마시에 입격하여 집현전 부수찬·부제학 등을 지냈다. 사육신 중의 한 명이다. 시호는 충간(忠簡)이다.

273) 류성원(柳成源, ?~1456) : 자는 태초(太初), 호는 낭간(琅玕), 본관은 문화(文化)이다. 1444년 문과에 급제, 집현전 저작랑·좌사경(左司經) 등을 지냈다. 사육신 중의 한 명이다. 시호는 충경(忠景)이다.

조정에서 사간원·사헌부에 여러 번 제수하였으나, 공은 그때마다 병을 핑계로 고사하였다. 지방관에 제수되자 어버이의 명으로 마지못해 부임하여 봉양하기 위한 계책으로 삼았으나, 즐거워하는 바는 아니었다. 의성義城·영주榮州·예천醴泉·함양咸陽 등의 고을을 거치며 대부분 오래지 않아 버리고 돌아왔으나, 부임지마다 모두 훌륭한 치적이 있었다.

영주에서 재직할 적에는 모든 시책을 베풀 때마다 법도에 맞추어 성실히 상관을 받들고 따뜻이 백성을 사랑하며 강직하게 사특한 행위를 미워하니, 1년이 되지 않아 정치가 두루 통하고 사람이 화합하였다. 이에 바로 남은 힘으로 누원樓院을 증축하여 사행使行을 맞이하였는데, 털끝만큼도 백성들을 수고롭게 하거나 금고의 재물을 쓰지 아니하니, 비록 관아에 있는 자도 이러한 일이 있는 줄을 몰랐다.

또 향서당鄉序堂을 지어 좋은 절기마다 고장의 부로 및 사대부들을 맞이하여 향음주례鄉飮酒禮와 향사례鄉射禮의 의절을 거행하며 함께 예양禮讓을 익히고 풍화風化를 돈독히 하였다. 또 마을의 자제들 중에 재주가 뛰어난 사람을 모아 이곳에서 독서하고 유예游藝[274] 하도록 하면서 권장하고 감독하기를 조금도 게을리하지 않았다. 이어서 향규鄉規 약간 조목을 지어서 영원히 준행할 토대로 삼았다. 또 군지郡誌를 편찬하고 옛 사적을 기록하여 후세에 남기니, 군민이 흡족해하였다.

점필재佔畢齋[275] 김 문간공金文簡公이 일찍이 영주의 작은 누각의 기문을 쓰며 "이 고을의 훌륭한 수령 중에 사람들의 기억 속에 뚜렷이 남아 있는 분은 오직 하호정河浩亭[276]

---

274) 유예(游藝) : 군자가 닦아야 할 육예(六藝)를 익히는 것을 말한다. "도에 뜻을 두며, 덕에 근거하며, 인에 의지하며, 예에 노닌다.[志於道 據於德 依於仁 游於藝]"에서 유래한다.(『論語』「述而」)

275) 점필재(佔畢齋) : 김종직(金宗直, 1431~1492)의 호이다. 자는 계온(季昷), 본관은 선산(善山)이다. 1459년 문과에 급제, 선산 부사·형조 판서·홍문관 대제학 등을 지냈다. 시호는 문충(文忠)이고, 저서로는 『점필재집』·『일선지(一善誌)』·「유두류록(遊頭流錄)」·『청구풍아(靑丘風雅)』·『당후일기(堂後日記)』 등이 있다.

276) 하호정(河浩亭) : 호정은 하륜(河崙, 1347~1416)의 호이다. 자는 대림(大臨), 본관은 진주이다. 1365년 문과에 급제, 전의부령(典儀副令)·전라도 도순찰사·좌의정 등을 지냈다. 시호는 문충(文忠)이다. 저서로는 『호정집』이 있다.

및 최원유崔元濡 공·정습인鄭習仁277) 공 세 사람인데, 지금 수령 오천 정선생 또한 나란히 할 만한 분이다." 하였다. 이에서 살펴보면 공이 영주를 다스린 치적을 입증할 수 있으며, 의성·예천·함양에서도 모두 이 방법대로 다스렸다. 그 뒤로 각 고을의 명환록名宦錄에 함께 기록되었으며, 지금은 『여지승람輿地勝覽』에서도 살펴볼 수 있다.

신묘년(1471) 전라도 진휼사全羅道賑恤使의 종사관從事官이 되었다가, 뒤에 성균관 사성成均館司成에 제수되니, 대개 말직이었다.

종손이 떠돌다보니 가첩家牒이 전하지 않아 태어나신 해와 돌아가신 해를 살펴볼 길이 없고, 전후 이력履歷의 차례도 모두 자세하지 않으며 유문 또한 잃어버렸다. 단지 시 네 편·책문 두 편·서전발書箋跋이 각각 한 편 있는데, 모두 전아典雅하며 법도가 있고 책문 또한 웅건하고 화려하며 해박함을 갖추어 실로 경륜의 자질이 있었다. 만약 재상의 자리를 맡아 묘당廟堂에 올랐다면 반드시 큰 사업을 이루어 역사에 이름을 전할 수 있었을 것이나, 불행히도 시국에 막혀서 그 온축한 경륜을 조금도 펴지 못하였으니, 어찌 천운이 아니겠는가?

그 뜻은 개결하고 그 자취는 위태하였으며 그 행동은 고달팠다. 꾹 참고 숨겨서 화가 어버이에게 미치지 않기를 추구하였으나, 도리어 그 마음속으로 지킨 신념은 시종 변함이 없었으니, 얼마나 마음가짐이 어려웠겠는가? 공자도 유하혜柳下惠와 소련少連을 평가하며 "뜻을 굽혀 그 몸을 욕되게 하였으나, 말은 윤리에 맞고 행동은 생각에 맞았다."278) 하였다. 이 의리를 아는 자라면 공의 심사心事를 엿볼 수 있을 것이다.

유택은 원당리元堂里의 간좌艮坐 곤향坤向 터에 있으니, 바로 증조부 판서공判書公 유택의 오른편 산자락이다. 숙인淑人 윤씨尹氏의 유택도 위아래로 십여 걸음 거리에 있다. 윤씨의 본관은 평산平山이며, 아버지 휘 통統은 관직이 참판까지 올랐다고 한다.

---

277) 정습인(鄭習仁, ?~?): 자는 현숙(顯叔), 본관은 초계(草溪)이다. 공민왕 때 문과에 급제하여 지영주(知榮州)·우산기상시(右散騎常侍) 등을 지냈다.

278) 뜻을……맞았다: 『논어』「미자(微子)」에서 공자가 여러 일민(逸民)들을 평하는 조목에 나온다.

공은 3남 1녀를 두었다. 장남 이휘以揮는 장수 찰방長水察訪을 지냈고 점필재 옹이 시인이라고 칭찬하며 더불어 많은 수창을 하였다. 삼귀동三龜洞의 생원공 묘소 아래에 장사지냈다. 차남 이교以僑[279]는 전랑銓郞으로 중시重試에 급제하여 교리校理에 그쳤다. 차남 이심以諶은 문과에 급제하여 지평持平을 지냈다. 딸은 권흠조權欽祖에게 시집갔다.

찰방공은 5남을 두었다. 장남 차순次諄은 직장直長이며, 차남 차함次諴·차해次諧는 모두 후사가 없으며, 차남은 차성次誠·차근次謹이다. 교리공은 5남을 두었다. 장남 공징公徵은 서윤庶尹이며, 차남 공건公虔은 첨정僉正이며, 공필公弼은 군수郡守이며, 공청公淸은 현감이며, 공예公藝는 참봉이다. 이심 공은 4남을 두었으니 공영公英·공걸公傑·공준公俊·공형公亨이다.

증손 현손 이하로 점점 더 번성하여 지금 후손들 중에 남아 있는 사람이 거의 200여 명에 이르며, 문장가와 관리가 서로 끊어지지 않았다. 명성과 덕행이 가장 드러난 사람은 차근次謹의 아들 참봉 윤량允良의 손자 증 병조 판서 세아世雅와 증손 증 승지 의번宜藩 및 현손 문과 목사 호인好仁[280]이며, 공징의 내손來孫 통제사 후량后亮과 공필公弼의 아들 좌랑佐郞 창무昌武, 그리고 증손 헌납獻納 유번維藩과 공예公藝의 현손 승지承旨 계주繼胄이다. 그 나머지 낮은 벼슬과 소과小科는 다 기록하지 못한다.

당숙부 종사랑 정공의 묘지명[堂叔父從仕郞鄭公墓誌銘] 서문 병기

우리 정씨의 본관은 영일迎日인데, 해동海東의 대성大姓이다. 고려 때 추밀원 지주사를 지낸 비조 휘 습명襲明은 곧은 도로 임금을 바르게 모시다가 권신에게 참소를 당하였고

---

279) 정이교(鄭以僑, ?~?) : 자는 자미(子美), 본관은 영일이다. 1470년 문과에 급제하여 이조 좌랑·예문관 검열 등을 지냈다.

280) 정호인(鄭好仁, 1597~1655) : 자는 자견(子見), 호는 양계(暘溪), 본관은 영일이다. 1627년 문과에 급제하여 형조 좌랑·진주 목사 등을 지냈다. 저서로는 『양계집』이 있다.

사적이 국사에 실려 있다. 그 뒤 여러 대를 지나 영천으로 옮겨 살았다. 지주공으로부터 11세손 사성司成 휘 종소從韶에 이르기까지 연이어 문예文藝로써 과거에 급제하여 관적에 이름을 올렸다. 그 사이에 4대가 경상卿相에 오르고 1대가 소과에 입격하였다.

2대를 건너 휘 윤량允良은 참봉으로 퇴계 이선생의 문하에 유학하였다. 휘 세아世雅는 찰방으로 병조 판서에 추증되었는데, 의병을 모집하여 왜구를 토벌한 공이 있다. 휘 의번宜藩은 생원으로 승지에 추증되었는데, 충성과 효성을 다하여 순절하였다. 휘 호례好禮는 현감으로 청덕비淸德碑가 있다. 이것이 공의 조부 이상의 계보이다.

현감공이 세 아들을 두었다. 그 중 둘째 종사랑從仕郞 휘 시교時僑는 문아文雅와 효의孝義로 사람들을 감복시켰으나, 일찍 세상을 떠나서 드러나지 못하였다. 월성 최씨月城崔氏 동직東直의 딸을 맞이하여 세 아들을 두었으니, 공은 또 그 중에 둘째이다.

공의 휘는 석호碩祜이고, 자는 여후汝厚이다. 효종 병신년(1656) 4월 23일 영천군 북쪽 선원리仙源里의 집에서 태어났다. 10세에 아버지상을 당하고 16세에 어머니상을 당하여 외롭고 고생스러워서 어려서는 배울 시기를 그만 놓쳤다. 조금 장성해서는 스스로 분발하여 서사書史 익히기를 게을리하지 않으니, 문리가 점점 통하였다. 천성이 본래 순수하고 성실하며 또 가법을 삼가 잘 지켰다.

형을 아버지같이 형수를 어머니같이 여겼으며, 백부와 숙부를 섬김에 자제의 직분을 곱다시 다하여 병이 나면 밤낮으로 곁을 떠나지 않았다. 문중에서는 진실로 공경하고 겸손하며 경조사에 빠진 적이 없었다. 일을 처리함에는 너그럽고 여유 있으며, 남을 대할 적에는 겨루지 않았다. 친소와 귀천을 막론하고 한결같이 모두 성의를 가지고 대하며 조금이라도 꾸미는 모습이 없었다. 이 때문에 사람들이 기뻐하고 흡족해하지 않는 이가 없었다.

유궁儒宮281)에서는 더욱 정성을 다하니, 향교나 서원의 전교와 원장을 여러 번 역임하

---

281) 유궁(儒宮) : 태학(太學)이나 향교(鄕校) 등 관립 학교를 말하는데, 여기서는 서원(書院)을 뜻하는 것으로 여겨진다.

여 집안일과 같이 처리하였다. 임고서원臨皐書院의 문루를 세울 적에도 공을 천거하여 일을 맡겼는데, 공이 본원은 바로 선조先祖가 창건한 곳이라 하여 드디어 스스로 맡아서 재물을 축내지 않고 공사를 마쳤다.

평소 간묵簡默하여 사람의 과실을 말한 적이 없었으나 크게 시비를 가려야하는 경우에는 언제나 분명히 해결하고 어물어물 넘기지 않았다. 젊었을 적에 도내의 사회士會에 참여한 적이 있었는데, 마침 다툼거리가 있어서 중인들이 모두 어물어물하며 결정하지 못하였는데, 공이 바로 사리에 근거하여 분명히 따져서 억지를 부려 왜곡하려는 자들을 내치니, 많은 선비들이 공정함에 탄복하였으며, 내쳐진 자들도 감히 원망하지 못하였다.

임고서원의 원장이 되어서는 근세에 강講을 면제하고 선비를 취하는 제도가 200년 전해온 학규學規를 크게 어겼으므로 빨리 복원하지 않을 수 없다고 여겼다. 당시 중론이 퍽이나 시끄러웠으나, 공이 정색을 하고 "서원을 세우던 초기에 선배들이 학규를 정하고 현판에 새겨서 벽에 걸어두었습니다. 이 학규를 만약 복원하지 않는다면 이 현판은 내려야 할 것입니다."라고 하였다. 드디어 두 종의 책으로 강을 마련하여 예전 학규 그대로 시험을 보아 원생을 선발하였다. 이로부터 배우지 않은 사람은 서원으로 들어가지 못하게 되니, 식자들이 대단하다고 하였다.

만년에는 문을 닫고 정신을 길러서 서책을 즐기며 더는 바깥일을 간섭하지 않았다. 선비들이 공경하고 존중하여 장덕長德으로 추대하였다. 일찍이 숙부 호군공護軍公 때문에 종사랑從仕郞의 품계에 보임되었다. 정유년(1717) 3월 29일, 전염병으로 정침에서 세상을 떠나니, 향년 62세였다. 이해 9월 22일, 영천군 북쪽 용화동龍花洞의 부감負坎 터에 장사지냈다.

부인 유인孺人 권씨는 본적이 안동이며, 조선조 영의정 예천백醴泉伯 문절공文節公 중화仲和[282]의 후손이다. 고조부 휘 극립克立은 참판에 증직되었는데, 여헌旅軒 장선생張先生과 입암立巖의 수석水石 사이에서 이웃하여 살았으니, 바로 이른바 사우四友 중의 한 분이다. 증조부 휘 봉崶은 수직壽職으로 부호군副護軍을 제수 받았으며, 여헌의 문하에 들어 행의行誼가 있었다. 조부는 휘 상민尙敏이다.

아버지는 휘 칭稱이다. 어머니는 월성 손씨月城孫氏 충의위忠義衛 구俅의 딸이자, 계천군鷄川君 양민공襄敏公 소昭의 후손이다. 을미년(1655) 9월 5일에 태어나 정미년(1727) 10월 20일에 세상을 떠났다. 유순하고 지혜로우며 부덕婦德이 있었다. 다음해 3월 10일에 기룡산騎龍山 하천동夏泉洞의 부임負壬 터에 장사지냈다. 서쪽으로 십여 걸음 거리에 시부모의 유택이 있으며, 큰 아주버님 선전공宣傳公과 큰 동서 의인宜人 이씨의 유택이 뒤에 있다.

3남 1녀를 두었다. 장남은 중헌重憲이고 차남 중선重善은 백부 선전공宣傳公의 후사가 되었고 막내는 중옥重玉이며, 딸은 성덕휘成德徽에게 시집갔다. 중헌의 아들 하나는 일륜一錀이며, 딸 둘은 권잠權潛·임정대任貞大에게 각각 시집갔다. 중선의 두 아들은 일진一鎭과 요절한 일황一鐄이며, 딸 하나는 김응원金應元에게 시집갔다. 중옥의 아들 하나는 일환一鋎이다. 성덕휘의 딸 하나는 곽모郭某에게 시집갔다.

지난날 우리 아버님께서 공과 동당 형제가 되어 매일 저녁 담소하는 사이에 고서를 펼쳐 강토講討하여, 소자는 곁에서 모신 지 오래였다. 이제 공께서 세상을 떠난 지 벌써 1년이 지났으나, 아직까지 비석을 세우지 못하고 있다. 일륜一錀 등이 내가 공의 언행을 자세히 엿보았다하여 그 일을 맡아줄 것을 청하는데 매우 진지하였다. 정리에 있어 감히 사양할 수 없어서 드디어 명을 한다.

명銘한다.

이미 충성하고 이미 신실하여	旣忠矣旣信矣
그 소신 흔들리지 않았으니	而不撓其守也
이 어찌 선하지 않겠는가	斯焉得不臧乎
마땅히 선비들에게 추중 받아야지	宜見推於章掖之藪也

282) 권중화(權仲和, 1322~1408) : 자는 용부(容夫), 호는 동고(東皐), 본관은 안동이다. 1353년 문과에 급제, 정당 문학(政堂文學)·판문하부사(判門下府使)·영의정 등을 지냈다. 시호는 문절(文節)이다. 『향약간이방(鄕藥簡易方)』·『신편집성마우의방(新編集成馬牛醫方)』 등을 편집하였다.

효자 화산 권공의 묘지명[孝子花山權公墓誌銘] 서문 병기

예전에 어버이를 위하여 죽는 경우 더러는 싸우다가 죽고 더러는 물에 빠져 죽었으니, 변호卞壼의 아들들[283]과 조아曹娥[284] 같은 무리는 참으로 우뚝이 드러난다. 이들은 다 그 어버이가 있는 자리에서 바로 목숨을 바쳤을 뿐이다. 만약 어버이가 죽고 나서 신이 깃든 곳에서 목숨을 바친 경우라면 온 세상에 찾아보아도 들리지 않는데, 내가 처사 권공에게서 그러한 경우를 보았다.

공의 휘는 목穆이고, 자는 심중深仲이며, 본관은 안동安東이다. 고려 태사 행幸이 그 비조이다. 대대로 벼슬하다가 문탄공文坦公 휘 한공漢功[285]에 이르러 문장으로써 재상의 지위에 올랐다. 이분의 아들 문절공文節公 휘 중화仲和도 조선의 영의정領議政 예천백醴泉伯이다. 이분의 증손자 사정司正 휘 균鈞은 영천 이씨에게 장가들어 드디어 영천으로 옮겨 살았으니, 이분이 공의 6세조이다.

증조부 휘 극립克立은 공조 참판에 증직되었다. 조부 휘 봉葑은 수직으로 호군護軍에 보임되었으며, 여헌旅軒 장선생張先生을 따라 입암立巖에서 이웃하여 살며 교도敎導를 받들어 선생의 장려와 인정을 크게 받았다. 그 자손들이 이분을 전범으로 삼아, 지금까지 효제孝悌를 돈독히 하고 예의禮義를 지킨다고 한다. 아버지는 휘 구민求敏이며, 어머니는 일직 손씨一直孫氏 진사 항沆의 딸이다. 숭정崇禎 계미년(1543)에 공을 입암리 집에서 낳았다.

---

283) 변호(卞壼)의 아들들 : 변진(卞昣)과 변우(卞盱)를 말한다. 진(晉)나라 성제(成帝) 때 소준(蘇峻)이 반란을 일으켜 청계(靑溪)를 공격하자, 변호가 육군(六軍)을 거느리고 소준의 군대를 맞아 싸웠으나 고전 끝에 전사하였다. 그 두 아들도 아비의 죽음을 보고 적에게 달려들었다가 동시에 죽임을 당하였다. (『晉書』「卞壼列傳」)

284) 조아(曹娥) : 후한(後漢) 때 효녀이다. 아버지가 익사하자 14세의 나이로 17일 동안 강둑에서 울다가 아버지의 시체를 찾기 위해 강물에 투신하였는데, 5일 만에 아버지를 껴안은 채 익사체로 떠올랐다고 한다.(『後漢書』「列女傳·孝女曹娥」)

285) 권한공(權漢功, ?~1349) : 호는 일재(一齋), 본관은 안동이다. 충렬왕 때 급제하여 직사관·지밀직사사·도첨의정승 등을 지냈다. 시호는 문탄(文坦)이다. 저서로는 『일재일고』가 있다.

공은 어려서부터 차분하고 욕심이 적으며 효성이 순수하고 독실하였다. 아버지를 일찍 잃고 나서 늘 지극한 아픔을 품어 제삿날이 되면 상례와 같이 반드시 변복變服하고 손님을 사양하였으며, 정조鼎俎나 변두籩豆[286]에 올리는 제물은 다 자신이 직접 장만하였다.

어머니를 섬기는데도 그 효성을 다하여 혼정신성昏定晨省과 동온하정冬溫夏凊의 의절을 모두 성실히 하였다. 집안이 본래 가난하여 자신의 먹을거리나 의복은 항상 넉넉하지 않았으나, 부엌에 맛난 음식이 혹시라도 떨어진 적이 없었으며, 외출하여 진귀한 과일이나 맛있는 음식을 보면 그때마다 가지고 돌아와 올렸다.

더욱이 어머님의 뜻을 받들고 즐겁게 해드리는 일을 중히 여겼다. 언젠가 소를 잃어버린 적이 있었는데, 어머님에게 걱정을 끼칠까 염려하여 집안 식구들에게 고하지 말라고 경계하였다. 그 아우가 땅을 개척하자 자신의 전답을 나누어 대신 주며 "네가 만약 학업을 놓친다면 무엇으로 어머님의 마음을 위로하여 드리겠느냐?"라고 하였다.

친척과 인척이며 향당에게도 도타운 정성을 곡진히 다하지 않음이 없었다. 남에게 선이 있으면 즐거이 칭찬하였고 또한 남의 허물이나 악행을 비난한 적은 없었다. 청렴淸廉과 개결介潔로 스스로를 지켜서 보잘것없는 물건이라도 남에게 요구하지 않았다. 비록 쌀을 팔아서 밥을 지었으나, 이웃에 굶주리는 사람이 있다면 나누어 주었다. 흉년이 들어 떠도는 거지들이 문밖에 가득하자 심지어는 눈앞의 밥상마저 물려서 먹여주었으니, 그 충신忠信함과 자상慈祥함이 대부분 이와 같았다.

병술년(1586) 겨울에 어머님이 병을 앓아누우니, 공이 밤낮으로 간호하며 직접 죽을 끓여 눈물로 권하였다. 어머니께서 돌아가시자 공의 나이 이미 60이 넘었으나 백수로

---

286) 정조(鼎俎)나 변두(籩豆) : 제기를 말한다. 『예기』 「교특생(郊特牲)」의 "정조는 홀수로 차리고, 변두는 짝수로 차린다."는 조의 소주에, 정조의 내용물은 천산(天産, 동물)이 주재료인데, 천산은 양(陽)에 속하기 때문에 홀수로 놓고, 변두의 내용물은 지산(地産, 식물)이 주재료인데, 지산은 음(陰)에 속하기 때문에 짝수로 놓는다고 하였다.

상을 치르며 슬픔이 예법을 넘어서니, 집상執喪이 너무 엄격하여 자못 장년도 견디기 어려운 바가 있었다. 이 때문에 몸이 야위어 버티지 못할 듯하니, 보는 사람들이 감격하여 울었다.

무자년(1588) 봄, 집에 뜻밖의 불이 나서, 불길이 순식간에 사당 및 빈소로 번져갔다. 당시 두 아우가 모두 출타중이어서 공만이 빈소에 홀로 있었다. 경황 중에도 먼저 사당으로 달려 들어가 신주를 받들어 나오니, 붉은 불길이 벌써 빈소를 덮치고 있었다. 결국 다급한 소리로 하늘을 부르며 연기와 불길을 무릅쓰고 뛰어들었으나 다시 나오지 못하였다. 식구들이 타고 남은 재목을 헤치며 찾아보니, 두 손으로 신주를 감싸 안고 꿇어앉아 있었다. 최질복衰絰服은 다 재가 되었으나 주독主櫝만은 가슴과 팔 사이에 끼여 있어서 신주의 분면에 그을린 흔적도 없었다. 만약 공의 일편단심이 오로지 몇 촌의 신주에 있어서 자신의 7척 몸을 모두 잊어버리지 않았다면, 사생의 위급한 즈음에 감싸 안고 떨어뜨리지 않아 불길 속에서 온전히 보존할 수 있었겠는가?

이 날은 바로 윤 3월 2일이다. 어떻게 개자추介子推[287]가 타 죽은 달과 같은 달인가? 어쩌면 대화大火와 심성心星이 두 사람의 절개를 드러내고 싶어 일부러 불길을 든 것인가? 아! 이상하도다.

고장 사람들이 이 일을 군에 보고하니, 특별히 녹봉을 거두어 부의를 보내주어서 이해 어느 달 어느 날 어느 산 어느 향 터에 장사지낼 수 있었다. 원근의 여러 명사들이 대부분 제문祭文과 제주祭酒를 가지고 문상하고, 또 더러는 만시를 지어 애도하였다. 그 뒤 수년 만에 어사와 관찰사가 서로 이어서 장계狀啓로 아뢰었다. 계묘년(1603) 겨울이 되어서

287) 개자추(介子推) : 춘추(春秋) 때 진(晉)나라 사람이다. 진 문공(晉文公)과 함께 19년간 망명하였다가 돌아온 뒤 문공에게 소외당하니 면산(緜山)에 숨어 살았다. 문공이 불러도 나오지 않아 산에 불을 질렀으나, 끝내 나오지 않고 타 죽었다. 옛 풍속에 개자추가 불에 타 죽은 달에는 신령이 불 피우는 것을 좋아하지 않는다하여, 찬 음식을 먹었으니 한식(寒食)이라고 한다. 한식은 동지(冬至) 이후 105일째 되는 날로 3월경이다.

비로소 어명으로 정려문旌閭門을 세우니, 행인들이 반드시 바라보며 경의를 표하였다.

공은 월성 이씨月城李氏 익길益吉의 딸에게 장가들어 2남 3녀를 두었다. 아들은 득상得常·득주得胄이며, 딸은 민응규閔應奎·이현징李玄徵·서지한徐至澣에게 각각 시집갔다.

대저 사람의 자식으로서 근본에 보답하는 길은 예경禮經에 갖추어져 있다. 초종에 비로소 중重(임시로 만든 신위)을 장만하고 우제가 되어 뽕나무 신주로써 중을 바꾸며, 연제練祭가 다가옴에 밤나무 신주로 바꾸는데, 바꿀 때마다 반드시 묻는다. 심지어 『춘추』에서는 새 사당에 불이 난다면 3일만 곡한 뒤 그친다고 하였다.

이를 근거로 살펴보면 사판祠板이 어버이 몸과 비교하여 그 경중이 분명하다. 그러나 공은 이 사판에 어머니의 혼령이 깃들어 있다고 여겨서, 이 또한 어머니와 마찬가지였다. "어머니가 불에 타는데 아들이 구제하지 않으면 되겠는가?" 하고서 바로 맹렬한 불길 속으로 뛰어들어 그 몸을 태웠으나, 후회하지는 않았다.

이는 어머니를 사모하는 지극한 심정으로 돌아가신 분을 살아계신 듯이 여겨서이니, 제사를 지낼 적에는 살아계신 듯이 한다는 성인의 의리를 깊이 얻어서가 아니겠는가? 저 어리석게도 그 어버이가 죽었다고 효를 잊어버리는 자가 장차 무슨 낯으로 공의 정려문을 지나가겠는가? 명교名教를 부지하여 후세를 권면함이 공에게 달려 있을 것이다.

공이 떠난 지 41년 만에 공의 맏아들 득주得胄가 우리 아버지께서 뇌문誄文을 올린 적이 있다 하여 나에게 묘지명을 부탁하였다. 내가 그만한 사람이 아니라고 사양한 것이 여러 번이었으나, 끝내 되지 않아서 마침내 감히 대략 편차를 가하였다. 이어서 나의 고조부께서도 전투에서 효심으로 순절한 적이 있음을 생각하니, 지금 이 일에 어떻게 눈물 흘리며 오열하지 않을 수 있겠는가?

명銘한다.

세도가 무너져 말세가 되니	世降而季
백성들 대부분 이륜을 잃어	民多喪彝
어버이 계심에 사모하는 자 드물고	親存鮮慕

어버이 떠나심에 유명을 저버렸네　親歿易遺
누가 권공과 같이　孰若權公
사생 간에 효심이 한결 같겠는가　存歿一誠
불길 속에 뛰어들어 몸은 탔어도　投炎燬體
혼령은 무사하였네　以安尊靈
장렬하고도 기특하니　烈乎奇哉
효심을 오직 법칙으로 삼아서라네　孝思維則
모든 자식 된 자들이　凡爲人子
이 묘소에 경의를 표하리　于此墓式

선조 공조 판서 부군의 묘지[先祖工曹判書府君墓誌]

공의 휘는 광후光厚이며, 본래 영일현迎日縣 사람이다. 고려 때 추밀원 지주사를 지낸 비조 휘 습명襲明은 문장과 경술이 있어 곧은 도로써 의종毅宗을 보필하였으나 끝내 참소를 당하여 조정에서 용납 받지 못하였다. 사적이 국사에 실려 있다. 이분이 휘 섭균燮均을 두니 위위 주부동정衛尉注簿同正이다. 이분이 휘 겸목謙牧을 두니 내시 주부동정內侍注簿同正이다. 이분이 휘 인신麟信을 두니 태학 박사太學博士이다. 이분이 휘 지태之泰를 두니 전서典書이다. 이분이 휘 종흥宗興을 두니 진현관 대제학進賢館大提學이다. 이분이 휘 임林을 두니 판도 판서版圖判書이다.

이분이 두 아들을 두었는데, 맏아들은 개성윤開城尹에 증직된 휘 인수仁壽로 바로 포은圃隱 선생의 증조부이며, 막내는 전공 판서典工判書를 지낸 휘 인언仁彥으로 바로 공의 아버지이다. 영천군의 남쪽 전촌錢村에 살았으며, 포은 선생도 군의 동쪽 우항愚巷에서 태어났으니, 영일에서 영천으로 이주한 것은 판도공 이전일 것이다. 어머니 군부인郡夫人 정씨鄭氏는 본관이 다르다.

공은 지정至正 갑신년(1344)에 전촌의 집에서 태어났다. 가첩家牒에는 문과에 급제하였다고 되어 있으나, 어느 과방에 급제하였는지 정확하지 않고 벼슬을 한 이력도 고증할 길이 없다.

오늘날 근거할 수 있는 것으로 말한다면, 홍무洪武 신미년(1391) 관적에 "전 상주 목사尙州牧使 아무개"라고 하였는데, 신미년은 고려의 말년으로, 통정대부通政大夫를 지내고 가선대부嘉善大夫에 승진한 것은 바로 태조께서 천명을 받은 뒤였을 것이다.

증손자 종소從韶의 시권試券 봉미封彌[288]에 "증조부 가선대부 검교檢校 한성윤漢城尹 아무개"라고 하였으며, 공이 만년의 유서에 자서自署하기를 "공조 판서工曹判書 가선대부 아무개"라고 하였다. 관직을 옮기거나 제수된 선후는 분간할 수 없으나, 가선대부로 판서를 지냈으니, 이는 더할 나위 없는 높은 발탁이었다.

이 시기에 있어서 양친이 모두 무고하였으나, 포은이 순절하면서 두 아우가 함께 죽임을 당하여 가문이 가을 서리 맞은 낙엽과 같이 무너졌으니, 소명召命을 받고 거취하는 여하에 따라 화복이 판가름 났을 것이다. 공이 비록 스스로 아끼지는 않았으나, 어찌 자신의 뜻대로 곧장 행동하여 어버이를 중형에 빠지도록 할 수 있었겠는가? 공이 자신의 의리를 굽히고 어버이에게 은혜를 갚은 것은 어쩌면 정부자程夫子가 서서徐庶[289]가 옳다고 한 뜻에서 봄이 있어서일 것이다.

공의 나이 일흔 둘에 지은 유서가 있다고는 하나 돌아가신 해를 발견하지 못하였고 보면, 얼마나 사셨는지 또한 아직 알 수 없다. 유택은 영천군의 동쪽 원당리元堂里 묘룡산卯龍山의 유향酉向 터에 있다. 아내 익양군부인益陽郡夫人 이씨는 전리 판서典理判書 후룡厚龍

---

288) 봉미(封彌) : 과거에 응시한 자가 답안지의 오른편 끝에다 성명·생년월일·주소·사조(四祖, 부·조부·증조부·외조부)를 기록한 다음에 풀로 봉하여 제출한 것을 말한다.

289) 서서(徐庶) : 제갈량(諸葛亮)과 함께 유비(劉備)를 도와 대업을 이루려던 인물이다. 조조(曹操)가 모친을 억류하여 인질로 삼고는 부르자, 서서가 "지금 이미 노모를 잃은 상태라서 마음속이 산란하기만 하여 어떤 일에도 보탬이 되지 못할 것이니 이제 작별할까 한다.[今已失老母 方寸亂矣 無益於事 請從此別]" 하고는 마침내 유비를 떠나 조조로 갔으나 이후 조조를 위하여 계책은 내지 않았다고 전해진다.(『三國志』「蜀書·諸葛亮傳」)

의 딸이다. 유택은 영천군 서쪽 당지산唐旨山 부지내釜池內의 남향 터에 있다.

3남을 두었다. 장남 위瑋 사정司正은 묘소가 익양군부인의 유택 아래에 있고, 차남은 번璠이고, 막내 영瑛은 현감縣監이다. 위는 3남을 두었다. 문예文裔는 생원 교도生員敎導이고, 문계文繼·문손文孫이다. 번은 2남 문치文治·문식文飾을 두었다. 영은 3남 문비文備·문달文達·문욱文彧을 두었다.

문예는 5남을 두었다. 장남 종소從韶 사성司成은 묘소가 공의 유택의 백호줄기의 부간負艮 터에 있고, 차남은 귀소歸韶이고, 차남 지소至韶 학유學諭는 아들이 없고, 차남 치소致韶는 문과 좌랑佐郎이고, 막내는 의소依韶이다. 문계는 1남 인소鄰韶를 두었다. 문손은 1남 여경旅冏을 두었다. 문치의 4남 하신夏臣·계신繼臣·인신鄰臣·말신末臣 및 문식의 1남 옥동玉仝은 모두 여러 대 만에 후손이 끊어졌다. 문비는 1남 경치卿緇를 두었다. 문달의 2남 인손麟孫·귀손貴孫은 모두 후사가 없다. 문욱은 3남을 두었다. 종하從夏는 부사이고 종은從殷은 진사인데, 모두 후사가 없으며, 막내는 종주從周이다.

이때부터 점점 더 번성하여 오늘날에는 400여 인에 이르며, 벼슬이 대대로 끊어지지 않았다. 현손 대에는 찰방察訪 이휘以揮·홍문관 교리弘文館校理 이교以僑가 있다. 5세 대에는 서윤庶尹 공징公徵·군수郡守 공필公弼·현감縣監 공청公淸·현감 윤식允湜이 있다. 6세 대에는 감찰監察 창문昌文·좌랑佐郎 창무昌武·찰방察訪 인후麟厚·감찰 인상麟祥·현감 인개仁槩가 있다. 7세 대에는 찰방 증 병조 판서 세아世雅·군수 호신虎臣·의금부 도사義禁府都事 담湛·군수 증 참판 대임大任·문과 정랑正郎 삼섭三燮이 있다. 8세 대에는 훈련원 정訓鍊院正 응서應瑞·생원 증 승지 의번宜藩·내금위 장內禁衛將 수번守藩·헌납獻納 유번維藩·증 정랑 석남碩男·부사府使 신도信道·현감 형도亨道·부사府使 취도就道·주부主簿 양필良弼·대군 사부大君師傅 극후克後·세마洗馬 사진四震·문과 현령縣令 사명四溟이 있다. 9세 대에는 현감 호례好禮·문과 목사 호인好仁·승지承旨 계주繼胄·현감 사명嗣明·지평持平 승명承明이 있다.

그 나머지 말직과 소과 및 10세 이하는 많아서 다 적지 못한다. 이것이 어찌 선을 쌓은 집안의 남은 복이 아니겠는가?

충의위 월성 손공의 묘지명[忠義衛月城孫公墓誌銘] 서문 병기

공의 휘는 시구是構이고, 자는 술초述初이다. 본관은 대수촌장大樹村長[290]이 신라를 도와 처음 성을 받으면서부터 나왔다. 그 후세에 순順이 있어서 독실한 효성으로 세상에 드러나니, 사적이 역사에 실려 있다.

조선에 와서도 대대로 벼슬을 하였다. 휘 소昭에 이르러서는 적개공신敵愾功臣에 녹훈되고 계천군雞川君에 봉해졌으며, 시호는 양민襄敏이다. 공의 아들 휘 중돈仲暾은 이조 판서·의정부 참찬을 역임하고 습작襲爵[291]하여 월성군月城君에 올랐으며, 시호는 경절景節이다. 생질 회재晦齋 이선생이 제문에서 "넓고 크며 강하고 굳세어, 덕이 성대하고 행이 높았네.[弘大剛毅 德盛行尊]"라고 곡하였으니, 이는 전신傳信[292]의 말이다.

그의 증손자 시時는 훈련원 판관訓練院判官이다. 이분이 휘 종하宗賀를 두니, 중부 참봉中部參奉이다. 이분이 휘 익釴을 두었다. 이분이 휘 여직汝稷을 두었는데, 아산 장씨牙山蔣氏 조경처사釣耕處士 문익文益의 딸에게 장가들었다. 우리 효종孝宗 갑오년(1654)에 공을 경주 양좌촌良佐村 옛 집에서 낳았다.

공은 어려서부터 총명하고 기억을 잘하였다. 7~8세에 조부에게 수학하였는데, 공이 글을 두어 번 읽고는 바로 외우니, 조부의 기대가 매우 컸다. 그러나 아버지 및 어머니께서 모두 알 수 없는 병으로 여러 해 동안 고생하여 공이 늘 밤낮으로 간호하느라 마음을 다잡아 독서하지 못하였다. 그러나 재주가 빼어나고 뜻이 독실하며 문장 또한 점점

---

290) 대수촌장(大樹村長) : 진한(辰韓) 육촌(六村) 중 무산 대수촌(茂山大樹村)의 촌장 구례마(俱禮馬)를 말한다. 이 사람이 모량부(牟梁部) 손씨(孫氏)의 조상이 되었다.(『三國遺事』「赫居世王」)

291) 습작(襲爵) : 아들이 아버지의 작위를 세습하는 것을 말한다.

292) 전신(傳信) : 사실을 그대로 전하는 것을 말한다. 『춘추(春秋)』「환공(桓公)」 5년에 "봄 정월 갑술 기축에 진후 포가 죽었다.[春正月 甲戌 己丑 陳侯鮑卒]"라고 하였는데, 『춘추곡량전(春秋穀梁傳)』에서 "어찌하여 죽은 날짜를 두 개나 기록하였는가? 『춘추』의 의리는 확실하면 확실한 것을 전하고 의심나면 의심스러운 것을 전한다.[卒何爲以二日卒之 春秋之義 信以傳信 疑以傳疑]"고 한 데서 온 말이다.

성취가 있었다. 비록 과거에 응시는 하였으나 조급히 겨루는 행태를 본받지 않고 끝까지 득실을 마음에 담아두지 않았다.

계미년(1703) 겨울, 뜻밖에 병이 들었다. 을유년(1705)에 어머니의 상을 당하여 슬픔으로 몸이 너무 상하였다. 이때부터 병이 더욱 깊어져서 무자년(1708) 7월 4일 정침에서 세상을 떠나니, 나이 55세였다. 이해 10월 임신일, 가족의 산소가 있는 흥해興海 상달전上達田의 부해負亥 터에 장사지냈다.

공은 평소 조상을 경건히 받들고 족친을 잘 대하였으며, 정성으로 남을 대하고 사랑으로 아랫사람을 부렸으니, 이는 모두 공에게 있어 사소한 일이다. 오직 어버이의 병환으로 초조히 애를 태우며 활개도 쳐보지 못하고 크게 웃어보지도 못한 채 30년 동안을 하루같이 하였다. 남은 힘으로 책을 열심히 읽어도 성명成名을 구할 수 없었으니, 이는 본말을 잘 알아서였다.

개결介潔을 스스로 지키고 검소儉素를 편안히 여기며 화려함을 좋아하지 않았다. 어떤 권력자가 가까운 곳으로 귀양 와서 만나기를 요구하였으나 끝내 가지 않았다. 대저 충훈忠勳의 적손으로서 응당 세록世祿의 반열에 들어야하나 끝내 쑥대 집에서 생을 마친 것은 오로지 이러해서였다. 어찌 그리도 태연하였던가.

부인은 화산 권씨花山權氏 구봉龜峯 선생 덕린德麟의 후손이자, 종사랑從仕郞 중증仲增의 딸이다.

3남 4녀를 두었다. 아들은 맹걸孟杰·중걸中杰·삼걸三杰이며, 딸 장녀는 진사 이귀환李龜煥에게, 차녀는 이헌익李憲翼·도현모都顯謨·권만전權萬銓에게 각각 시집갔다. 맹걸은 3남 2녀를 두었다. 아들은 응구應九·징구徵九·봉구奉九이며, 딸은 박성상朴成相·최종겸崔宗謙에게 각각 시집갔다. 중걸은 범구範九를 두었다. 삼걸은 한구翰九·찬구纘九를 두었다.

공이 세상을 떠난 지 31년 만에 맹걸孟杰이 중기重器가 인척姻戚 형제가 된다 하여 그 묘소의 묘지명을 독촉하는 것을 내가 보잘것없는 글재주로 거듭 사양하였으나 끝내 되지 않았다.

명銘한다.

즐겁도다 훌륭한 자품	樂只令質
단혈에 남겨진 털[293]이네	丹穴遺毛
젊어 떠나 오래 살지 못했어도	艾而未耆
남긴 자취 오직 기릴 만하네	厥衣維褒
자신에게 넉넉하지 않았어도	不于身贏
그 후손은 또한 번창하리	其後也昌
훼손하거나 무너지게 하지마라	勿毁勿夷
어진 선비 묻히신 곳이라네	良士之藏

유인 화산 권씨의 묘지명[孺人花山權氏墓誌銘] 서문 병기

유인 권씨는 바로 충의위忠義衛 월성月城 손공孫公 휘 시구是構의 부인이다. 권씨의 선조는 태사太師 행幸에서 성姓을 얻었다. 벼슬이 대대로 이어져 성대히 해동의 명문이 되었다. 우리 세종 조에 이르러 좌의정 진軫[294] 형제가 있었는데, 모두 크게 현달하였다. 문과에 급제해 시정寺正을 지낸 초軺[295] 또한 그의 아우이다.

시정寺正의 6세손 휘 덕린德麟은 회재 선생에게 수학하였는데, 일찍 세상을 떠났다. 관직은 병조 좌랑에 이르렀으며, 호는 구봉龜峯이다. 이분이 휘 사의士毅를 두었는데, 순릉 참봉順陵參奉이다. 이분이 휘 응생應生을 두었는데, 진천 현감鎭川縣監이다. 이분이

293) 단혈(丹穴)에……털: 훌륭한 후손을 말한다. 단혈은 전설상의 산 이름이다. 단혈산에는 모양이 마치 닭과 같고 오채(五采)의 무늬가 선명한 새가 있어 봉황이라 한 데서 유래한다.(『山海經』)

294) 권진(權軫, 1357~1435) : 자는 희산(希山), 호는 독수와(獨樹窩), 본관은 안동이다. 1377년 문과에 급제하여 이조 판서·좌의정을 지냈다. 시호는 문경(文景)이다.

295) 권초(權軺, 1339~?) : 호는 공고(公皐), 본관은 안동이다. 고려에서 문과에 급제하여 판제용감사(判濟用監事)를 지냈다. 조선이 개국한 이후 절개를 지키며 염송산(濂松山)에 은거하였다.

휘 임恁을 두었는데, 사옹원 참봉司饔院參奉이다.

이분이 휘 중증仲增을 두었는데 종사랑從仕郞이며, 월성 손씨月城孫氏 처사 종계宗啓의 딸에게 장가들었다. 현종 계묘년(1663) 유인孺人을 경주 안강리安康里 집에서 낳았다.

유인은 유순하고 침착하여 기쁨과 노여움을 얼굴에 드러내지 않았다. 겨우 열 살이 지나서 어머니를 여위어 외조모가 길렀다. 자라서는 본가로 돌아와 계모 섬기기를 낳아준 어머니와 같이하였으며, 여러 자매를 가르쳐서 여인의 행실을 다하도록 하였다.

신유년(1681) 손씨에게 시집와서 남편을 섬김에 공경하고 또 순종하여 한 가지 일이라도 뜻을 어기지 않았다. 당시 시조모 정 유인鄭孺人은 나이 일흔이 넘었고 시부모는 모두 병으로 여러 해 동안 누워있었다. 유인이 새색시인데도 정성을 다하여 세 분을 받듦에 효성과 봉양이 모두 극진하였다. 제사를 받들거나 살림을 꾸려가는 일에도 질서정연하게 두서가 있어서, 정 유인이 입이 닳도록 훌륭하다고 칭찬하였다.

선대의 제사를 지낼 적에는 비록 대수가 멀더라도 반드시 소식素食을 하니, 방친傍親들도 역시 그렇게 하였는데, 늙어서도 여전히 그만두지 않았다. 자녀들에게는 비록 사랑은 하나 반드시 엄격히 가르쳤으며, 노복들에게는 비록 잘못이 있으나 큰 소리로 꾸짖지 않았다. 가까이 사는 일가가 굶주리면 그때마다 보살폈으며, 사람이 죽었다는 소리를 들으면 또한 아파하고 슬퍼하며 즐거워하지 않았으니, 이는 남보다 뛰어난 자혜慈惠가 이와 같은 점이 있어서이다.

계축년(1733) 봄, 독감을 앓고 나서 그 길로 몸이 야위어 병이 되었다. 병진년(1736) 9월 27일 생을 마치니, 향년 74세였다. 다음해 정월 17일 영천군 동쪽 오파리五坡里의 병향丙向 터에 장사지냈다. 남편의 유택이 있는 달전리達田里와는 몇 십리의 거리이다.

3남 4녀를 두었다. 맹걸孟杰·중걸中杰·삼걸三杰은 그 아들이며, 진사 이귀환李龜煥·이헌익李憲翼·도현모都顯謨·권만전權萬銓은 그 사위이다. 맹걸은 3남 2녀를 두었다. 아들은 응구應九·징구徵九·봉구奉九이며, 사위는 박성상朴成相·최종겸崔宗謙이다. 중걸은 1남 범구範九를 두었다. 삼걸은 2남 한구翰九·찬구纘九를 두었다.

유인과 중기重器의 어머니는 재종이모 사이여서, 중기가 한두 번 찾아뵙고 숙덕淑德을 흠모한 지가 오래였다. 이제 맹걸孟杰이 묘지명을 지어 줄 것을 청하니, 정리에 있어 감히 사양하지 못하고 드디어 명을 지었다.

명銘한다.

아! 훌륭한 부인이 이 묘소에 계시니	于嗟賢婦居此室
저승에서 천년토록 편안하고 또 길하소서	厚夜千秊安且吉

처사 월성 최군의 묘지명[處士月城崔君墓誌銘] 서문 병기

진한辰韓 말에 육부촌六部村 촌장들이 신라왕을 받들어서 성을 하사받았다. 그 중 한 곳이 사량부沙梁部인데, 최씨崔氏의 조상이다.

조선으로 들어와 휘 예汭296) 사성司成은 청렴하고 근실하다는 명성을 얻었다. 7세를 내려와 휘 진립震立은 인조仁祖 때에 벼슬하여 청백으로 아경亞卿에 발탁되었다. 병자호란에 용인龍仁의 진중陣中에서 순절하여 병조 판서에 추증되었으며, 시호는 정무貞武이고 숭렬사崇烈祠에서 향사를 지낸다. 사적이 명신록名臣錄에 있다. 이분이 휘 동량東亮을 두니 용궁 현감龍宮縣監이다. 이분이 휘 국선國璿을 두니 사옹원 참봉司饔院參奉이다.

이분이 휘 인기仁基를 두니, 광주 이씨廣州李氏 사인士人 주정周禎의 딸에게 장가들었는데, 둔촌遁村 선생 집集297)의 후손이다. 숙종 신미년(1691)에 군을 칠곡漆谷 매원梅園의 외가에서 낳았다.

---

296) 최예(崔汭, 1371~1434) : 본관은 경주이다. 1393년 문과에 급제, 면천 군수·성균관 사성 등을 지냈다. 청백리에 녹선되었다.

297) 이집(李集, 1327~1387) : 자는 호연(浩然), 호는 둔촌(遁村), 본관은 광주(廣州)이다. 충목왕 때 과거에 급제하여 문장을 잘 짓고 지조가 굳기로 이름이 났다. 1368년 신돈(辛旽)의 미움을 사 가족과 함께 영천으로 도피하였다가, 1371년 신돈이 주살된 이후 개경으로 돌아와 판전교시사(判典校寺事)를 제수받았다. 저서로는 『둔촌유고』가 있다.

군의 휘는 승조承祖이고, 자는 성술聖述이다. 군이 겨우 성동의 나이에 아버지께서 병으로 몸져눕자, 곁을 떠나지 않고 시탕侍湯 받들며 3년을 하루같이 하였다. 아버지께서 돌아가시자 예에 맞게 집상을 하였다. 약관의 나이에 어머니께서 천연두에 걸렸는데, 군이 천연두를 겪지 않아서 제부諸父들이 잠시 피할 것을 권유하였으나, 군은 떠나지 않고 어머니를 지키며 밤낮으로 하늘에 빌었다. 돌아가시고 나서는 염습이나 가매장에 서운함이 없었다. 이윽고 군이 이어서 전염되어 증세가 매우 위독하였으나 끝내 나으니, 사람들이 모두 신이 도왔다고 하였다.

군이 끝까지 봉양하지 못한 것을 죽을 때까지 마음 아파하였다. 제사를 받들 적에는 정성을 다하여 제기 씻고 제수 장만하되, 늘 직접 챙기어 정갈히 차렸다. 외조모의 상을 당해서는 염습과 장사이며 제사를 다 같이 직접 준비하여 갖추었으며, 심지어는 토지를 팔아서 넉넉히 하였다.

아우 및 누이와 우애로워서 재산을 나눌 적에는 반드시 똑같이 나누었고 한 가지 맛난 음식을 얻으면 반드시 나누어 먹었다. 매번 밤낮으로 모여 단란히 어울렸다. 둘째 아우가 세상을 떠나자 남은 조카를 보살펴 주었다. 특히 누이에게 후하였으니, 누이의 가난을 딱하게 여겨서 남달리 보살피며 비록 금백金帛과 우마牛馬라도 아까워하지 않았다.

천성이 차분하고 공손하여 남의 장단점을 말하지 않았으며, 더러 자신을 거스르는 자가 있어도 또한 입을 꾹 다물고 더불어 다투지 않았다. 손님이 찾아오면 청탁과 염량을 따지지 않고 한결같이 정성과 믿음으로 너그러이 상대하였다. 친척들이나 친구들과 술을 마시며 즐기기를 좋아하였으나, 많이 마시지 않아도 매번 취하였고 취하면 그때마다 베개를 가져다 누워 종일토록 꼼짝 않고 잠을 잤는데, 주변 사람들의 시끄러운 소리에는 아련히 들리지 않는 듯이 하였다.

임술년(1742) 8월 30일, 유인 정씨가 전염병으로 세상을 떠나 빈소를 차리고 나서 군은 나가 피하였다. 얼마 지나지 않아 또 전염되어 10월 11일에 세상을 마치니, 향년 52세였다. 다음 해 3월 16일, 경주부 남쪽 냉정동冷井洞의 향정向丁 터에 장사지냈다. 정씨는 부장하였다.

정씨의 본관은 오천이다. 증조부 휘 호례好禮는 현감이다. 조부 휘 시심時諶은 대호군

大護軍이다. 아버지 휘 석진碩進은 선교랑宣教郎이며, 어머니는 고창 오씨高敞吳氏 처사 익훈益勳의 딸이다. 정묘년(1687) 외가에서 태어났다. 유순하고 정숙하며 평소 부인다운 행실이 있었다.

임오년(1702)에 어머니의 상을 당하여 조모 송부인宋夫人에게 가서 자랐다. 경인년(1710)에 군과 혼인을 의논하여 혼례를 올리려고 하였는데, 군이 갑자기 상을 당하여 탈상하기를 기다렸다가 혼례를 올리니, 송부인의 유언이었다. 당시 시부모께서 이미 돌아가셔서 효도를 다할 분이 계시지 않아 오직 제사에 힘을 다하였다.

어린 시동생과 시누이를 자녀같이 보살피고 제때에 장가와 시집을 보내며, 혼수를 보통의 경우보다 넉넉히 하였다. 여러 동서들을 대할 적에는 인정이 있으며, 살림을 꾸리고 노복을 보살핌에도 법도가 있었다. 홀로 된 친정아버지의 가난을 생각하여 철따라 음식과 의복을 보내 드리고, 돌아가시자 재물을 내놓아 장제葬祭를 도왔다. 친정의 아우들을 또한 퍽이나 넉넉하게 보살폈으니, 그 효성과 우애의 독실함이 이와 같았다.

3남 2녀를 두었다. 아들은 종겸宗謙·종점宗漸·종진宗晉이며, 딸 장녀는 조복경趙復慶에게 시집갔고 막내는 아직 혼인하지 않았다.

유인은 바로 나의 종누이이다. 종겸宗謙이 내가 두 사람의 일을 자세히 안다하여 묘지명을 짓게 하였다.

명銘한다.

훌륭한 선비가 두려워하니	良士瞿瞿
충현하여 후손을 잘 두었네	忠賢有後
이미 효도하고 우애로웠는데	旣孝而友
어찌하여 그 수명 짧은가	胡啬其壽
그 훌륭한 배필이 있어	厥有賢配
함께 떠나 한자리에 묻히니	偕逝同穴
지하에서는 천추토록	地下千秋
영원히 금슬지락 누리겠네	永友琴瑟

최성관의 광명[崔聖寬壙銘]

최군 승유는	崔君承裕
성관이 그 자이네	聖寬其字
성을 받은 근원이 있으니	受姓有源
사량부에서 시작하였네	自沙梁始
신라와 고려를 거치며	閱羅曁麗
대대로 경주에서 살았네	世居東京
조선에 들어와 예는	本朝有汭
국자감 사성이었네	國子司成
칠세 진립은	七世震立
참판으로서 순절하였네	亞卿殉節
시호가 정무이니	諡以貞武
일월같이 빛이 나네	光炳日月
아들 두고 손자 두어	有子有孫
음직으로 벼슬하였으니	以蔭仕廷
현감은 동량이요	縣監東亮
참봉은 국선이네	參奉國璿
뒤 이은 분은 인기로	嗣曰仁基
바로 군의 아버지이네	寔維君考
광릉 이씨에 장가드니	娶廣陵李
주정이 그 장인이네	周禎其舅
숙종 병술년	肅廟丙戌
군이 바로 태어났네	君乃降胎
여덟달 만에 아버지 돌아가시고	八朔而孤
다섯 살에 어머니마저 돌아가셨네	五歲而哀
오직 형과 형수에게 의지하여	惟兄嫂依
부모같이 여겼네	若爺孃視

밤낮으로 화목하니　晝夜湛樂
형제간에 우애로웠네　常棣華韡
독한 전염병 불길처럼 퍼져서　毒癘肆焰
형수는 죽고 형은 병드니　嫂歿兄病
아내와 아이 죽을 지경이나　妻孥瀕死
놓아두고 와서 보살폈네　舍置來省
애 태우며 곡기 끊었으나　焦心絶食
시탕이 효험 없었네　侍湯莫效
통곡하며 목숨 끊으려 하면서도　號隕欲絶
염습은 반드시 예를 다하였네　襲殮必校
유곤[298]의 송백을　庾衮松柏
예전에 듣고 지금 보았네　昔聞今覯
어찌하여 신도 도우지 않아　胡神不佑
군이 또 전염되었는가　君又潛遘
노심초사하고 아파하느라　憂勞痛割
진기가 너무 훼손되어서이네　眞氣已敝
나이 겨우 서른일곱에　年纔卅七
형을 따라 떠나갔네　隨兄而逝
형 때문이 아니라면　靡兄之故
군이 어찌 서둘러 떠났겠는가　君豈遽夭
사람이 누가 아우 없겠는가만　人孰無弟
군과 같은 아우는 드무네　如君者少

---

298) 유곤(庾衮) : 진(晉)나라 사람으로, 효성과 우애가 독실하였다. 대역(大疫)으로 두 형이 죽고 둘째 형 비(毗)가 또 병이 위중하였는데, 가족들이 모두 전염될 것을 염려하여 집 밖에 나가서 지냈으나 유곤은 형 곁에서 밤낮으로 잠도 자지 아니하고 몸소 간호하여 형의 병을 낫게 하였다. 그 와중에서도 죽은 형들의 관(棺)을 어루만지며 거애(擧哀)하는 예(禮)를 쉬지 않았다고 전해진다.(『晉書』「庾衮列傳」)

이듬해 봄 비로소 장사지내니	翼春始窆
냉정동 진향의 터이네	冷井震山
선영이 서쪽에 있으니	先壠在西
혼령이 편안해 할 곳이네	神理攸安
그 배필 오천 정씨는	厥配烏鄭
바로 나의 막내 누이이네	卽吾季妹
아버지는 휘 석달로	考諱碩達
산림에 은거하며 수양하였네	山林養晦
한 아들은 종항이요	一男宗恒
두 딸은 모두 빼어났네	二女並秀
천리를 만약 기필할 수 있다면	天若可必
군에게 훌륭한 후손 있으리	君其有後

족조 성균 생원 정공의 묘지명[族祖成均生員鄭公墓誌銘] 서문 병기

공의 휘는 시간時衎이고, 자는 열지悅之이며, 본관은 오천烏川이다. 고려의 곧은 신하 휘 습명襲明의 후손이다. 벼슬이 구슬 꿰듯이 이어져 대대로 훌륭한 사람이 있었다. 고조부 휘 윤량允良은 참봉으로 퇴계 선생 문하에 유학하였다. 증조부 휘 세아世雅는 찰방으로 병조 판서에 증직되었는데, 임진왜란에 의병을 창의하여 큰 공을 세우고도 남에게 미루고 자처하지 않고서, 물러나 산림에서 지내며 호수湖叟라고 자호하였다. 조부 휘 안번安藩은 부사과副司果이다.

아버지 휘 호인好仁은 문과에 급제하여 목사를 지냈고 문장과 기개가 있었으며, 어머니는 월성 손씨月城孫氏 충의위忠義衛 노魯[299]의 딸이자, 계천군雞川君 소昭의 후손이다. 숭정崇禎 을해년(1635)에 영천군 대전리大田里 집에서 공을 낳았다.

공은 어려서부터 아름다운 자품이 있으며 영기가 숙성하였다. 16세에 혼례를 올렸는데, 처가의 많은 손님들을 공이 마치 숙유宿儒와 같이 응대하니, 사람들이 모두 남다르게 여겼다. 일찍부터 아버지를 따라 자주 관아를 출입해도, 매번 스스로 근신하여 모든 완호거리를 일체 취하는 일이 없었다.

아버지께서 남원南原의 관차官次에서 돌아가시자 상구喪具는 모두 검소히 준비하고, 감히 화려하게 꾸며서 관아를 번거롭게 하지 않았다. 이윽고 돌아와 장사를 지냈는데, 맏형은 상례를 감당하지 못하고 세상을 떠났다. 공이 어머니 숙인淑人을 섬기며 효성을 다하고, 홀로 된 조카를 보살피며 가사家事를 챙겼다. 산림을 날 적에도 또한 종가가 많이 가지기를 청하였다.

기유년(1669) 생원시에 입격하고도 마침내 구계龜溪의 산속으로 들어가 초가집을 짓고 살았다. 생산하는 일을 챙기지 않고 오직 서사書史만을 펴보았다. 또 더러는 꽃을 가꾸거나 약초를 심고, 때때로 산수의 사이에서 읊다가 술을 만나면 그때마다 흠뻑 마시어 회포를 풀었다. 어떤 때는 여러 병을 마셨으나 또한 흐트러지지 않았다. 그 당의 이름을 '취성醉醒'이라 하였다. 경오년(1690) 12월 10일, 병으로 세상을 떠나니, 향년 56세였다.

부인은 밀양 박씨密陽朴氏 사인士人 율栗의 딸이자, 용암龍巖 선생 휘 운雲[300]의 후손이다. 예문禮門에서 자라 규방의 범절이 있었다. 공과 같은 해에 태어나서 또 같은 해에 세상을 떠났으나, 한 달이 앞선다. 다음 해 봄, 경주 양좌산良佐山 향오向午의 터에 합폄하였다.

공은 남다른 천성이 있어서 어버이의 상에 예를 잘 따라 어김이 없었다. 기일이 되면 그 달이 끝날 때까지 안방에 들어가지 않으며, 음식을 풍성하게 차리지 않고 남을 따라 즐겁게 놀지 않으며 "이는 바로 종신토록 지내는 상례喪禮이다."라고 하였다. 매번 선대의

---

299) 손로(孫魯, ?~?) : 호는 연정옹(蓮亭翁), 본관은 월성이다. 학문과 행실이 뛰어났다. 임진왜란 때 화왕산성 회맹에 참여하였다.

300) 박운(朴雲, 1493~1562) : 자는 택지(澤之), 호는 용암(龍巖), 본관은 밀양이다. 1519년 진사시에 입격하였다. 효행이 특출하여 40년간 모친을 지극정성으로 봉양하였다. 명경당(明鏡堂)을 지어 학문을 연마하고 후학을 양성하였다. 저서로는 『용암집』·『격몽편(擊蒙編)』·『자양심학지론(紫陽心學至論)』·『경행록(景行錄)』·『삼후전(三侯傳)』·『위생방(衛生方)』 등이 있다.

제삿날이 되면 반드시 제삿날에 앞서 종가로 가서 목욕재계하고 제사를 지내며, 비록 사는 곳이 30리 정도 떨어져 있었으나 매서운 추위와 혹독한 더위에도 쇠약하다는 이유로 어쩌다 그만둔 적이 없었다.

중형 학암공鶴巖公을 공경하고 또 사랑하여 반드시 자주자주 문안을 하였다. 병이 났다는 소식을 듣고는 병으로 위독한 처자를 놓아두고 달려가 시탕侍湯을 하며 밤낮으로 곁을 떠나지 않았다.

재리財利에 있어서는 더욱 담담하였다. 숙인이 언젠가 종가의 담장 안에 별실을 지어 공을 머물도록 하려고 하니, 공이 "땔나무와 물을 가지고 산속으로 들어가는 것이 저의 계획입니다."라고 하며 사양하고 받지 않았다. 처가에서 전답을 나누어 공에게 주니, 공이 "먼 곳에 사는 사람이 이 밭을 차지하여 무엇 하겠는가?"라고 하고는, 드디어 그 종자宗子에게 넘겨주어 장인과 장모 제사의 제수 마련에 보태 쓰도록 하였다.

마음가짐이 평정平正하여 남과 더불어 말할 적에 너그러워 모나지 않았으나, 더러 시비가 생겨 시끄럽게 다투는 자리를 만난다면 그때마다 순식간에 해결하는데, 목소리가 낭랑하고 언론이 통쾌하여 무릇 사림에 큰일이 있으면 반드시 공을 기다려 결정하니, 고장 사람들이 칭송하여 "다른 사람은 쉬운 일도 어렵게 처리하며 정공은 어려운 일도 쉽게 처리하네."라고 하였다.

정숙과 개결로 스스로를 지키고 세리勢利 피하기를 마치 몸이 더럽혀지는 것처럼 피하였다. 아버지의 친구로 귀현貴顯한 사람이 비록 자주 기억하며 안부를 물어왔으나 공이 전혀 선뜻 찾아가 뵙지 않으니, 이 때문에 추천하는 사람이 없게 되었다. 어떤 이름난 관리가 공을 찾아보고 물러나 "이 사람은 당세의 훌륭한 인물이다. 만약 이 사람이 헛되이 늙는다면 우리들의 부끄러움이다."라고 하였다. 이에서 살펴보아도 공의 재기才器를 알 수 있다.

7남 2녀를 두었다. 아들은 석기碩基·석지碩址·석재碩載·석견碩堅·석채碩埰·석규碩逵·석배碩培이며, 딸은 도만달都萬達·조선경曺善慶에게 각각 시집갔다. 석기는 후사가 없어 조카 승양升陽으로 뒤를 이었다. 석지는 3남을 두었다. 장남은 바로 석기에게 출계한 승양이고 차남은 도양道陽·매양邁陽이다. 석재는 4남 개양開陽·창양昌陽·계양啓陽·보양普陽을 두었다.

석견은 2남 서양瑞陽·환양煥陽을 두었다. 석채는 2남 명양明陽·붕양朋陽을 두었다. 석규는 1남 희양喜陽을 두었다. 석배는 3남 취양就陽·관양觀陽·현양現陽을 두었다. 손녀와 외손은 많아서 적지 않는다. 내외 증손자가 모두 60여 인이다.

공의 종손從孫 지수篪叟 선생 규양葵陽이 공의 행장을 지었는데, 아주 상세하다. 중기重器 또한 여러 부형들에게 공의 남긴 풍도와 덕행을 익숙히 들을 수 있었다. 이제 창양昌陽 등이 중기에게 묘지명을 부탁함에 사양해도 되지 않아 삼가 행장을 근거로 명을 짓는다.

명銘한다.

기질이 영특하고 재주 활달하니	氣英而才活
마땅히 당시에 쓰였어야 하나	宜用於時
궁하여 끝내 쓰이지 않았으니	窮而卒不施
어찌하여 운명이 이리도 기구한가	何命之崎

당숙부 통덕랑 정공의 묘지명[堂叔父通德郎鄭公墓誌銘] 서문 병기

공의 휘는 석붕碩朋이고, 자는 여래汝來이며, 본관은 오천烏川이다. 비조는 고려 때 지주사를 지낸 휘 습명襲明으로, 사적이 『고려사』「열전」에 실려 있다. 이때부터 대대로 경상卿相의 반열에 올랐다. 7세를 내려와 전공 판서 휘 인언仁彦에 이르러서 영천에 살았다. 이분이 휘 광후光厚를 두었는데, 조선에서 벼슬하여 공조 판서에 이르렀다. 6세를 거치며 벼슬이 이어졌다.

휘 세아世雅는 찰방으로 병조 판서에 증직되었으며, 임진년 왜란에 창의하여 큰 공을 세우고도 남에게 미루고 자처하지 않았다. 여헌旅軒 장 문강공張文康公이 "비속을 돈후하게 하고 나부를 일어서도록 하였다.[惇薄立懦]"고 제문을 지어 애도하였으니, 이분이 공의 고조부이다. 증조부 휘 의번宜藩은 생원으로 좌승지에 증직되었으며, 아버지를 따라 왜적을 토벌하다가 순절하였다. 오봉梧峯 신지제申之悌301)가 충과 효 모두 장렬하였다고 기술하였다. 조부 휘 호례好禮는 현감을 지냈고 청백淸白으로 알려졌다.

아버지 휘 시상時相은 종사랑從仕郎이며, 어머니는 화상 권씨花山權氏 통사랑通仕郎 기炁의 딸이자, 현감 응생應生의 손녀이다. 현종顯宗 신축년(1661) 선원리仙源里 집에서 공을 낳았다.

공은 강의剛毅하고 성실하여 예법을 삼가 지켰으며, 어버이 섬김에 남다른 성품이 있어서 직접 물고기를 잡아 반찬거리를 마련하였다. 이윽고 공이 지자支子이기 때문에 어버이 뜻으로 분가하여 멀리 나가 살았으나, 아침저녁으로 가서 문안을 드리고 반드시 맛있는 음식으로 이어댔다.

종사랑 공이 병이 나자, 집으로 모시고 와서 시탕을 하며 잠시도 곁을 떠나지 않았다. 어머니 유인孺人도 따라왔다가 병에 전염되어 갑자기 세상을 떠났는데, 공은 애통함이 망극하였으나, 오히려 억눌러 참으며 종사랑 공을 모시고 옛집으로 돌아와 애태우고 울먹이며 간호하였다. 병이 위독해져서는 손가락을 베어 피를 드리웠으나, 끝내 돌아가시자 울부짖고 뛰며 거의 혼절할 지경이 되었다.

염습과 가매장이며 장사와 제사에 쓰이는 물품을 분담하여 힘써 준비하고 백씨에게만 전담시키지 않았다. 상복을 벗자 백씨에게 "우리 집안에 비록 지자는 제사지지 않는 법도가 있으나, 만약 종가에만 맡겨두고 자신은 편안히 일 없이 지낸다면 어떻게 보본報本의 정을 펼 수 있겠습니까?"라고 청하고는 드디어 아버지와 어머니의 기제사와 묘사를 돌아가면서 지내기로 하고 해마다 늘 그렇게 하였다.

위선爲先의 일에는 더욱 그 정성을 다하였다. 고장 사람들이 호수공湖叟公 및 의병에 참여한 여러 공들의 충의는 제향할 만하다고 하여 장차 한 사우祠宇를 세우려고 하면서 공에게 그 일을 맡기니, 공이 집안의 하인을 차출하고 재물을 출연하여 묘우·재실·부엌·창고를 지었는데, 정연하고 웅장하여 여러 사우들이 다 같이 그 재지才智에 탄복하였다.

---

301) 신지제(申之悌, 1562~1624) : 자는 순부(順夫), 호는 오봉(梧峯), 본관은 아주(鵝洲)이다. 1589년 문과에 급제, 정언·세자시강원 문학·성균관 직강 등을 지냈다. 임진왜란 때 예안 현감(禮安縣監)으로 군대를 모집하여 항쟁하였다.

종족을 대함에는 반드시 화목하여, 길흉의 큰 일이 있으면 늘 재물을 내놓아 축하하거나 부조하고 또 더러는 말과 소를 빌려주어 타도록 하였다. 고장에서도 그렇게 하여 비록 이웃에 살며 서로 알고 지내는 사람이더라도 만약 가까운 곳에 장사지내는 사람이 있으면 또한 반드시 문상하고 돌보아 주었으며, 우정이 깊은 사람이라면 제주를 갖추어서 전奠을 드렸다.

집에서 지낼 적에는 의대를 갖추고 단정히 앉아 무람없는 모습을 한 적이 없었다. 손님이 찾아오면 친소의 구분 없이 정성껏 진지하게 대접하므로, 그 집에 온 사람은 진한 술을 마신 듯이 기뻐하였다. 이는 공의 효경孝敬과 충신忠信이 비록 선훈先訓에 물들은 바이기는 하나, 실은 아름다운 천품에 말미암은 것이다. 만약 자하씨子夏氏에게 보도록 하였다면 반드시 배웠다고[302] 말할 것이다. 말세에서 찾아볼 때 어찌 공과 같은 분이 다시 있겠는가?

임술년(1742) 12월 4일에 병으로 세상을 떠나니, 향년 82세였다. 이듬해 봄 영일현迎日縣 오어산吾魚山 부술負戌 터에 장사지냈다. 부인은 창녕 조씨昌寧曺氏 사인士人 승효承孝의 딸이자, 부제학副提學 상치尙治[303]의 후손이다. 기해년(1659)에 태어나 무신년(1728)에 세상을 떠났다.

1남 3녀를 두었다. 아들은 중구重球이며, 사위는 송훈宋薰·이후석李垕錫·임치대任致大이다. 중구는 2남 1녀를 두었다. 장남은 일굉一鋐이고 차남 일녕一鑏은 요절하였으며, 딸은 어리다. 송훈은 2남 진기辰基·혁기奕基를 두었다. 이후석은 3녀를 두었다. 임치대는 4녀를 두었다.

명銘한다.

---

302) 자하씨(子夏氏)에게……배웠다고: 앞의 주 199) 참조.

303) 조상치(曺尙治, ?~?): 자는 치숙(治叔), 호는 단고(丹皐), 본관은 창녕(昌寧)이다. 1419년 문과에 급제하여 집현전 부제학(集賢殿副提學)을 지내고, 세조의 왕위찬탈 후 예조 참판을 제수 받았으나 사양하였다. 시호는 충정(忠正)이다.

자품이 아름답고 행실이 독실하니 資美行篤
오늘날의 고인이네 今世古人
이치야 어찌 사라지겠는가 理豈泯乎
자손이 떨쳐 일어나리 子姓其振

처사 화산 권공의 묘지명[處士花山權公墓誌銘] 서문 병기. 갑술년(1754)

천계天啓 연간에 여헌旅軒 문강공文康公 장선생張先生이 영천 입암立巖으로 강석을 옮겨 가르쳤다. 당시 처사 권공이 동자로서 가까이서 모셨다고 한다.

공의 휘는 상민尙敏이고, 자는 지성志聖이며, 본관은 안동安東이다. 고려 태사 휘 행幸의 후손이다. 대대로 경상卿相이 이어져서 송도松都의 명문거족이 되었다. 조선에 들어와 휘 중화仲和이 영의정을 지내고 예천醴泉에 물러나 은거하였으며, 시호는 문절文節이다. 이분의 증손자 사정司正 균鈞에 이르러 예천에서 영천으로 옮겨 살았다. 사정의 손자 휘 해諧는 유학 훈도儒學訓導이니, 이분이 공의 증조부다. 조부 휘 극립克立은 공조 참판에 증직되었다.

아버지 휘 봉對은 장선생에게 수학하여 행의行誼가 있었고 만년에 대로大老로서 부호군副護軍에 제수되었으며, 어머니 숙부인은 함양 박씨咸陽朴氏 판관判官 몽거夢琚의 딸이다. 만력萬曆 신해년(1611) 입암촌에서 공을 낳았다.

공은 천품이 온화하고 우아하며 또 가정의 가르침을 받았다. 어린 나이로 선생의 문하에 유학하여 교화를 입어서, 침묵沈默하고 간중簡重하며 효제를 독실히 실천하였다. 임신년(1632) 숙부인의 상을 당하여 슬픔이 예법을 넘으며, 장례와 제사는 예를 따르고 삭망朔望에는 반드시 묘소에서 곡하였다.

부호군副護軍을 섬기며 기색을 살펴 뜻을 따르고 맛난 음식을 마련하여 진심으로 봉양하였다. 매일 닭이 울면 반드시 의관을 갖추고 침소로 가서 문안하였다. 어린 네 아우가 어머니 잃은 것을 슬퍼하여 우애를 더욱 돈독히 하고 여러 제수씨들을 눈물로 달래어

때를 넘기지 않고 의복과 음식을 마련하였다.

혼정신성昏定晨省하는 여가에 과거에 필요한 글을 따로 익혔으나, 시속을 본받으려하지는 않았다. 천성 또한 총명하고 지혜로워서 한번 본 책은 바로 외우니, 어떤 이가 학문을 닦아 과거 공부를 마저 하라고 권하였으나 그때마다 어버이를 섬기고 나면 남는 힘이 없다고 사양하였다. 이처럼 진취에 급급해하지 않았다.

평소에 언제나 의젓하게 단정히 앉아 지내고, 주변의 서책이나 기물들을 모두 가지런히 정돈하여 어지럽지 않았다. 자녀들을 가르칠 적에는 반드시 『소학』의 방법과 같이 효경孝敬을 먼저 하였다. 아우 상사上舍 공이 일찍 상처喪妻를 하자, 그 자녀를 거두어 자신의 소생과 같이 보살폈다.

남을 대할 적에는 친소나 귀천의 차별이 없이 그 정성을 곡진히 다하였다. 부호군 공이 손님을 좋아하여 더러는 투할投轄[304]을 하고 오래 머물렀으나, 공은 반드시 술과 반찬거리를 넉넉히 준비하여 아버지의 마음을 기쁘게 해드렸다.

장선생이 와 머물면서부터 사방에서 거마車馬가 몰려들었고, 돌아가시자 와서 곡하는 사람들이 거리를 가득 메웠다. 공이 살림을 다 기울여 대접하면서도 아까워하지 않았다.

임진년(1652)에 고장의 유림이 일제당日躋堂의 중건을 의논하면서 공을 천거하여 그 일을 맡기니, 공이 "선생님과 관계되는 일인데, 감히 수고를 꺼리겠습니까?"라고 하였다. 드디어 재목과 기와를 모아 그 규모를 더 넓히고 두어 달이 되지 않아 단청을 칠하여 매우 화려해지니, 사람들이 그 재지才智에 탄복하였다.

신해년(1671)에 맏아들이 전염병에 걸려 세상을 떠났다. 공 또한 자신도 모르게 전염되어 세상을 떠나니, 이해 5월 22일이었다. 이해 겨울 영천군 동쪽 이동梨洞 선영의 경내

---

304) 투할(投轄) : 수레가 움직일 수 없도록 비녀장을 빼서 우물에 던진다는 것을 말한다. 한나라 때 진준(陳遵)은 술을 매우 좋아하여 말술을 마시곤 하였는데, 빈객들과 술을 마실 때면 도중에 떠나가지 못하도록 대문을 걸어 잠그고 비녀장을 빼서 우물 속에 던져 버렸다는 고사에서 유래한다.(『漢書』「游俠傳, 陳遵」)

에 장사지냈다. 이후 45년이 지난 을미년(1715)에 선영의 부감負坎 터로 이장하였는데, 위로 50걸음 거리에 참판공參判公 묘소가 있다.

부인 유인은 달성 서씨達城徐氏 첨지중추부사僉知中樞府事 도립道立[305]의 딸이다. 부덕을 순전히 갖추어서, 두 분의 아름다움이 서로 잘 어울렸다. 공과 같은 해에 태어나 14년 뒤에 세상을 떠났다. 묘소는 공의 묘소에서 서쪽 손향巽向에 있다.

4남 3녀를 두었다. 아들은 칭稱·규桂·릉稜·륙稑이며, 딸은 손진孫鎭·손여두孫汝斗·이득삼李得三에게 각각 시집갔다. 칭의 1남은 득태得泰이다. 규의 1남은 득거得渠이다. 릉의 3남은 득함得咸·득임得臨·득겸得謙이다. 륙의 2남은 득형得衡·득중得重이다. 모두 대대로 가법을 지켰다. 득중은 또 은거하여 행실을 닦아서, 어사의 천목薦目에 들었다. 손진은 1남을 두었으며, 손여두는 6남을 두었으며, 이득삼은 2남 3녀를 두었다. 내외 증손과 현손이 80여 인이어서 다 적을 수 없다.

공의 장삿날에 주변 군郡의 사대부들이 대부분 제문을 지어 덕의 아름다움을 찬양하였다. 나의 종조부 학암공鶴巖公께서도 "가난하여 암혈에 살아도 도는 온전히 윤택하니, 처사의 높은 의표 세상에 드문 바이네.[食貧巖穴道全肥 處士高標世所稀]"라는 말을 남겼다. 아! 이는 믿을 만한 기록이 되기에 충분하다. 그런데도 세상이 공을 알지 못하여 이름이 험준한 바위 밑에 묻혀버린 것은 어찌해서인가?

이제 득중得重이 아름다운 사적을 기술하여 나에게 묘지명을 독촉하니, 의리에 있어 감히 사양하지 못하였다.

명銘한다.

아버지에게 타고나고 선생에게 얻어 資於父得於師

305) 서도립(徐道立, ?~?) : 본관은 달성(達城)이다. 임진왜란 때 집안의 종들을 데리고 의병진에 나아갔고, 정유재란 때는 화왕산의 곽재우(郭再祐)와 동맹하여 성을 지킨 공로로 군자감 주부(軍資監主簿)에 제수되었다. 사후에 첨지중추부사(僉知中樞府事)에 추증되었다.

언행은 이미 신중하고 행실은 이미 독실하였네	言旣謹而行旣惇
온화한 낯빛은 남다른 복이니	康而色不錫之福
장차 후손에게 넉넉히 드리우리	其將垂裕于後昆

처사 화산 권공의 묘지명[處士花山權公墓誌銘]

권공의 휘는 륙이며	權公諱稑
여실이 그 자이네	汝實其字
본관은 안동이니	系出花山
비조께서 고려를 도왔네	祖翼麗氏
경상이 대대로 이어지니	卿宰世繩
송도의 대가였네	鵠嶺大家
조선에 와서	逮至聖朝
휘 중화가 있었으니	有諱仲和
영의정으로 예천백에 봉해지고	首揆封醴
문절이 시호이시네	文節易名
증손자가 영천으로 이주하였으니	曾孫移永
휘는 균이고 벼슬은 사정이네	曰鈞司正
사정의 증손자가	司正曾孫
바로 극립이니	是乃克立
입암에 터를 잡았고	卜居立巖
공조 참판에 추증되었네	贈亞卿級
부호군 봉을 두시니	生崶護軍
여헌의 문도였네	旅軒門徒
상민이 가업을 계승하여	尙敏承家
남긴 가르침 사숙하였네	私淑遺謨

부인은 달성 서씨　　配達城徐
도립의 딸이네　　道立之女
효종 경인년　　孝廟庚寅
공을 낳아 길렀으니　　生公而擧
순박하고 근실하며 효성스럽고 우애로워　　淳謹孝友
가훈을 잘 따랐네　　克遵家訓
책을 읽고 글을 익혀　　劬書習文
문단에 종사하였네　　從事儒苑
늘 어려서 고아된 것을 아파하여　　常痛早孤
추양[306]을 지극히 하였네　　追養莫致
지자는 제사지내지 못한다 하여　　支子不祭
기제와 묘사에 술과 음식 마련하였네　　忌墓觴饎
전답을 떼어내어 조카에게 주어　　割土付姪
종사를 도왔네　　以助宗祀
숙부를 공경히 섬기고　　祗事叔父
형과 누나를 독실이 사랑하였네　　篤愛兄姊
은혜로써 일족을 대접하고　　恩以遇族
예의로써 손님을 맞았네　　禮以接賓
죽으면서 아들에게 한 경계는　　臨歿戒子
효도·공경·친목·화목이었네　　孝敬睦婣
수명이 신묘년에 다하니　　壽窮辛卯
예순 둘이었네　　六十二年
처음 만구에 묘소를 정하였다가　　始堋萬丘
오년 만에 옮기니　　五歲而遷

306) 추양(追養) : 돌아가신 뒤에 그 은혜를 미루어 봉양하는 것을 말한다.

경주부 죽현	慶府竹縣
광아의 부오 터였네	廣阿負午
유인 정씨를	孺人鄭氏
한날 부장하였으니	同時以祔
정씨의 본관은 오천이고	鄭貫烏川
대대로 벼슬한 집안이네	奕世簪組
호수 세아께서는	湖叟世雅
실로 고조부이고	實爲高祖
증조부는 휘 수번이며	曾曰守藩
조부는 휘 호의이네	祖曰好義
아버지 휘 시영은	考諱時永
승사랑이네	郎次承仕
을미년에 딸을 두고	乙未弄瓦
회갑년에 생을 마쳤네	回甲而終
여인의 법도 바탕이 있고	閨範有素
또 여공[307]에 민첩하였네	又敏女紅
노력하여 내조[308]하여	努力中饋
가업을 쇄신하였네	振刷家業
시어머니 효성으로 섬기고	事姑氏孝
친척들과 화목하였네	與親黨洽
이남을 두었는데	厥有二男

307) 여공(女紅) : 베 짜는 일을 말한다. “비단에다 수를 놓고 아름답게 베를 짜는 것은 여공을 해치는 것이다.[錦繡纂組 害女紅者也]”에서 온 말이다.(『漢書』「景帝紀」) 주에서 ‘紅’은 음과 뜻이 공(工)과 같다고 하였다.

308) 내조[中饋] : “집 안에 거하면서 밥을 먹여 드리면 마음이 곧아서 길하리라.[在中饋 貞吉]”에서 온 말이다.(『周易』「家人卦」)

득형과 득중이네	得衡得重
엄격히 가르치고 자애롭게 이끌어	嚴敎慈誘
선대의 자취 모두 계승하였네	並襲前踵
막내 또한 행실을 잘 닦아	季也好修
이름이 대궐에 알려졌네	名徹金宮
딸은 손중걸	女孫中杰
및 이겸중에게 각각 시집갔네	曁李兼中
득형은 이남을 두었고	衡生男二
득중 또한 마찬가지이네	重亦如焉
재전과 택전이며	宰銓宅銓
우전과 달전이네	遇銓達銓
내외 증손은	內外孫曾
사십이 그 수이네	四十其麗
아! 남은 복이	於維餘慶
영세토록 변함없으리	永世無替

매산선생문집

梅山先生文集

제8권

매산선생문집 제8권

묘갈명墓碣銘

조산대부 행 사옹원 참봉 화산 권공의 묘갈명[朝散大夫行司饔院參奉花山權公墓碣銘] 서문 병기

경주부慶州府 기계현杞溪縣 도동道洞에 언덕이 있는데, 그 위의 부임負壬 터에 우뚝 솟은 봉분이 있으니, 이는 고故 참봉 권공權公의 묘소라고 한다.

공의 휘는 임恁이고, 자는 화숙和叔이며, 본관은 안동安東이다. 고려 태사太師 휘 행幸이 비조이다. 우리 조선에 들어와 좌의정 문경공文景公 휘 진軫 형제가 있어 다 같이 크게 현달하였다. 그 아우 휘 초軺는 문과에 급제하여 판사判事를 지냈으며, 용궁龍宮에서 살았다. 그의 손자 사정司正 휘 수해壽海는 단종端宗의 근척近戚이라 하여 영일迎日로 유배되었다.

자손들이 다시 경주로 옮긴 뒤 3세를 내려와 휘 덕린德麟은 병조 정랑으로 호가 구봉龜峯이며, 일찍 회재晦齋 선생의 문하에 올라 성리학을 들었고 고장 사람들이 향사를 받드니, 바로 공의 증조부이다. 조부 휘 사의士毅는 순릉 참봉順陵參奉이다.

아버지 휘 응생應生은 사헌부 감찰司憲府監察로, 한강寒岡·여헌旅軒 두 명현을 선생으로 모셨고 또 여러 명사들과 사귀었으며, 거처하는 곳을 노헌魯軒이라 편액 하였다. 어머니는 여강 이씨驪江李氏 참봉 경홍慶弘의 딸이자, 승지承旨 광진光軫[1]의 손녀이다. 만력萬曆

---

1) 이광진(李光軫, 1513~1566) : 자는 여임(汝任), 호는 금시당(今是堂), 본관은 여주(驪州)이다. 1546년 문과

경자년(1600) 안강리安康里 집에서 공을 낳았다.

모습이 훤칠하고 기상이 의젓했으며, 여러 아이들의 놀이를 따라하지 않았다. 조금 자라서는 서책을 열심히 읽어서 밤낮이 다하도록 게을리하지 않았다. 겨우 성동成童(15세)의 나이에 노헌공魯軒公의 벼슬길을 따라 서울로 들어갔다. 소암疎庵 임숙영任叔英[2] 공이 평소 노헌과 금석지교金石之交를 맺었는데, 공을 보고는 남다르게 여기며 "이 아이는 훗날 당연히 훌륭한 사람이 될 것입니다. 청컨대 내가 가르쳐 보겠습니다."라고 하였다. 공이 드디어 책 상자를 지고 종유하며 선생의 가르침을 아주 독실히 따랐다. 이로부터 식견이 넓어지고 문리가 점점 통하였다. 더욱이 사부詞賦에 뛰어나니, 문단의 여러 재주 있는 분들이 대부분 벌떡 일어나 첫 자리를 양보하였다.

소암의 척속戚屬 이구준李耉俊[3] 공이 공의 뛰어난 명성을 가상히 여겨서 그의 딸로 아내를 삼아주었다. 계해년(1623)에 소암의 죽음을 애도하여 상복을 갖추어 입었으며, 후사를 정하고 묘소에 비석을 세우고 유집을 모아서 오래 전하니, 서울의 사대부들이 모두 이 일로 공을 훌륭하다고 하였다.

임오년(1642)에 어머니의 상을 당하여 슬픔이 예법을 넘어섰다. 을유년(1645)에 전형銓衡을 담당한 관원이 재행才行으로 천거하여 사옹원 참봉司饔院參奉에 제수되었다. 겨우 몇 달 만에 휴가를 내어 아버님을 문안하러 왔다가 복귀 기한을 넘겨서 파직 당하였다. 공은 불만의 기색 없이 정성을 다하여 동온하정冬溫夏凊의 의절을 행하였다.

정해년(1647)에 아버지의 상을 당하여 집상執喪이 매우 엄격하니, 보는 사람들이 열복悅服하였다. 상복을 벗고는 더욱 세상에 뜻이 없어서 담박하게 소신을 지키며 단지 서사書史에 마음을 쏟았다. 그 재를 퇴암退菴이라 이름 하였으니, 이는 산야에서 노년을

에 급제, 전적·헌납·좌부승지 등을 지냈다. 고향에 돌아가 산수를 즐기며 학문에 전념하였다.

2) 임숙영(任叔英, 1576~1623) : 자는 무숙(茂淑), 호는 소암(疎庵), 본관은 풍천(豊川)이다. 1611년 문과에 급제, 박사·부수찬·지평 등을 지냈다.

3) 이구준(李耉俊, ?~1642) : 자는 계천(稽天), 본관은 전의(全義)이다. 1623년 인조반정 이후, 사산 감역관(四山監役官)·상의원 주부(尙衣院主簿)·의빈부 도사(儀賓府都事) 등을 지냈다.

마칠 계획을 가져서이다.

형제와는 화목하게 지냈으며, 처자는 예법으로 대하였다. 조상을 받드는 일에 더욱 힘을 다하며 가산을 출연하여 7대의 묘갈을 준비하였으나 세우지는 못하였다. 갑오년(1654) 9월 14일에 병으로 정침에서 생을 마치니, 향년 55세였다.

부인 영인令人은 전의 이씨全義李氏이다. 증조부 문성文誠은 경상우도 절도사慶尙右道節度使로 병조 판서에 증직되었다. 조부 제신濟臣[4]은 문과에 급제하고 당시의 중망을 받아서 특별히 함경북도 병마절도사咸鏡北道兵馬節度使에 제수되었으며, 훗날 영의정에 추증되었는데, 세상 사람들이 청강옹淸江翁이라 하였다. 아버지 구준耉俊은 의빈 도사儀賓都事로 좌참찬에 증직되었으며, 어머니는 풍천 임씨豊川任氏로 참판에 증직된 계로繼老의 딸이다. 영인은 정숙하고 근실하며 부도婦道를 알았다. 임인년(1602)에 태어나 병오년(1666)에 생을 마쳤다. 공의 묘소에 부장하였다.

5남 1녀를 두었다. 아들은 중균仲均·중후仲垕·중탄仲坦·중배仲培·중증仲增이며, 딸은 김세기金世基에게 시집갔다. 서자는 윤이胤李·중지仲址이다. 중균은 아들이 없어서 아우의 아들 경조慶祚로 후사를 이었다. 중탄은 2남을 두었는데, 장남은 경희慶禧이고 차남은 바로 큰집으로 출계한 사람이다. 중후는 1남 경휘慶徽를 두었다. 중배는 1남 경우慶遇를 두었다. 중증은 2남 경현慶鉉·경전慶銓을 두었다. 김세기는 4남 이옥以鈺·이현以鉉·이경以鏡·이상以鏛을 두었다. 내외의 손자 증손자가 모두 50여 인이다.

아! 공은 뛰어난 자질과 영민한 재주로 안으로 가정의 훈육에 물들고 밖으로 선생의 교화에 훈도되며, 또 이해창李海昌[5]·조수항趙壽恒·강여재姜汝載 등 여러 명사들과 교우를 맺어 절차탁마하였으니, 그 기량과 사업이 어찌 성취되지 않을 수 있었겠는가?

---

4) 이제신(李濟臣, 1536~1583) : 자는 몽응(夢應), 호는 청강(淸江), 본관 전의(全義)이다. 1564년 문과에 급제, 성균관 전적·사헌부 지평·함경북도 병마절도사 등을 지냈다. 시호는 평간(平簡)이다. 저서로는 『청강집』·『청강소설』·『진성잡기(鎭城雜記)』 등이 있다.

5) 이해창(李海昌, 1599~1651) : 자는 계하(季夏), 호는 송파(松坡), 본관은 한산(韓山)이다. 1630년 문과에 급제, 정자·이조 좌랑·사간 등을 지냈다. 시문에 능하였다.

소암이 남쪽으로 귀향하는 공을 보낼 적에 서문을 지어 전별하면서 공의 구두의 통달함과 문장의 아름다움이며 기억의 분명함과 논변의 세밀함을 극구 말한 다음 뜻을 세움이 높고 행실을 닦음이 깨끗하여 확고히 바뀌지 않는다는 등의 수십 글자로 결론지어 그 실재 얻은 것을 드러내었다. 마지막에서는 바로 "경주의 많은 명공과 거인의 자취를 이을 사람은 자네일 것이네."라고 하였다.

대저 소암의 문장과 절개는 당세의 영광전靈光殿[6]이어서 우뚝이 인물의 권형이 되었는데, 공을 장려하고 자랑함이 이와 같았으니, 공의 훌륭함을 대체로 상상할 수 있다. 그런데도 벼슬은 참봉에 불과하고 수명은 예순을 채우지 못하였으니, 이러고도 선인을 권장할 수 있겠는가? 아! 내가 사명司命에 어찌하겠는가?

공이 세상을 떠난 지 86년 만에 여러 후손들이 행적을 비석에 새길 것을 모의하면서 중기重器도 그의 후예라 하여 묘갈명을 지으라고 독촉하였다. 중기가 사양해도 되지 않아서 집에 전하는 말들을 모아 편차하고는 이어서 명을 한다.

명銘한다.

나무가 산에 있어	維木在山
곧은 줄기 높이 솟았네	聳直榦兮
잠깐 쓰였다가 버려졌으나	乍取而舍
쓸모없는 재목은 아니라네	匪材散兮
일찍이 큰 장인의 눈길을 받았으니	抑嘗被大匠之賞
구덩이에 버려진들 또 무어 한스럽겠는가	縱溝斷其亦何惋兮

6) 영광전(靈光殿) : 홀로 우뚝이 남은 사람을 말한다. 한 경제(漢景帝)의 아들인 공왕(恭王)이 산동성 곡부(曲阜)에 건립한 궁전이 영광전이다. 후한(後漢) 왕연수(王延壽)의 「노영광전부서(魯靈光殿賦序)」에 "서경의 미앙과 건장은 모두 파괴되어 허물어졌으나 영광전은 우뚝 홀로 남았다.[西京未央建章之殿 皆見隳壞 而靈光巋然獨存]"고 한 데서 온 말이다.

증 승정원 좌승지 문화 류공의 묘갈명[贈承政院左承旨文化柳公墓碣銘]

문화 류씨는	文城之柳
고려시대의 명문이었네	麗代喬木
찬성사 만수[7]는	贊成曼殊
조선의 개국을 도왔네	聖朝附翼
이세 습조는	二世襲組
현령이 되었네	至縣宰轅
영천에 후손을 남기니	于永種玉
직장 창손이시네	直長昌孫
이분이 수영을 두니	是生垂英
증 한성부 우윤이네	贈右尹秩
밀양 손씨에 장가드니	娶密城孫
그 아버지 영걸이네	其父永傑
이분이 공을 낳으니	寔維生公
공의 휘는 식이네	公諱曰湜
선대의 그 덕을 잘 받드니	克世厥德
복이 이어져 길이 누렸네	祚胤永錫
차남이 녹훈에 참여하여	次男參勳
부모께서 추증되었네	推恩爺孃
승정원의 드러난 관직	銀臺顯職
지하에서도 매우 빛나네	黃壤崇光
이씨는 정숙한 여인으로	李氏瓊女

7) 류만수(柳曼殊, ?~1398) : 자는 득휴(得休), 본관은 문화(文化)이다. 무관직을 거쳐 1388년 위화도 회군에 동참하였다. 조선개국 후 판개성부사(判開城府事)·문하시랑 찬성사(門下侍郎贊成事) 등을 지냈다.

훌륭한 남편 짝하여 봉작 받았네	配美受封
영천군 동쪽 원곡의	郡東元谷
감향 터가 묘소이네	面坎其宮
아들 다섯 두어	有子五立
오성五性으로 차례하였네	以性爲序
인립은 호군이요	仁立護軍
조카 이계가 이었네	姪爾桂繼
현감 의립이요	縣監義立
후사는 계달이네	冑曰啓達
예립은 이재와 이계를 두고	禮爾梓桂
지립은 이장을 두나 후사가 없네	智爾樟絶
봉사 신립은	奉事信立
기남이 그 후사이네	起楠其冑
두 줄기 네 가지	雙榦四枝
그 잎이 장차 무성하리	其葉將稠

생가의 고조부 절충장군 행 용양위 부호군 겸 내금위장 부군의 묘갈 음기 [生高祖考折衝將軍行龍驤衛副護軍兼內禁衛將府君墓碣陰記]

공의 휘는 수번守藩이고, 자는 정보貞甫이다. 고려의 곧은 신하 습명襲明의 후손이다. 증조부 휘 차근次謹은 선무랑宣務郞이다. 조부 휘 윤량允良은 참봉이다. 아버지 휘 세아世雅는 찰방으로 병조 판서에 증직되었으며, 어머니는 일직 손씨一直孫氏 현감 치운致雲의 딸이다. 삼대가 묘역을 같이 한다. 만력萬曆 경진년(1580) 자양동紫陽洞에서 공을 낳았다.

어려서부터 효성이 독실하고 근력이 남보다 뛰어났다. 임진년(1592) 왜란에 백 리 밖에서 쌀을 져와 어버이를 봉양하였다. 계묘년(1603) 무과에 급제하였다. 주상께서 큰 화살을 멀리 쏜 것은 이전에 없던 일이라 하여 성명을 궁전의 벽에 써 두었다가 발탁하려고 하였으나, 막 큰 난리를 겪은 뒤여서 따로 변보邊堡를 가려 제포진 만호薺浦鎭萬戶에 특별히 제수하니, 폐정廢政을 다 복원하였다.

임자년(1612)에 아버지의 상을 당하였다. 상복을 벗고 나서 후부장後部將에 제수되었다가 부사과副司果로 옮겼다. 외직의 녹도진장鹿島鎭將을 맡아 무기를 고르고 백성들을 잘 위로하였다. 그 일이 조정에 알려져 포상을 받아 절충장군折衝將軍으로 승진하였다가, 얼마 지나지 않아 내금위장內禁衛將에 임명되었다.

당시 광해군의 정치가 혼란스러워 간흉들이 득세하였다. 공이 부화뇌동할 뜻이 없던 중에 동조東朝[8])께서 유폐를 당하자, 갑자기 탄식하며 "삼강三綱이 끊어졌으니 어떻게 벼슬하겠는가?"라고 하고는, 드디어 벼슬을 버리고 돌아왔다. 관찰사의 계청啓請[9])으로 중권中權[10])이 되어서는 굳이 사양하다가 압박을 받아 나갔는데, 끝내 등창이 나서 막부幕府에서 생을 마치니, 향년 42세였다.

공은 훌륭한 재주와 뛰어난 지략으로 평소 변장邊將의 인망에 올랐으나, 이윽고 시운이 맞지 않고 또 수명도 누리지 못하였다. 끝내 불우하게 생을 마치니 조야가 안타까워하였다. 판서공判書公 유택 아래의 부임負壬 터에 장사지냈다.

부인 조씨曺氏는 신라와 고려의 명문으로, 생원 희익希益의 딸이자, 예문관 봉교藝文館奉教 효연孝淵[11])의 증손녀이다. 임신년(1572)에 태어나 무신년(1608)에 세상을 떠났다. 공의 유택에서 남쪽으로 20보 거리에 부장하였다.

---

8) 동조(東朝) : 태후(太后)·대비(大妃)의 궁전을 말한다. 한(漢)나라의 황태후가 거처하던 장락궁(長樂宮)이 황제가 거처하던 미앙궁(未央宮)의 동쪽에 있었던 데에서 유래한다. 여기서는 서궁(西宮)으로 유폐된 인목대비(仁穆大妃)를 가리킨다.

9) 계청(啓請) : 신하가 임금에게 아뢰어 청하는 것을 말한다.

10) 중권(中權) : 장군이 있는 곳에서 권모(權謀)를 해나가는 것을 일컫거나, 또는 중심·중요한 곳을 말한다. "중군(中軍)은 대장이 모의하고, 후군(後軍)은 정병이 강하다.[中權後勁]"에서 온 말이다.(『春秋左氏傳』「宣公」 12年) 이 음기문만으로는 정확한 지위는 알 수 없다.

11) 조효연(曺孝淵, 1486~1530) : 자는 언부(彥溥), 본관은 창녕(昌寧)이다. 1519년 문과에 급제, 예문관 전적·예조 정랑·함안 군수 등을 지냈다.

3남 1녀를 두었다. 장남은 호의好義이고 차남 호례好禮 현감은 백부 승지공承旨公의 후사가 되었고 막내는 호신好信이며, 1녀는 이철견李鐵堅에게 시집갔다. 오늘날 현손과 내손이 100여 인이다.

정부인 서산 유씨의 묘갈명[貞夫人瑞山柳氏墓碣銘]

명나라 숭정崇禎 연간에 병조 판서에 증직된 시호 정무貞武 최공崔公이 신라의 옛터에서 일어나 청백淸白을 따르고 의렬義烈로 전사하니, 우뚝이 해동의 명신이 되었다. 정부인 유씨柳氏는 바로 그의 부인이다.

유씨의 본관은 서산瑞山이다. 고려 때 서령군瑞寧君 문희공文僖公 휘 숙淑[12]이 있어, 그 후손들이 경주에 살았다. 증조부 휘 담澹은 찰방이다. 조부 휘 연춘延春은 참봉이다. 아버지 휘 윤렴允濂이 밀양 손씨 진사 핵翮의 딸에게 장가들었다. 융경隆慶 무신년(1568)에 부인을 낳았다.

나이 열여섯에 경주부의 최공에게 시집을 오니, 공의 휘는 진립震立이다. 부인은 유순하고 여인의 범절이 있었으며, 부부간에 화락하여 마치 금슬을 연주하는 것과 같았다. 남편이 창을 들고 왜적을 토벌할 적에는 위험이 더욱 급하였고 변진을 두루 거치면서 추호도 집을 찾지 않았으나, 부인은 이것으로 원망하지 않았다.

갑자년(1624) 8월 9일 침소에서 생을 마치니, 향년 57세였다. 살아서는 숙부인淑夫人이요, 죽어서는 증 정부인贈貞夫人이니, 남편의 벼슬을 따른 것이다. 경주부 북쪽 난원당蘭原堂

12) 유숙(柳淑, ?~1368) : 자는 순부(純夫), 호는 사암(思菴), 본관은 서산이다. 1340년 문과에 급제, 원나라에서 공민왕을 모셨다. 공민왕 즉위 후 좌사의대부(左司議大夫)·판전교(判典校) 등을 지냈다. 시호는 문희(文僖)이다.

의 갑향甲向 터에 장사지냈다.

12년 뒤 정무공貞武公이 용인龍仁에서 순절하여 언양彥陽 오지연烏池淵으로 반장하니, 서로 백 여리 정도 떨어졌다. 옮겨 부장하려고 하였으나 끝내 하지 못한 것은 거리가 멀었기 때문이었다. 그러나 백세 뒤에도 민이民彝가 진실로 없어지지 않아, 반드시 정무공의 풍도를 사모하여 우러를 것이다. 그러니 정무공 부인의 묘소를 누가 차마 훼손하겠는가?

5남 2녀를 두었다. 아들 동윤東尹은 승사랑承仕郞이고 동열東說은 통덕랑通德郞이고 동량東亮은 현감縣監이고 동길東吉은 승사랑承仕郞이고 동경東璟은 승의랑承議郞이며, 딸은 윤종순尹宗淳에게 시집갔다.

손자는 14인으로, 국철國哲·국형國衡·국범國範은 동윤의 아들이며, 국정國楨·국환國桓은 동열의 아들이며, 참봉 국선國璿·국침國琛·국원國瑗·국규國珪는 동량의 아들이며, 국진國鎭·국전國銓·국현國鉉은 동길의 아들이며, 국추國樞·국표國標는 동경의 아들이다. 현손과 내손來孫은 남녀 백여 인이다. 과방에 이름을 올린 사람은 3인으로, 생원 계기啓基와 무과에 급제한 덕기德基는 국정의 아들이며, 통정대부 부사府使 경로慶老는 국형의 손자이다.

이는 남긴 복이 아니겠는가? 이후로 길이 번창할 것을 또 어찌 헤아릴 수 있겠는가? 명銘한다.

훌륭한 군자의 정충 대절은	賢君子精忠大節
밝고 밝아 일월과 빛을 다투네	炳炳爭日月
연리수[13] 남북으로 걸쳐 있으니	連理樹橫亘南北
그 광명 길이 비추어 영원하겠네	光永照而不拔

---

13) 연리수(連理樹) : 한 나무의 가지가 다른 나무의 가지와 이어져서 목리(木理, 나뭇결)를 통한 나무이다. 일반적으로 부부를 말한다.

통덕랑 경릉 참봉 화산 권공의 묘갈명[通德郎敬陵參奉花山權公墓碣銘] 서문 병기

공의 휘는 득여得輿이고, 자는 득초得初이며, 본관은 안동이다. 고려 태사 행幸이 비조이다. 고려에서부터 조선에 이르기까지 대대로 벼슬이 이어졌다. 휘 자홍自弘은 부제학副提學이다. 아들 책策[14]은 단종端宗이 손위한 뒤 척리戚里[15]에 연좌되어 영해寧海로 유배되니, 자손들이 그 길로 집안을 이루고 살았다.

4대를 내려와 휘 응상應商은 좌부장左部將이다. 이분이 휘 의협宜悏을 두었다. 이분이 휘 경璟을 두었는데, 호는 대은臺隱이다. 행의行誼로 천거되었으나 소명을 받기 전에 생을 마쳤고 지평持平에 추증되었으며 향사鄕社에 제향되었으니, 바로 공의 아버지이다. 어머니는 안동 김씨安東金氏로 현감을 지내고 참판에 증직된 시열時說의 딸이다. 숭정崇禎 병자년(1636)에 공을 낳았다.

공은 훤칠하며 시원한 기상이 있었다. 8세에 문장을 짓고 15세에 경사經史를 통달하였다. 관례를 치르고 나서 문장이 넉넉하고 민첩해졌으며, 큰 외숙 관찰사 김소金素[16]를 좇아 배워서 견식이 더욱 넓어졌다. 연이어 대소 향해鄕解를 수십 번 차지하니, 문단의 여러 사람들이 가장 앞선다고 인정하였다.

병오년(1666)에 아버지의 상을 당하였으며, 신해년(1671)에 어머니의 상을 치르며 장사와 제례를 모두 예에 맞게 하였다. 상복을 벗은 뒤에는 유지遺志대로 애써 과거에 응시하였다. 임술년(1682)에 사마시에 입격하고, 계유년(1693)에 거듭 응시하였으나 급

---

14) 권책(權策, 1444~?) : 호는 오봉(五峰), 본관은 안동이다. 1456년 단종의 외숙 권자신(權自愼)이 성삼문·박팽년 등과 함께 단종 복위를 도모하려다 발각되어 가문 전체가 멸문지화를 당했을 때, 자신의 두 형도 함께 변을 당하였으나, 나이가 어리다는 이유로 죽음을 면하고 영덕군 영해면의 인량(仁良)으로 귀양 와서 살았다.

15) 척리(戚里) : 옛날 중국 장안에 있던 동리 이름이다. 한대(漢代)에 임금의 내척(內戚)·외척(外戚)이 많이 살고 있었다. 이후 임금 외척의 대명사가 되었다.

16) 김소(金素, 1602~?) : 자는 지백(知白), 호는 양졸와(養拙窩), 본관은 안동이다. 1635년 문과에 급제, 호조참의·충청도 관찰사 등을 지냈다.

제하지 못하였다. 경릉 참봉敬陵參奉에 제수되고도, 드디어 나가지 않았다.

사는 곳에 맑은 시내와 무성한 소나무가 절경을 이루어, 송천자松川子라 자호自號하였다. 세상일을 벗어버리고 도사圖史를 수집하여 늙어서도 손에서 책을 놓지 않았으며, 고인의 격언을 얻으면 벽에 써두고서 음미하고 성찰하였다. 매번 좋은 계절이나 아름다운 풍경을 만나면 손님과 벗들을 데리고 함께 술을 마시며 글을 논의하다가, 흥이 일어나면 그때마다 붓 가는 대로 시를 지었다. 흉금이 넓어서 한 점의 미련도 두지 않았다.

자식을 가르칠 적에는 시서詩書로써 우선하였으며, 촌락의 수재들이 배우기를 청하면 또한 많이 교육하여 성취시켰다. 형제간에 우애롭고 종족간에 화목하였으며, 사람을 대할 적에는 더욱 얼굴 가득 화기를 띄어 화순和順하였다. 남의 선행을 즐겨 말하며 그 악행을 비방하고 싫어하지 않았다.

향당에서 한마음으로 달존達尊에 추대하니, 원근의 사대부 중에 동쪽으로 가는 사람은 문에 나아가 예를 갖추지 않음이 없었다. 병신년(1716) 가을에 갑자기 병이 들어, 일족을 보살피고 집안을 화목하게 하라는 유훈을 명하여 쓰고는 이틀 뒤에 생을 마치니, 바로 7월 9일로 향년 81세였다. 관어대觀魚臺 집안 묘역의 부해負亥 터에 장사지냈다. 김 유인金孺人과 합폄하였다.

공은 장가를 두 번 들었다. 첫 번째 부인이 바로 김 유인인데, 본관은 안동으로 호군護軍 상원尙瑗의 딸이다. 3남 2녀를 낳았다. 아들 대림大臨은 문과에 급제하여 좌랑佐郞을 지냈고, 차남은 대유大有이고, 차남 대항大恒은 문과에 급제하여 도사都事를 지냈고 족부族父의 후사가 되었으며, 딸은 신천핵申天翮과 남금상南金相에게 각각 시집갔다. 두 번째 부인은 영양 남씨英陽南氏 처사 황侊의 딸이다. 4남 3녀를 낳았다. 아들 대규大規는 문과에 급제하여 감찰監察을 지냈고, 차남은 대구大矩이고, 차남 대진大晉은 또 출후하였고, 막내는 대성大成이며, 딸은 박숙朴潚·동추同樞 이백윤李伯胤·정중주鄭重周에게 각각 시집갔다. 내외로 증손 현손은 남녀 모두 300여 인이다.

세상에서 공을 흠모하는 자가 공의 빼어난 풍채와 풍성한 문장을 보고 다 같이 공을 영해寧海의 한 걸출한 선비로 여겼다. 그러나 이는 다만 드러난 모습일 뿐이다. 그 충성과 믿음이며 너그러움과 넉넉함은 천성에서 나왔고 또 고금을 꿰뚫고 사리를 깨달아 그 내면에 잘 온축한 것이야 어찌 말세의 거짓 선비들이 빈말이나 외우고 실행은 하지 않은 것에 견주겠는가? 오복五福 중에 그 네 가지를 차지하였으며, 자손들이 번창하여 관직에 오른 이가 집안에 가득하니, 하늘이 선인善人에게 보답함이 크게 어긋나지 않았다.

명銘한다.

성실하면서 촌스럽지 않고	慤而不野
통달하면서 소신이 있었네	通而有守
복을 받아 편안하였으니	受福履綏
오직 덕의 짝이로다	惟德之偶

승훈랑 오천 정공의 묘갈 음기[承訓郎烏川鄭公墓碣陰記]

공의 휘는 시흠時欽이고, 자는 신경愼卿이다. 고려 명신 습명襲明의 후손이다. 증조부 세아世雅는 찰방으로 병조 판서에 증직되었고, 조부 수번守藩은 내금위장이다. 아버지 호의好義는 승사랑이며, 어머니는 축산 전씨竺山全氏 통덕랑通德郎 삼성三省의 딸이다. 만력萬曆 무오년(1606)에 영천군 명산리鳴山里에서 공을 낳았다.

공의 효성과 우애는 천성에서 나왔고 청렴과 개결은 속세를 계도하였다. 산처럼 우뚝이 자신을 지키고 칼로 자르듯이 일을 처리하였다. 집안을 잘 다스려 화목하며, 외가의 후사를 세웠다. 가난을 구휼하여 맥주麥舟[17]의 풍도가 있으며, 향당에 더욱 정성을 곡진

17) 맥주(麥舟) : 보리를 운반하는 배로, 남에게 재물을 나누어주는 것을 말한다. 범중엄(范仲淹)이 아들 순인(純仁)을 고소(姑蘇)에 보내어 보리 5백 섬을 운반하게 하였는데, 배가 단양(丹陽)에 닿았을 때

히 하고 경위涇渭[18]를 분별할 적에는 매우 엄격히 하였으니, 사림들이 경복하였다.

우리 숙종 임술년(1682)에 생을 마치니, 향년 65세였다. 영천군의 북쪽 두무산斗茂山 부간負艮의 터에 장사지냈다. 부인 서씨徐氏는 선교랑宣教郎 강인彊仁의 딸이자, 현령 최성崔誠의 외손녀이다. 정사년(1617)에 태어나 기사년(1689)에 생을 마치니, 부장하였다.

1남 석종碩宗은 3남을 두었으니, 복양復陽·덕양德陽·후양後陽이며, 둘째는 출계하였다. 묘소 아래에 석종의 아내 남씨 묘소가 곤향坤向으로 있고 또 그 아래는 바로 석종의 묘소가 경향庚向으로 있다. 또 그 아래 미방未方에 복양의 아내 박씨의 묘소가 있다. 공의 묘소 갑방甲方에 석종의 후처 서씨의 묘소가 오향午向으로 있다. 백호白虎 줄기에 복양의 묘소가 유향酉向으로 있다.

처사 문소 김공의 묘갈명[處士聞韶金公墓碣銘] 서문 병기

의성 김씨는 본래 신라의 종성宗姓이다. 경순왕敬順王의 별자別子 석錫이 의성군에 봉해졌다. 후손 용비龍庇는 고려에 벼슬하여 태자첨사太子詹事가 되었으며, 다스렸던 고을 백성들이 공덕을 사모하여 사당을 세웠다. 이로부터 벼슬이 대대로 서로 이어졌다.

우리 조선에 들어와 휘 용초用超[19]가 문과에 급제하고 절도사節度使를 지냈으며 처음 성주星州에서 살았다. 6세를 내려와 생원 휘 천택天澤에 이르러 문장과 행검으로 알려졌다. 이분이 휘 즙檝을 두니, 한강寒岡의 문하에 유학하여 사림의 인망이 높았으며 집의執義

장사를 지내지 못하는 석만경(石曼卿)을 보고 배에 실린 보리를 그에게 주고 집으로 몰아온 고사에서 유래한다.(『冷齋夜話』)

18) 경위(涇渭) : 옳고 그름과 청탁(淸濁)을 말한다. 원래 중국 섬서성(陝西省)에 있는 두 물 이름인데, 경수(涇水)는 물이 탁하고 위수(渭水)는 맑기 때문에 비유한 것이다.

19) 김용초(金龍超, 1329~1406) : 호는 내성재(內省齋), 본관은 의성(義城)이다. 고려 말 문과에 급제하여 이성계(李成桂)를 도와 개국원종공신(開國原從功臣)에 책록되었다. 시호는 문절(文節)이다.

에 증직되었다. 이분이 휘 시락是犖을 두니, 좌승지에 증직되었다. 이분이 휘 중화重華를 두니 통덕랑通德郞이며, 창녕 조씨昌寧曺氏 충의위忠義衛 경안敬顔의 딸을 아내로 맞이하였다. 현종 병오년(1666)에 성주의 동쪽 도곡리道谷里에서 공을 낳았다.

공의 휘는 원현元鉉이고, 자는 선경善卿이다. 공은 천품이 영특하고 민첩하였다. 일곱 살에 비로소 글을 배워 성동成童이 되기도 전에 사서삼경을 두루 읽으니, 종조부 군수공郡守公이 가르치며 인재로 여겼다. 어버이 섬길 적에는 지성至性이 있어 낯빛을 살피고 뜻을 따르며 수고로움을 꺼리지 않아 병이 나면 애를 태우고 시탕을 받들며 밤낮으로 띠를 풀지 않았다.

임신년(1692)에 어머니의 상을 당해서는 비록 압굴壓屈[20]하였으나 유모孺慕[21]의 심정은 더욱 지극하여 3년 동안 안방 문을 넘지 않았다. 갑오년(1714)에 아버지의 상을 당해서는 울부짖다가 혼절한 뒤 깨어난 얕은 숨이 한 가닥 실낱같이 헐떡였으나, 더운 날 장사 치르며 무덤 만드는 일을 반드시 직접 살폈다. 장사를 치르고 나서는 집상執喪이 매우 엄격하고 고달파서 거의 버티지 못할 듯하였다. 제삿날에는 하루 전에 재계하고 제수를 정갈히 장만하고, 초종初終과 같이 통곡하였다. 자질子姪들이 공의 수를 빌며 회갑연을 열려고 하니, 눈물로 허락하지 않았다.

중부仲父와 계부季父를 아버지 섬기듯이 하여, 병으로 괴로워할 적에 여러 해 동안 병구완하며 잠시도 곁에서 떠나지 않았다. 형제들과는 화락하여, 막내아우가 상처喪妻하자 한 집에서 함께 살았으며, 막내아우가 죽자 바로 후사를 세우고 남은 딸은 자신의 자식과 같이 보살폈다. 누나가 일찍 죽은 것을 슬퍼하여 두 생질을 교육시키고 토지와 하인을 밑천으로 주어서 생업을 유지하도록 하였다.

---

20) 압굴(壓屈) : 압존(壓尊)과 같은 말로, 어른에 대한 예우가 그보다 더 높은 어른 앞에서는 줄어드는 것을 말한다. 예를 들면 어머니 상에 아버지가 살아 있으면 아들이 어머니를 위하여 3년복을 입지 못하고 기년복을 입는 따위이다. 여기서도 이 경우에 해당된다.

21) 유모(孺慕) : 어린 아이와 같이 부모를 사모하는 마음을 말한다.

봉선奉先하는 일에 더욱 정성을 쏟아 묘소의 각위마다 비석을 세웠으며, 또 위토를 마련하여 해마다 묘사를 지냈다. 종족들과 화목하였으며 붕우들과 믿음이 있었다. 상이 났다는 소식을 들으면 비록 먼 집안이거나 그저 아는 사이더라도 고기를 먹지 않았다. 평소 예로써 몸을 단속하여, 향교에 유학해서는 단정히 앉아 고사를 익혔으며 다른 사람들과 농담을 주고받지 않았다. 시비를 분별하면서도 구차히 부화뇌동한 적이 없었다.

일찍이 어버이 명으로 과문科文을 익히면서 오직 문장의 조리에 힘을 쏟고 아울러 학업을 닦아서 경전의 뜻을 음미하며, 글 외우기만을 주로 하지 않았다. 세속에서 비루한 속어로 글을 짓고 잘 기억함을 내세우는 자들을 보면 그때마다 통렬히 논척하며 "성경聖經은 함부로 할 수 없다."라고 하였다.

어떤 재상이 일찍이 성주에 부임한 적이 있어, 공의 재주와 행실을 익히 알고 있었다. 공이 남성시南省試[22]에 참여하자 진취하는 지름길을 알려주었는데, 공이 거절하고 따르지 않았다. 물려받은 가산이 넉넉하나 자신에게는 아주 검소하며 상사喪事에 부조하거나 가난을 구휼하는 일에는 오직 부족할까 염려하였다.

정미년(1727) 7월 13일에 병으로 생을 마치니, 10월 신반산新反山에 장사지냈다. 주변 여러 군의 선비들이 다 문상을 왔다. 부인은 성산 여씨星山呂氏 통덕랑 이화爾和의 딸이자, 부사府使 효증孝曾[23]의 손녀이며, 현감 정호례鄭好禮 공의 외손녀이다. 온순하고 예를 익혔다. 86세가 되던 기사년(1749) 5월 16일에 생을 마치니, 3개월이 지나 장사를 지냈다. 다음해 8월에 두 분의 묘소를 옮겨 성주 남쪽 운라산云羅山 거리곡巨里谷 부신負申 터에 합장하였다.

---

22) 남성시(南省試) : 고려 때, 국자감(國子監)의 진사를 뽑던 시험을 말한다. 과목은 시(詩)와 부(賦)가 있다. 조선 시대 진사시의 기원이다.

23) 여효증(呂孝曾, 1604~1679) : 자는 노이(魯而), 호는 서암(西岩), 본관은 성산(星山)이다. 1635년 문과에 급제, 정랑·부사 등을 지냈다. 지방관으로 선정을 베푸니 고성에는 송덕비가 세워졌다.

1남 3녀를 두었다. 1남은 여명汝鳴이며, 3녀는 여문주呂文周·이천식李天植·여필주呂弼周에게 각각 시집갔다. 여명은 1남 2녀를 두었다. 1남은 두범斗範이며, 2녀 중 맏이는 조석로趙錫魯에게 시집갔고 막내는 어리다. 여문주는 2남을 두었으며, 이천식은 2남을 두었으며, 여필주는 3남 2녀를 두었는데, 모두 장성하였다. 내외로 증손이 30여 인이다.

오늘날 선비 차림을 한 자가 이름은 선비이나 그 내면을 살펴보면 꼭 그렇지 않다. 오직 공처럼 문채 나고 우아함이 이와 같으며 효성스럽고 삼감이 또 이와 같아야 역시 예전의 이른바 선비의 행실을 갖춘 무리가 아니겠는가? 안타깝게도 자주 응시하고 자주 떨어져서 끝내 초가집에서 늙은 것은 운명이니, 공에게 또 무슨 손상이 있었겠는가?

공의 부인의 외조부는 바로 나의 증조부이다. 외람되이도 인척姻戚이 되어 고아한 풍도를 일찍부터 흠모하였다. 이제 묘갈명을 부탁함에 어찌 감히 사양하겠는가?

명銘한다.

경전을 익히고 나서	經旣習
행실을 닦아 법도 있었네	飭行以律
훌륭하나 야인이었으니	賢而野
어찌 이리도 운명이 막혔는가	何運之窒
쌍검[24]이 서로 만났으니	雙劒會
영원히 그 유택에서 편안하리	永安其室

---

24) 쌍검(雙劒) : 웅검(雄劍)과 자검(雌劍)을 말한다. 진(晉)나라 뇌환(雷煥)이 남창(南昌)의 풍성옥(豐城獄)에서 두 검을 찾아 웅검은 상서(尙書) 장화(張華)에게 바치고 자검은 자신이 차고 다녔다. 장화가 주살(誅殺)된 뒤에 웅검의 행방을 알 수 없었다. 뇌환이 죽은 뒤에 그 아들 뇌화(雷華)가 막야검을 차고 평진(平津)을 지나는데, 갑자기 검이 허리에서 빠져나가 물속으로 들어갔다. 뇌화가 사람을 시켜 물속에 들어가 검을 찾게 하였는데, 검은 보이지 않고 두 마리의 용이 서로 엉킨 것만이 보였다는 일에서 유래한다.(『晉書』「張華列傳」) 이 제문에서는 부부가 죽은 뒤에 재회하였음을 말하기 위하여 가져왔다.

통훈대부 단성 현감 일직 손공의 묘갈명[通訓大夫丹城縣監一直孫公墓碣銘]
서문 병기

손윤석孫胤錫 군이 매산梅山 아래로 나를 찾아와 읍하고는 "나의 선조 문탄공聞灘公께서 생을 마치신 지 벌써 120년이 지났어도 유택에 표석이 없어서 오직 두려울 뿐입니다. 돌이 삼가 갖추어졌는데, 당신께서 어찌 명을 짓지 않겠습니까? 당신의 선조 호수공湖叟公께서는 나의 선조 종누나의 남편으로 장려 받음이 특히나 두터웠습니다. 정의로 볼 때 당신이 글재주를 아낄 수 없습니다."라고 하였다. 내가 그럴만한 사람이 아니라고 사양하자, 석윤의 다그침이 더 급해져서 드디어 끝까지 사양하지 못하였다.

삼가 살펴보니, 공의 휘는 린遴이고, 자는 계진季進이며, 본관은 일직一直이다. 고려 직성부원군直城府院君 정평공靖平公 휘 홍량洪亮[25]의 9세손이다. 우리 조선에 들어와서 휘 조서肇瑞는 호가 격재格齋인데, 좋은 벼슬을 거치며 당시에 인망이 높았으나 호조 참의에 그쳤다. 이분이 휘 윤潤을 두니, 하창승河倉丞이다. 이분이 휘 순무荀茂를 두니, 주부主簿이다. 이분이 휘 세경世經을 두니, 참봉이다.

이분이 휘 덕운德雲을 두니, 부장部將으로 바로 공의 아버지이며, 어머니는 춘천 박씨春川朴氏 어모장군御侮將軍 세연世椽의 딸이다. 가정嘉靖 병인년(1566) 대구부 수성리壽城里의 집에서 공을 낳았다.

공은 어려서부터 의지가 굳건하고 독서를 즐겼다. 8세에 어머니의 상을 당하여 예에 맞게 집상을 잘하였다. 임진년(1592) 왜구를 피할 적에 신주를 안고 피난하면서 설사 굶주려 지쳤더라도 책을 놓은 적이 없었다.

병오년(1606) 문과에 올라 국자감國子監에 보임되었으며, 신해년(1611)에 성현 찰방省

---

25) 손홍량(孫洪亮, 1287~1379) : 본관은 일직(一直)이다. 고려 충선왕 때 과거에 급제하여 첨의평리(僉議評理)·판삼사사(判三司事) 등을 지냈다. 본래의 성은 순씨(筍氏)였으나 현종(顯宗)의 이름과 같아서 그것을 피해 5대조 응(凝) 때 손씨(孫氏)로 고쳤다. 시호는 정평(靖平)이다.

峴察訪에 제수되었다. 광해군의 정치가 점점 문란해짐을 보고 드디어 물러나 전리田里에서 생활하였다. 병진년(1616)에 상주 교수尙州敎授에 제수되었다가, 얼마 지나지 않아 경주로 옮겼는데, 매번 제생들을 가르쳐 이끌 적에 반드시 실학으로 우선하여 맡은 바의 고을이 대부분 흥기되었다. 오래지 않아 관직을 버리고 돌아왔다.

계해년(1623) 반정 이후 전적典籍에 올랐다. 갑자년(1624)에 단성 현감丹城縣監에 임명되었는데, 정무를 처리하며 청렴하고 신중하여 아전은 두려워하고 백성은 은혜로워하였다. 마침 향시가 있어 녹명관錄名官[26]으로 차출되었는데, 봉미封彌를 열어보니, 관찰사의 두 아우가 경유京儒인데도 부정하게 들어 있었다. 공이 부당함을 논쟁해도 되지 않자, 드디어 영문營門에 탄핵하는 보고를 올려 끝내 명단에서 삭제하였다. 흔들림 없이 법을 지킴이 대부분 이와 같았다.

정묘년(1627)에 청나라가 침입하자, 공이 의병을 창도하여 전쟁에 참여하려고 하다가, 청군이 물러갔다는 소식을 듣고 의병을 해산하였다. 무진년(1628) 10월 9일에 생을 마치니, 향년 63세였다. 대구부의 동쪽 황청동黃靑洞 부손負巽 터에 장사지냈다.

공은 일찍부터 한강寒岡 정구鄭逑 선생의 문하에 유학하여 큰 가르침을 들었고, 또 여헌旅軒 장현광張顯光·낙재樂齋 서사원徐思遠·우복愚伏 정경세鄭經世 등 여러 선생들과 서로 교유하며 강습에 도움을 받았다. 만년에는 시냇가에 작은 집을 짓고는 '문탄聞灘'이라 편액하고, 매일 새벽 사당에 배알하고는 작은 집으로 와서 단정히 앉아 경전에 침잠하였다. 조카 모당慕堂 손처눌孫處訥[27]과 항상 이곳에서 절차탁마하였다.

지방관으로 있을 적에 창석蒼石 이준李埈이 시를 주며 태산 같은 경학에 견주었고, 장사를 지내자 경정敬亭 이민성李民宬[28]이 만시로 애도하기를 "백수로 경전을 궁구함은

---

26) 녹명관(錄名官) : 과시(科試)에서 미리 응시 자격자의 명단을 작성하는 관리를 말한다. 향시에 있어서는 관찰사(觀察使)가 녹명을 위하여 차사원(差使員)을 정한다.

27) 손처눌(孫處訥, 1553~1634) : 자는 기도(幾道), 호는 모당(慕堂), 본관은 일직(一直)이다.

28) 이민성(李民宬, 1570~1629) : 자는 관보(寬甫), 호는 경정(敬亭), 본관은 영천(永川)이다. 1597년 문과에 급제, 예조 정랑·홍문관 수찬·교리 등을 지냈다. 저서로는 『경정집』·『조천록(朝天錄)』 등이 있다.

진취함이 아니었네."라고 하였다. 이는 하나의 공안公案이 되기에 충분하나 안타깝게도 세상은 공을 알지 못하여, 언관이 되어 왕정을 돕지 못하고 쓰인 것이라고는 두 고을의 교수와 한 고을의 현감에 불과하였으니, 어찌하여 운명이 이리도 궁한가?

부인은 문화 유씨文化柳氏 곤산군崑山君 익정益貞의 후손이자, 참판에 증직된 흥국興國의 딸이다. 만력萬曆 경진년(1580)에 태어나 83세에 생을 마쳤다. 공의 묘소에 부장하였다.

3남을 두었다. 처각處恪은 참의에 증직되었고, 처신處愼은 문과에 급제하여 정랑을 지냈고, 처항處恒은 통덕랑通德郎이다. 처각은 3남을 두었다. 단湍은 문과에 급제하여 좌랑佐郎을 지냈고, 유濡는 통덕랑이고, 유濰는 호군護軍이다. 처신의 계자繼子 식湜은 무과에 급제하였다. 처항은 3남을 두었다. 부溥와 호浩는 다 같이 통덕랑이고 막내가 바로 식湜이다. 내외로 현손 내손이 모두 100여 인이다.

명銘한다.

강직하고도 방정한 데다	旣剛而方
경술을 깊이 닦았네	以經術涵
우도로 닭을 잡으니	牛刀割雞
경륜을 다 펴지 못하였네	其施不咸
몸은 고달파도 도는 형통하였으니	身困道亨
공에게 있어 무슨 손상 있으랴	在公何損
유택이 천추토록 전해져	眞宅千秋
아름다운 이름 영원하겠네	懿名不隕

통사랑 성균관 학정 광주 안공의 묘갈명[通仕郎成均館學正廣陵安公墓碣銘]

서문 병기

내가 일찍이 남명南冥 조식曺植 선생의 유집을 읽다가 「안공의 완귀정에 짓다[題安公玩

龜亭」는 시에 이르러 절개가 돌과 같아서 하루가 지나지 않아 제거하는[29] 풍도를 적이 흠모하며 읊조려 탄식하기를 마지않았는데, 학정공學正公은 바로 그 후손이다.

공의 휘는 후정后靜이고, 자는 군경君敬이며, 본관은 광주廣州이다.

상조上祖 방걸邦傑은 고려 진국대장군鎭國大將軍 광릉군廣陵君이다. 후대로 내려와 시어사侍御史 수綏에 이르러 함안으로 옮겼다. 8세를 내려와 인의引儀 보문普文에 이르러 밀양으로 옮겼다. 이분이 아들 자구子觀를 두니, 사간司諫으로 점필재佔畢齋 문하에서 유학하였다. 이분이 증嶒을 두니 문과에 급제하여 좌랑을 지낸 분으로 바로 완귀옹玩龜翁이다. 안씨가 영천에 살기 시작한 것은 이때부터이다. 좌랑의 증손자 전琠은 감찰監察을 지냈으니, 공의 증조부이다. 조부 휘 명한鳴漢은 판결사判決事에 증직되었다.

아버지는 휘 세영世英이며, 어머니는 창녕 성씨昌寧成氏 사인士人 길晧의 딸이다. 우리 현종 기해년(1659)에 도동리道洞里 집에서 공을 낳았다.

공은 천품이 영특하고 민첩하며 부드럽고 또 강건하였다. 8세에 글을 배웠고, 조금 자라서는 과거 공부를 하였다. 신미년(1691) 생원시에 입격하고는 드디어 학업을 닦아서, 기묘년(1699)에 급제하였다. 권귀權貴와 인척을 맺은 어떤 시류배가 와서 공에게 "나이 젊고 재주 뛰어난 당신이 만약 우리들과 어울린다면 좋은 벼슬자리는 당장에 맡을 수 있습니다."라고 하니, 공이 머리를 내저으며 "영고성쇠는 명이 있는데, 어찌 평소의 소신을 바꿀 수 있겠습니까?"라고 하였다.

경진년(1700) 봄 성균관 학유成均館學諭에 보임되었다가 학록學錄으로 옮겼다. 임오년(1702) 여름에 휴가를 얻어 고향으로 돌아왔다. 가을에 학정學正으로 승진하였으나, 머뭇거리며 즉시 부임하지 않았다. 하루 저녁에 갑자기 병이 나서 10월 18일 세상을 버리니, 나이 겨우 44세였다. 청지내淸池內 부감負坎 터에 장사지내니, 선영을 따라서이다.

---

29) 절개가……제거하는: 바위처럼 확고부동한 마음을 말한다. "견고함이 돌과 같아 잘못을 하루가 지나지 않아 제거하니, 정하고 길하니라.[介于石 不終日 貞吉]"고 한 데서 유래한다.(『周易』「豫卦」)

평소에 늘 부지런하여 스스로 편안히 쉰 적이 없었다. 비록 한겨울 한여름이라도 반드시 날마다 새벽에 일어나 책을 읽었으며, 아울러 아랫사람을 다독여서 농사일을 챙겼다. 제사를 받들고 손님을 맞이함에는 정갈하고 넉넉하여 음식이 모자란 적이 없었다.

선대의 정자가 임진년(1592) 왜란에 불타버렸는데, 공이 유허지를 밟을 적마다 슬퍼하고 사모하다가, 드디어 힘을 다하여 중건하고는 매번 좋은 계절을 만나면 손님과 벗을 맞이하여 기쁘게 즐겼다. 이윽고 벼슬을 하고 나서도 일찍 물러나 이 정자에서 쉬려고 하였다.

남을 대접할 적에는 화평하고 공손하여 젊은이나 어른이나 저마다 기쁜 마음을 가졌다. 친족이나 이웃의 궁핍함을 보면 그때마다 베풀어주며 조금도 아까워하지 않았다. 심지어는 소를 빌려주고 양식거리를 내어주어 경작하지 못한 것을 경작하도록 하였다. 옳은 일을 보고 용기 있게 행동함이 대부분 이와 같았다.

만약 공이 당시에 쓰였다면 어지러운 실타래를 정리하고 얼크러진 마디를 풀어 그 평소 온축한 바를 조금이나마 시험할 수 있었겠으나, 나이와 지위가 이에 그쳤으니, 어찌하여 하늘이 공에게만 인색하였는가?

부인 단인端人은 오천 정씨烏川鄭氏 진사 사현思賢의 딸이자, 금부도사禁府都事 담湛의 증손녀이다. 부인의 행실이 있었다. 병신년(1656)에 태어나 계묘년(1723)에 생을 마치니, 공의 묘소에서 계축방癸丑方으로 100여 걸음 거리 부신負辛 터에 장사지냈다. 중간에 한 줄기 능선이 사이하고 있다.

6남을 두었다. 여택汝宅·여리汝履이고 여행汝行 및 여인汝仁은 다 같이 출계하였고 여기汝器·여국汝國이다.

여택은 2남 5녀를 두었다. 2남은 경렴景濂·경락景洛이며, 5녀는 박준상朴儁相·여홍국呂弘國·남준만南濬萬·이덕용李德龍·조진신曺晉臣에게 각각 시집갔다. 여리는 4남 2녀를 두었다. 4남은 경민景閔·경시景時·경현景賢·경증景曾이며, 딸 장녀는 서성훈徐聖勳에게 시집갔고 막내는 어리다. 여행은 3남 1녀를 두었다. 3남은 경태景泰·경희景禧·경호景祜이며, 1녀는 채시윤蔡時潤에게 시집갔다. 여인의 계자繼子는 바로 경현景賢이다. 여기는 2남 1녀를 두었다.

2남은 경설景說·경석景奭이며, 1녀는 조선직曺善稷에게 시집갔다. 여국의 계자繼子는 바로 경석景奭이며, 1녀는 이헌섭李憲燮에게 시집갔다. 내외로 증손은 남여 모두 40여 인이다.

지난날 우리 아버님과 공은 친구였고, 중기重器 또한 어려서부터 찾아뵌 지 이제 50년이 되었다. 그런데 여기 등이 공의 묘갈을 부탁하니, 슬프다. 어찌 감히 사양하겠는가?

명銘한다.

재주 있으나 지위 드러나지 않고	有才而位不顯
덕이 있으나 수명 길지 않았네	有德而年不脩
정자만은 시냇가에 우뚝하니	惟名亭屹立溪頭
긍구[30]하여 복을 이어 가겠네	適肯構而繩休

처사 월성 최공의 묘갈명[處士月城崔公墓碣銘] 서문 병기

영남에는 본래 문사文士가 많아서 뛰어난 문장과 기운찬 필력으로 세상에 드러난 이가 자취를 서로 이었으나, 더러는 불우하여 뜻을 얻지 못한 채 초가집에서 고사枯死한 것은 왜인가? 이 과연 운명이 있어서인가. 내가 본 바의 세상에서라면 경주의 최공崔公이 더욱 그러한 경우이다.

공의 휘는 남두南斗이고, 자는 운정雲程이며, 그 선대는 신라 초기 사량부沙梁部에서 나왔다.

우리 조선에 들어와서는 휘 예汭가 있으니, 사성司成이다. 5대를 내려와 감찰監察 휘

---

30) 긍구(肯構) : 자손이 선대의 유업을 잘 계승하는 것을 말한다. "만약 아버지가 집을 지으려 작정하여 이미 그 규모를 정했는데도 그 아들이 기꺼이 당기(堂基)를 마련하지 않는데 하물며 기꺼이 집을 지으랴?[考作室 旣底法 厥子乃弗肯堂 矧肯構]"에서 온 말이다.(『書經』「大誥」)

경천擎天에 이르러 조카로 종가의 후사를 이었으니, 현감이다. 이분이 휘 동로東老를 두니, 승훈랑承訓郎이다. 이분이 휘 국필國弼을 두니, 통덕랑이다.

이분이 휘 태기泰基를 두니, 또한 통덕랑으로 이분이 공의 아버지이다. 어머니 공인恭人 김씨는 사인士人 황璜의 딸이자, 수로왕首露王의 후손이다. 숙종 갑인년(1674)에 경주부 동쪽 시래리時來里에서 공을 낳았다.

공은 모습이 훤칠하고 천품이 영민하였다. 어린 나이로 선생을 따라 수학하여 경사를 섭렵하고 백가를 두루 익혔다. 이윽고 어버이의 명을 받들어 과거에 필요한 문장을 익혀서 입신양명을 스스로 기약하였다. 약관의 나이로 향시鄕試를 차지하니, 이때부터 이름이 더욱 알려졌다.

병자년(1696)에 아버지 통덕공通德公의 상을 당하였다. 어머니 공인恭人을 봉양함에 효성을 다하여, 병이 나면 밤낮으로 간호하면서 스스로 약을 조제하고 음식을 장만하여 드렸으며, 심지어 똥오줌을 씻어내는 일까지도 남에게 대신시키지 않고 직접 하였다. 어머니가 운명하자, 슬픔으로 몸이 상하기까지 하였으나 예법에 맞게 장사를 치렀다. 제사에 더욱 공경을 다하여 반드시 엄숙히 재계하고 제수를 정갈히 마련하였다.

아우와 누이를 보살피고 홀로 된 형수를 섬김에 각각 인정을 다하였다. 자질들을 가르칠 적에는 꼭 "아무리 빈궁해도 의를 지켜야 한다."라고 하였다. 고장에서의 처신은 바른 의론을 지키고 문란한 말을 끊었으나 또한 모나게 남다른 행동은 하지 않았다. 청탁에 관계없이 상황대로 정성스럽게 처리하여 시원히 한계를 두지 않았다.

집안이 매우 가난하였으나 여유롭게 대처하였다. 항상 종일토록 책상을 마주하여 심한 병이 아니면 그만둔 적이 없었다. 문장을 지을 적에는 붓 가는 대로 휘갈겨도 풍부하고 아름다웠으니, 과장에서는 의미를 묻는 사람이 빙 둘러섰으며 문단에서는 앞자리에 추대하였다. 크고 작은 시험에 자주 입격하나 남성시南省試에는 매번 떨어지니, 사람들이 모두 하늘이 하였다고 여겨서 서운해 하였다.

만년에는 산수를 좋아하여 닿는 곳마다 시를 지었는데, 대부분 호방하고 시원시원하여 볼 만하다. 사는 곳에 명암銘巖이 있어서 자호自號하였다.

임자년(1732) 2월 11일에 생을 마치니, 향년 55세였다. 경주부 동쪽 하서리下西里의 구만산九萬山 부간負艮 터에 장사지냈다.

부인은 여강 이씨驪江李氏 사인士人 덕일德一의 딸이자, 회재晦齋 선생의 족손族孫이다. 묘소는 명암銘巖의 선영에 부장附葬하였다.

2남 3녀를 두었다. 아들은 달문達文·달윤達贇이며, 딸은 조달운曺達運·정찬양鄭纘陽·김광욱金光煜에게 각각 시집갔다. 측실의 아들은 달빈達斌이다.

명銘한다.

우뚝한 그 의표이며	嶷嶷乎其表也
쟁쟁한 그 문장이네	鏘鏘乎其詞也
옥을 안고도 팔리지 않았으니	抱玉而不見售
어찌 기수가 이리 어긋났는가	胡氣數之參差也

첨지중추부사 월성 손공의 묘표[僉知中樞府事月城孫公墓表]

공의 휘는 광고光皜이고, 자는 희원熙遠이며, 그 선조는 신라 대수부大樹部 사람이다. 후세에 효자 순順이 있었다. 우리 조선에 들어와 더욱 귀현貴顯하였다. 휘 소昭는 적개공신敵愾功臣에 녹훈되고 계천군雞川君에 봉해졌으며, 시호는 양민襄敏이다. 이분이 휘 중돈仲暾을 두니, 두터운 덕과 맑은 지조가 있었으며, 벼슬이 이조 판서에 이르렀고 작위를 습봉襲封하였으며, 시호는 경절景節이니, 바로 공의 조부이다.

아버지 휘 경曔은 현신교위顯信校尉이며, 어머니는 신천 강씨信川康氏 진사 사연士淵의 딸이다. 가정嘉靖 초년(1522)에 양좌동에서 공을 낳았다.

공은 재주가 뛰어났으며 문장이 성대하였다. 또 문헌가文獻家의 남은 규범에 물들어 견식이 날로 넓어졌다. 조모 최부인이 인재로 여기며 "선조의 가업을 이을 자는 반드시 이 아이일 것이다."라고 하였다. 마침내 경제京第[31]에 보내어 부탁하니, 이는 경절공景節公의 남긴 뜻이었다.

무오년(1558) 진사시에 입격하니, 이때부터 명성이 더욱 퍼졌으나 대과에는 여러 번 떨어져서, 불우하여 끝내 뜻을 얻지 못하니, 사람들이 모두 애석해하였다. 그러나 공은 이를 개의치 않았다. 드디어 과거에 마음을 접고 서계西溪 가에 정자를 짓고서, 수운水雲이라 편액을 걸고는 날마다 그 사이에서 읊조리며 유유자적하였다. 만년에 수직壽職으로 통정대부에 제수되었다. 고장의 이웃들이 달존達尊으로 추대하니, 바라봄에 신선과 같았다.

부인은 덕산 황씨德山黃氏 별제別提 이옥李沃의 딸이자, 참판參判 필㻶[32]의 손녀이다.

2남 4녀를 두었다. 장남 엽曄은 참봉으로 문장과 글씨가 뛰어나 이절二絶로 일컬어졌고 차남은 질晊이며, 딸은 진사 안윤신安潤身·박경로朴敬老·현감 권사악權士諤·신협辛協에게 각각 시집갔다. 엽은 후사가 없고 서자만이 있다. 질은 1남을 두었는데 종덕宗德이다. 증손 현손 이하는 매우 번성하여 다 기록하지 못한다.

묘소는 흥해군興海郡 달전리達田里의 도음산禱陰山 부해負亥 터에 있으니, 바로 경절공 묘소의 오른쪽 산기슭이다. 황씨의 묘소는 같은 터의 묘향卯向에 있으니, 바로 교위공校尉公 묘소 아래이다. 두 묘소는 서로 100여 걸음 떨어져 있다.

이제 여러 후손들이 막 비석을 마련하면서 행적이 실화로 없어진 것을 매우 아파하고 있다. 그러나 언유言遊가 두 가지 작은 일로 담대멸명澹臺滅明의 훌륭함을 알았으니,[33] 어찌 많아야 하겠는가? 공과 같이 넓은 재능과 뛰어난 기량은 펼쳐져야 하나 펼치지

---

31) 경제(京第) : 이 글만으로는 무엇을 말하는지 정확히 알 수 없으나, 서울에 있는 누군가의 집으로 여겨진다.

32) 황필(黃㻶, 1464~1526) : 자는 헌지(獻之), 호는 상정(橡亭), 본관은 덕산이다. 1492년 문과에 급제, 홍문관 저작·교리·경주 부윤 등을 지냈다. 저서로는 『상정일고』가 있다.

33) 언유(言遊)가……알았으니 : 언유는 춘추 시대 오(吳)나라 사람으로 공자의 제자이고 문학에 뛰어난 인물이다. 성은 언(言)이고 이름은 언(偃)이며, 자유(子遊)는 그의 자이다. 자유가 무성(武城)의 읍재(邑宰)가 되었을 때 공자가 인물을 얻었느냐고 묻자, 자유가 "담대멸명이라는 자가 있는데, 길을 다닐 때면 지름길로 다니지 않고, 공적인 일이 아니면 저를 찾아온 적이 없습니다.[有澹臺滅明者 行不由徑 非公事 未嘗至於偃之室也]"라고 대답한 일을 말한다.(『論語』「雍也」)

못하였으니, 슬프다. 스스로 편안히 산수를 즐기며 생을 마쳤으니, 그 의상意象이 어떠하였겠는가? 이는 경절공의 후손이어서 일 것이다.

이것으로 명銘을 대체한다.

절충장군 함경남도 우후[34] 영산 신공의 묘갈명[折衝將軍咸鏡南道虞候靈山辛公墓碣銘] 서문 병기

공의 휘는 치관致寬이고, 자는 자율子栗이며, 본관은 영산靈山이다.

비조 휘 경鏡은 고려 태부太傅이다. 그 뒤로 11대 동안 대대로 벼슬하였다. 우리 조선에 들어와 휘 인손引孫[35]은 형조 판서·예문관 대제학을 지냈고 시호는 공숙공恭肅公이다. 4대를 내려와 휘 언륜彦倫에 이르러 영천에서 살게 되었다. 그 손자 응주應周는 바로 공의 증조부이다. 조부 휘 택룡澤龍은 훈련원 봉사訓練院奉事이다.

아버지 익호益祜는 전력부위展力副尉이며, 어머니는 진주 하씨晉州河氏 달해達海의 딸이다. 숭정崇禎 기묘년(1639)에 공을 영천군 동쪽 조교촌助橋村에서 낳았다.

공은 골상이 남달리 장대하였다. 조금 자라서 글을 배워 대의를 통하였다. 이윽고 장년이 되어 가수촌嘉樹村으로 옮겨 살며 활쏘기를 익혔다. 신해년(1671) 무과에 급제하였고, 을묘년(1675) 천거로 부장部將에 제수되었다. 정사년(1677) 훈련원 주부訓練院主簿로 승진하였다. 무오년(1678) 무겸선전관武兼宣傳官으로 옮겼다가, 얼마 되지 않아 병으로 사직하고 고향으로 돌아왔다.

---

34) 우후(虞候) : 각 도의 병영과 수영의 정3품 무관 벼슬이다. 병마 우후와 수군 우후를 통틀어 이르는 말이다.

35) 신인손(辛引孫, 1384~1445) : 자는 조윤(祚胤), 호는 석천(石泉), 본관은 영산(靈山)이다. 1408년 문과에 급제, 승정원 주서·경상도 관찰사·예문관 대제학 등을 지냈다. 시호는 공숙(恭肅)이다.

기사년(1689) 여름에 훈련원 판관訓練院判官에 제수되어 첨정僉正으로 승진하였다. 경오년(1690)에 충청도 병마우후忠淸道兵馬虞侯로 나갔다가, 신미년(1691)에 조정으로 돌아와 내금위장內禁衛將으로 승진하였다. 임신년(1692)에 삼척영장三陟營將에 제수되었다. 13년을 집에서 지냈으나 정해년(1707)에 이르러 함경남도 병마우후咸鏡南道兵馬虞侯에 제수되어 임기를 채우고 돌아왔다.

이후 사환仕宦에 뜻을 접고 서사書史를 즐겨 읽었다. 또 더러 여러 친구들과 산택을 유람하며 잔을 기울이거나 시를 읊조리는 일로 낙을 삼았다. 기해년(1719) 6월 9일에 생을 마치니, 향년 81세였다.

숙부인淑夫人은 인천 이씨仁川李氏 문황文煌의 딸이다. 공보다 2년 늦게 태어나 공보다 7년 먼저 생을 마치니, 본리本里 팽외촌彭外村의 윤가동允可洞 묘향卯向 터에 장사지냈다. 공이 생을 마치자, 부인의 묘소 앞에 장사지냈다.

2남을 두었는데, 덕규德奎·성규聖奎이다. 측실에서 난 2남은 남규南奎·동규東奎이다. 덕규는 1녀만 두고 아들이 없어, 족제 진규震奎의 아들 영태永泰를 후사로 삼았다. 성규는 1남을 두었는데, 세태世泰이다. 영태는 1녀를 두었다. 세태는 2남을 두었는데, 명두命斗와 명기命箕이다.

공은 신장이 10척으로 우람하며 담력과 지략이 있었다. 성품 또한 충신忠信하고 개결介潔하여 관직생활하며 자신을 살찌우는 일은 전혀 하지 않았고 오직 충성을 다하여 공무를 수행하는 것에만 마음을 두었다.

일찍이 궁궐에서 숙직을 서는데, 밤에 궁전에 불이 나서 불길이 하늘로 치솟아 사람들이 감히 가까이 다가서지 못하였다. 공이 대나무 장대에 헌옷을 매달아 물에 적셔서 들고 앞으로 나가 장대를 휘둘러서 여러 위사衛士들이 빠져나왔다. 숙종肅宗께서 높은 누각에 올라 이를 바라보고 경이로워하며 이름을 물어 상을 후히 주고 명하여 발탁하였다. 이에 이름이 조정에 알려지니, 모두가 변방을 지킬 장수가 될 인재라고 공을 칭찬하였다.

공이 일찍이 남에게 "내가 만약 군진을 맡아 적과 싸운다면 날아오는 시석矢石을 가슴으로 받더라도 등은 보이지 않을 것이다."라고 하였으니, 말가죽으로 시신을 싸서 돌아오려는 뜻[36]이 어찌 이리도 비장한가?

애석하다. 세상은 공을 알지 못하고 공 또한 권문權門에 빌붙는 것을 부끄러워하여 끝내 궁핍하게 고사枯死하였으나, 후회하지는 않았다. 공과 같은 분이야말로 혹시 이른바 호걸스러운 장부가 아니겠는가? 만년에 서산 진씨西山眞氏의 『심경心經』을 읽고는 드디어 높이 올려두고 경건히 읽으며, 사람을 만나면 반드시 의심스러운 뜻을 함께 강토講討하였다.

공이 생을 마친 지 36년 만에 세태世泰가 돌을 깎아 비석을 세우려하며, 나에게 와서 묘갈명을 요청하였다. 내가 공을 잘 알고 있어서 감히 사양하지 못하였다.

명銘한다.

씩씩한 그 무용이며	仡仡乎其武勇也
우뚝한 그 기개였네	磊磊乎其志槩也
뛰어난 지략 품고도 크게 쓰이지 못했으니	齎雄略不大厥試
어찌 세상 길 이리도 어두운가	何世路之幽昧也
팽외촌 산에 우뚝한 묘소 있으니	彭之山有封若堂
아! 국사께서 영원히 떠나셨네	嗟國士焉長逝也

처사 월성 손공의 묘갈명[處士月城孫公墓碣銘] 서문 병기

사람이 태어나서 요절하는 것은 타고난 명이 박해서이다. 더러는 자안子安[37]의 문장력

36) 말가죽으로……뜻: 전쟁터에서 싸우다 죽는 것을 뜻한다. 후한(後漢) 복파장군(伏波將軍) 마원(馬援)이 "사나이는 변방의 들판에서 쓰러져 죽어 말가죽에 시체를 싸 가지고 돌아와 땅에 묻히는 것이 마땅하다. 어찌 침상 위에 누워 아녀자의 손에 맡기겠는가?[男兒要當死于邊野 以馬革裹屍還葬耳 何能臥牀上 在兒女子手中耶]"라고 한 데서 유래한다.(『後漢書』「馬援列傳」)

37) 자안(子安): 초당사걸(初唐四傑)의 한 사람인 왕발(王勃, 649~676)의 자이다. 그는 6세 때 이미 글을

을 지니고도 요절하고 백풍伯豊[38]의 학문을 품고도 요절하였으니, 어찌하여 타고난 명은 후하면서도 수는 하지 못하였는가? 혹시 이른바 천지간의 대인大人도 오히려 아쉬운 바가 있다는 것이 아닌가? 내가 월성 손공에게 또한 아쉬움이 없을 수 없다.

공의 휘는 여규汝奎이고, 자는 회지晦之인데 후에 문오文五로 고쳤으며, 그 선조는 신라 초기 대수부大樹部에서 나왔다.

그 뒤로 효자 순順이 있으니, 국사에 실려 있다. 고려 말에 이르러 휘 경원敬源이 있으니, 판밀직사사判密直司事이다. 그 손자 등登은 우리 조선의 사헌부 감찰이다. 또 그 손자 소昭호조 참판은 계천군雞川君에 봉해지고 시호가 양민공襄敏公으로 적개공신敵愾功臣에 녹훈되었다. 이분이 휘 중돈仲暾을 두었으니, 의정부 우참찬右參贊으로 작위를 습봉하였으며, 시호는 경절景節이다.

2대를 내려와 휘 병昞이 있어 휘 종도宗道를 두었다. 이분이 휘 현鉉을 두니, 바로 공의 아버지이다. 이상이 3대의 내력이다.

어머니는 오천 정씨 승의랑承議郞 호의好義의 딸이자, 병조 판서에 증직된 세아世雅의 증손녀이다. 우리 효종孝宗 무술년(1658) 공을 경주부 양좌동良佐洞 집에서 낳았다.

공은 9세에 어머니를 잃고 10세에 아버지마저 잃었다. 맏형 노잠공魯岑公 여두汝斗가 눈물을 흘리며 끌어안고 고생고생 길렀다. 드디어 함께 영천군 입암촌立巖村으로 옮겨 살았다. 초상과 난리를 겪으며 떠돌다보니 과정대로 학업을 닦을 겨를이 없었는데, 나이 열 넷에 굳이 배우기를 청하니, 노잠공이 기뻐하며 가르쳤다.

공은 재주가 남달리 뛰어나고 기억력이 신과 같아서 설사 어려운 글이더라도 한 번 보면 곧잘 외웠다. 수년간 경사經史를 두루 읽으니, 문리가 얼음 풀리듯 났고 문장이 날로 성취하였다. 매번 붓을 잡으면 그 자리에서 초를 잡고는 다시 구상하지 않았다. 문단의 여러 뛰어난 이들은 모두 벌떡 일어나 앞자리를 양보하였다.

지을 줄 알았던 천재인데 29세의 나이로 익사(溺死)하였다.

38) 백풍(伯豊) : 주희(朱熹)의 문인 오필대(吳必大)의 자이다.

노잠공은 유술儒術이 있어서 인도함에도 방향이 있었다. 관례冠禮를 치를 적에 훈계하는 말을 지어 성인成人의 도를 요구하니, 공이 공경히 받아 잘 간직하였다. 정사년(1677) 향시鄕試에 입격하고 남성시南省試에는 떨어졌으나, 득실에 개의치 않았다.

무오년(1678)에 몸이 여위어가는 병이 들기 시작하였으나, 오히려 책읽기를 멈추지 않았다. 성리서性理書를 더욱 좋아하고 또 「입지잠立志箴」을 지어 스스로 경계하였다. 경신년(1680)에 모현茅峴의 묘소 아래에 소재小齋를 지어 그곳에서 조리하며, 『서경書經』 「주관周官」의 "마음이 편안하고 날로 아름다워진다.[心逸日休]"는 말을 취하여 '일휴日休'라고 편액하였다.

이때부터 병이 더욱 심해져서 신유년(1681) 4월 12일에 고향의 공정동公正洞 집에서 생을 마치니, 나이 겨우 24세였다. 듣는 사람들이 모두 눈물 흘리며 탄식하였다.

아! 공의 태어남은 우연이 아니었다. 가령 공이 장수를 누려서 그 재주를 다하고 그 뜻을 펼쳤다면, 머무름에 숙유宿儒가 될 수 있으며 나감에 고관高官을 차지할 수 있어서 훌륭한 이름이 당세에 드러났을 것이다. 그러나 이수二竪[39]가 파고들어 젊은 나이에 단명하였으니, 슬프고도 애석하다.

이해 10월 죽장현竹長縣 모현茅峴의 어느 향 터에 장사지내니, 바로 부모님의 묘소 동쪽 산등성이이다. 뒤에 유인孺人 이씨를 서쪽에 부장하였다.

이씨는 본관이 성주로, 부호군副護軍 형복亨復의 딸이자, 경은耕隱 선생 휘 맹전孟專[40]의 후손이다. 갑오년(1654)에 태어나 61세의 일기로 생을 마쳤다.

---

39) 이수(二竪) : 불치의 고질병을 말한다. 진후(晉侯)가 병이 나서 진(秦)나라에 의원을 보내 주기를 구하니, 진백(秦伯)이 의원을 보내 주었다. 진후의 꿈속에서 병이 두 어린아이[二竪]로 변하여 황(肓)의 위, 고(膏)의 아래에 숨자고 의논을 하였다. 의원이 와서 진맥하고는 병이 고황에 들어 약 기운이 도달하지 않아 치료할 수가 없다고 말한 일에서 유래한다.(『春秋左傳』「成公」 10年)

40) 이맹전(李孟專, 1392~1480) : 자는 백순(伯純), 호는 경은(耕隱), 본관은 벽진(碧珍)이다. 1427년 문과에 급제, 승문원 정자·거창 현감 등을 지냈다. 생육신으로 단종 복위 사건에 연루되어 관직을 버리고 선산 망장촌에서 은거 생활을 하였다. 시호는 정간(靖簡)이다.

아들이 없어 만형의 넷째 아들 시의是椅를 후사로 삼았다. 시의는 2남 3녀를 두었다. 아들 장남은 동걸東杰이고 차남 중걸重杰은 다섯째 숙부의 후사가 되었으며, 딸은 각각 이헌천李憲天·이사점李師點·조성운曺聖運의 아내가 되었다. 동걸은 2남을 두었는데, 형구馨九·정구貞九이다. 중걸은 1남을 두었는데, 면구冕九이다.

공은 바로 우리 정씨의 외손이어서 우리 아버님과는 외재종外再從 사이로 나이도 서로 비슷하다. 아버님께서는 평소 공에 관하여 말씀할 때마다 슬퍼서 목이 메여 하셨다. 중기重器도 평소 공에 관하여 들었는데, 이제 동걸이 와서 공의 묘갈명을 부탁하니, 어찌 감히 사양하겠는가?

명銘한다.

하늘이 남다른 자질을 주어	天畀異質
재주 뛰어나고 마음 깊었네	才卓心遠
나의 길 막 열렸는데	我步方啓
어찌 명이 이리 짧은가	何命之短
한 조각 청산에	一片青山
훌륭한 분 영원히 묻히니	玉樹長埋
가래나무 달과 솔 바람만	楸月松風
천고토록 슬퍼하겠네	千古之哀

행장行狀

승훈랑 오천 정공의 유장[承訓郞烏川鄭公遺狀] 을사년(1725)

공의 휘는 호신好信이고, 자는 덕기德基이며, 그 선조는 영일현迎日縣 사람이다.

비조鼻祖 고려 추밀원 지주사 휘 습명襲明은 문장과 경술이 있었다. 의종毅宗을 섬기며 곧은 말을 마다하지 않다가 끝내 참소를 당하여 생을 마쳤으니, 사적이 『고려사』 「열전列傳」에 실려 있다. 그 뒤로 벼슬이 서로 이어져 보첩에 구슬을 꿰듯이 끊임없이 기록되어 있다.

중간에 영천으로 옮겨 살았으나, 어느 대인지는 정확하지 않다. 지주사로부터 6대를 내려와 휘 임林이 있는데, 관직이 판도 판서版圖判書이다. 이분이 두 아들을 두었으니, 장남 인수仁壽는 포은圃隱 선생의 증조부이고, 차남 인언仁彦은 전공 판서典工判書로 바로 공의 선조이다. 두 파가 함께 영천에 살았으니, 옮겨 산 세대는 아마도 판도공版圖公 이전일 것이다.

전공 판서께서 휘 광후光厚를 두었으니, 조선에 벼슬하여 또 공조 판서工曹判書를 지냈다. 이분이 휘 위瑋를 두었으니, 사정司正이다. 이분이 휘 문예文裔를 두었으니, 생원으로 영산 교도靈山敎導가 되었다.

이분이 휘 종소從韶를 두었으니, 젊어서 중시重試에 급제하여 한 세대에 문명을 떨쳤고, 성삼문成三問·박팽년朴彭年과 가까운 벗이 되었으며, 이보흠李甫欽이 그 장인이다. 단종 복위운동이 실패한 이후에는 드디어 기꺼이 물러나 나가기를 추구하지 않았다. 이 때문에 관직이 사성司成에 그쳤다. 점필재佔畢齋 김 문간공金文簡公이 늘 오천 정선생이라 일컬었다고 한다.

이분이 휘 이휘以揮를 두었으니, 장수 찰방長水察訪이다. 이분이 휘 차근次謹을 두었으니, 선무랑이며, 공에게는 고조부이다. 증조부 휘 윤량允良은 창릉 참봉昌陵參奉이다. 조부 휘 세아世雅는 젊어서 진사시에 입격하였다. 임진년(1592) 왜란에 가장 먼저 의병을 일으켜 영천과 경주를 수복한 공로가 있었으나, 모두 다른 사람에게 넘기고 공명功名을 자처하지 않았다. 체찰사體察使 이원익李元翼 공이 그 훌륭함을 듣고 산림으로 찾아왔으며, 황산 찰방黃山察訪에 천거하였다. 뒤에 병조 참판에 추증되었다.

아버지 휘 수번守藩은 용양위 부호군龍驤衛副護軍이며, 어머니 숙부인淑夫人은 창녕 조씨昌寧曺氏 생원 희익希益의 딸이자, 지산芝山 선생의 조카이다. 만력萬曆 을사년(1605) 11월 4일 영천군 북쪽 명산리鳴山里 집에서 공을 낳았다.

공은 태어나면서부터 준수하여 보통 아이들과 달랐다. 겨우 네 살에 어머니가 세상을 버리고 호군공護軍公 또한 벼슬살이하느라 집에 있지 않아서, 고초가 하도 혹독하여 자못 버티지 못할 지경이었으나 스스로 떨쳐 힘써 분발하였다.

맏형 명계공明溪公을 따라 서강西岡 전삼성全三省[41] 공에게 수학하였는데, 과정을 한결같이 따르며 근실하고 독실하여 감히 게으름을 피우지 않았다. 물러나서는 여러 형 및 친구들과 멈추지 않고 강마하니, 여러 어른들이 모두 침이 마르도록 칭찬하기를 "이 아이가 나음을 추구하는 마음이 이토록 간절하니, 다른 날의 성취를 헤아릴 수 없다."라고 하였다.

17세에 호군공의 상을 당하여 예법에 맞게 집상하였다. 상복을 벗고는 비로소 혼례를 올렸는데, 규방 사이의 처신에 도리가 있었다. 맏형을 섬길 적에는 그 애경愛敬이 지극하여 아버지를 섬길 때와 똑 같았으니, 이는 또한 가정의 범절이 그러해서이다.

제부諸父들의 명에 따라 과거에 필요한 공부에 종사하기 시작하였으나, 득실로 개의한

41) 전삼성(全三省, 1572~1641) : 자는 군면(君勉), 호는 서강(西岡), 본관은 용궁(龍宮)이다. 학문은 정밀하고도 깊으며 문장은 탁월하고 부모를 모심에 효성을 다하였다. 음사(蔭仕)로 참봉(參奉)·통덕랑(通德郎) 등을 지냈다.

적이 없고 분주히 찾아다니는 세속의 행위는 전혀 하지 않았다. 이윽고 시험에 떨어져 뜻을 이루지 못하였으나, 또한 스스로 편안해하며 "영욕은 명인데, 되지 않는다면 바로 그만둘 일이지, 어찌 명을 거스르며 실익이 없는 일로 종신의 사업을 삼을 수 있겠는가?" 라고 하였다. 드디어 다시는 과거에 응시하지 않았다.

외종숙인 모당慕堂 손처눌孫處訥을 선생의 예로써 섬겼으니, 이는 모당이 한강寒岡 정선생鄭先生의 문하에 유학하여 학문의 실마리를 들은 적이 있었기 때문이다. 선생을 곁에서 모시며 날마다 성현의 글을 강론하고 질문하며 반복 토론하여 느끼고 깨달은 바가 많이 있었다. 이때부터 식견이 더욱 해박해졌다. 모당공이 일찍이 시를 지어주기를 "우리 유가의 사업은 참으로 길이 많으나, 첫 생각이 날뛰는 것을 가장 삼가야 하네. 큰 법은 부모와 같이 받들어서, 정밀히 마음에 새겨 신명을 가다듬게.[吾家事業固多程 最愼前頭意馬橫 大法奉持如父母 精微佩服擬神明]"라고 하였으니, 그 다잡아 권면한 것이 이와 같았다.

이 때 여헌旅軒 장선생張先生이 입암立巖에 와서 머무르니, 공 또한 늘 때때로 왕래하며 의문스러운 것을 질정하였다. 일찍이 『심경』 한 질을 얻어 반복하여 깊이 음미하다가, 흔연히 얻은 바가 있어서 드디어 짧은 글을 지어 그 뒤에 쓰기를 "마음이라는 것은 몸의 주인이다. 잡지 않으면 그 본성을 기를 수 없으니, 또 어떻게 수신·제가·치국·평천하를 이루겠는가? 잡는 요체는 단지 경敬에 있다."라고 하였으니, 공이 이 책에서 얻은 힘을 여기에서 대체로 입증할 수 있다.

오래된 선대의 유산이 자양동紫陽洞에 있었는데, 바로 참판공參判公이 은거하던 자리였다. 공이 그 산수의 아름다움을 아껴 호계虎溪 가에 터를 잡아 살며, 숲과 골짜기를 소요하고 풍경을 감상하였다. 또 더러는 시주詩酒를 마음으로 즐기며 유유자적하였다.

드디어 사는 방의 이름을 '삼휴정三休亭'이라 하고 글을 지어 썼다. 그 글에서 "아름다운 계절에 꽃을 감상하다가 꽃이 지면 휴식하며, 좋은 밤에 달을 마주하다가 달이 기울면 휴식하며, 한가한 속에 술을 마시다가 술이 떨어지면 휴식한다."라고 하였으니, 이는 한적한 정취를 취한 것이다.

어떤 사람이 "세 가지는 본래 한가로운 사람이 휴식하는 일이나 지금 당신의 휴식은 바로 꽃이 지고 달이 기울고 술이 떨어진 뒤에 누리니, 세 가지 이외에 달리 이른바 휴식이라는 것이 있습니까?"라고 묻자, 공이 "한가로운 사람이 휴식하는 중에도 절로 동정動靜의 기미가 있습니다. 꽃이 있어서 감상하고 달이 있어서 완미하고 술이 있어서 마시는 것은 한가한 속의 동動이며, 꽃이 지면 휴식하고 달이 기울면 휴식하고 술이 떨어지면 휴식하는 것은 한가한 속의 정靜입니다. 동이라는 것은 늘 움직여서 고요하지 않고 정이라는 것은 늘 고요하여 움직이지 않으니, 당신의 말은 꽉 막혔습니다."라고 답하니, 듣는 사람이 이해하고 물러났다.

성품이 본래 차분하고, 평소 생계를 돌보지 않았다. 늘 책상을 마주한 채 옷자락을 여미고 서책을 읽으며 부지런히 의리에 침잠하기를 조금도 게을리하지 않았다. 이 때문에 집안이 더욱 가난해져서 더러 술지게미마저 배불리 먹지 못하나 또한 걱정하지 않았다. 일찍이 "옛 사람은 오십이 되어서 비로소 명주옷을 입었다. 내 나이 아직 오십이 되지 않았으니, 어찌 옛 도리를 어길 수 있겠는가?"라고 하고는, 드디어 명주옷을 입지 않고 생을 마치니, 그 검소함이 대부분 이와 같았다.

선조의 사당이 맏형의 집에 있었는데, 멀리 나와 살고 나서도 크고 작은 제사에 반드시 미리 나아가 목욕재계하고, 초하루와 보름에도 반드시 사당에 참배하였다. 더러 사정이 있어 가지 못한다면 자리를 마련하고 망배望拜하여 그 경모敬慕의 심정을 표현하였다.

어려서 어머니를 잃고 서모 손에 키워졌는데, 자라서 서모를 대할 적에 그 효성과 예의를 다하였으니, 서모 또한 흡족히 기뻐하였다. 종족을 대하거나 향당에 머물 적에는 한결같이 충신忠信하기에 힘을 쏟았으나, 시비가 크게 부닥치는 곳이라면 조금도 두둔하지 않고 당당히 처리하여 뺏을 수 없는 소신이 있었으니, 사람들이 공경하고 두려워하지 않은 적이 없었다.

기축년(1649) 겨울에 갑자기 병에 걸려 갈수록 더 위독해져서 11월 13일에 정침에서 생을 마쳤으니, 나이 겨우 45세였다. 일찍이 아버지로 인하여 승훈랑承訓郎에 보임되었다. 영천군 동쪽 청경산淸景山 초곡楚谷 신향辛向 터에 장사지냈다. 훗날 의인 성씨宜人成氏를 서쪽에 부장하면서 봉분을 서쪽에 따로 만든 것은 지형 때문이었다.

성씨成氏의 본관은 창녕昌寧으로, 오늘날 영천에서 산다. 증조부 휘 익수益壽는 습독習讀

이다. 조부는 휘 입立이다. 아버지 휘 이직以直은 도원도 찰방桃源道察訪이며, 어머니는 오천 정씨 도사都事 담湛의 딸이다. 을사년(1605) 7월 16일에 태어나 계사년(1653) 6월 23일에 생을 마치니, 향년 49세였다.

3남 1녀를 두었다. 장남 시우時羽는 부사과副司果이고 차남은 시희時喜이고 계남은 시찬時贊이며, 딸은 사인 권희權熙에게 시집갔다.

시우는 5남 1녀를 두었다. 아들은 석현碩玄·석함碩咸·석겸碩謙·석승碩升이고 계남 석림碩臨은 지금 경자년 사마시에 입격하였으며, 사위는 권경지權慶祉이다.

시희는 2남 2녀를 두었다. 아들은 석항碩恒·석징碩徵이며, 사위는 정규징鄭奎徵·최남봉崔南鳳이다. 시찬은 2남 1녀를 두었다. 아들은 석관碩寬이며, 사위는 최남형崔南衡·김상정金尙鼎이다. 권희는 4남 2녀를 두었다. 아들은 중기重基·칭기稱基·세기世基·득기得基이며, 사위는 최국표崔國標·이사구李師耈이다.

석현은 아들이 없어 석승의 아들 중주重周를 아들로 삼았다. 석함은 1남 1녀를 두었다. 석겸은 1남 6녀를 두었다. 석승은 5남 4녀를 두었는데, 장남은 종가의 후사가 되었다. 석림은 1남 2녀를 두었다. 권경지는 2남 3녀를 두었다.

석항은 4남을 두었다. 석징은 3남 2녀를 두었다. 정규징은 1남 2녀를 두었다. 최남봉은 2남 1녀를 두었다.

석관은 2남 2녀를 두었다. 최남형 또한 2남 2녀를 두었다. 김상정은 2녀만 두었다. 내외로 증손 현손 남녀가 거의 100여 인이다.

아! 말세로 내려오면서 인심人心이 무너지고 사습士習이 더욱 타락하였다. 의관을 갖추고 글을 읽어 이름을 이룬 자가 나아가 과거에 급제하고 작록을 차지하여 이세利勢의 길에 내달리지 못하면 반드시 물러나 도주공陶朱公과 의돈猗頓[42]의 수단을 배워 농사에

42) 도주공(陶朱公)과 의돈(猗頓) : 도주공은 춘추 시대 월왕(越王) 구천(句踐)의 신하 범려(范蠡)의 변명(變名)으로, 화식(貨殖)에 뛰어난 재질을 발휘하여 세 번이나 천금(千金)을 소유한 부자가 되었으며, 의돈은 도주공에게 상술(商術)을 배운 뒤 목축업으로 거부(巨富)가 된 인물이다.(『史記』「貨殖傳」)

힘쓰고 재물을 모아 자손을 위하여 광주리에 황금을 담아 남기기를 계획하는 사람이 서로 이어졌다.

오직 공만은 그렇지 않아 두 가지 모두에 담박하게 대처하였다. 옥이 팔리지 않아도 다시 값을 추구하지 않으며, 명아주 국이 배부르지 않아도 살림을 챙기지 않았다. 산수의 사이에 오두막집을 짓고서 물고기를 낚거나 술을 마시며 읊조렸다. 유유자적하면서 스스로 깨달아 이를 즐기며 그 생을 마쳤으니, 그 풍도와 의상이 이미 남보다 뛰어났다.

게다가 또 법문法門에 유학하여 경전을 강론하며 그 실학實學의 문로를 추구하였음에랴. 당시 사우들 사이에 서로 기대한 바가 손모당孫慕堂의 증별시贈別詩에서 충분히 입증되고 보면, 세상에서 인의仁義를 포기하고 유술儒術을 조롱하며 스스로 기꺼이 사도斯道의 반역자가 된 사람과 비교할 때 또 얼마나 현격한가?

손수 지은 일기日記 한 책은 일찍이 불길에 재가 되고 단지 시와 산문 약간 편이 있으나, 시는 다 평이하고 순수하여 문장가의 꾸미거나 뽐내는 모습이 없다. 『심경』의 발문과 같은 경우는 위기爲己의 학문에 절실하며, 혹인或人에게 답한 편지에서 남을 깨우친 말은 노소를 가릴 것 없이 정성스러우며, 왕도를 높이고 패도를 내치는 의리를 분변함에는 더욱 직절하고 명백하여, 또한 마음속에 수양한 바가 깊음을 알 수 있다.

정자의 기문에서는 또한 매번 스스로를 화월花月과 술잔 사이에 맡겨 여유롭고 만족해하며 근심하거나 아쉬워하는 마음이 다시없으니, 도정절陶靖節43)의 "부귀에 급급해하지 않고 빈천에 서글퍼하지 않는다."는 말에서 얻음이 있어서인가? 아! 그 또한 훌륭하도다.

만약 하늘이 긴 수명을 부여하여 우리 일에 힘을 크게 쏟았다면 노년에 성취의 원대함이 또 어떠했겠는가? 그러나 중도에 꺾여서 지업志業을 이루지 못하고 이름이 연하煙霞와 참암嶄巖의 사이에 묻혀서 결국 세상이 알 수 없게 되었다. 아! 안타까울 뿐이다. 그러나 후손들이 더욱 번창하니, 남긴 복이 또한 장차 무궁할 것이다. 하늘이 우리 공에게 보답

---

43) 도정절(陶靖節) : 정절은 동진(東晉)의 시인 도잠(陶潛)의 사시(私諡)인 정절징사(靖節徵士)의 약칭이다.

한 것이 여기에 있는가?

공이 돌아가신 지 이제 벌써 70여 년이 지났으나, 아직까지 묘도에 비석을 세우지 못하고 있다. 공의 주손 처사공이 병필가秉筆家에게 묘갈명을 요청하려고 중기重器에게 시켜 행장을 지으라 하니, 정의에 있어 감히 사양하지 못할 바가 있어서 적이 가정 안에서 들은 것을 취하고 또 유고를 고찰하여 이상과 같이 찬차纂次하였으나, 세대가 이미 아득하고 언행이 대부분 사라져서 이는 다만 대강일 뿐이다. 어찌 그 백에 하나라도 증명하기에 충분하겠는가? 비록 그러하나 남산南山에 남겨진 아롱진 한 가닥 털이 찬란하고 무성한 표범의 전체 모습을 알기에 충분하니, 말의 뜻을 아는 자가 드러난 것으로써 그 그윽함을 천명할 수 있다면 또한 다행일 것이다.

큰 종조부 종사랑 부군의 유사[伯從祖從仕郎府君遺事] 무신년(1728)

공의 휘는 시상時相이고, 자는 택경宅卿이며, 본관은 영일迎日인데, 그곳에 오천烏川이 있기 때문에 또한 오천이라고도 한다.

시조 고려 추밀원 지주사 휘 습명襲明은 인종仁宗과 의종毅宗 두 조정을 섬기며 직언하여 대신의 체모體貌가 있었으니, 사적이 『고려사』「열전」에 실려 있다. 그 뒤로 벼슬이 서로 이어져 고려 말까지 빈 세대가 없었다. 중간에 영천으로 옮겨 살았으나, 어느 대인지 자세하지 않다.

휘 임지林知가 있었으니, 지주사공의 6대손으로 관직이 판도 판서이다. 두 아들을 두었으니, 장남은 개성윤에 증직된 인수仁壽이고, 계남은 전공 판서 휘 인언仁彦이다. 개성공의 증손자가 사실 우리 포은圃隱 선생이며, 영천에서 태어났다. 전공 판서공 또한 영천에 살았으니, 영천으로 입향한 세대는 판도 판서공 이전일 것이다.

전공 판서공의 아들 휘 광후光厚는 조선에서 벼슬하여 공조 판서에 이르렀는데, 후손이 가장 번성하였다. 그 증손자 사성司成 종소從韶는 그 장인 대전大田 이보흠李甫欽을 선생으로 섬겼다. 급제한 그해 연이어 중시重試에 발탁되고 두 아우 또한 나란히 급제하였으니,

세상 사람들이 삼계방森桂坊이라 일컬었다. 사성공은 문장과 행검으로 한 세대를 압도하고, 이름난 벼슬을 두루 지냈다. 점필재佔畢齋 김 문간공金文簡公이 늘 선생이라고 일컬었다. 오늘날 『여지지輿地誌』와 『점필재집』에서 사적을 살펴볼 수 있다.

3대를 지나 휘 세아世雅에 이르러서는 약관의 나이로 진사시에 입격하였다. 임진년(1592) 왜란에 가장 먼저 창의의 깃발을 세워 영천과 경주를 수복한 공로가 있으나, 수공首功을 부끄러워하여 다른 장수에게 미루고 알리지 않았다. 체찰사 오리梧里 이 상공李相公이 훌륭하게 여겨 예를 갖추어 방문하고는 황산도 찰방에 천거하였으며, 훗날 병조 참판에 추증되니, 이분이 공의 증조부이다.

조부 휘 의번宜藩은 일찍이 생원시에 입격하였다. 참판공이 일으킨 의병을 따라 경주의 전투에 참여하여 참판공이 적군에게 갇힌 것을 보고 긴 칼을 휘두르며 말을 타고 달려들어 포위망을 뚫고는 결국 전사하였다. 참판공은 이에 힘입어 목숨을 보전하였다. 학봉鶴峯 김 문충공金文忠公이 충성과 효도를 다하였다고 조정에 아뢰어 특별히 호조 정랑戶曹正郞에 추증되었다.

아버지 휘 호례好禮는 청렴과 근신을 스스로 지키며, 남을 사랑하고 베풀기를 좋아하여 비록 자신에게 꼭 필요하여 빼놓을 수 없는 물건이더라도 객이 부러워하는 기색을 보이면 그때마다 내어주었으니, 사람들이 양 간의陽諫議[44]의 풍도에 견주었다. 일찍이 해남현감海南縣監이 되어서 힘을 다하여 백성을 보살폈으며, 돌아올 적에는 하찮은 물건이라도 가져오지 않았다. 어사 남구만南九萬[45] 공이 그 일을 조정에 아뢰어 특별히 군기시주부軍器寺主簿에 제수되었으나 끝내 나가지 않았다.

어머니 숙인淑人은 순천 박씨順天朴氏 부사과副司果 종우宗祐의 딸이자, 병자년(1456) 명신

---

44) 양 간의(陽諫議) : 당 덕종(唐德宗) 때의 문신(文臣) 양성(陽城)을 말한다. 그는 일찍이 은덕(隱德)이 있다는 평판을 받아서 덕종이 불러 간의대부(諫議大夫)에 임명하였다.(『新唐書』「陽城傳」)

45) 남구만(南九萬, 1629~1711) : 자는 운로(雲路), 호는 약천(藥泉), 본관은 의령(宜寧)이다. 1656년 문과에 급제, 정언·부제학·영의정 등을 지냈다. 1662년 영남의 어사가 되어 진휼 사업을 주관하였다. 시호는 문충(文忠)이고, 저서로는 『약천집』·『주역참동계주(周易參同契註)』 등이 있다.

팽년彭年의 7세손이다. 사과공은 서낙재徐樂齋에게 배웠는데, 문학文學과 행의行誼가 있어 사림이 공경하는 분이 되었다. 숙인 또한 곧고 차분하며, 여인의 범절이 있었다. 현감공에게 첩이 매우 많았으나 일찍이 말하는 중에 투기하는 기색이 없었으니, 이는 가정의 가르침이 바탕이 있어서이다. 3남 1녀를 낳으니, 공이 그 장남이다.

숭정崇禎 경오년(1630) 6월 21일 영천군 북쪽 자양리紫陽里 집에서 태어났다. 어려서부터 건장하여 호걸스러운 기상이 있었다. 어린 나이에 숙부 삼휴공三休公에게 수업하며 날마다 과정을 따라 부지런히 하고 감히 게을리하지 않았다. 이윽고 문리가 통하고 나서는 돌아와 부모님을 모시며 좌우에서 봉양하였다. 혼정신성昏定晨省[46]하는 여가에 중형과 함께 날마다 서실에서 문묵文墨으로 서로 절차탁마하였다.

문단으로 나가 노닐 적에는 몸을 예로써 단속하고 지론持論이 매우 엄격하여 소신 없는 태도를 한 적이 없었다. 더불어 사귀는 사람들이 모두 한 때의 문행文行을 갖춘 선비였으나, 남의 허물을 보면 그때마다 꾸짖으며 바로잡아 조금도 용서하지 않았다. 이 때문에 동료들이 두려워하였다.

비록 사람들을 따라 과거에 응시하였으나, 조급히 경쟁하는 습속에는 전혀 물들지 않았다. 이윽고 어머니 숙인淑人의 상을 당하고, 상복을 벗자마자 또 중형의 상을 당하였다. 이때부터 더욱 진취하는 일에 마음을 접었다. 현감공이 돌아가시자, 다시는 과장에 들어가지 않고 스스로 산수의 사이를 마음껏 노닐며 읊조림으로 소회를 풀었다.

사는 곳 선원仙源의 동쪽에 있는 하나의 언덕이 아래로는 맑은 강을 굽어보고 앞으로는 긴 숲을 안고 있어 경치가 퍽이나 절경이었다. 현감공이 일찍이 한 정자를 짓고 싶어 하였으나, 미처 이루지 못하였다. 공이 드디어 여러 칸의 정자를 얽어 짓고서 취승정聚勝亭이라 편액하였으니, 실은 무오년(1678)이었다.

정자가 겨우 완공되자 막내아우 호군공護軍公이 마침 관직을 버리고 돌아와서, 공이

---

46) 혼정신성(昏定晨省) : 어버이를 정성껏 모시는 것을 말한다. “저녁에는 잠자리를 보살펴 드리고 아침에는 문안 인사를 올린다.[冬溫而夏凊 昏定而晨省]”고 한 데서 유래한다.(『禮記』「曲禮上」)

날마다 함께 올라 굽어보며 거문고를 타고 시를 짓다가, 또 더러는 낚시하며 서로 즐겼다. 좋은 계절을 만나면 매번 종족들과 붕우들을 불러서 단란히 모여 놀고 즐기며, 또 술잔을 기울이고 시를 읊조리다가 서로 수창하니, 모인 시가 권축卷軸을 이루었다. 또 여러 자질들에게 번갈아가며 도산陶山의 가곡歌曲과 분강汾江의 어부사漁父詞이며 지산芝山의 만조가晩釣歌 등의 가사를 부르게 하여 그 흥취를 도왔다. 당시 사람들이 가리켜 선경의 아름다운 일이라고 하였다.

집안을 다스릴 적에 법도가 있고 자제를 가르칠 적에는 반드시 효경孝敬·근검勤儉으로 주를 삼았다. 더러 잘못이 있으면 엄격히 꾸짖으며 용서하는 기색이 없으니, 가정 안이 숙연하였다. 아랫사람들을 지도하여 농업과 잠업에 힘을 쏟도록 하였다. 제사를 받들 적에는 그 예의를 다하고 세금과 부역은 제때 처리하였다. 더욱이 빈객을 좋아해서 매번 정성을 다하여 넉넉히 대접하니, 타고 온 말이 대문 안에 가득하여 하루도 빈 적이 없었다.

선비들의 여망에 따라 번갈아 세 서원의 원장을 지내며 예법에 맞게 여러 학생들을 단속하고 때로는 학규를 그대로 따라 재실齋室에 머물면서 책을 읽도록 하니, 많은 선비들이 경복하였다. 대개 영남의 사풍士風이 매번 원장의 선임을 신중히 하였는데, 우리 영천이 더욱더 신중하여 재주와 식견이 넉넉하고 나이와 덕이 모두 높은 분이 아니면 참여할 수 없었다. 이 당시 고장의 부로父老들도 원장 선발에 참여한 분은 단지 서너 분이었다. 그러나 공이 원장이 된 것은 실로 중년 이전의 일이니, 사림에서 중망을 받음이 이와 같았다.

일찍이 아버지로 인하여 종사랑從仕郞에 보임되니, 부인 안동 권씨는 유인孺人이 되었다. 권씨는 대대로 경주의 명문이었다. 가정嘉靖 연간에 휘 덕린德麟이 있었는데, 회재晦齋 이선생의 문하에서 배워 명유가 되어 구봉龜峯이라 자호하였다. 불행하게도 일찍 생을 마치니, 벼슬이 병조 정랑에 그쳤다. 이분이 휘 사의士毅를 두었으니, 순릉 참봉順陵參奉이다. 이분이 휘 응생應生을 두니, 진사시에 입격하고 행의行誼가 있으며, 벼슬은 진천 현감鎭川縣監이다. 이분이 휘 기炁를 두니, 통사랑通仕郞으로 바로 유인의 아버지이며, 어머니는 월성 손씨 계천군雞川君 소昭의 5세손이다.

유인은 을축년(1625) 7월 6일에 태어났는데, 온순하고 차분하며 부덕이 크게 있었다. 을유년(1645)에 공에게 시집와서는 꾸짖는 소리가 닭이나 개에게도 미치지 않으니, 마을 사람들이 칭찬하였다. 임신년(1692) 여름에 공이 갑자기 병이 들어 차남 석붕碩朋의 집에서 조섭하였다. 유인이 공의 병이 더 깊어진다는 소식을 듣고 직접 가서 병간호하다가, 근심과 피로로 몸이 상하여 하룻밤에 갑자기 또 병이 들어 9월 4일에 편안히 생을 마치니, 향년 68세였다.

20일이 지나 공이 덕연우사德淵寓舍에서 생을 마치니, 향년 63세였다. 마침내 관을 모시고 돌아와 선원仙源의 본가에 빈소를 차렸는데, 빈소는 같이해도 영위는 달리하였다. 이해 11월 27일 임신에 영천군의 북쪽 기룡산騎龍山 사향巳向 터에 합폄하였다. 증조부 이하 3대의 유택이 그 뒤에 있고 고조부 및 5대조부의 유택이 그 앞에 있으며, 그 주변은 모두 종족들의 묘소이다.

2남 3녀를 두었다. 아들 장남 석명碩明은 사헌부 감찰司憲府監察이고 차남은 석붕碩朋이며, 딸 장녀는 급제 최항남崔亢南에게 시집갔고 차녀는 최립기崔立基에게 시집갔고 계녀는 박성시朴聖時에게 시집갔다.

석명은 3남 4녀를 두었다. 아들은 중록重祿·중학重學·중적重迪이며, 딸 장녀는 진사 조세복趙世復에게 시집갔고 차녀들은 신진표申震標·손명철孫命喆·남성민南聖民에게 각각 시집갔다. 석붕은 1남 3녀를 두었다. 아들은 중구重球이며, 딸은 송훈宋薰·이후석李垕錫·임치대任致大에게 각각 시집갔다. 내외 손자 증손이 남여 60여 인이다.

작은할아버지 종사랑 부군의 유사[叔祖從仕郎府君遺事]

공의 휘는 시교時僑이고, 자는 직경直卿이며, 선조는 영일현迎日縣에 나왔는데, 오천烏川이라는 강이 있기 때문에 또한 그렇게 부르기도 한다.

시조 휘 습명襲明은 고려의 인종仁宗과 의종毅宗 두 조정에서 벼슬하였다. 문장과 경술 및 곧은 절개를 지닌 훌륭한 인재로 세상에 드러났으며, 벼슬이 추밀원 지주사에 이르렀다.

사적이 역사에 실려 있다. 그 뒤 7대 동안 모두 과거에 급제하여 경상卿相의 반열에 올라서 성대히 고려의 명문이 되었으며, 중간에 실은 영천으로 옮겨 살았다.

휘 광후光厚가 그 공렬功烈을 이어서 조선에 벼슬하여 공조 판서가 되었다. 이로부터 공의 아버지 대에 이르기까지 대대로 벼슬하여 보첩에 끊임없이 기록되어 있다. 그 중 성균관 사성成均館司成 종소從韶가 가장 현달하여, 중시重試에 급제하고 이름난 벼슬을 두루 역임하였으며, 문망과 행실이 당세에 빛나니, 점필재佔畢齋 김 문간공金文簡公이 매번 선생이라고 불렀다. 이름이 『여지지輿地誌』에 실려 있으니, 공에게는 7대조이다.

증조부 휘 세아世雅는 약관의 나이로 진사시에 입격하였다. 임진년(1592) 왜란에 가장 먼저 의병을 창의하여 영천과 경주 두 성의 왜적을 크게 무찔러 강좌江左 한 지역을 회복하였으나, 전공을 자랑하는 것을 부끄럽게 여겨서 적장을 베었다는 보고 문서에 전공을 모두 다른 장수에게 넘기고 자신은 참여하지 않으니, 사람들이 등비각태주滕秘閣台州[47]가 전공을 넘긴 일에 견주었다. 오리梧里 이 상공李相公이 황산도 찰방에 천거하였다. 뒤에 병조 참판에 추증되었다.

조부 휘 의번宜藩은 일찍 생원시에 입격하였다. 참판공을 따라 경주의 전투에 참여하여 참판공이 적의 포위망에 빠진 것을 보고 말을 타고 달려들어 포위를 무너뜨렸다. 뜻밖에 적에게 사로잡혔으나 꾸짖으며 굽히지 않고 전사하였다. 조정에서 그 충성과 효성을 가상히 여겨 특별히 호조 정랑戶曹正郎에 추증하였다. 양대의 일이 다같이 『한강집寒岡集』에 대략 실려 있다.

아버지 휘 호례好禮는 몸가짐이 청렴하고 근신하여 재물을 가볍게 여기며 베풀기를 좋아하였다. 일찍이 해남 현감海南縣監이 되어 백성을 편안히 보살핌이 매우 지극하였으며, 하찮은 것이라도 가지는 법이 없어서 해남 사람들이 비를 세워 떠나도 생각하는

47) 등비각태주(滕秘閣台州) : 직비각(直祕閣)에 증직된 등응(滕膺)을 말한다. 자는 자근(子勤)이고, 오인(吳人)이다. 태주 호조(台州戶曹)를 맡아 방조(方腊)의 군대를 물리치고도 그 공은 자도(咨道)·경연(景淵) 등과 나누었다.(『吳郡名賢圖傳贊』)

마음을 담았다.

어머니는 순천 박씨 부사과副司果 휘 종우宗祐의 딸이자, 단종端宗 때의 명신 휘 팽년彭年의 7세손이다. 사과공은 서낙재徐樂齋에게 배워서 문장과 행검을 갖추어 사림의 장로가 되었다. 숙인淑人 또한 곧고 차분하며, 부인의 도를 깊이 얻었다. 숭정崇禎 을해년(1635) 7월 22일 선원리仙源里 집에서 공을 낳았다.

공은 용모가 빼어나고 피부가 깨끗하여 마치 부용芙蓉이 가을 물 속에서 솟아 있는 듯하였다. 천성 또한 총명하고 영민하여 남보다 뛰어났다. 선생에게 나아가 수업할 적에 번거롭게 가르치지 않았으나 날로 진전이 있었다. 조금 자라 문단에 들어서서는 일찍이 여러 훌륭한 벗들과 끊임없이 절차탁마하였다.

관례를 올리고 나서는 더욱 분발하여 조금도 게을리하지 않아, 늘 한 작은 방에 거처하며 경사經史를 두루 섭렵하였다. 시간을 아끼고 등잔불을 밝혀 부지런히 노력하며 해를 넘겼다. 달 밝은 밤의 맑고 고요한 풍경을 만날 때마다 뜰을 거닐며 고문古文을 외우는데, 소리가 낭랑하여 마치 옥 부딪치는 듯한 소리가 나니, 사방의 이웃들이 귀를 기울여 들었다.

이와 같이 한 지 수년이 못 되어 재화才華가 드러나고 문장文章이 빛이 났다. 시 공부를 더욱 깊이 하여 운격이 맑고 빼어났다. 여러 사람을 따라 향교에 들어가서 시험 볼 적마다 항상 높은 등수를 차지하였으며, 동료들이 왕왕 공의 시를 전하여 암송하기도 하였다.

몸가짐이 법도가 있어 스스로 단속하고 허튼 버릇을 전혀 배우지 않았다. 어버이를 섬길 적에 지성至誠이 있었다. 어머니 숙인淑人이 병으로 여러 해를 누워서 지냈는데, 아침저녁의 시탕侍湯을 감히 남에게 맡기지 않았으며, 병이 위독해지자 손가락을 베어서 피를 내어 입으로 흘려 넣어 약간의 차도는 보았으나 끝내 구하지 못하자, 가슴을 치며 뛰다가 혼절하고 또 소생하였다.

집상하며 너무 슬퍼하여 몸이 손상되니, 이로 인하여 병이 났다. 상복을 벗고 나서도 병은 오히려 깊어지고 낫지 않았다. 다음해 봄 현감공이 달성達城의 빈관賓館에 계셔서 공이 뵈러 갔다가, 갑자기 팔뚝에 종기가 나서 해안解顔의 처가에서 조리하던 중 병세가 점점 위독하여져서 끝내 일어나지 못하니, 바로 을사년(1665) 정월 30일이었다. 춘추 겨우 31세였다. 일찍이 아버지의 관직으로 인하여 종사랑에 보임되었다.

공은 뛰어난 자품과 빼어난 재주로 일찍부터 문방文房에 힘을 쏟아 문장으로 이름을 날려 한 시대의 친구들이 모두 현달만을 기약하였으나, 청년의 나이로 일찍 생을 마쳐서 끝내 그 온축한 바를 한 번 펼쳐보지 못하였다. 원근에서 공을 아는 사람들이 공의 죽음 소식을 듣고 모두 공을 위하여 눈물을 흘렸으며, 상여가 달성達城에서 돌아올 적에는 고장의 사대부 및 이웃 고을에서 와서 도와준 사람이 무려 수백 인이었다.

사우들이 대부분 제문을 지어서 곡하였으니, 그 제문 중에 "자질은 곤옥 중에서 빼어나고, 정신은 가을 물 같이 어렸네. 문단에서 시가 으뜸이고, 고장의 선사였네.[質挺崑玉 神凝秋水 騷壇詩伯 鄕邑善士]"라고 한 것이 있고, 또 "나에게 수명을 주었다면, 장차 큰일을 하였을 것인데, 하늘은 어찌하여, 이 지경에 이르게 하였는가?[假我以年 將大有爲 天之何爲 而至於斯]"라고 한 것도 있었으니, 이는 깊이 애석해해서이다.

이해 4월 13일 현감공이 영천군 북쪽 검단동檢丹洞 운주산雲住山 북향 터에 공을 장사지냈다.

부인 유인孺人 최씨는 본관이 경주이다. 증조부 휘 종옥宗沃은 만호이다. 조부 휘 계誡는 만경 현감萬頃縣監이다. 아버지 휘 동직東直은 성균 진사이다. 그 두 형과 함께 사마시에 입격하니, 세상 사람들이 최씨 삼난三難이라고 일컬었다. 어머니는 파평 윤씨坡平尹氏 기남起男의 딸이다. 갑술년(1634) 9월 13일에 태어났으며, 유인의 나이 열일곱에 공에게 시집와 3남 1녀를 낳았다.

공이 생을 마치는 날에 장남 석조碩祖는 나이 겨우 14세였고 차남 석호碩祜는 11세였고 차남 석정碩禎은 2세였으며, 딸은 16세였다. 신해년(1671) 3월 13일에 유인이 전염병에 전염되어 생을 마치니, 향년 38세였다. 석조는 막 혼인하였고 나머지는 아직 어렸다.

검단檢丹의 묘역이 좁기 때문에 부장하지 못하였다. 이해 가을 기룡산騎龍山의 오향에 터를 따로 잡아 장사를 지내면서 그 서쪽의 한 자리를 비워두었다가, 이듬해 11월 1일에 검단의 유택을 옮겨 봉분을 따로 지었는데, 북쪽으로 100여 걸음 뒤에 선영이 있다.

석조碩祖의 벼슬은 선전관宣傳官이고 석호碩祜와 석정碩禎은 차례로 아내를 맞이하였으며,

딸은 손시문孫是文에게 시집갔다.

석조는 2녀만 두고 후사가 없어서 석호의 차남 중선重善을 후사로 삼았다. 2녀는 손시옹孫是雍·권수權洙에게 각각 시집갔다. 석호는 3남 1녀를 두었다. 아들 장남은 중헌重憲이고 계남은 중옥重玉이며, 차남은 바로 석조의 후사이다. 딸은 성덕휘成德徽에게 시집갔다. 석정은 2남을 두었는데, 중운重運·중도重道이다. 내외의 손자와 증손이 남여 40여 인이다.

6대조고 장사랑 창릉 참봉 부군의 유사[六代祖考將仕郎昌陵參奉府君遺事]

공의 휘는 윤량允良이고, 자는 원좌元佐이며, 본관은 영일이다.

비조 고려 추밀원 지주사 휘 습명襲明은 곧은 도로 인종仁宗과 의종毅宗을 섬기다가 끝내 참소를 당하여 생을 마치니, 사적이 『고려사』「열전」에 실려 있다. 그 뒤로 더욱 번창하여 벼슬이 구슬을 꿰듯 서로 이어졌다.

6대를 내려와 판도 판서版圖判書인 휘 임林이 두 아들을 두었는데, 장남 인수仁壽는 바로 포은圃隱 선생의 증조부이고 차남 휘 인언仁彥은 벼슬이 전공 판서典工判書이다. 두 파가 영천에서 함께 살았으니, 이는 판도공부터 벌써 영천에서 살았다는 것이다.

전공典工의 아들 휘 광후光厚는 조선에 벼슬하여 공조 판서에 이르렀다. 그 손자 문예文裔는 시로 이름이 났고 영산 교도靈山敎導가 되었으니, 이분이 공의 고조부이다.

증조부 휘 종소從韶는 이조 좌랑이고, 문장과 절행으로 한 시대의 중망을 받아 박팽년朴彭年·성삼문成三問과 벗하였으며, 대전大田 이보흠李甫欽이 그 외조부이다. 단종 복위 운동이 실패하자, 마음 편히 물러나 나가기를 구하지 않았다. 점필재佔畢齋 김선생金先生이 항상 오천 정선생이라고 일컬었다. 조부 휘 이휘以揮는 장수도 찰방長水道察訪이다.

아버지 휘 차근次謹 선무랑宣務郎은 일찍 생을 마쳐서 드러나지 못하였고, 어머니는 성주 이씨星州李氏 장사랑將仕郎 배원培源의 딸이자, 경은耕隱 선생 맹전孟專의 증손녀이다. 공을 자양리紫陽里 노항촌魯巷村에서 낳았다.

공은 어려서부터 침착하고 기량이 있었으며, 남과 경쟁하지 않고 힘써 배우기를 게을리하지 않았으며, 말과 행동이 느긋하고 절도가 있었다. 약관의 나이에 퇴도退陶 이선생李先生을 예안禮安으로 찾아뵙고는 경전의 뜻을 익히고 질문하여 날마다 학문의 실마리를 들었다. 물러나 동문의 여러 명현들과 서로 강토講討하니, 이때부터 식견이 더욱 해박해졌다. 또 명산明山 김응생金應生[48] 공은 한 마을에 살고 사동沙洞 노수盧遂[49] 공은 같은 영천군에 살아서 모두 도의로써 서로 인정하고 끊임없이 절차탁마하였다.

천성이 지극히 효성스러워 두 어버이를 섬김에 그 효성을 다하니, 사람들이 딴말을 하지 못하였다. 선무랑이 생을 마치시자, 하도 슬퍼하여 목숨이 끊어지려고까지 하였다. 시신과 함께 입관入棺하는 물품과 관곽棺槨과 함께 배장陪葬하는 물품들을 반드시 예에 맞게 준비하여 부족함이 없도록 하였다. 장사지낼 적에는 일견봉日見峯 아래에 터를 잡아 광중을 파고 봉분을 만들 흙을 산처럼 쌓아 직접 체로 쳐서 돌이나 뿌리를 제거하였다.

마침 뛰어난 지관으로 알려진 승려 설학雪學이 지나가다가 보고는 그 제자들에게 낮은 소리로 "저 상주가 참으로 효자이나 잡은 터는 길지吉地가 아니니, 어찌겠느냐. 이 아래로 몇 리 내려가면 명혈名穴이 있는데 모르는구나."라고 하였다. 일하는 사람이 몰래 듣고 공에게 알리니, 공이 드디어 10여 리 좇아가 따라잡았다. 설학이 "옛말에 사물은 저마다 주인이 있다고 하였는데, 당신의 효성으로 어찌 이 산의 주인이 되지 못하겠습니까?"라고 하였다.

이어서 함께 돌아와 터를 잡아주면서 "당신의 후손 중에 반드시 훌륭한 군자가 많이 나올 것입니다."라고 하였다. 공이 집에 가 묵어가기를 굳이 청하였으나 설학이 허락하지 않고 옷자락을 날리며 뒷등을 따라 떠나가 버려서, 하인에게 뒤를 밟으라고 하였으나 끝내 간 곳을 알지 못하였다. 공이 드디어 날을 고쳐 잡아 장사를 지내니, 바로 기룡산騎龍山

---

48) 김응생(金應生, 1496~1555) : 자는 덕수(德秀), 호는 명산(明山), 본관은 경주이다. 1549년 생원시에 입격하였다. 임고서원(臨皐書院) 창건을 주도하였고, 후진 양성을 위하여 자양서당(紫陽書堂)을 건립하였다.

49) 노수(盧遂, ?~?) : 자는 여성(汝成), 호는 사동(沙洞), 본관은 광주(光州)이다. 1552년 진사시에 입격하였다. 임고서원을 창건을 주도하였고, 후진 양성을 위하여 자양서당을 건립하였다.

하천원夏泉原이다. 사람들은 독실한 효성이 감격시킨 것이라고 하였다.

공에게는 한 명의 아우 봉사奉事 휘 윤공允恭이 있었는데, 우애가 매우 독실하였다. 분가를 하려고 하면 공이 그때마다 슬퍼하며 "형제가 다른 집에 사는 것은 나의 뜻이 아니다. 그러나 네가 이미 분가하고 싶어 하니, 내 어떻게 막겠느냐?"라고 하고는, 기름진 밭과 건장한 하인을 가려주고 자신은 척박한 땅이나 허약한 하인을 취하였다. 이 때문에 봉사공은 부자로 일컬어졌다.

종족을 대할 적에는 반드시 돈목敦睦을 다하여 비록 먼 집안이더라도 가까운 친척과 같이 보살폈으며, 존항尊行을 섬기는 일에는 더욱 삼가고 예절을 갖추어 매우 공손하였다. 자제들에게도 이러한 관례를 어기지 않도록 경계하였으며, 만일 어기는 자가 있으면 반드시 엄히 꾸짖었다. 혹자가 "세상 사람들 눈에 놀랍게 보이지 않겠습니까?"라고 하니, 공이 "가법이란 처음에는 비록 엄격하나 끝내 반드시 해이해지니, 먼저 엄격하지 않음으로써 가르칠 수 있겠습니까?"라고 하였다.

외사촌 이수겸李守謙 공이 한 마을에 살다가 운명하였는데, 장사지낼 때를 넘기고도 터를 잡지 못하였다. 여러 상주들이 몹시 걱정하다가 공에게 하천夏泉의 한 기슭을 요청하였는데, 선무공의 유택과 겨우 십여 걸음 거리였다. 주변의 의논이 다 같이 어려워하였으나, 공이 "이성간에 묘터를 같이하는 것을 사람들이 더러 잘못이라고 하나, 이 사람은 바로 우리 어머니의 조카입니다. 우리 어머니께서 일찍이 아들같이 여기셨는데, 어찌 그 군색함을 앉아서 지켜보기만 하고 보살피지 않을 수 있겠습니까?"라고 하였다. 마침내 터를 내어주니, 향당鄕黨이 인척과 화목하게 지내려는 공의 의리에 탄복하였다.

더러 친척들 중에 서로 불화를 빚는 자가 있으면, 그때마다 서로 경계하여 "만약 노촌魯村의 어른이 듣는다면 부끄러워하시지 않겠는가?"라고 하였으니, 남에게 존중받음이 이와 같았다.

공이 명산明山 김공金公과 의논하기를 "예전에는 가家에 숙塾이 있었고 당黨에 서序가 있었습니다. 만약 한 서사書舍를 우리 마을 안에 마련하고 어린 자제들을 모아서 책을 읽도록 한다면 어찌 훈도薰陶하고 경동警動시키는 보탬이 없겠습니까?"라고 하니, 김공이 "또한 저의 뜻입니다."라고 하였다. 드디어 재물을 출연하고 힘을 모아 용계龍溪 가에서당을 건립하고, 부엌과 창고도 지어 음식을 제공할 준비를 하고는 자양서당紫陽書堂이라 이름 하였다. 이에 배우려는 선비들이 모두 즐거이 몰려들었다. 바로 조약을 엄격히 세워서 예양을 가르치고 강습을 시키니, 고인의 풍도가 크게 있었다.

영천군 우항촌愚巷村은 바로 포은圃隱 선생의 고향이어서 유허지에 효자비가 아직까지 완연히 남아 있다. 공이 백운동서원白雲洞書院이 풍기군豊基郡에 먼저 세워졌다는 소식을 듣고는, 사동沙洞 노공魯公·명산明山 김공金公과 모의하기를 "문충공文忠公께서는 실로 우리 동방의 부자이십니다. 조정에서 이미 안 문성安文成의 묘우를 허락하였는데, 만약 문충공의 서원을 세우지 않는다면 이는 우리들의 부끄러움입니다."라고 하니, 두 공이 "맞습니다."라고 하였다.

공이 드디어 예안으로 가서 이선생께 여쭈니, 이선생이 기뻐하며 도와주었다. 이에 우항의 가까운 곳 부래산浮來山의 수석이 아름다운 곳에 터를 잡았다. 집의 재물을 많이 출연하고 주장하여 일을 시작하니, 고장과 이웃의 선비들 및 여러 고을의 수령들 중에 돈과 곡식을 가지고 와서 도운 사람이 또한 많았다.

태학太學의 제도를 모방하여 묘우廟宇를 세우고 당재堂齋를 벌여 세우니, 여러 해를 지나 공사가 비로소 끝났다. 이선생이 명명한 현판을 걸고 많은 선비들을 모아 낙성식을 거행하였는데, 잔치가 너무 사치스러워 심지어 유밀과油蜜果를 쓰기까지 하였다. 이선생이 듣고 "서원 안의 모든 일은 모름지기 간약簡約을 따름이 바로 오래고 멀리하는 계책이 되는데, 정군鄭君이 어찌 저리 깊이 생각하지 않는가?"라고 하고, 조카 완完[50]에게 편지를 보내어 은밀히 충고하도록 하였으니, 이는 완이 당시 가까운 고을의 학관學官이었기 때문이다.

이윽고 조정에서 사액賜額과 반서頒書를 하고 전지를 하사하였다. 사방의 선비들이 책 상자를 지고 와서 유학하는 사람이 많아졌다. 서원의 학규學規는 모두 이선생이 정한

---

50) 이완(李完, 1512~1596) : 자는 자고(子固), 호는 기암(企菴), 본관이 진성(眞城)이다. 1540년 진사시에 입격하였다. 영천 교관(永川敎官)으로 재직할 때 임진란에 창의(倡義)하였다.

백운동서원의 학규를 법으로 삼았다. 조정에서 그 훌륭함을 듣고 유일遺逸로 천거하여 비로소 숙릉 참봉淑陵參奉에 제수되었다가 이윽고 창릉 참봉昌陵參奉에 제수되었으나, 모두 나가지 않았다.

늘 조용히 지내며 경사經史를 읽어 본성을 기르고 또 더러는 지팡이를 짚고 산수가 뛰어난 승경지를 소요하며 읊다가 날이 저물어서야 돌아왔다. 만약 좋은 계절을 만난다면 그때마다 친척과 친구들을 불러서 술잔을 들어 서로 권하며 흥겹게 즐겼다.

기룡산騎龍山 해좌亥坐 기향巳向의 터에 장사지내니, 바로 아버지 선무랑공宣務郎公의 유택에서 뒤로 6~7걸음 정도에 있다.

공은 두 번 장가들었다. 첫 번째 부인은 영천 최씨永川崔氏 봉사奉事 덕금德嶔의 딸이자, 사간司諫 원도元道[51]의 후손이다. 동쪽에 부장하여 유택이 떨어져 있다. 두 번째 부인도 영천 최씨로, 공의 유택에서 서쪽으로 십여 걸음쯤에 부장하였다.

공은 천품이 순후하고 기량이 광대하였다. 일찍 사문師門에 들어가 문학과 덕행의 가르침을 들었고, 깊이 없는 공부가 학자의 공통된 병통임을 근심하여 몸소 실천하는 일에 오로지 힘을 쏟았다. 오직 이륜彝倫을 도탑게 하고 예법을 지키는 일을 우선하니, 보는 사람들이 언제나 후덕한 어른이라고 칭송하였다.

현인을 높이고 선비를 좋아하는 자세는 지성至誠에서 나왔다. 사재를 출연하고 힘대로 경영하여 크고 작은 학사를 지어서 도를 높이고 학문을 익히는 자리로 삼았다. 외진 고장의 후진들을 모두 문교文敎가 숭상할 만하고 행검行檢이 귀하게 여길 만하다는 것을 알아 차츰차츰 보고 느끼며 흥기하도록 만드니, 풍화風化를 도운 것이 어떠하였겠는가? 금계錦溪 황준량黃俊良[52]은 퇴계 문하의 고제자이인데, 일찍이 "정군鄭君은 선을 즐기고 선비

51) 최원도(崔元道, ?~?) : 자는 사상(四常), 호는 천곡(泉谷), 본관은 영천이다. 목은 이색의 문인으로, 공민왕 때 대사간을 지냈다. 고려가 망하자 세상에 나가지 않고 구룡산(九龍山) 아래 천곡동(泉谷洞)에 은거하였다.

52) 황준량(黃俊良, 1517~1563) : 자는 중거(仲擧), 호는 금계(錦溪), 본관은 평해(平海)이다. 퇴계 이황의

를 사랑하여 은연중에 윤리를 두텁게 하고 풍속을 이룬 아름다움이 있다."라고 하였다.

공은 1남 휘 세아世雅만을 두었는데, 첫 번째 부인의 소생이다. 젊어서 진사시에 입격하고, 임진왜란에 의병을 일으켜 성을 수복하였으나 전공을 남에게 미루고 자처하지 않았다. 상신相臣이 천거하여 황산 찰방黃山察訪에 제수되었다. 뒤에 특별히 병조 판서에 추증되고 포상 받았다.

세아는 4남 2녀를 두었다. 장남 휘 의번宜藩은 생원으로 충효를 다하여 전투에서 전사하니 좌승지에 추증되었고, 차남 휘 여송汝頌은 일찍 생을 마쳤고, 차남 휘 안번安藩은 사과司果였고, 차남 휘 수번守藩은 부호군副護軍이며, 딸은 장운익張雲翼·양우형楊遇亨에게 각각 시집갔다.

의번은 후사가 없어 수번의 아들 호례好禮로 뒤를 이었는데, 현감이다. 안번은 2남 2녀를 두었다. 장남 호인好仁은 문과에 급제하여 목사를 지냈고, 차남은 호문好問이며, 딸은 조진효曺盡孝·조완曺椀에게 시집갔다. 수번은 3남 1녀를 두었다. 아들은 호의好義·호례好禮·호신好信이며, 딸은 이철견李鐵堅에게 시집갔다. 내외의 증손과 현손이 남녀 100여 인이다.

종형 송안 처사 오천 정공의 행장[宗兄松岸處士烏川鄭公行狀]

공의 휘는 중록重祿이고, 자는 도광道光인데 뒤에 언하彦遐로 고쳤으며, 본관은 오천烏川이다.

비조 휘 습명襲明 고려 추밀원 지주사는 의종을 보필하며 곧은 도로 섬기다가 순절하였는데, 사적이 『고려사』「열전」에 실려 있다. 그 뒤로 벼슬이 구슬 꿰듯이 이어졌다. 문충

문인으로, 1540년 문과에 급제, 성균 박사·단양 군수 등을 지냈다. 저서로는 『금계집』이 있다.

공文忠公 포은圃隱 선생이 동방 이학理學의 조종祖宗이 되면서 문호가 더욱 넓어졌다.

문충공의 종증조부 전공 판서 휘 인언仁彥이 형을 따라 영천에서 살았다. 이분이 휘 광후光厚를 두었으니, 조선에서 벼슬하여 공조 판서에 이르렀다. 3대를 내려와 휘 종소從韶는 중시重試에 급제하여 이조 좌랑이 되었으며, 문장과 절행으로 한 세대의 중망을 받았다. 점필재佔畢齋 김 문간공金文簡公이 정선생이라 불렀다.

또 3대를 내려와 휘 윤량允良 창릉 참봉은 퇴계 선생의 문하에 유학하였는데, 금계錦溪 황공黃公이 윤리를 두텁게 하고 풍속을 이룬다며 칭찬하였다. 이분이 휘 세아世雅를 두었으니, 일찍 진사시에 입격하였다. 임진왜란에 의병을 일으켰으나, 큰 공은 남에게 미루고 자처하지 않아 관직이 황산 찰방에 그쳤다. 뒤에 병조 판서에 추증되었다.

이분이 휘 의번宜藩 생원을 두었는데, 충효를 다하여 전투에서 전사하여 좌승지에 추증되었으니, 이분이 공의 고조부이다. 증조부 휘 호례好禮는 해남 현감이다. 효우와 근신으로 고장에서 드러났으며 청백이 조정에 알려졌다. 조부 휘 시상時相은 종사랑이다. 일찍이 시내를 굽어보는 곳에 정자를 짓고 손님과 친구를 맞이하여 시를 수창하며 즐겼다.

아버지 휘 석명碩明은 사헌부 감찰司憲府監察이며, 어머니 영인令人은 달성 서씨達城徐氏 처사 중후重後의 딸이자, 현감 손종로孫宗老[53]의 외손이다. 숙종肅宗 무오년(1678) 10월 15일 환귀리還歸里 선원촌仙源村의 친정에서 공을 낳았다.

공은 용모가 맑고 깨끗하며 자질이 따뜻하고 순수하여 상서로운 영지와 고운 난초가 깊은 골짜기에서 싹을 틔운 것과 같았다. 여덟 살에 비로소 글을 배우며 부지런히 가르침을 어기지 않으니, 종사랑공이 기특해하며 아꼈다.

종사랑공이 운명하자, 우리 아버지 처사 부군에게 『대학大學』을 배우며 장구章句에 침잠하여 대의大義를 통하였다. 읽기를 마치자, 우리 아버지께서 감찰공監察公에게 의논

53) 손종로(孫宗老, 1598~1636) : 자는 고경(考卿), 호는 낙선당(樂善堂), 본관은 경주이다. 무과에 급제하였다. 인조 때 선정관(宣傳官)·남포 현감(藍浦縣監) 등을 지냈다. 병자호란에 쌍령 전투에서 전사하여 훈련원 정(訓鍊院正)에 추증되었다.

하기를 "이 아이는 천품이 매우 뛰어나니, 사장詞章에 얽매인 선비로 만들 것이 아니라, 모름지기 당세의 훌륭한 사우師友에게 맡겨서 박학博學하고 다문多聞한 선비로 만들어야 합니다. 이제 맡길 만한 사람은 오직 개춘皆春[54] 형제일 것입니다."라고 하니, 감찰공이 고개를 끄덕였다.

공이 드디어 보현산 산중으로 찾아가 훈수塤叟·지수篪叟 두 선생을 뵈었는데, 당시 공의 나이 16세였다. 날마다 선생을 모시며 여러 경전을 받아 읽는데, 은미한 말이나 깊은 뜻은 반복 질문하여 반드시 이해가 통한 뒤에 그만두었다. 또 진퇴進退·어묵語默의 즈음에 언제나 법도를 따르니, 두 선생께서 매우 기뻐하며 너무나 아꼈다. 일찍이 남에게 "이렇게 좋은 자질은 민자건閔子騫·염구冉求의 무리에 상당히 가까우니, 만약 박문약례博文約禮[55]의 공부로 채운다면 그 진취를 어찌 헤아릴 수 있겠는가?"라고 하였다.

그렇게 수년간 각고의 노력을 하다가 병을 얻어 돌아왔다. 병이 낫자 항상 자주자주 왕래하며 의문 나는 것을 익혔다. 또 어버이의 명으로 사부詞賦를 두루 익혀 약관의 나이로 향시鄕試에 입격하여 명성이 문단에 퍼졌으나, 공은 오히려 달가워하지 않으며 매번 연습한 시권試券을 찢어버렸다.

비록 남을 따라 과거에 응시하였으나 조금도 득실에 마음을 두지 않았다. 만약 상복을 입거나 혹은 전염병이 도는 등의 사소한 구애가 있으면 그때마다 과거에 응시하지 않았다. 나이 40이 채 못 되어서 드디어 다시 과거에 마음을 접으니, 전후로 과장으로 들어간 것이 네댓 번에 불과하였다.

조용히 지내며 출입을 줄이고 단지 서사書史에만 마음을 쏟았다. 『소학』·『주자가례』를 더욱 탐독하여 깊이 체득하고 실천하며 혹시라도 어기는 법이 없었다. 늘 "이 두

---

54) 개춘(皆春) : 훈수(塤叟) 정만양(鄭萬陽, 1664~1730)의 자이다.

55) 박문약례(博文約禮) : 널리 학문을 닦고 이를 예로써 요약함을 말한다. "군자가 문에 대하여 널리 배우고 예로써 요약한다면 또한 도에 크게 어긋나지 않을 것이다.[君子博學於文 約之以禮 亦可以弗畔矣夫]"고 한 데서 유래한다.(『論語』「雍也」)

책은 몸을 다스리고 가정을 바르게 하는 도리에 가장 절실하니, 참으로 잘 실행하여 다한다면 허물을 줄일 수 있을 것이다."라고 하였다. 또 사서四書를 취하여 늘 음미하고 사색하며 손에서 놓지 않았다.

천성이 지극히 효성스러워 두 어버이를 섬길 적에 효성과 공경을 다하였다. 부드러운 목소리와 온화한 낯빛으로 언제나 마치 옥을 잡은 듯 가득찬 그릇을 받드는 듯[56]하며 반드시 양지養志·양체養體[57]를 다 같이 지극히 하였다. 감찰공이 벼슬살이로 서울에 있을 적에는 맛있는 음식을 한 가지 얻으면 언제나 인편을 찾아 올려 보낸 뒤에야 이에 감히 먹었으며, 감찰공이 관직에서 물러나자 밤낮으로 가까이서 모시며 한시라도 곁에서 떠나지 않았다.

임진년(1712)에 감찰공이 갑자기 병으로 자리에 눕자, 의원을 부르고 약을 맛보며 구완하여 보지 않는 일이 없었다. 이윽고 감찰공이 운명하자, 가슴을 치고 통곡하며 슬픔이 법도를 넘어서서 거의 혼절하였다가 바로 깨어났다. 빈소를 차리고 나서는 한 줌의 쌀만으로 멀건 죽을 끓여 먹으며 조석으로 곡을 하고, 전奠 및 상식上食에 반드시 몸소 참여하여 슬픔을 다하였다. 몸이 야위어 거의 버티기 어려울 지경이 되자, 어머니가 눈물로 타일렀으나 또한 바꾸지 않았다.

염습에서부터 장사와 제사에 이르기까지 모든 절차에 반드시 정성과 신중을 다하였다. 모든 할 수 있는 일이라면 재물이 없다하여 줄이거나 생략한 적이 없었다. 매번 밭을 팔아서 마련하며 "어떻게 자손을 위한 계책으로 나의 아버님께 검소히 할 수 있겠는가?"라고 하였다.

상복을 벗고 나서도 어린아이같이 사모하는 마음은 더욱 줄어들지 않았다. 더러 아버지

---

56) 옥을……듯: "효자는 마치 옥기를 손에 쥔 듯이 가득 찬 그릇을 받드는 듯이 하여 조심조심 경건하게 감당하지 못하는 것같이 하며 장차 잃어버릴 듯이 한다.[孝子如執玉如奉盈 洞洞屬屬然如弗勝 如將失之]"고 한 데서 유래한다.(『禮記』「祭義」)

57) 양지(養志)·양체(養體): 양지는 어버이를 마음 흡족하게 봉양함이고, 양체는 물질적으로 부모를 봉양하는 것을 말한다.(『孟子』「離婁上」)

를 언급하는 말이 있으면 그때마다 눈물을 글썽이며 감정을 진정시켰다. 아버지께서 병으로 누워 계실 적에 새우알젓을 먹고 싶어 하여 힘껏 구해도 얻지 못한 적이 있었는데, 그 뒤로는 새우알젓이 있어도 먹지 않았다.

어머니 봉양도 아버지를 봉양하던 예와 똑같이 하였다. 어머니가 늙어 기력이 쇠약해지자 마치 어린아이와 같이 보살폈으며, 비록 흉년이 들어 집안 식구들이 모두 굶주려 누렇게 떴으나 힘을 다하여 음식을 마련하며 혹시라도 빠뜨린 적이 없었다. 공이 평소 산증疝症이 있었는데, 무술년(1718)에 아들을 잃은 뒤로 점점 고질이 되어 늘 약탕기를 가까이 두고 지냈으나, 혼정신성昏定晨省은 또한 그만둔 적이 없었다.

경술년(1730)에 어머니가 갑자기 병이 들었는데, 당시 어머니의 연세 벌써 80세였다. 병의 증세가 점점 위독하여 숨이 실낱같아서 침·뜸과 탕제를 모두 쓸 수 없게 되자 공이 늘 가슴을 치며 울먹였다. 하루는 어머니의 숨이 막히자 공이 칼을 가져다 손가락을 베어서 피를 내어 입안으로 흘려 넣으니, 핏방울이 물 떨어지듯 뚝뚝 떨어졌다. 한참을 지나 어머니께서 바로 깨어나 미음을 조금 드시니, 마을 사람들이 경탄하며 효성에 감응해서라고 여겼다.

한 달 만에 어머니가 또 숨이 막히자, 공이 또 손가락을 베어 피를 내어서 흘려 넣었으나 끝내 효험이 없었다. 공이 가슴을 치고 뛰며 여위기를 아버지의 초상 때와 똑같이 하였다. 염습과 빈소이며 장사와 전奠에 또한 가산을 기울여 법식을 따랐다.

임자년(1732) 6월에 상복을 비로소 벗었으나 슬픔이 쌓인 나머지 얻은 묵은 병이 점점 위독해졌다. 10월 26일 신시申時에 정침에서 생을 마치니, 향년 겨우 55세였다. 부고가 나가자 향당의 사람들이 모두 안타까워서 눈물 흘리며 "현인이 세상을 떠났다."라고 하였다.

숨을 거두던 날에 숙부 통덕랑공이 임종하고 여러 자질들이 모두 모였다. 공이 "제 나이를 세어보면 요절이라고 할 수는 없으니, 또한 무어 한스럽겠습니까? 원컨대, 작은 아버지께서는 너무 슬퍼하지 마십시오."라고 하였다.

이어서 자질 중 한 사람에게 붓을 잡고 유명을 쓰도록 하여 아들 일탁一鐸에게 보내니, 대개 선대의 행장을 부탁하는 일과 면례緬禮[58]를 치루는 일 등이었다. 쓰기를 마치고 한 시각 지나 생을 마쳤다. 마음 편히 운명하는 것이 이와 같았으니, 공의 평소 수양한 힘이 이 수준에 이르렀음을 더욱 입증할 수 있다.

이해 12월 17일 영천군 북쪽 기룡산騎龍山 을향乙向 터에 장사지내니, 북쪽으로 수백여 걸음 거리에 선영이 있다.

부인은 무안 박씨務安朴氏 처사 기봉岐鳳의 딸이자, 사헌부 장령司憲府掌令 돈복敦復[59]의 증손녀이다. 너그럽고 유순하며 부인의 행실이 있었다. 공보다 4년 앞서 생을 마치니, 장사지낸 자리는 공의 유택에서 아래로 몇 걸음 거리이다.

3남 1녀를 두었다. 개鍇는 관례를 치르고는 일찍 생을 마쳤고 일규一珪와 일탁一鐸이다. 일규는 지수 선생의 후사가 되었다. 뵈러올 적마다 공이 매번 경계하기를 "소생부모는 가볍고 소후부모는 무겁다. 너는 효성과 공경을 극진히 하여 밤낮으로 명을 어기지 마라."라고 하며, 반드시 시키는 대로 돌아가 모시라고 재촉하였다. 딸은 김동응金東應에게 시집갔다. 일탁은 1남을 두었다. 일규는 2남 2녀를 두었다. 김응생은 1남을 두었는데, 모두 어리다.

공이 어버이를 섬김에 있어 생시에는 그 효성을 다하여 봉양하고 사후에는 그 예를 다하여 장사와 제사를 지냈다. 고장 사람들과 종족들이 열복하여 칭찬하며 한 사람도 딴말을 하지 않았으니, 비록 예전의 순수한 효심을 지닌 군자라도 더 나을 수는 없을 것이다.

이 때문에 이 마음을 미루어 일을 실행하며 성의를 다하지 않은 곳이 없었다. 서모庶母를 대접할 적에는 늘 더 존경하니, 어머니도 감동하여 보살펴주어서 공이 세상을 떠난 뒤에 서모가 매번 추억하며 눈물을 흘렸다. 제부諸父들을 섬길 적에는 공경과 근신으로 게을리하지 않아 병이 들면 언제나 직접 약물을 챙기니, 제부들이 참 도리에 맞는

---

58) 면례(緬禮) : 산소를 다른 곳으로 옮기는 일을 말한다.

59) 박돈복(朴敦復, 1584~1647) : 자는 무회(无悔), 호는 창주(滄洲), 본관은 무안(務安)이다. 1624년 문과에 급제, 병조 좌랑김해 부사·사헌부 장령 등을 지냈다. 저서로는 『창주집』이 있다.

다고 하였다.

아우 및 누이와는 그 즐거움을 함께 하였다. 무릇 얻은 것이 있으면 반드시 맛있는 음식은 먹지 않고 적은 것도 나누었다. 분가할 적에는 자신은 적게 가졌으나 두 아우에게는 많이 주었다. 또 추가로 기름진 전답을 나누어 홀로된 형수에게 보태어 주었다. 종족을 대할 적에는 화목을 지켜서 우환과 경사에 반드시 서로 보살펴주고 장단을 따지지 않았으니, 온 집안에 화기가 성대히 넘쳤다.

빈객은 현우賢愚와 귀천貴賤을 논하지 않고 반드시 기쁘게 맞아 넉넉히 대접하였으므로, 그 집에 찾아온 사람은 진한 술을 마신 듯이 모두 기뻐하며 돌아갈 생각을 하지 않았다. 한미한 어떤 사람이 유랑하다가 문밖에 찾아왔다. 공이 어렸을 적에 한 권의 역사책을 배운 적이 있었는데, 그 사람이 구걸하며 사방을 떠돌다가 나이는 들고 처자식이 없는 궁한 처지에 의지할 곳이 없어서 다시 공의 집을 찾아온 것이다. 공이 한 글자를 배운 은혜도 잊을 수 없다고 여겨서 머무르게 하고는 입히고 먹이기를 10년 동안 변함없이 하다가, 병이 나서 곧 죽게 되자 비로소 그 친족들에게 돌려보내니, 사람들이 모두 공이 아니면 할 수 없는 일이라고 하였다.

공의 집에 있는 암캐가 강아지를 낳고 서모의 집에 있는 개도 강아지를 낳은 적이 있었다. 얼마 지나지 않아 한 집의 암캐가 죽으니, 다른 한 집의 암캐가 두 집의 강아지에게 같이 젖을 먹여서 새끼들이 죽지 않을 수 있었다. 지수 선생이 듣고 기이해하며 "동소남董邵南[60]의 고사를 오늘날 또 보았구나."라고 하였다.

공은 평소에 온유溫柔하고 화이和易하였다. 일을 대할 적에도 여유롭고 자상하며 순서가 있어서, 거친 기운을 낯빛이나 말 속에 드러낸 적이 없었으나 만약 시비의 경계를

---

60) 동소남(董邵南) : 당나라 사람이다. 의리가 있고 효성이 지극하여 부모를 잘 봉양하였으나, 고을의 자사(刺史)가 추천해 주지 않아서 세상에 알려지지 못하고 어렵게 지냈다. 그의 효성에 가축들도 감화되어, 새끼 낳은 어미개가 먹이를 구하러 나간 사이에 닭이 그 강아지에게 먹이를 쪼아서 가져다주었다는 고사가 전한다.(『小學』「善行」)

나누는 자리를 만난다면 언제나 명백히 판단하여 조금의 모호함도 남겨두지 않았다. 청렴하고 개결하여 세상일을 끊고 깨끗한 빙옥氷玉과 같은 지조가 있었으며, 권세와 이익 보기를 마치 진흙같이 여겨서 재물 출연하기를 마치 초개같이 하였다. 이 때문에 이름은 드러나지 않고 가산은 더욱 줄어들어서, 왕왕 거친 음식마저 더러 잇지 못하였으나 또한 태연해하였다.

평소에 아름다운 산수를 좋아하여 경치가 빼어난 곳에 하나의 초옥을 얽어 일생을 마칠 계책으로 삼으려하였으나 어버이가 늙어서 감히 멀리 떠나지 못하였다. 사는 곳에 아름다운 계림溪林이 있어서 때때로 지팡이 짚고 소나무와 대나무 사이를 마음껏 노닐며 시를 읊으면서 유유자적하였다. 마침내 스스로 송안거사松岸居士라고 불렀으니, 이는 그 촌락의 토속 이름을 따라서 일컬은 것이다.

문장을 지을 적에는 평담平淡과 정실精實을 위주로 하여 구차히 어려운 말을 쓰지 않았다. 평소 회포를 푼 작품이 또한 적지 않았으나 짓고는 바로 버리고 다시 수록하지 않아서, 지금은 열두어 편만이 겨우 남아 있다.

아! 사람에게 이 본성이 없지 않으나 대부분 기품氣稟에 얽매이고 이욕利欲에 빠져서 진본眞本을 잃어버린 자가 넘쳐난다. 그 사이에 더러 자질이 아름답고 행동이 순후하여 그 양능良能을 잃어버리지 않을 수 있는 사람은 대개 천만 명 중에 한사람뿐이다. 그런데 배움을 알지 못한다면 발하는 바와 시행하는 바가 더러는 이치에 완전히 합하지 못하니, 좋은 자품이 어디에 있겠는가?

오직 공은 자품이 순수하고 아름다운 데다가 효의孝義의 가도에 물들고 또 도학이 있는 선생을 모실 수 있어서 일찍이 성리학의 요체를 듣고서 오로지 실천實踐과 역행力行으로 주를 삼았다. 그러므로 간절한 효성을 어버이 섬기는 즈음에 스스로 다하였으니, 이른바 백행의 근원이 대개 이미 그 물길 깊은 곳에서 솟아난 것이다. 이를테면 그 집안을 다스리거나 남을 대하는 방도도 자리 따라 적절하였으니, 대저 어느 것 하나 효孝 한 글자에서 미루어 나온 것이 아니겠는가? 공과 같은 분은 천품이 아름다울 뿐만 아니라 학문에서 얻음이 있다는 사실도 속일 수 없다. 아! 지금 세상에 공과 같은 분이 다시 있겠는가?

지난날 우리 훈수塤叟·지수篪叟 두 선생께서 일찍이 "언하彦遐는 당연히 후배들의 모범이 된다."라고 하였고, 우리 아버님께서도 "이 아이는 참으로 상고시대 사람의 인품을 갖추었다."라고 하였으니, 이는 참으로 꾸며서 한 말이 아니다.

운명하였을 적에 여러 사우들이 애도의 글을 지어 슬퍼하였으니, 이를테면 안국화安國華·손경언孫警彦·박천수朴天壽·정도중鄭道中과 같은 이들은 또한 모두 신중히 말하는 사람인데, 다음과 같은 말을 하였다. "훈수·지수 두 선생께서 떠나가신 뒤로 또 이 사람이 있었네.[塤篪去後 又斯人有]", "손가락을 벤 일은 응당 태사전에 알려야 하네.[刲指事 應輸太史傳]", "쇄락한 마음 한 점의 티끌도 없었네.[灑落靈臺無點埃]", "마음이 고결하여 좋은 옥과 같았네.[胸襟皎潔如良玉]" 이를 살펴보면 또한 공의 훌륭함을 알 수 있다.

가령 공이 성주盛周의 시대에 태어났다면 육덕六德과 육행六行[61]의 선발에 반드시 맨 먼저 발탁되어서, 효도는 군주 섬김에 옮길 수 있고 자애는 중인衆人 다스림에 옮길 수 있었을 것이나, 안타깝게도 후세에는 이러한 법이 없어서 끝내 초가집에 묻히게 하였고, 또 기수氣數에 매인 바 되어서 장수를 누리어 그 지업志業을 이루지도 못하였다. 하늘이 선인에게 보답한다는 이치가 무엇인가?

중기重器는 공과 재종형제 간인 데다가 집을 이웃하여 함께 산 지 거의 또 40년이었다. 아버지께서 한가로이 지낼 적에 공이 일찍이 조용히 강습하고 질문하였으며, 선생의 문하에 출입하고 나서는 공이 학문의 길잡이가 되었다. 중기는 공의 아름다운 행실을 익히 보아서 배우기를 원하였으나 그러지 못하였다.

애모愛慕의 정이 동기나 다름없었는데, 존몰의 아픔이 어느덧 6~7년이 흘러갔다. 이제 오늘날의 감회와 지난날의 추억으로 어찌 눈물을 흘리지 않겠는가? 지금 고자孤子 일탁一鐸이 유사遺事가 사라질 것을 염려하여 나에게 행장을 부탁하였다. 내가 글재주 없다고 감히 사양할 수 없어서 줄거리를 대략 서술하여 병필가秉筆家의 고찰에 대비한다.

---

61) 육덕(六德)과 육행(六行) : 육덕은 여섯 항목의 도덕규범으로 지(知)·인(仁)·성(聖)·의(義)·충(忠)·화(和)를 가리키고, 육행은 여섯 가지 선행으로 효(孝)·우(友)·목(睦)·인(婣)·임(任)·휼(恤)을 가리킨다.(『周禮』「地官·大司徒」)

승의랑 오천 정공의 유사[承議郞烏川鄭公遺事]

공의 휘는 호의好義이고, 자는 자방子方이며, 본관은 영일迎日이다. 그 지방에 오천烏川이 있기 때문에 또한 오천이라고도 한다.

고려 추밀원 지주사 휘 습명襲明이 시조이다. 문장과 경술이 있었으나 곧은 도로써 시대에 용납 받지 못하였다. 사적이 국사에 실려 있다. 7대를 내려와 휘 인언仁彦 전공 판서가 있었는데, 영천에 처음 살았으며, 포은 선생의 종증조부이다. 이분이 휘 광후光厚를 두니, 조선의 공조 판서이다. 그 증손자 종소從韶 이조 좌랑은 단종端宗이 손위한 뒤 물러나 나가기를 추구하지 않았다. 시조에서 여기까지 12대 동안 모두 과거에 급제하였다.

또 3대를 내려와 휘 윤량允良 창릉 참봉에 이르러 퇴계 문하에 유학하여 행의行誼가 있었으니, 바로 공의 증조부이다. 조부 휘 세아世雅 진사는 임진년 왜란에 의병을 일으켜 큰 공을 세우고도 자처하지 않아서, 황산 찰방에 천거되었다. 뒤에 병조 판서에 추증되었다.

아버지 휘 수번守藩은 내금위장이며, 어머니는 창녕 조씨 생원 희익希益의 딸이자, 지산芝山 선생 휘 好益의 조카이다. 만력萬曆 임진년(1592) 정월 1일에 영천군 북쪽 명산리鳴山里의 집에서 공을 낳았다.

공은 체구가 건장하고 재기가 뛰어났다. 일곱 살에 어머니의 상을 당하였고, 내금위공은 또 사방을 다니며 벼슬을 하였다. 그래서 판서공이 만년에 자호紫湖의 별장에서 나와 내금위공의 집에 머물면서 지극 정성으로 보살펴 키웠다. 같은 마을의 서강西岡 전삼성全三省에게 글을 배우라고 명하였으니, 서강공은 문장으로 당세에 이름난 사람이었다.

공이 매일 새벽에 일어나 문밖에서 문안 인사를 드리고 선생의 가르침만을 따라 밤낮없이 부지런히 글을 읽었다. 성동이 되자 문장이 훌륭해져 여러 학생들 중에 가장 뛰어났다. 서강공이 깊이 아끼며 "내가 알고 있는 후생이 많으나 총명하고 민첩하여 숙성하기로는 이 아이만한 아이가 없었다."라고 하고는, 드디어 딸을 아내로 삼아 주었다.

겨우 약관의 나이에 내금위공의 상을 치르며 예를 다하여 집상하였다. 상복을 벗고서는 아버지의 유지遺志를 따라 문학에 더욱 힘을 쏟아서 여러 경전을 반복하여 읽고 제자백가에 두루 통하였다. 식견이 해박해지고 고금을 두두 통하여 문장을 지을 적에 구상을 거치지 않고 붓을 잡고 바로 지어도, 마치 물이 솟아나고 바람이 일어나는 듯하였다.

과거에 필요한 공부도 하였으니, 부표賦表·의의疑義·논책論策과 같은 문장도 푹 익히지 않은 것이 없었다. 과장에 출입한 지 20년 동안 크고 작은 향시鄕試 및 한성시漢城試에 입격한 것이 무려 열여덟 번이었으나 남성시南省試에는 모두 떨어졌으며, 정시庭試에 응시 자격을 얻은 것이 또한 한 번이었다. 비록 뜻을 이루지 못하여 불우하였으나 조금의 서운한 마음이 없이 "명이 있으니, 구차히 할 수 없다."라고 하였다.

중년 이후로는 드디어 과거에 마음을 접고 자취를 감추었다. 맑고 깨끗한 앞 시내의 물결을 사랑하여 늘 낚싯대를 잡고 관란觀瀾[62]하였다. 그 시내를 명계明溪라 이름하고는 이어서 자호自號하였다. 또 집 주변의 조용하고 후미진 곳에 연못을 파고 연꽃 여러 촉을 심고는 작은 정자를 지어 굽어보았다. '정정정亭亭亭'이라 현판을 거니, 이는 연꽃이 꼿꼿이 드러난 모습에서 취해서이다.

날마다 정자에 머무르며 서책을 펴서 읽어 반복하고 침잠하니, 절로 얻는 바가 퍽 많았다. 더러는 술을 마시고 시를 읊조렸으며, 더러는 꽃을 심고 약초를 가꾸었으며, 또 더러는 친구들과 함께 산수의 사이를 유람하였다.

생업의 경우라면 입으로 전혀 말하지 않았다. 이 때문에 집이 가난해져서 심지어는 명아주 국마저 더러 잇지 못하였으나 또한 걱정하지 않았다. 천성이 본래 엄격하고 강직하여 몸가짐을 예로써 하였다. 집안 다스림에는 더욱 법도가 있었으니, 여러 자제들이 날마다 닭이 울면 세수한 뒤 의관을 갖추고서 문안 인사를 드리고는 종일토록 곁에서 모시며 함부로 쳐다보지 못하였다.

남을 대할 적에는 언제나 이야기가 정성스럽고 고루하니, 활달하여 한계를 두지 않았다. 남의 급하고 딱한 경우를 보고는 보살피기를 마치 부족한 듯이 하였다. 낙동강을 따라 내려오다가 날이 저물어 시골 주막에 머문 적이 있었다. 당시 찬바람이 매우 매서웠

---

62) 관란(觀瀾) : 도의 근본을 탐구하는 자세를 말한다. "물을 보는 데에 방법이 있으니, 반드시 여울물을 살펴보아야 한다.[觀水有術 必觀其瀾]"고 한 데서 유래한다.(『孟子』「盡心上」)

는데, 밤이 깊은 뒤에 갑자기 시끌벅적한 소리가 문 밖에서 들려와 급히 사람을 시켜 물어보니, 바로 영남 유생이었다. 잘 알지 못하는 사람이었으나 옷이 얇아 몸이 얼어서 가물가물 죽어가고 있었다.

공이 주막 안으로 맞아들여 직접 치료하고 또 옷을 벗어 입혀주고는 수일 동안 간호한 뒤에 떠나보냈다. 그 사람이 이윽고 병이 낫자 공에게서 받은 옷을 돌려주니, 공이 되돌리며 "내 자네가 추위에 떠는 것을 딱하게 여겨서 주었는데, 어떻게 돌려받겠는가?" 라고 하였다. 동행하던 여러 벗들이 모두 탄복하였다. 그 집안과는 또 대대로 친분을 닦았다.

강개하며 기절이 있어 세상의 지위脂韋[63]하는 모습이 없었다. 큰 시비 거리를 만날 적마다 공정성을 굳게 지키며 강직하게 아첨하지 않아서, 늠름히 천만인이라도 내가 간다[64]는 의지가 있었다.

몸은 비록 초야에 있었으나 나라를 그리는 정성은 간절하였다. 갑자년(1624)에 역적 이괄李适의 난리가 일어나자, 시를 지어 소회를 밝혔다. 병자년(1636)에 청나라 군대가 서울을 침범하였다는 소식을 듣고는 서쪽을 바라보며 통곡하였다. 또 여러 편의 시를 지었는데, "군주 생각에 눈물이 수건을 적시네.[思君淚霑巾]"라는 구절이 있다.

영남 사대부들이 의병을 일으킬 적에는 사촌형 좌랑공佐郎公 호인好仁과 함께 사우들을 모집하여 창을 잡고 국난에 참여하였다. 막 조령을 넘었는데 화의가 벌써 이루어졌다는 소식을 듣고는 드디어 군대를 해산하고 돌아왔으나 울분을 스스로 이기지 못하여 바로 「송사를 읽고[讀宋史]」 시를 지었다.

---

63) 지위(脂韋) : 미끈미끈한 기름과 무두질한 가죽처럼 유약한 물건을 말한다. 보통 구차하게 영합하며 아첨하는 세상 사람들을 비유하는 말로 쓰인다.(『楚辭』「卜居」)

64) 천만인이라도 내가 간다 : 진정한 용기를 말한다. 증자(曾子)가 자양(子襄)에게 "스스로 돌이켜 정직하지 못하면 비록 갈관박이라도 내가 두려워하지 않겠는가? 스스로 돌이켜 정직하면 비록 천만인이라도 내가 갈 것이다.[自反而不縮 雖褐寬博 吾不惴焉 自反而縮 雖千萬人 吾往矣]"고 한 데서 유래한다.(『孟子』「公孫丑下」)

필마 타고 남쪽 온 뒤 왕업이 기울어 一馬南來王業偏
만승의 군주가 견양 앞에 무릎 꿇었네 萬乘屈膝犬羊前
호공[65]의 충분 남겨진 시에 있으니 胡公忠憤遺詩在
의기 당당하여 늠름하기가 눈과 같네 義氣堂堂凜雪天

이때부터 강개한 말을 매번 평소의 읊조림에서 쏟아내니, 그 의리와 용기의 격렬함이 이와 같은 데가 있었다.

나이 겨우 30에 임고서원臨皐書院의 원장이 되었다. 초하루마다 여러 유생들을 모아 강의하고, 더러 예를 거스르거나 의리를 훼손하는 사람이 있으면 그때마다 준엄히 나무라며 조금도 용서하지 않았다. 이 때문에 고장의 사람들이 경복하여 감히 악행을 자행하지 않았다.

무릇 유림의 큰 의논이 있으면 반드시 공에게 물어본 뒤 시행하였다. 고을의 수재秀才들 중에 학업을 묻고 의문을 질정 받는 자의 발길이 문에 이어졌다. 당시 재상이 공의 재주와 품행을 아까워하며 천거할 만한 점이 많다고 여겼으나 공이 평소 권귀權貴와 서로 사귀는 것을 부끄러워하였다. 서울에 들어갔을 적에는 더러 만나보기를 원하는 사람이 있으면 그때마다 사절하고 가지 않았다. 이 때문에 힘써 끌어주는 사람이 없었으니, 끝내 쓰이지 못하였다. 일찍이 아버지의 벼슬로 승의랑承議郎에 보임되었다.

을미년(1655) 4월 10일에 병으로 정침에서 생을 마치니, 향년 54세였다. 이해 9월 3일 기룡산騎龍山 사좌巳坐의 터에 장사지내니, 아버지 유택의 아래이다.

아! 공은 강의剛毅한 자품과 정직正直한 기질이며 넉넉한 문장과 해박한 식견으로 과거에 종사하였으니, 만약 공이 뜻대로 급제하여 대성臺省[66]에 자리하였다면 반드시 곧은

---

65) 호공(胡公) : 송나라 충신 호전(胡銓, 1102~1180)을 말한다. 자는 방형(邦衡), 호는 담암(澹庵)이다. 고종(高宗) 때 금(金)나라의 침입을 당하여 진회(秦檜)가 화친을 주장하자, 상소하여 진회를 벨 것을 청하는 등 시종 척화(斥和)를 주장하여 금나라 군사를 물리치려 하였다. 시호는 충간(忠簡)이다.(『宋史』「胡銓列傳」)

말을 하고 끝까지 간쟁하는 선비가 되었을 것이다. 한나라와 송나라의 급암汲黯[67]과 당개唐介[68]처럼 기어이 충절을 독점하지 못하여 오직 좋은 시대가 가고 운명이 곤궁해져서 일찍이 재주를 팔 수 없었다.

나이가 들어서는 또 젊은이들과 언쟁하는 것을 부끄러워하여 오두막집에서 궁핍한 생활을 하였으나 후회하지 않았으니, 그 품격의 고결함을 어찌 머리가 희어서도 다투기 좋아하는 자와 더불어 같은 날에 말할 수 있겠는가? 더구나 그 곧은 몸가짐과 바른 지론이 한 고장의 모범이 되어 무너진 풍속을 격려하기에 충분하였음에랴. 비록 남에게 은혜를 베풀었다고 하더라도 또한 지나친 말은 아닐 것이다.

안타깝다! 당시 전형을 맡은 자가 공도를 넓혀 은자를 등용하지 않아서 그 재주를 조금이라도 시험해보지 못하게 하였으니, 하늘이 공에게 남다른 자품을 부여한 것은 또 무슨 의도인가? 참으로 하늘은 기필할 수 없구나. 공의 저술이 대부분 흩어져서 수습되지 못하여, 단지 시와 문 약간 편이 집에 보관되어 있다.

의인 전씨宜人全氏는 본관이 용궁龍宮이며, 아버지는 바로 서강공西岡公이다. 조부 몽룡夢龍[69]은 이조 참판에 증직되었다. 증조부 희상希祥[70]은 형조 참의에 증직되었다. 장지는 공의 유택에서 남쪽으로 40걸음 쯤에 있다.

---

66) 대성(臺省) : 중국의 어사대(御史臺)와 상서성(尚書省)을 말한다. 조선에서는 주로 사헌부와 사간원을 말한다.

67) 급암(汲黯) : 자는 장유(長孺)이고 복양(濮陽) 사람이다. 한 무제(漢武帝)의 직신(直臣)으로 황제를 면전에서 사정없이 공박하였으므로 무제가 그를 피하였으나, 옛날의 사직지신(社稷之臣)에 가깝다고 칭찬하였다고 전해진다.(『史記』「汲黯傳」)

68) 당개(唐介, 1010~1069) : 송나라 인종(仁宗) 때의 명신이다. 자는 자방(子方)이며 강릉(江陵) 출신이다. 전중시어사(殿中侍御史)로서 임금에게 극간(極諫)하고 부정한 관원들을 탄핵했던 직신이었다.(『宋史』「唐介列傳」)

69) 전몽룡(全夢龍, 1541~1602) : 자는 운경(慶雲) 호는 우당(愚堂), 본관은 용궁(龍宮)이다. 아들 삼달(三達)이 병마절도사가 되어 이조 참판에 추증되었다.

70) 전희상(全希祥, 1521~1585) : 본관은 용궁(龍宮)이다. 손자 삼달(三達)이 병마절도사가 되어 형조 참의에 추증되었다.

5남 1녀를 두었다. 아들은 시흠時欽·시해時楷·시영時永·시형時炯·시원時垣이며, 딸은 손현孫鉉에게 시집갔다.

시흠은 1남 3녀를 두었다. 아들은 석종碩宗이며, 딸은 김세탁金世鐸·전오익全五益·김응휘金應輝에게 각각 시집갔다. 시해는 2남 2녀를 두었다. 아들은 석부碩膚·석복碩馥이며, 딸은 신방윤申邦允·이상화李相華에게 각각 시집갔다. 시영은 2남 4녀를 두었다. 아들은 석로碩老·석문碩文이며, 딸은 조개趙啓·조전趙峑·권륙權稑·서진徐津·남창군南昌君에게 각각 시집갔다. 시형은 아들이 없어 석문을 후사로 삼았다. 시원은 1남 1녀를 두었다. 아들은 석민碩敏이며, 딸은 권경억權慶億에게 시집갔다. 내외의 증손과 현손이 남여 100여인이다.

공의 손자 석복碩馥 등이 비석을 세워 묘도를 드러내려하면서 중기重器에게 언행을 기록하라고 하였다. 중기가 사양해도 되지 않아 삼가 가정에서 들은 줄거리를 대략 이와 같이 서술하여 병필가秉筆家의 재단을 기다린다.

통훈대부 행 병조 정랑 구봉 선생 권공의 행장[通訓大夫行兵曹正郎龜峯先生權公行狀] 갑술년(1754)

본관은 경상도 안동부安東府이다.

증조부 효충孝忠은 사직司直이다.

조부 명추命錘는 봉직랑奉直郎 상의원 직장尙衣院直長이다.

아버지 계중繼中은 봉직랑奉直郎 군자감 첨정軍資監僉正이며, 어머니 공인恭人은 양성 이씨陽城李氏 유학 교도儒學敎導 세주世柱의 딸이다.

선생의 휘는 덕린德麟이고, 자는 군서君瑞이며, 성은 권씨權氏이다.

비조 휘 행幸은 안동에서 일어나 고려 태조를 추대하여 사성賜姓되고 태사太師에 임명되었다. 그 뒤에 휘 지정至正이 있었는데, 벼슬이 좌윤佐尹에 이르렀다. 이로부터 대대로 벼슬하였다. 조선에 들어와서 휘 진軫이 있었는데, 세종世宗 때 좌의정이며 시호는 문경文景이다. 공의 형제가 모두 크게 드러났다. 막내 초軺는 문과에 급제하여 시정寺正을 지냈고 용궁龍宮으로 이주하였다. 그 손자 수해壽海 사정司正이 다시 영일로 이주하였으니, 바로 선생의 고조부이다. 증조부 사직공司直公이 또 경주로 이주하여 그 길로 경주에 살았다.

가정嘉靖 기축년(1529)에 선생은 경주부 북쪽 안강현安康縣에서 태어났는데, 천품이 영특하고 재주가 명민하였다. 첨정공이 일찍 세상을 떠나서 엄한 가르침을 받을 곳이 없자, 어머니께서 "과부의 아들을 사람들이 반드시 무시하는 것은 가르침을 받은 곳이 없기 때문이다."라고 근심하였다. 드디어 바깥 선생에게 나아가 수업하도록 하고는 자정慈情에 끌려 과독課讀[71]을 느슨히 하지 않았다. 한 어린 종에게 밤낮으로 그 곁을 지키도록 하고는, 만약 외운 것이 더러 시험에서 틀리면 그때마다 종의 종아리를 때려서 타이르니, 이 때문에 더욱 부끄러워하고 두려워하며 스스로 힘을 쏟았다.

8~9세에 문의를 통하고 문장을 지었다. 조금 자라서는 회재晦齋 이선생李先生의 문하에 나아가 폐백을 가지고 배우기를 청하니, 이선생이 그 영특함을 아껴서 허락하였다. 차례대로 경서를 배우며 선생에게 강학하고 질문하는 즈음에 가르침 밖의 뜻을 미루어 잘 알아내니, 이선생이 머리를 끄덕이며 "이 아이는 사람을 일깨워주는 점이 많으니, 함께 강학하면 매우 유익할 것이다."라고 하고는, 그 숙부의 딸로 아내를 삼아주었다.

선생의 효우는 천품에서 우러나왔다. 어머니를 봉양할 적에는 그 정성을 다하여 날마다 반드시 혼정신성昏定晨省과 양지養志·양체養體에 극진히 하지 않음이 없었다. 아우 첨정공僉正公 덕란德鸞과 화락하게 함께 즐기니, 사람들이 딴말을 하지 않았다. 이는 또한 학문의 힘에 도움을 받아서이다.

정미년(1547) 가을에 이선생이 소인배들의 모함을 받아 멀리 관서關西로 유배가게 되

---

71) 과독(課讀): 과정을 정하여 책을 읽는 것을 말한다.

었는데, 선생은 부모님이 늙었기 때문에 따라가 모시지 못하였다. 스스로 아직 학업을 마치지 못한 것을 매우 한스러워하며 더욱 분발하여 날마다 예전에 배웠던 것을 익혔다. 안강현 양월리楊月里 구성龜城에 터를 잡아 살며, 그 아래에 조그마한 서재를 짓고서 구봉서사龜峯書舍라고 편액하였다. 문을 닫고 고요히 거처하며 날마다 역사서와 제자백가서를 섭렵하고 부지런히 익히기를 조금도 게을리하지 않았으며, 과거에 필요한 글도 두루 익혀서 못하는 것이 없었다.

계축년(1553)에 소과 시험과 정시 대책에서 모두 장원을 차지하였는데, 나이 겨우 25세였다. 화려한 명성이 더욱 크게 퍼졌으나, 당시는 조정에 가득한 간사한 무리들이 훌륭한 사람을 시기하여 내쳐서 교서관校書館에 보임補任되었다. 이해 겨울 이선생의 부음을 듣고 중도에서 운구 행렬을 맞이하였다.

병진년(1556)에 성균관 전적成均館典籍으로 승진하였다가, 정사년(1557)에 예조 정랑禮曹正郞으로 옮겼다. 무오년(1558)에 병조兵曹로 옮겼다. 경신년(1560)에 회덕 현감懷德縣監으로 나갔다가, 임기가 차서 체직되었다. 병인년(1566)에 하동 현감河東縣監에 제수되었다.

이 당시 조정의 의논이 조금 평온해져서 훌륭한 사람의 벼슬길이 점점 열렸다. 선생의 문장과 덕행을 흠모하여 바야흐로 사간원의 물망에 올랐으나, 선생은 부모님의 봉양에 편리하기 위하여 매번 외직에 보임되기를 구하여 작은 고을에서 전전하니, 공의公議가 애석해하였다. 그러나 정사를 베풀며 반드시 자신에게는 검소하고 백성에게는 은혜로웠으니, 부임지마다 명성과 공적이 있었다.

경오년(1570)에 영천 군수永川郡守에 제수되어 집과 가깝다는 이유로 두어 달 만에 벼슬을 그만두고 고향으로 돌아왔다. 신미년(1571)에 고장의 동지들과 안강 현청縣廳에 모여 옥산玉山에 서원을 건립하자는 의논을 정하였다. 이는 이선생이 신원된 뒤로 오랜 기간 제향의 의논이 있었으나 사화를 겪은 나머지 사기士氣가 꺾여서 머뭇거리며 감히 발의하지 못하던 것을 선생이 홀로 개연히 선창을 하니, 사람들이 도학을 높이려는 정성에 감복해서이다.

임신년(1572)에 합천 군수陜川郡守에 제수되어서는 청렴한 신조를 더욱 가다듬어 늘 녹봉 이외에는 조금도 취하는 것이 없었다. 위엄으로 아전을 다스려 간사한 행위를 귀신같이 밝혀내었다. 백성을 다스림에 있어서는 보살핌과 사랑을 다하는 마음으로 그들을 위하여 이득을 일으키고 폐단을 제거하였다. 토지 점검이 공정하지 않고 세금 부과가 공평하지 않음을 걱정하여 상정소詳定所를 설치해서 허실을 살펴 공평하게 처리하였다. 번거롭고 무거운 용조庸調[72]를 또 대부분 덜어주어서 제때에 농사지을 수 있도록 하였다.

선비를 가르침에 있어서는 학교를 중수하고 재사才士를 기르되, 경전으로 가르치고 예양으로 인도하여 함양하고 진작시켜서 비루한 풍습을 한 번 바꾸었다. 부임한 지 겨우 한 해만에 합천군 사람들이 흡족해하며 부모를 모시듯이 추대하니, 옛날 순리循吏의 풍도가 퍽이나 있었다. 가을에 무선武選을 맡았는데, 과거를 보는 사람들이 시험장을 어지럽혀서 파면되어 돌아오니, 아녀자나 아이들마저도 모두 의기를 잃고 서로 위로하기를 "우리들은 젖줄을 잃었다."라고 하였다.

합천 군수로 부임한 첫해에 아우 및 형수가 집에서 연이어 세상을 버리자, 선생이 월급을 덜어 장사의 비용을 도우면서도 오히려 관아 창고의 재물을 함부로 허비하지 않았다. 조카에게 편지를 보내 "상제喪祭는 집안 살림의 유무에 맞도록 하는 것이 예이다. 단지 힘닿는 대로 치러야지, 겉만 그럴듯하게 할 필요는 없다."라고 하였다. 조카가 경주 부윤에게 편지를 보내 일꾼을 얻어달라고 요청하자, 거절하며 "사가의 상을 위하여 백성을 동원하는 것은 나라의 법이 아니다."라고 하였다. 그 의리를 잡고 국법을 지킴이 이와 같았다.

계유년(1573)에 곤양 군수昆陽郡守에 제수되었다. 부모님의 봉양을 위하여 부임하려고 길을 나섰다가, 병이 나서 돌아왔다. 7월 10일에 정침에서 생을 마치니, 향년 45세였다. 9월 24일 경주부 북쪽 두류동頭流洞 부묘負卯 터에 장사지내니, 선영의 아래이다.

부고가 나가자, 사림들이 모두 "어진 군자가 세상을 떠났구나."라고 하면서 탄식해

---

72) 용조(庸調) : 부역 대신에 바치는 세금과 특산물을 말한다.

마지않았다. 합천 사람들은 더 놀라 울부짖었으며, 더러는 빈소에 와서 곡하고 더러는 장지에 와서 전을 올리기도 하였다. 이해에 또 비석을 만들고 비문을 새겨서 끼친 사랑을 칭송하였으니, 그 글에서 "우리 사또의 앞뒤로 우리 사또와 같은 분이 없었네.[我侯前後未有我侯]", "학문에 연원이 있었으나 크게 펴 보지 못하였네.[學有淵源 未大厥施]"라고 하였다. 공의 덕의德義가 공송公頌에 오른 사실은 덮을 수 없을 것이다.

초당草堂 허엽許曄[73]은 평소 선생과 도의지교道義之交를 맺었는데, 돌아가셨다는 소식을 듣고 또한 선생을 위하여 마음 아파하며 "젊어서 학문에 뜻을 둔 선비가 갑자기 이 지경에 이르렀으니, 이 무슨 운명인가?"라고 하였으니, 이는 단지 선생만을 위하여 애석해한 것이 아니라, 대개 이선생의 도학이 그 전함을 잃어버렸기 때문에 거듭 애석해한 것이다.

부인 숙인淑人은 여주 이씨驪州李氏 적순부위迪順副尉 휘 필苾의 딸이자, 훈련원 참군訓鍊院參軍으로 이조 판서에 증직된 휘 수회壽會의 손녀이다. 가정 신묘년(1531)에 태어나 나이 51세에 세상을 떠나니, 뒤에 부장하였다.

1남 1녀를 두었다. 아들 사의士毅는 순릉 참봉順陵參奉이며, 딸은 사인 안대해安大海에게 시집갔다. 측실의 두 아들은 사민士敏과 사눌士訥이다.

참봉은 1남을 두었다. 응생應生은 진천 현감鎭川縣監이다.

현감은 3남을 두었다. 기炁는 통사랑通仕郎이고, 임恁은 참봉이고, 도燾는 통덕랑通德郎이다.

통사랑은 3남을 두었다. 해垓·욱埱·준埈이다. 참봉은 5남을 두었다. 중균仲均·중탄仲坦·중후仲垕·중배仲培·중증仲增이다. 통덕랑은 3남을 두었다. 숙塾은 문과에 급제하였고, 규奎와 학壆이다.

내외의 내손來孫과 곤손昆孫[74] 이하가 모두 삼백여 인인데, 지금 다 기록하지 못한다.

---

73) 허엽(許曄, 1517~1580) : 자는 태휘(太輝), 호는 초당(草堂), 본관은 양천(陽川)이다. 1546년 문과에 급제, 부교리·대사성·경상도 관찰사 등을 지냈다. 저서로는 『초당집』·『전언왕행록(前言往行錄)』 등이 있다.

아! 선생의 시대는 어떠한 시대였던가. 기묘사화를 겪은 나머지 '이학理學' 두 글자를 세상에서 크게 금하던 시대였다. 이선생은 바야흐로 스스로 덕을 깊이 감추고 사도師道를 맡아 후배 가르치기를 즐겨하지 않았으나, 선생은 같은 향리의 아버지 없는 한 아이로서 책 상자를 지고 큰 스승께 나아가서 덕스러운 음성을 받들고 경서의 지결을 수업하며 간절히 도를 구하려는 의지를 품었으니, 이것이 남보다 아주 뛰어난 점이다.

만약 시종 모시고 배워서 배우기 원하는 정성을 마쳤다면 순서대로의 진취를 어찌 헤아릴 수 있었겠는가? 불행히도 이선생에게 화가 혹독하여 길이 먼 변방에 막혀서 유배지로 따라가 서론緖論을 들어 지취志趣를 넓히지 못하였으며, 또 불행히도 젊어서 급제한 뒤 어버이 봉양을 위하여 벼슬을 하느라고 전원으로 물러나 후생을 이끌어 회재 선생의 학문을 길이 전하지 못하였으며, 또 불행히도 소명召命이 너무 늦은 데다가 수명은 서둘러 짧아져서 맑은 조정에서 아홀牙笏[75]을 가지런히 잡고 그 경륜의 능력을 시험해 보지 못하였으니, 아! 이 또한 명이 있어서인가?

유문遺文은 전쟁의 불길 속에 흩어진 데다가 또 종가가 연이은 화재로 다 타버려서, 단지 대책對策의 두 시권試券만 보존되어 있으니, 이 또한 다행이다. 지금 그 남은 글을 읽어볼 때 풍부한 문장과 강직한 의론이 강건하고 화려하며 호방하고 웅장하여 신구神駒의 날렵한 다리에 가벼운 수레를 매워 천리를 달리고 한 조각 외로운 돛단배가 순풍을 타고 큰 바다를 내달리는 듯하니, 이러한 재능과 식견으로 어디에 쓰인들 되지 않았겠는가?

홍문관에 있었다면 왕명을 밝히고 나라를 빛내는 솜씨를 펼칠 수 있었을 것이며, 사헌부에 올랐다면 간사한 이들이 꺼리고 두려워할 직필을 떨칠 수 있었을 것이다. 그러나 외직으로만 돌고 내직을 맡지 못하였으며 한 분야에서 재직하느라 두루 역임하

---

74) 내손(來孫)과 곤손(昆孫) : 자손을 헤아릴 때 자(子)·손(孫)·증손(曾孫)·현손(玄孫)·내손(來孫)·곤손(昆孫)의 순으로 멀어져 가므로, 비교적 먼 후손을 나타낼 때 쓰이는 표현이다.

75) 아홀(牙笏) : 2품 이상의 관원이 지니는 상아로 만든 홀이다.

지 못해서 이름이 낮은 관직에 묻혀 세상에 크게 드러나지 못하였으니, 소 잡는 칼로 닭을 잡는다는 탄식[76]이 어찌 자유子游에게만 그러하였겠는가?

본 고장의 선비들이 선생의 덕행과 학문을 묻어버릴 수 없다고 생각하여 사당에 제향할 것을 모의한 지가 오래되었다. 거의 백여 년 뒤에야 의논이 드디어 정해져서 운천동雲泉洞에 사당을 건립하고 비로소 제향을 거행하니, 식자들이 모두 다행이라고 여겼다. 그러나 겨우 몇 해 만에 금령禁令으로 뒤에 새로 세운 서원은 훼철을 당하였으니, 탄식을 견딜 수 있겠는가?

임신년(1752)에 선생의 6세손 순淳 등이 매산梅山 아래로 나를 찾아와 근심스레 말하였다.

"우리 선조의 학술과 행의는 후세에 전하기에 충분하나 작은 비석에는 명문이 빠져 있는 데다가 또 세월이 오래되어 마멸되었습니다. 이제 막 비석을 갈고 명문을 받아 영원히 전하기를 도모하면서 감히 훌륭한 글을 당신에게 부탁합니다. 당신은 사양하지 마십시오. 저의 증조부 참봉공參奉公께서 일찍이 유사 한 편을 지었으나, 너무 간략하여 사적의 대부분이 빠져 있습니다. 옛 사적을 모아 보충하고 정리하는 일은 당신이 아니면 불가능합니다. 더구나 당신은 우리 선조의 외손인데, 사양할 수 있겠습니까?"

내가 정중히 사양하며 말하였다.

"예전에 제가 서울에 유학하며 이른바 『해동유림록海東儒林錄』을 보았습니다. 비록 누가 편찬한 것인지는 모르나 이학理學의 연원을 일일이 서술한 것이 꽤이나 상세하였습니다. 우리 회재 선생의 기사에 이르러서는 '문인 권 아무개의 벼슬은 군수郡守이고 호는 구봉龜峯'이라 하였으니, 이분은 실로 나라 사람이 함께 존경하는 분이었습니다. 선배들도 찬양한 일인 만큼 공의公義에 있어 감히 사양할 수 없는 일이나, 생각건대, 얕은 식견의

76) 소……탄식: 뛰어난 재주를 가진 사람이 재주를 제대로 펼쳐보지 못한 것을 말한다. 공자가 자유(子游)가 읍재(邑宰)로 있던 무성(武城)에 가서 거문고 타고 시를 읊는 소리를 듣고는 빙그레 웃으면서 "닭 잡는데 어찌 소 잡는 칼을 쓰겠는가?[割雞焉用牛刀]"라고 한 데서 유래한다.(『論語』「陽貨」)

후학이 외람되이 외손의 반열에 있어서 비록 숨겨진 광채를 발휘하여 사람들에게 보여준들 사람들이 누가 다시 저의 말을 믿겠습니까? 모쪼록 다시 다른 사람에게 가셔서 도모하시는 것이 좋겠습니다."

순 등이 그치지 않고 더욱 독촉하였다. 드디어 끝까지 사양할 수 없어서 남아 있는 문자를 대략 취하여 차례대로 서술하여 당세 입언자立言者의 재단을 기다린다.

함안 군수 김공의 가전[咸安郡守金公家傳] 정사년(1737)

우리 선조宣祖 임진년(1592)에 왜장 평수길平秀吉이 군대를 크게 일으켜 크게 쳐들어왔을 때, 우리 선조 호수공湖叟公께서 많은 선비들을 이끌고 흉포한 왜적을 소탕하여 영남좌도의 한 지역을 막으니, 최인재崔訒齋[77]가 '오백 의사五百義士'라고 일컬었다. 우리 영천이 어찌 이리도 장한가.

당시 영천군 사람으로 함안 군수咸安郡守 김공이 있었다. 수군을 거느리고 남해南海에서 힘껏 싸우다가 끝내는 포로가 되었으나, 의리를 지켜 굴복하지 않고 돌아왔으니, 이분 또한 남다른 위인이었다.

공의 휘는 완浣이고, 자는 언수彥粹이며, 본관은 경주이다. 증조부 휘 장미長美는 직장直長이다. 조부는 휘 준濬이다. 아버지 휘 응생應生 성균 생원成均生員은 은거하며 후진들을 가르쳤는데, 뒤에 공이 선무공신이 되면서 호조 참의戶曹參議에 추증되었으며, 어머니는 오천 정씨 생원 중호仲濩의 딸이다. 가정嘉靖 병오년(1546) 3월 4일 영천군 북쪽 자양리紫陽里 노항촌魯巷村에서 공을 낳았다.

공은 어려서부터 골격이 기이하고 커서 씩씩한 용사의 풍모가 있었다. 조금 자라서는

77) 최인재(崔訒齋): 인재는 최현(崔晛, 1563~1640)의 호이다. 자는 계승(季昇), 본관은 전주이다.

글을 힘써 배워 문장이 점차 성취하였으나, 여러 차례 과거에 입격하지 못하였다. 이윽고 병서를 읽으며 말 타기와 활쏘기를 익히고 전략을 담론하여 개연히 만 리의 물결을 가를 뜻[78]을 두었다.

정축년(1577)에 무과에 급제하여 기축년(1589)에 선전관宣傳官에 임명되었는데, 맡은 일에 부지런하고 호위가 아주 근엄하였다. 신묘년(1591)에 변방의 경보로 인하여 여러 진보鎭堡에 보낼 관리를 선발할 적에 특별히 공을 사도 첨사蛇渡僉使에 제수하였는데, 마음을 가다듬고 병사를 훈련시켜서 군무가 완전히 새로워졌다. 이에 관찰사 이광李洸[79]이 장계로 조정에 보고하니, 특명으로 품계를 올려주었다.

임진년(1592) 여름에 왜선이 폭풍같이 빠르게 바다를 뒤덮자, 사람들이 모두 다리를 떨며 감히 막는 자가 없었다. 공이 이에 분연히 눈물을 흘리며 "군주의 녹을 먹고도 전란을 당하여 목숨을 바치지 않는다면 신하의 의리가 아니다."라고 하고는, 드디어 전함을 타고 적의 예봉을 막았다. 적을 만날 때마다 팔을 걷어 부치고 먼저 배에 오르니, 여러 군사들의 사기가 고무되지 않음이 없었다.

옥포玉浦에서부터 옮겨가며 싸우다가 한산도閑山島에서 왜적을 크게 격파하여 마흔 하나의 수급을 바쳤으며, 들이받아 격파한 적선도 이루 헤아릴 수 없이 많았다. 일을 보고 하자 품계가 올라 절충장군折衝將軍이 되니, 이때부터 더욱 스스로를 격려하며 대비와 방어를 조금도 게을리하지 않았다.

을미년(1595) 가을에는 물고기와 소금을 팔아서 군량미를 500여 섬이나 마련하여 통제사統制使 이순신李舜臣이 사유를 갖추어 진달하니, 한산도 수군 조방장閑山島舟師助防將에 승차陞差하라고 명하였다. 이때는 공이 배에 올라 바다에서 지낸 지가 벌써 5년이나

---

78) 만 리의……뜻: 무관으로서의 포부를 말한다. 남조(南朝) 송(宋)나라의 종각(宗慤)이 숙부 종병(宗炳)이 뜻을 묻자, "긴 바람을 타고 만 리의 물결을 가르고 싶습니다.[願從乘長風 破萬里浪]"라고 대답한 데서 유래한다.(『宋書』「宗慤傳」)

79) 이광(李洸, 1541~1607): 자는 사무(士武), 호는 우계산인(雨溪散人), 본관은 덕수(德水)이다. 1574년 문과에 급제, 춘추관 기사관·전라도 관찰사·호조 참판 등을 역임하였다. 저서로는 『우계집』이 있다.

되어 장기瘴氣 가득한 안개를 마시며 고생이 갈수록 심해졌으나, 용기의 맹렬함은 전후가 한결같았다.

주상께서 늘 변방의 여러 장수들의 방위하는 노고를 생각하여 겨울이면 표범 가죽 모자를 여름이면 고운 베옷을 내려주어 위무慰撫하였는데, 공은 더욱 은혜를 뼈에 새겨 하늘을 가리키며 죽음으로 보답할 것을 스스로 맹세하였다.

정유년(1597) 봄에 거제 복병도장巨濟伏兵都將에 겸차兼差되어 여러 함선들과 함께 도장포道莊浦의 왜선을 공격하여 남김없이 섬멸하고 90여 개의 수급을 획득하였는데, 공이 벤 수급은 다섯이었다. 7월 6일, 다대포多大浦 앞바다에 이르러 적선 10척을 만나 크게 쳐부수었는데, 공이 몸소 적장의 배를 격파하여 풍신수길의 삽혈맹장歃血盟章 및 군량軍糧·잡화雜貨를 포획하였다. 영등포永登浦로 돌아와서 맹장盟章을 통제사統制使 원균元均에게 바치자, 원균이 크게 기뻐하며 급히 장계狀啓를 올렸다.

당시 통제사가 여러 장수를 거느리고 부산釜山으로 진격하여 싸우려고 하였으나, 왜선 600여 척이 갑자기 먼저 와서 압박하여 여러 날 동안 대진對陣하다가 역풍이 연이어 일어나서, 이달 15일에 영등포에서 온천溫川으로 진을 옮겼다. 다음날 한밤중에 적선이 습격하여 사방에서 구름처럼 모여드니, 우리 수군이 모두 경황없이 달아나서 진이 무너졌다.

공이 홀로 기를 휘두르며 전투를 독려하였으나, 힘을 모을 길이 없어서 드디어 주장主將의 배로 나아가 먼저 도망가는 장수 한 명의 목을 베어 효시하여 군대를 독려하자고 청하였다. 주장이 "달아난 자는 그만이니 뒤쫓기 어렵고, 그대가 힘써 싸우는 것이 가상하니, 부디 더욱 노력하라."라고 하였다.

말을 마치기도 전에 적선의 선봉이 벌써 100여 보 안으로 다가서서 수사水使 배설裵楔은 배를 돌려 달아났고, 공은 죽음을 무릅쓰고 곧장 앞으로 나가 끊임없이 대포와 활을 쏘았다. 한 편비褊裨[80]는 탄환에 맞아 죽고 종과 병졸 두 사람도 탄환에 맞아 쓰러졌으

80) 편비(褊裨): 각 영문(營門)의 부장(副將)을 말한다.

며, 공도 왼쪽 다리에 탄환을 맞았다. 마침내 손을 흔들며 다급한 소리로 "주장! 주장! 어찌 구원병을 내보내지 않습니까?"라고 하니, 주장 원균은 술에 취하여 쓰러져서 어찌할 줄 모르고, 다만 사부射夫를 시켜 10여 발의 화살을 쏘도록 하고는 노를 저어 점차 물러나니, 여러 장교들도 모두 관망하며 구원하지 않았다.

여러 왜적들이 검을 빼어 들고 공의 배로 돌격하여 들어왔다. 공이 여러 병졸들과 함께 몇 명의 왜구를 쳐 죽였으나, 사세가 어떻게 할 수 없을 듯하여 물속으로 뛰어들었는데, 왜적이 창으로 공의 왼쪽 귀밑머리를 찔렀다. 공은 평소 헤엄에 익숙하여 바다에 떠서 헤엄치며 오르락내리락하다가 뜻밖에 한 장의 거적을 얻어서 몸을 맡겼다.

얼마 지나지 않아 하나의 작은 섬에 닿아 기어오르니, 나졸邏卒 간손艮孫 등 두어 사람이 벌써 먼저 와 있었다. 왜적이 바람을 타고 불을 놓으니, 우리 수군은 순식간에 재가 되었다. 공은 엎드려서 성긴 숲 사이로 바라보며 간손 등과 함께 밤새 통곡하였다. 이튿날 저녁에 적의 함성이 조금 멈추자 간손 등과 함께 칡 줄기를 잘라 나무를 엮어 뗏목을 만들어서 7인이 함께 타고 진해鎭海 앞바다에 당도하였다. 바람이 불어 뗏목이 찢어져서 4인이 익사하였다. 공과 2인은 파손된 뗏목의 한 나무를 끌어안고 표류하다가 창원昌原 앞바다의 마산포馬山浦에 이르니, 날이 벌써 밝아왔다.

뜻밖에 적선의 추격을 당하였으나, 기력이 다한 공이 대적할 수 없어서 드디어 안고 있던 나무를 던지며 "내가 차라리 익사할지언정 원수 같은 왜적에게 굴복할 수는 없다."라고 하였다. 우리나라 사람 중에 왜적을 따르던 자가 보고서 슬퍼하며 밧줄을 허리에 감아 물에서 건져내어 배에 태우니, 왜적이 드디어 포박하여 안골포安骨浦의 소추小酋에게 바쳤다.

옥에 갇힌 지 3일이 지난 뒤에 적장이 머리카락을 잘라 관백關白에게 바치려고 하였다. 공이 "나라를 저버리고 삶을 훔치는 것은 내 뜻이 아니다. 오직 바라건대, 빨리 나를 죽여라."라고 하자, 적장이 크게 노하여 목을 베려고 하였다. 마침 우리나라 사람 중에 잡혀온 자가 곁에서 빌며 "이 사람은 문자를 제법 아니, 일본에 두고 조선의 글을 배우는 것이 좋습니다."라고 하자, 적장이 마침내 그만두었다. 드디어 명하여 일본으로 묶어 보내니, 이 달 26일이었다. 묶인 채 배에 태워져 여러 포로들과 함께 서로 끌어안고 통곡하며 떠났다.

저녁에 대마도對馬島에 이르러 8월 4일에 일기도日歧島에 도착하고, 3일 지나 낭고야浪古耶에 도착하며, 또 3일 만에 범전군梵前郡에 정박하고, 4일 만에 곡고라소창曲高羅小倉에 도착하니, 바로 적장의 거처였다. 감궁監宮 도산道山의 집에 억류하여 두고 성문을 겹겹이 잠가서 마치 귀신의 소굴에 떨어진 것 같았다.

이튿날 아침 우리나라 포로 30여명이 와서 보고 눈물 흘리며 술과 안주를 가져와 대접하였다. 날마다 여러 포로들과 함께 몰래 도망하여 돌아올 것을 모의하였다. 8월 그믐에 김해金海 이춘장李春長 등과 함께 몰래 달아나려고 하였다가, 계획이 새어나가서 춘장 등은 빠져 달아나고 공만 사로잡혀 다리 끝에서 참수당하게 되었다.

여러 포로 중에 왜적과 잘 아는 자가 "이 사람은 왜의 말을 아직 알지 못하는 데다가 병이 나서 걷지도 못하니, 비록 달아나고 싶어도 반드시 못할 것입니다. 만약 달아난다면 내가 그 죄를 받겠습니다."라고 하고는, 드디어 보증하는 글을 바친 뒤 데리고 그의 거처로 돌아와서 돌아가며 음식을 제공하고 더러는 옷을 벗어 입혔다. 그러나 눈 쌓인 한겨울의 추위와 굶주림을 견디기 어려워 늘 울음을 삼키며 밤낮을 보냈다.

무술년(1598) 정월에 어떤 한 포로가 몰래 약간의 은銀을 주며 돌아갈 양식을 준비하도록 하였다. 25일 밤에 공이 고성固城 향교의 학생 문대모文大謨와 함께 도망쳐 간신히 우거진 산을 넘어 작은 사찰에 도착하였다. 어떤 늙은 비구니가 자리로 맞이하여 정성스레 대접하였으나 언어가 서로 통하지 않았다.

공이 드디어 율시 한 수를 써서 보여주었다.

왕국에서 간성의 장수가	王國干城將
표류하여 남만의 땅에 머무르네	漂流鴂舌留
단심은 밝은 해를 비추고	丹心照白日
충의는 맑은 가을처럼 늠름하네	忠義凜淸秋
몸은 남녘에서 통곡하고	身在南荒哭
혼은 북궐을 찾아가 노니네	魂尋北闕遊
이 몸이 만 번 죽더라도	此身雖萬死

어찌 원수와 한 하늘을 이겠는가 何忍戴天讎

비구니도 절구로 화답하였다.

당신의 옥 같은 시를 감상하니 賞子瓊琚句
충성의 마음 글자마다 새롭네 忠心字字新
푸른 하늘이 응당 감격하리니 蒼天應有格
머지 않아 군친을 뵙게 되겠네 不久見君親

작별하며 은을 조금 주어 노자에 보태도록 하였다.

드디어 여러 날을 걸어서 2월 초하루에 범전군梵前郡 화대가포化大加浦에 이르니, 바로 조선과 오가는 배가 정박하는 곳이었다. 왔던 배가 벌써 다 돌아가 버려서 공이 막 가슴을 치며 하늘에 부르짖었다. 때마침 고성固城 사람 정원생鄭元生과 언양彥陽 사람 두리동豆里同 등이 모두 잡혀 와서 물가에 거주하였는데, 공을 데리고 돌아가 밥을 먹여주었다.

공이 문대모·정원생·두리동 등과 함께 밀약하고 순풍이 불기를 기다렸다. 3월 24일 밤 삼경에 왜인의 어선을 타고 몰래 도망쳐 3일이 지나 일기도日岐島에 이르렀다. 중간에서 바람 불기를 기다리며 정박하여 머무르다가, 4월 18일에 비로소 우리나라 다대포多大浦에 배를 대었다.

부산釜山을 거쳐 동래東萊 선암사仙巖寺에 이르렀다. 당시 명나라 군대가 사방에서 왜적을 치며 곳곳에 복병을 설치해서 돌아올 길을 찾느라고 며칠 머물렀는데, 뜻밖에 양산군梁山郡에서 적을 정탐하려고 보낸 비장裨將을 만나 함께 양산군에 도착하였다. 군수 박응창朴應昌이 그 사유를 갖추어 급히 보고하니, 순찰사가 그 곡절을 추문推問하고 또 적들의 정세를 염탐하였다. 공이 포로가 되었다가 도망하여 돌아온 정황을 자세히 진술하고, 또 일본 및 동래와 양산의 왜적의 정세를 적어서 바쳤다.

순찰사가 죽음을 무릅쓰고 힘써 싸운 노고와 협박을 당하고도 굽히지 않은 지조가 모두 가상하다고 여겨서 조정에 장계로 보고하고 이어서 진중에 두어 함께 군무를 기획하기를 청하니, 주상께서 특별히 허락하였다. 얼마지 않아 함안 군수에 제수하여 그의 충성과 용맹을 표창하였다. 부임하고 나서도 기록할 만한 명성과 치적이 꽤 있었다. 병오년(1606)에 선무공신 1등에 참여하여 어버이께 증직이 내려졌다.

정미년(1607) 11월 10일에 병으로 집에서 세상을 마치니, 향년 62세였다. 고향 연동輭洞 오향午向의 터에 장사지냈다.

아들 계남繼男은 무과 수문장守門將이며, 손자 진명振鳴도 무과 부사과副司果이다. 증손자는 네 명으로, 노일老一·동일東一·관일貫一·도일道一이다.

아! 평소 작은 이익과 손해를 만나면 마치 터럭처럼 견주어 언제나 따지고 눈치 보며 오직 쫓아가거나 피하기만을 도모하는 것을 대체로 사람이라면 그러하지 않음이 없다. 더구나 큰 난리를 만나 생사의 기로에 임해서랴.

공은 임진왜란을 당하여 6년 동안 바다에서 지내며 강개하게 순국하려는 마음을 품고서, 여러 차례 적병을 격파하며 목을 베고 노획한 것이 여러 부장들 중에 으뜸이었으니, 이것만도 벌써 대단한 일이다.

온천溫川의 전투에서는 적선이 맹렬히 몰려오는데, 도원수는 후퇴하고 일만의 군사는 무너졌으나 홀로 분발하여 몸을 돌보지 않고 죽기로 싸우며 적을 막을 마음을 먹었으니, 어찌 그리도 용맹하였던가. 불행히도 일은 어긋나고 몸은 사로잡혀 이역에 구금되어서 칼날이 목을 겨누어 목숨이 경각에 달렸는데도 늠연히 죽음을 맹세하며 흔들리지 않다가, 끝내 바다를 건너 고국으로 돌아와서는 군율을 어긴 무리들이 차마한 짓을 부끄러워하였으니, 또 어찌 그리도 장열한가.

참으로 자신의 마음속에 하나의 '의義' 자를 매우 분명히 통하지 않았다면 가능하였겠는가? 이제 그의 율시 한 편을 읽어볼 때 말뜻이 간절懇切하고 글자마다 측달惻怛하여 군주를 그리는 정성이 담겨있으니, 또한 그의 식견 있는 도량과 절도 있는 행동이 가정에서 훈도된 나머지에 깊이 얻었음을 알 수 있다.

아! 이러한 분이야말로 어쩌면 이른바 열장부烈丈夫가 아닌가? 만약 공이 원수元帥의 자리에 앉아 수군을 통솔하고 여러 장교를 지휘하였다면 당시 온천의 군대가 결코 적에게 공격당하지 않았을 것을 우리는 잘 안다. 애석하게도 그 포상의 은전이 넉넉하지 않아 그저 한 고을의 군수에 그치고 말았으니, 어찌 충의한 사람을 권면하기에 충분하겠는가?

공이 세상을 떠난 지 이제 백여 년이다. 비석의 음기는 소략하여 입증할 수 없고 『동국여지지』에 이력이 대략 보이나 역시 내용이 소략하다. 내가 장렬한 사적이 묻히는 것을 슬퍼하며 후손의 집에서 소장하고 있는 순찰사의 장계 초고를 찾아내고, 아울러 고장에서 공을 칭송하는 말을 채집하여 약간 덧붙여 서술해서 영천의 고사故事에 대비한다.

처사 화산 권 은군자의 전[處士花山權隱君傳]

영천의 북쪽 산속에 은거하였던 한 군자가 있으니, 처사 권군이 그 사람이다.

권군의 본관은 안동이다. 비조 행幸은 고려 태조를 추대하여 사성賜姓되고 태사太師에 임명되었다. 이로부터 재상을 세습하여 송도의 큰 가문이 되었다. 중화仲和에 이르러서 조선에서 벼슬하여 영의정이 되었고 예천백醴泉伯에 봉해졌으며, 시호는 문절文節이다. 그 증손 사정司正 균鈞이 영천으로 옮겨 살았다.

또 그 증손 극립克立은 참판에 증직되었고, 입암立巖의 그윽한 절경을 사랑하여 여헌旅軒 장선생을 맞아서 이웃으로 함께 지냈으니, 이분이 군의 고조부이다. 증조부 휘 봉崶은 80의 나이로 부호군副護君에 제수되었으며, 여헌의 문하에 들어가 장려와 허여를 깊이 받았다. 조부 휘 상민尙敏과 아버지 휘 륙稑은 남긴 법도를 대대로 지켰다. 어머니는 오천 정씨 승사랑承仕郞 휘 시영時永의 딸이자, 병조 판서에 증직된 호수湖叟 휘 세아世雅의 현손이다. 숙종 정묘년(1687) 경운들[耕雲野][81]의 옛 집에서 군을 낳았다.

군의 휘는 득중得重이고, 자는 자후子厚이다. 군은 천품이 온아하고 순수하였으며, 장난

---

81) 경운들[耕雲野] : 입암면 평지동 일대에 펼쳐진 들판을 말한다.

을 좋아하지 않았다. 5~6세에 사랑방에서 아버지를 모시며 응대와 청소를 잘하고, 글을 배우고 나서는 부지런히 학업을 닦았다. 조금 자라서 책 상자를 지고 산사山寺로 들어가 꼼짝 않고 앉아 글을 읽으며 잠시도 멈추지 않았다. 이렇게 하기를 여러 해 만에 문예가 점차 성취하였으나 오히려 자만하지 않았으니, 고모부 노잠魯岑 손여두孫汝斗[82]가 매번 그 독실함에 감탄하였다.

어버이 모심에 지극한 효성이 있어서 혼정신성昏定晨省하며 좌우에서 봉양하고 안색을 살펴 뜻을 따르며 잠시도 곁을 떠나지 않았다. 마을을 잠깐 출입하면 그때마다 다 여쭈었다. 멀어서 묵게 되는 길이라면 감히 다른 곳에서 지체하지 않고 반드시 정한 날짜보다 먼저 돌아와서 얼굴을 뵈었으니, 부모님께 기다리는 노고를 끼칠까 염려해서이다.

기축년(1709) 여름, 아버지가 처음 중풍에 걸려 3년 동안 끌었다. 군과 형이 밤낮으로 간호하며 옷을 벗지 않고 눈을 붙이지 않은 채, 단 하루도 혹시 게을리하지 않았다. 병이 위독해져서는 군이 손가락을 베어 피를 내어 입으로 흘려 넣고도 구하지 못하게 되자, 울부짖으며 가슴을 치고 뛰어 거의 기절하였다가 소생하였다.

빈소를 차리고는 늘 의려倚廬에 거처하며 질대絰帶를 벗지 않았다. 지나친 슬픔으로 몸이 야위어서 자못 지탱하지 못할 지경이 되었다. 장사를 지내고는 집에서 몇 리 떨어진 묘소에 날마다 성묘하고 곡하기를 비바람이 쳐도 그만두지 않았다. 상복을 벗고는 정성을 다하여 어머니를 모셨다.

을미년(1715) 여름, 어머니가 갑자기 더위를 먹어서 가물가물 목숨이 위급해지자, 군이 다시 손가락의 피를 내어 흘려 넣었으나 이튿날 끝내 운명하니, 울부짖으며 가슴을 치고 뛰어서 아버지의 초상과 똑같이 몸이 야위었다. 발걸음을 한 번도 안채에 들여놓은 적이 없이 아침저녁으로 곡하고 전奠을 올리는 여가에는 예서禮書만을 보았다.

정유년(1717), 상복을 비로소 벗고는 유명에 따라 시내 북쪽 200걸음 남짓 되는 곳으로

82) 손여두(孫汝斗, 1643~1713) : 자는 망지(望之), 호는 노잠(魯岑), 본관은 경주이다.

분가하였다. 매일 아침에 반드시 시내를 건너와 형님을 따라 사당에 배알하기를 여러 해 동안 멈추지 않다가, 형님이 중풍으로 고생하자 초하루와 보름에만 배알하였다.

양친이 다 돌아가신 뒤로는 영예에 뜻을 접었다. 갑진년(1724)에 이르러 또 서원의 선비들이 재앙을 받는 변고가 일어나자, 드디어 과거 공부에 마음을 접고 더욱 자신을 숨기며 선비들의 모임에 나가지 않았다. 또 관아로 들어가 군수를 만나는 것마저도 부끄럽게 여겼다.

매일 새벽에 일어나 세수하고 의관을 차려입고는 책상에서 책을 보면서 아울러 자식과 조카들의 학업을 독려하였다. 때로는 형님이며 가족들과 함께 즐겁게 날을 보내기도 하고, 또 더러는 뜰에 꽃을 심고 약초를 가꾸며 스스로 즐겼다. 평소 산수를 너무 좋아하여 지팡이를 짚고 시내의 물굽이와 바위 사이를 거닐다가, 더러는 저녁이 되어도 돌아오기를 잊어버리기까지 하였다.

일찍이 스스로 탄식하기를 "남아가 이 외진 나라에 태어나서 한 번 중국을 여행할 길이 없으니, 만약 국내의 아름다운 산수를 두루 구경한다면 또한 나의 소원을 이루기에 충분할 것이다."라고 하였다. 정미년(1727) 가을, 드디어 말 한 필과 종 한 명을 데리고 풍악楓嶽으로 들어가 여러 날 머무르며 내외 금강산을 두루 관광하고 만폭萬瀑 천암千巖을 일일이 본 다음에 그 길로 관동팔경을 두루 유람하고 돌아왔다.

무신년(1728), 형님이 운명하자 슬픔의 곡이 예제禮制를 넘었다. 하관을 하고는 집으로 돌아오지 않고 빈소 곁에 머무르며 몸소 제전祭奠을 올리다가 부사祔事를 지낸 뒤에야 비로소 돌아왔다. 또 조카가 상중이어서 사당 제사를 함께 지내지 못하였기 때문에 집을 허물어서 사당 동쪽에 옮겨지었다.

집을 대충 완성하고는 종택은 서와西窩라 하고 그 집은 동와東窩라 이름하고서 "고인이 궁宮은 함께 해도 실室은 달리해서 남궁南宮·북궁北宮의 이름이 있었다. 이제 동서의 두 실이 함께 하나의 사당을 지키면서 나의 생을 마치는 것도 좋지 않겠는가?"라고 하였다. 이어서 맏조카를 돌보며 정성을 다하여 제수를 정갈히 마련하였으며, 모든 집안일을 애써 보살폈다. 맏조카가 일찍 죽자 막내 조카의 아들을 후사로 삼아주고서 더욱 염려하고 삼가며 일마다 챙겨주기를 자신의 집이나 다름이 없었다.

병진년(1736) 봄, 서울 가는 행장을 꾸리며 집안사람들에게 "군주를 그리는 정성이 귀천에 따라 어찌 다르겠느냐? 초야에 있는 자가 비록 군주의 용안을 직접 배알하지는 못하더라도 군주의 거처는 한 번 보지 않을 수 없다."라고 하였다. 드디어 서울로 들어가 궁궐을 바라보며 공경하는 뜻을 바쳤으니, 의리를 보는 분명함이 이와 같았다.

이해 가을에 금오산金烏山을 유람하였다. 이때부터 해마다 나가지 않은 적이 없었으니, 예컨대 속리산俗離山·철성산鐵城山·청량산淸凉山·가야산伽倻山·주왕산周王山·내연산內延山·반구대盤龜臺 등의 여러 명승지를 두루 구경하지 않은 곳이 없었다.

경신년(1740) 이후에는 나이가 들고 기력이 쇠약해져서 더는 멀리 유람하지 않고, 오직 고요히 거처하며 서적을 살펴보는 것으로 그 심회를 폈다. 갑자년(1744)에 비로소 『역대통기歷代通紀』를 편찬하였으니, 이는 우虞·하夏·상商·주周나라의 사적이 비록 『서경書經』에 실려 있기는 하나 제왕의 기년紀年과 연수年數는 더러 다 실려 있지 않으며, 증선지曾先之의 『사략史略』도 너무 소략하며, 『강목綱目』·『속강목續綱目』·『명사明史』 등의 책이 모두 상세히 기록하고는 있으나 권질이 방대하여 즉시 참고하기 어렵다고 여겨서, 드디어 역대의 역사책에서 요임금 시대부터 명나라에 이르기까지 모두 계통에 따라 차례대로 육갑자의 편년으로 서술한 것이다.

소강절邵康節의 『경세서經世書』와 체제를 같이하되, 그 사이의 큰일이나 특이한 사적은 요점만 간추려 기술하였다. 또 후배들이 우리나라의 역사에 전연 어두워 아무개 임금이 어느 황제 때인지 알지 못한다고 생각하여, 우리나라 역사를 아랫단에 대략이나마 부쳐 그 연대에 따라 사적을 엮어놓았다.

여러 해 동안 편집하여 초본草本 10여 권을 만들었다. 만년이 되어서도 오히려 더러 미진한 부분이 있을까 두려워서, 여러 역사를 고증하며 다시 첨삭하였으나 끝내지는 못하였다. 하지만 규모가 이미 정해지고 조리가 어지럽지 않아서 천고의 흥망이 책을 펼치면 일목요연하니, 또한 어리석은 선비들이 옛날을 상고할 수 있는 보배로운 거울이라고 할 만하다.

경오년(1750) 가을, 영천 군수 오수엽吳遂燁 공이 드디어 그 명성을 듣고 몸을 굽혀 군君의 오두막을 찾아와 고아한 위의를 한 번 대하고는, 문득 공경하는 마음이 생겨서 날이 저물도록 이야기 나누고 이어서 관주官酒를 서로 수작하였다. 영천군 관아로 돌아와서는 고장 사람에게 "어제 내가 산속에서 고사高士를 뵈었을 적에 안색이 온아하고 예모가 화락하였으니, 겉을 보고서 어찌 속을 모르겠는가?"라고 하였다. 이로부터 자주 편지를 보내었고, 또 음식물을 이어 대었다.

계유년(1753) 여름, 경상도 어사가 산중을 잠행다가 군이 은거하며 덕을 기른다는 소문을 듣고 마음속으로 적이 가상히 여겼다. 임무를 마치고 복명할 때 경연에서 "영천의 사인 권 아무개는 고아한 품행이 순수하고 독실하여 늙어서도 게을리하지 않으니, 양루揚陋[83]하는 도리로 볼 때 묻히게 해서는 안 될 듯합니다."라고 아뢰니, 주상께서 "담당 관서에서 각별히 살펴 등용하도록 하라."라고 하교하였다. 대개 빛을 숨겨도 가릴 수 없음이 이와 같은 데가 있었다. 그러나 군은 오히려 스스로 불안해하며 늘 부끄러워하는 기색이 있었다.

갑술년(1754) 4월, 뜻밖에 병이 들어 기력이 빠지고 정신이 흐려졌으나 형님의 기일에 고기를 먹지 않고, 아버지의 묘소에 비석이 없음을 생각하여 비문 청탁하는 일을 자식과 조카에게 부탁하였다. 병이 위독해지고 나서도 오히려 죽음을 두려워하는 마음이 없이 약을 물리고 마시지 않았다. 이달 22일에 태연히 세상을 떠나니, 향년 88세였다.

부고가 나가자 원근에서 슬퍼하지 않는 사람이 없었다. 10월 16일에 본동의 소노잠小魯岑 서향西向 미좌未座 터에 장사지냈다. 군수 윤동함尹東涵 공이 부의를 전하고 일꾼을 보내주어 산역을 도왔다. 사우들 중에 상여 줄을 잡은 자가 백여 인이었으며, 또 학사學舍의 유생들이 함께 제문을 지어 치전致奠하고, 인근의 사대부 중에 만사를 보낸 자도 많았다.

군은 평생 온순하고 개결하며 겸손하고 공손하였다. 입으로는 속된 말을 하지 않고 몸으로는 게으른 행동을 하지 않으며, 앉음에는 일정한 자리가 있고 행동에는 남의 눈치를 보지 않으며, 일을 당해서는 반드시 의리義利를 분별하고 사람을 대해서는 귀천의

83) 양루(揚陋) : 귀천에 구애 받지 않고 덕 있는 자를 기용하는 것을 말한다. "이미 현위에 있는 자를 드러내어 밝히고 미천한 사람도 올려서 쓴다.[明明揚側陋]"에서 유래한다.(『書經』「堯典」)

구분이 없었다. 빠른 말과 서두르는 기색을 동복에게도 행여 보이지 않았다.

일찍이 스스로 "비록 어두운 방안 깊숙한 곳이라도 감히 스스로 부끄러운 일은 하지 않았다."라고 하였다. 농사를 본업으로 삼아 자신에게 검소하였으나, 세금을 내거나 손님을 접대하는 비용은 반드시 먼저 마련하였다.

조상을 받드는 범절의 경우는 더욱 그 정성을 다하니, 여름철에 생선과 과일이 부패할까 염려하여 미리 말려서 따로 저장하였다. 아버지 어머니의 기제사에는 그 달이 되면 바깥출입을 하지 않고 이틀 전에 목욕재계를 하였다. 제삿날에는 새벽에 일어나 사당에 배알하고는 종일 꿇어앉아 지내며 밤이 되어서도 눕지 않은 채 닭이 울기를 기다렸다. 제사를 지낼 적에는 마치 부모님이 살아 계신 듯이 엄숙하고 공경히 하였다.

평소 앉을 적에는 반드시 사당을 향하고 사당 문을 지날 적에는 반드시 몸을 굽혀 종종걸음을 하였다. 선조의 조묘祧廟[84]에도 반드시 초하루와 보름에 배알하였다. 외가가 재산을 모두 탕진하자, 드디어 재산을 내어서 밭을 마련하여 종손에게 주어서 제사를 받들도록 하였다.

형님을 아버지같이 공경하였다. 청상과부가 된 누이를 가련히 여겨서 힘을 다하여 보살폈다. 또 염습할 도구를 미리 마련하여 두었다가 상이 나자 염습을 하였다. 자식과 조카들을 경계할 적에는 반드시 "내외간에 엄격하고 형제간에 화목하라."라고 하였다. 또 '뉘우침·참음·성실·은혜[懲忍慤惠]' 네 글자를 써서 주어 늘 경계하고 살피도록 하였다.

종족을 대할 적에는 두루 보살펴서 더러 맛있는 음식을 얻으면 하나하나 나누어 보내었다. 집안 어른을 섬길 적에는 더욱 공경을 다하여 때때로 여름옷이나 겨울옷을 지어 드리기도 하였다. 장인 손공孫公이 어린 아들 한 명만을 남겼는데, 집으로 데려다 길렀다. 장가들 때까지 기다려서 돌려보내어 제사를 주관하도록 하니, 사람들이 손씨 집안의 제사가 끊어지지 않은 것은 권공의 힘이라고 말하였다.

---

84) 조묘(祧廟) : 조상의 신주를 사당(祠堂)에 모시다가, 4대가 지나면 신주를 다른 곳으로 옮기는데, 조묘는 옮겨진 신주가 있는 사당을 말한다.

고장에서 처신할 적에는 친구를 위로하거나 축하하는 일에는 어쩌다 빠진 적도 없었다. 만약 아버지의 친구라면 계절 따라 직접 안부를 묻고 더러는 술병을 들고 가서 대접하였다. 이웃 마을에 병든 자가 있을 때마다 직접 안부를 묻고 약을 보내거나 더러 간단한 처방을 알려주기도 하였다. 사람이 죽었다는 소식을 들으면 비록 하인이나 노복이더라도 반드시 고기를 물리치니, 외진 산골의 남녀들도 모두 훌륭한 분이라고 칭송하였다.

겸손이 너무 지나쳐서 쓸데없는 글짓기를 좋아하지 않아 주고받은 시나 만시輓詞·뇌문誄文 등의 작품을 대부분 방치하고 수습하지 않았다. 지금 남아있는 것은 그저 약간 편 일 뿐이고 필사한 서책은 매우 많은데, 필획이 반듯하여 한 글자도 방심하지 않았으니, 역시 마음가짐이 차분하고 전일하다는 것을 알 수 있다.

부인은 월성 손씨 통덕랑通德郎 여지汝智의 딸이자, 현감縣監 흠欽의 손녀이고, 이조 판서 경절공景節公 휘 중돈仲暾의 후예이다.

2남 1녀를 두었다. 아들은 우전遇銓과 달전達銓이며, 딸은 이회원李恢遠에게 시집갔다. 우전은 2남 3녀를 두었다. 장남은 제경濟經이며, 딸은 이동원李東遠에게 시집갔다. 나머지는 어리다. 달전은 남녀 각각 한 명을 두었고, 이회원은 1남을 두었는데, 모두 어리다.

아! 세도가 내려앉고 풍속이 무너졌다. 소나 말처럼 날뛰며 예법을 거적처럼 여기는 자가 흘러넘치나 오직 군만은 행의行誼가 귀중하다는 것을 잘 알았다. 어버이에게 효도하고 형에게 공손하며 이를 미루어 종족과 벗을 대하였으니, 이 어찌 특별히 집안의 가르침에 무젖어서가 아니겠는가? 이는 하늘에서 받은 아름다운 자질이 여느 사람과 달라서 그 본성을 잘 보존해서이다.

더구나 자취를 거두고 깊이 은거하며 바깥 세상에 대한 생각을 끊고 산수를 방랑하여 세상 근심을 달래다가, 흥이 다하여 집으로 돌아오면 고요히 한 방에 조용히 앉아 산문을 나가지 않았다. 서책으로 마음을 수양하고 예의로 몸을 가다듬으며 평생 바위 숲 아래에서 수자守雌[85]하면서 생을 마치기를 달갑게 여겼음에랴.

이와 같은 사람이야말로 옛날의 이른바 일민逸民의 무리가 아니겠는가? 암행어사가 찾아보고 경연에서 아뢴 것은 실로 한 도의 공론을 채택한 것이다. 그러나 윤음綸音

이 벌써 내렸는데도 이조에서 즉시 시행하지 않아서 성조聖朝의 진작시키려는 좋은 기풍이 영남의 먼 시골을 감동시키지 못하였으니, 어찌 세도를 위하여 안타깝지 않겠는가?

고장의 사우들이 나에게 요구하기를 "이 어른의 아름다운 행실이 세상에 전해지지 않는다면 무엇으로 경박한 풍속을 격려하겠는가? 그대가 글을 짓게."라고 하였다. 내가 감히 사양하지 못하고 줄거리를 대략 써서 영천권은군전永川權隱君傳으로 삼는다.

85) 수자(守雌) : 부드럽게 수용하는 태도를 말한다. "수컷의 강건함을 알고서 암컷의 부드러움을 지키면 천하의 계곡이 될 수 있다.[知其雄 守其雌 爲天下溪]"고 한 데서 유래한다.(『老子』)

발跋

이상 매산 정선생의 문집 12권은 간행한 지 여러 해 되었다. 그 증손자 정인휴鄭麟休가 조부의 유명遺命으로 한 본을 인출하여 받들고 와서 나에게 보여주며 발문을 요청하였다. 부록 1책을 함께 보여주며 나에게 행적을 참고하여 글을 지으라고 하였다. 나는 사양하였으나 되지 않아서 바로 받아 경건히 읽어 보았다.

무릇 선생의 자품의 순수함과 학술의 정대함이며, 연원의 적확함과 조예의 심오함이며, 출처·진퇴의 의로움과 언론·행사의 실재가 벌써 이 책에 대강 갖추어졌다. 그 중『근사록』에 관한 하나의 책문 및 동궁께 바친 하나의 상소에는 또한 주자周子와 정자程子 이하의 정미한 의미와 요순堯舜 이래로 전수된 지결旨訣을 발휘하였으니, 평소 온축한 바와 당시 시행하고 싶었던 것이 모두 순유의 사업과 성왕의 치도였음을 알 수 있다.

찬술한『가례집요家禮輯要』·『주서집해朱書集解』등의 책은 비록 아직 간행하지 못하였지만, 그 요지는 모두 고증에 편리하고 이해에 쉽도록 하려는 것이니, 후학에게 혜택을 주려는 마음이 또한 간절할 뿐만이 아니다.

아! 선생과 같은 분이야말로 체와 용을 갖추고 자신을 이루어 남에게까지 미루어준 군자가 아니겠는가? 그런데도 지위는 그 덕에 차지 않고 쓰임은 그 재주를 다하지 못하고 구원丘園에서 재주를 품은 채 생을 마쳤으니, 이는 쇠퇴한 주나라 이후로 선비들이 이미 이와 같은 경우를 근심한 바이다. 하늘의 의도가 끝내 무엇을 하려고 하는지 알지 못하겠다.

다행함은 오직 입언立言한 글이 남아 있다는 것이다. 백세 뒤에 그 시를 외우고 그 글을 읽으며, 또 그 시대를 논하여 그 마음을 알아서 진실로 서로 더불어 사모하고 우러르는 마음이 쇠퇴하지 않아 영원토록 본보기가 된다면, 그 당세에 지우知遇를 받아 한 때 뜻을 펼친 자와 비교할 때 과연 누가 더 높고 누가 더 크겠는가? 이는 하늘이 정한 바가 오로지 여기에 있어서이다. 내가 이 말을 되뇐 지가 오래였는데, 이제 선생에게서 다시 감회가 일어나 드디어 이를 써서 『매산집』의 발문으로 삼는다.

정조正祖 21년 정사(1795) 11월 상순에 진양晉陽 정종로鄭宗魯[86]가 발문을 짓다.

86) 정종로(鄭宗魯, 1738~1816) : 자는 사앙(士仰), 호는 입재(立齋), 본관은 진양(晉陽)이다. 어릴 때 가학을 전수받았으며, 영남학파의 학통을 계승하였다. 52세 때 광릉 참봉(光陵參奉)을 제수 받아 강령 현감(康翎縣監)·함창 현감(咸昌縣監) 등을 지냈다. 저서로는 『입재집』·『소대명신언행록(昭大名臣言行錄)』 등이 있다.

매산선생문집 속집

梅山先生文集 續集

제9권

매산선생문집 속집 제9권

시詩

홍도를 심다[種紅桃] 기축년(1709)

천 년의 반도 꽃 필듯 말듯　千歲蟠桃半欲開
창 앞에 옥 떨기 옮겨 왔네　窓前移得玉叢來
계곡 바람아 꽃을 날려 보내지 마라　溪風且莫吹花去
어부가 거슬러 오르기 고될까 걱정된다　恐使漁郎苦泝洄

국탄 상인의 시에 차운하여 송별하다[次國坦上人韻送別]

봉우리는 구름 사이에 상투 만들고　峯作雲間髻
샘물은 달 아래 거문고 울리네　泉鳴月下琴
석장 날려 어느 곳으로 돌아가려나　飛錫歸何處
앞 오솔길에 풀 이슬 짙은데　前蹊草露深

척숙인 전회원 근성이 고향으로 옮겨가려고 상주의 부모 계신 곳으로 영영 가면서 시를 남겨 이별하였으므로 그 시에 차운하여 부치다[全戚叔懷遠近聖 將移故土 永赴尚州親庭 留詩爲別 次韻以寄] 갑오년(1714)

같은 군에서 함께 따른 지 이십 년　同郡相隨二十春

순후함이 천진에 가까워 공을 사랑했네　愛公淳慤近天眞
오랜 우정에 헤어지기 어려움을 누가 알꼬　誰知夙契難分手
깊은 정성이 부모 섬김에 있으니 어찌 하랴　其奈深誠在事親
천 리 밖에서 서로 생각하며 공연히 달만 보다가　千里相思空見月
깊은 밤 남은 꿈속에 길 헤맬까 두렵네　五更殘夢恐迷津
지금은 하교의 전송[1]을 이루지 못하여　如今未遂河橋送
멀리서 돌아가는 길 향하니 눈물이 수건을 적시네　遙向歸程涕滿巾

손경백 시주 어른을 애도하는 만시[輓孫丈擎伯 是柱] 을미년(1715)

하늘은 공에게 재주는 주고 나이는 주지 않아　天與公才不與年
올 때는 어찌하여 뜻이 있고 갈 때는 인연이 없는가　來何有意去無緣
우성 비추던 자기가 영영 감옥에 묻혀버려[2]　牛墟紫氣長埋獄
여룡 굴의 청광이 연못을 나가지 못했네[3]　驪穴清光未出淵

---

1) 하교(河橋)의 전송: 매우 아쉬운 이별을 뜻한다. 한(漢)나라 이릉(李陵)이 흉노(匈奴)의 땅에서 소무(蘇武)와 이별하면서 지은 「여소무(與蘇武)」에 "손을 잡고서 하수의 다리에 오르노니, 그대는 저물녘 어드메로 가느뇨.[携手上河梁 遊子暮何之]"라고 한 구절에서 유래하였다.

2) 우성(牛星)……묻혀버려: 오나라 때 북두성과 견우성 사이에 늘 보랏빛 기운이 감돌기에 장화(張華)가 예장(豫章)의 점성가(占星家) 뇌환(雷煥)에게 물었더니 보검의 빛이라 하였다. 이에 풍성(豐城)의 감옥 터의 땅속에서 춘추 시대에 만들어진 전설적인 보검인 용천검(龍泉劍)과 태아검(太阿劍) 두 보검을 발굴했다 한다.(『晉書』 권36 「張華列傳」) 왕발(王勃)의 「등왕각서(滕王閣序)」에 "용천검의 빛이 우성(牛星)과 두성(斗星)의 자리를 쏘았다.[龍光射斗牛之墟]"라고 하였다. 여기서는 상대방의 죽음을 비유하는 뜻으로 쓰였다.

3) 여룡(驪龍)……못했네: 문장 재능을 다 발휘하지 못하게 되었다는 말이다. 당나라 유우석(劉禹錫)이 여러 시인과 금릉회고시(金陵懷古詩)를 짓기로 하였는데, 유우석의 시가 먼저 이루어지자 매우 가작(佳作)이므로 다른 시인들이 붓을 놓으며 "여러 사람이 여룡(驪龍)의 여의주(如意珠)를 더듬다가

저승에서는 부질없이 재자를 보태었고　冥府謾添才子鬼
예원에서는 다투어 노사의 문장을 아까워하네　藝園爭惜老師篇
다만 지금 보배로운 나무가 뜰 앞에 있어　祇今寶樹庭前在
우려의 경복[4]이 이어지는 것을 지켜 보리라　竚看于閭福慶綿

주도성 경명을 애도하는 만시[輓朱道成 景明] 병신년(1716)

유학하는 친족이 경주에 많아　儒族東都盛
사람들은 주씨촌이라 부르네　人稱朱氏村
글솜씨는 사원의 으뜸이고　才華詞苑伯
풍모는 효문의 후손이라네　風味孝門孫
비록 집안 잘 다스리는 아들 있으나　縱有能家子
안타까워라 늙지 않은 혼령이여　堪嗟未老魂
해를 이어서 형제가 죽어가니　連年荊樹落
홀어머니를 위로할 말이 없네　無語慰堂萱

동자(童子)가 먼저 용의 구멍에 들어가 구슬을 얻었다."라고 하였다.

4) 우려(于閭)의 경복(慶福) : 자손들이 가문을 빛낼 것이라는 말이다. 우려는 우공(于公)의 여문(閭門)이다. 우공은 서한(西漢) 원제(元帝) 때 승상 우정국(于定國)의 아버지이다. 우공이 옥리(獄吏)로 있을 때 마을로 들어가는 문이 무너져서 마을 사람들이 문을 보수하는데, 우공이 "사마(駟馬)가 끄는 높은 수레가 드나들 수 있게 문을 더 높이고 키우라. 나는 억울한 사람이 없도록 옥사를 공정하게 처리하여 음덕을 많이 쌓았으니, 반드시 자손 중에 고관이 되는 자가 있을 것이다."라고 하였다. 뒤에 과연 아들 우정국이 승상이 되고 손자 우영(于永)이 어사대부(御使大夫)가 되었다.(『漢書』 권71 「于定國傳」)

김진경 하중을 애도하는 만시[輓金震卿 夏重] 계묘년(1723)

오류는 도옹의 후손이고[5) 五柳陶翁後
팔룡은 순씨의 아들이라네[6) 八龍荀氏兒
화목은 대대의 미덕을 전수한 것이고 睦婣傳世美
근면은 타고난 자질에서 나온 것이네 勤謹出天資
까마귀처럼 한창 효성을 다하다가 烏烏方殫孝
하루살이처럼 마침내 수명이 짧았네 蜉蝣竟短期
신상이 한 움큼 눈물로 申祥一掬淚
어찌 차마 언사를 곡하랴[7) 那忍哭言思

척형 이후겸[8)을 애도하는 만시[輓李戚兄 厚謙]

생사는 사람에게 슬퍼할게 못 되는데 存歿人間不足傷
군을 곡함에 무슨 일로 남몰래 창자 찢어지는가 哭君何事暗摧腸
축문[9)의 학문을 이어받아 정의가 친밀하였고 祝門講派情曾密

---

5) 오류(五柳)는……후손이고 : 오류는 진(晉)나라 도잠(陶潛)을 말하고, 도옹(陶翁)은 동진(東晉) 때의 명장(名將) 도간(陶侃 259~334)을 말하니, 도잠의 조부이다.

6) 팔룡(八龍)은……아들이라네 : 후한(後漢) 때 순숙(荀淑)에게 검(儉)·곤(緄)·정(靖)·도(燾)·왕(汪)·상(爽)·숙(肅)·전(專) 등 여덟 아들이 있었는데, 모두 뛰어나다고 이름이 나서 당시 사람들이 팔룡(八龍)이라고 불렀다.(『後漢書』 권6 「荀淑列傳」) 여기서는 상대방의 자제들이 훌륭함을 비유하였다.

7) 신상(申祥)이……곡하랴 : 신상은 공자의 제자 자장(子張)의 아들이고, 언사는 자유(子游)의 아들로서 신상의 처남이 된다. 여기서 신상은 매산 자신을 비유한 것이며, 언사는 매산에게 처남이 되는 상대방을 비유한 것이다.

8) 이후겸(李厚謙, 1681~1724) : 자는 자실(子實), 호는 구암(舊庵), 본관은 경주이다. 재주와 기량이 뛰어났으나 43세의 젊은 나이에 생을 마감하였다. 저서로는 『구암실기(舊庵實紀)』가 있다.

9) 축문(祝門) : 외가를 뜻한다. 주희(朱熹)의 어머니가 축씨(祝氏)였으므로, 외가를 뜻하게 되었다.

관탑[10]에서 글을 논하여 운치 또한 더하였네　管榻論文趣更長
안타깝게도 준마의 발굽은 구유 아래 엎드려 있었고　可惜驥蹄槽下伏
놀랍게도 망아지 그림자는 틈 사이로 바삐 지나갔네　忽驚駒影隙中忙
아직도 사립문에서 작별할 때의 말을 기억하는데　尙記柴門臨別語
용마루의 달[11]이 여전히 꿈에 들어와 처량하네　梁月依然入夢涼

태수 최석구를 애도하는 만시[輓崔太守 錫九] 갑진년(1724)

사또의 어진 교화는 늘 봄바람 같아서　使君仁化一春如
기폐와 소잔[12]을 두 해 넘게 하였네　起廢蘇殘兩歲餘
파군의 노래[13]가 만 사람 입에 오르고　巴郡歌謠騰萬口[14]
무성의 현송[15]이 수많은 마을에 넘치네　武城絃誦溢群閭

---

10) 관탑(管榻) : 검소한 생활을 뜻한다. 삼국(三國) 시대 위(魏)나라 관녕(管寧)은 80세가 넘도록 50여 년 동안을 항상 한 목탑(木榻)에만 꿇어앉았으므로, 그 목탑 위의 무릎 닿은 곳이 모두 구멍이 뚫렸다 한다.(『三國志』 권11)

11) 용마루의 달 : 멀리 떨어져 있는 사람을 생각하며 추억에 잠길 때 쓰는 표현이다. 두보(杜甫)가 이백(李白)을 그리워하며 "지는 달이 용마루를 가득히 비추나니, 그대의 밝은 안색 행여 보는 듯.[落月滿屋梁 猶疑見顔色]"이라고 노래한 구절에서 유래하였다.(『杜少陵詩集』 권7 「夢李白」)

12) 기폐(起廢)와 소잔(蘇殘) : 폐기된 것을 다시 일으키는 것과 쇠잔한 것을 소생시키는 것을 말한다. 즉 폐기된 정치를 일으키고 쇠약해진 백성을 살려주는 것이다.

13) 파군(巴郡)의 노래 : 지방 수령으로 있으면서 선정을 베푼 것을 비유한 말이다. 『화양국지(華陽國志)』에 "오자(吳資)가 파군 태수(巴郡太守)로 있으면서 자주 풍년이 들자, 사람들이 '새벽바람 솔솔 불어오더니, 단비 내려 벼싹을 적시누나. 우리 임금 시무를 걱정하시어, 그 덕으로 우리들은 살기 편하다오.[習習晨風動 澍雨潤禾苗 我后恤時務 我人以優饒]'라 하였다."라고 하였다.

14) 巴郡歌謠騰萬口 : '騰'이 저본에는 '謄'으로 되어 있는데, 문맥에 의거하여 수정하였다.

15) 무성(武城)의 현송(絃誦) : 무성은 춘추 시대 노(魯)나라의 현읍(縣邑)으로 지금의 산동성(山東省) 비현(費縣)에 해당하며, 현가는 거문고·비파 등을 연주하며 시가(詩歌)를 읊는 것이다. 자유(子游)가 무성의 읍재(邑宰)가 되어 백성들에게 예악을 가르쳤으므로, 곳곳마다 현가의 소리를 들을 수 있었다

영각[16]에서 진탑 탐한 것을 부끄러워하던 차에[17] 方慚鈴閣叨陳榻
어찌 명정이 준읍의 깃발[18]과 바뀔 줄 생각했으랴 那意銘旌換浚旟
하물며 또한 뜰의 난초가 안탑[19]에서 잇따랐으니 況又庭蘭聯鴈塔
참지 못하고 눈물 뿌리며 상여를 전송하네 不堪揮淚送靈車

포은 선생의 유적을 찾아가 시를 읊어 감회를 부치다[尋圃隱先生遺迹詠詩寓感]

해동부자가 천 년 전에 일어나서 海東夫子起千年
도학의 연원이 비로소 전해졌네 道學淵源始有傳
우항[20]은 놀랍게도 안씨의 누항[21]인 듯한데 愚巷怳疑顏氏巷

한다. 이는 고을마다 독서하는 소리가 들려 유학이 크게 진작되리라는 말이다.(『論語』「陽貨」)

16) 영각(鈴閣) : 지방 장관이 집무하는 곳을 말한다.

17) 진탑(陳榻)……차에 : 진탑은 후한(後漢) 말의 명사(名士)였던 진번(陳蕃)의 걸상이다. 진번은 특별히 걸상 하나를 걸어 두었다가 당시의 고사(高士) 서치(徐穉)가 오면 이것을 내려서 앉게 함으로써 우대했다고 한다.(『後漢書』 권53 「周黃徐姜申屠列傳·徐穉」) 여기에서는 최석구가 매산을 예우해 주었으나 자신은 서치만한 고사가 못 되었기 때문에 부끄럽다는 뜻으로 한 말이다.

18) 준읍(浚邑)의 깃발 : 『시경』「용풍(鄘風)·간모(干旄)」에 "펄럭이는 새매기 깃발이여, 준읍의 도읍에서 휘날리네.[孑孑干旟 在浚之都]"라고 한 데서 온 말이다. 「간모」는 현군인 위 문공(衛文公)의 신하가 장식한 간모를 수레에 꽂고서 현인의 훌륭한 말을 듣기 위해 만나러 가는 내용으로 되어 있다.

19) 안탑(鴈塔) : 과거에 급제한 것을 말한다. 당나라 때 진사과에 합격한 사람들이 자은사(慈恩寺)의 대안탑(大雁塔) 아래에다 이름을 기록해 넣은 고사에서 유래한 것이다.(『唐摭言』「慈恩寺題名游賞賦詠雜記」)

20) 우항(愚巷) : 영천(永川)에 있는 지명으로, 정몽주가 태어난 곳이다.

21) 안씨(顏氏)의 누항(陋巷) : 안연(顏淵)이 가난하게 살던 골목이다. 공자가 제자 안연을 칭찬하여 "어질다, 안회여! 한 그릇의 밥과 한 표주박의 마실 것으로 누추한 거리에 사는 것을, 다른 사람들은 그 근심을 견뎌내지 못하는데 안회는 그 즐거움을 바꾸지 않으니, 어질다, 안회여!"라고 하였다.(『論語』「雍也」) 여기서는 정몽주가 검소하게 살며 학문을 닦던 곳이라는 뜻으로 쓰였다.

영천은 바로 정공[22]의 영천일세　　永川應是正公川

동강의 낚시터[23]로 비기지 마시게나　　休將桐水釣臺較

한천과 도동[24]에 비견될 줄 아네　　更信寒泉道洞肩

고향에는 본래 좋은 경치가 많지만　　故里自多佳勝處

단심은 도리어 청산과의 인연을 등졌네　　丹心還負碧山緣

남창군 서진을 애도하는 만시[輓徐南昌君 津] 병오년(1726)

기린각 단청이 백세토록 남겨져　　麟閣丹青百世留

여경을 잇는 현손을 다시 보네　　更看玄裔接餘庥

허리에 금대를 띠니 영광과 명예가 컸고　　腰横金帶榮名大

피를 마셔 회맹하니 성상의 은총 넉넉했네　　血共銅盤聖眷優

장손이 원래 습작했다고 말하지 마시게[25]　　休說張孫元襲爵

반골이 제후에 봉해질 만했음을 본래 알았느니[26]　　固知班骨可封侯

---

22) 정공(正公) : 정몽주가 1367년에 예조 정랑(禮曹正郎)으로 성균 박사를 겸임하였으므로, 이렇게 부른 듯하다.

23) 동강(桐江)의 낚시터 : 동강은 절강성(浙江省) 동려현(桐廬縣)에 있는 강이다. 여기서 후한(後漢)의 은사 엄광(嚴光)이 은둔해 낚시질하였는데 그곳을 엄릉뢰(嚴陵瀨)라 한다.(『後漢書』 권113 「嚴光列傳」)

24) 한천(寒泉)과 도동(道洞) : 한천은 주희(朱熹)가 어머니의 묘소 가까이에 한천정사(寒泉精舍)를 지었으므로 주희를 가리키고, 도동은 경북 영천에 있던 지명으로 정몽주를 가리킨다.

25) 장손(張孫)이……마시게 : 장손은 창오 태수(蒼梧太守)를 지낸 장진(張鎭)의 손자 장빙(張憑)을 말한다. 장빙이 네댓 살 되었을 때, 장진이 장빙의 아버지를 보고 "내가 너의 훌륭한 아들만 못하다."라고 하자, 장빙이 "할아버지께서는 어찌하여 아들을 가지고 그 아비를 놀리십니까."라고 했다 한다. 당시의 명사(名士)였던 유담(劉惔)이 그의 재능을 알고는 황제에게 천거하였고, 뒤에 이부랑(吏部郎)과 어사중승(御史中丞)을 지냈다.(『晉書』 권75 「張憑傳」)

26) 반골(班骨)이……알았느니 : 반골은 반초(班超, 33~102)의 골상(骨相)이다. 반초는 후한(後漢) 명제(明帝) 때 서역(西域)을 정벌하여 50개 이상의 나라를 복속시킨 공으로 정원후(定遠侯)에 봉해진

노인성[27]이 어젯밤 갑자기 빛을 잃으니 老星昨夜翻藏彩
일흔 살에 겨우 두 해를 더하였네 二筭纔添七十秋

창방하는 날에 감회가 있어서[唱榜日有感] 정미년(1727)

숙종의 궁정 앞에서 태학생이 되었는데 肅考庭前太學生
이 조정에서 또 제과[28]의 명성을 입었네 今朝又荷制科名
계화를 머리에 이니 천향[29]이 자욱하고 桂花戴頂天香藹
난주로 입술 적시니 옥로[30]가 맑네 蘭酒沾脣玉露清
군왕의 은혜 막중하니 그저 부끄러울 뿐 恩重君王徒自愧
집에 부모 없으니 이 영광 누구에게 바칠까 家無父母孰爲榮
슬프게도 지난 양산[31]의 눈물이 悽然昔日梁山淚
다시 창오[32]를 향하여 갑절이나 쏟아지네 更向蒼梧倍自傾

— 경자년(1720)에 숙종께서 승하하셨고, 또 아버지의 상을 당하였다. —

인물이다. 하루는 그에게 한 관상가(觀相家)가 "그대는 제비의 턱에 범의 머리라 날아서 고기를 먹는 상이니, 이는 곧 만리후에 봉해질 상이다."라고 하였는데, 후일에 그 관상대로 되었던 것이다. (『後漢書』 권47 「班梁列傳·班超」)

27) 노인성(老人星) : 남극 하늘에 떠서 인간 수명의 연장 여부를 점친다는 수성(壽星)이다.

28) 제과(制科) : 임시로 시험을 실시하여 특출한 인재를 발탁하는 과거로, 국왕이 직접 출제하여 시험한다.

29) 천향(天香) : 신에게 제사지낼 때 피우는 향이다.

30) 옥로(玉露) : 옥이슬을 가지고 만든 장물로, 전의되어 아주 좋은 술을 뜻한다.

31) 양산(梁山) : 옛 금곡(琴曲)인 「양산조(梁山操)」의 준말로, 부모를 간절히 생각하는 효자의 마음을 뜻한다. 증자(曾子)가 태산(泰山) 아래에서 밭을 갈다가 날씨가 나빠져서 오래도록 집에 돌아가지 못하여 어버이를 생각하며 부른 노래라고 한다. 「양산음(梁山吟)」이라고도 한다.

32) 창오(蒼梧) : 중국 호남성(湖南省)에 있는 구의산(九疑山)으로, 순(舜)임금이 묻힌 곳이다. 여기서는 숙종의 왕릉을 가리킨다.

영귀[33]하던 날에 진사 종숙 석림[34]이 시 한 편을 읊어, 삼가 받들어 화운하다 [榮歸之日 進士從叔 碩臨 吟一律 謹以奉和]

본래 풍성을 빛낼 천보[35]가 아닌데 自非天寶耀豊城
우연히 잔우[36]를 잡고 한 번 울려 보았네 偶把殘竽試一鳴
황방[37]에서 운 좋게 말제에 입격했으니 黃榜幸能叨末第
청운에게 어찌 꼭 앞길을 물어보랴 青雲何必問前程
일경의 정훈[38] 귀에 가득하니 一經庭訓徒盈耳
스무 대의 가성이 실추될까 두렵네 卄葉家猷恐墜聲
외로운 신세의 남은 회포 눈물만 빚으니 孤露餘懷偏釀淚
영광된 자리가 도리어 영광스럽지 않네 翻敎榮席不爲榮

---

33) 영귀(榮歸) : 급제한 뒤 근친(覲親)하러 가는 것을 말한다.

34) 정석림(鄭碩臨, 1669~1739) : 자는 여대(汝大), 호는 월송재(月松齋)이다. 1721년 식년시 2등으로 진사에 입격하였으며, 1728년 이인좌의 난에 창의하였다.

35) 풍성(豊城)을 빛낼 천보(天寶) : 풍성은 지명이고, 천보는 광채를 발하는 보검(寶劍)을 말한다. 진(晉)나라 때 장화(張華)가 예장(豫章) 사람 뇌환(雷煥)에게 두성(斗星)과 우성(牛星) 사이에 특이한 기운이 있는 것이 무엇을 의미하는지 묻자, 뇌환이 "그것은 보검의 광채가 하늘에까지 닿았기 때문이며, 현재 예장 풍성에 있다."라고 대답하였다. 이에 장화가 그를 풍성 영(豊城令)으로 보내 그 보검을 찾게 하였더니, 감옥으로 사용했던 집터에서 석함(石函)이 하나 나왔고, 그 석함 속에 용천(龍泉)과 태아(太阿)라는 쌍검(雙劍)이 있었다고 한다.(『晉書』 권36 「張華傳」)

36) 잔우(殘竽) : 온전하지 못한 피리를 말하는데, 못난 재주를 뜻한다. 제 선왕(齊宣王)이 피리 연주를 좋아하여 항상 3백 인을 모아 합주하게 하자, 남곽 처사(南郭處士)가 슬쩍 끼어들어 국록을 타 먹었는데, 선왕이 죽고 민왕(湣王)이 즉위한 뒤에 한 사람씩 연주를 하게 하자 처사가 도망쳤다는 고사에서 온 말이다.(『韓非子』「內儲說上」)

37) 황방(黃榜) : 전시(殿試)에서 합격자 명단을 써놓은 누런 종이이다.

38) 일경(一經)의 정훈(庭訓) : 유학을 공부하라는 부모의 가르침이다. 일경은 하나의 경서(經書)라는 뜻으로, 수신제가(修身齊家)하는 유가(儒家)의 법도를 가리킨다. 소식(蘇軾)의 시에 "애써 부지런히 일경을 지킬지니, 가난해도 정성껏 봉양하는 것이 진수성찬보다 나으니라.[辛勤守一經 菽水賢五鼎]"라는 구절이 있다.(『蘇東坡詩集』 권27 「送程建用」)

주왕산에서 민행 상인에게 차운하다[周王山 次敏行上人]

칠월의 주왕산 천기가 시원하니 七月周王天氣凉
운학을 따라 선랑을 찾아보리라 爲從雲鶴問仙郎
송준주를 마시고 나서 마루에 누우니 松醪酌罷憑軒臥
계자의 가을 향기가 약방보다 진하네 桂子秋香動葯房

진사 옥해백 진소[39]를 애도하는 만시[輓玉進士諧伯 振韶]

생각난다 손잡고 현관[40]에 들어서던 때가 憶曾携手入玄關
그대를 일찍 알아 얼굴로만 사귀지 않았지 早識同君契不顔
빙얼[41]의 선조에 청백의 후손이요 氷蘗祖先淸白後
삼련은 부자 형제 사이이네[42] 森蓮父子弟兄間
사란[43]의 줄기 꺾여도 두 가지 빼어나 있고 謝蘭摧幹雙枝秀
유국[44]은 언덕을 타고 반포에서 한가롭네 庾菊緣崖半圃閒

---

39) 옥진소(玉振韶, 1674~?) : 자는 해백(諧伯), 본관은 의령(宜寧)이다. 1715년 생원에 입격하였다.
40) 현관(玄關) : 오묘한 도를 뜻하는 말인데, 여기서는 서당을 뜻한다.
41) 빙얼(氷蘗) : 청고(淸苦)한 지절(志節)을 말한다. 청빈한 생활로 얼음을 마시고 나무의 움을 먹는다는 '음빙식얼(飮氷食蘗)'이라는 말에서 유래한다.
42) 삼련(森蓮)은……사이이네 : 삼련은 연방(蓮榜)에 많이 입격했다는 뜻이다. 연방은 생원시(生員試)나 진사시(進士試)에 입급한 것을 말한다. 옥진소(玉振韶)의 형제와 그의 아버지 옥세보(玉世寶)의 형제 중에 연방에 입격한 자가 많음을 말한다.
43) 사란(謝蘭) : 진(晉)나라의 사안(謝安)이 자질(子侄)들에게 "사람들은 왜 자기의 자제들이 출중하게 되기를 바라는가?"라고 묻자, 족질 사현(謝玄)이 "비유컨대, 지란옥수(芝蘭玉樹)가 뜰에 나기를 바라는 것과 같습니다."라고 대답한 데서 나온 말로, 출중한 자제나 후손을 뜻한다.(『晉書』 권79 「謝安傳」)
44) 유국(庾菊) : 미상.

누가 새 무덤을 열고 준골을 거둘꼬 　　誰啓新阡收俊骨
정인은 눈물 뿌리며 청산을 원망하네 　　情人揮淚怨青山

이수원 어른을 애도하는 만시[輓李丈 秀遠] 무신년(1728)

청관을 한 번 찾아가자 마음 다 여셨고 　　一揖清關心便輸
타고난 자품 온후하고 체구는 훤칠하셨네 　　天姿溫厚狀魁梧
선대의 미덕은 소씨의 삼봉[45]을 일으켰고 　　先徽蘇氏三峰起
후손의 사업은 호가의 쌍벽[46]을 함께하였네 　　後事胡家雙璧俱
명문가에 어진 원로 있음을 비로소 알겠노니 　　始信名門賢老在
말세에 좋은 사람 없다 말하지 마시게나 　　休言末路好人無
예순의 인생 지금은 이리 짧다만 　　六旬光景今何嗇
저승에서는 색동옷 입고 기뻐하며 춤추겠지[47] 　　泉下應歡彩服趨

척장 양흠중의 증별시에 차운하다[次楊戚丈欽中贈別韻]

둔마는 재능이 본래 열등하니 　　駑駘才本下
잘 달릴 수 있다 말하지 마시게 　　休說步能伸

---

45) 소씨(蘇氏)의 삼봉(三峰) : 송나라 인종(仁宗) 때 사람 소순(蘇洵)과 그의 아들 식(軾)·철(轍)이 세 산봉우리처럼 일어났던 것을 두고 하는 말이다.
46) 호가(胡家)의 쌍벽(雙璧) : 송나라 호안국(胡安國)과 호굉(胡宏) 부자를 가리킨다.
47) 색동옷……춤추겠지 : 저승에서 부모님 모시고 행복하게 지낼 것이라는 말이다.

비록 훈화[48] 같은 군주가 있더라도　縱有勛華主
고기[49] 같은 신하 아니니 어쩌나　奈非皐夔臣

좌랑 송국로 이단[50]을 애도하는 만시[輓宋佐郎國老 履端] 경술년(1730)

정신으로 사귀던 십 년 동안 얼굴 보지 못했는데　神交十載隔眞顔
어찌 알았으랴 오늘 아침 돌아가는 관 전송할 줄　那意今朝送柩還
청아한 모습은 문단의 훌륭한 선비였고　雅表文園賢士類
영광된 이름은 예조의 소랑 반열이었네　榮名儀省少郎班
등종이 실마리를 실추하니[51] 천명은 기필키 어렵고　鄧宗墜緖天難必
진질[52]이 사람을 꺾으니 귀신도 또한 모질구려　秦疾摧人鬼亦頑
영혼이나 행여 잘 돌아갈 수 있을까　蜀魄倘能歸去未
외로운 아내와 한 아우가 피눈물을 흘리네　孤鸞隻雁血潸潸

---

48) 훈화(勛華) : 방훈(放勳)과 중화(重華), 즉 요(堯)임금과 순(舜)임금을 가리킨다.

49) 고기(皐夔) : 순(舜)임금 때의 훌륭한 신하인 고요(皐陶)와 기(夔)를 가리킨다.

50) 송이단(宋履端, 1681~1730) : 자는 신초(愼初), 호는 기산(岐山), 본관은 야성(冶城)이다. 1723년 을과로 문과에 급제하여 좌랑(佐郎)을 지냈다.

51) 등종(鄧宗)이……실추하니 : 아들이 죽어 후사가 없는 것을 말한다. 진(晉)나라 등유(鄧攸)가 하동태수(河東太守)로 있을 적에 석늑(石勒)의 난을 만나 자기 아들과 동생의 아들을 데리고 피난하던 도중에 적을 만났다. 등유는 두 아이를 다 살리지 못할 것이라고 여겨 자기 아들을 버리고 동생의 아들만 데리고 갔는데, 그 뒤에 끝내 후사를 얻지 못하였다. 그러자 사람들이 그의 행실을 의롭게 여기면서 슬퍼하여 "천도가 아는 것이 없어서 등백도(鄧伯道)로 하여금 아들이 없게 했다."라고 하였다. (『晉書』 권90 「鄧攸傳」)

52) 진질(秦疾) : 『장자(莊子)』 「열어구(列禦寇)」에 진왕(秦王)이 치질을 앓았다는 말이 있어서 인용한 것이다.

괴원에서 당직하는 중에 삼가 상사 족부 석림께 차운하여 올리다[槐院直中謹次呈上舍族父 碩臨] 두 수 중 두 번째이다.

직무에 매여서 나라 지키는 정성 늘 간직하지만	縻職恒存衛國忱
한가한 마음 오히려 고향을 깊이 그리워하네	閒情猶向故園深
얼음 낀 험로에 고향 소식 드물고	氷連險路稀鄕信
눈 내린 창가에 나그네 마음 괴롭네	雪擁寒牕惱客心
저 멀리 시름겨운 구름 영수에 끼어 있고	望裏愁雲迷嶺樹
꿈속의 밝은 달이 솔숲에 걸려 있네	夢中明月掛松林
때때로 어린 아들 생각이 마음에 걸리니	時時幼子添關念
부디 엄격한 과정 세워 허송하게 하지 마소	須設嚴課莫浪沈

– 이때 맏아들 일감一鑑이 상사공에게 나아가 『소학』을 읽었다. –

김수부 계백의 시에 차운하다[次金守夫 啓白 韻] 신해년(1731) ○두 수 중 둘째 수이다.

천 리 밖 추운 집에서 홀로 사립문 닫으니	千里寒齋獨掩扉
고향의 소나무와 국화가 꿈속에 선하네	故園松菊夢依微
재주 모자라니 단지 녹봉을 축낼 뿐이고	才疎只得耗稍食
지위 낮으니 어찌 임금 돕기를 바라랴	位賤奚望補袞衣
안상에는 시서가 있어 참맛이 깊고	案有詩書眞味永
문에는 거마가 없어 세상 인연이 드무네	門無車馬俗緣稀
창 밝은 곳은 속세와 떨어져 있으니	一窓明處紅塵隔
꼭 청산에서 기심을 끊으려 한 것은 아니네	未必靑山便息機

이평경 권[53]이 겨울밤 감회를 읊은 시에 차운하다[次李平卿 權 冬夜詠懷韻]

눈빛이 달빛과 어울리어 냉기 스며드는데 雪光和月冷侵人
점점이 작은 별들 북극성을 향하네 點點微星拱北辰
잠 못 이루는 오늘 밤 탈이나 없으신지 丙枕今宵無恙否
한 줄기 은하수가 빛나며 돌고 있네 雲漢昭回一縷銀

류중신 정무[54]의 「납일」 시에 차운하다[次柳仲新 鼎茂 臘日韻]

여관에서 이 날을 또 맞이하니 旅榻重逢此日還
외로운 감회 노음과 함께 남아있네 畸懷仍與老陰殘
눈이 섬돌에 내려 흰 나뭇가지 적시고 雪侵萱砌瓊枝潤
봄이 매화 분에서 흘러나와 꽃 만발하네 春泄梅盆玉蘂團
선약을 하사하니 향기가 맑고 仙藥頒來香味冽
궁궐에서 조회 마치니 패옥 소리 차네 禁門朝罷珮聲寒
가난한 시골 마을에서 양주[55] 없다 탄식 마오 窮閭莫歎無羊酒

---

53) 이권(李權, 1700~1760) : 자는 평경(平卿), 본관은 광주(廣州)이다. 1725년 증광시 병과로 문과에 급제하여 박사를 지냈다. 문사로 이름이 났다.

54) 류정무(柳鼎茂, 1679~?) : 자는 중신(仲新), 본관은 진주이다. 1705년 식년시에 생원 3등으로 합격하고, 1733년 식년시에서 갑과로 문과에 급제하였다. 병조 좌랑·전생서 직장(典牲署直長)·전적(典籍) 등을 지냈다.

55) 양주(羊酒) : 양고기와 술이라는 설도 있고, 유목민이 마시던 술 이름이라는 설도 있는데, 모두 자식을 낳은 것을 축하하기 위해 마련한 진귀하고 맛난 음식이라는 의미로 쓰인다. 『사기(史記)』「노관전(盧綰傳)」에 "고조와 노관이 같은 날 태어나니, 마을 사람들이 양주를 가지고 가서 양쪽 집안에 하례하였다."라는 내용이 있다.

새로운 치소와 각소[56]를 눈 씻고 보게 되리다	徵角新韶拭目觀

— 이해에 기근이 심하여 조정에서 막 진휼을 의논하였기 때문이다. —

안희중 성시가 송 사예의 「벽송정」[57] 시를 읊어 보여주어 마침내 받들어 화운하다. 절구 2수[安希中 聖時 詠示宋司藝碧松亭韻 遂以奉和 二絶] 임자년(1732)

삼나무 숲 맑은 소리에 서늘한 기운 스며들고	萬杉淸籟暗生凉
짙은 나뭇잎 높이 뜬 태양을 가리네	密葉能遮丈五陽
해질 무렵 그늘 따라 자리 옮기니	向晩隨陰移榻轉
낮잠 달콤한 곳에 물시계 소리 지루하네	午睡甜處漏聲長
소나무 아래 호상[58]이 더위에도 시원한 것은	松下胡床暑亦凉
푸른 일산이 붉은 태양 가리기 때문	爲由蒼盖蔽朱陽
누가 알랴 대지의 붉은 먼지 속에서	誰知大地紅塵裏
맑은 바람 한 줄기 훔칠 수 있을 줄을	偸得淸風一線長

이생 민행이 부쳐온 시에 차운하다[次李生敏行見寄韻]

생각나노니 지난번 찾아왔던 날에	憶曾傾盖日

56) 치소(徵韶)와 각소(角韶) : 악장(樂章) 이름으로, 여기서는 훌륭한 정치를 가리킨다. 안자(晏子)의 충간(忠諫)으로 유람을 그만둔 제 경공(齊景公)이 군신(君臣)이 서로 기뻐하는 내용의 음악을 만들라고 지시하여, 태사(太師)가 만든 음악이다. 소(韶)는 또 순(舜)임금의 음악 이름이기도 하다.(『孟子』「梁惠王下」)

57) 벽송정(碧松亭) : 서울 성균관(成均館) 북쪽에 있던 정자로, 소나무가 울창했다.

58) 호상(胡床) : 접을 수 있게 되어 있는 일종의 간편한 의자이다.

은근한 예우를 너무 많이 받았지	偏荷禮容勤
칼은 높은 하늘의 기운을 띠었고	劍帶層霄氣
난초는 구원[59]의 향기를 머금었지	蘭含九畹芬
삼대와 쑥대가 어찌 서로 도움이 되리요	麻蓬寧互益
닭과 학은 본래 같은 무리가 아니지	雞鶴固非羣
어젯밤 서쪽 하늘 바라보니	昨夜西天望
장경[60]이 벌써 문채가 빛나더군	長庚已動文

최자흥 남걸을 애도하는 만시. 절구 2수[輓崔子輿 南杰 二絶]

동남 지방에서 육의정[61]을 앞다투어 말하니	東南爭說六宜亭
충신한 그대 그 전형을 이어받았네	忠信如君襲典刑
형제가 해를 이어 모두 세상 뜨니	棣萼連年凋謝盡
창천은 눈이 없는가 어둡기만 하네	蒼天無眼但冥冥

친척으로는 고종제 나이는 동갑	親爲表弟齒同庚
어려서부터 서로 따르며 가장 정다웠네	髫齔相隨最有情
오십 년 세월에 일 년이 부족하니	五十光陰猶嗇一
묘지를 향해 차마 슬픈 눈물을 뿌리랴	忍揮悲淚向佳城

---

59) 구원(九畹): 굴원(屈原)의 『이소(離騷)』에 "난초를 자라게 하는 구원(九畹)이다." 하였는데, 이것은 난초 심은 동산을 말한 것이다.

60) 장경(長庚): 금성(金星)의 별칭이다. 태백성(太白星)이라고도 하는데, 저녁 무렵 서쪽 하늘에 가장 밝게 빛나는 별이다.

61) 육의정(六宜亭): 경북 경주시 외동읍 제내리 못안마을 모정나무숲 옆에 있는 정자이다. 1619년 육의당(六宜堂) 최계종(崔繼宗)이 별장 겸 강학 장소로 건립하였다. 일명 석호정사(石壕精舍)라고도 한다.

종고모부 최숙명 남봉을 애도하는 만시[輓從姑夫崔叔鳴 南鳳]

종고모님 내 아내에 대하여	從姑於予配
친분이 가볍지 않았네	親誼不曾輕
구족으로서 경주의 명망 있는 가문이요	舊族東都望
선비로서 북해의 걸출한 인물이었네[62]	靑襟北海英
수명은 장수에 막 절반이고	遐籌纔半到
아들은 겨우 둘 뿐이네	寶樹僅雙成
쓸쓸한 오산 밖에서	蕭瑟鰲山外
어찌 차마 두견의 소리 들으랴	忍聽杜宇聲

진사 조후룡[63]의 문희연[64]에서 진사 권렴[65]의 시에 차운하다[趙進士後龍聞喜宴 次權進士 濂 韻]

몇 해나 문단에서 명성을 독차지하였던가	幾年騷苑擅高名
오늘에야 연지[66]에서 대기만성하게 되었네	今日蓮池得晩成

---

62) 선비로서……인물이었네 : 훌륭한 인물에게 영특한 인재로 인정을 받았다는 말이다. 한(漢)나라 말기에 공융(孔融)이 북해의 재상이 되었을 적에 사람들이 그를 공북해(孔北海)라고 불렀으며, 그가 선비를 좋아하여 문전에 사람들이 많이 모여들었다 한다.(『後漢書』 권70 「孔融傳」)

63) 조후룡(趙後龍, 1685~?) : 자는 운길(雲吉), 호는 신재(新齋), 본관은 함안(咸安)이다. 1735년 증광시 2등으로 진사에 입격하였다.

64) 문희연(聞喜宴) : 과거에 급제한 사람이 가까운 친구와 친척을 불러 베푸는 자축연(自祝宴)이다.

65) 권렴(權濂, 1701~1781) : 자는 희원(希元), 호는 후암(厚庵)·초파(蕉皤), 본관은 안동이다. 1733년 식년시 생원에 입격하였다. 저서로는 『조수록(條修錄)』·『소학의목(小學疑目)』·『명성내외편(明誠內外篇)』·『후암집(厚庵集)』이 있다.

66) 연지(蓮池) : 막부(幕府)의 별칭이다. 남조(南朝) 제(齊)의 위군장군(衛軍將軍) 왕검(王儉)이 재사(才士)를 많이 영입하여 막부를 열자, 당시 사람들이 연화지(蓮花池) 혹은 연화부(蓮花府)라고 일컬었던

은전의 교지로 선조의 사당을 거듭 빛내고　恩旨重光賢祖廟
아롱진 옷으로 노모를 한껏 기쁘게 해드리리　彩衣偏悅老孃庭
옥피리 소리 울려 퍼져 계산이 밝아지고　聲飛玉笛溪山朗
화려한 주연 술 거나하여 마을이 영광되리　酒爛綺筵閭里榮
손님과 친구 수없이 와서 축하드리니　賓友紛紛來獻賀
시를 지어 광주리에 넣어 쌓아 두게 하네　任敎詩律積塡籯

또 조두 어른의 시에 차운하다[又次趙丈 斗 韻] 곧 새로 급제한 당숙부이다.

여든의 여윈 얼굴빛 북당[67]에서 비추고　八耋蒼顔耀北堂
남색 비단 색동옷에 빛을 더해 주네　藍布添却彩衣光
아름다운 문희연에 와서 헌수를 하니　聞喜芳筵來獻壽
뜰 앞의 연꽃 봉오리가 한껏 향기롭네　庭前蓮萼十分香

연꽃이 곱디곱게 한 집에서 빛나고　芙蕖艶艶耀同堂
남극성이 갑절이나 빛을 내뿜네　南極星躔倍動光
혜실[68]에서 오늘 아침 훈목을 오래 하여　蕙室今朝薰沐久
돌아오는 길 옷섶에 향기가 가득하네　歸來偏覺滿衣香

데서 유래한다.(『南史』 권49 「庾杲之傳」)

67) 북당(北堂) : 어머니가 거처하는 곳으로, 홀어머니를 지칭하는 말이다. 『시경』 「위풍(衛風)·백혜(伯兮)」에 "어찌하면 원추리를 얻어서 북당에 심어 볼까. 떠난 사람 생각에 내 마음만 병드누나.[焉得諼草 言樹之背 願言思伯 使我心痗]"라고 하였다.

68) 혜실(蕙室) : 난실(蘭室)과 같다. 난초 향기가 그윽한 방으로, 착한 친구가 사는 곳을 비유해서 한 말이다.

갑인년(1734) 6월에 도중道中 등 여러 벗들과 횡계橫溪 구택에 모여 선생님의 유집遺集 편목을 대략 정하고, 여러 벗에게 베끼는 일을 나누어 맡겼다. 을묘년(1735) 봄에 단애丹厓의 시골집에 모였다가 선원仙源으로 가서 삼가 수교讎校를 시작하였으나, 권질이 많고 또 쓸데없는 장애를 만나 중단을 면하지 못하였다. 여름에 다시 선원에 모였고, 겨울에 또 은해사銀海寺에 모여 앞뒤로 무려 팔십여 일 되었으나 아직도 끝내지 못하였다. 병진년(1736) 4월에 다시 용산龍山의 제각祭閣에 모여 수십 일을 머물렀다. 백옥伯玉은 매번 따라 왔고 여러 벗들도 번갈아 왔으나 조운로曺雲路 비경飛卿과 유유옥柳幼玉이 가장 오래 머물렀다. 먼지를 쓸어내는 여가에 옥간정玉磵亭에서의 옛 놀이가 생각나 드디어 남기신 시의 운을 이어서 서림西林의 감회를 붙인다[甲寅六月 與道中諸益 聚橫溪舊宅 粗定師門遺集篇目 屬諸友分謄 乙卯春 會于丹厓村舍 轉到仙源 謹始讎校 而卷帙浩大 且值冗礙未免中掇 夏再會仙源 冬又會銀海寺 前後凡八十餘日 而猶未斷手 丙辰四月 更會龍山墳庵 留數十日 伯玉每從之 諸友亦迭至 而曺雲路飛卿柳幼玉最久滯焉 掃塵之暇 追憶玉磵舊遊 遂續遺韻以寓西林之感云] 병진년(1736)

옥간의 높은 정자 오래도록 먼지 덮여서	玉磵高亭久掩塵
말씀을 받들려 해도 길이 없어 슬퍼했네	欲承音旨悵無因
서책을 훑어보니 남기신 말씀 남아 있어	閱來簡帙留遺語
의형이 멀어진 시대에 있음도 잊겠네	忘却儀形隔異辰
이 날의 책 편집 나의 직분임은 알겠으나	此日編摩知我職
훗날 어떤 사람이 정말 높이 간직할까	他年尊閣政何人
사문이 동방에서 어찌 끝내 사라지랴	斯文東土寧終喪
이 책을 외어 만대에 전하여지겠지	應誦玆書徹萬春

척형 이태준[69]을 애도하는 만시[輓李戚兄 台俊]

오봉은 문호가 커서	五峰門戶大

방손까지 끼친 향기 이어받았네	旁派襲餘芳
고아한 의범은 향리에서 추앙받고	雅範推鄕里
맑은 문장은 문단에서 드날렸네	淸詞擅墨場
난초는 네 줄기 꽃대를 뽑아올렸고	蘭抽四朶秀
명협은 칠순 넘게 세월을 세었네	蓂閱七旬强
평생에 가장 한이 되는 것은	最是平生恨
가을 연꽃이 칼집 속에 간직된 것이네[70]	秋蓮匣裏藏

진사 이계실 항배[71]를 애도하는 만시[輓李進士季實 恒培]

그대 집안의 문채 대대로 찬란하였지	君家文采世斒斕
맑은 정기 두 백산에서 치우쳐 보냈네	淑氣偏輸兩白山
비단 같이 아름다운 시편은 예원에서 드날렸고	錦綺佳篇騰藝苑
영재를 기르는 의범은 현관[72]에서 떨쳤네	菁莪懿範振賢關
봉황이 열을 지어 뜰은 비록 윤택하였으나	鳳毛成列庭雖潤
붕새가 바람이 없어 깃털이 쉽게 세었네	鵬翮無風鬢易斑

---

69) 이태준(李台俊, ?~?) : 본관은 연안(延安)이다. 1728년 이인좌의 난에 신렴(申濂)과 함께 창의하여 군량을 담당하였다.

70) 가을……것이네 : 훌륭한 문장력을 갖고도 과거에 급제하지 못한 것을 말한다. 가을 연꽃은 검을 휘두를 때 일어나는 빛인 검화(劍花)를 가리키는 말로, 여기서는 훌륭한 문장력을 뜻한다. 이백(李白)의 「호무인행(胡無人行)」에 "유성과 같은 백우전(白羽箭) 허리춤에 꽂고, 가을 연꽃 같은 검화 칼집에서 나온다.[流星白羽腰間插 劍花秋蓮光出匣]"라고 하였다.

71) 이항배(李恒培, 1683~1716) : 자는 계실(季實), 호는 갈음(葛陰), 본관은 경주이다. 1714년 진사시에 입격하였다. 저서로는 『갈음집』이 있다.

72) 현관(賢關) : 현인의 길로 통하는 관문이란 뜻으로, 성균관(成均館)의 이칭이다.

애석하게도 지금 황천으로 영영 떠나가니　可惜重泉今永隔
진안과 다른 용마루 달에 다시 놀라겠네　卻驚樑月異眞顏

직장 황재청[73]을 애도하는 만시[輓黃直長 再淸]

노년에 벼슬하여 화려한 띠를 드리우니　暮年從仕韠華紳
성주의 은명은 백성을 구제하여서라네　聖主恩除爲濟民
애석하게도 한강 남쪽 붉은 명정 가는 길에　可惜漢南丹旐路
두견은 애절하게 울고 나그네는 눈물 흘리네　蜀禽啼血淚征人

찰방 박희안[74]을 애도하는 만시[輓朴察訪 希顏] 신유년(1741)

쓸쓸한 화산 아래에서　廖落華山下
지금에야 명사가 나왔네　于今俊士興
과거는 식년과에서 영광 차지하였으나　科榮大比選
관직은 작은 역의 찰방에 그쳤네　官止小郵丞
여든에서 두 해 모자라고　八耋雙籌嗇
여섯 아들 중에 둘이 급제하였네　六珠二顆登

---

73) 황재청(黃再淸, ?~1735) : 자는 성일(聖一), 호는 송재(松齋)이다. 1702년 큰 가뭄이 들었을 때 곡식 수천 석을 내어 삼남(三南)의 빈민을 구휼하였다. 1735년 정릉 직장(靖陵直長)을 제수 받고 임소에서 죽었다.

74) 박희안(朴希顏, 1664~1741) : 자는 경우(景遇), 호는 구졸(九拙), 본관은 군위(軍威)이다. 1699년 식년시 병과로 문과에 급제하여 전적(典籍)·찰방을 지냈다.

훌륭한 풍모 이제부터 멀어져서 丰儀從此隔
머리 돌리니 눈물이 뒤엉켜 흐르네 回首涕交凝

삼가 봉계 상사 족숙의 시에 차운하다[謹次鳳溪上舍族叔韻]

팔 년 만에 다시 한수 북쪽으로 와 八載重來漢水陽
오색구름 많은 곳에서 은하수를 바라보네 五雲多處望霄潢
대궐 드나드는 몸은 앞길을 모르고 身趨禁闥迷前路
관복 털어내는 손에는 옛 향기 여리네 手拂朝衣淡舊香
누가 알랴 회옹의 감묘[75] 계책을 誰識晦翁監廟計
시름겹네 반자가 가을의 감회 읊조린 것이[76] 却愁潘子詠秋腸
풍진에 골몰한 것 참으로 우스운 노릇 風埃乾沒眞堪笑
거울 속 귀밑머리 쓸쓸하게 서리 가득하네 鏡裏蕭蕭鬢滿霜

병조의 당직 중에 좌랑 오경숙 명수의 시에 차운하다[騎省直中 次吳佐郎敬叔命脩 韻] 두 수 중 첫째 수이다.

표직[77]이라고 어찌 사무 많음을 근심하랴 豹直寧憂職事繁

---

75) 회옹(晦翁)의 감묘(監廟): 주자가 궁관(宮官)에 제수되어 나라의 앞날을 걱정한 일을 두고 한 말인 듯하다. 회옹은 주희(朱熹)를 가리킨다. 주자가 만년에 궁관에 제수되어 “옛 서울의 원묘는 연진에 막혔으니, 백발로 사관이 되어 감개가 새롭다.[舊京原廟隔煙塵 白髮祠官感慨新]”는 시를 지어 친구에게 보내면서 눈물이 흐른다고 한 일이 있다.(『晦庵集』 권9 「拜鴻慶宮有感」)

76) 반자(潘子)가……것이: 진(晉)나라 때 문인 반악(潘岳)이 일찍이 「추흥부(秋興賦)」를 지어 가을에 느끼는 정회(情懷)를 피력한 데서 온 말이다.

한 마음이 오직 임금 은혜 보답에 있는데 一心惟在報君恩
숙위를 막 감독하고 나서 여러 부서 순찰 돌고 纔監宿衛巡諸部
이어서 포관[78]을 신칙하여 궐문 지키게 하네 仍飭抱關守九門
역리驛吏는 점명[79]하고 말의 수를 간검하며 郵吏點名看馬步
장군[80]은 나팔 불며 떠드는 사람을 경계하네 仗軍吹嘯戒人喧
승정원의 교지 출납은 어이 그리 다그치나 銀臺聽旨催何急
원례[81]의 호통소리에 혼이 절반은 나갔네 院隷聲中半褫魂

다시 겸춘추로서 예문관에서 숙직하며 류중신의 연구[82]에 차운하다[再以兼春秋直宿藝文館 次柳仲新聯句韻]

화개[83]가 맑고 높은 곳에서 華盖淸高地
다시 와서 북극성을 옹위하네 重來擁北辰
어찌 알았으리오 병조의 객이 豈知騎省客
자주 봉지[84]의 사람이 될 줄을 頻作鳳池人
이 직책은 다른 직책이 아니라 此職非他職

---

77) 표직(豹直) : 관원이 혼자서 수직(守直)하는 것을 말한다.
78) 포관(抱關) : 포관격탁(抱關擊柝)의 준말로, 미관말직(微官末職)을 뜻하는 말이다. 관문(關門)을 지키거나 목탁(木鐸)을 치며 돌아다니는 말단 관리를 가리킨다.
79) 점명(點名) : 명부에 따라 점을 찍어가며 호명하는 것이다.
80) 장군(仗軍) : 궁문(宮門)을 경계하며 임금이 거둥할 때에는 가까이서 경호(警護)하는, 병조(兵曹)에 딸린 군사이다.
81) 원례(院隷) : 승정원에 소속된 노비이다.
82) 연구(聯句) : 두 사람 이상이 모여 각자 돌아가며 한 구씩 읊어 한 편의 시를 완성하는 시이다.
83) 화개(華蓋) : 귀인(貴人)들의 수레 위에 받치는 일산(日傘)을 말한다.
84) 봉지(鳳池) : 중서성(中書省)의 별칭인데, 흔히 대궐 안을 뜻하는 말로도 쓰인다.

전임자가 후임자를 정한다네 前身定後身
『황정경』[85]을 아침저녁으로 읽어 黃庭朝暮讀
번화가의 먼지를 다 벗었네 渾蛻九街塵

공주 공북루에 오르다[登公州拱北樓] 임술년(1742)

우연히 공무로 공주에 와서 偶因公務到熊州
해질 무렵 공북루에 올랐네 斜日登臨拱北樓
성 아래 긴 강은 맑기가 거울 같고 城下長江明似鏡
지는 꽃과 새 잎이 창주[86]에 비치네 殘紅嫩綠暎滄洲

상사 이회가 형운이 찾아와서 절구 한 수를 읊기에 이에 화답하다[李上舍會嘉 亨運 來訪 詠詩一絶 遂以奉酬]

세상에 아기[87]가 있는 것이 얼마나 다행인가 人間何幸有牙期
거문고를 타기도 전에 벌써 지음을 허락하였네 未奏琴聲已許知
타향에서의 기이한 만남 참으로 우연이 아니라 萍水奇逢誠不偶
술잔 들고 마주 대하며 섬세히 시를 논하네 一樽相對細論詩

85) 『황정경(黃庭經)』: 도가(道家)의 경(經)이다.
86) 창주(滄洲): 물가의 수려한 경치를 뜻하는 말인데, 남조(南朝) 제(齊)나라 시인 사조(謝朓)가 선성태수(宣城太守)로 나가서 창주의 정취를 마음껏 누렸던 고사가 유명하다.
87) 아기(牙期): 백아(伯牙)와 종자기(鍾子期)를 가리키는데, 지기(知己)로 유명하다.

이회가의 시에 차운하다[次李會嘉惠韻]

교목[88] 같은 가문 명성이 높아	喬木家聲大
아옹과 석옹[89]이 있었네	鵝翁又石翁
풍의는 원례[90]를 닮았고	風儀元禮似
시어는 적선인[91]과 같았네	詩語謫仙同
어느 날에 삼천 글자를 써 내려[92]	何日三千字
구 만 리 바람을 탈 수 있을까[93]	能摶九萬風
맹간의 차를 싸주지 못하였으니	孟茶裹未得
노공에게 사례할 말이 없네[94]	無語謝盧公

— 회가가 술을 찾았는데 마침 없어서 대접하지 못하였으므로 마지막 연에서 언급하였다. —

---

88) 교목(喬木) : 몇 대에 걸쳐서 크게 자란 나무라는 뜻으로, 여러 대에 걸쳐 경상(卿相)을 배출한 명가를 비유할 때 쓰는 말이다. 『맹자』 「양혜왕하(梁惠王下)」의 "이른바 고국이란 대대로 커서 높이 치솟은 나무가 있다는 말이 아니요, 대대로 신하를 배출한 오래된 집안이 있다는 것을 의미합니다.[所謂故國者 非謂有喬木之謂也 有世臣之謂也]"라고 한 데서 전용(轉用)된 것이다.

89) 아옹(鵝翁)과 석옹(石翁) : 아계(鵝溪) 이산해(李山海)와 석루(石樓) 이경전(李慶全)을 가리킨다.

90) 원례(元禮) : 후한 이응(李膺)의 자이다. 그의 인정을 한 번 받으면 용문(龍門)에 올랐다고 좋아할 만큼 높은 풍도와 명성을 떨쳤다.(『後漢書』 권97)

91) 적선인(謫仙人) : 하늘에서 인간 세상으로 귀양 온 사람으로, 당나라 하지장(賀知章)이 일찍이 이백(李白)을 추어올려 부른 말이다.

92) 삼천 글자를 써 내려 : 훌륭한 문장력을 발휘하는 것을 말한다. 소식(蘇軾)의 「별자유삼수겸별지(別子由三首兼別遲)」 시에 "예전에 네 아버지가 너만큼 자랐을 적에는, 붓 한 번 댔다 하면 삼천 글자를 죽죽 써 내렸단다.[憶昔汝翁如汝長 筆頭一落三千字]"라고 한 데서 온 말이다.

93) 구 만 리……있을까 : 붕새가 남쪽 바다로 갈 적에는 회오리바람을 타고 9만 리나 날아오른다는 데서 온 말로, 큰 기세를 얻은 것을 비유한 말이다.(『莊子』 「逍遙遊」)

94) 맹간(孟簡)의……없네 : 당나라의 간의대부(諫議大夫) 맹간이 시인 노동(盧仝)에게 월단차(月團茶)를 주자, 노동이 「주필사맹간의기신차(走筆謝孟諫議寄新茶)」라는 시를 지어 사례한 고사를 두고 한 말이다. 즉 매산은 노동에게 차를 준 맹간처럼 이회가에게 술을 대접하지 못하였으므로, 찾아와 준 이회가에게 사례할 말이 없다는 말이다.

전고원 시혁을 애도하는 만시[輓田高原始赫]

지난날 병조에서 있으면서 인재를 의논할 때　　昔叨騎省議才調
그대의 명성 무관 중에 으뜸임을 알았네　　知子華名冠虎僚
백성 돌보는 데 마음고생하며 자주 비단옷 지었고[95]　　撫字心勞頻製錦
옥검과 육도 강연 마치고[96] 문득 담비 꼬리 드리웠네[97]　　鈐韜講罷奄垂貂
막 곤외[98]에 높은 깃발 거는 것을 보려 했는데　　方看閫外高牙揭
어찌 알았으랴 바람 앞에 큰 나무가 쓰러질 줄을　　那意風前大樹飄
봄 나뭇잎 벌써 시들고 난초 또 꺾이니　　春葉已殘蘭又折
장수의 가문 이제부터 매우 쓸쓸하겠네　　將門從此太蕭條

관직에서 해임되어 돌아오려던 차에 김생 익남의 증별시에 차운하다[解歸將發 次金生翼南贈別韻]

작별의 시어 은근하고 운격도 맑아　　別語慇勤韻格淸
읊을수록 높은 명성 더욱 믿겠네　　詠來尤信負高名
가산의 한 줄기 구름에 갇혀 시름겨우니　　佳山一髮愁雲暗
애석하리 강동에서 음성 영영 끊어져서　　應惜江東永阻聲

---

95) 비단옷 지었고: 지방관으로서 훌륭한 정치를 함을 말한다.(『春秋左氏傳』「襄公」31年)
96) 옥검(玉鈐)과……마치고: 고대의 병서(兵書)인 『옥검편(玉鈐篇)』과 『육도(六韜)』의 강연을 마쳤다는 것은 무과(武科) 출신이라는 말이다.
97) 담비 꼬리 드리웠네: 담비 갖옷은 높은 품계의 관원이 입는 옷이다.
98) 곤외(閫外): 곤(閫)은 도성의 문이다. 도성 문 밖 즉, 전장(戰場)을 뜻한다.

이명수 경증[99]의 시에 차운하다[次李明叟 景曾 韻]

인정의 반복은 바위보다 험악한데　人情反覆險於巖
벗 찾아 강산 넘어온 그대 감사하네　感子尋朋躡窰巖
근심스런 표정의 자춘[100]을 부디 본받지 마시라　憂色子春須莫效
소 타기는 높은 담장 아래 서는 것[101] 아니라오　騎牛非是立墻巖

장이대 직방[102]을 애도하는 만시[輓張以大 直方]

생각난다 지난날 소년 시절이　憶昨少年日
푸른 연못에서 꽃을 함께 땄었지　同搴碧沼花
절묘한 시어는 백설[103]을 능가하였고　妙詞凌白雪
기특한 기절은 청하[104]가 무성하였지　奇氣菀青霞

---

99) 이경증(李景曾, 1694~1779) : 자는 효가(孝可), 호는 야은(野隱)·인수정(仁壽亭), 본관은 벽진(碧珍)이다.

100) 근심스런 표정의 자춘(子春) : 효성스러운 마음을 일컫는다. 악정자춘(樂正子春)이 증자(曾子)의 제자로, 일찍이 당(堂)을 내려가다 발을 다쳤는데, 그 후 몇 달 동안 밖을 나오지 않고 항상 근심스러운 표정을 지어서, 제자가 그 이유를 묻자, 악정자춘이 "내가 증자에게서 듣건대 부모가 온전히 나를 낳아 주셨으니, 자식은 의당 몸을 상하지 말고 온전히 살다가 돌아가야 한다고 하였다. 그런데 나는 그 효도를 잊고 몸을 다쳤으므로 근심을 금치 못한 것이다." 하였다.(『禮記』「祭義」)

101) 높은……것 : 위험한 짓을 하는 것을 말한다. 『맹자』「진심상(盡心上)」에 "정명(正命)을 아는 사람은 무너질 듯한 높은 담장 아래에 서지 않는다.[知命者 不立乎巖墻之下]"라고 한 데서 온 말이다.

102) 장직방(張直方, 1687~1764) : 자는 이대(以大), 호는 단사(丹砂), 본관은 인동(仁同)이다. 1715년 식년시 3등으로 생원에 입격하였다.

103) 백설(白雪) : 백설가(白雪歌)를 말한다. 춘추 시대 초(楚)나라의 대중가요인 '하리(下里)'와 '파인(巴人)'은 수천 명이 따라 불렀으나, 고상한 '백설(白雪)'과 '양춘(陽春)'의 노래는 너무 어려워서 겨우 수십 명밖에 따라 부르지 못하더라는 이야기가 송옥(宋玉)의 「대초왕문(對楚王問)」에 나온다.(『文選』 권23)

104) 청하(靑霞) : 벼슬을 하지 않고 수도(修道) 생활을 하려는 고원(高遠)한 뜻을 말한다.

재주 아름다웠으나 이름은 끝내 묻혔고 才美名終晦
자질 뛰어났으나 수명이 길지 못하였네 質豊算未遐
끼친 복 다하지 않았음을 알겠으니 餘休知不匱
뜰 아래에 난초 싹이 빼어났네 庭下挺蘭芽

진사 채구장[105]을 애도하는 만시[輓蔡進士 九章] 계해년(1743)

칼을 여러 해 갈아 검기가 두우성을 쏘고[106] 磨劒多年氣射牛
한 가지 연꽃을 담소 나누며 땄네 一枝蓮萼笑談收
인간의 만사가 무엇인들 천명이 아니랴만 人間萬事誰非命
수명이 예순에 다한다는 말인가 絹算應窮六十秋

군수 윤봉오[107]가 신녕 현감을 지낸 아버지의 생사당에서 잔치를 열고 지은 시를 부쳐 보여 주면서 화답시를 청하기에 삼가 그 시에 차운하다. 2수 [尹郡守 鳳五 以其大人新寧生祠宴席韻 寄示求和 謹次其韻 二首]

---

105) 채구장(蔡九章, 1684~1743) : 자는 천칙(天則), 호는 운와(耘窩), 본관은 인천(仁川)이다. 1723년 증광시 3등으로 생원에 입격하였다. 저서로는 『운와집』이 있다.

106) 검기(劍氣)가 두우성(斗牛星)을 쏘고 : 기운이 솟구쳐서 하늘에 뻗치는 것을 말한다. 두우성은 두수(斗宿)와 우수(牛宿), 즉 북두성(北斗星)과 견우성(牽牛星)이다. 진(晉)나라 때에 장화(張華)가 천문(天文)을 보니, 두성과 우성 사이에 이상한 빛이 뻗쳐서 그 기운이 생긴 곳을 찾아 땅 밑에서 보검(寶劍)을 파낸 일이 있다.

107) 윤봉오(尹鳳五, 1688~1769) : 자는 계장(季章), 호는 석문(石門), 본관은 파평(坡平)이다. 1747년 홍천 현감을 지냈다. 시호는 숙간(肅簡)이고, 저서로는 『석문집』이 있다. 그의 아버지 윤명운(尹明運, 1642~1718)은 신녕 현감을 1년 지냈는데, 백성들이 세운 송덕비가 남아 있다.

남주의 치적 누가 이보다 참될까	治行南州孰是眞
화성의 사당 전인을 압도하네	花城祠屋壓前人
부들 채찍[108] 아름다운 정사 끼친 사랑 남았고	蒲鞭美政留遺愛
오리 신발[109] 신선의 종적 몇 번의 봄을 보냈나	鳧舃仙蹤閱幾春
삼척의 비석 높아 깊은 은혜 드날리고	三尺碑高揄渥惠
칠분의 영정 걸려 정신이 떠오르네	七分幀揭幻精神
서재 창가에서 순량전[110]을 부질없이 외며	書窓謾誦循良傳
금당[111]에서 직접 뵙지 못하여 한스러워하네	却恨琴堂見未親
어려서 사모한 순수한 마음을 늙어도 잊지 못하며	孺慕純誠老不忘
남쪽 지방관 된 오늘 동향[112]을 그리워하네	南麾今日戀桐鄕
옛 묘우에서 향불 피우니 예의가 엄숙하고	香燒舊廟儀惟肅
잔치로 유민을 모으니 감회가 다시 깊네	宴集遺民感更長

108) 부들 채찍 : 때려도 아프지 않도록 부들 대궁으로 만든 회초리를 말한다. 후한(後漢) 유관(劉寬)이 남양 태수(南陽太守)로 있을 적에 관리와 백성들이 혹 과실을 범하더라도 형벌 대신 부들 채찍으로 다스려서 스스로 부끄러움을 느끼게 하여 감화시킨 고사가 있다. 지방 장관이 관후하게 백성을 사랑하며 심복시킨 일의 비유로 흔히 쓰인다.(『後漢書』 권25 「劉寬傳」)

109) 오리 신발 : 지방 관원의 행차를 이른 말이다. 후한(後漢)의 왕교(王喬)가 지방관으로 있으면서 매월 초하루 보름이면 반드시 조정에 와 조회를 하고 갔는데 뒤따라 온 거기(車騎)도 없었다. 그를 이상히 여긴 황제가 태사(太史)에게 밀령을 내려 자세히 지켜보게 하였더니, 그가 올 때쯤 해서 두 마리의 오리가 동남방에서 날아오고 있을 뿐이었다. 그리하여 그 오리가 가까이 오기를 기다려 그물을 던져 잡았더니 그물 속에는 오직 신발 한 짝만이 있더라는 것이다.(『後漢書』 「方術傳」)

110) 순량전(循良傳) : 순량(循良)은 관리로서 법을 잘 지켜 봉행하는 것을 말하며, 또는 그러한 관리를 말한 것으로, 순량전은 곧 『한서(漢書)』의 「순리전(循吏傳)」과 같은 뜻이다.

111) 금당(琴堂) : 공자(孔子)의 문인 복자천(宓子賤)이 선보재(單父宰)로 있으면서 거문고만 타고 당(堂) 아래를 내려가지 않고도 고을이 잘 다스려졌다는 고사에서, 즉 정무(政務)를 보는 곳을 가리킨다.(『呂氏春秋』 論 卷21)

112) 동향(桐鄕) : 선조가 다스리던 고을을 가리킨다. 한(漢)나라 주읍(朱邑)이 동향(桐鄕)의 색부(嗇夫)가 되어 치적을 남겼고, 주읍이 죽자 그 아들이 동향 서쪽 성 밖에 안장하였는데, 그 후 동향 사람들이 그곳에 사당을 세우고 세시(歲時)에 제사를 지낸 고사가 있다.(『漢書』 권89 「循吏傳·朱邑」)

원로들 아직도 지난 일을 이야기할 수 있고 耆老尙能談往事
성대한 잔치는 선인의 영광 잇기에 딱 맞네 盛筵端合繼前光
은근하고 진지한 마음을 사람들은 아는가 殷勤至意人知否
한정을 시와 술에 부치자는 것 아니라네 非把閒情託詠觴

비슬산[113]의 승려 혜징이 멀리서 찾아와 시를 요구하기에 이에 그가 가지고 온 시축 가운데 서상공과 조상공의 시에 차운하여 사례하다[琵瑟山僧慧澄 遠來求詩 遂次其軸中徐趙兩相公韻以謝之]

네 지금 무슨 일로 내게 시를 구하는가 爾今何事索吾詩
불법은 사문[114]에 저대로 스승이 있을 터인데 問法沙門自有師
가만히 문창[115]의 뜻을 따르자는 것 아니겠는가 無乃暗追文暢意
유학의 도를 듣고자 멀리서 찾아왔네 欲聞儒道遠相隨

단풍잎 붉게 시들고 국화 노랗게 피어 楓葉紅殘菊蘂黃
온 집이 조용한 모자산 남쪽에서 一堂廖落母山陽
그대를 만나 금강굴을 조용히 이야기하니 逢君穩說金剛窟
파성의 해당화 완상[116]과 무엇이 다르랴 何異巴城翫海棠

---

113) 비슬산(琵瑟山) : 대구 달성군(達城郡)과 청도군(淸道郡) 사이에 있는 산이다.
114) 사문(沙門) : 불가(佛家)의 용어로, 출가(出家)하여 도를 닦는 자의 칭호이다.
115) 문창(文暢) : 한유(韓愈)와 같은 시대의 승려인데, 한유의 「송부도문창사서(送浮屠文暢師序)」에 "문창은 문장을 좋아하여, 천하를 주유할 적에 어디를 가나 반드시 유학자에게 시를 지어 주기를 청했었는데, 시가 수백 편이 되었다."고 하였다.(『古文眞寶後集』)
116) 파성(巴城)의 해당화 완상 : 송나라 소식(蘇軾)가 1080년에 황주(黃州)로 유배가서 정혜원(定惠院)이란 절에 있을 때, 고향 파촉(巴蜀)에서 많이 보았던 해당화가 정혜원 동쪽에 한 그루 있는 것을 보고, 아무도 알아주는 이가 없는 것이 자신의 신세와 같다고 탄식하여 시를 지었다.(『古文眞寶前集』

삼가 신 지평이 분황[117] 때 지은 시에 차운하다[謹次申持平焚黃時韻]

밝고 밝은 우리 임금님 숭현을 즐기시어	明明我后樂崇賢
은택이 멀리 저승에까지 드리워졌네	雨露遐垂及壤泉
높은 벼슬의 새 교지 곤룡포와 같이 빛나고	封紫誥新同袞煥
분황의 옛 의식 봉작封爵과는 다르네	爇黃儀古異茅纏
높은 풍도 나약한 자 일으키기 족하니	高風足令懦夫起
아름다운 행적 역사가가 전하겠지	懿跡應輸太史傳
옛 마을의 쌍 작설[118]을 돌아보니	回首故閭雙綽楔
한 집안의 참 맥이 멀리 이어졌네	一家眞脉遠相聯

호군 이덕표[119]를 애도하는 만시[輓李護軍 德標]

천 길의 자옥산 울창하고 우뚝하여	千尋紫玉鬱崔嵬
맑은 정기 무르녹아 기이한 인재 낳았네	淑氣融融産異材
좋은 문장 일찍이 성균관에서 드러났고	淸製早登芹館著

「定惠院海棠」) 그러나 여기서는 금강굴에 대한 중의 설명을 듣게 되어 금강굴을 직접 가본 것과 같게 되었다는 말로 쓰였다.

117) 분황(焚黃) : 벼슬을 하였을 때 교지(敎旨)를 누런 종이에 베껴 써서 조상의 분묘(墳墓)에 고제(告祭)한 다음, 그 누런 종이의 부본(副本)을 불사르는 의식을 말한다.

118) 작설(綽楔) : 효자(孝子)나 의사(義士) 등을 표창하기 위하여 대문 옆에 세운 대(臺)이다.

119) 이덕표(李德標, 1664~1745) : 자는 정칙(正則), 호는 우와(寓窩), 본관은 여주(驪州)이다. 1722년 신임옥사(辛壬獄事) 때 장희빈을 신원하는 일로써 삼남(三南) 지방의 선비들이 대궐 앞에 나아가 소를 올릴 때 소수(疏首)로 추대되었다. 그 후 탄핵을 받아 귀양 갔다가 고향으로 돌아와 경전을 깊이 탐구하면서 자연에 묻혀 여생을 보냈다. 1745년에 수직으로 부호군(副護軍)이 제수되었다. 저서로는 『우와집』이 있다.

굳센 자질 귀문에 올랐다가 능히 돌아왔네[120] 勁姿能躡鬼門回
중추부에 임명되어 막 향리의 영광이었는데 西樞命甫榮鄕里
남극성의 상서가 도리어 겁회로 변하였네 南極祥翻化劫灰
설종[121] 같은 효자가 가성을 다시 이어받으니 賴有薛宗仍再紹
하늘이 또 매우 잘 배양하여 주리 也能天道好深培

신창 현감 김달부 집을 애도하는 만시[輓金新昌達夫 㙫]

생각난다 지난날 초당 방문하던 날이 憶昔西遊訪草堂
그대의 풍도 우뚝한 것 알았지 知君風表卓軒昂
계림[122]에 일찍 발탁되어 가업을 이은 아들이요 桂林早擢承箕子
가시덤불에 깃들었다[123] 숙위에 응한 낭관이었네 枳棘還棲應宿郎
애석하게도 수명은 환갑에 다하였으나 可惜花籌周甲盡

---

120) 귀문(鬼門)에……돌아왔네 : 험난한 북방에 유배를 갔다 왔다는 말이다. 귀문은 중국의 옛 관문 이름으로, 광서성(廣西省)의 북류(北流)와 옥림(玉林) 사이에 위치하는 변방 요새이다. 산세가 험준한 데다 장독(瘴毒)이 만연하는 등 풍토가 나빠서 살아서 돌아오는 자가 드물어서 "귀문관은 열에 아홉은 돌아오지 못한다.[鬼門關 十人九不還]"라는 속요까지 유행하였다고 한다.(『舊唐書』 권41 「地理志」 4)

121) 설종(薛宗) : 동한(東漢) 여남(汝南) 사람으로, 자는 맹상(孟嘗)이다. 계모가 그를 미워하여 내쫓아도 차마 나가지 못하다가 몽둥이로 맞고서 부득이 대문 밖에 움막을 짓고 살면서 새벽이면 들어와 마당을 쓸었고, 또 내쫓자 마을 어귀에 움막을 짓고 살면서 아침저녁으로 들어와 문안하였다. 1년 남짓 만에 부모가 반성하고 다시 들어와 살게 하였다. 부모가 죽은 뒤에는 재산을 나누면서 자기는 나쁜 것을 갖고 좋은 것은 모두 동생들에게 나누어 주었다.(『小學』 「善行」)

122) 계림(桂林) : 문관(文官)을 선발하는 대과(大科)를 말한다.

123) 가시덤불에 깃들었다 : 후한(後漢)의 고성 영(考城令) 왕환(王渙)이 구람(仇覽)을 주부(主簿)로 임명하려다가 그의 그릇이 워낙 큰 것을 보고서 "가시나무는 봉황이 깃들 곳이 못 된다. 백리의 지역이 어떻게 대현이 밟을 땅이리오.[枳棘非鸞鳳所棲 百里豈大賢之路]"라며 탄식하고는 한 달 치 월급을 구람의 태학(太學) 학자금으로 내준 고사가 전한다.(『後漢書』 권76 「循吏列傳·仇覽」)

자랑스럽게도 양아들이 매우 훌륭하네　　却誇螟嗣滿隅良
영남은 어찌 이 시대에 액운이 몰리는가　　嶠南今世何偏厄
일곱 분의 높은 관리가 차례로 돌아가셨네　　七箇簪纓次第亡

상사 손뇌여 명열이 단호에 와서 머무르며 부쳐준 시에 차운하다[次孫上舍賚予 命說 來住丹湖寄示韻] 무진년(1748)

누가 말하였나 새해의 복을　　誰言新歲慶
다만 깊은 근심만 자꾸 생겨나는데　　但覺隱憂生
이마 만져보니 머리털 다 빠졌고　　撫頂毛全禿
나이 세어보니 많이도 먹었네　　論年算幾蓂
작은 관직도 남긴 공로 없고　　小官猶蔑效
하찮은 사업도 이룬 것이 없네　　閒業且無成
고맙게도 그대는 나만을 좋아하여　　感子偏憐我
가끔 불평하는 울음[124]을 던졌지　　時投不平鳴

지난날 그대가 절구공이 갈던[125] 날에　　昔君磨杵日
누가 생각하였으랴 서생으로 늙을 줄을　　誰謂老書生

---

124) 불평하는 울음: 한유(韓愈)의 「송맹동야서(送孟東野序)」에 "대체로 사물이 화평함을 얻지 못하면 운다."고 한 데서 온 말이다.

125) 절구공이 갈던: 이백(李白)이 젊었을 때 일찍이 상이산(象耳山)에서 글을 읽다가 미처 학업을 성취하지 못한 채 그곳을 버리고 떠나는 도중에 한 노파를 만났는데, 그 노파가 한창 무쇠 절굿공이를 갈고 있으므로, 이백이 그 까닭을 묻자, 노파가 말하기를 "이것으로 바늘을 만들려고 한다." 하므로, 이백이 그의 말에 느낀 바가 있어 마침내 다시 되돌아가서 학업을 다 마쳤다는 고사에서 온 말이다. (『蜀中廣記』 권12)

큰 장인이 참다운 안목 없어　大匠無眞眼
좋은 재목이 썩은 줄기 같아졌네　良材等腐莖
공명이 지금 어찌 귀하랴　功名今豈貴
덕업이 만년에 이루어질 터인데　德業晩宜成
봄풀을 부디 눈여겨 보시게나[126]　春草須看取
당나귀도 생기 차게 우네[127]　驢聲活潑鳴

족제 개중 중건이 더위가 괴로워 지은 시에 차운하다[次族弟開仲 重鍵 苦熱之作]

흙 타고 쇠 녹고 돌도 다 흘러내리니　土焦金爍石全融
흰머리로 무더위 속에 무너져 눕겠네　皓髮頹然赤焰中
어디서 맑은 시가 날아와 잠 깨우는가　何處清詩來喚睡
약산에서 한 줄기 바람을 불어 보내었네　藥山吹送一床風
— 개중이 당시에 채약산採藥山에 우거하였다. —

126) 봄풀을……보시게나: 시적 영감이 떠오를 멋진 계절이라는 말이다. 남조(南朝) 송(宋)나라 시인 사영운(謝靈運)이 「등지상루(登池上樓)」라는 시를 지으면서 적당한 표현을 찾지 못해 고심하다가, 꿈속에서 족제(族弟) 사혜련(謝惠連)을 보고는 홀연히 '지당생춘초(池塘生春草)'라는 명구(名句)를 얻었다는 고사에서 온 말이다.(『南史』 권19 「謝方明傳·謝惠連』

127) 당나귀도……우네: 시상(詩想)이 흘러넘친다는 말이다. 당나라 맹호연(孟浩然)이 경사(京師)에 가던 도중에 눈을 만나 시를 짓는 모습을 두고 송나라 소식(蘇軾)이 "또 보지 못하였는가, 눈 오는 날 당나귀 탄 맹호연의 그 모습을. 시 읊느라 찌푸린 눈썹 산처럼 으쓱한 그의 어깨를.[又不見雪中騎驢孟浩然 皺眉吟詩肩聳山]"이라고 읊은 유명한 시구에서 온 말이다.(『蘇東坡詩集』 권12 「贈寫眞何充秀才」)

동지 박숙[128]을 애도하는 만시[輓朴同知 潚]

경주는 충성의 공적이 여러 도에서 으뜸이고　東都忠績冠諸藩
공은 그 아름다움 이어받아 행실이 도타웠네　公襲餘休制行敦
학문은 시국에 가로 막혀 과거장을 사양하였고　學究阻時辭禮網
읊조림으로 흥취 이루어 꽃동산에서 즐겼네　吟哦成趣樂芳園
팔순에 관작이 내려져 영광이 조상께 미치었고　八旬爵至榮追祖
오자五子가 진주 같으니 교훈이 끼친 큰 복이네　五顆珠明敎裕昆
모격[129]이 오기도 전에 저수[130]가 빛을 잃으니　毛檄未傳苴宿晦
고이 잠드신 훗날 눈물 흔적 남으리　鼎茵他日淚將痕

봉계 족숙이 손자 석원의 관례를 올리고 율시 한 수를 읊어 차운시를 요구하여 지어 올리다[鳳溪族叔冠其孫錫元 詠一律 求和續貂浼呈]

문단에 끼친 규범은 남들보다 멀리 뛰어나더니　墨莊餘範逈超群
다시 난초싹[131] 안고 부지런히 물주어 길렀네　更抱蘭芽灌壅勤

---

128) 박숙(朴潚, 1665~1748) : 자는 숙이(肅而), 호는 농와(農窩). 본관은 무안(務安)이다. 이현일(李玄逸)과 이재(李栽)의 문하에서 수학하였다. 가난하여 끼니를 거를 때가 많았으나, 개의치 않고 독서에 매진하였다. 저서로는 『농와집(農窩集)』이 있다.

129) 모격(毛檄) : 관직 임명장을 말한다. 후한(後漢)의 효자 모의(毛義)가 집이 가난하고 어머니가 연로하였는데, 수령으로 삼는다는 격서가 와서 매우 기뻐하며 벼슬에 나아가자 사람들이 모두 천하게 여겼다. 그 후 어머니가 세상을 떠난 뒤 효렴(孝廉)으로 천거되었으나 나아가지 않자 비로소 사람들은 그가 벼슬길에 나아간 것이 어머니를 위해서였음을 알았다 한다.(『後漢書』 권39 「劉平等列傳」)

130) 저수(苴宿) : 저호성(苴弧星)을 가리키며, 호성(弧星)은 천궁성(天弓星)의 딴 이름으로 장수(長壽)를 상징하는 별이다.

원복[132]을 내려주니 좋은 날을 만났고　元服授來逢令日
고운 손님 오시어 번다한 예식 거행하겠네　懿賓臨處擧繁文
덕 이룬 훌륭한 바탕은 복이 천수를 누리고　德成妙質祺千壽
기쁨 넘치는 큰 눈썹은 술에 반쯤 취하였네　喜溢厖眉酒半醺
아쉽게도 나그네 몸이 성대한 모임 저버려　只恨遠蹤違盛集
보내온 시 읊조리다 해 저무는 것도 잊었네　朗吟瓊什却忘曛

마구의 가축이 갑자기 연이어 죽어서 사람들이 많이 와 위로하므로 시를 지어 그 의미를 풀이하다[廐畜忽連斃 人多來唁 作詩以解之]

산골에서도 아직 속연이 다하지 않아　峽裡塵緣未盡休
자주 멍에 메워 벗들을 찾아갔었지　時時命駕問朋儔
조화옹이 나의 쓸데없는 왕래를 싫어하여　化翁嫌我閒來往
산신령에게 마소를 잡아오게 분부하였네　分付山靈攘馬牛

---

131) 난초싹 : 손자를 가리킨다. 한유(韓愈)의 「전중소감마군묘명(殿中少監馬君墓銘)」에 "어린 아들은 아름답고 예쁘며 조용하고 빼어나서 옥가락지나 옥귀고리와 같고 난초의 싹이 돋아난 것과 같으니, 그 집안의 아들에 걸맞았다.[幼子娟好靜秀 瑤環瑜珥 蘭茁其芽 稱其家兒也]"라고 하였다.(『古文眞寶後集』 권4)

132) 원복(元服) : 남자가 성년(成年), 즉 20세가 되어서 처음으로 입는 어른의 의관(衣冠)이나 또는 그 의식(儀式)을 말한다. 『의례(儀禮)』 사관례(士冠禮)에, 처음으로 갓을 씌우고는 "좋은 달 좋은 날에 원복을 씌우나니, 너의 어린 마음을 버리고 성인의 덕을 따르라.[令月吉日 始加元服 棄爾幼志 順爾成德]"고 하였고, 그 주(註)에, 원(元)은 머리의 뜻이며, 복(服)은 쓴다는 뜻으로, 머리에 갓을 씌운다는 뜻이라 하였다.

박천수 평[133]이 찾아와서 '우' 자 운을 써서 읊어 보이기에 화답하여 사례하다[朴天壽 枰 來訪 用牛字韻詠示 奉和以謝] 경오년(1750)

숲에서 외로이 지내며 한가로이 쉬다가	索居林壑任閒休
손잡고 오늘 아침 좋은 짝을 만났네	攜手今朝見好儔
앞날의 궁달을 그대 말하지 마시고	前路窮通君莫說
이랑 사이에서 밭가는 소나 같이 따르세	畝間同逐耦耕牛

이정재를 애도하는 만시[輓李廷栽] 신미년(1751)

태화강 강가의 집에서	太和江上宅
호탕하게 풍류를 즐겼지	豪宕任風流
안타깝게도 인생이 짧아	可惜浮生短
오십 세에 서둘러 떠나버리네	遽然五十秋

성 동지를 애도하는 만시[輓成同知]

외가로 이어져 우의가 서로 좋았는데	祝派相連誼兩諧
어찌 알았으랴 지난번 작별이 영결될 줄을	那知一拜計終乖
가성이 평소 높았던 것은 고관이 많아서이고	家聲素擅簪纓大
사망이 앞다퉈 추숭한 것은 문장이 아름다워서네	士望爭推翰墨佳

---

133) 박평(朴枰, 1626~1692) : 자는 천수(天壽), 호는 병독헌(秉獨軒), 본관은 밀양이다.

수명은 장수하여 모범의 복을 누리셨고 壽過絹籌應範祉
은명으로 중추부에 추증되어 태계[134]에 가까웠네 恩優樞府逼台階
영남의 기덕 모두 돌아가시니 山南耆德皆淪沒
후배는 어디에서 고아한 모범을 뵙겠는가 後輩於何覿雅楷

손영세 수민을 애도하는 만시[輓孫永世 壽民]

오옹[135]의 아름다운 절의 속진을 뛰어넘었지 聱翁姱節逈超塵
끼친 모범이 여전히 후인에게 남아 있네 餘範依然在後人
친족과 돈독한 지극한 정은 마음을 쏟았고 敦族至情傾肺腑
자신을 단속한 높은 의리는 향인을 감동시켰네 撿身高義動鄕隣
훌륭한 두 아들 막 좋은 조짐이 보이자마자 纔看寶樹開雙蘂
어찌 알았으랴 수명이 예순에서 그칠 줄을 那意遐籌止六旬
죽교에서 작별할 때 나눈 말을 길이 기억하며 長記竹橋臨別語
남녘으로 머리 드니 눈물이 수건을 적시네 擧頭南望涕沾巾

산수정에서 이명수의 시에 차운하다[山水亭次李明叟韻]

진옹[136]을 배워서 정자를 부러워한 것이 아니라 非學陳翁羨館亭

134) 태계(台階) : 별 이름인 삼태성(三台星)을 가리키는데, 전의되어 삼공(三公)의 지위를 말한다. 『후한서(後漢書)』「최인전(崔駰傳)」에 "태계에 올라 대궐을 엿본다."라고 하였다.
135) 오옹(聱翁) : 손기양(孫起陽, 1559~1617)을 가리킨다. 자는 경징(景徵), 호는 오한(聱漢)·송간(松磵), 본관은 밀양이다. 저서로는 『배민록(排悶錄)』과 『철조록(輟釣錄)』 등이 있다.

우연히 암혈에 깃들어 깊은 대문 닫아걸었네　偶棲巖穴閉幽扃
깊은 샘물 콸콸 길게 흘러 하얗고　源泉活潑長流白
높은 산봉우리 우뚝 서서 변함없이 푸르네　穹峀崔巍不改青
관성[137]을 다만 늘그막에 즐기려 하니　觀省只要娛晚景
진수[138]를 어찌 감히 멀리 기대하겠는가　進修何敢望遐程
책상머리 묵은 책을 한가로이 뒤적이니　丌頭爛簡閒舒卷
가슴 속 한 점 본심을 저버릴까 두렵네　恐負胸中一點明

김천응 명원의 「자연대」 시에 차운하다[次金天應 命元 自然臺韻]

약목산 남쪽에 두어 칸 집을 얽으니　若木山南架數楹
별천지 아름다운 감상 다시 누가 겨루랴　別區佳賞更誰爭
구름 사이로 우뚝 기이한 대가 솟았고　雲間突兀奇臺屹
달 아래에 졸졸 작은 시냇물 맑게 흐르네　月下琮琤小磵清
꽃들은 번풍[139]을 기다려 계절 따라 피고　花待番風循序發
새들은 높은 나무로 옮겨 다니며 우짖네　鳥遷喬樹喚群鳴
주인은 단경[140]의 글을 다 읽고 나서　主人讀罷丹經字
영지 따러 저녁놀 속으로 들어가네　起採靈芝趁晚晴

---

136) 진옹(陳翁) : 송나라 은사(隱士) 진단(陳摶)을 말한다. 일찍이 무당산(武當山)을 비롯하여 화산(華山)의 운대관(雲臺觀), 소화(少華)의 석실(石室) 등에서 은거했는데, 잠잘 때마다 많게는 백여 일씩 계속 잤다고 한다.
137) 관성(觀省) : 관풍성속(觀風省俗)의 준말이다.
138) 진수(進修) : 진덕수업(進德修業)의 준말이다.
139) 번풍(番風) : 5일마다 한 번씩 새로운 꽃이 피는 것을 알려주는 바람이다.
140) 단경(丹經) : 신선이 되는 방법이 기술되어 있다는 도가의 서적을 말한다.

전양군 이익필[141]을 애도하는 만시[輓李全陽君 益馝]

최노[142]의 화족이며 관장[143]의 부류로서	崔盧華族關張流
요기를 확 쓸어내어 치욕을 후련히 씻었네	迅掃妖氛快湔羞
자전[144] 휘두르며 굳센 담력을 펼치고	紫電揮來瞋毅膽
벽유[145] 친 곳에서 기이한 전략 도왔네	碧油開處贊奇籌
공이 높아 기린각에 초상을 그려 걸었고	功高繪像麒麟閣
몸이 늙어 백로주에 종적을 감추었네	身老投蹤鶴鷺洲
지난밤 장군별이 갑자기 빛을 잃었으니	昨夜將星光忽隕
유영에서 누가 다시 모두를 막을까[146]	柳營誰復遏旄頭

김후경 상중을 애도하는 만시[輓金厚卿 尙重]

내 아내는 바로 그대의 누나	惟吾內子卽君兄

---

141) 이익필(李益馝, 1674~1751) : 자는 문원(聞遠), 호는 하옹(霞翁), 본관은 전의(全義)이다. 1703년 무과에 급제, 1728년 이인좌(李麟佐)가 반란을 일으키자 항상 선봉에 나서서 독전하였다. 난을 평정한 공적으로 전양군(全陽君)에 봉해졌다. 시호는 양무(襄武)이고, 병조 판서에 추증되었다.

142) 최노(崔盧) : 위진(魏晉) 시대로부터 당대(唐代)에 이르기까지 산동(山東) 지방의 사족(士族) 가운데 대성(大姓)으로, 오랫동안 고현(高顯)한 지위를 누린 최씨와 노씨를 가리킨다.

143) 관장(關張) : 삼국 시대 촉(蜀)나라의 명장인 관우(關羽)와 장비(張飛)의 합칭이다.

144) 자전(紫電) : 보검의 이름이다.

145) 벽유(碧油) : 청유막(靑油幕)과 같은 말로, 대장군의 막사를 뜻한다.

146) 유영(柳營)에서……막을까 : 유영은 서한(西漢)의 장군 주아부(周亞夫)의 군영 세류영(細柳營)의 준말이다. 모두(旄頭)는 황제 의장대(儀仗隊) 중의 선두 기병(旗兵)을 가리킨다. 한 문제(漢文帝)가 종정(宗正) 유례(劉禮)와 축자후(祝玆侯) 서려(徐厲), 하내수(河內守) 주아부를 장군으로 삼아 각각 패상(霸上)과 극문(棘門), 세류(細柳)에 군영을 설치하게 하였는데, 패상과 극문의 진영을 순시할 때는 곧장 말을 치달려 군문(軍門) 안으로 들어가서 극진한 환영을 받았다가, 세류영에 도착해서는 삼엄한 군기로 인해 문 앞에서부터 저지를 당하자 "여기야말로 진짜 장군의 군영이다. 조금 전에 다녀온 패상과 극문의 군대는 아이들 장난과 같았다."라고 탄식한 고사가 전한다.(『史記』 권57 「絳侯周勃世家」)

진작 알았네 표은[147]의 후한 복으로 태어난 줄을 久識瓢翁裕後生
청렴과 검소로 단속한 몸 마음이 구차하지 않았고 清約檢身心不苟
처사에 주도면밀하여 남과 다툼이 없었네 周詳應事物無爭
일흔 살에는 한스럽게도 세 해가 모자랐으나 稀年却恨靳三暑
아들은 오히려 네 아들이 빼어났네 寶樹猶看擢四莖
십 년 전의 작별이 영결을 이루었기에 十載睽離成永隔
북녘 하늘로 머리 돌리니 눈물이 갓끈을 적시네 北天回首淚沾纓

중구일에 태수 오수엽을 따라 조양각[148]에서 잔치를 열고 이어서 고을 유생들에게 시험을 보였는데, 태수가 두보 시의 운을 써 그 일을 읊어서, 드디어 받들어 화답하다[九日從太守吳侯 遂燁 宴朝陽閣 仍試鄉儒 太守用杜工部韻 詠其事 遂以奉和]

큰 누각이 우뚝하여 시계가 드넓고 傑閣岧嶢眼界寬
중양절 술동이에 사또가 기뻐하네 重陽樽酒使君歡
악공들 음악 연주하여 맑은 곡조 드날리고 衆工奏樂揚清曲
선비들 문장 짓느라 검은 갓이 쭈뼛하네 多士摛文聳皁冠
붉은 가지 늘어뜨린 단풍은 물속에 비치고 楓嚲紅枝侵水暎
노란 꽃술 피운 국화는 서리 맞아 차갑네 菊開黃蘂帶霜寒
초옹이 우연히 꽃다운 잔치 말석에 참여하여 樵翁偶廁華筵末
무한한 풍광을 취중에 바라보네 無限風光醉裏看

147) 표은(瓢隱): 김시온(金是榲, 1598~1669)의 호이다. 자는 이승(以承), 또 다른 호는 도연(陶淵), 본관은 의성(義城)이다. 저서로는 『표은집』이 있다.
148) 조양각(朝陽閣): 경북 영천시 창구동에 있는 누각이다.

이수현을 애도하는 만시[輓李洙賢]

맑은 시와 아름다운 행실 둘 다 허물없어　清詞懿行兩無疵
경주에서 한 무리의 으뜸 될 만하였네　可作東都一隊尤
충심의 봉양 못 마치고 이름도 못 이루었으니　忠養未終名未遂
좋은 옥이 황량한 언덕에 묻히는 것을 차마 보랴　忍看良玉掩荒丘

4월 22일에 부름을 받고 안계에 갔다가 '변통하여 체차하라'는 명이 있었다는 소식을 들었다. 드디어 말을 돌려 횡계로 와서 사흘을 머물렀으니, 이는 가승과 도중이 서당에 와서 머물며 예서를 교정하고 있었기 때문이다. 가승의 「작춘」 시에 뒤따라 차운하다[四月二十二日 承召至安溪 聞有變通遞差之命 遂回馬至横溪 留三日 盖以可升道中 來住書堂 校整禮書故也 追次可升昨春韻

계유년(1753)

옥간정이 수풀에 묻히어 몇 년을 지났나　玉亭蕪沒幾經年
산문을 찾을 때마다 경건한 믿음 다하였네　每叩山門輒致虔
어찌 하면 사당 세워 제사를 지낼까　建廟何由禋祀設
강당 열어 선비 맞이하는 것만 보이네　開堂徒見講儒延
끼친 향기 어렴풋이 시냇가에 남아 있고　依俙餘馥留溪上
시편이 어수선하게 남긴 서가에 가득하네　散漫遺篇滿架邊
다행히 풍진을 벗어나 이 모임을 따라오니　幸蛻塵埃追此會
버들 바람과 오동 달이 아름다운 자리 비추네　楊風梧月耀芳筵

자인 현감 이윤항을 애도하는 만시[輓李慈仁 胤沆]

작은 고을 인산현에서　十室仁山縣

이 년 동안 태수로 훌륭하였네	二年太守賢
큰 은택이 골수에 사무치던 차에	鴻恩方浹髓
오리 신발로 갑자기 선계에 올랐네[149]	鳧舃遽登仙
미륵보살 자비의 눈이 멀어 놀라고	慈氏驚虧眼
지친 백성 하늘 같은 사또 잃어 슬퍼하네	殘氓痛失天
산과 강 수천 리 길에	關河數千里
어찌 차마 울어 예는 두견을 보내랴	那忍送啼鵑

홍서백 유구를 애도하는 만시[輓洪瑞伯 有龜]

군위軍威는 어찌하여 운수가 막히어	赤羅胡運否
훌륭한 선비들이 전원에서 늙어가나	髦俊老園田
명망은 사림의 중망 중에 으뜸이고	望冠莪林重
집안은 사헌부의 가통을 따랐네	家從栢府傳
일흔에 세 해를 더 살았고	稀年三暑賸
훌륭한 아들 둘이 나란하네	寶樹兩枝聯
이 소식이 어찌 권면이 되리오	此報寧爲勸
벗들이 함께 눈물만 흘리네	朋儕涕共漣

149) 오리……올랐네: 지방 수령으로 있다가 갑자기 죽었다는 말이다. 오리 신발은 지방 수령을 지냈다는 말이다. 후한(後漢) 왕교(王喬)가 지방 수령이 되어서 신선처럼 들오리를 타고 경사(京師)를 오가곤 하였는데, 그 오리를 잡고 보니 신발 한 짝만 있더라는 고사가 전한다.(『後漢書』「方術傳上·王喬」)

박구년을 애도하는 만시. 절구 2수[輓朴龜年 二絶]

순수한 자질과 도타운 행실에 학식 겸비하여　資淳行篤識兼優
울산부의 선비 중 제일류였네　鶴府襟紳第一流
애석하게도 선인이 끝내 복을 받지 못하고　可惜善人終不福
나이 마흔에 갑자기 영영 떠나갈 줄이야　行年四十便長休

나의 족질이 그대 집안에 들어가면서부터　自吾孤姪入賢門
누차 그대 얼굴 접하며 교분 돈독하였지　屢接君顔託契敦
족질과 질부가 죽고 그대 또한 떠나가니　姪與婦亡君又逝
남긴 자취 추억하며 눈물 줄줄 흘리네　追思陳跡淚瀾翻

윤자유 취원을 애도하는 만시[輓尹子由 就遠]

지난날 내가 그대 얼굴 알 적에　昔我知君面
창녕에 호남아가 있었네　昌山有好男
가성은 벼슬자리로 전하였고　家聲傳紱冕
인품은 느티나무처럼 빼어났네　人品挺椅枏
수명은 일흔 다섯을 넘었고　壽過稀齡五
뜰에는 훌륭한 아들 셋을 남겼네　庭留寶樹三
아쉽게도 재주 드러나지 않았으니　却嗟才未顯
신의 이치 아득하여 알기 어렵네　神理杳難探

2월에 시총에 비석을 세우는 일로 하천 재사에 있다가, 27일에 갑자기 사간원의 임명을 받았다. 윤문이 율시 한 수를 읊어 주어 그 시에 차운하다

[二月以詩塚立碣事 在夏泉齋舍 二十七日忽承薇垣之命 允文詠贈一律 遂次其韻]

을해년(1755)

광소가 오히려 미나리 바치는 정성을 품고	狂疎猶抱獻芹忱
흰머리 치렁치렁 이미 가슴을 덮었네	白髮垂垂已掩襟
정신 사그라져 국화 밭에 취미 둘 뿐이고	精鑠但資畦菊味
지위 낮아 습령시[150] 읊조리기 부끄럽네	位卑羞發隰苓吟
화반은 세 번 빼앗김을 면하지 못하였고[151]	華鞶未免逢三褫
옥좌에는 여섯 가지 잠[152]을 올릴 길이 없네	黼座無由上六箴
벼슬을 그만둘 노년에 어찌 다시 나아가랴	休致殘年寧復進
전대의 역사를 보니 붓끝이 날카롭네	曾看前史筆鋩森

가승이 윤문이 지은 시운을 써서 부쳐 오고 또 도운으로 지어 부쳤기에 화답하여 돌려보내다[可升用允文韻寄來 又倒韻以附 奉和回呈]

푸른 소나무와 초록 대나무 그림자 스산한데	蒼松綠竹影蕭森

---

150) 습령시(隰苓詩) : 『시경』 「패풍(邶風)·간혜(簡兮)」의 시를 가리킨다. 이 시에 "산에는 개암이 있고, 늪에는 감초가 있다네.[山有榛 隰有苓]"라는 구절이 있는데, 위(衛)나라가 어진 자들을 등용하지 않은 것을 풍자한 시이다.

151) 화반(華鞶)은……못하였고 : 화반은 아름다운 반대(鞶帶)이고, 반대는 관복에 차는 큰 가죽띠이다. 『주역』 「송괘(訟卦)·상구(上九)」에 "혹 반대를 하사받아도 하루아침에 세 번 뺏긴다.[或錫之鞶帶 終朝三褫之]"라고 하였다.

152) 여섯 가지 잠(箴) : 당나라 경종(敬宗)이 놀이를 자주 가고 소인들을 가까이하고 정사를 돌보지 않아서, 이덕유(李德裕)가 단의 육잠(丹扆六箴)을 올려 "정사에 부지런하고 의복을 바르게 하고 진기한 물건을 구하지 말고 충언을 받아들이고 소인들을 쓰지 말고 놀이하러 자주 나가지 말라."고 경계한 데서 온 말이다.(『舊唐書』 권174 「李德裕傳」)

때때로 시원한 바람 보내와 마치 경계가 담긴 듯 　時送清風若寓箴
회객 중에 누가 초은부를 찾아 지었나[153] 　淮客誰尋招隱賦
낙옹은 타괴음을 유독 아꼈네[154] 　洛翁偏愛打乖吟
대궐로 달려가 텅 빈 배를 헤쳐 보이겠는가 　肯趨禁闥披枵腹
논밭에 엎드려 허드레옷을 펼쳐 입어야 하지 　宜伏田疇展襏襫
늙어서 은영을 입어 작은 공도 바칠 수 없으니 　老被恩榮無寸效
임금님 은혜 갚는 정성 헛되이 저버려 부끄럽네 　自慚虛負報君忱

첨추 정진서를 애도하는 만시[輓鄭僉樞震瑞]

벌족의 집안에 한 송이 연꽃 같은 분 　喬木家中一朶蕖
성균관 다리 위를 손잡고 기쁘게 걸었네 　泮橋當日喜聯裾
순후한 자질 근본이 있어 가업을 이었고 　淳資有本承箕緒
훌륭한 기량 때를 못 만나 초려에서 늙었네 　偉器無時老草廬
남다른 은전 삼품의 우승지에 특별히 추증되었고 　異典特推三品右
높은 수명 이미 팔순을 넘게 누렸네 　高年已享八旬餘
가련하게도 자제들이 대부분 먼저 꺾였으니 　偏憐寶樹多先折
비로소 알겠네 신도가 잘못한 참혹함임을 　始覺神逵枉慘舒

153) 회객(淮客)……지었나: 회객은 한(漢)나라 회남왕(淮南王) 유안(劉安)의 문객(文客)이고, 여기에 속한 문사(文士)가 「초은사(招隱士)」라는 시부(詩賦)를 지어, 은자가 사는 곳의 산속 풍경을 읊었다.(『楚辭』「招隱士」)

154) 낙옹(洛翁)은……아꼈네: 낙옹은 송나라 소옹(邵雍)을 말하며, 그는 「안락와중호타괴음(安樂窩中好打乖吟)」이라는 시를 지어 자신이 세상과 어긋나는 삶을 살면서도 유유자적한다는 뜻을 말하였다. 이에 대해 정호(程顥)의 「화요부타괴음(和堯夫打乖吟)」에서는 소옹의 타괴가 화광동진(和光同塵)하여 안빈낙도(安貧樂道)의 삶을 사는 것임을 말하였다.

최길보 적기를 애도하는 만시[輓崔吉甫 迪基]

밝은 숭렬사[155] 우뚝하고	崇烈明祠屹
훌륭한 자손 큰 복으로 길러졌네	賢孫毓茂祺
자질은 충성과 신의의 덕을 머금었고	質含忠信德
용모는 단아와 공경의 위의를 갖추셨네	容飭雅恭儀
아들은 가운데 아들이 일찍 꺾이고	寶樹中枝折
나이는 일흔에 한 살이 부족하네	稀年一暑虧
평생 기뻐하고 좋아하던 마음	平生歡好意
남녘을 바라보니 눈물이 속절없이 흐르네	南望淚空垂

김익남 군에게 부치다[寄贈金君翼南]

처사의 이름난 동산이 몇 해나 비었나	處士名園幾歲空
지금 보니 방손이 아름다운 풍도 이었네	今看旁裔繼休風
집 짓고 당호 거니 어찌 뜻이 없으랴	築窩揭號寧無意
공력은 부디 천성 안에서 다하여야 하네	功力須殫性分中

– 집을 짓고 '면와(俛窩)'라고 명명하였기 때문이다. –

155) 숭렬사(崇烈祠) : 잠와(潛窩) 최진립(崔震立, 1568~1636)을 봉향한 곳으로, 경주에 있다.

동지중추부사 최경로[156)]를 애도하는 만시[輓崔同知 慶老] 병자년(1756)

명신이 끼친 은택 남아 있어	名臣遺澤在
그대 또한 높은 벼슬을 이었네	君又襲簪纓
인끈 차고 웅진에 걸터앉아	佩綬跨雄鎭
높은 품계 노인성에 상응하네[157)]	超階應老星
이슬은 삼대의 사당을 적시고	露沾三世廟
바람은 구원[158)]의 명정을 나부끼네	風送九原旐
직첩이 아직 내려오지 않았으니	未及延黃誥
지하에서 눈을 감지 못하였으리	應知目不瞑

156) 최경로(崔慶老, ?~?) : 자는 영기(永基), 본관은 경주이다. 잠와(潛窩) 최진립(崔震立)의 현손이다. 관직은 명천 군수(明川郡守)를 거쳐 동지중추부사에 이르렀다.

157) 노인성(老人星)에 상응하네 : 장수하는 복을 누렸다는 말이다. 노인성은 남극 하늘에 떠서 인간 수명의 연장 여부를 점친다는 수성(壽星)이다.

158) 구원(九原) : 전국 시대 진(晉)나라 경대부(卿大夫)의 묘지가 있었던 곳에서 유래하여, 일반적으로 무덤을 뜻한다.

서書

눌은 이광정[159]에게 주다[與李訥隱 光庭] 갑자년(1744)

천만 뜻밖에, 삼가 듣건대, 맏아들이 갑자기 슬하를 떠났다고 하니, 덕의德義의 가문에 이처럼 도리를 거스르는 화가 있을 줄 어찌 알았겠습니까. 놀라움과 슬픔을 스스로 마지 못합니다. 삼가 생각건대, 부자 관계는 은혜가 무거운데 비통하고 침통함을 어떻게 견디시겠습니까. 그러나 수명의 길고 짧음은 모두 천명이고, 자식을 곡하는 슬픔은 성현도 피하지 못한 바입니다. 노형老兄이 일흔의 나이에 만약 갑절로 마음을 너그럽게 갖지 않으신다면 또한 몸의 원기를 크게 훼손하지 않겠습니까. 삼가 바라건대, 의리로 감정을 억제하고 더욱 보중하시어 벗의 바람에 부응하여주십시오. 이제 봄이 절반은 지나갔군요. 상중에 체후는 어떠하신지요? 중기는 길이 멀어서 이미 달려가 직접 뵙고 위로하지도 못한 데다 또 근심과 잡일이 서로 끌어당겨서 편지로 대신 위로 하는 것도 제때 못하였습니다. 이것이 어찌 사모하는 정성이겠습니까. 부끄러움과 탄식을 형언할 수가 없습니다.

지난 가을 계방桂坊[160]의 임명은 실로 덕을 장려하는 성조聖朝의 뜻에서 나온 것이어서 사우士友들 간에 기뻐하는 마음이 헤아릴 수 없었으나, 얼마 뒤에 들으니, 질병으로 사양하고 부임하지 않았다고 하니 다시 개탄스러움을 견디지 못하겠습니다.

선조의 지명誌銘은 누차 수정하여 주시어 다시 유감이 없으나, 오히려 상의해야 할

---

159) 이광정(李光庭, 1674~1756) : 자는 천상(天祥), 호는 눌은(訥隱), 본관은 원주이다.
160) 계방(桂坊) : 세자익위사(世子翊衛司)의 별칭으로, 이광정이 1747년에 익위사 세마에 제수되었다.

곳이 몇 구절 있었습니다. 재작년 봄에 일탁一鐸의 집에서 심부름꾼을 보내는 인편에 편지 한 통을 올려 여쭈었으나, 그 종이 돌아와서 말하기를 "본댁에 막 전염병이 있어서 편지만 드리고 답장은 받지 못하였다."고 하였습니다. 이것은 아마도 미련한 종이 진작 편지를 드리지 못하여 속인 말이었을 것입니다. 그 후에 자질子姪 한 사람을 보내어 문하에 나아가 여쭙게 했어야 하나, 초상과 질병이 해를 이어 겹쳐서 이제야 비로소 족질을 보내어 우러러 위로하는 예의를 펴고, 이어서 지문에 대하여 여쭙니다. 삼가 바라건대, 별지를 자세히 살펴보시고 아울러 말씀해 주실 곳을 가려내어 다시 점을 찍어서 표시하여 주시어 백세토록 썩지 않을 자료가 되게 하여 주신다면 매우 다행이겠습니다.

송정부 명기[161]에게 주다[與宋定夫 命基] 갑술년(1754)

품 안에서 자란 손주가 장원을 우뚝이 차지하였으니, 가만히 생각건대 백발과 흰 눈썹에 기쁜 기색이 차서 넘겠습니다. 훌륭한 아들 상사군上舍君이 이미 과거에 입격하여 부자가 함께 연방蓮榜과 계방桂榜에 뽑혔으니, 외가의 광경이 어떻게 이보다 더 좋을 수 있겠습니까. 이에 축하드립니다.

요즘 봄 날씨가 화창한데, 삼가 생각건대 화목하신 형제가 계절 따라 한층 더 복되겠지요. 구구하게 위로되고 궁금한 마음 지극합니다. 재작년 가을 범範이 돌아가는 길에 편지 한 통을 써서 우러러 안부를 여쭈었으나, 그 뒤로 답장을 받지 못하였습니다. 생각건대, 인편이 없어서 그런 것 같습니다. 외제外弟는 집안 운수가 아주 나빠서, 종제從弟의 대상大祥을 지난해 가을에 겨우 치렀는데, 그의 아내가 이어서 세상을 떠났으며, 그의 형의

161) 송명기(宋命基, 1680~1755) : 자는 정부(定夫), 호는 매헌(梅軒), 본관은 야로(冶爐)이다. 1727년 증광시에 생원(生員) 3등 37위로 입격하였다. 『퇴계서절요(退溪書節要)』를 저술하였고, 칠곡(漆谷)의 매양서원(梅陽書院)에 봉향되었다. 저서로는 『매헌집』이 있다.

후사가 되었던 그의 맏아들이 초봄에 천연두에 걸려 요절하였습니다. 지난겨울에는 또 죽은 중형仲兄 집의 청상이 된 질부의 상을 당하여 눈물이 눈에서 마를 날이 없이 슬픔과 초췌함으로 날을 보내고 있으니, 일흔의 노쇠한 창자가 어떻게 남아날 수 있겠습니까. 너무나 괴롭고 마음이 아픕니다.

『퇴계서절요退溪書節要』는 이미 일을 마쳤습니까? 규모와 체재가 아마 반드시 타당할 것이나, 노병으로 칩복蟄伏하고 있어서 정헌靜軒에 한 번 나아가 그 한두 가지 실마리라도 참여하여 들을 수가 없으니, 단지 우물 안 개구리의 탄식이 간절할 뿐입니다. 만약 팔공산의 절집에서 약속하고 모여 십여 일을 머무를 수 있다면 제弟도 또한 몸을 이끌고 모임에 달려갈 것입니다. 바라건대 부디 근력을 스스로 헤아리시어 기일을 지시하시는 것이 어떠하겠습니까.

정헌길 몽양[162]에게 주다[與鄭獻吉 夢陽] 갑인년(1734)

몇 해 전 양곡暘谷의 모임은 거의 화수花樹의 고사古事[163]와 같아서 조금은 심회를 위로할 수 있었으나, 사람이 많아 소란한 가운데에서 쌓인 회포를 조용히 풀지 못하여, 작별하고 나서 오히려 남은 서운함이 있었습니다.

요즘 늦더위에 고요한 생활 속의 한가한 체후는 어떠하신지요? 더욱 궁금해집니다. 족제族弟는 긴 여정에서 생긴 열사병이 한 번의 노동 후에 다시 더쳐서 침상에 엎어진

---

162) 정몽양(鄭夢陽, 1679~1746) : 자는 헌길(獻吉), 호는 우졸재(迂拙齋), 본관은 영일이다.

163) 화수(花樹)의 고사(古事) : 당나라 위장(韋莊)이 화수 아래에 친족을 모아 놓고 술을 마신 일이 있다. 잠삼(岑參)의 「위원외화수가(韋員外花樹歌)」 시에 "그대의 집 형제를 당할 수 없나니, 열경과 어사와 상서랑이 즐비하구나. 조회에서 돌아와서는 늘 꽃나무 아래 모이나니, 꽃이 옥 항아리에 떨어져 봄 술이 향기로워라.[君家兄弟不可當 列卿御使尙書郎 朝回花底恒會客 花撲玉缸春酒香]"라고 한 데서 유래하였다.

채 전혀 깨어날 기미가 없으니, 민망함을 무엇으로 비유하겠습니까.

이산尼山[164]에서 보내온 편지는 지금 막 베껴 쓰고 있습니다. 새달 초 도중道中이 가는 길에 돌려보내야 하나, 필사하는 사람이 많지 않을 뿐더러 교정이 또한 본래 쉽지 않으니, 민망합니다. 『명재집明齋集』의 답서 중에 참고할 곳이 있어 이에 심부름꾼을 보내오니, 그 편지가 있는 권을 찾아 보내주시는 것이 어떻겠습니까.

이진숙 수강에게 답하다[答李振叔 守綱] 을축년(1745)

소식이 끊긴 지 한 해나 되어서 북녘을 바라볼 적마다 마음이 달려가 답답한 마음이 절실하였는데, 생질이 와서 삼가 내려주신 서찰을 받으니, 종이에 가득한 뜻이 모두 옛날을 생각하고 마음 아파하는 말이었습니다. 펼쳐놓고 십여 회를 읽으니 사람으로 하여금 눈물을 빛게 합니다. 하물며 근년에 병세가 줄곧 좋지 않다고 하니 먼 곳에서의 우려를 더욱 진정하지 못하겠습니다.

제弟는 올해가 회갑입니다. 쇠퇴한 모습은 한둘이 아니나 무엇보다 치아가 서너 개 빠지고 남은 것도 모두 흔들려서 고기와 나물을 씹지 못합니다. 이와 같아도 오래 살 수 있겠습니까. 눈은 어둡고 가슴은 답답하여 또 서책을 뒤적일 수 없어 깊은 산속에 우두커니 앉아 있으니, 좋은 기분이 전혀 없습니다. 이를 어찌 하겠습니까.

매번 청량산을 한 번 유람하고자 하였으나 참상을 당한 뒤로 다시 그 곳에 갈 뜻이 없어졌습니다. 어떻게 하면 청아한 가르침을 받들 수 있겠습니까. 편지를 쓰자니 서글퍼짐을 더욱 깨닫겠습니다.

---

164) 이산(尼山) : 노성(魯城)의 옛 이름으로, 지금의 충남 논산시 노성면이다. 이곳에서 명재(明齋) 윤증(尹拯)이 살았다.

장천로 동재에게 주다[與張天輅 東載] 신미년(1751)

행차가 재차 왕림하시어 끼친 향기가 자리에 남아 있으니, 그리움이 오히려 지금도 그치지 않습니다. 그러나 바쁜 일과 잡일이 서로 끌어당겨서 편지 한 통을 보내어 우러러 안부를 여쭙는 것조차 하지 못하였습니다. 비록 용서와 이해를 받기는 하였으나, 부끄러움과 탄식을 어떻게 견딜 수 있겠습니까. 올 겨울의 적설은 근래에 없던 일입니다. 형의 아후雅候는 어떠하시며, 가족의 안부는 또한 어떠한지요? 끝없는 그리움은 마치 화살이 과녁에 집중되는 것과 같습니다. 제弟는 줄곧 노쇠하여 주저앉아서 정신과 기력이 다 사그라져 마음을 채찍질하여 독려할 가망이 다시없으니, 어찌 형에게 말씀드릴 만하겠습니까.

정사精舍의 시와 기문은 반복하여 읊고 음미하며 흥취가 무궁함을 더욱 보았습니다. 사람으로 하여금 너무도 부럽고 탄식하게 합니다. 기문 가운데 몇 구절은 헤아려보라는 지시를 이미 받아서, 감히 스스로 외면할 수 없어 초고에다 저의 견해를 대략 표시하였습니다만, 어찌 높으신 안목에 들 수 있겠습니까. 바라건대 살펴보시고 취사선택하십시오.

청아한 시는 아직 흉내 내지 못하였으므로, 후일의 인편을 기다릴 뿐입니다. 영정을 다시 모사하는 일은 언제쯤 시작하십니까. 들어갈 물력은 임고서원臨皐書院에서 일을 맡았던 사람에게 물어보니, 그도 또한 세월이 오래되어 자세히 기억하지 못하고, 단지 "한韓 화공이 스스로 화본畵本과 물감을 샀는데, 수공비까지 합쳐서 30민緡을 넘지 않았고, 그 나머지 의복과 음식의 비용은 이 수에 들어가지 않았다."고 하였습니다. 모름지기 화공과 서로 의논하여 처리하는 것이 어떠하겠습니까. 다만 물가의 고저는 일례로 단정해서는 안 됩니다.

부솔 한원진[165]에게 주다[與韓副率 元震] 임술년(1742)

훌륭한 이름을 익히 안 지가 이미 오랩니다. 이곳에 부임하고부터 혜장蕙帳[166]을 찾아가

지우芝宇[167]를 바라보고 싶었으나 공무에 매여 오랫동안 계획을 이루지 못하였으니, 이는 모두가 덕을 좋아하는 데에 정성이 없어서입니다. 어찌 얼굴이 달아오르지 않겠습니까.

요즘 무더위에 삼가 생각건대, 숲속의 생활이 시원하고 편안하시며, 공부하는 체후도 편안하신지요? 중기는 허연 머리에 하는 벼슬살이가 바쁘고 고달프니 우습습니다. 고향 산천을 바라볼 때마다 순채와 농어 생각을 금하지 못합니다. 근래에 또 묵은 병이 무더위를 맞아 악화되고 객병客病이 서로 일어나 진기眞氣가 날로 손상되나, 기구하고 외로운 처지에 또 편안하기 어려운 단서가 있어 방금 글을 올려 떠나기를 구하였습니다. 만약 윤허를 받는다면 전원으로 돌아가 마음대로 살 수 있을 것이니, 얼마나 다행이겠습니까.

가만히 생각건대, 집사께서는 문을 닫고 경전을 연구한 지가 벌써 50년이 지났습니다. 아마도 반드시 가슴 속에서 스스로는 즐거우나 남들은 더불어 알지 못하는 것이 있을 것입니다. 늘 주묵朱墨[168]의 틈을 내서 향로와 책상의 사이에서 좋은 말씀을 듣고자 하였으나, 벼슬살이에 골몰하며 옮겨 다니다가 지금 또 이러한 질병에 걸렸으니, 속인의 발길이 신선의 별장에는 인연이 없는 것이 참으로 이와 같다는 말입니까. 조만간 병이 조금 뜸할 때를 엿보아 몸을 이끌고 나아가 뵙겠습니다. 이 계획은 아마도 실수하지 않을 것입니다.

---

165) 한원진(韓元震, 1682~1751) : 자는 덕소(德昭), 호는 남당(南塘), 본관은 청주이다. 권상하(權尙夏)의 문인이다.

166) 혜장(蕙帳) : 혜초(蕙草)로 엮은 장막으로, 은둔하던 사람의 처소를 말한다.

167) 지우(芝宇) : 눈썹과 그 주위를 말한다. 당나라 원덕수(元德秀)는 자가 자지(紫芝)인데, 재상(宰相) 방관(房琯)이 항상 덕수를 볼 적마다 찬탄하며 "자지의 눈썹을 보면 사람으로 하여금 명리(名利)의 마음이 다 사라지게 한다."라고 하였다.

168) 주묵(朱墨) : 주필(朱筆)과 묵필(墨筆)을 가지고 장부를 정리하는 것으로서, 보통 관청의 사무를 집행하는 것을 말한다.

태수 윤봉오에게 답하다[答尹太守 鳳五] 계해년(1743)

행차가 군郡으로 돌아온 뒤에, 늘 한 번 찾아뵙고 안부를 여쭈려 하였으나 올 겨울에 병세와 초췌함이 전에 비하여 특히 심해서 아직까지 뜻을 이루지 못하였습니다. 아들 역시 산방山房에 오래 머무르고 있어서 영하鈴下께 보내어 인사드리지 못하였으니, 죄송한 마음이 항상 마음속에서 잊히지 않습니다. 뜻밖에 심부름꾼을 시켜 보내주신 편지가 말뜻이 아주 진지하여, 절하고 머리를 조아려 읽어보니 마치 인애仁愛의 바람을 직접 쐬는 듯하였습니다. 감격함을 어찌 다 헤아리겠습니까. 하물며 이렇게 세 가지 진귀한 음식을 매년 관례로 보내주시니, 비록 백성을 어루만지는 특별한 은총에서 나온 것이라지만 그것을 받는 자는 송구하지 않을 수 있겠습니까. 아무리 사례하려 해도 사례할 수가 없습니다. 다시 삼가 살핀 바, 남은 섣달에 정무를 보시는 체후가 만복하시다니 구구한 마음이 우러러 위로되는 아랫사람의 마음을 견디지 못합니다.

중기는 가슴 속이 막혀 답답한 증상이 줄곧 고통스러워서 병상에 쓰러진 채로 전혀 깨어날 기미가 없습니다. 지금 또 해가 바뀌면 꼭 예순이 되지만 스스로 평생을 돌아볼 때 보잘것이 없어서 잘한 일이라고는 한 가지도 없으니 단지 스스로 슬퍼하고 탄식할 뿐입니다.

접때 화산花山의 잔치 자리에서 나온 운자를 부쳐주셔서, 시를 얽어 놓은 지는 이미 오래나 거칠고 비루하여 보잘것이 없습니다. 게다가 아들이 오랫동안 외지에 있어서 아직까지 써 올리지 못하였습니다. 새해가 되면 곧바로 아들을 보내어 안부를 대신 여쭙게 하고 아울러 졸작을 올리겠습니다. 삼가 새해를 맞이하여 한층 복되시기를 축원합니다.

권일보 만[169]에게 답하다[答權一甫 萬] 병인년(1746)

팔자八字로 벌어진 계수나무 꽃[170]은 사람들이 꺾기 어려워하는 것이나 형만은 능히 꺾었으니, “우리 무리 안에서 제일 높은 재능이다.”라고 할 만합니다. 이로부터 명성이 더욱 높아져서 아마도 품계를 올려 발탁하는 계제가 있을 것입니다. 벗으로서 기뻐하는 마음에 어찌 깊이 축하드리지 않겠습니까. 가만히 생각한바, 영귀榮歸[171]의 날이 멀지 않고 아후雅候는 더욱 복되시다니, 더욱 그리워집니다.

제弟들은 다행히 그럭저럭 지내고 있으나 세월은 빨리 흐르며 늘그막에 점점 더 쇠퇴하여, 흰 머리와 창백한 얼굴이 흡사 쌍둥이 노인이 되었고, 각자 질병과 근심에 빠져 또한 자주 만나지도 못하고 있으니, 어찌 이택麗澤[172]의 보탬이 있겠습니까. 너무도 스스로 크게 탄식됩니다. 지난가을에 보내주신 편지는 뜻이 매우 진지하여, 머리를 모아 받들어 읽으니, 마치 셋이 둘러앉아 회포를 푸는 것 같아 감격을 헤아리기 어려웠습니다. 그러나 확실한 인편이 너무 없어서 아직까지 사례하는 예의를 지체하고 있습니다.

부탁하신 일은 또한 전현前賢을 사모하고 선대의 교분을 다시 다지려는 뜻에서 나온 것인 데다 또 기록 중에는 저희 집안 선대先代의 성명이 많이 들어 있어서 고금을 돌이켜 볼 때 감회가 더욱 간절합니다. 그러나 여러 집에 두루 물어보아도 기록을 찾기가 쉽지 않아서 지금에야 비로소 받들어 올립니다. 가만히 헤아려 보건대, 간역刊役이 이미 완성되어서 제때에 미치지 못하였을 것입니다. 부끄러움과 탄식을 어찌 그치겠습니까. 만약 혹시라도 아직까지 목판에 새기지 않았다면 지난번에 미처 다 기록하지 못한 곳에 다시 기록하여 보이는 것이 어떠합니까.

---

169) 권만(權萬, 1688~1749) : 자는 일보(一甫), 호는 강좌(江左), 본관은 안동이다. 1725년 증광시 문과에 급제하고, 1746년 중시 문과에 급제하였다. 1728년 이인좌의 난에 의병을 일으켜 공을 세웠다. 저서로는 『강좌집(江左集)』이 전한다.

170) 팔자(八字)로……꽂 : 어사화를 가리켜 말한다.

171) 영귀(榮歸) : 과거에 급제한 뒤에 근친(覲親)하러 가는 것을 말한다.

172) 이택(麗澤) : 벗끼리 서로 도와 학문을 닦고 수양에 힘쓰는 것을 말한다.

태수 오수엽에게 답하다[答吳太守 遂燁] 임신년(1752)

사모하고 그리워하던 중에 삼가 일부러 심부름꾼을 보내어 내려주신 서신을 받았습니다. 다시 살핀 바, 초겨울에 백성을 다스리는 중 신이 도와주셔서 체후가 매우 복되시다니, 구구하게 우러러 위로되는 아랫사람의 심정을 견디지 못하겠습니다.

중기는 겨울 날씨가 점점 추워지면서 묵은 병이 악화되어 문을 닫고 거북처럼 움츠린 채 멍하니 앉아 나날을 보내고 있으니, 민망함을 어찌 다 형언하겠습니까.

정목政目을 멀리서 부쳐 주시니 돌보아주시는 뜻에 진실로 감격하였습니다. 사헌부의 의망에 있어서는 어찌 거친 재주와 얕은 학식으로 감당할 수 있는 것이겠습니까. 부끄럽고 두려워 스스로 마음이 편안하지 못합니다.

아드님이 초선初選에는 들었다가 마침내 대정大庭에서는 꺾였다지요. 이는 운기運氣에 달린 것입니다. 개탄을 어찌 그만둘 수 있겠습니까. 정자의 편액은 이미 붓으로 써 주시겠다는 말씀을 받았으니, 감격스러워서 사례할 수가 없습니다.

정도직 간[173]에게 답하다[答鄭道直 幹] 갑인년(1734)

전번의 답장은 이미 받으셨는지요? 요즘 무더위에 정무를 보는 체후는 어떠하신지요? 그리움이 진실로 깊습니다.

족종族從은 조운漕運의 일을 완료하기가 쉽지 않아, 아직까지 이렇게 체류하고 있습니다. 며칠 뒤에는 길을 떠날 수 있어서 사직하는 글을 지어 올려 보내고, 청주·황간·김천·선산 등의 길을 따라 곧장 고향 집으로 돌아왔습니다. 사직하는 글은 단지 병으로 직임에

173) 정간(鄭幹, 1692~1757) : 초명은 권(權), 자는 도중(道中), 호는 명고(鳴皐), 본관은 영일이다.

돌아가지 못하겠다는 뜻을 진술하였으니, 이는 전일에 조사를 받았던 영리營吏[174)]가 그저께 이미 무사히 풀려났기 때문입니다. 전 관찰사 권업權𢢜[175)]은 세 번째의 사직 상소문에서 영남 사람을 무고하고 모욕한 것이 여지가 없고 내용이 매우 위험해서, 여기에 있는 여러 벗들이 바로 큰 목소리로 변론하려 하였으나, 맞받아친다는 혐의를 살 것이 두려워서 아직까지 이렇게 침묵하고 있습니다. 며칠 전에 "상주尙州에 부처付處하라."는 교지가 내린 뒤에 비로소 상소하여 우러러 드러내었으나, 성상의 비지批旨가 융성하고 지극하며 여탈與奪이 삼엄하였으니, 황공함이 어찌 끝이 있겠습니까. 이쪽과 저쪽 상소문의 초고를 보냅니다. 하나 저 사람들 중에서 이대관李大觀 한 사람은 다른 마음을 품고 참여하지 않았으니, 그의 의도가 어디에 있는 지는 실로 알 수가 없습니다.

상서尙書 이현석李玄錫[176)] 씨는 일찍이 『명사강목明史綱目』을 편찬하였는데, 매우 상세하게 잘 갖춰져서 빠진 것이 없습니다. 윤 판서의 형제가 막 사사로운 모임에서 활자로 인출하고 있습니다. 진산珍山 수령도 또한 목판에 새기고 간행하여 배포하려 한다고 하는데, 그렇습니까? 만약 이미 일을 시작하였다면 오래지 않아 끝날 터이니, 들어갈 종이의 양을 자세히 물어보아 알고 있는 것이 좋겠습니다.

정도직에게 주다[與鄭道直]

요즘 며칠 사이 한가로이 지내시는 체후는 어떠하신지요? 그리움이 구구합니다. 족종

174) 영리(營吏) : 감영(監營)에 딸린 이속(吏屬)이다.

175) 권업(權𢢜, 1669~1738) : 자는 사긍(士兢), 호는 기오헌(寄傲軒), 본관은 안동이다. 1691년 문과에 급제. 1717년에 경상도 관찰사를 지냈다. 1734년 다시 경상도 관찰사에 임명되었으나, 고향으로 무단 퇴거하여 부임하지 않아 상주에 부처되었다.

176) 이현석(李玄錫, 1647~1703) : 자는 하서(夏瑞), 호는 유재(游齋), 본관은 전주이다. 1675년 문과에 급제, 1694년 『명사강목(明史綱目)』을 편찬하였다. 저서로는 『역의규반(易義窺斑)』·『유재집』이 있다.

族從은 영정을 다시 모사하는 일이 있다는 소식을 듣고 나서, 곧장 한 번 봉심奉審하고자 하였으나 병들고 초췌하여 세월을 흘려보내고 있습니다. 이따금씩 이렇게 임명이 잘못 내려져서 사양해도 뜻대로 되지 않는 경우가 있습니다. 오는 초하루에 향불을 피워 영정을 뵙고 그 길로 처신을 정하는 바탕으로 삼으려 합니다.

다만 염려되는 것은 이 일은 실로 서원의 큰일이고 우리들이 이미 선비의 반열에 있으므로, 현인을 숭상하고 도를 사모하는 정성에 있어 한 번 만나 살펴보고 결정하지 않을 수 없습니다. 팔짱을 끼고 보기만 하거나 지붕을 쳐다보고 혀를 차면서, 우리 선배가 정성을 다하여 수호한 뜻을 저버려서는 결코 안 됩니다. 이에 초대하오니, 바라건대 잠시 왕림하시어 함께 영정을 우러러보는 예식에 참여하는 것이 어떠하겠습니까.

정도직에게 답하다[答鄭道直] 신유년(1741)

반인泮人[177]이 돌아와서 막 답장을 받았고, 지금 현예縣隸가 와서 또 보내주신 서신을 받들었습니다. 이어서 살핀 바, 궁음窮陰[178]에 정무를 보시는 체후가 매우 복되시다니, 기쁨과 위로됨을 어찌 다 헤아리겠습니까. 하물며 두 사위가 옆에 있으며 학업을 물어서 강호의 생활이 절로 적막하지 않을 것이니, 더욱 기쁩니다.

족종族從은 이 달 초9일에 또 기사記事의 일에 차출되어 예문관에서 입직하고 있습니다. 비록 여관의 찬 방과는 차이가 있으나, 경연經筵의 출입은 노쇠한 근력이 감당할 수 있는 것이 아니므로 너무 민망합니다.

---

177) 반인(泮人) : 성균관에 딸려있는 사람이다.

178) 궁음(窮陰) : 음(陰)이 꽉 찬 상태인 겨울 음력 10월을 뜻한다. 음력 10월은 순음(純陰)인 곤괘(坤卦)에 해당하고, 동지가 되면 양효(陽爻) 하나가 아래에서 다시 생겨나, 11월에 해당하는 복괘(復卦)가 된다.

지금 전조銓曹가 많이 어지러워서, 젊은 대간들은 요사이 참의參議를 탄핵하고 있고 늙은 대간들은 판서와 참판과 서로 쟁변하고 있습니다. 참의는 사직소를 올려 이미 체직되었고, 판서와 참판은 재차 소를 올렸으나 윤허가 내리지 않았으니, 도목정사가 언제 나올지 알 수 없습니다. 봉계鳳溪의 시를 부질없이 읊어 올리오니, 바라건대 화운하여 부쳐주시어 적막함을 깨어주시는 것이 어떠하겠습니까. 전후로 보내주신 편지는 지극한 뜻을 멀리서 잘 받았습니다.

정도직에게 답하다[答鄭道直] 임술년(1742)

해가 바뀌고 봄이 돌아왔으나 소식을 듣지 못하여 막 우울함을 스스로 견디지 못하던 차에, 뜻밖에 갑자기 고마운 편지를 받았습니다. 다시 살핀 바, 남은 추위에 정무를 보시는 체후가 더욱 복되시다니, 기쁘고 위로됨을 헤아릴 수 없습니다.

족종族從은 겸춘추兼春秋의 직책이 동짓달에 겨우 체직되었으나, 선달 초에 다시 입직하였다가 정초正初에 예비자와 교체되어 나왔습니다. 그러나 지난달 26일에 조한趙翰이 부모의 병으로 소를 올리고 지레 나가서 갑자기 또 하번下番으로 들어오라고 계하啓下되었기 때문에 어쩔 수 없이 당후堂后에서 대신 당직을 서며 아직까지 벗어나지 못하고 있으니, 괴로움과 민망함을 어찌 말로 다할 수 있겠습니까.

민창수閔昌洙가 봉조하奉朝賀의 아들로서 종묘에 전알展謁한 이튿날 좌상과 우상을 상소로 논척論斥하였다가, 좌상 우상과 함께 의금부에서 대죄하게 되었는데, 29일 밤에 주상이 친히 국문하여 민창수는 사형에서 감면하여 대정현大靜縣에 유배되었고 좌상은 잠시 나갔다가 다시 들어와서 차자箚子를 올려 사직하였으며, 우상은 여러 번 소를 올려 깊이 자책하고 이어서 또 사직소를 올렸습니다. 어젯밤에 사관史官을 보내어 좌상에게 비답을 전하고 승지를 보내어 우상을 타이르게 하였으나 아직까지 그들이 나갔는지 안 나갔는지는 알지 못하겠습니다.

지난 29일 경연 중에 전 이조 판서가 파직되고 참판과 참의가 체차되어, 원경하元景夏가 참판에 제수되고 임정任珽이 참의에 제수되었으며, 판서에는 비변사의 의망으로 정석오鄭錫五[179]를 제수하여, 모두 이미 출사하였으나 참의는 가평加平 임소에 있어서 아직까지 들어오지 못하였습니다. 도목정사는 이달 안에 이루어질 것 같으나 또한 어찌 기필할 수 있겠습니까.

운로雲路[180]의 부음에는 놀라움과 슬픔을 견디지 못하겠습니다. 이것이 어찌 그 집안만의 불행이겠습니까. 실로 우리들의 불행입니다. 차운하여 주신 아름다운 시편은 때때로 낭랑하게 읊조리면 한 번 만나 뵙는 것과 같으니 값진 음미를 어찌 그만둘 수 있겠습니까. 보내 주신 두 가지 물건은 참으로 진지한 배려를 받았습니다. 남쪽 지방관으로 나가라는 말씀은 또한 내가 바라는 것이나 다만 지금의 상황이 구하고 있는 자도 얻지 못하는데, 하물며 나처럼 구하지도 않는 자이겠습니까.

정도직에게 주다[與鄭道直] 계유년(1753)

여러 달 뵙지 못하여 비루한 생각이 다시 싹트고, 일상의 생각은 항상 그쪽으로 쏠립니다. 가을 기운이 서늘한데, 생각건대 영후令候가 만복하시겠지요.

족종은 쇠약하고 병들어 시든 목숨이 무더위에 지치고, 또한 부름에 달려가 객지에 사는 괴로움을 겪다가, 지난달 그믐에야 비로소 집으로 돌아왔으나, 뜻밖에 갑자기 종수從嫂의 상을 당하였습니다. 어린아이들만 집에 가득한 채 의지할 곳이 없으니, 애통한 심정은 죽은 사람을 애도하고 말 뿐이 아닙니다. 어떻게 하겠습니까.

『포은선생속집』은 이미 초고를 내어 상자 안에 간직하고 있으나 그 사이에 잘 헤아려

179) 정석오(鄭錫五, 1691~1748) : 자는 유호(攸好), 본관은 동래(東萊), 시호는 정간(貞簡)이다.
180) 운로(雲路) : 조용한(曺龍翰, 1694~1741)의 자이다. 호는 자계(慈溪), 본관은 창녕이다.

보아야 할 일이 많이 있어서, 매번 다시 모여 의논하고 결정하려 하였으나 장맛비가 달을 이어서 발을 움직일 수가 없습니다. 지금 저의 병이 조금 나아 내일 서원에 들어가고자 이에 알려드립니다. 바라건대 부디 만사를 제쳐놓고 오시는 것이 어떻겠습니까? 가승可升은 잘 있습니까? 종이가 떨어져서 안부를 묻지 못합니다. 이 편지를 같이 보고 함께 나란히 와서 만난다면 더욱 다행이겠습니다.

정도직에게 주다[與鄭道直] 갑술년(1754)

지난번에 답장을 받고 여러분들의 안부를 자세히 알아서 매우 반가웠습니다. 근래 바람이 불고 비가 내리는데, 조용히 지내시며 공부하는 재미가 어떠하신지요? 더욱 궁금해집니다.

족종은 여전히 어지러워 쓰러진 채로 좋은 재미가 별로 없습니다. 어찌 말씀 드릴 만하겠습니까. 소정시小亭詩는 화답하여 부쳐주신 시를 받아 여러 번 낭랑하게 읊어보니, 문장이 우아하고 조리가 정연하여 아롱진 종이와 꽃다운 글씨가 담벼락을 찬란하게 비추어 주니, 산수를 더 빛나게 하기에 충분합니다.

영남에서 과거에 입격한 사람이 여덟 사람이나 된다고 하니 적막하다고 할 수는 없습니다. 저보邸報에 혹시라도 들을 만한 것이 있으면 간략히 알려주셔도 좋습니다. 의인宜仁으로 가는 심부름꾼은 과연 그믐쯤에 보냅니까? 여기서 보내는 편지 두 통을 부쳐 보내는 것은 어떠하겠습니까.

권군직 득주에게 답하다[答權君直 得胄] 무진년(1748)

초가을에 현윤賢胤이 길을 돌아서 가지고 온 편지를 받아, 읽기도 하고 이야기를 나누기도 하니 마치 참 모습을 대하는 듯하였습니다. 감격과 후련함을 어찌 다 헤아리겠습니까.

다만 현윤의 갈 길이 바쁜 관계로 답장도 바로 쓰지 못하고, 이럭저럭 게으름을 피우다가 지금까지 못하였으니, 이것이 부끄럽고 한탄스럽습니다.

요즘 서리가 내리며 날씨가 추운데, 형의 체후는 어떠하신지요? 더욱 궁금해집니다. 제弟는 쇠로와 질병이 갈수록 깊어져서 정신과 기력이 날로 줄어드니 살날이 많지 않았음을 스스로 압니다. 형세인데 어떻게 하겠습니까.

저에게 부탁하신 글은 진실로 제가 감당할 수 있는 것이 아니나 간절한 효성을 저버리기 어렵고 또 존경하는 마음도 있어서 감히 끝까지 사양하지 못하였습니다. 삼가 이미 옛사람의 글을 흉내 내어 지어서 스스로 한 번 읽어보니 흠이 여기저기에서 나옵니다. 선조의 덕에 누를 끼치고 큰일을 그르칠까 적이 두렵습니다. 바라건대, 부디 잘 살펴보고 취사取捨하는 것이 어떻겠습니까.

정여장 엽[181]과 여휘 욱[182]에게 답하다[答鄭汝章 燁 汝輝 煜] 정축년(1757)

국운이 불행하여 왕후王后[183]께서 승하하시니 신민의 슬픔은 온 나라가 다 같겠지요. 저번에 계씨季氏가 멀리 오셨을 때 즉시 편지 한 통을 보내고 싶었으나, 우환과 질병에 골몰하여 미처 써 보내지 못하였습니다. 뜻밖에 갑자기 심부름꾼이 가지고 온 고마운 편지를 받아서, 다시 살핀 바, 봄바람이 불어오는 이때에 형제의 체후가 평안하시다니, 감격되고 위로되어 구구한 심정을 견디지 못하겠습니다.

종말宗末은 묵은 질병으로 마음이 뒤숭숭한 가운데 몸을 이끌고 조곡弔哭하는 반열에

---

181) 정엽(鄭燁, 1695~1775) : 자는 여장(汝章), 호는 식호와(式好窩), 본관은 영일이다. 동생 욱(煜)과 함께 우애가 독실하였다. 수직(壽職)으로 부호군(副護軍)을 제수 받았다.

182) 정욱(鄭煜, 1709~1770) : 자는 여휘(汝輝), 호는 매헌(梅軒)이다. 1624년 진사에 입격하고, 효종 때 효행으로 천거되어 헌릉참봉(獻陵參奉)을 지냈다.

183) 왕후(王后) : 영조의 원비(元妃)인 정성왕후(貞聖王后, 1692~1757) 서씨(徐氏)를 가리킨다.

달려갔다가 돌아온 뒤에는 증상이 드디어 크게 악화되어 탕약을 연이어 마셨으나 약간의 효과도 전혀 없으니 너무 민망합니다. 계당溪堂의 경치를 상세히 기록하여 보여주신 것은 삼가 이미 받아 두었으나, 다만 지금 병으로 정신이 흐린 증상이 특히 심하여 붓을 들 가망이 전혀 없습니다. 조만간 병이 조금 낫기를 기다려서 글을 쓰도록 하겠습니다. 근래에는 이러한 글을 짓는 일을 한결같이 모두 사절하였으나 부탁에 이미 승낙을 해서 감히 끝까지 사양하지 못하였습니다. 그러나 정신과 기력을 스스로 헤아려볼 때 약속을 지키지 못할 것이 도리어 염려됩니다.

김미중 세릉[184]에게 주다[與金美仲 世錂] 을묘년(1735)

여름부터 우환과 잡일이 연이어져서 담복禫服을 벗는 날에도 한 번 가서 위로 드리지 못하였으니, 지금까지 부끄러움과 한스러움이 그지없습니다. 서늘한 날씨에 부모님을 모시고 공부하는 재미가 어떠하신지요? 진백振伯[185]은 과거에 입격한 뒤에 언관言官에 발탁되었고, 게다가 또 주상의 은혜로운 예우가 세상에 드물어 비교할 데가 없으니, 이는 실로 영남 사람의 다행입니다. 어찌 덕문德門의 영광만 되겠습니까.

첫 사직은 비답을 받든 뒤에 다시 상소할 계획이라고 하는데, 과연 현縣과 도道에서 거절당하지나 않겠습니까? 저는 초가을에 학질을 거듭 앓아 아직까지 남은 피로가 있으니, 너무 민망한 일입니다.

---

184) 김세릉(金世錂, 1696~1753) : 초명은 세주(世鑄), 자는 미중(美仲)·우중(愚仲), 호는 성재(省齋), 본관은 의성(義城)이다. 일찍 과거를 단념하고 학문에 전념하였다. 저서로는 『성재집(省齋集)』이 있다.

185) 진백(振伯) : 김성탁(金聖鐸, 1684~1747)의 자이다. 호는 제산(霽山), 본관은 의성(義城)이다. 1735년 문과에 급제, 사헌부 지평이 되고 이어서 사간원 정언·홍문관 수찬 등을 지냈다.

서거원 지연에게 답하다[答徐巨源 至淵] 경오년(1750)

지난번 잠깐 만난 것이 지금까지 아련히 그립습니다. 뜻밖에 편지를 갑자기 받아서, 다시 살핀 바, 가을 기운이 맑은데 아체雅體가 매우 편안하시다니, 감격되고 위로되어 저의 심정을 견디지 못하겠습니다.

저는 근래 치통을 앓아서 음식을 끊고 베개에 엎드린 채 밤낮 신음하며 한 푼도 세상에 살 의욕이 없으니, 민망함과 괴로움을 어찌 말로 다 하겠습니까.

말씀하신 뜻은 잘 알아들었으나, 이번 서원의 일은 실로 십 수 년 사이에 없었던 일입니다. 아무리 병으로 산속에 엎드려 있는 자이더라도 어찌 읍양揖讓하는 예를 행하는 의식을 나아가 보고 문옹文翁[186]처럼 학교를 진흥시킨 미덕을 함께 경하하고 싶지 않겠습니까마는, 병이 이렇게 악화되어 일어나고 싶어도 일어날 수가 없으니, 저를 초대하신 진지함을 헛되이 저버릴 뿐만 아니라 또한 관청에서 돌아보며 생각하여 주는 뜻도 저버렸습니다. 부끄럽고 두려운 나머지 매우 불안합니다.

신천행 성에게 답하다[答申天行 煋] 을축년(1745)

여름부터 가을까지 연이어 우환과 질병에 골몰하다가, 아직까지 한 번도 심부름꾼을 보내어 안부를 여쭙지 못하여 우울한 마음 간절하던 차에 지금 일부러 심부름꾼을 멀리 보내어 안부를 물어주시는군요. 다시 살핀 바, 부모님을 모시는 체후가 평안하시고, 돌아가신 상사上舍 존장尊丈을 포증褒贈하는 명이 이미 내려져서 서울에 나아가 받들어오는 행사가 있을 것이라고 하니, 우리 영남이 함께 빛나겠습니다. 어찌 덕문德門만의 영광

---

186) 문옹(文翁) : 전한(前漢) 때 사람으로, 촉(蜀)의 군수로 나가 학교와 교육을 크게 진흥시킨 일이 있다.

이 될 뿐이겠습니까. 다만 아쉽게도 인편이 오래 끊겨서 소식을 듣지 못하여 아직까지 경하하는 편지 한 통을 보내지 못하였습니다.

저는 한여름에 아이가 우연히 얻은 병이 증상이 몹시 괴상하여 약을 수십 일 먹이고 나서야 나았습니다. 이어서 저도 전에 앓던 병을 심하게 앓았고 등창이 다시 발작하여 다시 단독丹毒으로 변하여 오랫동안 고생고생 조리하고 치료한 뒤에야 나았습니다. 근일에는 또 감기가 매우 심하여 두통과 요통이 한꺼번에 악화되고, 또 소변이 잘 나오지 않는 증상이 있어서 수저를 물리치고 병상에 누워 있으니 세상에 살 의욕이 전혀 없습니다. 민망해 한들 어떻게 하겠습니까.

신천행에게 주다[與申天行] 신미년(1751)

시월 들어 찬 기운이 점점 쌀쌀해지는데, 어머니를 모시는 아체雅體는 어떠하신지요? 구구하게 그리워하는 마음 지극합니다.

저는 노년이 쓸쓸한 데다 또 초상이 자꾸 나서 처량하게도 좋은 재미가 없습니다. 어찌 말씀드릴 만하겠습니까. 향부饗婦의 예[187]는 길일吉日이 이미 다가왔으니 고기와 술과 여러 도구는 어떻게 마련하십니까? 가만히 생각건대, 아래로는 폐백 광주리를 어루만지고 위로는 어머니를 기쁘게 하여, 좋은 상서가 마을에 가득 차고 만복이 와서 쌓이겠지요. 그의 외조부가 된 자 역시 문 밖에서라도 바라보며 경하해야 하나 늙어서 가망이 없고, 아들 또한 발의 종기가 갑자기 악화되어 길을 나서려다가 도리어 멈추었으니, 정리로 헤아려볼 때 부끄러움과 슬픔을 견디지 못하겠습니다.

---

187) 향부(饗婦)의 예: 며느리를 맞이하는 예를 말한다.

조천응 용석[188]에게 주다[與曺天應 龍錫] 병인년(1746)

요즘 가을 기운이 서늘한데, 부모님을 모신 거상중의 체후는 어떠하신지요? 여러 달을 뵙지 못하여 그리움과 궁금함이 늘 지극합니다. 저는 노쇠함이 갈수록 깊어져서 예전의 정신과 기력이 다시는 없어 고서가 책상에 쌓여 있어도 펼쳐 볼 생각이 없으니, 가련하여 탄식한들 어찌하겠습니까.

그 마을의 서사書社는 또한 점차 두서를 이루어 갑니까? 부탁하신 기문과 시는 성의를 저버리기 어려워서 얽어낸 지가 이미 오래 되었으나 필력이 떨어지고 문장이 거칠어서 볼 만하지 못하니, 도리어 부끄러울 따름입니다.

그곳으로 가는 인편을 아직까지 만나지 못하다가 지금에야 비로소 써 보내니, 웃으며 보신 뒤에 장독이나 덮으시는 것이 어떠하겠습니까.

최종겸[189]의 문목에 답하다[答崔宗謙問目]

「사혼례士昏禮」에 "시부모가 다 죽었다면 신부가 시집에 들어가서 석 달이 되어서야 전채奠菜[190]를 한다."고 하였습니다. 지금 사당에 알현하는 의식을 어떻게 석 달이나 오래 기다리겠습니까? 한강寒岡이 이르기를 "시댁에 들어가자마자 사당에 가는 것은 또 너무 서두른 듯하니, 시부모에게 절을 올린 다음, 하룻밤 재계를 하고 나서 사당에 알현한다."고 하였으니, 이것을 기준으로 삼아야 마땅합니다. 그러나

---

188) 조용석(曺龍錫, 1705~1774) : 자는 천응(天應), 호는 북계(北溪), 본관은 창녕(昌寧)이다. 저서로는 『북계집(北溪集)』이 있다.

189) 최종겸(崔宗謙, 1719~1792) : 자는 백익(伯益)·백원(伯源), 호는 제암(霽巖), 본관은 경주이다. 1748년 「오잠(五箴)」을 짓고 널리 예설을 채집하여 「소목변(昭穆辨)」·「인심흑백도(人心黑白圖)」를 지었다.

190) 전채(奠菜) : 나물을 광주리에 담아서 제전(祭奠)하는 것이다.

족질 집안의 경우는 혼례를 치른 날에는 시부모에게 절을 올리는 예가 없어서 시댁에 들어가는 데에 시차가 있습니다. 먼저 사당에 나아가 알현한 뒤에 제부諸父와 제고諸姑에게 절을 올리는 것이 어떻습니까?

고례古禮에는 석 달이 되어야 사당에 알현하였으나 『가례』는 그것이 너무 멀기 때문에 사흘로 고쳐서 행하였네. 오늘날의 풍속은 친영례親迎禮를 하지 않은 채 계절을 넘기거나 해를 보내고 시댁으로 가서, 아직 신부가 되지 못한 옛날의 사례와는 다르네. 그러므로 퇴계 선생은 존양存羊[191]의 뜻을 취하지 않았으나, 한강은 하룻밤 자고 알현하라는 가르침이 있으니, 편지에서 이것을 기준으로 삼고자 한 것은 좋네. 대개 옛날 친영을 할 때에 이튿날 시부모를 뵈었고 보면, 시부모가 죽어서 사당에서 알현하는 경우에도 또한 이튿날 즉시 알현하기를 한결같이 살아 있을 때와 같이 해야 하네. 그러나 「사혼례」에서 반드시 석 달을 기다리고 나서 전채를 해야 된다고 한 것은 석 달을 기다리고 사당에 알현하는 것이 본래 상례常禮이기 때문이네. 오늘날 시부모가 죽어서 사당에 알현하는 자가 하룻밤을 자고 나서 거행한다면 이튿날 시부모를 뵙는 고례의 뜻과 부합하니, 더욱 온당하네.

최종겸에게 답하다[答崔宗謙] 신미년(1751)

심부름꾼이 가지고 온 편지를 연이어 받아 살핀 바, 두 집안의 여러분들이 모두 편안하

---

191) 존양(存羊) : 구례(舊例)를 버리지 않고 그대로 두는 일이다. 노 문공(魯文公)이 종묘에 삭일(朔日)을 고유하는 제사에 참석하지 않으므로, 자공(子貢)이 그 제사에 소용되는 양(羊)마저 없애려 하니, 공자가 "사(賜)야, 너는 그 양을 아끼느냐? 나는 그 예를 아끼노라"라고 하였다. 제물에 양이라도 있으면 그런 예가 있었다는 것을 알지만, 양마저 없애면 그 예는 드디어 없어지게 되는 까닭이다. (『論語』「八佾」)

시다니, 기쁨과 위로됨이 참으로 지극하네.

정무공貞武公[192]의 연보는 지금 수정한 것이 광채를 갑절이나 더하였으니, 참으로 가상하고 감탄스럽네. 그러나 그 중 서법書法이 간결하고 엄정하지 못한 곳에는 표지를 붙여 보내니, 바라건대 다시 헤아려 보시는 것이 어떠하겠는가. 『주서朱書』를 가져다 바친 일은 쓰지 않아도 나쁠 것이 없으나, 만약 기록하고자 한다면 표지에서 말한 대로 권말에 부기附記해도 무방하네. 발문에 대하여는 벌써 여러 번 독촉을 받아서 어제 이미 초고를 얽었으나 곁에 글씨 쓸 사람이 없어서 다음 인편을 기다려야 하겠네. 그러나 문장이 거칠고 비루하여 저절로 판각에 들어가기에 부족한데, 어찌 시일을 더 끌 필요가 있겠는가. 이장李丈의 발문 중에 자구字句를 옮기거나 바꿀 것은 종이를 붙여서 적어 보내니, 옛 목판에다 나무 조각을 끼워 넣어서 보각補刻한다면 또한 공역이 많이 들지 않네.

송宋나라 이급李及[193]이 청백淸白하다고 일컬어졌는데, 항주杭州에서 돌아올 적에 행장 안에는 『백향산집白香山集』 한 질만이 있었으나, 만년에는 이것도 후회하였네. 이로 볼 때 써 놓을 필요가 없을 듯하나 이 책은 여느 책과 다르므로 말을 만들어 보내는 것이니, 헤아려 보시고 취사선택하는 것이 어떠하겠는가. 승려가 의리에 감동하여 신의를 바친 것도 또한 매우 기이하니, 만약 그 자취를 없애지 않고 싶다면 그 일을 따로 기록하여 권말에 붙이는 것이 합당할 것이네.

---

192) 정무공(貞武公) : 정무는 최진립(崔震立, 1568~1636)의 시호이다. 자는 사건(士建), 호는 잠와(潛窩), 본관은 경주이다. 임진왜란 때 아우 최계종(崔繼宗)과 함께 의병을 일으켰고, 1594년 무과에 급제, 정유재란 때 서생포(西生浦)의 적을 섬멸하고 양호(楊鎬)·권율(權慄) 등과 도산(島山)에서 대승하였다. 인조 연간에 경흥 부사를 거쳐 경기 수사로 삼도 수군통제사를 겸하였다. 병자호란 때 용인(龍仁) 험천(險川)에 이르러 청나라 군사를 만나 싸우다가 전사하였다. 병조 판서에 추증되었다.

193) 이급(李及, 957~1028) : 송나라의 명신이다.

손천여 명우에게 답하다[答孫天與 命遇] 계유년(1753)

뜻밖에 그대의 당질堂姪이 편지를 받들고 멀리 찾아와서, 편지를 펼쳐보니 마치 격조하였던 얼굴을 만나보는 듯하네. 감격스럽고 후련함을 어찌 다 헤아릴 수 있겠는가. 다시 살핀 바, 봄추위에 온 집안이 모두 편안하시다니 더욱 기쁘고 위로되네. 그러나 계수씨季嫂氏의 상이 또 났다니 놀라움과 슬픔을 마지못하겠네.

재종再從은 지난겨울에 갑자기 두 손자의 요절을 당하였네. 안중安仲은 가문 안에서 의지하던 사람인데 또 갑자기 가버렸으니 참혹하네. 금년의 홍진紅疹은 이 무슨 원수 같은 귀신이란 말인가.

이러한 때에 갑자기 나명拿命을 받들어 경황없이 병든 몸을 부축하고 서울로 갔다가 천신만고 끝에 겨우 살아 돌아왔으나, 온갖 질병이 서로 일어나 얼어 죽은 송장처럼 누워서 나날을 보내고 있으니 몹시 민망하네.

편지에서 말씀하신 비문은 참으로 지위가 낮고 문장도 졸렬한 자가 감당할 수 있는 것이 아니네. 그러나 현질賢姪이 선대의 교분을 들어 청하니 의리상 끝까지 사양할 수 없어서 수백 글자를 대충 얽어 보내나, 문장이 거칠고 비루하여 쓸 만하지 못할 것이네. 바라건대, 덕문德門의 여러분들과 헤아려서 취사선택하시는 것이 어떠하겠는가.

족부 석현[194]에게 답하다[答族父 碩玄] 경술년(1730)

뵙지 못한 지가 벌써 반 년이나 지나서 우러러 그리워하는 마음을 잠시도 놓은 적이

194) 정석현(鄭碩玄, 1656~1730) : 자는 지원(志遠), 호는 오회당(五懷堂), 본관은 영일이다. 이형상(李衡祥)·조선장(曺善長)·손덕승(孫德升) 등 자양회화록을 만들고 사당 문 밖에 따로 집 한 채를 지어 오회당이라 이름하고 형제 5인이 모여 유유자적하였다.

없었습니다. 뜻밖에 심부름꾼이 와서 삼가 편지를 받들어 다시 살핀 바, 무더위에 조섭 중의 체후가 비록 온전히 편하지는 못하시나 별다른 손상이 없으시다니, 저의 심정이 조금 위로됩니다.

족질은 여름에 들어서면서 여러 병이 번갈아 일어나서 절반은 침석에 누워 있고, 근일에는 또 무더운 열기가 찌는 듯하여 음식을 전폐하고 정신과 기력이 지치고 다하여 문밖을 나설 수가 없습니다. 민망함을 어찌 말로 다 하겠습니까.

『주역』은 선고先考의 손때가 남아 있는 것으로서 족질이 공경하고 소중히 여기는 것이어서 늘 높이 모시고 함부로 하지 않으며, 또 빌려달라는 남의 요구에도 응하지 않았습니다. 그런데 지난번 진지한 부탁을 어기기 어려워서 부득이 계율을 깼었던 것이나, 지금에 또 이렇게까지 부탁하시기 때문에 제2책과 제4책을 삼가 올립니다. 삼가 바라건대, 경건히 읽도록 엄히 타이르시어 찢거나 더럽히지 말게 하시는 것이 어떻습니까. 지금 보니, 제3권의 겉장이 많이 접혔고 또 먹물로 더럽혀진 곳도 있으니 이것이 민망합니다.

족제 윤문 중직195)에게 답하다[答族弟允文 重稷] 계해년(1743)

행차가 남하南河로 나갔다고 듣고, 돌아오는 길에 들를 줄 알고 기다리고 있던 차에 편지를 갑자기 받아서 이미 곧장 돌아갔다는 것을 알게 되어, 서운한 마음을 견디지 못하였다. 그러하나 동짓달의 추위에 부모님을 모시는 기거가 편안하다니 기쁘고 위로되네.

족종은 산속에 칩거하며 분수에 따라 생활하는 것이 본래 노년의 간절한 바람이었으나, 다만 두려워하는 것은 이조吏曹에서 끌어 올리는 것이네. 지금 이렇게 알려준 것이

---

195) 정중직(鄭重稷, 1694~1765) : 자는 윤문(允文), 호는 인재(忍齋), 본관은 영일이다.

어찌 기쁜 소식이 되겠는가. 청나라 사신이 아직까지 돌아가지 않았으니, 조정의 우려를 상상할 수 있네. 칠실漆室의 탄식[196]을 또한 어찌 다 말할 수 있겠는가. 그믐께 선대의 유고를 수정하는 일로 재사齋舍에 들어가 머물러야 하네. 그때는 모여서 만나볼 수 있네.

족제 윤문에게 답하다[答族弟允文] 갑자년(1744)

비록 여러 족질을 통하여 소식을 연이어 듣기는 하였으나, 매번 격조함을 탄식하던 차에, 지금 편지를 받았네. 간곡히 반복한 말이 편지에 가득하여, 펼쳐보고 나니 기쁨과 후련함이 마치 손을 한번 잡은 듯하네. 어찌 편지라고만 하겠는가.

삼가 살핀 바, 훤당萱堂의 체후가 자못 편치 못하시다고 하나, 이는 무더운 달의 예사로운 증상으로, 저절로 쾌차하실 것이네. 우러러 염려하던 나머지 이것으로써 기원하네.

부탁한 일은 무더운 열기가 한창 혹독하여 아직까지 붓을 대지 못하고 있으니, 조금 시원해지기를 기다려야 하겠네. 이대전李大田[197]의 마을과 묘소 두 곳의 비석은 군郡에서 함께 세우고자 하니, 이는 실로 사림의 영광이네. 다만 염려되는 것은 비문을 관가에서 스스로 짓는다고 하니 사림 중에 일을 아는 자와 상의하고 헤아린다면 참으로 온당할 것이네. 지금 듣건대, 윤 집의尹集義가 짓는다고 하는데, 그가 글을 잘 지으리라고 기필할 수도 없거니와, 그 비문의 말미에 반드시 본군本郡의 사림이 글을 청하였다고 언급할 것이네. 글이 이미 나온 뒤에는, 만약 그 글이 일체 사림에서 이미 청한 대로 따라지었다면 좋겠으나, 만약 따르지 않고 끝내 그의 백씨伯氏의 글을 썼다면 도내道內의 비난을 그대가 반드시 벗지 못할 것이네. 바라건대, 모름지기 헤아려서 처리하는 것이

196) 칠실(漆室)의 탄식 : 노(魯)나라의 한 미천한 여자가 캄캄한 방에서 나라의 일을 걱정하였다는 고사에서 나온 말로, 분수에 넘치는 일을 근심함을 일컫는다.

197) 이대전(李大田) : 대전은 이보흠(李甫欽, ?~1457)의 호이다. 자는 경부(敬夫), 본관은 영천이다.

어떠하겠는가. 그러나 대공大公한 마음으로 말한다면 높일 대상은 이 대전 뿐이네. 문장을 짓는 자에 대한 의논을 어찌 말할 수 있겠는가. 그대가 어떻게 생각하느냐에 달렸을 뿐이네.

족제 윤문에게 답하다[答族弟允文]

장마와 무더위로 여름을 보내며 왕래가 다 같이 끊어져서 한창 그리워하던 차에 지금 편지를 받았네. 부모님을 모시는 동지動止에 아직까지 별달리 성가신 일은 없다니, 기쁨과 위로됨이 참으로 깊네.

족종은 무더위에 지쳐 정신을 잃고 누운 채로 다시는 깨어날 기미가 없으니 민망하네. 비문을 짓는 일은 보여준 뜻을 이미 잘 알았네. 대개 이 일은 의논에 좌우될 바는 아니나 사람들의 말이 오직 글을 지을 자가 그 당시 사람을 위하는데 문제가 있다고 하네. 비문에 대하여, 여술汝述이 관가의 뜻으로 재차 편지로 물어왔으나 거절하고 말하지 않았는데, 며칠 전에 관가에서 편지를 보내고 여술을 보내어 물었기 때문에 비문에서 빠진 곳 몇 군데를 대략 말하였을 뿐이네. 어찌 글을 지우고 고친 일이 있겠는가.

유허遺墟에 세우는 비석에는 비록 윤 집의의 글을 썼을지라도 묘비문을 만약 도내의 식견 있는 사람에게 청한다면 실로 공의公議에 맞을 것이네. 때문에 여술에게 답한 편지 속에서 일찍이 이미 언급하였으나, 관가에서 보내온 편지에서는 "묘비문을 이미 새겼다."고 하였으니, 그 뜻을 알 수 있겠네. 그대가 며칠 전 읍에 갈 때에 만약 나와 상의하였다면 마땅히 이러한 뜻을 말하여 주었을 터이나 지금은 이미 늦었다네.

족제 윤문에게 답하다[答族弟允文] 을축년(1745)

뜻밖에 이 족질이 나를 찾아와 편지를 전해주어서 다시 살핀 바, 어머님의 체후가 만복하시다니, 위로됨과 기쁨이 참으로 깊네. 하나 병환이 오래도록 괴롭힌다니 놀라움과 염려됨이 얕지 않네. 그러나 지금은 봄기운이 벌써 화창하니 차츰 쾌차하시게 될 것이네.

족종은 여러 달 앓던 종기가 이제야 비로소 완전하게 아물었으나 왼쪽 어깨가 결려서 움직일 때마다 불편하여 후유증이 남을 염려가 없지 않으니, 몹시 민망하네.

재사齋舍가 무너졌다는 말을 들으니 매우 한심하네. 보수하는 일은 결코 조금도 늦추어서는 안 되나 재력과 인력이 이미 바닥나고 달리 변통할 길도 없네. 다만 장삿집에 뒤이어 들여놓아야 할 돈이 있으니 이 일에 써야 되겠네. 지금이 비록 곤궁한 계절이나 참작하여 의견을 수렴하지 않을 수 없네. 바라건대 같이 일을 맡은 사람들과 상의하여 통문을 내는 것이 어떠하겠는가. 만약 장맛비를 만나게 된다면 썩어 무너질 것이 틀림없으니 모름지기 빨리 도모하는 것이 좋겠네.

돌을 다듬는 일을 시작한 지가 이미 오래 되었으나 잘못 깎아서 깨어버리고 또다시 깎는다고 하네. 만약 임원을 바꾸고 싶다면 바라건대 소년 한 사람을 비석 세울 마을에 보내어 청하는 것이 어떠하겠는가. 유고는 세밑에 겨우 한 번 열람하고, 다시 열람하고자 표지를 붙여 두었으나 설을 쇤 후에는 분주하여 겨를이 없었고, 이어서 또 병으로 누워버려서 여태까지 실행하지 못하였네. 지금은 열람할 수 있으니, 열람한 뒤에 보내드리겠네.

족제 자욱 중기[198]에게 답하다[答族弟子郁 重岐] 임신년(1752)

두 밤을 베개를 나란히 베고 잤고 또 시를 수창하는 즐거움도 있어서, 작별한 뒤의 슬픔과 그리움이 전보다 갑절이네. 지금 편지를 받아 다시 살핀 바, 형제 여러분들이

---

198) 정중기(鄭重岐, 1700~1759) : 자는 자욱(子郁), 호는 경우당(敬友堂), 본관은 영일이다.

모두 복되시다니 더욱 위로되고 후련하네.

족종은 26일에 비로소 일을 마치고 집으로 돌아왔으나 수 십여 일 동안 교정을 본 나머지 정신과 기력이 소모되고 몸이 무겁고 머리가 어지러워서 쓰러져 누운 채 일어나지 못하니, 심하네 나의 쇠함이. 진실로 가련하고 개탄스럽네. 시편을 지우고 고쳐서 보내주셨는데, 격조와 운치가 더욱 높아서 산수로 하여금 갑절 빛을 내게 하기에 충분하네. 읊조리어 마지못하겠네.

조만간 일기가 고르고 병이 뜸하기를 기다려 하천夏泉에 성묘하고 이어서 여러 일가친척을 맞이하여 산도山圖를 함께 만들어야 하네. 그때는 조용히 회포를 풀 수 있을 것이네.

족제 수보 중교와 자욱 및 진만 중려에게 답하다[答族弟壽甫 重喬 子郁振萬 重呂] 을해년(1755)

지난번에 자욱의 편지를 받고, 지금 또 수보와 진만의 편지를 받았네. 그것으로 살핀바, 꽃피는 계절에 여러분들이 두루 편안하시다니, 감격과 위로됨을 헤아리기 어렵네.

족종은 근래에 막내아우가 와 살고 있어서 날마다 우애를 나누며 지내고 있어 이것은 다행이네. 그러나 나는 이미 병들고 초췌하고 그도 또한 어린아이의 우환이 있어 눈썹을 찌푸린 채 서로 마주하고 있으니 민망하네.

시총詩塚에 대한 아름다운 시편은 이미 대상사大上舍께서 먼저 선창해주셨는데, 말과 뜻이 모두 극진하여 마치 큰 구슬을 받은 듯하였네. 지금 또 시 세 편이 한 묶음으로 와서 이미 참사안叅祀案[199]에 함께 기록하여 두어서 후세에 전할 자료로 삼았으니, 그 다행스러움을 다 헤아릴 수 있겠는가.

---

199) 참사안(叅祀案) : 제사에 참여한 사람들의 명단과 그들의 시를 적은 책을 말한다.

종제 경묵[200]과 막내아우 미옹[201]에게 답하다[答從弟景默舍季美翁] 신유년(1741)

오늘 고천古川에서 종이 와서 각 폭의 편지를 받았네. 다시 살핀 바, 이러한 때에 여러분들의 근황이 편안하시다니, 기쁨과 위로됨이 참으로 깊네. 이곳에서 나는 이달 초9일에 또 겸춘추에 차출되어 궐내에서 입직하고 있어서 체직되어 나가기가 쉽지 않을 듯하니 민망하네.

지금 전조銓曹가 많이 소란스러워서, 젊은 대간들은 참의를 탄핵하고 늙은 대간들은 판서와 참판을 서로 배척하고 있네. 참의는 벌써 체차遞差하였으나 아직 출사하지 않고, 판서와 참판은 상소를 하고 애써 사퇴하려 하나 주상께서 윤허하지 않고 줄곧 다그치시니, 결말이 어떻게 날 지는 아직 모르겠네.

승전비勝戰碑의 일은 감영에서 이미 시작하지 않았다면, 본 고을에서 마련하여 세우는가? 아니면 권씨權氏 문중에서 스스로 세우는가? 비석 표면에 만약 두 공公의 사적을 나란히 쓰지 않는다면 결코 그들이 단독으로 세우도록 내버려 두어서는 안 되니, 향내의 여러분들과 정문呈文을 올려서 다투어야 하고, 자손들도 또한 정문을 올려야 하네. 이렇게 해도 받아들이지 않는다면 사림이나 자손 중에서 마땅히 소를 올려 신변伸辨해야 하네. 이러한 뜻을 윤문과 여러분이 성주城主에게 들어가 알리는 것이 옳네.

족질 일전[202]에게 답하다[答族姪一銓] 임신년(1752)

지난번 백옥伯玉이 돌아왔을 때 그대의 눈병이 조금 나았다는 소식을 듣고 참으로

---

200) 경묵(景默) : 정중언(鄭重言)의 자이다.
201) 미옹(美翁) : 정중보(鄭重簠)의 자이다.
202) 정일전(鄭一銓, 1714~1796) : 자는 공택(公擇), 호는 축와(縮窩), 본관은 영일이다. 1753년 식년시 2등으로 생원에 입격하였으나 출사에 뜻을 두지 않았다.

위로되었네. 며칠 사이 부모님을 모시는 근황은 어떠하신가? 그리움과 궁금함이 그치지 않네.

나는 오사梧社에 머물면서 예고禮稿를 연일 수정하고 있고, 선원仙源의 여러 족질과 수옹秀翁·효술孝述이 와서 네댓새 머물다가 어제 모두 돌아가고, 단지 가승可升만이 남아 있네. 그는 며칠 전에 들어와서 함께 머무르고 있으나 두 노인이 노안老眼을 서로 마주하고 있으니 마치 두 맹인에게 인도하는 사람이 없는 것 같네. 그대는 모름지기 내일 일찍 오는 것이 어떠한가? 자고子高가 와서 머무르겠다는 뜻은 진작에 들었으나 아직까지 소식이 없는 것은 어째서인가? 깊이 기다리는 마음 함께 간절하네. 이 족종이 만약 온다면 그대가 설령 오래 머무르지 못하더라도 또한 좋네.

종질 일진[203]에게 주다[與從姪一鎭] 경오년(1750)

발인한 뒤에 비와 눈이 번갈아 내리고 바람이 더 차가와져서, 메고 운반하는 일이 아마 더욱 고생스러웠겠지. 근심되고 염려되어 밤에도 잠을 이루지 못하겠네. 첫날은 청경淸景에서 잔다고 들은 것 같은데, 만약 그렇다면 나흘째에는 장지에 도착할 수 있을 것 같으나, 또한 기필할 수는 없겠네. 어떻게 조처하시려는가? 광중 안의 일만 정성을 다하게 되면 광중 밖의 일은 나중에 보수해도 늦지 않으니, 이를 헤아려서 대처하시게. 산에 만약 아직 온돌을 놓지 않았다면 밤에 거처하기가 매우 어려우니, 다만 노복으로 하여금 지키게 하고, 오고 가며 절집이나 시골집에 머물러 자면 좋을 것이네. 또 솔가지를 만약 잘라낼 일이 있다면 반드시 모두 불살라야 하며, 솔뿌리도 또한 흙으로 묻는 것이 좋네.

---

203) 정일진(鄭一鎭, 1713~1752) : 자는 안중(安仲), 호는 학고(鶴皐), 본관은 영일이다.

족질 일관의 문목에 답하다[答族姪一鑽問目] 기사년(1749)

지금 조비祖妣를 선조고先祖考의 묘소 동쪽에 부장祔葬하고자 합니다. 고사告辭는 어떻게 합니까? 여러 대의 선영이 모두 같은 터에 있고, 증조고비와 종조고비의 묘소, 그리고 당숙의 묘소도 새로 만드는 묘소 앞뒤에 있습니다. 고유하지 않고 일을 시작하는 것은 너무 미안할 듯합니다. 만약 고사가 있어야 한다면 쓸 말을 보여주시는 것이 어떻겠습니까?

후토后土에 제사지낸 뒤에 문장門長의 이름으로 수위首位께 다음과 같이 고한다네. "연월 일에 6대손 아무개가 현6대조고 모관부군, 현6대조비 모봉 모씨의 묘소에 감히 밝게 고합니다. 지금 6대손부 모봉모씨의 택조宅兆를 서쪽 기슭에 영건營建하게 되어서 삼가 술과 과일을 차려 정성을 펴 경건히 고합니다." 그 다음에 촌수가 먼 자제子弟의 이름으로 고위考位에 고하는 것이 마땅하나, 할 만한 자가 없으면, 그대의 이름으로 고하기를 "연월 일에 손자 아무개가 현조고 모관부군의 묘소에 감히 밝게 고합니다. 지금 조비 모봉모씨를 동쪽에 부장하게 되어서 오늘 산을 팝니다."라고 하되, '삼가' 이하는 똑같네. 나머지 위位에는 일일이 다 고할 필요가 없네.

조묘祖廟가 조금 멀리 있으면 혼백魂帛[204]으로 대신하여 조조朝祖[205]합니까? 조고의 사당이 이미 별처에 있다면 또한 조조의 의식이 없습니까?

조묘가 멀리 있으면 혼백으로 조조하는 것은 예서에 분명한 글이 있네. 다만 옛날에

---

204) 혼백(魂帛) : 신주(神主)를 만들기 전에 명주를 접어서 임시로 신주를 만든 것을 말하는데, 이는 초상 동안에만 쓴다.

205) 조조(朝祖) : 발인하기 하루 전 조전(朝奠)을 마친 뒤에 영구(靈柩)를 모시고 사당에 가서 마지막으로 조상을 뵙게 하는 의식으로, 조묘(朝廟)와 같은 뜻이다.

사당에 조묘할 때는 할아버지에게 먼저 하고 난 뒤에 아버지에게 하였으니, 할아버지와 아버지의 사당에 함께 조조해야 하네. 남편의 사당에 있어서는 작별하는 의식이 있어야 할 것 같으나, 예서에 보이는 곳이 없으니 억지로 설명하기 어렵네. 그러나 혼백으로 사당의 뜰에서 조조하는 것은 예에 맞을 듯하네.

새 묘소가 쌍분雙墳이라면 땅을 고른 뒤에 단지 비위妣位에만 제전祭奠을 차려 놓는데, 이는 온당치 않은 듯합니다. 어떻게 합니까?

비록 쌍분일지라도 이미 분묘를 여는 일이 없었고 제주전題主奠[206]을 영좌靈座에 차려 놓고 지냈다면 옛 분묘 앞에서 함께 제사지내는 것은 마땅하지 않은 것 같네.

생질 신황에게 답하다[答外甥申熿] 무오년(1738)

슬퍼하던 중에 일부러 보낸 심부름꾼이 가져 온 안부 편지를 갑자기 받으니, 먼 회포가 참으로 위로된다. 하나 부모님을 모시며 기거에 조화를 잃었고 어린 아이가 또한 구토와 설사를 겪는다니 이것이 놀랍고 염려된다. 부디 십분 잘 조섭하여 빨리 낫게 하기를 간절히 바란다. 술은 혈기를 통하는 데에는 이로우나 지나치면 해가 되며, 기가 약하고 병이 많은 자에게는 그 해가 더욱 심하니, 통렬히 스스로 절제하고 줄여서 몸을 상하게 하는 일이 없도록 하기를 지극히 바란다.

나는 찢어지는 아픔과 허다한 원통함으로 온갖 병이 함께 발작하여 베개에 엎드려 눈물을 훔치니, 몸은 살아 있어도 마음은 죽었다. 게다가 며느리가 변고를 당한 이래

206) 제주전(題主奠) : 신주에 죽은 사람의 직함과 이름을 쓰고 나서 드리는 제전을 말한다.

음식을 끊고 죽기를 추구하여 살은 빠지고 뼈만 남아 기식氣息이 가물가물하니, 염구斂具를 손질하여 변고를 기다릴 뿐이다. 어제부터는 조금은 증상이 줄어든 듯하나 신음이 특히 심하니, 앞으로 견디며 살아갈 수 있을 지 기필할 수 없다. 젖먹이 아이는 외방外房에 내보내어 놓고 젖을 빌려 먹이고 있으나 밤낮 울어대서 기르기가 매우 어려우니, 눈앞의 처참한 일들이 더욱 사람의 창자를 끊어지게 한다. 오직 한스러운 것은 내가 빨리 죽지 않는 것이다.

막내아들 일찬[207]에게 부치다[寄季子一鑽] 임술년(1742)

지난달 읍리邑吏가 돌아가는 편에 편지 한 통을 부쳤고, 이달 초에 계금戒令이 돌아가는 편에 또 편지를 부쳤다. 이미 받아 보았느냐? 근래에 안부는 어떠하며, 천연두가 또 마을 안에 들어가지는 않았느냐? 멀리서 염려하는 마음 늘 절절하구나.

나는 오늘 산정散政[208]에서 결성 현감結城縣監에 임명되었으나, 고을은 작고 힘은 약하여 온갖 폐단이 몰려있고 또 토호들은 제어하기 어렵고 아전들의 습성은 몹시 나빠서, 1년을 넘긴 자가 전혀 없다. 때문에 친구들도 축하는 하지 않고 우려만 하니, 도리어 우습구나.

마부와 말이 네댓새 뒤에는 올라올 것이니, 내려가는 것도 이달 안에 있을 듯하구나. 인편을 사서 보내고자 하였으나 사람을 사는 것은 폐단이 있다. 마침 신녕 현감新寧縣監이 새로 부임하는 길이 있어서 이 편지를 부친다. 마부와 말이 온 뒤에 심부름꾼을 보내겠다.

---

207) 정일찬(鄭一鑽, 1724~1796) : 자는 학여(學如), 호는 죽비(竹扉), 본관은 영일이다.
208) 산정(散政) : 도목정사(都目政事) 외에 수시로 행하는 인사 행정을 말한다.

막내아들 일찬에게 부치다[寄季子一鑽] 계유년(1753)

율현栗峴에서 작별한 뒤로는 기분이 좋지 않아 잠자리도 편안하지 않다. 길은 무사히 내려갈 수 있었느냐? 나는 그날은 왕심枉尋의 주막에서 잤는데, 이튿날 새벽에 사헌부의 아전 두어 명이 와서 알현하였다. 그들에게 상세히 물었더니, 어제 이미 지방에 있는 사람들을 현고現告하여 양사兩司(사헌부·사간원) 중에서 장령掌令 이계창李啓昌[209]은 홀로 출사하였다가 갑자기 탄핵을 받았고, 정언正言 이헌묵李憲默은 이미 부모의 병 때문에 소를 올리고 지레 돌아갔는데, 주상의 하유下諭는 아득히 기약이 없으며, 알성 무과謁聖武科 초시初試가 이미 임박하여 18~19일 사이에 분명히 변통하는 일이 있을 것이므로, 그대로 내려가더라도 무방하다고 하였다. 또한 생각건대, 혼자 출사하여 공무를 보면 수고롭고 난처한 일이 많기 때문에 바로 사헌부의 아전을 보내고 돌아가기로 결심하였다. 학노鶴奴를 경주인京主人의 집에 들여보냈더니, 마침 어영청御營廳의 포보砲保[210]와 두 색리色吏[211]가 돌아오는 편을 만나 그들을 데리고 나와 옷과 이불을 싣고 신원新院에서 함께 잤다. 다만 그들이 양식이 다하였기 때문에 하루에 백리를 가느라 사람과 말이 모두 지쳐 있었는데, 조령鳥嶺 북쪽에서 채 이부蔡吏部를 갑자기 만나 남여籃輿를 얻어 타고 함께 재를 넘었으니, 너무나 다행이다.

오늘 아침에 심천深川에 도착하여, 너의 일행이 와서 자고 막 출발하였다는 말을 들었으나, 또한 뒤쫓아 따라잡기는 어려웠다. 그리고 말이 발을 약간 절어서, 비안比安에서 말을 빌려 타고 구미龜尾에 도착하면 교동校洞으로 가서 이틀을 잔 뒤에 돌아가고자 한다.

---

209) 이계창(李啓昌, 1696~?) : 자는 경문(景文), 본관은 여주(驪州)이다. 1725년 진사시에 입격, 1753년 사헌부 장령을 지냈다.

210) 포보(砲保) : 군보(軍保)의 하나인데, 보미(保米)나 보포(保布)를 상납(上納)할 의무가 있는 사람을 말한다. 곧 포군(砲軍) 네 사람 중 한 사람이 복무하면 세 사람은 그의 보인이 되어 보미나 보포를 상납하는 것이다.

211) 색리(色吏) : 감영이나 군아에서 돈과 곡물의 출납을 맡은 관원이다.

임고의 문회에 답하다[答臨皐文會] 기미년(1739)

오늘 체문帖文[212]을 받고 다시 살핀 바, 근일에 여러분들의 체후가 매우 편안하시다니 감격과 위로됨이 아울러 지극합니다. 문축文軸은 병으로 혼미한 상태에서 한 번도 이미 감당하기 어려운데, 두 번 다시 할 수 있겠습니까. 돌려드리고 싶으나 진지한 뜻을 어기기 어려워서 등차를 대충 메겼으나, 바삐 보아 넘겨서 반드시 잘못된 곳이 있을 것이니, 이것이 놀랍고 두렵습니다. 두 축軸은 아름답지 못한 것은 아니나, 앞 제목에서는 '동조東朝' 한 구절을 쓰지 않기도 하고 뒤의 제목에서는 '의리를 지키는 것이 사는 것이다'라는 의미를 빠뜨리기도 하였습니다. 그러므로 실로 재주는 많으나 등수를 놓쳤으니, 저의 식견이 완전히 고체古體이기 때문이 아니겠습니까.

이후로는 모두 명고鳴皐에게 청하고 다시는 이곳으로 보내지 마시어 늙고 병든 사람을 편안하게 해주시는 것이 어떻겠습니까.

---

212) 체문(帖文) : 관직 사령서이다.

잡저雜著

결성에서 각 면의 풍헌에게 명령을 전하다[結城傳令各面風憲] 결성 현감 때이다. 임술년(1742)

현관縣官이 알리는 일. 면面에서 검찰檢察해야 할 일을 후미에 기록하여 내보내니, 절목에 따라서 거행하는 것이 마땅하다.

하나. 서인으로서 생원이라 함부로 일컫는 자, 사대부를 능욕하는 자, 양반으로서 서민을 침탈하여 손해를 끼친 자, 백성의 농지를 빼앗은 자, 죄가 없는데도 사람을 때린 자를 일일이 초록하여 보고할 것.

하나. 권농勸農의 한 사항은 조정에서 신칙하는 것이 준엄하고 분명할 뿐만이 아니니, 마을에서는 백성들에게 각별이 명령을 내려 알려주되, 씨앗 뿌리기·모내기·제초 등의 일은 일찌감치 부지런히 하여, 때를 놓쳐 농사를 망치는 폐단이 없게 할 것.

하나. 백성 사이에 빈부가 고르지 않아서 농우農牛와 농기農器를 다 갖춘 자가 매우 적으며, 종자와 양식도 또한 마련하기 어려운 자가 분명히 있으니, 종족이나 이웃이 아끼지 말고 서로 빌리고 또 서로 꿔주어, 곤궁한 자가 농사를 접게 하지 말 것이며, 그 중에 혹시라도 서로 빌려주거나 꾸어주지 않는 자는 관청에서 잡아들여 엄하게 다스릴 것이니, 일일이 초록하여 보고할 것.

하나. 산림山林은 함부로 벌채할 수 없고, 제방과 보洑는 미리 보수하고 쌓아서 유사流砂를 막고 관개灌漑를 편리하게 하는 바탕으로 삼을 것이며, 혹시라도 큰 세력을 가진 사람으로서 부역할 사람을 내보내지 않는 자는 일일이 초록하여 보고하고, 논에 물을 댈 때 혹시 사납게 굴며 자기 논에만 끌어대고 고루 물을 대지 않는 자도 또한 초록하여 보고할 것.

하나. 중인이나 상놈으로서 나이가 예순이 안 되었으면서도 농사는 짓지 않고 날마다 시장에 달려가 술을 마시고 곤드레 취하는 자는 일일이 초록하여 보고할 것.

하나. 시골 백성으로서 농사를 짓지 않고 무단히 드나들며 행동거지가 수상한 자, 강포하고 싸움을 좋아하여 마을에서 분란을 일으키는 자도 또한 초록하여 보고할 것.

책문策問

왕은 이렇게 말한다.

옛 사람이 이적夷狄은 금수禽獸라고 말하였다. 그렇다면 이적은 금수와 다를 것이 없으니 그들을 대하는 방법도 또한 금수처럼 대해야 하는가? 제녀우구帝女遇狗[213]의 설은 과연 증명할 수 있으며, '적狄' 자를 '견犬' 변으로 쓰는 뜻도 또한 취한 바가 있는 것인가? 만이활하蠻夷猾夏[214]는 고요皐陶에게 내린 명命에서 나왔고, 삼묘三苗가 교화되지 않아서 백우伯禹가 맹서를 하기까지 하였다.[215] 요순의 시대에도 또한 이적의 우려가 있었는가? 적인狄人이 침입하여 핍박하자 빈邠을 떠나 양산梁山을 넘었고,[216] 험윤玁狁이 자신도

---

213) 제녀우구(帝女遇狗) : 제녀(帝女)가 구(狗)를 우대하였다는 뜻이다. 제곡(帝嚳) 고신씨(高辛氏) 때 견융(犬戎)이 난리를 일으키자, 제곡이 이를 토벌하는 자에게 미녀를 아내로 주고 300호(戶)의 땅에 봉해 주겠다고 하였는데, 제곡의 개[狗] 반호(槃瓠)가 견융의 우두머리를 죽이자, 약속대로 그에게 미녀를 주고 땅을 봉해 주었다는 설화가 전한다. 이 구봉씨(狗封氏)의 자손이 후대에 남만의 족속이 되었다고 한다.(『藝文類聚』 권94 「狗」)

214) 만이활하(蠻夷猾夏) : 『서경』 「순전(舜典)」에 "고요(皐陶)야 오랑캐인 만이(蠻夷)가 중하(中夏)를 어지럽히며, 사람을 협박하여 약탈하고 죽이며, 도적들이 안과 밖을 어지럽히기에 너를 사(士)로 삼는다.[帝曰皐陶 蠻夷猾夏 寇賊姦宄 汝作士]"라고 보인다.

215) 삼묘(三苗)가……하였다 : 『서경』 「대우모(大禹謨)」에 나온다. 순임금이 유묘(有苗)의 군주가 교화를 따르지 않아 우(禹)에게 그들을 정벌하도록 명하니, 우가 여러 제후들을 불러 모아놓고 군사들에게 맹세하였다.

헤아리지 못하자 군대를 일으켜 몰아내었다.[217] 고공단보古公亶父와 주 선왕周宣王의 덕이 저들의 완악함을 교화시키지 못하여 그렇게 된 것인가? 『논어』 「헌문憲問」에 "관중管仲이 없었더라면 우리는 머리를 풀어 헤치고 옷깃을 왼쪽으로 여미었을 것이다."고 하였고, 또 「팔일八佾」에 "이적에게 임금이 있는 것이 중국에 임금이 없는 것만 못하다."고 하였으며, 『춘추春秋』는 이적과 중화의 구분을 엄격히 하였다. 만약 이적이 중국에 진출하였다면 중국에 들어간 이적에게서도 또한 취할 만한 도道가 있겠는가? 한 고조漢高祖는 7일 동안 포위되었을 때 진평陳平의 화유和誘 계책을 썼고,[218] 여후呂后는 도리에 어긋나고 오만한 모욕을 받았을 때 제멋대로 휘저으려는 번쾌樊噲의 의견을 배척하였다.[219] 이것은 과연 이적을 대하는 방법에 맞는 것이 있는가? 진시황秦始皇은 만리장성을 쌓아 오랑캐 말이 남쪽에서 풀 뜯는 것을 막았으나 민심이 이반하였고, 한 무제漢武帝는 군사를 다 동원하여 크게 쳐부수어서 막북幕北[220]의 왕정王庭을 비워버렸으나 해내海內는 죄다

---

216) 적인(狄人)이……넘었고: 주나라 태왕(太王) 즉 고공단보(古公亶父)가 빈(邠)에 살 때에 적인들이 침범하자, 폐백(幣帛)과 견마(犬馬) 등을 바치며 섬겼으나 화를 면할 수 없었다. 결국 태왕이 빈을 버리고 기산(岐山) 아래로 옮겨 가서 도읍을 정하였는데, 빈의 사람들이 따라와 살았다고 한다.(『孟子』 「梁惠王下」)

217) 험윤(玁狁)이……몰아내었다: 주 선왕(周宣王)의 대신 윤길보(尹吉甫)가 문무(文武)를 겸비하여 북쪽의 험윤(玁狁)을 정벌한 내용이 『시경』 「소아(小雅)·유월(六月)」에 보인다.

218) 한 고조(漢高祖)……썼고: 한 고조 유방(劉邦)이 직접 군대를 인솔하고 흉노의 묵특(冒頓) 선우(單于)를 치기 위하여 출정하였다가 평성(平城) 부근의 백등산(白登山)에서 7일 동안이나 흉노의 30만 대군에게 포위를 당하였는데, 이때 모사 진평(陳平)의 말을 좇아 미인계를 써서 간신히 위기를 모면한 고사가 전한다.(『史記』 권93 「韓王信傳」·권110 「匈奴傳」)

219) 여후(呂后)는……배척하였다: 묵돌(冒頓)이 여후에게 설만한 글을 보내자, 여후가 크게 노하여 그 사자(使者)를 목 베고 군대를 출동하여 이를 칠 것을 의논하니, 번쾌(樊噲)가 "신이 원컨대 십만의 무리를 얻어 흉노가 있는 데를 제멋대로 휘젓고 다녀보겠습니다."라고 하였다. 이때 계포(季布)가 "번쾌를 목 베어야 합니다. 전에 흉노가 고제(高帝)를 평성(平城)에서 포위하였을 때 한나라 군대 30만을 거느리고 번쾌가 상장군이 되었으나 능히 포위를 풀지 못하였습니다. 지금까지 신음하는 소리가 아직 끊이지 아니하고 다친 자가 겨우 일어났는데, 번쾌가 망령되이 십만의 무리를 가지고 휘젓고 다니겠다고 말하니, 이것은 면전에서 기만한 것입니다."라고 하였다.(『通鑑節要』 권6)

220) 막북(幕北): 고비사막 북쪽의 땅, 즉 외몽고(外蒙古) 지역을 가리킨다.

텅 비었다. 이적을 다스리는 엄격함이 이보다 더할 수 없으나, 도리어 이러한 피해가 있게 된 것은 어째서인가? 진 문제晉文帝는 서융西戎의 백성을 받아들여 내지內地에서 함께 살게 하였으나, 오호五胡가 중국을 점차 어지럽히는 길을 열었고, 송 진종宋眞宗은 전연澶淵에서 강화를 맺어[221] 다시는 황하를 건너지 못하게 하였으나, 두 황제가 북쪽으로 가는 변고[222]를 초래하였다. 이적을 대하는 너그러움은 지극하다 할 만하나, 끝내 그 화를 부른 것은 무엇 때문인가? 남쪽으로 건너간 제업帝業이 철목鐵木[223]에게 멸망당하고, 황명皇明의 제사가 또한 금로金虜[224]에게 끊어지게까지 되었다. 아니면 또한 천지의 운기가 이미 쇠퇴하여 이적과 화하華夏가 저절로 서로 흥하고 쇠하여 그런 것인가?

대저 이적은 비록 사람의 면목을 갖추었으나 그 마음은 승냥이와 이리이고 그 행동은 개와 돼지이니, 예의로 깨우칠 수도 없고 맹세로 믿을 수도 없다. 오직 회유하고 기미羈縻[225]하여, 오면 받아주고 가면 쫓지 않을 뿐이다. 이것이 옛 성왕聖王이 금수로 보아서 다스리되, 끝까지 다스리지 않은 이유이다. 오직 우리나라는 남쪽에 접한 섬 오랑캐와 북쪽에 이웃한 파저婆豬[226]가 전대의 왕조 때부터 혹은 서로 공격하고 혹은 서로 연합하여, 그 소요를 자못 견디지 못하였으니, 지금도 역사서에 실려 있는 것을 역력히 살펴볼 수 있다. 우리 조정은 건국한 이후로 산새나 들사슴으로 대하기도 하고 군대의 위력을 가하기도 하며, 더러는 은혜와 신의로 동맹을 맺어서 야인野人들이 자취를 감추고 왜노

---

221) 송 진종(宋眞宗)……맺어 : 송나라 진종 때에 거란이 전연(澶淵)까지 침입하였을 때, 구준(寇準)이 재상으로서 임금을 모시고 출정하여 강화를 맺고 돌아왔다.

222) 두 황제가……변고 : 송(宋)의 황제인 휘종(徽宗)과 흠종(欽宗)이 금(金)나라 사람에게 잡혀간 일을 가리킨다. 여기에서 북송(北宋) 시대가 끝나고 뒤에 고종(高宗)이 남도(南渡)하여 남송 시대를 중흥하였다.(『宋史』「欽宗本紀」)

223) 철목(鐵木) : 몽고족(蒙古族)을 가리킨다. 원(元)나라 태조(太祖)의 이름이 테무진[鐵木眞]이다.

224) 금로(金虜) : 금(金)나라를 천하게 부르는 말이다.

225) 기미(羈縻) : 우마에 굴레를 씌우듯 다른 나라를 잘 견제하고 복속시키는 것을 뜻한다.

226) 파저(婆豬) : 만주(滿洲)에 있던 종족을 말하며, 그들은 압록강(鴨綠江)의 지류인 동가강(佟佳江) 근처에 살았는데, 동가강은 파저강(婆豬江)이라고도 한다.

倭奴가 공물을 바치게 하여, 다행히 백 년 동안 무사하였다. 그러나 승냥이의 마음은 믿기 어렵고 멧돼지의 사나움은 갈수록 심하여져서 임진의 왜란과 병자의 치욕에까지 이르렀으니 애통함을 견딜 수 있겠는가.

생각건대, 우리 열성조께서 더러운 것을 포용하고 나쁜 것을 감추어 주며, 치욕을 참고 분노를 잊어 그들의 화의和議를 들어주어서 생령生靈을 편안하게 하였다. 그러나 근자에 왜노의 무리는 참으로 번성하여 바다를 건너올 우려가 없지 않고 북로北虜는 점점 가까이 다가와 변방을 침범할 우려가 있을 듯하여 사람들의 입은 웅성거리고 군중의 심리는 두려워하고 있다. 지금 의논하는 자 중에 혹은 "군병을 많이 동원하여 변방을 수비하여 우리의 위용을 과시한다면 저들이 저절로 겁을 먹고 움츠러들어 감히 움직이지 못할 것이다."고 하고, 혹은 "까닭 없이 군대를 움직이면 도리어 틈을 열어주게 되므로, 진보鎭堡를 신칙하고 후망候望[227]을 신중히 하는 한편, 병졸을 훈련하고 병기를 수선하여 사태를 기다려보는 것만 못하다."고 한다. 두 설 중에서 어떤 설이 맞는가? 만약 짐승의 마음과 살무사의 본성으로 하여금 감동되어 복종하도록 하여 이전에 한 맹세를 한결같이 지켜서 거역하고 침범할 우려가 다시 없게 하고자 한다면 그 방도는 어떠해야 되겠는가? 그대 제생諸生 중에는 이에 대한 방책을 연구한 자가 반드시 있을 것이니 각자 자세히 진술하라.

또[又]

왕은 이렇게 말한다.

군비軍備는 나라를 지키고 적을 막기 위한 것이다. 나라를 다스리는 자가 중시해야

---

227) 후망(候望) : 비상 대비를 위하여 경계하는 일이다.

할 일이 아니겠는가? 군려軍旅의 상象은 어느 괘卦에 있으며, 간과干戈의 훈련은 어느 시대에 시작되었는가? 하후夏后 시대의 수레 제도와 주관周官 대사마大司馬의 관직을 모두 상세히 말할 수 있겠는가? 성탕成湯이 남소南巢[228]에서 썼던 군대는 단지 박亳땅의 민중이고 무왕武王이 맹진孟津에 모은 군사는 삼천 명에 지나지 않았으나 큰 전공을 이루었으니, 천명을 받들어 토벌하는 것은 군사의 다소에 달려 있지 않은 것이 아닌가? 춘추전국시대에는 죽은 사람이 들판에 가득하였고, 초楚와 한漢이 분쟁하던 날에는 다친 자가 길을 메웠으니, 군비의 시설이 전 시대보다 몇 갑절이나 많았을 것이다. 일일이 들어 말할 수 있겠는가? 당唐나라의 번진藩鎭[229]에서의 숙위宿衛와 송宋나라에서의 보갑保甲[230]의 단결은 어느 것이 득이고 어느 것이 실인가? 강태공姜太公의 『육도六韜』[231]의 병술과 제갈후諸葛侯의 팔진八鎭[232]의 도형을 모두 정밀하게 밝혀 쓸 수 있는가?

대저 만일의 사태에 대비하고 위기에 대처하는 것은 군대이나, 그 요체는 단지 장수를

228) 성탕(成湯)이 남소(南巢) : 남소는 성탕이 걸왕을 유폐시켰던 곳이다. 『서경』 「중훼지고(仲虺之誥)」에 "성탕이 걸왕을 남소에 유폐시키고는 마음속으로 부끄럽게 느끼면서 말하기를 '나는 후세에 나를 구실로 삼아서 신하가 제멋대로 임금을 정벌할까 두렵다.'라고 하였다.[成湯放桀于南巢 惟有慙德 曰予恐來世 以台爲口實]"라는 말이 나온다.

229) 번진(藩鎭) : 당나라 지방관서(地方官署)의 명칭이다. 당나라가 개국한 뒤에 중요한 주(州)마다 도독부(都督府)를 설치하였었는데, 예종(睿宗) 때에 다시 절도사(節度使)를 두었고, 현종(玄宗) 때엔 또 변방(邊方) 여러 곳에 10명의 절도사를 두었으니 이것을 번진이라 한다. 각 진에서는 군권(軍權)을 장악하여 조정의 명령을 시행치 않거나 또 큰 진에서는 국권(國權)을 넘보는 행동까지 하였으니, 안녹산(安祿山)의 난 같은 것이 바로 그 예이다. 헌종(憲宗) 때 번진의 세력이 약간 약화되었었으나 당말(唐末)에는 그 세력이 다시 커져서, 마침내 오계(五季)의 난을 불러일으켰다.

230) 보갑(保甲) : 저본에는 "保田". 사실에 의거하여 수정함. 왕안석이 만든 민병제로, 강한 병사를 기르고 군비의 부담을 가볍게 하기 위한 것임. 10호를 보(保), 50호를 대보(大保), 10대보를 도보(都保)라 하여 각 정·부(正副)의 장(長)을 두고 농한기에는 유사시를 대비하여 훈련시켰으며, 평상시에는 연좌(連坐) 제도를 설치하여 지방을 자치하게 하던 제도.

231) 『육도(六韜)』 : 강태공 즉 주(周)의 태공 망(太公望)이 찬(撰)한 병법서(兵法書)이다.

232) 팔진(八陣) : 팔진(八陣)의 도형(圖形)으로, 삼국(三國) 때 촉(蜀)의 제갈량(諸葛亮)이 지었다. 팔진은 동당(洞當)·중황(中黃)·용등(龍騰)·조비(鳥飛)·호익(虎翼)·절충(折衝)·형(衡)·악기(握機)이다.

선택하고 병졸을 훈련하며 병기를 수리하고 군량을 저장하는 데에 있을 뿐이다. 만약 편안하고 무사할 때에 미리 계획하지 않는다면 어떻게 만일의 우려를 막고 위기에 대처하는 군수軍需가 되겠는가? 생각건대 우리나라는 남과 북에 다 같이 적국이 있어서, 군병을 훈련하여 외구外寇에 대비하는 방도에 있어 최선을 다하지 않은 바가 없다. 안에는 오군五軍이 있고 밖에는 각 도道의 속오束伍가 있으며, 변방의 진보鎭堡와 수로水路의 전함에까지도 다 같이 장수를 두고 병졸을 주둔시켰으며 병기를 채워 넣고 군량을 비축하여 방수防守의 대비로 삼았다. 그러나 근년 이래로 일이 많이 허술해지고 사사로운 구멍과 간사한 길로 천거가 공정하지 못하여 장수에게는 국경을 통제하는 재능이 부족하고, 독한 염병과 거듭된 기아로 죽음이 서로 이어져서 마침내 대오가 모자랄 우려가 있다. 또 창고에 가득한 활과 화살은 썩고 부서져서 병기는 허수로 갖춰놓음을 면치 못하고, 오랜 세월의 포흠逋欠[233]이 그대로 이어져서 군수軍需는 빈 장부만을 끌어안고 있다. 이러한 때에 혹시라도 위급한 일이 일어난다면 어떻게 이것으로 적을 제어할 수 있겠는가. 생각이 여기에 이르니 참으로 한심하다. 지금 장수는 적합한 사람을 얻고 병졸은 그 대오를 채우며, 병기를 정밀하고 예리하게 하고 군량을 풍족하게 하여 어모禦侮와 절충折衝의 실용으로 삼고자 한다면 그 방도는 어떻게 해야 되겠는가? 그대 제생 중에는 시무를 아는 자가 반드시 있을 것이니, 각자 마음을 다하여 대답하라.

233) 포흠(逋欠) : 포(逋)는 조세(租稅)를 포탈하는 것이고, 흠(欠)은 관청의 물품을 함부로 써 부족을 초래하는 것으로, 조세나 관가의 물품을 채워 넣을 수 없게 된 것을 말한다.

발跋

선조 생원공의 일시 뒤에 쓰다[書先祖生員公逸詩後]

아! 이것은 나의 선조 생원공의 일시이다. 우리 정씨는 지주공知奏公으로부터 문장으로 알려지고 고관대작이 대대로 이어져 여말麗末과 선초鮮初에 명성을 크게 떨친 것이 거의 십여 대가 넘으나, 모두 전하는 글이 전혀 없다. 오직 지주공의 유문遺文 중에 『풍아시림風雅詩林』에 수록된 것이 단지 약간 편이고 그 나머지는 전혀 없어서, 후손들이 강개하게 생각한 지 오래다.

기축년(1719) 초가을에 내가 금산金山에 사는 종친을 방문하였는데, 선조의 유고가 없다는 것을 언급하자 종친 어른 종아宗雅 씨가 "우리 집에 옛날부터 간직해온 족보가 있는데, 그 안에 짧은 절구 시가 쓰여 있어 '생원 선조의 시'로 되어 있소."라고 하였다. 드디어 꺼내서 보이는데, 그것은 "의종毅宗의 사부師傅[234]가 당시에 한미한 가문 일으켰네.[毅傅當年起冷門]"라는 구절이었다. 그런데 나의 족형 횡계橫溪 선생은 부친께 들은 적이 있다며 그것은 사성공司成公[235]의 유시遺詩라고 하였다. 내가 이에 드디어 여러 번 반복하여 읽어 보니, 그 문체가 사성공의 여러 작품과는 과연 조금의 차이가 있는 듯하

---

234) 의종(毅宗)의 사부(師傅) : 영일 정씨(迎日鄭氏) 형양공파(滎陽公派)의 시조 정습명(鄭襲明, ?~1151)이 고려 의종의 사부였다.

235) 사성공(司成公) : 정종소(鄭從韶, ?~?)를 가리킨다. 자는 가정(可貞), 호는 정헌(靖軒), 본관은 영일이고, 영천(永川) 출신이다. 1447년 중시(重試) 을과 3위로 이개(李塏)·유성원(柳誠源)·성삼문(成三問)·박팽년(朴彭年) 등과 함께 문과에 급제하였다.

고, 선조의 덕을 서술하고 문학을 칭송한 뜻이 또 자손을 경계하여 학문을 권면한 작품과 비슷하였다. 그러고 보면 생원공이 여러 자제를 가르쳐서 재목을 이루어 과거에 급제하게 하여 우리 가문의 명성을 크게 드러낸 것이 어찌 이 시의 뜻에 부합하지 않는다고 말할 수 있겠는가. 집으로 돌아와 아버지와 횡계 선생께 질정을 받았다.

10년 뒤 기해년(1719) 겨울에 내가 아버지를 따라 경주의 노곡蘆谷(노실)에 사는 족형 상문相文을 찾아갔는데, 상문 씨가 세계世系를 기록한 작은 책을 꺼내 보여주었다. 그런데 책의 말미에 정희손鄭希孫의 세계시世系詩가 쓰여 있으니, 이는 기축년 족보를 간행할 때에 교정이 잘못된 것을 근거한 것이었다. 또 이보흠李甫欽의 시가 쓰여 있는데, 이는 이공이 사성공의 중시重試 합격 잔치 자리에서 생원공에게 올린 것이었다. 끝에 생원공의 시가 쓰여 있는데, 곧장 정모鄭某(정회형鄭淮衡)라고 일컬었으니, 곧 금산에서 전하는 절구였다. 이는 그 시 속에 선조의 덕을 언급한 것이 있기 때문에 세계의 말미에 기록하여 전한 것인데, 지금 나의 눈에 들어와서 지난번에 확신하지 못하였던 것이 비로소 후련하게 풀렸다. 그 뒤에 또 도천道川에 사는 족인의 집에서 옛 족보 한 권이 있는 것을 보았는데, 이 절구를 기록하고 주석하기를 "생원 정공 아무개가 지은 것인데, 공이 9세에 상을 당하고 아직 과거에 급제하지 못하였기 때문에 '쇠미衰微'라는 글귀가 있다."라고 하였으니, 이는 시의 뜻을 풀이한 것이다. 근거할 만한 증거가 이렇게 명백하니, 생원공의 작품이라는 것은 여기에 이르러 더욱 의심의 여지가 없다. 드디어 가승家乘에 경건히 기록하고 짧은 말을 만들어 밝혀 둔다.

경자년(1720) 5월 하순에 10세손 생원 중기가 삼가 쓰다.

진주 목사 남공의 행장 뒤에 쓰다[書晉州牧使南公行狀後] 정사년(1737)

아! 이는 안동安東 권공權公이 지은 고 목사 남몽뢰南夢賚[236] 공의 행장이다. 평생의 행적을 서술한 것이 자못 자세하나, 오히려 한두 가지 빠진 글이 있으니, 이는 우연히 잊고

넣지 못한 것이지, 삭제한 것은 아니다.

대개 공은 표은瓢隱 김선생(김시온金是榲)을 스승으로 섬기며 아름다운 가르침에 훈도 받아 그 행기行己와 처사處事의 방도를 강마한 근본이 있었으니, 지금 공의 「표은 옹을 애도하는 제문[祭瓢翁文]」에서 살펴볼 수 있다. 임실任實에서 돌아올 적에 호남 어사湖南御史 이경휘李慶徽가 아뢰기를 "전 현감 남 아무개는 체직되어 돌아가는 날에 보따리가 홀쭉하여 고인古人의 기풍이 퍽 있었습니다."라고 하였다. 그 뒤에 세 고을을 다스렸는데, 모두 치적과 행적으로 최상의 고과를 받아서 여러 차례 포상의 은전을 입었다. 마지막에 선산善山을 다스릴 때에도 행정의 방법을 또한 앞뒤로 같은 수법을 썼으나, 다만 무오년(1678)의 한 상소가 시휘時諱를 크게 저촉하였고, 마침내 읍민의 모함으로 반대파들이 이 기회를 타고 없는 죄를 꾸며내어 기어코 예측할 수 없는 사태에 몰아넣고 말았다. 아! 참혹한 당쟁의 화가 어찌 이렇게 극심한 지경에 이르렀다는 말인가.

9년 뒤 기사년(1689)에 장손 윤주胤冑가 어가御駕 앞에서 억울함을 호소하여, 숙종께서 상세히 조사하도록 특별히 하명하시므로, 누명을 깨끗이 씻고 관작을 전과 같이 복원하였다. 정해지지 않았던 천명이 이때에 이르러 비로소 정해지게 되었으니, 공에게 다시 무슨 손상이 되겠는가. 그러나 세상에서 공을 논평하는 사람들이 같은 시기에 잡혀가 갇혔던 사람들이 끝내 무사하였던 것을 보고 드디어 공이 자살한 것은 너무 성급하였다고 말하나, 이것은 공을 잘 알지 못한 것이다.

대저 죽음이란 것은 사람이 매우 싫어하는 것이다. 비록 부녀자나 젖먹이일지라도 누군들 요행히 재앙을 피하여 잠시나마 더 살기를 바라지 않겠는가마는, 공은 그렇지

---

236) 남몽뢰(南夢賚, 1620~1681) : 자는 중준(仲遵), 호는 이계(伊溪). 본관은 영양(英陽)이다. 1651년 문과에 급제, 고성(固城)과 임실(任實)의 군수를 지낼 때 「거관불망기(居官不忘記)」를 지어 자신과 후임 수령들에게 경계로 삼았다. 1666년 진주 목사로 있을 때는 예제개혁을 상소하였다가 왕의 노여움을 사 파직되었다. 이후 이계정사(伊溪精舍)를 짓고 후진 양성에 힘썼다. 죽은 지 9년이 지난 뒤에 예제를 남몽뢰의 주장대로 고치자, 손자 남윤주(南胤冑)가 상언하여 관직이 회복되었다. 저서로는 『이계집』이 있다.

않았다. 공은 마음속으로 "남아는 죽어야 할 때가 오면 죽을 뿐이다. 어찌 굴욕을 참으며 구차하게 살려고 무거운 형벌을 받아 부모가 남겨준 몸을 손상시키겠는가."라고 생각한 것이다. 이는 과감하고 고결한 성품을 타고났기 때문에 그러한 것이다. 이것이 어찌 유약한 사람이 쉽게 할 수 있는 것이겠는가. 이 용기를 미루어 볼 때 아무리 어지럽고 위급한 때일지라도 생사의 기로에서 기어코 어렵지 않게 대처하였을 것이다. 공자孔子가 "용사勇士는 싸우다가 자신의 머리가 잘려 나갈 것을 잊지 않는다."[237]고 하였으니, 아! 공이 이에 가까우리라.

하천 선영도 뒤에 쓰다[題夏泉先塋圖後]

우리의 선영은 묘역이 광대하고 대대로 연이어 안장해서 지금까지 7~8대를 내려오며 무려 30여 기가 넘는다. 그러나 각 묘소마다 표석을 다 세우지 못하여 나이 어린 후손들은 지금도 자세히 알지 못하니, 세대가 점점 멀어져 산천이 여러 번 변하면 먼 후대의 자손들이 또한 잘못 알 우려가 있다. 이에 여러 친족이 재사에 함께 모여 산도山圖와 위차도位次圖를 그리고, 또 묘소 간의 척수尺數를 재어서 그 아래에 쭉 기록하고, 봉분의 모양과 크기가 각각 다른 것을 모두 길이와 넓이를 각각 4척을 기준으로 삼아 4척 이상의 척수는 생략하고 단지 윗묘의 아래쪽에서 아랫묘의 위쪽까지의 척수를 재어서 보는 자가 자세히 알 수 있게 하였다.

동쪽 첫째줄은 판서공判書公과 정부인貞夫人 손씨孫氏의 쌍분雙墳으로, 임좌병향壬坐丙向

---

237) 용사(勇士)는……않는다 : 죽음을 각오하고 산다는 것이다. 춘추 시대에 제(齊)나라 경공(景公)이 원유(苑囿)를 관리하는 우인(虞人)을 부르면서 예에 어긋나게 하였으므로 우인이 가지 않자 경공이 죽이려고 했는데, 공자가 이를 탄미하여 "지사는 죽어서 구학에 버려질 것을 잊지 않고, 용사는 싸우다가 자신의 머리가 잘려 나갈 것을 잊지 않는다.[志士不忘在溝壑 勇士不忘喪其元]"라고 한 데서 온 말이다.(『孟子』「滕文公下」)

이다. 그 아래 병방丙方으로 11척은 판서공의 셋째 아들 부호군副護軍 휘 수번守藩의 묘로, 임좌壬坐이다. 그 아래 사방巳方으로 14척 5촌은 판서공의 맏아들 증 좌승지贈左承旨 - 나중에 이조 참판에 추증되었다. - 휘 의번宜藩의 시총詩塚으로, 숙부인淑夫人 신씨辛氏를 합장하였으며, 임좌이다. 그 아래 사방巳方으로 26척은 승지공의 아들 해남 현감海南縣監 휘 호례好禮의 묘이고, 숙인淑人 박씨朴氏를 뒤쪽에 부장附葬하여 상하 두 봉분이며, 모두 임좌이다. 그 아래 29척 5촌은 해남공의 맏아들 종사랑從仕郎 휘 시상時相과 안동 권씨를 합장한 묘로, 해좌亥坐이다. 그 아래 손방巽方으로 10척은 종사공의 맏아들 감찰監察 휘 석명碩明과 영인令人 서씨徐氏의 쌍분으로, 임좌이다. 서씨의 묘에서 손방巽方과 사방巳方의 사이로 13척 5촌은 오래된 무덤이다. 종사공의 묘에서 오방午方과 병방丙方 사이로 8척은 해남공의 현손 일감一鑑과 진성 이씨眞城李氏를 합장한 묘소로, 임좌이다. - 나중에 낙타봉橐駝峯으로 이장하였다. - 감찰공의 묘에서 병방丙方으로 22척 5촌은 참봉공參奉公과 의인宜人 영천 최씨永川崔氏의 쌍분으로, 해좌이다. 그 아래 사방巳方으로 12척은 충순공忠順公과 유인孺人 성산 이씨星山李氏의 쌍분으로, 임좌이다.

둘째 줄은 참봉공의 계실繼室 영천 최씨의 건좌乾坐 묘로, 참봉공의 묘에서 신방辛方으로 12척에 있다. 그 아래 사방巳方과 병방丙方 사이로 15척 5촌은 축산 전씨竺山全氏의 임좌 묘로, 곧 승의공承議公 휘 호의好義의 배위이다.

셋째 줄은 숙부인 조씨曺氏의 임좌 묘로, 호군공의 묘에서 오방午方으로 25척에 있으니, 곧 호군의 배위이다. 그 아래 오지午地로 15척은 호군공의 맏아들 승의랑承議郎 휘 호의好義의 묘로, 임좌이다. 배위 전씨全氏의 묘는 사방巳方에 있는데 거리는 89척이다. 승의공의 묘에서 병방丙方과 정방丁方의 사이로 6척은 어려서 죽은 족질의 묘이다. 승의공의 묘에서 사방巳方과 병방丙方의 사이로 6척 5촌은 곧 증손 처사處士 초양初陽의 임좌 묘로, 어려서 죽은 족질의 묘와는 2척 5촌 거리이다. 처사의 묘에서 사방巳方과 병방丙方의 사이로 30척은 판서공의 6대손 일기一夔와 처 월성 이씨月城李氏의 임좌 묘이다. 그 아래 손방巽方과 사방巳方의 사이로 14척은 판서공의 5대손 이양理陽과 처 의성 김씨義城金氏의 임좌 묘이다. 그 아래 오방午方과 정방丁方의 사이로 15척은 충순공忠順公의 막내아들 봉사奉事 휘 윤공允恭의 임좌 쌍분으로, 배위 두 분은 다 영천 최씨인데, 이는 모두 부장하였을 것이나 한 분은 합장하였다고 한다. 그 아래 손방巽方으로 10척은 오래된 무덤이다. 봉사공의 묘에서 사방巳方으로 22척은 판서공의 둘째아들 처사 휘 유번維藩과 흥양 이씨興陽李氏를 합장한 묘로, 해좌이다. 그 아래 사방巳方으로 5척은 어린 나이에 죽은 사람의 묘이다. 처사공의 묘에서 서쪽으로 3척 5촌에 오래된 무덤이 있다. 그 아래에 또 오래된 무덤이 세 기가 있다. 어린 나이에 죽은 사람의 묘 아래로 11척 5촌은 벽진 이씨碧珍李氏 가문의 무덤이 큰 것 세 기 작은 것 한 기가 있다. 어린 나이에 죽은 사람의 묘에서 사방巳方과 병방丙方의 사이로 이씨 가문의 무덤 너머 총 53척이 참봉공의 별실別室 이조이李召史[238]의 묘이다.

넷째 줄의 큰 돌 아래에 있는 처사 휘 석현碩玄과 밀양 손씨密陽孫氏의 해좌亥坐 합장한 묘가 있고, 승의공의 묘에서 오방午方과 병방丙方의 사이로 48척은 곧 호군공의 증손이며 사과공의 맏아들이다. 그 아래에 오방午方으로 4척 5촌은 아우 진사進士 휘 석림碩臨과 청도 김씨淸道金氏의 쌍분으로, 해좌이다. 김씨의 묘에서 손방巽方과 사방巳方의 사이로 4척은 조카 처사處士 중주重周의 묘로, 해좌이다. 그 아래 사방과 병방의 사이로 11척 5촌은 판서공의 현손 처사 휘 석채碩埰의 묘로, 임좌이다. 그 아래 정방丁方으로 8척 5촌은 현감 안제安霽의 처 정씨鄭氏의 묘로, 곧 봉사공의 딸이다. 그 아래 오방午方으로 7척에는 어린 나이로 죽은 사람의 묘가 있다. 그 아래 병방丙方으로 3척은 판서공의 별실 조조이曺召史의 묘이다.

다섯째 줄은 호군공의 손부孫婦 능성 구씨綾城具氏의 묘이다. 그 아래 사방巳方으로 8척은 호군공의 손자 부사과副司果 휘 시우時羽의 묘이고, 구씨는 곧 그의 배위이며, 두 묘는 모두 해좌亥坐이다. 그 아래 병방丙方으로 6척 되는 곳에 어려서 죽은 사람의 묘가 있다. 그 아래 병방으로 3척은 해남공의 증손 처사 중선重善과 함안 조씨咸安趙氏를 합장한 묘로, 임좌이다. 그 아래 오방午方으로 3척은 판서공의 현손부玄孫婦 월성 최씨月城崔氏의 해좌

---

238) 이조이(李召史) : 조이는 과부라는 말이다.

묘이니, 곧 처사 휘 석구碩耉의 배위이다. 그 아래 병방丙方으로 13척은 호군공의 증손 휘 석복碩馥의 임좌 묘이다.

선영의 영역은 남북으로 길어서 판서공의 묘 위쪽에서부터 부계처사공缶溪處士公의 묘소 아래의 어려서 죽은 사람의 묘에 이르기까지 총 177척이다.

동서의 넓이는 수위首位 성산 이씨의 묘 동쪽부터 월성 최씨의 묘 서쪽까지 108척이고, 해남공의 묘 동쪽부터 승의공의 묘 서쪽까지 20척이고, 월성 이씨의 묘 동쪽부터 넷째 줄 처사공의 묘 서쪽까지 19척이며, 처사공의 묘 동쪽부터 능성 구씨의 묘 서쪽까지 18척이다.

내백호內白虎의 산이 끝나는 곳에 종사랑從仕郎 휘 시교時僑와 유인 월성 최씨의 자좌子坐 쌍분雙墳이 있는데, 곧 해남공의 중자仲子이다. 최씨의 묘에서 갑방甲方으로 11척이 의인宜人 성산 이씨星山李氏의 해좌亥坐 묘이다. 그 아래 사방巳方과 병방丙方의 사이로 5척이 선전관宣傳官 휘 석조碩祖의 임좌壬坐 묘인데, 곧 종사공의 장자이고 이씨는 배위이다. 그 아래 사방巳方으로 5척이 안동 권씨의 묘인데, 곧 종사공의 중자 석호碩祜의 배위이다. 이씨의 묘에서 자방子方으로 2척은 오래된 무덤이다. 이씨의 묘에서 갑방甲方으로 15척이 해남공의 넷째아들 시걸時傑의 유좌酉坐 묘이다. 최씨의 묘에서 병방丙方으로 4척은 오래된 무덤이다. 종사공의 묘에서 오방午方으로 5척 5촌은 하성 조씨夏城曺氏의 건좌乾坐 묘인데, 곧 선전공의 아들 중선重善의 계배繼配이다. 이 묘에서 정방丁方으로 14척이 처사 중록重祿의 신좌辛坐 묘이다. 그 아래 2척이 유인 무안 박씨務安朴氏의 묘로서 또한 신좌인데, 곧 감찰공의 큰아들의 처이다. 그 아래 손방과 사방의 사이로 12척 5촌이 장수 황씨長水黃氏의 신좌 묘인데, 곧 종사공의 손자 중옥重玉의 처이다. 박씨의 묘에서 오방午方으로 11척은 오래된 무덤이다.

선영의 구역은 남북으로 길어서 최씨의 묘에서 황씨의 묘까지 46척이다.

동서의 넓이는 권씨의 묘에서 처사공의 묘까지 42척이다.

청룡青龍의 네 번째 산마루에는 성산 이씨의 임좌壬坐 묘가 있는데, 곧 호군공의 손자 처사 휘 시희時喜의 계배이다. 그 아래 7~8척이 처사공의 자부子婦 청도 김씨清道金氏의 묘인데, 자좌子坐이다. 그 아래에서 조금 서쪽으로 40보 쯤 간 곳에 감찰공의 손자로서 어려서 죽은 이의 묘가 있다. 이 묘에서 서쪽으로 100보 쯤 간 곳에 성산 이씨의 간좌艮坐 묘가 있는데, 곧 감찰공의 둘째아들 중학重學의 배위이다. 그 아래 냇물 서쪽에 재사齋舍가 있다.

숭정 후 두 번째 갑신년(1704)에서 49년이 지난 임신년(1752) 2월 28일
7세손 중기가 삼가 쓰다.

최씨 집에 소장한 『주자대전』 뒤에 쓰다[書崔氏家藏朱子大全後] 신미년(1751)

고 참판 최 정무공崔貞武公(최진립崔震立)이 병자호란을 만나 험천險川(경기도 용인의 지명)에서 순절하고 십여 년이 지난 뒤에 팔공산八公山에서 온 승려 네 사람이 각각 책 상자를 하나씩 지고 최 영공의 구택을 찾아와서 그 후손에게 말하기를 "소승의 스승 아무개는 대영공大令公이 공주公州의 영진營鎭에 계실 때에 알게 되었는데, 대영공이 종이를 주시며 『주자대전』을 인출할 것을 명하셨습니다. 그러나 오래도록 인출하지 못하였고, 인출하고 나서도 바로 받들어 돌려드리지 못한 채 우리 스승께서 병이 들었습니다. 입적하실 때에는 오히려 소승들에게 간곡하게 말하였습니다. 소승들이 적이 대영공의 고명高名을 사모하고, 또 스승께서 남기신 경계를 잊지 못하여 감히 멀리서 찾아와 바칩니다."라고 하여, 그 후손이 의롭게 여기고 슬퍼하며 받아서 집에 소장하였다.

아! 최공은 난세를 만나 손자孫子와 오자吳子를 배우고 오직 병법만을 강마하면서도 부지런히 성현의 글에 생각을 두어서 마침내 우뚝이 업적을 남겼으니 역시 근본한 것이 있어서이다. 더구나 저 승려들은 공의 높은 의리에 감복하여 공의 뜻을 이룰 수 있었고, 공이 사망한 뒤에는 이 책으로 하여금 공의 집에서 대대로 간수하는 보물이 되게 하였으니, 일이 더욱 기특하다. 저 승려들이 또한 의인義人이 아니겠는가. 이에 글로 써서 후세 사람들이 알게 한다.

신미년(1751) 초여름 상순에 오천 정중기가 삼가 쓰다.

축문祝文

청호서원[239]에 류사월[240]을 추배하면서 손모당[241]께 고유하는 글[靑湖書院追配柳沙月祭告孫慕堂文]

사월 류공은	沙月柳公
스승께 오래 배웠습니다	久遊門墻
도의로 서로 도우니	道義相長
교분이 남달랐습니다	契分出常
이제 공론을 따라	茲循公議
동벽에 배향합니다	躋祔東壁
모시고 강학하던	座右陪講
평일이 완연합니다	宛似平昔
유풍을 멀리 남기어	遺風曠邈
미덕을 모두 좋아합니다	懿德同好
술과 포를 올려	謹薦酒脯
경건히 고유합니다	用伸虔告

---

239) 청호서원(靑湖書院) : 대구 수성구 황금동에 있는 서원으로, 손조서(孫肇瑞)·손처눌(孫處訥)·류시번(柳時藩)·정호인(鄭好仁)을 제향하였다.

240) 류사월(柳沙月) : 사월은 류시번(柳時藩, 1616~1692)의 호이다. 자는 창세(昌世), 본관은 진주이다.

241) 손모당(孫處訥) : 모당은 손처눌(孫處訥, 1553~1634)의 호이다. 자는 기도(幾道), 본관은 일직(一直)이다.

용산서원[242] 숭렬사의 상향 축문[龍山書院崇烈祠常享祝文]

청렴은 빙호처럼 맑고	廉澈氷壺
충성은 일성을 뚫었습니다	忠貫日星
의를 모아 덕을 이루니	集義成德
백세에 맑은 교화 끼쳤습니다	百世風淸

옥간정 중건 때 터를 파며 올린 축문[玉磵亭重建時開基祝文]

옥간에 오래된 정자	玉磵舊亭
무너진 지 이미 오래어	頹廢已久
사림이 안타까워하며	士林嗟惜
지혜 모아 다시 짓습니다	協謀重構
이제 좋은 날을 가려서	玆涓吉辰
터를 처음 팝니다	始開基土

242) 용산서원(龍山書院) : 경북 경주시 내남면 이조리에 있는 서원으로, 최진립(崔震立)을 제향하였다.

제문祭文

숙부 선교랑을 애도하는 제문[祭叔父宣教郎公文] 신축년(1721)

아! 애통합니다. 하늘이 우리 집안에 내린 아픔이 어찌 이다지 너무 혹독합니까. 숙부께서 세상을 떠난 지 한 달도 안 되어 저의 아버지마저 자식들을 버리셨습니다. 가슴을 치고 발을 구르며 울부짖으니 오장이 찢어집니다. 천지에 사무친 슬픔이 어찌 다시 끝이 있겠습니까마는, 그런데도 중제仲弟와 재종再從 두 사람이 서로 이어서 요절하였습니다. 천연두여! 천연두여! 어찌 차마 이럴 수 있단 말인가.

숙부의 자혜롭고 유순함은 천성에서 나온 것입니다. 우리 아버지를 섬길 때에는 마치 엄한 아버지를 대하듯 하셨고, 여러 족질 보기를 마치 친자식처럼 하셨습니다. 자질子姪들이 종들을 때리는 것을 보시면 반드시 엄하게 저지하셨습니다. 사람들이 모두 큰 복을 누리실 것이라고 말하였는데, 까닭 없는 하나의 병으로 갑자기 이 지경에 이르시다니요. 하늘의 이치는 믿을 수 없는 것이 과연 이와 같습니까.

아! 소자小子는 어릴 적부터 허약하고 병이 많아서 숙부께서 매번 남달리 더 사랑하고 돌봐주셨습니다. 제가 비천한 일을 하여 고생스러우면 숙부께서 반드시 못하게 하며 "너는 독서에 전심해야 한다. 어찌 잡일을 할 겨를이 있겠느냐."고 하시며, 번번이 빼앗아 몸소 하셨습니다. 맛난 음식을 얻으면 나누어 주시고, 먼 길을 가게 되면 직접 배웅하기까지 하셨으니, 갸륵해하고 어루만져주심이 이렇게 깊고도 간절하셨습니다. 그러나 하루아침에 불행하게 되어 목소리를 다시 들을 수 없게 되었으니, 어찌 목이 쉬도록 오래 부르짖지 않을 수 있겠습니까.

아! 내일은 숙부를 장사지내는 날입니다. 나의 아버지의 유택과 서로 가깝고, 죽은 중제의 묘와도 같은 터에 연이어서 모시게 됩니다. 저승에서 만약 서로 따르는 이치가 있다면 아마 저승 세계에서 함께 노닐겠지요. 그러나 저는 외로운 여생이 세상에 홀로 남아 이리저리 울부짖으니 하늘과 땅이 아득합니다. 한 조각의 간장이 어떻게 녹아내려 마디마디 끊어지지 않겠습니까. 삼가 보잘것없는 제수를 갖추어 저의 정성을 조출히 펼칩니다. 영연靈筵 앞에 엎드려 곡하니 눈물이 흐르는 샘물과 같습니다. 아! 슬픕니다.

김진경[243]을 애도하는 제문[祭金震卿文] 을사년(1725)

아! 진경이여. 이렇게 되었는가. 짧은 인생살이 40년 남짓이네. 장수해야 했으나 단명했으니 신의 길이 어찌 이리 틀어졌는가. 대개 공의 출생은 뿌리가 깊고 근원이 맑았네. 고관대작의 문벌이요 예법 있는 집안이라, 타고난 자질 풍부한 데다 교훈도 많이 받았네. 집안 다스림에 법도 있고 일 주간함에 역량이 있었네. 조상 받드는 데에 정성을 다하고 친족 대우하는 데에 정의가 도타웠으며, 자질子姪을 이끌며 문학으로 도왔네. 법도 있는 가문의 남은 아름다움은 무성하여 볼 만하였네. 하룻밤 술잔에 비친 뱀 그림자[244]에 골짜기의 배가 몰래 옮겨졌네.[245] 영약도 약효를 내지 못하고 훌륭한 의사도 의술이 궁하였네.

아! 진경이여. 이렇게 끝나는구려. 형제의 그림자는 추위에 떨고 부인은 피눈물을

---

243) 김진경(金震卿) : 진경은 김하중(金夏重)의 자이다.

244) 술잔에……그림자 : 어떤 사람이 친구의 집에서 술을 먹다가 벽에 걸린 활 그림자가 술잔에 비친 것을 보고는 그만 뱀이라고 생각한 나머지 병에 걸렸다는 고사에서 비롯된 것이다.(『晉書』「樂廣傳」)

245) 골짜기의……옮겨졌네 : 『장자(莊子)』「대종사(大宗師)」에 "골짜기 속에 배를 숨겨 두고 산을 못 속에 숨겨 두면 안전하다고 여긴다. 하지만 한밤중에 힘센 자가 등에 지고 달아나도 어리석은 사람은 알아채지를 못한다.[夫藏舟於壑 藏山於澤 謂之固矣 然而夜半 有力者 負之而走 昧者不知也]"라고 하였는데, 여기서는 깊이 숨는다는 뜻으로 죽음을 의미한다.

흘리네. 칠순의 홀어머니가 슬피 울부짖으니, 저승에서 눈을 어찌 감을 수 있으랴. 더구나 공이 죽은 뒤에 상사가 잇달았고 집안이 적막하여 벗들이 눈물 뿌리네. 하지만 나는 연이어 혼인한 지가 지금까지 두 세대나 되어, 서로 오고 가며 정이 깊고 의가 지극하였네. 오직 오래 살아 고모님을 봉양하기만 빌었는데, 지금 이렇게 되었으니 이것이 무슨 하늘의 이치인가. 생각하건대 지난번 병에 걸렸을 때 공이 한 번 와서 위문하였지. 내가 이사하려는 것을 알고 좋은 땅을 가리켜 주었네. 만약 화산花山으로 가지 않으면 반드시 청송으로 갈 것이었는데, 이웃하여 살지 못하더라도 자주 만날 수 있었네. 재미있게 며칠을 보내다가 아쉬워하며 돌아갔는데, 이 작별이 영결이 될 줄을 어찌 알았으리. 초막에 누운 남은 목숨이 병마가 서로 끌어당겨서 초상에도 조문하지 못하고 장사에도 가보지 못하였네. 1년이 지난 뒤에 비로소 영연에서 곡을 하니, 몸소 술을 부을 생각으로 겨우 서치徐穉처럼 솜에 적시어[246] 가려하였으나, 병으로 사직한 것이 도리어 빌미가 되어 엄명을 받고 서울에 불려 와서 유명幽明의 신의를 헛되이 저버리고 말았네. 대상이 오늘이니 부끄러움과 슬픔을 어떻게 그치겠는가. 이에 조촐한 제물을 보내어 공경히 집사에게 맡기네. 절은 비록 남의 손을 빌리나 제문은 내 마음을 폈네. 아! 진경이여. 강림하시게나.

조씨에게 시집간 누이를 애도하는 제문[祭曹氏妹文] 갑인년(1734)

금상今上(영조) 10년 갑인년(1734) 2월 무진일은 바로 죽은 누이 십이랑十二娘의 일주기가 되는 날이다. 기일 나흘 전에 오라비 아무개가 삼가 조촐한 제수를 싸서 아우 중보重簠

---

246) 서치(徐穉)처럼 솜에 적시어: 제수를 조촐하게 마련한다는 뜻이다. 서치는 후한(後漢)의 선비이다. 그는 먼 곳에 조문하러 갈 때면 술에 솜을 적셔 볕에 말린 다음 가지고 가서 물에 적셔 술이 나오게 해 이를 가지고 전(奠)을 올리면서 제사지냈다고 한다.(『後漢書』 권53 「徐穉列傳」)

가 가는 길에 부치고, 그가 갈 때에 곡하고 배웅하며 이렇게 말한다.

아! 나의 형제자매는 일곱 사람인데, 두 누이와 한 아우가 불행히 일찍 세상을 떠나서 지금 남아 있는 이는 네 사람뿐이다. 그래도 남은 자들이 탈 없이 장수를 누릴 수 있기를 바랐는데, 어찌 오늘 네가 또 이렇게 될 줄 알았겠느냐. 너의 유순한 자질과 정숙한 품행이며 검소한 덕성과 부지런한 노력은 모두 규문閨門의 으뜸이었다. 가정에서는 부모 섬김에 뜻을 어김이 없었고, 시집가서는 시부모를 정성으로 봉양하고 남편을 예에 맞게 도왔다. 살림이 몹시 가난하여 명아주 죽도 잇지 못해서 거의 남들은 견디기 어려운 형편이었는데도 화락하게 처신하며 이것으로써 원망하지 않았으니, 마치 천리를 아는 군자 같았다. 그런데 이것은 내가 깊이 어여삐 여기면서도 적이 탄식하는 것이었다. 네 남편이 과거에 급제하고 벼슬길에 올라서 조금은 조강지처의 괴로움을 덜고 노년의 생활을 즐길 줄 알았는데, 까닭 없는 하나의 병으로 갑자기 이렇게 되었구나. 나이는 마흔 하나이고, 어린 두 아이는 앙앙 울어도 의지할 엄마가 없으며, 남편은 외로워도 돕는 아내가 없구나. 네가 어떻게 지하에서 눈을 감을 수 있겠느냐.

아! 부모 형제를 떠나 사는 것이 여자의 도리이니 사람이면 누군들 그렇지 않겠는가마는, 너의 경우는 도로가 너무 멀고 상사와 재앙이 연이어져서 아버지가 살아계실 때에는 겨우 한 번 근친하였고, 내가 어버이를 여읜 뒤에는 다시 와서 단란하게 모이지 못하였다. 우리 형제도 또한 자주 왕래하지 못하여 네가 고향을 그리워하는 눈물을 하루도 마른 적이 없게 하였다. 나는 낮은 벼슬로 서울에 오래 체류하였고, 너는 편지에서 내가 한 번 남쪽으로 내려가 즐겁게 만나주기를 매번 바랐으며, 나도 또한 적이 그렇게 하려고 기약하였었다. 그러나 이 계획을 이루기도 전에 갑자기 유명幽明이 갈리게 될 줄을 어찌 알았겠느냐.

지난해 정월에 그 고을 사람을 통하여 편지 한 통을 부쳐 보내고 너의 답장이 오기만을 기다렸다. 3월 초나흗에 문득 네 남편의 편지를 받으니 "2월 16일에 염병에 감염되고, 22일에 일어나지 못하였습니다."라고 하였다. 나는 편지를 잡고 놀라 펄쩍 뛰고 오장이 찢어지는 듯하였으며, 나도 모르게 피눈물이 흐르고 목이 메었다. 그 다음날 또 손 절도孫節度의 집을 통하여 편지 한 통을 받았는데, 그것은 네가 2월 12일에 보낸 편지로, 앞부분에는 그리워하는 심정을 말하고 다음에는 기근의 참상을 말하였으며, 마지막에는 살림을 꾸려나갈 계책이 없다고 말하였더구나. 말과 뜻이 매우 자세하고 필획이 평소와 같았으니, 아마도 병에 감염되기 며칠 전에 쓴 것 같더구나. 누가 열흘 사이에 인사人事의 변화가 이렇게 될 줄 생각했겠느냐. 아니면 또한 이 부음이 꿈이냐? 사실이냐? 만약 사실이라면 너의 편지가 어떻게 내 옆에 있겠느냐? 한편으로는 울고 한편으로는 편지를 읽자니 정신과 혼이 다 흩어져 문득 죽은 것 같았다.

아! 말단 직책이 몸을 얽어매어 관복을 벗을 방도가 없어서 부음을 듣자마자 달려가 곡하지도 못하였고, 장사지내는 날을 기다려 휴가를 내고 내려가 영결하려 하였으나, 마침 어가가 거둥하는 때를 만나서 즉시 휴가를 청하지 못하였으며, 이어서 막료幕僚의 임명이 있어서 남쪽 전주로 달려갔다. 곧바로 휴가를 내어 집으로 돌아와서 다시 사직서를 올려 반드시 필마와 단동單僮(한 명의 어린 하인)으로 영위靈位에 달려가 곡하려 하였으나, 사직서는 윤허를 받지 못하였고 사례에 따른 장애도 있어서 또 계획을 이루지 못하였다. 서울로 올라가는 날을 기다려서 가는 길에 들러 묵은 풀을 헤치고 한 번 곡을 해야 되나, 천륜의 지극한 정이 여기에 이르러 사라진 듯하구나. 나의 슬프고 애달픈 마음이 더욱 다시 어떠하겠느냐.

날과 달이 물처럼 흘러가 기일이 돌아왔구나. 끝없이 멀어진 이 세상에서 서로 마주한 것이 어느 때였느냐. 너의 모르지 않을 영혼이 늘 낙동강 동쪽으로 날아 넘어와서 우리 고을을 굽어보며 길이 슬프고 슬퍼할 것을 생각하면 다시 무슨 말을 하겠느냐.

다섯째 족형 복양을 애도하는 제문[祭第五族兄 復陽 文]

지난날 우리 호옹湖翁[247]께서 효경孝敬을 가법으로 남겨서, 자손이 번창하고 가도家道가 아름다워졌습니다. 그리고 명계明溪[248]께서 문아文雅하고 독후篤厚하여 선조의 모범을 잘 이어받아 후손에게 복을 내리셨습니다. 아! 생각건대 우리 공은 참으로 그 증손으로서 기운은 영특하면서도 온화하고 자질은 굳세면서도 순후하였으며, 효도와 우애, 겸손과 근신은 하늘에서 받았습니다. 글방에 일찍 올라 문장이 성대하였습니다. 아! 운명이 막혀서 온축을 시험하지 못하였으나, 오직 그 아름다운 품행은 경박한 말세를 격려할 만하였으니, 고장 사람들과 친족 그 누군들 흠앙하지 않았겠습니까. 하물며 이 못난 아우는 뒤를 따라 출입하며 진심으로 애모하고 늘 장수하시기를 빌었습니다. 한 병으로 서둘러 돌아가실 줄을 어찌 알기나 했겠습니까. 집안의 쇠락이 이 지경에 이르렀으니 후생은 누구를 본받아야 합니까. 목이 쉬도록 길게 울부짖으니 눈물이 볼에 가득합니다. 광중이 이미 열려 유명幽明이 다시 갈리게 되었습니다. 술 한 잔을 올리니 천고의 영결입니다.

종제 중언을 애도하는 제문[祭從弟重言文] 신미년(1751)

아! 그대는 집을 버리고 어디로 가려하는가. 그대의 나이는 아직 예순이 못 되고 낯빛은 발그레 붉으며 모발은 새까맣게 검고 근력은 펄펄 강건한데, 그대가 어떻게 갑자기 세상을 사절하고 저승으로 들어간다는 말인가. 나의 종형제 다섯 사람 중에서 그대의 백형과 나의 중형이 불행하게도 일찍 요절하고, 남아 있는 자는 단지 세 사람이었지. 한 집에 모여 앉아 서로 함께 살아가며 나는 벌써 늙고 그대는 아직 젊어서, 매번 그대가 반드시 나의 장례에 영결할 것이라고 하였는데, 오늘 내가 그대의 장례에 영결할 줄을 어찌 알기나 했겠는가. 늙은이는 아직까지 세상에 살아 있는데 젊은이가 먼저 땅속으로 들어가니, 이 무슨 천리天理가 이처럼 상도常道에 어긋난다는 말인가. 그대는 일곱 살에 어머니를 여의고 약관에 아버지를 여의었으며, 이어서 또 형을 곡하였네. 외롭고 고단한

247) 호옹(湖翁) : 호수(湖叟) 정세아(鄭世雅)를 가리킨다.
248) 명계(明溪) : 정호의(鄭好義, 1602~1655)의 호이다. 자는 자방(子方), 별호는 상화(常華), 본관은 영일이다.

신세가 몸도 그림자도 단 하나였지. 더구나 또 경자년(1720)의 상란喪亂을 겪은 뒤로는 골육이 헤어져 흩어졌으나, 그대는 선대로부터 물려받은 집을 굳건히 지키며 가업을 경영하여 가도家道가 무너지지 않게 하였으니, 재능과 식견이 범상치 않다고 할 만하였네. 앞뒤로 두 번 장가들어 다섯 아들을 보았고 그 아이들이 또 자식을 두었으니, 노년의 복이 넉넉하다고 할 만하여 내가 늘 적이 기뻐하며, 그대는 반드시 장수를 누려서 마침내 자손의 번창을 보리라고 생각하였네. 지금 한 병이 위중하다가 갑자기 이렇게 되니, 젊은 아내는 하늘에 부르짖으며 죽으려 하고, 어린 자식들은 땅에 엎어져 아버지를 부르짖네. 눈앞의 참상은 이미 사람으로 하여금 콧날이 시큰하고 목이 메게 하네. 또 세 아들과 네 딸은 아직까지 성장하지 않아서 반은 포대기에 있으니, 양육하는 일과 혼사의 의식을 장차 누가 조처하겠는가. 그대의 눈은 반드시 저승에서 감기지 않을 것이네. 생각이 여기에 이르니, 어떻게 목이 쉬고 창자가 찢어지지 않을 수 있겠는가. 신방新昉 한 골은 바로 우리 집안의 선영이라네. 그대의 이번 길도 또 이 산으로 향하여, 숙부와 종수從嫂의 묘소 뒤에 광중을 열었네. 만약 죽은 사람이 지각이 있다면 어버이 앞에 달려가 한 방에서 함께 지내며 생시처럼 화락하겠으나, 돌아보건대 이 흰 머리의 형은 홀로 인간 세상에 남겨져 그대의 영특하고 빼어난 모습과 근실하고 순후한 말을 보고 듣지 못하니, 누가 동당同堂과 함께 즐기겠는가. 술 한 잔을 받들어 영결하니 다만 길이 애통해할 뿐이네.

정자 금계여 옥심을 애도하는 제문[誄琴正字啓汝 沃心 文]

금상今上 14년 무오년(1738) 모월 모일에 권지승문원 부정자權知承文院副正字 금군 계여가 병으로 봉성奉城 시골집에서 작고하였다. 너무 놀랍도다! 이 사람이 이렇게 되었다는 말인가. 계여는 고관대작 많은 유구한 가문에서 기이하고 빼어난 자질을 타고나서 세덕世德을 이어받아 문행文行이 도타웠지. 겨우 열다섯 살에 사서삼경을 두루 통달하여 또박또박 마치 자기의 말을 외듯 하였고, 그러고 나서 소과小科에 입격하였는데, 이때는 겨우 약관의 나이로 아직 장가도 들지 않았소. 같이 입격한 여러 사람들이 모두 말하기를 "같이 입격한 우리 중에서 빨리 승진하여 높이 오를 자는 반드시 금서방일 것이다."라고 하였소. 불행히 중년에 기괴한 병에 걸려 병세가 조금 뜸할 때 비로소 관직에 임명되어 겨우 승문원 정랑에 보임되었으나 군이 서둘러 세상을 떠났소. 비록 평소의 온축을 펼치고자 한들 될 수 있겠는가. 아! 운명인가. 어찌하여 자질은 넉넉하게 주고서 수명에는 인색한가. 더구나 계여는 위로 팔순 노인이 있어 아직 봉양을 마치지 못하였으니, 생각건대 계여는 지하에서 눈을 못 감을 것이네. 나는 군과 다행히 과거에 같이 입격하여 매번 서로 만나 그의 훌륭한 충신忠信의 말을 즐겨 듣고는 적이 독실하게 아껴주는 마음에 감탄하였소. 어찌 구구한 동년同年으로서의 친분뿐이겠는가. 마땅히 장례에 만사 한 곡조가 있어야 하나, 내가 죄악이 쌓여서 귀신의 꾸짖음에 거듭 걸려서 맏이와 맏며느리의 상을 연거푸 만나서 참최복을 입은 채 기년복을 안고 있으니, 심장이 타고 간장이 찢어져 만사를 엮지 못하고 단지 몇 줄의 긴 말로 평소의 우의를 서술하여 돌려보내네. 너무나 슬프도다.

묘표墓表

학생 광릉 안공의 묘표[學生廣陵安公墓表]

광주 안씨는 고려 초기에 일어났으니, 진국대장군鎭國大將軍 광릉군廣陵君 방걸邦傑이 비조이다. 시어사侍御史 수綏에 이르러 함안咸安으로 옮겨 살았고, 5대가 지나 중랑장中郎將 국주國柱에 이르러 고려가 멸망하자 병을 핑계로 조선에 벼슬하지 않았다. 또 4대가 지나 인의引儀 보문普文에 이르러 밀양密陽으로 옮겨 살았다. 아들 구觀[249]는 사간司諫 지제교知製敎이고, 이분이 증嶒을 두니 문과文科 좌랑佐郎으로서, 간흉奸凶이 선류善類를 그물질하는 것을 보고 영천永川 도동리道洞里로 물러나 살며 범계汎溪에 정자를 짓고 완귀翫龜라는 편액을 걸었으니, 바로 공의 5대조이다. 고조할아버지 종경宗慶은 참봉參奉이고, 증조할아버지는 대해大海이며, 할아버지 전琠은 감찰監察이고, 아버지 명한鳴漢은 증 판결사贈判決事이다. 어머니는 오천 정씨 세마洗馬 사진四震의 딸이다. 천계天啓 을축년(1625)에 공을 낳았다.

공의 휘는 세영世英이고, 자는 영지英之이다. 풍만한 얼굴과 아름다운 수염에 장부丈夫의 우람한 풍채가 있고, 성품 또한 너그럽고 인정이 많아 남을 대할 때 청탁과 귀천에 관계없이 모두에게 마음을 열고 모나게 행동하지 않아서 향리鄕里에 원망하는 말이 없었다. 우리 숙종 무오년(1678)에 54세로 세상을 마치어, 군郡 남쪽 청못[菁池] 안 임방壬方을

249) 안구(安覲, 1458~1522) : 자는 사중(思仲), 호는 태만(苔巒)이다.

등진 터에 안장하였다.

두 배위는 창녕 성씨昌寧成氏 길晧의 딸과 광산 김씨 민행敏行의 딸인데, 모두 좌우에 부장하였으니, 미방未方 건좌乾坐에 있는 분이 원배위이고 진방 임좌辰方壬坐에 있는 분이 계배위이다. 원배위의 한 아들 후정后靜은 성균관 학정學正이고, 네 딸은 이유李瑜·이명열李命說·양성화楊聖和·한세우韓世佑에게 각각 시집갔다. 계배위의 한 아들 인정仁靜은 성균관 학정學正이고, 여섯 아들은 여택汝宅·여리汝履·여행汝行 및 여인汝仁은 모두 출계出繼하였으며, 여기汝器·여국汝國이다. 인정의 계자繼子가 바로 여행이다. 네 딸은 정시림鄭時琳·신광한申光漢·이증호李增祜·전우추全宇樞에게 각각 시집갔다. 내외 증현손은 남녀 60여 인이다.

공이 장수할 것은 분명하였는데 하늘은 수명을 주는 데에 인색하였으니, 어찌 이리 이치가 어긋나는가. 그러나 아들은 고귀하고 손자 또 번창하니 여경餘慶[250]을 징험하기에 충분하다. 이것으로 명銘을 삼는다.

250) 여경(餘慶) : 후손이 번창할 것임을 뜻한다. 『주역』「곤괘(坤卦)·문언(文言)」에 "선을 쌓은 집안에는 반드시 남은 복[餘慶]이 있다."라고 한 데서 온 말이다.

매산선생문집 속집

梅山先生文集 續集

제10권

매산선생문집 속집 제10권

행장行狀

선부군 사실기先府君事實記

부군의 휘는 석달碩達이고, 자는 가행可行이며, 성은 정씨鄭氏이고 본관은 延日이다.

증조할아버지 휘 의번宜藩은 성균 생원成均生員 증 통덕랑通德郎 호조 정랑戶曹正郎이다.

— 뒤에 가선대부嘉善大夫 이조 참판에 추증되었다. —

할아버지 휘 호례好禮는 통훈대부通訓大夫 행 해남 현감海南縣監 장흥진관 병마절제도위長興鎭管兵馬節制都尉이다.

아버지 휘 시심時諶은 절충장군折衝將軍 행 충무위 대호군忠武衛大護軍이다.

어머니 숙부인淑夫人은 야성 송씨冶城宋氏 처사處士 시철時哲의 딸이며, 아헌啞軒 원기遠器의 증손녀이다.

우리 현종 원년 경자년(1660) 4월 13일 정유丁酉 오시午時에 부군이 칠곡부漆谷府 고평리高坪里 외할아버지 송씨 집에서 태어나, 임인년(1662)에 어머니를 따라 선원仙源의 본가로 돌아왔다.

성품이 개결介潔하여, 겨우 서너 살 때에 아무리 진귀한 음식과 맛난 음식일지라도 더러운 것이 조금만 묻어 있으면 절대로 먹지 않았으며, 땅에 떨어진 제철 과일도 입에 넣은 적이 없었다. 시비侍婢가 속이려고 땅에 떨어졌던 것을 올리며 "이것은 딴 것입니다." 하자, 부군이 자세히 살펴보고 "네가 나를 속이는구나." 하고는 성을 내어 던져버리고, 반드시 따는 것을 직접 본 뒤에야 맛보았다.

여러 아이들과 웅덩이에서 놀다가 흙탕물로 옷을 더럽혀서 호군공이 회초리로 때린 적이 있었는데, 그 이후로는 절대로 흙탕물을 가까이하지 않았다.

네댓 살 때에 이웃집에서 술과 음식이 있다고 초대하여 어머니가 갈 것을 권하였는데, 부군이 웃으며 "저는 음식을 찾아가는 것을 부끄럽게 여깁니다." 하고 끝내 가지 않았다. 할아버지 현감공이 그 이야기를 듣고는 "훗날 반드시 고결한 선비가 될 것이다." 하였다.

병오년(1666)에 외할아버지 송공에게 나아가 글을 배웠는데, 송공이 사랑만 주고 엄한 가르침을 가하지 않아서 여덟 살이 되도록 배운 것이 없었다. 계축년(1673)에 호군공이 마침 가서 보고 드디어 데리고 집으로 돌아왔다. 부군이 만년에 언젠가 여러 자제들에게 "어린아이의 학업 과정은 엄하게 하지 않을 수 없다. 나는 일곱 살 때 외가에서 자라며 글을 배웠는데, 그때는 나이가 어리고 어리석어서 날마다 촌아이나 시골 농부와 함께 사방으로 돌아다니며 놀았으나, 외할아버지께서 어루만지며 사랑하실 뿐 매를 대지 않으며, "이 아이는 우리 집 아이가 아니므로, 조만간 돌려보내어 제 집에서 가르치게 하겠다."고 하셨다. 이렇게 놀기만 하며 7~8년을 보내어 읽은 것이라고는 『사략史略』 반 권뿐이었다. 집에 돌아온 뒤에 스승을 따라 수업하다가 3년 만에 큰 병을 얻어서 돌아와서는 다시 스승에게 배우지 못하고 홀로 사서四書 등의 책을 읽었다. 만약 스스로 부지런히 애쓰지 않았다면 아마도 글자도 분간하지 못하였을 것이다." 하였다.

갑인년(1674)에 여섯째 당숙부堂叔父 처사공處士公(정시영鄭時永)을 따라 삼귀당三歸堂에서 수업하며 3년 동안 『사략』·『통감』·『소학』 등의 책을 읽고, 또 글짓기 공부를 익히며 부지런히 독실하게 하여 밤낮 멈추지 않았다. 처사공이 대단히 사랑하며 "이 족질의 학업이 날로 더욱 진보하니 아주 기쁘다." 하였다. 족부族父 학암공鶴巖公(정시연鄭時衍)이 부군이 지은 글을 보고는 "독서 3년에 문장이 이렇게 진보할 줄은 생각지 못하였다." 하였다.

병진년(1676) 겨울에 삼귀당에서 독감에 걸려 증세가 매우 위중하였으니, 이는 독서를 애써 하며 비록 한겨울 긴 밤에도 외우고 익히기를 멈추지 않고 때로는 마루에서 노숙을 하였기 때문에 이런 병이 난 것이다. 병이 갑자기 위독해져서 자못 목숨을 보전하기 어렵게 되자 처사공이 어루만지며 울었다. 이튿날 병이 차도가 조금 있자 호군공이 데리고 돌아왔는데, 이때 어머니가 병이 들었다는 소식을 듣고 놀라서 울자, 호군공이 하던 일을 멈추지 않고 "이 아이는 타고난 자질이 비범하여 반드시 큰 인물이 될 것이므로, 이렇게 갑작스럽게 단명하지는 않을 것이오." 하였다.

정사년(1677)에 다시 삼귀당에 가서 배우기를 청하였는데, 처사공이 허락하지 않으며 "작년에 네가 이곳에 있다가 큰 병을 얻어서 죽을 뻔하여 나로 하여금 놀라게 하였으므로, 나는 너를 다시 머무르게 하지 못하겠다. 너는 지금 문리가 이미 통하여 비록 스승에게 배우지 않더라도 다른 책들은 스스로 구두점을 찍을 수 있다. 네가 만약 한결같이 노력한다면 어찌 대유大儒가 되지 못할 것을 우려하겠느냐." 하였다. 부군이 마침내 물러나 돌아와 밀실에 거처하며 사서四書를 펴서 차례대로 읽는데, 밤낮 책상 앞에서 송독하기를 조금도 게을리하지 않았다.

이해에 비로소 향시鄕試에 응시하였는데, 남들과 함께 몰려다니지 않고 행동거지가 느긋하여 사람들이 모두 기이하게 여겼다.

기미년(1679) 12월에 안동 권씨 집안에 장가를 들었는데, 서로 마주할 때마다 예의와 공경으로 손님처럼 대하고 무례한 모습이나 무시하는 언사를 가한 적이 없었다.

경신년(1680)에 호군공이 남쪽 변방(해남海南)을 다스리는 임무를 맡자, 부군이 따라가 모시며 아침저녁 문안을 드리는 여가에 늘 한 작은 방에 거처하며 부지런히 글을 읽었으며, 가끔씩 배를 타고 나가서 바다 섬의 기묘한 경치가 있는 곳에 올라가 바라보며 그 진귀한 경관을 다 구경하였다.

신유년(1681)에 일 때문에 집으로 돌아왔다. 아름다운 계절이 돌아올 때마다 친척과 벗들을 데리고 산수 사이를 유람하며, 술을 따르고 시를 읊조려 스스로 즐겼다. 간혹 꽃핀 아침이나 달뜬 저녁이면 칼자루를 두드리고 소리 높여 노래를 부르며 하염없이 감개하고 또 더러 준마를 타고 서너 리를 치달리고 돌아오기도 하였다.

계해년(1683) 봄에 『논어』를 읽다가 「이인里仁」편에 이르러 문득 슬피 탄식하며 "사람으로서 도道를 알지 못하면 사람이 될 수 없다. 만약 도를 알 수 있다면 비록 아침에 도를 듣고 저녁에 죽더라도 또한 유감이 없을 것이다. 더구나 도라는 것은 또 나의 몸에 본래 갖고 있는 것임에랴. 만약 힘을 잘 쓴다면 힘이 부족한 자는 없을 것이다." 하였다. 이에 드디어 과거 공부를 다 버리고 개연히 도를 구하는 뜻을 갖고 『논어』 한 부部를 잡고 침잠하고 반복하며 그 뜻을 음미하였다.

갑자년(1684)에 부군이 학암공에게 가서 묻기를 "지금부터 시속의 학문을 버리고 실학에 종사하고 싶습니다. 무슨 책을 먼저 읽어야 합니까?" 하니, 학암공이 듣고 크게 기뻐하며 "그대가 어린 나이에 과거 공부하던 사람으로서 이렇게 큰 뜻을 가질 줄은 생각하지 못하였다. 학문의 도에는 다른 길이 없고, 단지 내 한 몸의 동정動靜과 이륜彝倫과 일용日用의 사이에 있으니, 지극히 쉬워서 어렵지 않고 지극히 가까워서 멀지 않다. 만약 가장 먼저 손댈 곳을 찾는다면 『소학』보다 더 절실한 것이 없으니, 반드시 먼저 이 책에서 발을 확고하게 디뎌야 한다. 그런 뒤에 사서四書와 오경五經을 차례대로 탐구할 수 있다." 하였다. 부군이 물러나와 『소학』을 읽으며 매일 새벽에 일어나 의관을 갖추고 양친에게 나아가 안부를 살핀 다음, 물러나 조용한 방에 거처하며 종일 꿇어앉아 숙독하였다. 몸가짐과 행동을 한결같이 법도를 따라서 잠시도 행여 어긴 적이 없었다. 이때 향당의 친구들이 앞다투어 비웃었고 심지어 비방하고 헐뜯는 것도 마다 않기까지 하였으나, 부군은 듣고 태연히 말하기를 "나의 뜻을 이미 정하였는데, 어찌 말속의 비방과 칭찬으로 나의 마음을 움직일 수 있겠는가." 하며 한 번도 그들과 시비를 다투거나 득실을 따진 적이 없었다. 시간이 오래 지난 뒤에 비방하던 자들이 저절로 감복하였다.

을축년(1685) 봄에 학암공에게 나아가 『대학』을 배우는데, 조용히 탐구하고 질문하며 수십 일이 되도록 실증내지 않았다. 돌아와서는 낮에는 읽고 밤에는 외워 그 뜻을 깊이 음미하였으며, 『대학장구집주』에 있어서도 또한 모두 반복 사색하여 마치 자신의 말을 외듯이 하였다. 마침내 시를 짓기를

성학은 이 한 경전만 한 것이 없으니	聖學無如此一經
서로 전한 심법이 해와 별처럼 밝네	相傳心法日星明
그 중에 손댈 곳을 알고 싶으면	欲識箇中下手處
명과 성에 십분 공력을 쓰시라	十分功力在明誠

하였다. 학암공이 이 시를 한 번 보고는 "그대가 이 책에서 벌써 그 큰 뜻을 얻었으니, 훗날의 진취를 헤아릴 수 없으리라." 하였다.

이때부터 『대학』을 다 읽고 그 다음에 『논어』를 읽고, 그 다음에 『맹자』를 읽고, 그 다음에 『중용』을 읽었다. 이윽고 또 『대학』부터 차례대로 순환하여 읽었으며, 혹 의심스럽거나 모르는 곳이 있으면 반드시 학암공의 처소에 나아가 질문하였다.

병인년(1686) 가을에 서울로 올라가 호군공 – 당시에 군직軍職으로 훈련원에 있었다. – 을 뵈었는데, 서울의 사대부들이 부군의 이름을 듣고 만나보기를 바라는 자가 간혹 있었는데, 부군이 사절하기를 "내가 만약 서울의 고귀한 집안에 발자취를 더럽힐 것 같으면 차라리 과거장에서 머리를 굽힐 것이다." 하며 끝내 듣지 않았다. 그러고 사나흘 있다가 호군공이 천연두가 가까이 다가왔다고 해서 고향으로 내려가도록 재촉하여, 부군은 마침내 인사하고 물러나왔다.

정묘년(1687) 가을에 호군공을 호남湖南에서 – 당시에 전주 진장全州鎭將이었다. – 뵈었는데, 아침저녁 문안드리는 일 외에는 서실에 물러나 거처하며 늘 경전을 펼쳐 보고, 진귀한 보물과 기이한 완상이나 노래하는 기녀의 빼어난 아름다움에 있어서는 아예 가까이도 하지 않았다.

당시에 호남의 관찰사 이여李畬 공은 평소에 선비를 좋아하는 풍도가 있어서 학문에 뜻을 둔 부군의 명성을 듣고 함께 강론하고자 사람을 보내어 초대하였는데, 부군이 병으로 사양하자, 호군공이 강권하며 "저 사람은 이미 우리의 관장官長이고 나와 정분이 매우 두텁다. 또 듣건대 그의 학식은 여유가 있어 당세에 이름을 날리고 있다고 한다. 네가 한 번 가서 학문을 강론하는 것이 무어 의리에 나쁘겠느냐." 하니, 부군이 대답하기를 "저 분은 이미 재상의 자리에 올랐으므로, 비록 산야에 물러나 거처하고 있다 하더라도 벼슬 안 한 선비로서는 결코 가서 만나볼 수 없습니다. 더구나 지금 그 집은 위세와 권력이 조정을 기울여 세력의 불꽃이 사람을 달구고 있습니다. 어떻게 그의 뜰에 종종걸음 쳐 가서 구차한 개처럼 꼬리를 흔들 수 있겠습니까." 하고 끝내 가지 않았다. 이공이 듣고 연거푸 칭찬하였다. 그러나 본읍本邑의 통판通判[1] 및 여러 군郡의 수령이 호군공의 처소에 와서 더러 부군에게 만나보기를 청하면 부군이 가끔 나가서 만나보았다.

무진년(1688) 봄에 호군공이 병으로 관직을 버리자, 부군이 모시고 옛집으로 돌아와서 밤낮 간호하며 잠시도 곁을 떠나지 않았다. 모든 탕약과 음식의 기구를 반드시 시종 직접 잡았지, 다른 사람에게 맡긴 적이 없었다. 무슨 일을 할 때가 아니면 늘 관을 쓰고 띠를 띤 채 모시고 서서 종일 애태우는 심정이 표정에 드러났으며, 남들과 말하고 웃거나 한가로운 이야기를 주고받은 적이 없었다. 호군공이 언젠가 어떤 사람에게 말하기를 "이 아이가 어버이를 섬기는 정성이 이렇게 지극하니, 아무리 옛날의 독실히 효도한 군자일지라도 이보다 더하지는 못하였을 것입니다." 하였다.

호군공이 병이 조금 나아 부군으로 하여금 학업을 닦게 하자, 부군이 "옛날 사람은 들어가면 효도하고 나가면 공경한 다음, 여력이 있으면 글을 배웠습니다. 오늘날 사람이 학업에만 힘쓰고 봉양을 돌보지 않는 것이 어찌 성인의 가르침이겠습니까." 하였다. 무릇 정성온정定省溫凊[2]의 예의와 음식기거의 일은 모두 직접 시중을 들었으며, 가끔 틈이 나면 물러나와 글을 읽었다.

기사년(1689) 봄에 호군공이 북관北關으로 나가라는 임명을 받자, 부군이 모시고 따라갔는데, 진鎭에 당도하고 나서 호군공이 산속 암자에서 글을 읽으라고 명하여 부군이 대덕산大德山에 들어가 몇 달을 머무르고 돌아왔다.

당시에 중궁中宮 민씨閔氏가 폐위되었는데 극력 간쟁하는 자가 있다는 말을 듣지 못하자 부군이 개연히 시를 지었다.

곤도가 건도를 받들어 만물을 낳으니	坤道承乾萬物生
청산 곳곳에서 모두 번영을 기뻐하나	靑山處處摠欣榮

---

1) 통판(通判) : 감영(監營)과 유수영(留守營)이 있는 고을의 수령을 이르는 말로, 판관(判官)과 같은 말로 쓰인다.

2) 정성온정(定省溫凊) : 부모를 모시는 사람이 아침저녁으로 문안하고, 겨울에는 따뜻하게 하고 여름에는 서늘하게 하는 일을 말한다.

이 백성만이 홀로 조화 이룰 바탕 잃어　斯民獨失資成化
도리어 서녘 하늘 향하여 한숨 내쉬네　却向西天起歎聲

대체로 부군이 침묵하고 감추어 시정時政의 득실과 관장官長의 현부賢否에 대한 말을 한 번도 입에 담은 적이 없었으나 대의大義에 관계된 것에 대해서는 격앙하고 감개하여 더러 시로 읊기도 하였는데 또한 남에게 보여준 적은 없었다.

5월에 진鎭에 천연두가 갑자기 번져서 호군공이 부군에게 고향으로 돌아가라고 명하자, 부군이 울면서 말하기를 "병든 아버지가 이렇게 수천 리 밖에 계시는데, 제가 어떻게 차마 혼자 돌아가겠습니까. 청컨대 산속 암자에서 잠시 피하면서 기다리겠습니다." 하니, 호군공이 진노하며 허락하지 않고 "네가 만약 이 위험한 곳에 머무르다가 만에 하나 감염된다면 나는 근심으로 애태우다가 병이 더쳐 죽을 것이 뻔하다. 그러면 아버지와 아들이 모두 먼 이역에서 죽을 지도 모른다. 나의 병은 벌써 조금 나았고 이곳에는 한 아우가 곁에 있다. 또 시원한 가을이 되면 관직을 그만두고 돌아가려 하는데, 네가 어찌 먼저 가지 않느냐." 하여, 부군이 어쩔 수 없이 인사하고 돌아오면서도 근심과 울음을 스스로 진정하지 못하여 도중에 "나의 간장 다 꺾이고 눈물이 수건을 적시네.[寸腸摧盡涕沾巾]"라는 시구를 남겼다.

진영의 관아에 있을 때는 늘 책실冊室[3]에 거처하였다. 무릇 책실을 청소하고 음식을 올리는 일은 반드시 기생 따위에게 분담시켜 하게 하였는데, 이는 그 지역 풍습이 그러하였다. 그러나 부군은 번번이 거절하여 물리치고, 단지 한 어린 동자를 시켜 대신하게 하였다. 돌아올 무렵에 판관判官이 기롱하기를 "북주北州의 화려함은 국내에서 제일이어서 남아가 이곳에 오면 넋이 홀리어 본성을 무너뜨리지 않는 자가 없는데, 지금 공은 와서 수개월을 머무르면서 한 번도 쳐다보지 않으니, 이것이 어찌 대장부의 풍정風情이겠

3) 책실(冊室) : 고을 원의 비서(祕書) 사무를 맡아 보는 사람이 거처하는 곳이다.

습니까." 하자, 부군이 "몸가짐을 고결하게 하고 신조를 바꾸지 않는 것, 이것이 참 대장부의 일입니다. 저 일개 여와黎渦[4]가 어찌 나의 뜻을 움직일 수 있겠습니까." 하니, 판관이 탄복하였다.

돌아오는 길에 금강산에 들어가 사흘을 머무르며 여러 빼어난 경치를 일일이 탐방하고, 드디어 원주 치악산으로 향하여 우담愚潭 정시한丁時翰[5]을 방문하였는데, 당시에 우담이 마침 백운산白雲山에 가고 없어서, 섭섭하여 시를 짓고 돌아왔다.

경오년(1690) 봄에 호군공이 관직을 옮겨 조정으로 돌아왔다가, 여름에 병으로 사직하고 돌아오니, 부군이 눈물을 삼키고 마음을 졸이며 분주히 의원과 약을 살폈는데, 의원이 "약효가 이로운지 해로운지는 대소변이 단지 쓴지로 알아보아야 합니다." 하니, 부군이 드디어 직접 대소변을 맛보고 그 맛을 알아보았다. 병이 악화되자 늘 밤낮으로 눈물을 흘리고 머리를 조아리며 하늘에 빌었다. 임종하는 날에는 집안사람들이 부군이 반드시 손가락을 끊을 것을 알고 날이 달린 기구들을 미리 감추었으나, 부군이 갑자기 작은 칼 하나를 찾아서 한 손가락을 베어 피를 내어 흥건하게 흘려 넣어도 끝내 효과를 보지 못하자, 한참동안 울부짖고 발을 구르다가 기절하였다. 무릇 염습하는 여러 절차는 모두 예법을 따라 반드시 정성스럽게 하고 반드시 신중히 하여 조금도 유감이 없게 하였다.

빈소를 차리고 부터는 단지 피죽만 마시고 쌀과 소금과 채소와 과일을 먹지 않으며 장례를 지내기 전까지 고치지 않아서 기력은 더 소진하고 몸은 더 수척해졌다. 어머니가

---

4) 여와(黎渦) : 송나라 때의 기생인 여천(黎倩)의 보조개란 뜻이다. 송 고종(宋高宗) 때 호전(胡銓)이, 금(金)나라와의 화친을 주장하는 진회(秦檜) 등을 탄핵한 죄로 귀양 갔다가 10년 만에 풀려나 돌아오는 길에 매계관(梅溪館)의 기생인 여천을 건드렸는데, 그 이튿날 주인이 이를 추잡하게 여겨 밥 대신 여물을 주었다. 그 뒤에 주희(朱熹)가 그곳을 지나다가 시를 짓기를 "십 년 동안 호해에선 한 몸 한가했는데, 풀려나 돌아오다가 여천의 보조개 보고 욕정 일었네. 세상 길 욕심보다 더 험한 것 없는데, 몇몇이나 이로 인해 일생을 망쳤던가.[十年湖海一身輕 歸對黎渦却有情 世路無如人欲險 幾人到此誤平生]"라고 하였다.(『朱子大全』 권5 「宿梅溪胡氏客館觀壁間題詩自警二絶」)

5) 정시한(丁時翰, 1625~1707) : 자는 군익(君翊), 호는 우담(愚潭), 본관은 나주(羅州)이다. 원주 법천(法泉)으로 낙향하여 평생 벼슬길을 멀리하였다.

밥을 들고 강권하자, 부군이 울며 사양하기를 "저의 기력을 헤아려 볼 때 아직까지는 지탱할 만합니다." 하고, 끝내 듣지 않았다.

장사지낼 적에는 관을 다루고 광중을 파는 모든 도구도 다 예법대로 정성을 다하였다. 일찍이 『가례』에 역청법瀝靑法[6]이 있는 것을 보아서 드디어 힘을 다하여 계획하여 소금 5백여 말을 사서 친히 여러 읍의 산골짜기를 뛰어다니며 소금과 바꾸기를 바란다며 구슬피 애걸하자, 모두 그 정성에 감동하고 또 더러는 그 값을 이롭게 여겨서 앞다투어 송진을 따다 바꾸었다. 몇 달 사이에 송진 400여 말을 마련하여 방법대로 부어서 쓰니, 두께가 장척匠尺으로 4~5촌寸이나 되었다. 장례 때에 보는 사람들이 모두 다 감탄하며 "지금 세상에 부모를 장사지내는 자들 중에 누가 이 사람처럼 후하게 지내는 자가 있겠는가. 이제야 성효誠孝의 독실함이 이처럼 지극함을 알겠다." 하였다.

장사지내고 나서 시묘할 뜻이 많이 있었으나, 선유先儒들이 반혼返魂[7]하지 않는 것을 잘못으로 여겼기 때문에 드디어 예법에 의거하여 집으로 반혼하였다. 이튿날 재우再虞[8] 뒤에 또 곧바로 묘소에 가서 곡하고, 이 뒤로부터는 혹은 사흘에 두 번 가고, 혹은 가면 사나흘을 머물렀다. 초하루와 보름에는 궤연几筵에 전奠을 드리고 나서 반드시 성묘省墓를 하였는데, 열흘이 넘도록 성묘를 가지 않은 적은 없었다. 지나가는 곳의 촌아이들과 마을 할머니들이 그때마다 바라보고 점치기를 "수척한 상주가 대지팡이를 손에 들고 베 안장에 탔으니, 이는 정 효자鄭孝子가 뻔하다." 하였으니, 이는 부군이 아무리 눈이 오거나 바람이 불거나 덥거나 비가 오더라도 간에 반드시 몸소 말 위에서 대지팡이를 잡고서 아이 종에게 준 적이 없었기 때문이다.

부제祔祭[9] 뒤에 거친 밥을 먹기 시작하고 늘 여막에 거처하며 새벽과 저녁으로 곡하고

---

6) 역청법(瀝靑法) : 관(棺)에 송진을 칠하는 것이다.
7) 반혼(返魂) : 장례를 지낸 뒤에 신주를 집으로 모셔오는 일이다.
8) 재우(再虞) : 초우제 뒤에 유일(柔日, 乙·丁·己·辛·癸)에 지내는 제사이다.
9) 부제(祔祭) : 신주(神主)를 조상의 신주 곁에 모실 적에 지내는 제사이다.

절하는 것과 아침과 저녁으로 상식上食[10]하는 것을 남에게 맡긴 적이 없었다. 오직 어머니의 안부를 살피는 일 외에는 중문中門에 들어간 적이 없어서 가족이 얼굴을 보지 못하였다.

날마다 책상 앞에 앉아 책을 펼쳤는데, 늘 읽는 것은 『가례』와 『심경』 두 책이었다. 자제들에게 말하기를 "내가 3년상 동안 예절을 준수하여 마음에 부끄러움이 적을 수 있었던 것은 『심경』의 힘이다." 하였다.

당시의 풍속은 3년상 동안에는 모두 묘제墓祭를 지내지 않았는데, 부군이 탄식하며 "해가 오래 지난 뒤에도 오히려 먼 조상을 추모하는 정성이 있는데, 더구나 적막하고 황량한 터에 체백體魄[11]을 새로 의탁한 때이겠는가." 하고는 드디어 봄과 가을에 묘제를 차려서 친히 지냈다. 어떤 이가 기롱하기를 "3년상 동안에 지내는 묘제는 예禮가 아니다." 하자, 부군이 "예는 정情에서 나온다. 정과 예로 깊이 생각해보면, 그것이 예가 아님을 나는 알지 못하겠다." 하였다. 이윽고 어떤 이가 선배들에게 이미 이와 같은 정론이 있음을 보고 마침내 예를 알았다고 승복하였다.

신미년(1691)에 신방新昉의 묘소 아래에 분암墳菴을 짓고 명명하기를 '신방재사新昉齋舍'라 하고, 오가며 거처하기도 하고 자기도 하며 더러는 십여 일을 넘기기도 하였는데, 큰 바람이나 비가 아니면 날마다 성묘하였고, 초하루와 보름이 되면 반드시 돌아와 궤연에 전을 올렸으며, 3년상을 마친 뒤에도 또한 자주 왕래하였다.

3년상을 마치고 나서는 어머니를 섬기는 데에 정성을 다하였다. 겨울과 여름에 따뜻하고 시원하게 해드리는 일과 아침과 저녁에 맛난 음식을 올리는 봉양은 반드시 친히 살폈으며, 질병이 나거나 빈객이 올 때가 아니면 혹시라도 빠뜨린 적이 없었다.

---

10) 상식(上食) : 상기(喪期) 동안 아침과 저녁 두 끼니의 밥상을 영위(靈位)에 올리는 것이다.
11) 체백(體魄) : 시신(屍身)을 가리킨다. 옛날에는 사람이 죽으면 혼(魂)은 위로 올라가고, 백(魄)은 시신에 깃든다고 생각하였다. 그러므로 체백과 영혼(靈魂)을 구별하여 묘소에는 체백이 있고 궤연(几筵)에는 영혼이 있다고 하였다.

평소에는 반드시 새벽에 일어나 세수하고 의관을 갖춘 다음, 먼저 사당에 알현하고, 그 다음에 어머니에게 가서 절하고 안부를 여쭌 뒤에 물러나서 책상 앞에 무릎을 꿇고 앉아 경전을 펴서 읽었다. 초하루와 보름이 되면 사당에 알현하고 어머니에게 절하고 나서 공인恭人과 침당寢堂에 앉아 여러 자녀의 절을 받고, 종가의 사당에 가서 친족과 함께 절을 올렸다. 그 다음에 백숙伯叔 부모의 사당에 절하고, 그 다음에 여러 종형 내외에게 인사하였다. 매달 이렇게 하는 것을 해마다 일정한 법도로 삼아서 아무리 비가 많이 오고 눈이 크게 내리더라도 중단한 적이 없었다.

계유년(1693) 봄에 보현산普賢山에 들어가 훈수塤叟와 지수篪叟 두 분을 찾아뵙고 여러 날 머무르며 강학하고 돌아왔다.

갑술년(1694) 정월에 기룡산騎龍山 묘각사妙覺寺에 들어가 『맹자』를 읽고 뒷산 꼭대기에 올라가 사방을 바라보았는데, 수많은 산이 파도 모양을 하고 있는 것을 보고 함께 유람하는 여러 사람에게 말하기를 "건곤이 아직 갈라지기 전에는 단지 물이 두 사이에서 출렁거렸다. 이것이 파도가 출렁이는 형상이 아닌가." 하고는, 드디어 짧은 절구를 읊었다.

용산 제일봉에 취한 채 기대어	醉倚龍山第一峯
문득 천지 열리기 전 모습을 보네	忽看天地未開容
수많은 산이 곳곳에서 파도처럼 출렁이니	千山處處蒼波動
태초에 바다로 들어가던 모습이리라	應是初頭入海洶

3월에 돌아와 어머니를 뵙고 운주산雲住山 안국사安國寺에 들어가 글을 읽고, 이어서 「지비음知非吟」을 읊었다.

홀로 유헌에 거처하며 날마다 기미 살피니	獨處幽軒日省幾
십 년 전의 일이 다 그릇되고 그릇되었네	十年前事盡非非
가령 이 인생이 보고 얻은 것 없다면	假使此生無見得
뒤에 소인으로 귀결됨 면하기 어려우리	後來難免小人歸

4월 그믐에 집으로 돌아왔다.

유월에 팔공산 환성사環城寺에 들어가 『중용』을 읽었다. 이는 병애屛厓 조공曺公(조선장曺善長)과 만나기로 약속하였으나, 조공이 아내의 초상을 당하여 오지 못하였기 때문이다. 7월 그믐에 병애로 조공을 찾아가 여러 날 『중용』을 강론하고 돌아왔다. 그해 겨울에 「발몽설發蒙說」을 짓기 시작하였다. 이는 후배들이 물리物理와 명목名目을 깨닫지 못하였기 때문에 요점을 뽑아 깨닫게 해주려는 것이었다.

을해년(1695) 봄에 도덕산道德山에 들어가 『대학』을 읽었다. 3월 말에 옥산玉山에 내려와 독락당獨樂堂과 계정溪亭을 찾아 옛 자취를 두루 살펴보고, 그대로 무변루無邊樓에서 잤다.

6월에 보현산에 들어가 지수篪叟를 찾아뵙고 그 길로 지수와 함께 대승암大乘菴에 들어가 한 달을 같이 머무르며 『대학』·『논어』·『심경』 등의 책을 강독하였다. 족질 정도형鄭道亨(도형은 정래양鄭來陽의 자)도 와서 함께 강학하였는데, 때때로 시를 지어 주고받으며 기뻐서 돌아갈 것도 잊으니, 사람들이 흥국사興國寺의 고사[12]에 비겼다.

가을에 장남 중기를 보현산에 보내어 지수에게 배우도록 하며 떠날 때 경계하기를 "나에게는 유익한 세 벗이 있는데, 강직함은 인백仁伯(조선장曺善長의 자)만한 이가 없고, 아량은 개춘皆春(정만양鄭萬陽의 자)만한 이가 없으며, 박식은 숙향叔向(정규양鄭葵陽의 자)만한 이가 없다. 내가 지금 너를 보내니, 네가 밤낮 게으름 피우지 않고 엄한 가르침을 공경히 받들면 마침내는 군자유君子儒가 될 수 있을 것이다. 이것이 나의 바람이다. 너는 공경하거라." 하였다.

병자년(1696) 봄에 팔공산 상용암上聳菴에서 사나흘 유람하고 나왔다. 이해에 『심경』을 한 번 읽었다.

---

12) 흥국사(興國寺)의 고사: 정호(程顥)가 장재(張載)와 함께 흥국사에서 종일 강론한 일이 있었다.(『近思錄』 권14)

정축년(1697)에 『주역』을 읽기 시작하였다. 신방재사에 들어가 몇 달을 머무르며 침잠하여 반복하며, 깨닫는 것이 있으면 그때마다 기뻐서 먹는 것도 잊었다. 가을에 입암立巖에 들어가 손처사孫處士[13]와 『주역』을 여러 날 강론하고 나왔다. 가을에 박처사朴處士 신윤身潤(호는 우곡愚谷)과 김처사 상정尙鼎(김덕삼金德三의 자)이 찾아왔다.

무인년(1698)에 『성리대전性理大全』을 읽었다. 이를테면 『태극도설』·「서명西銘」 등의 편은 더욱 많이 반복하여 읽었고, 밤마다 늘 소리 높여 읽으며 음미하였다.

가을에 병암 조공이 찾아와서 네댓새 동안 글을 강론하고, 조공을 돌려보낼 적에 임고서원까지 가서 또 이삼일을 머무르며 고을 안의 여러 선비들과 함께 경전을 강론하고, 또 조옹대釣翁臺에 올라가 함께 완상하였다.

겨울에 천연두와 전염병이 한꺼번에 일어나서, 부군이 어머니를 모시고 아우들을 데리고 노항魯巷 당제堂弟(정석붕鄭碩朋)의 집으로 나가서 기거하였다. 겨울이 끝나갈 무렵에 또 신방재사로 옮겼다.

기묘년(1699) 봄에 재사에서 『주역』을 읽고, 『성리대전』을 겸하여 보았다. 일찍이 묘소 아래에 묘전墓田을 두고 싶어 하였으나 뜻을 이루지 못했는데, 마침 마을의 양민良民이 역적의 공초供招에 연루되어 들어가서 오랫동안 신원되지 않아 좋은 밭을 팔게 되었는데, 값이 아주 쌌다. 묘지기가 그 밭을 살 것을 요청하자, 부군이 "오릉 중자於陵仲子는 도척盜跖이 심은 곡식도 먹지 않았다.[14] 지금 이 사내가 비록 양민이라고는 하나, 이미 역적으로 불리었고 보면, 사군자가 그 밭을 사서는 안 된다." 하고, 끝내 사지 않았다.

---

13) 손처사(孫處士): 손여두(孫汝斗, 1643~1713)이다. 자는 망지(望之), 호는 노잠(魯岑), 본관은 경주이다. 저서로는 『노잠집』이 있다.

14) 오릉 중자(於陵仲子)는……않았다: 오릉 중자는 진중자(陳仲子)이다. 진중자는 전국 시대 제(齊)나라의 사상가이자 은사(隱士)로서, 오릉(於陵)에 살았다. 그는 지나치게 청렴결백하여 형이 받는 녹(祿)과 집을 불의하다고 하여 형을 피하고 어머니를 떠나 오릉에서 아내와 청빈하게 살았다. 이 말은 "(중자가) 먹는 곡식은 백이가 심은 것인가. 아니면 도척이 심은 것인가. 알지 못하겠도다.[所食之粟 伯夷之所樹與 抑亦盜跖之所樹與 是未可知也]"라고 한 데서 가져온 말이다.(『孟子』「滕文公下」)

6월에 어머니를 모시고 집으로 돌아왔다.

가을에 처음으로 함계涵溪에 터를 잡았는데, 함계는 선원仙源의 동쪽에 있고 수석의 아름다운 풍경이 있어서, 부군이 늘 그곳을 아껴 오가며 낚시하고 노닐었다. 집을 짓고 살고 싶어 하면서도 재력이 넉넉하지 못하여 실행하지 못하였는데, 이때에 와서 돈을 주고 그 밭을 사서 바위를 깨내고서 나무를 심어 '함계'라는 당호를 걸었다. 이는 계곡의 물이 고여서 맑기 때문이며, 또 "본원本源을 함양涵養하고 의리義理에서 함영涵泳한다."는 뜻도 취한 것이다.

경진년(1700) 봄에 병와甁窩 이형상李衡祥 공이 입암立巖에서 찾아와서, 부군이 그와 함께 종일토록 의리를 강론하였는데, 이공이 경탄하였다.

늦가을에 금양錦陽에 가서 갈암葛庵 이선생李先生을 뵙고 제자의 예를 행한 다음, 나흘을 머무르며 의문점을 질문하고 물러나왔다. 당시에 조병애曺屛厓와 처사 김상정金尙鼎이 동행하였다.

겨울에 풍산豊山 이고산李孤山(이유장李惟樟) 선생을 방문하여 『주역』의 선천도先天圖와 후천도後天圖를 논하였는데, 고산이 매우 칭찬하며 경탄하였다. 이틀을 머무르고 돌아왔다.

신사년(1701) 봄에 금양에 가서 이선생을 뵙고 『대학』의 의문점에 대하여 질문하고, 또 역학易學의 여러 설說에 대하여 질문하였는데, 선생이 질문에 따라 대답하며 그 은미한 온축을 다 밝혀주고는 "천지간의 일은 모두 배우는 자가 이해해야 할 것이다. 그러나 만약 고원한 곳으로만 줄곧 치달리면서 다시 비근한 곳에 노력을 더하지 않는다면 마지막에는 반드시 공허하고 허황된 영역으로 흘러들어가서 자기의 본분상에서는 실제로 얻는 것이 한 푼도 없게 된다. 이런 까닭에 공자孔子는 명命을 드물게 말하고,[15] 반드시 '하학이상달下學而上達'[16]이라 하였으며, 비록 현명한 자공子貢일지라도 또한 성性

15) 명(命)을 드물게 말하고: 『논어』「자한(子罕)」에 나오는 말이다.

과 천도天道에 대하여 듣지 못하였다.[17] 오늘날 배우는 자들은 쇄소灑掃는 버리면서 천리天理를 이야기하고 사서四書는 싫어하면서 『주역』을 익힌다. 이는 참으로 학문을 하는 데에 있어 폐단이 된다. 모름지기 사서를 반복하여 숙독하고 깊이 음미하여 그 뜻을 끝까지 궁구해야 한다. 그런 뒤에 『심경』·『근사록』·회암서晦菴書 등의 책으로 보조한다면 아마도 학술學術이 분명해져서 마침내 쓰일 곳이 있을 것이다. 그대는 어찌하여 여기에 힘을 쓰지 않는가." 하였다. 부군이 가르침을 받고 가슴에 새겨 이때부터 이전에 공부하던 것을 다 버리고 사서와 『심경』 등의 서책에 더욱 힘쓰고 침잠하여 조금도 게을리하지 않았다.

여름에 부군이 갑자기 사지가 마비되는 병을 얻어 여러 달을 끌며 약을 복용해도 효과가 없었으니, 이는 각고의 공부를 너무 심하게 해서 이 병을 얻은 것이다. 병이 갈수록 악화되어 매우 위독해지자, 어머니와 집안 자제들이 다 같이 경황없이 어찌할 줄 몰라 더러 눈물을 흘리기까지 하였으나, 부군은 정신이 태연자약하며 마음이 조금도 흔들리지 않았다. 다음해 봄에 약효를 보기 시작하여 병세는 조금 줄어들었으나 아직까지 쾌유하지는 못하다가, 갑신년(1704)에 이르러 비로소 탕제湯劑를 멈추었다. 그러나 이따금씩 병이 발작하여 일상적인 일도 남이 대신하였다.

이해 겨울에 「발몽설」을 다시 수정하며 다소 지우고 고쳤는데, 훈수塤叟와 지수篪叟가 보고 "어린이를 가르치는 데에 요긴한 말이라 할 만하다." 하였다.

임오년(1702) 봄에 함계에 집을 짓고, 조양암朝陽巖 위에 정사精舍 세 칸을 지어 '양심당養心堂'이라고 명명하고 싶어 하였으나, 땅을 다져 터만 닦고 힘이 부쳐 완공하지 못하

---

16) 하학이상달(下學而上達) : 『논어』 「헌문(憲問)」에 나오는 말로 두 가지의 주석이 있다. 공안국(孔安國)은 "아래로 인사(人事)를 배워 위로 천명(天命)을 안다."는 뜻으로 해석하였고, 일설에는 "하(下)는 지금을 말하고 상(上)은 옛날을 말하니 선왕의 시서예악(詩書禮樂)을 배워서 선왕의 마음에 통달한다."는 뜻으로 되어 있다.

17) 자공(子貢)일지라도……못하였다 : 『논어』 「공야장(公冶長)」에 나오는 말이다.

였다. 조금 북쪽에 작은 집을 먼저 짓고 마침내 소강절邵康節[18]의 '집 크기는 말만 하고 담 높이는 어깨만 하네.[室大如斗墻高于肩]'라는 시어를 취하여 '안락재安樂齋'라고 명명하고서 병을 조섭하고 본성을 수양하는 곳으로 삼았다.

가을에 김처사가 금양으로 가다가 계사에 들러 하룻밤 자고 갔다. 조병애가 와서 머무르며 며칠 동안 강학하고 돌아갔다. 초겨울에 훈수가 또 찾아와서 하루를 자며 강학하고 갔다.

계미년(1703) 가을 9월 9일에 당질堂姪 중록重祿을 데리고 횡계정사에 가서 훈수 형제와 함께 수석 사이를 유람하였다. 더러 시를 읊조리며 서로 창화하기도 하고, 더러 술을 따라 서로 권하며 저녁 내내 즐겼다. 그대로 며칠 머무르며 강학하고 돌아왔다.

겨울에 비로소 『가례혹문家禮或問』을 편집하였다. 부군이 일찍이 "『가례』는 교정을 거치지 않았기 때문에 소략한 부분이 꽤 있다. 주자의 만년 정론과 후현後賢의 여러 설명은 이미 모두 집주輯註에 수록되었으나, 그 사이에는 의문 나는 예문과 변절變節이 가지는 나뉘고 잎은 번잡하여 더욱더 끝이 없다. 우리나라의 제현諸賢이 절목마다 문답하고 시속 따라 참작한 것도 채록할 만한 것이 많으나, 여러 문집에 흩어져 있어서 창졸간에 참고하여 근거로 삼기가 또한 어렵다." 하고, 마침내 여러 문집에서 요긴한 말을 찾아 채록한 다음, 『가례』를 벼리로 삼아 종류별로 나누어 부쳤다.

갑신년(1704) 봄에 장녀의 초상을 당하여 숙환이 다시 악화되어 묘각사妙覺寺에 들어가 몇 달을 머무르고, 그길로 노항魯巷으로 옮겼다가 또 구미촌龜尾村으로 옮겼다.

을유년(1705) 봄에 조병애와 함께 금양 이선생의 장지에 달려갔다. 권하당權荷塘(권두인權斗寅)·권창설權蒼雪(권두경權斗經)·김적암金適菴(김태중金台重)을 만나 한나절 동안 이야기를 나누고, 돌아오는 길에 병애와 함께 횡계에 가서 훈수와 지수 두 어른과 함께 강학하고

18) 소강절(邵康節) : 강절은 송나라 소옹(邵雍)의 시호이다. 소옹의 자는 요부(堯夫), 호는 안락선생(安樂先生)이다. 몸소 농사를 지어 생활하면서 자기가 사는 집을 안락와(安樂窩)라 하였다.

돌아왔다.

2월에 장남 중기가 중병에 걸려 몹시 위태하였는데, 부군이 어머니를 모시고 전산촌前山村에 가서 우거하며 치료하였다. 6월에 자양동紫陽洞으로 이사하였다가 9월에 다시 마을로 돌아왔다.

그해 겨울에 중기의 병이 조금 누그러들자, 그제야 『퇴계집』을 보았다. 여러 차례 숙독하며 음미하고 침잠하여 느끼고 깨달은 것이 많이 있어 슬피 탄식하기를 "내가 지난날 심학心學에 힘쓴 것은 참으로 잘못을 면치 못하였다. 이 책이 아니었더라면 나는 아마도 일생을 헛되이 보냈을 것이다." 하였다. 이 이후부터 마침내 『중용』과 『대학』의 『장구』 및 『혹문』을 취하여 반복하고 침잠하였으며, 또 『논어』·『맹자』·『근사록』 등의 책을 취하여 차례로 숙독하며 서로 참고하였다.

병술년(1706)에 단애촌丹厓村으로 옮겨 살았다. 독서를 게을리하지 않고, 또 더러 여러 자질子姪과 함께 때때로 단호丹湖 가를 유람하며 시를 읊조려 유유자적하였다.

가을에 함계로 돌아와 북쪽 기슭 아래에 막내아우의 집을 짓고, 막내아우와 함께 살며 늘 우애롭게 살았다. 어머니가 옮겨와 살며 매우 즐거워하였다.

겨울에 중기의 병이 악화되었는데, 당시에 호서湖西의 훌륭한 의원이 성고城皐에 와 있어서, 부군이 의원을 따라 중기를 데리고 성고의 촌집에 가 우거하였다. 이병와李甁窩가 아주 예의를 갖추어 공경하며 때때로 방문하여 도리를 강학하는데, 매우 진지하였다. 부군이 그가 논한 것을 보고 더러 합당하지 않은 곳이 있으면 명쾌하게 분별하여 논파하고 말을 돌려 두둔하지 않으니, 병옹이 자주 칭찬하고 탄복하였다. 또 더러 남에게 말하기를 "함계가 이치를 보는 것이 매우 정밀하다." 하였다. 얼마 지나지 않아 병옹이 태극太極에 대한 이야기를 우연히 하였다. 부군이 "태극은 어떤 물건입니까?" 하자, 병옹이 "리理와 기氣를 겸한 것입니다." 하였고, 부군이 "태극은 하나의 실리實理일 뿐입니다. 어찌 '기를 겸한다'고 할 수 있겠습니까." 하자, 병옹이 "리가 참으로 기가 없이 홀로 유행합니까?" 하니, 부군이 "리는 비록 기에 깃들어 유행하나 리의 본체는 기에 섞이지 않습니다. 이것이 이른바 태극입니다. 결코 '기氣' 자를 섞어서 태극을 말해서는 안 됩니다. 만약 임자의 말과 같다면 만세에 화를 끼치지 않겠습니까." 하고는 마침내 끝까지 말하여 애써 분별하였다. 이튿날 병애옹이 문답한 말을 기록하고, 이어서 「이기변理氣辨」 수천 언을 지어 보냈는데, 기록한 것에 본질을 놓친 것이 많아서 부군이 말해 주니, 병옹이 마침내 대략 수정을 가하였지만 리와 기를 겸한다는 설은 줄곧 종전 그대로여서 부군이 이에 「답설答說」[19] 수천 언을 지어 그 잘못된 곳을 분별하여 논파하였다.

정해년(1707) 봄에 임고서원 아래로 돌아와 몇 달을 머무르며, 서원 안에 소장된 여러 서적을 두루 꺼내어 열람하였다. 또 여러 명사名士와 함께 조옹대釣翁臺에 올라가 종일토록 구경하고, 시를 지어 주고받았다.

여름에 함계로 돌아와 비로소 『영락풍아永洛風雅』를 엮었다. 부군이 『염락풍아濂洛風雅』[20]를 늘 아끼고 감상하였고, 일찍이 "우리나라가 비록 해외에 궁벽하게 있지만 예악과 문물은 본래 소중화小中華라 불렸다. 포은옹圃隱翁께서 도학을 창도하여 밝힌 이후로 연원이 더욱 성대해져서 명유名儒가 계속 나왔으며, 우리 퇴계 선생에 이르러서는 학문을 집대성한 대현大賢이 되었으니, 염락濂洛이 주고받은 것과 다를 것이 없다." 하였다. 마침내 『염락풍아』를 본떠 여러 문집 중에 청수한 글들을 채취하고 모두 연원의 계통으로 순서를 정하여 『영락풍아』라고 명명하였다. 이는 포은이 영천에서 태어났고 퇴계가 낙동강 가에서 살았기 때문이다.

9월에 인각산麟角山을 유람하며 네댓새 머무르고 돌아왔다.

무자년(1708) 봄에 양심당養心堂을 지으려고 조양암 북쪽에 터를 닦았으나, 터가 이루어지고 나서 초상을 당하여 완공하지 못하였다.

겨울에 어머니가 염병에 감염되어 몹시 위중하였는데, 부군이 밤낮 곁에서 모시며 잠시도 자리를 떠난 적이 없었다. 모든 탕약과 미음은 일일이 직접 맛보고 남에게 맡기지

---

19) 「답설(答說)」: 『함계집(涵溪集)』 권5에 수록된 「답이병와이기변(答李甁窩理氣辨)」을 말한다.

20) 『염락풍아(濂洛風雅)』: 원나라 때 김이상(金履祥)이 『모시풍아(毛詩風雅)』를 본떠서 만든 책으로 6권이다. 염계(濂溪)의 주돈이, 낙양(洛陽)의 정호와 정이를 비롯한 송대 성리학자 48인의 시를 모은 책이다.

않았으며, 밤에는 반드시 목욕하고 하늘에 빌었다. 이윽고 과연 조금 소생하였다.

기축년(1709) 봄 정월에 어머니는 건강을 회복하였으나, 부군이 갑자기 또 이어서 감염되어 증세가 몹시 악화되었는데, 비록 숨이 가물가물한 지경에 이르렀어도 정신은 흐트러지지 않아서 집안일을 평상시처럼 처리하였다. 수십 일이 지나서야 차도가 있었다.

3월에 옥산을 유람하고 또 입암立巖을 유람하였으며, 길을 돌아서 횡계를 방문하고 돌아왔다. 조병애가 와서 며칠 머무르며 강학하고 갔다.

겨울에 천연두를 피하여 단호丹湖로 옮겨 우거하였다.

경인년(1710) 3월에 덕연德淵으로 옮겨 우거하다가 가을에 입암에 들어가 손처사와 함께 수십 일을 유람하고, 그 길로 거동사巨洞寺에 가 몇 달을 머무르며 글을 읽었다.

신묘년(1711) 2월에 어머니의 지병이 갈수록 깊어져 고질이 되었는데, 부군이 새벽과 저녁으로 근심하고 울며 의원을 맞이하고 약을 점검하자 증세가 조금 나아지는 듯하였다. 5월 18일에 어머니가 여러 자손을 다 불러놓고 영결을 하였다. 그리고 부군에게 말하기를 "내 나이가 이미 일흔을 넘었으니 죽어도 유감이 없다. 그러나 너는 지금 늙고 병들어서, 만약 상례를 치르며 아버지의 거상 때처럼 지나치게 몸을 훼손한다면 너는 분명히 목숨을 보존하지 못할 것이다. 나는 이것을 슬퍼한다." 하였다. 그리고 목이 메어 말을 못하더니 마치 자는 것처럼 눈을 감으며 콧숨소리만 들렸다. 사흘 동안 밤낮이 이러다가 21일이 되자 이에 숨을 거두었다. 부군이 울부짖다가 기절한 것이 여러 번이었고, 염습할 때 시신에 닿는 물건은 반드시 정성스럽게 하고 반드시 신중하게 하여 한결같이 아버지의 상례 때처럼 하였다. 가을에 운주산雲住山에 장사지냈으니, 이는 산세가 웅장하며 힘차고 토색土色이 빛나고 윤이 나는 데다 또 다섯 가지 근심[21]이 생길 우려가 없기 때문이었지, 술사術士의 말을 따른 것은 아니다.

---

21) 다섯 가지 근심: 묘지를 쓸 때 꺼리는 다섯 가지 경우로, 뒷날 도로가 될 곳, 성곽이 될 곳, 도랑이나 못이 될 곳, 세력가에게 빼앗기게 될 곳, 농지가 될 곳을 말한다.(『近思錄』 권9 「治法11」)

임진년(1712) 가을에 호군공의 묘를 운주산으로 옮겨서 부인과 같은 터에 안장하였다.

계사년(1713) 가을에 상기를 비로소 마치고, 8월에 길제吉祭를 지냈다. 3년상 동안 병과 탈이 종종 나서 자제子弟와 가인家人이 더러 권도를 쓰기를 청하였으나, 그때마다 엄하게 꾸짖으며 "너희들은 어찌하여 나를 불효에 빠뜨리려 하느냐? '상중에 슬픔으로 몸을 손상하더라도 목숨을 잃는 데까지는 가지 않아야 한다'[22]는 옛사람의 경계가 있다. 스스로 근력을 헤아려 보아서 만약 견디기 어려운 형세가 있다면 나에게도 반드시 처신할 방도가 있을 것이니, 나의 생사를 염려하기 전에 너희들이 음식에 고기즙을 넣어서 나를 함부로 속이지나 마라." 하고는 무릇 채소로 만든 음식 중에도 맛있는 것이 있으면 그때마다 물리쳤다. 종족宗族이 모두 감탄하며 "성효誠孝의 독실함은 남이 미칠 수 있는 바가 아닐 뿐만 아니라, 또한 타고난 체질의 건강도 다른 사람을 크게 뛰어넘는 점이 있다." 하였다.

갑오년(1714) 봄에 훈수와 지수 두 어른을 횡계로 찾아가 며칠을 머무르며 담소하고 토론하였다. 그 길로 고산서사高山書舍에 들어가 한 달을 머무르며 글을 읽고 돌아왔다.

3월에 갑자기 산기疝氣[23]가 심장을 찌르는 증상을 얻었으니, 이는 각고의 공부를 너무 심하게 하며 더러는 청사廳事에 앉아 한밤중까지 글을 외웠기 때문에 이런 병이 생긴 것이다. 증상이 매우 위독하여 몇 달 동안 약을 복용한 뒤에야 조금 누그러들었다.

겨울에 매곡梅谷으로 가서 천연두를 피하였다.

을미년(1715) 봄에 전산촌前山村으로 옮겨 머물다가 또 공덕촌孔德村으로 옮겼고, 횡계를 찾아가 며칠 동안 담소를 나누며 토론하고 돌아왔다.

3월에 장남 중기가 사마시에 입격하였다. 지수가 방성榜聲[24]을 듣고 편지로 축하하였

---

22) 상중에……한다 : 『예기(禮記)』 「상복사제(喪服四制)」에 "상중에 슬픔으로 몸을 손상하더라도 목숨을 잃는 데까지는 가지 않아야 하니, 이는 죽은 사람 때문에 산 사람을 해치지 않기 위해서이다. [毁不滅性 不以死傷生也]"라고 한 데서 온 말이다.

23) 산기(疝氣) : 고환이나 음낭이 붓고 아프며 아랫배가 아프거나 대소변을 보기 어려운 병이다.

24) 방성(榜聲) : 과거에 급제한 사람의 집에 소식을 알리는 사령(使令)이 방을 전하기 위하여 크게

는데, 편지가 왔으나 부군은 막 읽고 있던 책을 놓지 않았다. 한 편을 다 읽은 뒤에야 책을 덮고 봉투를 뜯어보더니, 가인家人에게 말하기를 "아무개가 진사가 되었소." 하였다. 담담하고 느긋하여 명리名利를 귀하게 여기지 않음이 이와 같았다.

4월에 중기가 서울에서 내려와 뵙고 문희연聞喜宴을 차리고자 청하였으나, 부군이 허락하지 않으며 "국가에서 과거 급제를 중시하여 영친榮親[25]과 영분榮墳[26]을 하게 하니, 이는 실로 성대한 은전이다. 다만 영분과 고묘告廟의 절차는 관례대로 차려서 지내지 않을 수 없으나, 영친에 있어서는 내가 본래 즐기지 않는데 어찌 반드시 하겠느냐. 또 이를테면 선배를 초대하고 놀이를 벌이는 일은 이미 풍습이 되었으나, 내가 기뻐하는 바가 더욱 아니니, 하지 않는 것이 옳다. 더구나 지금 주상의 체후가 편치 않으시어 막 약방藥房을 설치하였으니, 신하 된 자가 어찌 사사로이 스스로 잔치를 벌여 즐길 수 있겠느냐." 하였다. 어버이를 찾아뵙는 날에도 의관을 갖추고 뜰에서 재배한 다음, 술과 안주를 조촐하게 차려 헌수례獻壽禮만을 행하고, 끝까지 경축의 잔치를 베풀지 못하게 하였다. 이어 경계하기를 "출입할 때에 더러 선생을 뵐 경우, 무릇 선생이 지시하는 것은 비록 따르지 않을 수 없으나, 단지 관례를 따라 응대해야 되지, 마치 배우들이 하는 것처럼 지나친 놀이를 심하게 벌여 남의 박수를 받아서는 절대로 안 된다." 하였다.

6월에 매곡梅谷으로 옮겨 거처하며 함께 우거하는 사람들과 시냇가에 초가집을 얽고, 글을 읽고 시를 읊으며 즐겁게 지냈다. 이에 고체시古體詩 4장을 지었다. 7월에 운주산雲住山에 들어가 몇 달 머무르다가 돌아왔다.

병신년(1716) 봄에 부군이 운주산의 선조 묘소가 외진 터에 높이 있어서 수호하기가 매우 어렵자, 드디어 초가집 네댓 칸을 묘 앞에 짓고 승려를 모아 밭을 주고 지키게

외치는 소리이다.

25) 영친(榮親) : 과거에 급제한 사람이 부모에게 광영(光榮)을 드리기 위해 베푸는 영친연(榮親宴)을 가리킨다.

26) 영분(榮墳) : 과거에 급제한 사람이 그 조상의 묘에 가서 영광을 고하는 영분제(榮墳祭)를 가리킨다.

하였으나, 얼마 뒤에 승려들이 너무 외지고 살기 어려워서 장차 흩어질 생각이라고 고하여 가을에 부득이 산허리에 고쳐 지어 '운천정사雲泉精舍'라 이름하고, 승려로 하여금 살면서 지키게 하고는 때때로 가서 머무르며 묘소에 참배하였다.

9월에 처사處士 황종일黃鍾一이 찾아와서 이틀 밤을 머무르며 경전을 토론하고, 작별할 때 시를 주기를 "맑은 소매 처음 끌어잡고 북두처럼 우러르던 나머지, 두 밤의 대화는 십년 독서보다 나았네.[淸袂初扳斗仰餘 兩宵話勝十年書]" 하였다.

겨울에 개흥사開興寺에 들어가 글을 읽었는데, 낮에는 읽고 밤에는 외우며 게을리하지 않고 부지런히 하였다. 어떤 나이든 벗이 묻기를 "예순에 글을 읽어 다시 무슨 이름을 이루려는가?" 하자, 부군이 웃으면서 "이름을 위하여 글을 읽는 것은 이욕의 마음이므로, 군자는 이와 같이 하지 않습니다. 옛날 위 무공衛武公은 아흔에도 배우기를 좋아하여 「억抑」 시를 지어 스스로 경계하였습니다. 아직 죽기 전에야 어찌 독서를 폐할 수 있겠습니까." 하였으니, 대개 애써 독서에 힘쓴 것이 이와 같았다.

정유년(1717) 봄에 전염병이 크게 번져서 부군이 단애丹厓에 우거하다가 구산촌龜山村으로 옮겨 우거하였다. 여름에 매곡에 들어갔다가 또 용화동龍花洞으로 옮겼다. 비록 분주히 다니는 피곤한 중에서도 서책의 공부를 그만둔 적이 없었으니, 이때에 「산거자술山居自述」시를 지어 회포를 부쳤다. 가을에 비로소 집에 돌아왔다.

겨울에 삼귀암三龜菴에 올라 한 달을 머무르고 운주산으로 옮겨 우거하였다.

무술년(1718) 봄에 거동사巨洞寺에 우거하다가 단호촌丹湖村으로 옮겨 우거하였다. 공인恭人 권씨權氏가 갑자기 중병에 걸리더니 갈수록 위험해져서 4월에 함께 함계로 돌아왔다.

가을에 부군이 숙환이 다시 발작하여 증세가 점점 심해져서 마침내 탕제를 마련하였다.

기해년(1719) 봄에 시냇가에 작은 집을 짓고서 가족을 데리고 들어가 거처하며, 때때로 지팡이를 짚고 수석 사이를 소요하며 깊은 회포를 풀었다.

5월에 공인 권씨의 상을 당하여, 염습과 빈례殯禮를 예절대로 하였다. 9월에 장례를 지내고, 여러 아들로 하여금 궤연几筵을 지키게 하였다. 겨울에 부군이 노항魯巷에 기거하였다.

경자년(1720) 봄에 함계로 돌아왔다.

여름에 권 공인權恭人의 대상大祥을 마치고 나서 빈소를 거둔 다음, 신주를 별실로 옮기고 여러 아들로 하여금 3년 동안 상식上食을 올려 사사로운 정을 펴게 하고는 마침내 매곡에 들어가 우거하였다.

6월에 숙종이 승하하였다. 부군이 부음을 듣고 바로 우거하는 곳에 곡위哭位를 마련하게 하고는 병을 무릅쓰고 부축을 받아 나가서 서쪽을 향하여 통곡하였다. 성복成服하는 날에 또 나가 곡하고 네 번 절하고서 성복을 예의대로 하였다.

7월에 함계로 돌아와서 시를 지었다.

몇 겹의 계산이 집을 감싸 안았는데	數疊溪山曲抱家
손 안에 누런 책으로 생애를 보내네	手中黃卷作生涯
부귀와 영화가 무어 말할 것 있으랴	富貴繁華何足道
신세를 연하에 맡겨 늙으려 하네	任將身勢老烟霞

9월에 양심당을 지으려고 터를 더 다졌으나 국장國葬이 끝나지 않았기 때문에 감히 집을 짓지 못하고, 국장이 끝나기를 기다려서 짓기로 하였다.

10월에 부군의 아우가 천연두에 갑자기 감염되어 닷새 만에 작고하였으나, 오히려 그것이 천연두인 줄 알지 못하고, 병이 나서 죽을 때까지 부군이 밤낮 간호하며 증상을 살펴 투약하였다. 숨이 지고 나서는 슬픔을 스스로 견디지 못하였고, 무릇 염습의 일은 모두 친히 지켜보았다. 미처 열흘도 못 되어 중남仲男 중우重禹와 당질堂姪 두 사람이 한꺼번에 천연두에 감염되었다. 11월 초4일에 부군이 단애촌에 나가 우거하다가, 초5일에 갑자기 또 병으로 누웠다. 초9일에 반점이 나타나자, 부군이 조금도 마음이 흔들리지 않으며 중기를 불러 "내 나이가 이미 예순인데 큰 병에 걸렸으니, 나는 죽을 것이 뻔하다. 그러나 천명 아닌 것이 없으니, 또 무엇을 슬퍼하겠느냐. 다만 한스러운 것은 평생 학문에 뜻을 두었으나 미처 성취하지 못하고 지난날 엮던 몇 권의 책도 아직 끝내지 못한 것이다." 하였으며, 집안일 처리도 평소처럼 하여 조금도 슬퍼하는 빛이 없었다. 여러 아들이 의원을 맞이하여 약을 올렸으나 13일에는 증세가 더욱 악화되자, 부군이 여러 아들에게 명하기를 "증세가 이 지경에 이르렀으니, 의원과 약이 무익하다. 너희는 의원을 보내고 약을 멈추는 것이 좋겠다." 하였다. 두 아들이 울면서 청하기를 "밤낮 하늘에 빌며 약효가 나기만을 바라고 있습니다. 지금 만약 약을 멈춘다면 앞으로 어떻게 하겠습니까." 하니, 부군이 준엄한 목소리로 "천명을 기다릴 뿐이다. 또 다시 어찌하겠느냐. 다만 안정하고 기다려야 할 것이다." 하며 가물가물 위급한 지경에 이르러서도 정신은 끝내 변하지 않았다. 15일 밤에 부군이 "나는 잠시도 목숨을 더 보존하지 못할 것이 분명하다. 지금 여기 기거하는 곳은 촌사람의 안방이니, 주인이 싫어할 것이 뻔하다. 너희는 나를 부축하여 사랑방으로 옮겨 눕히는 것이 좋겠다." 하여 두 아들이 내일 아침까지 기다리기를 청하였으나 부군은 허락하지 않았다. 마침내 부축하고 안아서 사랑방으로 자리를 옮기는데, 다급한 사이라 자리와 이불이 조금 흐트러져 바르지 않자, 부군이 사람을 시켜 반듯이 고치게 하고 나서야 누웠다. 얼마 지나지 않아 숨을 거두니, 16일 자시子時였다. 습의襲衣에는 심의深衣와 복건幅巾과 큰 띠와 검은 신을 썼고, 무릇 울긋불긋 수놓은 비단 따위는 일체 쓰지 않았으니, 모두 평소에 남긴 뜻이었다.

훈수와 지수 두 어른이 문인을 시켜 명정을 쓰기를 '함계 처사 오천 정공지구涵溪處士烏川鄭公之柩'라 하였다. 드디어 세를 내어 기거하던 집에 빈소를 차렸다.

다음해 봄에 장남 중기가 병이 깊어 죽을 뻔하였고, 또 전염병이 아직 그치지 않아서 장례를 지내지 못하였다. 9월 초9일에 신방동新昉洞 감룡坎龍[27] 자좌子坐의 터에 안장하였다. 권 공인은 일찍이 운주산의 선영에 부장祔葬하였으나 또 8월 25일에 묘를 옮겨 같은 날 부장하였다.

부군의 학문은 오로지 거경居敬과 궁리窮理에 있어서, 『소학』과 『가례』를 몸단속의 요체로 삼고, 사서四書를 도에 들어가는 문으로 삼았으며, 『시경』·『서경』·『주역』·『예기』를 거슬러 연구하고, 낙건洛建[28]의 여러 글을 널리 탐구하였으나, 『중용』·『대학』·『심경』

---

27) 감룡(坎龍) : 감 방향에서 내려온 산줄기이다.

·『근사록』 등 책에 대하여 더욱 늘 사색하기를 마지않았다. 일찍이 "배우는 자가 노력해야 할 곳은 지知와 행行에 있을 뿐이니, 지를 한 푼 얻으면 행도 꼭 한 푼 얻는 것이 옳다. 만약 행을 얻지 못하였다면 지를 또한 어디에 쓰겠는가." 하였다. 이런 까닭에 글을 읽고 연구한 나머지 언제나 깊이 깨닫고 힘써 행하는 것을 급선무로 삼아서 그냥 지나친 적이 없었다.

초년에는 소학의 공부에 오로지 힘을 쏟아 각고의 노력을 매우 심하게 하였고, 얼마 뒤에는 『심경』을 좋아하며 탐구하여 정靜을 주로 하는 공부를 많이 하여 온종일 정좌靜坐하고 앉아서 발동하기 전의 기상을 체험하였다. 그리고 주부자朱夫子가 주정主靜을 논한 여러 설을 보고, 또 『퇴계전서』를 읽고서는 비로소 슬피 탄식하며 "내가 공부한 것이 거의 다 잘못되었다. 명도明道가 사람들에게 정좌를 가르친 것은, 대개 소학의 가르침이 폐지되어 사람에게 지경持敬의 공부가 없어서 경망하고 방만하여 차분하지 못하기 때문이다. 그러므로 가르침을 펴는 처음에 방심放心을 먼저 거두게 한 것이다. 만약 줄곧 이와 같이 한다면 어떻게 선적禪寂[29]으로 타락하지 않을 수 있겠는가." 하였다. 이때부터 오로지 지경을 주로 삼고, 또 독서와 궁리窮理의 공부에 더욱 뜻을 더하였으며, 여러 서책을 널리 읽어보고 부지런히 노력하여 조금도 게을리하지 않았다.

글을 읽을 때에는 구두가 통한다 하여 감히 술술 넘어가지 않고 반드시 다시 천천히 되새기며 그 이치를 끝까지 탐구하였다. 위 구절을 이해하지 못하였다면 아래 구절을 이어서 읽지 않고, 위 단락을 이해하지 못하였다면 아래 단락을 이어서 읽지 않으며, 글자마다 구절마다 침잠하여 반복하였다. 혹시라도 의문 나는 곳이 있으면 생각을 다하여 연구하며 침식을 잊기까지 하였으며, 또 그 때마다 벗들 사이에서 강마하여 기어코 환히 깨달은 뒤에야 그만두었다.

---

28) 낙건(洛建) : 낙양(洛陽)과 건양(建陽)을 가리키는데, 낙양은 송나라 때 정호(程顥)와 정이(程頤)가 살던 곳이고, 건양은 주희(朱熹)가 살던 곳으로, 전의하여 정주학(程朱學)을 일컫는 말이 되었다.
29) 선적(禪寂) : 좌선하여 선정(禪定)을 익히는 것이다.

사서四書를 늘 숙독하였으나『중용』·『대학』을 더욱 깊이 읽었고,『장구章句』·『혹문或問』은 셀 수 없이 복습하며 때때로 한 번씩 외웠다.『태극도설』,「서명西銘」·「호학론好學論」·「정성서定性書」·「사물잠四勿箴」·「인설仁說」·「경재잠敬齋箴」·「숙흥야매잠夙興夜寐箴」 등의 글도 때때로 외웠다.『심경』·『근사록』도 모두 익숙히 음미하였으나,『심경』의 경우는 일찍이 손수 베껴 하나의 작은 책을 만들어서 평소 출입할 적에 매번 소매 속에 넣고 다니며, 비록 여관에 머무르거나 노숙할 때라도 손에서 놓은 적이 없었다.

그 마음 다스림은, 정靜할 때에는 계구戒懼하여 반드시 주재가 있게 하고, 동動할 때에는 성찰省察하여 반드시 그 사정邪正을 분별하여, 내외內外가 서로 의존하고 체용體用이 떨어지지 않았다. 일찍이 성인 문하의 격언을 채취한 적이 있는데, 이를테면 사물四勿[30]·삼귀三貴[31]·존덕성도문학尊德性道問學·무자기無自欺·신기독愼其獨·사무사思無邪·무불경無不敬·거처공집사경여인충居處恭執事敬與人忠·언충신행독경言忠信行篤敬 따위의 말을 모두 큰 글씨로 써서 방 벽에 쭉 걸어놓았다. 또 자리 옆에 '상제임여 무이이심上帝臨汝毋貳爾心'[32] 여덟 글자를 써 놓고 늘 보았다.

일찍이 "천리天理는 단지 인사人事에 있다. 물 뿌리고 쓸며 응하고 답함이 곧 형이상의 도이니, 인사를 다 배운다면 천리를 통달할 수 있다." 하였다.

또 "자사子思의『중용』, 주자周子의『태극도설』, 장자張子의「서명」은 모두 공자孔子가 말한 일이관지一以貫之[33]의 뜻이다." 하였다.

---

30) 사물(四勿) : 예(禮)가 아니면 보지도 듣지도 말하지도 움직이지도 말라고 한 공자(孔子)의 경계를 말한다.(『論語』「顔淵」)
31) 삼귀(三貴) : 귀하게 여기는 세 가지 도(道)로, 곧 용모를 움직이는 데는 포만(暴慢)을 멀리하고, 안색을 바로 하는 데는 신(信)에 가까이하고, 말을 내는 데는 비패(鄙悖)를 멀리하는 것이다.(『論語』「泰伯」)
32) 상제임여 무이이심(上帝臨汝毋貳爾心) : 『시경』「대아(大雅)·대명(大明)」에 나오는 말로, 상제께서 그대에게 임하였으니 그대의 마음에 의심하지 말라는 뜻이다.
33) 일이관지(一以貫之) : 모든 이치가 하나의 이치로 관통된다는 뜻이다. 공자가 증자(曾子)에게 "우리 도는 하나로써 모든 것을 꿴다.[吾道一以貫之]"라고 한 데서 온 말이다.(『論語』「里仁」)

또 "사군자士君子는 마음이 광명정대하여 청천백일 같아야 한다. 조금이라도 나쁜 가림이 있어서는 안 되니, 나쁜 가림이 조금만 있어도 사람들이 모두 그것을 보게 되므로, 덮거나 두둔하며 거짓을 꾸며서 나쁜 일을 끝까지 이루어서는 안 된다. 차라리 허물이 있는 군자가 될지언정, 덕을 어지럽히는 난적이 되어서는 안 된다." 하였다.

또 "옥루屋漏[34]의 깊고 어두운 속에서도 귀신이 옆에 있는 것처럼 생각해야 한다. 그런 뒤에야 소인이 되는 것을 면할 수 있다. 사마온공司馬溫公이 '평생 한 일 가운데 남에게 말하지 못할 것은 없노라.'[35]고 말하였는데, 나는 이 말에 적이 일찍부터 힘썼다." 하였다.

또 "큰 잘못과 죄악은 진실로 제거하기 쉬우나, 마음 속 은미한 병폐는 제거하기 가장 어렵다." 하며, 의義와 이利, 왕王과 패覇의 분별을 분명하게 분석하였다. 늘 장남헌張南軒의 무소위無所爲와 유소위有所爲의 가르침[36]과 동광천董廣川의 정의正誼와 명도明道의 설[37]로써 자신을 뼈아프게 깨우치고 살피며 "의리를 행하더라도 추구하는 것이 있다면 이는 이심利心이고, 선행을 하더라도 속임수를 쓴다면 이는 패술覇術이다. 군자는 의를 따라 행해야 하지, 그 이해利害를 따져서는 안 된다. 차라리 왕도王道를 행하다가 공이 없을지언정, 패술을 써서 공을 이루어서는 안 된다." 하였다.

평소 거처할 때는 엄격하고 장중하여 태만한 기색이 전혀 없었다. 용모와 행동이

---

34) 옥루(屋漏): 방에서 가장 으슥한 서북쪽 구석의, 사람들의 눈에 잘 띄지 않는 곳을 뜻한다. 『시경』 「대아(大雅)·억(抑)」에 "네가 방 안에 있는 것을 보건대 옥루에도 부끄럽지 않게 한다.[相在爾室不愧于玉漏]"라고 하여, 혼자 있는 상태에서 신중히 하는 신독(愼獨)의 공부를 말하였다.

35) 평생……없노라: 『송사(宋史)』「사마광전(司馬光傳)」에 나오는 말이다.

36) 장남헌(張南軒)의……가르침: 남헌은 송나라 장식(張栻)의 호이다. 무소위는 이해는 따지지 않고 오직 의리에 따라 행동하는 것이고, 유소위는 이해를 계산하는 마음을 가지고 행동하는 것이다.(『近思錄』 권7)

37) 동광천(董廣川)의……설: 광천은 동중서(董仲舒, B.C.197~B.C.104)의 고향이다. 그가 외직으로 나가 강도상(江都相)이 되었을 때, 강도왕(江都王) 유비(劉非)가 정벌에 관해 묻자, "그 의(義)를 바루고 이(利)는 꾀하지 않으며, 그 도(道)를 밝히고 그 공(功)은 따지지 않는다. 중니(仲尼)의 문하에서는 오척(五尺)의 동자도 오패(五伯)를 일컫기를 부끄러워하니, 이는 거짓 술수와 힘[詐力]을 우선하고 인의(仁義)를 뒤로하였기 때문이다."라고 하였다.

한결같이 올바름에서 나와 볼 때는 곁눈질한 적이 없고 들을 때는 귀를 기울인 적이 없으며, 서 있는 모습은 진중하고 걷는 모습은 안정되었다. 벽에 붙은 글자를 보고 싶으면 반드시 일어나 다가가서 똑바로 서서 보고, 머리를 돌려 흘겨본 적이 없었다. 무릇 방안의 서책과 책상의 부류도 배치가 반드시 가지런하고 위치가 일정하였다. 집 안 뜰과 대문 길에 꽃과 나무를 죽 심을 때에도 모두 반듯하고 바르게 하였고, 가로 비끼거나 뒤섞여 어지럽게 하지 않았다.

일을 처리할 때에는 매번 자세히 살펴서 반드시 의리에 꼭 맞은 곳을 찾았으며, 만약 어지럽고 거슬리어 처리하기 어려운 것을 만나게 되면 그때마다 "옛 성현이 이 경우를 만났다면 어떻게 처리하셨을까?" 하고, 반드시 경전의 지극한 가르침을 참고하여 헤아려 보았지, 그냥 지나친 적이 없었다.

말씀이 간명하고 적었으나, 하실 때는 반드시 목소리가 근엄하였으며, 세속의 비루하고 허황된 말은 한 번도 입에 담은 적이 없었다. 비록 많은 사람이 옆에서 갖가지 농담을 늘어놓더라도 절대로 그들과 말을 주고받지 않았다.

어버이 섬김에 정성을 다하고, 따듯한지 시원한지를 살피는 일과 맛난 음식을 올리는 봉양을 혹시라도 빠뜨린 적이 없었다. 질병에 걸리면 잠시도 감히 곁을 떠나지 않았고, 약과 미음도 반드시 직접 받들었지, 감히 남에게 맡기지 않았다.

제사를 받드는 데에는 더욱 신중을 다하였다. 일찍이 "지금의 시속은 단지 기제忌祭와 묘제墓祭와 절사節祀[38] 만을 숭상하고 시제時祭를 지내지 않는다. 대저 시제는 아주 옛날부터 지내온 큰 제사이고, 기제와 묘제와 절사는 후세에 의義에 따라 만든 것이다. 지금 작은 것은 시행하고 큰 것은 버렸으니, 이는 제사가 없는 것과 같다. 처음을 돌이켜 면 조상을 추모하는 뜻이 어디에 있겠는가. 만약 집이 가난하고 힘이 약하다면 단지 춘추의 두 제사만을 차리더라도 무방하다. 기제와 절사는 조촐하게 차려도 되나 시제의

---

38) 절사(節祀) : 속절(俗節)에 지내는 제사이다.

경우는 빠뜨려서는 안 된다." 하였다. 이에 마침내 앞장서서 시제를 지냈는데, 의식은 한결같이 『가례』대로 하였다. 이때부터 고장 사람 중에는 이를 본받아 시제를 차려 지내는 자도 더러 있었다.

명절과 삭망의 천헌례薦獻禮[39]도 빠뜨린 적이 없었고, 기제에는 더욱 정성을 다하여, 재계를 하고 사흘 동안 소식素食하며 제사지내는 것을 예법대로 하였다. 이날은 죽을 마시고 채소와 과일을 먹지 않으며 "이는 종신지상終身之喪[40]이니 예사롭게 해서는 안 된다." 하였다. 묘제는 3월 상정일上丁日과 10월 1일에 지내고, 토지신의 제사는 한결같이 묘제의 의식처럼 하였다. 아버지와 어머니의 묘제를 지내는 날에는 묘 앞에서나 저녁 먹을 때에 술과 고기를 먹지 않다가, 나중에는 단지 묘 앞에서만 고기를 먹지 않았다.

크고 작은 제사의 모든 제수는 친히 점검하여 창고 안에 따로 두고서 쓰며, 감히 조금도 소홀히 하지 않았다. 늘 "귀신을 섬기는 도리는 산 사람을 섬기는 것과는 다르므로, 차라리 검약하고 정갈하게 할지언정, 풍부하게 하려다가 불결하게 해서는 안 되며, 차라리 형편에 따라 정성을 다할지언정, 구차하게 취하여 많이 차려서는 안 된다." 하였다.

부군에게 한 아우가 있어 어릴 적부터 병이 많고 성품이 또한 옹졸하여 가정 살림을 스스로 꾸리지 못하였는데, 부군이 우애가 매우 도타워 여러 해 동안 한 집에서 같이 살았다. 이윽고 아우와 제수가 분가하기를 스스로 원하자, 부군이 집을 지어서 살게 해주었는데, 무릇 크고 작은 가정 살림을 한결같이 모두 친히 관리하였으며, 흉년을 만나면 형편에 따라 두루 도와주어 가업을 세우게 해 주었다.

본성이 검약을 위주로 하여 옷은 화려하게 입지 않고, 비록 거친 면포나 거친 갈포일지라도 반드시 제도에 따라 가지런히 짓게 하였다. 음식은 기름지게 먹지 않고, 비록 거친 쌀이나 질긴 나물일지라도 반드시 냄새와 맛을 정갈하게 하도록 하였다. 흉년이 들어

---

39) 천헌례(薦獻禮) : 일정한 제사 외에, 철에 따라 새로 난 과일이나 어물을 가묘(家廟)에 드리는 것이다.
40) 종신지상(終身之喪) : 평생토록 기일(忌日)을 만나면 효자는 일체의 일을 접어 두고 오직 어버이만을 생각하고 슬퍼하며 상중에 있을 때처럼 처신하기 때문에 기일을 종신지상이라 한다.(『禮記』「祭義」)

명아주죽도 더러 잇지 못할 때에도 또한 태연하였다.

농상農桑의 일은 비록 그만둔 적은 없으나, 다만 노복에게만 맡겨 두고, 또한 친히 간검하지 않으며 "나는 농사를 여벌의 일로 여겨서, 두둑과 도랑을 가지고 다투는 것을 깊은 수치로 여긴다." 하였다. 그러나 남과 말할 때는 농업을 권면하지 않은 적이 없었으니 "농사에 힘쓰고 씀씀이를 절도 있게 하는 것은 서인庶人의 효孝이고, 출사하지 않으면 농사짓는 것은 은자의 일이다. 안일하게 살며 농사를 버려두고 도리에 어긋난 일을 엿보아 취하기보다는 쟁기를 잡고 호미를 쥐고서 자신의 힘으로 먹고사는 고결함이 더 낫다." 하였다.

자질子姪을 가르칠 적에는 한결같이 「내칙內則」에 의거하였다. 쇄소응대灑掃應對·배궤진퇴拜跪進退의 예절과 효제충신孝悌忠信·염치예양廉恥禮讓의 도리를 먼저 가르치되, 더러 가르침을 어기는 일이 있으면 반드시 준엄하게 꾸짖고, 표정과 말씀에서 용서가 없었다. 나이가 글을 읽을 만하면, 처음에는 『효경』·『소학』을 가르치고 그 다음에는 『대학』·『논어』·『맹자』·『중용』을 가르치고 나서 이에 『사략』을 가르치며 "지금의 세태는 어린 아이를 가르칠 적에 『사통史通』을 먼저 가르치고 이어서 시문을 가르쳐서, 사장詞章을 익혀 과거에 급제하는 첩경으로 삼는다. 이 때문에 어린이는 양지良知와 양능良能을 배양하기도 전에 먼저 다 무너뜨린다. 이것이 어찌 사람을 가르치는 방도이겠는가. 이제는 단지 주부자朱夫子의 독서법을 본받아 먼저 『소학』을, 그 다음에 사서四書를, 그 다음에 삼경三經을 가르치는 것이 옳다. 그러나 사서를 가르친 뒤에 바로 삼경을 읽는다면 배우는 자들이 역대 왕조의 선후를 전혀 알지 못하고 삼경을 읽어도 막혀 통하지 않는 곳이 많이 있게 되니, 사서를 다 읽고 나서 『사략』을 한 차례 읽고 그 다음에 삼경을 읽는 것만 못하다." 하였다. 어떤 이가 "먼저 『사략』을 읽고 난 뒤에 『소학』 등 여러 책을 차례대로 읽는 것이 어떻습니까?" 하자, 부군이 허락하지 않으면서 말하였다. "『사략』을 먼저 읽는다면 아동은 오륜五倫이 어떤 것인지도 알지 못한다. 이를테면 임금은 어질어야 함과 신하는 충성스러워야 함이며 아버지와 아들은 자애롭고 효성스러워야 함과 부부는 화순해야 함을 모두 이해하지 못하는데, 이런 상태로 역사를 읽는다면 어떻게 그 옳고 그름을 알 수 있겠는가. 지금 먼저 『소학』을 읽고 그 다음에 사서를 읽는다면, 의리에 이미 깨달은 바가 있고 사려에 이미 지향하는 바가 있게 된다. 그러고 난 뒤에 역사를 읽으면 그 옳고 그름을 조금 분별할 수 있다. 그런 다음에 삼경을 읽고 여러 책을 널리 보는 것이 옳지 않겠는가."

일찍이 여러 아들에게 실학實學에만 전념하고 과거 공부는 하지 못하게 하려다가, 문내門內의 여러 존장尊長이 모두 "성인은 출사하지 않는 것을 의리가 아닌 것으로 여겼고,[41] 정주程朱의 문하에서도 과거 공부를 하였다. 더구나 우리 가문의 명성이 점점 쇠퇴하고 있는데, 후생을 가르치면서 과거 공부를 시키지 않는다면, 어찌 여러 친족이 바라는 바이겠는가." 하자, 부군이 마침내 여러 자질 중에 『소학』·사서·이경二經[42]을 잘 이해한 자로 하여금 과거 공부를 아울러 하게 하였다.

남과 말할 적에는 반드시 품행과 학문으로 권면하였지, 한담을 언급한 적이 없었고, 이익·재물·여색 따위에 있어서는 더욱 입을 다물고 말하지 않았다.

위의가 엄정하고 엄연하여 사람들이 바라보고 경외하였으나, 그들을 맞이하거나 만나서 이야기를 나눌 때면 또 곡진하고 온화하였다. 가령 의義를 잃거나 바르지 못한 사람을 만나면 뒤도 돌아보지 않고 마치 당신까지 더럽혀질 듯이 여겼다. 그러나 남과 말할 적에는 남의 착하지 못한 점을 말한 적은 없었으며, 만약 한 가지 장점이나 한 토막의 착한 품행이 있어 조금이라도 칭찬할 만한다면 다시 성취하도록 더욱 장려하였다.

흉금이 소탈하여 평소에 속진을 벗어날 생각이 있어서 아름다운 산이나 고운 강, 무성한 나무나 기괴한 돌을 볼 것 같으면 그때마다 읊조리며 돌아갈 것을 잊었으며, 아름다운 계절을 만날 적마다 그때마다 벗들과 지팡이를 짚고 노닐어서, 무우舞雩에서

---

41) 성인은……여겼고 : 자로(子路)가 세상을 버리고 은거하는 노인에 대해 "출사하지 않는 것은 의리가 아니니, 장유의 예절도 없애서는 안 되는데 군신의 의리를 어떻게 없앨 수 있겠는가. 자기 일신을 깨끗이 하고자 큰 인륜을 없애는 짓이다.[不仕無義 長幼之節 不可廢也 君臣之義 如之何其廢之 欲潔其身而亂大倫]"라고 한 데서 온 말이다.(『論語』「微子」)

42) 이경(二經) : 『시경』과 『서경』을 가리킨다.

바람 쏘이는 기상[43]이 시원스러웠다.

은거한 40년 동안 성시城市에 들어가 관장官長을 만나본 적이 없었고, 오직 종당宗黨의 길흉사와 친지의 조문 외에는 일없이 출입하지 않았으니, 이를테면 학사學舍에 선비들이 모이거나 향리에서 잔치를 벌여 술을 마실 적에도 간 적이 없었으며, 늘 왕래하는 곳은 단지 뜻을 같이 하는 두세 집뿐이었다. 평생 빛을 감추고 종적을 숨겨 남에게 알려지기를 바라지 않았으며, 명예와 이익에는 더욱 담담하여 뜻이 없었다. 당론의 시비, 정치의 득실, 관직의 제수와 같은 것에 있어서는 일체 묻지 않았으며, 비록 와서 말하는 자가 있더라도 마치 귀에 들리는 것이 없는 듯이 하여 자못 세상을 잊는 데에 과감한 것 같았다.

그러나 이를테면 국가의 큰일 중에 오륜과 강상에 관계된 것에 있어서는 감개하고 탄식하지 않은 적이 없었다. 기사년(1689) 중궁中宮의 폐위와 신사년(1701) 대옥大獄의 발단에 모두 시를 읊어 칠실漆室의 근심[44]을 붙였다. 정유년(1717) 가을에 세자의 지위가 흔들릴 것이라는 말을 듣고 근심과 탄식을 그칠 줄 모르다가, 얼마 뒤에 사태가 진정되었다는 소식을 듣자 기쁨이 얼굴에 나타났다. 기해년(1719)에 숙종의 옥체가 오래 편치 않다는 소식을 듣고는 깊이 우려하며, 또 시를 짓기를 "엷은 구름과 이슬비가 내 마음 괴롭히네.[淡雲微雨惱吾情]" 하였으니, 나라를 걱정하는 부군의 정성이 이와 같았다.

국기國忌를 만날 적마다 늘 소식素食을 하고 고기를 먹지 않았으며, 숙종의 국상國喪에는

---

43) 무우(舞雩)에서……기상: 무우는 기우제를 지내던 곳이다. 공자(孔子)의 제자 증점(曾點)이 자신의 뜻을 말하라는 공자의 명에 슬(瑟)을 울리다 말고 "늦은 봄에 봄옷이 이루어지거든 관자 5~6인, 동자 6~7인과 함께 기수에서 목욕하고 무우에서 바람 쐬고 시 읊으면서 돌아오겠습니다."라고 한 데서 온 말이다.(『論語』「先進」)

44) 칠실(漆室)의 근심: 춘추 시대 노(魯)나라의 칠실이란 읍(邑)에 과년한 처녀가 자신이 시집가지 못하는 것은 걱정하지 않고 임금은 늙고 태자가 어린 것을 걱정하여 기둥에 기대어 울자, 이웃집 부인이 비웃으며 "이는 노나라 대부가 할 근심이니, 그대가 무슨 상관인가?" 하였다.(『列女傳』 권3 「漆室女」) 이는 분수에 지나친 근심을 뜻하는 말인데, 일반적으로 국사를 걱정하는 마음을 나타내는 겸사로 쓰인다.

소식을 두 달 동안 하다가 당시에 고질병이 한창 악화되어 여러 아들이 고기를 올리겠다고 거듭 청하자 비로소 허락하였다.

배위 공인恭人 권씨權氏는 본관은 안동이고, 급제 숙塾의 딸이자 현감縣監 응생應生의 증손이며, 구봉龜峰 덕린德麟의 5세손이다. 3남 4녀를 두니, 아들은 중기·중우重禹·중보重簠이고, 딸들은 각각 이수강李守綱·이명후李命厚·조경직曺景稷·최승유崔承裕에게 시집갔다. 중기는 2남 1녀를 두고, 중우는 1남 1녀를 두었으며, 중보는 2남 2녀를 두었다. 이수강은 1남 세협世浹을 두었고, 이명후는 1남 1녀를 두었으며, 조경직은 3남을 두었고, 최승유는 2녀를 두었다.

지수 선생 행장 초기篪叟先生行狀草記

증조할아버지의 휘는 호인好仁이며 벼슬은 통훈대부通訓大夫 행 진주 목사行晉州牧使 겸 춘추관 편수관春秋館編修官이다.

할아버지의 휘는 시행時行이며 벼슬은 무공랑務功郎이다.

아버지의 휘는 석주碩胄이며 벼슬은 성균 생원成均生員이다.

어머니는 유인孺人 의성 김씨義城金氏 성균 진사成均進士 방렬邦烈의 딸이자, 표은 선생瓢隱先生 시온是榲의 손녀이다.

관향은 영일현迎日縣 청림리青林里이다.

선생의 휘는 규양葵陽이고, 자는 숙향叔向이며, 호는 지수篪叟이다. 우리 현종顯宗 정미년(1667) 4월 29일에 영천군永川郡 명산리鳴山里 대전촌大田村의 옛집에서 태어났다.

비조鼻祖 휘 습명襲明은 고려 추밀원지주사樞密院知奏事이며, 곧은 도로 의종毅宗을 섬기다가 조정에서 용납 받지 못하였다. 사적이 『고려사』 열전列傳에 실려 있다. 이때부터 고관대작이 대대로 나와 마치 구슬을 꿴듯하였다. 판도 판서判圖判書 휘 임林에 이르러 두 아들을 두었는데, 장남 휘 인수仁壽가 바로 포은 선생圃隱先生의 증조할아버지이고, 계자季子 휘 인언仁彥은 관직이 전공 판서典工判書인데, 모두 또 영천에 살았다. 영일에서 영천으로 옮겨 산 것은 대개 판도공版圖公 이전이다. 전공 판서의 아들 휘 광후光厚는 본조本朝(조선)에 벼슬하여 공조 판서에 이르렀다. 두 대를 거쳐 휘 종소從韶를 두었는데, 중시重試에 급제하여 이조의 낭관이 되고 문장과 절의 및 품행으로 한 세상에 우뚝하여, 점필재佔畢齋 김 문간공金文簡公이 '정선생'이라 일컬었다고 한다. 또 두 대를 거쳐 휘 윤량允良 창릉 참봉昌陵參奉에 이르러서 퇴계 선생의 문하에서 배워 학행이 있어서, 동문의 친구 금계錦溪 황준량黃俊良이 인륜을 두텁게 하여 풍속을 이루었다고 찬미하였다. 이분이 휘 세아世雅를 두었으니, 약관에 진사시에 입격하고 임진왜란에 의병을 일으켰으나, 큰 공을 남에게 사양하고 스스로 차지하지 않았다. 재상이 천거하여 황산 찰방黃山察訪에 제수하였다. 세상을 떠났을 적에는 여헌 선생旅軒先生이 곡하며 "야박한 자는 돈독해지고, 나약한 자는 흥기하게 하였다."[45] 하였다. 뒤에 특별히 병조 판서를 추증하여 그의 충렬忠烈을 장려하였다. 이분이 휘 안번安藩 부사과副司果를 두니, 곧 선생의 고조할아버지이다.

선생은 기질이 영민英敏하고 용모가 청수淸秀하여 마치 물속에서 빼어난 연꽃 같아서, 보는 사람들이 기이하게 여겼다.

7세에 글을 읽을 수 있어서 가르침을 받자마자 바로 잘 이해하였다. 늘 서실에만 있고 아이들과 함께 놀지 않았으며, 밤낮으로 글을 읽으며 게을리하지 않았다. 몇 년이 되지 않아 문리文理가 점점 통하여 시문을 지을 수 있었는데, 지을 때마다 표현이 사람을 놀라게 하여 생원공이 기특하게 여기고 아꼈다.

작은할아버지 학암공鶴巖公이 은거하며 수행하였는데, 선생은 학암공에게 사서四書를 배워 대의大義를 통달하고, 더러 핵심적인 곳을 만나면 그때마다 반복하여 질문하였다. 학암공은 선생 형제의 자질이 아름답고 재능이 높은 것을 보고 매번 말하기를 "근래 속학俗學은 모두 사장詞章을 익혀 과거 급제하는 것에만 힘쓰고 위기지학爲己之學이 있다는

---

45) 야박한……하였다 : 『맹자』「만장하(萬章下)」에, 유하혜(柳下惠)의 풍도를 듣게 되면 "비루한 자도 관대해지고, 야박한 자도 돈후해진다.[鄙夫寬 薄夫敦]"라고 하고, 백이(伯夷)의 풍도를 듣게 되면 "완악한 자는 청렴해지고 나약한 자는 지조를 세우게 된다.[頑夫廉 懦夫有立志]"라고 한 데서 온 말이다.

것을 알지 못하니, 사람의 마음을 무너뜨림이 심하다. 너희는 이미 집이 가난하고 어버이가 연로하여 비록 시속에 따라 과거에 응시하지 않을 수는 없으나, 오직 방향을 먼저 정하고 근본을 정리하여, 자신을 구덩이 속에 떨어지게 하지 말아야 한다." 하였다. 이어서 훈계하는 말을 지어 선생 형제에게 나누어 주었는데, 이는 모두 마음을 다스리고 몸을 단속하는 뜻이었다. 선생은 당시 나이가 겨우 12세였으나 늘 명심하고 스스로 반성하였다.

겨우 15세에 여러 경서와 사전史傳을 두루 읽어 식견이 해박하고 문장이 미려하였다. 또 아버지의 명으로 과거 공부를 널리 익혀 시부와 변려문으로부터 논論과 책策의 여러 편篇에 이르기까지 모두 붓을 잡으면 즉시 완성하여, 구상을 필요로 하지 않았으며, 기세가 호방하고 웅장하여 마치 파도가 출렁이는 듯하였으니, 비록 문장에 노련한 자일지라도 모두 놀라서 뒤로 물러나지 않는 이가 없었다.

갑자년(1684)에 호서湖西의 이휴옹李休翁의 가문에 장가들었다. 휴옹은 평소에 고결하여 사람에 대하여 인정하는 경우가 드물었으나, 선생을 한 번 보고 마음으로 적이 기이하게 여기며 "내가 서울과 지방을 두루 다니며 많은 사람을 보았지만 이 젊은이만한 이는 없었다." 하였고, 선생을 본 사대부들도 모두 "훗날 나라의 시귀蓍龜[46]가 될 것이다." 하였다.

병인년(1686)에 비로소 향시鄕試에 응시하였다. 고시관이 이발理發과 기발氣發로 책문을 내어 영남의 숙유宿儒 중에는 더러 붓을 놓고 땀을 흘리는 자도 많았으나, 선생은 수천여 글자를 써서 하나하나 조목에 따라 대답하니, 고시관이 보고 놀라 감탄하며 "이 사람은 참으로 영재이다." 하고, 마침내 뽑아서 특등에 두었다. 당시 나이가 20세였는데, 이때부터 아름다운 명성이 크게 퍼졌다.

기사년(1689) 봄에 사詞와 부賦로 진사시進士試에 제2등으로 입격하였으나, 성균시成均試

46) 시귀(蓍龜) : 점을 치는 시초(蓍草)와 거북이라는 뜻으로, 국가에서 전적으로 믿고 의지할 수 있는 신하를 비유할 때 쓰는 표현이다.

에서는 낙방하였다. 이해 가을에 동당시東堂試[47]에서 장원을 차지하였다. 돌아오는 길에 기괴한 병에 걸렸는데, 병이 갈수록 더욱 깊어졌다. 또 시사時事가 날로 변하고 당론이 더욱 격해지는 것을 보고 안타까이 근심하며 "오늘날의 사대부에게는 멀지 않아서 반드시 후환이 있을 것이다." 하고, 이때부터 다시는 세상에 대한 생각이 없었는데, 갑술년(1694)에 이르러 사람들이 비로소 그 선견지명에 탄복하였다.

경오년(1690) 여름에 아버지의 상을 당하였다. 선생은 묵은 병이 깊은 가운데서도 지나치게 슬퍼한 나머지 점점 더 야위어가서 자못 몸을 지탱하지 못할 듯하였다. 어머니가 울며 타이르고 약물을 연이어 투약하여 치료하였으나, 늘 침석에 있으며 8~9년이 되도록 낫지 않아서 약탕기를 치운 적이 없었다.

임신년(1692) 6월에 비로소 상기를 마쳤다. 어머니와 훈수 선생을 모시고 모자산母子山에 들어가 소은동小隱洞에 터를 잡고, 섭양攝養할 계책으로 삼았다. 겨울에 진서산眞西山의 『심경』 한 부를 읽어 보고서 문득 땀이 나 옷을 적시는 것을 느끼고, 드디어 시를 지어 스스로를 경계하였다.

갓난아이의 초심[48]은 요순과 같아 赤子初心舜堯如
황천이 지난날 나에게 이성을 내려주었으나[49] 皇天昔日降衷余
제산이 오랫동안 소와 양의 질곡을 입어[50] 齊山久被牛羊牿

---

47) 동당시(東堂試): 식년시(式年試) 또는 증광시(增廣試)를 일컫는 말이다.
48) 갓난아이의 초심: 『맹자』「이루하(離婁下)」에 "대인이란 갓난아이와 같은 순수한 마음을 잃지 않은 사람이다.[大人者 不失其赤子之心者也]"라고 한 데서 온 말이다.
49) 황천이……내려주었으나: 『서경』「탕고(湯誥)」에 "위대한 상제께서 아래 백성들에게 이성을 내려 주시어[惟皇上帝 降衷于下民]"라고 한 데서 온 말이다.
50) 제산(齊山)이……입어: 제산은 우산(牛山)이다. 『맹자』「고자상(告子上)」에 "우산의 나무가 일찍이 아름다웠는데, 대국의 교외이기 때문에 도끼와 자귀로 매일 나무를 베어 가니, 아름답게 될 수 있겠는가. ……소와 양이 또 따라서 방목되므로 이 때문에 저와 같이 탁탁하게 되었다.[牛山之木嘗美矣 以其郊於大國也 斧斤伐之 可以爲美乎 ……牛羊又從而牧之 是以若彼濯濯也]"라고 하였는데, 이는 사람의 성품이 본래 선하지만 물욕에 침해당하는 것을 비유한 말이다.

신사[51]가 도리어 도적의 거처가 되었네	神舍還爲盜賊居
이십여 년 동안의 긴 취몽 속에	二十餘年長醉夢
삼천 가지 의례가 곧 헛것이 되었네	三千儀禮卽籧篨
지금에 비로소 공부할 곳을 깨달아	如今始覺工夫在
만년에야 거친 밭에서 애써 호미를 잡네	晩向荒田強把鋤

이때부터 『심경』을 침잠하고 반복하여 손에서 놓은 적이 없었다. 사람들이 더러 경계하기를 "여러 해 동안 병으로 야윈 가운데 서책으로 정신을 손상하면 몸이 상하지 않겠는가. 모름지기 조금 절제해야 한다." 하니, 선생이 "마음을 다스리는 것은 참으로 병을 치료하는 요체가 되는데, 어찌 몸이 상하겠는가." 하였다.

다음해에 나의 아버지가 방문을 가서 함께 자며 선생의 담론을 듣고 크게 기뻐하며 "그대가 큰 공부에 뜻을 둔 것이 이와 같으니, 질병과 고난이 어찌 '너를 성취시키려는 것'[52]이 아니겠는가." 하였다. 병애屛厓 조공曺公도 서로 왕래하며 도의의 교분을 함께 맺고 매번 서로 모여 강론하였으며, 더러는 시를 수창하고 더러는 편지를 왕래하여 자못 그냥 넘기는 달이 없었다.

계유년(1693)에 『역학계몽易學啓蒙』을 읽고 선천先天의 심오한 뜻을 깊이 연구하였는데, 핵심의 난해한 곳에 이르면 반드시 잠심하여 음미하고 끝까지 탐구하여 기필코 환히 깨달은 뒤에야 그만두었다. 문중의 자제와 향내의 후생으로서 학업을 물으려는 자가 점점 많이 찾아왔다.

을해년(1695) 봄에 종제從弟 헌양憲陽이 와서 머무르며 공부하였다. 이는 헌양이 일찍

---

51) 신사(神舍) : 신명(神明)의 집이란 뜻으로, 신명사(神明舍)의 준말이다. 송나라 면재(勉齋)가 "심(心)이란 신명의 집이니, 허령통철(虛靈洞徹)하여 뭇 이치를 갖추고서 모든 사물을 수응(酬應)하는 것이다."라고 하였다.

52) 너를……것 : 장재(張載)의 「서명(西銘)」에 "부귀와 복택은 나의 삶을 두텁게 해 주고, 빈천과 우척은 너를 도와 성취시켜 주는 것이다.[富貴福澤 將厚吾之生也 貧賤憂戚 庸玉女於成也]"라고 하였다.

부모를 여의고 집도 몹시 가난하여 의복과 음식을 마련하지 못하였기 때문이다. 선생이 그를 불쌍히 여기고 데려와 글자를 가르치며 음식을 같이한 것이 두세 해나 되었다. 질부를 맞아올 때는 장인을 뵙자마자 바로 맞아와 협실夾室에 살게 하고 몇 달 동안 같이 밥을 지어 먹었다. 종제와 그 아내가 밥을 각각 짓기를 굳이 청하자, 선생이 이에 협실 옆에 부엌을 따로 만들어 솥을 갖추고 쌀을 나누어 주었다. 농사짓는 여러 일에 있어서는 노복으로 하여금 함께 보게 하며, 너와 나의 구별이 조금도 없게 하였다.

여름에 우리 아버지가 선생을 방문하였는데, 선생이 드디어 정각산正覺山 암자에서 만나기를 약속하고 수십 일을 머무르며 강학하였다.

병자년(1696) 가을에 어떤 유리걸식하는 여자가 뱀에 물려 독이 퍼져서 다 죽게 된 채로 찾아와 문을 두드리고 약을 물으니, 선생이 보고서 측은히 여겨 사람을 시켜 침을 놓고 약을 붙인 다음, 노복의 집에 머물러 두고 몇 달을 먹여 살려서, 완치되고 난 뒤에 제 고을로 돌아가라고 명하였다. 무릇 여염閭閻 간에 병든 이가 있으면 또한 반드시 구제하고 치료하였으니, 사람을 아끼는 선생의 덕이 대부분 이와 같았다.

정축년(1697)에 『성리대전性理大全』을 열람하는데, 차례대로 두루 읽어보고 말하기를 "이 책은 참으로 의리의 집대성이다." 하였다. 이때부터 늘 반복하여 침잠하였다. 가을에 앞개울 가에 작은 집을 짓고 '관물와觀物窩'라 명명하였다. 선생이 산속에 들어오던 처음에 그곳 산수의 경치를 사랑하여 매번 여러 관동冠童과 함께 바람을 쐬며 시를 읊조리고 돌아왔는데, 이때에 와서 관물와가 비소로 완성되니 밤낮으로 거처하며 책을 열람하고 유유자적하였다. 이해에 갈암옹葛庵翁이 수주愁州[53]의 유배지에서 광양光陽으로 이배移配되었다는 소식을 듣고 편지를 써서 안부를 묻고 이어 성리설性理說 수십 조목을 질문하였는데, 갈암옹이 편지를 보고 칭찬하며 탄식하기를 "해박한 식견은 세상에서 보기 드물다." 하고, 드디어 조목마다 답변을 하였다. 이때부터 늘 편지를 왕복하며

53) 수주(愁州) : 함경북도 종성(鍾城)의 옛 이름이다.

토론하였다.

무인년(1698) 가을에 강도 수천 명이 무리를 모아 패를 지어서 영천과 경주의 산골짜기 사이에 출몰하며 함부로 사람을 죽이고 약탈하였으나, 주군州郡에서는 잡지를 못하였다. 어느 날 밤에 도적 수백 명이 마을 문을 부수고 곧장 뜰 안으로 들이닥쳤는데, 칼날이 삼엄하여 곁에서 모시던 여러 젊은이들이 모두 겁을 먹고 달려 나가 피하였으나, 선생은 조금도 동요하지 않고 등불을 켜고 문을 연 다음 의관을 정제하고 꼿꼿이 앉아서 그들에게 묻기를 "나와 너희는 은혜나 원한을 맺은 적이 없고, 또 내 집은 몹시 가난하여 한 섬의 양식도 없다. 너희는 무엇 때문에 왔느냐?" 하니, 도적의 두목이 "내가 말할 것이 있으니 계단을 밟고 마루에 올라가고 싶습니다." 하여, 선생이 언성을 높여 질타하기를 "내가 설사 네 손에 죽을지언정 너는 결코 마루 위에 올릴 수 없다." 하였다. 도적의 두목이 이에 계단 아래에 물러서서 "들으니, 주인옹이 여기에 있으면서 고장 사람들에게 우리의 행적을 앞장서서 말하였다고 하기 때문에 지금 해치고자 합니다." 하자, 선생이 웃으면서 "십 년 동안 병들어 칩거하며 문밖을 나가지 못하였고, 또 바깥사람과는 서로 만나지도 못하였다. 어떻게 너희 행적을 알겠느냐. 너희는 재물을 취하려는 데에 불과하다. 아녀자들로 하여금 나가서 피하게 할 터이니, 너희는 방에 들어가 다 약탈해 가도 된다." 하니, 도적의 두목이 "내가 어찌 차마 은사隱士의 방에 들어가 재물을 약탈하겠습니까." 하고 드디어 모두 물러갔는데, 밤이 벌써 사경四更이었다. 이튿날 선생이 가솔을 데리고 산을 나와 대전大田의 옛집으로 돌아가 머무르며 『주자서절요』를 가져다 밤낮으로 잠심하고 음미하였는데, 늘그막까지 잠시도 놓은 적이 없었다.

기묘년(1699) 봄에 어머니를 모시고 직동直洞에서 천연두를 피하다가 훈수 선생이 갑자기 먼저 반점이 생겨서 옛집으로 돌아오자, 선생이 어머니를 모시고 다른 마을에 옮겨 기거하였는데, 며칠 지나서 선생도 갑자기 반점이 생겨서 옛집으로 돌아왔다. 고름딱지가 앉자마자 어머니가 또 갑자기 감염되었는데, 연세가 높고 증세가 위중하여 마침내 숨을 거두었다. 선생이 병세가 아직 완치되지 않았는데도 울부짖으며 지나치게 슬퍼해서 거의 죽을 뻔하다가 다시 소생하였으나, 다행히 약효에 힘입어 마침내 무사하였으니, 사람들이 모두 신명이 도운 것이라고 하였다. 염빈殮殯과 장제葬祭는 한결같이 예제禮制

를 준수하고, 최상衰裳과 질대絰帶는 잠시도 푼 적이 없었다. 이때부터 묵은 병이 다시 악화되어 왕왕 위독하였으나, 늘 궤연을 모시며 3년상을 마칠 때까지 잠시도 떠나지 않았으며, 장례 뒤에는 늘 예서禮書를 보았다.

경진년(1700)에 병와甁窩 이형상李衡祥[54] 공이 경주의 임소에서 벼슬을 그만두고 돌아와서 군성郡城의 남쪽에 우거하였는데, 대전大田의 여막으로 선생 형제를 몸소 찾아왔고 그 뒤로는 연이어 편지로 안부를 물었으며, 선생이 그와 더불어 의리를 강론하기를 끊임없이 반복하였다.

신사년(1701) 가을에 비로소 상기를 마쳤다. 선생은 횡계 수석의 아름다움을 좋아하여 마침내 집을 옮겨서 살며, 먼저 와룡암臥龍巖 위에 작은 서재를 짓고 '육유六有'[55]라는 편액을 걸었으니, 이는 시내 이름이 횡거橫渠와 유사하기 때문에 장선생張先生의 남긴 말을 취하여 스스로 경계한 것이다. 훈수 선생 역시 왕래하여 머물러 자며 함께 학문을 강론하니, 원근에서 찾아와 배우는 자가 날마다 더욱 많아져서 문밖에 신발이 늘 가득하였다.

계미년(1703)에 선생이 우담愚潭 정공丁公에게 편지를 보내 존경하는 정성을 보이고, 또 고체시古體詩 세 편을 부쳐 드렸다.

갑신년(1704) 가을에 조각배를 만들어 홍류담紅流潭에 띄우고, 더러는 안개와 빗속에 도롱이를 걸치고, 더러는 달밤에 거문고를 들고, 노를 저어 오르내리며 한아하고 담박한 정취를 부쳤다.

겨울에 선생이 명재明齋 윤공尹公에게 편지를 보냈다. 이에 앞서 선생이 윤공이 벼슬하지 않고 은거하며 학술이 정밀하고 깊다는 말을 듣고 마음속으로 적이 훌륭하게 여겼는

---

54) 이형상(李衡祥, 1653~1733) : 자는 중옥(仲玉), 호는 병와(甁窩)·순옹(順翁), 본관은 전주이다.

55) 육유(六有) : 장재(張載)의 『정몽(正蒙)』 유덕(有德)에 "언어에는 가르침이 있고[言有敎], 행동에는 법도가 있게 하며[動有法], 낮으로는 공부함이 있고[晝有爲], 밤으로는 깨달아짐이 있으며[宵有得], 숨 한 번 쉬는데도 함양하고[息有養], 눈깜짝하는 순간에도 마음을 간직하라[瞬有存]."라고 하였다.

데, 이때에 와서 윤공의 서제庶弟 졸拙이 장수 찰방長水察訪으로서 횡계에 와서 선생 형제를 찾아뵈었으니, 이는 그가 집에 있을 때에 두 선생의 훌륭한 이름을 많이 들었기 때문이다.

선생이 훈수 선생과 의논하기를 "옛날에 학문을 강론하는 자는 참으로 현인이 있다고 하면 몇 천리를 멀다 하지 않고 찾아가서 따라 노닐며 강론하였다. 더구나 지금 우리는 이렇게 외진 나라에 태어나고 또 먼 구석에 사는데, 갈암 어른이 이미 돌아가셨으니 변론하고 토론할 곳이 더는 없다. 지금 세상에서 학문과 절의가 윤공만한 분을 또한 만나기 쉽지 않으니, 당색의 혐의를 버리고 편지를 보내 강학하는 것도 참으로 의리에 나쁘지 않다." 하니, 훈수 선생이 고개를 끄덕였다. 드디어 장수 찰방 편에 함께 편지를 써 보내 주고받으며 명리名理를 강론하였는데, 서로 발휘한 것이 많이 있었다. 윤공 역시 흔연히 경복하고 끊임없이 질문하였다. 사람들이 더러 경계하기를 "근세에 동서가 분당되고부터 색목色目이 서로 달라서, 지금 공의 처사가 비록 공심公心에서 나왔다 하더라도 말속末俗이 말이 많다. 남들의 말썽을 초래하지 않겠는가." 하니, 선생이 웃으며 "후세 붕당의 습속은 본래 대군자大君子의 중정中正한 도리가 아니다. 저기에 만약 군자가 있다면 나는 그와 벗할 것이고, 여기에 만약 소인이 있다면 나는 그와 관계를 끊을 것이다. 더구나 이 노인은 산림에 자취를 숨기고 세상에 관여하지 않았다. 우리 역시 산인山人으로서 단지 의리만을 이야기하고 시사時事는 말하지 않는데, 무슨 나쁠 것이 있겠는가. 당론은 내가 부끄러워하는 바이다. 비록 사람들의 말썽이 있을지라도 단지 한 번 웃어넘기고 말 것이다." 하였다.

을유년(1705) 봄에 훈수 선생이 가족을 데리고 오니, 선생이 한 작은 서재에 함께 거처하며 서로 마주앉아 책을 보며 글 뜻을 강론하였다. 더러는 거문고를 잡고 번갈아 타기도 하고, 더러는 낚싯대를 잡고 함께 낚시질도 하며 마냥 기쁘게 서로 즐겼다. 제생諸生 중에 와서 배우는 자도 역시 반드시 번갈아 가르치기도 하고 나누어 가르치기도 하였는데, 반드시 『소학』·『가례』를 우선으로 하고 그 다음에야 사서四書와 여러 경서를 가르쳤으며, 익숙하게 반복하기를 기다린 뒤에 사서史書를 읽게 하였다. 또 제생과 함께 때때로 향음주鄕飮酒와 투호投壺의 의식을 익혔다.

여름에 비로소 『의례통고疑禮通攷』를 엮었다. 선생이 고금의 의심스런 예문과 변절變節이 가지가 나뉘고 잎이 번다하여 갑작스런 때에 고찰하기 어렵다 하여, 마침내 『가례』를 벼리로 삼고 경전의 주소註疏와 후대 여러 유학자의 논설을 두루 취하여, 각각 유별로 나누어서 고찰하기 편리하게 하였다.

이해에 본도의 관찰사가 편지를 보내고 찾아와 문안하고, 또 음식물을 보내었다. 이때부터 관찰사와 현감 및 근방의 수령들이 대부분 찾아왔으며, 더러는 머무르며 시를 남기기도 하고, 더러는 경전의 뜻을 강론하기도 하였으며, 또 더러는 자제를 보내어 배움을 청하기도 하였는데, 선생이 다 같이 예를 다하여 받아들이고 질문에 따라 대답하였으나, 간청干請하는 일에 있어서는 조금도 언급하지 않으니 여러 수령들이 모두 물러나서 탄복하였다.

병술년(1706)에 선생이 훈수 선생과 함께 수석과 산림에 노닐며 번갈아 서로 창화한 시가 쌓여 책이 되어, 그 책을 『훈지록塤篪錄』이라 명명하였다. 이는 『시경』「하인사何人斯」의 "형은 질나팔을 불고 아우는 대피리를 부네.[伯氏吹塤 仲氏吹篪]"라는 말을 취하여 형제가 우애롭게 사는 뜻을 부친 것이다. 그 뒤에 모든 시문을 다 붙였다.

이해 가을에 안명하安命夏[56] 군이 와서 수십 일을 머물렀는데, 선생이 그와 더불어 『심경』을 강론하였다. 겨울에 안군이 또 와서 머무르자, 선생 형제가 안군 및 문하의 제생과 함께 정각사正覺寺에 가 모여, 『심경』·『가례』·『논어』 등의 책을 강론하였다. 매일 일찍 강의를 열고 더러는 누각 안에서 예를 익히기도 하였다. 이어 또 거동사巨洞寺와 법화사法華寺로 옮겨 머무르며, 전후 무려 50일을 강론하고서야 그만두었다.

정해년(1707)에 와서 배우는 자가 날로 더욱 많아져 고산서사高山書舍를 지어 거처하였다.

무자년(1708) 여름에 어떤 사람이 와서 말하기를 "동지사冬至使가 북경에서 와 아뢰기

56) 안명하(安命夏, 1682~1752) : 자는 국화(國華), 호는 송와(松窩), 본관은 광주(廣州)이다. 19세 때 갈암 이현일의 문하에 들어가 수학하였다. 평생 벼슬에 나아가지 아니하고 이황(李滉)의 학통을 잇는 성리학과 예학을 깊이 연구하였다. 저서로는 『배운록(排雲錄)』·『송와집』 등이 있다.

를 '강남에 변란이 있었는데, 주황제朱皇帝(명 태조를 말함)의 후예라고 하여, 청나라 주인(청 '강희제'를 말함)이 친히 정벌하였으나 이기지 못하였습니다.'라고 하였다." 하니, 선생이 이 말을 듣고 매우 기뻐하며 소疏를 올려 북벌北伐의 계책을 진언하고자 하다가 얼마 뒤에 다시 생각하고는 "만약 범 문정范文正[57]이 횡거橫渠(장재張載)가 글을 올려 요遼를 치고자 한 것을 꾸짖어 그만두게 한 뜻으로 미루어 본다면, 이것은 선비가 말할 바가 아니거니와, 또 조정에서 채납採納할 지도 알 수 없다." 하고는 끝내 실행하지 않았다. 이에 시를 지어 뜻을 보이기를 "한 평생 북으로 흉노를 치려던 계책, 올리고자 하나 우리 임금께서 선뜻 허락하실까." 하였고, 또 "우리 왕께서 만약 주나라를 높이고자 하신다면, 원컨대 천만 군병을 빌려 오랑캐를 치소서." 하였다. 이는 선생이 평소 병자호란의 일을 언급할 적마다 분연히 강개하지 않은 적이 없었고, 이때에 와서 더욱 혀를 차서 마지않다가 시로 읊조리기까지 한 것이다. 그 지절志節의 강직함이 이와 같았다.

계사년(1713)에 할아버지와 할머니 및 아버지와 어머니의 묘를 개장改葬하였다. 이는 묘역에 모래와 자갈이 있어서 물이 날 것을 우려하였기 때문이다. 선생 형제는 손수 예서禮書 및 제현의 문집을 살펴보고서 「개장의改葬儀」를 편찬하였는데, 사소한 예문과 쇄세한 의절까지 정밀하고 자세하게 다 갖추었다. 이후로 사대부 중에 면례緬禮[58]를 거행하는 자들은 대부분 이것을 취하여 법으로 삼았다.

갑오년(1714) 가을에 본도本道(경상도)의 암행어사가 선생의 이름을 듣고 몰래 횡계에 와서 가만히 그 품행을 엿보고 조정에 돌아가 진계陳啓하여 바른 학술과 높은 품행을 극진히 말하니, 주상이 수용收用하라고 특별히 명하여, 이해 겨울에 현릉 참봉顯陵參奉에 임명되었다. 서울의 친구들이 대부분 편지를 보내어 출사를 권하자, 선생이 웃으며 "내가 세상에 뜻이 있었다면 일찍 과거장에서 머리를 굽혔을 것이다. 이제 늘그막에

---

57) 범 문정(范文正) : 문정은 송 인종(宋仁宗) 때 명신(名臣) 범중엄(范仲淹)의 시호이다.
58) 면례(緬禮) : 무덤을 옮겨 다시 장사를 지내는 것이다.

어찌 옷섶을 끌고 갓끈을 나부끼며 벼슬자리에 달려가겠는가. 더구나 이 못난 사람은 본래 선을 행한 실제가 없는데도 성조聖朝께서 잘못 들으시어 수용하였으니 이는 임금을 속인 것이다. 스스로 부끄러워하기에도 겨를이 없는데 더욱 어찌 감히 받들겠는가." 하고는 마침내 병으로 사양하고 부임하지 않았다.

경자년(1720) 6월에 숙종이 승하하였다. 선생이 훈수 선생과 함께 문하의 제생을 이끌고 서쪽을 향하여 망곡望哭하고 의례대로 성복成服하였다.

임인년(1722)에 오명항吳命恒[59] 공이 이조 판서가 되어 선생을 시강원 자의侍講院諮議에 의망하였으나 비답을 받지 못하였다. 그 뒤에 또 교관教官으로 의망하였으나 또 비답을 받지 못하였다.

갑진년(1724) 봄에 선생이 명하여 장인 이공李公의 후사를 세웠다. 이는 이공의 손자 광우光遇가 아들 없이 일찍 죽고, 가까운 친족도 모두 몰락하여 다 없어져서 후사 세우는 것을 주장할 자가 없기 때문에 선생이 후사가 끊긴 것을 가엾게 여기고, 아들 일규一珪로 하여금 유인孺人을 모시고 관산管山의 가묘家廟에 가서 배알하고, 집안에서 촌수가 가까운 사람의 아들을 찾아 광우의 후사로 삼게 한 것이다. 호중湖中(충청도)의 선비들이 모두 선생의 의리에 탄복하였다.

8월에 경종景宗이 승하하였다. 선생이 망곡과 성복을 앞서의 의식처럼 거행하였다.

무신년(1728)에 역적의 반란이 갑자기 일어나서 영남의 고을을 범하기까지 하자, 선생이 듣고 그만 분연히 눈물을 흘리며 훈수 선생과 함께 의논하기를 "우리가 초야에 묻혀 살고 있으나 국난國難을 좌시할 수는 없습니다. 더구나 역적이 우리 영남 가까이에서 나왔으니, 이는 영남인의 수치입니다. 어찌 이러한 역적과 잠시라도 함께 살 수 있겠습니까. 지난날 임진년 왜란에 우리 선조 호수공湖叟公(정세아鄭世雅)께서 맨 먼저 의병을 주창하여 억센 왜구를 제거하셨고, 병자호란 때에는 우리 증조할아버지 양계공暘溪公(정호인

59) 오명항(吳命恒, 1673~1728) : 자는 사상(士常), 호는 모암(慕菴)·영모당(永慕堂), 본관은 해주(海州), 시호는 충효(忠孝)이다.

鄭好仁) 역시 도내의 여러 사대부와 더불어 한 목소리로 적개심을 외치셨으니, 가문의 명성을 떨어뜨려서는 안 됩니다." 하니, 훈수 선생이 "옳다." 하고, 드디어 함께 격문을 짓고 군郡의 학교에 들어가 유생을 불러 모아 병기를 거두고 군량을 모았다. 이어서 또 도내의 여러 고을에 통고하고, 관군을 따라 적진에 뛰어들기로 약속하였다. 그러고 나서 우도右道의 여러 고을이 진군하여 역적놈이 벌써 사로잡혀 순찰사가 관문關文을 띄워 각 고을의 관병을 해산시켰다는 소식을 듣고 선생이 드디어 모임을 해산하고 돌아왔다. 그러나 개탄하고 분개하기를 마지않으며 시를 지어 한스러운 마음을 부쳤다.

경술년(1730) 여름에 훈수 선생이 병을 앓아 위독하여 선생이 옆에서 간호하였다. 훈수 선생이 영결하며 "나와 자네는 함께 사학斯學을 연구하였으나, 나는 이제 사업을 끝마치지 못하고 죽네. 세도世道의 책임을 자네가 힘쓰시게." 하자, 선생이 울면서 "모기가 어떻게 산을 지겠습니까." 하였다. 숨을 거두자, 선생이 울부짖고 슬퍼하여 기절할 뻔하였다. 염빈의 여러 절차는 모두 예를 따라 정성을 다하였다. 장사를 지내고 나서 유문遺文을 수습하여 편집하고 정서하였으며, 또 행장 한 편을 지어서 훈수 선생의 학행과 덕성의 실제를 다 기술하였다. 이로부터 선생이 옥간정玉磵亭에 다시는 들어가지 않으며 "나는 선형과 함께 수십 년 동안 이곳에서 같이 자며 함께 공부하였다. 지금은 형이 계시지 않는데, 내가 어찌 차마 홀로 머무르겠는가." 하였다. 마침내 육유재六有齋 북쪽의 작은 집에서 기거하며, 위 무공衛武公의 억계抑戒[60] 시의 뜻을 취하여 편액을 '의재懿齋'라고 걸고, 「억抑」 시 가운데에서 요긴한 말을 손수 초록하고 「의재시懿齋詩」를 지었다. 이어서 좌우명 수십여 조목을 지어 벽 위에 걸어 놓고 조석으로 보고 반성할 수 있게 하였다.

신해년(1731) 조현명趙顯命 공이 본도本道(경상도)의 관찰사로서 필마로 찾아와서 예를 차림이 매우 근신하였다. 이어서 경전의 말을 질문하고 돌아가며 탄복하기를 "영남에서

---

60) 위 무공(衛武公)의 억계(抑戒) : 춘추 시대 위 무공(衛武公)이 95세의 나이가 되어서도 위의(威儀)를 경계하는 시를 지어서 날마다 곁에서 외우도록 함으로써 늘 자신의 잘못을 반성하려고 노력했던 일을 말한다.(『詩經』「大雅·抑」)

유일遺逸의 선비가 단지 몇 사람 있기는 하나 그 중에 정공이 제일이다." 하고, 자주 편지로 의심나는 글 뜻에 대하여 묻고 논의하였다. 그리고 소를 올려 천거하기를 "영천 사람 정 아무개는 경전을 부지런히 연구하고 예를 익혀서 덕성 함양이 바탕이 있으며, 충신忠信하고 박후博厚하여 덕기德器가 퍽 있습니다. 청컨대, 살펴 등용하여 벼슬을 제수하고, 관찰사와 수령으로 하여금 도타이 권면하여 출사를 권하게 하며, 때때로 불러 보고 경전의 뜻을 묻고 치도治道를 자문하기를 마치 명종明宗과 선조宣祖의 고사처럼 하신다면 아마도 인재를 널리 부른 실효가 있을 것입니다." 하니, 주상께서 온화한 비답으로 답하고 벽에 성명을 써 둔 다음, 해당 관서로 하여금 거두어 의망케 하였다. 이는 장차 등용하려는 것이었다.

임자년(1732) 여름에 계촌溪村에 전염병이 갑자기 번져서 선생이 자천慈川의 여사閭舍에 나가 기거하였다. 5월에 선생이 갑자기 전염병에 감염되어 위중하였는데, 관찰사 조공이 이 소식을 듣고 약물을 보내 구제하였다. 선생이 병이 조금 뜸할 적에 비로소 그 사실을 알고서, 다시는 관가를 번거롭게 하지 말라고 경계하였다. 십여 일 뒤에 증세가 갑자기 크게 악화되어 숨이 가물가물한 지경에 이르렀으나 정신은 오히려 흐리지 않았다. 아들 일규一珪로 하여금 자리를 바루게 하고 말을 마치기도 전에 세상을 마치니, 실로 6월 15일 아무 시였다. 문인 정중록鄭重祿[61]·정권鄭權·조용한曺龍翰 등이 평소 입던 심의와 복건으로 염습을 예법대로 하고, 명정에는 '징사 지수 정공지구徵士篪叟鄭公之柩'라고 썼으니, 유지를 따른 것이다. 부음이 나가자, 조공이 놀라 통곡하며 "이 노인의 존망은 참으로 영남 운명의 성쇠가 걸려 있다." 하고, 감영의 아전을 보내어 호상護喪케 하며 부의를 보냈는데, 특별히 넉넉하게 보냈다. 성복하고 나서 영구를 모시고 계촌으로 돌아와 의재에 빈소를 차렸다.

이해 가을에 이조吏曹에서 빙고 별제氷庫別提에 승의陞擬(품계를 올려서 의망하는 것)하

---

61) 정중록(鄭重祿, 1678~1732) : 자는 언하(彦遐), 호는 매안재(梅岸齋), 본관은 영일이다.

였으니, 이는 미처 부음을 듣지 못하였기 때문이다.

겨울 10월 13일에 신녕현新寧縣 동쪽 신촌리新村里 부묘負卯의 터에 안장하였다.

선생이 인천 이씨仁川李氏 교관敎官 아무개의 딸에게 장가드니 참판 아무개의 증손녀이다. 딸 하나만 낳고 후사가 없어서 족제族弟 중록重祿의 아들 일규를 후사로 삼았다. 딸은 사인士人 조인경趙麟經에게 시집갔다. 손자 두 사람 손녀 두 사람은 모두 어리다. 외손자는 두 사람이다.

선생은 타고난 바탕이 뛰어나고 재기才氣가 빼어나서, 글을 배울 때부터 글 뜻을 깨달을 수 있었다. 비록 뜻이 깊어 이해하기 어려운 곳일지라도 훤히 알아 막힘이 없었다. 문장을 지으면 글이 쏟아져 나와 약관도 되기 전에 명성이 사방으로 퍼져서, 사람들이 모두 재상의 그릇으로 여겼다.

당시에 학암 정선생이 은거하며 도학을 강론하였으니, 대개 가정에서 배운 경전의 뜻은 바로 모당慕堂 손공孫公이 한강 선생에게 들은 것인 데다 또 단산 처사丹山處士 이용李榕 공과 함께 서로 갈고 닦았다. 때문에 그 학문이 퍽 정확하고 절실하였다. 선생은 일찍 가르침을 받고 나서 또 날로 그 덕용德容에 훈도되었기 때문에 몸을 단속하고 행동을 제어하는 방도를 벌써 알았다.

과거장을 사양하고 깊은 산속에 살면서부터는 경전에 더욱 침잠하고 또 낙양과 복건의 여러 성리학자를 널리 연구하며, 우리나라 제현諸賢에게까지 미쳤다. 훈수 선생과 함께 밤낮 강론하고 깊이 연구하며 힘써 연구하여 차례로 꿰뚫어 이해하였다. 이기理氣의 비밀과 성정性情의 은미함이며, 도서상수圖書象數[62]의 오묘함과 기삭영허氣朔盈虛[63]의 도수이며, 예의상변禮儀常變[64]의 절문과 음악율려音樂律呂[65]의 법칙에서 일상생활의 작

---

62) 도서상수(圖書象數) : 도서는 하도(河圖)와 낙서(洛書)를 말하고, 상수는 『주역』의 괘(卦)에 따라 나타나는 형상(形象)과 변화(變化)를 말한다.

63) 기영삭허(氣盈朔虛) : 해가 하늘과 만나는 주기는 360일보다 5와 235/940일이 더 많은데 이를 기영이라 한다. 달이 해와 만나는 주기는 360일보다 5와 592/940일이 적은데 이를 삭허라 한다. 기영과 삭허를 합쳐서 윤달이 생긴다.(『書傳』「堯典」 蔡沈注)

은 물건과 삼라만상의 자잘한 일에 이르기까지 모두 포괄하고 훤히 꿰뚫어서 그 가늘고 미세한 차이를 연구하지 않은 것이 없었으니, 이는 궁리窮理와 격물格物의 공부가 날로 쌓여 멈추지 않았기 때문이다. 일찍이 말하기를 "그것을 아는 것이 어렵지 않고 그것을 행하는 것이 어렵다. 만약 그것을 행하고자 한다면 경敬을 버리고 어떻게 할 수 있겠는가." 하였다. 매번 경敬을 유지하는 방도에 아주 긴절하게 힘을 써서, 장중하고 엄숙하게 의젓이 똑바로 앉아서 남이 보지 못하고 듣지 못하는 때에도 그 계구戒懼를 먼저 다하였고, 혼자 있을 때와 아직 기미만 있는 즈음도 그 성찰省察을 더욱 정밀하게 하였다. 함양하여 잘 다스린 것은 끝까지 엄밀과 근실을 다하며 잠시도 중단하지 않았다. 이 때문에 일에 응하여 행동으로 나타난 것이 의리에 부합하지 않은 것이 없었다.

말하기를 "양친이 이미 돌아가셔서 뒤좇아 봉양할 길이 없으니, 마땅히 힘쓸 것은 제사 한 절차이다. 그러나 우리 집안에는 선대로부터 종법宗法이 매우 엄격하여 지자支子는 제사지낼 수 없다. 그런데 『예기禮記』에는 '지자가 스스로 주관하는 제사'라는 말이 있으니, 이를테면 기제와 묘제는 가벼운 제사이므로, 지자가 제수를 마련하여 종가에서 제사를 지내는 것은 의리에 나쁘지 않을 듯하다." 하고는, 드디어 큰 형님에게 여쭙고 번갈아 지내는 규칙을 의논하여 정하였다. 무릇 여러 가지 제물은 정성을 다하여 미리 준비하되 반드시 풍성하고 정결하게 하였다. 선조의 제사에 있어도 종가가 더러 궁핍하면 그때마다 스스로 마련해 드렸다.

말하기를 "형제는 부모가 남긴 몸이므로, 형제를 아끼지 않으면 곧 불효이다." 하고, 늘 한 방에 함께 거처하며 한 이불을 덮고 같이 잤다. 산속에 들어가고 나서는 매번 떨어져 있어서 그리워하며 민망해하다가, 드디어 형님과 아우를 맞이하여 담장을 이어 집을 짓고 밤낮 함께 거처하였다. 형님을 섬기는 데에 공경을 다하고 아우를 어루만지는

---

64) 예의상변(禮儀常變) : 예의의 상례(常禮)·변례(變禮)를 말한다.
65) 음악율려(音樂律呂) : 음악의 육률(六律)과 육려(六呂)이다. 음률(音律)의 청탁(淸濁)·고하(高下)를 규정하고 나아가서 도(度)·양(量)·형(衡)을 만드는 기본이 된다.

데에 우애를 다하여, 즐거움과 화락함이 노년에도 여전하였다.

부인을 대할 때에는 화락하면서도 공경하였고, 자질을 훈계할 때에는 자애로우면서도 엄격하게 가르쳤으며, 종친에게는 촌수가 멀더라도 반드시 화목을 다하였고, 이웃에게는 비천하더라도 반드시 도움을 베풀었다. 손님을 응접하는 범절은 집안 살림의 유무에 걸맞게 하면서도 인정을 다하였으며, 친지의 경조사에 보내는 물품은 집안 재력의 다소에 따라 하면서도 빠뜨리지 않았다.

병에 걸려 탕약기를 늘 갖추어두게 되었음에도 태연히 받아들이며 생사에 마음이 흔들리지 않았으며, 살림이 몹시 가난하여 쌀독이 자주 비었으나 느긋하게 지내면서 생업에 마음 쓰지 않았다. 진실로 신조가 독실하고 확고하지 않았다면 어떻게 닥치는 대로 이렇게 편안히 여길 수 있겠는가.

연세가 점점 많아지고 덕이 더욱 쌓이자, 마음이 청명하고 활달하여 장엄하면서 정중하고, 목소리와 얼굴빛이 흔들리지 않으면서 모든 응대에 여유가 있었다. 사림이 태산처럼 바라보아서 원근의 학자들이 많이 믿고 따라서 경전을 들고 수업한 자가 70여인이고, 오가며 질문한 자는 다 셀 수 없었다.

성상聖上(영조英祖)께서 막 유념하여 성심으로 등용하려 하였으나, 이조에서 미처 살펴 의망하기도 전에 선생이 마침내 운명하였다. 평일의 순정純正한 학문과 경륜할 재주를 세상에 조금도 시험하지 못하고 깊은 산속 연하에 묻히게 되었으니, 식견 있는 자들이 세도世道를 위하여 애석해하지 않은 적이 없었다.

선생은 평소 저술을 좋아하지 않았다. 일찍이 말하기를 "옛 성인이 남긴 글이 비록 더러 잔결되기는 하였으나 낙양洛陽과 민중閩中[66]의 여러 성리학자가 이미 천명闡明하고 해석해서 미처 밝히지 못한 것을 다 밝혔고, 우리나라 퇴계 선생이 또 그것을 남김없이 소통시켰으니, 후학은 단지 익숙히 강론하고 준수할 뿐이다. 어찌 다시 새로운 말을

66) 낙양(洛陽)과 민중(閩中) : 낙양은 정자(程子), 민중은 주자(朱子)가 살던 곳이다.

해서 첩상가옥疊床架屋[67]이란 비난을 사겠는가." 하였다. 친구나 문인이 편지로 물어올 경우 답장을 하였으니, 잡저 약간 편은 그 참에 스스로 경계하거나 남을 깨우치는 과정에 이루어진 것이다. 시문은 즐겨 짓지 않았다. 일찍이 말하기를 "만약 잘 짓는 데에 마음을 집착한다면 곧 완물상지玩物喪志[68]에 가깝다." 하였다. 노년에 중년 이전에 읊은 시 한 책을 가져다 보고는 "이러한 작문법은 시문이나 꾸미는 데에 퍽 가까우므로, 남에게 보여줄 수 없다." 하고는, 그만 붓으로 지워버렸다. 저술한 글은 겨우 십수 권에 그치고, 엮은 책은 『의례통고疑禮通攷』 20여 권이 있다. 이는 훈수 선생과 함께 손을 모아 찬집한 것이나, 미처 일을 끝내지 못하였으니, 탄식을 금할 수 있겠는가. 그 나머지 이를테면 『대학차록大學箚錄』과 『계몽해의啓蒙解疑』가 각각 한 권씩 있다.

아! 선생의 언행이 본래 여기에서 그치지 않으나, 중기가 학술이 허술하고 문장이 졸렬해서 쇄세한 문장과 세세한 품행도 오히려 잘 기술하지 못하였으니, 더구나 참된 지식과 오묘한 조예를 또 어떻게 헤아려 형용할 수 있겠는가. 그러나 선생의 말씀 중에 글로 남아 있는 것은 모두 명백하고 절실하다. 육경六經에 근본을 두어 근거가 있고, 낙양과 민중을 참고하여 증거로 삼았으며, 퇴계에게 질정하여 서로 어긋나지 않았으니, 남긴 글을 참고하여 보면 선생의 마음을 알 수 있다. 더구나 선생이 학문에 들어간 문로門路와 도에 나아간 계단은 훈수 선생과 함께 시종 궤를 같이 하였다. 선생이 일찍이 훈수옹의 행장을 지었는데, 서술이 매우 자세하여 후인으로서 선생을 탐구하는 자가 훈수옹의 행장에서 찾기에 충분하다. 또 어찌 말학이 다른 생각과 외람된 말을 덧붙일 필요가 있겠는가.

문인 정중기가 삼가 행장을 짓다.

---

67) 첩상가옥(疊床架屋) : 침대 위에 침대를 겹쳐 놓고, 지붕 위에 지붕을 얹는다는 뜻으로, 쓸데없이 반복하는 경우를 비유하는 말이다.

68) 완물상지(玩物喪志) : 외물(外物)을 지나치게 좋아하면 마음속의 뜻을 상실한다는 말이다.(『近思錄』 권2)

매산선생문집 속집

梅山先生文集 續集

제11권

매산선생문집 속집 제11권

부록附錄

연보年譜

우리나라 현인들의 연보는 모두 중국의 연호를 사용하여 사적을 기록하였다. 명나라가 멸망한 뒤에는 정삭正朔에 정통이 없어졌기 때문에 여기에서는 『춘추春秋』의 기년紀年이 노나라 제후를 기준으로 삼은 전례에 따른다.

숙종대왕肅宗大王 11년 을축(1685) 2월 22일 묘시

선생은 경상도 영천군永川郡 환귀리還歸里 – 지금의 임고면臨皐面 – 선원仙源 마을 – 군郡의 북쪽 30리에 있다. – 집에서 태어났다.

○ 선생의 선조는 고려高麗 지주사공知奏事公 정습명鄭襲明이다. 영일현迎日縣 오천烏川에서 대대로 살다가, 판서공判書公 인언仁彦에 이르러 영천군 남전촌南錢村으로 옮겨 살았고, 교도공敎導公 문예文裔가 명산리鳴山里 대전촌大田村으로 이사하였으며, 선무공宣務公 차근次謹이 또 자양현紫陽縣 노항촌魯巷村으로 이사하였다. 현감공縣監公 호례好禮는 처음에는 토동土洞에서 살다가 만년에 선원仙源에서 살았다.

○ 처음에 현감공이 터를 잡을 적에 꿈에 한 노인이 나타나 "이곳은 정자산鄭子産[1]이 살던 곳이다. 대대로 반드시 이름날 사람이 나올 것이다."라고 말하였다고 한다.

---

1) 정자산(鄭子産) : 춘추 시대 정(鄭)나라의 공손교(公孫僑)이다. 간공(簡公)·정공(定公)·헌공(獻公)·성공(聲公) 등 네 조정에 계속 재상으로 있으면서 뛰어난 외교수완을 발휘하여 당시 패권 다툼을 벌이는 진(晉)나라와 초(楚)나라 사이에 처한 정나라를 무사하게 보전하였다. 『논어(論語)』「헌문(憲問)」에 자산이 외교문서를 잘 작성했다고 공자가 말한 내용이 있다.

○ 나중에 선생이 감회를 시로 읊었다.

나의 선조는 어느 해에 영천에 들어오셨던가	吾祖何年入永川
생각하여 보니 아마도 판도공이 처음이리라	思來疑自版圖先
공조공이 남전촌에 기업을 여시고	工曹基業開錢野
교도공이 대전촌에서 가성을 떨치셨네	教導家聲振大田
노항촌에서 현가 소리 겨우 사대 전하고	魯巷絃歌纔四葉
선원에서 청백리가 또 삼대를 전하였네	仙源清白又三傳
지금 다시 고향 없는 나그네 되었으니	如今便作無巢客
어느 강산에 다시 인연이 있을까	何處江山更有緣

○ 태어날 때부터 남다른 징조가 있어 사람들이 모두 기이하게 여겼다.

사흘이 되도록 눈을 뜨지 않고, 이레가 되도록 울지 않았다.

12년 병인(1686) 선생 2세

아주 의젓하며 심히 울거나 보채지 않아서, 할머니 숙부인 송씨가 "이런 애만 낳는다면 애 기르는 것이 어찌 수고롭겠는가."라고 하였다.

13년 정묘(1687) 선생 3세

14년 무진(1688) 선생 4세

처음으로 밖에 나가 잤는데, 여느 아이들과 함께 장난치며 놀지 않았다.

선생은 타고난 자질이 유순하고 온화하며 총명과 지혜가 매우 뛰어났다. 글자를 배우면 달을 넘겨도 잘 기억하고 또 대답을 잘 하였으며, 앉고 서고 마시고 먹는 것은 반드시 어른의 말씀을 따랐다. 비속한 말은 입에 담은 적이 없었다.

15년 기사(1689) 선생 5세

숫자와 방위, 육갑六甲, 팔괘八卦를 배웠다.

선생이 밤마다 외우며 한 글자도 틀리지 않았다.

16년 경오(1690) 선생 6세

봄에 『동몽선습童蒙先習』을 배웠다.

할아버지 호군공이 매번 보는 앞에서 읽으라고 명하면 선생은 그때마다 옷깃을 여미고 단정히 앉았고, 읽는 소리가 맑게 울려서 호군공이 매우 아끼고 중히 여겼다.

○ 6월에 할아버지 호군공이 세상을 떠났다.

선생은 늘 함계공의 여막에서 모시고 있으며 잠시도 곁을 떠난 적이 없었고, 조문객을 맞이하고 보내는 절차를 따라 행하였다.

17년 신미(1691) 선생 7세

『효경』을 배웠다.

18년 임신(1692) 선생 8세

봄에 함계공을 따라 거동巨洞의 절에 가서 『소학』을 읽었다.

당시 함계공은 거동巨洞에서 선조의 묘소에 세울 비석을 다듬었는데, 선생은 모시고 가서 독서를 게을리하지 않으며, 돌아오는 날까지 절문 밖을 나가지 않으니, 절의 중들이 어린이로 대우하지 않고 더욱 공경하였다.

19년 계유(1693) 선생 9세

『대학』·『중용』 및 『논어』·『맹자』를 읽었다.

1년에 사서四書를 주석까지 다 읽고, 밤마다 외웠다. 이때부터 글 뜻에 통달하여 은미한 말과 깊은 뜻에 미처 깨닫지 못한 곳이 있으면 어른에게 나아가 질문하고, 물러나와 반복하여 자세히 풀이하였다.

20년 갑술(1694) 선생 10세

『십구사략十九史略』을 읽었다.

함계공이 "사서를 먼저 읽고 역사서를 뒤에 읽는 것은 실학實學에 전념하기 위한 것이다. 지금 사서를 이미 읽었으니 역대의 역사도 또 몰라서는 안 된다."고 말씀하시고는 『십구사략』을 읽으라고 명하였다.

21년 을해(1695) 선생 11세

여름에 지수 선생篪叟先生이 함계공을 찾아오고, 이어서 선생에게 앉으라고 명하고 경전의 의심스러운 부분에 대하여 질문하였다.

지수 선생이 선생의 재주와 자질이 뛰어나다는 말을 듣고 함계공을 찾아와서, 선생에게 앉으라고 명하고 경전의 이해하기 어려운 곳을 시험 삼아 물어보았다. 선생이 그때마다 대답을 매우 자세히 하자, 지수 선생이 찬탄해 마지않으며 함계공에게 말하였다.

> 참으로 기특한 재주입니다. 들으니, 이 아이로 하여금 오로지 학문에만 힘쓰게 하신다고 하는데, 그 뜻이 매우 좋습니다. 그러나 대현大賢인 정자程子와 주자朱子도 한편으로 과거 공부를 하였고, 우리나라의 선현 역시 대개 과거를 통하여 출세하였습니다. 만약 내외內外와 경중輕重의 구분을 잘 살핀다면 두 가지 공부를 아울러 하는 것이 무어 나쁘겠습니까.

이때부터 여느 사람들을 따라 과거 공부를 익혔다.

○ 8월에 폐백을 드리고 지수 선생에게 배우기를 청하였다.

당시에 지수 선생은 보현산普賢山에 은거하였는데, 선생은 처음에 『시전詩傳』을 배웠다. 하루는 산에 비가 내리다가 개자, 지수 선생이 운을 부르며 시를 지으라고 하였다. 곧바로 다음의 시로 답하였다.

구름이 푸른 하늘 가리고 비 내리니	雲蔽碧空雨
하늘과 산을 구분하지 못하였다가	不知天與山
이윽고 구름비 걷히니	俄然雲雨捲
예전처럼 본색이 돌아오네	依舊本色還

22년 병자(1696) 선생 12세

봄에 『서전書傳』을 읽었다.

선생이 『서전』을 읽다가 '기삼백朞三百'[2]의 주석에 이르자, 도수度數의 오묘함을 계산하여 풀었다.

---

2) 기삼백(朞三百) : 『서경』「요전(堯典)」에 있는 월력(月曆)을 만드는 기본이 되는 기록이다. 하늘 둘레가

23년 정축(1697) 선생 13세

봄에 『주역』을 읽었다.

24년 무인(1698) 선생 14세

경서를 두루 연구하고, 제자백가의 책을 섭렵하였다.

하루는 지은 정문程文[3]의 책표지에 다음과 같이 썼다.

> 공자孔子께서 증삼曾參에게 "대저 학문을 아직 이루지 못한 채 벼슬길에 오르는 것은 도리어 불행일 뿐이다.[夫學未成而登仕 顧不幸爾]"라고 말씀하셨다. 학문이 참으로 넉넉하다면 벼슬이 어찌 나쁘겠는가. 더구나 천지 사이에 태어나 이미 큰 포부를 얻었다면, 숲과 연못을 지키며 농사와 낚시로 늙어서 초목과 함께 썩어가는 것이 어찌 옳겠는가. 그러나 지금은 선비를 선발하는 방법이 오로지 과거에만 의존하고 있어서, 만약 과거를 통하지 않는다면 비록 경륜에 뜻을 둔 사람이더라도 초야에 묻혀버림을 면치 못한다. 내가 어려서부터 가정의 가르침을 많이 받아 나의 일에 종사하면서 이따금 여력이 있으면 그때마다 과거 공부를 아울러 하였다. 그 문장은 보잘것없으나 입신양명立身揚名의 길에는 더러 이 과거를 통하여 올라갈 수 있겠는가. 그러나 궁통窮通은 하늘에 달려 있는 것이다.

25년 기묘(1699) 선생 15세

「시획팔괘부始畫八卦賦」를 지었다.

부는 일실되었다.

26년 경진(1700) 선생 16세

봄에 「무극이태극부無極而太極賦」를 지었다.

365도 4분의 1도이므로 그에 맞추어 월력을 만들되 1년을 355, 56일로 정하고, 그 나머지 수를 모아 3년마다 한 번 또는 5년에 두 번의 윤월(閏月)을 두었던 것이다. 원래 『서경』에는 "기(朞)는 366일이다." 하였는데, 여기에서 기삼백(朞三百)이라고 말한 것은 끝수를 약한 것이다.

3) 정문(程文) : 과거를 볼 때 사용하던 법식의 문장으로, 과문(科文)이라고도 한다.

부는 일실되었다.

○ 병와瓶窩 이형상李衡祥이 「무극이태극부」를 보고 "내가 사람을 많이 보았지만 이렇게 조숙한 아이는 본 적이 없다."라고 칭찬하였고, 갈암葛庵 이선생李先生 역시 그 부를 가져다 보고 "이 아이가 큰 뜻을 벌써 보았으니, 앞으로 얼마나 진취할지 헤아려 알 수 없다."라고 기특해하며 한번 만나보고자 하였다.

27년 신사(1701) 선생 17세

봄에 함계공의 명으로 안동 금소리 남쪽으로 갈암 이선생을 찾아가 뵙고 호군공의 묘비문을 받아왔다.

이선생이 한 번 보고 특별히 아끼고 공경을 더하여, 동자童子로 대우하지 않았다. 이어서 지은 묘갈문을 꺼내어 선생으로 하여금 읽게 하고 또 문장의 결점을 지적하고 말하게 하여 식견을 시험하였다. 이에 선생이 몇 조목을 언급하자, 이선생은 모두 그 의견에 따라 고쳤다.

○ 겨울에 이선생이 다음과 같은 내용의 편지를 보냈다.

> 멀리서 찾아준 진지함은 벌써부터 만나보려던 바람을 충분히 보상해 주었네. 한두 번 만나보고도 뜻과 식견이 남보다 뛰어남을 벌써 알았네. 다만 서둘러 돌아가서 명리학名理學을 찬찬히 물어보지 못한 것이 한스럽네. 나는 성명姓名이 막 대간의 글에 올라서 조만간 먼 황야로 귀양 가는 액운이 있을 것일세. 머리가 희니 노년의 재미가 이러하다네. 오직 바라건대 현명한 그대는 큰 학문에 전념하시게.

○ 여름에 「천지만물위인불위인변天地萬物爲人不爲人辨」을 지었다.

28년 임오(1702) 선생 18세

봄에 「안락재 상량문安樂齋上梁文」을 지었다.

함계공이 시내 동쪽에 작은 서재를 짓고 '안락安樂'이라 하였는데, 선생이 명을 받들어 상량문을 지었다.

○ 가을에 관례冠禮를 올렸다.

병애屛厓 처사 조선장曺善長이 빈賓이 되었다.

29년 계미(1703) 선생 19세

봄에 지수 선생을 찾아가 뵈었다.

스승의 '평平' 자 운에 차운한 시가 있다.

○「백각百角」 시를 지었다.

선생의 외삼촌 권공權公이 와서 "우리 고을에 사는 신유한申維翰[4]이란 자가 근일에 지은 「백각」 시가 고을에 전하는데, 참으로 뛰어난 재주이다. 너도 할 수 있겠느냐?"라고 물었다. 그러나 선생이 "이렇게 한가로이 짓는 글은 자신의 본분에 무익합니다. 그러나 어른께서 명하시니 어찌 감히 사양하겠습니까." 하고는 즉시 지어 올렸다. 권공이 이 시를 보고 크게 놀라며 "신유한의 시에서 보지 못한 '각角' 자의 뜻도 많이 들어 있구나."라고 하였다.

30년 갑신(1704) 선생 20세

부인 의성 김씨와 혼례를 올렸다.

부인은 방겸邦謙의 딸이다.

○ 당시에 김씨 가문에는 훌륭한 덕을 닦은 군자가 많았는데, 선생을 한 번 보자 모두 공경하고 중시하였다. 적암適庵 김태중金台重[5]은 남을 잘 인정하지 않는데, 선생과 함께 이야기를 나누어 보고는 원대한 앞날을 기대하였다.

31년 을유(1705) 선생 21세

정월에 금소리 갈암 이선생의 회장會葬에 달려갔다.

만사와 제문이 있다.

32년 병술(1706) 선생 22세

---

4) 신유한(申維翰, 1681~?) : 자는 주백(周伯), 호는 청천(青泉), 본관은 영해(寧海)이다. 문장으로 이름이 났으며, 특히 시에 걸작품이 많고 사(詞)에도 능하였다.

5) 김태중(金台重, 1649~1711) : 자는 천삼(天三), 호는 적암(適庵). 본관은 의성(義城)이다.

33년 정해(1707) 선생 23세

34년 무자(1708) 선생 24세

가을에 하당荷塘 권두인權斗寅[6]을 찾아뵙고 선조 호수공湖叟公의 행장을 요청하였다.

○ 이때 묵계墨溪 －김 대간金大諫[7]과 옥 장령玉掌令[8]의 유사遺祉이다.－ 를 방문하고, 금소리 －갈암의 유허지이다.－ 를 거쳐, 간의정諫議亭 －정랑正郎 김창석金昌錫의 몽선각夢仙閣[9]이니, 곧 고려 시대 장군將軍 염흥방廉興邦[10]의 터이다.－ 에 올라갔다. 도동道洞에 가서 역동서원易東書院에 참배한 다음, 도산陶山에 들어가 상덕사尙德祠에 알현하고 애일당愛日堂에 올라 농암聾巖 이효절공李孝節公의 영정에 참배하였다. 천사川砂를 거쳐 온혜 －퇴계 선생이 탄강하신 터이다.－ 로 거슬러 올라가서 다시 유곡酉谷(닭실)에 가서 청암靑巖과 석천石泉 －다 같이 남긴 정자[11]가 있다.－ 에 올라보고, 삼계서원三溪書院 －권 충정공權忠定公(권벌權橃)을 봉향한다. ○ 길옆에 열녀시녀비烈女是女碑가 있다.－ 에 알현하였다. 다시 횡계로 돌아와서 지수 선생을 뵈었다. －기행시가 있다.－

35년 기축(1709) 선생 25세

---

6) 권두인(權斗寅, 1643~1719) : 자는 춘경(春卿), 호는 하당(荷塘), 본관은 안동이다. 저서로는 『하당집』이 있다.

7) 김 대간(金大諫) : 보백당(寶白堂) 김계행(金係行, 1431~1517)을 가리킨다.

8) 옥 장령(玉掌令) : 응계(凝溪) 옥고(玉沽, 1382~1436)를 가리킨다.

9) 몽선각(夢仙閣) : 월탄(月灘) 김창석(金昌錫, 1652~1720)이 1701년에 건립한 정자이다. 원래 안동 임동면 망천리에 있었는데, 임하댐 건설로 임하 내앞으로 이건하였다. 김창석은 문과에 급제하여 사간원 정언 등을 지냈고, 시·서·화 삼절로 일컬어졌다.

10) 염흥방(廉興邦, ?~1388) : 자는 중창(仲昌), 호는 동정(東亭), 본관은 서원(瑞原)이다. 저서로는 『동정집(東亭集)』이 있다.

11) 남긴 정자 : 청암정(靑巖亭)과 석천정사(石泉精舍)를 말하는데, 청암정은 충재(冲齋) 권벌(權橃, 1478~1548)이 지은 것이고, 석천정사는 청암(靑巖) 권동보(權東輔, 1517~1591)가 지은 것이다.

봄에 고산서당高山書堂에서 글을 읽었다.

고산서당은 횡계의 상류에 있다. ○ 수창한 시가 있다.

○ 가을에 영일迎日로 가서 오천서원烏川書院에 알현하고 청림青林의 옛터를 심방하였다.

감회시가 있다.

36년 경인(1710) 선생 26세

가을에 경주에 가서 유람하고 -회고시가 있다.- 육의정六宜亭 -최씨 집안 선조의 정자- 에 올라 보았다.

○ 겨울에 경전을 반복하여 읽고, 사마천司馬遷의 『사기史記』와 『자치통감강목資治通鑑綱目』 따위의 여러 책을 섭렵하였다.

37년 신묘(1711) 선생 27세

5월에 할머니 숙부인 송씨宋氏가 세상을 떠났다.

○ 가을에 의계義契를 의논하여 설치하였는데, 고인古人의 의창義倉[12]의 관례를 본받은 것이다.

규약문이 있다.

38년 임진(1712) 선생 28세

39년 계사(1713) 선생 29세

12) 의창(義倉): 평상시에 곡식을 저장하여 두었다가 흉년에 이것을 내어 빈민을 구제하는 제도이다.

40년 갑오(1714) 선생 30세

상주尙州로 가는 척숙戚叔 전근성全近聖을 전송하였다.

작별하며 차운한 시가 있다.

41년 을미(1715) 선생 31세

봄에 생원生員 회시會試[13] 3등에 입격하였다.

42년 병신(1716) 선생 32세

상사上舍 이이직李以直 경중敬中을 곡하였다.

○ 애도하는 시가 있다.

43년 정유(1717) 선생 33세

44년 무술(1718) 선생 34세

종고모부 최입기崔立基 공의 상에 가서 곡하였다.

○ 만사가 있다.

45년 기해(1719) 선생 35세

5월에 어머니 권씨權氏의 상을 당하였다.

○ 12월에 맏아들 일감一鑑이 태어났다.

---

13) 회시(會試) : 초시(初試)에 합격한 자가 서울에 모여 다시 보는 시험이다.

46년 경자(1720) 선생 36세

6월에 숙종肅宗이 승하하였다.

○ 7월에 담제禫祭를 지냈다.

선생이 함계공에게 여쭈고 신주를 별실別室에 옮겨 3년 동안 상식을 올렸다.

○ 11월에 아버지 함계공의 상을 당하였다.

당시 함계공이 매곡의 임시 거처에서 천연두에 감염되어 증세가 몹시 위독하였는데, 선생이 밤낮으로 모시고 간호하며 잠을 자지도 않고 목욕재계하고 하늘에 빌었다. 변을 당하자 기절하였다가 다시 깨어났으며, 상례 절차는 한결같이 『주문공가례』를 따랐다.

경종대왕景宗大王 원년 신축(1721) 선생 37세

가을에 군郡 북쪽 신방新昉 자좌子坐의 터에 아버지를 안장하고 어머니의 묘도 옮겨 같은 날 왼편에 합장하였다.

삭망마다 몸소 가서 성묘하고 곡하였으며, 모든 거상의 범절은 아무리 자잘한 예문이더라도 반드시 참고하고 증거로 삼아서 행하였다.

2년 임인(1722) 선생 38세

「중월이담설中月而禫說」과 「상후시음주식육설祥後始飮酒食肉說」을 지어 논변하였다.

3년 계묘(1723) 선생 39세

정월에 담제禫祭를 지냈다.

이때부터 선생은 입신양명에 뜻이 없이 오로지 위기지학爲己之學에 공부하여 날마다 정자와 주자의 여러 책을 가져다 침잠 반복하고, 『심경』·『근사록』과 주자朱子의 글에 더욱 힘쓰며, 스승을 찾아가서 끊임없이 연구하고 질문하였다.

○ 이해에 아버지의 유고를 편집하였다.

4년 갑진(1724) 선생 40세

3월에 막내아들 일찬一鑽이 태어났다.
○ 8월에 경종이 승하하였다.

영조대왕英祖大王 원년 을사(1725) 선생 41세

모월某月에 창설蒼雪 권공權公을 곡하였다.

만사가 있다.

2년 병오(1726) 선생 42세

봄에 매곡梅谷 별장을 지었다.

매곡은 선원仙源 옛 별장과 거리가 겨우 십 리이고, 골짜기가 깊숙하여 세상과 동떨어졌다. 선생은 경자년의 상변喪變 이후 남의 집에 세 들어 살던 그대로 살았는데, 이때 와서 작은 집을 얽고 간소재艮巢齋라고 편액을 걸었으니, 이는 새로 지은 집이 간방艮方을 등졌기 때문이며, 아울러 간지艮止의 뜻[14]도 취한 것이다. 경전을 사다가 도서를 좌우에 배치하고 종일 단정히 앉아 고개 숙여 읽고 우러러 사색하며, 날마다 문하의 제자들과 함께 강학하고 연구하기를 게을리하지 않았으며, 살림이 가난하여 죽도 잇지 못해도 마음 편히 지냈다.

○「우거하는 집」 시가 있다.

○ 여름에 심부름꾼을 보내어 길주吉州의 유배지에 있는 옥천玉川 조덕린趙德鄰에게 편지로 안부를 물었다.

편지는 잃어버렸다.

○ 겨울에 선배 조병애曺屛厓 선생의 회장會葬에 달려가 곡하였다.

만사와 애도하는 글이 있다.

---

14) 간지(艮止)의 뜻 : 『주역』「간괘(艮卦)·단전(彖傳)」에 "간은 그침이니 때가 그쳐야 할 경우에는 그치고, 때가 가야 할 경우에는 가서, 동정이 때를 잃지 않아 그 도가 광명하다. 그칠 곳에 그침은 제자리에 멈추기 때문이다.[艮止也 時止則止 時行則行 動靜不失其時 其道光明 艮其止 止其所也]"라고 한 데서 뜻을 취한 것이다.

3년 정미(1727) 선생 43세

2월에 증광동당시增廣東堂試에 제1등으로 장원하였다.

이때 경종을 부묘祔廟[15]하고 경과慶科[16]를 보였는데, 장원을 하였다. 여러 부형들이 응시를 권유하자, 선생은 "과거 급제는 어버이를 기쁘게 하는 것입니다. 지금 어버이가 계시지 않는데 누구를 위한 영광이겠습니까."라고 하였다. 여러 부형들이 강권하며 각기 돈을 내어 여비를 보태니, 선생이 마침내 마지못해 과거에 응시하여 과연 장원을 차지하였다.

○ 3월에 또 회시會試에 제1등으로 장원하였다.

당시에 장시관掌試官[17]이 『근사록』에서 문제를 내니, 당대에 거벽巨擘이라 불리는 자들이 모두 놀라서 선 채로 서로 돌아보기만 하였다. 오직 선생은 이 책을 익숙히 강학하여 심오한 뜻을 자세히 다 알았다. 빙 둘러서서 묻는 선비가 셀 수 없이 많았으나, 선생은 귀찮게 여기지 않고 좌우로 대답해주었다. 제기하는 설에 대하여 잘 알고 있어서 이에 붓을 잡고 답안을 쓰니 문장의 근원이 마치 강물 같았으며, 의리를 종횡한 논설이 5천 여 글자였다. 고시관이 보고 찬탄하며 "이는 과거 시험 문체만 공부한 솜씨가 아니고 참으로 학자의 문장이다."라 말하고, 마침내 제1등으로 발탁하였다. 선생은 어버이가 다 살아계실 때 급제하지 못한 것을 지극한 슬픔으로 여기고 시를 지어 감회를 부쳤다.

○ 가을에 도연陶淵으로 가서 표은사瓢隱祠에 참배하고 선유정仙遊亭에 올라 보았다.

김씨의 노소老少로 모여 따른 이가 십수 인이었다.

4년 무신(1728) 선생 44세

호서湖西의 역적이 반란을 일으켜 장차 궁궐을 범하려 하며 낙동강 오른편 두어 고을로 밀고 오자, 횡계의 두 선생을 따라 군성郡城에 들어가서 격문을 지어 의병을 창도하여 일으켰다.

선생은 역적이 호서에서 일어났다는 소식을 듣고 장차 국난에 뛰어들려고 횡계에 들렀는데, 지수 선생이 "군君의 이러한 행동은 참으로 의롭다. 다만 역적의 형세가 사방에 가득하여 서울까지

---

15) 부묘(祔廟) : 신주(神主)를 3년상을 마친 뒤 태묘에 모시는 것을 말한다.
16) 경과(慶科) : 나라에 경사가 있을 때 보이는 과거 시험이다.
17) 장시관(掌試官) : 과거를 담당하는 관리이다.

도달하기 어려울 듯하니, 나와 함께 영천성에 들어가 의병을 일으켜 역적을 토벌하는 것만 못하다."고 말하자, 선생이 드디어 지수 선생을 따라 성에 들어가 동지를 불러 모아 지수 선생을 추대하여 의병장으로 삼고, 선생은 참모가 되었다. 군기와 전략이 대충 이루어졌을 때에 관군이 토벌하여 평정하였다는 보고를 듣고는 해산하고 돌아왔다. 두 선생이 시를 지어 그 일을 말하였고, 선생도 차운하였다.

○ 가을에 영일迎日에 가서 선대의 묘단墓壇 및 오천서원烏川書院에 참배하고, 밀양에 가서 외가의 묘에 성묘한 다음, 그 길로 영남루嶺南樓에 올랐다. – 기행시가 있다. – 돌아오는 길에 하빈河濱에 있는 매부 이명후李命厚의 집에서 잤다.

○ 12월에 승문원 권지부정자承文院權知副正字에 선임되었다.

5년 기유(1729) 선생 45세

봄에 울산으로 놀러 가서 구강서원鷗江書院의 이현사二賢祠에 알현하였다.

시가 있다.

○ 가을에 가족을 데리고 선원의 옛집으로 돌아왔다.

○ 선고 함계공의 행록行錄을 지어 지수 선생에게 가서 행장을 청하고, 그대로 제생과 함께 향음주례와 투호례投壺禮를 행하였다.

수창시가 있다.

6년 경술(1730) 선생 46세

5월에 징사徵士 밀암密庵 이재李栽와 곡천谷川 김상정金尙鼎을 곡하였다.

만사가 있다.

○ 6월에 선의왕후宣懿王后가 승하하였다.

○ 7월에 훈수 선생을 곡하였다.

○ 10월에 훈수 선생의 영궤靈几에 전奠을 드렸다.

선생이 선의왕후의 인산因山에 가기 위하여 제문을 지어 떠난다고 고하였다.

○ 12월에 장사랑將仕郎에 임명되었다.

7년 신해(1731) 선생 47세

5월에 사관史官으로서 어가를 따라 남단南壇에서 비를 기원하고, 명을 받들어 문례관問禮官[18]으로 강화도에 갔다가 진해루鎭海樓에 올라 보고, 금탄金灘에서 배를 타고 여주에 가서 청심루淸心樓에 올라 보았다.

모두 시가 있다.

○ 6월에 가주서假注書로서 입시하여 장릉長陵 천장遷葬 때 복제服制를 의논하였다.

선생이 천릉도감遷陵都監 윤순尹淳[19]과 함께 입시하였는데, 주상께서 "지금 이 천릉은 의주儀注[20]에 전례가 있는가?"라고 말씀하니, 윤순이 "한결같이 영릉寧陵[21]을 개장할 때에 기록한 의주에 의거하였습니다."라고 대답하였다. 주상께서 "백관百官 중에 참가하는 자가 모두 시복緦服[22]을 입는데 뒤를 따르는 서리胥吏들이 평상시의 길복吉服[23]을 입는다면 이는 온당하지 않다."라고 물으니, 윤순이 "각 사司의 서리들이 모두 수행하는데, 무슨 옷을 바꾸어 입는 도리가 있겠습니까."라고 하였다. 이에 주상께서 "이는 비록 시복이지만 실로 3년상의 체제가 갖추어져 있으니, 상세히 살피지 않을 수 없다."고 말씀하셨다.

이에 선생이 나아가 "신臣이 생각한 것이 있으나 월조越俎[24]의 혐의가 있을까 두렵습니다."라고 말씀을 올리니, 주상께서 "생각한 것을 다 말하라."고 하였다. 선생이 다시 나아가 "명나라 선비 구준丘濬의 『가례의절家禮儀節』[25]에 '3년복을 입어야 하는 자는 시복을 입고, 나머지는 모두 소복을 입는다.'라고 하였으니, 이는 비록 사대부의 예를 말한 것이기는 하나, 가만히 생각하건대 제왕가의 예 역시 다를 것이 없습니다."고 하였다. 윤순이 "구준의 설은 대개 자손의 경우를 말한 것이지, 아랫사람의 경우를 말한 것이 아닙니다."라고 하였는데, 주상께서 "대여군大轝軍[26]이 모두 소복素服

---

18) 문례관(問禮官) : 중국에서 사신이 오면 인사를 하고 안내하는 임시 벼슬이다.
19) 윤순(尹淳, 1680~1741) : 자는 중화(仲和), 호는 백하(白下)·학음(鶴陰), 본관은 해평(海平)이다. 만년에는 만옹(漫翁)이라 하였다.
20) 의주(儀注) : 『국조오례의(國朝五禮儀)』의 의주(儀註)인데, 의주는 시행 세칙을 적은 것이다.
21) 영릉(寧陵) : 효종(孝宗)과 그 비 인선왕후(仁宣王后) 장씨(張氏)의 능이다. 영릉은 양주(楊州)의 건원릉(健元陵) 경내에 있었으나 석물에 틈이 생겨 더 이상 보수할 수 없게 되자 능을 조성한 지 15년이 지난 1673년에 다시 세종의 영릉(英陵)이 있는 여주(驪州)의 홍제동(弘濟洞)으로 개장하였다.
22) 시복(緦服) : 시마(緦麻)로 된 상복을 입는 것으로, 보통 3개월의 상을 말한다.
23) 길복(吉服) : 3년상을 마친 뒤에 입는 보통 옷을 말한다.
24) 월조(越俎) : 자기의 직분을 넘어서 다른 사람의 일에 간섭함을 말한다.
25) 구준(丘濬)의 『가례의절(家禮儀節)』 : 구준은 명(明)나라 경산(瓊山) 사람으로, 자는 중심(仲深), 호는 심암(深菴) 또는 경산선생이라 한다. 『가례의절』은 그가 주희(朱熹)의 『가례(家禮)』를 해설한 책이다.

에 소건素巾을 쓰고 보면, 아랫사람으로서 천릉 장소에 수행하는 자가 길복을 입어서야 되겠는가. 주서가 말한 것이 나의 뜻에 바로 부합하니, 입시한 사관으로 하여금 지방에 있는 대신大臣과 유신儒臣에게 의견을 묻게 하는 것이 좋겠다."고 하였다.

선생이 드디어 명을 받들어 의견을 물어서, 끝내 유신 전 찬성 정제두鄭齊斗[27]의 의논을 써서 서리들이 모두 소복을 입었다. 또 의주에서는 단지 영릉의 옛 주에 의거하였고, 두 능을 개장하는 의절에 대하여는 말하지 않았는데, 선생이 정 찬성에게 "영릉의 의주는 단지 한 능을 개장하는 것이었기 때문에 그 의주가 이와 같았으나, 지금의 경우는 두 능을 함께 개장합니다. 『예기』에 '이중으로 상이 있는 자가 장사를 지낼 적에는 가벼운 상을 먼저 지내고 무거운 상을 뒤에 지내며, 우제虞祭를 지낼 적에는 무거운 우제를 먼저 지내고 가벼운 우제를 뒤에 지내는데, 개장하는 예는 한결같이 처음 장례 지낼 때의 예와 같게 한다.'고 하였으니, 지금 이 의주는 이 한 절차를 첨입해야 할 듯합니다."라고 하니, 정 찬성이 "그렇다."고 말하였다. 마침내 이 조목을 의주 속에 첨입하니 조사朝士 중에 식견이 있는 자는 모두 예를 잘 안다고 하였다.

○ 8월에 종사랑從仕郎 승문원 부정자承文院副正字에 올랐다.

당시에 선조 호수湖叟·백암栢巖 두 분을 추증하는 일을 상언上言하여 윤허를 받았다.

○ 이달에 분사관分史官으로서 능을 개장하는 곳에 나아갔다가 공사가 끝나고 나서 복명하니, 상으로 어린 말 한 필을 하사받았다.

『천릉일기遷陵日記』를 편수하여 진상하였다.

○ 일기에 다음과 같은 기록이 있다. "승지 류정柳侹·양정호梁廷虎·김응복金應福·권시경權始經, 가주서 이하종李夏宗·정중기, 편수관 이인흥李麟興, 기사관 한봉조韓鳳朝, 제명정題銘旌 판부사 민진원閔鎭遠·강화 유수 유척기兪拓基·도승지 박문수朴文秀, 도청都廳 조적명趙迪命, 제주관題主官 이정제李廷濟·이정숙李廷熽, 수빈관守殯官 양평군陽平君·여주군驪州君, 우제헌관虞祭獻官 대왕전大王殿 영부사 이광좌李光佐·우의정 조문명趙文命·익녕군益寧君 ○ 왕후전王后殿 판부사 민진원·판부사 이의현李宜顯·서평군西平君 요橈."

○ 11월 정자正字에 올랐다.

○ 12월에 휴가를 청하여 성묘하였다.

---

26) 대여군(大轝軍) : 국상(國喪) 때 쓰던 큰 상여를 운반하는 사람을 말한다.
27) 정제두(鄭齊斗, 1649~1736) : 자는 사앙(士仰), 호는 하곡(霞谷), 본관은 영일이다.

8년 임자(1732) 선생 48세

정월에 저작랑著作郎에 올랐다.

○ 3월에 계공랑啓功郎에 임명되었다.

○ 6월에 무공랑務功郎 승문원 박사承文院博士에 올랐다.

○ 7월에 지수 선생의 부음을 듣고 곡위를 마련하여 곡하였다.

선생은 성균관에 있었는데, 남쪽을 향하여 곡위를 마련하고 가마加麻의 예를 행하였다.

○ 8월에 선교랑宣敎郎에 임명되었다.

○ 10월에 휴가를 청하여 남쪽으로 돌아와 지수 선생의 묘에 가 곡하였다.

만사와 제문이 있다.

○ 12월에 다시 박사에 임명되었다.

9년 계축(1733) 선생 49세

입춘일에 왕명에 따라 대전大殿의 춘첩春帖을 지었다.

○ 3월에 영남의 사대부들과 소를 올려 연석의 신하가 거짓으로 아뢴 일을 변론하였다.

소는 대략 다음과 같다.

> 삼가 듣건대, 경연청經筵廳의 신하들이 영남의 일을 진달進達하였다고 하니, 이는 인재를 선발하여 기용하라는 청원이었을 것입니다. 그러나 영성군靈城君 박문수朴文秀[28]는 "대처對處하기 어렵

---

28) 박문수(朴文秀, 1691~1751) : 자는 성보(成甫), 호는 기은(耆隱), 본관은 고령(高靈)이다. 1727년 정미환국으로 소론이 기용되면서 사서(司書)에 등용되었으며, 영남 암행어사로 나가 부정한 관리들을 적발하였다. 이듬해 이인좌(李麟佐)의 난이 일어나자 종사관으로 출전하여 전공을 세워 경상도 관찰사에

다."고 하고, 풍원군豐原君 조현명趙顯命[29]은 "천하의 사변은 알기가 어려우므로, 마땅히 진정시킬 방도를 강구해야 합니다."라 하였습니다. 우리 영남이 어찌하여 대처하기가 어려우며, 또한 무슨 알기 어려운 사변이 있기에 곧 진정시키려고 하는지 알 수가 없습니다. 이는 흉역凶逆 정희량鄭希亮[30]·조성좌曺聖佐가 영남에서 나왔기 때문에 영남의 사람들을 다 의심하는 것이 아니겠습니까.

역적 정희량은 안음安陰에 살았고 조성좌는 합천陜川에 살았는데, 안음과 합천은 곧 낙동강의 오른쪽 궁벽한 고을로서 정인홍鄭仁弘이 악취惡臭를 남긴 곳입니다. 이는 일종의 나쁜 기운이 그 사이에서 뭉치어 이렇게 흉악한 무리를 낸 것입니다. 그러나 두 역적은 집안 또한 부유해서 함께 혼인한 집이 경기도와 충청도 사이에 많이 있었으니, 이것이 역적 박필현朴弼顯[31]과 역적 이인좌 무리의 달래기도 하고 으르기도 한 흉악한 모의가 이런 무리에게만 미친 이유입니다. 변란이 처음 발생하였을 때 여러 고을의 인사들이 앞다퉈 의병을 일으켜서 종이깃발과 나무창을 가지고 곳곳에서 단속을 하였으니, 한 도의 충의로운 기개가 아직 없어진 적이 없음을 알 수 있습니다. 그러고 보면 정희량과 조성좌가 흉악한 반역을 한 것은 나름대로 이어져 온 한줄기의 맥이 있기는 하나, 영남 지역의 인심은 진실로 변함이 없었습니다. 무슨 대처하기 어려운 일이 있으며, 무슨 알기 어려운 사변이 있어서 나라의 진정시키는 대책을 허비해야 된다는 말입니까.

비록 "선발하여 기용하기를 청한다."고 말하였으나, 이는 영남 사람을 고려하여 아낀 것도 아니고, 나라에 수용需用하려고 한 것도 아닙니다. 다만 인심이 안정되지 않을 것을 염려하여 묶어두기 위한 술책을 펴려는 것일 뿐입니다. 이적夷狄을 대우하는 것과 무엇이 다르겠습니까? 영남 사람들은 비록 다른 장점은 없으나 염치와 의리가 귀중하다는 것은 조금 알아서, 백의白衣로 조령鳥嶺을 넘어오는 것을 예로부터 부끄럽게 여겨 왔습니다.[32] 어찌 부질없이 유심한 미끼를

발탁되었으며, 분무공신(奮武功臣) 2등에 책록되고 영성군(靈城君)에 봉해졌다. 시호는 충헌(忠憲)이다.

29) 조현명(趙顯命, 1690~1752) : 자는 치회(稚晦), 호는 귀록(歸鹿)·녹옹(鹿翁), 본관은 풍양(豊壤)이다. 1728년 이인좌의 난이 일어나자 종사관으로 종군하였다가, 난이 진압된 뒤 그 공으로 분무공신 3등에 녹훈되고, 풍원군(豊原君)에 책봉되었다. 이후 대사헌·도승지를 거쳐 1730년 경상도 관찰사로 나가 영남의 남인을 무마하고 기민(饑民)의 구제에 진력하였다.

30) 정희량(鄭希亮, ?~1728) : 본명은 준유(遵儒)이고, 본관은 초계(草溪)이다. 1728년 이인좌(李麟佐)·박필현(朴弼顯) 등과 공모하여, 영조 즉위 후 벼슬에서 밀려난 소론 일파의 호응을 얻어 밀풍군(密豊君) 탄(坦)을 추대하여 왕통을 바로 세워야 한다고 주장하였다. 이에 이인좌를 도원수로 추대하고, 자신은 원수가 되어 반란을 일으켰다. 거창에서 선산 부사 박필건(朴弼建)과 곤양 군수 우하형(禹夏亨) 등에게 체포되어 참수되었다.

31) 박필현(朴弼顯, 1680~1728) : 1726년 이인좌가 상주로 이주하였을 때 그와 만나 사생지교(死生之交)를 맺고 반란의 뜻을 품었으며, 이인좌가 청주에서 난을 일으키자 반란에 가담하였다.

던져서 도리어 무심한 물고기를 유혹할 수 있겠습니까?

삼가 바라건대 주상 전하께서는 속히 두 신하에게 명하시어 그들이 대처하기 어렵고 알기 어렵다고 한 단서를 자세히 진달하게 하시고, 이어서 사실을 엄격히 규명하게 하시어 충신과 역적을 분명히 분간하여 온 도의 사람으로 하여금 아무도 모르는 죄과에 다 빠지지 않게 하여 주십시오.

소가 들어가자 다음과 같은 비답이 있었다.

지난번 두 재상이 진달한 것 중에 "대처하기 어렵다."고 한 것은 고장 인심이 고집스러움을 말한 것에 지나지 않고, "알기 어렵다."고 한 것은 천하의 사변은 미리 헤아리기 어렵고 영남은 근본이 되는 지역이므로 평상시에도 잊지 말라는 뜻이었다. 어찌 다른 뜻이 있겠는가. 그런데 너희들의 견해는 어찌 그리 지나친가. 너희들의 이번 일은 내가 영남을 대하는 정성이 얕은 소치에서 나온 것이 아니겠느냐. 세상의 도가 어지러운 때여서 자세히 깨우치지 않을 수 없기 때문에 너희들이 지나치게 의심하는 마음을 시원하게 열어주는 것이니, 모름지기 번거롭게 변론하다가 도리어 군부와의 사이가 저절로 멀어지게 하지 말라.

○ 같은 달에 성균관 전적典籍에 올랐다.

○ 6월에 예조 좌랑에 임명되었다.

○ 7월에 봉훈랑奉訓郎에 임명되었다.

○ 9월에 예조 정랑에 임명되었다.

○ 10월에 봉직랑奉直郎 전라 도사全羅都事 겸 해운 판관海運判官에 임명되었다.

○ 11월에 주상께 하직 인사를 드리고 임소로 부임하였다.

감영 안에 펼쳐 놓은 화려한 장식을 시정하도록 명하고, 수청 드는 기녀도 물리쳤으며, 단지 젊은 아전만으로 사환을 삼았다.

---

32) 백의(白衣)로……왔습니다 : 영남(嶺南)의 사람들이 서울에 과거보러 갔다가 합격하지 못하고 그냥 조령을 넘어오는 것을 수치로 여겨 학문을 열심히 하였다는 데서 온 말이다. 백의(白衣)는 벼슬하지 못한 사람을 말한다.

이튿날 경기전慶基殿에 나아가 태조대왕의 어진御眞에 알현하고, 그길로 향교에 나아가 문묘文廟에 알현하였다.

첨례瞻禮를 마치고 나서 명륜당에 앉아 학문을 권면하고 품행을 격려하는 뜻으로 향교에 모인 선비들을 깨우치고 타일렀다.

○ 순찰사 조현명趙顯命과 존재存齋·갈암葛庵 두 현인의 사실을 논하였다.

순찰사가 존재와 갈암의 일을 묻자, 선생은 존재가 닦은 학식의 고명함과 갈암이 받은 삭직의 억울함을 극진히 말하고 또 영남에서 태어난 인재의 성쇠에 이르기까지 언급하였다.

○ 사칠이기四七理氣의 변辨을 논하였다.

조 순찰사가 이기의 설에 대해 물었다.

> 퇴계退溪와 율곡栗谷의 논리가 비록 다르기는 하나, 그 귀추를 궁구하여 보면 같다. 대개 율곡이 이미 "리는 홀로 발하지 못하니 반드시 기를 기다려야 한다."고 하였으니, 곧 퇴계가 말한 "리가 발하면 기가 따른다."는 뜻이다. 다만 이 구절만을 거론한다면 완전하게 갖춰지지 못하기 때문에 천하의 시비가 절로 일치하지 않는 것이 있다. 이는 사람의 지식과 견해가 각기 다르기 때문이나, 영남 사람은 모두 퇴계의 설을 옳게 여기고 서울 사람은 모두 율곡의 설을 옳게 여긴다. 이것이 어찌 공정한 시비이겠는가.

선생이 말하였다.

> 이 일에서 다투는 것은 다만 미세한 차이이나, 처음에 구분이 한 번 어긋나면 나중에는 남과 북으로 갈라질 뿐만이 아닙니다. 『주자어류朱子語類』에 이미 이발理發과 기발氣發이라는 말이 있고 『주자어류』에는 더러 사실을 기록하는 데에 오류가 있어서 취사선택해야 할 곳이 있으나, 『중용』의 서문에는 혹생或生과 혹원或原[33]의 가르침이 있고 주부자朱夫子가 한평생 정신과 기력을 쏟은 것이 모두 『중용』과 『대학』에 있습니다. 어찌 정정당당하여 백세토록

---

33) 혹생(或生)과 혹원(或原) : 혹생은 혹생어형기지사(或生於形氣之私)의 준말이고, 혹원은 혹원어성명지정(或原於性命之正)의 준말이다. 『중용장구(中庸章句)』 서문에 "마음이 텅 비고 신령스러워서 감지하고 깨닫는 것은 모두가 동일하다. 그런데 인심과 도심의 차이가 있게 되는 것은 무슨 까닭인가? 그것은 혹 형기로 말미암은 사욕에서 나오는 것도 있고, 혹 성명에 입각한 정도에 근원한 것도 있어서, 각각 감지하고 깨닫는 것이 같지 않기 때문이다.[心之虛靈知覺一而已矣 而以爲有人心道心之異者 則以其或生於形氣之私 或原於性命之正 而所以爲知覺者不同]"라는 말이 나온다.

바뀌지 못할 정론이 아니겠습니까.

조 순찰사가 말하였다.

『중용』의 서문에서 말한 "마음의 허령과 지각이 하나일 뿐이다.[心之虛靈知覺一而已矣]"의 '마음'은 곧 이기를 겸하여 말한 것이니, 이것과는 다르다.

선생은 서로의 견해가 합치되지 않을 것을 알고 굳이 논변하고 싶지 않아서 말을 하였다.

이것은 후학이 쉽게 판단할 수 있는 것이 아닙니다. 어찌 감히 다시 의논하겠습니까.

『대학』의 혈구장絜矩章[34]을 논하였다.

조 순찰사가 말하였다.

나는 『대학』의 '혈구장'에 의문이 있다. 대개 이 장의 경문經文이 처음에는 혈구를 강령으로 삼아서 재용財用과 용인用人을 두 큰 절목으로 삼고, 제2단락에서는 호오好惡를 가지고 혈구의 뜻을 반복하여 풀이하였으며, 그 아래에서는 시를 세 번 인용하고 또 호오의 뜻을 밝혔다. 그러나 장구의 경우는 '선근호덕先謹乎德' 이하의 재財를 논하고 화貨를 논한 곳은 혈구만을 말하고, 태서泰誓 이하의 용인을 논한 곳은 호오만을 말하였으며, 장하章下의 주석에서는 또 이 장의 뜻은 백성과 함께 호오를 같이하며 그 이利를 독점하지 않는 데에 힘쓰는 것이라고 말하였다. 모두 혈구의 뜻을 미루어 더 넓게 밝힌 것이지만, 재용과 용인을 혈구와 호오에 나누어 소속시킨 듯하니, 아마도 경문과는 부합하지 않는 듯하다. 이것이 내가 의문을 갖는 까닭이다.

이에 선생이 대답하였다.

대개 천하를 다스리는 도리는 혈구보다 큰 것이 없고 혈구의 방법은 오직 백성과 함께 호오를 같이하는 데에 있으므로, 그 호오를 같이한다면 이는 혈구를 잘 해서 백성이 귀의한 것이고, 그 호오를 같이하지 않는다면 이는 혈구를 하지 못해서 백성이 이반할 것입니다. 이런 까닭에

---

34) 혈구장(絜矩章) : 원문은 '설구(挈矩)'인데, 『대학장구(大學章句)』 전(傳) 10장에 의거하여 '설(挈)'을 '혈(絜)'로 바로잡아 번역하였다. '혈구'란 곱자를 가지고 잰다는 뜻으로, 자신의 처지를 미루어 타인의 처지를 이해하는 것이다. 즉 소극적으로는 자신이 하고 싶지 않은 일을 남에게도 시키지 않는 것이고, 적극적으로는 자신이 하고 싶은 일을 남에게도 권하는 것이다.

「남산유대南山有臺」와 「절남산節南山」 시를 인용하여 밝히고 문왕文王의 시로 끝을 맺어서 잘하는 것과 못하는 것의 득실을 밝힌 것입니다. 그러나 혈구를 잘 하고 못 하는 것은 역시 의義와 이利의 구분에 달려 있으니, 의를 따른다면 그 마음이 공정해져서 혈구를 잘 하여 백성과 함께 이利를 누릴 수 있으나, 이利를 따른다면 그 마음이 사사로워 혈구를 하지 못하여 백성과 함께 이利를 누리지 못할 것입니다.

이런 까닭에 '선근호덕先謹乎德'으로써 그것을 이어받아, 본말과 내외의 분별을 상세히 말해서 혈구를 잘 하는 것과 혈구를 못 하는 것이 나뉘는 까닭을 밝힌 것입니다. 그러나 임금이 더불어 천하를 다스리는 것은 인재人才에 달려 있으니, 군자를 쓴다면 임금을 의로 인도하여 혈구의 정사가 행해지고, 소인을 쓴다면 임금을 이利로 꾀어 혈구의 도가 버려질 것입니다. 군자라는 것은 사람이 다 같이 좋아하는 바이고, 소인이라는 것은 사람이 다 같이 싫어하는 바이니, 이것이 태서泰誓 이하의 몇 구절에서 「남산유대」와 「절남산」 시에 있는 호오의 뜻을 거듭 말하며, 혈구를 잘하고 혈구를 못하는 뜻을 그 속에 부치지 않은 적이 없는 이유입니다.

'군자유도君子有道' 이하에서는 또 충신忠信과 교태驕泰로써 의義와 이利에 따른 득과 실의 구분을 거듭 말하고, 그 아래 세 단락에서는 또 리理와 재財로써 의義를 따르는 효과를 말하였으며, 마지막 두 단락에서는 용인用人을 겸하여 말하면서 이利를 따르는 폐해를 극진히 말하여 끝을 맺었으니, 큰 뜻이 전부 백성과 함께 호오를 같이하면서 그 이利를 독점하지 않는 데 있습니다. 이른바 "이利를 독점하지 않는다."는 것은 곧 호오를 같이하는 것이며, 사람을 호오에 따라 쓰거나 버리는 것은 곧 백성과 이利를 같이하려는 것입니다. 그 어세와 명목이 비록 두 가지를 상대시킨 것 같으나, 의리는 이어져서 차례가 겹겹이 나옵니다.

장구에서 더러 혈구를 말하고 더러 호오를 말한 것은 본래 일관된 뜻에서입니다. 어찌 조각조각 나누어 전개하여 마치 대립시키는 것 같이 할 수 있겠습니까. 『혹문』에서 "이 장의 뜻은 호오와 의리 두 단서에 지나지 않으나, 두 가지 뜻이 서로 이어지고 맥락이 관통하므로, 반드시 갈라서 두 가지 절목으로 삼으려 한다면 경계의 구분에는 비록 여유가 있을 것 같더라도 의미는 혹 도리어 부족할 것이다."고 하였으니, 이 말이 뜻을 다 드러내었습니다.

○ 명고鳴皐 정간鄭幹 공과 함께 송광사松廣寺에서 만났다.

명고공이 제원 찰방齊原察訪이 되어 송광사에 모이기로 약속한 것이다. 절의 승려가 남여藍輿(가마의 일종)를 가지고 나와 동구 밖에서 기다렸는데, 선생은 물리쳤다.

○ 주고 받은 시가 있다.

○ 12월에 휴가를 얻어 고향으로 돌아오며 사직소를 올렸으나, 윤허하지 않았다.

10년 갑인(1734) 선생 50세

정월에 운주산에 가서 할아버지 호군공의 묘소에 제전祭奠을 올리고, 이튿날 신방新昉으로 내려와 아버지 함계공의 묘소에 성묘하였다.

이에 앞서 경상도 관찰사가 선생이 선영에 성묘하러 간다는 것을 알고 영천과 경주 두 군에 명하여 제수를 준비하게 하였는데, 이때에 와서 나장羅將과 공리工吏가 미리 눈을 쓸고 기다렸다.

돌아오는 길에 하천夏泉에 가서 선영에 참배하였다.

친족과 친구들이 많이 와 모였다.

○ 봉직랑 겸 춘추관 기주관에 임명되었다.

○ 2월에 횡계에 가서 『훈지유집塤篪遺集』의 편집을 의논하여 결정하였다.

명고공과 조용한曺龍翰 공 등 여러 사우士友가 와 모였다. 선생이 먼저 말하였다.

> 두 선생의 유집은 다른 문집과 다릅니다. 은거하신 40년 동안 이불을 함께 덮고 자리를 나란히 하며 서로 학문을 닦아서 언론과 뜻이 깊게 부합하여, 무릇 저술할 때마다 모두 나란히 써서 마침내 그 원고에 『훈지록』으로 스스로 명명하셨으므로, 오늘날 수정할 때도 마땅히 이에 의거하여 합편해야 하지, 훈지라는 서명을 고쳐서는 안 됩니다.

이에 명고가 말하였다.

> 『이정전서二程全書』는 두 부자의 유문을 나누어 편집하였으니, '훈지록'이란 이름은 비록 남겨두어야 하나 편집은 분편分編하는 것이 좋을 듯합니다.

선생이 말하였다.

> 두 정부자程夫子는 초년에 출처가 같지 않고, 또 백정자伯程子는 일찍 세상을 떠났으나 숙정자叔程子는 장수를 누리며 만년의 저술이 퍽 많았으니, 그 형세가 분편하지 않을 수 없었습니다. 지금 우리 두 선생은 출처에 다름이 없고, 시를 읊조릴 때에도 서로 번갈아 창화하였으며, 편지를 쓸 때에도 매번 연명連名한 경우가 많았습니다. 의문 나는 뜻을 묻고 답할 때에는 더러 나누기도 하고 더러 합치기도 하였으나, 기타 나머지 크고 작은 글 역시 반드시 토론하여 지었으니, 분편하는 것은 마땅하지 않을 듯합니다.

명고가 다시 말하였다.

> 시문과 편지는 뒤섞어 써도 나쁠 것이 없으나, 서문과 기문·묘지명과 행장 등의 문장은 비록

합편하더라도 모두 훈수의 글을 앞에 두고 지수의 글을 뒤에 두어 두 편으로 만들어야 좋을 듯합니다.

이렇게 하여 마침내 목록을 정하였다.

○ 3월에 임소에 부임하였다.

당시에 호남의 조운漕運 정책이 한창 급박하다고 독촉하여 돌아간 것이다.

옥천을 지나가며 환선루喚仙樓에 올라갔다.

차운한 시가 벽에 걸려 있다.

○ 4월에 법성포法聖浦로 나가서 조운을 감독하는데, 쌀과 콩을 나누어 실었다. 그러고 나서 호수에 배를 띄우고 놀았다.

영광 군수 정광제鄭匡濟, 함평 현감 김오응金五應, 도사都事 안후석安后奭이 모임에 왔고, 창평昌平 선비 나경익羅景益이 와서 뵙고 글을 수정받았다.

○ 이 길에 함열현咸悅縣을 지나가는데 길가의 어떤 무덤에 석물石物이 성대하게 벌여 있는 것을 보고 물어보니, 곧 관노官奴의 무덤이었다. 형리刑吏에게 명하여 석물을 철거하게 하였다.

○ 이달 서울로 올라가는 길에 이산尼山에서 장령 윤동원尹東源[35]을 찾아보고, 이어서 우계牛溪와 율곡栗谷 두 현인의 학문과 출처에 대한 의문점을 토론하였다.

윤 장령은 명재明齋의 손자이다. 인사를 하고 나서 사문師門의 수찰手札을 보고자 하니, 윤공이 "우계와 율곡에 대한 영남 사람의 논평은 근래에 어떻습니까? 아직까지 여전히 배격합니까?"라고 물었다. 선생은 "영남 사람은 우계와 율곡을 명현名賢으로 여기지 않는 것이 아니라 다만 문묘 배향의 의논에 있어서 가벼이 서둘러서는 안 된다고 생각하고 있을 뿐입니다. 소를 올린 경우는, 지금 이 일이 이미 결정되었는데 무슨 배격할 일이 있겠습니까?"라고 대답하니, 윤공이 말하였다.

만약 일은 신중히 하는 것이 좋으므로 가벼이 서둘러서는 안 된다고 생각한다면 참으로 괴이할 것이 없으나, 비난하는 말은 아주 맞지 않는 듯합니다. 산에 들어간 것으로 율곡을 배척하고,[36]

---

35) 윤동원(尹東源, 1685~1741) : 자는 사정(士正), 호는 일암(一庵), 본관은 파평(坡平)이다. 명재(明齋) 윤증(尹拯)의 손자이다. 저서로는 『일암유고』가 있다.

36) 산에……배척하고 : 율곡 이이는 1554년 금강산 마가연(摩訶衍)에 들어가 불교를 공부하다가 이듬해

어가를 수행하지 않은 것과 선비를 죽인 것으로 우계를 배척하는데,[37] 선학禪學에 출입한 것은 낙민洛閩의 여러 군자[38]도 어쩔 수 없었던 것입니다. 이것이 어찌 누가 되겠습니까. 어가를 호종하지 않은 일은 신립申砬의 패전[39] 소식이 전해지자 주상이 그날 바로 황급히 서울을 떠나셨고, 그 당시 우계옹은 깊은 산속에 외따로 살고 있어서 나루터와의 거리가 60여 리나 되었습니다. 어떻게 소식을 들어 알 수 있었겠습니까. 소식을 듣고 나서 뒤따라 나루로 갔으나, 어가가 강을 건너간 뒤였고, 왜적을 방비하기 위하여 배를 철거해서 건너갈 길이 없어 슬피 바라보다가 돌아왔습니다.

그리고 견책을 받아 파면된 신하로서 죄명罪名이 아직 벗겨지지 않은 채 소명召命도 없이 어려움에 달려간다는 것은 함부로 나아가는 혐의가 있을 듯해서 단지 의병을 일으켜 초야에 있는 자는 초야에서 죽는 의리를 바치려 하다가, 동궁東宮의 분조分朝[40]에서 소명이 오자 바로 달려가서 다시 대조大朝로 달려갔습니다. 당시의 실상이 이와 같은데, 지금 무함을 변론하는 상소는 단지 대략적인 것만 범범하게 진술하고 또한 그 실정은 감히 바로 말하지 못하였습니다.

만약 옛날 사람의 일로 논한다면 양구산楊龜山과 윤화정尹和靖[41]이 정강靖康의 난리[42]에 달려가지 않은 것은 참으로 처지가 그러지 않을 수 없었기 때문이니, 이것으로써 우계옹을 탓해서는 안 될 듯합니다. 선비를 죽였다는 무고는 더욱 허무맹랑합니다. 우계옹은 산림에 물러나 살았는데, 죄인을 국문하여 죄목을 결정하는 일을 어떻게 알겠습니까.

하산하였는데, 추후에 비난받는 빌미가 되었다.

37) 어가를……배척하였는데: 우계(牛溪) 성혼(成渾)이 임진왜란 때 죄를 받고 파직된 신하로서 국난을 구하러 달려갈 수 없다고 생각하고 적극적으로 선조(宣祖)의 어가를 호종하지 않은 일과, 1590년 송강 정철(鄭澈)과 사이가 좋지 않았던 최영경(崔永慶)이 정여립 역옥사건(鄭汝立逆獄事件)에 무고로 연루되어 옥사하였는데, 당시 성혼은 이조 판서로서 그를 구하지 못하였다고 비난을 받은 일을 말한다.

38) 낙민(洛閩)의 여러 군자: 정자와 주자의 여러 제자를 말한다. 낙민은 송나라의 학자 정명도(程明道), 정이천(程伊川)과 주자(朱子)를 말한다. 정명도와 정이천은 낙양(洛陽) 사람이고, 주자는 복건성(福建省) 건명(建明) 사람으로 민(閩)은 복건성의 이칭이다.

39) 신립(申砬)의 패전: 신립(1546~1592)이 임진왜란 때 탄금대(彈琴臺)에서 배수진을 치고 왜적을 맞아 싸우다가 중과부적으로 포위되어 참패한 일을 말한다.

40) 동궁(東宮)의 분조(分朝): 임진왜란 때 광해군(光海君)이 선조(宣祖)와 함께 의주로 가는 길에 영변에서 만약의 사태에 대비해 분조(分朝)를 위한 국사권섭(國事權攝)의 권한을 위임받은 일을 말한다.

41) 양구산(楊龜山)과 윤화정(尹和靖): 구산은 송나라 양시(楊時, 1053~1135)의 호로, 자는 중립(中立)이다. 정호(程顥)·정이(程頤)의 도학(道學)을 주희(朱熹)·장식(張栻)·여조겸(呂祖謙) 등에게 전하여 낙학(洛學)의 대종(大宗)으로 일컬어진다. 화정은 윤돈(尹焞, 1071~1142)의 호로, 자는 언명(彦明) 또는 덕충(德充)이다. 정이(程頤)에게 수학하였으며, 낙중삼현(洛中三賢)의 한 사람이다.

42) 정강(靖康)의 난리: 북송 정강 2년에 금(金)나라 군대가 남하하여 송나라의 수도인 변경(汴京)을 함락시키고 휘종(徽宗)과 철종(哲宗) 두 황제와 황족들을 포로로 잡아간 사건으로, 이로써 북송이 망하였다.

선생이 말하였다.

우계의 문인이 송강의 문인에게 답한 편지를 본 적이 있는데, 송강은 그 일을 주도하였으나 우계는 간여한 것이 없다고 말한 듯하였습니다.

윤공이 말하였다.

송강은 실로 최영경을 구제하고 싶어서 동료들에게 자주 말하였으나, 선조께서 성품이 준엄하시어 거듭 진노하셨으니 어찌 감히 드러내어 구원하겠습니까. 다만 송강은 술병이 있어서 취하면 자기 목을 가리키며 "저들이 나의 목을 베려하니 제거하지 않을 수 없다."고 한 적이 있기 때문에 끝내 모함하여 죽였다는 누명을 썼습니다.

선생이 말하였다.

우계의 문인이 답한 편지 속에 "기축옥사己丑獄事[43] 때에 송강이 정국을 담당하여 옥사를 지나치게 함부로 하였다."는 말이 있는데, 이것으로 보면, 송강은 본래 책임을 면치 못할 것입니다.

윤공이 말하였다.

옛날부터 지금까지 죄인 국문에 언제 지나치게 함부로 하지 않은 때가 있었습니까? 이는 대간臺諫이 서로 다투고 조정의 의논이 무리지어 일어나서 위관委官[44]이 비록 신원하고자 하더라도 마음대로 하기 어렵습니다. 송강 역시 신원하려는 마음은 있었으나 좌우에서 견제하여 끝내 하지 못하였습니다. 다만 당시에 정국을 담당한 이유로 혼자서 그 책망을 받았을 뿐입니다. 우계는 최공과 본래 서로 아는 사이였기 때문에 옥을 나오던 날에 아들을 보내어 안부를 묻고 또 양식거리를 주었습니다. 송강은 우계와 서로 친한 사이인데 어찌 죽이려는 마음이 있었겠습니까.

선생이 말하였다.

---

43) 기축옥사(己丑獄事) : 정여립(鄭汝立)의 모반 사건으로 동인이 화를 당한 사건을 말한다. 선조 22년(1589) 10월에 동인인 정여립의 모반사건을 계기로 동인에 대한 탄압이 심해지고 서인 정철(鄭澈)이 옥사를 엄하게 다스리어 이발(李潑)·이길(李洁)·최영경(崔永慶) 등이 처형되고, 정언신(鄭彦信)·정개청(鄭介淸) 등이 유배되었다. 이때부터 전라도를 반역향(反逆鄕)이라 하여 전라도 사람의 등용이 제한되었다.
44) 위관(委官) : 죄인을 추국(推鞫)할 때 의정대신(議政大臣) 가운데서 임시로 뽑아 임명한 관원이다.

우계가 아들을 보냈을 때 공이 대답하기를 "너의 아비에게 미움을 받아서 이 지경에 이르렀다."고 하였다는데, 최공이 과연 이 말을 하였다면 화에서 벗어나지 못한 것이 마땅합니다.

윤공이 말하였다.

그 이야기도 헛말입니다. 우계가 아들을 보냈을 적에 최공은 기뻐하며 다정하게 맞이하였습니다. 그 말은 곧 나중에 지어낸 말입니다.

선생이 말하였다.

『선묘보감宣廟寶鑑』을 본 적이 있는데, 우계의 일을 기록하며 "퇴계를 사숙하였다." 하습니다. 우계옹이 퇴계에 대하여 스승과 제자의 관계로 자처하였습니까?

윤공이 대답하였다.

그렇습니다.

선생이 물었다.

율곡도 퇴계를 스승으로 삼았는지요?

윤공이 대답하였다.

요즘 옛사람을 논하는 자들도 율곡이 퇴계를 스승으로 받들었다고 생각합니다.

선생이 말하였다.

사단칠정四端七情과 이기理氣의 변에 우계는 퇴계의 학설을 존중하고 믿었으나, 율곡은 틀렸다고 하였습니다. 영남 사람은 우계의 학문이 율곡보다 낫다고 여깁니다.

윤공이 말하였다.

사람의 지식과 견해가 같지 않기 때문에 의리를 이해한 곳도 어쩔 수 없이 차이가 납니다. 비록 낙민洛閩의 여러 현인이더라도 더러 서로 다른 곳이 있었으나, 옛사람들은 이것을 병폐로 여기지 않았습니다. 어찌 견해가 같지 않은 것을 가지고 우열을 논할 수 있겠습니까.

선생이 말하였다.

주자가 두 정자를 존경하고 믿은 것이 도리어 어떠합니까. 만약 부당한 곳이 있으면 곧바로 "정선생의 이 학설은 잘못이 있는 듯하다."라고 말하며 조금도 허물을 덮어주지 않았습니다. 율곡옹의 소견이 이미 그와 같았다면 퇴계의 학설을 따르지 않고 스스로 자기의 견해를 내세우는 것도 안 될 것이 없으나, 다만 변론하는 사이에 크게 모를 드러내어 마치 배척하는 듯하였습니다. 이것이 영남 사람들에게 의문이 없을 수 없는 이유입니다.

윤공이 말하였다.

율곡이 퇴계를 존경하고 믿은 것은 한평생 성심으로 하였습니다. 석담정사石潭精舍에는 단지 정암靜庵과 퇴계만을 배향하였으니, 어찌 털끝만큼이라도 비난하고 배척하는 마음이 있었겠습니까.

○ 5월에 대궐에 나아가 사은숙배하고 호조 판서 박문수朴文秀와 함께 서강西江[45]에 나가 각 배의 쌀과 콩을 인수하였다.

○ 6월에 영남의 사대부들과 함께 소를 올려 전 관찰사 권업權㙾이 무함한 계문을 변론하였다.

이에 앞서 경상도 관찰사 권업이 전후의 사직소에서 영남 사람을 얽어 무함하였는데, 말뜻이 아주 흉악하였다. 영남 사람들이 소를 올려 무함을 변론하려 하였으나 질질 끌며 실행하지 못하였는데, 이때 선생이 영남의 여러 벼슬아치와 함께 소를 올려 억울함을 풀고 무함을 변론하였다. 소의 대략은 다음과 같다.

영남 한 지역은 평소에 문헌의 고장이라고 일컬어졌고, 대현大賢이 많이 나와 유풍이 성대합니다. 근년에 한두 명의 역적이 한 외진 고을에서 나온 것은 실로 옛날에도 없었던 변괴이나 많은 선비들은 눈물을 뿌리며 의로운 깃발을 서로 들고 나와, 반드시 역적의 가죽을 깔고 잔 뒤에야 그치려고 하였습니다. 무슨 말할 만한 숨은 근심거리가 있겠으며, 무슨 논의할 만한 진압거리가 있겠습니까?

이를테면 반란을 일으킨다는 이야기는 옛날 사람이 이적夷狄에게 했던 말입니다. 지금 중신이 우리 영남을 이적으로 만들려는 것입니까? 만약 영남 사람에게 참으로 깊이 숨겨진 근심거리와 장차 일어날 반란의 징후가 있다면 천지 사이에서 결코 잠시라도 숨을 쉬게 해서는 안 되므로,

---

45) 서강(西江) : 한강의 양화도(楊花渡) 일대를 가리킨다. 오늘날에도 그 이름이 남아 있다.

한갓 숨겨진 근심거리만을 생각하여 우선 진압만 해서는 아니 된다는 것이 분명합니다. 단호히 나라를 걱정해야 하는 중신으로서 어찌 어떤 일은 근심할 만하고 어떤 사람은 염려할 만하다고 분명히 말하고, 몸을 던져 용감하게 달려가서 서둘러 조사하여 죄인을 성토하고 토벌하여 남쪽을 돌아보는 조정의 근심을 끊지는 않고 도리어 한 몸의 이해에 얽매어 한갓 이렇게 교묘히 피하는 태도를 짓는 것입니까.

그 근심할 만한 것을 눈으로 보고서도 일을 피하며 달려가지 않는다면 이것은 불충不忠이고, 죄가 없다는 것을 마음속으로 알면서도 사람을 불측한 지경에 빠뜨린다면 이것은 불인不仁입니다. 불인과 불충은 군자가 하지 않는 바인데, 중신이 어찌하여 이 점을 살피어 삼가지 않고서 쉽게 입을 엽니까? 민원구를 부추기고 몇 명의 서무필이 더 있는지 알지 못하겠다고 한 말에 있어서는 더욱 마음이 아프고 쓸개가 찢어져 스스로 참지 못할 것이 있습니다.

민원구는 효경梟獍[46] 같은 서얼로서 변읍邊邑의 노비가 되어서, 노예 하인 따위도 오히려 그와 가까이 지내려 하지 않았습니다. 그럼에도 이 노비를 사주하여 사람을 무함하는 것을 영남의 사대부가 했다고 봅니까? 서무필의 흉악한 반역은 모든 백성이 다 같이 분개하는 것이나, 이 자는 하잘것없는 한 노예에 불과합니다. 불행하게도 그가 영남에서 태어났기 때문에 신들의 분통이 다른 사람과 비교하여 더욱 심한 데도 지금 한데 싸잡아 배척하기를 "몇 명의 서무필이 더 있는지 모른다." 하였습니다. 아! 흉악한 역적질을 한 사람은 실로 천지간에 극악한 죄인이므로, 까닭 없이 무함하여 남에게 씌울 수 없다는 것이 분명합니다.

근래에 세도世道가 날로 어그러지고 시국이 아름답지 않아서 배척할 때에는 꼭 이러한 나쁜 수법으로 서로 무함하며 유독 영남 사람에게 짓밟는 것이 더욱 심합니다. 지난번 전 관찰사 신 류복명柳復明[47]의 상소 역시 지나치게 의심하고 억측한 말이 있으나, 어찌 중신이 상소문의 내용을 재삼 번거롭게 반복하며 놀랍고 두려운 말을 갈수록 심하게 할 줄 알았겠습니까. 신들은 애통하고 억울한 심정을 견디지 못하여 죽음을 무릅쓰고 일제히 호소합니다.

삼가 바라건대 성명聖明께서는 특별히 살펴주시어 조사를 빨리 명하소서. 만약 잠복한 근심거리와 우려할 만한 반란의 징후가 있다는 것이 한결같이 중신의 말과 같다면 주벌誅伐을 엄격하게 가하시어 왕법을 시원하게 바로잡거니와, 만약 혹시라도 그렇지 않다면 무함한 사람의 죄는 저절로 귀결될 곳이 있을 것이므로, 분명한 처벌을 내리시어 온 도민의 분통하고 억울한 심정을 풀어주소서. 그렇게 되면 천만 다행이겠습니다.

---

46) 효경(梟獍) : 효(梟)는 어미를 잡아먹는 새이고, 경(獍)은 아비를 잡아먹는 짐승이다. 흉악해서 윤기(倫紀)를 모르는 사람에게 비유한 것이다.

47) 류복명(柳復明, 1685~1760) : 자는 양휘(陽輝), 호는 만촌(晩村), 본관은 전주이다. 1717년 문과에 급제, 1754년 자헌대부로 70세가 되어 기로소(耆老所)에 들어갔고, 지중추부사·판돈녕부사 등의 명예직에 임명되기도 하였다. 시호는 정간(貞簡)이다.

소가 올라가자 임금께서 비답하셨다.

> 권업의 상소는 의리가 없고 중도를 벗어났다는 것을 이미 훤히 알았다. 영남 사람에게 무슨 상관이 있겠는가.

○ 서울과 고향의 친구들과 함께 술자리를 마련하고 모여서 이야기를 나누었다.

서울의 벗은 승지 홍상빈洪尙賓·사간 홍상인洪尙寅·판관 이제담李齊聃·도사 이시이李時頤·도사 홍서洪曙·정랑 홍위洪暐·주서 홍첨洪瞻·관찰사 정광운鄭廣運이고, 영남의 벗은 정랑 이세후李世垕·정랑 김성용金聖鎔·문겸 하대연河大淵·관찰사 김극령金極齡·전적 성헌식成憲植·저작 강항姜杭 및 선생으로, 모두 15인이다.

○ 7월에 사은숙배하고 고향으로 돌아오다가 목천현木川縣에 이르러 공관公館 벽에 걸린 시와 서문을 보고 감음시感吟詩를 지었다.

고려 태조가 삼한을 통합할 적에 본 현의 다섯 성씨가 항복하지 않아서, 고려 태조가 우牛·마馬·상象·저猪·오烏로 성을 내려주었다. 그 충의忠義가 참으로 가상하나, 애석하게도 고려는 포장褒奬은 하지 않고 도리어 죽이고 욕을 보였다. 어찌 후세를 권면할 수 있겠는가. 선생이 시를 지었다.

이자[48]가 당시에 주나라 곡식 먹지 않았는데	二子當年不食周
신라시대 다섯 성씨가 다시 아름다움 이었네	羅時五姓更齊休
은나라 사람이여 서산의 고사리 자랑 마시라	殷人莫詑西山蕨
목악의 푸른 솔나무 잎마다 가을이라오	木岳蒼松葉葉秋

○ 추풍령을 지나가면서 봉사鳳沙 정준鄭儁 공을 김천에서 방문하고, -「종친회록宗親會錄」이 있다.- 돌아와 대전大田에 와서 일가친척을 모아놓고 동약안洞約案에 참여하였다.

바로 선생이 예전에 살던 곳이다.

---

48) 이자(二子) : 백이숙제(伯夷叔齊)를 말한다. 백이는 중국 은(殷)나라의 처사로서 주 무왕(周武王)이 은을 치려는 것을 말리다가 듣지 않자 주나라의 곡식 먹기를 부끄럽게 여겨 아우인 숙제와 함께 수양산(首陽山)에 들어가 고사리를 캐먹다가 굶어 죽었는데, 이에 대해 공자와 맹자가 인(仁)을 이루었다고 칭찬하였다.

○ 호수공湖叟公(정세아鄭世雅)이 자양紫陽에서 또 명산鳴山으로 나가 거처하며 남전藍田의 향약에 의거하여 처음으로 동약洞約을 만들었다. 그 뒤 서강西岡 전삼익全三益[49]·양계暘溪 정호인鄭好仁·명계明溪 정호의鄭好義가 다 같이 서문과 발문을 지었으며, 그 뒤에 명유名儒와 석학碩學이 모두 기록 안에 들어왔다. 선생은 그곳이 선조의 고향이라고 생각하고 드디어 이름을 써넣었다.

○ 8월에 사직소를 올려 체직되었다.

임기가 멀지 않았기 때문에 누차 사직소를 올렸던 것이다.

이 길에 『남정록南征錄』을 남겼다.

11년 을묘(1735) 선생 51세

정월에 고조할아버지 백암공柏巖公의 분황제焚黃祭[50]를 지냈다.

애도하는 글과 감회를 읊은 시가 있다.

○ 2월에 포은 선생의 초상을 다시 모사하였다.

당시에 선생이 임고서원臨皐書院 원장이었다.

○ 시가 있다.

○ 가을에 성리性理에 관한 여러 책 및 『이정전서二程全書』를 읽었다.

○ 겨울에 명고공鳴皐公과 함께 은해사銀海寺에서 만나 『훈지록塤篪錄』을 수정하였다.

은해사는 팔공산에 있는데 경치가 뛰어난 곳이 많다.

12년 병진(1736) 선생 52세

---

49) 전삼익(全三益, ?~?) : 의병이자 무신 출신이다. 본관은 축산(竺山)이다. 1592년 임진왜란 때 아우 전삼성과 함께 의병에 참여하여 공훈을 세웠다.

50) 분황제(焚黃祭) : 벼슬을 줄 때 내린 교지(敎旨)를 누런 종이에 한 통 더 복사하여 증직된 사람의 묘소에 가지고 가서 고유(告由)한 다음 불사르는 의식을 말한다.

봄에 『주서절요朱書節要』를 읽었다.

『의의차록疑義箚錄』이 있다.

○ 여름에 맏아들 일감一鑑의 관례冠禮를 올렸다.

13년 정사(1737) 선생 53세

아무 달에 「단구향사봉안문丹丘鄕社奉安文」을 지었다.

14년 무오(1738) 선생 54세

정월에 「진사 송명기宋命基에게 답하는 편지」를 썼다.

당고黨錮의 화 및 인심人心과 도심道心의 구분을 논하고 나서 또 『퇴서절요退書節要』의 규례를 논정하였다.

○ 2월에 맏아들 일감의 초상에 곡하였다.

○ 가을에 『사전춘추四傳春秋』[51]를 읽었다.

15년 기미(1739) 선생 55세

여름에 『주자대전朱子大全』을 읽고 잘못된 자획을 보완 수정하였다.

16년 경신(1740) 선생 56세

가을에 가족을 데리고 매곡梅谷의 별장으로 들어갔다.

---

51) 『사전춘추四傳春秋』: 『춘추사전(春秋四傳)』이다. 경문 아래에 모두 좌씨(左氏)·공양(公羊)·곡량(穀梁) 3전(傳)의 주(注)를 쓰고, 호안국(胡安國)의 전(傳)은 따로 표출(標出)한 책이다.

17년 신유(1741) 선생 57세

봄에 옛집을 옮겨지었다.

○ 7월에 봉정대부奉正大夫 병조 좌랑에 제수되었다.

○ 8월에 서울에 가서 사은숙배하였다.

당시 대가大駕가 능에 행차하셨는데, 선생이 마침 금훤禁喧[52]의 임무를 맡게 되었다. 이에 앞서 금부 낭관禁府郎官이 직무를 수행하지 못하여 무거운 견책을 받기까지 하였다. 이 때문에 사람들이 모두 위태롭게 여겼으나, 선생은 관서의 아전들을 신칙하고 정성을 다하여 깨우쳐 주니, 도성 안에서 구경하는 자들이 "훌륭한 관리가 죄를 받게 하지 말자."며 서로 경계하여 사방을 에워싸고도 작은 소리 하나 내지 않고 조용하였다. 대가가 환궁할 때 특별히 하교하시기를 "이번 행차에는 시끄럽게 떠드는 소리가 하나도 없었으니, 네가 직무를 근실하게 하였다는 것을 알겠다."고 하였다. 돌아오자 동료들이 모두 축하하였다.

이달에 겸 춘추관 기사관으로서 입시하니, 상이 사는 곳과 선조에 대하여 아주 자세히 물어 선생이 모두 사실대로 대답하였다.

○ 10월에 입시하니, 상께서 여러 신하에게 술을 하사하였다.

이날 동지사冬至使가 하직을 올려서, 상께서 여러 신하에게 술을 석 잔씩 내리셨는데, 여러 신하가 모두 잔을 받아 입에 가까이 대기만 하고 마시지는 않았다. 그러나 선생은 홀로 다 마시고 석 잔째만 조금 마시고 그릇에 부으니, 상께서 "저 상번上番은 분명히 잘 마시는데 혹시라도 예의를 잃을까 염려하여 음주를 절제하는 것이니, 이는 임금이 내린 것을 공경하는 뜻이다. 그 뜻이 가상하다."고 하고 한 잔 더 내리도록 명하였다. 그러자 선생이 절을 올리고 "신은 평소 잘 마시지는 못하오나 특명을 어찌 감히 사양하겠습니까."라고 하고는 드디어 다 마셨다. 나중에 상께서 연석의 신하에게 "이 사람의 질박하고 순실함은 영남 사람의 본색이 있다."라고 말씀하셨다.

○ 11월에 겸직兼職을 사직하였다.

○ 12월에 다시 겸 춘추로 예문관에 입직하였다.

선생이 공무의 여가에 예문각의 책을 읽어보지 않은 것이 없었는데, 더러는 밤중이 지나도록 잠을 자지 않았다. 한 동료가 농담으로 "예문관을 그대의 독서실로 만들지 마시오."라고 하니,

---

52) 금훤(禁喧) : 떠들지 않게 금지하는 일을 말한다.

선생이 "따뜻한 방에 훈훈한 화로를 두고 마음대로 책을 보는 것도 성상의 은총이오."라고 하였다. 또 어떤 늙은 서리가 "내가 이 예문관에 입직하는 사람을 많이 보았으나, 책을 가까이하고 독서를 좋아하는 관리를 지금 비로소 보겠네."라고 말하였다.

18년 임술(1742) 선생 58세

2월에 결성 현감에 임명되었다.

○ 3월에 임소에 도착하였다.

선생은 현에 부임하여 먼저 피폐한 백성을 소생시키고 낡은 제도를 바로잡는 데 힘써서, 상선商船과 염부鹽釜의 세금 및 사찰의 각 장인이 납부하는 것을 모두 절반으로 줄였다. 또 무역하며 관에 바치는 것도 폐기하였으며, 민간에서 거둔 것을 다 되돌려 주니, 위엄과 은혜가 함께 베풀어져서 온 경내가 태평하여 도망가 숨었던 아전과 노비가 많이 돌아왔다. 노인 봉양과 학문 권장을 달마다 상례로 시행하며 공무의 여가에 독서를 공부처럼 하였다. 현에서 흘러 들어와 임시로 사는 외지 사람 중에 세력자를 믿는 자가 많아서 부렴賦斂과 조적糶糴에 있어서 법령을 따르지 않았는데, 선생은 법에 의거하여 다스리며 조금도 두려워하거나 주저하지 않았다. 판서 이병태李秉泰도 이 현에 임시로 살았는데 어떤 사람에게 "새로 부임한 현감은 다스리는 법을 꽤 안다."라고 말하였는데, 이는 미워서 한 말이다.

○ 7월에 사직소를 올리고 체직되어 돌아왔다.

공주公州 동천銅川에 다다라 읊은 시가 있다.

서쪽에서 인끈 풀고 필마로 돌아오니	解綬西城匹馬歸
소슬한 가을바람 부질없이 옷깃 날리네	秋風蕭瑟謾吹衣
석양이 사람 비추는 강변의 길에서	斜陽偶入江郊路
흰 새가 무심히 나를 보고 날아오네	白鳥無心向我飛

19년 계해(1743) 선생 59세

3월에 고산사高山社에 모여 『훈지록』을 교정하였다.

○ 12월에 하천夏泉의 분암墳庵에 들어가 『오천세고烏川世稿』를 편찬하였는데, 모두 3권이다.

20년 갑자(1744) 선생 60세

여름에 기제忌祭의 의식儀式을 정했다.

선대부터 고考와 비妣를 함께 제사하였는데, 함계공이 『가례』에 의거하여 단지 한 분에게만 차렸다. 선생이 예가禮家의 여러 학설 중 “아버지 제사에는 어머니 신위도 함께 모시나, 어머니 제사에는 어머니 신위만 모신다.”의 뜻을 취하여 사당에 고유하고 정식定式으로 삼았다.

○ 가을에 판서공의 묘비를 다시 세웠다.

○ 겨울에 『가례혹문家禮或問』을 수정하였다.

함계공이 일찍이 우리나라 선현이 문답한 예설禮說을 모아 『가례』를 강綱으로 삼아서 나누어 분속하고, 또 의례와 변례의 의절을 부치려 하였는데, 일을 다 마치지 못하였다. 선생이 그 초고를 가지고 남기신 뜻에 따라 분류하고 편집하니, 모두 10권이다.

○ 「정윤문鄭允文 중직重稷에게 답하는 편지」에서 대전大田 이 충장공李忠莊公(이보흠李甫欽)의 동문과 묘소에 비석을 세우는 일을 논하였다.

21년 을축(1745) 선생 61세

여름에 지수 선생의 행장을 지었다.

○ 섣달 그믐날 밤에 여러 벗과 함께 고산사에서 밤을 새웠다.

수창한 시가 있다.

22년 병인(1746) 선생 62세

봄에 『주서절요집해朱書節要集解』가 이루어지니, 모두 8권 4책이다.

서문이 있다.

○ 조천응曺天應 용석龍錫이 질문한, 개장할 때의 의절에 대하여 답하였다.

○ 「사위 신황申熿에게 답한 편지」에서 가난하게 살며 살림을 꾸려나가는 방도를 논하였다.

23년 정묘(1747) 선생 63세

봄에 환고環皐 위쪽에 서당 터를 잡았다.

종족 중 일을 잘 보는 사람을 시켜 짓는 일을 시작하게 하였다.

○ 터를 닦으며 고한 글이 있다.

○ 여름에 제산霽山 김성탁金聖鐸 공의 부음을 듣고 곡위를 설치하여 곡하였다.

영구를 반장返葬할 때 애도한 만사가 있다.

24년 무진(1748) 선생 64세

2월에 오록서당梧麓書堂이 완공되었다.

매곡 위쪽 3리에 있다.

○ 기문 및 잡영雜詠 18 절구가 있다.

○ 최백겸崔伯兼 종겸宗謙이 질문한 예에 대한 의문에 다시 답하였다.

최종겸은 선생의 종생질인데, 총각 때부터 문하에 들어와 교도를 많이 받았으며, 누차 예에 대한 의문을 질문하여 선생이 조목조목 답하였다.

25년 기사(1749) 선생 65세

4월에 제문을 지어 김제산金霽山에게 제사를 올렸다.

26년 경오(1750) 선생 66세

봄에 『개장비요改葬備要』를 다시 수정하였다.

정제鄭梯[53] 공이 와 모여서 수십 일 만에 끝냈다.

○ 발문이 있다.

○ 여름에 『예기고오禮記考誤』가 이루어졌다.

27년 신미(1751) 선생 67세

3월에 『의례통고疑禮通攷』를 편집하였다.

○ 4월에 오록서당에 모여 『역학계몽易學啓蒙』을 강론하였다.

박평朴枰 공과 정제鄭梯 공 및 이명수李明叟 경증景曾·박자준朴子準 표標가 와 모였다.

○ 장천로張天輅 동재東載가 찾아왔다.

○ 잠와潛窩 최공崔公의 실기實紀를 편집하였다.

이어서 내용을 줄여서 묘갈명을 지었다. 짧은 발문이 있다.

○ 이맹유李孟猷 홍리弘离[54]가 의심나는 예를 조목조목 물은 것에 답하였다.

○ 9월에 산수정山水亭이 이루어졌다.

매곡의 시내 서쪽에 있다.

○ 기문 및 잡영 12절구가 있다.

○ 통훈대부 함경도 도사에 임명되었으나 부임하지 않았다.

28년 임신(1752) 선생 68세

정월에 오록서당에 다시 모여 스승의 예서禮書를 수정하였다.

○ 3월에 여러 족인을 하천夏泉에 모아 선영의 도록圖錄을 그려 완성하고 이를 베껴 각 파에 나누어 주었다.

○ 이달에 병조 좌랑에 제수되었으나 부임하지 않았다.

---

53) 정제(鄭梯, 1689~1765) : 자는 가승(可升), 호는 남창(南窓), 본관은 영일이다. 저서로는 『남창집』이 있다.

54) 이홍리(李弘离, 1701~1778) : 자는 맹유(孟猷), 호는 용와(慵臥)이며, 본관은 경주이다.

○ 8월에 『가례집요家禮輯要』를 완성했다. 모두 6권 3책이다.

서문이 있다.

○ 11월에 사간원 정언에 제수되었다.

○ 12월에 체포되어 갔다.

당시 서울에 있는 여러 대신臺臣이 아무도 나가 숙배肅拜하지 않아서 상께서 모두 의금부에서 추고하라고 명하셨는데, 선생은 조용히 의금부에 나아가 심리를 받으며 태연하게 처신하였다.

29년 계유(1753) 선생 69세

정월에 서용敍用되어 사헌부 지평에 제수되었다.

지방에 있다고 현고現告[55]하여 체직되었다.

○ 4월에 또 지평에 제수되었으나 사직소를 올려 사양하였다.

○ 6월에 명고공鳴皐公 및 고향의 사우士友를 모아 임고서원에서 『포은선생속집』을 편집하였다.

○ 청대淸臺 권상일權相一에게 편지를 보내고, 아울러 그 선죽교善竹橋 시에 차운하였다.

○ 「최겸지崔兼之 달제達濟에게 답하는 편지」에서 용산서원龍山書院의 편호扁號를 논정하였다.

동쪽 협실은 '흥인興仁'이라 하고, 서쪽 협실은 '유예游藝'라 하였다. 나중에 상향축문常享祝文을 말로 불러 주었다.

○ 정제鄭梯에게 답한 편지에서 일성군日城君(정운관鄭云瓘) -포은의 부모 묘소이다.- 의 묘제墓祭의 규례를 정하였다.

---

55) 현고(現告) : 직접 출두하여 고(告)하는 것이다.

30년 갑술(1754) 선생 70세

봄에 내한內翰 이세택李世澤이 와서 안부를 여쭙고 『주서강록朱書講錄』 교정하는 일을 의논하였다.

감역監役 이수항李守恒이 선생에게 여러 번 편지를 보내어 『심경질의心經質疑』와 『주서질의朱書質疑』가 문인의 기술에서 나왔다는 것을 논변하고, 또 선생이 편집한 『주서절요집해朱書節要集解』를 도산서원에 소장할 것을 요청하였는데, 이때에 와서 아들 내한을 보내와 의논한 것이다.

○ 여름에 명고공에게 답하는 편지에서, 아버지가 살아 있는데 아내가 죽었을 경우의 상례를 주관하는 의절을 논하였다.

○ 8월에 또 정언에 제수되었다.

능행陵行에 가지 않았다고 하여 바로 체직하였다.

○ 9월에 이조 좌랑에 제수되었으나 부임하지 않았다.

○ 이달에 현감 윤동함尹東涵이 산수정山水亭으로 찾아왔다.

31년 을해(1755) 선생 71세

2월에 하천夏泉의 분암墳庵에 모여 시총詩塚에 비석 세우는 일을 의논하였다.

임진년의 전란에 선생의 고조할아버지 백암공柏巖公이 월성 전투에서 순국하셔서, 호수공이 남긴 옷으로 초혼招魂을 하고 애도하는 글을 모아 관에 넣고 장사지냈는데, 사람들이 시총이라 불렀다.

○ 묘비명은 참판參判 오광운吳光運[56]이 지었다.

○ 또 정언에 제수되었으나 부임하지 않았다.

○ 겨울에 의계義契의 곡식을 내어 여러 친족을 진휼하였다.

이해에 흉년이 들어 선생이 의계의 곡식을 내어 도와주었다.

---

56) 오광운(吳光運, 1689~1745) : 자는 영백(永伯), 호는 약산(藥山), 본관은 동복(同福)이다.

32년 병자(1756) 선생 72세

정월에 통정대부 절충장군 첨지중추부사에 승진하였다.

○ 여름에 손노잠孫魯岑[57]의 유고를 교열하였다.

발문이 있다.

○ 윤9월에 장례원 판결사掌隷院判決事에 제수되었다가 형조 참의에 이배되었는데 사직소를 올리고, 이어 치사를 청하는 글을 올렸는데 승정원에서 돌려보냈다.

○ 눌은訥隱 이광정李光庭을 곡하였다.

만사가 있다.

○ 겨울에 『손경절공실기孫景節公實紀』를 교열하였다.

33년 정축(1757) 선생 73세

2월에 왕비가 승하하여 곡반哭班에 달려갔다.

6일 동안 소식素食하였다.

○ 3월에 대비가 승하하자 곡위哭位를 설치하고 망곡례望哭禮를 행하였다.

○ 여름에 정여장鄭汝章 엽燁의 예에 대한 의문에 답하였다.

○ 「하곡서당기霞谷書堂記」를 지었다.

○ 6월에 병으로 자리에 누웠다.

증세는 위독해도 정신은 흐트러지지 않아 고장 사람이 와서 안부를 물으면 다정하게 응접하면서 반드시 권면하는 뜻을 다하였다.

○ 정중직鄭重稷과 일탁一鐸에게 선대의 일을 부탁하였다.

---

57) 손노잠(孫魯岑) : 노잠은 손여두(孫汝斗, 1643~1713)의 호이다. 자는 망지(望之), 본관은 경주이다. 저서로는 『노잠집』이 있다.

○ 7월 7일 정유일에 아들 일찬一鑽에게 명하여 책장의 책들을 잘 간직하라고 명하였다.

이날 설사 증세가 더욱 심해졌으나, 설사할 때마다 반드시 부축 받고 일어나 문 밖으로 나갔다. 자제가 방에 요강 놓을 것을 청하자, 선생이 "서책이 있는데 어떻게 방을 더럽힐 수 있겠느냐." 하였다.

○ 부녀자들에게 절을 하고 나가라고 명하였다.

○ 8일 무술 신시申時에 정침正寢에서 세상을 마쳤다.

미시未時에 일규一珪에게 『퇴계집』을 다른 곳에 옮겨 놓으라고 명하고, 이어 자리를 바로잡게 하고는 태연히 운명하였다. 부음이 나가자 사대부들이 서로 애도하며 "철인이 시들었구나."[58]라고 탄식하였다. 사림들이 와 모여서 상을 치렀다. 조정에서는 부의를 의례대로 보내고, 감영과 군에서도 모두 부의를 넉넉하게 보내왔다.

34년 무인(1758) 정월 19일 병오일

운주산 신방동 자좌의 터에 안장하였다.

함계공의 묘에서 십여 보 아래에 있다. 원근에서 장사에 와 모인 자가 수백 인이고, 치전致奠[59]한 자가 백여 인이었다.

○ 청대淸臺 권상일權相一이 호상소護喪所에 편지를 보내어 말하였다.

> 우리들이 불행하여 매산 영공이 갑자기 운명하셨습니다. 부음을 받고 통곡을 스스로 멈추지 못하였습니다. 순수한 자질과 해박한 식견으로 또 속세의 누를 일찍 벗어나 임천에서 조용히 수양하면서 성현을 스승으로 모시고 서적을 업으로 삼았으니, 그 진덕수행進德修行은 옛날 사람에게 부끄러움이 없습니다. 한가로움 속에서 저술한 것 중에 후세에 전할 만한 것이 반드시 있을 것입니다. 여든 살의 노인이 붕우와 친구에게 애도의 글을 보내지 못하게 된 지가 이미 여러 해여서 평생 종유한 친구의 마음을 조금이라도 펼 수가 없습니다. 새로 지은 산수정山水亭의 운물雲物이 슬픔을 머금었을 것을 멀리서 생각하니 저도 모르게 남쪽을 바라보며 눈물이 흐릅니다.

---

58) 철인(哲人)이 시들었구나 : 위인(偉人)의 죽음을 슬퍼하는 심정을 표현한 말이다. 공자가 세상을 떠나기 일주일 전에 "태산이 무너지는구나. 들보가 쓰러지는구나. 철인이 시드는구나.[泰山其頹乎 梁木其壞乎 哲人其萎乎]"라고 노래하였다.(『禮記』「檀弓上」)

59) 치전(致奠) : 제문(祭文)과 제물(祭物)을 가지고 조상(弔喪)하는 것이다.

보충[補]

36년 경진(1760)

정월에 문하의 제공이 사문師門을 위하여 계契를 조직하였다.

『오록동사안梧麓同社案』이 있다. 사우록師友錄을 편성하였다.

51년 을미(1775)

행장이 완성되었다.

대산大山 이상정李象靖이 지었다.

정조대왕正祖大王 11년 정미(1787)

사림이 매오서사梅塢書社를 창건하였다.

매곡의 산수정山水亭 동쪽에 있다.

14년 경술(1790)

문집을 간행하였다.

12권 6책이다.

○ 대산 이상정이 교열하고, 금대錦帶 이가환李家煥이 서문을 쓰고, 입재立齋 정종로鄭宗魯가 발문을 썼다.

19년 을묘(1795)

매오서사에서 지방을 모시고 제전을 올렸다.

칠암七菴 김몽화金夢華가 봉안고유문奉安告由文과 상향문常享文을 지었다.

철종대왕哲宗大王 4년 계축(1853)

『가례집요』를 간행하였다.

6권 3책이다.

○ 정재定齋 류치명柳致明이 교열하였다.

14년 계해(1863)

묘우廟宇를 창건하였다.

운산雲山 이휘재李彙載가 상량문을 지었다.

같은 해 지석誌石을 묻었다.

운산 이공이 명銘을 지었다.

고종대왕高宗大王 원년元年 갑자(1864)

위패를 봉안하였다.

정와訂窩 김대진金岱鎭이 봉안문을 지었다.

○ 5년 지난 무진년(1868)에 조정의 명령을 따라 제향을 정지하고 위패를 철거하였다.

9년 임신(1872)

비석을 세웠다.

정재 류공이 명을 짓고, 시강侍講 이경일李擎日이 글씨를 썼다.

22년 을유(1885)

『주서절요집해』를 간행하였다.

8권 4책이다.

○ 한주寒洲 이진상李震相이 교열하였다.

81년 지난 병오(1966)

문집 －8권 4책－ 과 속집 －2권 1책－ 연보, 부록, 급문록及門錄 －2권 1책－ 을 중간하였다.

이듬해 정미(1967)

별집別集을 간행하였다.

『장릉천장일기長陵遷葬日記』와 『남정록南征錄』까지 모두 2권 1책이다.

매산선생문집 속집
梅山先生文集 續集

제12권

매산선생문집 속집 제12권

부록附錄

만사輓詞

이익李瀷

재주 품고 태어나도 보탬이 없었으니 어찌하랴	才生無益柰之何
좋은 값 받기[1] 어려웠으나 옥에는 흠 없었네	善價難求玉不瑕
이 늙은이 명성 듣고 속절없이 서글피 바라보다가	老子聞名空悵望
그대가 이미 가버려 다만 길이 탄식만하네	夫君已逝但長嗟
산이 깊어도 난초는 저절로 향기 내뿜지	山深自是蘭芳在
누가 아랴 돌이 눌러도 죽순은 삐져나옴을	石壓誰知筍出斜
편안히 황천으로 돌아가니 내 어찌 서운하랴	袖手歸泉吾豈憾
덕음 남겨 후인으로 하여금 자랑삼게 하였다네	德音留使後人姱

1) 좋은 값 받기: 좋은 값은 능력에 상응하는 대우로 부름을 받는다는 의미이다. 자공(子貢)이 일찍이 공자(孔子)에게 "아름다운 옥이 여기에 있으니, 궤에 담아서 감춰 두시겠습니까, 아니면 좋은 값을 받고 팔아야겠습니까?[有美玉於斯 韞櫝而藏諸 求善賈而沽諸]"라고 물으니, 공자가 "팔겠다, 팔겠다. 그러나 나는 좋은 값을 기다리는 사람이다.[沽之哉沽之哉 我待賈者也]"라고 한 데서 온 말이다.(『論語』「子罕」)

또[又]

홍중징洪重徵[2]

울창한 저 기룡산	鬱彼騎龍山
그 속에 은거하는 선비 있었네	中有考槃士
오두막에서 학문의 맛 깊었고	巢居味道腴
영정이 그 발꿈치에 그쳤네[3]	永貞艮其趾
지난날 서울에 들렀을 때	往年過都下
내 초라한 집에 찾아왔었네	訪我蓬蓽門
청수한 모습은 신선과 같았고	癯然貌態眞
앉은 자리에 아직도 향기 남았네	坐席猶餘芬
한 번의 작별 운수에 막히어	一別隔雲樹
멀리서 생각하느라 수고로웠네	芝宇勞遠想
영달의 길이 어찌 그리 늦었는가	榮塗一何晏
사구[4]의 임명에도 달려가지 않았네	司寇未赴命
갑자기 들은 소미성[5]의 빛을 잃은 소식	忽聞少微晦
못난 친구는 아! 이제 그만이네	末契嗟已矣
영남의 사기 쓸쓸해지니	山南士氣索
학자들의 눈물 비 오듯 흐르네	雨泣諸學子
어이 견디랴 정공의 고장에	那堪鄭公鄉
서대초[6]가 해마다 자랄 터인데	書帶年年長

---

2) 홍중징(洪重徵, 1682~1761) : 초명은 중흠(重欽), 자는 석여(錫餘), 호는 오천(梧泉), 본관은 풍산(豊山)이다. 시호는 양효(良孝)이다.

3) 영정(永貞)이……그쳤네 : 『주역』「간괘(艮卦)」의 초효에 나오는 말로, 은거할 곳을 잘 찾아 영원히 은거하였음을 뜻한다.

4) 사구(司寇) : 형조 판서를 달리 이르는 말이다.

5) 소미성(少微星) : 별자리 이름으로 일명 처사성(處士星)으로 일컫기도 한다.

병든 몸이 겨우 애도시를 엮고 淹疾强綴誄
동쪽 바라보니 마음 서글프네 東望懷惻愴

또[又]

이산두李山斗[7]

순수하고 깊은 가학과 뛰어난 자품 純深家學嶷然姿
안정[8]의 문인임을 얼핏 보아도 알았지 安定門人見可知
일부에 침잠함은 한강의 요결이요[9] 一部沈潛寒岡訣
삼조로 치달림은 광천의 말이네[10] 三條馳騁廣川辭
동남의 명사 중에 공이 유독 있어 東南名勝公惟在
조정의 큰 인재로 세상이 다 추대했네 廊廟宏才世共推
흰 머리로 차마 지기의 눈물 뿌리니 白首忍揮知己淚
명고의 물색이 다 같이 슬퍼 보이네 鳴皐物色一般悲

6) 서대초(書帶草) : 한(漢)나라 정현(鄭玄)이 불기산(不其山) 기슭에서 후학을 가르칠 때 자라났다는 풀로, 줄기가 부추처럼 길고 질겨 책을 묶는 띠로 사용하였다 한다. 스승의 유적지를 말할 때 인용된다.

7) 이산두(李山斗, 1680~1772) : 자는 자앙(子仰), 호는 난졸재(懶拙齋), 본관은 전의(全義)이다. 시호는 청헌(淸憲)이다.

8) 안정(安定) : 송나라의 유학자 호원(胡瑗)이다. 일찍이 정자(程子)는 "안정 선생에게 배운 자는 그 순후하고 화평한 기운을 한 번 보면 알 수 있다."고 하였다.(『宋元學案』)

9) 일부(一部)에……요결이요 : 매산이 『심경(心經)』 한 부에 침잠한 것은 한강(寒岡) 정구(鄭逑)의 요결을 따른 것이라는 말로, 곧 한강의 학통을 계승하였음을 뜻한다.

10) 삼조(三條)……말이네 : 삼조는 신하가 왕에게 올리는 중요한 진언(進言)을 말하고, 광천은 동중서(董仲舒)의 고향이다. 동중서는 한 무제(漢武帝)의 물음에 삼대책(三對策)을 올려 그 대책문(對策文)이 무제의 신임을 얻었는데, 여기서는 매산이 진언을 잘 지었음을 뜻한다.

또[又]

김이만金履萬[11]

젊은 날의 만남 성균관 동쪽이었지	青春傾蓋泮之東
탁세에 장자의 풍모 그대를 흠모했네	濁世欽君長者風
혁혁하게 용문에 일찍 뛰어오른 잉어요[12]	赫奕龍門曾躍鯉
때를 놓쳐 오부[13]에서 뒤늦게 총마 탔네[14]	蹉跎烏府晩乘驄
지난날의 만나고 헤어짐은 뜬구름과 같고	往時聚散浮雲似
오늘날의 살고 죽음은 흘러가는 물과 같네	今日存亡逝水同
하얀 글씨로 붉은 명정에 소사구[15]라 썼으나	粉字丹旌小司寇
차마 저승으로 보낼 수 있겠는가	忍堪相送九原中

또[又]

김명석金命錫[16]

강성이 그 성을 주고[17]	康成錫爾姓

---

11) 김이만(金履萬, 1683~1758) : 자는 중수(仲綏), 호는 학고(鶴皐), 본관은 예천(醴泉)이다.

12) 용문(龍門)에……잉어요 : 용문은 황하 상류의 물이 급격히 쏟아져 내리는 협곡의 이름인데, 세 계단으로 되어 있는 그 폭포수를 물고기가 뛰어 오르면 용이 된다는 고사에서 유래하여, 과거 급제를 비유하는 말로 쓰인다.

13) 오부(烏府) : 한나라 어사부(御史府) 앞에 줄지어 서 있는 잣나무 위에 항상 수천 마리의 들까마귀가 모여 와 앉아 떠들어대다가 날아가곤 하였으므로 뒤에 사헌부를 뜻하게 되었다.(『漢書』「朱博傳」)

14) 총마(驄馬) 탔네 : 후한(後漢) 때 환전(桓典)이 어사(御史)가 되었을 적에 총이말을 타고 다니면서 권력자들의 비행을 거리낌 없이 탄핵했던 데서 온 말로, 전하여 강직한 어사를 의미한다.

15) 소사구(小司寇) : 주대(周代)에 형벌을 맡은 벼슬로서 사구(司寇) 다음의 벼슬을 말한다. 여기서는 매산이 형조 참의를 지냈기 때문에 한 말이다.

16) 김명석(金命錫, 1675~1762) : 자는 여수(汝修), 호는 우계(雨溪), 본관은 의성(義城)이다.

선보가 그 수명을 빌려 주었네[18]	宣父假其年
과거는 『근사록』으로 급제하고	科第近思錄
명성은 태극편[19]으로 높았네	名聲太極篇
침체는 옥으로 만들려는 것[20]	沈淪庸玉汝
진퇴는 실로 하늘에 달렸네	進退實關天
탓하지 마오 형조의 관직으로	莫以秋曹職
영주[21]가 이미 현자를 잃었다고	瀛洲已失賢

또[又]

김하구金夏九[22]

원림인 매곡은 정공의 고장인데	園林梅谷鄭公鄉
서대초 창 앞에서 인끈이 얼마나 길었던가	書帶窓前幾綬長
유림의 인망 태산 같아 앞다투어 사모하고	儒望斗山爭蜡慕
조정의 모범 되었으나 높이 오르지 못했네	羽儀霄漢未鴻翔
노년에 공부하는 즐거움 따로 있었는데	耆年自有孜孜樂

17) 강성(康成)이……주고: 강성은 후한(後漢) 말기 정현(鄭玄, 127~200)의 자이다. 이는 매산의 성이 정현과 같은 정씨이기 때문에 한 말이다.

18) 선보(宣父)가……빌려 주었네: 선보는 공자(孔子)에게 당 태종(唐太宗) 정관(貞觀) 11년(637)에 올린 존호이다. 그리고 공자의 향년이 72세였는데, 매산의 향년도 그와 같았으므로 수명을 빌려주었다고 말하였다.

19) 태극편: 『매산집』 권8에 「태극도설웅씨주변(太極圖說熊氏註辨)」이 있다.

20) 옥으로……것: 송나라 장재(張載)의 「서명(西銘)」에 "빈궁과 걱정 속에 처하게 함은 그대를 옥으로 이루어 주려 함이로다.[貧賤憂戚 庸玉汝於成也]"라고 한 데서 온 말이다.

21) 영주(瀛洲): 현명한 신하들이 모여서 학문을 토론하는 곳을 말한다.

22) 김하구(金夏九, 1676~1762): 자는 정보(鼎甫), 호는 추암(楸菴), 본관은 수안(遂安)이다.

악몽에서 누가 빨리 일어나라 불렀나[23] 噩夢誰呼起起忙
하늘로 날아간 학을 어디에서 찾아볼까 鶴影沖空何處覓
한양에서의 담소가 사람을 슬프게 하네 洛城談笑使人傷

또[又]

장지학張趾學

한 시대의 호걸로 사림의 명망 높았고 一代人豪士望紆
성대한 명성은 영남의 제일이었네 蔚然聲采擅南隅
어찌 세태를 따라 명리를 쫓으랴 肯隨浮俗趨名利
홀로 경전을 안고 학문의 맛 깊었네 獨抱遺經味道腴
유학으로 쇠퇴한 세상 진작시키려 하는데 儒鐸方看振衰世
하늘은 어찌 서둘러 우리에게 화를 내리는가 天心何遽禍吾徒
옥산에서 오늘 동갑의 눈물 玉山今日同庚淚
동쪽 구름에 뿌리며 갑절로 한숨짓네 洒向東雲倍欷吁

또[又]

손맹걸孫孟杰

맑기는 빙옥 같고 아름답기는 금 같아 清如氷玉美如金

---

23) 악몽에서……불렀나 : 후한(後漢)의 정현(鄭玄)이 일찍이 꿈을 꾸었는데, 공자(孔子)가 "일어나라, 일어나라. 금년은 용의 해이고, 내년은 뱀의 해이다.[起起 今年歲在辰 來年歲在巳]"라고 하였다. 그 꿈을 깨고 나서 참서(讖書)로 맞추어본 결과 스스로 자기 수명이 다했음을 알았는데, 이윽고 병이 깊어져서 죽었다는 고사에서 온 말로, 전하여 현인(賢人)의 죽음을 의미한다.

남들은 얼굴 알지만 나는 마음도 알았네	人識其顔我識心
만년에 공명은 구름 밖에 부치고	晩歲功名雲外付
고인의 소식을 책 속에서 찾았네	古人消息卷中尋
세월이 어진 이의 수명 위해 머물지 않아	流光不爲仁齡駐
세도가 도리어 땅속으로 가라앉았네	世道還從陸地沈
멀리 생각건대 수많은 호해의 선비들[24]이	遙想紛紛湖海士
제물 놓고 매잠 향해 시름겨워 하겠네	生芻愁絶向梅岑

또[又]

조수의趙守誼

하늘이 우리들에게 어떻게 하려는 것인가	天於吾黨欲何如
경전을 많이 안고 펴지 못한 채 죽었네	多抱遺經死未攄
유학이 한강과 여헌 뒤로 황폐해진 때에	斯道榛蕪寒旅後
공께서 회재와 도산의 학통을 보완하였네	惟公羽翼晦陶餘
달 밝은 옥계에는 요금[25]이 있는데	玉溪明月瑤琴在
서리 내린 사헌부에는 자고[26]가 없네	烏府淸霜紫誥虛
여러 해 흠모하고도 한번 뵙지 못하여	傾慕幾年違一識
남두성[27] 쳐다보며 한숨 멈추지 못하네	更瞻南斗恨難除

---

24) 호해(湖海)의 선비들 : 의지가 강하고 의협심이 있는 기상을 가진 선비들을 말한다.

25) 요금(瑤琴) : 옥으로 장식한 좋은 거문고이다. 춘추 시대에 거문고를 잘 탔던 백아(伯牙)가 그의 벗 종자기(鍾子期)가 죽자 거문고 소리를 들을 사람이 없다 하여 거문고 줄을 모두 끊고 다시는 거문고를 타지 않았다는 고사가 있다.

26) 자고(紫誥) : 금낭(錦囊)에 담아 자니(紫泥)로 입구를 봉한 뒤 인장(印章)을 찍어서 반포하는 임금의 조서를 말한다.

또[又]

류관현柳觀鉉

횡계의 한 줄기 물결 잔잔히 흐르는데	橫溪一派響潺湲
추월 같은 흉금으로 찬 수면을 비추었네	秋月襟懷照水寒
명성이 유림에 높아 영수로 추앙받고	名重儒林推領袖
인망이 조정에 높아 낭간[28]을 안았네	望高朝籍抱琅玕
나이는 공자의 수명만큼 누렸고	仁年恰滿宣尼壽
벼슬은 지금 형조 벼슬에서 끝났네	天祿今終大理官
영남의 원로 누가 또 있는가	南國蓍龜誰復在
명고[29]의 의복도 푸른 산으로 갔네	鳴翁衣履又靑巒

또[又]

조광국曺光國

낡은 붓은 만사 쓰다 얼마나 더 모지라졌나	老筆禿了幾題輓
이 만사는 죽음을 애도할 뿐만이 아니네	輓公不但悼存沒
아! 한 번 슬퍼하네 태평시대 위하여	嗚呼一慟兮爲明時
이팔의 순임금 조정[30]에서 공이 제일이었네	二八虞庭公爲一

27) 남두성(南斗星) : 남쪽 하늘에 있는 말[斗] 모양으로 생긴 여섯 개의 별을 칭한다. 그 모양이 북두성과 비슷하므로 이렇게 칭하였다. 뜻이 확대되어 남쪽 지방을 뜻하는 말로도 쓰인다.

28) 낭간(琅玕) : 옥(玉) 비슷한 일종의 아름다운 돌을 말하는데, 전하여 훌륭한 문사(文詞)나 또는 좋은 간언(諫言)을 비유한다. 한유(韓愈)의 「착착(齪齪)」 시에 "구름을 헤치고 천문에 호소하여 뱃속을 열어서 낭간을 바치련다.[排雲叫閶闔 披腹呈琅玕]"라고 한 데서 온 말이다.

29) 명고(鳴皐) : 정간(鄭幹)의 호이다. 정간은 매산과 같은 해에 사망하였다.

30) 이팔(二八)의 순(舜)임금 조정 : 이팔은 팔원(八元)·팔개(八愷)를 말하는데, 뛰어난 실력을 소유하고

금마문[31]에 출입한지 이미 여러 해	金門通籍已多年
옥 촛불 보좌할 날을 꼽을 수 있었네	玉燭輔理可指日
누항에서 안연의 가난 속 즐거움을 찾았고	陋巷早尋顔瓢樂
팽택에서 허리 굽힌 도잠[32]에게 부끄러워하였네	彭澤曾羞陶腰折
인끈 던지고 전원에 돌아가 좋아던 것 따르고	投紱歸田從所好
독서와 사색으로 현묘한 이치 탐구하였네	俯讀仰思探玄鷸
의리에 침잠하며 실천 독실하였고	沈潛義理踐履篤
세월이 흐르고 흘러 명망 높았네	歲月晼晩邵望實
그러나 나라 생각에 언제나 걱정하며	然而念國進退憂
집에 있다 하여 잠시라도 잊지 않았네	不以在家暫忘忽
임천 즐거운 곳에 소미성이 빛나더니	林泉樂地耀微星
조정 빈자리에 경월[33]이 떠올랐네[34]	廟堂虛位昇卿月
유림은 문득 노사의 가심을 애도하고	儒林奄哭老師逝
선비들은 모두 국보를 잃었다고 탄식하네	搢紳咸歎國寶失

순(舜)임금처럼 훌륭한 왕이 다스리는 조정에 진출했다는 말이다. 팔원은 상고 시대 고신씨(高辛氏)의 재자(才子) 8인을 말하고, 팔개는 고양씨(高陽氏)의 재자 8인을 말하는데, 『춘추좌씨전(春秋左氏傳)』「문공(文公)」18년에 그들의 이름이 수록되어 있다.

31) 금마문(金馬門) : 한(漢)나라 궁궐 문의 이름으로, 동방삭(東方朔)·주보언(主父偃)·엄안(嚴安) 등 문인들이 황제의 조서(詔書)를 기다리던 곳인데, 보통 학사원(學士院) 혹은 조정의 뜻으로 쓰인다.

32) 도잠(陶潛) : 동진(東晉) 때의 고사(高士)로, 팽택 영이 되었는데, 군(郡)에서 독우(督郵)가 나오자, 하리(下吏)가 도잠에게 "관복을 정중히 갖추고 뵈어야 합니다."고 하였다. 도잠이 탄식하기를 "내가 쌀 5두(斗) 때문에 허리를 굽혀가면서 향리의 소인을 섬길 수 없다."고 하고는 당장에 팽택 영을 그만두고 떠나버렸다.

33) 경월(卿月) : 『서경』「홍범(洪範)」에 "왕이 살펴야 할 것은 오직 해이고, 경사는 오직 달이고, 사윤은 오직 날이다.[王省惟歲 卿士惟月 師尹惟日]"라고 하였는데, 여기서는 매산의 죽음을 암시하는 말로 쓰였다.

34) 소미성(少微星)이……떠올랐네 : 소미성은 처사를 상징하는 별이다. 진(晉)나라 사부(謝敷)는 자가 경서(慶緖)인데 성품이 맑고 욕심이 없어 벼슬길에 나아가지 않고 태평산(太平山)에 10여 년 동안 은거하였다. 하루는 달이 소미성을 범하자 점치는 사람이 "처사(處士)가 죽을 것이다." 하였다.(『晉書』 권94 「謝敷傳」)

아! 다시 슬퍼하네 영남을 위하여	嗚呼再慟兮爲吾嶺
영남이 지금 어찌 이리 쓸쓸한가	吾嶺于今何寂廖
창설과 눌은[35] 두 현인의 도학이 닫혔고	蒼訥兩賢道帙閉
고재와 밀암[36] 두 노인의 법문이 쇠락했네	顧密二老法門凋
설산의 경중이 오직 공에게 달려서	雪山輕重惟公在
낙동강 좌우의 중망이 다 쏠렸네	洛江左右衆望歸
신뢰를 얻어 자주 묘지명 지으니	垂信頻撰入石文
선행을 드러내어 숨은 덕 많이 빛냈네	揚善多闡潛德輝
가학의 연원을 잘 이어받고	家學淵源善繼述
스승의 지결을 이에 전하였네	師門旨訣傳在茲
영남의 모범이 태산처럼 우뚝하여	南州模楷北山嵬
후학들이 가는 길을 잃지 않았네	後學趨向路不迷
알겠노니 때맞춰 비를 내려	也知浮來時雨化
고맙게 우리 영천에 대대로 현인 내었네	惠我永州世出賢
아! 공의 죽음은 시운이 걸렸는데	嗟公生死關時運
마침 공자가 죽은 나이에 가셨네	適去夫子奠楹年
아! 세 번째 슬퍼하네 나 자신을 위하여	嗚呼三慟兮爲吾私
두 집안 선대의 교분은 아주 친밀하였지	兩家先契利斷金
내가 후인으로서 옛 우호 이어받아	肆余後人繼舊好
소싯적에 서로 만나자마자 마음 허락하였네	少小相接便許心
때때로 문자를 가지고 절차탁마하여	時將文字資鐫琢
외람되이 무지한 내가 많은 도움 받았네	猥以空空取益深
선장의 운조가 나갔다가 돌아올 적에	仙庄雲鳥出還時

35) 창설(蒼雪)과 눌은(訥隱) : 창설 권두경(權斗經)과 눌은 이광정(李光庭)을 가리킨다.
36) 고재(顧齋)와 밀암(密庵) : 고재 이만(李槾, 1669~1734)과 밀암 이재(李栽)를 가리킨다.

피폐한 집의 잠든 누에 오랫동안 빗장 걸었네	病寓眠蚕長掩關
즐기시던 저 매원의 좋은 풍경	樂彼梅園好風烟
그리워하면서도 한 번 찾아가지 못하였네	願言不得一往還
생각난다 일찍이 찾아주어 정을 나눈 일이	憶曾枉駕屢承款
각자 노쇠하여 다시 기약하기 어려웠네	各在衰暮難更期
지난해 곡하는 반열에 병든 몸으로 가서	昨歲哭班輿疾赴
잠깐 동안 오랜만에 뵐 수 있었네	攀得阻範半餉時
어찌 알았으랴 그날의 한 번 작별의 아쉬움이	那知當日一別恨
갑자기 유명 간에 천고의 슬픔이 될 줄을	遽作幽明千古悲
흰 만폭[37]을 보내와 저승으로 돌아간다 알리니	素幅來報歸黃泉
바람 맞으며 곡하고 바라보고 만사를 짓겠네	臨風哭望題蕪詞
산수정 위에 달만이 남아 있어	惟有山水亭上月
처마와 용마루 비추어 한숨 더하네	來照簷樑增一噫

또[又]

이세사李世師

넘실넘실 맑은 영빈의 물굽이에서	洋洋淸潁曲
학생들이 큰 스승 얻었네	學子得宗師
벽상에는 밝은 이치	壁上昭森理
산전에는 절묘한 말	山前絶妙辭
낙동강 맑아도 용은 누워 있고	洛淸龍有臥

37) 흰 만폭(輓幅) : 만장(輓章)을 써 달라고 보내온 흰 천이다.

소[38]를 연주해도 봉황은 오지 않네 韶奏鳳無儀
오늘 사문에 대한 아픔이 今日斯文痛
사적인 통곡이 아님을 누가 알랴 誰知匪哭私

또[又]

류진현柳晉鉉

우리 유학의 도 적전이 쓸쓸해져서 吾道悠悠寥的傳
밝은 시대에 짐짓 임천에서 소요하였네 明時故放臥林泉
군민[39]에 뜻이 있었으나 시행하지 못했고 君民有志施無命
작록에 마음이 없었으나 저절로 주어졌네 爵祿非心隕自天
겸산[40]을 완상하던 날을 알고자 하면 要識兼山玩象日
군자가 노년을 잘 마쳤음을 보시오 請看君子厚終年
영남의 맑은 정기 지금도 쓸쓸한데 嶠南淑氣今蕭索
다시 명고를 향하여 눈물 흘리네 更向鳴皐涕淚漣

---

38) 소(韶) : 옛날 순임금이 만든 음악 이름이다.
39) 군민(君民) : 임금과 백성을 요순처럼 만드는 것을 말한다. 탕(湯)이 사람을 시켜 폐백을 가지고 초빙하자 이윤(伊尹)이 아무런 욕심이 없이 자득한 모습으로 "내 어찌 탕의 폐백을 받으리오. 내 어찌 초야에 묻혀 이대로 요순의 도를 즐기느니만 하리오."라고 말하였다. 탕이 세 번이나 사람을 보내 초빙하자 이윽고 이윤이 생각을 바꾸어 "내가 초야에 묻혀 이대로 요순의 도를 즐기는 것보다 내 차라리 이 임금을 요순과 같은 임금으로 만드는 편이 낫지 않겠으며, 내 차라리 이 백성을 요순의 백성으로 만드는 편이 낫지 않겠으며, 내 자신이 직접 그러한 치세를 보는 편이 낫지 않겠는가."라고 하였다.(『孟子』「萬章上」)
40) 겸산(兼山) : 『주역』「간괘(艮卦)·상사(象辭)」에 "산이 중첩한 것이 간이니, 군자가 그것을 본받아 생각이 자기 지위를 벗어나지 않게 한다.[兼山艮 君子以 思不出其位]"라고 한 데서 온 말로, 즉 자기 분수를 넘지 않는 것을 의미한다.

또[又]

조경직曺景稷

함계가 터를 넓히고 아들이 이으니	涵老恢基子肯堂
영천은 참으로 정공의 고장이라네	永陽眞是鄭公鄕
일찍 시례를 들음은 추정의 공리[41] 같고	聞詩蚤似趨庭鯉
끝내 의발 전한 것은 입설의 양시[42] 같네	傳鉢終如立雪楊
온 가정을 다스린 것은 오직 효우였고	爲政一家惟孝友
몸 단속한 여력으로 또 문장 익혔네	飭躬餘力又文章
예악 삼천 글자를 종횡무진하였고	縱橫禮樂三千字
곤이 붕새로 변화하여 구만리를 날았네	變化鯤鵬九萬翔
요순을 살아 만났으니 어찌 헤어지기 바라랴	堯舜生逢寧欲訣
강호에 약속 두어 저리도 잊기 어려웠네	江湖有約奈難忘
봄 깊은 매곡으로 즐겨 영원히 돌아가니	春深梅谷甘長往
노년에 은거하며 만절을 지켰네	歲暮荷衣保晩香
조화하면서도 휩쓸리지 않으며 지론이 발랐고	和亦不流持論正
은둔하면서도 근심 없어 마음가짐 강했네	遯猶無悶秉心剛

---

41) 추정(趨庭)의 공리(孔鯉) : 가정의 교훈을 의미한다. 공자가 일찍이 홀로 서 있을 때 아들 리(鯉)가 뜰 앞을 총총걸음으로 지나가는데, 공자가 이에게 "시를 배웠느냐?[學詩乎]"고 묻자, 리가 "배우지 못했습니다.[未也]" 하니, 공자가 이르기를 "시를 배우지 않으면 말을 할 수가 없는 것이다.[不學詩 無以言]"고 하므로, 이가 물러가서 시를 배웠고, 또 후일에 리가 뜰 앞을 총총걸음으로 지나가는데, 공자가 "예를 배웠느냐?[學禮乎]"고 묻자, 리가 "배우지 못했습니다."고 하니, 공자가 이르기를 "예를 배우지 않으면 설 수가 없는 것이다.[不學禮 無以立]"라고 하므로, 이가 물러가서 예를 배웠다는 데서 온 말이다.(『論語』「季氏」)

42) 입설(立雪)의 양시(楊時) : 스승을 찾아가 가르침을 받으려는 정성을 뜻한다. 송(宋)나라 양시가 처음 정이(程頤)를 뵈었는데, 정이가 눈을 감고 오랫동안 명상에 잠겨 있었다. 그는 스승을 공경한 나머지 물러간다고 말씀드릴 수가 없어 그대로 모시고 있었다. 얼마 후 정이가 눈을 떠 보고는 "자네 아직도 여기에 있었는가. 이제 나가게."라고 하였다. 그가 그제야 나오니, 문밖에 눈이 한 자나 쌓여 있었다 한다.(『朱子語類』)

백발이 되도록 군민의 고상한 뜻 품었고	君民雅志頭憐白
책을 보며 옛 사우와 정신으로 사귀었네	師友神交卷對黃
산수정 그윽하여 성명을 보전하고	山水亭幽全性命
세파의 경계 멀어 대도를 얻었네	風波界遠得康莊
지위는 치덕을 겸하여 삼달존이었고	位兼齒德三尊達
학문은 연원에 닿아 한 학맥이 길어졌네	學接淵源一脉長
오랜 덕망이 쇠세를 일으키려 하였는데	宿望方爲衰世聳
어찌 알았으랴 하찮은 병으로 철인이 가실 줄을	微痾那意哲人亡
한평생 우러렀는데 나는 어디에 의지하나	百年牢落吾安倣
만사가 처량해졌으니 눈물이 절로 흐르네	萬事悲凉涕自滂
교분을 처음 맺던 날을 헤아려보니	筭了金蘭交定日
어느덧 마흔 두 해가 지났네	居然四十二經霜
흉금은 함께 아양곡[43]을 인정하고	襟期共許峩洋曲
의기는 서로 한묵장[44]을 기울였네	意氣相傾翰墨場
중년 이후에는 많이 격조하였으나	中歲以來多阻面
회갑 저녁 또 침상을 나란히 하였네	甲春之暮又聯床
정성스러운 사흘 밤의 이야기가	安知款款三宵話
한바탕 지난 꿈이 될 줄 어찌 알았으랴	便作蘧蘧一夢忙
어느 곳에 고사의 무덤이 솟았을까	何處嵯峨高士塚
지금은 옛 선장만 쓸쓸하네	秪今寥寂舊仙庄

43) 아양곡(峩洋曲) : 친구 사이의 지기(知己)를 나타내는 말로, 춘추 시대에 거문고를 잘 타던 백아(伯牙)와 그의 친구 종자기(鍾子期)의 고사이다. 백아가 높은 산에 오를 뜻을 두고 거문고를 타면 종자기가 "높고 높은 것이 태산과 같구나.[峩峩泰山]"라 하였고, 흐르는 강물에다 뜻을 두고 거문고를 타면 종자기가 "넘실대는 것이 강하와 같구나.[洋洋江河]"라고 하였는데, 그 명칭을 여기에서 따온 것이다. (『列子』「湯問」)

44) 한묵장(翰墨場) : 문장을 짓는 마당이란 뜻으로, 문단에서 사이가 가장 좋았다는 말이다.

의용을 상상하니 바람 앞의 버들이요	儀容尙想風前柳
정신 아직 남아 있으니 눈 속 대나무라네	精爽猶存雪裡篁
황천에서 다시 만날 날 멀지 않겠으나	泉下重逢應不遠
인간에서의 이 이별이 가장 슬프다네	人間此別最堪傷
예부터 사사로이 시호를 준 적 있으니	易名古有私爲謚
어떤 글자가 공에게 합당할까	何字於公可得當

또[又]

김서일金瑞一

규벽의 정신과 옥설의 흉금	奎壁精華玉雪襟
노년의 명성 유림을 움직였네	暮年聲譽動儒林
맑은 조정의 진퇴는 도연명을 본받았고	淸朝進退陶翁法
바른 학문의 연원은 회암의 마음이었네	正學淵源晦老心
태양 아래 애군의 정성 단곽을 비추고[45]	日下誠懸丹藿照
선영 앞에 집을 짓고 사니 백운이 짙네	壟頭家住白雲深
영남의 한 명맥의 도맥이 끊어졌으니	吾南一脉微言絶
다시 누가 상자 속의 거문고 줄을 고르랴	更有何人理匣琴

45) 태양……비추고: 매산이 임금에게 충성을 바치자 임금도 그 충심을 헤아려 알았다는 말이다. 단곽은 해바라기가 태양을 향해 고개를 돌리듯이 임금에게 향하는 신하의 적심(赤心)을 말한다. 『삼국지(三國志)』 권19 「위서(魏書)·진사왕식전(陳思王植傳)」에 "태양이 그쪽으로 방향을 돌려 비춰 주지 않더라도 태양을 향하는 것은 해바라기의 정성이다."라는 말이 있다.

또[又]

홍우구洪禹龜

노나라의 많은 현인을 오래 우러러	久仰魯多賢
영남의 맑은 정기 다 차지하였네	東南淑氣專
이분 없었다면 어디에서 취했을까	無斯焉取斯
부자가 서로 앞뒤를 이었다네	夫子相後先
학문의 바다에서 일만 권을 읽었고	學海志呑萬
벼슬도 하기 전에 사림 명망 높았네	士望釋褐前
노년에 공명을 이루어	晩暮功名際
홍규[46]에서 잠시 맴돌았으나	鴻逵暫周旋
예악이 처음 뜻에 거슬렸고[47]	禮樂違初志
세상길은 배처럼 좁았네	世路狹似船
사람들이 막 문장을 우러렀으나	人方仰修辭
스스로 곡구의 밭을 기뻐하였네[48]	自喜谷口田
아! 붉은 연꽃을 지킨 것이	嗟哉守紅荷
어찌 명리에 끌려서였겠는가	肯爲名利牽
담담한 옛날의 법도가	淡淡古彝樽
애석히도 조정을 맑게 하지 못했네	惜不淸廟邊
사문이 오늘날 이 무슨 액운인가	斯文今何厄

46) 홍규(鴻逵): 『주역』 「점괘(漸卦)」에 "상구는 기러기가 공중에 점차 나아가니, 그 깃이 의법이 될 만하니 길하다.[上九 鴻漸于陸 其羽可用爲儀 吉]"라고 하였다. 현인이 훌륭한 재주를 지니고서 조정에 나아가 벼슬함을 뜻한다.

47) 예악이……거슬렸고: 당시의 예악이 자기 소신과는 안 맞았다는 뜻이다.

48) 스스로……기뻐하였네: 은거를 기뻐하였다는 말이다. 서한(西漢) 정박(鄭璞)이 자가 자진(子眞)인데, 성제 때에 외척 대신(外戚大臣) 왕봉(王鳳)이 예의를 다해 초빙해도 응하지 않고 곡구(谷口)에서 살면서 호를 곡구자진(谷口子眞)이라고 했다 한다.(『漢書』 권72 「高士傳中」)

덕성[49]의 그 별자리가 흐려졌네	德星晦其躔
유림의 운기가 함께 쓸쓸해졌으니	儒林氣共索
어찌 나의 가련함뿐이겠는가	豈獨爲私憐
추생[50]은 궁벽한 곳에 살아	鯫生僻而左
만나 뵐 길이 전혀 없었네	望履定無緣
모시려던 염원 길이 저버렸으니	永負御李願
「벌단」[51] 편을 지어야 하겠네	爲著伐檀篇
오히려 옥 같은 한 아들에 힘입어	尙賴玉一枝
사후에 세업을 부탁하였네	身後託靑氈

또[又]

류성증柳聖曾

선배들이 작고하고부터	自從先輩沒
그만이로구나 우리 도 망하였네	已矣吾道亡
높은 자는 먼 밖에서 달려오고	高者騖遠外
낮은 자는 대신 죽고자 하네[52]	卑者甘塹坑

---

49) 덕성(德星) : 경성(景星)의 별칭이다. 전하여 도덕이 있는 사람을 비유한다. 후한 때 진식(陳寔)이 일찍이 자질(子姪)들을 데리고 함께 순숙(荀淑)의 집에 가서 토론을 하는데, 이때 덕성이 한 자리에 모였으므로 태사(太史)가 아뢰기를 "오백 리 안에 반드시 현인이 모였을 것이다.[五百里內有賢人聚]"라고 했던 데서 온 말이다.

50) 추생(鯫生) : 천박하고 비루한 소인이라는 뜻으로, 자기 자신을 말한다.

51) 「벌단(伐檀)」 : 『시경』 「위풍(魏風)」의 편명이다. 탐욕스러운 자가 자격도 없이 자리만 차지하고 국록을 축내면서 현자(賢者)가 진출하지 못하게 하는 것을 풍자한 시이다.

52) 낮은……하네 : 훌륭한 인물의 죽음을 아까워한다는 말이다. 『시경』 「진풍(秦風)·황조(黃鳥)」에 "만일 생명을 바꾸어 올 수만 있다면 사람들이 백번이라도 대신 죽으리라.[如可贖兮人百其身]"고 한 데서 온

쓸쓸한 대동국 조선에서	廖廖大東國
끝없이 바른길이 황폐해졌네	悠悠正路荒
영천은 옛 여남인데	永陽古汝南
부자는 원황보다 훌륭하네[53]	夫子邁袁黃
품행은 겸손에서 나왔고	躬行由謙厚
천품은 단지 자량[54]이었네	天賦只子諒
학문은 근면한 공부로 깊어졌고	學緣勤攻邃
도는 고요한 수양으로 빛났네	道以靜修光
뜰에 사람이 보이지 않았고[55]	行庭人不見
거센 파도를 막고자 하였네[56]	頹波水欲障
관직은 사양해도 더욱 높아졌고	辭官官仍貴
명성은 피하여도 더욱 드러났네	避名名益彰
사헌부와 이조를	霜臺與天曹
두루 거치며 걸맞지 않은 자리 없었네	歷敭無不當

말이다. 이는 진 목공(秦穆公)의 장사(葬事)에 어질고 훌륭한 신하 자거엄식(子車奄息)을 순장시키므로, 사람들이 그 훌륭한 신하가 죽음을 애석하게 여겨 하는 말이다.

53) 여남(汝南)인데……훌륭하네 : 중국 여남에는 훌륭한 가문이 많이 나왔는데, 그 중에서 원안(袁安)의 집안과 황헌(黃憲)이 유명하다. 원안의 경우는 그의 아들 창(敞), 창의 아들 탕(湯), 탕의 아들 봉(逢)과 외(隗) 등 4세에 5공(公)이 배출되었으며, 후한의 황헌은 자가 숙도(叔度)인데, 곽태(郭泰)가 "숙도의 기국은 넓디넓은 천 이랑 물결과 같아서 맑게 한다고 해서 맑아지지 않고 흐리게 한다고 해서 흐려지지 않는다."라고 평하였다.(『後漢書』 권53 「黃憲傳」)

54) 자량(子諒) : 자량(慈良)과 같다. 마음이 자애롭고 어질다는 뜻이다. 『예기』 「악기(樂記)」에 "예악은 잠시도 몸에서 떠나면 안 된다. 악(樂)으로써 마음을 다스리면 순탄하고 바르고 자애롭고 어진 마음이 절로 생겨난다."라고 한 데서 나온 말이다.

55) 뜰에……않았고 : 자신의 자리에서 자신의 직분에 충실함을 뜻한다. 『주역』 「간괘(艮卦)」에 "그 등에서 멈추니 자기 몸을 보지 못하고 뜰에 다녀도 그 사람을 보지 못한다. 허물이 없으리라.[艮其背 不獲其身 行其庭 不見其人 无咎]"라고 한 데서 온 말이다.

56) 거센……하였네 : 무너지는 풍속을 바로잡으려고 애썼다는 말이다. 이것은 지주(砥柱)에 빗대어 한 말인데, 지주는 하남(河南) 삼문협(三門峽) 동북쪽 황하 중심에 있는 산 이름이다. 황하의 물결이 아무리 거세게 흘러도 이 산을 무너뜨리지 못하고 이 지점에 와서 갈라져 두 갈래로 산을 싸고 흐른다.

매천을 건너지 않음은 영영 떠나려는 것 아니요 不川非長往
동강을 지킴은 제량하기 좋아서였네 守岡樂劑量
봄 농장에 구기자와 국화가 자라니 春圃長杞菊
남의 고량진미를 부러워하지 않았네 不羨人膏粱
한 굽이 매계의 물이 一曲梅溪水
군자가 소요하던 곳이네 君子所徜徉
늘 선장이 먼 것을 한스러워 하였는데 每恨仙庄隔
어찌 알았으랴 바삐 학을 탈 줄을[57] 那知鶴馭忙
성상은 보좌하던 대신을 그리고 聖主思卿佐
조정의 의론은 현량을 애석해하네 朝議惜賢良
먼 지방에 특별한 예수가 내려지니 便蕃異數降
넓고 깊은 은혜의 파도가 넘실대네 汪濊恩波洋
공에게는 다시 무엇이 유감이랴 在公復何憾
도를 위하여 나 스스로 마음아프네 爲道我自傷
공이 가신 지 얼마 되지 않아 公亡未云幾
또 시랑공[58]의 상에 곡하였네 又哭侍郎喪
사문이 참으로 재액을 만났으니 斯文誠陽九
후배는 장차 어디에 의지할까 後死將安仰
제문을 지어 천 리에 부치려고 緘辭寄千里
글을 쓰려니 눈물이 흐르네 臨題涕泗滂

---

57) 학을 탈 줄을 : 신선이 되어 가버렸다는 말인데, 여기서는 구체적으로 죽음을 뜻한다. 한나라 때 요동 사람인 정영위(丁令威)가 영허산(靈虛山)에서 도를 닦아 신선이 되어서는, 천 년이 지난 뒤에 학이 되어 요동에 돌아와 화표주(華表柱)에 앉아 시를 지었는데, 그 시에 "새여 새여 정영위여, 집 떠난 지 천 년 만에 오늘에야 돌아왔네. 성곽은 의구한데 사람들은 아니로세. 어찌 신선 아니 배워 무덤이 총총하뇨." 라고 한 데서 온 말이다.(『搜神後記』)

58) 시랑공(侍郎公) : 정간(鄭幹)을 가리킨다.

또[又]

이헌복李憲復

유관 쓴 암혈의 선비요	儒冠巖穴士
조복 입은 옥지[59]의 신하라네	朝服玉墀臣
본래 경륜의 손이요	自是經綸手
원래 예법의 몸이라네	從來禮法身
한 상소로 영남의 무함을 신원하고	一疏伸嶺誣
삼품으로[60] 한스럽게도 시운이 막혔네	三品恨時屯
우리들 문장의 일	吾輩文章事
이제 누구에게 부탁할까	如今屬底人

또[又]

이행원李行遠

인물이 동남에서 아득하니	人物東南渺
하늘은 끝내 무슨 마음인가	天心竟若何
사문에 다른 길이 많으나	斯文多異路
부자는 홀로 명가 이루었네	夫子獨名家
문호는 도산의 적통이고	門戶陶山的
연원은 태고와[61]이네	淵源太古窩

59) 옥지(玉墀) : 옥석(玉石)으로 만든 층계를 이르는 말로, 궁전을 가리킨다.
60) 삼품(三品)으로 : 매산은 관직이 형조 참의에 이르렀는데, 형조 참의는 정3품이다.
61) 태고와(太古窩) : 정규양(鄭葵陽)의 와호(窩號)이다.

평생 서책을 일삼으며 平生黃卷事
의리를 끝까지 꿰뚫었네 義理極穿羅

또[又]

권침權沈

세상에 독서인은 많고 많지만 世間多少讀書人
조용히 봄바람에 앉기는 쉽지 않다네[62] 未易從容坐下春
고요한 속에 칠십 평생을 주자서 읽어 靜裡七旬朱子卷
연빙의 여일[63]에 정신이 다시 새로웠네 淵氷餘日更精神

문장과 학문이 분리되어 선비들 추향 달랐으나 詞學分離士異趨
혼자서 잘라내고 따로 버티었네 獨能刋落別枝梧
대과에 급제하여 한천의 책[64]을 만나니 登名邂逅寒泉卷
대체로 연원은 같은 길에서 나왔네 大抵淵流出一塗

맑은 정기가 동남에 거의 묘연한데 淑氣東南近眇然
어찌하여 부자가 또 황천으로 가시는가 奈何夫子又重泉

62) 조용히……않다네 : 매산의 인품이 봄바람처럼 온화했다는 말이다. 북송의 학자 주광정(朱光庭, 1037~1094)이 명도(明道)에게 배웠는데, 여(汝) 땅에서 명도를 뵙고 돌아와 사람들에게 "광정이 한 달 동안 봄바람 속에 앉아 있었다.[光庭在春風中坐了一箇月]"라고 하였다.(『近思錄』 권14)
63) 연빙(淵冰)의 여일(餘日) : 깊은 못에 임하거나 얇은 얼음을 밟는 것처럼 마음가짐을 신중히 하며 살고 난 노년을 말한다. 『시경』 「소아(小雅)·소민(小旻)」에 "조심하고 삼가 깊은 못에 임한 듯이 얇은 얼음을 밟듯이 하라.[戰戰兢兢 如臨深淵 如履薄冰]"고 하였다.
64) 한천(寒泉)의 책 : 주희(朱熹)의 서적을 말한다. 한천은 주희가 머물며 강학했던 한천정사(寒泉精舍)를 말한다.

이제부터 옥간정 맑은 달밤에	從今玉澗淸宵月
누가 거문고 안고 끊어진 줄을 고를까[65]	誰把瑤琴理絶絃

또[又]

이헌국李憲國

영남 인물 공의 지우를 얻어	斗南人物得公知
선비는 모범이 있고 나라는 원로가 있었네	士有刑模國有蓍
세상 밖의 박한 인연 관작 절로 군색하였고	世外薄緣官自逼
책 속의 생활 도를 스승으로 삼았네	書中契闊道爲師
심성 기르기는 바로 무심한 자와 같았고	頤心政似無心者
귀한 데 처하기는 귀하지 않을 때와 같았네	處貴長如未貴時
사후의 애도 시는 모두 부질없는 일	身後題輓渾謾事
이 노인을 알고자 하면 유편을 보시라	若求斯老簡編垂

또[又]

신황申煌

도가 장차 없어지려고 철인이 가니	道之將廢哲人徂

65) 누가……고를까: 자기를 알아주는 지음(知音)이 죽었다는 말이다. 춘추 시대에 거문고를 잘 탔던 백아(伯牙)가 그의 벗 종자기(鍾子期)가 죽자 거문고 소리를 들을 사람이 없다 하여 거문고 줄을 모두 끊고 다시는 거문고를 타지 않았다는 고사가 있다.

조야가 처량히 모범을 잃었네	朝野凄凉失楷模
급류에서 용감히 물러난 전학사요[66]	勇退急流錢學士
맑으면 가고 비 오면 그친 소요부[67]였네	晴行潦止邵堯夫
함계의 가정에서 가학을 이었고	涵溪庭下承家學
태고와 안에서 대유로 인정받았네	太古窩中許大儒
명고로 머리 돌려도 소식이 흉하니	回首鳴皐消息惡
사문의 재액에 다시 슬프네	斯文厄會再嗚呼

또[又]

권상룡權相龍[68]

용문[69]의 제일로 일찍 명예 새로웠고	龍門第一早譽新
동산[70]에 한가로이 누워 봄을 몇 번 보냈나	閑臥東山度幾春
부자로서 관서에 윗자리 앉을 선비 없었고[71]	夫子關西無右士

66) 급류에서……전학사(錢學士)요: 전학사는 송나라 문신 전약수(錢若水)를 가리킨다. 한 도승(道僧)이 일찍이 진단(陳摶)에게 전약수의 사람됨을 "그는 급류 속에서 용감히 물러날 수 있는 사람이다.[是急流中勇退人也]"라고 말했었는데, 뒤에 과연 전약수가 벼슬이 추밀 부사(樞密副使)에 이르렀을 때 40세도 채 안 된 나이로 관직에서 용감하게 물러났다. 전하여 관로(官路)가 한창 트인 때에 용감하게 은퇴하는 것을 말한다.

67) 소요부(邵堯夫): 요부는 송나라 학자 소옹(邵雍)의 자이다.

68) 권상룡(權相龍, 1706~1765): 자는 동여(童汝), 호는 긍재(兢齋), 본관은 안동이다.

69) 용문(龍門): 명망이 높은 사람을 비유한 것이다. 『후한서』 권67 「이응전(李膺傳)」에 "이응이 홀로 풍재(風裁)를 지녀서 명망이 높았으므로, 선비 중에 그의 인정과 대접을 받은 자가 있으면 용문에 올랐다고 지칭하였다."라고 한 것을 원용한 것이다.

70) 동산(東山): 절강(浙江) 상우현(上虞縣) 동남쪽에 위치한 산이다. 진(晉)나라의 사안(謝安, 320~385)이 초년에 왕희지(王羲之)·지둔(支遁) 등과 교유하며 이곳에 은거하였으므로 은거지의 대명사로 쓰인다.

71) 부자로서……없었고: 서울에서는 매산보다 훌륭한 선비가 없었다는 말이다. 관서는 관문 서쪽으로 서울을 말한다.

선생으로서 호상의 알 수 있는 사람이었네[72] 先生湖上可知人
경륜을 손에 쥐고서 세상 잊지 않았고 經綸在手非忘世
출처는 때를 따라서 스스로 몸을 선하게 하였네 潦霽隨時自善身
도성에서의 종유 바쁜 속에 지나가 城闕從遊忙裡事
인간에서 모시지 못한 것 한스럽네 人間恨未掃床塵

또[又]

김굉金紘

횡계 문하에서 훌륭함으로 가장 칭찬받았고 橫溪門下最稱賢
경학과 문장을 일찍 전수 받았네 經學文章早有傳
평소의 소신 영달 때문에 고치지 않았고 素守不因榮道改
참된 공부 조용히 지내는 데 전심하였네 眞工偏向靜居專
맑은 조정에서 나라 경영할 계책 시험 못하고 清朝未試經邦策
화려한 벼슬 치사할 나이에 헛되이 높았네 華秩虛隆致仕年
이제는 무한한 한스러움으로 통곡하노니 痛哭如今無限恨
늦게 태어난 나는 미처 뵙지를 못하였네 晩生曾未拜床前

---

72) 선생으로서……사람이었네: 호상은 재야(在野)라는 뜻이고, 알 수 있는 사람이란 모범이 될 만한 사람이라는 뜻이다. 당 태종(唐太宗)이 위징(魏徵)이 죽은 뒤에 탄식하기를 "구리로 거울을 만들면 의관을 바르게 할 수 있고, 옛 역사로 거울을 만들면 흥망성쇠를 알 수가 있고, 현인으로 거울을 만들면 득실을 잘 알 수가 있다. 짐이 일찍이 세 개의 거울[三鑑]로 자신을 비춰 보며 허물을 짓지 않으려고 노력하였는데, 이제 위징이 세상을 떠났으니 거울 하나를 잃은 것이다.[以銅爲鑑 可正衣冠 以古爲鑑 可知興替 以人爲鑑 可明得失 朕嘗保此三鑑 內防己過 今魏徵逝 一鑑亡矣]"라고 한 데서 온 말이다.(『舊唐書』 권71 「魏徵傳」)

또[又]

이기중李沂中

금호가 멀리 사수의 물가에 접하는데	琴湖遙接泗洙湄
높은 풍도 존모하며 몇 해를 보냈던가	慕仰高風歲幾移
종이 위의 공명은 시대가 요구하였고	紙上功名時世責
서책 속의 사업은 성현이 스승이었네	卷中事業聖賢師
교육은 덕화 흡족하여 사람들이 모두 받았고	育才化洽人皆得
지위 없이 선정 이뤄 도는 무너지지 않았네	無位政成道不隳
서울에서 한 번 뵈어 그저 덕이 아쉽기만 하더니	京洛一承徒悵德
지금에는 도리어 요옹의 슬픔[73]과 같이 되었네	秖今還似了翁悲

또[又]

권정택權正宅

근래의 유현으로는 훈지[74]를 말하는데	儒賢挽近說塤篪
가문을 나가지 않고도 일찍 스승을 얻었네	不出家門早得師
성명의 근원에서 대체를 보았고	性命源頭看大體

---

73) 요옹(了翁)의 슬픔: 현자를 알아보지 못한 잘못에 대한 슬픔을 말한다. 요옹은 송나라 때 진관(陳瓘)의 호이다. 『서언고사(書言故事)』에 "진관이 원풍(元豊) 연간에 예부 점검관(禮部點檢官)이 되어 범순부(范醇夫)와 더불어 같은 집에 있었는데, 순부가 '안자(顔子)처럼 불천불이(不遷不貳)한 사람으로는 백순(伯淳, 정이(程頤))이 있다.'고 하니, 진관이 백순이 누구냐고 물었다. 이에 순부가 '백순이 누구인지 정말 모르는가?' 하고 묻자, 진관이 사실 알지 못한다고 사과하였다. 그 뒤로부터 진관은 항상 이것을 스스로 부끄럽게 여겨 책심문(責沈文)을 지었다."고 하였다. 책심문은 현자를 알지 못하는 것을 스스로 부끄러워하는 것을 적은 글이다.

74) 훈지(塤篪): 훈수(塤叟) 정만양(鄭萬陽)과 지수(篪叟) 정규양(鄭葵陽)을 말한다.

문장은 여력으로 굉사과[75]에 장원하였네	文章餘力冠宏詞
높은 재주는 본래 세상과 어울리기 어려웠고	高才本自難諧世
고상한 뜻은 끝내 임천을 굳게 지켰네	雅意終然固守陂
천지가 유유자적하게 하여 주었지	天地優閑應餉我
강산이 그윽하니 다시 누가 다투랴	江山窈窕也爭誰
시내는 옥간에 이어져 맑은 소리 들리고	溪連玉磵聽球瑟
문은 명고를 마주하여 기고[76]를 맡았네	門對鳴皐當鼓旗
기이한 새는 단혈산[77] 나무에 나란히 깃들어	奇羽比棲丹穴樹
좋은 소리로 벽오동 가지에서 화답하네	好音相和碧梧枝
한가한 생활 재미있건 없건	閑中活計味無味
세상 밖 온갖 일 아는지 모르는지	世外塵機知不知
고요한 흉금은 원래 깨끗하고	靜散冲襟元灑灑
몰래 닦은 경륜은 다시 성대하였네	闇修光珮更離離
뇌우가 적막하니 용이 몸을 숨긴 채	雲雷寂寞龍身蟄
세월이 흘러 학발을 드리웠네	歲月消磨鶴髮垂
해가 긴 날에도 현초[78]의 문 늘 닫혔고	永日長關玄草戶

75) 굉사과(宏詞科) : 박학굉사과(博學宏詞科)의 준말로, 여기서는 과거를 말한다. 당대(唐代)에 하급 관원이 일정한 기한이 차기 전에 더 높은 지위로 오르려 할 때 응시했던 이부(吏部) 주관의 과목선(科目選) 시험을 말하는데, 시(詩)·부(賦)·논(論)의 3편을 작성하여 우수작으로 뽑히면 기한에 구애받지 않고 바로 관직을 제수받았다. 『신당서(新唐書)』 권45 「선거지하(選擧志下)」에 "인재를 선발할 때 기한이 차지 않았어도 시문 3편을 잘 지으면 그것을 굉사라고 하였다.[選未滿而試文三篇 謂之宏辭]"라는 말이 나온다.

76) 기고(旗鼓) : 전쟁터의 북소리와 깃발이다. 옛날 원소(袁紹)가 하북 지방에서 수많은 군대를 거느리고 북과 깃발을 일신하여 위풍이 당당하였으므로, 학문을 이끄는 역할을 여기에 비유한 것이다.

77) 단혈산(丹穴山) : 『산해경(山海經)』에 의하면 단혈산에는 마치 닭처럼 생긴 새가 있어 오색(五色)의 문채(文彩)가 찬란한데, 이를 봉황(鳳凰)이라 한다고 하였다.

78) 현초(玄草) : 학자의 집을 말한다. 양웅(揚雄)이 『태현경(太玄經)』을 초(草)한 것을 현초라고 한 데서 온 말이다.

노년에 백운사[79]의 참판을 잠시 지냈네	末年暫貳白雲司
부박한 습속 진압할 때는 지주처럼 견고하였고	浮淆鎭處堅如株
질문에 답할 때는 시귀처럼 정확히 응답하였네	疑難酬徠應似龜
삼달존[80]으로 영남의 인망이 되었고	三達尊爲南國望
두 명 관원은 한 나라의 모범이었네	兩名官是一邦儀
고가의 경례가 이에서 성대하여	故家經禮斯爲盛
동리[81]의 의관이 아직 쇠퇴하지 않았네	東里衣冠未遽衰
오당이 어느덧 생기가 돌고	吾黨居然生氣色
사문은 끝내 또한 부지되었네	斯文終亦有扶持
한밤의 갑작스런 꿈 일어나라 자주 부르더니	中宵忽夢頻呼起
한 노인을 아 하늘이 남겨두지 않았네[82]	一老嗟天不慭遺
두 봉분이 속절없이 마주 솟으니	雙寵若堂空對出
저승에서 약속한 듯 서로 따르겠네	九原如約趁相隨
인간 어느 세대에 상전이 벽해 되었는가	人間何世田爲海
사류에 종장 없어 집에 울타리 치워졌네	士類無宗屋撤籬
영빈 위의 풍류 천고에 닫혔고	潁上風流千古閟

79) 백운사(白雲司) : 추관(秋官), 즉 형조나 사헌부 등의 관아를 말한다.

80) 삼달존(三達尊) : 맹자가 제(齊)나라 왕을 만나지 않는 것에 대해 경자(景子)가 따지자 맹자가 답한 내용에 "천하에 달존(達尊)이 세 가지인데, 작(爵)과 연치(年齒)와 덕(德)이다. 조정에서는 벼슬만한 것이 없고, 고을에서는 연치만한 것이 없고, 세상을 보도(輔導)하고 백성을 기르는 데는 덕만한 것이 없다."고 하였다.(『孟子』「公孫丑下」)

81) 동리(東里) : 정(鄭)나라 대부(大夫) 자산(子産)이 살았던 곳이다. 『논어』「헌문(憲問)」에 "외교 문서를 보낼 때 비침(裨諶)이 초안을 작성하고 세숙(世叔)이 토론하고 행인(行人) 자우(子羽)가 수식하고 동리(東里) 자산(子産)이 윤색한다."고 하였다. 여기서는 매산을 뜻한다.

82) 한밤의……않았네 : 후한의 대유 정현(鄭玄)이 죽을 때의 고사를 원용한 것이다. 정현의 꿈에 공자(孔子)가 나타나 이르기를 "빨리 일어나라. 금년은 용해이고 내년은 뱀해이니라." 하였는데, 잠을 깨어 그 말을 비결로 맞춰 보고 자신이 죽을 것을 알았으며, 그해 6월에 죽었다고 한다. 여기서는 앞 구절은 매산의 죽음을, 뒷구절은 명고의 죽음을 가리킨다.(『後漢書』 권35 「鄭玄傳」)

영남의 부고 일시에 기울었네 山南府庫一時欹
도서는 영락하여 먼지가 벽에 끼고 圖書冷落塵棲壁
골목은 쓸쓸하여 풀에 길이 묻혔네 門巷蕭條草沒逵
훗날 무릉에서 남긴 글을 찾을 때[83] 他日茂陵索遺草
저술을 누가 가져다 임금님께 올릴까 綸編誰把上天墀

또[又]

남용만南龍萬

비어대[84]의 은함 만년에 지우를 입었지 緋袋恩銜晩受知
수레 매단 것[85] 태평시대 등진 것 아니라오 懸車非是負明時
비 갠 창가에 천추의 사업이 따로 있으니 晴窓別有千秋業
경전 읽어 쇠퇴한 풍속 일으키려 하였네 坐讀經文欲起衰

각기 도를 부지하고 나라를 경영하여 扶道經邦任各分
명고옹만이 홀로 산을 나간 청운되었네 皐翁獨作出山雲

---

83) 무릉(茂陵)에서……때: 한(漢)나라의 문장가 사마상여(司馬相如)가 만년에 무릉에서 살면서 병이 위독해지자, 한 무제(漢武帝)가 근신(近臣)을 보내 그의 글들을 모두 수집해 오도록 하였는데, 집에 도착했을 때는 이미 상여가 죽은 뒤였다. 이때 상여의 처가 "다른 글은 모두 사람들이 가져갔는데, 임종 때 한 권을 내주면서 조정에서 사신이 오면 내주라고 하였다."고 하였는데, 그 유서(遺書)의 내용은 공덕을 칭송하고 부서(符瑞)에 대해 이야기하면서 무제에게 봉선(封禪)을 행하도록 권하는 것이었다.(『漢書』 권57 「司馬相如傳」)

84) 비어대(緋魚袋): 붉은 비단으로 만든 어대(魚袋)이다. 금 또는 은으로 고기 모양을 만들어 관복(官服) 띠에 맨 다음, 뒤로 드리우게 하여 귀천을 표시한다.

85) 수레 매단 것: 한나라 때 설광덕(薛廣德)이 연로하여 치사(致仕)할 때 천자가 하사한 안거(安車)를 매달아 놓고 영광의 기념으로 삼았다는 고사에서 온 말이다. 곧 치사의 뜻을 나타내는 말이다.(『漢書』 권71 「薛廣德傳」)

사민이 사문과 함께 액운을 만나 斯民並與斯文厄
한 달 사이에 동남 두 노인의 봉분 솟았네 隔月東南二老墳

서울의 버들 풍경 꿈이었나 의심스러운데 洛柳光風夢裡疑
해가 스물일곱 번 바뀌었네 年華二十七番移
평소에 스승으로 섬기지 못하고 平生未立門前雪
흰 머리로 부질없이 만사를 쓰네 白首空題相紼詩

또[又]

이범중李範中

세덕은 정강성[86]의 가문이요 世德康成閥
풍도는 자하[87]의 유학이라네 風猷子夏儒
가정에서 시례를 배우고 趨庭詩禮學
스승에게 진덕수업을 하였네 立雪進修符
도를 바라는 마음 목마른 듯하여 望道心如渴
경전 궁구하는 뜻 다시 수고로웠네 窮經志更劬
주자의 서적을 대하니 紫陽黃卷對
사숙하여 덕이 외롭지 않았네[88] 私淑德不孤

86) 정강성(鄭康成) : 동한(東漢)시대의 경학가인 정현(鄭玄)인데, 경서 주해를 많이 하였다.
87) 자하(子夏) : 공자의 제자 복상(卜商)의 자이다. 십철(十哲) 중의 한 사람으로 문학에 능했다.
88) 덕이……않았네 : 『논어』「이인(里仁)」에 "덕이 있는 사람은 외롭지 않고 반드시 이웃이 있다.[德不孤必有隣]"고 하였다.

또[又]

김낙행金樂行[89]

훈지의 남은 영향 나날이 희미해지니	塤篪餘響日微微
우리 공이 세상을 싫어할 때가 아니었네	非是吾公厭世時
정양하여 사도의 중망으로 보고 있는데	靜養方看斯道重
영영 돌아가시니 후생의 슬픔 끝이 있으랴	大歸何限後生悲
완벽한 명성과 좋은 작위를 누가 다 얻을까	完名好爵誰兼得
순수한 덕과 고상한 풍도를 홀로 지녔네	醇德高風獨自持
유고로 말학을 열어준 뜻 잘 알았으나	遺卷極知開末學
끝내 스승으로 모시지는 못하였다네	終然不及侍緇帷

또[又]

정욱鄭煜[90]

공과 같은 나이와 덕을 누구와 함께할까	齒德如公與誰群
홀로 경전 안고 속태를 벗었네	獨抱遺經蛻俗棼
영달에 생각 끊은 것 사람 모두 인정하고	念斷趨營人共許
경의를 전공한 것 세상이 다 들었네	工專敬義世咸聞
낭중에는 여전히 임금 바르게 할 글이 있고	囊中尚有匡君草
붓 아래에는 묘에 아첨하는 글 없었네	筆下應無諛墓文

89) 김낙행(金樂行, 1708~1766) : 초명은 진행(晉行). 초자는 퇴보(退甫), 자는 간부(艮夫), 호는 구사당(九思堂), 본관은 의성(義城)이다.
90) 정욱(鄭煜, 1709~1770) : 자는 여휘(汝輝), 호는 매헌(梅軒), 본관은 영일이다.

쓸쓸한 언덕으로 사람은 이미 가버리고 寂寞山阿人已去
쇠잔한 매화가 말없이 봄추위를 띠었네 殘梅不語帶春寒

또[又]

이상정李象靖[91)]

깊은 골짝 구불구불 매화 한 그루 深谷逶迤一樹梅
꼿꼿하고 옥 같은 모습 속진을 멀리 벗었네 亭亭玉貌逈超埃
성긴 울타리 쓸쓸해도 봄물 먼저 오르고 踈籬寂歷先春色
찬 꽃 곱디곱게 눈 흘겨보며 피었네 冷蘂連娟睨雪開
인생이 저무는데 화정의 일[92)] 논하랴 歲晏肯論和鼎事
달 밝으니 부질없이 그윽한 향기를 보내오네 月明空遣暗香來
그윽한 꽃을 따보아도 보내줄 사람 없으니 幽芳采采無人贈
한밤중 처량한 바람에 섬돌 가득 떨어지네 半夜凄風落滿苔

선배의 풍류가 갈수록 외로워지는데 先輩風流看漸孤

---

91) 이상정(李象靖, 1711~1781): 자는 경문(景文), 호는 대산(大山), 본관은 한산(韓山)이다. 이황의 학문을 계승한 갈암 이현일로 이어진 영남 이학파의 중추적 인물이다. 시호는 문경(文敬)이며, 저서와 편저로는 『사례상변통고(四禮常變通攷)』·『약중편(約中編)』·『퇴도서절요(退陶書節要)』·『심동정도(心動靜圖)』·『이기휘편(理氣彙編)』·『경재잠집설(敬齋箴集說)』·『심무출입설(心無出入說)』·『주자어절요(朱子語節要)』·『밀암선생연보(密庵先生年譜)』·『심경강록간보(心經講錄刊補)』·『연평답문속록(延平答問續錄)』 등이 있다.

92) 화정(和鼎)의 일: 매실이 솥 안에 담긴 음식물을 요리하는 조미료로 쓰이는 것을 말하는데, 나라를 경영하는 일을 뜻한다. 『서경』「열명하(說命下)」에 고종(高宗)이 부열(傅說)에게 "너는 짐의 뜻을 가르쳐서 만약 술과 단술을 만들거든 네가 누룩과 엿기름이 되며, 만약 간을 맞춘 국을 만들거든 네가 소금과 매실이 되어야 한다.[爾惟訓于朕志 若作酒醴 爾惟麴糱 若作和羹 爾惟鹽梅]"라고 하였다.

사문의 한 명맥 공에 의지해 부지되었네　斯文一脉賴公扶
횡계의 문하에서 심법을 전해 받고　橫溪門下傳心緖
주자의 책 속에서 도의 맛을 즐겼네　雲谷書中悅道腴
귀한 벼슬 주어져도 뜬 구름처럼 보고　軒冕倘來雲欲視
형문[93]에서 편안히 은거를 즐겼네　衡門無恙泌堪娛
어젯밤에 또 명고의 소식에 놀랐으니　鳴皐昨夜驚消息
어찌 할까 영남의 운기 막힌 것을　可奈東南運氣徂

또[又]

김택동金宅東

주흘산 남쪽[94] 숙덕의 몸은　主屹山南宿德身
문장과 명망 둘 서로 걸맞았네　文章雅望兩相倫
경륜의 솜씨는 한가함 속에서 노련해졌고　經綸手向閑中老
함양의 공부는 고요함 속에서 친근하였네　涵養工於靜裏親
높은 수양은 평이한 것에서 얻었고　高處自從平處得
심성은 본성과 함께 진실하였네　心天仍與本天眞
바람 불던 한 밤에 매화 감상하던 곡조　風前一夜賞梅曲
바위 위에 흩어져 떨어진 지 몇 해인가　散落巖頭幾箇春

---

93) 형문(衡門) : 나무를 가로질러 만든 보잘것없는 문으로, 안분자족(安分自足)하는 은자(隱者)의 거처를 뜻한다. 『시경』「형문(衡門)」에 "형문의 아래에서 한가히 지낼 만하다.[衡門之下 可以棲遲]"라는 내용이 보인다.

94) 주흘산(主屹山) 남쪽 : 영남을 뜻한다. 주흘산은 경북 문경시 문경읍 북쪽에 위치한 산이다.

또[又]

김정한金正漢[95]

젊은 나이에 다행하게도 존안을 뵙고　　少年何幸得瞻顔
책 상자 지고 배우며 괴로움 겪어내었네　　負笈追遊辦苦難
성명을 사모하여 출처를 살펴보고　　竊慕盛名觀出處
오도를 근심하여 안부를 물었네　　却憂吾道問平安
서울 멀리서 뵙지 못한 것 한스럽더니　　洛陽遙恨春風隔
호상에 옛집 쓸쓸하여 다시 슬프네　　湖上仍悲故宅寒
유집은 몇 권 될지 모르겠으나　　遺集不知能幾卷
현자를 따라 옷깃 여미고 보고져　　願從賢子整襟看

또[又]

장수륜張壽崙

슬프도다 우리 영남이 이 현인을 잃다니　　痛乎吾南喪斯賢
선류의 존망이 하늘에 매였으니 어찌하랴　　善類存亡奈係天
일찍이 사문에 들어 옛 학문을 전수받았고　　早入師門傳古學
만년에 부름을 사양하고 임천에서 즐겼네　　晩辭徵辟樂林泉
간소의 편액 거니[96] 복희의 뜻 꿰뚫었고　　艮巢扁揭透羲志
수양의 공부 깊어 공자의 나이를 얻었네　　頤養工深得孔年

---

95) 김정한(金正漢, 1716~1766) : 자는 부중(扶仲), 호는 지곡(芝谷), 본관은 의성(義城)이다. 의성 김씨 안동 천전(川前) 입향조인 청계(靑溪) 김진(金璡)의 7세손이다.

96) 간소(艮巢)의 편액 거니 : 『매산집』 권1 시 「간소」 참조.

한 세대에 살며 한 번도 뵙지 못하였으나　幷世不曾承一款
만사 짓기도 전 흐르는 눈물 어찌 막으랴　題些那禁淚言前

또[又]

시교생侍敎生 이명천李命天

고산처럼 우러르며 꿈에 자주 뵌 것은　仰止高山夢想頻
새로운 정과 옛 교분 둘 다 있어서라네　新情舊契兩相因
안탑에 이름 쓴 것[97]은 선고先考와 같고　題名雁塔同先子
전당 앞 눈밭에 서서[98] 후학이 되었네　立雪鱣堂繼後塵
유림은 한창 의지하려는 바람 간절한데　儒林方切依歸望
국가는 도리어 현인을 잃는 때를 만났네　邦國還逢殄瘁辰
이제 영남에는 단아한 덕이 없으니　從此南州無考德
명고의 저녁 빛이 또 마음 상하게 하네　鳴皐暮色又傷神

또[又]

이빈李穦

우리의 도가 남쪽으로 오던 날[99]　吾道其南日

---

97) 안탑(雁塔)에……것: 대과(大科)에 급제한 것을 말한다. 안탑(雁塔)은 중국 자은사(慈恩寺) 안에 있는 7층 대안탑(大雁塔)으로, 당나라 때 과거 급제자들이 여기에 이름을 써 넣었다고 한다.

98) 전당(鱣堂)……서서: 전당은 학문을 강론하는 강당을 말한다. 한(漢)나라 양진(楊震)이 강의를 하던 강당 앞에 새가 전어(鱣魚) 세 마리를 물고 날아와 머리를 조아렸다는 데서 온 말이다.(『後漢書』 권54 「楊震傳」) 눈밭에 선다는 것은 스승을 찾아가 가르침을 받으려는 정성을 뜻한다. 스승이 명상하는 동안 눈 내리는 마당에 서 있었다는 설화에서 기원한다.

사문의 큰 운수가 돌아왔었네　斯文大運還
강호에 용이 일어남 늦었고　江湖龍起晩
임학에 새가 돌아와 한가하였네　林壑鳥歸閒
학문은 하늘과 사람을 궁구하고　學究天人際
공부는 예의와 법도를 전념하였네　工專禮法間
거문고 줄이 다시 끊어져서[100]　瑤琴絃再斷
보현산에 눈물 뿌리네　揮淚普賢山

또[又]

박손경朴孫慶

지난날 횡계 노인이　往者橫溪老
공을 등림[101]의 재목으로 인정하였네　許公是鄧林
훈훈하고 조화로움으로 옛 기풍을 간직하고　薰和留古氣
날래고 예리함으로 새로운 사조思潮를 사절하였네　輕銳謝新鐔
품행을 살펴보면 광한 증점[102]에게 부끄럽고　考行羞狂點

---

99) 우리의……날: 매산이 벼슬을 그만두고 고향으로 돌아올 때를 말한다. 송나라 양시(楊時)가 정호(程顥)에게 배우고 고향으로 돌아갈 때, 명도가 좌객(坐客)들에게 “내 도가 남으로 가는군.[吾道南矣]”이라고 한 데서 온 말다.(『宋史』 권428)

100) 거문고……끊어져: 지기의 죽음을 뜻한다. 춘추 시대에 거문고를 잘 탔던 백아(伯牙)가 그의 벗 종자기(鍾子期)의 이야기에서 유래한다.

101) 등림(鄧林): 신화(神話)에 나오는 숲 이름이다. 옛날에 과보(夸父)라는 사람이 태양을 따라 뛰다가 목이 말라 하수(河水)와 위수(渭水)의 강물을 모조리 들이마셨으나 그래도 양이 차지 않아서 북쪽의 대택(大澤)에 다시 물을 마시러 가던 도중에 목이 타서 죽었는데 그가 버린 지팡이가 살아나 마침내 숲을 이루었다고 한다.(『山海經』「海外北經」)

102) 광(狂)한 증점(曾點): 광(狂)은 미치광이란 뜻으로 뜻이 매우 커서 행실이 뜻에 미치지 못하는 것을 이른 말인데, 공자(孔子)가 이르기를 “중도의 사람을 얻어서 함께하지 못할진대 반드시 광자와

인품을 논해 보면 노둔한 증삼[103]에게 가깝네　論科近魯參
연원은 땔나무가 불을 받듯 하였고[104]　淵源薪受火
지결은 발우에 바늘을 던지듯 하였네[105]　旨訣鉢投鍼
훌륭한 재능을 팔려고 하지 않았으나　不是售荊璧
어느새 나라의 보배로 천거되었네　居然薦國琛
예부터 봉황의 날개 꺾였으니　古來摧鳳翮
어디에서 천리마가 달릴까　何處展騏駸
세월이 총총히 저물려 하고　歲月催將暮
풍운이 답답하게 자욱해지네　風雲鬱欲沈
사헌부에서 정경正卿의 홀을 사직하고　霜臺辭正笏
한림원에서 마음대로 벼슬을 내던졌네　雲署任抛簪
네 가지 일은 모두 소옹인가 하고[106]　四事渾疑邵
다섯 가지 앎은 우연히 임당과 같았네[107]　五知偶似任

견자로 하겠다.[不得中行而與之 必也狂狷乎]"고 하였는바, 뜻이 매우 높았던 증점이 바로 이 광자에 해당하기 때문에 한 말이다.(『論語』「子路」)

103) 노둔한 증삼(曾參) : 공자가 증삼을 평하기를 "증삼은 노둔한 편이다.[參也魯]"라고 한 것을 두고 한 말이다.(『論語』「先進」) 그러나 정호(程顥)는 "증삼(曾參)은 노둔(魯屯)함으로써 도를 얻었다."고 말하였다.(『近思錄』「爲學」)

104) 땔나무가……하였고 : 학문의 연원이 분명함을 말한다. 땔나무와 불은 스승과 제자가 도를 서로 전하는 것을 비유한 말이다.

105) 발우에……하였네 : 학문의 요체를 잘 체득하였음을 말한다. 발우에 바늘을 담는다는 것은 핵심을 잊지 않고 잘 모아놓는 것을 비유한 말이다.

106) 네……하고 : 송나라 소옹(邵雍)이 「네 가지 일을 읊은 시」에 "모임에는 네 가지 가지 않는 곳이 있고, 때에는 네 가지 나가지 않는 것이 있네. 귀함도 없고 천함도 없으며, 고체(固滯)함도 없고 기필(期必)함도 없다오. 마을에 서로 방문하거나 종유함 적으니, 몸이 한가롭고 마음이 절로 편안하네. 이와 같이 삼십 년을 지내 와 다행히 태평한 세상 만났다오.[會有四不赴 時有四不出 無貴亦無賤 無固亦無必 里閈閑過從 身安心自逸 如此三十年 幸逢太平日]"라고 하였다. 위의 네 가지 가지 않는 곳이란 공회(公會), 생회(生會), 광회(廣會), 취회(醉會)를 이르며, 네 가지 나가지 않는 것이란 대한(大寒), 대서(大暑), 대풍(大風), 대우(大雨)의 때를 이른다.

107) 다섯……같았네 : 임당(任棠)은 후한(後漢) 때 상규(上邽) 사람으로 숨어 살면서 후진을 가르쳤다.

글은 임천으로 돌아오고 나서 풍부해졌고	書從歸後富
공부는 인생이 저물어 가면서 깊어졌네	工向晩來深
우산의 나무[108]를 탄식하며	歎息牛山木
「숙흥야매잠」[109]을 읊었네	沈吟夜寐箴
깨우침은 동정을 따랐고	喚醒隨動靜
공부는 세월만큼 늘었네	探討報光陰
기덕[110]은 황통로[111]와 같았고	耆德黃通老
사유[112]로는 여대림[113]과 같았네	師儒呂大臨
흐르는 샘물에 근원 있음을 알았으니	源泉知有本
돌을 쌓아 참으로 산봉우리 이룬다네	拳石儘成岑
좌해에서 영향 남기고[114]	左海猶傳響

태수 방삼(龐參)이 처음으로 부임하여 그를 찾았는데, 임당이 그와 말하지 않고 큰 부추 한 포기를 뽑아오고 물 한 사발을 창문 앞에 놓았다. 그리고 아이를 안고 창 아래에 와서 엎드리니, 방삼이 그 뜻을 알고 "물은 나를 청렴[淸]하게 하려는 것이고, 큰 부추는 나에게 호족을 억제시키려 한 것이며, 아이들을 안고 창 앞에 엎드린 것은 내가 문호를 개방하여 외로운 사람들을 돌보아주게 하려 한 것이다."고 감탄했다는 고사가 있다.

108) 우산(牛山)의 나무: 맹자가 우산장(牛山章)에서, 사람은 누구나 인의(仁義)의 양심(良心)이 있음을 설명하면서 비유한 말이다.(『孟子』「告子上」)

109) 「숙흥야매잠(夙興夜寐箴)」: 송나라 진백(陳柏)이 4언의 운문(韻文)으로 지은 잠언(箴言)이다. 본디 『시경』「소완(小宛)」의 "아침 일찍 일어나고 밤늦게 잠자서 널 낳으신 부모님 욕되게 하지 말라.[夙興夜寐 無忝爾所生]"에서 인용한 것으로 자신의 정신을 수양하기 위한 목적으로 지은 것이다.

110) 기덕(耆德): 나이가 많고 덕이 높아 여러 사람들의 신망을 받는 사람을 말한다.

111) 황통로(黃通老): 통로는 송나라 황중(黃中, 1096~1180)의 자이다. 황중은 장군 악비(岳飛)가 진회(秦檜)에게 해를 입자, 진회에게 "악비가 무슨 죄를 지었느냐?"며 항의하였다. 뒤에 주희(朱熹)가 그의 묘지명을 지었다. 매산이 영남에 대한 무고를 변론하는 글을 지었으므로 인용한 것으로 생각된다.

112) 사유(師儒): 남에게 사표(師表)가 될 만한 유자(儒者)라는 뜻이다.

113) 여대림(呂大臨, 1040~1092): 자는 여숙(與叔)이며, 장재(張載)의 제자이다. 장재의 사후 이정(二程)에게 사사하였다. 사양좌(謝良佐)·유초(游酢)·양시(楊時)와 함께 정문사선생(程門四先生)으로 불렸다. 저서에 『고고도(攷古圖)』 10권이 있다.

114) 좌해(左海)에서……남기고: 좌해는 서해를 가리키는 것으로, 매산이 결성 현감을 지낸 것을 두고 한 말이다.

곡대에 다시 마음 맞았네[115)] 曲臺更契心
회통에 뛰어난 문장이 쓰였고[116)] 會通需秉筆
송사에서는 공정함을 얻었네[117)] 聚訟得分金
오늘날의 진면목 今日眞淘面
천추를 두고 알아주리 千秋會賞音
못난 나는 알아보지 못하여 부끄러우나 鯫生甘責沈
아버지께서는 일찍 사귀며 존경하셨네 先子早交歆
벼슬길에서는 같이 비파를 잡았으나[118)] 宦迹同操瑟
임금님 은혜로 함께 수령이 되었네 君恩共語琴
풍진 속에서는 고향 그리는 꿈꾸고 風塵湖縣夢
이별하여서는 궁궐을 걱정하였네 離別禁城斟
상전벽해처럼 도리어 옛일이 되어 桑海還成古
세월이 지금까지 여러 번 바뀌었네 星霜累變今
매화가 옛 소식을 잃으니 梅花迷舊信

---

115) 곡대(曲臺)에서……맞았네: 매산이 『가례집요(家禮輯要)』를 지은 것을 두고 한 말이다. 곡대는 한나라의 학자였던 후창(后蒼)이 예학에 대해 저술한 『후씨곡대기(后氏曲臺記)』를 말하는데, 여기서는 예학에 대한 저술을 뜻한다.

116) 회통(會通)에……쓰였고: 매산이 『주서절요집해(朱書節要集解)』를 저술한 것을 두고 한 말이다. 회통은 『근사록(近思錄)』 권3 「치지(致知)」에 "지극히 은미한 것은 리(理)이고 지극히 드러난 것은 상(象)이다. 체(體)와 용(用)은 근원이 하나요 드러남과 은미함은 간격이 없으니, 회통을 보아 전례를 행하면 말에 갖추어지지 않음이 없다."라고 하였는데, 주석에 "회는 이치가 모여 있는 것이고 통은 일의 마땅함을 말한다."라고 한 데서 온 말이다.

117) 송사에서는……얻었네: 이인좌(李麟佐)의 난 이후 조정에서 영남 인사를 정권에서 소외시키자 매산이 연명상소를 하여 그 시정을 진정한 것을 두고 한 말이다.

118) 비파를 잡았으나: 세상과 서로 맞지 않았다는 말이다. 당나라 때 진상(陳商)이란 사람이 세인(世人)들에게 맞지 않는 난해한 문장을 즐겨 썼는데, 한유(韓愈)가 일찍이 그에게 답한 편지에서 제나라 왕은 피리를 좋아하는데 제나라에 벼슬을 구하는 이가 비파를 가지고 갔다가 3년을 있었는데도 등용되지 못했었다는 이야기를 예로 들었다. 즉 세상과 맞지 않으면 아무리 유능해도 쓰일 수 없다는 뜻이다.

해로가[119]가 외로운 시에 드네	薤路入孤吟
두터운 우의는 오랜 세월 감격하였고	厚誼長年感
남은 인생은 짧은 머리 점점 찾아드네	殘生短髮侵
방공의 평상[120]에서 한 번 뵙기 바랐고	龐床空有願
한유의 명성[121]을 많이 흠모하였네	韓斗謾多欽
어찌 생각했으랴 사당에서 곡하며	那意廟門哭
눈물로 옷깃을 다시 적실 줄을	重霑血淚襟
상자 안의 문장 숙속 같으니[122]	篋中應菽粟
문하에 아름다운 주옥이 몇인가	門下幾球琳
문장은 손자가 닮았고	文看小同肖
학문은 사위가 이었네	疇教仲黙尋
연못이 열려 솟는 샘물 넉넉하고	塘開餘活水
대가 늙어 그윽한 새 절로 오네	竹老自幽禽
사문이 장차 땅에 떨어지려는지	斯文將欲墜
하늘의 뜻 믿기 어렵네	天意莽難諶
눈물 섞어 만사 짓고 나니	和涕題詞罷
찬 밤에 다시 다듬이 소리 헤아리네	寒更坐數砧

119) 해로가(薤露歌) : 옛날의 만가(挽歌)인데, 사람의 생명은 부추 잎 끝에 맺혀 있는 이슬처럼 마르기 쉽다고 노래하였다.

120) 방공(龐公)의 평상 : 방공은 후한(後漢) 말의 은자 방덕공(龐德公)으로, 제갈량(諸葛亮)이 늘 찾아뵙고 상하(床下)에서 절을 하였다고 한다. 여기서는 매산을 가리킨다.

121) 한유(韓愈)의 명성 : 한유가 죽은 뒤로 그의 언론(言論)이 크게 행해져서, 학자들이 그를 태산북두처럼 추앙하였는데, 여기서는 매산의 명성을 뜻한다.

122) 숙속(菽粟) 같으니 : 평범하면서도 맛이 깊고 세상에 큰 도움이 되는 문장을 말한다. 『송사(宋史)』 권127 「정이전(程頤傳)」에 정자를 찬미하여 "그 말씀의 아름다움이 포백과 숙속 같았다.[其言之旨若布帛菽粟然]"고 하였다. 포백은 삼베이고 숙속은 곡물이다. 삼베와 곡물은 비단과 고기에 비하면 하찮아 보이지만 일상생활의 필수품이므로 없어서는 안 될 물건이다. 일견 보잘것없어 보이지만 살아가는 데 꼭 필요한 것을 의미한다.

또[又]

시교생侍敎生 이광정李光靖

부자께서 영남의 빼어난 인재로서 夫子嶺之秀
몸이 삼달존을 겸하였네 身兼三達尊
연원은 호수와 백암에서 나왔고 淵源自湖柏
스승은 지수와 훈수이셨네 師友逮箎塤
의리가 하늘이 내려줌을 따랐으니 義理由天畀
공명이 어찌 논할 만하랴 功名那足論
나라 치료하는 솜씨 미처 못 폈는데 未施醫國手
부질없이 임금 사랑하는 말을 지었네 空賦愛君言
백설곡[123] 화답할 이 적으나 白雪寡和唱
외로운 난초가 동산을 아름답게 꾸몄네 孤蘭賁谷園
진한 막걸리는 맛이 절로 담백하고 醇醪味自淡
봄볕에 기운이 모두 따뜻하네 陽煦氣全溫
평지에는 신선이 있고 平地神仙在
산림에는 재상이 있었네 山林宰相存
마음속에는 서책이 질서정연하고 意中書秩秩
시름 밖에는 물이 끊임없이 흐르네 愁外水源源
경예는 편집을 다하였고 經禮窮編錄
차의는 번쇄함을 덜었네 箚疑剔猥繁
시대를 근심하느라 머리 이미 짧아졌고 憂時髮已短
학문을 그리워하여 마음 오히려 도타웠네 戀學心猶敦

123) 백설곡(白雪曲) : 매산의 시문을 높여 이른 말이다. 백설곡은 매우 고상하기로 유명했던 초(楚)나라의 가곡(歌曲) 이름이다.

학이 떠나가니 요동 하늘이 멀고[124]	鶴去遼天遠
용이 없어지니 산 귀신이 떠드네[125]	龍亡山鬼喧
영남이 막힌 운수를 당하여	南州値否運
명곡을 또 이어서 초혼하였네	鳴谷繼招魂
소자는 어디에 의지할까요	小子于何賴
애도가 부르며 침문에서 눈물 흘리네	薤歌淚寢門

또[又]

이주원李周遠[126]

매화동의 매화 한번 더위잡기 때늦어	梅花洞裏一攀遲
멀리서 잡은 천파[127] 노년의 기이한 인연이었네	遙挹天葩歲暮奇
덕의는 당시 영남 선비들을 따라 얻었고	德義時從南士得
문장은 일찍이 훌륭한 책을 읽어 알았네	文章曾讀大篇知
행장의 말로에 중첩된 간을 점치니[128]	行藏末路筮重艮
시례의 명가에 노숙한 스승 있었네	詩禮名家有老師
듣건대 명고와 매산이 함께 가셨다니	聞道鳴山同就穸
훈수와 지수의 영향을 다시 누가 이을까	塤篪餘響復賡誰

124) 학이……멀고: 매산의 죽음을 뜻한다.
125) 용이……떠드네: 군자가 세상을 떠나고 나면 소인들이 득세함을 비유한 말이다.
126) 이주원(李周遠, 1714~1796): 자는 긍보(亘甫), 호는 면운재(眠雲齋), 본관은 재령(載寧)이다. 저서로는 『면운재집』이 있다.
127) 천파(天葩): 천연의 아름다운 꽃이란 뜻으로, 전의되어 아름다운 시문(詩文)을 말한다.
128) 중첩된 간(艮)을 점치니: 매산이 산(山)이 중첩된 간괘(艮卦)를 취하여 집에 간소(艮巢)라는 편액을 걸었던 것을 두고 한 말이다.

또[又]

김종덕金宗德[129)]

명주의 경연 중에서와 재상의 앞에서	明主筵中宰相前
칭찬받고 권면받아 쉽게 승진하셨지	一譽一奬易移遷
선생께서 이 관문 타파한 지 오래나	先生打破玆關久
명예에 무심하셨으니 곧 신선이었네	名上無心卽是仙
낮에도 사립문 닫힌 한 오두막	晝掩柴扉一草廬
세인은 단지 유거를 사랑한다고만 말하나	世人但道愛幽居
선생이 한가로이 할 일 없어서가 아니라	先生不是閑無事
대의를 이미 주자서에서 다 알았기[130)] 때문이네	大義已明朱子書
의관을 묻자 저마다 흩어져 돌아가고	掩罷衣冠各散歸
남은 눈 머무른 구름이 사람을 슬프게 하네	雪殘雲住使人悲
머리 돌려 묻고 싶노니 우리 영남의 일	回頭欲問吾南事
어찌하여 갈수록 운수가 쇠퇴하는가	爭奈浸浸運氣衰

129) 김종덕(金宗德, 1724~1797) : 자는 도언(道彦), 호는 천사(川沙), 본관은 안동이다. 이상정(李象靖)의 문인이다. 저서로는 『천사집』·『성학입문(聖學入門)』·『석학정론(釋學正論)』·『정본고증(政本考證)』·『초려문답(草廬問答)』 등이 있다.

130) 대의(大義)를……알았기 : 매산이 『주서절요집해(朱書節要集解)』를 편찬한 것을 두고 한 말이다.

또[又]

시교생侍敎生 임필대任必大[131)]

영남의 인물 묘연한 이즈음	南州人物渺然時
오직 선생께서 아망을 유지하였지	惟有先生雅望持
산수에 은거하며 간지에 독실하였으니[132)]	山水幽棲敦艮止
학문의 참맛을 누가 흔들어 옮기랴	圖書眞味孰搖移
문하에서 외람되이 온화한 말씀 들었으나	門屛猥荷溫言辱
뒤늦게야 가까이 모신 것이 한스럽네	灑掃堪嗟供役遲
순리대로 살다 편히 돌아가니 공은 어찌 유감 있으랴	存順沒寧公豈憾
사문을 위해 통곡하니 하염없이 눈물이 흐르네	爲哭斯文涕淚洏

또[又]

최광악崔光岳

막막한 건곤에 우리 도가 황폐해졌으나	漠漠乾坤道塞榛
구름 언덕 깊이 닫힌 간소에 봄이 왔네	雲岡深鎖艮巢春
해동에서는 누가 바로 문장의 선비인가	海東誰是文章士
영남에는 지금 학문하는 사람이 없네	嶺外今無問學人
붉은 휘장 그을음 짙으니 『주역』 보던 곳이고	絳帳煤深觀易處

131) 임필대(任必大, 1709~1773) : 자는 중징(重徵), 호는 강와(剛窩), 본관은 풍천(豊川)이다. 저서로는 『강와집』·『봉선절목(奉先節目)』·『제의(祭儀)』·『문계약조(門契約條)』·『서당강규(書堂講規)』·『문회약조(文會約條)』 등이 있다.

132) 간지(艮止)에 독실하였으니 : 매산이 간괘(艮卦)의 뜻을 취하여 집에 간소(艮巢)라는 편액을 걸었던 것을 말이다.

국화밭 가을 깊으니 호미 잡던 때라네　菊畦秋晚執鋤辰
스승으로 모시려던 계획 이루지 못하였으니　鯫生未遂摳衣計
조만 간에 유서에서 순수한 도를 맛보리다　早晚遺書挹道醇

또[又]

김몽화金夢華

일찍부터 함계의 가르침을 받고　早服涵溪訓
이어 이수[133]에게 나아가 배웠네　仍從二叟遊
예는 경례와 곡례[134]를 자세히 알았고　禮詳經與曲
덕은 강함과 부드러움을 함께 지녔네　德合栗而柔
연밥이 오랜 세월 책상에 떨어지도록　蓮子長敲案
국화 피는 가을을 몇 번이나 보냈던가[135]　菊花度幾秋
아직까지 만언의 상소 초고 남아 있으니　尙遺萬言草
한스럽게도 성상께 올려지지 않았네　恨未徹宸旒

또[又]

시교생侍敎生 이의정李宜楨

한 번 정문[136]의 진한 술을 마시고 나서　一飮程門酎

---

133) 이수(二叟) : 훈수(塤叟) 정만양(鄭萬陽)과 지수(篪叟) 정규양(鄭葵陽)을 말한다.
134) 경례(經禮)와 곡례(曲禮) : 예(禮)에 있어서 강령이 되는 것을 경례라 하고, 그 강령을 실천하기 위하여 필요한 절목(節目)에 관한 것을 곡례라 한다. 『예기』「예기(禮器)」에 "경례가 3백 가지이고 곡례가 3천 가지나 되지만 그 극치는 하나이다.[故經禮三百曲禮三千, 其致一也.]"라고 하였다.
135) 연밥이……보냈던가 : 대과(大科)에 급제한 일과 매곡(梅谷)에 은거하던 때를 말한다.

훈훈하게 마음이 저절로 취하였네	薰然意自酣
아버지에게 가학을 배우고	過庭詩禮聞
스승에게서 도학의 진수를 즐겼네	立雪道眞耽
영남에서 명성 크고	南國名聲大
중산의 기상[137] 높았네	重山氣像巖
사문을 하늘이 없애려고 하니	斯文天欲喪
조정과 초야가 다 같이 통곡하네	朝野痛俱覃

또[又]

시교생侍教生 장태한張泰翰

훈수와 지수의 옛 영향 아직까지 전해져	舊響猶傳塤與篪
매화 향기 물씬물씬 좋은 시대에 퍼졌네	梅香馥馥播明時
백년의 흉회 봄날에 온풍이 불듯 온화하고	百年襟抱春噓暖
천고의 연원 달이 연못을 비추듯 분명하였지	千古淵源月照池
향사에서 함장의 자리를 높이 열었으나	鄉社高開函丈席
조정에서 백성 장수케 할 의술은 팔지 못하였네	廊廟未售壽民醫
높은 대들보 갑자기 꺾였으니[138] 어디에 우러를까	崇樑遽折將安仰
명고로 머리 돌리니 또 눈물 흐르네[139]	回首鳴皐又涕洟

136) 정문(程門): 송나라 정자(程子)를 말하는데, 여기서는 매산을 뜻한다.
137) 중산(重山)의 기상: 중산(重山) 간괘(艮卦)를 말한다. 매산은 간괘의 의미를 따서 집에 간소(艮巢)라는 편액을 걸었던 것을 두고 한 말이다.
138) 높은……꺾였으니: 철인(哲人)의 죽음을 가리킨다. 『예기』「단궁상(檀弓上)」에 "태산이 무너지도다, 대들보가 꺾이도다, 철인이 사라지는구나.[泰山其頹乎 梁木其壞乎 哲人其萎乎]"라고 하였다.
139) 명고(鳴皐)로……흐르네: 명고 정간(鄭榦)도 매산과 같은 해에 세상을 떠났기 때문에 한 말이다.

또[又]

문인 조형옥曺衡玉

훌륭한 스승을 어릴 적부터 모셨으니	高門立雪自兒童
우리 영남의 종장 공만이 남으셨네	宗匠吾南獨有公
팽택 영은 애당초 녹봉 연연한 선비 아니었고[140]	彭澤初非懷祿士
도산은 끝내 매화 읊는 노인이 되었네[141]	陶山終作詠梅翁
흉회는 오류의 한가한 달처럼 밝고[142]	襟期梧柳閑中月
학문은 훈지[143]가 가신 후에 바람처럼 일어났네	詩禮塤篪去後風
수많은 집 우렛소리 다 듣기도 전에	萬戶雷聲聽未了
동녘 하늘에 하룻밤 사이 덕성이 사라졌네	天東一夜德星空

또[又]

이세보李世輔

풍류는 곡구의 정선생[144]으로	風流谷口鄭先生
영남의 제일이라고 사람들이 말하네	人說南州第一英
도학은 횡계의 정맥을 전수받았고	道學橫溪傳正脉

---

140) 팽택 영(彭澤令)은……아니었고: 진(晉)나라 도잠(陶潛)이 팽택 영을 지내던 중, 다섯 말의 녹봉에 연연치 않고 벼슬을 버리고 고향으로 돌아갔다.

141) 도산(陶山)은……되었네: 퇴계 이황을 말한 것이다.

142) 흉회는……밝고: 매산의 맑은 기상을 뜻한다. 소옹의 「수미음(首尾吟)」에 "오동나무에 뜬 달은 가슴 속을 비추고 버드나무에 부는 바람은 얼굴로 불어온다.[梧桐月向懷中照 楊柳風來面上吹]"고 하였다. (『擊壤集』 권20)

143) 훈지(塤篪): 훈수 정만양과 지수 정규양을 말한다.

144) 곡구(谷口)의 정선생(鄭先生): 한나라 때의 은사(隱士) 정박(鄭樸)이 곡구에 은거한 것을 가리킨다. 여기서 매산의 성씨가 정박과 같으므로 그를 정박에 비유하여 말한 것이다.

문장은 북두의 높은 명성을 걸었네	文章北斗掛高名
몸이 존양에 한가로워 공부가 깊고	身閑存養工夫熟
산림에서 가식[145]하여 기미가 맑았네	家食山林氣味清
원로가 가셨다니 아 그만이구나	耆德云亡嗟已矣
명고가 떠나셨다니 또 너무 놀랍네	鳴皐傾逝亦堪驚

제문祭文

본군本郡 향교鄕校 유생 조선□曺善遡·박수도朴守道·전우정全宇楨

우리 선생께서는	惟我先生
학문에 연원이었습니다	學有淵源
가정에서 보고 듣고	擩染家庭
스승에게서 전수받아 익혔습니다	傳習師門
지결을 삼가 지키며	謹守旨訣
남은 힘으로 문장을 닦았습니다	餘事文章
일찍 급제의 방목에 올라	早登桂籍
초빙하는 깃발이 답지하였습니다	沓臻天旌
어찌 세상을 잊을까마는	夫豈忘世
저 동강[146]에서 즐겼습니다	樂彼東岡

145) 가식(家食) : 국가에서 맡은 직책이 없어서 봉록을 받지 않고 집에서 한가히 사는 것을 말한다. 『주역』「대축괘(大畜卦)」에 "집에서 먹지 않게 되면 길하다.[不家食 吉]"라고 하고, 단전(彖傳)에 "집에서 먹지 않게 되면 길하다고 한 이유는 국가가 현인에게 봉록을 주어서 길러 주기 때문이다.[不家食吉養賢也]"라고 한 데에서 유래한 말이다.

146) 동강(東岡) : 동쪽 산비탈로, 벼슬에 나가지 않고 물러나 있는 곳을 뜻한다. 『후한서(後漢書)』 권53 「주섭전(周燮傳)」의 "선세(先世)로부터 훈총(勳寵)이 줄을 이었는데 그대만 어찌 유독 동강의 비탈을

간소의 집을 짓고	惟艮有巢
산수정이라 편액을 걸었습니다	山水扁亭
이미 그칠 곳을 알고서	旣知所止
산수를 스스로 즐겼습니다	仁智自樂
멀리서 찾아오는 이가 있으면	有來自遠
지치지 않고 다 가르쳐 주었습니다	不倦叩竭
재능에 따라 가르침을 베푸니	隨材施敎
사람들이 저마다 얻는 것이 있었습니다	人各有得
세도가 막 무너지는 데도	世道方頹
우뚝하기 영광전[147]과 같았습니다	屹若靈光
연세가 어찌 많지 않을까마는	壽豈不多
오히려 무강하시기를 빌었습니다	尙祝無疆
하늘이 남겨 두지 않는다고	天不憖遺
어찌 서둘러 세상을 떠나십니까	何遽易簀
하늘이 사문을 버려서인가요	斯文喪歟
우리가 복이 없어서인가요	吾黨無祿
이 모든 선비들이	凡此衿紳
공사 간에 애절하게 통곡합니다	慟切公私
한 잔 술로 정성을 올리니	一盃薦誠
영령께서는 강림하소서	靈庶格思

지키는가?"라는 말에서 유래하였다

147) 영광전(靈光殿) : 마지막 남은 원로 석학(碩學)을 뜻한다. 영광전은 한 경제(漢景帝)의 아들인 공왕(恭王)이 산동성 곡부(曲阜)에 건립한 건물인데, 후한(後漢) 왕연수(王延壽)가 지은 '노영광전부서(魯靈光殿賦序)'에 "서경(西京)의 미앙(未央)과 건장(建章) 등 궁전이 모두 파괴되어 허물어졌는데도, 영광전만은 우뚝 홀로 서 있었다.[靈光巋然獨存]"라는 글에서 온 말이다.

또[又]

신녕향교新寧鄕校 유생 조용옥曺龍玉

타고난 순수한 자질에	天賦醇質
명성이 일찍이 알려졌습니다	夙播令聞
재능이 이미 뛰어났고	才旣拔萃
학문은 연원이 있었습니다	學有淵源
학문이 넉넉하여 벼슬을 하니	優而乃仕
조정에서 모범이 되었습니다	羽儀王庭
지신의 옥을 팔기 어려운데	我玉難售
저 인끈이 어찌 영광이겠습니까	彼綬奚榮
거두고 돌아와서	卷而歸來
동강을 굳게 지켰습니다	固守東岡
부름이 비록 잦았으나	旌招雖勤
소신은 더욱 확고하였습니다	素履愈堅
원천을 거슬러 실마리를 찾으니	溯源尋緖
한 세대의 진유가 되셨습니다	一世儒眞
하늘이 남겨 두지 않아	天不憖遺
우리의 도가 막혔습니다	吾道屯蹇
공자의 수명이 무어 아쉽겠습니까마는	孔壽何憾
정자의 학문을 전할 길 없습니다	程學無傳
누구인들 놀라고 슬퍼하지 않겠습니까마는	孰不驚悼
우리 고장과 이웃이 가장 불쌍합니다	最我鄕隣
많은 선비들이 탄식하며	多士齎咨
정갈한 제전을 올립니다	來致精禋

또[又]

임고서원臨皐書院 유생 류즙柳濈

아! 선생께서는 惟先生
규벽[148]의 자품과 奎壁之姿
하악[149]의 정기로 河嶽之精
대대로 충효를 전승한 世傳忠孝
가정에서 가르침을 받았습니다 訓承家庭
대가에게 가서 배워 出遊大方
일찍부터 경중을 구별하였습니다 早判重輕
태평성세를 만나 際遇昌明
빛나는 관직을 두루 역임하였습니다 歷敭華秩
명리를 지푸라기처럼 보고 芥視名利
뜻을 거두어 산속에 은거하였습니다 卷懷林壑
한 구역 매곡에서 一區梅谷
이에 고반[150]을 얻었습니다 爰得考槃
유유자적하며 보이지 않게 수양하니 優游晦養
소신 편안하고 한가로웠습니다 素履安閑
학문은 도의 원천을 궁구하였고 學窮道源
정신은 이치의 속에서 노닐었습니다 神遊理窟
조예가 날마다 깊어져서 造詣日深

---

148) 규벽(奎壁) : 28수(宿) 가운데 문운(文運)을 주관하는 규수(奎宿)와 벽수(壁宿)로, 문단(文壇)의 거장을 가리킨다.
149) 하악(河嶽) : 본래는 황하(黃河)와 오악(五嶽)을 말하는데, 여기서는 강과 산을 뜻한다.
150) 고반(考槃) : 현자(賢者)가 세상을 피하여 은둔해 사는 즐거움을 뜻하는 말이다. "고반이 시냇가에 있으니, 석인의 마음이 넉넉하도다.[考槃在澗 碩人之寬]"라고 한 데서 온 말이다.(『詩經』「衛風·考槃」)

우뚝이 먼저 깨달았습니다　卓然先覺
서책을 모으고 후학을 가르치는데　裒書詔後
삼천의 예의[151]로 하였습니다　三千禮儀
온 세상이 풍도를 흠모하고　擧世欽風
많은 선비들이 의문을 질의하였습니다　多士問疑
못난 저희들도　吾儕無似
훈도의 은덕을 입었습니다　亦被薰沐
산처럼 우러를 곳이 있었는데　山仰有地
하늘이 앗아감이 어찌 이리 빠릅니까　天奪何速
이 임고서원을 돌아보건대　顧此臨院
포은의 영령을 모시는 곳입니다　圃翁妥靈
공은 방계의 후손으로서　公爲傍裔
계획과 운영에 정성을 다하였습니다　措畫盡誠
영정을 다시 모사하고　改摹遺像
속집을 간행하였습니다　營梓續集
사문의 중지가　斯文重地
공에 힘입어 진작되었습니다　賴公振作
이제는 그만입니다　今焉已矣
어디에서 본받겠습니까　於何矜式
유림이 서로 조문하며　儒林相弔
소박한 술잔을 올립니다　來薦泂酌
영령이 계시다면　尊靈洋洋
강림하소서　庶賜鑑格

151) 삼천(三千)의 예의(禮儀) : 『의례(儀禮)』에 이른바, 경례 삼백 가지와 곡례 삼천 가지[經禮三百 曲禮三千]란 데서 온 말인데, 곡례는 곧 미세한 예절을 가리킨다.

또[又]

도잠서원道岑書院 유생 성경룡成慶龍

아! 선생께서는　　惟先生
나라의 원로이고　　國家蓍龜
사림의 뿌리였습니다　　士林柢根
공부를 한결같이 하여　　惟一其工
삼달존[152]이 되었습니다　　惟三其尊
봄바람 같은 기상과　　春風氣像
가을 달 같은 정신이었습니다　　秋月精神
가만히 덕의를 엿보건대　　竊覸德義
고인에 가까웠습니다　　庶幾古人
애석하게도 지업은　　惜其志業
어려운 때를 만났습니다　　遭時蹇屯
문과에 우뚝이 뽑혔으나　　巍擢龍榜
소 잡는 칼[153]을 잠시 접었습니다　　暫屈牛刀
사헌부와 사간원에서는　　霜臺烏府
그 칭호만을 받았습니다[154]　　只膺其號
거두어 돌아오니　　卷而歸來
산의 북쪽이었습니다　　維山之北

---

152) 삼달존(三達尊): 천하에 두루 통하는 세 가지 존귀함으로, 마을에서의 나이[齒], 조정에서의 벼슬[爵], 세상을 돕고 백성을 기를 때의 덕[德]을 말한다.(『孟子』「公孫丑下」)

153) 소 잡는 칼: 큰 정치를 시행할 수 있는 넉넉한 재능을 뜻한다. 공자가 제자 자유(子游)가 무성(武城)의 수령(守令)이 되어 예악(禮樂)으로 고을을 다스리는 것을 보고 "닭을 잡는 데 어찌 소 잡는 칼을 쓰리오." 한 데서 온 말이다.(『論語』「陽貨」)

154) 사헌부와……받았습니다: 매산이 68세 때 사간원 정언(正言)에 제수되었다가 바로 면직되고 이듬해에 사헌부 지평에 제수되었다가 체직된 일들을 두고 한 말이다.

골짜기에 매화가 있어	維谷有梅
현자가 은거할 곳이었습니다	碩人攸軸
밤낮으로 소요하며	婆娑日夕
처음의 뜻을 이루었습니다	乃遂初服
많은 선비가 우러러보니	多士攸瞻
북두 같고 태산 같았습니다	北斗嶠嶽
하늘이 어찌 남겨 두지 않아서	天何不憖
서둘러 세상을 떠나셨습니까	而遽易簀
같은 시기에 명고께서도	同時鳴翁
또 고비를 거두셨습니다[155]	又撤皐比
적막한 우리 영천은	寂寞吾永
어디에 의문을 질정받겠습니까	於何質疑
저 간소를 돌아보니	睠彼艮巢
공의 덕은 외롭지 않았습니다	公德不孤
입암[156]은 북쪽에 솟아 있고	立巖北屹
지산[157]은 남쪽에 우뚝합니다	芝岑南崷
그 사이에 영령을 모시니	妥靈其間
공론을 따른 것입니다	必有公議
후학들이 훗날	後學他年
사모할 곳이 생겼습니다	寓慕有地
사람은 비록 가셨으나	人雖云亡

155) 고비(皐比)를 거두셨습니다 : 명고 정간도 스승으로 있다가 세상을 떠났다는 말이다. 고비는 호랑이의 가죽인데, 옛날에는 스승이 호피(虎皮)를 깔고 앉아 강학하였으므로 강석의 뜻으로 쓰인다.

156) 입암(立巖) : 장현광(張顯光, 1554~1637)을 가리키는 말이다. 장현광의 자는 덕회(德晦), 호는 여헌(旅軒), 본관은 인동(仁同)이다. 그는 병자호란 때 의병을 일으켜 군량미를 모아 보냈으나 이듬해 항복 소식을 듣고 입암산(立巖山)에 들어갔다.

157) 지산(芝山) : 조호익(曺好益, 1545~1609)의 호이다. 조호익의 자는 사우(士友), 본관은 창녕(昌寧)이다.

우리 도는 오래 전하게 되었습니다　斯道其壽
이 하찮은 제수는　惟此菲薄
우리 모두의 정성입니다　咸我輿誠
한 자루 향을 사르고 아뢰오니　瓣香祗告
영령께서는 강림하소서　冀格尊靈

또[又]

입암서원立巖書院 유생 박수제朴守悌·권시전權是銓

아! 선생께서는　惟先生
남다른 자품을 타고나시어　天賦異質
기국이 깊고 컸습니다　器宇深宏
학문에 연원이 있는 데다가　學有淵源
공부를 열 배 백 배 하였습니다　什百其工
우뚝하게 일찍 성취하여　卓然早成
성대하게 유학의 종장이 되었습니다　蔚爲儒宗
잠시 세상길에 나섰으나　蹔出世路
서로 맞지 않았습니다　鑿枘難容
즐거운 저 산속에　樂彼丘園
이에 쉴 곳이 있었습니다　爰得我所
내면 수양에 뛰어났으니　惟姱內修
어찌 외물을 생각하였겠습니까　夫豈外慕
따스한 봄바람의 기상이요　春風氣像
맑게 갠 달의 흉금이라　霽月襟期
의문을 질정하고 가르침을 청하며　質疑請益
많은 선비들이 귀의하였습니다　多士依歸
－아무개 등은－　某等

모두 어리석고 둔한 자들로서	俱以茸闒
다행히 용문[158]에 올랐습니다	幸得龍門
인도하기를 게을리하지 않고	提撕不倦
몽매함을 얼마나 깨우쳐 주셨습니까	幾荷牖昏
영원히 모실까 하였는데	永擬周旋
서둘러 세상을 버리셨습니다	遽啓手足
태산이 무너졌으니	泰山其頹
우리들은 어디에 의탁해야 합니까	吾黨焉託
시일이 머물지 않아	靈辰不留
발인의 상여 줄을 잡았습니다	祖道啓綍
의형이 영원히 닫히니	儀刑永閟
말씀을 받들 길 없습니다	謦欬莫接
감히 간절한 정성으로	敢將血忱
공경히 술잔을 올립니다	恭薦醴酌
삼가 바라건대 영령께서는	伏惟尊靈
흠향하소서	庶賜歆假

또[又]

송곡서원松谷書院 유생 류제두柳齊斗

아! 영남은	惟嶠以南
추로[159]의 고장입니다	鄒魯之鄉

158) 용문(龍門) : 성망(聲望)이 높은 사람을 비유한 말이다. 후한(後漢) 때 이응(李膺)이 고사(高士)로 명망이 높아, 누구든지 그로부터 한 번 접견만 받으면 세상에서 그 접견 받은 사람에게 "용문에 올랐다."고 일컬은 데서 온 말이다.(『後漢書』「李膺傳」)

많은 현인이 무리지어 나와	羣賢輩出
성인의 학문에 빛을 더하였습니다	聖學增光
이때에 선생께서는	惟時先生
정중의 정기를 타고 태어나셨습니다	稟受正中
충효의 가정에서 생장하니	生長忠孝
호수와 함계공[160]의 자손입니다	湖老涵公
시서를 배우고 익히니	服習詩書
훈수와 지수의 문하였습니다	塤叟篪翁
드디어 명고공과 함께	曁厥鳴皐
세상에서 문단의 종장이 되었습니다	爲世詞宗
소과와 대과에서	蓮榜桂籍
이름이 나란히 향기로왔습니다	姓名齊馨
이품으로 삼사[161]에서	二品三司
차례로 이름을 드날렸습니다	次第蜚英
소 태부[162]가 이미 늙었으니	疏傅已老
도연명의 허리를 어찌 굽히겠습니까[163]	陶腰何折

159) 추로(鄒魯) : 유학(儒學)의 근거지라는 말이다. 공자가 춘추 시대 노(魯)나라 사람이었고, 맹자가 전국 시대 추(鄒) 땅 사람이었던 데에서 비롯된 것이다.

160) 호수(湖叟)와 함계공(涵溪公) : 호수 정세아(鄭世雅)와 함계 정석달(鄭碩達)을 가리킨다.

161) 삼사(三司) : 사간원(司諫院)·사헌부(司憲府)·홍문관(弘文館)의 병칭이다.

162) 소 태부(疏太傅) : 일반적으로 벼슬길에서 용감히 물러나는 사람의 전형으로 꼽힌다. 한 선제(漢宣帝) 때 태자태부(太子太傅) 소광(疏廣)이 부귀영화가 극에 달하는 것을 경계한 나머지 병을 칭탁하면서 자기 조카인 태자소부(太子少傅) 소수(疏受)와 함께 사직을 청하자, 황제가 허락하면서 황금 20근을 하사하고 태자는 50근을 주었는데, 이것을 가지고 고향인 동해(東海)로 돌아가서는 날마다 친척과 친구들을 불러다가 잔치를 베풀며 노년을 즐겼다.(『漢書』 권71 「疏廣傳」)

163) 도연명(陶淵明)의……굽히겠습니까 : 도연명은 진(晉)나라 시상(柴桑) 사람인데 자는 원량(元亮)이고, 일명 잠(潛)이라 하며 세칭 정절선생(靖節先生)이라고 한다. 팽택현(彭澤縣)의 현령이 되었을 때 군(郡)에서 독우(督郵)를 보냈는데, 현리(縣吏)가 의관을 갖추고 그를 보러 오라고 하자 "오두미(五斗米)를 위하여 구차히 향리의 소아에게 허리를 굽힐 수 없다."고 하고 그날로 인끈을 풀고는 「귀거래사

매산이라는 별천지에 梅山別谷
말끔한 서실 한 채 瀟洒一室
여기에서 은거하며 於焉考槃
세상 생각 다 접으셨습니다 世念都歇
네 벽의 서책은 圖書四壁
뭇 성현의 글들입니다 簡編羣賢
침잠하여 탐구한 것은 沈潛玩賾
예의 삼천이었습니다 禮儀三千
원근에서는 덕을 본받고 遠邇考德
선비들은 의문을 질정받았습니다 章甫質疑
사문은 외롭지 않았고 斯文不孤
우리 도는 여기에 있었습니다 吾道在玆
한 구역 임학은 一區林壑
천고의 관민[164]입니다 千古關閩
덕성이 광채를 잃더니 德星晦彩
하늘이 남겨 두지 않았습니다 蒼穹不憖
나라는 원로를 잃고 國喪蓍龜
선비는 뿌리를 잃었습니다 士失柢根
학이 구고를 떠난 것은 鶴去九皐
달이 겨우 세 번 찼을 때였습니다[165] 月纔三圓
들보가 꺾인[166] 지극한 슬픔 樑摧至慟

(歸去來辭)」를 읊고 고향으로 돌아갔다고 한다.

164) 관민(關閩) : 관중(關中)과 민중(閩中)으로 송대(宋代)에 이학(理學)이 흥성했던 곳이다. 관중에는 횡거(橫渠) 장재(張載)가 있었고, 민중에는 회암(晦庵) 주희(朱熹)가 있었다.

165) 학이……때였습니다 : 명고(鳴皐) 정간(鄭幹)의 죽음을 말한다. 매산은 정축년 7월 8일에 향년 73세로 사망하였고, 정간은 같은 해 9월 29일에 향년 66세로 사망하였다.

공사 간에 어찌 다르겠습니까	公私何殊
이제 여러 사람의 마음으로	茲將輿情
공경히 소박한 제전을 올립니다	恭奠薄需

또[又]

용산서원龍山書院 유생 최종점崔宗漸

보현산[167] 높은 봉우리에	普賢維嶽
맑은 정기 모였습니다	淑氣鍾英
본성이 이미 순수한 데다가	性旣淳粹
자품이 또 강명하였습니다	資又剛明
학문에 연원이 있고	學問有源
품행에 흠이 없었습니다	制行無瑕
함계의 적통이요	涵溪的傳
옥간[168]의 종파였습니다	玉磵宗派
성리학으로 과거에 급제하여	射策天人
조정에 모범이 되었습니다	羽儀王庭
사헌부와 사간원에서	霜臺讞府
발걸음 높이 드날렸습니다	步武高驤

166) 들보가 꺾인 : 스승의 죽음을 말한다. 공자(孔子)가 작고하기 며칠을 앞두고 새벽에 일어나 "태산이 무너지겠다. 들보가 꺾어지겠다."고 탄식을 하자, 자공(子貢)이 "태산이 무너지면 소자들이 어디를 우러르며, 들보가 꺾이면 소자들이 어디에 의지하겠습니까." 하였다.(『禮記』「檀弓上」)

167) 보현산(普賢山) : 경북 영천시 화북면과 청송군 현서면에 걸쳐 있는 산으로, 일명 '모자산(母子山)'이라고도 한다.

168) 옥간(玉磵) : 훈수(塤叟) 정만양(鄭萬陽)과 지수(篪叟) 정규양(鄭葵陽)이 도를 강론하던 옥간정(玉磵亭)을 말하는데, 횡계(橫溪)의 영과담(盈科潭) 가에 있었다.

소 잡는 칼을 잠시 시험하니	牛刀蹔試
닭 잡기에 여유 있었습니다[169]	鷄割斯恢
그것을 널리 베풀지 못한 채	不普厥施
마침내 거두어 돌아왔습니다	遂卷而懷
한 구역 매곡에서	一區梅谷
쉴 곳을 얻으셨습니다	爰得我所
마음에서 늘 성현을 마주하고	對越賢聖
아침저녁으로 강토하였습니다	朝講夕討
요령을 잡고 심오한 의리 꿰뚫어	挈領透奧
진수를 실컷 음미하였습니다	飫髓咀腴
남긴 글이 상자에 가득하니	遺書滿箱
퇴계를 조술하고 주자를 보완하였습니다	述退翼朱
세상에 자운이 없으니[170]	世無子雲
누가 그 학통을 잇겠습니까	孰尋其的
아! 우리 용산서원은	繄我龍院
선현을 봉향한 곳입니다	先賢腏食
당이 있고 실이 있어	有堂有室
아름다운 이름을 처음 지어주셨습니다	嘉名肇錫
실적을 편집하고	編摩實跡
또 많이 선양하셨습니다	亦多揄揚

---

169) 소……있었습니다: 매산이 뛰어난 경륜을 가지고도 결성이라는 작은 고을의 현감으로 간 것을 가리킨 말이다. 공자가 제자 자유(子游)가 무성(武城)의 수령이 되어 예악(禮樂)으로 고을을 다스리는 것을 보고 "닭을 잡는 데 어찌 소 잡는 칼을 쓰리오." 한 데서 온 말이다.(『論語』「陽貨」)

170) 세상에……없으니: 참으로 알아 줄 사람이 없다는 말이다. 자운(子雲)은 전한(前漢) 양웅(揚雄)의 자이다. 그가 『태현경(太玄經)』을 짓자 사람들이 비웃으니, 자운이 "세상 사람들이 나를 알아주지 않더라도 해 될 것이 없다. 후세에 다시 양자운이 있어 반드시 좋아할 것이다."라고 말하였다.(『御定唐宋文醇』 권3「昌黎韓愈文4·與馮宿論文書」)

남긴 제도를 갖추어 거행하여	遺典備擧
법도가 크게 드러났습니다	規橅孔彰
목가가 재앙을 알리고[171]	木稼告灾
소미성이 빛을 잃었습니다[172]	少微沈輝
산속이 적막하니	山阿寂寞
우리들은 어디로 귀의하겠습니까	吾黨安歸
한 잔 술을 감히 올리며	一斝敢侑
만고에 길이 고별합니다	萬古長辭

또[又]

횡계서당橫溪書堂 유생 이경증李景曾·권후전權后銓·정일굉鄭一鋐

생각건대 선생께서는	惟先生
가학에 연원을 두고	家學淵源
사문의 적통이 되었습니다	師門宗嫡
품행이 진실되고	眞實其行
학식이 해박하였습니다	博洽其識
고상한 인품으로 광채 드날리고	揚彩珪璋
급제 방목에 이름을 날리셨습니다	蜚英桂籍

---

171) 목가(木稼)가……알리고 : 목가는 목개(木介)의 별칭으로 극심한 추위로 나무에 얼어붙은 얼음인데, 전쟁이나 재앙이 일어날 조짐, 또는 현인군자가 죽을 조짐이다. 송나라 왕안석(王安石)이 지은 한기(韓琦)의 만사에 "나무 고드름에 고관이 떨었다는 말 들었는데, 산이 무너진 오늘 철인이 돌아갔네.[木稼曾聞達官怕 山頹今見哲人萎]"라고 하였다.(『石林詩話』)

172) 소미성(少微星)이……잃었습니다 : 소미성은 처사성(處士星)이다. 소미성이 희미하거나 떨어지면 인간 세상의 처사가 죽는다 한다.

오랜 낭관[173]과 가시나무 둥지[174]에서	郎潛棘棲
어떻게 배운 것을 펼치겠습니까	豈展所學
나의 옛 맹세를 찾아	尋我舊盟
나의 초복[175]으로 되돌아왔습니다	返我初服
성리학에 침잠하며	沈潛性理
성현을 늘 마주 대하였습니다	對越聖賢
인의에 흠뻑 젖어	飫仁酣義
밤낮 부지런히 노력하였습니다	日夕乾乾
유곡의 난초 향기 절로 풍겨나오고	谷蘭播香
구고의 학 울음소리 하늘까지 들렸습니다	皐鶴聞天
만년에 은총 입고 발탁되시니	晩被寵擢
사헌부와 사간원이었습니다	栢府薇垣
동강의 은거를 고수하며	固守東岡
길이 변치 않기를 다짐하였습니다	永矢不諼
서재에 간소라고 편액을 거니	艮以扁齋
그칠 곳을 알아서 정착이 있었습니다	知止有定
해 저무는 만년에	桑榆晼晩
유유자적하며 읊조리셨습니다	偃息嘯咏

173) 오랜 낭관: 오래도록 낮은 관직 생활만 하는 것을 말한다. 한나라 안사(顔駟)가 문제(文帝) 때 낭관이 된 뒤로부터 경제(景帝)를 거쳐 무제(武帝) 시대에 이르기까지 그대로 낭관에 머물렀던 고사에서 유래한 것이다.(『漢武故事』)

174) 가시나무 둥지: 매산과 같은 현자가 낮은 관직에 머물러 있는 것을 탄식했다는 말이다. 후한의 고성 영(考城令) 왕환(王渙)이 구람(仇覽)을 주부로 임명하려다가 그의 그릇이 워낙 큰 것을 보고서 "가시나무는 봉황이 깃들 곳이 못된다. 백 리의 지역이 어떻게 대현이 밟을 땅이리오.[枳棘非鸞鳳所棲 百里豈大賢之路]"라고 탄식하고는 한 달 치 월급을 구람의 태학(太學) 학자금으로 내준 고사가 전한다.(『後漢書』 권76 「循吏列傳·仇覽」)

175) 초복(初服): 입사(入仕)하기 전에 입는 옷으로, 벼슬길에 나오기 전에 품었던 마음을 말한다.

덕 높은 노년에	德卲耆耊
넉넉한 은전이 비옥[176]에 내려졌습니다	恩優緋玉
간절하게 휴직을 빌며	瀝血乞休
고상한 뜻이 더욱 확고하셨습니다	雅志彌確
어찌하여 작은 병에	如何一疾
서둘러 세상을 떠나십니까	遽啓手足
법문이 쓸쓸하고	法門凋零
유림이 삭막합니다	儒林索莫
더구나 이 작은 서당은	矧此小塾
공이 처음 연 곳입니다	自公權輿
스승을 아주 가까이 모시며	密邇丈席
여기에서 편안히 지냈습니다	爰處爰居
여기에서 학문을 강학하고	講學于斯
여기에서 도를 강론하였습니다	論道于斯
한 구역 아름다운 산천이	一區烟霞
모두 영광을 입었습니다	摠被光輝
스승께서 돌아가신 이후로	山頹以後
공을 대신 하여 우러러 보았습니다	瞻仰在公
예서를 편집하고[177] 유고를 교열하며	編禮校稿
얼마나 정신과 기력이 지치셨겠습니까	幾疲神精
옥간정을 중건하는 것도	玉磵重建
또한 계획을 내셨습니다	亦出區畫
새로 지은 기문 한 편은	新記一篇

176) 비옥(緋玉) : 당상관(堂上官) 이상이 입는 붉은 관복과 망건에 다는 옥관자(玉貫子)를 이른다.
177) 예서를 편집하고 : 매산은 『가례집요(家禮輯要)』를 편찬하였다.

생애의 마지막 글이었습니다 乃是絶筆
훗날 문미에 걸면 他日揭楣
어떻게 차마 보겠습니까 那忍觸目
이남산[178]에서는 구름이 수심에 잠기고 尼嶽雲愁
도담에서는 물결이 오열합니다 桃潭波咽
옛날을 생각하고 오늘을 슬퍼하며 感古傷今
사람들의 심정이 갑절이나 지극합니다 輿情倍極
영신[179]이 머무르지 않아 靈辰不留
흰 휘장을 옮기게 되었습니다 素帷將移
솔바람 속 오동에 걸린 달 松風梧月
공의 흉금을 닮았습니다 髣髴襟期
말씀을 올리고 영결을 고하니 陳辭告訣
한 글자에 천 방울 눈물입니다 一字千淚
산이 높고 물이 길듯이 山高水長
영세토록 우러를 것입니다 永世仰止

또[又]

환구서당環丘書堂 유생 이복춘李復春·정일근鄭一瑾·정일흠鄭一欽

아! 선생께서는 嗚呼先生
어찌 이리 바삐 세상을 버리십니까 厭世何忙

---

178) 이남산(尼南山): 훈수(塤叟) 정만양(鄭萬陽)과 지수(篪叟) 정규양(鄭葵陽)이 은거한 산인데, 횡계에 있다.

179) 영신(靈辰): 영구가 머무를 수 있는 시간이다. 영신불류(靈辰不留)는 발인하기 하루 전날 저녁에 지내는 조전(祖奠) 때 읽는 고사(告辭) 중에 있는 구이다.

그윽한 난초는 향기를 잃고	幽蘭隕香
아름다운 옥은 광채가 묻혔습니다	美玉埋光
저 오천을 생각해볼 때	緬惟烏川
신령스러운 물줄기가 유구합니다	靈派悠久
힘써 덕을 세우는 것은	樹德之懋
호수[180]에서 시작되었습니다	越自湖叟
백암[181]께서 복을 드리우고	栢巖垂裕
함계[182]께서 가르침을 남기셨습니다	涵溪貽訓
게다가 훈수와 지수께서	矧我塤篪
문운을 열어 주셨습니다	並啓文運
대대로 가학이 돈독하니	世篤詩禮
선생이 이를 이어받았습니다	先生是服
이해의 정밀함과	疏瀹之精
실천의 독실함이여	踐履之篤
지와 행이 서로 합일하고	知行夾輪
경과 의가 서로 도왔습니다	敬義交翼
이미 쌓인 것이 두터워서	旣積而厚
끝내 고명하게 되셨습니다	終乃高明
간소라는 편액을 걸고	艮以扁巢
부질없는 명예를 길이 사절하였습니다	永辭浮名
경서를 펴서 도를 강론하고	橫經講道
밝은 창가에서 궤안에 기대셨습니다	棐几明窓
삼천 가지 예절을 분별하여	辨禮三千

180) 호수(湖叟) : 매산의 선조 정세아(鄭世雅)의 호이다.
181) 백암(栢巖) : 매산의 선조 정의번(鄭宜藩)의 호이다.
182) 함계(涵溪) : 매산의 아버지 정석달(鄭碩達)의 호이다.

글로 지어 어두운 눈을 떠 주셨습니다	立言開矇
우리 영천 사람들은	維吾之永
마치 민중[183]에 있는 듯하였습니다	如在閩中
덕의가 미치는 곳에는	德義攸及
다 같이 상도를 숭상하였습니다	秉彛同尚
돌아보건대 이 서당은	顧玆書塾
바로 공이 창건한 것입니다	寔公所創
계획에 노고가 많아	營紀多勞
규모가 벌써 이루어졌습니다	規模已成
선생께서 자주 오시어	頻臨杖屨
제생을 권면하셨습니다	奬勸諸生
이제는 그만입니다	今焉已矣
예스런 풍도를 다시 볼 수 없습니다	無復古風
상여를 잡고 정성을 올리오니	扳輀薦誠
공사 간에 똑같이 슬픕니다	公私均恫
영령께서 계신다면	不昧者存
이 작은 정성을 살펴주소서	監此微衷

또[又]

손시완孫是椀

생각건대 영령께서는	惟靈
함계의 훌륭한 아들이고	涵溪賢子

---

183) 민중(閩中) : 주희(朱熹)가 살던 곳이다.

옥간의 뛰어난 제자입니다	玉磵高弟
나가서는 대가에게 배우고	出遊大方
들어와서는 가학을 익혔습니다	入聞詩禮
타고난 자품이 이미 남달랐으니	天賦旣異
가르치기에 어찌 수고로왔겠습니까	教何勞成
침잠하고 강마하여	沈潛講劘
날로 해박해졌습니다	日博以閎
넉넉한 학문으로 처음 벼슬하여	學優始仕
조정을 출입하였습니다	出入螭陛
온축한 것을 펼칠 줄 알았으나	擬展所蘊
세상이 서로 맞지 않았습니다	不周鑿枘
일찍부터 벼슬 버리시고	早謝簪笏
만년에는 매천에 터를 잡았습니다	晩卜梅川
그곳의 산수를 좋아하여	樂彼山水
작은 정자를 지었습니다	亭構數椽
선현을 잇는 공부 깊어	繼往工深
후학 깨우칠 책임이 컸습니다	牖後責丕
많은 선비들이 의귀하니	多士依歸
문 밖에 신발이 가득하였습니다	屨滿戶外
책상 위에 『회암집』과 『퇴계집』이요	丌上晦退
꿈속에는 정자와 주자였습니다	夢裡程周
절조가 이미 안에서 확고하였으니	操旣內確
명성을 어찌 밖에서 찾겠습니까	名曷外求
은혜로운 소명이 자주 내려졌으나	恩綸雖頻
평소의 뜻을 바꾸지 않았습니다	素志靡改
그래서 발꿈치에 그친다[184]는 뜻으로	乃艮其趾
집에 이름을 붙이고 경계하였습니다	名軒寓戒
돌아보건대 저는 어리석으나	顧余愚矇

다행히 내치지 않는 은혜를 입었습니다	幸被不遐
자주 찾아뵐 때마다	源源往叩
속마음을 참으로 많이 보여 주었습니다	露肺良多
공은 나를 형으로 여겼으나	公雖兄我
나는 실로 공을 스승으로 여겼습니다	我實師公
선을 얻으면 잊지 않고	得善眷眷
명심하며 마음에 간직하였습니다	銘佩在中
지난날 나의 아버지께서는	昔我先人
덕도 남기고 글도 남겼습니다[185]	有德有言
수집도 널리 못하고	裒集未廣
간편도 많이 잃었습니다	簡亦失編
공이 정리해 주신 덕분에	荷公整釐
글이 비로소 온전해졌습니다	書始得全
그리고 나의 계부께서는	越吾季父
문채와 바탕이 조화를 이루었습니다	文質彬彬
재능은 풍부하나 수명이 짧아	才豐命嗇
청춘에 억울하게 세상을 떴습니다	抱冤青春
공이 탄식하고 아쉬워하며	公爲歎惜
특별히 글로 드러내어 주었습니다	特筆揄揚
유명 간의 똑같은 고마움을	幽明同感
내가 잊을 수 있겠습니까	俾也可忘
제가 신선의 고장을 찾아간 것이	余叩仙區

184) 발꿈치에 그친다 : 『주역』「간괘(艮卦)」 초효에 나오는 말이다.

185) 덕도……남겼습니다 : 훌륭한 덕에 걸맞은 훌륭한 말을 남겼다는 말이다. 『논어』「헌문(憲問)」에 "덕을 소유한 사람은 반드시 이에 합당한 말을 하게 마련이지만, 그럴듯한 말을 한다고 해서 그 사람에게 꼭 덕이 있다고는 말할 수 없다.[有德者 必有言 有言者 不必有德]"라는 공자의 말이 나온다.

지난 해 늦봄이었습니다	去年春暮
반가이 맞아 다정한 말씀으로	開青亹亹
해가 지도록 강토하였습니다	講討移晷
마침 몸 섭양을 잘못하시어	適違攝養
오랫동안 편치 않았습니다	久有愆度
음식은 비록 줄었으나	匙箸雖減
정신은 쇠퇴하지 않았습니다	神精不衰
작별할 때는 서운해하며	臨分惜別
가을을 기약하였습니다	秋以爲期
무망지병[186]이니	謂是无妄
일찍 쾌차할 것으로 여겼습니다	早收勿藥
의원이 의술을 다 발휘하였으나	醫殫技窮
서둘러 세상을 떠났습니다	遽啓手足
마음이 놀라고 기가 막혀서	心驚氣短
멍하니 들보가 꺾인 듯하였습니다	惘若頹樑
하늘은 어찌하여 남겨 두지 않고	天胡不憖
철인이 세상을 뜨게 합니까	哲人云亡
칠십 삼 세를	七十三年
어찌 장수가 아니라 하겠습니까마는	豈云無壽
지위가 덕에 차지 못하였으니	位不滿德
하늘의 뜻을 헤아리기 어렵습니다	天意難究
영남이 운수가 막히어	嶠南運否
우리 영천에 큰 재앙이 내렸습니다	吾永孔厄

186) 무망지병(无妄之病) : 『주역』「무망괘(无妄卦)」의 “무망(无妄)의 병이니, 약을 쓰지 않고도 낫는 기쁨이 있다.[天妄之疾 勿藥有喜]”고 한 데서 온 말이다.

죽계는 오열하고 竹波嗚咽
명고는 적막합니다 鳴皐寂寞
늘그막에 이 세상에서 衰遲此世
외로운 신세 어디로 가겠습니까 踽踽安適
공사를 생각하며 통곡하니 哭以公私
저의 비통함이 더욱 절절합니다 我痛罙切
발인이 임박하여 卽遠有期
장사 지낼 터를 잡았습니다 壤樹是卜
장지에 가서 한 번 슬퍼하는 것이 臨穴一痛
저의 평소 먹은 마음이었으나 是我素蓄
노병이 갈수록 깊어져 衰病轉深
추위를 겁내 들어앉아 있습니다 怮寒藏六
한 잔 술을 대신 올리나 代奠一酌
피눈물의 글과 마음의 향입니다 血文心香
영령께서 모르지 않으신다면 靈其不昧
밝게 강림하소서 昭格洋洋

또[又]

정제鄭梯

충효는 가문의 명성이고 忠孝家聲
시례는 누대의 사업이었습니다 詩禮世業
오천에서 백 년 동안 烏川百年
경사의 물줄기 마르지 않았습니다 慶波不渴
우리 함계옹께서는 曁我涵翁
높이 드러난 영걸이셨습니다 矯矯英傑
몸가짐은 규율을 따라 행하고 律身蹈矩

집안 다스림도 법도를 따랐습니다	理家循法
공은 태어나면서부터 남달라	公生卓異
가법을 넘지 않았습니다	不越準的
뛰어난 인재가 벼슬길에서	逸駕長途
나아가지도 그만두지도 못하였습니다	不進不輟
당시 이남산에서	于時尼南
두 노인이 강학을 하셨습니다	二老秉拂
스승으로 모시고 배우기를 청하여	摳衣請益
오두[187]를 오래 복용하였습니다	烏頭久服
다듬어 주고 적셔 주어	磨礱浸灌
이미 괴고 또 쌓였습니다	旣渟且積
웅장한 대책문에	容舂大策
세상 사람들이 심취하였습니다	世眼不肉
문과의 방목에 이름을 드날리어	蜚英桂籍
뜻 펼칠 날이 있었습니다	展布有日
잠시 작은 고을에서 시험하다가	蹔試凋郡
곧바로 처음 사업으로 돌아오셨습니다	旋尋初服
저 매곡은	維梅有谷
현인이 은거할 곳입니다	碩人攸軸
산수정 가에는	山水亭畔

187) 오두(烏頭) : 한방에서 부자(附子)를 가리킨다. 송나라 때 사양좌(謝良佐)가 스승 정자(程子)를 뵙고 떠나면서 윤순(尹焞)에게 "우리들이 아침저녁으로 선생을 모시면서 선생께서 행하는 것을 보고 배우고 말씀을 듣고 깨달아서, 마치 사람이 오두를 복용하면 안색이 부드러워지고 근력이 좋아지는 것과도 같았다. 그런데 하루아침에 오두의 힘이 사라지게 되었으니 장차 어찌한단 말인가."라고 하였는데, 부자(附子)가 스승을 뜻하는 부자(夫子)와 발음이 비슷하므로 오두를 끌어다 쓴 것이다. (『上蔡語錄』 권2)

버들 바람과 오동에 걸린 달이 있고	楊風梧月
간소의 서가에는	艮巢架上
성인의 경전과 제자의 글이 있었습니다	聖經子集
정신을 모으고 잡념을 버려	凝神息慮
자나 깨나 선현을 노래하였습니다	寤歌前哲
고인에게서 찾아보아도 드무니	求之古人
거의 부끄러울 것이 없었습니다	庶幾無怍
스승의 제자 중에	鱣堂諸子
홀로 의발을 전수받았습니다	獨傳衣鉢
골짜기 난초 향기 퍼지자	谷蘭播香
우는 말[188]이 자주 들어왔습니다	鳴騶累入
초빙은 진지하였으나	旌招雖勤
휴치[189]의 계획은 숙원이었습니다	休致計宿
바라보면 마치 신선이 내려온 듯	望若仙停
유유자적하며 지내셨습니다	婆娑自適
말세는 이다지 어지러운데	叔世紛紛
누가 그 경지를 엿보겠습니까	孰窺閫閾
서책에 침잠하고	沈潛簡策
금석문을 많이 지으셨습니다	胼手金石
『주서집해』와	朱書集解
『가례요집』[190]이	家禮要輯

188) 우는 말 : 임금이 보낸 사자(使者)의 말이다. 공치규(孔稚圭)의 「북산이문(北山移文)」에서, 산속에서 은자로 개결한 삶을 살다가 지조를 바꾸어 벼슬길에 나아간 주옹(周顒)이란 사람을 꾸짖으면서 "우는 말이 골짜기에 들어오고 학두서가 산언덕을 넘어오자 맞이하러 달려가느라 정신이 없으며 뜻과 정신이 동요되고 말았다.[及其鳴騶入谷 鶴書赴隴 形馳魄散 志變神動]"고 하였다.

189) 휴치(休致) : 늙어서 벼슬을 그만 두고 물러나 쉬는 것을 말한다.

어찌 혼자 간직하기 위한 것이겠습니까	豈爲私藏
후학에게 혜택을 주신 것이었습니다	嘉惠後學
돌아보건대 저에게	顧我不穀
충고를 많이 해 주셨습니다	義重偲切
노쇠해지고 나서는	及此衰暮
우러르는 마음 더욱 돈독하였습니다	瞻仰益篤
때때로 소좌[191]에 들를 때면	時過塑座
마치 난실에 들어간 듯하였습니다	如入蘭室
미혹을 깨우쳐 주실 적마다	開迷牖惑
하나하나 적심을 미루어 주셨습니다[192]	片片推赤
지난날 오록서당梧麓書堂에서	頃於梧社
몇 달 동안 모였습니다	數月簪盍
선사의 예설은	先師禮說
편질을 이루지 못하였고	未成篇帙
어지러운 초고와 흩어진 문장은	亂稿散篇
헝클어진 머리 같았으나	其紛如髮
정밀한 식견으로 꿰뚫어 보시고	精識透鑑
정연하게 간추렸습니다	鑿鑿梳櫛

190) 『주서집해(朱書集解)』와 『가례요집(家禮要輯)』 : 매산이 저술한 『주서절요집해(朱書節要集解)』와 『가례집요(家禮輯要)』를 말한다.

191) 소좌(塑座) : 매산을 가리킨다. 진흙을 빚어서 만든 소상(塑像)처럼 앉은 모습이 경건한 것을 비유해서 하는 말이다. 사현도(謝顯道)가 "명도(明道) 선생은 앉아 계실 때는 진흙으로 빚은 소상과 같다가 사람을 접할 때에는 온통 한덩이 화기(和氣)였다."고 하였다.(『近思錄』 권14)

192) 적심(赤心)을 미루어 주셨습니다 : 후한 광무제(光武帝)가 동마(銅馬)와 싸울 때 이미 항복한 자들이 불안해하자 직접 말을 타고 부대를 순시하였더니, 항복한 자들이 서로 "왕이 적심을 미루어 남의 뱃속에 넣어 주었으니 어찌 목숨을 바치지 않을 수 있겠는가.[推赤心置人腹中 安得不投死乎]"라고 하였다고 한다.(『後漢書』 권1 「光武帝紀」)

차례로 찾아 모아 次第搜輯
문득 아홉 책을 이루었습니다 奄成九冊
제가 감히 서문을 썼으나 雖忝緖論
부끄러워 눈이 휘둥그레 하였습니다[193] 輒愧瞠若
우뚝한 크나큰 덕을 嵬然碩德
영남에서 누가 짝할 수 있습니까 嶺外誰匹
무궁한 장수 누리시기를 壽考無疆
마음속으로 묵묵히 빌었습니다 私心默祝
어쩌다가 몇 년이나 夫何數歲
병석에 누워 계셨습니까 沈綿床褥
말씀이 횡계의 유고에 미칠 때면 語及溪稿
근심이 얼굴에 드러났습니다 憂形於色
편집은 비록 완성되었으나 編目雖完
산정은 아직 마치지 못하였습니다 刪定未訖
지수옹이 남긴 사업은 篪翁遺事
겨우 열에 하나만 이루어졌습니다 只擧什一
청하기를 병이 뜸할 때 請以病間
빨리 글을 지어 주시오 하였습니다 速圖屬筆
하늘은 남겨 두지 않고 天不憖遺
어찌 이리 빨리도 앗아갑니까 奪我何速
생각건대 저 옥간정은 惟彼玉亭

193) 눈이……하였습니다 : 스승의 행동에 감탄하였다는 말이다. 『장자』 「전자방(田子方)」에 "안연이 중니에게 묻기를, '부자께서 걸으면 저도 걷고 부자께서 빠르게 걸으면 저도 빠르게 걸으며 부자께서 뛰면 저도 뛰어서 따라갑니다. 그런데 부자께서 먼지도 나지 않을 정도로 빨리 달리면 저는 그저 멍하니 뒤에 처져서 눈만 휘둥그레 뜨고 바라볼 뿐입니다.[夫子奔逸絶塵 而回瞠若乎後矣]' 하였다."는 기록이 있다.

선사께서 남긴 자취입니다	先師遺躅
여러 해 동안 황량하여	荒凉幾歲
우리가 불안해하였지요	吾黨踖踧
중건을 지휘하여	指揮重建
정자가 지금 우뚝합니다	亭今突兀
새로 지은 기문 한 편은	新記一篇
일의 전말을 그려냈습니다	摸寫顚末
기약하기를 가마 타고	期以藍輿
하루 모시고 노닐고자 하였는데	奉遊一日
이제는 할 수 없게 되었으니	今不可得
슬프고 아쉬운 마음이 간절합니다	只切痛惜
공이 가시고 나서 석 달 뒤에	公亡三月
승선[194]이 또 가셨습니다	承宣又沒
인간 세상에 뒤에 남아	後死人世
누구를 따르고 누구에게 의탁하겠습니까	誰因誰託
유택으로 갈 날은 정해져 있으니	之幽有期
여기서 영결하겠습니다	從此永訣
솔바람 쏴아 불고	松風淅瀝
대나무 소리 와삭와삭합니다	竹韻蕭瑟
저의 슬픈 회포에	我懷之悲
어찌 끝이 있겠습니까	曷有其極

194) 승선(承宣) : 명고(鳴皐) 정간(鄭幹)은 1757년 승지(承旨)에 오른 뒤 곧 병사하였다. 승선은 승지를 달리 부르는 말이다.

또[又]

정엽鄭爗

우뚝한 저 포은옹께서　　卓彼圃翁
끊긴 도학 처음 창도하였습니다　　始倡絶學
우리의 문명을 열어　　啓我文明
유학의 적통이 되셨습니다　　爲儒正嫡
그 방계 후손에 이르러　　逮厥旁裔
또 위인이 많았습니다　　亦多偉人
호수는 후손에게 복을 주셨고　　湖叟裕後
함계는 선대를 빛내셨습니다　　涵溪光前
공이 그 아름다움을 이어받아　　公趾厥美
일찍부터 의방[195]을 받았습니다　　早服義方
자품이 이미 순수하고 진실한 데다가　　質旣醇實
성품이 또 자애롭고 선량하셨습니다　　性又慈良
어린 나이에 학문에 뜻을 두고　　齠齡志學
먼저 큰 것을 세우셨습니다[196]　　先立大者
당시에 횡계에는　　維時橫溪
훈수와 지수가 서로 창화하였습니다　　塤篪唱和
공이 의귀할 곳을 얻으니　　公得所歸
예법의 마당이었습니다　　禮法之場
정밀하게 생각하고 힘써 실천하여　　精思力踐

---

195) 의방(義方): 집안에서 가르치는 덕의(德義)의 교훈을 말한다.

196) 먼저……세우셨습니다: 대인이 될 바탕을 이루었다는 말이다. 맹자는 "먼저 큰 것을 세운다면 그 작은 것이 능히 빼앗지 못할 것이니, 이것이 대인이 되는 까닭이다.[先立乎其大者 則其小者不能奪也 此爲大人而已矣]"라고 하였다.(『孟子』「告子上」)

일취월장하였습니다	日就月將
이미 해박하고 나서	旣宏以博
또 정밀하고 자세하였습니다	亦精而詳
아름다운 광채는 안에서 살찌고	英華內腴
훌륭한 문장은 사방으로 펼쳐졌습니다	詞藻旁敷
대과의 급제를 수염 뽑듯이 쉽게 하고[197]	摘髭科第
능력이 여유 있어 관직에서 칼을 놀렸습니다[198]	游刃世需
기러기가 점차 나아가기 시작하니[199]	鴻逵始漸
띠풀을 누가 뽑겠습니까[200]	茅茹誰拔
소 잡는 칼을 잠시 써 보아서야	暫試牛刀
평소의 경륜을 어떻게 다 펼치겠습니까	奚展素蓄
세 번 읍하여 나아가고 한 번 사양하여 물러나[201]	揖三辭一

---

197) 수염……하고: 대과에 아주 쉽게 급제한 것을 비유한 말이다. 한유(韓愈)가 최입지(崔立之)에게 부친 시에 "해마다 과거 급제를 따내되 턱밑의 수염을 뽑듯 하누나[連年收科第 若摘頷底髭]"라고 한 데서 온 말이다.(『韓昌黎集』 권5)

198) 칼을 놀렸습니다: 관직에서 업무가 많아도 잘 처리하였다는 말이다. 포정이 문혜군(文惠君)을 위해 소를 잡는데, 소 잡는 솜씨가 매우 뛰어나 문혜군을 감탄하게 하였다. 백정이 소 잡는 도(道)를 말하면서 "두께가 없는 칼을 두께가 있는 틈새에 넣으니, 널찍하여 칼날을 움직이는 데에 있어 반드시 여유가 있습니다.[以無厚入有間 恢恢乎其於遊刃必有餘地矣]"고 하였다.(『莊子』 「養生主」)

199) 기러기가……시작하니: 현달한 군자의 고고한 행동거지를 말한다. 『주역』 「점괘(漸卦)·상구(上九)」에 "기러기가 공중에서 점차 나아감이니, 그 깃이 의표가 될 만하다.[鴻漸于逵 其羽可用爲儀]"고 하였다.

200) 띠풀을…… 뽑겠습니까: 훌륭한 선비들이 많이 등용되는 것을 말한다. 『주역』의 「태괘(泰卦)」는 하늘과 땅이 서로 자리를 바꾸어 사귀는 형상인데, 그 초구(初九)에 "띠풀을 뽑음이라 그 무리로써 가는 것이니 길하다.[拔茅茹 以其彙征 吉]" 하였다.

201) 세……물러나: 나아가기는 어렵게 하고 물러나기는 쉽게 한다는 말로, 벼슬을 사양하면서 미련 없이 과감하게 물러나는 것을 가리킨다. 『예기』 「표기(表記)」에 "임금을 섬길 적에 나아가기는 어렵게 하고 물러나기는 쉽게 한다면 자리에 질서가 잡힐 것이요, 반면에 나아가기는 쉽게 하고 물러나기는 어렵게 한다면 문란해질 것이다. 따라서 군자는 세 번 읍을 한 다음에야 나아가고

잠깐 나갔다가 곧바로 돌아와 은거하였습니다 乍出旋藏
저 화려한 영화를 싫어하고 厭彼芬華
이 동강을 지키셨습니다 守此東岡
마음은 외물에 관심이 없고 心無外營
손은 서책을 열람하였습니다 手閱書倉
도는 일상생활 속에 있었고 道在日用
정치는 집안을 이루는 데서 시작하셨습니다 政由家成
정성과 예의를 극진히 한 것은 殫誠盡禮
오직 제사와 초상이었습니다 惟祭與喪
일은 모두 세밀히 처리하여 事皆纖悉
빠뜨리거나 잊은 적이 없었습니다 無或遺忘
회재의 서찰과 晦翁書札
퇴계의 표장이며 陶老表章
문인록의 탈오와 門錄脫誤
당시 현인의 자황[202]에 時賢雌黃
공은 개연히 탄식하며 公乃慨然
찾아 모아 드러내어 밝혔습니다 搜輯闡明
만년의 깊은 공부가 晩年深工
더욱 이 책에 있었으나 尤在是編

한 번 사양하고는 곧바로 물러남으로써 문란해지는 것을 예방한다.[事君難進而易退 則位有序 易進而難退 則亂也 故君子三揖而進 一辭而退 以遠亂也]"라는 말이 나온다.

202) 자황(雌黃) : 진상을 가려서 시비선악(是非善惡)을 자기 의사대로 비평하는 것을 말하는데, 여기서는 몇몇 대신이 영남 사람을 비난하는 말을 임금에게 올린 것을 가리킨다. 진(晉)나라 손성(孫盛)의 『진양추(晉陽秋)』에 "왕연(王衍)은 자가 이보(夷甫)인데 말을 잘하였으며 자기 마음에 들지 않으면 사실과 다르게 고쳐 말했기 때문에 당시 사람들이 구중자황(口中雌黃)이라 하였다."고 한 데서 온 말이다.(『文選』 권28 「廣絶交論」)

아직까지 상자 속에 있으니　尙在巾衍
누가 자운이 되겠습니까[203]　誰爲子雲
나이와 덕이 다 같이 높아　年德俱卲
반드시 달하고[204] 반드시 소문이 났습니다[205]　必達必聞
아래로는 당시의 명망이 높았고　下係時望
위로는 임금의 은총이 성대하였습니다　上紆天眷
신하를 아는 이는 임금만한 이가 없는데　知臣莫如
참되다 하시고 진실되다 하셨습니다　曰眞曰實
치관[206]과 정옥[207]을　冠豸頂玉
공이 어찌 달가워하셨겠습니까　公豈是屑
조정에 나아가　進而廊廟
재능을 펴지 못하였으나　雖未施設
산림에 물러나　退而山野

---

203) 누가……되겠습니까: 유고를 출간하지 못하였으므로 후세에 매산 같은 이가 나와도 매산의 글을 보지 못하여 매산을 알 수 없을 것이라는 말이다. 자운(子雲)은 전한(前漢) 양웅(揚雄)의 자이다.

204) 반드시 달(達)하고: 달(達)은 그 사람의 덕이 남을 감화시켜서 무슨 일을 하든지 안 되는 것이 없는 것을 말한다. 자장(子張)이 달에 대해서 묻자, 공자가 "질박 정직하고 의를 좋아하며 남의 말과 안색을 잘 살피면서 몸을 낮추려고 생각하는 사람이 있다면, 그런 사람은 나라에서나 집안에서나 반드시 달하게 마련이다.[質直而好義 察言而觀色 慮以下人 在邦必達 在家必達]"라고 대답한 내용이 『논어』 「안연(顔淵)」에 나온다.

205) 반드시……났습니다: 『논어』 「안연(顔淵)」에 "문(聞)이란 얼굴빛은 인(仁)을 취하나 행실은 실제 위배되며 그대로 머물면서 의심하지 않는 것이니, 나라에 있어도 반드시 소문이 나며, 집안에 있어도 반드시 소문이 난다.[夫聞也者 色取仁而行違 居之不疑 在邦必聞 在家必聞]"고 한 데서 온 말인데, 여기서는 널리 잘 알려진다는 뜻으로만 쓰였다.

206) 치관(豸冠): 법을 집행하는 사람이 쓰는 관(冠)이다. 치(豸)라는 동물은 신양(神羊)인데, 능히 곡직(曲直)을 구분하는 까닭에 이러한 모양으로 법관(法冠)을 만들어 썼다 한다. 매산이 사헌부 지평과 형조 참의를 지냈기 때문에 쓴 말이다.

207) 정옥(頂玉): 옥으로 만든 망건 관자이다. 정3품 당상 이상의 관원은 조각을 하고 종1품 이상의 관원은 조각을 하지 않았다. 매산이 정3품에 올랐기 때문에 쓴 말이다.

길이 모범이 되셨습니다	永爲矜式
오래오래 사시어	庶幾壽考
우리에게 끝없는 혜택주시기를 바랐습니다	惠我無疆
어이 이리 운수가 나쁜지	如何不淑
우리의 산과 들보가 내려앉았습니다	摧我山梁
돌이켜보건대 나와 공은	顧我與公
오리의 짧은 다리와 학의 긴 다리였습니다[208]	鳧短鶴長
우의는 백세토록 돈독하고	誼百世敦
집은 겨우 삼십 리 거리였습니다	居一舍强
기쁨과 슬픔을 함께하며	與共休戚
서로가 속마음을 다 보였습니다	兩敷腎腸
때때로 서로 왕래하니	時相往來
추위와 더위도 가로막지 못하였습니다	不阻暄凉
제가 궁하고 외롭게 되고 부터는	自余窮獨
하나의 강시가 되어서	作一尸僵
지척에서도 발길이 끊기어	迹阻咫尺
한이 삼상[209]에 맺혔습니다	恨結參商
지난날 공이 병을 앓자	昔公有疾
아우를 보내어 뵙게 하고	送弟拜床
선군 유고의 정정과	先稿之訂

208) 오리의……다리였습니다 : 본래 서로 자품이 달랐다는 말이다. 『장자(莊子)』「산목(山木)」에 "오리의 다리는 비록 짧지만 이어주면 걱정을 하고, 학의 다리는 비록 길지만 잘라주면 슬퍼한다.[鳧脛雖短 續之則憂 鶴脛雖長 斷之則悲]"라고 한 데서 온 말이다.

209) 삼상(參商) : 서로 멀리 떨어져 있는 것을 뜻하는 말이다. 삼성(參星)은 동쪽 하늘에 있고 상성(商星)은 서쪽 하늘에 있어서, 각각 뜨고 지는 시각이 다른 관계로 영원히 서로 만날 수가 없는 데에서 유래된 것이다.(『春秋左氏傳』「昭公」元年)

남긴 정자의 기문을	遺亭之記
상의해야 하므로	合有商量
공이 쾌차하기만을 기다렸습니다	竢公良已
이제는 그만이니	今焉已矣
눈물만 더할 뿐입니다	增我涕泗
나라가 쇠퇴하고	邦國殄瘁
산림이 쓸쓸해졌습니다	山林凋零
집안에 전하는 보배가 있으니	傳家有寶
광주리에 가득한 금이 아닙니다[210]	匪金厥籯
공은 비록 유감없겠지만	公雖不憾
저는 혼자 슬퍼합니다	我獨齎慽
발인에 기일이 있고	卽遠有期
묘소는 이미 터를 잡았습니다	佳城已卜
병으로 상여 줄을 잡지 못하니	病違執紼
의리로 볼 때 너무 부끄럽습니다	揆義深恧
멀리서 조촐한 제수를 갖추어	遠具薄奠
남을 시켜 대신 곡하여 올리오니	倩哭代侑
영령께서 모르지 않는다면	英靈不昧
이 술잔을 흠향해 주소서	庶賜歆顧

210) 광주리에……아닙니다: 매산이 자식을 잘 가르쳤다는 말이다. 한나라 때 경학자 위현(韋賢)이 네 아들을 두어 모두 훌륭하게 되었는데, 그중에서도 막내아들 현성(玄成)은 특히 명경(明經)으로 벼슬이 승상에 이르렀으므로, 당시 추로(鄒魯)의 속담에 “바구니에 가득한 황금을 자식에게 남겨주는 것이 한 경서를 가르치는 것만 못하다.[遺子黃金滿籯 不如一經]”라고 했던 데서 온 말이다.

또[又]

송이석宋履錫

우리 함계께서는　　惟我涵溪
영남에서 떨치셨습니다　　奮于南服
예로써 집안을 이루어　　禮以成家
그 집안이 장엄하였습니다　　其家翼翼
공은 공경하는 아들로서　　公惟翼子
가학을 발전시켰습니다　　以昌家學
자품이 아름다워　　資質之美
어릴 적에 태극을 논하였습니다　　童子太極
학문의 넉넉함을　　學文之優
『근사록』으로 천명하였습니다　　闡以近思
벼슬은 예에 맞게 하였으니　　其仕以禮
어찌 서둘렀겠습니까　　夫豈躁爲
일을 하는 여러 법도는　　周還折旋
절차가 민락[211]을 따랐습니다　　步趨閩洛
나아갈 때는 구루[212]와 같고　　其進如傴
물러날 때는 숨는 것과 같았습니다　　其退如匿
화합하나 휩쓸리지 않았으며[213]　　和而不流

---

211) 민락(閩洛): 송대의 성리학을 뜻하는 염락관민(濂洛關閩)의 준말로, 염계(濂溪)의 주돈이(周敦頤), 낙양(洛陽)의 정호(程顥)·정이(程頤), 관중(關中)의 장재(張載), 민중(閩中)의 주희(朱熹)를 통칭한다.

212) 구루(傴僂): 허리를 굽힌다는 뜻이다. 『춘추좌씨전(春秋左氏傳)』「소공(昭公)」 3년에 "정고보(正考父)가 세 번 명(命)을 받았는데 받을수록 공순하여 첫 번째 명을 받아서 누(僂)하고 두 번째는 구(傴)하고 세 번째 받아서는 기어서 담장 밑으로 달아났다."고 한 데서 온 말이다.

213) 화합하나……않았으며: 군자는 다른 사람들과 잘 화합하기는 하지만 그렇다고 자기 주관도 없이

개결하여 그 신조 바꾸지 않았습니다	介而不易
매곡의 그윽한 산속이	梅谷之窕
현인의 머무를 곳이었습니다	碩人之棲
시냇가에 정자를 지으니	溪上有亭
「하도」가 있고 「낙서」가 있었습니다	有圖有書
『주역』을 보며 효상을 연구하여	觀易玩象
간괘의 그 등에 멈추었습니다[214]	惟艮之背
얻지 못하고 보지 못하였으니	不獲不見
참으로 이 뜻을 실천하였습니다	允蹈斯義
주숙의 경우처럼 아들을 곡하였으나[215]	哭子如塾
또한 이치로 견뎌냈습니다	亦以理勝
군자가 장수하니	君子壽考
천작[216]이 저절로 높아졌습니다	天爵自崇
관작은 내려올수록 더욱 사양하고	爵至益辭
학문은 늙을수록 더욱 독실하였습니다	學老益篤
성현이 남긴 말씀	聖賢遺言
서가에 만 권이 있어서	架上萬軸

그들에게 동조하거나 휩쓸리지는 않는다는 뜻이다. 『중용장구』 제10장의 “군자는 화합하기는 하나 휩쓸리지는 않으니, 강하기도 하도다.[和而不流 强哉矯]”라고 한 데서 온 말이다.

214) 그……멈추었습니다 : 사욕을 버리고 마땅히 멈추어야 할 곳에 멈추어서 자신의 도리를 다함을 말한다. 『주역』 「간괘(艮卦)」에 “그 등에서 멈추니 자기 몸을 보지 못하고 뜰에 다녀도 그 사람을 보지 못한다. 허물이 없으리라.[艮其背 不獲其身 行其庭 不見其人 无咎]”고 한 데서 온 말이다.

215) 주숙(朱塾)의……곡하였으나 : 주희(朱熹)의 아들인데, 그가 죽자 주희가 매우 슬퍼하였다. 매산이 아들을 잃은 것을 두고 한 말이다.

216) 천작(天爵) : 사람이 주는 작위(爵位)라는 뜻의 인작(人爵)과 상대되는 말로, 아름다운 덕행과 같은 천연(天然)의 작위라는 뜻인데, 『맹자』 「고자상(告子上)」에 “인의충신과 선을 좋아하여 게을리하지 않는 이것이 바로 천작이요, 공경대부 같은 종류는 인작일 뿐이다.[仁義忠信樂善不倦 此天爵也 公卿大夫 此人爵也]”라는 말이 나온다.

종묘의 아름다움과	宗廟之美
백관의 성대함[217]을 다 갖추었습니다	百官之富
공은 그 속에 들어가서	公入其中
살다시피 하였습니다	飮食葛裘
도리가 뱃속에 가득 차서	道理滿腔
터럭과 살갗까지 스며들었습니다	至于髮膚
온화한 풍격이 날로 드러나	風和日舒
기상이 볼만 하였습니다	氣像可覩
내면이 살찌어서	惟其內腴
외면도 순수하였습니다	是以外粹
예서가 무너지고 일그러져	禮書壞缺
사문이 우려하자	斯文之憂
횡계의 글을 모으니	橫溪之裒
편질이 아주 많았습니다	編帙汗漫
공이 이를 정리하니	公惟是正
나그네가 돌아갈 곳을 얻은 것 같았습니다	如客得歸
또한 집요라고 이름하니	亦曰輯要
사례가 실려서였습니다	四禮所輸
글로 일가를 이루어	書成一家
사방의 법도가 되었습니다	爲四方則

217) 종묘의……성대함: 학문의 아름다움과 성대함을 말한 것이다. 『논어』 「자장(子張)」에 자복경백(子服景伯)이 숙손무숙(叔孫武叔)의 말을 빌려 자공이 공자보다 낫다는 말을 전하자 자공이 "집에다 비유하자면 나의 담장은 어깨 높이라 나의 살림을 엿볼 수 있지만, 부자의 담장은 몇 길이라 문을 통해 들어가 보지 못하면 종묘의 아름다움과 백관의 성대함을 알 수가 없소. 그런데 그 문으로 들어가 본 이도 사실 드무니 숙손무숙의 말이 또한 당연하지 않은가.[譬之宮牆 賜之牆也及肩 窺見室家之好 夫子之牆數仞 不得其門而入 不見宗廟之美百官之富 得其門者或寡矣 夫子之云 不亦宜乎]"라고 한 말을 인용한 것이다.

지난날 우리 선고께서는	昔我先人
대개 소싯적부터	盖自童丱
공의 집안에 나아가	出就公家
공과 나란히 학업을 닦았습니다	公與連業
중표형제의 친척의 관계요	重表之親
붕우의 사이였습니다	倫以朋友
강설로 서로 연마한 지가	講說相磨
칠십 년이나 되었습니다	七十年于
편지 한 묶음은	書翁筍束
냄새가 난초향 같습니다	其臭如蘭
아! 못난 나는	嗟我不肖
먼저 불행을 당했습니다	先遭險釁
죽어야 하는데도 죽지 못한 것은	宜死不死
한 가지 일이 있어서입니다	以有一事
우리 선고의 행장은	狀我先人
공만을 기다렸습니다	惟公是待
자주 찾아 가서	纍然以進
이마를 조아리며 청하였습니다	稽顙以請
공은 당시에 병이 있어	公時有疾
표정이 편치 않으셨으나	顏色未康
오히려 부축 받고 일어나 앉아서	猶扶而坐
눈물을 마구 흘리셨습니다	有淚迸橫
교유에 대한 감개한 마음과	交遊感慨
인간 세상의 성쇠에 대하여	人世盛衰
한마디 할 적마다 두 번 목메었으니	一語再咽
그 뜻이 진지하였습니다	其意亹亹
공이 말하기를 이 일을	公曰玆事
내가 사양할 수 있겠는가	余其可辭

내가 조금 낫기를 기다려	待余少蘇
붓을 잡고 쓰겠네 하였습니다	執筆爲之
공은 또 글을 지어	公又爲文
우리 선고에게 제전을 올리며	祭我先人
말하기를 형을 아는 자 중에	曰知兄者
나만큼 믿는 자가 없다 하였습니다	無如我信
알고 또 믿었다는	其知旣信
그 말씀이 어찌 아첨이겠습니까	其言豈諛
가을을 기한으로 하여	秋以爲期
재배하고 받을까 하였습니다	再拜以受
그러고 얼마 되지 않아	曾未幾何
공의 부음을 들었습니다	報公易簀
아! 공의 문장은	嗟公文章
금석에 새길 만합니다	金石可晝
인의의 말씀은	仁義之言
그 맛이 숙속과 같습니다[218]	其味菽粟
그것을 얻은 자는 영광이나	得之者榮
얻지 못하였으니 어찌하겠습니까	不得謂何
퇴계가 남긴 편지	退陶遺書
자양[219]처럼 많아서	如紫陽多

---

218) 숙속(菽粟)과 같습니다 : 평범하면서도 맛이 깊고 세상에 큰 도움이 되는 문장을 말한다. 『송사(宋史)』 권127 「정이열전(程頤列傳)」에 정자를 찬미하여 "그 말씀의 아름다움이 포백과 숙속 같았다.[其言之旨若布帛菽粟然]"고 하였다. 포백은 삼베이고 숙속은 곡물이다. 삼베와 곡물은 비단과 고기에 비하면 하찮아 보이지만 일상생활의 필수품이므로 없어서는 안 될 물건이다. 일견 보잘것없어 보이지만 살아가는 데 꼭 필요한 것을 의미한다.

219) 자양(紫陽) : 주희의 아버지 주송(朱松)이 독서하던 곳인데, 주희가 그의 서재 이름을 자양서실이라 이름 지어서, 주희를 뜻하게 되었다.

선고께서 십 년 동안	先人十年
정리하여 책을 만드셨습니다	點節成編
어찌 동지가 없겠습니까마는	豈無同志
공에게 부탁하였습니다	屬之公焉
지난 초가을	去秋之初
공의 영구에 곡할 적에	哭公之柩
책이 영구 옆에 있었으나	書在柩旁
손때는 찾을 길 없습니다	手澤靡求
학문이 끊어진 슬픔은	絶學之悲
사림이 같이 느끼는 바이나	士林所同
길이 한스러워 하는 것이	其永恨者
누가 저의 심정 만하겠습니까	孰如我衷
공경히 향을 받들어	祗奉瓣香
감히 저만의 슬픔을 늘어 놓습니다	敢陳私恫

또[又]

이대중李大中

형양[220]의 먼 후손이요	滎陽遙胄
포은의 이름난 가문입니다	圃老名閥
면면이 이어온 본손과 지손이	綿綿本支
대대로 훌륭한 덕을 이었습니다	赫世載德
공은 나면서부터 남달라	公挺有異

220) 형양(滎陽) : 정습명(鄭襲明, ?~1151)의 호이다. 영일 정씨 형양공파(滎陽公派)의 시조이다.

남전의 옥이었습니다[221]　藍田之玉
처음부터 가정에서　合下家庭
가학을 보고 안 데다가　見知義方
훌륭한 스승에게 의귀하여　依歸賢師
진덕수업이 더욱 빛났습니다　進修益章
수레는 경쾌하고 길은 익숙하여　車輕路熟
두루 열람하기를 끝없이 하였습니다　歷覽無邊
학문의 밭에서 노닐며　翺翔學圃
도의 맛을 음미하였습니다　咀嚼道羶
경서와 사서의 말을　經史之言
추환[222]과 다반처럼 여겼습니다　蒭豢茶飯
문장으로 발휘하니　發爲文章
도도하게 흘러나왔습니다　其出滔滔
문장이 절륜하여　詞華絶倫
보는 이마다 손을 움츠러들었습니다　見者縮手
명철한 왕이 위에 계시며　王明在上
우물을 깨끗이 쳤으니[223] 무엇이 슬프겠습니까　井渫何惻
궁궐 뜰에 모인 삼천 명 중에　丹墀三千
이름이 제일등에 뽑혔습니다　名擢第一

---

221) 남전(藍田)의 옥이었습니다 : 명문 가문의 뛰어난 인재라는 말이다. 남전은 중국 섬서성에 있는 현으로 아름다운 옥의 생산지로 유명하다.

222) 추환(蒭豢) : 풀을 먹여 기르는 소·양과 곡식을 먹여 기르는 개·돼지 등의 육류를 가리킨다. 『맹자』 「고자상(告子上)」에 "의리가 내 마음을 기쁘게 함이 추환이 내 입을 즐겁게 함과 같다.[理義之悅我心 猶芻豢之悅我口]"고 하였다.

223) 왕이……쳤으니 : 성군(聖君)의 시대에 등용되었다는 말이다. 『주역』 「정괘(井卦)·구삼(九三)」에 "우물을 깨끗이 쳤는데도 먹지를 않으니 내 마음이 슬프다. 임금이 명철하여 길어다 먹기만 하면 모두 복을 받으리라.[井渫不食 爲我心惻 可用汲 王明 並受其福]"고 한 데서 온 말이다.

학문이 넉넉하여 벼슬하였으니　學優乃仕
왕을 모시며 일생을 마칠 만하였습니다　從王可終
참되다 진실되다 하시며　曰眞曰實
성상의 칭찬이 간곡하였습니다　聖褒丁寧
임금의 은총은 성대하였으나　恩眷雖紆
현인의 벼슬길은 험난하였습니다　賢路則屯
소 잡는 칼을 잠시 써 보아서야　蹔試牛刀
온축한 경륜을 어떻게 펼치겠습니까　焉展所蘊
인끈을 던지고 돌아오니　投紱歸來
이 동강을 지켰습니다　守此東岡
저 매곡을 돌아보니　瞻彼梅谷
물은 콸콸 흐르고 산은 푸르릅니다　水活山蒼
그곳에서 은거하며　於焉薖軸
애오라지 유유자적하셨습니다　聊以優游
쓸쓸한 방 한 칸은　蕭然一室
의리의 연수였습니다　義理淵藪
밝은 창가의 비궤에서　明窓棐几
성현을 마주 대하셨습니다[224]　對越聖賢
주자의 글을 보완하고 퇴계의 글을 서술하여　翼朱述退
고증하고 정정하여 편찬하였습니다　攷訂有編
사업이 전대의 철인처럼 빛나　事光前哲
사람들이 큰 보배로 여겼습니다　人擬拱璧

224) 밝은……대하셨습니다 : 비궤는 비자나무로 만든 좋은 궤안(几案)인데, 통상 서안(書案)을 지칭한다. 서산(西山) 진덕수(眞德秀)의 「심경찬(心經贊)」에 "밝은 창 비궤에 맑은 대낮 향을 사르고서 책을 펴고 숙연한 자세로 나의 천군을 섬기노라.[明窓棐几 淸晝鑪薰 開卷肅然 事我天君]"고 하였다.

훌륭한 장인의 고심을	良工苦心
백 세 후에도 입증할 수 있습니다	百世可質
만년에 은총의 선발을 받아	晩被恩選
다시 수문[225]에 들어가셨습니다	復入脩門
사헌부와 사간원에 임명하는	栢府薇垣
붉은 교서가 자주 내려졌습니다	紫誥累勤
상소문을 올릴 때면	有皂其囊
수천 글자가 넘었습니다	餘數千言
출처가 이미 분명하니	出處已明
진퇴도 절로 여유가 있었습니다	進退自裕
시골 고향에서 은거하며	丘園賁趾
나이 많아질수록 덕도 높아졌습니다	年高德卲
당상관의 특별한 은총이	緋銀殊渥
하늘에서 떨어졌습니다[226]	有隕自天
백수로 은전에 감사하며	白首感恩
충심이 더욱 간절하셨습니다	丹心益懸
고장의 원로이자	鄕邦耉德
사림의 모범이셨습니다	士林矜式
하늘이 어찌하여 남겨두지 않아	天何不遺
갑자기 세상을 뜨십니까	奄啓手足
아! 그만입니다	嗚呼已矣
우리는 어디에 의지해야 합니까	吾儕何託

225) 수문(脩門): 초(楚)나라 도읍인 영(郢)의 성문 이름이다. 보통 서울의 동문을 말한다.

226) 하늘에서 떨어졌습니다: 매산이 아름다운 덕을 쌓았음을 말하며, 동시에 매산을 당상관에 임명하는 왕명이 내려졌음을 뜻한다. 『주역』「구괘(姤卦)·구오」의 효사에 "구오는 기(杞)나무 잎으로 오이를 싸는 것이니, 아름다움을 함축하면 하늘에서 떨어짐이 있으리라.[九五 以杞包瓜 含章 有隕自天]" 하였다.

돌아보건대 공께서는	顧余於公
외숙이 되시는데	義屬渭陽
공이 저를 멀리하지 않고	公不我遐
아껴 주고 깨우쳐 줌이 퍽 자상하셨으며	眷誨頗詳
형제로 보아 주시어	視以弟兄
선대의 우의로 권면하셨습니다	勖以先誼
저의 집이 다소 멀고	我居稍間
겹겹의 산이 막힌 데다	複嶺相締
근년에는 늙은 몸에	年來朽質
질병이 파고들어	疾病侵尋
선생을 뵙지 못한 지가	拜違龐床
오륙 년이 넘었습니다	餘五六稔
그래도 장수하시어	尚冀難老
가르침 받을 때가 있기를 바랐습니다	承誨有辰
어찌 알았겠습니까 오늘날을	那知今日
의관이 길이 감추어졌습니다[227]	永閟衣冠
사문의 운기가 막혀서	斯文運否
명고께서 이어서 가셨습니다	鳴皐繼逝
현인을 잃은 아픔에	云亡之痛
후배는 눈물을 흘립니다	後死湛涕
발인에 기한이 있어	卽遠有期
묘혈이 이미 열렸습니다	佳城已闢

227) 의관(衣冠)이 길이 감추어졌습니다 : 죽음을 뜻한다. 전설상의 임금인 황제(黃帝)가 신선이 되어 하늘로 올라가니, 신하들이 그의 의관을 묻어 장례를 지냈다고 하는 이야기에서 온 말이다.(『史記』 권12 「孝武帝本紀」)

만사를 가지고 와서 곡하며	緘辭來哭
저의 속마음을 드러내었습니다	披我衷臆
영령께서 아신다면	尊靈不昧
강림하여 주소서	庶賜來格

또[又]

서지연徐至淵

공께서는	惟公
덕우는 온화하고 엄격하며	德宇溫栗
기질은 맑고 순수하셨습니다	氣質淸粹
이미 후하게 타고난 데다	稟之旣厚
수양에 바탕이 있었습니다	養之有素
들어가서는 가학을 듣고	入聞詩禮
나와서는 대가에게 배웠습니다	出遊大方
덕은 몸에서 이루어지고	德成於己
품행은 나라에 드러났습니다	行著于邦
일찌감치 장원급제하여	早擢巍科
벼슬길이 곧 열렸습니다	進塗且闢
공은 사직하고 돌아와	公則卷歸
초지를 이루었습니다	言遂初服
이 산속 이 물가에서	我林我泉
왼쪽에도 책이요 오른쪽에도 책이었습니다	左圖右書
고개 숙여 읽고 쳐다보며 사색하여	俯讀仰思
개연히 천고를 상상하였습니다	慨想千古
즐거운 저 매곡에	樂彼梅園
몇 해나 굳게 앉았습니까	幾年堅坐

자나 깨나 읊조리고 노래하니	寤寐嘯歌
석인의 마음 넉넉하였습니다[228]	碩人之薖
아! 성학이	嗟惟聖學
날이 갈수록 잡초에 묻히자	日趨蓁蕪
공은 실로 개연히	公實慨然
그 근심만을 생각하였습니다	職思其憂
덕을 세우고 글을 남겨	立德立言
계승하고 열어 주었습니다[229]	以繼以開
벗들이 멀리서 찾아와[230]	自遠有朋
문하에 가득 찼습니다	盈門其來
강물을 마시어 배를 채우며[231]	飮河果腹
사람마다 얻음이 있었습니다	人各有得
돌이켜보건대 못난 저는	顧余譾劣
대대로 교분이 돈독하고 좋았으며	世篤交好
게다가 사돈 관계를 맺어	況忝通家
갑절이나 후한 대우를 받았습니다	倍蒙款厚
찾아뵙지 않으면 편지를 써서	非面則書
하나하나 진심을 피력하시어	片片披赤

228) 석인(碩人)의……넉넉하였습니다 : 현자(賢者)가 은거하면서 자기의 즐거움을 성취하는 것을 말한다. 『시경』「위풍(衛風)·고반(考槃)」에 "고반이 언덕에 있으니, 석인의 마음이 넉넉하도다.[考槃在阿 碩人之薖]"고 한 데서 온 말이다.

229) 계승하고 열어 주었습니다 : 계왕성개래학(繼往聖開來學)의 준말로, 과거의 성현의 학문을 잇고 앞으로 올 후학의 길을 열어 준다는 뜻이다.

230) 벗들이……찾아와 : 『논어』「학이(學而)」에 "뜻을 함께하는 벗이 먼 곳으로부터 찾아온다면 즐겁지 않겠는가.[有朋自遠方來 不亦樂乎]"라고 한 데서 온 말이다.

231) 강물을……채우며 : 자신의 능력만큼 학문을 성취하였다는 말이다. 『장자(莊子)』「소요유(逍遙遊)」에 "쥐가 황하를 들이마신다 해도 배를 채우는 데에 지나지 않는다."라고 한 데서 온 말이다.

편지를 받들어 읽을 적이면	時以奉讀
그때마다 약에게 탄식하였습니다[232]	輒歎向若
공이 질병이 없으실 적에	及公無恙
자주자주 찾아 뵙고	擬候源源
덕을 본받고 의문을 물어서	考德質疑
덕언을 찬찬히 받들고자 하였으나	穩承德言
세상일에 얽매여	世事纏縛
뜻은 있어도 이루지는 못하였습니다	有意莫遂
이제 와 생각하면	到今思惟
애통함이 어찌 끝이 있겠습니까	痛曷窮已
지난날 제가 공을 뵐 적에	昔我拜公
공은 웃으며 맞아주셨습니다	公笑以迎
지금 제가 여기 오니	今我來斯
눈물이 눈에 가득합니다	我淚盈眶
사정과 공의에	私情公義
둘 다 슬픕니다	兩怛傷兮
영령께서 만약 아신다면	靈若有知
제 속마음을 굽어 살피소서	鑒余腸兮

232) 약(若)에게……탄식하였습니다 : 망양향약(望洋向若)의 탄식을 말한다. 자기의 좁은 소견으로는 엄청나게 높은 식견을 따라갈 수 없다는 말이다. 『장자』「추수(秋水)」에 강물 귀신 하백(河伯)이 북해(北海)에 이르러 그 무한한 경지를 접하고 바다 귀신 약(若)에게 자기의 처지를 토로하는 말에서 유래하였다.

또[又]

신용기申龍起

차가운 달빛 같은 정신과	雪月精神
깊은 바다 같은 기국	淵海器局
백암이 남긴 아름다움과	栢老餘徽
함계가 남긴 사업	涵翁遺業
일찍부터 도 지닌 이 가까이 하여	早親有道
심오한 이치 깊이 탐구하셨습니다	宿探玄微
여기저기에서 수집하여	左右采穫
광휘를 더욱 새롭게 하셨습니다	益新光輝
여벌의 일 문장으로	餘事文章
어렵지 않게 급제하셨습니다	摘髭科第
그 온축 펼쳐서	謂展厥蘊
세상 구제할 줄 알았는데	以幸斯世
소 잡는 칼을 잠깐 시험하고	少試牛刀
곧바로 「귀거래사」[233]를 읊으셨습니다	旋賦歸來
나의 초지를 찾으니	尋我初服
옥간의 물굽이었습니다	于磵之隈
유유자적하며	優哉游哉
즐겁게 여생을 마치려 하셨습니다	卒歲以嬉
해 긴 산속에	日長丘林
시서의 공부 풍부하였습니다	業富書詩

233) 「귀거래사(歸去來辭)」 : 매산이 시골로 돌아갔다는 말이다. 「귀거래사」는 원래 진(晉)나라 도잠(陶潛)이 벼슬을 버리고 시골집으로 돌아가며 지은 것인데, 전의하여 시골이나 고향으로 돌아가는 것을 뜻한다.

주자의 천 마디 말은	雲谷千言
의리의 연수이나	義理淵藪
정밀하게 분석하여	毫分縷析
얼음이 녹듯이 풀어내었습니다	凍融氷解
지와 행을 함께 증진하여	知行兼進
동과 정이 서로 맞았습니다	動靜相須
나이 많고 덕 높아	年高德邵
세상의 모범이 되셨습니다	爲世模楷
조정에는 공론이 있고	朝議有公
임금의 돌봄 끝이 없었습니다	聖念未已
품계가 운사[234]로 승진하였으나	進秩雲司
높이 누워 일어나지 않으셨습니다	高臥不起
평소의 신조에 더욱 독실하여	益篤素履
학문 연구가 깊었습니다	功深硏究
사문의 뿌리가 되고	斯文根柢
유림의 영수가 되셨습니다	儒林領袖
하늘은 어찌하여 남겨두지 않고	天胡不憖
이렇게 빨리 앗아갑니까	奪我斯速
소자는 우매하나	小子顓蒙
일찍부터 존안을 뵈었습니다	早承顔色
우의의 교분 무겁고	誼分之重
인척의 호의 돈독하였습니다	姻好之篤
돌아보아 주심이 유독 융숭하여	眷遇偏隆
우러름이 더욱 절실하였습니다	依仰益切

234) 운사(雲司) : 추관(秋官)으로 형조나 사헌부 등의 관아를 말한다.

사는 곳이 멀어서	居間宿春
자주 찾아뵙지 못하였으나	縱未數候
온 마음을 다 기울여	一心傾渴
늘 장수하시기를 축원하였습니다	每祝遐壽
대들보가 한 번 꺾이니	樑木一摧
우리는 어디에 의지합니까	吾儕安仰
영남의 운수가 다하여	嶠嶺運索
동인들이 상심하였습니다	同人心喪
언론이 끊기어 아득하니	墜緒茫茫
덕을 본받을 곳이 없고	無處考德
의용이 영영 닫히니	儀容永閟
가르침을 받을 길이 없습니다	謦欬莫接
문안에 들어가 한 번 곡하니	入門一哭
만사가 아득하기만 합니다	萬事陳迹
애사를 올리고 슬픔을 표하니	陳詞矢哀
눈물이 가슴을 적십니다	有淚沾臆
영령이 계신다면	不昧者存
저의 심정을 굽어보소서	監我衷曲

또[又]

이만송李晩松

오늘날 세상 투박해져서	世今遷渝
순실한 사람이 적습니다	人鮮醇實
추로지향인 영남도	鄒魯嶠南
역시 문채가 바탕을 이겼습니다[235]	亦文勝質
내가 헤아려보건대	我儀圖之

공께서는 풍속을 바로잡을 만하였습니다 公堪醫俗
태어난 시대는 늦었으나 마음은 예스럽고 生晩心古
자품은 높고 품행은 독실하였습니다 資高行篤
한결같이 본진에 맡기고 一任本眞
가식을 용납하지 않았습니다 不容假飾
안에 쌓여 밖으로 드러나니 中積外發
온화한 말과 온화한 표정이었습니다 溫溫言色
마지못해 과거 공부는 하였지만 黽勉擧業
오로지 성학에 뜻을 두셨습니다 專意聖學
만년까지 『근사록』을 읽어 窮年近思
벼슬길에 비로소 나가셨습니다 名軔肇發
스무 해를 방황하다가 蹭蹬卄載
그칠 곳에 돈독하여 길하였습니다[236] 敦艮之吉
한 구비 매계에서 一曲梅溪
책 속에 세월을 보냈습니다 卷裏日月
덕이 높고 나이가 많아질수록 德卲年高
도는 살지고 마음은 편안하였습니다 道腴心逸
집에 있어도 알려지어 在家而聞
벼슬길이 뒤늦게 열렸습니다 晋途晩豁
세상에 쓰이려던 뜻 어긋나자 志違需世
까닭 없는 병이 들었습니다 无妄有疾

235) 문채가 바탕을 이겼습니다 : 풍속이 순실하지 않다는 말이다. 『논어』 「옹야(雍也)」에 "바탕이 문채를 압도하면 촌스럽게 되고, 문채가 바탕을 압도하면 겉치레에 흐르게 되나니, 문채와 바탕이 조화를 이룬 뒤에야 군자라고 할 수 있다.[質勝文則野 文勝質則史 文質彬彬然後君子]"라는 공자의 말이 실려 있다.

236) 그칠……길하였습니다 : 『주역』 「간괘(艮卦)·상구(上九)」에 "그칠 곳에 돈독하니, 길하다.[上九 敦艮吉]"는 말이 있다.

향당의 명운이 막히어	鄕黨運否
한 분을 남겨 주지 않았습니다	不憖遺一
승화[237]를 달관하셨으니	達觀乘化
공에게야 무엇이 슬프겠습니까	在公何怛
돌아보건대 저 소자는	顧余小子
처절한 회포가 있습니다	有懷悽切
저의 할아버지 병와[238]께서	吾祖甁窩
저술을 많이 남기시어	富有著述
상자에 가득한 유고를	盈緗遺秩
여러 해를 두고 교열하셨습니다	校讐歲閱
오자를 바로잡는 일을	豕亥之正
공에게 부탁드렸으나 마치지 못하였습니다	屬公未卒
아름다움을 선양하시려던 마지막 말씀	揚美末言
저는 감격하여 뼈에 새겼습니다	我感銘骨
유명을 생각하니	俛仰幽明
슬픔으로 가슴이 미어집니다	悲來塡臆
이제 빈소에서 절 올리니	今拜帷堂
만사가 묵은 자취입니다	萬事陳迹
영구가 발인하려 하니	靈輀將發
말씀과 모습 영영 멀어집니다	音容永隔
한 잔의 술로	一盃醴齊
이 심정을 말씀드립니다	奠此心曲

237) 승화(乘化) : 죽음의 시적인 표현이다. 도잠(陶潛)의 「귀거래사(歸去來辭)」에 "자연의 변화 따라 죽을 때 되면 가면 그뿐, 주어진 천명 즐기면 되지 다시 무엇을 의심하랴.[聊乘化以歸盡 樂夫天命復奚疑]"는 말이 나온다.

238) 병와(甁窩) : 이형상(李衡祥)의 호이다.

또[又]

문인 정중직鄭重稷

이남산 남쪽과 매계 북쪽은　尼南梅北
저 관민[239]이라네　伊關伊閩
함계의 가정과　涵溪家庭
옥간의 사문을　玉磵師門
선생이 계승하시니　先生是承
그 맥이 이어졌습니다　厥派源源
타고난 자품이 본래 순수한 데다　天質本醇
학문의 힘을 더하셨습니다　濟以學力
순수하기는 정련한 금과 같고　粹如精金
온화하기는 양옥과 같았습니다　溫如良玉
화합하나 휩쓸리지 않고　和而不流
너그러우나 법도 있었습니다　寬而有則
학문에 비록 연원이 있었으나　學雖有源
도는 실로 자득하였습니다　道實自得
문로가 이미 발랐거니와　門路旣正
실천도 또 독실하였습니다　踐履且篤
처음에는 수고롭고 괴로웠으나　始勤而苦
마침내 익숙하게 되셨습니다　終乃活熟
쌓아서 완성하니　積之以成
영화가 밖으로 드러났습니다　英華外發

---

239) 관민(關閩) : 관중(關中)과 민중(閩中)으로 송대(宋代)에 이학(理學)이 흥성했던 곳이다. 관중에는 장재(張載)가 있고, 민중에는 주희(朱熹)가 있었다.

응제에 책문을 지어 發策應製
일거에 삼장三場에 다 급제하였습니다 一擧三捷
조짐은 큰일을 하기에 족하나 兆足有爲
끝내 상을 관찰하였습니다240) 終焉觀象
네모를 깎아 동그라미로 만드는 것이 斲方爲圓
어찌 공이 추구하는 바이겠습니까 豈公所尙
낮은 잡직에 맴돌면서도 棲遲冗散
주어진 대로 직분을 다하셨습니다 隨遇盡職
쉬어야 할 나이에 이르러 年至當休
조정에서 작위가 내려졌으나 有隕天爵
공께서 늙었다고 말하였으니 公曰老矣
임금께 보답할 가망이 끊어져서입니다 報君望絶
진취가 무슨 상관이랴 하시며 進取何有
죽음으로 산림을 지키셨습니다 守死丘壑
산수정 높은 곳에 亭高山水
즐거움이 인과 지를 겸하였습니다 樂兼仁智
간소라 편액을 거니 有巢揭艮
그칠 바를 취하신 것입니다 盖取所止
학자들이 따라와 學者從之
거처가 시장을 이루었습니다 所居成市
예의 삼백 편은 禮儀三百
이론이 송사와 같았으나 論者如訟
응답이 막히지 않고 應之不窮

240) 끝내 상을 관찰하였습니다 : 매산이 노년에 간괘(艮卦)의 뜻을 취하여 거처에 간소(艮巢)라고 명명했던 것을 두고 한 말이다.

의문을 후련히 풀어 주셨습니다	大發其蘊
저술이 이미 많으나	所著旣多
문장은 숙속 같았습니다	其文菽粟
묘지문이나 비명으로	或誌或狀
금석에 새겼습니다	而金而石
한 구역의 글 읽는 소리가	一區絃誦
천고의 수사[241]와 같았습니다	千古洙泗
어리석은 저야 하도 못나서	愚也謭謭
닮은 것이 있겠습니까마는	詎有肖似
다행히 용문에 들어가	幸得龍門
오랫동안 스승으로 모셨습니다	久立楊雪
때로 은혜롭게 가르쳐서	時惠鉗鎚
미혹을 거의 다 일깨워 주셨습니다	幾發昏惑
선인善人에게는 부끄러우나	縱愧式穀
명행[242]은 거의 면하였습니다	庶免冥行
친속으로는 형과 아우이고	親則弟兄
의리로는 스승과 제자였습니다	義兼師生
감격이 실로 마음에 새겨졌으니	感實鐫心
죽기 전에야 어떻게 잊겠습니까	未死何忘
작년 유월에 찾아 뵙고	昨年流火

241) 수사(洙泗) : 공자 당시에 노(魯)나라에 있던 사수(泗水)와 수수(洙水)를 말한다. 공자가 그곳에서 제자를 가르쳤던 것으로 인하여 공자의 학문을 뜻한다.

242) 명행(冥行) : 학문의 경계를 모르는 것을 말한다. 『법언(法言)』「수신(修身)」에 "지팡이로 땅을 더듬어서 길을 찾아 어둠 속으로 나아갈 따름이니라.[擿埴尋途 冥行而已矣]"고 하였고, 그 주에 "식(埴)은 땅을 말한 것인데, 맹인(盲人)이 지팡이로 땅을 더듬어서 길을 찾는 것은 보통 사람이 밤길 걷는 것과 같다. 밤길은 깜깜하다는 뜻이다."고 하였다.

침상 옆에서 안부를 여쭈었습니다 往候牀側
병든 몸으로 일어나 앉아 力疾起坐
더욱 은근한 정을 주시며 尤賜款曲
말씀하기를 나는 죽는다 曰吾死矣
믿는 이는 오직 그대이니 所恃惟君
그대는 나의 뜻을 깊이 생각하여 君體我意
혹시라도 게을리 말라 하셨습니다 毋或不勤
머리 숙이고 분부를 받드니 頫首承敎
연못과 골짜기에 떨어지는 듯하였습니다 若隕淵谷
저는 묵묵히 기원하며 私自黙禱
행여 세월을 연장하시어 或延時月
이 남은 인생이 庶幾餘生
다시 지도 받기를 바랐으나 復叨鞭繩
얼마 지나지 않아 曾未幾時
벌써 연빙의 경계[243]를 하셨습니다 已戒淵氷
대들보가 꺾였으니 樑木一摧
소자는 어디에 의지합니까 小子何託
학업이 있어도 물을 곳이 없고 有業莫問
의문이 있어도 여쭐 곳이 없습니다 有疑莫質
정은 무궁하나 情雖無窮
예에는 차등이 있어서 禮則有差
스승에게는 복을 입지 못하고 師不立服

243) 연빙(淵氷)의 경계: 연빙은 증자(曾子)가 임종 전에 문인들을 불러 놓고서 자신이 평생 동안 몸가짐을 "깊은 물가에 임한 듯이 엷은 얼음을 밟은 듯이 조심했다.[如臨深淵 如履薄氷]"라고 한 것을 줄여 말한 것인데, 스승이 임종 전에 제자에게 마지막으로 남기는 말의 뜻으로 쓰인다.(『論語』「泰伯」)

다만 가마[244]만 허락됩니다 但許加麻
홀로 묘소 앞에 서니 獨立冥途
공사 간에 너무 애통합니다 公私痛迫
한 번 통곡하여 영결하니 一痛而辭
긴긴 밤에 언제 새벽이 오겠습니까[245] 厚夜何晨
모르시지 않을 영령께서는 不昧惟靈
이 정성된 제전을 흠향하소서 歆此精禋

또[又]

문인 정일규鄭一珪

아! 슬픕니다. 선생께서 이 지경에 이르셨단 말입니까. 선생께서 이 지경에 이르셨으니 소자는 누구를 의지합니까. 소자는 불운하여 아버지를 일찍 여의었으나 선생이 계셨습니다. 문하를 왕래하며 가르침을 받아서 하늘에 빌어 선생께서 저를 영원히 보살펴 주시기를 바랐으나, 하늘이 저를 도와주지 않아 선생으로 하여금 갑자기 오늘이 있게 하였습니다. 하늘이 사문斯文을 버린 것입니까. 우리들은 어디에 의지합니까.

삼가 생각하건대 선생께서는 순수하고 아름다운 자품으로 일찍이 아버지와 스승의 가르침을 받아서 성리학에 침잠하고 예학에 통달하였으며, 식견이 해박하고 실천이 독실해서 엄연히 선비들의 영수가 되었습니다. 이리하여 원근에서 믿고 따르는 자가 많아서 문 앞에는 늘 신발이 가득하고 저마다 자신의 국량만큼 양껏 배웠으니, 아름답고

244) 가마(加麻) : 문인(門人)이 스승의 상(喪)에 심상(心喪)을 입는 표시로 겉옷에 삼베 조각을 붙이는 것이다.

245) 긴긴……오겠습니까 : 무덤 속은 언제나 어둡다는 말이다. 긴긴 밤은 언제나 어두운 무덤 속을 뜻하고, 언제 새벽이 오겠냐는 말은 영면(永眠)에 드는 것을 말한다.

도 위대하였습니다.

우리 선생의 도덕과 문장을 소자가 어떻게 감히 알겠으며, 또 어떻게 감히 평가하겠습니까마는, 이를테면 공명功名은 선생의 본래의 뜻이 아니었습니다. 처음에 벼슬길에 나간 것이 비록 과거 급제에 따른 것이었으나, 끝내 상象을 보고 곧바로 다시 초심으로 돌아오셨습니다. 즐거운 저 매산梅山에 이에 은거할 터를 잡아 집은 간소艮巢라는 이름을 짓고 정자는 산수정山水亭이라는 편액을 걸고 그 곳에 사시며 여생을 마치려 하셨습니다. 뒤늦게 내려진 은전으로 작위가 3품에 올라 선생의 작위도 높거니와, 선생의 나이와 덕 또한 그와 함께 높아졌으니, 옛날에 이른바 삼달존三達尊이란 것을 선생이 겸하셨습니다.

아! 선생의 혼후渾厚한 덕과 효우孝友의 품행과 화목한 풍도에는 진심으로 기뻐하고 진정으로 감복하지 않는 사람이 없습니다. 때문에 선생이 별세하시자 비록 아는 것이 없는 부녀자와 아이들, 비천한 하인과 노복일지라도 모두 와서 눈물을 흘리며 서로 조문하여 이르기를 "어진 사람이 떠나갔다." 하였으니, 선생의 덕이 사람들을 깊이 감화시켜서 저들이 본래 그런 마음을 먹지 않았는데도 저절로 그렇게 된 것임을 알 수 있습니다.

아! 지금부터 문하의 자제라면 누구인들 이 때문에 가슴이 찢어지고 기가 막히지 않겠습니까마는, 불초 소자는 다른 사람들에 비하여 그 슬픔이 백배는 더합니다. 선조의 유집遺集을 교감하는 일은 선생과 명고공이 애를 써서 아주 자세히 보았으나, 열 번을 털어도 먼지가 남아서 오히려 틀린 글자가 많고, 묘도의 문자도 두 현인의 손에 맡겨야 하나 선생이 떠나시고 얼마 되지 않아 명고공이 또 갑자기 세상을 뜨셨습니다. 우리 영남에서 이 시대에 다시 누가 이 일을 맡아 붓을 잡겠습니까.

옥간정玉磵亭의 옛터에 새 정자가 우뚝 솟아 있습니다. 이것은 선생이 지휘하신 것입니다. 정자를 낙성하고 나서 선생이 기문을 지어 그 일을 서술하고 명고공이 또 창수록唱酬錄에 발문을 지었으나, 먹물이 미처 마르기도 전에 두 현인이 모두 세상을 뜨셨으니, 인사의 변천이 과연 이와 같다는 말입니까. 저승과 이승은 예법이 다르고 발인에는 기한이 있습니다. 저승 문이 한번 닫히고 나면 덕용德容을 어떻게 뵙겠습니까. 솔바람은 쏴쏴 불고 매월은 수심을 머금었습니다. 외물에 느끼어 슬픔이 더하니, 만사가 허망합니다. 한 잔 술을 받들어 올려 천고에 영결합니다.

또[又]

장지조張趾祖

소자가 어릴 적에 정씨鄭氏 가문의 세 분의 군자 훈수塤叟와 지수篪叟 및 함계공涵溪公이 있다는 말을 익히 들었는데, 선생은 함계공을 아버지로 모시고 훈수와 지수를 스승으로 모셨으니, 선생의 즐거움은 훌륭한 아버지와 스승이 계시는 데 있었습니다. 소자가 뒤늦게 태어나서 미처 선생을 뵙지도 못하였고, 또 소년 시절에도 무식하고 몽매하여 선생의 학문과 조예에 대하여 그 경지를 엿볼 수도 없었으나, 지난날 소자가 선고先考를 모시고 저희 집에서 선생을 맞이한 기억이 납니다. 그때 선생께서는 호서의 고을에서 관직을 버리고 돌아오시는 길로, 행장이 초라하여 마치 처사處士의 모습 같았으나, 멀리서 바라보기에는 신선과 같았습니다. 소자가 비로소 공경하며 절을 올리고 구석에 꿇어앉아서 선생의 용모와 말씀을 천천히 살펴보니, 참으로 이른바 '덕德의 부절符節'이셨습니다. 그 뒤에 열흘 또는 한 달 동안씩 선생을 모실 수 있어서 선생의 몸가짐과 제사 받들기이며 손님 접대와 집안 다스림을 엿보았습니다. 모든 일상의 행동이 비록 지극히 미세한 것일지라도 모두 고인古人의 법도를 벗어나지 않았으니, 여기에서 선생의 수양과 신조를 조금이나마 엿볼 수 있었습니다.

일찍부터 문예文藝로 당대에 저명하였고 나중에 또 과거 시험에 장원하여 가문의 영광이 되었습니다. 그러나 이것은 본래 세상의 풍속이 흠모하는 것이지, 선생에게 있어서는 여벌의 일이었습니다. 오직 경륜을 거두어 품고 그 평소의 뜻을 더욱 궁구하고자 하였으나, 성상께서 선생의 진실함을 갸륵하게 여기시고 은총의 제수를 자주 내리시니, 조짐이 무엇을 하여 보기에 충분하고 벼슬을 하지 않을 의리도 없어서 마지못해 나가시었습니다. 그러나 취향이 다르고 알아 주는 사람이 적어서 끝내 그 온축한 경륜을 펴지 못하셨습니다. 이것은 세도世道를 위하여 한번 개탄할 만합니다. 그러나 또한 선생에게 무슨 손상될 것이 있겠습니까.

온 골짜기의 연하煙霞가 선생의 도를 노래 불러서 늙음이 장차 오는 줄도 알지 못하고 주자의 글을 숙독하며 예가의 설을 탐구하고 주해와 고증이며 입언과 저술로 후학의 귀와 눈을 열어 주시므로, 사문이 거듭 빛나고 우리 도가 장차 밝아지게 되었습니다. 그런데 어찌하여 하늘이 남겨두지 않아서 후생 말학으로 하여금 길을 잃고 본받을 곳이 없게 하였습니까. 아! 생각건대 저 소자는 인척의 끝자리에 끼어들어서 선생의 덕을 크게 흠모한 것이 북두성처럼 우러를 뿐이 아니었습니다. 그러나 미련하고 가난하고 병들어서 한 번도 선생께 경전을 배우지 못하고 늘 하루라도 조용히 선생을 모시고 의문을 여쭈어 질정받고 그윽한 향기에 훈도받기를 꾀하였습니다. 이제는 그만이니, 제가 이 세상 어디에서 덕을 본받고 학업을 물을 수 있겠습니까.

아! 부모님을 다 여의고 외로이 남은 목숨은 슬픈 생각에 가슴이 미어집니다. 지금 궤연 앞에서 곡하면서 다시 무슨 생각이 나겠습니까. 조촐한 제수를 받들어 올리니 글이 마음을 다 말하지 못합니다.

또[又]

신황申熿

순박한 풍속의 원류가 한 번 흩어지자	淳源一散
참으로 순수한 이가 드뭅니다	鮮克有粹
어떤 이는 더러 재주 넉넉하나	厥或才優
뜻을 세우지 못하여 걱정합니다	患不立志
아! 우리 선생께서는	猗我先生
영남에서 우뚝이 태어나셨습니다	挺生南服
그 재주가 아름다운 데다	有美其才
학문의 힘으로 이루었습니다	濟以學力

이에 어려서부터 爰自髫齡
이미 성실하였습니다 已有懿植
훌륭한 아버지를 두어 즐겁고 樂有賢父
또 큰 스승에게 배우셨습니다 又遊大匠
들어와서 묻고 나가서 질문하며 入問出質
향상하려고 뜻을 다졌습니다 銳意向上
깨끗한 한 서실에 一室蕭然
향로와 책상을 놓아두고 薰爐淨几
육경에 침잠하고 沈潛六經
제자백가를 연구하여 泝洄諸子
안목을 높이고 高着眼目
기반을 크게 넓히셨습니다 大拓基址
공부가 깊어지고 나서는 用工旣深
이치의 이해가 더욱 분명해졌습니다 見理愈明
정상에 오르기가 어찌 어렵겠습니까 豈難登岸
문득 유림의 맹주가 되셨습니다 奄主儒盟
도의 맛은 안에서 살찌어 道味內腴
그 영화가 밖으로 발휘되었습니다 英華外發
널리 통하면서도 물들지 않고 通不受涅
동화하면서도 세속에 휩쓸리지 않았습니다 和不同俗
정신은 연못처럼 고요하고 神府淵渟
덕의는 산처럼 높았습니다 德儀山嶷
어찌 본보기가 필요하겠습니까 何待矜持
스스로 법도를 이루었습니다 自就繩墨
발휘하여 글을 지으면 發而爲文
법률이 엄정하였습니다 法律森然
머리 숙여 과거 시험에 응시하니 俯首場屋
감히 견줄 이가 없었습니다 罔敢比肩

단번에 문과에 급제하여	一擧大闈
명성이 더욱 드러났습니다	華聞益彰
장도를 달리는 준마가	脩塗逸駕
나라 부지할 동량이었습니다	可扶棟樑
안목 없는 이들이 도도하니	肉眼滔滔
누가 돌덩이와 옥을 분별하겠습니까	誰卞璞玉
한결같이 용사에 맡기어	一任用舍
나의 지식을 다하려 하였습니다	要盡我識
작은 현에서 재주를 시험하니	試之小縣
소 잡는 칼이 어찌 서툴겠습니까	牛刀豈拙
도와 시국이 어긋나서	道與時乖
이에 처음의 사업으로 돌아오셨습니다	爰反初服
돌아보건대 저 그윽한 집은	瞻彼幽居
산이 높고 물이 빠릅니다	山高水駛
지극한 이치를 완색하여	玩索至理
서재의 편액에 뜻을 붙이셨습니다	扁齋寓意
많은 글을 이해하여	理會羣言
작은 차이마저 분석하셨습니다	毫分縷析
『주서절요집해』를 남기고	朱書有解
『가례집요』를 남기시니	家禮有輯
사문에 공로가 커서	功大斯文
사업이 선현보다 빛났습니다	事光前哲
때때로 큰 붓을 뽑아	時抽大筆
많은 금석문을 쓰셨습니다	鐫金鏤石
성리학을 물어오면	有叩名理
마음을 열고 의혹을 깨우쳐 주었습니다	開心牖惑
노년에 와서는	迨其季歲
부르는 글이 빈번하여	徵書頻繁

사헌부에도 제수되고	迺除栢府
사간원에도 임명되었으나	迺命薇垣
동강을 고수하며	固守東岡
마음 달게 은둔하셨습니다	甘心退伏
지난번에 원로를 거두어 쓰면서	昨收耆舊
비로소 옥관자가 내려지어	始賜緋玉
장례원과 형조에	隷院司寇
거듭 발탁되니[246]	荐膺進擢
사은숙배하던 날에	當謝之秋
심장은 붉고 머리는 희었습니다	心丹髮白
개결한 신조 변질시키기 어렵고	介石難渝
평소의 소신 더욱 확고하였습니다	素履彌確
말세를 돌아볼 때	回看末路
으레 비방이 많으나	例多齮齕
공의 평생을 돌아보면	蹟公生平
하도 깨끗하여 흠이 없습니다	瑩無疵纖
아무리 험담하는 사람이더라도	雖是詖口
누가 상서로운 난새를 꾸짖겠습니까	孰嚇祥鸞
현자와 우자가 모두 감복하여	賢愚均服
몸과 이름이 다 같이 완전하였습니다	身名俱完
늪의 물이 흘러내리지 않아	澤而不川
은택이 비록 널리 미치지 못하였으나	縱施不博
한 지방을 다스릴 때	爲鎭一方

246) 장례원(掌隷院)과……발탁되니 : 매산이 72세 되던 해 윤9월에 장례원 판결사에 제수되었다가 형조 참의에 이배되었던 것을 두고 한 말이다. 그러나 매산은 사직소를 올렸다.

마치 큰 산과 같았습니다	譬如巨嶽
어찌하여 하늘이 남겨두지 않고	何天不憖
서둘러 숙덕을 잃게 합니까	遽喪宿德
나라는 시들고	邦國殄瘁
사림은 적막합니다	士林索莫
아! 슬프도다	嗚呼哀哉
지난날 우리 선인께서	昔我先人
간정하여 남을 인정함이 적었으나	簡靜寡與
공을 보고는 경도하며	見公傾倒
박학다문을 인정하셨습니다	多聞是許
지난 을미년에는	粤歲青羊
또 성균관에 같이 선발되어[247]	又同泮選
서울에서 자주 교유하며	洛邸頻從
정분과 우호가 진지하였습니다	情好眷眷
이제 후손에 이르러서	式至後人
행여라도 감히 변할 수 있겠습니까	其敢或渝
소자는 불운하여	小子不天
열 살에 아버지를 여의고	十歲而孤
경망하고 투박하여	輕肆偸薄
길들지 않은 망아지 같았으나	如不覊駒
문하에 들어가고부터	自及于門
특별히 이끌어주셨습니다	特荷誘掖
이따금씩 찾아 뵐 때마다	有時省候

247) 을미년에는……선발되어: 매산이 31세 되던 을미년(1715) 봄에 생원 회시 3등에 입격한 것을 두고 한 말이다.

열흘 또는 한 달을 모시며	至淹旬朔
때때로 언론을 받들어	時承緖論
자주 미혹에서 깨어났습니다	屢發昏惑
절름발이의 걸음이 간혹 느리면	蹇步或媮
공이 은혜롭게 경계하여 주셨습니다	公惠警策
관계는 장인과 사위이나	親則舅甥
의리는 스승과 제자를 겸하여	義兼師弟
북두성처럼 우러르며	仰若星斗
한결같은 마음 변함없었습니다	一意無替
까닭 없는 저희의 병이	無端賤疾
다섯 해를 끌면서	五載綿惙
공께서 병들었다고 하실 적에는	逮公示病
진찰하러 갈 계책이 없어	無計診察
이따금씩 짧은 편지에 의지하여	時憑尺紙
더한지 덜한지를 알아보았습니다	仰探添歇
필시 정신이 피로한 때문이라고 생각하고	謂必神勞
마음과 입으로 건강을 빌었으나	心口胥祝
위독하다는 소식을 받자마자	纔承疾革
부음이 뒤를 이어 전해왔습니다	繼傳秏惡
남녘을 바라보며 길게 부르짖으니	南望長號
간장을 도려내는 듯합니다	肝腑如鑿
돌아가셔도 관을 받들지 못하고	歿不擧棺
병들어도 임종하지 못하니	病未啓足
평소의 정리를 돌이켜보며	省循平素
통한이 산처럼 쌓였습니다	痛恨山積
이제 와서 한 번 곡하니	今來一哭
만사가 지난 일이 아니었습니다	萬事非昔
유고에는 거미줄이 쳐지고	蛛網簡編

책상에는 먼지가 쌓였습니다 塵堆几席
시변에 감개하며 지난 자취를 되새겨 보니 感時撫迹
저의 회포가 어찌 끝이 있겠습니까 我懷焉極
세월이 머무르지 않아 靈辰不留
발인의 제사 차려졌습니다 祖道載設
합치고 흩어지는 것은 기이고 合散者氣
가고 오는 것은 때인데 去來者時
살아서는 천리에 순응하고 죽어서는 마음이 편안하시니 存順歿寧
공께서야 또한 무엇이 슬프겠습니까마는 公亦何悲
어두운 길을 두드려 가는 擿埴冥途
소자는 돌아갈 곳이 없습니다 小子靡歸
조촐한 술로 정성을 올리니 薄醴薦誠
탄식 소리를 듣는 듯합니다 如聞嘆唏

또[又]

문인 최종겸崔宗謙

우리의 도가 쇠퇴해서입니까. 사문斯文이 버려져서입니까. 선생의 넓고 두터운 덕과 높고 밝은 학문이며 정밀하고 깊은 공부와 우뚝하고 뛰어난 품행으로 어찌하여 이 지경에 이르셨습니까. 사도斯道를 전수받을 곳이 없고 후학이 사사할 곳이 없으며, 군자는 믿을 곳이 없어서 두려워하고 소인은 두려워할 곳이 없어서 방종합니다. 이러고 보면 선생의 가심이 어떻게 저로 하여금 목 놓아 울부짖게 하지 않을 수 있겠습니까.

아! 하늘이 선생에게 세교世敎의 임무를 부여한 것이 큽니다. 태어날 적에 인의예지仁義禮智의 성품과 순강지정純剛至正의 기운을 태워 주어서, 중화中和가 안에 쌓여 충서忠恕가 밖으로 드러났습니다. 그 결과 독실한 실천과 존심양성存心養性의 공부가 집안과 나라에 시행하여 군신과 부자와, 형제와 붕우로 하여금 저마다 자신의 도를 얻게 할 수 있었으나, 불행하게도 당시에 쓰이지 못하고 끝내 경전을 안고 궁벽한 산 절벽 속에서 자취를 거두어 은거하며, 도리어 고인古人의 조박糟粕에서 도를 찾아 먼 옛날로 거슬러 올라가서 고인을 벗 삼아 스스로 만족하며 요순堯舜의 도를 즐기고 공안孔顔[248]의 학문을 음미하여 계왕개래繼往開來[249]를 자임하였으니, 그 학문은 격물치지格物致知[250]이고 가르침은 쇄소응대灑掃應對[251]이며, 행동은 효제충신孝悌忠信이고 일은 사어서수射御書數[252]이며, 읽은 것은 『심경心經』과 『근사록近思錄』과 사서四書이고 스승은 이락관민伊洛關閩[253]이었습니다. 그것으로 절문節文을 하여 『가례집요家禮輯要』가 있게 되고, 그것으로 훈고訓詁를 하여 『주서절요집해朱書節要集解』가 있게 되었으며, 그것으로 뜻을 부치어 『매산만록梅山謾錄』이 있게 되었으니, 이는 모두가 이륜상행彝倫常行의 일이자 박문약례博文約禮의 요체로서 세상에 본보기가 될 만한 것입니다. 그렇다면 사문을 전수받을 곳과 후학이 사사할 곳이 여기에 있고, 군자가 믿는 바와 소인이 두려워하는 바가 여기에 있지 않겠습니까. 이러고 보면 선생은 백세의 유종儒宗이자 한 시대의 사표라고 할 만합니다.

아! 선생이 가심에 있어 사람들이 현불초賢不肖를 막론하고 초동과 목수와 여염 부녀자에 이르기까지 선생의 덕을 탄식하지 않는 이가 없습니다. 이는 선생의 사랑과 자애가 미물微物까지 널리 미쳐 마치 따뜻한 봄볕과 촉촉한 단비 같은 데가 있어서입니다. 비록 집집마다 찾아다니며 깨우쳐 주지 않더라도 모두가 마음으로 기뻐하고 진심으로 감복하

---

248) 공안(孔顔) : 공자(孔子)와 안자(顔子)를 말한다.

249) 계왕개래(繼往開來) : 선현(先賢)의 학통을 이어받아 후학(後學)의 길을 열어 준다는 말이다.

250) 격물치지(格物致知) : 『대학』의 팔조목(八條目) 가운데 격물치지가 가장 앞에 있는 조목인데, 사물의 이치를 연구해서 지식을 지극하게 한다는 뜻이다.

251) 쇄소응대(灑掃應對) : 쇄소는 물을 뿌려 먼지를 적시고 청소하는 것이며 응대는 어른 앞에서 대답하는 것으로 소학(小學)의 공부인데, 이는 후일 대학(大學)의 수신(修身)·제가(齊家)·치국(治國)·평천하(平天下)의 근본이 된다.

252) 사어서수(射御書數) : 활쏘기·말타기·글씨 쓰기·셈하기를 말한다.

253) 이락관민(伊洛關閩) : 이락은 송나라 때의 학자인 정호(程顥)와 정이(程頤)가 강학하던 이수(伊水)와 낙수(洛水)를, 관(關)은 장재(張載)가 강학하던 관중(關中)을, 민(閩)은 주희(朱熹)가 강학하던 민중(閩中)을 가리키는데, 곧 정주학(程朱學)을 가리킨다.

였고 보면 선생의 지극한 덕을 충분히 확인할 수 있습니다.

아! 못난 제가 문하에 들어가 정씨程氏의 봄바람[254] 속에 앉은 지 23년 동안 곳에 따라 이끌어 주고 때에 따라 깨우쳐 주어 사람을 만들며 세월이 오래어도 지치지 않으셨습니다. 심지어 의문 나는 예禮에 대하여 왕복한 서신도 무려 수천 수백 글자였으니, 제가 올바른 도리를 대략이나마 익힌 것은 모두 선생의 덕분입니다. 선생이 일찍이 저에게 말씀하시기를 "한 부의 주자서朱子書는 참으로 배우는 사람에게 가장 긴요하다." 하셔서, 종겸이 가르침을 받들고 물러나와 주자서를 읽었습니다. 차기箚記를 다 읽고 나서 날마다 외운 것의 첫 구절에서 끝 구절까지를 써서 선생께 나아가 뵙고 질정質正을 받으려고 하였습니다. 오늘 갑자기 산이 무너지는 아픔[255]을 만날 줄을 생각이나 하였겠습니까. 자상하게 가르쳐 주신 말씀이 지금도 귓가에 맴돕니다. 평생에 이 한이 어찌 다하겠습니까.

아! 선생이 가시고 나서 석 달 만에 명고鳴皐 어른이 휴가를 청하여 집에 돌아오셔서 갑자기 세상을 버리셨습니다. 하늘이 사문에 아픔을 내리는 것이 또 어찌 이 지경이라는 말입니까. 이 시대를 돌아볼 때 선생을 아는 사람이 적으니, 선생의 행적을 누가 행장으로 지을 것이고, 선생의 학문을 누가 드러낼 것이며, 선생의 글을 누가 더불어 교감하겠습니까. 그만입니다. 애통합니다.

아! 선생의 장례가 기일이 정해졌다고 들었으나 마침 팔꿈치에 병이 났기 때문에 앉아서 상여 줄을 잡지 못하니 정리와 예의에 어긋나서 고인께 부끄러워 몸이 움츠러듭니다. 제문을 봉하여 보내어 영결하니 한 글자에 천 방울 눈물입니다. 아! 선생이시여, 저의 정성을 살피소서.

---

254) 정씨(程氏)의 봄바람: 매산의 인품이 매우 온화함을 뜻한다. 송나라 때 주광정(朱光庭)이 정명도(程明道)를 여(汝) 땅에서 뵙고 돌아와 "광정이 봄바람 속에서 한 달 동안 앉아 있었다." 하였다.(『近思錄』 권15)

255) 산이……아픔: 매산이 죽은 것을 말한다. 공자(孔子)가 죽음에 임박하여 "태산이 무너지고 들보가 떨어진다.[泰山其頹乎 梁木其壞乎]"고 노래했다는 고사가 전해진다.(『禮記』「檀弓上」)

또[又]

문인 정일전鄭一銓

선생의 도덕은 고장에서 드러났고, 선생의 문장은 금석金石에 흩어져 있습니다. 오류를 고정考正하여 예禮를 모은 것에서[256] 사업의 굉박宏博함을 엿볼 수 있고, 천작과 인작을 다 받은 것에서 나이와 덕이 모두 높음을 엿볼 수 있습니다. 『매산만필梅山漫筆』은 아름다운 풍광風光만을 위한 것이 아니었고, 『간소한고艮巢閑稿』는 어느 것 하나 후학을 사랑하는 뜻에서 나온 것이 아니겠습니까. 인산仁山과 지수智水는 선생이 유람하며 완상하던 곳이고, 오동梧桐과 봉황鳳凰은 선생이 깃들어 살던 곳입니다. 학문은 바다처럼 포용하고 강처럼 넓었으며, 집에는 좌우에 도서가 차 있었습니다. 회암晦菴과 도산陶山의 학문을 탐구하고 한강寒岡과 여헌旅軒의 학설을 연역하셨습니다. 시례詩禮와 제자백가를 늘 읽으며 옛 성현을 거슬러 올라가 벗 삼았습니다. 입으로는 조정의 득실을 말하지 않고 마음으로는 물아物我의 구별을 두지 않았습니다. 광풍제월光風霽月[257]은 선생의 흉금이고, 청빙미옥淸氷美玉[258]은 선생의 지조이며, 자자지선孶孶至善은 취여取予의 열쇠가 되고[259] 온온덕언溫溫德言은 원근遠近의 약석藥石이 되었습니다.[260] 아! 선생께서는 참으로 우리나라에서 짝이 드문 진유眞儒라고 할 만합니다.

아! 선생은 일찍부터 가정의 가르침을 받은 데다 또 도의道義의 문하에 나아가서 더

---

256) 오류를……것에서: 매산이 『가례집요(家禮輯要)』를 저술한 것을 두고 한 말이다.

257) 광풍제월(光風霽月): 비가 갠 뒤의 화창한 바람과 밝은 달이라는 뜻으로 매산의 인품이 온화하고 심성이 깨끗함을 이른다. 황정견(黃庭堅)은 "염계(濂溪) 주돈이(周敦頤)의 마음은 깨끗하여 속된 기운이 없는 것이 마치 '비가 갠 뒤의 온화한 바람과 밝은 달[光風霽月]'과 같다."고 한 데서 온 말이다.

258) 청빙미옥(淸氷美玉): 깨끗한 얼음과 아름다운 옥이라는 뜻으로 매산의 지조가 깨끗하고 아름다움을 이른다.

259) 자자지선(孶孶至善)은……되고: 쉬지 않고 부지런히 선을 실천한 매산의 품행이 조정에서 발탁하여 등용하게 된 열쇠라는 말이다. '자자지선'은 부지런히 실천하여 선에 이른다는 뜻이고, '취여'는 발탁하여 관직을 주는 일이다.

260) 온온덕언(溫溫德言)은……되었습니다: 매산의 온화한 덕언은 원근 사람들의 기준이 되었다는 말이다.

구상하고 윤색하여 진결의 의발을 전수받았습니다. 소자는 뒤늦게 태어나서 늦게나마 책 상자를 지고 옥간玉磵의 문하에 들어갔으나, 학업을 채 마치기도 전에 태산이 무너졌습니다. 공자 문하의 자유子游와 자장子張이 증자曾子의 문하로 돌아가지 않을 수 있겠습니까.

지난 기미년(1739)에 저에게 서산西山[261]의 『심경』을 주시고 또 경신년(1740)에 저에게 회암의 글을 가르치며 좋다는 방도는 끝까지 다 써서 자상하게 일러 주셨습니다. 그러나 저의 재주가 하도 노둔하여 비록 기질을 변화한 효과는 없어도 지금의 제가 있게 된 것은 모두 선생의 덕분입니다. 소자가 오늘 슬퍼하는 마음이 어찌 다함이 있겠습니까. 상복을 입고 있는 실낱같은 목숨의 사람이 제문을 지어 제전을 드리는 것이 진실로 마음에 편하지 않으나 지극한 정리가 있는 까닭에 스스로 그만두지 못합니다. 또 옛날 사람이 이런 일을 가지고 한강 선생을 찾아가 뵙고 질정을 받아 행한 이가 있기 때문에 옛일을 본받아 글을 지어 와서 곡합니다. 아! 선생께서는 흠향하소서.

또[又]

문인 권우전權遇銓

아! 지난날 훈수塤叟와 지수篪叟 두 분 선생께서 이남산尼南山 아래에서 강학하실 때 당시 문하에 들어간 선비들이 많았으나, 그 적전嫡傳을 논한다면 오직 선생 한 사람뿐입니다. 선생은 함계涵溪의 가정에서 태어나 이미 가학의 연원이 있었는데 또 훌륭한 스승을 얻어서 훈도하여 성취되어서 학문의 조예가 깊습니다. 또 도가 높고 덕이 완전하였으니, 위대하신 우리 선생이야말로 참으로 진유眞儒이십니다.

---

261) 서산(西山) : 진덕수(眞德秀)의 호이다. 자는 경원(景元)이고, 주희(朱熹)의 적전(嫡傳)이다. 저서로는 『대학연의(大學衍義)』·『서산갑을고(西山甲乙稿)』·『대월갑을고(對越甲乙稿)』·『사서집편(四書集編)』·『문장정종(文章正宗)』, 『정경(政經)』과 『심경(心經)』이 있다.

선생은 어려서부터 진사의 학업을 닦아 진사시進士試에 입격하고 동중서董仲舒의 「천인책天人策」을 공부하여 장원으로 급제하였습니다. 사람들이 모두 먹을 것과 입을 것이 모자라지 않을 것이라고들 말하였으나 선생의 뜻은 거기에 있지 않았습니다. 하찮은 부서와 말단 고을에서 경륜을 조금 시험해 보아 함께할 수 없다는 것을 알고 나서는 곧바로 거두어 돌아오셔서, 소자 같은 후생들과 함께 성리학을 강론하고 선왕의 도를 노래하여, 우리 학파의 끊어지지 않은 전통이 부지할 수 있게 하셨습니다. 이러고 보면 선생이 세상에 나가지 않은 것이 어찌 사문의 행운이 아니겠습니까. 만년에 명성이 더욱 드러나자, 나라의 부름이 빈번하여 벼슬길에 나가기도 하고 나가지 않기도 하셨으나, 역시 나가더라도 오래 머무르지 않으셨습니다. 선생의 거취가 어찌 넉넉하게 여유롭지 않았겠습니까. 그리고 영남 사림의 기대는 날로 깊어져서 마치 태산북두처럼 우러르며 의문이 있으면 질문하고 일이 있으면 여쭈었습니다. 사문에 큰일이 있어도 다 선생께 맡겼으니, 도를 밝혀서 후학에게 혜택을 준 것이 과연 어떠하였겠습니까.

이를테면 저는 문하를 왕래하면서도 선생이 온축하신 학문을 한 번도 궁구하지 못하여, 끝내 나이 오십에도 들림이 없게 됨[262]을 면치 못하였으니, 우전은 사람이 아닙니다. 선생께서 일찍이 선인先人(권우전의 아버지)이 현달하지 못한 것을 생각하시어 이미 시로 애도하시고 나서 또 행장을 지으셨습니다. 소자는 높은 우의에 감격하고 두터운 은덕에 감명 받았으니, 어찌 감히 스스로 갔다가 스스로 오는 자에게 견주겠습니까. 지금 다행히 성은을 입어 선인의 증첩贈牒을 받들게 되었으니, 만약 선생께서 생존하신다면 반드시 기뻐하면서 크게 기리셨을 것입니다. 그러나 선생은 이미 그만이시니, 우전의 사사로운 슬픔이 끝이 있을 수 있겠습니까.

---

262) 나이……됨: 나이 쉰 살에도 세상에 알려지지 않음을 말한다. 원문은 오십무문(五十無聞)인데, 『논어』 「자한(子罕)」에 "후생을 두렵게 여겨야 할 것이니, 앞으로 후생들이 지금의 나보다 못하리라고 어떻게 장담할 수 있겠는가. 그러나 40세나 50세가 되도록 세상에 들림이 없다면 또한 두려워할 것이 없다고 하겠다.[後生可畏 焉知來者之不如今也 四十五十而無聞焉 斯亦不足畏也已]"는 공자의 말이 실려 있다.

행장行狀

이상정李象靖

공의 휘는 중기重器이고, 자는 도옹道翁이며, 성은 정씨鄭氏이다. 자호는 간소艮巢이고 또 매산梅山이라고도 하며, 본관은 영일迎日이다. 선조 휘 습명襲明은 추밀원 지주사樞密院知奏事로서 곧은 도를 지키다가 죽어서 고려 말에 저명하였다. 조선조에 들어와서도 현달한 관리와 큰 인물이 많았으니, 중세에 와서 휘 종소從韶는 중시重試에 급제하여 이조의 낭관을 지냈고, 문장과 품행으로 명성이 있었다. 두어 대를 내려와서 휘 윤량允良은 참봉參奉을 지냈고 도산陶山 이선생李先生의 문하에서 배웠는데, "선을 즐기고 옛것을 좋아한다."는 칭찬이 있었다. 이분이 휘 세아世雅를 두니, 진사가 되고 유일로 천거되어 황산도 찰방黃山道察訪을 지냈으며, 임진왜란 때 의병을 창도하여 왜적을 토벌한 공이 있어서 여러 차례의 추증으로 병조 판서에 이르렀고, 뒤에 강의剛義라는 시호가 내려졌다. 이분이 휘 의번宜藩을 두니, 경주에서 순절殉節하여 여러 차례의 추증으로 승정원 좌승지에 이르렀다. 이분이 공의 고조이다. 증조 휘 호례好禮는 현감이고, 할아버지 휘 시심時諶은 충무위 대호군忠武衛大護軍이며, 아버지 휘 석달碩達은 통덕랑으로서 은거하며 덕을 기르고 학문에 전심하였으니, 호는 함계처사涵溪處士이다. 어머니는 안동 권씨安東權氏 급제 숙塾의 딸이자, 병조 정랑 구봉龜峯 덕린德麟의 후손이다.

숙종 을축년(1685) 2월 22일에 공을 낳았는데, 공은 천성이 간묵하며 중후하고 용모가 크고 훤칠하였다. 어릴 적부터 함부로 말하거나 웃지 않고, 앉고서고 마시고 먹는 모든 행동을 오직 어른의 명에 따라 행하였다. 겨우 열 살에 『효경孝經』과 사서四書를 통달하여 왕왕 주석까지 암송하였으며, 심오한 뜻을 깨닫지 못한 곳이 있으면 반드시 반복 질문하여 완전히 이해하고 나서 그만두었다. 아버지 처사공이 가정에서 올바른 방도로 가르치고 나서 지수 선생篪叟先生에게 나아가 배우라고 명하여 학문의 공부에 전념케 하고자 하였는데, 당시에 훈수塤叟와 지수 두 선생이 횡계橫溪에서 강학하였다. 공이 동자童子로서 가까이서 모시며 글을 배우니, 지수 선생이 공의 재주와 뜻을 기특하게 여기어 진취할 방향을 자상하게 가르쳐 주고, 또 "국가에서 과거 시험으로 선비를 취해서 선배들도 이를 통하여 많이 진출하였다. 만약 내외와 경중의 구분을 잘 한다면 두 가지 공부를 아울러 하는 것이 무어 나쁘겠는가."라고 말하였다. 이에 여느 사람들을 따라 과거 공부도 익히어, 큰 칭찬을 들었다.

병와甁窩 이형상李衡祥이 공을 보고 경전의 심오한 뜻을 물어보고 공의 응대가 정밀하고 자세하자, 또 공이 지은 「태극부太極賦」를 가지고 오게 하여 보더니, 연거푸 칭찬하기를 "내가 서울과 지방의 재자才子를 많이 보았으나, 이 아이처럼 조숙한 아이는 보지 못하였다."고 하였다.

처사공이 남악南岳 이선생李先生[263]을 스승으로 모시면서 호군공護軍公의 묘갈명을 청한 적이 있어서, 신사년(1701)에 공에게 명하여 찾아가 뵙고 묘갈명을 받아 오라고 하였는데, 남악 선생이 공을 붙잡아 두고 함께 경전의 뜻을 가지고 이야기를 나누었다. 공이 논변과 응대에 막힘이 없고, 또 묘갈명의 의문 나는 곳을 질문하니, 선생이 더욱더 칭찬하며 "너는 동자童子이나 벌써 노성한 식견을 가졌으니, 훗날의 성취를 헤아리기 쉽지 않다."고 말하고, 이어서 격치중화설格致中和說을 예로 들어 학문을 하는 방도를 지시하여 주었다.

관례를 올리고 나서는 원근의 여러 선생과 어른을 두루 찾아뵙고, 도산서원陶山書院과 삼계서원三溪書院을 유람하며 선현의 옛 자취를 찾아 살펴보고 견문을 넓혔다.

을미년(1715)에 사마시에 합격하였다. 정유년(1717)에 어머니가 병들자 공이 밤낮으로 간호하며 약을 반드시 직접 맛보았으며, 기해년(1719) 5월에 어머니의 상을 당하자, 슬픔과 예법을 다 같이 극진히 하였다. 경자년(1720) 겨울에 처사공이 천연두를 앓아 증세가 아주 위태하였는데, 공이 아버지를 대신하여 죽게 하여 달라고 하늘에 빌었으며, 아버지의 상을 당해서는 기절하였다가 다시 소생하였다. 또 중제仲弟와 두 종제從弟가 차례로 감염되어 죽으나, 염빈斂殯과 곡읍哭泣을 모두 그 정리에 맞게 하였으며, 그 때문에

263) 남악(南岳) 이선생(李先生) : 이현일(李玄逸, 1627~1704)을 가리킨다. 자는 익승(翼昇), 호는 갈암(葛庵), 본관은 재령(載寧)이며, 이휘일(李徽逸)의 아우이다.

가슴이 답답한 증세를 얻어 거의 목숨을 보전하지 못할 뻔하였다.

계묘년(1723)에 상기를 마치고 나서는 벼슬길에 나갈 생각을 끊고, 정주程朱의 여러 서책을 가져다 반복하여 깊이 침잠하며, 횡계 선생에게 자주 찾아가서 은미한 뜻을 강론하고 질문하였다. 매곡의 농막 옆에 작은 집을 짓고 도서를 좌우에 두고 단정히 앉아 글을 읽고 외우며 와서 배우는 자가 있으면 가르치기를 게을리하지 않았다.

정미년(1727) 봄에 조정에서 경과慶科[264]를 시행하였는데, 공이 여러 부형의 권고를 받고 마지못해 향시에 응시하여 입격하였다. 성시省試[265]에 들어가서는 유사有司가 『근사록近思錄』에서 책문의 문제를 내어서 많은 선비들이 모두 깜짝 놀라며 답안을 어떻게 써야 할지 몰랐다. 공은 붓을 잡고 그 자리에서 답안을 완성하였는데, 문장이 유창하고 뜻이 정밀하였다. 이때 여러 유생들이 빙 둘러 서서 뜻을 물었는데 좌우로 응수하며 조금도 지겨워하는 기색이 없었다. 답안지를 제출하자, 고시관이 감탄하며 "이것은 과거 공부만 한 솜씨가 아니다." 하고, 마침내 제1등으로 뽑았다. 그러나 공은 부모 생시에 급제하지 못한 것을 애통해하며 시를 지어 감회를 붙였다. 창방唱榜[266]을 하여 유가遊街[267]를 하는데, 볼품없는 동자와 비실거리는 말의 행색이 하도 초라하여 시장의 아이들이 떼를 지어 나와 비웃었으나 마치 듣지 못한 것처럼 진중하였다. 어떤 벗이 유자의劉子儀가 왕기공王沂公을 희롱한 말[268]로 공을 축하하자, 공이 "명리를 다투고 이익을 쫓는 것은 평소의 마음이 아니다. 우연히 사적仕籍에 들어갔으니, 마땅히 분수에 따라 직무에

---

264) 경과(慶科) : 나라에 경사가 있을 때 보이는 특례의 과거이다.

265) 성시(省試) : 지방 시험에 합격한 사람을 서울에 모아서 거행하는 채용 시험으로, 복시(覆試)·회시(會試)라고도 한다.

266) 창방(唱榜) : 과거 시험 합격자를 발표하는 것을 말한다.

267) 유가(遊街) : 과거에 합격한 뒤에 선생과 선배와 친척들을 방문하며 거리로 돌아다니는 것이다.

268) 유자의(劉子儀)가……말 : 송 인종(宋仁宗) 때 왕증(王曾)이 예부 정시(禮部庭試)에서 장원을 하자, 한림학사 유자의(劉子儀)가 농담으로 "과거 삼장(三場)에서 장원을 하면 일생 동안 먹고 입는 것을 다 쓰지 못한다."고 하니, 왕증이 "나는 일생의 뜻이 따뜻하게 입고 배불리 먹는 데 있지 않다."고 하였다.(『事文類聚』 권26 「仕進」)

이바지해야 되지 어찌 꼭 구구하게 세상에 이름을 드러내야 하겠는가."라고 하였다.

무신년(1728)에 역적이 호서湖西에서 일어나 낙동강 오른쪽 몇 고을까지 만연하였는데, 공이 대궐로 달려가려고 지수 선생에게 들러 작별 인사를 하였다. 그러자 지수 선생이 "그대의 이 걸음은 진실로 의롭다. 그러나 새재 서쪽에는 역적의 세력이 꽉 차 있다고 들었는데, 군이 가더라도 필시 서울까지 도달하지 못할 것이다. 우리 형제가 막 영천성永川城에 들어가 온 고을의 선비를 불러 모아 의병을 창도하려고 하니, 그대가 길에서 부질없이 죽기보다는 차라리 우리와 함께 원수를 쳐서 의로운 공을 이루는 것도 한 가지 방도이다."라고 말하였다. 공은 그 말을 따라서 참모장參謀將이 되었는데, 규모와 계획을 조략하게 세우고 나자 역적이 벌써 죽임을 당하였다는 소식을 듣고 그만두었다.

겨울에 권지승문원 부정자에 선임되고, 신해년(1731)에 가좌사假左史에 충원되었는데, 이때 장릉長陵을 천장遷葬하게 되어 도감都監 윤순尹淳이 의주儀注를 올렸는데, 주상이 이를 보고서 "백관百官은 모두 시복緦服[269]을 입고 따르는데 서리胥吏들은 평상시의 길복吉服[270]을 입는다면 되겠는가."라고 하교하니, 윤순이 "각사各司의 서리는 자신의 상관을 위하여 수종할 뿐입니다. 어찌 복색을 바꿀 필요가 있겠습니까."라고 대답하였다. 공이 주상에게 나아가 "신이 생각한 것이 있으나 월조越俎[271]의 혐의가 있을까 두렵습니다."라고 하니, 주상이 "생각한 것을 말하라."고 하였다. 공이 "명나라 선비 구준丘濬의 『가례의절家禮儀節』[272]에 이르기를 '3년복을 입어야 하는 자는 시복을 입고, 나머지는 모두 소복을 입는다.'고 하였으니, 이것이 비록 사대부의 예를 말한 것이기는 하나, 아마도 제왕가帝王家의 예 역시 다를 바가 없을 것입니다."라고 아뢰었다. 주상이 "주서의 말이 옳다. 나의 뜻에 바로 부합한다."고 말하고, 이어서 명하여 대신大臣과 유신儒臣에게 의견을 묻게

---

269) 시복(緦服) : 시마(緦麻)로 된 상복을 입는 3개월의 상을 말한다.

270) 길복(吉服) : 3년상을 마친 뒤에 입는 보통 옷을 말한다.

271) 월조(越俎) : 자기의 직분을 넘어서 다른 사람의 일에 간섭함을 말한다.

272) 구준(丘濬)의 『가례의절(家禮儀節)』 : 구준은 명(明)나라 학자로 경산 선생(瓊山先生)으로 불렸다. 그의 『가례의절』은 주희의 『가례』를 해설한 책이다.

하였는데, 공이 명을 받들고 일일이 찾아다니며 문의하고, 전 찬성 정제두鄭齊斗의 의논을 받아들여 서리의 복색을 소복으로 고쳐 정하였다.

공이 또 정공에게 "의주는 단지 영릉寧陵의 옛 의주에 의거한 것인데, 지금은 두 능을 모두 천장합니다. 예서에 이르기를 '이중으로 상이 났을 경우 장사지낼 적에는 가벼운 상喪을 먼저 지내고 무거운 상을 뒤에 지내며, 우제虞祭를 지낼 적에는 무거운 상의 우제를 먼저 지내고 가벼운 상의 우제를 뒤에 지낸다.'고 하였는데, 개장하는 예는 처음 장사지낼 때의 예와 같으니 지금 의주 가운데 이 한 절차를 첨입해야 할 듯합니다."고 하니, 정공이 그 말을 따랐다. 듣는 이들이 예를 잘 안다고 하였다.

가을에 부정자副正字에 올랐는데, 호수와 백암 두 선조의 충의와 효열을 상언上言하고 능행陵幸 때에 송원訟冤[273]을 하여 증직의 은전을 특별히 입었다. 분사관分史官으로서 천릉하는 곳에 가서, 일을 끝마치고 상으로 어린 말 한 필을 하사받았다. 이어서 정자, 저작, 박사에 올랐다. 지수 선생의 부음이 와서 영위를 설치하여 곡하고 가마加麻[274]의 예를 행하였다.

겨울에 휴가를 얻어 빈소에 가서 곡하고 제문을 지어 제전을 드렸다. 이어서 봉상시 직장에 올랐다. 계축년(1733)에 성균관 전적에 오르고, 예조 좌랑과 정랑으로 옮겼다가 이어서 전라도 도사 겸 해운 판관에 제수되었다. 당시에 풍원군豊原君 조현명趙顯命이 관찰사였는데, 서로 함께 경전의 뜻을 강론하고 의심나는 옥사에 의견을 나누었다. 족제族弟인 명고공鳴皐公 정간鄭幹이 당시 제원 찰방濟原察訪이 되어 산사山寺에 모이기로 약속했는데, 정자程子가 차마 사람으로 가축을 대신하지 않은 의리를 들어 견여肩輿를 물리치고 타지 않았다. 겨울에 휴가를 얻어 고향에 돌아와 사직소를 올렸으나 윤허받지 못하였다.

---

273) 송원(訟冤) : 억울한 사정을 임금에게 호소하여 시비를 변명하는 일이다.
274) 가마(加麻) : 문인(門人)이 스승의 상(喪)에 심상(心喪)을 입는 표시로 겉옷에 삼베 조각을 붙이는 것이다.

갑인년(1734)에 겸 춘추관 기주관兼春秋館記注官이 되어, 조운漕運이 한창 다급하여 관문關文을 받고 드디어 부임하였는데, 조운선을 호송하며 함열군咸悅郡을 지나다가 길의 어떤 무덤이 석물石物을 잘 갖추어 놓아서 물어 보니 바로 관노官奴가 참람하여 석물을 쓴 것이었다. 즉시 명하여 철거하니 듣는 이들이 통쾌해하였다. 조운의 일을 마치고 나서 고향에 돌아와 사직하여 체직되었다.

신유년(1741)에 병조 좌랑에 제수되었는데, 마침 대가大駕가 능침에 행차를 하여 공이 금훤禁喧[275]을 맡았다. 당시에 의금부 낭청이 대개 죄를 입어서 사람들이 모두 공을 위하여 위태롭게 여겼으나, 공이 병조의 서리들을 신칙하여 회초리를 쓰지 말게 하고 몸소 스스로 타이르니 사방이 조용하여 떠드는 소리가 없었다. 주상이 환궁하여 특별히 불러 하교하기를 "이번 행차에는 떠드는 소리를 듣지 못하였으니, 네가 직무를 수행하는 것이 지극히 가상하다."고 하였다.

하절사賀節使가 하직 인사를 올리는데, 공이 겸 춘추관으로서 같이 입시하니, 주상이 술을 각각 석 잔씩 하사하도록 명하였다. 제신諸臣은 대부분 조금 맛보고 그쳤으나, 공은 임금이 내린 것을 시늉만 해서는 안 된다며 두 잔을 다 마시고, 석 잔째는 맛만 보고 그릇에 부었다. 주상이 "겸 춘추관은 분명히 잘 마시는 자일 터인데 임금이 하사하는 것을 공경하여 술잔은 다 받되, 예의를 잃을까 염려하여 마심은 절제하니, 그 뜻이 가상하다."고 말하고 한 잔을 더 하사하라고 명하니, 공이 일어났다가 엎드려서 "신이 비록 잘 마시지는 못하나 특명을 어찌 감히 사양하겠습니까." 하고는 드디어 다 마셨다. 나중에 입시를 하니, 상이 연신筵臣에게 "이 사람의 질박하고 순실함은 영남 사람의 본색을 잃지 않았다."고 하였다.

다시 겸 기주관兼記注官이 되어 예문관에서 직숙直宿을 하며 늘 서책을 대하여 밤중까지 보기도 하여, 동료가 농담으로 "예문관이 그만 그대의 독서실이 되고 말았다."고 하니,

---

275) 금훤(禁喧) : 떠들지 않게 단속하는 일, 또는 그 일을 하는 사람이다.

공이 웃으며 "따뜻한 방에 훈훈한 화로를 두고 서책을 볼 수 있는 것도 성상의 은총이다." 고 말하였다. 또 어떤 늙은 서리가 "이 예문관에 입직하는 사람은 많았으나, 독서를 좋아하는 관원은 이제야 보았다."고 말하였다.

임술년(1742) 봄에 겸 춘추관으로서 입시하였는데, 주상이 이조 판서 정석오鄭錫五[276]를 돌아보다가 말이 당론의 폐해에 미치자, 다시 공을 가리키며 "저 겸 춘추는 영남 사람이다. 경은 모름지기 공도公道를 잘 넓혀서 나의 뜻을 깊이 이해하라."고 말하였다. 이튿날 정사에서 결성 현감結城縣監에 제수되었다. 부임하자 청렴과 검소를 스스로 견지하며, 폐정弊政을 복원하고 잔민殘民을 소생시키는 한편, 선비를 권면하고 노인을 봉양하였다. 또 여씨향약呂氏鄕約을 본받아 글을 지어서 한 경내를 깨우쳤는데, 그 대략은 다음과 같다.

> 인륜을 도탑게 하고 풍속을 바로잡는 도리는 오로지 향리鄕里를 규찰糾察하는 데에 달려 있는데, 저 향약이 폐기되고 나서는 다시 진작할 방도가 없다. 비록 대대로 높은 벼슬을 한 집안이더라도 본래부터 천품이 탁월하고 학식이 해박하지 않다면 법규를 준수할 수 있는 이가 드물다. 더구나 어리석은 백성이 어떻게 선善은 해야 되고 악惡은 해서 안 된다는 것을 알겠는가. 본 현縣이 비록 바닷가에 궁벽하게 처해 있으나 명가名家와 거족巨族이 성대하게 서로 바라보고 있다. 중간에 혁파를 하는 변고가 뜻밖에 나왔으나, 이것은 난새 무리 중에 한 마리의 올빼미가 있는 것과 무엇이 다르겠는가. 본관이 마침 복읍復邑이 된 바로 뒤에 외람되이 임금의 근심을 나누어지는 책무를 받아서, 교화를 베풀고 풍속을 후하게 하는 것으로 정책을 삼고자 하나 지금 이윤里尹[277]의 무리가 품계가 낮고 식견이 어두워서 이 일을 함께 의논하기 어려워 각 면面의 존위尊位를 번거롭게 하는 것이니, 이는 문서로 날짜를 정하여 불러 모아 번거롭게 하려는 것이 아니라, 실은 주부자朱夫子가 여씨향약을 가감한 남은 뜻을 본받은 것이다.

---

276) 정석오(鄭錫五, 1691~1748) : 자는 유호(攸好), 본관은 동래(東萊)이다. 1715년 문과에 급제, 승문원 부정자를 거쳐 교리·지평 등을 지내고, 1746년 우의정에 특진, 곧 좌의정에 승진하였다. 시호는 정간(貞簡)이다.

277) 이윤(里尹) : 주(周)나라 때 향관(鄕官)으로서 한 마을의 정사를 주관하였던 여서(閭胥)나 한 마을의 장(長)인 이재(里宰) 등을 가리킨다.

그리고 10조의 절목으로 고을의 선비들을 권면하고, 또 6조로 서민들을 권장하였다. 현에 의심나는 송사가 있어서 공이 자세히 조사하여 보고하였는데, 관찰사가 먼저 한쪽 편의 말을 받아들여 엄격한 관문關文으로 형리를 신문하였다. 공이 마침 공무로 감영에 갔다가 바로 글을 올려 옥사의 곡절을 극진히 말하니, 관찰사가 직접 만나 의논하기를 청하였으나, 공은 사직서를 올리고 관찰사를 만나 보지 않은 채 귀향하였다. 이에 관찰사가 공의 마음을 되돌릴 수 없음을 알고 마침내 급히 계문啓聞하여 논죄하고 파직시키니, 읍민邑民이 유임시키고자 하였으나 때는 늦었다. 귀향하는 행장이 텅 비어 물건 하나 가져오지 않고, 오직 서책 몇 상자뿐이었다. 공주公州 동천銅川에 다다라 절구 한 수를 읊었다.

서성에서 인끈 풀고 필마로 돌아오는데	解綬西城匹馬歸
쓸쓸한 가을바람 소슬하게 옷깃 날리네	秋風蕭瑟謾吹衣
저물녘에 우연히 강교의 길로 접어드니	斜陽偶入江郊路
백조가 무심히 나를 보고 날아오네	白鳥無心向我飛

귀향하고 나서 행장을 다 비워 이졸吏卒에게 돌려주니, 모두 감격하여 울며 돌아갔다. 이때부터 깊은 산속에 자취를 감추고 예전에 닦던 학문을 깊이 탐구하며 오록서당梧麓書堂을 지어 후학들을 맞아 가르쳤다. 또 산수정山水亭을 지어 만년의 살 곳으로 삼았는데, 다 같이 시와 기문을 지어서 정신을 수양하고 본성을 기르는 즐거움을 기록하였다.

신미년(1751)에 함경도 도사에 제수되고, 임신년(1752)에 병조 정랑에 제수되었으나 모두 부임하지 않았다. 겨울에 또 사간원 정언에 제수되었으나 마침 양사兩司가 서로 버티다가 공을 금추禁推[278]의 대상에 뒤섞어 넣어서, 공이 명을 듣고 길에 올랐는데, 계유년(1753) 정월 초하루에 심리에 나아가 대질을 하고 의금부를 나와서 곧장 돌아오는

278) 금추(禁推) : 의금부에서 죄인을 심문하는 것이다.

길에 올랐다. 이에 사헌부 지평에 제수되었다가 벌써 길에 올랐다는 이유로 체직되었다. 얼마 안 되어 또 지평에 제수되어 부름을 받고 동궁께 글을 올리려 하였으니, 그 대략은 다음과 같다.

> 삼가 생각건대 우리 대조전하大朝殿下께서는 보령寶齡이 점점 높아지고 성체聖體가 강녕하신데도 만기萬機[279]가 혹시라도 게을러질 것을 염려하여 저하께 대리를 명하셨으니, 저하께서 보령은 비록 어리시나 받은 것은 중대한 일이고 계승한 것은 큰 왕업입니다. 조심하고 조심하여 밤낮 두려워하며 부탁한 중임을 저버리지 않을 것만 생각하지 않을 수 있겠습니까. 신이 선유先儒의 말씀을 들은 바 "천하만사의 근본은 임금의 마음 하나에 있다."고 하였으니, 실로 임금의 마음이 바르게 된 뒤에야 조정이 바르게 되고 사방이 바르게 되어 만사와 만민이 바르게 되지 않는 것이 없습니다. 요堯·순舜·우禹가 보위를 주고받을 때 간절히 일러준 말도 '인심유위人心惟危 도심유미道心惟微 유정유일惟精惟一 윤집궐중允執厥中'[280] 16자를 넘지 않았습니다. 수많은 성인이 서로 전한 심법心法 가운데 이보다 더한 것이 어디에 있겠습니까. 대저 중中이란 것은 치우치지 않고 기울지 않으며 지나침도 없고 모자람도 없음을 이릅니다. 인심과 도심은 사람에게 없을 수 없는 것이나 정일精一의 공부가 있지 않으면 인심은 왕성하고 도심은 사라져서, 일에 나타나는 현상이 모두 도리에 부합하지 못하여 반드시 지나치거나 모자라는 근심이 있게 됩니다. 그러므로 반드시 정밀하게 가린 뒤에야 인심이 드세지는 것을 제약하여 도심과 섞이지 않고, 한결같이 지키고 난 뒤에야 도심의 바름을 견지하여 마음에서 떠나지 않을 것입니다. 이미 정밀하게 가리고 이미 한결같이 지키고 나면 도심은 주인이 되고 인심은 도심의 명령을 들어, 동정動靜과 어묵語默의 즈음과 정사政事와 호령號令의 사이에 한 때의 치우침과 기욺도 없어서 지나치거나 모자라는 착오가 절로 없게 됩니다. 그러나 이른바 '중中'이라는 것은 본래 정체가 없이 수시로 적합점을 달리합니다. 예를 들어, 하나의 당堂으로 말한다면 당의 한 가운데가 저대로 있고, 배로

---

279) 만기(萬機) : 임금이 살피는 정무로, 그 기무(機務)가 많기 때문에 일컫는 말이다. 고요(皐陶)가 우임금에게 고하기를 "안일과 욕심으로 나라를 다스리지 마시어 경계하고 두려워하소서. 하루 이틀에 기무가 만 가지나 되나이다.[無敎逸欲有邦 兢兢業業 一日二日萬幾]"라고 하였다.(『書經』「皐陶謨」)

280) 인심유위(人心惟危)……윤집궐중(允執厥中) : 『서경』「대우모(大禹謨)」에 나오는 말로 "인심은 위태롭고 도심은 은미하므로, 오직 정밀하게 살피고 한결같이 지켜야 진실로 그 중도를 잡을 것이다."라는 뜻이다.

말한다면 배의 한가운데가 저대로 있으니, 당에 올라가서 한가운데에 서야만 사면의 문을 활짝 열고 깊숙하고 은폐된 곳을 두루 살펴볼 수 있어서 눈을 밝게 하고 귀를 넓게 하는 아름다움이 있으며, 배를 타고도 한가운데에 서야만 네 귀퉁이에 고르게 싣고 경중을 가늠할 수 있어서 강을 건너고 산을 넘는 이로움이 있습니다. 그런데 더구나 수많은 뭇 백성을 다스리고 만 가지 번잡한 일을 총괄하면서 한가운데에 있지 않을 수 있겠습니까. 신은 어리석으나, 저하께서 마음을 바로잡고 정치를 내는 요체는 이보다 더한 것이 없을 것이라고 생각합니다. 만약 음식을 절제하여 기혈을 조절하고 성색聲色을 멀리하여 정신을 기르며, 우禹임금이 촌음을 아낀 일[281]을 따르고 은殷나라 고종高宗이 학문에 부지런한 일[282]을 생각하시며 날마다 서연書筵을 열고 자주 강관講官을 접견하여 궁리窮理와 격물格物의 공부에 힘쓰고 성의誠意와 정심正心의 방도에 부지런하신다면, 학문이 날로 나아가고 덕이 날로 높아져서 옛 성왕聖王이 중을 잡았던 대법大法이 갑자기 저하의 가슴 속에 있게 되어 바람이 움직이면 풀이 눕는 교화[283]가 저절로 그림자와 메아리보다 더 빠를 것입니다.

말미에는 편당을 짓는 조정 신하들의 사심과, 인재를 등용하는 인사 관리들의 편벽됨과, 세력가를 끼고 제멋대로 행동하는 수령들의 폐단을 수천 글자로 기술하였다. 비안현比安縣에 도착하여 이미 체차되었다는 소식을 듣고 드디어 올리지 않았다. 그러나 공이 평소에 공부한 학문의 실제와 임금을 인도하여 정도에 맞게 여러 사업을 조처하는 방도는 여기에 대략 다 나타나 있다. 가을에 또 정언正言에 임명되었다가 이어서 체직되었다. 또 이조 좌랑·정언에 임명되었으나 모두 부임하지 않았다.

---

281) 우(禹)임금이……일: 『소학』「선행(善行)·실경신(實敬身)」에, 도간(陶侃)이 항상 사람들에게 말하기를 "대우는 성인인데도 촌음을 아꼈으니 일반 사람들은 마땅히 한 분의 시간을 아껴야 한다.[大禹聖人 乃惜寸陰 至於衆人 當惜分陰]"라고 한 데서 온 말이다.

282) 은(殷)나라……일: 은나라 재상 부열(傅說)이 고종에게 경계하기를 "생각의 처음과 끝을 학문에 둔다면 자신도 모르게 덕이 닦일 것입니다.[念終始 典于學 厥德修 罔覺]"라고 한 데서 온 말이다.(『書經』「說命」)

283) 바람이……교화: 위정자가 백성을 감화시키는 교화를 말한다. 계강자(季康子)가 정치에 대해 묻자 공자가 "군자의 덕은 바람과 같고 소인의 덕은 풀과 같다. 풀 위에 바람이 불면 반드시 눕는다.[君子之德風 小人之德草 草上之風 必偃]"고 하였다.(『論語』「顔淵」)

병자년(1756)에 나라에 큰 경사가 있어서 나이 70세 이상인 문신文臣에게 모두 승자陞資를 허락하므로, 공에게 통정대부를 수여하여 장례원 판결사에 임명하였다가 형조 참의로 옮겼으나, 사직소를 올려 나이가 많다는 이유로 치사致仕[284]를 빌었는데, 얼마 되지 않아 어떤 일로 인하여 체직되었다.

정축년(1757)에 격비상기증膈痞上氣證[285]을 앓았다. 2월에 왕후가 승하하자[286] 병을 무릅쓰고 군郡에 들어가 곡림哭臨[287]하고 성복成服하였다. 3월에 김대비金大妃가 승하하였는데, 병이 심하여 갈 수가 없어서 부축을 받고 계사溪舍에서 나가 망곡례望哭禮[288]를 행하고 성복하였다. 6월에 증세가 드디어 위독해졌으나 정신은 오히려 흐트러지지 않아서 향리에서 문병을 오면 응접을 게을리하지 않았다.

7월 8일 미시未時에 부축을 받고 일어나 앉아 부녀자들을 불러 화목하게 지내는 도리와 봉제사奉祭祀·접빈객接賓客의 예절을 알려주고는 즉시 물러가게 한 다음, 신시申時에 침석을 바로 펴고 베개를 받치도록 명하고 소르르 서거하니, 향년 73세였다. 부고가 나가자 원근이 놀라며 애도하였고, 조정에서는 의식대로 부의를 보내왔으며, 관찰사와 군수도 다 같이 부의를 넉넉히 보내왔다. 무인년(17584) 정월 19일에 운주산雲住山 신방동新坊洞 오향午向의 터에 안장하니, 처사공處士公의 묘와 겨우 수십 보 거리이다.

공의 배위는 의성 김씨義城金氏 통덕랑 방겸邦謙의 딸이자, 숭정처사崇禎處士 증 집의贈執義 시온是榲의 손녀로서, 부인의 선행이 있고 집안을 다스리는 데에 법도가 있었다. 공과 같은 해에 태어나 공보다 몇 년 뒤에 세상을 마치어 군郡 북쪽 환귀리還歸里 매곡梅谷 건좌乾坐 터에 장사하였다. 2남 1녀를 두니, 장남 일감一鑑은 재능과 품행이 있었으나 부모보다

---

284) 치사(致仕): 나이가 많아서 벼슬을 사양하고 물러나는 것이다.
285) 격비상기증(膈痞上氣證): 가슴이 결리고 해소(咳嗽)가 나는 증세를 말한다.
286) 왕후가 승하하자: 영조의 비 정성왕후(貞聖王后, 1692~1757) 서씨(徐氏)의 죽음을 말한다.
287) 곡림(哭臨): 왕이나 왕비의 초상 때 여러 사람이 한곳에 모여 곡하는 예식이다.
288) 망곡례(望哭禮): 임금이나 왕비가 죽었을 때 서울에서는 대궐 문 앞에 모여 곡하고, 지방에서는 서울 쪽을 바라보면서 곡하는 의식을 말한다.

먼저 죽었고, 차남은 일찬一鑽이며, 딸은 사인士人 신황申熿에게 시집갔다.

일감은 외아들이 하윤夏潤이고, 일찬은 2남 1녀를 두었는데, 아들은 하란夏瀾·하간夏澗이고, 딸은 어리다. 신황은 2남을 두었는데 창교昌敎·홍교弘敎이다.

하윤夏潤은 2남 2녀를 두었는데, 장남은 동인東仁이고 장녀는 이정래李鼎來에게 시집갔으며, 나머지는 어리다.

공은 일찍이 가학을 전수받고 집을 나가서는 훌륭한 스승의 가르침을 받았다. 때문에 훈도가 점차 깊어져서 그 덕기德器를 이룬 것이 저절로 수고롭지 않고도 이루게 된 것이다. 대개 공의 학문은 경전을 근본으로 삼고 낙건洛建[289]의 글로 보완하여, 성실독경誠實篤敬을 공부로 삼아 오랜 노력을 견지하며, 차근차근 힘써서 지치지도 않고 게을리하지도 않았으며, 세상을 바로잡거나 속세와 단절하려는 행동도 하지 않아서 저절로 남들이 따라 하지 못하였다. 풍채가 의젓하고 언동이 신중하여 사색辭色에 성내는 기색을 드러내지 않고 노비에게도 욕설을 하지 않았다. 진실한 평소의 생활 태도는 남들과 그다지 다를 것이 없으나, 일에 임하여 의리로 결단하는 경우에는 확고하게 신조를 지켜서 남들이 움직일 수 없었다. 어려서부터 선조를 받들고 친족과 돈독한 도리에 더욱 마음을 다하여 의창義倉의 고사[290]를 본받아 계를 모아 의계義禊라고 명명하고 규약의 글을 지어 그 일을 기술하였다. 매년 종가의 제사를 도와주고, 무릇 선조를 위한 일과 여러 형제의 길흉사에 드는 비용이며 또는 흉년을 만났을 때 모두 이것으로 보태주었다. 여러 대의 분묘에 제전祭田을 넉넉히 마련해 두고 비석을 세웠으며, 외가의 선조 중에 후사가 없는 분의 분묘를 잘 수호하여 제사와 성묘의 예절을 중단하지 않았다. 선영에 있는 여러 대의 묘소에 후손들이 소목昭穆을 분별하지 못할까 염려하여 자로 재고 그림으

---

289) 낙건(洛建) : 정주학(程朱學)을 말한다. 정자(程子)는 낙양(洛陽)에서 살고 주자(朱子)는 복건(福建)에서 살며 강학하였으므로 이렇게 말한 것이다.

290) 의창(義倉)의 고사 : 흉년에 기민(饑民)들에게 나눠 주기 위해 양곡을 저장하는 창고이다. 수당(隋唐) 이래로 중국 각 지방에 설치하여 민간 공유로 각자가 출연해서 운영했다.

로 그리어 설명을 부쳐서 후손에게 남겨 주었다.

명고공鳴皐公과 함께 한 스승을 모시고 같이 공부하여 교분이 매우 돈독하였다. 매번 시골 별장이나 산속 절에 함께 들어가 『포은속집圃隱續集』·『훈지록塤篪錄』을 편집하고, 『개장비요改葬備要』·『의례통고疑禮通攷』를 수정하였다. 이에 앞서 처사공處士公이 일찍이 우리나라 선유先儒의 예설禮說을 모아 『가례혹문家禮或問』을 만들었으나 미처 완성하지 못하였는데, 공이 분류하고 편집하여 책을 완성하였다. 또 김사계金沙溪의 『상례비요喪禮備要』에 잘못 세분細分한 폐단이 있는 데다 또 관·혼冠婚 두 예가 빠졌다 하여 마침내 『가례집요家禮輯要』를 만들었다. 퇴계 선생이 『주자서절요朱子書節要』를 지어 후학에게 아름다운 혜택을 남겼으나, 당시 사실의 출처와 고금의 인용에 알기 어려운 곳이 많아 이해하기가 쉽지 않아서, 공이 근세 제가諸家의 기록을 모아 상호 비교하여 취사선택하고 간간이 자신의 의견을 보태어 『주서절요집해朱書節要集解』라고 명명하였다. 또 시문과 잡저 몇 권이 있다.

아! 공은 천품이 아름다운 데다 학문을 겸비하였고, 또 나가서는 조정에서 벼슬하였다. 가령 경연에서 의논하고 사색하는 직책을 맡았다면 군덕君德을 인도하여 기르고 치도治道를 보완한 것이 반드시 오늘날 정치에 종사하는 자들을 벗어난 데가 있었을 것이나, 용반宂班·산질散秩291)과 연막蓮幕292)·현감縣監의 사이에서 방황하고 배회하였다. 만년에 언사言司293)에 들어가 곧바로 높은 벼슬에 올랐으나 공은 벌써 나이가 많다는 이유로 치사致仕를 고하였다. 명고공이 언젠가 남에게 "매산은 학문이 순수하고 정직하며 덕기德器가 혼연히 완성되어서 세자시강원이나 홍문관에 놓고서 경연의 고문에 대비한다면 반드시 국가에 크게 도움이 될 것이었으나, 세도世道가 악착스러워서 그 뜻을 펴지 못하였으니, 어찌 우리들이 개탄할 일이 아니겠는가."라고 하였으니, 아! 이 한마디의 말은

---

291) 용반(宂班)·산질(散秩) : 용반은 쓸데없는 반열이고, 산질은 실질이 없는 벼슬이다.
292) 연막(蓮幕) : 막부(幕府)를 뜻한다. 남제(南齊) 때 왕검(王儉)의 막부를 연화지(蓮花池)라고 일컬은 고사에서 비롯된 것이다.(『南史』 권49 「庾杲之傳」)
293) 언사(言司) : 임금에게 정책을 말하는 관사, 곧 대간(臺諫)이다.

공을 깊이 알고 공의 평생을 다 표현했다고 할 만하다. 그러나 가령 운 좋게 세상에 자신의 재능을 시험할 수 있었더라도 기어코 그 온축한 경륜을 펼 수 있었을지 모를 일이다. 그래서 산림에 자취를 감추고 경전을 탐구하여 중년과 만년의 공부를 펼치고 글을 짓고 뜻을 담아 후세 사람들에게 혜택을 주었으니, 하늘이 공을 완전하게 이루어 주려는 뜻이 어찌 여기에 있지 않다고 할 수 있겠는가.

나 상정象靖은 경저京邸[294]에서 공을 처음 찾아 뵙고 칭찬을 매우 많이 받았다. 덕을 연모하면서도 성의가 적어서 한 번도 산속 집에 찾아가 성리학을 질문하지 못하여 늘 마음에 아쉽고 한스러웠는데, 공이 갑자기 세상을 뜨시어 조금 기다려 주지를 않았다. 이제 공의 아들 일찬一鑽 군이 유집을 가지고 찾아와서 교감을 맡기고 또 행장을 부탁하니, 스스로 생각건대 어리석은 내가 어떻게 이 일에 참여할 수 있겠는가마는, 하나 평소 경모하던 마음에 감히 사양할 수 없어서 삼가 가장家狀에 수정을 조금 더하여 붓을 잡는 군자의 채택에 대비하고자 한다.

묘갈명墓碣銘

류치명柳致明

선생의 휘는 중기重器이고, 자는 도옹道翁이며, 호는 매산梅山이다. 성은 정씨鄭氏이며, 본관은 영일迎日이다. 고려조에 휘 습명襲明은 지추밀원사로 곧은 도리를 지키다 죽었다. 조선조에 들어와서 판서 휘 광후光厚가 있었고, 3대를 내려와 휘 종소從韶가 이조 정랑으로서 문장과 절행節行으로 저명하였다. 또 3대를 내려와 휘 윤량允良은 참봉으로서 도산陶山 이선생李先生의 문하에서 수업하였다. 이분이 휘 세아世雅를 두었는데, 진사이며 유일遺逸

294) 경저(京邸) : 각 지방 관아에서 그 지방의 공물(貢物)·입역(立役) 등에 관한 사무를 처리하기 위하여 서울에 둔 사무소를 말한다.

로 천거되어 찰방察訪을 지내고 병조 판서에 추증되었고 강의剛義라는 시호가 내려졌으니, 임진왜란에 왜적을 토벌한 공로 때문이다. 이분이 휘 의번宜藩을 두었는데, 생원이며 역시 왜적을 토벌하다가 효를 위하여 순절하였고, 좌승지左承旨에 추증되었으니, 바로 공의 고조이다. 증조 휘 호례好禮는 현감이고, 할아버지 휘 시심時諶은 대호군大護軍이며, 아버지 휘 석달碩達은 바로 함계처사涵溪處士이며, 어머니는 안동 권씨安東權氏 급제 휘 숙塾의 딸이자 정랑正郎 휘 덕린德麟의 후손이다.

공은 숙종 을축년(1685)에 태어나 을미년(1715)에 사마시에 합격하였고, 정미년(1727)에 대과에 급제하여 무신년(1728)에 권지승문원 부정자에 보임되었으며, 신해년(1731)에 가주서假注書에 보임되었다가 가을에 부정자로 승진하고 얼마 안 되어 정자正字에 올랐다. 임자년(1732)에 저작랑著作郎으로 옮기어 박사博士가 되고 또 봉상시 직장이 되었다. 계축년(1733)에 성균관 전적典籍에 승진하고 예조 좌랑으로 옮겼다가 전라도 도사 겸 해운판관에 제수되었다. 갑인년(1734)에 겸 춘추관 기주관이 되고, 신유년(1741)에 병조 좌랑에 제수되었다. 임술년(1742)에 결성 현감으로 나갔다가 얼마 되지 않아 파면되어 돌아왔다. 신미년(1751)에 함경도 도사에 제수되고 임신년(1752)에 병조 좌랑에 제수되었으나 모두 부임하지 않았다. 겨울에 정언正言에 제수되고, 계유년(1753)에 사헌부 지평에 제수되어 가을에 또 정언에 제수되었다가 다시 이조 정랑으로 옮기어 정언으로 되돌아왔으나 모두 부임하지 않았다. 병자년(1756)에 통정대부에 승진하고 판결사에 임명되었다가 형조 참의로 옮겼으나 사직소를 올려 체직되었다. 정축년(1757)에 병으로 세상을 마치니, 향년 73세였다. 다음 해 정월에 살던 영천永川 신방동新昉洞 오향午向의 터에 안장하니, 아버지의 묘역이다.

공은 성품이 과묵하고 진중하며 용모가 훤칠하였으며, 겨우 열 살에 『효경孝經』과 사서四書에 통달하였다. 당시에 함계공이 유학자의 품행으로 후진을 가르치고 훈수塤叟·지수篪叟가 또 선비들의 사기를 진작시켜서, 집안의 학문이 남쪽 지방에서 가장 성대하였다. 공은 집과 사문을 출입하며 수업하고 경전을 들고 스승을 모시어 일찍부터 명성이 있었다. 일찍이 「태극부太極賦」를 지었는데, 병와甁窩 이형상李衡祥이 그것을 보고 "세상에서 재사才士를 많이 보았으나 이렇게 조숙한 자는 없었다."고 말하였다. 약관 전에 또 갈암葛庵 이선생에게 가서 배우니, 이선생이 공을 남다르게 여기고 격치중화설格致中和說을 가지고 가르쳐 주셨다.

아버지를 여의고 나서는 벼슬에 나아갈 뜻을 끊고, 날마다 낙건洛建의 여러 글을 탐구하고 토론하였는데, 주자의 글에 더욱 정신을 쏟아 연구하여 자못 침식을 잊었다. 과거장에 들어간 것은 제부諸父가 강권해서인데, 회시會試에서 고시관이 『근사록』으로 문제를 내니, 여러 유생이 깜짝 놀라며 앞다투어 공에게 찾아와서 물었으나 공은 응답에 지치지 않았다. 시권試券을 내고 나니 제1등에 뽑혔다. 어떤 이가 유자의劉子儀가 황기공王沂公을 희롱한 일295)로 공을 축하하자, 공은 "우연히 관적에 올랐으니, 분수에 따라 봉직할 뿐이지, 영달은 평소의 뜻이 아니다."고 말하였다.

다음해에 호서의 역적이 변란을 일으켰는데, 공이 길이 막혀서 왕을 호위하러 가지는 못하고 지수旒叟를 보좌하여 의병을 창도하였다가 역적의 괴수가 잡혔다는 소식을 듣고 의병을 해산하였다. 가주서로서 입시하였을 때 2대 두 능을 천장遷葬하였는데, 의주儀註 중에 "서리胥吏는 평상시 옷을 갈아입지 않는다."는 조항에 대하여 공이 아뢰기를 "개장改葬의 예에 3년복을 입는 자는 시마복을 입고 나머지는 모두 소복素服을 입어야 왕조의 사대부와 서인의 차별이 없을 듯합니다."고 하니, 상이 그 말을 따랐다. 또 두 능을 함께 옮기는 의주 안에 "장례는 가벼운 것을 먼저하고 우제는 무거운 것을 먼저 한다."는 한 절목을 더 넣어야 된다고 말하니, 대신大臣도 또한 옳다고 하였다.

전라도 도사로 나갔을 때, 관노官奴의 무덤을 장식한 석물石物을 철거하도록 명하였다. 병조 좌랑을 지낼 때는 도로에서 어가를 호위할 때 회초리를 쓰지 않고 백성들을 타일러서 떠들지 않게 하여, 상이 직무를 잘 수행한다고 칭찬하시고, 또 "질박하고 순실함은 영남 사람의 본색을 잃지 않았다."고 하였다. 다시 기주관記注官으로서 예문관藝文館에 직숙直宿을 하였는데, 늘 서책을 밤중까지 보니 동료가 농담으로 "예문관이 공의 독서실

295) 유자의(劉子儀)가……일: 앞의 주 268) 참조.

이 되었다."고 말하였다. 결성 현감을 지낼 적에는 인륜을 돈독하게 하고 풍속을 바로잡는 것을 급선무로 삼아서 글을 지어 깨우쳐 주고 또 향약을 시행하였으나, 곧바로 상관의 비위를 거슬러서 벼슬을 버리고 돌아왔는데, 돌아오는 행장이 텅 비었다. 오록서당梧麓書堂을 지어서 학생들이 거처하게 하고, 또 산수정山水亭을 지어서 스스로 즐겼다. 언관言官으로 들어갔을 적에는 공이 이미 이 세상에 뜻이 없어서 일찍이 상소문을 지어 임금의 마음을 바로잡고 조정을 바로잡을 도리를 갖추어 말하였으나 체직되었기 때문에 마침 올리지 않았다.

공은 어릴 때 일어나고 앉고 먹고 마시는 것을 모두 어른의 가르침에 따라 하였고, 앞뒤로 부모의 병을 간호할 때에도 늘 약물을 직접 맛보고 자기를 대신 죽게 하여 달라고 빌었다. 거상 중에는 지나친 슬픔으로 몸을 상하여 병이 나서 생명을 보존하지 못할 뻔하였다. 제사를 받들어 효도의 도리를 함에 있어서도 먼 조상에 이르기까지 다 같이 필요한 물품을 갖추어 예의를 다하였으며, 누대의 분묘에는 반드시 비석을 세워 표시하고, 묘혈의 소목昭穆을 분별하여 그림을 그려서 먼 후대를 대비하였으며, 외가의 선조에까지 미루어 또한 성의를 다하였다. 여러 형제들의 길흉사와 흉년에도 대비하여 또한 다 같이 조항을 설정하여 의계義禊를 모아서 사랑을 종족에까지 넓혔으니, 이것이 그 덕행의 근본이다.

대개 평소의 생활은 진실해서 세상을 바로잡거나 속세와 단절하는 행동을 하지 않았는데, 그 마음가짐을 보면 질박하고 정직하면서도 의리를 좋아하고, 덕성德性을 말한다면 아름다우면서도 너그러웠으니, 대체로 이미 예악禮樂으로 문채가 나서 시행하여 적합하지 않을 곳이 없을 수 있었다. 그러나 덕을 아는 자가 아니라면 그 누가 그것을 알 수 있겠는가. 족제族弟 명고 정간鄭榦은 같은 스승을 모시고 함께 배워 교분이 아주 좋아서, 함께 스승의 종지를 천명하여 모두 정리하였다.

저술로는 『가례집요家禮輯要』·『주서절요집해朱書節要集解』가 있고, 또 시문 몇 권이 있어 세상에 행하여진다. 대산大山 이선생李先生이 공의 행장에서 "공은 천품이 아름다운 데다 학문을 겸비하였고, 또 나가서 조정에서 벼슬하였으나 용반冗班·산질散秩의 사이에서 방황하였다. 그러나 가령 공이 자신의 재능을 세상에 시험할 수 있었더라도 기어코 온축한 경륜을 다 펴지는 못하셨을 것이다. 그래서 산림에 자취를 감추어 중년과 만년의 공부를 펼치고 글을 지어 말을 남기어서 후세 사람들에게 혜택을 주었고 보면, 하늘이 공을 완전하게 이루어주려는 그 의도가 어찌 여기에 있지 않다고 할 수 있겠는가."라고 말하였다. 아! 극진하도다.

배위는 의성 김씨義城金氏 방겸邦謙의 딸이자, 증집의 표은瓢隱 휘 시온是榲의 손녀로서, 식견과 도량이 공과 비슷하였다. 공과 같은 해에 태어나 공보다 7년 뒤에 세상을 마치어, 군郡 북쪽 환귀리還歸里 매곡梅谷 건좌乾坐의 터에 안장하였다. 2남은 일감一鑑과 일찬一鑽이고 딸은 신황申熿에게 시집갔다.

일감의 아들은 하윤夏潤이고, 일찬의 두 아들은 하란夏瀾과 하간夏澗이다. 신황의 두 아들은 창교昌敎와 홍교弘敎이다.

하윤의 아들은 원휴元休이고, 하란의 네 아들은 인휴麟休·봉휴鳳休·구휴龜休·용휴龍休이며, 하간의 아들은 지휴芝休이다. 나머지는 다 기록하지 못한다. 대를 이어 공의 제사를 받드는 자는 원휴의 아들 유노裕魯와 유노의 아들 치장致章이다. 치장이 나 치명에게 비문을 부탁하는데, 사양해도 되지 않아 삼가 행장을 살펴보고 서술하여 명銘을 달았다. 명은 다음과 같다.

시례의 계책과	詩禮之謨
성독의 학문을	誠篤之學
일념으로 전습하니	一意傳習
계산과 해악이네	溪山海嶽
이익과 영달은 뜬구름으로 보고	浮雲利達
은거를 본분으로 알았네	素履薖軸
일찌감치 분별하니	辨之也早
그 식견 더욱 통철하였네	其見益澈
칠십여 년 동안	餘七十年
그 사업 풍부하네	富有其業
우뚝한 터에	窣如之原

높이 솟은 비석	穹然其石
글을 새겨	琢之以辭
천년만년 전하노라	庯示千億

묘지명墓誌銘

이휘재李彙載

매산 선생 정공은 호해湖海의 영재로서 진덕수업進德修業의 뜻을 가다듬어 과거에 급제하여 벼슬길에 올랐으나 온축한 경륜을 다 펴지 못하고 경전에 잠심하고 예교禮敎를 몸소 실천하여 영남의 인사들이 근세의 유자儒者를 일컬을 적에는 반드시 공을 귀결지로 삼았으니 이것은 공론이다.

공의 휘는 중기重器이고 자는 도옹道翁이며, 성은 정씨이고 본관은 영일이다. 고려 지주사로서 곧은 도를 지키다가 죽은 휘 습명襲明이 상조이시며, 우리 조선에 들어와서도 명성과 덕망이 높은 분이 많다. 휘 윤량允良은 호는 노촌魯村이고 벼슬은 참봉인데, 퇴계 선생에게 배웠다. 이분이 진사 휘 세아世雅를 두니 호는 호수湖叟이고 유일遺逸로 천거되었으며, 임진왜란 때 의병을 일으켜 공을 세웠고, 병조 판서에 추증되었으며 시호는 강의剛義이다. 이분이 생원 휘 의번宜藩을 두니 호는 백암柏巖이고 경주 전투에서 전사하여 이조 참판에 추증되었는데, 공의 고조이다. 증조는 현감 휘 호례好禮이며, 할아버지는 충무위 대호군忠武衛大護軍 휘 시심時諶이시다. 아버지 휘 석달碩達은 벼슬은 통덕랑通德郎이고 호는 함계처사涵溪處士이다. 어머니는 안동 권씨安東權氏 급제 숙塾의 딸이다.

숙종 을축년(1685) 2월 22일에 선원리仙源里의 집에서 공을 낳았는데, 공은 용모가 의젓하고 훤칠하고 성격이 진중하고 과묵하여 말과 웃음이 적었다. 열 살에 『효경孝經』과 사서四書를 통달하니, 함계공이 학문에 전념하게 하고자 지수 선생篪叟先生에게 나아가서 배우도록 명하였는데, 지수 선생이 공의 재주를 기특하게 여기고 부지런히 가르쳤다. 병와甁窩 이형상李衡祥이 와서 공을 보고 경전의 깊은 뜻을 물었는데, 기삼백朞三百의 주석까지도 대답이 틀리지 않았으며, 또 공이 지은 「태극부太極賦」를 구해보고 감탄하기를 “천재이다.” 하였다.

신사년(1701)에 함계공의 명에 따라 갈암葛庵 이선생을 찾아뵈었는데, 갈암 선생이 격치중화설格致中和說을 가지고 학문하는 방도를 지시하여 주었다. 을미년(1715)에 생원시에 입격하였다. 기해년(1719)에 어머니의 상을 당하였다. 경자년(1720)에 함계공이 천연두를 앓자 공이 대신 죽게 하여 달라고 하늘에 빌었으며, 아버지가 세상을 마치자 너무 슬퍼하여 몸이 상하였다.

상기를 마치고 나서는 벼슬길에 나갈 생각을 끊고 매곡梅谷의 시골 농장에 작은 집을 짓고 좌우에 도서를 놓고 단정히 앉아 독서하였다. 정미년(1727) 봄에 경과慶科로 증광동당시增廣東堂試가 있었는데, 공이 말하기를 “양친兩親이 계시지 않는데 누구를 위한 영광인가.”라고 하며 응시하지 않으려다가 여러 부형들의 강권으로 성시省試에 들어가 『근사록近思錄』에 대한 책문으로 제1등으로 급제하였다. 무신년(1728)에 역변逆變이 일어나자 지수 선생을 도와 의병을 일으켰는데 계획이 이미 다 세워지고 나서 역적이 잡혔다는 소식을 듣고 그만두었다. 겨울에 승문원 부정자에 보임되었다.

신해년(1731)에 장릉長陵을 천릉遷陵하는 예禮가 있었는데 공이 가주서假注書로서 입시하니, 주상이 천릉의 의주儀註를 보고서 “백관百官은 모두 시복緦服을 입는데 수행하는 서리胥吏들이 길복吉服을 입는다면 되겠는가?”라고 묻자, 공이 앞으로 나아가 “구준丘濬의 『가례의절家禮儀節』에 ‘3년복을 입어야 하는 자는 시복을 입고, 나머지는 모두 소복을 입는다.’라고 하였으니, 아마도 제왕帝王도 다를 것이 없을 듯합니다.”라고 하니, 주상이 “주서의 말이 나의 뜻에 바로 부합한다.”고 하였다. 이어 명을 내려 대신大臣과 유신儒臣에게 의견을 물어 서리들의 옷을 소복으로 개정케 하였다. 공이 또 “지금 두 능을 함께 천장하는데, 예禮에 ‘두 초상이 함께 났을 경우 장사를 지낼 적에는 가벼운 상을 먼저 지내고 무거운 상을 뒤에 지내며, 우제虞祭를 지낼 적에는 무거운 우제를 먼저 지내고 가벼운 우제를 뒤에 지낸다.’고 하였는데, 개장하는 예도 처음 장사지낼 때의 예과 같으니, 의주 안에 이 한 절목을 더 넣어야 할 듯합니다.”라고 하니, 듣는 이들이 예를 잘 알았다고 하였다.

겨울에 정자正字로 승진하였다. 임자년(1732)에 저작랑著作郎으로 전보되었다가 여름에 박사博士로 승진하고 얼마 안 되어 봉상시 직장奉常寺直長으로 승진하였다. 계축년(1733)에 성균관 전적으로 승진하였다가 예조 좌랑과 정랑으로 옮기고, 얼마 안 되어 전라도 도사 겸 해운판관에 제수되었는데, 당시에 조현명趙顯命이 관찰사가 되어 경전의 뜻을 서로 강론하고 의옥疑獄을 변론하며 공의 높은 식견에 탄복하였다.

신유년(1741)에 병조 좌랑에 제수되어, 금훤禁喧을 잘해서 상이 칭찬하였다. 이때 겸 춘추로서 입시를 하였는데, 상이 명하여 술을 세 잔씩 하사하니, 여러 신하들이 모두 잔을 받아 입만 대고 마시지 않았다. 그러나 공은 임금이 하사한 술을 마시지 않을 수 없다 하여 두 잔은 다 마시고 세 번째 잔은 조금만 마시고 그릇에 따랐다. 상이 "겸 춘추는 잘 마시는 자가 분명하다." 하고 한 잔 더 내리도록 명하니, 공이 일어났다가 엎드려 "신은 잘 마시지는 못하오나 특명을 어떻게 사양하겠습니까." 하고 드디어 다 마셨다. 상이 연신筵臣에게 "이 사람의 질박하고 순진함은 영남 사람의 본색을 잃지 않았다."고 하였다. 예문관에서 숙직할 때는 늘 서책을 마주하여 더러는 밤중이 지나도록 잠을 자지 않으니, 서리가 가만히 말하기를 "독서를 좋아하는 관원이시다."고 하였다.

임술년(1742)에 결성 현감에 제수되었는데, 정치가 청렴하고 공정하였고, 여씨향약呂氏鄕約을 모방하여 규약문을 만들어서 경내의 백성을 깨우쳤으며, 사사로이 찾아오는 사람을 문안에 들이지 않았다. 어떤 일로 관찰사의 비위를 거슬러 관직을 버리고 귀향하였는데, 돌아올 적에 행장이 텅 비어 책 상자에 책 몇 질뿐이었다. 오록서당梧麓書堂을 짓고 또 산수정山水亭을 지어서 오는 학생들을 맞이하였다.

신미년(1751)에 함경도 도사에 제수되고, 임신년(1752)에 병조 좌랑에 제수되었으나 모두 부임하지 않았다. 겨울에 사간원 정언에 임명되었으나 양사兩司가 서로 맞서서 의금부에 들어가 심리를 받았다. 계유년(1753) 정월에 지평에 제수되어 동궁께 글을 올리려고 수천 글자를 간절히 썼는데, 그 내용이 모두 중도를 잡은 옛 성왕聖王의 대법이었다. 또 조정에서 사사로이 당파를 짓는 행위와 사람을 편벽되게 기용하는 인사 관리의 행위이며, 수령이 세력가를 끼고 제멋대로 방종하는 행위를 말하였으나, 길에서 본직이 이미 체차되었다는 소식을 듣고 글을 올리지 않았다. 가을에 정언正言에 임명되고 또 이조 좌랑에 임명되었으나 모두 부임하지 않았다. 병자년(1756)에 통정대부에 승진하여 장례원 판결사에 임명되었다가, 형조 참의로 옮겨졌으나 소를 올려 치사致仕시켜 주기를 청하였다. 정축년(1757) 7월 8일에 병으로 세상을 마치니 향년 73세이다. 운주산雲住山 신방동新昉洞 함계처사의 묘소 아래 오향午向의 터에 안장하였다.

배위는 의성 김씨 통덕랑 방겸邦謙의 딸이자, 숭정처사崇禎處士 시온是榲의 손녀이신데, 부덕이 있고 집안을 다스리는 데 법도가 있었다. 공과 같은 해에 태어나 공보다 7년 뒤에 세상을 마쳤다. 2남 1녀를 두었는데 장남 일감一鑑은 재주와 품행이 있었으나 일찍 죽고, 차남은 일찬一鑽이며, 딸은 신황申熿에게 시집갔다.

일감의 외아들은 하윤夏潤이고, 일찬의 두 아들은 하란夏瀾과 하간夏澗이며, 신황의 두 아들은 창교昌敎와 홍교弘敎이다.

하윤은 1남 1녀를 두었는데 아들은 원휴元休이고 딸은 이정래李鼎來에게 시집갔다. 하란은 4남 1녀를 두었는데 아들들은 인휴麟休, 봉휴鳳休, 구휴龜休, 용휴龍休이고 딸은 이정휴李鼎休에게 시집갔다. 하간은 1남 3녀를 두었는데 아들은 지휴芝休이고 장녀는 이준李浚에게, 차녀는 박기형朴基亨에게, 막내딸은 이원상李遠祥에게 각각 시집갔다. 나머지는 다 기록하지 못한다.

공은 타고난 자품이 매우 높았다. 함계공이 처음 가르칠 적에 먼저 사서四書를 읽힌 뒤에 『사기史記』를 읽혔으니, 이는 공의 뜻이 이미 일찍 정해져서 다른 말에 미혹되지 않았기 때문이다. 장성해서는 훌륭한 스승에게 나아가 고명한 말씀을 듣고 의리를 강마하며, 간혹 사물의 경륜과 고금의 치란에까지도 언급하여 널리 살펴보고 두루 알지 못한 것이 없었다. 평소에 날이 새기 전에 일어나 종일토록 조용히 앉아서 책을 보아 음미하고 사색하며 함양하되, 아직 알아내지 못하면 다시 사색하고 알아내서는 기뻐하니, 차례와 조리대로 그냥 술술 풀렸다. 여벌의 일 문장에도 또 침잠하여 무르익어서 당대의 작가 중에 대가라고 불리는 자도 스스로 공은 따라잡을 수 없다고 하였다. 배우는 자가 질문하면 차근차근 깨우쳐 주며 온화한 기색이 가득하였다. 평소의 일상생활도 곳곳에 마음을 다하였으니, 의계義稧를 설치하여 절목을 만들어서, 선조의 봉사와 친족의 구휼에 다 같이 미리 대비하였다. 아버지의 『가례혹문家禮或問』을 이어서 완성하고 『포은속집圃隱續集』을 편찬하였으며, 공이 저술한 『가례집요家禮輯要』, 『주서절요집해朱書節要集解』는 본말이 상세히 갖추어지고 취사선택이 합당하였다. 또 시문과 잡저 몇 권이 있다.

대산大山 이선생李先生은 공의 행장을 지어 "공은 천품이 참으로 아름다운 데다 학문을 겸비하였다. 만약 경연의 강론하고 생각하는 직책에 있었다면 임금의 덕을 기르고 치도治道를 도운 것이 오늘날 정치에 종사하는 사람들보다 나았을 것이 분명하다. 그러나 낮은 용관冗官·산직散職을 배회하다가 만년에 언관言官으로 들어가 드디어 높은 벼슬에 올랐으나, 공은 벌써 나이가 많다는 이유로 노퇴老退를 청하였다."라고 하였고, 명고공鳴皐公이 일찍이 사람들에게 "매산은 학문이 순정純正하고 덕성이 완성되었으나 세도世道가 비루하고 천박하여 뜻한 바를 펴지 못하였으니 더 한탄스럽고 애석하다.'라고 말하였는데, 이 말들은 공을 잘 알았다고 말할 만하다.

공이 세상을 뜨고 나서 사림이 공의 유집을 간행하였는데 유집 가운데 갈암을 애도한 제문에 "명이明夷[296]가 뱃속으로 들어왔다."라는 말이 있어서, 경상도 관찰사가 이를 듣고 성을 내어 온 판본을 부수고 책을 불사르기까지 하였다. 판본은 부술 수 있으나 문장은 부술 수는 없다. 사람들이 비록 책 전체는 보지 못하였어도 그만 이 구절은 먼저 외니, 세도를 위하여 개탄스럽다. 명銘한다.

참으로 선생은	允矣先生
학문이 깊고 품행이 높았네	學邃行尊
아버지와 스승에게 훈도받아	薰炙父師
뛰어난 언론을 발휘하였네	發揮名論
『근사록』에 대한 책문에서	近思一策
온축한 경륜을 볼 수 있네	乃見經蘊

296) 명이(明夷) : 『주역』의 64괘 가운데 하나로, 이하곤상(離下坤上)의 괘인데, 소인이 위에 있고 어진 선비가 그 아래에서 고난을 당하는 것을 형상하는 괘이다.

현인의 길이 이미 막혀서	賢路旣塞
저절로 떨치지 못하였네	而不自奮
나의 집 매곡에서	我家梅谷
은둔을 영원히 맹세하였네	永矢考槃
도서를 책상에 가득 채우고	圖書滿案
연구에 전념하였네	專意仰鑽
『주자서절요집해』는	節要集解
주자와 퇴계가 남긴 것이네	朱退之餘
예설은 문호가 많으나	禮說多門
또한 책을 이루었네	亦有成書
벼슬은 영달하지 못하였으나	仕雖未達
공로는 후세에 남았네	功則在後
그 뜻 더욱 가다듬어	其志益勵
그 문장 썩지 않네	其文不朽
우뚝한 저 운주산은	有屹雲住
군자의 유택이네	君子攸宅
도를 안고 세상을 떠난 것	抱道沒世
묘지명에 물어보라	以質幽刻

매오서사 석채 고유문梅塢書社釋菜告由文

김몽화金夢華

영천은 영남에서	永於山南
정공의 고향이라 불립니다	稱鄭公鄉
맑은 정기가 몰린 곳으로	淑氣攸鍾
명사와 석학이 잇따랐습니다	名碩相望
함계가 이어서 세상을 울리고	涵溪繼鳴

훈수와 지수가 같은 소리를 냈습니다 塤篪同聲
누가 그 서업을 계승하겠습니까 孰承厥緖
우뚝하신 선생입니다 有覺先生
안팎으로 훈도를 받아 出入薰炙
일찌감치 금단을 받았습니다 早受金丹
서책에 잠심하여 潛心簡編
연구에 마음을 다하였습니다 刻意硏鑽
경전을 근본으로 삼고 宗以經傳
정주학을 보태었습니다 輔以洛建
실증내지 않고 게을리하지 않으며 不厭不怠
차근차근 힘쓰고 힘써서 循循勉勉
덕성이 완전히 이루어지고 德器渾成
학문이 날로 발전하였습니다 問學日蕃
문장으로 드러내니 發爲文章
평범하면서도 맛이 깊었습니다 其味菽粟
천도와 인도에 대한 대책문은 天人對策
충효로써 장원 급제하였습니다 忠孝壯元
처음 벼슬길에 올라서는 出而筮仕
봉직에 아주 독실하였습니다 奉職克敦
기주관으로서 예를 증명하니 記注證禮
왕이 내 뜻에 맞다고 하였습니다 王曰旨哉
질박하고 진실하다고 維質維實
왕이 자주 칭찬하였습니다 天奬屢下
진실로 온축한 경륜을 펼쳤다면 苟展所蘊
임금을 잘 보좌했을 것입니다 庶幾黼黻
물러나 동강을 지키며 退守東岡
처음 뜻을 다시 닦았습니다 復修初服
산수라는 정자를 짓고 山水有亭

강석을 잠시 열었습니다　緇帷蹔闢
경전을 들고 오는 학생이 있으면　有來執經
처음부터 끝까지 다 가르쳐 주었습니다　兩端叩竭
혼미한 길의 지남거이고　迷塗指南
어두운 거리의 등촉이었습니다　昏衢揭燭
『가례집요』를 편집하고　家禮編要
『주서절요집해』를 지었습니다　朱書裒解
사학의 보탬에 공을 남기어　功存羽翼
뒷사람을 깨우쳐 주었습니다　庶覺來裔
만년에 왕의 부름 받았으나　晩被旌招
평소의 소신 더욱 확고하였습니다　素履愈介
물고기와 산새에 대한 맹세 깊어　盟深魚鳥
꿈에도 명리의 굴레는 끊었습니다　夢斷名韁
선생의 몸은 감춰졌으나　其身之晦
선생의 도는 드러났습니다　其道之章
참으로 아름다운 그 덕은　展也懿德
우리 고장의 모범이었습니다　範我鄕邦
흠모하지 않는 이가 없었으니　以莫不欽
하물며 문하생들이겠습니까　矧爾及門
덕을 존숭하는 보은의 제사는　尙德報祀
본심에서 우러나 하는 것입니다　秉彝攸存
의젓한 이 집은　有儼斯宇
선생께서 계시던 곳입니다　杖屨之墟
남기신 정자를 마주하니　對越遺亭
오두막 그 집과 아주 가깝습니다　密邇衡廬
정사에서의 제사는　精舍釋菜
주자의 의기[297]를 따랐고　考亭義起
아버지와 아들을 함께 제향하는 것은　父子同享

서간의 고사[298]를 따랐습니다	西磵故事
이에 윗분에까지 미루어	爰推所尊
드디어 아버지까지 모셨습니다	遂及先子
똑같이 정성을 올리니	一體薦誠
희생과 폐백이 모두 정갈합니다	牲幣俱潔
바라건대 밝게 강림하시어	尚其昭假
영원히 변함없이 흠향하소서	永世無斁

상향축문常享祝文

학문은 고금을 꿰뚫고	學貫古今
도는 평상을 따랐습니다	道由平常
창작이 있고 저술이 있어	有作有述
사문이 더욱 빛납니다	斯文罙光

묘우 상량문廟宇上樑文

이휘재李彙載

백 년의 영향이 사라지지 않고 가학을 대대로 이어받아 한 무의 작은 땅에 간직하고

297) 의기(義起) : 『예기』「예운(禮運)」에 "예(禮)라는 것은 의(義)의 실질이니, 의에 맞추어서 맞으면 예는 비록 선왕(先王) 때에 없는 것일지라도 의로써 새로 만들 수 있다.[禮也者 義之實也 協諸義而協則禮雖先王未之有 可以義起]"라고 한 데서 온 말로, 예문(禮文)에 없더라도 이치를 참작하여 새로운 예(禮)를 만드는 것이다.

298) 서간(西磵)의 고사 : 서간은 송나라 때 30년 동안 여산(廬山)에서 은거한 유환(劉渙)을 말하는데, 유환은 아들 유서(劉恕)와 함께 오현당(五賢堂)이라는 사당을 제향되었다.(『朱子年譜』 권2)

수양할 곳이 늘 있었다. 사당의 모습은 우뚝하고, 일의 형세가 더욱 장중해져 선비들이 늘 이곳을 우러러보았다.

공손히 생각건대 함계와 매산 두 선생은 자품이 높고 의지가 확고하여 아버지는 창작하였고 아들은 서술하였다. 교화를 밝히고 도를 넓힌 그 굳셈은 예로부터 포은의 명문가로 칭송되었다. 경敬을 위주로 하고 중화中和를 이룬 공로는 멀리 도산의 유훈을 거슬러 올라 간 것이다. 『가례혹문』과 『가례집요』의 편차는 형식과 내용[文質]이 잘 들어맞고 횡계와 금양[299]에서의 배움은 강마하여 더욱 보탬이 되었다. 안락와安樂窩에서 소옹邵雍의 천근월굴天根月窟[300]을 탐구하였고, 산수정에서는 『논어』의 인仁과 智를 체득하였다. 학문이 순수하고 바르기에 명고공鳴皐公이 '노사老師'라 칭하였고, 눌은옹訥隱翁은 문학이 뛰어나다고 인정하였다.

돌아보건대 이 매오서사는 선생이 계시던 곳으로 깊고 넓은 곳에 터를 잡으니, 깊숙이 바위를 걸터타고 널찍한 골짜기로 들어갔다. 한적하고 드넓은 경계에 흥을 붙이고, 광대한 기운 들어오며 맑은 바람이 부는 곳이다. 찬 봄날 잔설 남은 때는 흥얼흥얼 읊조리며 느릿느릿 거닐고, 달 지고 삼성參星[301]이 비낀 밤에는 그림자는 옅지만 향기가 담박하다. 이에 주자가 지패紙牌로 제향한 고사를 따라 사림에서 제향의 예를 행한다.

고가의 아름다운 규모는 양대의 연원을 잘 계승하였고, 후학의 존경하는 마음은 한 사당의 제사에서 더욱 깊어졌다. 제사의 의식을 대충 갖추고 비록 제향의 정성을 바치려 하나 집을 완성하지 못하여 실로 영령을 모시는 일이 아쉬웠다. 이에 새 사당을 지어 위패를 설치하니 참으로 옛 사당의 규모와 같았다.

---

299) 횡계(橫溪)와 금양(錦陽) : 횡계는 훈수 정만양과 지수 정규양이 살던 곳이고, 금양은 갈암 이현일이 살던 곳이다.

300) 천근월굴(天根月窟) : 소옹이 주장한 선천괘기설(先天卦氣說)이다. 소옹은 1양이 생겨나는 것을 천근이라 하고, 1음이 생겨나는 것을 월굴이라 하였다.

301) 삼성(參星) : 28수의 하나로, 오리온자리 중앙에서 빛나는 세 개의 별을 가리킨다. 가을철에 뚜렷이 보이는 별이다.

방 세 칸에 마루 두 칸을 배치하니 이 큰 집이 지어지고, 계단과 신문을 갖추었으며 주위에 담장도 둘렀다. 도를 사모하는 성의가 깊은 것은 문도들이 섬기던 의리를 다해서이고, 덕을 우러른 예의를 갖춘 것은 아버지와 아들이 사랑하고 우러르던 의리를 얻은 것이다. 이에 여러 사람이 다 같이 의논하고, 마침내 여러 장인들이 일을 마쳐 준공하였다.

서당을 열어 강학하던 곳은 운연雲烟의 경관이 바뀌었고 덕을 존숭하고 공에 보답하는 사당은 단청의 문채가 흐른다. 들보와 서까래를 다 알맞게 깎았을 뿐만 아니라, 좌우와 음양에 따라 방위가 아주 바름을 볼 수 있다. 이에 공경히 짧은 송가를 지어 대들보 올리는 일을 돕는다.

어여차 제물을 들보 동쪽으로 던지니	兒郎偉抛樑東
처마가 해를 받치어 바다와 하늘이 훤하네	簷牙擎日海天空
암대의 경치가 예전과 같으니	巖臺景物還如古
광명이 책 속에 있음을 알겠네	認得光明在卷中
어여차 제물을 들보 남쪽으로 던지니	兒郎偉抛樑南
임고의 나무 빛이 저녁 구름을 머금었네	臨皐樹色暮雲含
강상의 도학을 천고에 드리우니	綱常道學垂千古
포은이 남긴 아름다움을 찾아 볼 것 같네	圃老遺徽若可探
어여차 제물을 들보 서쪽으로 던지니	兒郎偉抛樑西
팔공산의 아름다운 기운이 선경에 도달하네	公山佳氣到仚棲
매화사 안에 남긴 향기 있어	梅花社裏遺香在
젓대로 두세 곡조 불며 석계를 마주하겠네	弄笛三聲對石溪
어여차 제물을 들보 북쪽으로 던지니	兒郎偉抛樑北
도도히 흐르는 낙동강물 남쪽 지방의 줄기이네	滔滔洛水紀南國
끊어진 항구로 배를 돌리니 어디로 가려는가	舟回斷港欲何之
수사[302]의 남은 파도가 쉬지 않고 흐르네	洙泗餘派流不息

어여차 제물을 들보 위로 던지니	兒郞偉抛樑上
밝은 달 흐르는 광채에 문이 우뚝하네	朗月流輝門有閌
오늘의 보답 제사 전례에 어긋남 없어	報祀于今禮不愆
한 집안의 덕학 사람들이 다함께 우러르네	一家德學人皆仰

어여차 제물을 들보 위로 던지니	兒郞偉抛樑下
연운이 아침저녁으로 산야를 둘러싸네	烟雲朝暮繞山埜
갑 속 거문고 쓸쓸해도 남긴 아름다움 있어	匣琴廖落有餘徽
영천의 큰 선비들을 다시 바라보겠네	更望永陽諸大雅

삼가 기원하건대, 들보를 올린 뒤에 학규가 더욱 새로워지고 유풍이 더욱 드날리게 하소서. 천인과 성명의 이치를 밝혀서 학문의 전습에 근본이 있음을 알게 하소서. 향당과 학교의 의범을 따른다면 어찌 문헌이 부족하다 하겠습니까. 선비 중에는 노나라의 군자 같은 이들이 많아지게 해서 한 사당 안에 의식을 거행하게 하고, 사람들은 정공의 이름난 고장이라고 일컬으며 백세 뒤에도 흥기하게 하소서.

매오서사 봉안문梅塢書社奉安文

김대진金岱鎭

노선생께서는	惟老先生
학문이 깊고 도가 높습니다	學邃道尊
산림에서 덕을 기르고	養德山林

302) 수사(洙泗) : 노나라 곡부(曲阜)에 있는 수수(洙水)와 사수(泗水)를 아울러 일컫는 말이다. 공자가 이 지역에서 강학 활동을 하였으므로 유교 학문을 뜻하는 말이 되었다.

가문에 사업을 드리웠습니다　垂業家門
선생이 또 이와 같이　先生式似
자품이 도에 가깝고 식견이 명민하여　資近識敏
구석을 향하여 단정히 앉아　隅趍端序
학습에 분발하였습니다　簡肄悱憤
횡계에 나아가 배우고　出就橫塾
금양을 찾아가 배웠습니다　遂遊錦陽
오히려 묘령이었지만　尙在妙齡
이미 큰 도를 들었습니다　已聞大方
격물치지로 실마리를 열고　格致開端
중화로 자물쇠를 열었습니다　中和啓鑰
경전을 법으로 삼고　法具經傳
정주학을 사다리로 삼았습니다　梯以建洛
침잠을 오래하여　沈潛攸久
박문博文을 통해 약례約禮로 나아갔습니다　由博造約
이륜을 자세히 살펴서　倫彝著察
덕기가 혼연히 확고하였습니다　德器渾確
그 모습은 금옥과도 같고　其相金玉
그 문장은 포백[303]과도 같았습니다　其文布帛
광천의 대책문[304]으로　廣川對策
궁궐에 이르렀습니다　乃達文石

---

303) 포백(布帛) : 숙속포백(菽粟布帛)의 준말이다. 의식(衣食)의 주요 물품으로서, 이것은 사람마다 필요로 하는 것이므로, 전의되어 극히 평범하면서도 대단히 유익한 사물을 비유한다.

304) 광천(廣川)의 대책문 : 매산이 과거에서 대책문을 잘 지었다는 말이다. 광천은 동중서(董仲舒)가 살던 곳인데, 그가 한 무제(漢武帝)의 물음에 천인삼대책(天人三對策)을 올려 무제의 신임을 얻었다.(『史記』 권121)

의주의 글은 임금의 뜻에 맞았고[305] 儀文稱旨
질박하고 진실하다는 칭찬을 받았습니다[306] 質實承奬
높은 관직을 맡게 하였다면 俾當周行
좋은 세상을 도왔을 것이나 將裨鴻朗
한 번 관직을 사퇴하고 나서 一謝朱墨
처음의 사업으로 돌아왔습니다 返我初服
집안에서 정사를 행하며[307] 家而爲政
사업을 닦는 데 여유로웠습니다 優哉脩業
연구를 마치고 나서 편집하고 산삭하며 畢研編刻
강석을 열고 후진을 계도하였습니다 牌拂啓迪
많은 제자들이 모여들었으나 有兟其集
모두가 진지한 가르침을 받았습니다 咸被叩竭
충군애국의 한 마음을 一心忠愛
만년에 글로 지었습니다 晩有辭章
선생의 학술과 정책은 學術治猷
책 상자에서 확인할 수 있습니다 驗之囊箱
참으로 선생님은 允矣先生

305) 의주(儀注)의……맞았고: 매산이 가주서로서 천릉의 의주에 대한 임금의 물음에 "구준(丘濬)의『가례의절(家禮儀節)』에 '3년복을 입어야 하는 자는 시복을 입고, 나머지는 모두 소복을 입는다.'라고 하였으니, 아마도 제왕(帝王)도 다를 것이 없을 듯합니다."라고 하자, 임금이 "주서의 말이 나의 뜻에 바로 부합한다."라고 한 일을 두고 하는 말이다.

306) 질박하고……받았습니다: 매산이 겸 춘추관 기사관으로서 입시하였을 때, 임금이 신하들에게 술을 하사한 적이 있는데, 그때 임금이 "이 사람의 질박하고 진실함은 영남 사람의 본색을 잃지 않았다."라고 칭찬한 것을 두고 한 말이다.

307) 집안에서……행하며: 어떤 사람이 공자(孔子)에게 "그대는 어찌하여 정사를 하지 않는가?" 하니, 공자가 "『서경』에 효(孝)를 말하지 않았던가. 효도하고 형제와 우애가 있어 이를 정사에 베푼다 하였으니, 이 또한 정사를 하는 것이다. 어찌 꼭 백성을 다스려야 정사를 하는 게 되리오."라고 한 데서 온 말이다.(『論語』「爲政」)

백대의 전형입니다	百世典刑
어떻게 제향을 올려	可無尸祝
사모하는 마음을 붙이지 않을 수 있겠습니까	以寓墻羹
임시로 패牌를 설치하여	權設牌享
이 매당에서 제향을 올립니다	于此梅堂
반드시 근본에 의리를 두어야 하기에	必本有義
선고 선생을 주벽으로 모셨습니다	主先先生
여러 해를 두고 구상하여	營度累紀
사당을 비로소 완성하였습니다	神宇載成
이에 성대한 의식을 거행하여	爰擧縟儀
길일을 잡아 영령을 모시는 것입니다	涓吉妥靈
의젓하고 높은 영궤에	有儼崇几
선생을 모십니다	先生其侍
제향에 믿음이 있어서	於薦有孚
뜻을 같이 하는 이가 다 왔습니다	同好畢至
바라건대 밝게 강림하시어	尙其昭格
위에 앉아 옆에 물으시며	臨上質旁
우리에게 향기를 풍겨 주시고	綏我馨香
우리에게 광명을 내려 주소서	惠我光明

산수정 차운시를 덧붙이다[附山水亭次韻詩]

월성月城 손시완孫是椀

유정[308]의 평소 뜻 그 맹세 변함없어	幽貞素志不渝盟
매화 언덕에 터를 잡아 몇 칸 집을 지었네	占得梅岡架數楹
산은 남기 개어 맑은 기운 짙고	山帶嵐晴濃淑氣
내는 비온 뒤 새로운 소리 쏟아내네	溪因雨過瀉新聲

청삼에 기꺼이 서울 길 향하더니　青衫肯向秦京道
백수에 한갓 궁궐 그리는 정 간절하였네　皓首徒懸魏闕情
학문은 순수하고 깊어 이요[309]에 바탕하니　學力純深資二樂
광제[310]의 기상 흉금 가득한 것을 보겠네　從看光霽滿襟生

또[又]

생원生員 옥산玉山 장동재張東載[311]

귀인이 만년에 승구의 맹세[312] 이루니　貴人晩遂勝區盟
돌을 쌓아 대를 만들고 초가집을 지었네　築石爲臺草作楹
푸른 산 처마에 닿으니 빼어난 산빛을 보겠고　碧峙當簷看秀色
맑은 물 집 가까이 흘러 시원한 소리 들리네　淸流近戶聽寒聲
어찌 산수 좇아 한가한 감상이나 탐내랴　豈從山水偸閑賞
지인에 나아가 좋아하는 마음[313] 부쳐야지　要就智仁托樂情
출처에 때를 헤아리니 속인의 행태 아니나　仕隱量時非俗態
풍진 속에서 얼마나 평생을 그르쳤던가　風塵幾箇誤平生

---

308) 유정(幽貞) : 유한정정(幽閑靜貞)의 준말로, 원래는 숙녀의 정숙한 덕을 말한 것인데, 여기서는 선비가 세상에 나가지 않고 지조를 지키는 것을 뜻한다.

309) 이요(二樂) : 『논어』「옹야(雍也)」의 "어진 사람은 산을 좋아하고 지혜로운 사람은 물을 좋아한다.[仁者樂山 知者樂水]"에 나오는 요산요수(樂山樂水)의 두 가지 즐거움을 말한다.

310) 광제(光霽) : 광풍제월(光風霽月)의 준말로, 인품이 고결하고 맑은 것을 비유한 말이다. 황정견(黃庭堅)이 「염계시서(濂溪詩序)」에서 주돈이(周敦頤)의 높은 인품과 탁 트인 흉금을 묘사하여 "흉금이 시원하기가 마치 맑은 바람에 달이 씻긴 듯하다.[胸中灑落 如光風霽月]"고 한 말에서 유래한다.

311) 장동재(張東載, 1684~?) : 초명은 대서(大緖), 자는 천로(天輅), 호는 칠탄(七灘)이다. 1721년 생원시에 입격하였다.

312) 승구(勝區)의 맹세 : 경치가 좋은 곳에 은거하며 살리라는 맹세를 말한다.

313) 지인(智仁)에……마음 : 위의 '이요(二樂)' 주 참조.

또[又] 서문은 생략함

족숙族叔 정석헌鄭碩憲

일찍이 임천에서 어조와 맹세를 맺더니	早結林泉魚鳥盟
만년에 그윽한 정취를 새 집에 붙였네	晩年幽趣寓新楹
고요할 때는 구름 낀 산 즐겨 바라보고	靜時好對雲山色
움직이는 곳에는 시냇물 소리 기쁘게 듣네	動處忻聞磵水聲
공자의 인지의 가르침을 체득하고	體得宣尼仁智訓
무이정사[314]의 은구의 마음을 체험하네	驗他夷舍隱求情
올라서 굽어보며 정자에 이름의 뜻 상상하니	登臨想象亭名義
맑고 깨끗하며 고상한 풍모 후생을 깨우치네	洒落高風警後生

또[又]

안동安東 권득중權得重[315]

청산과의 옛 맹세 저버리지 않고	不負青山是舊盟
바위틈에 두어 칸 집을 지었네	爲營巖隙數間楹
꽃 피고 비 내린 뒤 춘삼월 빛을 띠고	花開雨後三春色
바람 앞의 나무 태고의 소리 보내네	樹送風前太古聲

314) 무이정사[夷舍] : 무이정사(武夷精舍)는 남송 때의 주희가 무이산에 은거하여 지었던 건물로, 무이정사 외에도 인지당(仁智堂)·은구재(隱求齋)·지숙료(止宿寮)·만대정(晩對亭)·한서관(寒棲館) 등이 있다고 한다.

315) 권득중(權得重, 1687~1754) : 자는 자후(子厚), 호는 동와(東窩), 본관은 안동이다. 영천과 포항에 거주하였다. 1753년 효행과 경술(經術)로 암행어사의 천거를 받아 임금이 이조에 등용하라는 명을 내렸으나 곧 죽어 호조 좌랑에 증직되었다. 『화동역대통기(華東歷代通紀)』를 저술하였고, 문집이 있다.

고요 속의 공부에 오직 즐거움 있으니 靜裏工夫惟有樂
세간의 영리 이미 마음에 없네 世間榮利已無情
이요란 정자 이름 인지에서 나왔으니 亭名二樂由仁智
맑은 향기 후생에게 은혜 끼치게 되리 清馥將看惠後生

또[又]

정제鄭梯[316)]

원숭이 학 물고기 갈매기와 맺은 옛 맹세로 猿鶴魚鷗趁舊盟
산 등지고 물을 굽어보는 곳에 새집 지었네 負山臨水架新楹
창 앞에는 이남산의 산빛 완연히 바라보이고 窓前宛對尼岑色
베갯머리에는 옥간정의 물소리 들리는 듯하네 枕畔如聞玉磵聲
중후하여 편안하고 고요한 체를 지녀야 하고 重厚當存安靜體
주류하여 박학통달의 정을 체험하여야 하리 周流須驗博通情
아양[317)]의 남은 곡조 이제는 잇기 어려우니 峩洋餘韻今難續
나의 생애 덧없이 지나갈까 적이 두렵네 竊恐悠悠過我生

---

316) 정제(鄭梯, 1689~1785) : 자는 가승(可升), 호는 남창(南窓), 본관은 영일이다. 정만양(鄭萬陽)·정규양(鄭葵陽)의 문인이며, 정중기(鄭重器)·정간(鄭榦) 등과 동문으로 학문을 강론하여 크게 진보하였다. 여러 번 향시에 입격하였으나 과거에 실패한 후 위기지학(爲己之學)에 힘을 썼다.

317) 아양(峩洋) : 자기를 알아주는 벗과 나누는 우정을 뜻한다. 전국 시대에 백아(伯牙)는 거문고를 잘 탔는데 그의 친구 종자기(鍾子期)는 연주 소리의 의미를 잘 이해하여, 백아가 높은 산을 생각하고 연주하면 종자기가 듣고서 "아! 훌륭하구나. 험준하기가 태산과 같구나.[善哉 峨峨兮若泰山]"라고 하였으며, 또 흐르는 물을 생각하고 연주하면 종자기가 듣고서 "아! 훌륭하다. 광대히 흐르는 것이 강하와 같구나.[善哉 洋洋兮若江河]"라고 하였다는 데서 유래한다.(『列子』「湯問」)

또[又]

전 승지前承旨 정간鄭幹[318]

지난날 남궁[319]의 맹주였던 일을 돌아보고 웃으며	顧笑南宮昔主盟
새로 연 정자에 기둥이 우뚝 솟았네	新開亭子矗乘楹
공부는 지혜가 이른 데다 인으로 지켜내었고[320]	工夫智及兼仁守
가계는 산빛과 물소리를 살림으로 여겼네	家計山光與水聲
비록 물러났으나 어찌 당년의 일을 잊으랴	雖退寧忘當歲事
노쇠하더라도 고인의 정 알아야 하리	將衰要得古人情
손잡고 올라 공자의 가르침 토론하자니	携登對討宣尼訓
어느새 숲 사이로 어둠이 깔리네	不覺林間暝色生

또[又]

전 감역前監役 조광국曺光國

대의 봉황이 들의 학과 맹세로 다시 다지니	臺鳳還尋野鶴盟
계곡 바람과 산위 달빛이 성긴 정자에 가득하네	溪風山月滿疎楹
언제 패옥을 차고 선루[321]에서 기다렸던가	何曾佩玉俟仙漏

318) 정간(鄭幹, 1692~1757) : 초명은 정권(鄭權), 자는 도중(道中), 호는 명고(鳴皐), 본관은 영일이다. 정만양(鄭萬陽)·정규양(鄭葵陽)의 문인이다. 1725년 문과에 급제, 사헌부 지평·청양 군수·동래 부사 등을 지냈으며, 1757년 승지에 이르러 병사하였다.

319) 남궁(南宮) : 예조의 이칭인데, 훌륭한 문장을 뜻한다.

320) 공부는……지켜내었고 : 『논어』「위령공(衛靈公)」에 나오는 "지혜가 거기에 미치더라도 인으로 그것을 지켜내지 못하면 비록 얻었더라도 반드시 잃게 될 것이다.[知及之 仁不能守之 雖得之 必失之]"의 단계에 까지 공부가 되었다는 뜻이다.

321) 선루(仙漏) : 궁궐에서 시간을 알리는 경루(更漏)를 말한다.

오직 구름에 누워 물소리 베는 것이 기쁘네 惟喜臥雲枕磵聲
인지의 가르침 깊어 선대의 아름다움 잘 이었고 仁智教深能趾美
공명은 맛이 없어 마음에 들지 않았네 功名味薄不嬰情
함계의 근원 멀고 보현산 봉우리 높으니 涵流源遠賢岑屹
이 정자의 모습 새로움을 다시 깨닫겠네 更覺茲亭顏色生

또[又]

안동安東 권득수權得銖

늙어서 산수와 옛 맹세를 다시 다지어 老去還尋舊壑盟
그만 아름다운 경치 속에 정자를 지었네 便從佳景起簷楹
서로 보아서 싫증나지 않아 산이 모습을 열고 相看不厭山開面
고요히 들어서 꺼릴 것 없어 시내가 소리를 내네 靜聽無嫌磵有聲
삼출[322]을 부엌에 들여 콩조밥과 함께 조리하고 蔘朮供廚兼菽粟
도서를 벽에 가득 채워 심성을 기르네 圖書滿壁養心情
우연히 온 은총 뜬 구름으로 보고 倘來榮寵浮雲視
한적함을 사랑하며 일생을 보내네 自愛幽閑度一生

또[又]

전 좌랑前佐郎 영양英陽 남태운南泰運

고상한 사람이 산속에 그윽한 맹세 맺고 高人林谷結幽盟

---

322) 삼출(蔘朮) : 인삼(人蔘)과 백출(白朮). 모두 한약재로 인삼은 강장제, 백출은 소화제로 널리 쓰인다.

골 지르고 구름 헤쳐 두어 칸 정자를 지었네	跨壑披雲架數楹
웅기중기 솟은 봉우리 수려한 빛으로 단장하고	立立峰巒粧秀色
졸졸 흐르는 시냇물 찬 물소리 끝없네	淙淙溪磵養寒聲
도연명은 진작에 속진을 초탈하는 흥취 얻었고	淵明已得超塵趣
소자[323]는 늘 이치 완상하는 정취를 간직했네	邵子恒存玩理情
조정 반열 높은 관직 귀중하다 말하지 말라	莫說鷺班軒冕貴
어찌 이곳에서 나의 삶 즐기는 것 만하랴	何如此地樂吾生

또[又]

족제族弟 정창양鄭昌陽

만년에 연하에 터 잡아 맹세하고	晚卜烟霞托契盟
매산 언덕에 두세 칸 정자 지었네	梅皐爰築屋三楹
처마 닿은 우뚝한 운주산은 푸르고	簷控業業雲巒翠
문 닫아도 잔잔한 냇물 소리 들리네	門鎖潺潺磵水聲
물외의 임천 참으로 즐길 만하고	物外林泉眞可樂
세간의 영리는 마음 얽지 못하네	世間榮利不嬰情
산재에 다시 학문 닦을 곳 있으니	山齋更有藏修地
서창을 향하여 벗들과 좋이 강론하리	好向書窓講友生

323) 소자(邵子) : 소옹(邵雍, 1011~1077)을 높여 부르는 말이다. 북송의 학자로 자는 요부(堯夫), 호는 안락와(安樂窩) 또는 백원(百源)이며, 시호는 강절(康節)이다. 저서로는 『황극경세서(皇極經世書)』가 있다.

또[又]

진사進士 하성夏城 조경직曺景稷

그대의 사는 곳 보니 처음 맹세를 이루었고　見君棲息遂初盟
물 흐르고 산 솟은 중간에 정자를 세웠네　流峙中間屋數楹
한가로이 지내며 창가에 기대어 달빛에 졸고　閑處倚窓眠月色
흥이 일면 지팡이 집고 솔 소리에 거닐겠네　興來扶杖步松聲
외로운 구름 산구멍에서 나오니 무슨 뜻이랴　孤雲出峀知何意
지친 새 숲으로 돌아가니 정 있음을 깨닫겠네[324]　倦鳥投林覺有情
지난밤 앞산에 가랑비 지나가더니　昨夜前山微雨過
작은 시내에 봄물이 한 푼 불었네　小溪春水一分生

또[又] 서문은 생략함

족제族弟 문인 생원生員 정중직鄭重稷

물외에 일찍이 산수와 맹세 깊어　物外曾深山水盟
모년에 두세 칸 정자를 지었네　暮年營起數三楹
새벽에는 대나무 창을 열어 산 그림자 맞이하고　晨開竹牖迎嵐影
밤에는 솔 마루에 누워 냇물 소리 듣네　夜枕松軒聽磵聲
가만히 있을 때나 움직일 때나 지극한 이치를 관찰하고　靜且動時看至理
맑고 수려한 곳에서 한가로운 정취를 돋우네　清而秀處助閑情

---

324) 외로운……깨닫겠네 : 도잠(陶潛)의 「귀거래사(歸去來辭)」에 "구름은 아무 생각 없이 봉우리 위에서 나오고, 새는 날다 지치면 돌아올 줄을 안다.[雲無心以出岫 鳥倦飛而知還]"라는 구절에서 취해 쓴 글이다.

정자 이름이 여기에서 허투루 얻은 것 아니니　亭名到此非虛得
요산과 요수를 겸하며 일생을 보내자네　二樂兼來送一生

또[又]

달성達城 서지연徐至淵

문단에서는 지난날 맹주가 되었고　詞壇昔日擅文盟
만년에는 임천에서 두어 칸 정자 지었네　晩歲林泉結數楹
봉우리는 이남산과 닿아 성대한 기운 더하고　峯接尼南增蔚氣
시내는 함계 북쪽과 이어져 남은 소리 있네　溪連涵北有餘聲
푸른 송라와 흰 바위는 애당초의 본분　青蘿白石元初分
붉은 인끈과 붉은 도포 어찌 본래의 마음이랴　朱紱紅袍豈本情
한적히 유유자적하며 인과 지를 즐기니　自適幽居仁智樂
엄동[325]과 주무[326]에서 한평생 만족하리　嚴桐朱武足平生

또[又]

족제族弟 정중교鄭重喬

산수 속에 맺은 평소의 맹세로　山水中間結素盟

325) 엄동(嚴桐) : 엄광(嚴光)이 은거하던 동강(桐江)이란 뜻이다. 엄광은 후한 광무제(光武帝) 때의 고사(高士)이다. 광무제가 즉위하여 간의대부(諫議大夫)에 제수했다. 그러나 그는 이를 사양하고 부춘산(富春山)에 은거하고 동강에서 낚시질하며 세상에 나오지 않았다.(『後漢書』 권83 「逸民傳」)
326) 주무(朱武) : 주희(朱熹)가 살았던 무이산(武夷山)이란 뜻이다. 무이산은 중국 복건성에 있는 산으로, 주희가 은거하여 학문을 닦던 곳이다.

만년에 세 칸 정자 새로 지었네	晩來新構屋三楹
처마 앞 수려한 산봉우리 층층이 빛나고	簷前秀岳層層色
헌함 밖 맑은 시내 굽이굽이 소리 내네	軒外淸流曲曲聲
구름은 이남산에 닿아 의연한 기상 전하고	雲接阿尼傳毅象
냇물은 옥간정과 이어져 그윽한 정 떠올리네	波連玉磵溯幽情
한가로이 사는 흥취를 누가 알까	閑居興味人誰識
서창 아래 길게 누워 일생을 보냈네	長臥書窓度一生

또[又]

구민舊民 안동安東 김익남金翼南

일찌감치 관복 벗고 옛 맹세를 찾아	早脫朝衣訪舊盟
매산에 세 칸의 정자를 새로 지었네	梅皐新築有三楹
처마 앞에 늘어선 산봉우리는 도산의 풍경이고	簷前攢峀陶山色
베개 아래에 우는 샘물은 낙동강의 물소리이네	枕下鳴泉洛水聲
깨끗한 거문고와 서책은 오랜 취미의 나머지이고	蕭灑琴書餘老癖
한가한 물고기와 산새가 쇠로한 정서를 달래네	幽閑魚鳥適衰情
동향[327]에 끼친 사랑 지금도 남아 있어	桐鄕遺愛今猶在
감사하게도 길 잃은 후생을 인도하네	多謝迷途指後生

327) 동향(桐鄕) : 옛날 수령의 은혜로운 정사를 잊지 못하고 있는 고을이라는 뜻이다. 한나라 주읍(朱邑)이 젊었을 때 동향의 관리로 있었는데, 동향에서 그를 못내 사모하자 죽어서 그곳에 장사 지내었던 고사가 있다.(『漢書』「循吏傳·朱邑」)

또[又]

족제族弟 정중기鄭重岐

임천에서 일찌감치 물러나 쉬려는 맹세를 두더니 林泉已宿退休盟
만년에 한적한 터를 잡아 두어 칸 정자를 지었네 晩卜幽庄起數楹
더욱 더 우러러지는 산은 옛 면모를 높이 열고 彌仰山高開舊面
구덩이를 채운 물[328] 점점 새로운 소리를 내네 盈科水漸有新聲
물과 산을 유람하는 정취를 가지면 收將流峙登臨趣
시서를 강구하는 마음 알리라 要得詩書講究情
물외에서 마냥 노는 것도 임금이 내린 것 物外優游亦君賜
서로 함께 낚시하며 평생을 즐기리 相隨漁釣樂平生

또[又]

족제族弟 정중범鄭重範

물외에서 한가로이 사는 것은 평소의 맹세 物外棲閑是素盟
풀 베고 절벽 깎아 세 칸의 정자 세웠네 誅茅鑿壁起三楹
처마에 늘어선 봉우리 기세가 우뚝하고 當簷列岫崢嶸氣
창문에 들어오는 샘물 소리가 활발하네 入戶鳴泉活潑聲
동처에서 두루 노닐며 지의 실체를 살피고 動處周遊看智體
정시에는 단정히 앉아 인의 정감 체험하네 靜時端坐驗仁情
아침에 낚시하고 저녁에 땔감 주워 소요하는 곳 朝漁暮採逍遙地

328) 구덩이를 채운 물 : 학문에 근본이 있음을 일컫는 말이다. 『맹자』 「이루하(離婁下)」에 "근원이 좋은 물이 혼혼히 흘러서 밤낮을 그치지 아니하여 구덩이가 가득 찬 뒤에 전진하여 사해(四海)에 이른다.[原泉混混 不舍晝夜 盈科而後進 放乎四海]"고 한 데서 온 말이다.

나라 걱정하는 붉은 정성으로 일생을 늙어가네 憂國丹忱老一生

또[又]

안동安東 권택전權宅銓

입산하여 끝내 석인[329]의 맹세에 부응하니 入山終副碩人盟
씻은 듯한 높은 정자 단지 두어 칸이었네 瀟灑高亭只數楹
세모에도 소나무 삼나무는 옛 빛을 띠고 歲暮松杉留舊色
봄이 오면 꽃과 새가 새로운 소리를 보내네 春來花鳥送新聲
손에 서책을 들고 스승의 학설 존숭하며 手携黃卷尊師說
청운의 꿈 끊고 속세의 정 벗어버렸네 夢斷青雲蛻俗情
지자의 물 흐르고 인자의 산 솟은 곳에 智水仁山流峙處
애연한 화기 정자에서 피어나네 藹然和氣逐亭生

한번 누운 매정 평소의 맹세 마음과 맞아 一臥梅亭愜素盟
흥이 일면 그때마다 앞 난간에 기대네 興來時輒倚前楹
청산 고요한 곳에 한담의 말 없고 青山靜處閑無語
유수 움직일 때 활수의 소리 있네 流水動時活有聲
책상 위 도서 심성 수양에 알맞으니 案上圖書宜養性
세간의 벼슬살이 어찌 마음 쓰이랴 世間簪組詎關情
밝은 창 정갈한 책상에서 공부 독실하니 明窓淨几工夫篤
요산요수의 즐거움으로 한평생을 보내네 二樂要將過一生

---

329) 석인(碩人) : 현자(賢者)를 뜻한다. 『시경』 「위풍(衛風)·고반(考槃)」에 현자의 은거를 찬미하여 "고반이 시냇가에 있으니, 현자의 마음이 넉넉하도다.[考槃在澗 碩人之寬]"라고 하였다.

또[又]

족질族姪 정일규鄭一珪

임천에서 일찍이 수운과의 맹세 두더니	林泉曾有水雲盟
만년에 그윽한 터를 잡아 정자를 세웠네	晩卜幽庄起數楹
오동의 달 처마에 걸리니 맑은 기운 감돌고	梧月懸簷籠霽色
솔바람 창문에 들어오니 거문고 소리가 완연하네	松風入戶宛琴聲
경전에 침잠하려는 뜻을 품고	收將經傳沈潛意
계산을 좋아하는 즐거움을 얻었네	領得溪山好樂情
덧없는 세상의 공명 초개처럼 보고	浮世功名看草芥
본분을 편안히 여기며 평생을 보내네	自安常分度平生

또[又]

재종질再從姪 정일횡鄭一鈜

청운 때문에 어찌 백운의 맹세를 저버리랴	青雲寧負白雲盟
대 위의 새 서재 단지 두세 칸이네	臺上新齋只數楹
늘어선 산봉우리들 창문을 번갈아 비추고	列峀當窓交暎色
맑은 냇물 바위를 치며 함께 떠드네	淸溪拍石共喧聲
낚시터에서 사귄 어조 기사[330]를 잊고	磯親魚鳥忘機事
서가에 쌓인 시서 성정을 기르네	架疊詩書養性情

330) 기사(機事) : 꾀를 부리는 일을 말한다. 『장자(莊子)』「천지(天地)」에 “기계가 있는 자는 반드시 꾀를 부리는 일이 있게 되고, 꾀를 부리는 일이 있는 자는 반드시 기심이 있게 된다.[有機械者必有機事 有機事者必有機心]”라고 한 데서 온 말이다.

무이산의 풍미도 이와 같지 않을까　風味武夷如許否
밭에 가득한 구기와 국화 비온 뒤에 자라네　滿畦杞菊雨餘生

또[又]

족질族姪 정일추鄭一錘

산속의 원학과 처음 맹세를 이루려고　林巒猿鶴遂初盟
매계로 곧장 가서 두어 칸 정자를 지었네　好向梅溪刱數楹
달은 이남산에서 맑은 빛을 보내고　月自阿尼連霽色
바람은 옥간정에서 온화한 소리를 연주했네　風從玉磵奏和聲
원두에서 쏟아지는 물은 무궁한 학술이요　源頭活水無窮術
창밖의 높은 봉우리는 세속의 정이 아니네　窓外高岑不世情
앞내의 꽃과 버들은 당시의 흥취　花柳前川當日興
경정산 아래에서 평생을 즐기자네[331]　敬亭山下樂平生

공경히 뒤를 이어 차운하다[敬追次]

월성月城 손삼걸孫三杰

산수의 옛 맹세를 어느 해에 찾았던가　山水何年尋舊盟
정대의 앞 기둥을 오늘에야 우러르네　亭臺今日仰前楹

---

331) 경정산(敬亭山)……즐기자네 : 매산이 산수정에서 산을 바라보며 평생을 즐겼다는 말이다. 경정산은 이백(李白)의 「독좌경정산(獨坐敬亭山)」에 “뭇 새는 높이 날아가 버리고, 흰 구름은 혼자서 한가롭게 떠나가네. 서로 보며 양쪽 다 싫어함이 없는 것은 오직 이 몸과 경정산 둘 뿐.[衆鳥高飛盡 孤雲獨去閒 相看兩不厭 只有敬亭山]”이라 한 데서 가져온 것이다.

창 너머 짙은 구름 공연히 수색을 띠고　隔窓靉靆空愁色
섬돌을 감도는 물소리 오열의 소리일 뿐이네　繞砌潺湲但咽聲
여기저기 찾은 매화 꽃잎 이슬에 젖어 있고　處處訪梅花泣露
쿵쿵 울리는 벌목소리 나그네 마음 슬프네　丁丁伐木客傷情
사문의 흥망 시운이 걸려 있는데　斯文興廢關時運
석덕이 가셨으니 후생은 어떻게 하나　碩德云亡奈後生

또[又]

본군本郡 군수郡守 풍양豊壤 조재득趙載得

임학에 물러나 쉬는 것은 곧 공의 맹세　退休林壑卽公盟
씻은 듯 정갈한 정자 단지 두어 칸이네　蕭灑遺亭只數楹
오동의 달과 버들의 바람 공연히 아름답고　梧月楊風空好色
시냇물과 산새 저대로 오열하여 우네　溪琴山鳥自幽聲
높은 벼슬 마음에 없으니 귀전원의 계책뿐이요　心無軒冕歸田計
시서 뱃속에 가득하니 상우[332]의 마음이네　腹滿詩書尙友情
옥간정은 처량하고 현자는 적막하나　玉磵凄凉賢者寂
지금까지도 선비들은 선생을 이야기하네　秪今章甫說先生

섬호 또한 그윽한 맹세를 둔 곳　蟾湖此亦有幽盟

---

332) 상우(尙友) : 옛 훌륭한 사람을 벗 삼는 것을 말한다. 맹자가 "한 지방의 훌륭한 선비라야 한 지방의 훌륭한 선비들과 사귈 수 있고, 한 나라의 훌륭한 선비라야 한 나라의 훌륭한 선비들과 사귈 수 있고, 천하의 훌륭한 선비라야 천하의 훌륭한 선비들과 사귈 수 있다. 천하의 선비들과 사귀는 것으로도 만족하지 못하여 다시 위로 올라가 고인을 논하는 것이니, 이는 '위로 사귀는 것[尙友]'이다."라고 하였다.(『孟子』「萬章下」)

돌아오려는 마음 뜻대로 되어 작은 정자 세웠네	歸意如公起小楹
헌함 밖은 우뚝우뚝 천 겹의 푸른 산이고	檻挹峩峩千疊翠
문 앞은 넘실넘실 사철 흐르는 물소리 이네	門臨泱泱四時聲
누가 진구에서 초연히 벗어날 수 있었던가	誰能擺脫超塵臼
나만 홀로 머뭇거리며 세속 정에 얽매여 있네	我獨遲回絆世情
높은 풍도 우러러도 잡지 못하니	俛仰高風攀不得
오두미[333]에 인생을 그르친 것이 스스로 슬프네	自憐五斗誤玆生

또[又]

진사進士 풍양豊壤 조노진趙潞鎭

이와 같이 청산과의 만고의 맹세이기에	只麼青山萬古盟
염계의 광풍제월[334]이 그윽한 정자에 가득하네	濂庭風月滿幽楹
고반의 언덕에서 저 멀리 벼슬의 뜻을 던지고	槃阿落落投簪志
옥간의 비파로 낭랑히 옥소리를 품었네	磵瑟泠泠抱玉聲
문과 예에 박통하여 심오한 경지에 들었고	文禮博通攀奧域
시와 문장이 원만하여 참된 감정을 얻었네	詩章圓渾得眞情
매산의 수석에 고상한 유적 남아 있어	梅岡水石餘高躅
용렬한 자들 밝은 생각나게 하네	長使貪茸烱想生
초연히 임천에 맹세를 부치어	磊落林泉托嘯盟

---

333) 오두미(五斗米) : 현령(縣令)의 녹봉을 말한다. 진나라 도잠(陶潛)이 팽택 영(彭澤令)이 되었다가 오두미(五斗米) 때문에 나이 어린 시골 관리에게 허리를 굽힐 수 없다고 하며 그날로 인수를 풀어 관직을 버리고 「귀거래사」를 읊으며 돌아간 적이 있다.(『晉書』 권94)

334) 염계(濂溪)의 광풍제월(光風霽月) : 앞의 주 310) 참조.

남향으로 아스라이 아름다운 정자를 지었네	向陽縹緲濃綺楹
하루 종일 창문 너머 푸른 산빛을 바라보고	終朝對牖憑虛翠
밤이 들면 난간을 울리는 시원한 물소리를 듣네	入夜鳴欄濯熱聲
누항에서 누가 현송[335]의 즐거움을 알까	陋巷誰知絃誦樂
좋은 시대에 물러나 쉰 심정을 알아보고 싶네	淸時要見退休情
유집에서 정자 명명한 뜻 다시 보니	更看遺什名亭意
선행에 감동되는 높은 풍도 후생을 진작하네	感善高風起後生

또[又]

영양英陽 남옥만南沃萬

사슴과 벗하고 물새와 맹세하여	與麋爲友與鷗盟
산과 물 중간에 정자를 지었네	山水中間寄數楹
인의 체를 체험하고 지의 용을 갖추어	仁體驗來該智用
높은 산 보이는 곳에서 맑은 물소리 들었네	孱顔看處聽淙聲
아침 낚시와 저녁 땔감이 다 같이 참된 즐거움	朝漁暮採皆眞樂
오동의 달과 솔바람이 모두 이 감정이네	梧月松風總是情
높이 누우셨던 유적 지금도 완연히 남아 있어	高臥遺踪今宛在
석양에 올라와 보니 나를 일깨워 주네	登臨斜日起予生

335) 현송(絃誦) : 『시경』을 배울 때 거문고·비파 등 현악기에 맞추어 노래로 불렀는데, 이를 현가(絃歌)라고 한다. 그리고 악기의 반주 없이 낭독하는 것을 송(誦)이라고 하는데, 이 둘을 합하여 현송이라고 한다. 곧 수업하고 송독하는 것을 말한다.

또[又]

옥산玉山 장지조張趾祖

간소옹이 만년에 처음의 맹세를 이루어	艮翁晩歲遂初盟
한 골짜기 운림에 두어 칸 정자를 세웠네	一壑雲林起數楹
염락 제현의 말씀에서 옛 실마리를 찾고	濂洛群言尋舊緖
무이산의 진경을 새로운 곡조로 그려냈네	武夷眞景畫新聲
정원 매화 동산 대나무에 한가롭던 정취 남아	庭梅園竹留閑趣
흐르는 냇물과 높은 산 세속의 감정이 아니네	流水高山不世情
소자가 이제 와서 많은 감회 느끼니	小子今來多感意
강석은 쓸쓸하고 저녁연기만 피어나네	緇帷寂寞暮烟生

또[又]

문인 월성月城 최종겸崔宗謙

어조와의 당년의 맹세를 저버리지 않아	魚鳥當年不負盟
아양곡[336]이 만년에 매산의 정자에 떨어졌네	峩洋曲晩落梅楹
정할 때는 창문 앞 푸른 산색을 바라보고	靜時翠對窓前色
동하는 곳에서는 베개 밑 찬 물소리를 듣네	動處寒聽枕下聲
중후하여 변함없으니 체가 있음을 알겠고	厚重不遷知有體
유행하여 쉼이 없으니 이것이 바로 정이네	流行无息是爲情
어려워도 끝내 허물없음[337]을 진실로 알겠으니	固知蹇蹇終無咎

---

336) 아양곡(峩洋曲) : 앞의 주 317) 참조.

337) 어려워도 끝내 허물없음 : 『주역』「건괘(蹇卦)·육이(六二)」의 상(象)에 "왕의 신하가 어렵고 어렵다는 것은 마침내 허물이 없다.[王臣蹇蹇 終无尤也]"라고 한 데서 가져온 말이다.

기상이 이소상에서 나오는 봄바람 같았겠네[338] 氣像春風泥塑生

푸른 산야에 누가 옛 맹세를 찾았는가 綠野誰人訪舊盟
작은 창의 정자 운림에 깊이 갇혔네 雲林深鎖小窓楹
낚시터는 빗물에 씻기어 속진을 싫어하고 磯添雨瀨嫌塵意
봄새가 바위에서 벗 부르는 소리 보내네 巖送春禽喚友聲
우뚝 솟은 천길 산에 만고를 우러르고 偃蹇千尋餘景仰
창랑가[339] 두어 곡조에 한가로운 정서 맡겼네 滄浪數曲任閑情
선생을 모실 날 없음 알았기에 從知丈席陪無日
유편을 마주하니 감격의 눈물 흐르네 却對遺編感淚生

또[又]

재종질再從姪 정주면鄭周冕

돌아가리라 하여 옛날 맹세한 곳 찾아 歸去來兮訪舊盟
바위 뚫고 절벽 깎아 정자를 세웠네 穿巖斲壁起茅楹
창 앞의 우뚝한 바위는 자태가 장엄하고 窓前磈磊莊嚴態
대청 밖의 맑은 물은 소리가 활발하네 軒外澄泓活潑聲
면앙하며 인지의 학술을 얼마나 겸하였던가 俛仰幾兼仁智術
체행하여 성현의 마음 터득하기 바랐네 體行要得聖賢情

338) 기상이……같았겠네 : 이소는 진흙을 빚어서 만든 소상(塑像)으로, 앉은 모습이 경건한 것을 비겨서 하는 말이다. 사현도(謝顯道)가 "명도(明道) 선생은 앉아 계실 때는 진흙으로 빚은 소상과 같다가 사람을 접할 때에는 온통 한 덩이 화기(和氣)였다."고 하였다.(『近思錄』 권14)
339) 창랑가(滄浪歌) : "창랑의 물 맑으면 내 갓끈을 씻고, 창랑의 물 흐리면 내 발을 씻으리."라는 내용의 노래를 말한다.(『孟子』「離婁上」)

정자 이름에 천고의 공부 담겨 있으니 亭名千古工夫在
나 앞서 선생이 공부했고 후생들도 하네 先我先生又後生

또[又]

후생 김성진金聲震

한 골짜기의 연하에 한 한평생의 맹세 一壑烟霞百歲盟
만종에 뜻이 없어 세 칸 정자를 지었네 萬鍾無意架三楹
요순의 옛 물건은 창 앞의 풍광이고 唐虞舊物窓前色
수사의 남은 영향 베개 밑의 물소리네 洙泗餘波枕下聲
천연대[340]에서 깨달은 퇴계의 학문이요 涵泳天淵陶老學
운곡[341]에서 노닌 회암의 마음이네 徜徉雲谷晦翁情
방당에 구름 흩어지며 찬 산기운 고요하구나 方塘雲散寒嵐靜
한평생 즐기고 또 후생에게 물려주었네 樂以生平又後生

또[又]

후생 함안咸安 조경만趙景滿

밭 갈며 일찍이 수운과 한 맹세로 耕田曾與水雲盟
산과 물 중간에 정자를 지었네 山水中間結數楹

---

340) 천연대(天淵臺) : 퇴계 이황이 도산(陶山) 앞에 있는 시냇가에 지은 대(臺)로, 창랑대(滄浪臺)라고 도 한다.
341) 운곡(雲谷) : 복건성(福建省) 건양현(建陽縣) 서쪽에 있는 산으로 본디 이름은 노봉(蘆峯)인데, 주희(朱熹)가 그곳에 회암초당(晦庵草堂)을 짓고 글을 읽으며 운곡이라고 고쳤다.(『朱子大全』 권78「雲谷記」)

수려한 산 우뚝 처마 뒤편에 그림자 드리우고	秀色峨峨簷後影
맑은 냇물 콸콸 흘러 헌함 앞에 소리나네	淸流聒聒檻前聲
지와 인으로 즐기는 곳 뜻이 없지 않으니	智仁樂處非無意
체와 용을 볼 때에 정이 있음을 알았겠네	體用看時覺有情
구인의 참된 공부[342] 참으로 자득하여	九仞眞功誠自得
창랑가 한 곡조로 평생을 마쳤네	滄浪一曲了平生

또[又]

후생 함안咸安 조상필趙相弼

간소 노인 당년에 옛 맹세 두어	艮老當年有宿盟
휴양에 편하고자 아름다운 정자 지었네	爲便休養結華楹
산색은 비에 씻겨 선명하게 빛나고	山顔雨洗分明色
수면은 바람 불어 활발히 소리 나네	水面風來活潑聲
참새의 축하[343] 벌써 중건의 뜻 보아서이고	雀賀已看重構意
물고기의 노닒 마신 물 아직 배부르지 않아서이네[344]	魚游未飫飮河情
매화와 대나무 서로 비춰 주는 곳에	殘梅叢竹交輝處

342) 구인(九仞)의 참된 공부 : 『서경』「여오(旅獒)」에 "밤낮으로 부지런하지 못한 점이 혹시라도 있지 않게 해야 한다. 자그마한 행동이라도 신중히 하지 않으면 끝내는 큰 덕에 누를 끼칠 것이니, 이는 마치 아홉 길의 산을 만들 적에 한 삼태기의 흙이 부족하여 그 공이 허물어지는 것과 같다.[夙夜 罔或不勤 不矜細行 終累大德 爲山九仞 功虧一簣]"라는 말이 나온다.

343) 참새의 축하 : 『회남자(淮南子)』「설림훈(說林訓)」의 "집을 크게 지으면 제비와 참새가 서로 하례한다.[大厦成而燕雀相賀]"라는 말을 인용한 것이다.

344) 물고기의……않아서이네 : 『장자』「소요유(逍遙遊)」에 "뱁새는 깊은 숲에 둥지를 틀어도 의지한 것은 나뭇가지 하나에 지나지 않고, 두더지는 강물을 마셔도 제 배를 채우는 데에 지나지 않는다.[鷦鷯巢於深林 不過一枝 鼴鼠飮河 不過滿腹]"라고 한 데서 온 말이다.

이름 뜻 생각하며 정자에 올라 후생이 감격하네 思義登亭感後生

또[又]

족제族弟 정수교鄭壽嶠

시내와 산이 고인과의 맹세를 저버리지 않아 溪山不負古人盟
푸른 절벽과 맑은 냇물이 정자를 둘러쌌네 翠壁淸流繞棟楹
뜨락의 풀은 봄을 만나 옛 모습 살아나고 庭草逢春生舊色
계곡의 새는 손님을 맞아 새 소리로 부르네 磵禽迎客喚新聲
선생께서 소요하시던 즐거움 추억하자니 追思杖屨逍遙樂
종친의 감개한 감정 견디지 못하겠네 叵耐宗親感慨情
온종일 난간에 기대어 떠나지 못하니 盡日憑欄不能去
우리 선생님 모습 선하여 뵙는 듯하네 依俙如見我先生

또[又]

종후생宗後生 정이현鄭彛鉉

산학의 맑은 인연 일찌감치 맹세 지키어 丘壑淸緣早踐盟
인과 지의 산수정 편액을 기둥에 걸었네 扁將仁智揭軒楹
청산은 오히려 구름 피어오르는 빛을 띠고 靑山尙帶興雲色
냇물은 바다로 흘러가는 소리를 머금었네 活水猶含放海聲
멈추고 흘러가는 것은 비록 마음대로 하였더라도 坎止流行雖自適
먼저 근심하고 나중에 즐기는 뜻 어찌 잊었으랴 先憂後樂豈忘情
초가을 두 달 동안 그 정신 남아 있어 新秋夾月精神在
내 마음에서 자란 비루와 인색을 녹였네 銷我胸中鄙吝生

또[又]

족질族姪 정희鄭熺

한 시대의 사문에 맹주가 있어	一代斯文有主盟
흰 구름 깊은 곳에 세 칸의 집을 지었네	白雲深處屋三楹
환한 창문은 아침에 더욱 깨끗하고	虛明窓色朝逾潔
잔잔한 시냇물은 밤에야 소리를 내네	安穩溪流夜有聲
은거하며 인과 지의 정취 절로 이뤘으니	棲止自成仁智趣
평소에 어찌 염량의 세정을 알았으랴	平生那識冷炎情
호젓이 찾아온 이 날 감회가 너무 많구나	幽尋此日偏多感
깊은 밤에 마주 앉으니 오동에 달 돋네	坐對三更梧月生

또[又]

후학 안릉安陵 이진원李晉遠

유림의 당세 회맹을 일찍 주관했으나	儒林當世早尸盟
대하의 기둥 같이 큰 인재를 누가 알아보았으랴	誰識瓌才大廈楹
기상은 뇌락하여 큰 산을 쳐다보는 듯하고	氣像磥磊瞻嶽色
흉금은 담박하여 샘물소리를 듣는 듯하였네	襟期淡蕩聽泉聲
행장에서 벌써 고저를 따랐음을 알겠고	行藏已審隨流坎
동정에서 모름지기 성정의 수양을 엿보겠네	動靜須看養性情
이웃 마을에서도 모시려던 소원 못 이루어	鄰鄕未遂執鞭願
묘소에서 감모하는 마음 더욱 깊네	遺宅偏深感慕生

또[又]

족손族孫 정충필鄭忠弼

매화사 안에 그윽한 맹세 맺어	梅花社裡結幽盟
한 줄기 높은 산에 두어 칸 집을 세웠네	一脉高山是數楹
예로부터 학문으로 세상 교화 부지하더니	自古藏修扶世敎
지금은 집을 지어 집안 명성 떨쳤네	祗今堂構振家聲
이미 수와 낙[345]을 따라 존성[346]을 체험하고	已從壽樂徵存省
다시 읊조림을 통해 성정을 관찰하였네	更向吟哦見性情
무엇보다도 주자서의 묘법을	最是考亭書妙契
전수한 이 하나 없어 부끄럽네	單傳無處愧吾生

또[又]

생질甥姪 금성金城 이응신李應臣

산새와 물고기와의 옛 맹세를 저버리지 않고	不向禽魚負宿盟
임학에 돌아와 처마와 집을 지었네	歸來林壑起簷楹
산은 이남산과 이어져 높은 의표 더하고	山連尼峀增高標
물은 함계로 보내져 옛 명성 이었네	水送涵溪續舊聲
인과 지로 이미 사물의 이치 다 관찰하여	仁智已窮觀物理
높은 관직도 은둔의 뜻을 잡아매지 못하였네	軒裳未絆考槃情

345) 수(壽)와 낙(樂) : 『논어』 「옹야(雍也)」에 "지혜로운 자는 즐겁고 어진 자는 장수한다.[知者樂 仁者壽]"라고 한 데서 온 말이다.

346) 존성(存省) : 존양(存養)·성찰(省察)의 준말로, 본성을 함양하고 마음에서 일어나는 선악(善惡)의 기미를 살핀다는 뜻이다.

모시고 배우던 옛일이 묵은 자취 되었으니　陪遊往事成陳跡
우러러 감개되는 마음 막기 어렵네　俛仰難禁感慨生

또[又]

후학 고성固城 이상경李尚慶

회옹은 운곡에서 옛 맹세를 생각하였지[347]　晦翁雲谷想前盟
높은 산에서 우러러 보니 아스라한 정자이네　俛仰高山縹緲楹
자초에 봄 돌아오니 절벽이 푸른빛을 띠고　紫草春歸蒼壁色
요금에 시 남아 있어 시냇물이 옥소리를 내네　瑤琴詩在玉溪聲
진원은 이로부터 남은 명맥 전하겠지　眞源自是傳餘脉
고도는 원래 정을 다 드러내지 않는다네　古道元來不盡情
하염없이 유적을 바라보니 어느 곳에서 찾을까　悵望遺塵何處覓
매화꽃 지자마자 벽오동 돋아나네　梅花纔落碧梧生

또[又]

후학 월성月城 최흥진崔興震

인끈 던지고 돌아와 옛 맹세를 실천하여　投紱歸來踐舊盟
별천지의 연월에 집을 지었네　別區烟月起簷楹

---

347) 회옹(晦翁)은……생각하였지: 매산이 산수정을 지은 것을 두고 한 말이다. 운곡은 복건성(福建省) 건양현(建陽縣) 서쪽에 있는 산으로 본래 이름은 노봉(蘆峯)인데, 주희(朱熹)가 그곳에 회암초당(晦庵草堂)을 짓고 글을 읽으며 운곡이라고 고쳤다.(『朱子大全』 권78 「雲谷記」)

창문 열고 사색하며 산색을 보고	開窓有意看山色
헌함에 기대어 잠심하여 물소리를 듣네	倚檻潛心聽水聲
긴요한 공부는 인자와 지자에 있고	喫緊工夫仁智字
초탈한 신세는 고요하고 한가한 정이네	超塵身世靜閑情
지금까지 서가 위에 거문고와 책이 있어	至今架上琴書在
높은 그 풍도가 후생을 일으키고도 남네	剩使高風起後生

또[又]

후학 금성錦城 김성서金聖瑞

세상에 나가던 당년에 학과 맹세하고	出世當年鶴與盟
송국을 찾아 돌아와 세 칸의 집을 지었네	歸尋松菊屋三楹
동천은 이로부터 빛을 더하고	洞天自此看增色
암학은 사람 때문에 명성이 났네	巖壑因人聞有聲
인지로 노성의 뜻을 강구하여 전하고	仁智講傳魯聖意
연하에 무이산의 정경을 그려냈네	烟霞摸得武夷情
미처 선생께 나아가 배우지는 못했으나	摳衣未及春風座
백 년의 유풍이 후생을 감동시키네	百歲餘塵感後生

또[又]

후학 문소聞韶 김시옥金始玉

마음속으로 본래 물새와 맹세해 놓고	心期本與白鷗盟
우연히 왕가의 큰 기둥이 되었네	偶作王家大棟楹
도덕은 천추토록 후학을 열어주고	道德千秋開後學
문장은 백세를 두고 명성을 떨쳤네	文章百世振名聲

세상에 잠시 나가 순후한 풍속 이루고 塵寰蹔出成淳俗
운학으로 돌아와 벼슬할 생각 끊었네 雲壑歸來絶宦情
녹수청산의 참다운 흥취를 綠水青山眞興味
지와 인으로 즐긴 이는 바로 선생이네 智仁樂者卽先生

또[又]

후학 월성月城 손봉걸孫鳳杰

선생께서 일찍이 한 처음의 맹세 이루어 先生曾有遂初盟
산과 물의 사이에 몇 칸 집을 얽었네 山水中間架數楹
헌함에는 겹겹의 높은 산 빛 들어오고 軒納重重高岳色
창으로는 굽이굽이 흐르는 물소리 이네 窓來曲曲逝川聲
정할 때 내 마음의 체를 체험할 수 있고 靜時可驗吾心體
동하는 곳에서 비로소 만물의 정을 보았네 動處方看萬物情
누가 알랴 그 속에 있는 산수의 즐거움을 誰識箇中仁智妙
못난 나는 강당의 강론에도 참여치 못하였네 鱣堂講問失鯫生

또[又]

후학 박태두朴泰斗[348)]

고인이 본래 벽산의 맹세를 두어 高人自有碧山盟

---

348) 박태두(朴泰斗, 1658~1753) : 자는 사첨(士瞻), 호는 열락재(說樂齋), 본관은 무안(務安)이다. 통덕랑·동지중추부사를 지냈다. 유고가 있다.

고요 속 천지에 두어 칸 집 지었네 靜裏乾坤屋數楹
문원에 누가 발군의 솜씨 당하랴 文苑誰當發勻手
무성에서 잠시 현송의 소리 시험하였네[349] 武城暫試誦絃聲
매화와 학에 바람 맑으니 임공[350]의 취미요 風清梅鶴林公趣
오동나무에 달빛 희니 소옹[351]의 정취이네 月白梧桐邵子情
촌 늙은이가 어찌 인지의 즐거움 알랴마는 野老何知仁智樂
지금까지도 오히려 정선생을 이야기하네 至今猶說鄭先生

또[又]

후학 소성邵城 이정진李廷鎭

터 잡고 살려던 처음 마음 깊은 맹세 두어 卜居初意有深盟
한 골짜기에 머물러 두어 칸 집을 지었네 一壑盤旋劈數楹
산빛은 예나 지금이나 속태 없고 山色古今非俗態
시냇물은 앞뒤로 진세 소리 막혔네 溪流前後隔塵聲
고요 속의 한가함으로 초일한 정취 감추고 靜裡閑雅韜逸趣
병 속의 별천지[352]에서 그윽한 마음 길렀네 壺中光景養幽情

349) 무성(武城)에서……시험하였네 : 악기로 연주하며 노래하는 것이 '현(絃)'이고, 악기 없이 낭독하는 것이 '송(誦)'인데 널리 수업하고 송독하는 일을 지칭한다. 공자의 제자인 자유(子遊)가 무성(武城)의 지방장관으로 가서 음악과 교화를 베푼 것을 말한다.

350) 임공(林公) : 매화를 아내로 학을 자식으로 삼아 평생 홀로 살았던 북송 초기 임포(林逋)를 말한다.

351) 소옹(邵雍) : 북송 초기의 이학자로서, 일찍이 "오동나무 위에는 달이 이르고, 버드나무 가에는 바람이 불어오네. 서재가 깊숙하고 사람도 조용하니, 이 경치를 누구와 더불어 말을 할까[月到梧桐上 風來楊柳邊 院深人復靜 此景共誰言]"라는 시를 지었다.(『擊壤集』 권12 「月到梧桐上吟」)

352) 병 속의 별천지[壺中光景] : 후한(後漢) 때 호공(壺公)이란 선인(仙人)이 시장에서 약(藥)을 팔면서 밤이 되면 병 속으로 들어갔는데, 한번은 시연(市掾) 비장방(費長房)이 그곳을 따라 들어가보니, 완연하게 별천지가 있었다는 고사에서 온 말이다.(『後漢書』「費長房傳」)

정자에 올라 누군들 추모의 정 일지 않으랴	臨亭孰不興追慕
처사의 유풍 골짝마다 살아있네	處士遺風谷谷生

또[又]

이우李瑀

부자께서 멀리 곡구의 맹세[353] 찾아	夫子遐尋谷口盟
바위 언덕에 두세 칸 집을 우뚝 세웠네	巖阿矗矗兩三楹
봄 이래 매창의 풍경 몇 번이나 바뀌었을까	春來幾點梅窓易
거문고 줄 끊겨도 옥간의 소리 남아 있네	絃絶猶操玉磵聲
푸른 대 사람을 그리며 천고의 운치 풍기고	菉竹懷人千古韻
누른 국화 객을 기다려 세한[354]의 정 보이네	黃花待客歲寒情
가련하구나 산수를 좋아하던 당시의 흥취	可憐樂壽當年興
원숭이와 새는 말이 없고 저녁노을만 피어나네	猿鳥無言暮靄生

또[又]

후학 홍만성洪晩成

강호에 일찍이 백구와 맹세를 두어	江湖曾有白鷗盟
주문[355]을 버리고 계수나무 집을 즐겼네	謝去朱門樂桂楹

---

353) 곡구(谷口)의 맹세 : 은거하리란 맹세를 말한다. 서한(西漢) 정박(鄭璞)은 자가 자진(子眞)인데, 성제 때에 외척 대신(外戚大臣) 왕봉(王鳳)이 예의를 다해 초빙해도 응하지 않고 곡구에서 살면서 호를 곡구자진(谷口子眞)이라고 했다고 한다.(『漢書』 권72 「高士傳中」)

354) 세한(歲寒) : 어려움에도 변하지 않는 의지를 말한다. "날씨가 추워진 뒤에야 소나무와 잣나무가 늦게 시듦을 안다.[歲寒然後 知松柏之後凋也]"는 말에서 유래한다.(『論語』 「子罕」)

무이산[356]은 천 리나 떨어져도 푸른빛을 더위잡고	武峀隔千攀翠色
염계[357]는 백세 뒤인데도 아름다운 소리 접하였네	濂溪曠百接芳聲
저물녘 골짜기 봄바람에 기상을 추억하고	晩壑春風追氣像
차디찬 연못 가을 달에 심정을 엿보겠네	寒淵秋月見心情
옥 거문고 보배 상자 지금도 그대로 있어	瑤琴寶匣今猶在
석양의 남긴 정자에 후생의 감회 일으키네	斜日遺亭感後生

또[又]

후학 영산靈山 신명택辛命宅

인끈 던지고 돌아와 평소 맹세 실천하여	投紱歸來踐素盟
바위를 담장 삼고 계수나무로 기둥 세웠네	巖爲墻壁桂爲楹
율리의 고송은 삼경의 색을 띠고[358]	孤松栗里三更色
무이산의 흐르는 물 구곡의 소리 들리네[359]	流水夷山九曲聲
임천에 살면서 좋은 정취 남겨 두니	棲息林泉留好趣
인지란 편액 이름에 참된 그 마음 그리네	扁名仁智想眞情
홍교는 벌써 끊어졌으나[360] 남긴 정자 있어	虹橋已斷遺亭在

355) 주문(朱門) : 권문(權門)과 같다. 원래는 왕과 귀족의 저택을 뜻하지만 여기서는 부귀한 집을 뜻한다. 한(漢)나라 때 그 집의 대문을 주홍색으로 칠했던 데에서 유래한 것이다.

356) 무이산[武峀] : 주희(朱熹)가 정사(精舍)를 짓고 강학을 하던 곳이다.

357) 염계(濂溪) : 북송의 학자 주돈이(周敦頤)가 영도(營道)의 염계 가에 연꽃을 심고 거처한 적이 있다.

358) 율리(栗里)의……띠고 : 전원으로 돌아온 지 3년이 되었다는 말이다. 도잠(陶潛)이 벼슬을 버리고 전원으로 돌아와 은거하며 지은 「귀거래사(歸去來辭)」의 "햇살은 뉘엿뉘엿 들어가려고 하니 외로운 소나무 어루만지며 배회하도다.[景翳翳以將入 撫孤松而盤桓]"에서 온 말이다. 삼경의 색이란 나무의 색이 짙푸름을 뜻한다.

359) 무이산[夷山]의……들리네 : 주희가 무이산(武夷山)에서 노닐며 학문의 수행 과정을 무이산의 아홉 굽이에 비유하여 지었다는 「무이구곡도가(武夷九曲棹歌)」를 지었던 사실을 가져와 한 말이다.

이날에 올라 굽어보니 후생을 감개케 하네　　此日登臨感後生

또[又]

후학 수안遂安 이주간李周榦

대인이 과축하며 잊지 않으리라 맹세하여[361)]　　碩人薖軸弗諼盟
시냇물 옆 바위 뚫고 조그마한 집을 지었네　　倚澗穿巖列小楹
동산의 대나무 상쾌하게 가벼운 눈빛을 머금고　　園竹爽含輕雪色
거문고 올려놓고 한가히 뜯으니 세속 소리 막혔네　　架琴閑倚隔塵聲
이로부터 태산의 우뚝한 기상을 알아　　從知泰嶽巖巖氣
마침내 원천의 넓고 넓은 생각과 합하였네　　遂合源泉浩浩情
경앙[362)]하던 유풍 산수에 남아 있으니　　景仰遺風山水在
누가 기억하랴 선생의 높고 긴 덕을[363)]　　高長誰記古先生

---

360) 홍교(虹橋)는 벌써 끊어졌으나 : 고인(故人)이 되었음을 뜻한다. 진시황(秦始皇) 때 위자건(魏子騫)이란 사람이 십삼선지(十三仙地)의 주인이 되어 무이산(武夷山) 위에 승진관(昇眞觀)을 짓고 무지개 모양의 다리, 즉 홍교를 연결하여 오르내리며 연회를 열었다는 고사가 있는데, 이 고사에서는 '위자건이 신선이 되어 승천한 뒤로 홍교가 끊어지고 소식을 알 수 없게 되었다'고 하였다. 주희(朱熹)의 「무이도가(武夷櫂歌)」에서 이 고사를 인용한 "홍교가 한 번 끊어진 뒤로 소식이 없는데 만학천봉(萬壑千峯) 바위에는 푸른 안개만 자욱해라.[虹橋一斷無消息 萬壑千巖鎖翠煙]"라는 구절이 있다.(『朱詥輯補』 권9)

361) 대인이……맹세하여 : 대인이 은거하여 유유자적하게 소요하고 시를 읊으며 지내는 삶을 잊지 않으리라 맹세한다는 말이다. 『시경』 「위풍(衛風)·고반(考槃)」의 "홀로 잠을 자고 깨어 길이 잊지 않으리라 맹세하네.[獨寐寤言 永矢弗諼]", "은둔할 집을 이룬 것이 언덕에 있으니 훌륭한 분이 편히 쉬는 곳이네.[考槃在阿 碩人之薖]", "그릇 두드리며 언덕에서 노래하니 대인이 은거하여 사는 곳이로다.[考槃在陸 碩人之軸]" 등의 구절에서 각각 그 뜻을 취하였다.

362) 경앙(景仰) : 매우 사모하고 존경하는 것을 의미한다. 『시경』 「소아(小雅)·거할(車舝)」에 "높은 산을 우러러봄이여, 큰길을 따라가도다.[高山仰止 景行行止]"라고 한 말에서 유래한다.

363) 선생의……덕을[高長] : 산처럼 높고 강물처럼 길다는 뜻으로, 선생의 유풍이 장차 그러하리라는 것이다. 송나라 범중엄(范仲奄)의 「엄선생사당기(嚴先生祠堂記)」에 "선생의 유풍이여, 산처럼 높고 강물처럼 길게 가리.[先生之風 山高水長]"라는 말에서 유래한다.(『古文眞寶後集』 권6)

또[又]

후학 문소聞韶 김희룡金熙龍

도를 즐기어 은거하며 평소의 맹세 다지어　　樂道幽居堅素盟
터를 잡아 몇 칸의 집을 지었네　　經營卜築數間楹
산은 선동을 둘러싸 천 겹으로 푸르고　　山盤仙洞千重翠
물은 바위에 부딪히어 만 리의 소리 나네　　水激蒼巖萬里聲
우뚝한 산 쳐다보니 두터운 덕 그립고　　仰看嵬嵬思厚德
샘솟는 물 굽어보니 세속 마음 씻겨지네　　俯臨潑潑洗塵情
정자에 오른 이날 내가 무엇을 흠모하랴　　登亭此日吾何艷
마을 안의 봄 풍광이 곳곳에 생겨나네　　巷裏春光處處生

또[又]

후학 정랑正郎 김복인金復仁364)

이로부터 운림에 맹주 있어　　自是雲林有主盟
층층 벼랑 겹겹의 돌이 새집으로 바뀌었네　　層厓疊石換新楹
유천에 밤이 들자 분명 속삭임이고　　幽泉夜入分明語
교목에 봄이 깊으니 태고의 소리 이네　　喬木春多太古聲
군자의 효심은 사물에 부쳐지고　　君子孝思寓諸物

364) 김복인(金復仁, 1737~1793) : 자는 덕승(德承), 호는 양산재(兩山齋), 본관은 안동이다. 1785년 문과에 급제하여 문장이 훌륭함에 정조가 감탄하여 하루 동안에 전적·병조 정랑·이조 정랑으로 세 번 승진하여 세상 사람들을 놀라게 하였다. 사헌부 지평일 때 영의정 채제공을 변호하는 상소를 올려 영남 사림의 만인소를 이끌어 내었다.

인인의 평소 즐거움 감정에서 드러났네 仁人素樂發於情
남긴 글 세 번 왼 백규보다 나으니[365] 遺編不啻圭三復
아쉬워라 사문에서 내가 늦게 태어남이여 剛恨斯文我晩生

또[又] 서문은 생략함

세하생世下生 완산完山 이후송李後松

산 돌고 물 굽이진 곳에 맹세를 둔 듯 山回水轉若留盟
맑고 깨끗한 유풍 세외의 집에 남아 있네 蕭灑遺風世外楹
가업[366]은 선성의 가르침을 잘 전하고 堂構肯傳先聖旨
금서는 옛 집안 명성 완연히 지니고 있네 琴書宛帶舊家聲
내가 이곳의 그윽한 풍치를 말하노니 吾言此地幽閒致
누가 알랴 당시의 나아가고 물러난 심정을 誰見當年進退情
타고난 성품 동정에 따라 옮겨가지 않고 所性不移時動靜
인지의 마음 품고 평생을 즐겼네 抱他仁智樂平生

---

365) 세 번[三復]……나으니 : 훌륭한 글을 말한다. "백규를 세 번 되풀이하여 외다.[三復白圭]"는 말에서 온 것으로, 『시경』「대아·억(抑)」에 "흰 옥[白圭]에 흠이 있는 것은 갈면 없어지지만 말에 흠이 있는 것은 어쩔 수 없다."고 하였다. 이 시는 말을 조심하라는 뜻인데, 『논어』「선진(先進)」에 공자의 제자 남용(南容)이 이 시를 하루 세 차례씩 되풀이하여 외우자 그가 말에 신중함을 살피고는 형의 딸에게 장가보내었다는 내용이 실려 있다.

366) 가업[堂構] : 당구는 원래 아버지의 업(業)을 아들이 계승한다는 뜻이다. 『서경』「주서(周書)·대고(大誥)」에 "그 아들이 기꺼이 집터를 닦으려 하지 않으니 하물며 기꺼이 집을 얽어 만들겠는가?[厥子乃不肯堂 矧肯構]"라는 말에서 유래한다.

또[又]

후학 하성夏城 조채신曺采臣[367]

선사께서 당시에 그윽한 맹세 맺었기에	先師當日結幽盟
팔순에 다시 와 저물녘 기둥에 기대어 보네	八耋重來倚暮楹
도기는 높아 산이 그 빛을 띠고 있고	道氣嵬嵬山戴色
문장은 유창하여 물이 그 소리를 전하네	文章袞袞水傳聲
올라서 굽어보는 순간 머무르고픈 마음 일고	登臨這裏盤桓意
산과 물 중간에 서니 깊은 생각 생기네	流峙中間俛仰情
남긴 자취 지금은 어디에서 찾아보나	遺躅于今何處見
양풍오월[368]이 가슴 가득 생겨나네	楊風梧月滿襟生

또[又]

후학 고성固城 이종식李宗軾

마음 한가하고 얽매임 없이 물새와 맹세하여	心閒不繫白鷗盟
돌을 깨고 구름 헤쳐 두어 칸 집을 지었네	鑿石披雲架數楹
머리 위 달 희디흰 빛 드날리고	頭上金盤揚皓色
귓가의 시냇물 시원한 소리 보내네	耳邊虹玉送寒聲
전원으로 돌아와 산속 찾음은 산을 좋아해서이고	歸田尋壑緣山癖
홀을 사양하고 잠을 던짐은 벼슬할 생각 끊어서이네	謝笏投簪絶宦情

---

367) 조채신(曺采臣, 1717~1797) : 자는 양보(亮甫), 호는 일암(一庵)·부지옹(不知翁), 본관은 창녕(昌寧)이다. 조선적(曺善迪)의 문인으로 영천에 거주하였다. 향시에 장원한 이후로 과거에 대한 뜻을 버리고 경전공부에만 몰두하였으며, 1792년 관찰사의 천거로 참봉을 지냈고, 1794년 어사의 천거로 첨지중추부사를 지냈다.

368) 양풍오월(楊風梧月) : 봄날 버드나무에 불어오는 온화한 바람과 가을날 단풍에 비치는 밝은 달을 말한다.

공자님 말씀인 이요[369]를 공경히 받드니 二樂欽承夫子訓
장수[370]의 남은 향기 제생들을 이끄네 藏修遺馥倡諸生

또[又]

후학 도사都事 장승원張升遠[371]

선생께서 일찍이 백 년의 맹세 부쳐 先生早託百年盟
산과 물의 중간에 두어 칸 집을 지었네 山水中間縛數楹
꽃 핀 오경의 달밤에 매화 그림자 보고 五更花月觀梅影
바람 불고 안개 낀 구곡에 뱃노래 듣네 九曲風烟聽棹聲
산수는 아직도 인지의 낙을 전하고 流峙猶傳仁智樂
올라서 굽어보니 앙행[372]의 마음 있어 간절하네 登臨徒切仰行情
어진 자손 계승하고 지키려는 성의에 답하려 爲報賢孫嗣守責
한 편의 시를 지어 선생을 기리네 一篇瓊什誦先生

당시 훌륭한 사람들이 차운한 시는 모두 『매계록梅溪錄』에 실려 있어서 옛날 그대로 편집하여 넣었다. 뒷날의 여러 사람들이 차운하여 지은 시도 있었으나 지금은 흩어지고 잃어버려서 수습하지 못하여 다만 담옥澹屋 장공張公의 시만을 붙여 훗날의 참고를 기다린다.

---

369) 이요(二樂) : 요산요수(樂山樂水)를 말한다.
370) 장수(藏修) : 항상 학문을 닦아 게을리하지 않는 것을 말한다. "군자가 배움에 있어서 마음에 품고 익히며 쉬고 한가히 지낸다.[君子之於學也 藏焉脩焉息焉遊焉]"에 대하여 정현(鄭玄)이 주(注)를 하여 "장(藏)은 마음에 간직하는 것이고 수(修)는 익히는 것이라고 하였다.(『禮記』「學記」)
371) 장승원(張升遠, 1826~1900) : 자는 이가(邇可), 호는 담옥(澹屋), 본관은 인동(仁同)이다. 1893년 의금부 도사에 제수되었으나 1894년 갑오경장으로 세상이 혼란스러워지자 사임하였고, 이후 탁암(卓巖)과 봉암(蜂巖) 사이에 칩거하며 지냈다. 문장이 뛰어나 사림들의 존경을 받았다.
372) 앙행(仰行) : 앞의 주 362) 참조.

급문록及門錄

예전에 『급문록及門錄』·『집경록執經錄』·『동사록同社錄』이 있었는데 지금 나이에 따라 합쳐서 한 편으로 만든다.

정중직鄭重稷 : 자는 윤문允文, 호는 인재忍齋, 본관은 오천烏川이다. 월송재月松齋 석림碩臨의 아들로 영천에 살았다. 숙종 무술년(1718)에 태어났고, 진사시에 입격하였으며, 문집이 있다. ○ 선생을 애도한 만사와 제문이 있다.

이경증李景曾 : 자는 명수明叟, 호는 야은野隱, 본관은 벽진碧珍이다. 영천에 살았다. 숙종 무술년(1718)에 태어났고, 동지중추부사를 지냈으며, 문집이 있다. ○ 선생을 애도한 만사가 있다.

이유원李猷遠 : 자는 굉보宏甫, 호는 냉천冷泉, 본관은 재령載寧이다. 존재存齋 휘일徽逸의 증손자이자 국재菊齋 지확之熢의 아들로 영해에 살았다. 숙종 을해년(1695)에 태어났고, 문집이 있다. ○ 선생을 애도한 만사가 있다.

정엽鄭燁 : 자는 여장汝章, 호는 이호와二好窩, 본관은 오천이다. 경주에 살았다. 숙종 연간에 태어났고, 문집이 있다. ○ 선생을 애도한 만사가 있다.

정중무鄭重武 : 자는 내문乃文, 본관은 오천이다. 영천에 살았다. 숙종 무인년(1698)에 태어났다.

권순權淳 : 자는 윤경潤卿, 호는 국헌國軒, 본관은 안동이다. 일신당日新堂 후준后準의 아들로 청송에 살았다. 숙종 기묘년(1699)에 태어났고, 진사시에 입격하였으며, 문집이 있다. ○ 선생을 애도한 만사가 있다.

정중기鄭重岐 : 자는 자욱子郁, 본관은 오천이다. 영천에 살았다. 숙종 경진년(1700)에 태어났다. ○ 선생을 애도한 만사가 있다.

정일규鄭一珪 : 자는 백옥白玉, 호는 첨선당忝先堂, 본관은 오천이다. 지수篪叟의 아들이다. 숙종 신사년(1701)에 태어났다. ○ 선생을 애도한 제문이 있다.

권렴權濂 : 자는 옥경玉卿, 호는 후암厚菴, 본관은 안동이다. 국헌菊軒 순淳의 아우로 청송에 살았다. 숙종 신사년(1701)에 태어났고, 진사시에 입격하였으며, 문집이 있다.

송이석宋履錫 : 자는 백수伯綏, 호는 남촌南村, 본관은 야성冶城이다. 매헌梅軒 명기命基의 아들로 칠곡柒谷에 살았다. 숙종 신사년(1701)에 태어났고, 진사시에 입격하였으며, 문집이 있다.

손동걸孫東杰 : 자는 진백震伯, 본관은 경주이다. 영천에 살았다. 숙종 연간에 태어났다. ○ 선생을 애도한 만사가 있다.

이홍리李弘离 : 자는 맹유孟猷, 호는 용와慵窩, 본관은 경주이다. 경주에 살았다. 숙종 연간에 태어났다. ○ 선생을 애도한 만사가 있다.

서지연徐至淵 : 자는 거원巨源, 호는 묵암默庵, 본관은 달성達城이다. 영천에 살았다. 숙종 연간에 태어났다. ○ 선생을 애도한 만사가 있다.

최달문崔達文 : 자는 행여行餘, 본관은 경주이다. 경주에 살았다. 숙종 연간에 태어났다.

손응구孫應九 : 자는 백효伯孝, 호는 식암息庵, 본관은 경주이다. 경주에 살았다. 숙종 연간에 태어났다. ○ 선생을 애도한 만사가 있다.

김세릉金世錂 : 자는 미중美仲, 본관은 의성이다. 안동에 살았다. 숙종 연간에 태어났다.

남용만南龍萬 : 자는 붕로鵬路, 호는 활산活山, 본관은 영양英陽이다. 경주에 살았다. 숙종 연간에 태어났고, 생원시에 입격하고 참봉을 지냈으며, 문집이 있다. ○ 선생을 애도한 만사가 있다.

이대중李大中 : 자는 실경實卿, 본관은 여주驪州이다. 경주에 살았다. 숙종 임오년(1702)

에 태어났다. ○ 선생을 애도한 만사와 제문이 있다.

임필대任必大 : 자는 중징仲徵, 호는 강와剛窩, 본관은 풍천豊川이다. 의성에 살았다. 숙종 연간에 태어났고, 문집이 있다. ○ 선생을 애도한 만사가 있다.

정욱鄭煜 : 자는 여휘汝輝, 호는 매헌梅軒, 본관은 오천이다. 경주에 살았다. 숙종 연간에 태어났고, 문집이 있다. ○ 선생을 애도한 만사가 있다.

정일식鄭一軾 : 자는 중첨仲瞻, 본관은 오천이다. 영천에 살았다. 숙종 신사년(1701)에 태어났다. ○ 선생을 애도한 제문이 있다.

정중범鄭重範 : 자는 개중開仲, 본관은 오천이다. 영천에 살았다. 숙종 계미년(1703)에 태어났다. ○ 선생을 애도한 제문이 있다.

최경림崔慶霖 : 자는 성택聖澤, 본관은 경주이다. 경주에 살았다.

신성申煋 : 자는 천행天行, 호는 승와升窩, 본관은 아주鵝洲이다. 퇴간退澗 렴濂의 손자로 의성에 살았다. 숙종 을유년(1705)에 태어났다.

정일준鄭一駿 : 자는 중문仲文, 본관은 오천이다. 영천에 살았다. 숙종 을유년(1705)에 태어났다.

정일보鄭一寶 : 자는 군용君用, 본관은 오천이다. 영천에 살았다. 숙종 정해년(1707)에 태어났다. ○ 선생을 애도한 제문이 있다.

이범중李範中 : 자는 이경彛卿, 호는 이향정二香亭, 본관은 여강이다. 대중大中의 아우로 선산善山에 살았다. 숙종 무자년(1708)에 태어났다. 음직으로 군수郡守를 지냈다. ○ 선생을 애도한 만사가 있다.

이명천李命天 : 자는 성중性仲, 본관은 영천永川이다. 의성에 살았다. 숙종 연간에 태어났다. ○ 선생을 애도한 만사가 있다.

김사덕金師德 : 자는 선응善膺, 본관은 경주이다. 영천에 살았다. 숙종 연간에 태어났다.

박수항朴守恒 : 자는 □□, 본관은 밀양密陽이다. 병촉헌秉燭軒 평枰의 아들로 영천에 살았다. 숙종 연간에 태어났다.

권우전權遇銓 : 자는 군회君會, 호는 운애雲厓, 본관은 안동이다. 동와東窩 득중得重의 아들로 영천에 살았다. 숙종 기축년(1709)에 태어났다.

조보신曺寶臣 : 자는 현보賢寶, 본관은 창녕이다. 영천에 살았다.

조세린曺世麟 : 뒤에 서구叙九로 개명하였다. 자는 성서聖瑞, 호는 손재巽齋, 본관은 창녕이다. 병애屛厓 선장善長의 손자로 영천에 살았다. 숙종 경인년(1710)에 태어났고, 문집이 있다. ○ 선생을 애도한 제문이 있다.

정일헌鄭一憲 : 자는 군상君常, 본관은 오천이다. 영천에 살았다. 숙종 경인년(1710)에 태어났다. ○ 선생을 애도한 제문이 있다.

정중려鄭重呂 : 자는 진만鎭萬, 본관은 오천이다. 영천에 살았다. 숙종 신묘년(1711)에 태어났다. ○ 선생을 애도한 만사와 제문이 있다.

정일탁鄭一鐸 : 자는 백교伯敎이다. 송안松岸 중록重祿의 아들이고 선생의 재종질이다. 숙종 신묘년(1711)에 태어났다.

박수성朴守性 : 자는 □□, 본관은 밀양이다. 수항守恒의 아우로 영천에 살았다.

정일륜鄭一錀 : 자는 휴중休仲, 본관은 오천이다. 영천에 살았다. 숙종 임진년(1712)에 태어났다.

정일진鄭一鎭 : 자는 안중安仲, 호는 □□이다. 학고鶴皐 선생의 재종질이다. 숙종 계사년(1713)에 태어났고, 문집이 있다. ○ 선생이 공을 애도한 제문이 있다.

이광정李光靖 : 자는 휴문休文, 호는 소산小山, 본관은 한산韓山이다. 안동에 살았다. 숙종 갑오년(1714)에 태어났고, 사마시에 입격하여 별제別提를 지냈으며, 문집이 있다. ○ 선생을 애도한 만사가 있다.

이헌묵李憲默 : 자는 백용伯容, 호는 안계安溪, 본관은 여주驪州이다. 경주에 살았다. 숙종 갑오년(1714)에 태어났고, 문과에 급제하여 참판을 지냈다. ○ 선생을 애도한 만사가 있다.

장지조張趾祖 : 자는 강여康如, 본관은 옥산玉山이다. 나월당蘿月堂 동재東載의 아들로, 인동仁同에 살았다. 숙종 갑오년(1714)에 태어났다. ○ 선생을 애도한 제문이 있다.

정일전鄭一銓 : 자는 공탁公擇, 호는 축와縮窩, 본관은 오천이다. 영천에 살았다. 숙종 갑오년(1714)에 태어났고, 진사시에 입격하였으며, 문집이 있다. ○ 선생을 애도한 제문이 있다.

권달전權達銓 : 자는 군겸君兼, 호는 경애耕厓, 본관은 안동이다. 운애雲厓 우전遇銓의 아우로 영천에 살았다. 숙종 갑오년(1714)에 태어났다.

신황申熿 : 자는 경회景晦, 호는 이서尼西, 본관은 아주鵝洲이다. 승와升窩 성煋의 아우이고 선생의 사위로 의성에 살았다. 숙종 을미년(1715)에 태어났다. ○ 선생을 애도한 제문이 있다.

서필규徐必規 : 자는 내원乃圓, 본관은 달성이다. 영천에 살았다. 숙종 을미년(1715)에 태어났다. ○ 선생을 애도한 만사와 제문이 있다.

박수제朴守悌 : 자는 순경順卿, 호는 우재愚齋, 본관은 밀양이다. 수성守性의 아우로 영천에 살았다. 숙종 을미년(1715)에 태어났다. ○ 선생을 애도한 시와 글이 있다. — 연명聯名 —

정중정鄭重鼎 : 자는 상삼象三, 본관은 오천이다. 영천에 살았다. 숙종 을미년(1715)에 태어났다.

조채신曺采臣 : 자는 양보亮甫, 호는 일암一庵, 본관은 창녕이다. 영천에 살았다. 숙종 정유년(1717)에 태어났고, 문집이 있다.

정일범鄭一範 : 자는 대칙大則, 본관은 오천이다. 영천에 살았다. 숙종 무술년(1718)에 태어났다. ○ 선생을 애도한 제문이 있다.

정일빈鄭一鑌 : 자는 정여精如이다. 선생의 조카이다. 숙종 무술년(1718)에 태어났다.

조용서趙龍瑞 : 자는 진징姬徵, 본관은 한양이다.

박수고朴守古 : 자는 희숙熙叔, 호는 우강愚岡, 본관은 밀양이다. 영천에 살았다.

서필구徐必矩 : 자는 내방乃方, 본관은 달성이다. 필규必規의 아우로 영천에 살았다. 숙종 무술년(1718)에 태어났다.

정일흠鄭一欽 : 자는 군약君若, 본관은 오천이다. 영천에 살았다. 숙종 무술년(1718)에 태어났다. ○ 선생을 애도한 제문이 있다.

조세봉曺世鳳 : 뒤에 구九로 개명하였다. 본관은 창녕이다. 손와巽窩 숙구叔九의 아우로 영천에 살았다. 숙종 기해년(1719)에 태어났다.

이응신李應身 : 자는 성능聖能, 호는 학옹鶴翁, 본관은 전의全義이다. 선생의 생질로 대구에 살았다. 숙종 기해년(1719)에 태어났다. ○ 선생을 애도한 제문이 있다.

조현국曺顯國 : 자는 사달士達, 본관은 창녕이다. 노은老隱 경직景稷의 아들이고 선생의 생질로 상주에 살았다. 숙종 기해년(1719)에 태어났다.

정일건鄭一鍵 : 자는 수여遂如이다. 선생의 조카이다. 숙종 기해년(1719)에 태어났다. ○ 선생을 애도한 제문이 있다.

최종겸崔宗謙 : 자는 백익伯益, 호는 제암霽巖, 본관은 경주이다. 경주에 살았다. 숙종 기해년(1719)에 태어났고, 문집이 있다. ○ 선생을 애도한 만사와 제문이 있다.

정일감鄭一鑑 : 자는 심여心如이다. 선생의 맏아들이다. 숙종 기해년(1719)에 태어났고, 시집이 있다.

정일환鄭一鋎 : 자는 의중毅仲, 본관은 오천이다. 영천에 살았다. 숙종 기해년(1719)에 태어났다.

정검鄭檢 : 자는 자약子若, 본관은 오천이다.

박수도朴守道 : 자는 숙달叔達, 호는 청계淸溪, 본관은 밀양이다. 우강愚岡 수고守古의 아우이다. 숙종 기해년(1719)에 태어났다. ○ 선생을 애도한 제문이 있다. – 연명聯名 –

김희룡金熙龍 : 자는 백견伯見, 본관은 의성이다. 안동에 살았다. 숙종 기해년(1719)에 태어났다.

정주면鄭周冕 : 자는 백미伯美, 본관은 오천이다. 명고鳴皐 간幹의 형의 아들로 영천에 살았다. 숙종 경자년(1720)에 태어났다. ○ 선생을 애도한 제문이 있다.

이경직李景稷 : 자는 문약文若, 호는 지지당止止堂, 본관은 벽진이다. 영천에 살았다. 숙종 경자년(1720)에 태어났다. ○ 선생을 애도한 제문이 있다.

전우정全宇楨 : 자는 군직君直, 본관은 용궁龍宮이다. 영천에 살았다. 숙종 경자년(1720)에 태어났다.

정일함鄭一鏚 : 자는 양수養叟, 본관은 오천이다. 영천에 살았다. 숙종 경자년(1720)에 태어났다.

최종점崔宗漸 : 자는 백규伯逵, 본관은 경주이다. 경주에 살았다. 경종 신축년(1721)에 태어났다. ○ 선생을 애도한 제문이 있다.

권응규權應奎 : 자는 백종伯宗, 본관은 안동이다. 영천에 살았다. 경종 신축년(1721)에 태어났고, 문과에 급제하여 현감을 지냈다.

정일창鄭一錩 : 자는 용약用若, 본관은 오천이다. 영천에 살았다. 경종 임인년(1722)에 태어났다.

정일형鄭一珩 : 자는 초옥楚寶, 본관은 오천이다. 영천에 살았다. 경종 임인년(1722)에 태어났다.

정일주鄭一周 : 자는 종언宗彥, 본관은 오천이다. 영천에 살았다. 경종 임인년(1722)에 태어났다.

정일횡鄭一鈜 : 자는 관이寬而, 본관은 오천이다. 영천에 살았다. 경종 임인년(1722)에 태어났다.

이상원李象遠 : 자는 희도希道, 호는 기와畸窩, 본관은 재령이다. 영천에 살았다. 경종 임인년(1722)에 태어났고, 문집이 있다.

정희鄭熺 : 자는 용회用晦, 호는 몽암蒙巖, 본관은 오천이다. 경주에 살았다. 경종 계묘년(1723)에 태어났고, 진사시에 입격하였으며, 문집이 있다.

정일강鄭一鋼 : 자는 이강爾剛, 본관은 오천이다. 영천에 살았다. 경종 계묘년(1724)에 태어났다. ○ 선생을 애도한 제문이 있다.

정일추鄭一錘 : 자는 용중用中, 본관은 오천이다. 영천에 살았다. 경종 계묘년(1724)에 태어났다.

이덕망李德望 : 자는 목걸睦杰, 호는 만성晩醒, 본관은 영천이다. 영천에 살았다. 경종 계묘년(1724)에 태어났다. ○ 선생을 애도한 제문이 있다.

정일협鄭一鋏 : 자는 장여章如, 본관은 오천이다. 영천에 살았다. 경종 연간에 태어났다.

정하건鄭夏建 : 자는 희백熙伯, 본관은 오천이다. 일식一軾의 아들로 영천에 살았다. 경종 계묘년(1724)에 태어났다.

고유高裕 : 자는 순지順之, 호는 추담秋潭, 본관은 제주濟州이다. 상주에 살았다. 경종 연간에 태어났고, 문과에 급제하여 승지를 지냈다.

정일찬鄭一鑽 : 자는 학여學如, 호는 죽비竹扉이다. 선생의 막내아들이다. 경종 갑진년(1724)에 태어났고, 문집이 있다.

정일각鄭一玨 : 자는 개옥皆玉, 본관은 오천이다. 영천에 살았다. 경종 갑진년(1724)에 태어났다.

안국신安國臣 : 자는 순좌舜佐, 호는 오헌梧軒, 본관은 순흥順興이다. 동호桐湖 처택處宅의 아들로 신녕新寧에 살았다. 경종 갑진년(1724)에 태어났다. ○ 선생을 애도한 제문이 있다.

조형옥曺衡玉 : 자는 윤재允在, 본관은 창녕이다. 신녕에 살았다. 경종 갑진년(1724)에 태어났다. ○ 선생을 애도한 만사가 있다.

이국신李國臣 : 자는 강중剛仲, 본관은 벽진碧珍이다. 영천에 살았다. 경종 갑진년(1724)에 태어났다.

이정택李鼎宅 : 자는 대유大猷, 본관은 여주麗州이다. 경주에 살았다. 경종 갑진년(1724)에 태어났다.

정충필鄭忠弼 : 자는 백경伯敬, 호는 노우魯宇, 본관은 오천이다. 경주에 살았다. 영조 을사년(1725)에 태어났고, 문집이 있다.

정하종鄭夏宗 : 자는 진경振卿, 본관은 오천이다. 영천에 살았다. 영조 을사년(1725)에 태어났다. ○ 선생을 애도한 제문이 있다.

정동범鄭東範 : 자는 효술孝述, 본관은 오천이다. 영천에 살았다. 영조 을사년(1725)에 태어났다.

이귀종李龜宗 : 자는 천명天明, 본관은 진성眞城이다. 예안禮安에 살았다. 영조 병오년(1726)에 태어났다.

정일모鄭一模 : 자는 내범乃範, 본관은 오천이다. 영천에 살았다. 영조 병오년(1726)에 태어났다.

정일관鄭一鑽 : 자는 도약道若, 본관은 오천이다. 인재忍齋 중직重稷의 아들로 영천에 살았다. 영조 정미년(1727)에 태어났다.

서성집徐聖集 : 자는 사성士成, 본관은 달성達成이다. 영천에 살았다. 영조 정미년(1727)에 태어났다.

정일필鄭一鉍 : 자는 지언指彥, 본관은 오천이다. 영천에 살았다. 영조 정미년(1727)에 태어났다.

정하주鄭夏胄 : 자는 경온景溫, 본관은 오천이다. 영천에 살았다. 영조 정미년(1727)에 태어났다.

정일약鄭一鑰 : 자는 현약玄若, 호는 학포鶴圃, 본관은 오천이다. 영천에 살았다. 영조 기유년(1729)에 태어났다.

이의중李宜中 : 자는 윤백允伯, 호는 다원茶園, 본관은 영천이다. 의성에 살았다. 영조 연간에 태어났다.

정하연鄭夏淵 : 자는 사희士希, 본관은 오천이다. 영천에 살았다. 영조 경술년(1730)에 태어났다.

신명두辛命斗 : 자는 여일汝一, 호는 덕당德堂, 본관은 영산靈山이다. 영천에 살았다. 영조 경술년(1730)에 태어났다. ○ 선생을 애도한 제문이 있다.

이귀용李龜容 : 자는 여성汝成, 본관은 진성이다. 예안에 살았다. 영조 경술년(1730)에 태어났다.

조상옥曺相玉 : 자는 윤여潤汝, 호는 이호당二皓堂, 본관은 창녕이다. 신녕에 살았다. 영조 신해년(1731)에 태어났다.

신효원申孝源 : 자는 달중達仲, 호는 운계雲溪, 본관은 아주이다. 의성에 살았다. 영조 을묘년(1735)에 태어났고, 진사시에 입격하였다.

정일장鄭一鏘 : 자는 광옥光玉, 본관은 오천이다. 영천에 살았다. 영조 을묘년(1735)에 태어났다. ○ 선생을 애도한 제문이 있다.

정일수鄭一鏽 : 자는 견약堅若, 본관은 오천이다. 영천에 살았다. 영조 병진년(1736)에 태어났다.

신창교申昌敎 : 자는 원명元明, 호는 매은梅隱, 본관은 아주이다. 선생의 외손으로 의성에 살았다. 영조 병진년(1736)에 태어났다. ○ 선생을 애도한 제문이 있다.

정일쟁鄭一錚 : 자는 경여敬如이다. 선생의 조카이다. 영조 정사년(1737)에 태어났다. ○ 선생을 애도한 제문이 있다.

정일릉鄭一錂 : 자는 명여明如이다. 선생의 조카이다. 영조 정사년(1737)에 태어났다. ○ 선생을 애도한 제문이 있다.

정하윤鄭夏潤 : 자는 화수華叟이다. 선생의 장손이다. 영조 정사년(1737)에 태어났다.

백수장白受章 : 자는 찬보燦甫, 호는 지봉芝峰, 본관은 청도淸道이다. 경주에 살았다. 영조 정사년(1737)에 태어났다. ○ 선생을 애도한 제문이 있다.

정하준鄭夏濬 : 자는 문희文希, 호는 운서雲西, 본관은 오천이다. 영천에 살았다. 영조 정사년(1737)에 태어났다. 생원시에 입격하였고, 문집이 있다.

조귀서趙龜瑞: 자는 우징禹徵, 본관은 한양이다. 용서龍瑞의 아우로 □□에 살았다. □□에 태어났다.

정일육鄭一錥: 자는 광여光如, 본관은 오천이다. 영천에 살았다. 영조 무오년(1738)에 태어났다.

정일교鄭一僑: 자는 군미君美, 본관은 오천이다. 영천에 살았다. 영조 무오년(1738)에 태어났다.

박경범朴景範: 자는 □□, 본관은 밀양이다. ○ 선생을 애도한 제문이 있다.

정성룡鄭聖龍: 자는 □□, 본관은 오천이다.

정하준鄭夏浚: 자는 경원景遠, 호는 교와郊窩, 본관은 오천이다. 학고鶴皐 일진一鎭의 아들로 영천에 살았다. 영조 무오년(1738)에 태어났고, 문집이 있다. ○ 선생을 애도한 제문이 있다.

지識

선조 매산 선생의 유문遺文 원집原集 12권이 간행되어 세상에 전해진 지 벌써 200년 가까이 된다. 그러나 중간에 뜻하지 않은 재앙을 만나 판본도 따라서 훼손되었으니, 세도世道가 한탄스럽다. 선조께서는 평소 편당偏黨을 마음에 끼지 않았기 때문에 호락湖洛의 여러 현인들과도 허심탄회하게 논변을 주고받았고, 또한 이치를 연구하고 예를 익힘에 있어, 주공과 공자를 잇고 주자와 퇴계를 본받아 따로 책을 엮으면서 당시 현인들의 학설 중 옛것에 맞지 않는 것을 전거를 고증하여 바로잡기까지 하였으니 사도斯道를 천명한 공로가 크다. 세상에서 저대로 축소하려는 자가 어떻게 그 광명을 엿볼 수 있겠는가. 다만 하루살이가 큰 나무를 흔드는 것과 같을 뿐이지, 선조의 지극히 공명정대한 심법에 무슨 손상이 되겠는가. 중간重刊의 계획이 여러 차례 사림의 논의로 발의되어 이제 비로소 일을 시작하게 되었으나, 미약한 후손의 모자라는 힘이 서글프다. 원집原集을 모아 8편으로 만들어서, 속집續集 2권, 연보年譜와 부록附錄 각 1권과 함께 옛날 그대로의 12권을 만든다.

정미년(1967) 동지에 8세손 화식華植[373]이 공경히 쓰다.

---

373) 정화식(鄭華植, 1906~1977) : 자는 성관(聖觀), 호는 동릉(東陵), 본관은 영일이다. 영천에 살았고, 이후(李垕)의 문인이다.

매산선생문집
梅山先生文集

색인

색 인

가나다 순

㉠

ⓑ

◎

㊅

ⓔ

ⓟ

ⓗ

매산선생문집

梅山先生文集

영인

目次

梅山先生文集 卷之一

誄文

墓誌銘

梅山先生文集 卷之八

墓碣銘

行狀

傳

梅山先生文集續集 卷之九

詩

書

雜著

跋

祝文

祭文

梅山先生文集續集 卷之十

梅山先生文集續集 卷之十一

梅山先生文集續集 卷之十二

梅山先生文集卷之七

祝文

先祖司成公墓加土時告由文 丙午

歲代綿邈堂封圮頹高風曠感賢孱賜丁茲涓吉辰將以改修敬陳酒脯先告事由

加土後慰安文

一抔纔加四尺其崇精靈在上愴慕交中維時孟冬霜露已[illegible]祗薦歲事幷伸慰儀

家廟告由文 甲子

前此忌祀遵遺命依家禮只設一位禮雖當然情卻有歉今欲倣雜記祔祭時有事尊者可以及卑之義府君諱日並設配位

夫人諱日只設一位定爲永久之式謹以酒果敢告事由謹告

先祖工曹判書公墓立石加土時祝文

墓前儀石法所得爲孱孫力薄今始斲治有儼人像有侐方牀于以鋪植日吉辰良矧惟封塋見壞霖潦爰加新土改附莎草時維仲冬已降霜露汎掃周省罙切感慕旨酒旣清庶品俱宜祗薦歲事幷伸慰儀

環丘書堂開基祝文 丁卯

環丘一曲永州互坊有山明秀有水汪洋降彩騰氣生我圃翁維我圃翁理學之宗餘化所霑髦士代起允矣茲土海東闕里顧余鯫生居近遺墟叨忝縫掖尚習詩書獨恨季世黨序無法於何會友於何講學近來書堂亦有古意謀諸同志僉曰可矣聿來胥宇爰卜於斯簡茲良辰將以開基旨酒嘉肴敬告厥由百世永保庶賴神休

尚忠祠春秋常享祝文 丁巳

義著服頑功茂事大衛 國精忠永世彌韶

松山景賢祠春秋常享祝文 己巳

依歸有道學求存心識高才全奉職惟欽 右告松亭崔公

學有淵源才蘊經綸進退惟義素守不磷 右告訒齋崔公

祭文

法龍淵祈雨文 乙巳

繄法之淵震鱗攸藏以雲以雨生我百昌厥惟著靈于永之鄉云胡今日數月極暘石流金焦禾稼卒痒四野皆赤萬口呼蒼

民其曷辜吏實無良祗聞靈湫自古載祥有禱輒應甘澍乃霈茲涓吉辰虔禮以將潔牲豐幣桂酒蘭粻淵若有靈其果沱沱民安物阜山水之光一施大霈厥靈尤彰人其永式報祀無疆

九龍山祈雨文

維東有山曰龍斯糺一之猶靈矧乎其九蒸淪降澍庶草蕃茂今也極無三焉轉斗芃芃綠疇滌滌赭畝民其靡孑責不在守靡愛斯牲靡神不侑小霈雖灑闔境未周顧茲穹岑厥靈惟舊

九

茲潔蓬心式薦桂酒願我英靈哀此黔首益施大霈普潤枯秀

祭龍神文

龍乎龍乎四靈之最淵躍天飛電淫雷磕噓雲成雨萬寶蔚藹德施斯普黎民以賴如何今日旱甚旣太瞻彼斗柄自離將兌

無水無禾庚癸聲識人其曷辜龍實貽害職添羊牧㬂切狼狽
于水于山靡神不丐一雩纔過四境未蓋其暘自若束手無奈
茲倣古儀設像爲繪沐神殫誠奉爵以酹龍若有靈宜亦自艾
速興靉靆大施滂霈如或不爾孰服其大人將視之犬羊之獪
龍乎龍乎尚其無昧

社稷壇祈雨文 辛亥

於惟社稷郡之大神司土司穀以養吾民風調雨順緊神之佑
肆我虔誠歲薦胡豆如何今日乃嗇厥施旱魃爲虐斗柄再移
四野無禾百里皆赤民其盡劉神豈無惕余受 朝命俾符茲
土撫摩羣黎惟恐失所今焉至此非神焉訴茲涓吉辰牲幣交
鋪神其眷我籲于上帝雲車雷鼓揮霍砰磕大霈甘澍蘇我百

昌民曰神矣厥靈尤彰欽茲亘功報祀愈馨如其不爾神必無
靈

還歸里祈雨文

維嶽維川元氣攸結以雲以雨以澤萬物如何今歲不舒而歛
原野滌滌如惔如錟百苗皆枯大命近止我 王斯惻靡神不
祀分命列邑並蠲奠瘞小霡雖灑焦土寧洗乍潤而涸若紅鑪
雪太守曰噫我誠已竭咨爾坊民其各吁籲我乃惕然爰謀爰
諏萃我儒生以齊以沐齋我牲醴克明克潔登茲尺巖掃地爲
位星夜露立肅敬將事顧我舊里素稱靈區有山雄盤有水長
流淑氣孕傑沃壤宜稼油沛之作每倡自我蜂巖抹烟可占潦
形今若不應豈云其靈伏乞明神炯察羣眚仰訴上帝旬招雨

師揚以晦霑注以滂沱浸我荒田蘇我枯禾惟神之靈於斯乃
暢凡我羣生孰不欽仰

乳鳳山祈雨文

維我神山素稱丹穴淑氣攸鍾靈泉中泄興雲作雨利澤及物
如何今歲不宣而遏乍雲旋枯跨涉兩月石流金鑠剝論芽茁
四野皆坼百穀如爇哀我民斯其無遺孑忝守是邦心焉忉怛
茲蠲明禋克致齊祓吉酒旣清牲牲且腯山其舍諸庶垂陰騭
亟垂大霈俾苗興勃人服其靈仰止彌切

採藥山祈雨文

維郡之南有山嶷嶷產草爲藥活人以液釀雨潤物亦其餘澤
其靈孔昭今也胡寂二朔枯暵田野滌滌細滴雖灑赤地自若

種播已失奚望其穫荐饑餘氓其將轉壑忝佩郡符拯濟無策
吉蠲虔禱靡神不格茲蔵明禋仰籲神嶽嶽如有靈寧不矜惻
亟噴膏澍上啓豪籥大注滂沱蘇我百穀

高祖考 贈左承旨府君焚黃文 乙卯

維我府君臨亂效節殉 國死親忠孝並烈昔在 先朝已垂
褒嘉昨歲吾 王崇秩又加祖妣封號亦隨而華 異渥隆至
光耀泉臺闔門感祝悲喜難裁宗孫遽歿 命書未宣今焉始
擧乃在祧遷敬錄以焚哀隕罔涯謹薦明禋用伸告儀

贈持平申公焚黃文 爲申龍起作 甲子

恭惟府君誠孝出天忘身冒鏑五致罔愆移忠於 國見賊厲
心清約自守沒齒山林懿行芳節服人也切多士請 褒藩臣

上徹　王若曰俞孰如其賢煌煌　命書柏府華聯惟我祖妣
亦膺顯號廟貌生輝泉塗改照顧玆不肖追慕莫逮祇對　寵
光徒增感涕吉日維今奉宣　恩誥淸酌時羞用伸虔告

丹丘鄕社奉安三賢文

事君致身繄古維難義冠大紳尚多偸安於維我公殿丞末職
居家盡孝移忠於　國島夷匪茹隨　駕播越　王曰往哉汝
其偵賊受　命奔走過家不顧逮回我車凶鋒截路不死何爲
彼衆我寡沫血彎弧委骨荒野有子死讐有婦殉貞一室三綱
千古誰幷　聖朝是褒以爵以門鄕里聞風孰不竦神亦越權
公共閈媲節況公賢督能世其烈一體同祀萬口齊聲迺營祠
屋迺今粗成載簡靈辰爰擧縟禮列坐儼然儕友父子英靈不

孤陟降相隨精禋自今永世無虧

右告　贈參議李公希龍

韋布於國義異簪組敵愾殉身鮮矣終古猗歟我公一何慷慨
身居草茅又癃而廢逮遭寇亂獨先投袂鄕人尼之爾實病躄
公曰否否吾必國耳此足雖蹩此心不死市馬戎僕挺身南征
廼毒莫掃鴻毛已輕回首鷺班幾箇肉食爭鳥鼠竄視公多恧
藩臣上徹綽楔高揭偉烈聳人懦夫斯厲矧玆鄕井節義何多
父忠子孝李氏之家一里三賢俱可祭社廟貌新成輿議攸諧
日吉辰良于以揭虔溪山不改枌楡依然社飮舊儀怳若重覩
神其永寧歆我遐慕

右告處士權公復興

人之淑慝不係世類父德雖賢子肖未易孰若我公能趾前轍
昔在執徐海寇猖獗家君奉使抗鋒捐頸公迺雪涕思復父讎
尺劒西赴誓不共天中路遇賊力鬪身顚父死於　君子又死
父卞家姱節齊休萬古變彼佳人亦能引決奚獨婦哲由公之
烈　贈秩表閭磊磊三節凡在婦孺莫不竪髮顧玆古社于祀
先公子宜配父僉議攸同德必有鄰毅哉權老同井幷廟實叶
舊好吉辰將事奉祔以侑既侍賢爺又對先友趨庭擬覆髣髴
徜徉尚冀昭格世世無疆

右告　贈都事李公文軫

青湖書院追配柳沙月文

陶山轂響泗水挂牌承風而起洛巖伊涯亦越慕翁攀化升堂

克推餘軌導迪一鄕惟我先生與之同辰既得於師又淑諸人
究厥所就絢岦無素生賦美質樂有賢父弱齡劬書已有雋聲
早遊法門得聞儒程菊追先達薰染德懿爲親應擧匪其素志
得失何關外也非內歸繹古紙反躬自艾青湖莽蒼源源趨侍
講討經訓磨琢道義睠彼沙月湜湜其洲于以卜居以優以游
風埃不入富貴如雲林宗嘉獎比擬有倫魯無君子斯焉取斯
念我鄕邦餘馥尚滋公議百年咸曰祭社顧玆湖院皐比攸妥
於焉奉配髣髴講座一體同祀萬口齊賀簡玆良辰祇擧縟儀
神理如在廟貌重輝謹以酒脯奉伸虔告高山仰止永世崇報

祭葛庵李先生文乙酉

古其之壞聖學荒閟自我圃隱吾道東矣傳之至再蠹耳寒耳

維時有人靜庵其粹晦翁纘作溪老埒起斯文大興衆賢蔚疑有覺寒岡實建其幟山阿一空孰繼遺軌惟我先生獨禀間氣孟母之兒程伯之季天資本醇濡染德懿年纔勝衣有志吾事力考遺經先尋奧古隨事存心即物窮理孰義孰利求一箇是省己曾三從事顏四敬義夾持明誠兩摯本色虛明鑑空水止惟其內得夫豈貌爲平生大業不在聱聰學孔之學志尹之志一區林壑半世貧趾耕雲身世釣月風致千金草芥萬鍾弊屣自分立山無夢名利俄然潛德遠達象魏鳴騶入谷野鶴驚睡乍出而歸於世無意甘心素履不顧青紫迨其晚歲 天眷益侈十行綸綍誠禮優異時豈可止義固難避幡然强起學優而仕朝野想望 聖心虛竢匪義何陳匪德何措都俞一堂際會

千祀至誠啓沃片言藥餌交如益孚用汝作砥出入 經幄補黻皇猷國耳一心座右八字鞠躬盡瘁死而後已孜孜不厭將大有施庶幾吾 君可姚可姒云胡不淑大運中否明夷左入邪流內熾天涯嶺路去國行李或投窮髮或禦炎魅萬里風霜十載孤纍不容奚病吾操彌垍素患行患曾不少蔥蔡影何愧涪髮增美雷水一夕 天意忽弛溥言旋歸何處桑梓睠彼永嘉士夫之冀盍往棲遲有樂錦溪爰開法筵講明古紙一室清燕諸子列侍立爲宗師儼臨皐比左酬右答無隱不披大設木鐘偶運鑪錘菁莪全集衿佩軒輊洋洋絃誦彷彿洙泗今焉已矣天不憖遺空青莫效華陀窮技此學誰傳吾道何寄人將擿埴國其殄瘁嗚呼先生生豈偶爾八十年來了無所愧表裏如一夷險不二一毫榮辱奚慽奚喜天府淡然玉壺無累瑞日河南春風沂水雍容自得隨處樂只益其用工專在本地博學審問眞知實履井已及泉山不虧簣方其誨人著實近裏盈科乃進其法何以先敎小學次及四子道豈在遠學固平易發而爲言𧫒溪宏肆河海之文菽粟之味羽翼斯道發揮經義況茲禹範大易經緯嗟伯之沒秉筆未旣先生述之功乃倍蓰幾年研賾奄成編紀下上二古伯仲九類推象極數鑿鑿該備綮註能纘朱傳可擬四七之辨理氣之秘喫緊爲人多所著記如其禮節益加詳燕語小語大徹頭徹尾開我來學眇者能視斯焉取斯源委有自山連鶴麓水接退氿求諸遺喆一般其揆餘化所霑親炙奚啻洪功烈烈百世可庇人雖已遠道則不死某也小

生鹿鹿無似鑽仰盛德粤自童稚王父在昔容接累被延陵一言防墓可誌矧余家君及門執贄龠緣出入歲在辛巳小子從遊獲覩其聲來余座隅提誨亹亹曰惟格致初學所始一竿妙契丁寧告示亦或要端不斬其遂中和位育氣翔嬴費頭腦講破肯綮條鞭兩日坐春長夜回昏歸來感佩何日罔思只緣親癠無敢少離羸襄赴荊圍暫叩門屏夫子疾革未承糠粃心焉若喪徒增歔欷那知凶聞隨後遽至北望長號萬行悲淚居諸忽遒即遠在邇儀刑永隔道脈荒墜哀哉後學要誰依倚言念及此痛割臟胃享之曷用一卮二盞物雖甚菲情則不菲嗟嗟先生尚亦鑑此

祭族兄道亨來陽文 辛卯

皇天生物其用各當龍門之桐律抽宮商徂徠之松材合棟梁
以公觀公此理還泛賦之何厚奪之何忙蓋公資質旣潔而剛
淸標灑落妙語琤琅接物必厚處事惟詳早登騷壇高擅詞章
荊玉未售亟霜空藏一朝依歸于錦之陽沐浴師訓游衍法場
脫落塵容蘭佩荷裳若享遐年可得大方如何中途一病先戕
萬里初心鈍滯彷徨尚冀神佑已疾回康沈綿累載漸入膏肓
靈遁丹砂術窮靑囊儵忽浮生四十二霜有才未試有志未償
天何不憖鬼何無良況公之歿雙親在堂賢季早殞孤兒甫黃
敍水之養嗟又誰將想公冤恨地老天荒顧余於公乃昆弟行
情深袒免韻契峩洋勝會頻數佳唱迭相茂林蘭亭春草池塘
今焉已矣誰與翺翔窀穸有期靈輀已裝音容寂寞几筵凄凉

福善之說到此荒唐一杯來訣敬炷心香靈若不昧公必知卬

祭亡弟重禹文 辛丑

嗚呼痛哉我家之禍胡至此酷耶人孰無死喪之禍而孰有如
我家之酷者哉吾爲天地間大罪人不自死滅旣失我慈夫人
纔一周而吾先君子又棄諸子擗踊叫號五內崩裂而未二旬
汝又至於斯天之降割于我家何若是偏酷耶昨歲初冬我叔
父忽感疾猝劇四五日而歿此蓋痘疹毒證而曾未發一瘢子
姪侍病者矇然未之覺也先君子及一家未經痘者自救病至
含斂皆親執不忌而痘之毒已射人矣是月之晦彥經先痛又
二日汝又痛於是先君子出寓而寓之明日又忽警候恐或爲
邂逅客感余旣在汝所未卽往侍只令季弟往侍而余之心已

若隕千仞深淵矣及先君子發瘢之後余卽離汝趨侍而汝側
無救療者囑庶叔留季妹以託之翌日邀醫訊庭候則醫甚憂
之旣而以庭命擕醫視汝則醫曰證甚吉余以調治之道縷縷
語救者旋擕醫歸庭連用多般藥物晝夜祝天願以身代而緣
我惡極獲戾神明竟遭崩天之痛推胷仆地而余之命幾乎絶
矣況又彥經先數日而夭健仲後數日而逝一門之內殺氣彌
天而尚聞汝證漸蘓飮啖梢加余竊料汝之稟賦厚氣血盛庶
乎勝毒疾享遐年矣日以是默禱于心而纔經先君子殯殯之
餘爲俗忌所拘未得入察病情矣豈意頃刻之間危證猝發藥
石未暇施而忽忽若蒿火之自灰耶嗚呼汝資性醇厚器局恢
曠臨事而不避勞慮患而能有備與人交豁然不設畦畛無貴

賤大小咸得其懽心此皆族黨鄕里之所共稱者而若其家庭
間誠孝之篤至則又有人不得以知者蓋自髫齔時王母在堂
先考妣且老汝能勤勞不怠親供甘旨又或於夏月手自漁釣
以繼之以至祭祀賓客之需田園之收僕隷之課家間細鎖凜
冗亦莫不經紀撿攝各得其宜使我先君子得以玩意書籍放
情山水而遂其高使我函恭之兄亦得專精於鉛槧之間而肆
其力及我慈夫人之寢疾也蒼黃煎灼不遑眠食者一歲有半
矣吾及季弟羸弱多病殆若不能支而汝能徹宵竟晝扶抱適
宜煑粥炙肉之勞又輒躬操而不少懈此非獨筋力過人蓋其
誠悃出天也孰謂汝美質如此篤孝如此而壽命之短遽止於
三十一歲耶一男甫三歲一女甫七歲而孑孑青孀慘然無所

依汝若有知其能瞑目於地下耶嗚呼喪亂以來余得重病幾死者數矣又爲惡馬所齧一指中折辛苦數月葬禮過時痛泣焬胷矣前月纔襄先君子幽宅于新昉又遷慈夫人巾屨同日祔葬而叔父亦已安厝于舊齋舍後麓汝之旌翣又將以明日繼掩於叔父墓下非以其地爲美也只爲先墓相望在汝魂爲安往來修掃於吾情爲便故耳汝旣有兒喪祭當以兒爲主而呱呱在襁者旣不得自主今題主虞祥等禮我姑主之以從班祔之例將待汝兒之長以爲改題主別立廟之地此皆嫂氏意也其爲情不亦慘乎嗚呼永還有禮靈辰不留今奉柩車式遵祖道吾兄弟自此永訣矣安得不失聲號天肝抽而腸裂耶已矣已矣慟哉慟哉

祭姑夫李公文 癸卯

恭惟玉山海東龍門厥有賢裔惟公其人岐嶷之表恢廓之器翺翔學圃咀嚼故紙詞高白雪氣鬱青霞時乎不遇命也奈何追遊徜徉蕙室蘭墻丹蠟而赤矩襲而方霜暉乍晏荷佛益潔涉獵儒家循蹈禮節見利如怯接物惟溫德尊鄉閭望重衿紳顧余姑母於公爲偶姑雖早歿公不替舊昔我先人視若同氣孤露餘生瞻仰有地一疾無端遽爾至此壽纔中身名止處士善類已矣天道非耶承訃失聲淚下如波卽遠今夕我痛何極一觴奉奠千古永訣

祭孫戚兄是釆文 甲辰

嗚呼公之歿也何其日益多而痛益深也爲斯文左袒而竟死於非命此固多士之所公痛者而如我者累世親懿之情一生游從之好又有以異於人者則見此不測之禍而哀惜焉悼怛焉者又豈不萬倍於多士之公痛乎嗚呼公之王母氏卽吾祖考之從姊也先府君處士公於吾先人雖年齡稍遠而特許爲道義之交往來追逐以講聖賢之書且或游詠於山水間怡怡焉相樂名雖表從而殆若同堂之昆弟吾先人誄哭文可見矣公之兄弟襲家庭之美訓以詩禮持身以忠信存心樂善慕義恂恂有儒家風度吾之於公雖長幼不同而亦以行第之聯遇之以儕友先人之訪春府也不肖每從之春府之過我先人也公兄弟亦每從之省侍扶持之暇退而私與之談討或酌酒相謔或占韻相酬不覺日之晏而宵之分也公之賦性精詳立志

剛方孝友敦睦之行書冊翰墨之工幹事之能接物之忠俱有過於人者而至於事親之誠孝則尤有卓然不可及者此吾之欣艷愛慕而不能已者也頃年巨創之日慘禍荐疊奔迸窮峽殘喘殆絶親舊非見愛之深者罕有至焉而公能冒炎熱崎嶇山谷間以致哭慰之節公之不忘先誼亦豈非誠孝中流出來耶至於今日之事則尤有所不忍言者矣輿論旣定之數日公始至焉而又明日以輿望爲洞主則輿論亦已成矣以吾公尊賢重道之誠不敢爲一身計毁已成之輿論而若夫膈忤梟司曾是意慮之所不及也豈謂人心巧險變怪百出怒室色市積羽沈舟不測之禍反中於無辜之身耶河人則奪　君賜以廣佛生而得志揚臂吾公則明　君賜以崇道學而受刑以死此

一四

誠理之至恠者也嚱儒則發峻辭以聲其罪而不敢如何吾公則無一辭以擧其失而有此橫罹此又事之至寃者也倡論者多士而皆得無事末至者吾公而獨殞其命此尤人情之至哀痛處也吾嘗謂先處士公修德積善之效必將大有慶於後人吾公孝友忠信之行必將永膺庬嘏以享無疆之壽而不意今者乃有此至怪至寃至哀痛之事此何世變也無其福善禍淫之天至今日老而無聞耶抑亦世道已降人化爲鬼魅而天亦不得以勝之耶自公之歿時當盛冬陽氣閉藏而殷雷轟轟而鳴矣大電爗爗而作矣黑霧昏昏而四塞矣是果千萬古憤鬱不平之氣充塞於兩閒耶不然何其天變之至此耶嗟乎嗟乎尙何言哉尙何言哉嗚呼日月不住襄事奄迫環顧吾輩孰非

同聲而入地今夕公獨何罪巾帛藏矣幽明隔矣淸溫之資不可得而復見矣謹厚之言不可得而復聽矣數十年相隨之樂不可得而復做矣烏得不揮淚抆血失聲而長慟也哉昔以郡學之番哭之於旅舍者士林之公也今以綿絮之奠哭之於舊宅者親戚之私也哭以公者在於義哭以私者由於情靈若不眛其亦察我之情而歆我之觴耶嗚呼痛哉

祭曺屛庭先生文 丙午

退洛源遠道學浸微卓乎仁山雙棣交輝厥有賢徒儒望蔚然惟我先生實承其傳先生何世肇出夏城簪纓望族詩禮名庭淑氣攸鍾乃降先生蘭芳桂烈玉溫金精資旣秀美志豈卑夷幼失嚴訓能自得師隅趨函丈面受經旨亦越鶴巖是公舅氏往來周旋薰染德義迺知吾儒眞有此事立脚旣正厲操彌確屛棄程文專攻實學小學家禮心經思錄以階四子以溯六籍知雖已的行之惟艱勇往直前不曾蹣跚忠信篤敬和易介潔處事精詳接物歡洽非道何獲非義奚執裕然充積瑩無瑕纍餘事文章恆戒玩好雕鏤不施韻格自到嗟惟先生質文彬彬積蘊旣深皐唳孰聞濁流滔天芳蘭委谷人或懷戚公乃自若雲視浮榮夢斷塵寰睠茲屛庭有水有山闢巖築室種藥蒔花於焉徜徉以嘯以哦優游卒歲樂且無央春秋向晏聲譽益彰藩伯致粟邑侯擁篲段垣莫踰夷志若浼外物焉加內得自肥功深力久道隆德輝鄕邦大老士林賢士芝翁家學公實繼之昔我先公早託深交契密陳荀趣協許巢道義相助理學相磨

崖亭花雨溪舍烟波互往互來源源合席崢嶸講說竟晷通夕經文蘊奧箋註同異心術之微物理之秘涵養之工克治之方橫竪卞難爛漫消詳亦或流憩澗曲巖罅吟風詠月更唱迭和佳山美水或入評議聲利芬華不挂牙齒商顔皓叟沂水賢儔臭味相合情義綢繆肆我小子父事幾年自頃孤露仰慕尤懸紫陽屛山伯溫伊川祇奉警誨獲鑴愚妄私心暗祝庶幾無恙那知一疾遽嗇遐齡青山無主少微收精此學誰闡吾道誰講窮鄕何準後生何仰矧余不肖又將疇依承訃痛哭涕淚交頤第於彼時適患瘡瘢病未嘗湯歿未憑棺奔赴後人此恨窮天跳丸易走窀穸何忙四友堂寂二樂臺荒細溪嗚咽崖樹凄凉謦欬莫聆典刑莫覿執紼今夕我痛何極茲奉薄具敬奠一勺

伏哭柩前萬古永訣

祭金蔚山休伯文 乙酉

緊公之生厥惟源遠三路毓祉勿庵貽訓淑氣攸鍾妙質超常金玉之相錦綺其腸博蒐經史大翫文墨才華穎秀筆勢風發纔年十九並擢蓮桂選補槐院閱歷郎署或奉使節或佩縣符出入盡職望實交孚此眞巨手豈宜常秩 明廟講肆輔導重責 王乃命汝官惟其人 重華繼勛至誠渴賢適眷吾嶺爰拔其尤霜臺擢置 綸語溫優志顧撝謙恩豈妄受尺疏披腹藥石苦口霆威震疊玦泣遐荒仍被褫削退伏山庄流丸乍轉墜履復收于以分憂于蔚之州惟時艱屯小醜擾攘險途奚憚忠義可仗當日 陛辭匹馬奔往玉壺貯氷貪泉覺爽常料不徵官庫如滌杜毋施乳韓孩頌德惠澤旣敷文風更張絃洋武城詞苑柳邦海山晏然民吏爭謠大刀寧雞丹羽宜霄玗着璽書將下 明光竪兒暗鑠皋招何北奎壁晦彩琬琰埋塵爵秩半塗年缺五旬於身旣嗇又無家督善類奚勸神逵難斅顧余於公齒爭一歲神交旣久文契晩締頃過鷗江一登梅軒留連數日倒廩傾困別袂乍回訃聲俄及中間詎幾兩旬纔淡夢耶眞耶骨驚心墜今焉已矣吾儕誰依狐首故丘櫬過鄙邑昔期枉旆今何戢木飛旐啓路牆翣閒關英論莫聆雅標難扳執紼長痛我涕河傾一盃來奠敬伸微情

祭塤叟先生文 庚戌

緊嶺之南厥惟閩洛世級而下正學蕭索天眷斯文乃降先生精分華嶽光孕德星如玉之溫如蘭之馨螢窓攻苦玉季聯芳博蒐經史大肆文章出入周旋巖庭葛門薰陶德義溯洄旳源暫屈擧場擬綴 黼裳俄然蟬蛻無意蜂房是時厖翁先君巖藪挈家相隨昕夕聚首維山有雲維水有石數架茅齋萬軸芸籍伯靜仲默常棣麗澤上搜六經下及百氏深探力索猛將酷吏鉤精獵粗包括無漏惟道惟器上下之異曰性曰情體用之秘民彝物則巨細無窮曲禮繁文常變不同歷代汚隆人物臧否靡不研究燭照龜契玩理旣精反躬以踐靜存動察無時不勉何以爲主敬以始終處事惟義接物惟恭意思安閒氣像和易學修德尊允矣君子谷蘭芬播皐鶴聲大薦目頻登 除書忽屆鷗波自濶龜尾旋曳許帷乍闢李發爭負戶外盈屨墻化爲牖人多興讓士亦知方年齡向晏德業彌彰山阿老隱士林宗師木稼呈凶少微韜輝一疾無端遽啓手足此道已矣吾黨何託嗟嗟先生夫豈易得工夫夾持車輪鳥翼階級分明門路端的養之旣厚裕然充積若使登庸經濟有科不朝而山天也奈何窮不素餐多所撰述讀禮有記論心有輯嶠洛淵源治道類說餘外論辨俱裨來學假之以年可期卒業今焉至此痛矣何及器也無似桓免稚弟從叔子學荷先生誨矧我先君學同源派推我二叟洎夫孱老指爲三益比之商皓提攜徜徉講磨道義志合金蘭韻契山水肆我後人情義彌至摳衣半生幾勤提耳每奉宏論不覺心醉逮竊科第喜溢不寐期望過當勗以經綸顧此僬僥豈勝千勻源源拜候笑語相對我老而衰爾强

無怠敬奉斯言庶幾勿墜耶知一夕奄嬰二竪賤疾方苦湯劑未侍俄聞疾華扶曳奔往淺息奄奄遽爾屬纊失聲長號淚下如泉末音未承此痛窮天　國有大慽葬未及時　因山已卜懸壙將治惟玆新役　筵敎申飭文席平日爲我淺惕　漢陵瞻哭汾綍未執公義雖伸私恩有缺玆理征轎敬辭靈室一觴痛哭千古永訣

祭麓叟先生文 壬子

天乎天乎將喪文歟埍翁纔去喪筭未除猶未悔禍又奪先生彼蒼孔昭胡乃冥冥惟我先生間世豪英奎壁毓粹山河鍾精髫齡頴拔聯棣詞圃雄才逸氣侔宕今古有覺鶴翁浴潭餘派樂聞家學早辨內外擧場三選大名將至幡然脫屣弱冠處士

一區鼎峽樹老雲深結茅棲息抱書歌吟睠玆橫溪稍近桑梓於焉卜居偕我伯氏青山繞屋碧潭循砌深衣大帶一榻聯袂伯霜仲雪清標交暎夙夜孜孜志一何永學之不講是吾之憂于古有獲有籍可求上自羲堯下至元明幾許聖謨幾許儒評旁搜廣獵力究深探精粗巨細不漏而咸理氣之妙性情之奧善惡之幾王霸之道圖象源流歷筭奇贏禮家繩尺史林權衡爰暨萬物包括宇宙蠶絲牛毛辨析無繆研究旣深踐履彌篤動靜交養敬義偕立不忘不助鳶飛魚躍制事惟正接物惟恪剛毅方直凝然山立化導攸及蘭薰雨沐負笈自遠信從者衆户簇衿紳巷咽絃誦諄諄說與片片赤心開我羣蒙快若頂針或置綿蕝講習禮儀湖學有科關儒有師匱玉深藏宮鐘外徹黼衣文章鶴書八谷惟其雅趣桂壑蘭汀堅臥不起碩子幽貞迨其晩歲道尊德全藩伯擁篲薦牘登天　御璧題名將以寵擢耶知一疾遽啓手足邦無大老士失宗匠此學誰闡吾黨安放噫噫吾嶺伊關伊洛圃冶相傳晦陶並作正學大明如日中天寒旅旣歿傳習者鮮曾未百年士趨益訛或溺訓詁或騖詞華有出乎此反墮空寂先生之學門路甚的有體有用有本有末博而不雜約而不陋兩輪夾持循序漸就朱門塗轍是遵是守若使登庸可展大手考槃在澗永矢不告哀我民斯奈何不祿抑有事業多在著述發揮大道羽翼聖籍悠悠來世孰其朝暮一髮高山長青萬古器也惷愚如夢未覺況在稚年何足以敎昔我先君早結蘭契追遊徜徉講磨不替小子於是得以

趨拜先生不鄙辱賜提誨執經函丈前後幾載幸被木鐘粗辨豕亥逮我孤露倍切瞻仰源源省侍飮河充量顧此昏庸有負期奬撫躬茫然不覺泚顙昨歲戾洛奔走末職長書短牘敎無虛月事　君報國一心當盡四勿箴中樞機宜愼末復有誠循殫分義拳拳佩服庶幾無墜安知是語遽作絶筆病未將護歿未含襚千里路脩月半承訃東向哭踊淚若川注追惟恩義宜作塚室奈此邦制爾官無法　太廟有事休告未謁只於所次權設環絰遙聞襄樹乞暇來歸馬瘏雨阻行李參差乍到吾境玄宅已閉瞻望新阡已矣無逮尼峀荒凉玉硐嗚咽西林餘慟何日可絶伏哭靈前敬奠一觴靈其不昧庶照余腸

祭宗兄文

我姓嬋嫣二十其世詩禮相傳紱冕以繼公趾厥美篤稟異質
如玉之潤如蘭之馥早登文席銳意文學餘事詞藻弱冠鄕擧
中年廢休匪緣齟齬得失何關良貴自全事親盡孝至誠謌然
色憂方急血指回天於兄弟友於族黨敦待人惟和若飲以醇
胷次雅潔外累寧侵見利如怯無意贏金德行之美古人無愧
昔在師門盛加推娓末俗澆澆孰識其貴可惜孤芳埋沒衆卉
如弟謭劣十駑何及自幼及老聯舍同榻文字相磨疾憂相庇
親雖再從情若連氣蘭亭勝日李園良宵酌酒分韻其樂陶陶
逮余縻職累歲睽違謁告南來公疾已危握手開懷縷縷不停
精神不改語音丁寧尚冀神佑獲尋蘓路那知天理若是瞢瞀
六旬光景五歲猶歉臨絶一言定力可驗于嗟已矣後生誰範

昨歲橫溪二叟帷堂曾未數月公又繼亾家無長德鄕乏良士
我今歸田誰與講肄逌序如流奄見終祥堂宇寂寞音容渺茫
一觴奉奠痛若抽腸

祭舅氏權公文 乙卯

繄惟外氏永嘉靈胄遙遙簪紱貫珠錯繡有覺龜翁晦門高弟
詩禮攸傳寢郞賢宰若曾若玄有材未售謂公當做胡理之謬
恭惟我公天賦孔碩淳雅之氣溫順之德早事鉛槧名藉詞場
卞璞未剖豐劒空藏破屋蕭然蔾糝未繼泊然自守無意活計
不忮不求焉有畦畛處事和緩接物忠信族黨鄕鄰洽然敬服
淸修雅行可礪頹俗誰料一疾遽爾至此何質之豐何命之否
子女成行或喪其耦七旬雖稀在公非壽顧此小子惟一元舅
自我孤露視之如母川道脩濶曠候多時逮縻末職數載京師
南望迢遞神越魂飛只憑風遞時奉手墨辭旨纖悉筆力勁確
竊喜康健暗祝期頤末書乍登訃聲俄追千里遞傳兩月乃徹
爲位祖踊號痛何及謁告無法奔赴未卽昨秋解紱病憂連摯
一周之後今始來哭單杯奉奠淚若泉泄

祭上舍申丈濂文 丁巳

繄公之族維嶺之右玉署曾孫晦堂玄胄厥惟源濬乃厚其賦
風儀魁磊氣像和裕早登文苑詞翰蔚如纔占小試竟屈公車
有義有命得喪何論恬然屛跡偃卧衡門睠彼錦水有師有友
從遊前後義重情厚寔惟同臭奚特潘楊晩遭卜慽燬心摧腸
猶以理遣不至傷生敎養稚孫得紹家聲回看末路惟利是趨

公惟畏避惴惴怯夫名場如夢活計奚顧先廬在邑跡絶公府
蔬糲悅口書史灌心一室蕭然城市山林年齡益尊精力不老
黃冠素髮望若商皓顧余顓蒙詣門供掃講以世誼重之姻好
頃赴湖南歷候牀隅謦欬旋阻札翰連紆每擎手筆竊喜康健
矧伊卜鄰芳約適願胥宇有命掣㝵未赴那知一夕遽爾承訃
龍蛇異讖在今靡爽耆德云亾後生誰仰節彼蘓原青烏載卜
窀穸有期轜車已泊音塵漸邈痛懷難禁一觴奉訣敬伸微忱

祭上舍族父文 己未

嗚呼哀哉鄕運之否歟家禍之酷歟何叔父之奄忽觀化歟其
或厭斯世之溷濁蛻舃而遊玄圃耶抑亦慍奇才之落魄奮筆
而記玉樓耶鄕而縫掖之無所依家而子弟之無所仰爲得不

失聲而長號也哉蓋公之降于世也鍾長庚之精孕奎躔之輝英才逸氣飄飄乎無敵此莫非我湖叟公厚德之積三休翁懿行之修有以毓餘慶而發之也自幼登文房騁詞章蓋已蔚然有雋聲及長游枚叟權公之門機杼色澤又長得一格騷場老措大莫不讓頭卻步人皆謂妙年大鳴者必斯人也不幸屢中鄉擧輒屈於南省至中身而始得蒐捷是豈非氣數之所局耶自是無意應公車人或勸之則公輒曰老入場屋非我志也遂杜門屛跡事四兄盡其愛敬敎諸子課其學業扁其所居之室曰月松齋惟日夕酌酒哦詩於其中以寓清介之趣及遇佳辰勝境輒發之吟詠格體聲律豪爽不苟往往出入於盛晩諸家學詩者頗傳誦焉然而公之意不以是自多晩歲取心經近思

錄讀之曰爲士者不可不見此書深恨其見之之晩而行之未得及時是雖出於家庭遺訓之所流來門黨諸先進之所濡染而其志尙之得正自非末世悠悠者所能及也嗟乎吾諸父凡三十五房而次第零落今只有數房惟公年踰七袠體力猶康出入起居殆與壯年盛氣無異諸子姪心竊喜之惟以期頤爲祝豈料一疾數日遽爾至此耶所居崇朝未聞寢疾之報未得馳候牀下以奉末音承訃之日賤疾方劇又未得躬執襲斂乎日慕仰之情到此而滅絶矣私心慚痛當復如何也明日是公卽遠之日也小齋依舊松月蒼蒼而英標爽論邈矣永隔此生人間其何時而更拜也力疾來哭一卮永訣言有窮而淚不可休矣嗚呼哀哉

祭堂叔父文 癸亥

先子同堂昔有七房次第淪謝公獨巋然年踰八袠精力猶旺孤露餘生竊喜依仰那知一疾遽爾不淑蓋公天質剛毅淳慤謹守家法檢身以禮百行之源惟孝爲大親癠方急刲指灌血支子不祭忌墓輪設凡係奉先必殫其誠推以遇族各得歡情客無親疎來則款接鄕隣艶想孰不歎服一生忠信到老彌篤子夏見之其必謂學今焉已矣奉誨無期叔世滔滔長德其誰日月易邁葬期奄至烏水魚山祖先鄕里願協首丘魂不待招五服臨穴於禮孔昭家有孤孫適感異疾保抱醫治未忍遠出隨紼半塗哭訣而歸瞻望飛旐痛恨何涯逝待霜節一哭墓側玆奉薄奠敬訴悲臆

祭三從弟宗萬文

嗚呼吾門罹禍之慘胡至此極耶昨年冬丹湖堂叔父以長房奄棄諸姪繼以萬始年未老而傾背諸族痛怛有若羣鳥之悲嗚呼豈意君又不淑於數四日間耶君以淳懿慤實之資生於三休五懷之庭習詩書敦孝悌稍長負笈於塤篪兩先生之門飽聞禮義之敎凡所以持身應物者皆有法度能不墜故家風聲如君者豈非古之所謂善人者歟是以自宗族以至於鄕里鄕黨莫不親愛而悅服焉宜其受天之佑永享胡福而才未得一售壽又僅止於中身此何天道耶自君及萬始之歿門內大事無人主管如我老敗者涼踽忒甚如失左右手今吾之所以失聲長痛豈但悼其死而已耶君之入地也適有身病未能臨穴

而訣俛仰之間倏已歲一周矣墓草已宿幽明永隔此生人間將何時更接也已矣已矣痛哉痛哉

祭孫進士警彥 世鐸 文 甲子

昔余成童始遊鄉學與公相遇同事文墨雄雌聯甲卯酉成列逮壯而老情淡誼密每與相對吐露心腸公能知我我知公詳葢公資地本來淸眞處事精審接人和溫劬書劇炙夜以繼晷傑步騷壇能執牛耳一擧搴蓮以悅春闈故家遺風公實繼之顧公所蘊匪小而大公車未試仙骨遽蛻屈指行年纔五十九宜豐而嗇理又何謬余於是時遠在西陲千里聞訃且驚且疑及其來哭但有虛堂我琴已破孰我孰洋終祥倏如萬事已矣一觴來侑有泫其淚

祭十三族兄獻吉 夢陽 文 乙丑

嗚呼哀哉昔我師門塤篪並起講明道學啓聾醒醉厥有一弟維公之賢質淳而慤志確而專夙染化導如水得渠謝絶場屋沈潛禮書疑文變節必辨必究質諸伯仲輒被奬誘循繩蹈矩老而彌篤張之定安呂之子約藩伯聞風黨墨登 陛嗟世不公其誰掄擧顧玆溪壑久矣蕭索公乃惻然自野還泊汛掃臺壇培護松篁哲人遺墟賴以不荒耶知一疾遽嗇遐筭林巒如失朋舊興惋矧余癡弟齒肩隨列粤自丱紒同侍丈席對榻聯被晝永宵闌親爲袒免契若金蘭及此同衰互祝無恙門內大事可以商量架上遺集可以編摩今焉已矣誰與講磨此生凉踽倍增傷怛致宜奔哭葬宜臨穴柰此賤疴沾滯兩朔情義俱掃愧痛曷極玆薦薄酹並齎以文一掬哀淚付與歸雲

祭再從弟明彥文 丙寅

嗚呼痛哉君之逝何其日愈多而痛愈深也天之賦君也厚而報君也薄凡在知舊莫不慨惜齎咨況我骨肉至情爲得不摧心而失聲耶夫淸粹溫雅不剛不柔君之質也孝親封指敦族盡心君之行也摛藻精麗處事明斷君之才也宜其永享胡福而以身名則屈而未伸矣以產業則貧而屢空矣以年齡則中身而未老矣無端一疾遽爾不淑是何厚其賦而薄其報也余自髫齡與君連墻而居並榻而息以編簡筆硯相琢磨矣及其移家而入峽也又能源源來往深有卜隣之願親雖爲再從而情實同氣若也豈意今日老者尙全而未老者先逝耶君之入

地也余適患瘡疾未得臨穴而訣今於一周之日又此病頓遠外未得奉觴而哭此心痛恨寧有窮耶嗚呼墓草已宿音容漸邈白首人間將何以爲懷也髑處凉踽無與晤語只追念長慟而已尙何言哉嗚呼痛哉

祭族嫂仁川李氏文 戊辰

猗嬰巨族蘭蕙美姿結褵于歸極盡婦儀夫子有疾數紀沈綿晝夜憂泣澡身祝天簞瓢屢空鼎爐備購竭誠調護竟獲神佑雲林茆屋琴瑟以樂祗修內政密贊乾德不幸晚歲杞城遽崩一遵遺法如墨如繩本宗祀絶遂奉祭奠辛勤立後猶自不變旣貞且孝壺史無對允矣淑德君子賢配昔余幼稚早登師門嫂氏撫恤三載其勤平生戀德銘在心臓自我哭寢尤切慕仰

年踰八袠精力尚旺方祝期頤胡遽屬纊饋堂户庭益復淒凉
追惟往事痛懷難量卽遠今夕淚若泉泄單杯哭奠千古永訣

祭妹壻李大受 命厚 文

惟君先德奕世簪紱詩書翰墨君之業淳雅慈祥君之質嗟行
誼見服於菁莪奈身命終晦於蓬蓽自我弱冠與君爲姻執簡
編而相磨勵信義而交親雖吾妹不幸早殞猶舊情愈久如新
阻山川而懷想憑札翰而傾倒方冀盍簪之有時胡遽屬纊之
來告在昔聚散之際尚且悽黯及今死生之隔豈勝痛悼至於
甥女之殉節實是壼史之罕覯在渠心固安一死而吾腸已斷
九曲想君不昧之慈情其必飮泣於冥漠睠彼窀穸已啓聞君
轜翣將詣顧此貧病之殘骸未遂臨穴之素計奉薄酹遠致微

誠惟明靈庶垂臨睨

祭李進士安卿 如迪 文

璿源寶派振振麟定孝寧一枝玉葉尤盛宗班旣盡繼以科名
有覺瓶翁閒世豪英上泝六籍旁涉百氏博識弘量展也不器
有遺胤四公居其季溫雅之性明秀之氣早承庭訓從事文囿
藻思泉湧筆勢風驟騷壇建幟老將袖手沼蓮纔折蟾桂可取
屢應公車竟閼鵬翮時乎使然才豈不足寒廚茹蘗曾不隕穫
江山古宅詩酒自適晩雖有疾尚喜神旺將護得宜勿藥是望
凶音遽至神理奚忒六十光陰在公則嗇顧余於公齒爭二歲
粤自角丱早結蘭契我服公淳公忘我癡或聯書榻或隨禮闈
情深誼篤皓首難諼每當會晤倒廩傾囷某水某丘芳蹤有約
此計未遂遽爾趨哭靈帷瞹然眞範莫接追惟往事哀淚承睫
只緣病魔一酹尚闕終祥奄迫几筵將撤雖欲强赴奈此癃伏
代手薦觴略伸悲臆

祭金振伯文

上之二十五年己巳四月十八日乙未烏川鄭重器將詣故友
霽山翁金兄振伯靈几之前一慟瀉臆而行李旣戒病作不能
起謹齋炙雞絮酒倩執事奉奠於其行也哭而送之曰嗚呼哀
哉天胡賦兄以美質而不假以遐壽胡又畀之以不世之榮而
反繼之以非常之禍耶使其學旣優而未試使其才將展而還
挫此所以同志之士失聲而長號雖未識面者亦莫不齎咨其
而涕洟者也嗚呼兄以藥翁鄙老之餘休鍾河嶽奎璧之秀氣

溫乎若蘭蕙之芬菲瑩然如冰玉之明粹幼而從事文房蒐獵
乎書史長而摳衣丈席泝洄其淵源叩扃鐍而研賾精微循繩
墨而立定脚跟惟其識之博而行之篤至於文詞之贍麗筆翰
之精妙是兄之餘事果見鶴唳之上聞乃有 旌招之沓至
清閒乍罷於宣室祥雲更奏於金腸豈獨兄爲親養而屈哉蓋
亦不欲處山林之名而以常調自放也 天顔溢喜於得人
宸翰寵錫乎來汝擢置柏府之邇班優納皀囊之苦語欲備乎
經席顧問又進之玉署論思是必能輔 聖德而責治道衆
皆謂得天人響合之期豈料辭免之一章反惹桑磕之駭機惟
先師稷卨至寃宜門徒攀幡以報胡爲貝錦乎萋斐欒擠人於
擭罟桁楊酷而不撓瘴海惡而愈憺在兄一事之義顧何憾哉

二二

彼讒人者噫噫亦甚矣尚荷　聖鑑之垂憐竚降金鷄之　恩宥若得返故里而自便可以引後學而成就誰謂凶問之遽至竟使此望而未副櫬舟返而沈浮江水爲之嗚咽此豈章子厚所爲哉實吾嶺運氣之關鬱嗚呼余本無似兄不鄙夷自弱冠而始交暨老大而相隨結金蘭同心之契荷蓬麻相資之益雖以山川之阻罕接顔範每於簡牘之來輒露肝膈及夫南遷多年不圖鵩舍一過弟緣哭子而添病無由跨鞍而涉遐況又山居僻而鴈使絶音聞又不得以嗣續只冀　賜環之有日更得盍簪而論學嗟乎人事之難必已矣冥途之永隔遺經將誰與之講明至理將誰與之辨論山水之絃從此絶矣自不覺號慟於寢門始料迎柩於江氾其奈後時於偵矚因以病魔交張尚

梅山集　卷之七　二十七

闕几筵一哭今當祥朞之將畢又靑素車而還停茲敢緘辭寄酹以道此悲恨惟明靈尚有以鑑聽也耶嗚呼哀哉

祭再從姪一鎭文 甲戌

嗚呼哀哉天之生君也若有意焉而死君也何其太遽也君之事親之誠奉先之禮愛恤同堂之恩可以振家道範後生矣聰敏之才該博之識出入經史之文可以占科第取大名矣宗族之所倚仗士友之所期望爲如何哉而一罹麻疹壽止四十天乎鬼乎胡忍肆虐於斯人也二孤之稚弱者無所怙矣諸少之蒙蔀者無所啓矣安得不摧心而喪氣耶況君自童年從我問字及我入峽之後亦常往來講疑其所以致敬愛於我者無所不至而君之歿也適赴　拿命不得撫尸而哭其葬也又滯病席又不得臨穴而訣是則君能視我猶父而我不能視君猶子也寧不愧乎日月如流終祥奄迫自此萬事已矣昔日講討之樂當何時更做也南望揮涕只怨天道之無知也嗚呼哀哉

祭朴天壽文

世入衰季人品益下或趨榮名或耽財貨汲汲營求多喪其志孰如吾兄始終無累性質淳雅心界清靜忠信簡默與物無競文詞旣富猶懶進取甔石屢空無意生計安分守拙任他閒澹有詩我詠有酒我飮于于於於太古意象大音自希俗耳誰賞惟我同社髫齔故舊師門接袂墨場攜手肺肝相照白首靡諼那知一疾遽奮七旬一哭虛堂哀淚霑裾跳丸易走几筵將除此生人間已矣難覿玆將薄酹略伸悲臆

梅山集　卷之七　二十八

祭族叔三十五房碩憲文 乙亥

繄惟我鄭詩禮之門魯村儒行湖安忠勤亦越三休繩敎貽則惟公美質實露餘澤孝悌爲本劬接學圃詞吐月露筆灑虹霧屢占鄕解輒屈南省糟糠不厭安分守正忠信謙謹與物無競德尊鄕閭儀範宗黨七旬未滿一疾難醫先行零盡後生何依長房已空祧廟無主墓碑雖斲誰復鐫竪言念及此膽墜喉塞流光易逝練期奄追清儀漸邈萬事皆虛伏哭筵前有淚漣如

祭權子厚文 丙子

嗚呼君之厭濁世而長逝者倏已再周年矣其不復返矣乎溫潤之資孝友之誠持身敬謹之則接物忠信之德巖居貞靜之風洽然爲士友之所艶仰以至聲動纊衣名徹　九重則聞君

之逝而痛惜焉者公義也君之慈闈卽我再從姑而君與我爲三從弟兄年旣相近趣亦相似少而聯翩於翰墨之場老而追逐於水石之境情志之密切殆若功緦之親金石之交則念君之逝而涕洟焉者私分也以公以私俱宜造靈室一洩悲緖而年老矣病篤矣欲行旋停輾轉遷就今於撤筵之日又未得遂意此恨人間將何時可休也東望高樓林巒如舊而幽人閑雅之度不可得以復見平生並遊之樂不可得以復續已矣已矣慟哉慟哉

祭宋進士定夫文 丁丑

嗚呼哀哉弟之於公卽內外再從也年相近趣相似自王母在堂之日先人杜門之時迭相往來歡娛又與之談經史礪志業

知公之濬者孰有加於我哉英明之資孝友之行贍富之詞雅潔之操已自卓出於世而纔得小科又捷別試仍遭杖期之制遂不應公車盖公早有廢擧之志而迫於親命至是而始脫略矣自是專意爲己沈潛性理書以撥輿旨抄節退陶書要語常自玩繹又能反求自省以爲收心檢身之方是豈俗儒輩貿櫝遺珠者所可窺測哉如弟愚陋每荷公奬勵常欲一會于中間山寺爲旬月講討地而喪慼憂病互相牽掣終未得一遂此計而遽至於斯也其視古人千里命駕之意寧不赧然哉音容一閟燧火已改一場歡敍其在何時只當以泉途爲期耳尙何言哉嗚呼哀哉

誄文

誄李都事叔通奬文 戊午

嗚呼叔通之歿其眞耶始聞也驚且訝旣而其從弟以葬月日告其果眞矣噫天何瞢而鬼何毒耶盖叔通以　玉津餘派孕得奎璧之粹又承賢父祖文雅之敎力學不怠詞翰瞻麗自髫齡已譪然有雋聲弱冠占小試又六年取大第猶不樂仕進累歲閑居益究性理書以博其識趣人皆謂鑾坡玉署是叔通平地前路而標牓錮人銓選不公始補槐院終止於騎省此豈所以處叔通乎昨歲湖幕之行在叔通已爲螫蠆而卒以疸疾促其壽得年纔四十二何命之窮也況叔通歿未幾先處士府君以儒林雅望又忽棄世酷哉是奚特李氏禍耶近年來嶺運屯邅諸耆德長弟淪謝年少才識之士多早殞不顯今叔通非不

謹疾而又至於斯庸非天歟不佞與叔通再相遇於洛中一兩語已知其有奇蘊心竊愛之而川途夐闊未得源源盍簪特其相與之念寤寐未嘗舍也今其已矣寧不爲之潸然耶其堋也義當有相紼語而不佞罪大惡積神降之罰數旬間連喪長子若冢婦斬制在身心肝燬盡無情況暇及於鉛槧今於葬畢後始以若而長言敘舊誼以歸之嗚呼悲夫

墓誌銘

從叔父宣傳官鄭公墓誌銘 并序

公諱碩祖字汝承貫迎日鼻祖諱襲明高麗樞密院知奏事忠直有大臣風自此世爲卿宰麗末移居永川郡入　國朝有諱光厚官至工曹判書三世有吏部郎曰從韶師母舅李大田甫

欽又三世有 昌陵丞曰允良遊退陶李先生門皆有大名是
生諱世雅以進士爲壬辰義兵將有復城功讓人不自居 朝
廷以爲賢授黃山察訪後 贈兵曹判書寔公高祖也曾祖諱
宜藩生員隨父戰雞城翼父而身死之 贈左承旨祖諱好禮
海南縣監考諱時僑從仕郎有孝行文雅早殞不顯妣月城崔
氏進士東岦之女 孝廟壬辰公生于郡北仙源村容資英秀
性又慈祥通敏受書曉大義年十四遭外艱又五年而居內憂
皆殯葬如禮旣闋制理家業不墜撫二弟一妹極友愛嫁娶不
愆期人皆謂非弱齡所易能丙辰 國家大選武材書生多投
筆伯父從仕公命之曰汝父蘊詞翰未售而夭理宜發於汝今
若占此科亦足以慰九原文武何殊焉公乃强起應試出自文

房一未嘗操弧矢而入場啓轂無與敵者遂準格登第時年二
十五宗族勸之仕公嘗一赴京師見人覓官者多奔走權門乃
掉頭曰今吾二親俱不在吾誰爲而爲此狗苟態乎遂下鄕己
巳九月始以宣略階授宣傳官本廳右僚例使新進爲鬼服戲
困辱無不至公以禮致遜不作鄙褻樣僚案敬憚焉適出遊郊
外有一銀囊落在馬前丘隷欲收之公嚴訶不令取時有相識
者聯鑣在後曰何太廉也公笑曰道不拾遺非 聖世美風耶
十一月奉 內旨巡檢西路烽燧未幾進階定略十二月忽染
痘疹從兄碩明適在邸舍竭力醫治而證漸危以是月十二日
不起得年纔三十八西銓長佐聞而惜之曰 朝廷失一良將
材矣賻恤特優本廳還給公所納禮錢盡其數諸僚友皆臨哭

親殮至酹衣以襚出貨財相助者亦多翼年正月仲弟碩祜奉
柩南還 朝家給沿路擔夫文武官哭送於都門外者咽街不
可計三月壬子葬騎龍山負壬原西距先從仕公墓十餘步許
配宜人李氏籍系星州山花先生堅幹之後曾祖曰晩生祖曰
繼胤考曰而樟進士妣靈山辛氏郡守礎之女宜人和柔有婦
德年二十二歸于公後公十七年而歿享年五十八祔于公墓
後數步許公有二女無子以仲弟碩祜之子重善爲後及公歿
甫十一歲能執喪如成人二女適孫是雍權涞重善有二子一
鎭一鐄一女適金應元孫是雍三男命祿命勖命決四女壻權
㵾崔慶霖黃世錫徐鍊權涞無後嗚呼公顏色數腴神采秀朗
與人無畦畛奉職事惟謹薦紳間觀者輒以好男兒目之耳將

大見用於時屛翰我 邦家而竝仕未數月一疾焉夭閼彼世
之腰金頂玉擁高牙大纛行號唱於閫外者抑何人哉倘所謂
天理者非耶今一鎭僑而孝懼先德無傳囑余銘余不敢辭銘
曰
干城也而未試驥騖也而無壽世旣絶而紹其將錫永祚于來
後

先祖成均館司成府君墓誌

公諱從韶字可貞貫迎日縣上祖高麗樞密院知奏事諱襲明
有文章經術事仁毅兩朝勁直不見容事在史氏記後六世皆
登第躡顯仕或至卿宰七世而有諱仁彥典工判書居永川郎
文忠公圃隱先生諱夢周之叔曾祖也是生諱光厚仕我 朝

爲工曹判書葬郡東元堂里負震原配益陽郡夫人李氏葬郡西唐旨山負坎原寔公曾祖考妣也祖諱瑋文科司正配宜人徐氏並祔先夫人墓前考諱文裔生員靈山敎導有詩名妣孺人永陽李氏副司直玄實之女大田先生甫欽之姊也並葬郡北三歸洞子坐之兆公生於郡北大田村第一峯下幼容姿秀朗聰敏有英氣從母舅大田李公受學文藝夙暢同門者莫能及年甫舞勺讀書于公山銀海寺時尹公統以旁郡太守來遊騶從冠蓋甚盛公率伴童鳴小鼓曰山堂晩到在古風有罰尹公佯怒曰汝以小竪子敢侮長者若能作詩罪可贖否則當撻汝矣遂占韻督賦公操筆立就語頗驚人尹公嘖嘖稱奇竟以其女妻之正統丁卯春登文科補成均學諭是秋捷成三問榜

重試　英廟方重文學此科極一時選爲搢紳所榮大田李公獻詩于敎導公以相賀成公旣爲榜首朴公彭年李公塏柳公誠源亦在榜中公遂與定交硏經籍礪名節結爲莫逆契旣去館歷敭臺府遷吏曹佐郎世皆以公輔器期焉乙亥　端廟遜位及六臣獄起大田李公繼戮公益無意仕進而第以親在之故恐禍延庭闈緘口囚舌不敢露崖岸　朝廷屢除諫憲職公輒託疾固辭及授郡符則以親命黽勉赴任爲便養計而非其所樂也歷義城榮川醴泉咸陽等邑多不久棄歸而所到皆有聲績其在榮也凡所設施動合繩尺恂恂以奉上煦煦以愛民侃侃以嫉邪不期年而政通人和於是乃以餘力增建樓院以迎使華一毫不以勞於民費於帑雖在郡朝者不知有是役又

作鄕序堂每於佳節延鄕父老及大夫士行鄕飮鄕射儀與之習禮讓敦風化且聚里子弟才俊者使讀書游藝於斯勸課不少懈仍著鄕規若干條爲永久遵行地又撰郡誌記古迹以垂後郡中翕然佔畢金文簡公嘗記榮之小樓曰是邑賢守表表在人耳目者惟河浩亭洎崔公元濡鄭公習仁三人今守烏川鄭先生亦其齊驅者也觀乎此可徵公莅榮之治而於義醴咸亦皆用是法其後並見錄於各邑名宦今於輿地勝覽可考也辛卯爲全羅賑恤使從事官後除成均館司成蓋末職也宗孫漂泊家牒不傳生年卒歲無由考諗前後履歷次第皆莫之詳遺文亦散逸只有詩四篇二書叅跋各一儘典雅有法兼又健麗宏博實有經綸之具若使任宰樞登廟堂則必能做大事業

垂名竹帛而不幸阨於時不得少展其所蘊庸非天歟其志潔其迹危其行苦隱忍沈晦以求無詒罹於親而顧其守於中者終始耿耿也何秉心之艱哉孔子謂柳下惠少連降志辱身矣言中倫行中慮知此義者可以見公之心事矣葬在元堂里艮坐坤向之原卽曾祖考判書公墓右麓也淑人尹氏祔上下相去十步許尹氏貫平山父統官至參判云公有三男一女男長以揮長水察訪佔畢翁稱爲詞客多與之唱酬葬三龜洞生員公墓下次以儋銓郞捷重試止校理次以諶文持平女適權欽祖察訪生五男長次諄直長次曰次誠次諧並無後次曰次誠次謹校理生五男長公徽庶尹次公虔僉正公弼郡守公淸縣監公藝參奉以諶生四男公英公傑公俊公亨曾玄以下寢益

蕃今雲仍見存者殆至二百餘人而郁墨簪冕迭不絶其名德最著者次謹之子參奉允良孫 贈判書世雅曾孫 贈承旨宜藩玄孫文牧使好仁公徵之來孫統制使后亮公弼之子佐郎昌武曾孫獻納維藩公藝之玄孫承旨繼胄其餘庫官小科不可盡記

堂叔父從仕郎鄭公墓誌銘 并序

吾鄭貫迎日爲海東大姓鼻祖諱襲明高麗樞密院知奏事以直道匡君爲幸臣所讒事在國乘後數世移居永川自知奏公至十一世孫司成諱從韶連以文藝取科第登仕籍而其間四世卿宰一世小科間二世而有諱允良參奉遊退陶李先生門諱世雅察訪 贈判書擧義旅討倭有功諱宜藩生員 贈承

旨以忠孝殉身諱好禮縣監有清德碑是公王考以上系也縣監公有三子其仲曰從仕郎諱時僑文雅孝義服於衆早殞不顯聘月城崔氏進士東嵓之女生三子公又其仲也公諱碩祜字汝厚我 孝廟丙申四月二十三日生于郡北仙源里第十歲遭外艱十六遭內艱零丁孤苦幼旣失學稍長能自奮厲習書史不怠文理漸暢性本淳慤又能謹守家法父視伯兄母視丘嫂事伯叔父曲修子弟職有疾則晝夜不離側於宗黨恂恂敬遜慶弔未嘗闕處事寬裕與物無競無論親疎貴賤一皆款接無絲毫矯飾態以此人莫不懽翕於儒宮尤竭誠釁任校院長貳綜理如家事臨臯之建門樓也薦公敦事公以本院是先祖所刱遂自擔夯不耗貲而訖功平居簡默未嘗言人過失而至於大是非處輒剖析不糊塗少時嘗赴道內士會適有爭端衆皆囂嚷不能決公直據理明辨黜其强而枉者多士服公正見擯者亦不敢怨及爲臨院洞主以爲近世除講取士大違二百年學規不可不亟復衆議頗譁肰公正色曰立院之初先輩定學規鏤板揭壁此規若未復此板可撤也遂以二書設講試取一如舊規自此不學者不得進識者韙之晚歲杜門養精以書冊自娛不復干涉外事士流敬重推之以長德嘗以叔父護軍公任補從仕階丁酉三月二十九日以瘟疾歿于正寢享年六十二是年九月二十二日葬于郡北龍花洞負坎原配孺人權氏籍安東 本朝領議政醴泉伯文節公仲和之後高祖諱克立 贈參判與旅軒張先生卜鄰于立巖水石間卽所謂四

友之一也曾祖諱對以壽授副護軍登旅門有行誼祖諱尚敏考諱稱妣月城孫氏忠義衛俅之女鷄川君襄敏公昭之後以乙未九月五日生丁未十月二十二日終柔惠有婦道明年三月十日葬于騎龍山夏泉洞負壬原西距舅姑墓十餘步許大叔宣傳公長姒李宜人墓在後生三男一女男長重憲次重善爲伯父宣傳公後季重玉女適成德徽重憲生一男一錀二女權潛任貞大重善生二男一鎭一鑽夭一女金應元重玉生一男一銃成德徽有一女適郭 昔我先君子與公爲同堂兄弟每日夕談笑之閒披古書講討小子得以供灑掃久矣今公歿已過一紀而迄未有玄石之刻一錀等以余瞯公言行詳責其役甚勤情不敢辭遂以銘銘曰

既忠矣旣信矣而不撓其守也斯焉得不臧乎宜見推於章掖之藪也

孝子花山權公墓誌銘 幷序

古之死於親者或衝兵或蹈水如卞氏子曹娥之倫固磊磊乎卓矣是皆於其親所在卽致死焉耳若親旣歿而致死於神所在者閱窮宙無聞焉余於處士權公見之矣公諱穆字淡沖系出安東麗太師幸其鼻祖也世襲圭組至文坦公漢功以文章致位輔相有子文節公仲和亦 本朝領議政醴泉伯其曾孫司正鈞娶永川之李遂移居焉是公六世祖也曾祖諱克立贈工曹參判祖諱對以大壽補護軍從旅軒張先生于立巖卜鄰承化導大被師門奬許其子孫法象之尙今敦孝悌守禮義

云考諱求敏妣一直孫氏進士沆之女崇禎癸未生公于立巖里第自幼恬靜寡慾誠孝純篤旣早失嚴君常懷至痛遇諱日必變服謝賓處以喪禮鼎俎籩豆皆躬執以自辦事母夫人極其誠晨昏溫凊無不謹家素貧自身藜褐常不給而庋閣間滋味未嘗或匱出外見珍果美羞輒齎歸以進之尤以承安樂志爲重嘗失牛恐貽憂念戒家人勿告及其弟作土室已敵代之曰汝若失業何以慰母心乎於親表鄕黨亦莫不曲致款款人有善則樂道之亦未嘗言人過惡廉介自守不以薄物干人雖待糴擧火而鄰有飢則與之分饑歲流丐盈門至或推前案哺之其忠信慈祥多類此丙戌冬母夫人寢疾公晝夜扶護親煮粥泣侑及歿公已年踰六旬而白首號踊踰禮執喪嚴苦殆有年壯所難堪者以此柴削若不能支見者感泣戊子春家偶失火頃刻延及廟若殯時兩弟皆適外獨公在服舍驚惶先趨廟奉禰主而出赤炎已周繞殯宮矣遂疾聲號天冒烟焰躍入而不復出家人撲火救之則雙擎跪伏衰絰盡灰而惟主櫝著在脣臂間粉面無烟痕若非公一片苦心專在數寸板而都忘吾七尺軀則死生危急之際其能抱擁不墜以全保於煨燼之中哉是日卽閏三月二日何其與子推同月耶豈大火心星欲彰二人之節故揚其熛歟嗚呼其異哉鄕人以事報郡家特捐廩致賻得以是年某月日葬某山某向原遠邇諸名勝多操文爵酒亦或作詩以哀之後數年繡衣方岳相繼狀 聞至癸卯冬始 命旌門行者必望而式之公娶月城李氏益吉之女生男

二女三男得常得胄女適閔應奎李玄徵徐至濟夫人子報本之道在禮經備矣初終始設重至虞以桑主易重將練又易之以栗而每易必埋之至春秋新宮火則只三日哭而止由是觀之祠板之於親軀其輕重較然矣而惟公則以爲是板也吾母氏魂氣精爽寓於是是亦一母氏也母焚而子不救可乎直趨入烈火燼其身而不悔此非孺慕至情事死亡如生存沒有得於聖人祭如在之義者乎彼蠢然死其親而忘孝者將何顔過公閭哉扶名敎爲後世勸其在公乎公歿之四十一年公之胤得胄以吾先君子嘗誄公屬余誌玄石余以非其人辭者三終不許遂敢略加撰次仍念我高王父亦嘗殉孝於戰今於是役烏得不涕泣嗚咽也銘曰

世降而季民多喪彝親存鮮慕親歿易遺孰若權公存歿一誠
投炎燹體以安尊靈烈乎奇哉孝思維則凡爲人子于此墓式

先祖工曹判書府君墓誌

公諱光厚本迎日縣人鼻祖諱龔明高麗樞密院知奏事有文
章經術以直道輔毅宗卒爲讒佞所構不容於朝事在國乘是
生諱變均衛尉注簿同正是生諱謙牧內侍注簿同正是生諱
麟信太學博士是生諱之泰典書是生諱宗興進賢館大提學
是生諱林版圖判書是生二子其長贈開城尹諱仁壽乃圃隱
先生之曾祖也其季典工判書諱仁彥郎公之考也居永川郡
南錢村圃翁亦生於郡東愚巷自迎徙永其在版圖公以前歟
妣郡夫人鄭氏實異貫也公以至正甲申生於錢村之第家牒

云文科而未的其某榜筮仕履歷無由徵考今以可據者言之
則洪武辛未籍曰前尚州牧使其辛未是勝國末年進通政陞
嘉善政在　聖朝受命之後矣曾孫從韶試券封彌曰曾祖嘉
善大夫檢校漢城尹某公之晚年遺書自署曰工曹判書嘉善
大夫某遷除先後不可辨而嘉善八座益極望超擢也當是時
也兩親俱無恙而圃翁殉節二弟並戮門户蕩殘如秋霜一葉
召命去就間禍福判矣公雖不自愛豈可直行己志以陷親
於大何乎公之所以屈義伸恩抑有見於程夫子可徐庶之意
乎公年七十二有遺書云而未得其屬纊之歲則壽算幾何亦
未可知也墓在郡東元堂里卯龍酉向之原配益陽郡夫人李
氏典理判書厚龍之女墓在郡西唐旨山釜池內南向之原有
三男長曰瑋司正墓在益陽郡夫人墓下次曰璠次曰瑛縣監
瑋生三男文畜生員敎導文繼文孫璠生二男文治文飾瑛生
三男文備文達文彧文畜生五男長從韶司成墓在公墓白虎
負艮原次歸韶次至韶學諭無子次致韶文科佐郎李依韶文
繼一男鄰韶文孫一男旅冏文治之四男夏臣繼臣鄰臣末臣
及文飾之一男玉仝並數世而絶文備一男卿繼文達之二男
麟孫貴孫並無後文彧三男從夏副使從殷進士並無後季從
周自此漸益蕃今至四百餘人而冠冕迭不絶在玄孫察訪以
揮弘文校理以僑在五世庶尹公徵郡守公弼縣監公清縣監
允湜在六世監察昌文佐郎昌武察訪麟厚監察麟祥縣監仁
槩在七世察訪　贈判書世雅縣監義臣郡守虎臣禁府都事

湛郡守　贈參判大任文科正郎三夔在八世訓鍊院正應瑞
生員　贈承旨宜藩內禁衛將守藩獻納維藩　贈正郎碩男
府使信道縣監亨道府使就道主簿良弼大君師傅克後洗馬
四震文科縣令四溟在九世縣監好禮文科牧使好仁承旨繼
冑縣監嗣明持平承明其餘微官小科及十世以下煩不能盡
記玆豈非積善之餘慶歟

忠義衛月城孫公墓誌銘 并序

公諱是構字述初其本出自大樹長賀羅祖始受姓其後世有
曰順以篤孝著事載之史入我　朝亦世纓簪紱至諱昭策敵
愾勳封雞川君謚曰襄敏公有子諱仲暾長銓曹參政府襄毅
月城易名景節晦齋李先生以其甥哭之曰弘大剛毅德盛行

尊此其傳信語也其曾孫曰時訓鍊判官是生諱宗賀中部參奉是生諱鈛是生諱汝稷娶牙山蔣氏釣耕處士文益之女以我　孝廟甲午生公于慶州良佐村舊第自幼聰敏善記七八歲受學于王父公讀數過便誦王父公期待之甚遠而父公洎母氏俱有奇疾積歲沾滯公常晝夜扶護不能刻意佔畢然才銳志篤詞翰亦漸就雖應擧不效躁競態終不以得失爲意癸未冬忽感疾乙酉遭內艱哀毁甚自此疾益痼至戊子七月四日屬纊于正寢得年五十五是年十月壬申葬于興海上達田負亥原家塋也公平居敬奉先善遇族接人以誠御下有恩此皆公踈節而惟其親癠灼心悄悄然不翔不矧三十年如一日無餘力可劬書以求成名是知本末矣介潔自守安儉素不樂

紛華有一權貴謫近地要見而終不往夫以忠勳嫡孫應列世祿之班而卒蓬蒿而歿者職此焉耳又何其恬哉配花山權氏龜峯先生德麟之後從仕郎仲增之女生三男四女男孟杰中杰三杰女長適進士李龜煥次李憲翼都顯謨權萬銓孟杰有三男二女男應九徵九奉九女朴成相崔宗謙中杰一男範九三杰二男翰九纘九公歿之三十一年孟杰以重器爲戚晜弟督令誌其竁重器以犬吠辭者三而終不獲銘曰

樂只令質冉穴遺毛艾而未耆厥衣維褎不于身贏其後也昌勿毁勿夷良士之藏

孺人花山權氏墓誌銘 并序

孺人權氏卽忠義衛月城孫公諱是構之配也權氏之先自太師幸得姓簪冕奕世蔚然爲海東巨族至我　世宗朝有左議政軫兄弟皆大顯其文科寺正曰軺亦其弟也寺正六世而有諱德麟從學于晦齋先生卒早逝官至騎郎號龜峯是生諱曰士毅　順陵參奉是生諱應生鎭川縣監是生諱佸司饔院參奉是生諱仲增從仕郎娶月城孫氏處士宗啓之女以　顯宗癸卯生孺人於慶州安康里第孺人柔婉靜默不以喜怒形諸色甫過十歲喪慈母爲外祖母所取養及長還本家事繼母如所生敎諸姨俾盡女行辛酉歸孫氏事君子敬且順無一事違旨時王姑鄭孺人年踰七旬而舅姑皆寢疾累歲矣孺人以新娘子竭誠奉三闈忠養備至供祀事理産業亦井井有頭段鄭孺人每嘖嘖稱賢過先忌雖遠代必食素旁親亦如之至老猶

不廢於子女雖愛而必嚴敎於奴僕雖有過而不大聲詬詈鄰族有飢則輒周恤之聞人之死則亦傷悼不樂蓋其慈惠之過人有如此者癸丑春經毒瘟因癃瘁成疾丙辰九月二十七日終享年七十四翌年正月十七日葬于永川郡東五坡里丙向原距夫子達田墓幾十里有三男四女孟杰中杰三杰其男也進士李龜煥李憲翼都顯謨權萬銓其婿也孟杰三男二女男曰應九徵九奉九婿曰朴成相崔宗謙中杰一男範九三杰二男翰九纘九孺人與重器先妣爲再從姨重器一再升堂豔仰淑德久矣今孟杰請記幽宮情不敢辭遂以銘銘曰

于嗟賢婦居此室厚夜千年安且吉

處士月城崔君墓誌銘 并序

辰韓末有六部長戴羅祖受姓其一曰沙梁卽崔之先也入我
朝有曰汭司成得濂諱名七世而有諱震立仕　仁祖朝以
淸白擢拜亞卿丙子之亂殉義於駒城陣中　贈判書謚貞武
祀之崇烈祠事在名臣錄生諱東亮龍宮縣監生諱國璿司饔
院參奉生諱仁基娶廣陵李氏士人周禎之女道村先生集之
後　肅廟辛未生君于漆谷梅園外氏家君諱承祖字聖述甫
成童父公寢疾君侍湯不離三年如一日及卒執喪如禮弱冠
母夫人遘癨疾君未經疸諸父勸少避而君守不去夙夜祝天
旣不諱殮殯無憾旣而君繼染證甚劇卒瘳人皆謂神佑君以
未終養爲終身痛奉祭祀必誠滌器具饌常身莅致蠲潔遭外
祖母喪襲殮葬祭併自備辦至驚土以足之與弟妹友析箸必

均得一味必分每晝夜團聚及仲弟歿撫孤姪特厚於妹則悶
其貧另加周恤雖金帛牛馬亦不惜性沈默恭遜不言人長短
或有忤己者亦膠口不與之爭客至無論淸濁炎凉一以誠信
款遇喜與親戚朋舊酌酒懽娛而飮未多輒醉醉輒取枕而卧
終日牢睡於傍人諠譁希然若無聞壬戌八月三十日孺人鄭
氏以瘟疾歿旣殯君出避俄又染以十月十一日終享年五十
二翌年三月十六日葬于州南冷井洞向丁原鄭氏祔焉鄭氏
系籍烏川曾祖諱好禮縣監祖諱時諶大護軍考諱碩進宣教
郎妣高敞吳氏處士益勳之女丁卯生於外氏家柔順靜淑素
有婦行壬午丁內艱就育于王母宋夫人所庚寅議親于君將
醮君遽罹憂待闋制合巹宋夫人遺命也時舅姑已歿無所致

孝惟盡力於祀事撫小郎小姑如子女嫁娶及時資幣踰例待
諸姊有恩理産業恤僕隷亦有法念家親鰥而貧隨時獻滫瀡
絺褉及歿出財助葬祭於家弟亦頗濡潤之其篤於孝友如此
有三男二女男宗謙宗漸宗晋女長適趙復慶李來舜孺人卽
我從妹也宗謙以吾知其二人事詳令誌其壙銘曰
良士瞿瞿忠賢有後旣孝而友胡嗇其壽厥有賢配偕逝同穴
地下千秋永友琴瑟

崔聖寬壙銘

崔君承裕聖寬其字受姓有源自沙梁始閱羅曁麗世居東京
本朝有汭國子司成七世震立亞卿殉節謚以貞武光炳日
月有子有孫以蔭仕延縣監東亮參奉國璿嗣曰仁基寔維君

考娶廣陵李周禎其舅　肅廟丙戌君乃降胎八朔而孤五歲
而哀惟兄嫂依若爺孃視晝夜湛樂常棣華韡毒瘟肆熖嫂歿
兄病妻努濱死舍置來省焦心絶食侍湯莫效號隕欲絶襲殮
必恔庚衮松柏昔聞今覯胡神不佑君又潛遘憂勞痛劇眞氣
已嘶年纔卅七隨兄而逝靡兄之故君豈遽夭人孰無弟如君
者少翼春始窆冷井震山先壠在西神理攸安厥配爲鄭卽吾
李妹考諱碩達山林養晦一男宗恆二女幷秀天若可必君其
有後

族祖成均生員鄭公墓誌銘 并序

公諱時術字悅之烏川人高麗直臣諱襲明之後也簪冕珠貫
代有聞人高祖諱允良參奉遊溪門曾祖諱世雅察訪　贈判

三〇

書壬辰倡義旅立大功讓人不自居退處山林自號湖叟祖諱
安藩副司果考諱好仁文科牧使有文章志槩妣月城孫氏忠
義衛魯之女雞川君昭之後崇禎乙亥生于永川大田里第幼
有美質英邁夙成十六行聘禮聘家多賓客公應接如宿儒人
皆異之早從先大夫屢赴官衙而每自謹愼凡百玩好一切無
所取先大夫捐館于帶方官次喪具皆從儉約不敢以浮文煩
於官旣返葬伯兄未勝喪而歿公事太淑人極其誠撫孤姪經
紀家事及析箸亦以厚宗家爲請己酉中生員遂入龜溪峽中
結茅屋以居不事生產作業惟繙閱書史又或蒔花種藥時時
嘯咏於山水間遇酒輒痛飮以暢懷或至數甌而亦不亂名其
堂曰醉醒庚午十二月初十日以疾終享年僅五十六配凝川

朴氏士人㦚之女龍巖先生諱雲之後生禮門有閨範與公同
年生又同年歿而先一月明年春同窆于慶州良佐山向午原
公有至性執親之喪準禮無違遇忌日則終其月不內寢不盛
饌不隨人遊娛曰此乃終身之喪每値先祀必前期詣宗家齋
沐將事雖所居間一舍而烈寒酷暑不以衰悴或廢事仲兄鶴
巖公敬且愛必源源省候及聞有疾棄妻孥劇病而奔往侍湯
晝夜不離側於財利尤淡然太淑人嘗欲以宗家垣內別屋子
處公公曰取薪水八㚏吾計也辭不受婦氏家分田以及公公
曰遠人何用是田爲遂付其宗子俾助外舅姑祭用持心平正
與人語坦然無圭角而或遇是非喧爭處則輒倉卒立辨英音
琅然言議痛快凡有士林大事必待公而決鄕人稱之曰他人

處易事難鄭公處難事易恬介自守避勢利若浼先友貴顯者
雖往往記問而公絶不肯干謁以此無推挽者有一名紳見公
而退曰此人爲當世好人物使此人虛老吾儕之羞也觀乎此
可以知公之材器矣有七男二女男碩基碩址碩載碩堅碩埰
碩逵碩培女適都萬達次曹善慶碩基無嗣以從子升陽後碩
址三男長即出繼者次道陽遇陽碩載四男開陽昌陽啓陽普
陽碩堅二男瑞陽煥陽碩埰二男明陽朋陽碩逵一男喜陽碩
培三男就陽觀陽現陽孫女外孫煩不記內外孫曾凡六十餘
人公之從孫虎叟先生葵陽狀公行特詳重器亦從諸父兄得
聞公遺風餘韻熟矣今昌陽等屬重器題玄石辭不獲謹據狀
而爲之銘銘曰

氣英而才活宜用於時窮而卒不施何命之崎

堂叔父通德郎鄭公墓誌銘 幷序

公諱碩朋字汝來系出烏川鼻祖高麗知奏事諱襲明事載列
傳自此世爲卿宰七世而至典工判書諱仁彥居永川生諱光
厚仕 本朝至工曹判書歷六世簪纓至諱世雅察訪 贈判
書壬辰之亂倡義立大功讓人不居柳軒張文康公以惇薄立
懦誄之是公高祖也曾祖諱宜藩生員 贈左承旨隨父公討
賊死之申梧峯之悌述其忠孝俱烈祖諱好禮縣監以淸白著
考諱時相從仕郎妣花山權氏通仕郎烝之女縣監應生之孫
顯廟辛丑生於仙源里第剛毅慤實謹守禮法事親有至性
手漁獵供饌旣而親意以公支子故命分居菾蒼間公晨夕來

省必以甘旨繼之逮從仕公有疾奉入其家侍湯不少離太孺人亦從之忽感疾棄壼公哀痛罔涯而猶節抑銜忍奉從仕公還舊莊煎泣扶護及其危篤則刲指灌血而終不效號踊幾絕凡殮殯葬祭之具盡力分辦不專委伯氏制闋請於伯氏曰吾家雖有支子不祭之法若只付宗家而已獨恬然無事則何以伸其報本之情乎遂輪行考妣忌墓祭歲以爲常於爲先之事尤竭其誠鄉人以湖叟公暨義幕諸賢忠義可祀將建一祠屋屬公幹其事公出家僮捐薔藏作廟齋廚庫翼翼渠渠諸士友咸服其材諝遇宗族必睦有吉凶大事常出財賀賻亦或借馬牛粟之於鄉里亦然雖隣邑相識若有葬近地者亦必匍匐顧恤情溰者則致奠酹居家束衣帶端坐未嘗爲媟慢態客至無

親疎諄諄款接踵其門者懽然若飮醇醠公孝敬忠信雖先訓所濡染而實由於天質之美若使子夏氏見之其必謂之學矣求之末路寧復有如公者哉壬戌十二月初四日以疾終享年八十二明年春葬于迎日縣吾魚山負戌原配昌寧曺氏士人承孝之女副提學尚治之後生己亥歿戊申有一男三女男重球女壻宋薰李垕錫任致大重球有二男一女男長一鉉次一鐸早夭女幼宋薰二男辰基奭基李垕錫三女任致大四女銘曰

資美行篤今世古人理其泯乎子姓其振

處士花山權公墓誌銘 并序 甲戌

天啓中旅軒張文康先生移文席于永之立巖于時處士權公以童子將命云公諱尚敏字志聖貫安東府麗太師諱幸之後也世襲卿宰爲松都巨室入我　朝有諱仲和領議政退休醴泉謚曰文節至曾孫司正鈞自醴移于永司正之孫諧儒學訓導寔公曾祖也祖諱克立　贈工曹參判考諱葑受業于張先生有行誼晩以大耋授副護軍妣淑夫人咸陽朴氏判官夢琚之女萬曆辛亥生公于立巖村天資溫雅且濡庭訓甫髫齔遊師門受化導沈默簡重敦行孝悌壬申丁淑夫人憂哀毁過節葬祭準禮朔望必哭墓事護軍公承顏順旨具甘旨以忠養每雞鳴必束帶問寢悲四幼弟失恃友愛益篤泣諭諸婦授衣餐不愆時晨昏之暇旁事擧子文而不肎效時様性又聰慧一覽書便記或勸治學究業輒辭以奉親無餘力其不汲汲於進取

有如此平居常儼然端坐書冊器用皆齊整不亂訓子女必先以孝敬如小學法少弟上舍公早喪耦則收其子女鞠撫如己出接人無親疎貴賤曲致其款護軍公好客或至投轄留連公必盛備酒饌以娛親意自張先生來棲四方車馬輻湊及易簀來哭者咽街塡巷公悉傾囷供饋不以爲慳壬辰鄉儒議建日躋堂擧公董其事公曰師門事也敢憚其勞遂鳩材瓦益恢其規模不數月而塗墍之甚侈人服其材諝辛亥長子染瘟逝公又潛毒而終是五月二十二日也是冬葬于郡東梨洞先塋局內後四十五年乙未移窆于先塋負坎原上距參判公墓五十步配孺人達城徐氏僉樞道立女婦德純備兩美相合與公同年生後公十四年而歿墓在公墓西向巽生四男三女男稱

稑秱稑女適孫鎭孫汝斗李得三稱一男得泰桂一男得穖稄三男得咸得臨得謙稑二男得衡得重皆世守家法得重又隱居飭行八 繡衣薦目孫鎖有一男孫汝斗有六男李得三有二男三女內外曾玄八十餘人不可盡記公之葬也旁郡大夫士多爲誄而揚德美吾叔祖鶴巖公有曰食貧巖穴道全肥遯處士高標世所稀嗟乎此足爲信史矣然而世不知公名湮沒於嵁巖之下者何哉今得重述懿蹟督余誌幽宅義不敢辭銘曰資於父得於師言旣謹而行旣惇康而色不錫之福其將垂裕于後昆

處士花山權公墓誌銘

權公諱稑汝實其字系出花山祖翼麗氏卿宰世繩鵠嶺大家逮至 聖朝有諱仲和首撥封醴文節易名曾孫移永曰鈞司正司正曾孫是乃克立卜居立巖 贈亞卿級生封護軍林軒門徒尚敏承家私淑遺謨配達城徐道立之女 孝廟庚寅生公而摯淳謹孝友克遵家訓勛書習文從事儒苑常痛早孤追養莫致支子不祭忌墓蠲饎割土付姪以助宗祀祗事叔父篤愛兄姊恩以遇族禮以接賓臨歿戒子孝敬睦婣壽窮辛卯六十二年始堋萬丘五歲而還慶府竹縣廣阿負午壖人鄭氏同時以祔鄭貫烏川奕世簪組湖叟世雅實爲高祖曾曰守藩祖曰好義考諱時永郎次承仕乙未弄瓦回甲而終閨範有素父敏女紅努力中饋振刷家業事姑氏孝與親黨洽厥有二男得衡得重嚴敬慈誘並襲前踵李也好修名徹 金宮女孫中杰

壻李兼中衡生男二重亦如焉宰銓宅銓遇銓達銓內外孫曾四十其麗於惟餘慶永世無替

梅山先生文集卷之七

梅山先生文集卷之八

墓碣銘

朝散大夫行司饔院參奉花山權公墓碣銘 并序

東都杞溪縣有道洞原其上負壬而窣如者盖故參奉權公塚
云公諱倢字和叔系出安東麗太師諱幸爲鼻祖入我　朝有
左議政文景公諱軫兄弟俱大顯其弟曰軺文科判事居龍宮
至其孫司正諱壽海以　端廟近戚謫迎日子孫復還慶州歷
三世有諱德麟兵曹正郎號龜峯早登晦齋先生門聞性理之
學鄉人脤食焉寔公曾祖也祖諱士毅　順陵參奉考諱應生
司憲府監察師寒旅兩賢且友諸名流扁其居曰魯軒妣驪江
李氏參奉慶弘之女承旨光軫之孫以萬曆庚子生公于安康

里第狀貌瓌偉氣像凝重不隨羣兒遊嬉稍長能劬書矻矻窮
日夜不懈甫成童隨魯軒公宦遊入京邸疎庵任公叔英素與
魯軒爲金石交見公異之曰此郎異日當爲偉人吾請教之公
遂負笈從遊服師訓甚篤自是見識博文理漸暢尤長於詞賦
藝苑諸妙多歷然讓頭疎翁之戚屬李公耆俊艷公雋聲以其
子妻之癸亥哭疎翁行加麻儀立其後碣其墓裒遺集以壽其
傳洛中大夫士皆以是多公壬午丁內艱哀毀踰禮乙酉詮官
擧以才行授司饔院參奉纔數月謁告省親坐過限見罷公無
慍色竭誠溫凊丁亥冬遭巨創執喪嚴苦觀者悅服服旣闋益
無意於世泊然自守只以書史灌心名其齋曰退菴盖爲山野
終老計也處兄弟以和待閨壼以禮奉先尤盡力捐家貲備七
代墓碣而未及豎甲午九月十四日以疾終于寢享年五十五
配令人全義李氏曾祖文誠慶尚右節度　贈兵曹參判祖曰
濟臣擢文科負時望特除北節度　贈領議政世謂之淸江翁
考則耆俊儀賓都事　贈左參贊妣豐川任氏　贈參判繼老
之女令人貞謹得婦道生壬寅歿丙午祔合于公墓生五男一
女男仲均仲垕仲坦仲培仲增女適金世基庶男二胤李仲址
仲均無子以弟子慶祚後仲坦有二男長曰慶禧次郎繼祖者
仲垕一男慶徽仲培一男慶遇仲增二男慶鉉慶銓金世基四
男以鈺以鉉以鏡以鍋內外孫曾男女凡五十餘人嗚呼公以
魁梧之質通敏之才內而濡染於庭訓外而薰陶於師教又與
李海昌趙壽崆姜汝載諸俊髦切偲而磨琢焉其器業爲得不

將就哉疎翁之送公南歸也作序以贐之極言公句讀之暢詞
章之蔚記覽之指掌辨論之析毫而總之以立志高厲行潔確
乎不渝等數十言以彰其實得末乃曰慶之州多名公巨人接
其武者其在君乎夫以疎翁之文章節操靈光當世屹然爲人
物權衡而其所以獎詡公者若是公之賢槩可想已然而官不
過一命壽不及六旬善人尚有勸乎噫吾於司命何哉公歿八
十六年諸孫將謀琢石以重器亦其自出胥之以碣語重器辭
不獲撮家傳撰次系以銘銘曰
維木在山聳直幹兮乍取而舍匪材轍兮抑嘗被大匠之賞縱
溝斷其亦何惋兮

贈承政院左承旨文化柳公墓碣銘

文城之柳麗代奮未贊成曼殊 聖朝附翼二世襲組至縣宰
轅于永種玉直長昌孫是生垂英 贈右尹秩娶密城孫其父
永傑寔維生公公諱曰湜克世厥德祚胤永錫次男參勳推
恩爺孅銀臺顯職黃壤崇光李氏瓊女配美受封郡東元谷面
坎其宮有子五立以性爲序仁立護軍姪爾桂繼縣監義之男
曰啓達禮爾梓桂智爾樟絶奉事信立起楠其男雙榦四枝其
葉將稠

生高祖考折衝將軍行龍驤衛副護軍兼內禁衛將府君

墓碣陰記

公諱守藩字貞甫高麗直臣龍明後也曾祖諱次謹宣務郎祖
諱允良參奉考諱世雅察訪 贈判書妣一直孫氏縣監致雲

女三世同兆萬曆庚辰生紫陽洞自幼誠孝篤膂力絶人壬辰
之亂負米百里外以養親癸卯登武第 上以大箭遠射無前
比書姓名殿壁擬將擢用而纔經大難別揀邊堡 特除薺浦
鎭廢政畢擧壬子丁外艱制闋授後部將轉副司果出任鹿島
鎭敵戎器甚弔事 聞褒陞折衝尋拜內禁衛將時光海政亂
姦兇用事公無趨附意逮 東朝幽閉忽喟然曰三綱絶矣何
仕爲遂棄歸道臣啓請爲中權力辭而迫出之竟發背疽終于
幕府享年四十二公以雄才偉畧素負閫臬之望而旣無時又
無年卒阨窮而沒朝野惜之葬于判書公墓下負壬夫人曹氏
羅麗甲族生員希益之女藝文館奉敎孝淵之曾孫壬申生戊
申卒祔公墓午地廿步有三男長好義次好禮縣監爲伯父承
旨公後次好信一女適李鐵堅今玄來百餘人

貞夫人瑞山柳氏墓碣銘 并序

皇明崇禎間有 贈判書謚貞武崔公起徐羅墟伏淸白死義
烈卓然爲海東名臣貞夫人柳氏卽其配也柳氏系出瑞山在
麗時有諱淑瑞寧君文僖公其後居慶州曾祖諱澹察訪祖諱
延春參奉考諱允濂娶密城孫氏進士翮之女以隆慶戊辰生
夫人年十六歸同府崔公公諱震立夫人柔順有壼儀閨門和
樂如琴瑟鼓及君子執戈討倭危益急歷官藩鎭秋毫不入橐
而夫人不以是怨咨甲子八月九日終于寢享年五十七生爲
淑夫人歿而 贈貞夫人從夫爵也葬在府北蘭原堂向甲原
後十二年貞武公殉節龍仁返葬于彥湯烏池淵相距百里而

遠盋將移祔而卒未焉者以其緬也然百歲之下民彝苟不滅
必慕貞武公風而仰之矣於貞武公夫人之藏其誰忍毀發哉
有男五女二男東尹承仕東說通德東亮縣監東吉承仕東璟
承議女適尹宗淳孫男十四人國哲國衡國範東尹出國楨國
桓東說出參奉國璿及國琛國瑗國珪東亮出國鎭國銓國鉉
東吉出國樞國標東璟出玄來男女百餘人而得科名者三人
生員啓基武科德基國楨子也通政府使慶老國衡孫也此非
餘慶歟後乎此而大且永者又何可量也銘曰
賢君子精忠大節炳炳爭日月連理樹橫亙南北光永照而不
拔

通德郎 敬陵參奉花山權公墓碣銘 并序

公諱得輿字得初貫永嘉府麗太師幸爲鼻祖自麗逮我 朝世襲紱冕有諱自弘副提學子策値 端廟遜位坐戚里流寧海子孫因家焉四世而至諱應商左部將是生諱宜悏是生諱璟號曰臺隱攀行誼未及徵而歿 贈持平祭鄉社卽公考也妣安東金氏縣監 贈參判時說之女崇禎丙子生公魁梧有爽氣八歲屬文成童通經史旣冠詞翰贍敏從伯舅金觀察素遊見識益博連占大小解至十數藝苑儕流歸之以牛耳丙午丁外艱辛亥居內憂並葬祭如禮制闋追遺志勉赴舉場壬戌中司馬癸酉以累擧不第授 敬陵參奉遂不起所居有晴川茂松之勝自號松川子脫落世事蒐獵圖史老猶不釋手得古人格言書壁以玩省每遇佳辰美景攜賓友酌酒論文興發輒

信筆題詩襟懷坦夷無一點芥滯意訓子以詩書爲先村秀請業亦多敎育成就友兄弟睦宗族接人尤盎然和順樂道人之善而不欲攻其惡鄉黨翕然推達尊遠近大夫士東行者無不造門致禮丙申秋忽感疾命書遺戒飭恤族宜家後二日屬纊卽七月九日享年八十一葬觀魚臺家塋負亥原與金孺人同壙公凡再娶前配卽金孺人貫安東護軍尚璦女生三男二女男大臨文科佐郞次大有次大恆文科都事爲族父後女申天翮南金相後配英陽南氏處士俔女生四男三女男大規文科監察次大矩次大晉亦出後次大成女朴瀟同樞李伯胤鄭重周內外曾玄男女凡三百餘人世之慕公者見公風骨秀文雅威皆以公爲湖海一豪士然此特其外耳惟其忠信寬裕出於性又能通古今達事理以濟之其蘊於內者豈末世僞儒誦空言遺實行者比哉五福而占其四子姓繁而靴笏滿牀天之報善人貴不僭矣銘曰

慤而不野通而有守受福綿綏惟德之偶

承訓郞烏川鄭公墓碣陰記

公諱時欽字愼卿麗朝名臣襲明後也曾祖世雅察訪 贈判書祖守藩內禁衛將考好義承議郞妣竺山全氏通德郞三省女萬曆戊午公生永川鳴山里孝友出天清介發俗守己如山峙御事如劒斷修內宗睦立外氏後周窮有麥舟風於鄕黨尤款曲而別涇渭特嚴士林敬服焉我 肅廟壬戌終享年六十五葬郡北斗茂山負艮原配徐氏宣敎郞彊仁女縣令崔誡之

外孫丁巳生己巳卒合祔一男碩宗生三男復陽德陽後陽仲出繼隧下有碩宗妻南氏墓向坤又其下卽碩宗墓向庚又其下未地有復陽妻朴氏墓公墓甲地有碩宗後妻徐氏墓向午白虎有復陽墓向酉

處士聞韶金公墓碣銘 并序

義城之金本新羅宗姓敬順王別子錫封義城君後孫龍庇仕麗爲太子詹事縣民慕功德祠之自此簪冕世相繩入我 朝有諱用超文科節度使始居星州六世而至生員諱天澤以文行著是生諱檝遊寒翁門負士望 贈執義是生諱是犖 贈左承旨是生諱重華通德郞娶昌寧曹氏忠義衛敬安之女以 顯廟丙午生公於州東道谷里公諱元鉉字善卿天資穎敏

七歲始受書未成童徧四子三經叔祖郡守公敬而器之事親有至性承顔順旨不憚執勞有疾則焦心侍藥晝夜不解帶壬申罹內憂雖歷屆孺慕益至三年不窺中門甲午丁外艱號踊絕而甦淺息懨懨如一縷而暑月營葬必手撿壙事旣葬守喪嚴苦殆若不能支遇忌日宿齋蠲饎號痛如初終子姪欲壽公生朝則泣不許事仲季父如事父病沍濡累歲扶衛不少離與兄弟怡悅自季喪耦同居共被季死卽之後撫孤女若子悲姊氏早歿敎育兩甥資土僕以業之奉先尤有誠墓各竪碣又置田歲祭敦宗族信朋友聞有喪雖疎爵汎識亦不肉斗居以禮撿身遊庠序端坐講古事不與人譫譃辨是非亦未嘗苟同嘗以親命習程文惟務理勝兼治學究業味經義不專誦說見世

俗題鄙謗資強記者輒痛斥之曰聖經不可褻有一鄕宰嘗牧本州慣知公才行及公赴南省指進取蹊公拒不從世業饒而自奉甚約賻死卹窮之惟恐不及丁未七月十三日以疾終十月葬新反山剏數郡畢至配星山呂氏通德郞爾和之女府使孝曾之孫縣監鄭公好禮之外孫婉娩習禮壽八十六而以己巳五月十六日捐壼越三月而葬翌年八月遷兩墓合窆于州南云羅山巨里谷負申原有一男曰汝鳴三女適呂文周李天植呂弼周汝鳴一男斗範二女長適趙錫魯季幼呂文周二男李天植二男呂弼周三男二女皆長成內外孫曾三十餘人今夫蒙章掖者名是儒也而叩其中未必有惟公文雅若此孝謹又若此其亦古所謂儒行者倫歟惜其屢擧屢屈畢竟老蓬蒿者命也於公又何損焉公配之外祖卽我曾王父也忝外姻豔高風夙焉今於碣語之託何敢辭銘曰

經旣習飭行以律賢而野何運之窒雙劒會永安其室

通訓大夫丹城縣監一直孫公墓碣銘 幷序

孫君胤錫訪余梅山下揖而言曰吾先祖聞灘公歿已再周甲墓無表惟是㦤石謹具子孟銘諸子之先湖叟公於吾祖從姊壻也荷奬勵特厚以事契子不可斬余辭以非其人胤錫督愈急遂不敢終辭謹按公諱遴字季進貫一直縣麗朝直城府院君靖平公諱洪亮之九世孫也入我　朝有諱肇瑞號格齋歷顯仕負時望止戶曹參議生諱潤河倉丞生諱茍茂主簿生諱世經參奉生諱德雲部將卽公考也妣春川朴氏禦侮世極之

女嘉靖丙寅生大丘府壽城里第自幼剛毅喜讀書八歲丁母憂能執喪如禮壬辰避倭寇抱祠版奔竄雖飢困未嘗廢書丙午登文科補國子辛亥除省峴察訪見光海政漸昏遂退處田里丙辰授尚州提督尋移慶州每訓迪諸生必以實學爲先所管部多興起者未幾棄歸癸亥　改玉陞典籍甲子拜丹城縣監莅官清謹吏畏民懷適有鄕試差錄名官及拆號巡使二弟以京儒冒參公爭之不得遂劾報營門竟拔去其執法不撓多類此丁卯西寇至公倡義旅將赴聞賊退而罷戊辰十月九日終享年六十三葬府東黃靑洞家塋負巽原公早遊寒岡鄭先生門聞至敎又與張旅軒徐樂齋鄭愚伏諸先生相遊從以資其講習晩築小窩於溪上扁以聞灘每晨謁祠堂訖就窩端坐

沈潛經籍與堂姪慕堂處訥常切磨焉其在督也李蒼石埈贈
詩以泰山經學擬之及葬李敬亭民宬挽之曰白首窮經非進
取此足爲一公案而惜乎世不知公不得置言地補 衮闕所
試者不過兩州敎一縣宰而止何命之窮歟配若木柳氏崑山
君益貞之後 贈參議興國之女萬曆庚辰生壽至八十三祔
公墓有三男處恪 贈參議處愼文科正郞處恆通德郞處恪
生三男湍文科佐郞濡通德濂護軍處愼有繼子湜武科處恆
生三男溥浩並通德季卽湜內外玄來凡百餘人銘曰
旣剛而方以經術涵牛刀割雞其施不咸身困道亨在公何損
眞宅千秋懿名不隕

通仕郞成均館學正廣陵安公墓碣銘 幷序

余嘗讀曹南冥先生遺集至題安公玩龜亭詩艶其介石不
終日之風而詠歎之不置國正公卽其後也公諱后靜字君敬
系出廣州上祖邦傑高麗鎭國大將軍廣陵君後世至侍御史
綏移咸安八世而至引儀普文移密陽有子覲司諫遊佔畢門
是生嶒文科佐郞卽玩龜翁安氏居永自此始佐郞之曾孫琠
監察於公曾大父也祖諱鳴漢 贈判決事考諱世英妣昌寧
成氏士人晧之女我 顯廟己亥生公於道洞里第天資穎敏
柔而且剛八歲受書稍長習程文辛未占生員遂治學究業己
卯登第有一時輩修戚誼者來語公曰以子之妙年高才若遊
從吾儕顯仕可立取也公掉頭曰枯榮有命豈可易素守乎庚
辰春補成均館學諭轉學錄壬午夏謁告還鄕秋陞學正遂巡
未卽赴一夕忽感疾以十月十八日棄世得年纔四十四葬菁
池內負坎原從先公兆也平居常勤劬不自逸雖潑冬盛夏日
必晨起讀書兼課家僮治穡事奉祭接賓獨腆未嘗費先亭火
於龍蛇公步遺墟愴慕遂竭力重建每佳節邀賓友娛樂旣並
任亦擬早退休息於斯其接人也和易恭遜無少長各得其歡
心見族鄰窮乏輒施與不少靳至或借乏牛資之糧俾耕其不
能耕者其勇於義多類此使公得見用於時則可以理亂繩解
錯節少試其素蘊而年位止於此何天之嗇於公哉端人烏川
鄭氏進士思賢之女葉府都事湛之曾孫有婦行生丙申歿癸
卯葬公墓癸丑地百餘步負辛原中有一脊間之有六男汝宅
汝稷汝行及汝仁並出繼汝器汝國汝宅二男景濂景洛五女

朴儁相呂弘國南濬萬李德龍曹晉臣汝稷四男景閔景時景
賢景曾女長徐聖勳季幼汝衎三男景泰景禧景祜一女蔡時
潤汝仁繼子卽景賢汝器二男景說景顔一女曹善稷汝國繼
子卽景顔一女李憲燮內外曾孫男女四十餘人昔我先君子
與公友重器亦以丱紒祗拜迄今五十年而汝器等屬公碣語
悲哉何敢辭也銘曰
有才而位不顯有德而年不脩惟名亭屹立溪頭適肯構而繩
休

處士月城崔公墓碣銘 幷序

嶺之南素多文士以雄詞健筆顯于世踵相接也而厥或落魄
不遇枯死於蓬蓽者何哉是果有命矣乎以吾所見之世則東

都崔公其尤者也公諱南斗字雲程其先出自羅初沙梁部入我　朝有諱汭司成五世而至監察擎天以從子繼宗後縣監是生東老承訓郎是生國弼通德郎是生泰基亦通德寔公考也妣恭人金氏士人璜女首露王後也　肅廟甲寅生府東時來里狀貌魁梧資性通敏甫齔從師受業涉經史旁蒐百家既而奉親命治舉業以立揚自期弱冠占鄉解自此名益著丙子遭通德公喪奉太恭人盡誠有疾則夙夜扶護自合藥供膳以至滌溺溷皆躬執不以人代及歿哀毁至殯葬如禮祭薦尤致敬必肅齊蠲潔拊弟妹事孀嫂各輸其情訓子姪必曰固窮守義處鄉持正議斷媟語而亦不爲崖異行無清濁隨遇款接豁豁無畦畛家甚窶處之裕如常對案終日非甚病未嘗廢爲文

信筆揮灑贍富健麗在舉場問義者堵立推騷壇牛耳屢捷大小試輒屈南省人莫不爲司命憾焉晚喜山水觸境發詠多豪爽可觀所居有銘巖因以自號壬子二月十一日終享年五十九葬在府東下西里九萬山負艮原配驪江李氏士人德一女晦齋先生族孫也墓祔銘巖先壠有二男三女男達文達贇女曹達運鄭纘陽金光煜側室子達斌銘曰

嶷嶷乎其表也鏘鏘乎其詞也抱玉而不見售胡氣數之參差也

僉知中樞府事月城孫公墓表

公諱光曮字熙遠其先羅大樹部也後世有孝子順入我　朝益貴顯有諱昭錄敵愾勳封雞川君謚襄敏生諱仲暾有厚德清操仕至吏曹判書襲封爵謚景節卽公之祖也考諱瞰顯信校尉妣信川康氏進士士淵之女嘉靖初生良佐洞才分超卓詞翰彬蔚且染文獻家餘範見識日博祖母崔夫人器之曰踵先業者必此兒也遂以京第付之蓋景節公遺意也戊午中進士自是華聞益暢而累屈公車竟落魄不遇人皆惜之然公不以是介懷遂謝舉場築亭于西溪之上扁以水雲日嘯詠其間以自適晚以大耋授通政鄕隣推達尊望之若神仙焉配德山黃氏別提李沃之女參判瑋之孫有二男四女長曰曄參奉文墨稱二絶次曰晊女適安潤身進士次朴敬老次權士諤縣監次辛協曄無嗣只有庶出晊生一男宗德曾玄以下甚蕃不盡記墓在興海郡達田里禱陰山負亥之原卽景節公墓右麓也

黃氏墓在同原向卯卽校尉公墓下也兩塋相距百餘步今諸孫方治碣以行蹟失火爲至痛然言游以二微事而知澹臺之賢奚多爲如公宏材偉器宜施而不得施戚矣恬然以山水自娛以歿齒其意象何如哉斯其爲景節公之後乎是爲銘

折衝將軍咸鏡南道虞候靈山辛公墓碣銘 并序

公諱致寬字子栗系出靈山鼻祖諱鏡高麗太傅其後十一世世襲簪纓入我　朝有諱引孫刑曹判書修文殿大提學謚恭肅公歷四世而至諱彦倫居永川其孫曰應周卽公曾祖也祖澤龍訓鍊院奉事考益祜展力副尉妣晉州河氏達海之女崇禎己卯生于郡東助橋村骨相奇偉稍長學書通大義既壯徙嘉樹村習射藝辛亥中武科乙卯薦授部將丁巳陞訓鍊主簿

戊午轉武兼宣傳官未幾謝疾還鄉己巳夏除訓鍊判官進僉正庚午出爲忠淸道兵馬虞侯辛未還　朝陞內禁衛將壬申除三陟營將家食十三年而至丁亥除咸鏡南兵馬虞侯秩滿而歸無意仕宦喜繙閱書史又或與諸親舊遊賞山澤觴詠以爲樂己亥六月九日終享年八十一淑夫人仁川李氏文煌之女後公二年而生先公七年而卒葬于本里彭外村允可洞向卯之原及公歿葬夫人墓前有二男德奎聖奎側出二男南奎東奎德奎有一女無子以族弟震奎之子永泰爲後聖奎生一男曰世泰永泰有一女世泰二男命斗命箕公身長十尺魁磊有膽略性又忠信介潔爲官絶不做肥己事惟以竭誠奉公爲心嘗在禁直値殿廡夜失火烈焰漲天人莫敢嚮邇公以大竹

竿懸衣袈浸水挺身揮灑拔出諸衛士上　肅廟御高樓覽驚異而問之厚賞賜　命超擢於是名顯朝著皆以制閫材歸公矣公嘗語人曰我若臨陣對敵矢石之來以膺受而不以背其褁屍馬革之志何其壯哉惜乎世不知公公又恥附權門卒窮餓枯死而不悔也若公者儻所謂傑丈夫者非耶晩歲閱眞氏心經遂尊閣而敬讀之遇人必與之講討疑義公歿之三十六年世泰將伐石表墓來請銘余知公深矣不敢辭銘曰

仡仡乎其武勇也磊磊乎其志槩也齎雄畧不大厥試何世路之幽昧也彭之山有封若堂嗟國士焉長逝也

處士月城孫公墓碣銘 并序

人生而夭賦之薄也厥或子安之文焉而夭伯豐之學焉而夭何賦厚而不壽哉儻所謂天地之大人猶有所憾者非耶余於月城孫公亦不能無憾焉公諱汝奎字晦之後改文五其先出自羅初大樹部其後有孝子順載國乘至麗季有諱敬源判密直司事其孫曰登我　朝司憲府監察又其孫曰昭戶曹參判雞川君襄敏公以敵愾勳也生諱仲暾議政府右參贊襲封爵謚景節歷二世有諱昞生諱宗道是生諱鉉卽公之考以上三世也妣烏川鄭氏承議郎好義之女　贈判書世雅之曾孫我　孝廟戊戌公生于慶州府良佐洞里第九歲失恃十歲失怙伯氏魯岑公汝斗涕泣抱持辛勤撫養遂與移寓於永川之巖村喪亂流離無暇課業年十四公固請受書魯岑公喜而敎之公才分卓絶記性如神雖艱險語能一覽便誦數年間遍通經

史文理冰解葩藻日就每操筆立草不復竄度藝苑諸俊皆蹶然讓頭魯岑公有儒術導迪有方其冠也作訓誡語以責成人之道公祗受佩服丁巳擧鄕解屈南省不以得失介意戊午始有羸瘵之疾猶不廢佔畢尤好性理書又作立志箴以自警庚申寓茅峴墓下置小齋調息取周書心逸日休之語扁曰日休自是疾益添滯辛酉四月十二日卒于故里公正洞寓舍年纔二十四聞者莫不隕涕嗟乎公之生不偶矣使公享耆艾之壽充其才擴其志則處可以做宿儒出可以取高第顯大名於當世而二竪乘之弱齡短折悲乎其惜哉是年十月葬于竹長縣茅峴某向原卽先考妣墓東岡也後孺人李氏祔于西李氏系出星州副護軍亨復之女耕隱先生諱孟專之後生于甲午六

十一歲而終無子以伯兄第四子是椅爲嗣生二男三女男長東杰次重杰爲第五叔父後女李憲天李師點曹聖運妻東杰二男馨九貞九重杰一男冕九公卽吾鄭自出也於吾先君子爲外再從而年相近平居每語及公悲咽重器逮聞之素矣今東杰來囑公碣語其何敢辭也銘曰

天畀異質才卓心遠我步方啓何命之短一片青山玉樹長埋楸月松風千古之哀

行狀

承訓郞烏川鄭公遺狀 乙巳

公諱好信字德基其先迎日縣人鼻祖高麗樞密院知奏事諱襲明有文章經術事毅宗直言不諱卒被讒死事在列傳厥後

圭組相承譜不絕書如貫珠然中間移居永川而未的其某代知奏後六世而有諱林官版圖判書有二子長曰仁壽圃隱先生之曾祖也次曰仁彦典工判書卽公之先系也兩派俱居永川移居之世蓋在判圖公前矣典工生諱光厚仕 本朝又長冬官是生諱瑋司正是生諱文裔以生員爲靈山敎導是生諱從韶早捷重試文名動一世與成三問朴彭年相友善李甫欽爲其舅丙丁以後遂恬退不求進以故官止司成佔畢金文簡公常稱爲烏川鄭先生云是生諱以揮長水察訪是生諱次謹宣務郞於公爲高祖焉曾祖諱允良 昌陵參奉祖諱世雅早世中進士壬辰之亂首倡義旅有永慶全捷之功而皆讓與他人不以功名自居體察使李公元翼聞其賢訪于林下薦爲黃山察訪後 贈兵曹參判考諱守藩龍驤衛副護軍妣淑夫人夏城曺氏生員希益之女芝山先生兄子也以萬曆乙巳十一月四日生公於郡北鳴山里第生而俊邁異凡兒甫四歲太夫人棄世護軍公亦遊宦不在家畸苦酸冷殆不能堪而能自振勵隨伯兄明溪公受學于西岡全公三省一遵課程勤篤不敢懈退與諸兄及儕友講磨不輟諸長老皆嘖嘖曰此人求益之心如此其切他日成就有不可量矣十七歲遭護軍公憂服喪如禮既闋制始行委禽儀房闥之間處之有道事伯兄極其愛敬一如事先公之時蓋亦家範然也始以諸父兄命從事於科擧之業而未嘗以得失介懷絕不爲世俗奔競之習既而落拓不得意又自恬然而曰榮悴命也不得則便休豈可逆命乾沒

以爲終身事業耶遂不復應擧從表叔孫慕堂處訥以師禮事之蓋以慕堂曾遊寒岡鄭先生之門得聞緒論故也周旋函丈日講問聖賢之書反復討論多有所感悟自是見識益該洽慕堂公嘗以詩贈之曰吾家事業固多程最愼前頭意馬橫大法奉持如父母精微俯服擬神明其所以責勵之者有如此于時旅軒張先生來住立巖公亦常時時來往以質其所疑嘗得心經一部反覆沉玩欣然有所得遂爲小說題其後曰心者身之主也不操則無以養其性又何以修齊治平乎操之之要只在於敬公之得力於是書於此槩可驗矣舊有先業在紫陽洞卽參判公棲隱之地也公愛其山水之美卜居于虎溪之上逍遙林壑賞玩風景且或以詩酒娛心優游以自適遂名其所居之

室曰三休亭而爲之詞以志之其詞曰芳辰賞花花落則休良宵對月月傾則休閒中得酒酒盡則休盍取其閒適之意也或問之曰三者自是閒人休息之事而今子之休則乃在於花落月傾酒盡之後抑三者之外別有所謂休者歟公答曰閒休之中亦自有動靜之機有花而賞有月而玩有酒而飮閒中之動也花落則休月傾則休酒盡則休閒中之靜也動者不能常動而靜靜者不能常靜而動子之言則滯矣問者釋然而退性本恬靜平居不治產業常對案整襟繙閱書冊浸潛義理亹亹不少懈以此家益貧糟糠或不厭而亦不以爲憂也嘗曰古人五十者始衣帛吾年未五十矣豈可違古道耶遂不帛以終身其儉約多類此先廟在伯氏家公旣遠居而大小祭祀必預進齋

沐朔望亦必參謁或有故未往則設席望拜以敍其敬慕之情幼失慈闈見育于庶母及長待庶母盡其誠禮庶母亦洽然感悅遇宗族處鄉黨一以忠信爲務而其於是非大曲拍處則未嘗少爲回護堂堂有不可奪之節人莫不敬而畏之己丑冬忽感疾轉益劇以十一月十三日屬纊于正寢享年纔四十五嘗以先府君任補承訓郎葬于郡東淸景山麓谷辛向之原後宜人成氏祔于西而異壙于西者因地形也成氏系出昌寧今居永川曾祖諱益壽習讀祖諱立考諱以直桃源道察訪妣烏川鄭氏都事湛之女也生於乙巳七月十六日歿於癸巳六月二十三日得年四十九有三男一女男長曰時羽副司果次曰時喜季曰時贊女適士人權熙時羽生五男一女男曰碩玄碩咸碩謙碩升李碩臨今庚子司馬壻則權慶祉也時喜生二男二女男曰碩恆碩徵壻則鄭奎徵崔南鳳也時贊生一男二女男曰碩寬壻則崔南衡金尚鼎也權熙生四男二女男曰重基稱基世基得基壻則崔國標李師耇也碩玄無子取碩升之子重周而子之碩咸生男女各一碩謙一男六女碩升五男四女其長爲宗家後碩臨一男二女權慶祉二男三女碩恆四男碩徵三男二女鄭奎徵一男二女崔南鳳二男一女碩寬男女各二崔南衡亦男女各二金尚鼎只二女內外曾玄男女殆百餘人嗚呼亥世來人心壞矣士習益汚下矣其能冠章甫而以讀書爲名者進不得拾科第挑爵祿爭奔趨於勢利之途則退必學陶猗之術力農圃聚財帛爲子孫贏金計者踵相續也惟公則

不然於二者皆泊如也玉未售而不復求價藜未飽而不以營產結廬山水間漁釣觴詠惟偃仰自喩之是樂而没其身焉其標致意像固已迥於人矣況又從遊法門講論經籍以求夫實學門路而當時師友間所相期者如孫慕堂贈別詩足以考信則其視世之暴棄仁義嘲侮儒術自甘爲斯道之叛卒者又幾何懸隔也所著日記一冊曾燼於回祿只有詩若文若干篇而詩皆平淡淳實無詞藻家彫篆伎倆至若心經之跋切於爲己答或人之書所以曉人者眷眷老少辨尊王黜霸之義尤直截明白亦可見胷中所養之深而名亭之詞又輒自託於花月杯勺之閒閒得得無復有窮愁吝滯之意其有見於陶靖節不汲汲不戚戚之語耶嗟夫其亦賢矣乎哉若使天與之遐年得

以大肆力於吾事則晩節成就之遠又何如哉而惟其中途摧折志業未究名湮沒於烟霞嵁巖之間而世莫之知也吁可惜已然胄胤益蕃餘慶且將無窮矣天所以報吾公者其在是耶公之歿今已七十餘年而迄未有墓道之刻公之家孫處士公將以謁銘於秉筆之門令重器狀其行於情義顧有所不敢辭者竊取家庭間所聞且考之遺稿纂次如右而世代已遠言行多佚此特櫽栝耳烏足以徵其百一哉雖然南山一斑毛足以見全豹之炳蔚知言者能因顯而闡其幽則又幸矣

伯從祖從仕郎府君遺事 戊申

公諱時相字宅卿望曰迎日以其地有烏川故亦謂之烏川始祖高麗樞密院知奏事諱龔明事仁毅兩朝謇謇有大臣體事

在列傳其後簪組相承迄麗季無虛世中間移居永川而未詳其某代有諱林知奏公六世孫也官版圖判書而有二子長曰贈開城尹仁壽季曰典工判書仁彥開城之曾孫實惟我圃隱先生而生於永典工公亦居於永入永之世其在版圖公以前乎典工之子諱光厚仕 本朝至工曹判書來雲最著其曾孫曰司成從韶師其舅李大田甫欽一歲中連擢重試二弟又并登第世稱森桂坊司成公文章行治伏一世閱歷名宦佔畢金文簡公常稱先生今於輿地誌佔畢集可考也歷三世而至諱世雅弱冠取進士龍蛇之亂首建義旗有永慶全城之捷而恥首功讓與他將不聞之使臺梧里李相公賢而禮訪之薦爲黃山道察訪後 贈兵曹參判寔公之曾祖也祖諱宜藩早登上庠從參判公擧義月城之役見參判公陷賊中揮長劒躍馬潰圍遂死之參判公賴而全鶴峯金文忠公以忠孝聞特 贈戶曹正郞考諱好禮廉謹自守愛人喜施與雖其服用切急不可闕者客有艶色則輒授之人擬之陽諫議風度嘗爲海南縣監竭力撫摩比歸不以分毫之物自隨御史南公九萬以其事上
聞特除軍器主簿終不就妣淑人順天朴氏副司果宗祐之女丙子名臣彭年之七世孫也司果公從徐樂齋遊有文學行懿爲士林所敬淑人亦貞靜有壼範縣監公妾媵甚衆而辭氣之間未嘗有妬色蓋其家訓有素云生三男一女公其長子也以崇禎庚午六月二十一日設弧于郡北紫陽里第自幼魁傑有豪氣甫髫齔受業于叔父三休公日遵課程勤劬不敢懈旣

文理通歸侍庭闈左右就養晨昏之暇與仲氏共處書室日以文墨相磨礱及其出遊儒苑也檢身以禮持論甚嚴未嘗爲婀娜態所與交皆一時文行之士而見人有過輒規責不少饒以是儕流畏憚焉雖隨衆應試而絕不染躁競之習旣而遭太淑人憂纔闋制又見仲氏短折自是益無意進取及縣監公歿不復入擧場而自肆山水間哦詠以暢懷所居仙源之東有一皐俯壓澄江前擁長林景致頗勝絕縣監公嘗欲置一榭而未及就公遂構成數楹扁之曰聚勝亭實戊午歲也亭纔落季弟護軍公適休官而歸公日與之登臨弄琴賦詩且或漁釣以相娛逮遇佳節每招宗族朋友團聚遨樂且觴且詠更互唱酬積成卷軸又命諸子姪迭奏陶山歌曲汾江漁父詩芝山晩釣歌等

詞以助其趣時人指以爲仙區勝事治家有法教子弟必以孝敬勤儉爲主或有過則嚴訶峻責不假之辭色家庭之內肅如也課童僕力務農桑奉祭祀盡其禮供賦役趁其期尤好賓客每竭誠款接鞍馬盈門未嘗一日虛也以輿望遞爲三書院洞主繩諸生以禮法時使之居齋讀書一遵學規多士敬服蓋嶺中士風每重洞主之選而吾永尤加愼焉非才識有餘年德俱尊者莫之與是時鄉父老與其選者只數四人而公之爲洞主實在中年以前其見重於士林有如此嘗以先大夫任補從仕郎配花山權氏爲孺人權之世爲東都右族嘉靖間有諱德麟學於晦齋李先生之門爲名儒自號龜峯不幸早殞官止兵曹正郎是生諱士毅　順陵參奉是生諱應生擧進士有行誼官

鎭川縣監是生諱烋通仕郎卽孺人之考也其妣曰月城孫氏雞川君昭之五世孫也孺人生於乙丑七月初六日溫順柔靜甚有婦德乙酉歸于公叱咤之聲未嘗及於雞犬閭里稱之壬申夏公忽寢疾攝養于少子碩朋家孺人聞公疾漸革親往調護憂勞致傷一夕忽又感疾九月初四日恬然而終享年六十八後二十日公終于德淵寓舍享年六十三遂奉櫬歸殯于仙源本家同殯異几是年十一月二十七日壬申合窆于郡北騎龍山家塋巳向之原曾祖以下三世墓在其後高祖及五世祖墓在其前而其右則皆族葬也公有二男三女男長曰碩明司憲府監察次曰碩朋女長適崔元南及第次適崔立基季適朴聖時碩明生三男四女男重祿重學重迪女長適趙世復進士次申震標孫命喆南聖民碩朋生一男三女男重球女宋董李垕錫任致大內外孫曾男女六十餘人

叔祖從仕郎府君遺事

公諱時僑字直卿先系出於迎日縣迎有水曰烏川故亦以爲稱始祖諱襲明仕高麗仁毅兩朝文章經術直節偉器顯於世官至樞密院知奏事事載之史其後七世皆擢科第躋卿宰蔚然爲麗代巨室而中間實移居永川有諱光厚繼其烈仕　本朝爲工曹判書自是至公之考世襲圭組譜不絕書而其成均司成曰從韶最顯捷重試閱歷名宦文望行治炳耀當世佔畢金文簡公每呼爲先生名載輿地誌於公爲七世祖矣曾祖諱世雅弱冠擧進士壬辰首倡義旅大膊永慶兩城賊復江左一

路而以銜功爲恥凡獻馘文狀皆推與他將而已不預人以勝秘閣台州讓功事擬之梧里李相公薦爲黃山道察訪後　贈兵曹參判祖諱宜藩早登上庠隨參判公赴慶州之戰見參判公陷圍中躍馬潰圍忽爲賊所虜奮罵不屈而死　朝家嘉其忠孝特　贈戶曹正郎二世事皆略著寒岡集考諱好禮持身廉謹輕財喜施與嘗爲海南縣監撫綏甚至秋毫無所近邑人立碑以寓去思妣淑人順天朴氏副司果宗祐之女　莊陵朝名臣諱彭年之七世孫也司果公學于徐樂齋文行具備爲士林長老淑人亦貞靜得婦道甚以崇禎乙亥七月二十二日生公于仙源里第容姿秀美肌肉皎潔如芙蓉擢秋水性又聰敏過人就傅受業不煩提誨而日有進益稍長入騷苑嘗與諸勝

友琢磨不輟旣冠益奮勵不少懈常處一小室汎濫經史惜陰焚膏矻矻以窮年每値月夜淸寂輒出步中庭誦詠古文琅然有聲玉聲四隣傾耳聽之如是不數年才華頴發文詞炳蔚於詩工益淡格韻淸逸每隨衆入郡學課藝常居高等儕流往往傳誦持身以繩墨自撿絶不學曠宕氣習事親有至誠太淑人寢疾累年晨夕侍湯不敢委諸人及疾革斷指出血以垂之蘄得萬一效而終不救擗踊絶且蘓執喪過毁因以成疾旣闋制尚沈淹未瘳明年春縣監公在達城賓館公往省而忽得瞖疽調治于解顔甥舘證漸危遂不起乃乙巳正月三十日也春秋纔三十一歲嘗以父任補從仕郞公以妙質英才早肆力於文房以翰墨擅譽一代朋舊莫不惟顯揚是期而靑年短折竟不

得一售其縕遠邇知公者聞公之歿皆爲之墮淚旅櫬之自達城歸也鄕之大夫士及隣邑來護者無慮數百人士友多爲文以哭之其文有曰質挺崑玉神凝秋水騷壇詩伯鄕邑善士又有曰假我以年將大有爲天之何爲而至於斯蓋深惜之也是年四月十三日縣監公以公喪葬于郡北檢丹洞雲住山向北原配孺人崔氏籍月城曾祖諱宗沃萬戶祖諱誠萬頃縣令考諱東嵩成均進士其二兄竝登司馬世稱崔氏三難妣坡平尹氏起男之女也以甲戌九月十三日生孺人年十七歸于公生三男一女公歿之日男長碩禮甫十四歲次碩祐十歲次碩禎二歲女六歲辛亥三月十三日孺人染瘟歿享年三十八碩祖纔有室餘尚幼以檢丹墓穴偏故未祔是年秋别占騎龍山午向原以葬之而虛其西一坎明年十一月一日遷檢丹墓耦窆而離之北距先壠百餘步後碩祖官宣傳官碩祐碩禎次第授室女適孫是文碩祖生二女無嗣取碩祐之中子重善而後之二女適孫是雍權洙碩祐生三男一女男長重憲李重玉仲卽繼祖者也女適成德徽碩禎生二男重運重道內外孫曾男女四十餘人

六代祖考將仕郞　昌陵參奉府君遺事

公諱允良字元佐迎日人鼻祖高麗樞密院知奏事諱襲明以直道事仁宗毅宗卒被讒死事在列傳其後益蕃昌簪紱相繼如貫珠然六世而有諱林版圖判書生二子長仁壽卽圃隱先生之曾祖次仁彥官典工判書兩派竝居永川益自版圖公已

居永矣典工之子諱光厚仕　本朝至工曹判書其孫曰文裔有詩名爲靈山敎導寔公高祖也曾祖諱從韶吏曹佐郎文章節行重一世與成三問朴彭年友李大田甫欽爲其母舅及丙丁獄起恬退不求進佔畢金先生常稱爲川鄭先生祖諱以揮長水道察訪考諱次謹宣務郎早殞不顯妣星山李氏將仕郎培源之女耕隱先生孟專曾孫也公生于紫陽里魯巷村自幼沈厚有器量與人不爭競力學不倦言動安徐有節弱冠拜退陶李先生于禮安講質經義日聞緖論退而與同門諸名流互相講討自此見識益博又有明山金公應生居同里沙洞盧公遂在同郡皆以道義相許琢磨不輟性至孝事兩親極其誠人無閒言及宣務公歿摽擗欲絶凡附身附棺必準禮無缺其葬

也占地于日見峯下營兆開壙取土如丘山而親執鍤去石礫
草根適有名僧雪學號知堪輿術者過而見之私語其弟子曰
彼棘人儘孝子而所占非吉地何也此下數里間有名穴而不
知矣役夫竊聽而告公公遂步追十餘里及之學曰古語云物
各有主君之誠孝其不得爲此山主人乎仍同歸指示曰君之
後必多出賢君子矣公固請宿歇于家學不許拂衣從後岡而
去使奴踵之竟不知所適公遂改卜日而葬焉卽騎龍山夏泉
原也人以爲篤孝攸格云公有一弟奉事諱允恭友愛甚篤及
其欲分貳則公輒愀然曰兄弟異室非我志也然汝旣欲之吾
何禁乎擇腴田壯僕以與之而自取其磽且羸者以故奉事公
以潤屋見稱遇宗族必致敦睦雖疎屬愛恤如近親於尊行事

之尤謹禮多過恭戒子弟亦令無違此例如有違者必嚴責之
或曰無奈駭俗眼耶公曰家法始雖嚴截終必懈慢其可先敎
之以不嚴乎內從李公守謙居同閈歿而將葬踰時未擇地諸
孫甚憂之請得夏泉一麓而與宣務公墓僅十數步閒外議皆
難之公曰異姓同原人或非之而此乃吾母之兄子也吾母嘗
視之如子豈可坐見其窘而不之恤乎遂與之鄉黨服公睦婣
之義或有親族不相能者輒相戒曰如使魯村丈聞之其無愧
乎其見重於人如此公與明山金公議曰古者家有塾黨有序
若置一書舍於吾里中使幼少子弟羣聚讀書則豈無薰陶警
動之益乎金公曰亦吾意也遂捐財協力建堂于龍溪上設庖
廩以爲供饋之資名之曰紫陽書堂於是遊學之士皆樂歸之

乃嚴立約條敎以禮讓課以講習恔然有古人風本郡愚巷村
是圃隱先生闕里也遺墟宛然孝碑尚存公聞白雲洞書院首
創於豐基與沙洞盧公明山金公謀曰文忠公實我東夫子也
　朝家已許祠安文成若不爲文忠公立院是吾輩之恥也二
公曰諾公遂往稟于李先生先生喜而贊之乃就愚巷傍近地
得浮來山水石之勝多出家貲主張經始鄉鄰章甫及列邑守
宰以金穀來助者亦多倣太學制度建廟宇列堂齋歷數年而
功始訖以李先生所命扁號揭焉聚多士以落之而其宴太侈
至用油蜜果李先生聞之曰學中凡事須從簡約乃爲久遠之
計鄭君何其不思之甚耶貽書於從子完令密規之益以完時
爲近邑學官故也旣　宣額頒書賜田四方儒士多負笈來遊

者院中學規皆以李先生所定白雲洞規爲法　朝廷聞其賢
擧以遺逸始除　淑陵參奉旣而又除　昌陵參奉皆不就常
靜居閱經史以養性又或扶杖逍遙於山水奇勝處嘯詠竟夕
而返若遇佳辰勝節則輒呼親戚朋舊擧酒相屬陶然以爲樂
葬在騎龍山亥坐巳向之原卽先考宣務公墓後六七步許也
公凡再娶前配永陽崔氏奉事德欽之女司諫元道之后祔于
東而離之後配亦永陽崔氏祔于公墓西十步許公天資淳厚
器宇恢廣早登師門得聞文行之敎患口耳之習爲學者通病
專務躬行實踐惟以敦彝倫守禮法爲先見之者輒以厚德長
者歸之尊賢好士出於至誠傾私財竭力經紀剏成大小學舍
以爲崇道講學之地使窮鄉晚進皆知文敎之可尚行檢之可

貴騷騷然觀感而興起其所以裨風化者爲如何哉黃錦溪俊
良溪門高第弟子也嘗曰鄭君樂善愛士隱然有厚倫成俗之
美云公只有一男曰世雅元配出也早歲中進士壬辰倡義旅
復全城讓功不自居以相臣薦授黃山察訪後特 贈兵曹判
書以褒之世雅生四男二女長曰宜藩生員以忠孝歿於戰
贈左承旨次曰汝頌早夭次曰安藩司果次曰守藩副護軍女
適張雲翼楊遇亨宜藩無嗣以守藩子好禮後縣監安藩生二
男二女長好仁文科牧使次好閒女曺盡孝曺輗守藩三男一
女男好義好禮好信女李鐵堅內外曾玄孫男女百餘人

宗兄松岸處士烏川鄭公行狀

公諱重祿字道光後改以彥遐系出烏川鼻祖諱襲明高麗樞

密院知奏事輔毅宗殉直道事在列傳厥後簪纓珠貫至文忠
公圃隱先生爲東方理學之祖門戶益大焉文忠公之叔曾祖
典工判書諱仁彥隨兄居永川生諱光厚仕 本朝至冬官卿
三世而有諱從韶捷重試郎吏部文章節行重一世佔畢金文
簡呼爲鄭先生又三世而有諱允良 昌陵參奉遊退陶先生
門錦溪黃公以厚倫成俗稱之是生諱世雅早中司馬壬辰舉
義旅讓大功不居官止黃山督郵後 贈兵曹判書是生諱宜
藩生員以忠孝歿於戰 贈左承旨寔公高祖也曾祖諱好禮
海南縣監孝謹著於鄉淸白聞于 朝祖諱時相從仕郎嘗臨
溪構亭招賓朋唱酬自娛考諱碩明司憲府監察妣令人達城
徐氏處士重俊之女縣監孫宗老之外孫也以 肅廟戊午十

月晦日生公于還歸里仙源村先人之廬容姿淸瑩性質溫粹
如瑞芝芳蘭茁秀幽谷八歲始學書勤劬不違敎從仕公奇愛
之旣從仕公歿受大學于我先君子處士府君沈潛章句能通
大義讀畢先君子議于監察公曰此郎天資極好不但爲詞學
拘儒須託當世賢師友使之博學多聞以成就之目今可託者
其惟皆春兄弟乎監察公頷之公遂詣普賢山中拜塤篪兩先
生時公年十六矣日侍丈席受讀諸經微辭奧旨反覆質問必
至洞透而後已且於進退語默之際動遵繩墨兩先生深悅而
酷愛之嘗語人曰此箇好資質頗近於閔冉之徒若充之以博
約之工其進烏可量乎居數歲以刻苦得疾而歸疾旣愈常源
源往來以講所疑且以庭命旁治詞賦弱冠占鄕解雋聲騰藝

苑而公猶不屑也輒毁去試券雖隨衆應擧而少無留意於得
失若有服制或疸疫少梗則輒不赴未及四十遂復停廢前後
入試場不過四五次矣靜居罕出只以書史灌心而尤耽小
學家禮深體實踐未之或違常曰此二書最切於律身正家之
道苟能行得盡可以寡過矣又取四子常玩繹不置性至孝事
二親極其誠敬愉聲婉色常若執玉奉盈養體養志無不備至
監察公之筮仕在京也得一美味則輒討便付送然後乃敢食
及休退晝夜侍側晷刻不少離壬辰監察公忽寢疾迎醫嘗糞
調護無不至旣歿哭擗過度幾絶乃甦旣殯只啜一溢米稀粥
朝夕哭奠及上食必躬參盡哀至毁瘠殆難支慈夫人泣諭之
亦不變自襲斂至葬祭諸節必誠必愼凡可以得爲者未嘗以

無財節省輒賣田以備之曰豈可爲子孫計儉於吾親耶旣闋制孺慕益不衰或有語及先公者輒含淚掩抑先公之寢疾也嘗思蝦卵醢而力求不得後遇蝦卵不食奉慈夫人一如奉先公之禮及慈夫人年老氣衰扶護如嬰兒雖當饑歲家累皆顑頷而竭力具滫瀡未嘗或闕公素有疝病自戊戌喪子後漸益沈痼常設藥鑪而晨昏定省亦未嘗或廢庚戌慈夫人忽有疾是時夫人年已八十矣疾勢漸篤氣息如綫砭藝湯劑俱不得施公常叩胷掩泣一日慈夫人氣塞公取刀割手指垂之口內血淋漓如水注移時慈夫人乃甦稍進粥飮閭里驚歎以爲誠孝攸格云甫一月慈夫人又氣塞公又割指灌血而終不效公擗踊柴毁如前喪時殮殯葬奠亦傾貲以準式壬子六月服始

除而羸憊哀疚之餘宿疾轉革以十月二十六日申時歿于正寢享年纔五十五訃出鄕黨皆嗟惜涕洟曰賢人亡矣屬纊之日叔父通德公臨視之羣從子姪皆會公曰計吾年不可謂之夭死亦何恨顧叔父勿過悲焉仍使子姪一人執筆書遺命以付子一鐸葢謂先狀擧細禮數事也書訖踰時而終其安心觀化有如此公素養之力至此尤可驗矣是歲十二月十七日葬于郡北騎龍山乙向之原北距先壠數百餘步配務安朴氏處士岐鳳之女司憲府掌令敦復之曾孫也寬順有婦行先公四年而歿葬在公墓下數步閒生三男一女曰鐸旣冠而夭曰一珪曰一鐸一珪出爲菴叟先生後每歸省公輒戒之曰所生輕所後重汝其極盡孝敬夙夜無違命必趣命還侍焉女適金東

應一鐸生一男一珪生二男二女金東應生一男皆幼公於事親之道存焉而奉養盡其誠歿焉而葬祭盡其禮鄕里宗族皆悅服稱歎而無一人閒焉雖古之純孝君子無以過矣是以推是心而行之無處不盡其待庶母也常加尊敬慈夫人亦感而眷恤公歿後庶母每追思感泣其事諸父也恭謹不懈有疾輒親執藥物諸父皆甚宜之與弟妹共其湛樂凡有所得必絶甘分少及析箸薄己而優二弟又追割腴畞以益寡嫂處宗族惟主雍睦憂慶必相顧短長不相較門衛之內藹然有和氣待賓客無論賢愚貴賤必懽迎款接至其門者如飮醇醪皆忻然忘歸有一微人流落來泊於門外公幼時嘗學一卷史其人行乞四方年老無妻孥窮無所歸復到公家公以爲一字之恩不可

忘留置衣食之經十餘年不改及病且死始歸于其族屬人皆謂非公不能爲公家嘗有雌狗産雛庶母家亦有之俄而一雌死一雌並乳兩雛得不死菴叟先生聞而異之曰董邵南故事今又見之矣公平居溫柔和易及應事亦安詳有序未嘗有麤戾之氣發於色辭而若遇是非界分處則輒明白剖判不少含糊廉介絶俗灑然有冰玉操視勢利如泥塗捐貨財如草芥以故名不顯而産益匱往往疏糲或不繼而亦晏如也雅好佳山水欲構一草屋於殊勝處以爲終焉之計而親老不敢遠離所居有溪林之美時時扶杖遨遊於松篁間哦咏以自適遂自稱曰松岸居士葢因其村閭俚號而稱之也爲文主平淡精實不苟爲鉤棘語平日詠懷之作亦不少而隨作隨棄不復收錄今

有數十篇僅存焉嗚呼人莫不有是性也而多爲氣稟所拘汩
利欲喪本眞者滔滔焉其間或有質美行醇能不失其良能者
益千萬中一人耳然而不知學則所發所施或不能盡合於理
惡在其爲好資地也惟公旣有粹美之質濡染於孝義家猷又
得周旋於有道門庭早聞性理之學而其爲學專以實踐力行
爲主故惻怛之誠自盡於事親之際所謂百行之源蓋已淵乎
其濬發矣其如治家接人之道隨處合宜者夫孰非一孝字上
推擴出來耶如公者不但爲天質之美其有得於學問者有不
可誣噫噫今之世尙復有如公者哉昔我塤篪先生嘗曰彥遐
當爲後生輩楷範我先君子亦曰此郞眞箇上古人品此固非
假借語而其塤也諸士友多爲文以惜之如安國華孫鏧彥朴

天壽鄭道中輩亦皆愼言者而其言有曰塤篪去後又斯人有
曰剨指事應輸太史傳有曰灑落瑩臺無點埃又有曰胷襟皎
潔如良玉觀乎此亦可以知公之賢矣若使公生於成周之世
則六德六行之選公必首膺孝可移於事君慈可移於使衆而
惜乎後世無是法卒使沈淪於蓬蓽又爲氣數所局不得享遐
壽以究其志業天之報施善人其何如哉重器與公爲再從兄
弟聯屋同居殆又四十年先君子燕居時公嘗從容講質逮出
入師門公爲前茅重器得以熟瞯懿行願學而不能愛慕之情
無間同氣而存歿之痛倏已六七年感念今昔寧不爲之潸然
耶今公之孤一鐸懼遺事之泯沒屬余以善狀余不敢以謭劣
辭略敍梗槩以備秉筆者考焉

承議郞烏川鄭公遺事

公諱好義字子方貫迎日縣以其地有烏川故亦稱烏川人高
麗樞密院知奏事諱襲明爲始祖有文章經術以直道不容於
時事在國乘七世而有諱仁彥典工判書始居永川圃隱先生
之曾叔祖也生諱光厚　本朝工曹判書其曾孫曰從韶吏曹
佐郞　端廟遜位斂退不求進自始祖至此凡十二世皆有科
名又三世至諱允良　昌陵參奉遊溪門有行誼即公曾祖也
祖諱世雅進士壬辰倡義旅立大功不居薦授黃山察訪後
贈兵曹判書考諱守藩內禁衛將妣昌寧曹氏生員希益之女
芝山先生諱好益兄子也公以萬曆壬辰正月初一日生于郡
北鳴山里第狀貌魁梧才氣英豪七歲遭先夫人喪內禁公又

遊宦四方判書公晚歲自紫湖別業出住內禁公家辛勤撫養
命學于同里全西岡三省西岡公以詞翰擅名當世者也公每
日晨起候門外惟師敎是聽孜孜窮日夜伊吾旣成童詞藻蔚
然爲諸學徒最西岡公甚愛之曰吾見後生多矣通敏夙成無
如此郞者遂以其子妻之甫弱冠居內禁公憂執喪盡禮旣闋
制以先大夫遺意益肆力於文學徧讀羣經旁通諸子百家見
識該博籠絡古今爲文不經營思而操筆立就如水湧風發其
爲擧子業如賦表疑義論策無不練熟入場屋二十年中大小
鄕解及漢城試者凡十八次而皆不利於南省其見拔於庭試
者又一次矣雖落魄不遇而少無戚戚意曰有命焉不可苟也
中年以後遂廢擧屛迹愛前溪波泚明潔常把釣觀瀾名其溪

曰明溪因以自號又鑿塘於屋傍靜僻處種蓮數十藕作小亭
以臨之揭扁曰亭亭盖取蓮花之亭亭物表也日處其中繙
閱書籍反覆沈潛頗有所自得或酌酒哦詩或種花蒔藥又或
攜朋舊游衍於山水間至於生産作業則絶口不言以此家益
濩落至或蔾羮不繼而亦不以爲憂性本嚴毅持身以禮治家
尤有法諸子每日雞鳴盥洗具衣冠拜省侍側終日不敢仰視
及其接人也則輒晤語款洽豁豁無畦畛見人之急懃恤如不
及嘗從洛下歸暮宿野店時風寒極酷烈夜深後忽聞波咤聲
在門外急使人問之則乃嶺中儒生不相識者而衣薄體凍奄
奄欲死公迎入店舍親自救療且解衣而衣之留數日調護而
去其人病既穌還公所贈衣公卻之曰吾悶君之寒而贈之何

用還爲同行儕友皆歎服其家亦世修契誼慷慨有氣節無世
俗腤韋態每遇大是非處秉公守正棘棘不阿凜然有千萬吾
往之意雖在草澤間每切戀 國之誠甲子适賊之變作詩以
寓懷丙子聞胡兵犯都西望痛泣又述數篇詩有思 君淚霑
巾之句及嶺中搢紳之擧義旅也與從兄佐郞公好仁募集士
友執戟赴難纔踰嶺聞和議已成遂罷兵歸而憤惋不自勝乃
作讀宋史詩曰一馬南來王業偏萬衆屈膝犬羊前胡公忠憤
遺詩在義氣堂堂凜雪天自是感慨之辭每發於尋常吟詠間
其義勇激烈有如此年纔三十餘歲爲林皐書院洞主每朔會
諸生講義或有悖禮傷義之人則輒峻斥不少饒由是鄉閭敬
服不敢恣爲惡凡有儒林大議必諮稟而後行村秀才子之問

業質疑者踵于門時宰惜公才行謂可薦用者多而公素恥與
權貴相交其入洛也或有願見者輒辭謝不往以故無用力推
挽者卒不得見用嘗以先大夫任補承議郞乙未四月十日以
疾終于正寢享年五十四是年九月三日葬于騎龍山巳坐之
原先大夫墓下嗚呼公以剛毅之質正直之氣紓餘之文辨博
之識從事於貢擧之場若使公得意登第處之臺省之上則必
當爲直言極諫之士汲黯唐介未必專美於漢宋而惟其時去
命窮不得早售其才年旣向晩又羞與年少輩爭口氣跼頸於
圭竇蓬户而不之悔也其標致之高潔豈可與皓首奔競者同
日語哉況其制行之方持議之正爲一鄕矜式有足以激厲頹
風者雖謂之功施及人亦未爲過矣惜乎當時秉銓選者不能

恢公道擧幽隱使不得少試其才詎天之所以賦異資於公者
抑何意哉信乎天不可必也公所著多散佚不收只有詩若文
如干篇藏于家宜人金氏系出龍宮父郞西岡公祖曰夢龍
贈參判曾祖曰希祥 贈參議葬在公墓南四十步許生男五
人女一人男時欽時楷時永時炯時坦女適孫鋐時欽生一男
三女男碩宗女適金世鐸全五益金應輝時楷生二男二女男
碩膚碩馥女申邦允李相華時永生二男四女男碩老碩文女
趙崧趙崟權稑徐津南昌君時炯無子以碩文後時坦生男女
各一男碩敏女權慶億内外曾玄男女百餘人公之孫碩馥等
將鑱石表阡令重器記言行重器辭之不獲謹以家庭間所聞
略敍梗槩如右以族夫秉筆者裁幸焉

通訓大夫行兵曹正郎龜峯先生權公行狀 甲戌

本貫慶尚道安東府

曾祖孝忠司直

祖命錘奉直郎尚衣院直長

父繼中奉直郎軍資監僉正妣恭人陽城李氏儒學教導世柱之女

先生諱德麟字君瑞姓權氏鼻祖諱幸起福州戴麗祖受姓拜太師其後有諱至正仕至佐尹自是世襲簪纓入我　朝有諱軫爲　世宗朝左議政謚文景公兄弟俱大顯其季曰軺文科寺正移居龍宮其孫壽海司正又移迎日卽先生之高祖也曾祖司直公又移慶州因居焉嘉靖己丑先生生于州北安康縣

天資穎秀才致明敏旣僉正公早世嚴訓無所及太恭人憂之曰寡婦之子人必傲之以其無所敎也遂命就外傳受業不以慈愛弛其課讀令一小奚日夜守其側若所誦或違課則輒笞奚以警之以此益悚愧自勵八九歲能通文義綴詞句稍長詣晦齋李先生門執脩請學李先生愛其英秀而許之次第授經書函丈講質之際能推明言外之旨李先生點頭曰此子多有警發人處與之講學甚有益也以其叔父之子妻之先生孝友出於天奉太恭人極其誠日必晨昏定省養體養志無不備至與弟僉正公德鸞怡然共湛樂人無間焉蓋亦有資於學問之力也丁未秋李先生爲羣小所陷遠謫關西先生以親老不得隨侍自以未卒業爲至恨益自奮迅日習舊聞卜居本縣楊月里龜城下作小齋扁曰龜峯書舍杜門靖處日覓獵諸史百氏孶孶不少懈旁治擧子業亦無所不能癸丑應公車選登對大庭俱居嵬等年纔二十五華聞益大播而于時邪黨滿朝忌疾善類黜補芸閣是冬聞李先生訃迎柩於中路丙辰陞成均館典籍丁巳遷禮曹正郎戊午遷兵曹庚申出爲懷德縣監準瓜而遞丙寅除河東縣監是時朝議稍平賢路漸開艷先生文行方屬以臺閣之望而先生爲便養計每求補外棲遑下邑公議惜之然其爲政必約己惠民所到皆有聲績庚午除永川郡守以家近數月而棄歸辛未與鄕間同志會于安康縣舍議建書院于玉山蓋李先生伸雪之後久有尸祝之議而震剝之餘士氣摧折囁嚅莫敢發先生獨慨然先倡人服其尊道之誠壬

申除陜川郡守益勵淸操常祿外秋毫無所取御吏以威燭奸如神莅民則極其撫愛爲之興利祛弊患檢田不公輸賦不均設詳定所審虛實均平之庸調之煩重者又多蠲除使之及時耕作訓士則重修學校儲養才俊課之以經傳導之以禮讓涵濡振作一變其陋習甫一歲郡境翕然如戴父母頗有古循吏之風秋典武選以擧子亂場罷歸婦孺皆塞氣相弔曰我輩失乳矣到郡之初弟若嫂在家繼逝先生捐月俸以助其葬需而猶不敢多費官帑貽書孤姪曰喪祭稱家有無禮也只當隨力營辦不必過爲浮文及孤姪請折簡府伯求得役丁則拒之曰爲私喪動民力非　國典也其秉義守法有如此癸酉除昆陽郡守將奉親赴任啓道有疾而返以七月十日終于寢享年四

十五九月二十四日葬于府北頭流洞負卯原先兆之次也訃出士林皆曰賢君子亾矣爲之咨嗟不已陜人尤驚號涕泣或奔哭於殯次或來奠於葬所是年又斲石爲銘以頌遺愛其文曰我侯前後未有我侯又曰學有淵源未大厥施德義之入於公頌者有不可掩矣許草堂𤯒與先生素爲道義之交聞其歿亦爲之傷慟曰少年志學之士遽至於斯是何司命也此非但爲先生惜也葢爲李先生道學之泯其傳而重惜之也配淑人驪州李氏迪順副尉諱苾之女訓鍊院參軍　贈吏曹判書諱壽會之孫生于嘉靖辛卯年五十一而卒祔葬在後有一男一女男士毅　順陵參奉女適士人安大海側室二男士敏士訥參奉生一男應生鎭川縣監縣監生三男丞通仕郎侍參奉壽

通德郎通仕生三男垓塛垓參奉生五男仲均仲坦仲垕仲培仲增通德生三男壑及第奎壁內外來昆以下凡三百餘人今不能盡錄嗟夫先生之世何等世也己卯網打之餘理學二字爲世大禁李先生方溪自韜晦不肯任師道倡率後學而先生以鄉里間孤露一卅角能負笈摳衣於木鐘之地奉德音受經旨懇懇有求道之志斯其過人也遠矣若使始終陪遊以畢其願學之誠則其所以循序進步者焉可量也不幸禍酷師門路阻絶塞不得隨鵬舍益開緖論以博其趣又不幸而早年登第爲親奉檄不得退田廬私淑後生以永其傳又不幸而　召還旣遲年壽遽嗇不得整牙芴立淸朝少試其經綸之業噫嘻哉其亦有命焉乎遺文散落於兵燹繼又灰燼於宗家火變只有對策二試券得以保存其亦幸也今讀其遺篇宏辭直論健捷豪壯有如神駒逸蹏駕輕車而奔千里片舟孤帆帶順風而放大洋以如許才識何所用而不可哉貯瀛館而煥猷華國之手可以展矣登烏府而憚邪懾奸之筆可以奮矣而外焉不內專而不咸名湮沒於枳棘之間而未大顯於世也牛刀割雞之歎豈獨於言子游爲然哉本鄕章甫以爲先生德學不可泯沒謀欲祭於社者久矣至百有餘年而後議遂定建祠於雲泉洞始俎豆之識者皆以爲幸而纔數年旋以　禁令從新設見撤可勝歎哉歲壬申先生之六世孫淳等訪余梅山下悒然而曰吾先祖學術行誼有足以傳示來世者而小碣闕銘又年久而泐矣今方改石乞銘以圖不朽敢以善狀屬之子子其無讓焉吾

曾祖參奉公曾著遺事一篇而草草多遺漏輯故蹟塡補而潤色之者非子不可能況子爲吾先祖外裔其可辭乎余拜而謝曰昔余遊漢中見所謂海東儒林錄雖未知其何人所編而歷敘理學淵源頗詳至我晦齋先生則曰門人權某官郡守號龜峯是實國人之所共尊者爲前輩左袒在公義不敢辭而顧淺識末學忝在外孫之列雖欲發揮潛光以示於人人誰復信之循改就別人而謀之其可乎淳等督之愈不止遂不敢終辭略取見存文字而敘次之以俟夫當世立言者之財幸焉爾

傳

咸安郡守金公家傳 丁巳

我　昭敬王壬辰倭酋平秀吉大擧長驅吾先祖湖叟公倡多

士掃劇賊蔽遮嶺左一路崔訒齋稱之以五百義士吾永一何
壯也維時同郡中有咸安守金公者將舟師力戰於南海畢竟
見虜仗義不屈而還蓋亦奇偉人云公諱浣字彥粹其先慶州
人曾祖諱長美直長祖諱濬考諱應生成均生員隱居教授以
啓廸後生後以公宣武功　贈戶曹參議妣烏川鄭氏生員仲
濩之女以嘉靖丙午三月四日生公于郡北紫陽里魯巷村自
幼骨格奇峻仡仡有勇士風稍長力學書詞翰漸就而屢擧不
成名旣而讀孫吳書習騎射談韜略慨然有萬里破浪之志丁
丑中武科己丑除宣傳官勤於職事皀衞甚謹辛卯以邊警擇
差諸鎭堡特授公蛇渡僉使厲志修鍊軍務一新觀察使李洸
狀聞于　朝特　命陞資壬辰夏倭船蔽海疾若飄風衆皆戰

股莫敢有捍禦之者公乃奮然垂涕曰食君之祿而臨亂不效
死非人臣義也遂駕戰艦迎拒賊鋒每相遇輒攘臂先登諸軍
莫不聳動自玉浦轉鬪至閑山島大破之獻馘四十一級所撞
破賊船亦不可勝數事　聞進階折衝自是益自激厲備禦不
少懈乙未秋販魚鹽備軍糧至五百餘碩統制使李舜臣具由
陳徹　命陞差閑山島舟師助防將是時公之登船住海已五
歲矣觸吸瘴霧勞悴轉甚而膽勇之烈前後如一日自　上每
念諸邊帥防戍之苦冬以豹皮幘夏以細布衣　頒賜慰撫之
公益銜　恩銘骨指天自誓思以死報效焉丁酉春兼差巨濟
伏兵都將與諸船共擊道莊浦倭船無遺殲盡獲九十餘級而
公所斬五級矣七月初六日至多大浦前洋遇賊船十隻大敗

之公射破賊將船獲秀吉歃血盟章及軍糧雜貨回至永登浦
獻盟章于統制使元均均大喜馳　啓時統制使率諸將將進
戰于釜山而倭船六百餘隻忽先來逼對陣累日逆風連作是
月十五日自永登移陣于溫泉翌日夜半賊船來襲四面雲聚
我舟師皆蒼黃奔潰公獨揮旗督戰而無與並力遂詣主將船
請斬先走者一將梟示以厲衆主將曰走者已矣難追君之力
戰可尚須更努力焉言未訖賊船先鋒已迫百步內水使裵楔
回船走避公冒死直前放砲射不止一褊裨中丸死奴與卒二
人亦中丸而仆公亦左腳中丸遂搖手疾聲呼曰主將主將胡
不出救主將元均酗酒偃卧不知攸措只令射夫發十餘矢而
搖櫓漸退諸將校亦皆觀望不救諸賊拔劒突入公船公與諸

卒擊殺數倭而勢若不奈何墜倒水中賊以戟刺公左鬢公素
慣憑河才浮游出沒忽得一葉草苞倚以爲力俄泊一小島攀
緣而上邏卒艮孫等數人已先到矣賊乘風縱火我舟師一瞥
灰燼公伏在林薄間望見之與艮孫等終夜痛泣翌日暮賊聲
稍息與艮孫等採葛編木作一桴七人同乘至鎭海前洋風盪
桴裂四人溺死公及二人抱破桴一木漂至昌原前洋馬山浦
則天已曉矣忽遇賊船追逐公氣憊不能敵遂擲所抱木曰吾
寧溺死不可爲讐賊屈也我國人從賊者見而哀之以索挂腰
拯載于船賊遂縛獻于安骨浦小酋因獄過三日後賊將將削
髮獻于闕白公曰負國偸生非余志也惟願速殺焉賊將大怒
將斬適我國人被虜者從傍乞曰此人頗解文字置日本學得

朝鮮文可也賊將乃止遂命拘送日本是月廿六日縛載于船
與諸俘相抱痛哭而去夕至對馬島八月初四日至日岐島越
三日至浪古耶又三日泊梵前郡又四日至曲高羅小倉卽賊
將居也留置于監官道山家城門重鎖如墮鬼窟翌朝我國俘
三十餘人來見流涕持酒肴饋之日與諸俘密謀逃歸八月晦
與金海李春長等將潛逃計泄春長等走免公獨被執將斬於
橋頭諸俘習熟於賊者謂曰此人未解倭語且病未能步雖欲
逃歸必不能若逃則我當其罪遂以文納供挈歸其居輪回供
饋或解衣衣之而三冬積雪凍餒難堪常啜泣度晝夜戊戌正
月有一俘密給若干銀使備歸糧二十五日夜公與固城校生
文大謨共逃間關踰山藪至一小刹有老比丘邀坐款接而語

音不相通公遂書示一律曰王國干城將漂流鴂舌留丹心照
白日忠義凜淸秋身在南荒哭魂尋北闕遊此身雖萬死何忍
戴天讎比丘亦以絶句和之曰賞子瓊琚句忠心字字新蒼天
應有格不久見君親臨别贐銀少許以助行糧遂徒步累日二
月初吉至梵前郡化大加浦卽我國去來船所泊處也來船已
歸盡公方叩胷號天會固城人鄭元生彥陽人豆里同等皆被
虜來居于水濱挈歸饋飯公與大謨元生豆里同等密約候順
風三月二十四日夜三更乘倭人漁船潛逃而歸越三日至日
岐島中間候風泊留四月十八日始泊我國多大浦由釜山至
東萊仙巖寺時　天兵四擊倭賊處處設伏欲撥歸路留滯數
日忽遇梁山郡偵賊裨將同至梁山郡郡守朴應昌具由馳報

巡察使推問其曲折且詗賊情公詳陳被虜逃歸狀且錄日本
及萊梁賊勢以納之巡察使以爲冒死力戰之勞見擄不屈之
志俱可嘉尙狀聞于　朝仍請置之陣中共籌戎務　上特許
之未幾除咸安郡守以奬其忠勇旣赴任頗有聲績可紀丙午
參宣武功一等推　恩所生丁未十一月十日以疾歿于家享
年六十二葬于本里歎洞午向之原子繼男武科守門將孫振
鳴亦武科副司果曾孫四人老一東一貫一道一嗚呼平居遇
小利害若毛髮比輒較計顧望惟趨避是圖者夫人莫不然矣
況遭大亂臨死生之際乎公當執徐之亂六載浮海慷慨殉
國屢破賊兵斬獲爲諸部最斯已奇矣及夫溫川之役賊船颷
集元戎左次萬軍崩潰而獨奮不顧身殊死力鬪以爲抗戰計

何其勇哉不幸事去身虜拘縶異域白刃加頸命在呼吸間而
能凜然矢死不撓卒之越滄海歸故國羞爲陵律輩所忍爲者
又何其烈哉苟非自家胸裏透得一義字極分明其可能乎今
讀其律詩一篇詞意懇惻字字有戀　君忱誠亦可見其識度
節行得之於家庭薰襲之餘者深矣噫若此者倘所謂烈丈夫
者非耶若使公處元帥之職統舟師節制諸校則吾知當日溫
川之師必不爲賊炬所燒矣惜其　褒典不優只不過一郡符
而止烏足爲忠義者勸哉公之歿今百餘年矣碣陰記草草無
可徵輿地誌所槩見亦少余悲壯蹟之埋沒搜得後孫家所藏
巡察狀草並採鄉里所公誦略加敍錄以備永陽故事

處士花山權隱君傳

永之北巖穴之中有一隱君子處士權君其人也權之系出自
花山鼻祖幸戴麗祖得姓拜太師自是世襲卿宰爲松京巨室
至仲和仕　本朝爲首相封醴泉伯謚曰文節其曾孫司正鈞
移居永川又其曾孫有曰克立　贈參判燮立巖幽勝迎旅軒
張先生共棲爲隣寔君之高祖也曾祖諱對以大臺授副護軍
登旅門溪荷奬與祖諱尚敏考諱榰世守遺則妣烏川鄭氏承
仕郎諱時永之女　贈判書湖叟諱世雅之玄孫　肅廟丁卯
生君于耕雲野舊第君諱得重字子厚天資溫粹不喜遊戲五
六歲就外寢侍嚴親善應對灑掃旣受書矻矻勤學稍長攜書
笈入山寺堅坐伊吾不少輟如是數年文藝漸就而猶不以自
足姑夫孫會岑汝斗每歎其篤實事親有至性晨昏定省左右

就養承顏順旨須臾不離側閭里間小出入輒皆告稟遠地信
宿之行不敢遠遊他所必先期反面恐貽親企望之勞己丑夏
太府君始嬰風痺疾沈綿至三歲君與伯氏晝夜扶護不解衣
不交睫而無一日或懈及疾革君割指灌血而猶不能救叫號
擗踊幾絶乃甦旣殯常處倚廬不脫絰帶過毁羸瘠殆不能支
保旣葬距墓數里間逐日省哭不以風雨或廢旣闋制事慈夫
人盡誠乙未夏慈夫人暴中暑奄奄危急君又灌指血而翌日
竟屬纊號擗毁瘠一如前喪未嘗一擧足入中門朝夕哭奠之
暇惟以禮書遮眼丁酉制始畢以遺命分居溪北二百餘步許
每朝必越溪隨伯氏拜家廟累歲不廢及伯氏病痺沾濡只拜
朔望自孤露之後無意榮名至甲辰又有院儒罹禍之變遂決

意廢擧益自韜晦不赴儒垣之會又恥入城府謁官長每日晨
起洮頮整衣冠對案看書兼課督子姪時與伯氏暨諸族懽怡
消日又或種花蒔藥於庭除間以自娛素有山水之癖好扶杖
遊衍於溪曲巖間至或竟夕忘歸嘗自歎曰男兒生此偏邦無
由一躡中州若遍觀國內好山水亦足以償吾願也丁未秋遂
以匹驢單奚入楓嶽雷連累日周觀內外山指點萬瀑千巖因
歷覽關東八景而歸戊申伯氏棄世哀哭踰節旣肂不歸家留
殯側躬執祭奠過祔事始歸且以孤姪持衰廟祀無攝撤家移
築于祠宇之東旣苟完名宗宅爲西窩名其宅爲東窩曰古人
同宮異室有南宮北宮之名今此東西兩室共守一廟以終吾
年不亦可乎因顧伯姪勗以竭誠饋饎凡諸家務辛勤調護及

伯姪早死以季姪之兒爲後益加憂惕逐事經紀無異自家事
丙辰春治西行語家人曰戀　君之誠貴賤何異草茅者雖未
得親拜　君顏不可不一瞻　君居遂入漢師望　紫闕以致
敬其見義之明有如此是秋遊金烏山自是無歲不出如俗離
鐵城清凉伽倻周王內延盤龜等諸勝無不周覽庚申以後則
年暮氣衰不復遠遊惟靜居繙閱書籍以暢其心嘗甲子始編
歷代通紀蓋以爲虞夏商周雖有書經帝王年紀或未盡載曾
史所錄亦甚疎略至於綱目續綱目明史等書非不詳盡而卷
帙浩洋難以猝考遂取歷代史自唐堯至　皇明皆以繼統爲
序揭甲子編年如邵康節經世書例而其間大事異蹟撮要書
之又以爲後生輩全昧本國事不知某王爲某帝時略附東史

於下層而隨其年係其事積歲編摩成草本十數卷晩歲猶恐其或未盡參證諸史更爲添損而未及卒業然規模已定條緖不亂千古興亾開卷瞭然亦可謂蒙士稽古之寶鑑矣庚午秋本郡太守吳公遂燁聞其名委顧其廬一接雅儀蹶然起敬打話竟晷仍以官酒相酬酢及還郡衙語鄕人曰昨余於巖中見高士也顏色溫雅禮貌雍容望表豈不知裏乎自此源源致書又以食物繼之癸酉夏本道　御史潛行山谷閒聞君隱居養德心竊嘉之䟦事復　命時　啓於筵中曰永川士人權某雅行醇篤老而靡懈其在揚陋之道似不當湮沒矣自　上下敎曰令該曹另加調用蓋其潛光之不可掩有如此者而君猶踧踖不自安常有愧怩色甲戌四月忽感疾氣鑠而神不昧遇伯

氏忌日不進肉念先墓無表以乞銘事屬子姪疾旣篤猶無怛化意揮藥物不進以是月二十二日悠然而終享年六十八訃出遠近莫不悲惜以十月十六日葬于本里小會谷酉向未之原郡守尹公東涵致賻儀發丁助役士友相紼者百餘人學舍儒生並操文致奠旁近大夫士題送輓歌者亦多君平生溫順介潔謙遜恭謹口不出俚言身不設惰容坐止有常處行動不回顧臨事必辨義利接人無分貴賤疾言遽色未或加於僮僕嘗自言曰雖暗室幽隱之中亦不敢爲自愧事矣本業耕稼自奉儉約賦稅賓客之需必先措置至於奉先之節尤致其誠慮夏月魚果腐敗爲之預乾别藏考妣忌祀則當其月廢出入前二日沐浴齋之日晨起拜廟終日孽跽夜亦不寐待雞鳴將事

肅敬如儀平居坐必向廟過廟門必鞠躬而趨先祖祧廟亦必朔望展謁外氏家產業蕩殘遂出財置田付宗孫供祭敬伯氏如嚴父憐孀姊極力賑救且預襲斂具及喪而襚之戒子姪必曰嚴內外和兄弟又書授懲忍慤惠四字使常警省待宗族周洽或得美味片片分饋事門老尤致敬時或製進衫襖外舅孫公只有一孤稚挈來鞠養待娶婦遣歸主祀人言孫祀之不絕權公力也其處鄕也知舊吊慶未嘗或闕若其爲先執者則隨寒溫躬候或提壺以餉之鄕里有疾者輒親問饋藥或指畀方聞人之死雖皂隸亦必卻肉峽村男女皆以善人稱之謙晦太過不喜作閒文字如唱酬輓誄等作多棄置不收今所存只若而篇所寫書冊甚多而筆畫楷正一字不放過亦可見內守之

靜專矣配月城孫氏通德郞汝智之女縣監欽之孫吏曹判書景節公諱仲暾之後也有二男一女男遇銓達銓女適李恢遠遇銓生二男三女男長濟經女李東遠餘幼達銓生男女各一李恢遠生一男皆幼嗟乎世降矣俗頹矣牛奔馬走視禮法爲籧篨者滔滔也而惟君獨能知行誼之爲貴盡孝於親致恭於兄推而至於宗族朋友皆洽如也是豈特家猷之濡染哉蓋其美質之得於天者異乎人而能保其彛性矣況又斂迹遯藏絕意外慕放浪山水消遣世慮及其興闌而歸則靖處一室不出山門以書史灌心以禮義律身甘守雌於巖藪之下而沒其齒焉若此者其非古所謂逸民者流歟繡衣之咨諏　啓徹實採一路公誦而　綸音旣下銓部不卽奉行使　聖朝振作之風

不得大聳動於嶺海遐陬寧不爲世道慨然哉鄕士友責不佞曰以此老懿行而無傳於世則何以礪偸俗子子其泚筆焉不佞不敢辭略書梗槩以爲永州權隱君傳

梅山先生文集卷之八

右梅山鄭先生集十二卷刊有年其曾孫麟休以其
王考遺命印一本寄而示余求爲跋并示附錄一册
俾考行蹟而爲之言余辭不獲卽謹受而敍閱之則
凡先生資質之粹學術之正淵源之的造詣之深出
處進退之義言論行事之實槩已備見於此而其中
近思錄一策暨 春宮一疏又發揮周程以下精微
之旨堯舜以來傳授之訣可見平日之所蘊與常自
之所欲施者豈非醇儒之氣象王之治所纂家禮輯
要朱書集解等書雖姑未繡于梓而要皆便於考證
易於曉解其嘉惠後學之意又不啻懇懇焉嗚呼若
先生者豈非有體有用而成己及物之君子者歟而

梅山集跋

位不滿乎其德用不究乎其才晩懷丘園以終其年
豈自衰周以降士已患乎所以不知天意竟欲如何
所幸者惟是立言在焉百世之下誦其詩讀其書又
論其世以得其心而尚相與慕傳之不衰效法於無
窮則其視還於當身而行於一時者果孰尊而孰大
世耶是則天之所寓實在於是而余之誦此言也久
矣今於先生重有感焉遂書此爲梅山集跋
上之二十一年丁巳十一月上浣晉陽鄭宗魯跋

梅山先生文集續目錄

卷之九

詩

書

雜著

跋

祝文

梅山先生文集續目錄

梅山先生文集續卷之九

詩

種紅桃 乙丑

千歲蟠桃半欲開窓前移得玉叢來溪風且莫吹花去恐使漁
郎苦溯洄

次國坦上人韻送別

峯作雲間髻泉鳴月下琴飛錫歸何處前蹊草露滋

全戚叔懷遠 近璽 將移故土永赴尙州親庭留詩爲別次
韻以寄 甲午

同郡相隨二十春愛公淳慤近天眞誰知夙契難分手其奈滋
誠在事親千里相思空見月五更殘夢恐迷津如今未遂河橋

送遙向歸程涕滿巾

輓孫丈肇伯 是柱〇乙未

天與公才不與年來何有意去無緣牛墟紫氣長埋獄驪穴淸
光未出淵冥府謾添才子鬼藝園爭惜老師篇秖今寶樹庭前
在屹看于闐福慶綿

輓朱道成 景明〇丙申

儒族東都戚人稱朱氏村才華詞苑伯風味孝門孫縱有能家
子堪嗟未老魂連年荆樹落無語慰萱

輓金震卿 夏重〇癸卯

五柳陶翁後八龍荀氏兒睦姻傳世美勤謹出天資烏鳥方殫
孝蜉蝣竟短期中祥一掬淚那忍哭言思

輓李戚兄 厚謙

存歿人間不足傷哭君何事暗摧腸祝門講派情曾密管榻論
文趣更長可惜驥蹄槽下伏忽驚駒影隙中忙尙記柴門臨別
語梁月依然入夢凉

輓崔太守 錫九〇甲辰

使君仁化一春如起廢蘇殘兩歲餘巴郡歌謠騰萬口武城絃
誦溢群閭方慚鈴閣叨陳榻那意銘旌換浚旟况又庭蘭聯雁
塔不堪揮淚送靈轝

尋圃隱先生遺迹詠詩寓感

海東夫子起千年道學淵源始有傳愚巷恍疑顏氏巷永川應
是正公川休將桐水釣臺較更信寒泉道洞有故里自多佳勝

處丹心還負碧山緣

輓徐南昌君 津〇丙午

麟閣丹靑百世留更看玄裔接餘庥腰橫金帶榮名大血共銅
盤 聖眷優休說張孫元龔爵固知班骨可封侯老星昨夜翻
織彩二竿纔添七十秋

唱榜日有感 丁未

肅考庭前大學生今朝又荷制科名桂花戴頂天香藹蘭酒沾
脣玉露淸恩重 君王徒自愧家無父母孰爲榮悽然昔日梁
山淚更向蒼梧倍自傾 庚子肅考昇遐又遭外艱

榮歸之日進士從叔碩臨吟一律謹以奉和

自非天寶耀豐城偶把殘竽試一鳴黃榜幸能叨末第靑雲何

必間前程一經庭訓徒盈耳廿葉家猷恐墜聲孤露餘懷徧酸
淚翻教榮席不爲榮
周王山次敏行上人
七月周王天氣凉爲從雲鶴問仙郎松醪酌罷憑軒卧桂子秋
香動葯芳
輓玉進士諸伯 振韶
憶曾携手入玄關早識同君契不顏氷蘖祖先淸白後森蓮父
子弟兄間謝蘭摧餘雙枝秀庾菊緣崔半圃閒誰啓新阡收俊
骨情人揮淚怨靑山
輓李丈 秀遠○戊申
一揖淸關心便輸天姿溫厚狀魁梧先徽爇氏三峯起後事胡

家雙璧俱始信名門賢老在休言末路好人無六旬光景今何
嵒泉下應歡彩服趨
次楊戚丈欽中贈別韻
駑駑才本下休說步能伸縱有勛華主奈非皐夔臣
輓宋佐郞國老 發端○庚戌
神交十載隔眞顏那意今朝送柩還雅表文園賢士類榮名儀
省少郞班鄧宗墜緖天難必秦疾摧人鬼亦頑蜀魄倘能歸去
未孤鸞隻雁血潸潸
槐院直中謹次星上舍族父 碩臨○二首第二
縻職恆存衛國忱閒情猶向故園深氷連險路稀鄕信雪擁寒
牕愷客心望裏愁雲迷嶺樹夢中明月掛松林時時幼子添關

念須設嚴課莫浪沉 時長子一鑑就上舍公所讀小學
次金守夫 啓白 韻 辛亥○二首第二
千里寒齋獨掩扉故園松菊夢依微才疎只得耗稍食位賤奚
望補袞衣案有詩書眞味詠門無車馬俗緣稀一窓明處紅塵
隔未必靑山便息機
次李平卿 權 冬夜詠懷韻
雪光和月冷侵人點點微星拱北辰　丙枕今宵無意否雲漢
昭回一縷銀
次柳仲新 鼎茂 臘日韻
旅榻重逢此日還畸懷仍與老陰殘雪侵螢砌瓊枝潤春泄梅
盎玉蘂團仙藥頒來香味洌　禁門朝罷珮聲寒窮閻莫歎無

羊酒徵召新詔拭目觀 是歲饑甚朝家方議賑故云
安希中 聖時 詠示宋司藝碧松亭韻遂以奉和二絶 壬子
萬杉淸籟暗生凉密葉能遮丈五陽向晚隨陰移榻轉午睡酣
處漏聲長
松下胡床暑亦凉爲由蒼盖蔽朱陽誰知大地紅塵裏偷得淸
風一線長
次李生敏行見寄韻
憶曾傾盖日偏荷禮容勤劒帶曾霄氣蘭含九畹芬麻蓬寧互
益雞鶴固非羣昨夜西天望長庚已動文
輓崔子輿 南杰 二絶
東南爭說六宜亭忠信如君襲典刑棣蕚連年凋謝盡蒼天無

眼但冥冥

親爲表弟齒同庚髫齔相隨最有情五十光陰猶嗇一忍揮悲淚向佳城

輓從姑夫崔叔鳴 南鳳

從姑於子配親誼不曾輕舊族東都望靑襟北海英遐筭纔半到寶樹僅雙成蕭瑟鰲山外忍聽杜宇聲

趙進士後龍聞喜宴次權進士 濂 韻

幾年騷苑擅高名今日蓮池得晩成 恩音重光賢祖廟彩衣偏悅老孃庭聲飛玉笛溪山朗酒爛綺筵閭里榮賓友紛紛來獻賀任敎詩律積墳籯

又次趙丈 𡶓 韻 卽新恩之堂叔父

八耋蒼顔耀北堂藍布添却彩衣光聞喜芳筵來獻壽庭前蓮萼十分香

芙蕖艶艶耀同堂南極星躔倍動光蕙室今朝薰沐久歸來偏覺滿衣香

甲寅六月與道中諸益聚横溪舊宅粗定師門遺集篇目屬諸友分謄乙卯春會于丹崖村舍轉到仙源謹始讎校而卷帙浩大且値冗礙未免中輟夏再會仙源冬又會銀海寺前後凡八十餘日而猶未斷手丙辰四月更會龍山墳菴留數十日伯玉每從之諸友亦迭至而曺雲路飛卿柳幼玉最久滯焉掃塵之暇追憶玉磵舊遊遂續遺韻以寓西林之感云 丙辰

玉磵高亭久掩塵欲承音旨悵無因閒來爾帙留遺語忘却儀形隔異辰此日編摩知我職他年尊閣政何人斯文東土寧終喪應誦玆書徹萬春

輓李戚兄 台俊

五峰門户大旁派襲餘芳雅範推鄕里淸詞擅墨場蘭抽四朶秀黃閱七旬强最是平生恨秋蓮逈裏藏

輓李進士季實 極培

君家文采世煸爛淑氣偏輸兩白山錦綺佳篇騰藝苑菁莪懿範振賢關鳳毛成列庭雖潤鵬翮無風鬢易斑可惜重泉今永隔郤驚欒月異眞顔

輓黃直長 再淸

暮年從仕鄴華紳 聖主恩除爲濟民可惜漢南丹旐路蜀禽啼血淚征人

輓朴察訪 希顔○辛酉

家落華山下于今俊士興科榮大比選官止小郵丞八耋雙壽嗇六珠二顆登半儀從此隔回首涕交凝

謹次鳳溪上舍族叔韻

八載重來漢水陽五雲多處望齋潢身趨 禁闥迷前路手拂朝衣淡舊香誰識晦翁監廟計却愁潘子詠秋腸風埃乾沒眞堪笑鏡裏蕭蕭鬢滿霜

騎省直中次吳佐郎敬叔 命脩 韻 二首第一

豹直寧憂職事繁一心惟在報 君恩纔監宿衛巡諸部仍飭

抱關守九門郵吏點名看馬步仗軍吹嘯戒人喧銀臺聽吉催
何急院隷聲中半䰟魂

再以兼春秋直宿藝文館次柳仲新聯句韻

華盖清高地重來擁北辰豈知騎省客頻作鳳池人此職非他
職前身定後身黃庭朝暮讀渾蛻九街塵

登公州拱北樓 壬戌

偶因公務到熊州斜日登臨拱北樓城下長江明似鏡殘紅嫩
綠暎滄洲

李上舍會嘉 亨運 來訪詠詩一絶遂以奉酬

人間何幸有牙期未奏琴聲已許知萍水奇逢誠不偶一樽相
對細論詩

次李會嘉惠韻

喬木家聲大鵠翁又石翁風儀元禮似詩語謫仙同何日三千
字能搏九萬風盃茶聚未得無語謝盧公 會嘉求酒而適乏未副故末聯及之

輓田高原始赫

昔叨騎省議才調知子華名冠虎僚撫字心勞頻製錦鈴韜講
罷奄垂貂方看闔外高牙揭那意風前大樹飄春葉已殘蘭又
折將門從此太蕭條

解歸將發次金生翼南贈別韻

別語殷勤韻格清詠來尤信負高名佳山一髮愁雲暗應惜江
東永阻聲

次李明叟 景曾 韻

人情反覆險於巖感子尋朋躡窅巖憂色子春須莫效騎牛非
是立墻巖

輓張以大 直方

憶昨少年日同搴碧沼花妙詞凌白雪奇氣苑青霞才美名終
晦質豐算未遐餘休知不匱庭下挺蘭芽

輓蔡進士 九章○癸亥

磨劒多年氣射牛一枝蓮萼笑談收人間萬事誰非命絹算應
窮六十秋

尹郡守 鳳五 以其大人新寧生祠宴席韻寄示求和謹次
其韻 二首

治行南州孰是眞花城祠屋壓前人蒲鞭美政留遺愛鳧舃仙

蹤閱幾春三尺碑高揄渥惠七分幀揭幻精神書窓謾誦循良
傳却恨琴堂見未親

孺慕純誠老不忘南麾今日戀桐鄉香燒舊廟儀惟肅宴集遺
民戚更長耆老尚能談往事戚筵端合繼前光殷勤至意人知
否非把閒情託詠觴

琵琶山僧慧澄遠來求詩遂次其軸中徐趙兩相公韵以
謝之

爾今何事索吾詩問法沙門自有師無乃暗追文暢意欲聞儒
道遠相隨

楓葉紅殘菊蘂黃一堂寥落毋山陽逢君穩說金剛窟何異巴
城翫海棠

謹次申持平焚黃時韻

明明我　后樂崇賢雨露遐垂及壤泉封紫誥新同衮煥焚黃
儀古異茅纏高風足令懦夫起懿跡應輸太史傳回首故閭雙
綽楔一家眞脉遠相聯

輓李護軍 德標

千尋紫玉鬱崔嵬淑氣融融產異材淸製早登芹館著𤼵安能
躡鬼門回西樞命甫榮鄕里南極祥翶化刧灰賴有薛宗仍再
紹也能天道好滋培

輓金新昌達夫 㙔

憶昔西遊訪草堂知君風表卓軒昂桂林早擢承箕子枳棘還
棲鳳宿郎可惜花籌周甲盡却誇螟嗣滿隅良嶠南今世何偏

乞七箇謦欬次第亾

次孫上舍賚予 命說 來住丹湖寄示韻 戊辰

誰言新歲慶但覺隱憂生撫頂毛全禿論年算幾莖小官猶蔑
效閒業且無成感子偏憐我時投不平鳴
昔君磨杵日誰謂老書生大匠無眞眼良材等腐莖功名今豈
貴德業晚宜成春草須看取驢聲活潑鳴

次族弟開仲 重鍵 苦熱之作

土焦金爍石全瀜皓髮頹然赤焰中何處淸詩來喚睡欒山吹
送一床風 開仲時寓採欒山中

輓朴同知 瀟

東都忠績冠諸藩公襲餘休制行敦學究阻時辭禮綱吟哦成
趣樂芳園八旬爵至榮追祖五顆珠明敬裕昆毛撤未傳直宿
晦鼎菌他日淚將痕

鳳溪族叔冠其孫錫元詠一律求和續貂浼呈

墨莊餘範逈超群更抱蘭芽濯堆勤元服授來逢令日懿賓臨
處繁文德成妙質祺千壽喜溢庞着酒半醺只恨遠蹤違盛
集朗吟瓊什却忘醺

廐畜忽連斃人多來唁作詩以解之

峽裡塵緣未盡休時時命駕問朋儔化翁嫌我閒來往分付山
靈攫馬牛

朴天壽 枰 來訪用牛字韻詠示奉和以謝 庚午

索居林壑任閒休攜手今朝見好儔前路窮通君莫說畝間同

逐耦耕牛

輓李廷栽 辛未

太和江上宅豪宕任風流可惜浮生短遽然五十秋

輓成同知

祝派相連誼兩諧那知一拜計終乖家聲素擅謦欬大士望爭
推翰墨佳壽過綃壽雁範祉　恩優樞府逼台階山南耆德皆
淪沒後輩於何覩雅楷

輓孫永世 壽民

聱翁娉節逈超塵餘範依然在後人敦族至情傾肺腑檢身高
義動鄕隣纔看寶樹開雙蘂那意遐籌止六旬長記竹橋臨別
語擧頭南望淚沾巾

山水亭次李明叟韻

非學陳翁羨館亭偶棲巖穴閉幽扃源泉活潑長流白穹宙崔巍不改青觀省只要娛晚景進修何敢望遐程丌頭爛簡閒舒卷恐留胷中一點明

次金天應 命元 自然臺韻

若木山南架數楹別區佳賞更誰爭雲閒突兀奇臺屹月下琮琤小磵清花待番風循序發鳥遷喬樹喚群鳴主人讀罷丹經字起拂靈芝趁晩晴

輓李全陽君 益敏

崔盧華族闢張流迅掃妖氛快湔蓄紫電揮來瞋殺膽碧油開處贊奇籌功高繪像麒麟閣身老投蹤鶴鷺洲昨夜將星光忽隕柳營誰復過旄頭

輓金厚卿 尙重

惟吾內子卽君兄久識鄭翁裕後生清約檢身心不苟周詳應事物無爭稀年卻恨嶄三暑寶樹猶看擢四莖十載睽離成永隔北天回首淚沾纓

九日從太守吳侯 遂鎮 宴朝陽閣仍試鄉儒太守用杜工部韻詠其事遂以奉和

傑閣岧嶤眼界寬重陽樽酒使君歡衆工奏樂揚清曲多士摛文聳皁冠楓韡紅枝侵水映菊開黃蘂帶霜寒樵翁偶廁華筵末無限風光醉裏看

輓李洙賢

清詞懿行兩無窮可作東都一隊尤忠養未終名未遂忍看良玉掩荒丘

四月二十二日承 召至安溪聞有變通遞差之 命遂回馬至橫溪留三日盖以可升道中來往書堂校整禮書故也追次可升昨春韻 癸酉

玉亭蕪沒幾經年每叩山門輒致虔建廟何由禋祀設開堂徒見講儒延依俙餘韻留溪上散漫遺篇滿架邊幸免塵埃追此會楊風梧月耀芳筵

輓李慈仁 胤沆

十室仁山縣二年太守賢鴻恩方浹髓鳧舃遽登仙慈氏驚虧眼殘氓痛失天關河數千里那忍送啼鵑

輓洪瑞伯 有龜

赤羅胡運否髦俊老園田望冠莪林重家從柏府傳稀年三暑贊寶樹兩枝聯此報寧爲慟朋儕涕共漣

輓朴龜年二絶

資淳行篤識兼優鶴府襟紳第一流可惜善人終不福行年四十便長休

自吾孤姪入賢門屢接君顔託契敦姪與婦亡君又逝追思陳跡淚瀾翻

輓尹子由 就遠

昔我知君面昌山有好男家聲傳紱冕人品挺椅柟壽過稀齡五庭留寶樹三卻嗟才未顯神理杳難探

二月以詩塚立碣事在夏泉齋舍二十七日忽承薇垣之

命允文詠贈一律遂次其韻 乙亥

狂疎猶抱獻芹忱白髮垂垂已掩襟精鑠但資畦菊味位卑着
發隱吟華鬢未免逢三褫 黼座無由上六箴休致殘年寧
復進曾看前史筆鋒森

可升用允文韻寄來又倒韻以附奉和回呈

蒼松綠竹影蕭森時送清風若寓箴淮客誰尋招隱賦洛翁偏
愛打乖吟肯趣 禁闥披楞腹宜伏田疇展襏襟老被 恩榮
無寸效自慚虛負報君忱

輓鄭僉樞震瑞

喬木家中一朶蕖泮橋當日喜聯裾淳資有本承箕緒偉器無

時老草廬 異典特推三品右高年已享八旬餘偏憐寶樹多
先折始覺神遼枉慘舒

輓崔吉甫 迪基

崇烈明祠屹賢孫毓茂祺質含忠信德容飭雅恭儀寶樹中枝
折稀年一暑虧平生歡好意南望淚空垂

寄贈金君翼南

處士名園幾歲空今看劬裔繼休風築窩揭號寧無意功力須
殫性分中 作舍名之曰俛窩故云

輓崔同知 慶老○丙子

名臣遺澤在君又襲簪纓佩綬跨雄鎭超階應老星露沾三世
廟風送九原旌來及延 黃誥應知目不瞑

書

與李訥隱 光庭 甲子

千萬意外伏聞令伯胤遽謝庭下豈知德義之門有此逆理之
禍耶驚悼痛怛不能自已伏惟繼體恩重悲慟沉痛何以堪勝
然命之脩短莫非天也哭子之慽聖賢所不免以老兄七衰之
年若不倍自寬抑得無大傷天和乎伏乞以理裁情益加珍衛
以副朋舊之望卽日春序已半不審服中體候何如重器道里
綿邈旣未得趍進面慰憂冗交劇又不能及時書替此豈慕用
之誠耶慙歎無以爲喩前秋桂檮之 命實出於 聖朝獎德
之意士友間欣聳之情有不可量而俄聞辭疾不赴還不勝慨
歎先祖誌銘累蒙修改更無餘憾而尚有數句合商量處再昨

年春因一鐸家委伻之便奉一書仰稟矣其奴歸言本宅方有
染患納書未受答云此或頑奴不曾納書而僞辭瞞告耶其後
當起送子姪一人詣門下以稟而喪危疾厄連歲洊仍今始委
遣族姪仰伸慰儀仍質誌文伏望俯詳別紙兼採口告更加點
化俾作百世不朽之資幸甚幸甚

與宋定夫 命基 甲戌

抱中蘭芽寬點槁首竊想鶴髮庬眉喜氣盈溢賢器上舍君已
選公車父子並擢蓮桂外門光景何以加此是爲奉祝卽日春
意駘蕩伏惟湛樂對時增福區區慰溯之至再昨秋因範之從
歸修一書仰候厥後未承覆音想以無便而然矣外弟家運極
否堂弟重祥昨秋甫過其配繼逝其長子爲其兄後者春初遘

疽而夭前冬又遭亡仲家孀姪婦喪淚眼無乾悲悴度了七十衰腸其何能餘存耶苦痛苦痛退陶書節要已得卒業耶規模間架想必亭當而老病蟄伏無由一進靜軒與聞其一二緒餘只切井蛙之歎而已若得約會於公山僧舍淹留旬日則弟亦當扶曳赴會幸須自量筋力指示期日如何

與鄭獻吉 夢賜 甲寅

數昨暘谷之會殆同花樹古事稍可慰懷而稠擾中未克穩討積抱別來猶有餘悵即未諳老炎靜居閒履何如尤庸傾溯之至族弟長途暍病更添於一番勞動頹伏枕席全無醒意悶閣何喩尼山所去簡牘今方傳謄當還送於開初道中之行而不但寫手不多讎校亦自未易可悶明齋集答書中窃有參考處

玆以委伻其書所付卷搜送如何

答李振叔 守綱 乙丑

音聞之阻以歲計矣每北望馳神第切於邑甥姪來伏承下札滿紙辭意無非念舊感傷之語展讀十回令人釀涕況審年來美疴一向沾纏遠地憂慮尤不能自定也弟今年是回甲耳衰頹之狀不一而足惟是牙齒脫落數四枚存者亦皆動撓不能喫肉咬菜如是而其能久視耶眼昏膈滯又不得繙閱書冊塊坐窮山嗒然無好意象乃何乃何每欲一遊清凉而慘慽以後無意更躡貴境何由而獲奉清誨耶臨楮尤覺悵惘

與張天略 東載 辛未

華㧾再枉餘薰在榻封樹之思尙今未已而滚冗交掣未得發一書仰候雖荷原諒豈勝愧歎今冬積雪挽近所無未諳兄雅候何如眷集休否亦何居悠悠懸想如矢注的弟一向衰頹精力頓鑠無復策勵之望何足向喩精舍詩記反復詠玩益見趣味之無窮極令人艶歎記中數句語旣承商確之敎不敢自外畧表鄙見於本草其能有槪於高眼耶幸照勘而去就焉清韻姑未續貂當待後便耳影幀改摹之事以何間始役耶容入物力間于臨院任事之人則渠亦以歲月之久不能詳記只云韓畵師自買畵本眞彩幷手工不過三十緡其餘衣服支供之費不入此數耳須與畵師相議處之如何但物價低仰不可以一例論斷矣 七〇

與韓副率 元震 壬戌

講服盛名爲日已久逮莅玆土亟欲叩蕙帳望芝宇而公務交掣久未遂計此莫非好德之無誠焉得不騂然耶卽日庚炎伏惟林居清適學履冲勝重器白首吏役勞碌可笑每瞻望故山不禁蓴鱸之思近又宿疾當暑添劇客症交作眞氣日損而畸孤蹤地又有難安之端方今投狀求去若得見許可以歸伏田畝隨意偃仰其何幸如之竊念執事閉户窮經已過五十年其必有自樂於胸中而人不得與知者矣每擬偸得朱墨之暇奉緒論於薰爐棐几之間而洪汨還就今又有是決矣塵蹤之無分於仙庄固若是耶遲速當伺病間扶曳進拜此計庶不至失墜也

答尹太守 鳳五 癸亥

軒馭返郡之後每擬一晉承候而今冬病悴比前忒甚尚未遂
意兒子亦久住山房未能送拜於鈴下私心罪悚恒自焆結不
意委价投翰辭意勤至拜稽莊讀有若親襲仁風感戢何量況
此三種珍饋歲以爲例雖出於撫字之異恩受之者能不踧踖
乎僕僕無以爲謝仍伏審殘臘政候萬福仰慰區區無任下情
重器胸膈壅滯之證一向作苦委頓牀第全無醒意今又歲華
將改恰作六十歲人而自顧平生碌碌無一善狀只自悲歎而
已曩寄花山宴席韻構置已久而蕪陋不足觀且緣兒子久在
外尚未繕寫呈上歲後當卽送兒替候兼呈拙句耳惟伏祝遐
新增慶

答權一甫 鏋 丙寅

八枝桂花人所難折而惟兄能折之可謂吾黨中第一高才也
自此聲華益藉甚庶有陞擢之階其在柏悅之情寧不爲之濺
賀耶竊惟榮歸有日雅候益福尤庸傾溯弟等幸粗遣免而跳
丸易走榆景漸頹素髮蒼顏恰成雙老翁各汨病憂又未得源
源盍簪寧有麗澤之益耶殊自浩歎前秋損牘意甚勤摯聚首
奉讀怳若鼎坐論懷感暢難量而苦無的便尚稽謝儀至於俯
囑之事亦出於慕前輩修先契之意況又錄中姓諱多有鄙門
先代撫攬今昔感懷尤切而歷問諸家搜錄未易今始奉呈竊
計刊役已完無及於事矣愧歎何已如或尚未入梓則向來未
盡錄處更爲錄示如何

答吳太守 遂燁 壬申

戀仰中伏承顧价下書仍審初寒撫字神相體候萬福區區仰
慰無任下誠重器冬候漸峭宿痾添劇閉户龜縮昏憒度日伏
悶何喩政目遠荷寄示眷意良感至於臺擬豈是鹵才淺識之
所可當哉愧蹙不自安也玉胤旣參初選竟屈大庭此乃運氣
所係慨歎何已亭額旣承落筆之教感鐫無以爲謝

答鄭道直 紾 甲寅

頃者覆字其已收領否卽日庚炎未諳政履何如懸溯良深族
從漕事了當未易尚此留滯數日後可以啓行而修辭狀上送
由淸黃金善等路直還鄕廬矣辭狀則只陳病未還任之意蓋
前日被查中營吏項已無事 故釋故耳前監司權㦤於其三辭
疏中誣辱嶺人無餘地意極危險在此諸益欲卽疾聲伸卞而

恐有迎擊之嫌尚此泯默矣數昨以尚州付處 下教之後始
乃投疏仰暴而 聖批隆至與奪森嚴惶實何極彼此疏草送
去耳惟是若而人中李大觀一人携貳不參其意所在實未可
知也李尚書玄錫氏曾撰明史綱目甚詳悉無遺尹判書兄弟
方以活字印出於私楔珍山倅亦欲入梓刊布云然耶若已始
役則匪久當斷手所入紙地詳問而知之爲好耳

與鄭道直

卽來諳日間閑履何如溯戀區區族從自聞影幀有事之報卽
欲一番奉審而病悴還就閒有此任命之謬託辭之不獲欲於
來朔日炷香瞻幀因爲自處之地耳但念此事實是儒宮大擧
措吾黨旣在章縫之列其於崇賢慕道之誠不可不一遭會審

決不當袖手旁觀仰屋嗟咄以負我先輩辛勤守護之意也茲以奉邀望須蹔枉軒蓋共叅瞻儀如何

答鄭道直 辛酉

泮人歸纔獲辱覆今於縣隷來又奉惠訊續審窮陰政履萬重欣慰曷量況二玉潤在傍閒業湖海間自當不寂寥矣尤以爲喜族從今初九又差記事之役入直藝文館雖與旅舍冷突有異 前席出入殆非衰朽筋力所可堪悶悶卽今銓地多撓少臺頃彈叅議老臺對斥首亞叅議則呈辭已遞首亞則再疏不許都政遲速未可知耳鳳溪韻謾詠以呈幸和寄破寂如何前後惠紙遠領至意

答鄭道直 壬戌

歲換春回消息莫憑方紆鬱不自堪意外忽承惠墨仍審餘寒政履增福欣慰叵量族從兼史之役至月纔遞臘初復入歲首與預備換差以出矣前月廿六趙翰以親病陳疏徑出忽又以下番 啓下故不得已替直堂后尚未遞脫苦悶何喩閔昌洙乃奉朝賀之子而宗廟展謁之翼日疏斥左右相並皆待罪金吾廿九夜 親臨鞫問減死島配於大靜縣而左揆乍出復入而陳劄以辭右揆累疏違引仍又呈辭昨夜遣史官傳批于左揆遣承旨敦喩于右揆而姑未知其出否耳向於廿九 筵中前吏判罷職副二堂遞差元景夏除授叅判任珽除授叅議判書副以費啇望授鄭錫五皆已出仕而叅議則方在加平任所姑未入來都政似成於此月內而亦何可必耶雲路之訃不勝驚怛此豈特渠家之不幸耶實吾黨之不幸耳辱和佳篇時時朗詠足當一面珍玩何已兩色之惠良荷勤念南塵之示亦我所願而但目今景象求者亦不得況如我不求者耶

與鄭道直 癸酉

數月阻範鄙吝復萌尋常一念恒注高邊秋凉想惟令候萬福族從衰病殘喘見困暑瘧且有弃寓之撓前月晦始得還巢而意外忽遭從嫂喪兒稚滿室無所依恃痛怛之懷不但哀死而止奈何奈何圃隱先生續集旣出草本藏置櫃中而其間多有合商量事每欲更會議定而霖雨連月無由動脚今賤疾稍愈欲以明日入院茲以奉告幸須掃萬命駕如何可升平安耶堵之闕候此紙同照並轡來會尤幸尤幸

與鄭道直 甲戌

頃承辱覆備審諸節殊令人慰喜未諳日來風雨靜居道味何如益庸傾溯族從一例昏倒別無善況何足向喩小亭詩獲蒙和寄朗詠數回詞雅理到彩牋華墨輝暎墻壁足令山水動色矣嶺中登第者至於八人云不可謂寂寥矣邸報或有可聞者畧示不妨宜仁倅果爲發送於晦間耶此去兩封書爲附呈如何

答權君直 得胄 戊辰

秋初獲荷賢胤遠紆袖致珍函且讀且誦如對眞範感暢何量第緣忙卒修謝未卽因循頹惰迄今闕然是爲愧歎卽茲霜寒未諳兄調候何如益庸傾溯弟衰病轉深精力日銷自知餘日

七二

無多勢也奈何謬託文字固非淺陋所可堪當而重違孝懇且有慕仰之忱不敢終辭謹已畫葫自讀一過疵病百出竊恐累先德而誤大事矣幸須照勘而取舍之如何

答鄭汝章 燁 汝煇 煋 丁丑

邦運不幸　坤宮禮陟臣民之痛率普攸同頃荷李氏遠枉卽欲發一書以謝而汨憂病未暇及意外忽承專价惠札仍審和風棣履沖福旣感且慰無任區區宗末宿疾沾灑中曳赴哭班歸後證遂大劇連服湯劑苦無分效悶哉悶哉溪堂形勝詳錄以示謹已受置而但卽今病昏忒甚斷無泚筆之望早晏當俟少蘇圖之爾近來此等文字之役一幷謝絶而厰囑業已諾矣不敢終辭而自量精力還恐其未能踐約耳

與金美仲 世鉞 乙卯

夏來憂冗連仍未得發一力致慰於除禫之日迨今愧恨無已卽未諳涼天侍下學味何如振伯釋褐後擢拜言職況又　聖主恩禮曠世罕比此實嶺人之幸奚但爲德門榮耶初辭承批後有再疏之計云其果不見拒於縣道否鄙拙秋初重經痁患尚有餘憊憫事憫事

答徐巨源 至淵 庚午

向者霎時之晤迨今依戀料外忽承貺翰仍審秋凊雅履萬重旣感且慰無任鄙情僕近患牙齒之痛絶粒伏枕日夜殿屎無一分陽界意象悶苦何喩敎意謹悉顧此儒宮盛擧實是十數年來所未有者雖病伏嵌竇者豈不欲進睹揖讓之儀共賀文翁興學之美而病劇如此欲起未能不但虛負辱速之勤且違官家眷戀之意愧悚之至甚不自安

答申天行 煋 乙丑

自夏至秋連汨憂病尚未得一番伻候第切紆鬱卽荷顧价遠問獲審侍下啓居沖勝先上舍尊丈　褒贈之命已爲頒下至有詣洛祇奉之行吾嶺與有光焉奚但爲德門之榮耶第恨便使久絶聲聞不及尚闕一賀書耳鄙人中夏兒子偶病證甚惡投藥數十日乃愈繼以身又大病前患背疽復作轉成風丹辛苦調治久乃得蘇近又感冒特甚頭痛腰痛幷疵且有小便不利之症却匙負席頓無陽界意象悶撓奈何

與申天行 辛未

月入純陰寒氣漸峭未諳侍下雅履何如區區傾戀之至鄙人榆景蕭索且有原隰之哀悄然無佳況何足向喩饗婦之禮轂朝已屆羊酒諸具何以措辦竊想俯撫豐簁上悅萱闈吉祥充閭萬福來萃矣爲其外翁者亦可以闖外旁觀爲左右相賀而老矣無可望兒子亦脚疽猝劇戒行還停揆以情理不勝愧悵

與曹天應 龍錫 丙寅

卽日秋涼未諳侍下服履何如積月相阻戀溯恒至僕衰病轉深無復舊時精力故紙堆案繙閱無計憐歎奈何仁里書社其亦漸就頭影否所囑記文詩韻重孤盛意構出已久而筆力衰颯蕪陋不足觀還可愧爾未遇去便今始寫呈笑覽後覆瓿如何

答崔宗謙問目

士昏禮曰舅姑旣沒則婦入三月乃奠菜今廟見之儀何待三月之久耶寒岡云入門卽詣祠堂亦似太遽拜舅姑宿齊而廟見當以此爲準而姪家則卽日無拜舅姑之禮入門有聞先詣祠堂後拜諸父諸姑如何

古禮三月廟見而家禮以其太遠故改用三日今俗不行親迎或踰時經歲而歸與古之未成婦者異焉故退溪不取存羊之義而寒岡有經宿而見之敎來喩欲以此爲准善矣盖古者親迎時明日見舅姑則舅姑歿而廟見者亦當明日卽見一如生時而士昏禮必待三月奠菜者以其三月廟見自是常禮故也今舅姑歿而廟見者經宿行之則與古禮明日見舅姑之意合焉尤爲穩當

答崔宗謙 辛未

續接伻書得審兩家大少俱安欣慰良至貞武公年譜今旣釐正一倍光鮮誠爲嘉嘆而其中書法不簡嚴處付標奉呈幸更商量如何朱書來獻事不書無害而如欲錄之則依標紙所告付於卷末無妨耳跋語旣蒙曩督昨已構草而旁無寫手當待後便然荒陋已久自不足入梓何必推去耶李丈跋語中移易字句付紙錄呈因舊板挾片木補刻則亦不多費工役耳

宋朝李及以清白稱自杭州歸橐中只有白香山集一帙晩而悔之以此觀之似不必書而此冊異於他冊故措辭以呈商量取舍如何僧之感義效信亦甚奇異如欲不沒其跡則別記其事附於卷末爲宜耶

答孫天與 命邁 癸酉

意外賢堂姪奉珍帖遠叩披來如接積阻顏面感暢何量仍審春寒閤履匀勝益庸忻慰而李嫂氏喪變又出驚悼不已再從去冬奄見兩孫之夭安仲以門內倚仗之人又忽逝去慘哉今年紅疹此何等讎神也此際忽承　尊命耆黃扶病而西千辛萬苦僅得生還而百疾交作僵卧度日悶哉悶哉喻及碣語實非位卑文拙者所可承當而賢姪責以先契義不敢終讓略構數百字奉呈而荒陋不堪用幸與德門諸益商量而取舍之如何

答族父 碩玄 庚戌

違拜床下已過半載瞻慕一念未嘗俄傾自弛料外伻至伏承下書仍審庚炎調中氣體雖未全帖別無添損稍慰下情姪入夏來諸病迭作半在枕席間近又暑熱蒸翕飮啖全廢精力疲盡不能出門庭伏悶曷喻戲經乃先人手跡所留而姪所敬重者每尊閣而不敢慢且不得應人之求頃者重違勤命不得已破戒矣今又下敎至此故二四兩冊謹呈伏望嚴飭敬讀勿使傷污如何今看三卷黃衣多折揑且有墨污處是悶

答族弟允文 重稷 癸亥

聞姊出南河方待其歸路歷叩忽奉惠札知已直還不勝悵然第審至寒侍下啓居休勝寔庸欣慰從蟄伏山間隨分偃仰自是晩境至願惟恐銓部之提起今此所示何足爲喜報邸兆使

尚未還則 朝家之憂慮可想漆室之仰屋亦何可盡言耶晦間以先代遺稿修正事當入留齋舍其時可得聚晤耳

答族弟允文 甲子

雖因諸姪續聞休咎每以阻範爲歎卽拜惠墨諄複滿紙披來欣暢如得一握豈特曰次面耶第伏審萱堂氣體頗欠康福此乃暑月例候自當勿藥仰慮之餘以是奉祝俯託事熱炎方酷姑未下筆當竢稍凉耶李大田闡墓兩碑自郡家欲爲並竪此實士林之榮但念碑文官家自製之而與士林知事者相議斟酌則實爲穩當今聞尹執義製之云其能善製未可必其末必及本郡士林之請製若旣出之後一如己所請而從之則好矣而若不聽而終用其伯之文則道內之議左右必不免矣幸須商量處之如何然以大公之心言之則所尊者李大田耳爲文者之論議何足言也惟在盛算之如何

答族弟允文

潦炎跨夏來往俱阻方一味懸想卽接委札細審侍下動止姑無別撓欣慰良深從病喝昏卧無復醒意可悶碑任事已悉示意蓋此事非論議所關而人言惟在製文者之爲時人矣碑文汝述以官意再書以問而辭謝不言矣日前官家貽書送汝述以問故畧言其遺漏數處而已寧有删改之事乎墟碑雖用尹憲之文而墓碣若請於道內有識之人則實協公議故汝述答書中曾已語及而官家書以爲墓碣已刻云其意可知賢頃日邑行若與我相議則當以此意及之而今則已晚矣

答族弟允文 乙丑

意外此姪歷叩袖致訊帖仍伏審萱堂氣體萬福慰喜良深而第美痾久苦驚慮不淺然卽今春氣已暢自當漸次平帖矣從數月毡廹今始完合而左肩牽攣屈伸每不便猶不無後慮可悶可悶齋舍頹缺閱極寒心修補之舉決不可少緩而物力旣乏無他變通之道只有繼葬家應納之錢當用於此事今雖窮節不可不酌定收合幸與同任相議發文如何若過潦雨則腐毀丁寧須速圖之至妙至妙石役始事已久而誤斲破棄又爲改斲云矣如欲改任則幸送一少年于碑洞以請如何遺稿歲前纔得一番奉閱欲再閱付標而歲後奔走無暇仍又病卧尚今未果今則可以奉閱閱後當委呈耳

答族弟子郁 重岐 壬申

兩宵聯枕且有唱酬之樂別來悵戀倍加於前卽奉珍帖仍審棣室大小均福益庸慰豁從廿六始畢役還巢而數句校讎之餘精力耗損身重頭眩頹頓不能起甚矣吾衰也良可憐歎瓊篇删改委示格韻增高足令山水倍色諷詠不已近聞當竢日和病間展省夏泉仍邀諸一家共成山圖伊時可得穩敘耳

答族弟壽甫 重喬 子郁振萬 重呂 乙亥

頃得子郁書今又得壽甫振萬書以審花辰僉履均勝感慰難量從近有舍季來寓逐日湛樂是則幸矣而吾旣病悴渠又有兒少之憂皺眉相對可悶詩塚律詠旣得大上舍先倡辭意俱盡如受拱璧今又三篇皆東而至並已錄置龕祀案以爲傳後

之資其幸可量

答從弟景默舍季美翁 辛酉

卽因古川漢來獲接各幅書仍審伊時僉況休勝欣慰良深此中今初九日又差兼春秋入直　闕內遞出似未易可悶卽今銓地多關少臺彈叅議老臺對仆首亞叅議則已遞未出首亞則陳疏力辦自　上不許一向督迫未知末梢之如何耳勝戰碑事營門旣不爲之則自本官備立耶抑權門自竪耶碑面若不並書兩公則決不可任其獨立當與鄕中呈文爭之子孫亦當呈文如是而猶不聽則士林或子孫中當爲上疏伸辨此意允文諸君入告於城主可也

答族姪一銓 壬申

須於伯玉歸得聞君眼患稍愈良慰數日來侍況何如戀溯不已此中留在梧社連作禮稿修整之役而岱源諸姪及秀翁孝述來留四五日昨皆歸去只有可升自數日前入來同留而兩老眼相對殆若兩盲之無相君須明日早來如何子高來留之意曾已聞之而尚今寂然者何也並切溪企此從若來則君雖不久留亦好耳

與從姪一鎭 庚午

發引之後雨雪交作風氣益峭擔運一節想益艱辛瞻想憂慮夜不能成寐也似聞初日宿於清暑云若然則四日得徹亦未可必其何以措處耶壙內之役要當致意壙外事則追修非晚諒此處之山上若未作窆則夜處極難只使奴僕守之而往來留宿於僧舍或村舍至可且松枝若有斫取事則必皆燒之松根亦爲埋掩可也

答族姪一鑽問目 己巳

今將祔葬祖妣於先祖考墓東畔告辭何以爲之累代先壠皆在同原曾祖考妣從祖考妣墓及堂叔墓亦在新壙前後不告始役似甚未安若有告辭措語下示如何

祠后土後以門長名告于首位曰年月日六代孫某敢昭告于顯六代祖考某官府君顯六代祖妣某封某氏之墓今爲六代孫婦某封某氏營建宅兆于西麓謹以酒果用伸虔告謹告次以輕服子弟名告于考位爲當而如無可爲者則以君名告曰年月日孫某敢昭告于顯祖考某官府君之墓今爲祖妣某封

某氏將祔葬于東邊今日開山謹以以下同餘位則不必盡告

祖廟稍遠代魂帛朝祖耶祖考廟旣別在則亦無朝儀否

廟遠則以魂帛朝祖禮有明文但古者朝廟先祖後禰當並朝祖禰廟至於夫廟則朝辭之儀似當有之而禮無著現處難以強說然以魂帛朝于廟庭似爲得禮

新壙乃是雙墳則平土後只設奠於妣位似爲非便何以爲之

雖是雙墳旣無啓墓之事題主奠設行於靈座則舊墓前似不當並祭

答外甥申熿 戊午

悲疚中忽得顒人問札良慰遠懷第侍餘啓居失和小兒亦經

吐瀉是爲驚慮切須十分善攝速收平帖焉麯蘖雖利於行氣而過則有害氣弱多病者其害尤甚痛自節省無令致傷至望至望此中痛割煩寃百病交作伏枕抆淚形存心死加以子婦自遭變以來絶食求死肉脫骨立氣息奄奄秪治歛具以待變矣自昨少似分減而綿惙特甚前頭支保未可必乳兒出置外房借乳以飼而晝夜啼呱撫育極難目前悽慘之事益令人斷腸惟恨此生之未速化耳

寄季子一鑽 壬戌

去月因邑吏歸付一書月初因戒令歸又付書其已得見耶近來安否何如而瘧患亦不入於村中耶遠慮恒切吾則今日散政得 除結城縣監邑小力殘百弊叢集且土豪難制吏習極

惡過一年者絶少故親舊不賀而爲憂還可笑也夫馬四五日後當來下去似在此月內耳欲直伻以通而雇人有弊適因新寧新倅之行付此書夫馬來後當送伻耳

寄季子一鑽 癸酉

栗峴分離後懷緖作惡夢寐亦不穩其能無事下去耶吾其日宿于枉尋酒幕翌曉府吏數輩來謁詳問之則以爲昨日旣以在外現告兩司中掌令李啓昌獨出而忽被彈駁正言李憲默已以親病投疏徑歸 下諭杳無其期 謁聖武初試已迫十八九日間必有變通之擧仍爲下去無妨云且念獨出行公多有勞苦難處之事故卽送府吏決意歸來入送鶴奴于京主人家適遇御營砲保兩色吏歸來之便率以出來載衣衾同宿于新院但渠輩粮盡故日行百里人馬俱疲鳥嶺北忽遇蔡吏部得籃輿同踰嶺是幸是幸今朝到淡川聞汝行來宿纔發而亦難以追及且馬足微蹇欲借馬于北安到龜尾向校洞再宿後歸去耳

答臨皐文會 己未

卽接來帖仍審日來僉候萬勝慰慰並至文軸病昏中一之已難堪其可再乎欲爲還呈而重孤勤意略加考批而匆匆看過必有誤着處是爲瞿然兩軸非不贍麗而但前題或遺廢東朝一節後題或闕執義是生之意故實才多失等無乃鄙見全是古體故耶此後則皆請於鳴皐勿復送此以安老病之物如何

雜著

結城傳令各面風憲 知縣時 壬戌

縣官爲知委事面中所當檢察之事後錄出送依節目擧行宜當

一庶人濫稱生員者凌辱士夫者兩班侵暴小民者攘奪民田者無罪打人者一一抄報事

一勸農一款自 朝家申飭不啻嚴明坊曲民人等處各別知委付種移秧除草等節使之趂早勤作俾無後時失稔之弊事

一民間貧富不均農牛農器備具者甚少種子役粮亦必有難辦者宗族或隣里互相假借亦相稱貸勿爲靳惜使窮者毋至廢農其或不相借貸者自官當捉來重治一一抄報事

一山林無得輕伐堤洑預爲修築以爲防砂利灌之資其或豪勢之人不爲立役者一一抄報灌水之時或有强悍專引而不爲均灌者亦爲抄報事

一中路常漢年未滿六十而不事耕耘日赴市場飮酒沈醉者一一抄報事

一村民不事耕作無端出入行止殊常者强戾好鬪作亂閭里者亦爲抄報事

策問二

王若曰古人云夷狄禽獸肰則夷狄與禽獸無異而所以待之之道亦當以禽獸待之歟帝女遇狗之說其果可徵而狄字從犬之義亦有所取歟蠻夷猾夏發於皐陶之命三苗梗化至有

伯禹之誓唐虞之世亦有夷狄之患歟狄人侵逼而去邠踰梁玁狁匪茹而興師驅出古公宣王之德不足以化頑而肰歟論語曰微管仲吾其被髮左衽而又曰夷狄之有君不如諸夏之無春秋嚴夷夏之分而其或夷狄而進於中國則中國之夷狄亦有可取之道歟高帝被七日之圍而用陳平和誘之計呂后受悖慢之辱而斥樊噲橫行之議是果有得於待夷之法歟始皇築城萬里絶胡馬之南牧而民心離叛武帝窮兵大購虛幕北之王庭而海內虛耗御夷之嚴無過於是而反有其害者何歟晉文帝納西戎之民雜處內地而啓五胡亂華之漸宋眞宗結澶淵之和不復渡河而致二帝北狩之變待夷之寬可謂至矣而終召其禍者何故歟以至南渡之業見滅於鐵木皇明之祀亦絶於金虜抑亦天地之運氣已衰夷夏自相乘除而肰歟大抵夷狄雖具人面目而其心則豺狼也其行則狗彘也不可以禮義喩也不可以信誓恃也惟當懷柔之覊縻之來則受之去則不追而已此古聖王所以禽視獸畜治之而不治者也惟我東方南接島夷北隣婆豬自勝國以來或相攻擊或相連和殆不勝其煩擾今於史乘所載可歷歷考也我　朝開國之後待之以山禽野鹿或張之以兵威或結之以恩信使野人遁跡倭奴獻琛幸得百年無事而狼心難恃豕突漸肆以至於壬辰之變丙子之辱可勝痛哉惟我　列聖含垢藏疾忍耻忘怨聽其和議以安生靈而近者倭使頻繁不無過海之慮北虜漸逼恐有犯塞之患衆口騷屑羣情洶懼今之議者或曰大發軍兵

防守邊境以耀我威則彼自讋服而不敢動或曰無端動兵反啓釁隙不如申飭鎭堡謹其候望練卒修器以待事變二者之中何說爲得歟如欲使獸心弛性感動懷附一守前盟無復有梗逆侵擾之患則其道何由子諸生必有講是策者其各悉陳

又

王若曰兵備所以衛國而禦敵者也其非有國者之所重歟軍旅之象在於何卦干戈之習昉於何代夏后車乘之制周官大司馬之職皆可詳言歟成湯南巢之師只是亳衆武王孟津之會不過三千而能成大勳奉天討之其不在多寡歟春秋戰國之世殺人盈野楚漢紛爭之日瘡痍載路兵備之設當倍蓰於前世其可歷擧而言之歟唐家之宿衛藩鎭宋朝之團結保田

孰得孰失歟姜太公六韜之術諸葛侯八陣之圖皆可推明而用之歟大抵戒不虞而應卒急者兵也其要只在於擇將練卒修器械積餱糧而已苟不於安寧無事之時預為之經紀則何以防不虞之患而為應卒之需哉惟我　國家南北俱有敵國其於詰戎兵備外寇之道無所不用其極內有五軍門外有各道束伍至於邊塞之鎮堡水路之戰艦皆置將屯兵儲器蓄糧以為防守之備而近年以來事多踈虛私竇邪逕選舉不公而將乏制閫之才毒癘游飢死亡相繼而卒有缺伍之患滿庫之弓箭朽碎而戎器未免虛具積歲之逋欠因仍而軍需徒擁空簿當此之時脫有緩急其何能以此而制敵乎思之至此誠可寒心今欲將得其人卒充其伍戎器精利軍糧優足以為禦侮折衝之實用則其道何由子諸生必有識時務者其各悉心以對

跋

書先祖生員公逸詩後

嗟乎此吾先祖生員公逸詩也吾鄭自知奏公來鳴翰墨襲圭組大震耀於麗末若　國初者殆過十餘代皆坊坊無傳獨知奏公遺文見收於風雅詩林者只若而篇而其餘則寂寥焉孱孫慨想久矣歲己丑梢秋余訪姓族于金山語及先稿之泯沒有姓文宗雅氏為言吾家有舊藏族譜中書一小絕曰生員先祖詩遂出而示之乃敍傳當年起汾門之句而吾族兄橫溪丈席曾聞於過庭之際以為司成公遺詩者也余於是遂三復諷誦其文體與司成公諸作果似有較異而其敍先德娓文學之意又似戒子孫勸學之作則生員公訓諸子成材取科第以大我家聲者爲可謂不符於此詩意耶歸而質于家庭若橫溪丈席越十年己亥冬余從家大人叩姓兄相文于東都之蘆谷相文甫出世系小牒示之而其末書鄭希孫世系詩乃己丑刊譜時據以校誤者也又書李甫欽詩乃李公當司成公重試慶席進於生員公者也終書生員公詩而直稱鄭某即金山所傳絕句也盖以其詩中有說及先德者故錄之於世系之末而傳之至今入於吾目中曩日之所疑信者始豁然矣其後又見道川族人家有舊譜一件錄此絕句而註之曰生員鄭公某所述公九歲居憂未登第故有裒徽之句云盖釋其詩意也可據之徵昭昭若此其為生員公之作至此而益無疑矣遂敬錄于家乘為小說以識之庚子五月下浣十世孫生員重器謹識

書晉州牧使南公行狀後 丁巳

嗚呼此永嘉權公所撰故牧使南公夢賚狀也其敍平生行蹟頗詳而尚有一二闕文盖偶忘之耳非削之也盖公師事點隱金先生薰沐懿訓其行己處事之方講之有素今於公祭鄭翁文可考也其自任實歸也湖南御史李慶徽　啓曰前縣監南某遞歸之日行橐蕭然頗有古人風其後製錦三邑皆以治行居最累蒙　褒典末梢莅善之政亦前後一手法而特以戊午一疏大觸時諱竟因邑民構誣乘機鍛鍊必致之不測而後已噫黨禍之酷胡至此極哉後九年己巳長孫胤胄籲冤于　駕

前　肅廟特命詳覈昭雪罷籍復官爵如故未定之天至此而始定矣於公復何損哉抑世之議公者見同時拿囚卒無事遂謂公自裁太遽此則未知公者也夫死者人之所甚惡也雖婦孺孰不欲僥幸追尊冀得少須臾無死而惟公則不然其心以爲男兒死則死耳豈可忍辱苟活受重刑傷遺體乎盖其剛果峻潔得之天性者然也是豈柔懦人所易辦哉推此勇也雖板蕩危急之際其於熊魚之別處之必不難矣孔子曰勇士不忘喪其元噫公其近之乎

題夏泉先塋圖後

惟我先塋穴處廣大世世繼葬今至七八代凡爲三十餘兆而各位表石尚未盡竪年少後生輩今猶不能詳識竊恐世代漸

遠桑滄累變遠代孱孫又或有錯認之患玆與諸族共會齋舍寫出山圖及位次圖且計隧間尺數列錄於其下而墳形大小各異皆以長廣四尺爲準而除其尺數只自上墓下邊至下墓上邊量其尺數觀者詳之

東邊第一行乃判書公及貞夫人孫氏雙墳壬坐丙向此下丙地十一尺乃判書公第三子副護軍諱守藩墓壬坐此下巳地十四尺五寸乃判書公長子　贈左承旨(後贈吏曹參判)諱宜藩詩塚淑夫人辛氏合祔壬坐此下巳地二十六尺乃承旨公之子海南縣監諱好禮墓淑人朴氏祔于後爲上下二封皆壬坐此下二十九尺五寸乃海南公長子從仕郎諱時相及花山權氏合墓亥坐此下巽地十尺乃從仕公長子監察諱碩明及令人徐氏雙墳壬坐徐氏墓巽巳間十三尺五寸古塚也從仕公墓午丙間八尺乃海南公玄孫一鑑及眞城李氏合墓壬坐(後移窆于橐駝峯)　監察公墓丙地二十二尺五寸乃參奉公及宜人永陽崔氏雙墳亥坐此下巳地十二尺乃忠順公及孺人星山李氏雙墳壬坐

第二行乃參奉公繼室永陽崔氏乾坐墓在參奉公墓辛地十二尺此下巳丙間十五尺五寸乃竺山全氏壬坐墓卽承議公諱好義之配也

第三行乃淑夫人曹氏壬坐墓在護軍公墓午地二十五尺卽護軍之配也此下午地十五尺乃護軍公長子承議郎諱好義之墓壬坐配全氏墓在巳地相距八十九尺承議公墓丙丁間

六尺殤姪墓承議公墓巳丙間六尺五寸卽曾孫處士初陽壬坐墓西距殤墓二尺五寸處士墓巳丙間三十尺乃判書公六代孫一夔妻月城李氏壬坐墓此下巽巳間十四尺乃判書公五代孫理陽妻聞韶金氏壬坐墓此下午丁間十五尺乃忠順公季子奉事諱允恭壬坐雙墳丙配皆永陽崔氏盖幷祔而其一合葬云此下巽地十尺古塚也奉事公墓巳地二十二尺乃判書公第二子處士諱維藩及興陽李氏合墓亥坐下巳地五尺殤墓處士公墓西三尺五寸有古塚其下又有三古塚殤墓下十一尺五寸碧珍李門三大塚一小塚殤墓巳丙間越李塚通計五十三尺乃參奉公別室李召史墓

第四行大石下有處士諱碩玄及密陽孫氏亥坐合墓在承議

八〇

公墓午丙間四十八尺卽護軍公曾孫而司果公長子也此下午地四尺五寸乃　第進士諱碩臨及淸道金氏雙墳亥坐金氏墓巽巳間四尺乃從子處士重周墓亥坐此下巳丙間十一尺五寸乃判書公玄孫處士諱碩琜墓壬坐此下丁地八尺五寸乃縣監安齋之妻鄭氏墓卽奉事公之女也此下午地七尺有殤墓此下丙地三尺乃判書公別室曺召史墓

第五行乃護軍公孫婦綾州具氏墓此下巳地八尺乃護軍公之孫副司果諱時翊墓具氏卽其配也兩墓皆亥坐此下丙地六尺有殤墓此下丙地三尺乃海南公曾孫處士重善及咸安趙氏合墓壬坐此下午地三尺乃判書公玄孫婦月城崔氏亥坐墓卽處士諱碩耇之配也此下丙地十三尺乃護軍公曾孫

諱碩馥壬坐墓

塋域南北長自判書公墓上邊至缶溪處士公墓下殤墓一百七十七尺

東西廣自首位星山李氏墓東邊至月城崔氏墓西邊一百八尺自海南公墓東邊至承議公墓西邊二十尺自月城李氏墓東邊至第四行處士公墓西邊十九尺自處士公墓東邊至綾州具氏墓西邊十八尺

內白虎山盡處有從仕郞諱時僑及孺人月城崔氏子坐雙墳卽海南公仲子也崔氏墓甲地十一尺乃宜人星山李氏亥坐墓此下巳丙間五尺乃宜　傳官諱碩祖壬坐墓卽從仕公長子而李氏其配也此下巳地五尺乃花山權氏墓卽從仕公仲子碩祜之配也李氏墓子地二尺古塚也李氏墓甲地十五尺海南公四子時傑酉坐墓崔氏墓丙地四尺古塚也從仕公墓午地五尺五寸乃夏城曺氏乾坐墓卽宣　傳公之子重善繼配也此墓丁地十四尺乃處士重祿辛坐墓其下二尺乃孺人務安朴氏墓亦辛坐卽監察公長子妻也此下巽巳間十二尺五寸乃長水黃氏辛坐墓卽從仕公之孫重玉之妻也朴氏墓午地十一尺古塚也

塋域南北長自崔氏墓至黃氏墓四十六尺

東西廣自權氏墓至處士公墓四十二尺

靑龍第四脊有星山李氏壬坐墓卽護軍公之孫處士諱時喜之繼配也其下七八尺乃處士公子婦淸道金氏墓子坐此下

稍西四十步許有監察公殤孫墓此墓西百步許有星山李氏艮坐墓卽監察公仲子重學之配也其下水西有齋舍

崇禎後再甲申四十九年壬申二月二十八日七世孫重器謹記

書崔氏家莊朱子大全後 辛未

故參判崔貞武公遭丙子亂殉節于險川後十餘年有四衲自公山各擔一書簏尋崔令公舊宅而來告其後孫曰小髡師僧某受知於大令公在公州營鎭時以紙地付之命印朱子大全而久未印出及其旣印未卽奉還而吾師病矣將寂猶丁寧爲小髡言之小髡竊慕大令公高名且不忘老師遺戒敢遠來以獻其後孫義而悲之受而藏之于家噫崔公遇亂世學孫吳惟

軍旅是講而猶惓惓以聖賢書爲念其終之卓然樹立其亦有所本矣況彼僧之服公高義能成公志於旣歿之後使是書得爲公家世守之寶者事尤奇矣彼僧不亦義人乎哉玆書之使後人知之辛未初夏上澣烏川鄭重器謹識

祝文

青湖書院追配柳沙月祭告孫慕堂文

沙月柳公久遊門墻道義相長契分出常玆循公議躋祔東壁座右陪講宛似平昔遺風曠邈懿德同好謹薦酒脯用伸虔告

龍山書院崇烈祠常享祝文

廉潔氷壺忠貫日星集義成德百世風淸

玉磵亭重建時開基祝文

玉磵舊亭頹廢已久士林嗟惜協謀重搆玆涓吉辰始開基土

祭文

祭叔父宣敎郞公文 辛丑

嗚呼痛哉天之降割于我家何至此偏酷耶自叔父之違世未一月而吾先君棄諸子擗踊叫號五內崩裂窮天極地之痛寧復有涯限而吾仲弟及再從二人相繼夭折痘乎痘乎胡寧忍此吾叔父慈惠柔順出於天性事先君如嚴父視諸姪如己出子姪如有毆打僕隸者則必嚴加沮抑人皆謂當享茂福而一疾無端遽至於斯天理之不可恃者果如是耶嗚呼小子自幼時綿弱多病叔父每別加愛恤有執鄙事勞苦則叔父必禁止之曰汝則專意讀書可也奚暇治宂務哉輒奪取而自爲之以至得美味則分與焉有遺行則臨送焉所以憐撫之者如彼其深且切矣而一朝不幸不可更承其謦欬則安得不失聲而長號也哉嗚呼明日乃叔父卽遠之日也旣與吾先君幽宅相近而亾仲弟又當繼窆於同原九泉之下如有相隨之理則庶可扶携徜徉於冥冥之中而孤露餘生獨存世間東西號哭天地茫然一片肝腸幾何不寸寸消斷耶謹具薄具略伸下忱伏哭筵前淚若懸泉嗚呼痛哉

祭金震卿文 乙巳

嗚呼震卿而至斯歟倏忽浮生四十年餘宜脩而短神逵奚或蓋公之生根濬源潔簪纓巨閥詩禮古家稟賦旣豊濡染居多治家有法幹事有局誠於奉先篤於遇族提携子姪勗以文學

法門餘徽鵠然可覩盃蛇一夕壑舟潛移靈逌聖藥術窮良師嗚呼震卿其止於斯影寒鴒原血灑鸞閨七衰萱闈悲號慘悽九泉之下目豈能瞑況公歿後喪威荐并門闌寂寞朋舊揮淚顧余連媾于今二紀互往互來情深義至惟祈永年以養姑氏今焉至此何天理憶昔罹憂公一來慰知余謀遷指以勝區若不花山其必青鳧卜隣雖失會面可頻娓娓數日悵然回輪安知是別乃爲永訣草草餘喘病魔交掣歿未憑棺葬未臨穴一周之後始哭靈几終祥此日躬酹是擬徐絮纔漬謝疾還崇虛負幽明愧痛曷已玆遣薄具敬煩執事拜雖代手辭則敷心嗚呼震卿尙其來歆

祭曹氏妹文 甲寅

上之十年甲寅二月戊辰卽亾妹十二娘一周之日也前四日兄某謹賫薄具付舍弟重蕙之行於其往也哭而送之曰嗚呼吾兄妹七人二妹一弟不幸早隕只今餘存者四人耳尙冀存者無恙得享遐壽矣豈料今日汝又至於斯耶汝之柔質貞行儉德勤功俱爲閨門之最在家而事父母無違適人而奉舅姑以誠相夫子以禮家甚貧藜糝不繼殆有人所難堪者而處之怡如不以是怨尤有若識理君子者然此吾之深憐而竊歎者也惟汝夫子捷科第通仕籍少抒糟糠之苦以娛桑榆晩景而一疾無端遽至於此得年只四十一耳兩稚呱呱而無恃夫子孑孑而無助汝安得瞑目於地下耶於乎遠父母兄弟女子之常耳人孰不然者而汝則道途夐絶喪禍連仍先君子在世之

日僅一次歸寧自我孤露之後不得更來團聚吾兄弟亦不得源源來往使汝思鄕之淚一日未嘗乾矣吾以薄宦久滯京洛汝書中每願一麾南來得以懽接而吾亦竊以是爲期矣豈料此計未遂遽成幽明之隔耶昨歲正月因其鄕里人付一書去而只待其覆音之來也三月初四日忽得汝夫子書曰二月十六日染瘟二十二日不起執書驚踊五內如割不覺淚之血而哽之塞也其明日又因孫節度家得一封書乃汝二月十二日書而首言相思之情次言飢饉之慘終言生活之無計語意詳盡筆畫如常蓋感病前數日所裁者也孰謂一旬之間人事之變至於此耶抑亦是訃也夢耶眞耶如其眞也汝之書何以在吾側也且哭且讀神魂散盡忽忽若無生也嗚呼末職縻身辭官無法卽未得聞卽奔哭擬待入地之日休歸永訣而適値動駕之時未卽請暇繼而有幕僚之　命南走完山旋卽呈告歸家再投辭申必欲以匹馬單僮走哭靈次而辭旣未獲事例有碍又未得遂計當待西轅之日披宿草一哭而天倫至情至此而蔑如矣吾之痛怛之懷益復何如也日月如流朞已周矣悠悠此生相對何時想汝不昧之靈尋常飛越於洛水之東俯吾鄕而長悲矣慘矣哉尙何言哉

祭第五族兄 復陽 文

昔我湖翁孝敬貽則子姓振振家道以淑厥惟明溪文雅篤厚克承先軌垂裕于後於惟我公寔其曾孫氣英而和質毅而淳孝友謙謹蓋得於天早登文房詞翰蔚然嗟命之否有蘊未試

惟其懿行可厲澆季鄕閭族黨孰不欽聳況余癡弟出入相踵心乎愛慕每祝遐耋那知一疾遽爾不淑門衰至此後生誰範失聲長號有淚盈臉窀穸已啓幽明轉隔一盃來奠千古永訣

祭從弟重言文 辛未

嗚呼君將棄家而何之耶君之齒未六十矣顏色渥然丹矣毛髮黟然黑矣筋力矯矯然强健矣君何遽謝世而入幽耶吾從昆弟五人君之伯吾之仲不幸早夭餘存者只三人耳鼎坐一堂相與爲命而吾已老君尙少每謂君必送我之葬矣豈知今日我送君之葬耶老者尙在世而少者先入地是何天理之乖常也君七歲而失恃弱冠而失怙仍又哭其兄零丁孤苦形單影隻況又庚子喪亂之後骨肉分散而君能堅守先廬經理舊

業使家道不至濩落可謂才諝之不凡矣前後再娶得五男兒兒又生子可謂晩福之有綏矣吾常窃喜之以爲君必享遐壽終見子姓之蕃昌矣今一疾危險遽至於斯孀婦叫天而求死矣稚子仆地而呼爺矣目前之慘已令人酸噎而三子四女尚未成長半在襁褓鞠養之節婚娶之儀將誰爲之措處也君之目必不瞑於泉下矣思之至此安得不失聲而摧腸耶新昉一洞卽吾家塋也君之此行又向此山開壙於叔父若從嫂眞宅之後若使逝者有知其趨庭闈共帷薄怡然若平日而顧此白首之兄獨留人間不見君英秀之表歡厚之談誰與同堂而共娛也一盃奉訣只自長慟也已

誄文

誄琴正字啓汝沃心文

上之十四年戊午某月日權知承文院副正字琴君啓汝以疾歿于奉城田廬愕哉斯人而至於斯耶盖啓汝以簪纓舊族禀得奇秀之質襲世德敦文行甫成童遍通四子三經鑿鑿焉如誦己言旣而占小科是時纔勝冠未娶矣諸同君皆曰吾榜中早貴遠到者必琴郞也不幸中歲嬰奇疾沈滯小閒始釋褐纔補槐院郞而君遽不起矣雖欲展布其素蘊其可得乎嗚呼其命也歟何其豐賦而嗇壽歟況啓汝上有八袠老人而未得畢其養想啓汝目不瞑於地下矣不佞與君幸同蛇榜每相遇樂聞其忠信之語娓娓焉窃歎其相愛之篤豈特爲區區年契哉其葬也宜有虞殯一闋而不佞以惡積重罹鬼責荐遭長子若冢婦喪以斬包期𤍠心摧腸不得構韻語只以數行長言敍素誼而歸之悲哉悲哉

墓表

學生廣陵安公墓表

廣之安起自麗初鎭國大將軍廣陵君邦傑其鼻祖也至侍御史綏移咸安五世而至中郞將國柱丁麗祿訖託疾罔僕又四世而至引儀普文移密陽有子覲司諫知製　敎是生嶒文科佐郞見奸凶網善類退居永川道洞里築亭汎溪扁以鑑龜卽公之五世祖也高祖宗慶參奉曾祖大海祖璵監察考鳴漢贈判決事妣烏川鄭氏洗馬四震女天啓乙丑生公公諱世英字英之豐顙美鬚嶷然丈夫風神性又寬緩惠順接物無淸濁貴賤并開心剗畦畛鄕里無怨言我　肅廟戊午年五十四而歿葬郡南菁池內負壬原兩配昌寧成氏晧女光山金氏敏行女并祔龍虎在未地乾坐者元配在辰地壬坐者繼配也元配一男后靜成均學正四女李瑜李命說楊聖和韓世佑繼配一男仁靜學正六男汝宅汝履汝行及汝仁并出繼汝器汝國仁靜繼子卽汝行四女鄭時琳申光漢李增祜全宇樞內外曾玄男女六十餘人以公之因壽其果也而卒嗇焉何哉然子貴而孫又蕃足以徵餘慶矣是爲銘

梅山先生文集卷之九

梅山先生文集續卷之十

行狀

先府君事實記

府君諱碩達字可行姓鄭氏本貫迎日縣
曾祖諱宜藩成均生員 贈通德郎户曹正郎後贈嘉善大夫吏曹參判
祖諱好禮通訓大夫行海南縣監長興鎭管兵馬節制都尉
考諱時諶折衝將軍行忠武衛大護軍
妣淑夫人冶城宋氏處士時哲之女啞軒遠器之曾孫
我 顯廟元年庚子四月十三日丁酉午時府君生于漆谷府
高坪里外王父宋氏家壬寅隨母氏歸于仙源本家
性氣介潔纔數歲時雖珍羞美味少有點污則絶不食時果之

落地者亦未嘗入口侍婢嘗詐以落地者進之曰是摘取也府
君熟視曰汝誑我矣怒而擲之必親見摘取然後乃嘗之
嘗與羣兒戲於潢池中泥土污衣護軍公答之自後絶不近泥
中
四五歲時隣家有酒食招之慈夫人勸往府君笑曰吾以覔食
爲恥終不往王考縣監公聞之曰異日必爲高潔之士矣
丙午就學于外王父宋公宋公鍾愛而不加嚴誨歷八年無所
學癸丑護軍公適往見之遂携歸焉府君晩年嘗語諸子曰課
小兒者不可不嚴厲也吾七歲育于外門以爲受學之地而彼
時年幼癡狂日與村童野夫東奔西走外王父徒加撫愛而不
施之榎楚曰此非吾家兒早晩送歸任其家敎之如是游泛至
經七八年而所讀只是史略半卷而已歸家後從師受業只三
年而得重病以歸不復師受自讀四書等書若非自家勤苦用
力則殆不辨魚魯矣
甲寅從第六堂叔父處士公于三歸受學三歲讀史略通鑑小
學等書且習詞章之業勤劬篤實不輟晝夜處士公奇愛之曰
此姪學業日益進極可喜也族父鶴巖公見其所述曰不料讀
書三年文詞如此之進也
丙辰冬在三歸感寒疾甚重盖以讀書勤苦雖大冬長夜不廢
誦習時或露處於堂廡故有是疾也疾忽劇殆若難保處士公
撫之而泣翌日少間護軍公挈歸焉時慈夫人聞病報蒼黃涕
泣護軍公方執事不停曰此子稟賦超常必成巨人不如是草

草短命也
丁巳復往三歸請學處士公不許曰昨年汝在此得大病幾死
使我驚心吾不復留汝矣汝今文理已通雖不從師他書可自
點句讀汝若一向勉旃何患乎不成大儒乎府君遂退歸處密
室披四書次第讀之日夜對案伊吾不少懈
是歲始赴鄕試不與人奔競動止徐緩人皆異之
己未十二月委禽于花山權氏每相對禮敬如賓未嘗以褻貌
慢辭加之
庚申護軍公任節制于南徼府君往省之晨昏之暇常處一小
室孜孜讀書時或泛舟登覽于海曲奇勝處以窮其瑰觀
辛酉因事歸家每佳節常携親戚僚友放浪于山水間酌酒吟

詩以自娛或當花朝月夕擊劒高歌感慨不歇又或乘駿馬馳騖數四里而歸

癸亥春讀論語至里仁篇忽惕然發歎曰人而不知道則不可以爲人苟能知道則雖朝聞夕死亦無憾矣況道者又是吾身之所固有者苟能用其力則未有力不足者乎於是遂盡棄科學慨然有求道之志持論語一部沈潛反覆以玩其味焉

甲子府君往侯于鶴巖公問之曰欲從今棄時學從事於實學當先讀何書鶴巖公聞而大悅曰不料君以弱年擧子有此大志也學問之道無他道也只在吾一身動靜彝倫日用之間至易而不難至近而不遠若求其最初下手處則莫切於小學必須先自此立定脚跟然後四書五經可以次第尋究矣府君退而讀小學每日晨興具衣冠詣兩闈省候退處靜室終日危坐熟讀持身飭行一依繩準斯須未嘗或差時鄉黨知舊爭相嘲笑甚至詆毁之不已府君聞之恬然曰吾志已定豈可以末俗毁譽動吾心哉未嘗一與之爭是非較得失久而後毁者自服

乙丑春詣鶴巖公所受大學從容講質至數十日不厭歸而晝讀夜誦深玩其趣以至章句集註亦莫不反覆紬繹如誦己言遂作詩曰聖學無如此一經相傳心法日星明欲識箇中下手處十分功力在明誠鶴巖公嘗一過覽之曰君於此書已得其大旨他日進就有不可量矣

自是以後讀大學畢次讀論語次讀孟子次讀中庸旣又自大學次第循環或有疑晦處則必就鶴巖公所質問焉

丙寅秋上京省護軍公(時以軍職在訓局)洛中搢紳聞其名或有願見者府君辭謝曰吾若染跡於京華間高貴門寧屈首於場屋矣終不聽居數四日護軍公以痘患逼近促令下鄕府君遂辭退焉

丁卯秋省護軍公于湖南(時爲全州鎭將)朝夕定省外退處書室常披閱經籍至於珍寶奇玩聲妓芬華泊然無所近

時湖南伯李公畬素有好士之風聞府君志學之名欲與之講討送人邀之府君辭以疾護軍公强之曰彼旣爲我官長與我情分甚厚且聞其學識有餘擅名當世汝其一往講學何害於義乎府君對曰彼旣登卿宰之位雖退處山野韋布者決無往見之理況今其家威權傾朝勢焰熏人豈可趨蹌其庭以效狗苟之態乎終不往李公聞之嘖嘖然至於本邑通判及列郡守宰到護軍公所或爲之請見則府君時或出見焉

戊辰春護軍公以疾棄官府君奉歸舊廬晝夜扶護未嘗頃刻離側凡湯藥粥膳之具必終始親執未嘗委諸他人自餘非執事時則常整冠束帶侍立終日焦慮之情形於容色未嘗與人閑言笑酬酢閑話護軍公嘗語人曰此子誠於事親如此其至雖古之篤孝君子無以加於是矣

護軍公疾少愈使之做學業府君曰古之人入孝出恭有餘力則學文今人務學業而不顧養者豈聖人之教哉凡於定省溫凊之儀飮食起居之節皆莫不親自扶持以供其使令往往有暇隙則退而讀書

己巳春護軍公承北關之　命府君陪從之旣到鎭護軍公命
讀書山菴府君入大德山數月而歸
時　中宮閔氏見廢未聞有力爭者府君乃慨然作詩曰坤道
承乾萬物生青山處處摠欣榮斯民獨失資成化却向西天起
歎聲盖府君沉默韜晦於時政得失官長賢否一未嘗掛諸牙
頰惟於大義所在則激昂感慨或發之吟詠而亦未嘗示人
五月鎭底疸患忽熾護軍公命府君還鄕府君泣曰病親在此
數千里外我何忍獨歸請少避山菴以待之護軍公怒不許曰
汝若留此危地萬一犯染則我必憂煎添病而死父子俱死絶
域皆不可知也吾病旣小愈而此有一弟在傍且將待秋凉䢶
歸矣汝盍先去之乎府君不得已辭歸而憂泣不自定路中有

寸腸摧盡涕沾巾之句
其在營衙也常處冊室凡冊室灑掃進供之役必令娼流分排
盖其土俗然也府君輒揮而却之只令一小童代之比歸府判
官譏之曰北州繁華甲於國內男兒到此未有不迷魂蕩性者
今公來住數月一不顧眄此豈大丈夫風情乎府君曰持身高
潔不變所守者此眞大丈夫事也彼一箇黎渦爲足以動吾志
乎判官爲之歎服
歸路入金剛山留三日歷探諸殊勝處遂向原州雉岳山訪丁
愚潭時翰時愚潭適往白雲山惆悵題詩而返
庚午春護軍公還職還朝夏以疾辭歸府君飮泣焦心奔走撿
醫藥醫言糞效利害當以大小便甘苦知之府君遂親嘗大小
便而驗其味及疾革常晝夜涕泣叩頭祝天屬纊之日家人知
其必斷指預撤鋭刃之器府君忽得一小刀割一指出血淋漓
而終不效號踊氣塞者良久凡襲斂諸節皆準禮法必誠必愼
無毫髮遺憾
旣殯只啜稷米粥不食稻菹菜果至葬前不改氣益憊形益瘠
慈夫人持飯強之府君泣辭曰量吾氣力尚可支矣終不聽
其葬也凡附棺治壙之具亦皆竭誠如禮嘗見家禮有瀝青法
遂盡力經紀貿盐五百餘斗親自奔走於數邑山谷間惻然哀
乞願以盐換之人皆感其誠且或利其價爭摘松脂以償之數
月之間能辦四百餘斗灌用如法厚至近尺四五寸葬時觀者
皆莫不歎息曰今世葬父母者孰有如此人之厚者乎乃今知

誠孝之篤如此其至也
旣葬深有廬墓之志而先儒以不返魂爲非故遂依禮返哭於
家翌日再虞後又卽往哭於墓所自是之後或三日再往或往
留三四日朔望則奠几筵訖必省墓未嘗有浹旬曠省之時所
過村童里嫗輒望見而占之曰欒欒棘人手竹杖乘布鞍此必
鄭孝子也盖以府君雖雪風暑雨必躬執其杖於馬上未嘗授
童僕故也
祔祭後始食疏食常處廬室晨昏拜哭朝夕上食未嘗委諸人
惟省候慈夫人外未嘗入中門家人不得窺其面
日對案披書冊所常讀者家禮心經兩冊也嘗語子弟輩曰吾
三年之內得遵禮節少愧於心者心經之力也

時三年之內世俗皆不行墓祭府君歎曰年久之後尙有追遠
之誠況寂寥荒原新託體魄之時乎遂設春秋墓祭親自行之
或譏之曰三喪內墓祭非禮也府君曰禮出於情以情禮究之
吾不知其非禮也旣而或者見先輩已有定論遂服其知禮
辛未作墳菴于新昉墓下名之曰新昉齋舍往來居宿或過旬
餘非大風雨則逐日哀省遇朔望則必歸奠几筵免喪之後亦
常源源來住焉
旣免喪事慈夫人極其誠冬夏溫凊之節朝夕甘旨之養必親
自撿察非疾病賓客則未嘗或闕
平居必晨興盥洗具衣冠先謁祠堂次詣慈闈拜省後退而對
案危坐繙閱經籍朔望則謁祠廟拜慈闈訖與恭人坐于寢堂

受諸子女拜出向宗家祠堂與族人展拜次拜伯叔父母廟次
敘諸從兄內外每月如是歲以爲常雖甚雨大雪未嘗或廢
癸酉春入普賢山中訪塤篪兩叟留數日講學而歸
甲戌正月入騎龍山妙覺寺讀孟子登後岳絶頂騁望遠邇見
千山有波濤形語同遊諸子曰乾坤未判之前只有水洶湧於
兩間此非波濤洶湧之狀耶遂題小絶曰醉倚龍山第一峯忽
看天地未開容千山處處蒼波動應是初頭入海洶三月歸省
慈闈入雲住山安國寺讀書因作知非吟曰獨處幽軒日省幾
十年前事盡非非假使此生無見得後來難免小人歸四月晦
歸家
六月入公山環城寺讀中庸盖與屛厓曺公期會而曺公有室

憂未會七月晦訪曺公于屛厓留累日講中庸而歸是冬始草
發蒙說盖以後生輩不曉物理名目故撮要以提曉者也
乙亥春入道德山讀大學三月暮下玉山尋獨樂堂溪亭遍省
故蹟仍宿於無邊樓
六月入普賢山訪篪叟仍與之並入大乘菴同留一月講大學
論語心經等書族姪鄭道亨亦來會講學時或作詩唱酬怡然
忘歸人比之興國故事
秋送長男重器于普賢山中使受學于篪叟臨行戒之曰吾有
三益直莫如仁伯諒莫如皆春多聞莫如叔向吾今送汝汝其
夙夜無怠恭承嚴誨卒得爲君子儒者是吾之望也汝其敬哉
丙子春遊公山上賁菴數四日而出是歲讀心經一過

丁丑始讀易入新昉齋舍數月淹留沈潛反覆若有意會處輒
欣然忘食秋入立巖與孫處士講易累日而出秋朴處士身潤
金處士尙鼎來訪
戊寅讀性理大全如太極圖說西銘等篇尤極熟複每夜常放
聲成誦以玩其味焉
秋屛厓曺公來訪講書四五日及歸送至臨皐書院又留數三
日與鄕中諸士友講說經籍且登釣翁臺共爲玩賞
冬痘癘并起府君奉慈闈挈舍弟出寓於魯巷堂弟家冬末又
移泊於新昉齋舍
己卯春在齋舍讀易兼看性理大全嘗欲置墓田於墓下而未
之遂適村中良民犯入賊招久未伸寃賣其良田而價甚廉墓

人請買之府君曰於陵仲子不食盜跖之樹今此漢雖曰良民旣被盜名則士君子不可買其田也終不買六月奉慈闈歸家

秋始卜涵溪溪在仙源東有水石之勝府君常愛之往來釣遊欲築屋以居之而力不贍未果至是以貲易其田開巖種樹寓以涵溪之號盖以溪水停蓄澄泓且取涵養本原及涵泳義理之義理之義也

庚辰春甁窩李公自立巖來訪府君與之講義理終日李公爲之敬歎

季秋往錦陽拜葛庵李先生行執贄禮留四日質問疑義而退時曺舜佐金處士尙鼎同行

冬訪李孤山先生于豐山論周易先後天圖孤山爲之嘖嘖驚

歎留二日而歸

辛巳春往錦陽拜李先生質問大學疑義且問易學諸說先生隨問酬答竭其微蘊因曰天地間物事無非學者所當理會然若一向專騖於高遠之地而不復向卑近處加工則末梢必流於空虛曠蕩之域而於自己分上無一分實得矣是以孔子罕言命必曰下學而上達雖以子貢之賢亦不聞性與天道今學者棄灑掃而談天理厭四書而講周易此誠爲學之之弊也須將四書熟復潛玩究極其旨趣然後以心經近思錄晦庵書等書輔之則庶乎學術端的終有受用處矣子何不於此用力乎府君承敎服膺自是悉去舊時工夫益用力於四書心經等書沈潛不少懈

夏府君忽得四支委痺之疾沉綿累月服藥不得效盖以劑苦太甚而有是疾也疾轉劇甚危篤慈夫人及家人子弟皆蒼黃罔措或至流涕而府君精神自若略不動念翼年春始得藥効稍有減勢而猶不得快愈至甲申始停湯劑然作止無定常事將攝

是冬再修發蒙說多少塗改塤篪兩叟見之曰可謂訓蒙之要言也

壬午春卜築涵溪欲作精舍三間于朝陽巖上名以養心堂築土爲基而力綿未就先結小窩于稍北遂取邵康節室大如斗墻高于肩之語名之曰安樂齋以攝痾頤性焉

秋金處士向錦陽歷訪于溪舍一宿而去曺舜佐來留講學數

日而歸冬初塤叟亦來訪一宿講學而去

癸未秋九日率堂姪重祿到橫溪精舍與塤叟兄弟共遊水石間或吟詩相和或酌酒相屬以爲終夕之娛因留數日講學而歸

冬始編家禮或問府君嘗曰家禮以未經更修之故頗有疎略處朱子後來定論及後賢諸說旣皆收入於輯註而其閒疑文變節枝分葉繁益復無窮我東諸賢之逐節問難隨俗斟酌者亦多可採而散布諸集倉卒考據亦難遂取諸集搜採要語以家禮爲綱而以類分屬焉

甲申春遭長女喪宿患復劇入妙覺寺留數月因移魯巷又移龜尾村

乙酉春與曺屛厓赴錦陽李先生葬所遇權荷塘權蒼雪金適菴晤語半日歸路與屛厓并到橫溪與塤篪兩叟講學而歸

二月長男重器得重病甚危府君奉慈夫人寓前山村以調治之六月移入紫陽洞九月又移還歸村

是冬惟憂少減遂看退溪集熟讀數次優游涵泳多有所感悟惕然發歎曰吾前日用力於心學者實未免差誤非此書則吾殆虛過一生矣自此以後遂取庸學章句或問反覆沈潛且取論孟近思等書次第熟讀互相參證焉

丙戌移寓丹厓村讀書不倦且或與諸子姪時時游衍於丹湖上哦咏以自適

秋還涵溪作李弟屋于北麓下與之同處常爲湛樂慈夫人亦

移臨甚宜之

冬重器病劇時湖西良醫到城皐府君從醫挈寓于城皐村舍李瓶窩甚禮敬之時時相訪講道理甚勤府君見其所論或有不合處則直截辨破不爲之回護瓶翁往往稱服亦或語人曰涵溪見理甚精云未幾偶發太極之說府君問曰太極何物也瓶翁曰兼理氣府君曰太極只是一箇實理豈可云兼氣乎瓶翁曰理固無氣而獨行乎府君曰理雖寓氣而流行而理之本體則不雜乎氣此所謂太極也決不可以氣字混說大極若如子之言則無乃流禍萬世乎遂極言力辨之翌日瓶翁錄其問答之語因作理氣辨數千言以送之而所錄多失實府君爲言之瓶翁遂略加删改而兼理氣之說一向依舊府君乃作答說數千言辨破其謬處

丁亥春歸泊臨皐下留數月徧出院中所藏諸書以披閱焉且與諸名勝共登釣翁臺遊賞終日作詩以相酬

夏還涵溪始編永洛風雅府君常愛玩濂洛風雅嘗曰我東方雖僻在海外禮樂文物素稱小中華自圃翁倡明道學之後淵源益盛名儒輩出至我退陶先生而爲集成之大賢無異於濂洛之授受矣遂倣濂洛風雅採取諸集中淸粹者而皆以淵源統紀爲序名之曰永洛風雅蓋以圃隱生於永川而退陶居於洛水之上故也 九〇

九月遊麟角山中留連四五日而返

戊子春營作養心堂築基于朝陽巖北基已成而以憂未就

冬太夫人染癘甚重府君晝夜侍側頃刻未嘗離凡湯藥粥飮之具一一親嘗不以委諸人夜必沐浴祝天旣而果少蘇焉

己丑春正月太夫人復常而府君忽又繼染證甚劇雖至奄奄之境而精神不亂處家事如常時數十日乃差

三月遊玉山又遊立巖轉訪橫溪而歸曺屛厓來留數日講學而去

冬避痘移寓於丹湖

庚寅三月移寓德淵秋入立巖與孫處士遊賞數旬仍住巨洞寺留數月讀書

辛卯二月太夫人寢疾轉益沈痼府君晨夕憂泣迎醫檢藥證似少愈五月十八日盡招諸子孫爲之訣因語府君曰吾年已

過七十死亦無憾而汝今老且病矣若執喪過毁如前喪則汝必不保矣吾以是爲悲因哽塞不語掩目如睡但鼻息有聲如是者三晝夜至二十一日而乃絶府君號隕垂絶者數次襲斂附身之具必誠必愼一如前喪秋葬雲住山盖主勢雄强土色光潤且無五患之慮故也非用術士語也

壬辰秋移窆護軍公墓于雲住山與夫人同穴

癸巳秋服始闋八月行吉祭三年之内疾恙種種子弟家人或請用權輒嚴訶之曰汝何陷我於不孝乎毁不滅性古人有戒自量筋力若有難支之勢則吾必有所處矣不慮死生之前汝等愼勿以肉汁欺我凡蔬菜或有美味則輒却之宗族皆歎曰不但誠孝之篤非人所及抑其禀賦之厚亦有大過人者矣

甲午春訪墳菴兩叟于横溪留數日談討因入高山書舍留一月讀書而歸

三月忽得疝氣衝心之證盖以刻苦太甚或坐廳事誦書過夜分故有是疾焉證甚危篤服藥數月而後少減

冬避痘于梅谷

乙未春移泊于前山又移孔德村訪横溪數日談討而歸

三月長男重器中司馬麓叟得捷聲以書賀之書至府君方讀書不終篇終而後乃掩卷折書見之告家人曰某也成進士矣其淸淡和緩不貴名利有如此

四月重器自京來謁請設聞喜宴府君不許曰　國家重科第使之榮親榮墳此實盛恩也但榮墳告廟之節不可不依例設行至於榮親則我自不肯何必爲乎且如邀先進設戲之事業已成俗而尤非吾所喜也勿爲之可也況今　上候不寧方設藥房爲臣子者豈可私自宴樂乎拜親之日只令具衣巾再拜於庭略設酒饌行獻壽禮終不設慶筵因戒之曰出入之際或遇先生則凡先生所命雖不可不從只當循例酬應切不可劇爲淫戲取人拍手如優倡輩所爲也

六月移泊梅谷與同寓人構草舍於溪上讀書哦詩以自娛乃作古體四章七月入雲住山留數月而歸

丙申春府君以雲山先墓高在窮原守護極難遂作草屋四五間于墓前募僧給田以守之旣而居僧以闃絶難居告之將有散計秋不得已改築于山腰名之曰雲泉精舍使僧居守時時往

留展拜墓所

九月黃處士鍾一來訪信宿講討經籍臨别以詩贈之曰淸枎初扱斗仰餘兩宵話勝十年書云云

冬入開興寺讀書晝讀夜誦亹亹不懈有一老友問之曰六十讀書更做甚名府君笑曰爲名讀書是利心也君子不爲是也昔衛武公九十好學作抑詩以自警未死之前爲可廢讀書耶盖其勤苦用力如此

丁酉春癘氣大熾府君寓於丹厓移寓龜山村夏入梅谷又移龍花洞雖在奔迸困苦之中而未嘗廢書冊之工乃作山居自述詩以寓懷焉秋始還家

冬登三龜菴留一月轉寓雲住山

戊戌春寓巨洞寺移寓丹湖村恭人權氏忽嬰重證轉益危險
四月挈還涵溪
秋府君宿患復作證漸沉綿遂設湯劑
己亥春作小屋子于溪邊挈家累入處時時倚杖逍遙於水石
間以暢幽懷
五月遭恭人權氏喪斂殯如節九月行葬禮使諸子守几筵冬
府君寓魯巷
庚子春還涵溪
夏權恭人大祥已畢撤殯宮移主于別室使諸子終三年上食
以伸其私情遂入寓梅谷
六月　肅廟昇遐府君聞訃卽令設位於屛處力疾扶出西向

痛哭成服之日又出哭四拜成服如儀
七月還涵溪作詩曰數疊溪山曲抱家手中黃卷作生涯富貴
繁華何足道任將身勢老烟霞
九月欲作養心堂益築其基而以　山陵未畢之故不敢營屋
將待　葬後以營之
十月府君之弟忽染痘疾五日而卒而猶未知其爲痘自始病
至初終府君晝夜扶護察證投藥旣絶痛怛不自堪凡襲斂之
節皆親自臨視未一旬而仲男重禹及堂姪二人一時染痘十
一月初四日府君出寓于丹崖村初五日忽又寢疾初九日發
斑府君略不動念召重器語之曰吾年已六十遭此大病吾必
死矣然莫非命也又何慽乎但所恨者志學平生未得成就前

日所編數書亦未卒業耳處置家事如平日少無悽悲之色
諸子迎醫進藥至十三日證益劇府君命諸子曰證勢至此
醫藥無益汝其送醫停藥可也二子泣請曰晝夜祝天惟藥
效是冀今若停藥將何以爲之府君厲聲曰待天而已亦且
奈何只當安靜以待之耳及至奄奄危急之境而精神終不
變十五日夜府君曰吾必不保須刻今此所寓乃村人內室
也主人必厭之汝其扶我移臥於外房可也二子請待明日
府君不許遂扶擁移席于外房急遽之間席褥少差池不正
府君使改之必正然後乃臥未移時而終乃十六日子時也
襲用深衣幅巾大帶黑屨凡錦繡紅紫之屬一切不用皆平
日遺意也

塤篪兩叟使門人題銘旌曰涵溪處士烏川鄭公之柩遂殯屋
設殯于寓次
明年春長男重器病重幾死且疫癘未熄不得營葬九月初九
日窆于新昉洞坎龍子坐之原權恭人曾祔于雲山先壠而亦
以八月二十五日遷墓同日祔葬
府君爲學專在於居敬窮理以小學家禮爲撿身之要以四子
爲入道之門沿泝於詩書易禮旁搜於洛建諸書而於庸學心
經近思錄等書尤常玩繹不置嘗曰學者用工處惟在知行知
得一分必須行得一分可也若不曾行得則知亦何用是以讀
書講求之餘輒以深體力行爲務未嘗放過焉
初年刻苦太甚專用力於小學之事旣而愛玩心經多用主靜

工夫終日靜坐以驗未發前氣像及見朱夫子論主靜諸說且讀退溪全書始乃惕然發歎曰吾之用工殆其誤矣明道之教人靜坐蓋以小學教廢人無持敬之工躁擾放逸不得安帖故設教之初欲令先收其放心耳若一向如此幾何不墮陷禪寂耶自此專以持敬爲主又益加意於讀書窮理之事博觀諸書孜孜不懈

讀書之時雖通句讀不敢綽過必更優游玩索究極其理趣上句未通不復讀下句上段未通不復讀下段逐字逐句沈潛反覆或有疑晦處則極意研賾至忘寢食又輒講劘於朋友間必至通透而後已

常熟讀四書而於庸學尤深章句或問溫習無算時時誦一過

太極圖說西銘好學論定性書四勿箴仁說敬齋箴夙興夜寐箴等書亦時時誦之心經近思錄亦皆熟玩而心經則嘗手寫一小帙尋常出入時每置之袖間雖逆旅草次之際未嘗釋手

其治心也靜而戒懼必令有主宰動而省察必別其邪正內外相須體用不離嘗撫取聖門格言如四勿三貴尊德性道問學無自欺愼其獨思無邪無不敬居處恭執事敬與人忠言忠信行篤敬等語皆用大字書之列揭屋壁又書上帝臨汝毋貳爾心八字於座隅常常寓目焉

嘗曰天理只在人事上灑掃應對便是形而上之道學人事盡則可以達天理矣

又曰子思中庸周子圖說張子西銘皆孔子一貫之意

又曰士君子心地光明正大當如青天白日不可少有氛翳纔有氛翳人皆見之不可掩覆回護飾僞遂非寧爲有過之君子不可爲亂德之賊

又曰屋漏幽暗之中當如鬼神之在傍然後可免小人之歸司馬公言平生無不可對人言者吾於此語竊嘗用力焉

又曰大段過惡固易除惟心術間隱微之病最難除於義利王霸之辨直截分析常以張南軒無所爲有所爲之訓董廣川正誼明道之說痛自警省曰行義而有所求則是利心也爲善而涉於詐則是霸術也君子當遵義而行不可計較其利害寧行王道而無功不可用霸術而有功

平居嚴厲莊肅絶無怠慢之氣容貌擧止一出於正視未嘗邪

聽未嘗傾起立凝重步履安詳欲看壁上文字必起詣正立而見之未嘗回頭睨視凡室中書冊几案之類排布必整置有常處至於家庭門路花木列植亦皆方正不令橫斜錯亂

應事之際每加詳審必求義理恰好處若遇擾逆難處者則輒曰古聖賢當之則何以處之必以經傳至訓參證思量未嘗放過焉

言語簡實發必聲厲世俗鄙野浮誕之辭一未嘗出諸口雖稠人狂傲諧謔萬端而絶不與之酬酢

事親極其誠溫凊之節甘旨之供未嘗或闕有疾病則晷刻不敢離藥餌粥飮之具必自躬執不敢委諸人

奉祭祀尤致其謹嘗曰今俗只尚忌墓俗節而不行時祭夫時

祭上古之大祭也忌墓俗節後世之義起也今擧小遺大是猶無祭也反始追遠之義安在哉如家貧力薄則雖止設春秋兩祭亦不妨也忌祭俗節可畧設而時祭則不可闕也於是遂先趣行時祭儀文一如家禮自此鄕人之慕效而設行者亦或有之

俗節朔望之薦亦未嘗或闕忌祭尤爲盡誠行齊素三日行祀如禮是日啜粥不食菜果曰是乃終身之喪不可循常墓祭用三月上丁十月一日祀土地一如墓儀先考妣墓祭之日墓前及夕食不御酒肉後只於墓前不肉

凡大小祭祀之需親自考檢別置庫中而用之不敢少有褻慢常曰事神之道異於事生寧約而潔不可豐而汚寧隨力而盡

誠不可苟取而爲腆

府君有一弟自幼多病性且拙不能自治家計府君友愛益篤同室共炊者累年旣而弟若嫂自顧分異府君爲作屋宇而處之凡巨細家政一皆親自經理遇饑歲則隨力周救使之成立家業

素性以儉約爲主衣不取華美雖麁綿大葛而必令制度齊整食不取膏腴雖蔬糲惡草而必令臭味淨潔遇凶歲藜糝或不繼而亦晏如也

農桑之業雖未嘗廢而只付之僕隷亦不親自監檢曰吾以治農圃爲餘事爭畔渠爲深恥然與人語未嘗不以農務爲勉曰務農節用庶人之孝不仕則耕隱者之事也與其逸居廢稼而規取非理之事不若執耒荷鋤以食其力之爲高潔也

敎子姪一依內則先敎以灑掃應對拜跪進退之節孝悌忠信廉恥禮讓之道或有違命則必嚴訶峻責不假之色辭年可讀書始敎之以孝經小學次敎之以大學論語孟子中庸乃敎史略書曰今世敎小兒者先敎史通仍敎歌詩以爲習詞章取科第之捷徑是故小子良知良能不得培養而已先壞了矣此豈敎人之道哉如今只做朱夫子讀書法先小學次四書次三經可也然而四書後卽讀三經則學子輩茫不知歷代先後讀三經多有窒礙不通處不如俟四書畢讀史略一過而次讀三經也或曰先讀史略然後小學諸書以次讀之何如府君不許曰先史略則童子不知五倫之爲何物如君之當仁臣之當忠父 九四

子之當慈孝夫婦之當和順皆不得曉會以此讀史何以知其是非乎今先讀小學次讀四書則義理已有所覺志慮已有所向然後讀史可以粗辨其是非矣自此讀三經博覽群書不亦可乎

嘗令諸子欲專意實學而不事科業門內諸尊長咸曰聖人以不仕爲無義程朱之門亦治科擧之學況我家聲漸替敎後生不治科業豈諸族之望乎府君遂令諸子姪能通小學四書二經者兼治科業

與人語必以行誼文學勉之未嘗及閒說話至於榮利財貨聲色之類尤絶口不言

威儀嚴整儼然人望而畏之及其延遇開話則又款曲和緩若

遇失義不正之人則輒望望然若將浼焉然與人言未嘗言人
不善若其一長寸善稍有可稱者則輒復奬勵成就之
襟期踈爽雅有出塵之想若遇佳山美水茂樹奇石則輒哦詠
忘歸每佳節輒與朋徒携笻游衍灑然有風雩氣像
隱居四十年未嘗入城市見官長惟宗黨吉凶親知弔哭外不
作閒漫出入如學舍士會鄕里燕飮之際亦未嘗往焉所常往
來者只同志數三家而已平生韜光晦迹不欲見知於人於名
利上尤泊然無意至如黨論是非時政得失仕路遷除一切不
問雖有來語者耳若無聞殆若果於忘世而若於國家大事關
係倫常者則未嘗不感慨歔欷已已 中宮之廢辛巳大獄之
起皆發之吟詠以寓漆室之憂丁酉秋聞 儲位將搖憂歎不

自已旣而聞事定喜形于色己亥聞 肅廟久不豫淚自憂慮
又有詩曰淡雲微雨惱吾情其憂國之忱有如此
每遇 國忌常設素不肉 肅廟之喪行素兩月時宿證方劇
諸子固請進肉始乃許之
配恭人權氏籍系安東及第壘之女縣監應生之曾孫龜峰德
麟之五世孫也生三男四女男重器重禹重篕女適李守綱李
命厚曺景稷崔承裕重器生二男一女重禹生一男一女重篕
生二男二女李守綱生一男曰世浹李命厚生一男一女曺景
稷生三男崔承裕生二女

蕘叟先生行狀草記

曾祖諱好仁通訓大夫行晉州牧使兼春秋館編修官
祖諱時行務功郞
考諱碩胄成均生員
妣孺人聞韶金氏成均進士邦烈之女鄕隱先生是榲之孫
貫迎日縣靑林里
先生諱嵾陽字叔向號蕘叟我 顯廟丁未四月二十九日生
于永川郡鳴山里大田村先廬
鼻祖諱襲明高麗樞密院知奏事以直道事毅宗不容於朝事
在列傳自是圭組連世若貫珠至判圖判書諱林生二子長諱
仁壽卽圃隱先生之曾祖也季諱仁彦官典工判書皆亦居於
永自迎移永蓋在版圖公以前典工之子諱光厚仕 本朝至
冬官卿歷二世而有諱從韶捷重試爲吏部郞文章節行伏一世

佔畢金文簡稱鄭先生云又歷二世至諱允良 昌陵參奉遊
退陶先生門有學行同門友黃錦溪俊良以厚倫成俗贊美之
是生諱世雅弱冠中進士壬辰擧義旅讓大功不居以相臣薦
授黃山察訪及卒旅軒先生哭之曰薄夫敦懦夫作後特 贈
兵曹判書以奬其忠烈是生諱安藩副司果是先生之高祖也
先生氣質英敏顏貌清秀如出水芙蓉見者異之
七歲能讀書纔受教輒能曉解常處書室不與群兒游戲窮日
夜伊吾不倦未數歲文理漸通能屬文聯句語輒驚人生員公
奇愛之
叔祖鶴巖公隱居修行先生受四子通大義或遇肯綮處則輒
反復質問鶴巖公見先生兄弟質美才高每語之曰近來俗學

皆以習詞章取科第爲務不知有爲己之學其壞人心術甚矣汝曹旣家貧親老雖不免隨俗應擧而惟當先定趍向整理本原勿使墮陷於坑塹中可也因著訓誡之說分授先生兄弟盖皆治心律身之意也先生時年纔十二歲而常珮服自省

甫成童遍讀諸經史傳見識該博文詞贍麗且以庭命旁治擧子業自騷賦騈儷以至論策諸篇皆操筆立就不待籌思氣勢豪壯波瀾動盪雖老於藝苑者皆莫不蹶然却步

甲子委禽于湖西李休翁之門休翁素高簡於人少許可而一見先生心竊異之曰吾周遊京鄉閱人多矣無如此郎者大夫士見者亦皆曰異日當爲邦國蓍龜矣

丙寅始應鄉解考官以理氣發策問之嶺中宿儒或多閣筆流

汗而先生書數千餘言歷歷條對考官見之驚歎曰此眞英才也遂揀置異等時年二十矣自是華聞大播

己巳春以詞賦占進士試第二名不利於南省是秋占東堂試寃等歸路得奇疾轉益沉綿且見時事日變黨議益激慨然發之曰今日搢紳且必有後禍矣自是無復當世之念至甲戌人始服其先見

庚午夏遭外艱先生宿疾沉瀸中擗踊過度羸瘠澌劇殆若不能支慈夫人泣諭之連投藥物以救療焉而常在枕席間至八九年未瘳鼎爐未嘗輟

壬申六月始闋制奉慈夫人及埍叟先生入母子山中卜居于小憲洞以爲攝養計是冬閱眞西山心經一部忽覺汗出沾衣遂作詩以自警曰赤子初心舜堯如皇天昔日降衷余齊山久被牛羊牿神舍還爲盜賊居二十餘年長醉夢三千儀禮卽蘧篨如今始覺工夫在晚向荒田强把鋤自是常沉潛反覆未嘗釋手人或誡之曰積歲病頹中刓精書冊無乃有傷損乎須少節之先生曰治心實爲養病之要寧有損乎

明年我先君子往訪與宿聽其談論大說曰君之有志於大業如此疾病困危豈非庸玉汝于成耶屛厓曺公亦相往來共結爲道義之契每相聚講討或以詩唱酬或以書往復殆無虛月矣

癸酉讀啓蒙深究先天之奧至其肯綮難解處必潛玩窮賾期於通透而後已門內子弟及鄉閭後生之問業者稍稍來歸

乙亥春從弟憲陽來留受學盖憲陽早失慈恃家又貧窶不能資其衣食先生愍之挈來敎字與之同衣共食者至數三年及娶婦見舅訖卽迎來處之夾室同炊數月從弟及婦固請各炊先生乃置別廚於夾室之傍備鼎鬲分米粟以給之至於治農諸節令僕隷共之少無彼我之別

夏我先君子訪先生先生遂約會正覺山庵留數旬講學

丙子秋有一流丐女爲蛇咬中毒垂死叩門問藥先生見之惻然使人施針附藥留置奴僕家饋養數月至完歛而後命歸其鄕凡閭閻間有病者亦必撫恤醫治其愛物之德多類此

丁丑閱性理大全書次第遍觀曰此書眞義理淵藪也自是常反覆浸灌焉秋作小屋于前溪命之曰觀物窩先生自入山之

九六

初愛其水石之勝每與諸冠童風詠而歸至是寫始成晝夜居
宿披閱書史悠然以自適是歲聞葛翁自愁州謫所移配光陽
作書致候仍問性理說數十條葛翁見書稱歎曰見識之博當
世所罕見遂逐條報答自是常往復辨論
戊寅秋有强盜數千嘯吹爲黨出沒於永慶山谷間肆行殺掠
州郡不能捕一夜盜數百人攻破里門直入庭中兵刃森然侍
傍諸少皆惶惕走避先生不少動張燈開戶整衣冠危坐聞之
曰吾與爾等無所恩怨且吾家貧甚無甔石之資爾等何爲而
來耶盜酋曰吾有所告者欲歷階升堂先生厲聲叱之曰吾雖
死於汝手汝決不可升堂盜酋乃退立階下曰聞主翁在此倡
說吾輩形跡於鄕人故今欲害之先生笑曰十年病蟄不出門

外且不與外人相接何以知爾形跡乎爾等不過欲取財貨當
令婦女出避汝等入室盡掠而去可也盜酋曰吾何忍入隱士
之室而掠其財乎遂皆退去夜已四更矣翌日先生携家累出
山歸泊于大田舊庄取朱書節要日夜潛玩至暮年未嘗須臾
或舍
己卯春奉慈夫人避痘于直洞塤叟先生忽先發瘇還于舊庄
先生奉慈夫人移寓他村過數日先生又忽發瘇還舊庄纔收
醫慈夫人又忽犯染年高證險竟至屬纊先生疾勢未完號擗
過度幾絶復甦而幸賴藥力卒無事人皆謂神明所佑殮殯葬
祭一遵禮制衰裳絰帶未嘗暫解自是宿疾復劇往往危險而
常侍几筵終三年不少離自葬後常看禮書

庚辰瓶窩李公衡祥自慶州任所解歸寓居于郡城之南躬訪
先生兄弟于大田廬次其後陸續書問先生與之講辨義理反
覆不已
辛巳秋始闋制先生愛橫溪水石之勝遂移家卜居先構小齋
於臥龍巖上扁之以六有盖以溪名近於橫渠故取張先生遺
語以自警也塤叟先生亦往來留宿互相講討遠近來學者日
益衆戶外屨常滿
癸未先生致書于愚潭丁公以伸慕仰之誠又以古體詩三章
寄贈焉
甲申秋造小艇泛于紅流潭或披簑於烟雨或携琴於月夜鼓
枻上下以寓閒淡之趣冬先生致書于明齋尹公先是先生聞

尹公隱居不仕學術精邃心竊嚮之至是尹公之庶弟拙以長
水督郵來訪先生兄弟于橫溪盖以渠在家時飽聞兩先生盛
名故也先生與塤叟先生議曰古人講學者苟有賢人則不遠
數千里而追遊講討况今吾輩生此偏邦又居遐陬葛老旣亡
尤無辨質商量之處今世學問節行如尹公者亦未易得棄其
標榜之嫌而通書講學實未害於義也塤叟先生頷之遂因長
水便並投書往復講論名理多有所相發尹公亦欣然敬服訊
問不絶人或誡之曰近世東西分黨之後物色齟齬今公之事
雖出於公心而末俗譊譊無乃招人唇舌乎先生笑曰後世朋
黨之習本非大君子中正之道彼若有君子則吾當友之此若
有小人則吾當絶之况此老屛跡山林無與於世吾輩亦山人

只談義理而不談時事何害之有黨論吾所恥也雖有人言只當付一笑而已

乙酉春塤叟先生挈家累來會先生同處一小齋相對看書講論古義或携琴互彈或把竿同釣怡怡焉相樂諸生來學者亦必遞誨或分敎必以小學家禮爲先次及四子諸經待其熟複而後令讀史傳且與諸生時時共習鄉飮酒投壺之儀

夏始編疑禮通攷先生以爲古今疑文變節枝分葉繁倉卒之際難以考據遂以家禮爲綱遍取經傳註疏及後來諸儒之論各以類分屬以便其考閱焉

是歲本道方伯致書來問且饋食物自是以後道伯地主及傍近守宰擧皆來訪或留贈詩章或講問經義且或遣子弟請學

先生皆盡禮接遇隨問酬答而至於干請之事絲毫不相及諸守宰皆退而歎服

丙戌先生與塤叟先生游泳於水石林壇之間迭相唱和積成卷軸名其書曰塤篪錄蓋取周雅伯氏吹塤仲氏吹篪之語以寓天倫湛樂之意其後凡所吟詠著述者並附焉

是秋安君命夏來留數十日先生與之講心經冬安君又來留先生兄弟與安君及門下諸生往會于正覺寺講心經家禮論語等書每早朗講或習禮於樓中仍又移泊于巨洞法華兩寺前後凡五十日而罷

丁亥來學者日益衆作高山書社以處之

戊子夏有人來言冬至使自燕京歸 啓曰江南有難稱以朱皇帝之後淸主親征不利云先生聞而喜甚欲上疏陳北伐之策旣而更思之曰若以范文正責止橫渠上書擊遼之意推之此非韋布所宜言且朝廷採納未可知也卒未果乃作詩以見志曰平生北伐匈奴策欲進吾 君肯許否又曰吾王若欲尊周室願借千兵走織雛蓋先生平日每語及丙子事未嘗不奮然慷慨至是益咄咄未已至發於吟詠其志節之凜烈有如此

癸巳改葬祖考妣及考妣墓蓋以宅兆有沙礫水泉之患故也先生兄弟手考禮書及諸賢文集編成改葬儀零文瑣節纖悉畢備自後士大夫擧緬禮者多取以爲法

甲午秋本道繡衣聞先生名潛行至橫溪竊覸其風儀還朝陳啓極言學術之正行誼之高 上特命收用是冬除 顯陵

參奉洛中知舊多貽書勸起先生笑曰吾若有意於世早當屈首場屋矣及今遲暮之年其或曳裾影纓趨蹌於職次乎況此鹵莽者本無爲善之實而 聖朝誤聽而收錄焉是欺君也方自愧恧之不暇尤何敢承當哉遂辭疾不赴

庚子六月 肅廟昇遐先生與塤叟先生率門下諸生西向望哭成服如儀

壬寅吳公命恆長銓部以先生擬侍講院諮議而未蒙 批其後又擬敎官而亦未蒙 批

甲辰春先生命立外舅李公後蓋李公之孫光遇無子而夭其近族皆淪沒殆盡無主張立後者先生愍其絶嗣使子一珪奉孺人往拜于管山家廟求其門親之子以爲光遇後湖中士友

皆歎服先生之義
八月　景廟昇遐先生望哭成服如前儀
戊申逆亂忽起至犯嶺邑先生聞之輒奮然垂涕與塤叟先生議曰吾輩雖隱伏草茅不可坐視　國難況梟獍近出吾嶺此嶺人之恥也豈可與此賊頃刻俱生乎昔在壬辰之亂吾先祖湖叟公首倡義旅剪除強寇丙子之變吾曾祖暘溪公亦與道內諸搢紳同聲敵愾家聲不可墜也塤叟先生曰諾遂共草檄文八郡學召集儒生收兵器聚軍餉仍又通諭於道內列邑約以隨官軍赴賊陣既而聞右道數邑進軍賊奴已就擒巡察使發關罷各邑官兵先生遂罷會而歸慨惋不已作詩以寓恨
庚戌夏塤叟先生寢疾危革先生在傍扶護塤叟先生與之訣

曰吾與君共理斯學吾今未究業而死世道之責君其勉之先生泣曰蚊何以負山乎及改簀先生號痛欲絕殮殯諸節皆準禮盡誠既葬收拾遺文編摩繕寫又作行狀一通備述其爲學進德之實自是以後先生不復入玉磵亭曰吾與先兄數十年共被聯案于此今則兄不在矣吾何忍獨處耶遂居宿于六有齋北之小室取衛武公抑戒之意扁之曰懿齋手抄抑詩中要語作懿齋詩仍著座右銘數十餘目揭于壁上以備朝夕觀省
辛亥趙公顯命按節本道以單騎來訪致禮甚謹仍講質經語歸而歎服曰嶺中遺逸之士只若而人而鄭公爲最數以書問難疑義因上疏薦之曰永川人鄭某勤經習禮充養有素忠信博厚頗有德器請撿用除職使道臣守令敦勉勸起時時召見講問經旨詢訪治道如　明宣朝故事則庶有旁招之實効云云　上溫批答之書姓名於　御壁命該曹撿擬盖將欲擢用也
壬子夏溪村瘟疫忽起先生出寓於慈川閭舍五月先生忽感疾危重觀察使趙公聞之寄藥物以救先生少間始知之飭以更勿煩公後十餘日證忽大變至奄奄之境而精神猶不亂使子一珪正席語未訖而終實六月十五日某時也門人鄭重祿鄭權曹龍翰等以平日所着深衣幅巾襲斂如禮題銘旌曰徵士麓叟鄭公之柩從遺意也訃出趙公驚慟曰此老存亡實係嶺運盛衰遣營吏護喪致賻襚特優旣成服奉柩還溪村殯于懿齋

是秋銓部陞擬氷庫別提盖未及聞訃聲故也
冬十月十三日窆于新寧縣東新村里負卯之原
先生娶仁川李氏敎官某之女參判某之曾孫也生一女無嗣以族弟重祿之子一珪後之女適士人趙麟經孫男二人女二人皆幼外孫男二人
先生天姿英邁才氣超逸旣受學能曉文義雖幽深難解處洞然無礙爲文詞瀾滂沛未弱冠雋聲已四馳人皆以公輔器歸之時鶴巖先生隱居講道盖經義之受於家庭者卽慕堂孫公之所聞於寒岡門者而又與丹山處士李公榕互相琢磨故其學頗端的切實先生旣早受訓語又日薰陶其德容已知飭躬制行之方及夫謝場屋居深山也益沉潛經籍又博究洛建諸

子以及於我東諸賢與塤叟先生日夜講討窮搜力究次第融釋自理氣之秘性情之微圖書象數之妙氣朔盈虛之度禮儀常變之文音樂律呂之法以至於日用之小物品彙之細故無不該括洞貫以究其絲毫秒忽之分盡其窮格之工日積而不止矣嘗曰知之非艱行之惟艱如欲行之捨敬何以每於持敬之方喫緊用力儼然端坐齊莊整肅不睹不聞之時先致其戒懼幽獨幾微之際益精其省察其所以涵養而克治者極其嚴謹無須臾間斷是以其應乎事而見於行者無不合宜謂兩親旣沒追養無從所當盡力者惟祭祀一節而吾家自先世宗法甚嚴支子不得祭然禮有支子所自主之祭之語如忌墓輕祭支子設辦而祭於宗家似不害義遂稟于伯氏議定迭行之規

凡冎俎籩豆之實竭誠豫備必致豐潔至於祖先祀事宗家或窘乏則輒自供辦謂兄弟是父母之遺體不愛兄弟便是不孝常同居一室共被聯床自入峽之後每以分離相思爲悶遂迎伯季氏築室聯墻晝夜同處事伯氏極其敬撫少弟極其友怡悅湛樂至老不衰處閨闥則和而能敬訓子姪則慈而且敎於宗族雖踈遠而必致其敦睦於隣里雖卑賤而必施其周恤賓客應接之節稱家有無而盡其情親知賻慶之物隨財多少而無所闕以至身有疾病冎爐常設而受之恬然不以死生動心家甚貧窶箪瓢屢空而處之怡然不以生產爲意苟非信之篤守之固則其何能隨遇而安之如是哉及其年齡漸高充養益積淸明通豁莊重凝定不動聲色泛應有裕士林望之若喬嶽遠近學者多信從之執經受業者七十餘人往來質問者不可勝數　聖上方留意嚮用而銓部不及撿擬先生遽沒矣使平日純正之學經綸之才不得少試于世而堙沒於嵁巖烟霞之間識者未嘗不爲世道慨惜

先生素不喜著述嘗曰前聖遺書雖或殘缺而洛閩諸賢旣已闡明解釋盡發其所未發我東退陶先生又爲之疏瀹無餘後學只當熟講遵守而已豈可更出新語以取架疊之譏耶朋舊門人以書來問則答之雜著若干篇因自警或曉人而成至於詩章尤不樂爲之嘗曰若着意要好卽近於玩物晩取中歲以前所哦咏一冊子覽之曰此等句法頗涉詞章不可示人輒以筆抹去之所著董止十數卷所編有疑禮通攷二十餘卷蓋與

塤叟先生合手撰輯者而未及卒業可勝歎哉其他如大學劄錄啓蒙解疑各一卷亦在焉

嗚呼先生言行固不止此而重器學術空疎文辭拙澁瑣語疏節猶不能善爲記載況其眞知妙訣又何可以測度而形容耶然先生之言在於遺文者皆明白切實本之六經而有據參之洛閩而爲證質之退陶而不相悖攷遺文可以知先生之心矣況先生入學之門路造道之階級與塤叟先生終始同一揆也先生嘗狀塤翁之行而敍述特詳備後之求先生者求之於塤翁之狀足矣又何待末學輩添别料猥釀哉門人鄭重器謹狀

梅山先生文集續卷之十

梅山先生文集卷之十一

附錄

年譜

按東賢年譜皆表中朝年號以記事自明社屋正朔無統故茲倣春秋紀年從魯侯之例云

肅宗大王十一年乙丑二月二十二日時卯先生生于慶尚道永川郡還歸里今臨皐面仙源里第在郡北三十里○先生之先高麗知奏事公鄭襲明世居迎日縣烏川至判書公仁彦移居永川郡南錢村教導公文裔從鳴山里大田村宣務公次謹又從紫陽縣魯巷村縣監公好禮初卜土洞晩居仙源○始縣監公之卜居也夢有一老人告曰此乃鄭子産所居也代必出名人云○後先生感吟一詩曰吾祖何年入永川思來疑自版圖先工曹基業開錢野教導家聲振大田魯巷絃歌纔四葉仙源清白又三傳如今使作無巢客何處江山更有緣○生有異徵人皆異之三日不開目七日不泣

十二年丙寅先生二歲岐嶷不甚啼號王母淑夫人宋氏曰生子如此豈有鞠育之勞乎

十三年丁卯先生三歲

十四年戊辰先生四歲始出宿于外不與凡兒遊嬉先生天資柔和聰慧卓異學字踰月能記又善應對坐立飮食必遵長者之命鄙俚之語未嘗出諸口

十五年己巳先生五歲學數與方名六甲八卦先生每夜成誦不錯一字

十六年庚午先生六歲春受童蒙先習王父護軍公每命讀于前先生輒整襟端坐讀聲清越護軍公甚愛重之○六月祖考護軍公下世先生常侍在涵溪公苫次未嘗小離能隨行送迎吊客之節

十七年辛未先生七歲學孝經

十八年壬申先生八歲春隨涵溪公讀小學于巨洞寺時涵溪公爲先墓治石於巨洞先生陪從讀書不倦至歸日而足不出寺門外寺僧不以童子而待之益敬焉

十九年癸酉先生九歲讀大學中庸及論孟一歲讀盡四書沒註夜成誦自是文義通達微辭奧旨有未曉處就長者而質問退而反復究繹

二十年甲戌先生十歲讀十九史涵溪公曰先四書而後史紀所以專意於實學今四書旣讀則歷代紀史又不可不知命讀之

二十一年乙亥先生十一歲夏麓叟先生來訪涵溪公仍命先生坐難疑經傳麓叟先生聞先生才姿卓越來訪涵溪公仍命先生坐試問經傳難解處先生輒應對甚詳麓叟嘆賞不已語涵溪曰誠奇才也聞使此兒專用力於學問其意甚好然以程朱之大賢傍治科學我東先賢亦多科目發身若審內外輕重之分兼治何害於是隨衆肄擧業○八月執贄請學于麓叟先生時麓叟先生隱於普賢山中先生始受詩傳一日山雨晴麓叟呼韻命賦詩輒對曰雲蔽碧空雨不知天與山俄然雲雨捲依舊本色還

二十二年丙子先生十二歲春讀書傳先生讀之至朞三百註籌解度數之奧

二十三年丁丑先生十三歲春讀周易

二十四年戊寅先生十四歲遍繹經書涉獵諸子百家書一日題所製程文卷面曰夫子語參曰夫學未成而登仕顏不幸爾學苟優也仕烏害焉况生天地間旣得大抱負豈宜守林陸老耕釣與草木同腐顧今取士之法專出於科擧備不由此則雖謂之志經綸者幾不免淪落於烟霞某自幼飽家庭之訓從事於吾事往往力有餘則輒以擧子業兼之其文不足觀其於立揚之路或因此而梯耶然窮通在乎天

二十五年己卯先生十五歲作始畫八卦賦賦逸

二十六年庚辰先生十六歲春作無極而太極賦賦逸○瓶窩李公衡祥見太極賦嘖嘖曰吾聞人多矣未嘗見如此夙成兒也葛庵李先生亦取見其賦而奇之曰此兒已見大義其進未可量也因要一見

二十七年辛巳先生十七歲春以涵溪公命往拜葛庵李先生于安東錦水之陽受護軍公碣文而來李先生一見特加愛敬不以童子待之仍出所撰墓碣文使之讀且令指言其疵病以試其所見先生語及數條李先生皆從之○冬李先生與書曰遠訪之勤足賞旣見之願一再相

撲己知志尚識度之賢遠於人第以僂僂其歸未得款叩名理爲恨某姓名方掛臺章早晚將有投荒之厄白首殘年況味如此惟冀賢者得專意大業○夏作天地萬物爲人不爲人辨

二十八年壬午先生十八歲春製安樂齋上梁文涵溪公築小齋於溪東名以安樂先生承命製六偉文○秋行冠禮屛居處士曹公善長爲之賓

二十九年癸未先生十九歲春往拜篪叟先生有次師門平字韻○作百角詩先生內舅權公來言吾鄕有申維翰者近作百角詩傳於鄕眞絶才汝亦能之乎先生曰此等閑述無益於自己分然長者有命何敢辭卽和進之權公見而大驚曰角字之義不見於申詩中者亦多矣

三十年甲申先生二十歲聘夫人聞韶金氏邦謙之女○時金氏一門多長德君子一見咸加敬重適庵金公台重少許可語及先生期以遠到

三十一年乙酉先生二十一歲正月赴葛庵李先生會葬于錦陽有挽詩祭文

三十二年丙戌先生二十二歲

三十三年丁亥先生二十三歲

三十四年戊子先生二十四歲秋往拜荷塘權公斗寅請先祖湖叟公行狀○是行過墨溪金大諫王掌令遺社歷錦水葛庵遺墟登諫議亭金正郞昌錫夢仙閣卽麗時廉將軍興邦之基至道洞拜易東院入陶山謁尙德祠登愛日堂拜聾巖李孝節公影幀由川砂湖溫溪退溪先生嶽降之址酉谷登靑巖石泉倶有遺亭謁三溪院享權忠定公○路傍有烈女是女碑還到橫溪拜篪叟先生有紀行詩

三十五年己丑先生二十五歲春讀書高山書堂在橫溪上流○有酬唱詩○秋往迎日謁烏川書院訪靑林舊址有感懷詩

三十六年庚寅先生二十六歲秋往遊東都有懷古詩登六宜亭崔氏先亭○冬繙讀經傳獵覽馬史及綱目諸書

三十七年辛卯先生二十七歲五月王母淑夫人宋氏下世○秋議設義契倣古人義倉之例有約文

三十八年壬辰先生二十八歲

三十九年癸巳先生二十九歲

四十年甲午先生三十歲送全戚叔近聖之尙州有送別次韻

四十一年乙未先生三十一歲春中生員會試三等

四十二年丙申先生三十二歲哭李上舍以直敬中○有挽詩

四十三年丁酉先生三十三歲

四十四年戊戌先生三十四歲往慶州哭崔公立基○有挽詩

四十五年己亥先生三十五歲五月居母夫人權氏憂○十二月長子

一鑑生

四十六年庚子先生三十六歲六月 肅宗昇遐○七月行禫事先生于禫涵溪公移主別室以終三年上食○十一月丁先考涵溪公憂時涵溪公染痘于梅谷寓舍證甚危極先生晝夜扶侍目不交睫齋沐祝天反遺變絶而復甦初終諸節一依朱文公家禮

景宗大王元年辛丑先生三十七歲秋葬先考府君于郡北新昉子坐之原遷母夫人墓同日祔左每朔望躬往省哭凡居喪雖零瑣節文必考據而行之

二年壬寅先生三十八歲作中月而禫說及祥後始飮酒食肉說以辨之

三年癸卯先生三十九歲正月行禫事自是先生無意立揚專用工於爲己之學日取洛閩諸書沈潛反復於心經近思錄朱子書尤用力焉往師門講質不撤○是歲編次先府君遺稿

四年甲辰先生四十歲三月季子一鑽生○八月 景宗昇遐

英祖大王元年乙巳先生四十一歲某月哭蒼雪權公有挽詩

二年丙午先生四十二歲春築梅谷別野梅谷距仙源舊庄纔十里洞壑深邃與世隔絶先生庚子喪變之後就壟仍居至是始構小屋扁曰艮巢蓋以新築之負艮而兼取艮止之義也購得經籍左右圖書端坐終日俯讀仰思日與門弟子講究不倦家業剝落饘粥不繼處之晏如也○有寓舍詩○夏致伻書問玉川趙公德鄰于吉州匪所聯書逸○冬赴哭先友曹屛厓先生會葬有挽詩祭文

三年丁未先生四十三歲二月魁捷增廣東堂試第一是時景宗祔廟設慶科取雋諸父兄勸令應赴先生曰科名所以悅親今父母不在爲誰榮焉諸父兄強之各出力以助行先生遂黽勉赴舉果占魁榜○三月又魁捷會試第一時掌試以近思錄爲題當世稱巨擘者皆愕立相顧惟先生熟諳是書纖悉蘊奧士之環堵問之者不計數先生不以爲勞左酬右應提說備悉乃操筆對策詞源如流其縱橫義理之論五千餘言考官見而歎曰此非科臼手段眞學子之文也遂擢置第一先生以恩榮之不及具慶時爲至痛作詩寓感○秋往陶

淵拜瓢隱祠登仙遊亭金氏老少會從者十數人

四年戊申先生四十四歲湖西賊起兵將犯闕蔓延江右數邑從橫溪兩先生入郡城草檄文倡起義旅先生聞賊起湖西將赴難過橫溪篪叟先生曰君此行固義也但賊勢充斥恐難得達京城不若與吾入城共倡義旅討賊先生遂從入城招集同志篪叟先生爲義將先生乃參謀軍紀規畫粗成聞官軍討平之報乃罷歸兩先生作詩道其事先生亦次韻○秋往迎日拜先壟及烏川書院道凝川省外氏墓仍登嶺南樓有紀行詩歸路宿河濱李妹壻命享家○十二月選補承文院權知副正字

五年己酉先生四十五歲春遊鶴城謁鷗江二賢祠有詩○秋挈家還仙源舊第○撰先考涵溪公行錄往請行狀于篪叟先生仍與諸生行鄕飮投壺二禮有酬唱詩

六年庚戌先生四十六歲五月哭徵士密菴李公栽谷川金公尚鼎○有挽詩○六月宣懿王后昇遐○七月哭塤叟先生○十月致奠塤叟先生靈几先生將赴宣懿王后因山爲文告行○十二月授將仕郎

七年辛亥先生四十七歲五月以史官隨駕禱雨于南壇奉命問禮之江都登鎭海樓自金灘乘舟至驪江登淸心樓幷有詩○六月以假注書入侍論長陵遷葬時服制先生與遷陵都監尹淳同入侍上曰今此遷陵儀註有前例否尹淳曰一依寧陵遷奉時儀注矣上曰百官會參者皆服緦服而隨後胥吏依常時吉服此爲未安尹淳曰各司胥吏皆爲隨從則有何變服之理乎上曰此雖緦服實具三年之體不可不詳審矣先生進曰臣有所懷恐有越俎之嫌上曰具陳所懷先生進曰明儒丘濬家禮儀節云應服三年者服緦服餘皆素服此雖言士大夫之禮窃恐帝王家之禮亦無以異矣尹淳曰丘說蓋言子孫非謂下人也上曰大轝軍皆素服素巾則下人之隨從於遷陵所者其可吉服乎注書所陳正合予意使人侍史官問議于在外大臣及儒臣可也先生遂奉命問議卒用儒臣前贊成鄭齊斗之議胥吏皆服素且儀注中只依寧陵右注不言兩陵遷改之節先生言于鄭贊成曰寧陵儀注只遷一陵故其注如此今則兩

陵幷遷禮曰幷有喪者其葬也先輕後重其虞也先重後輕改葬一如初葬之禮則今此儀注似當添入此一節矣鄭曰然遂添入此條於儀注中朝士之識者皆以爲之得禮矣○八月陞從仕郎承文院副正字時以先祖湖叟柏巖兩世贈職事上言蒙允○是月以分史官詣遷陵所竣事後復命賞賜兒馬一疋修遷陵日記進○日記云承旨柳侹梁廷虎金應福權始經假注書李夏宗鄭重器編修官李麟興記事官韓鳳朝題銘旌判府事閔鎭遠江華留守兪拓基都承旨朴文秀都廳趙迪命題主官李廷濟李廷燸守殯官陽平君驪州君虞祭獻官大王殿領府事李光佐右議政趙文命益寧君○王后殿判府事閔鎭遠判府事李宜顯西平君橈○十一月陞正字○十二月乞暇省墓

八年壬子先生四十八歲正月陞著作○三月授啓功郎○六月陞務功郎承文院博士○七月聞篪叟先生訃爲位而哭先生在泮館南望設位行加麻禮○八月授宣敎郎○十月乞暇南還赴哭篪叟先生墓有挽詩祭文○十一月拜承訓郎奉常寺直長○十二月復拜博士

九年癸丑先生四十九歲立春日應製 大殿春帖○三月與嶺南縉紳上疏辨筵臣誣啓疏署曰伏聞筵臣以嶺南事陳達蓋甄拔諭用之意而靈城君朴文秀以為難處遣

原君趙顯命以為天下之事變難知當為鎮定之道未知吾嶺何如而難處亦有何樣事變之難知而乃欲鎮定之耶無乃以凶逆希亮聖佐之出而盡疑嶺南人乎賊亮居安陰聖佐居陜川卽江右之僻邑而仁弘遺臭之也蓋有一種蠱氣停蓄其間生出此鳥獍之徒而兩賊家又富厚所與通家接姻多在圻湖間此逆顯逆麟輩謗詈之兇謀及此類者也當其變生之初列郡人士爭先倡義紙旗木干在在鬨束亦可見一路忠義之氣未嘗亡也然則亮佐之為兇為逆自有一脉帶來處而南土人心固自若也有何難處有何事變之難知而可以費國家鎮定之策耶雖云甄拔諭用之請非為願籍於嶺人也非欲需用於國家也特慮人心之靡定欲施羈縻之術而已直與待夷狄者奚擇焉嶺人雖無他長粗識廉義之可貴白衣踰嶺從古為恥豈可謾投有心之餌反誘無心之魚哉伏乞 聖慈亟命兩臣詳陳其難處難知之端仍令嚴加勘覈夬辨忠逆無使一道之人盡歸暗昧之科云云疏入批曰頃者兩宰臣所達中所謂難處不過鄉情之固執所謂難知天下之事未可預料嶺南則根本之地勿怠于恒時之意豈有他意而爾等之看得何其過也爾等此舉無乃由於予待嶺南誠淺之致世道嘵嘵之時不可不詳曉故快闢爾等過疑之心須勿煩辨反自阻於君父 ○同月陞成均館典籍○六月拜禮曹佐郎○七月授奉訓郎○九月拜禮曹正郎○十月除奉直郎金羅都事兼海運判官○十一月辭 陛赴任營中鋪陳之華飾者命改之妓娥之守廳者亦退之只令童吏使喚翌日詣 慶基殿祇謁 太祖大王御容仍詣州學拜謁聖廟瞻禮畢坐明倫堂以勸學勵行之意曉諭校中士子○與巡相趙公顯命論李存齋葛庵兩賢事實巡相問存齋葛庵事先生極言存齋學識之高明葛庵削廢之冤枉且及嶺南人才之盛衰○論四七理氣之辨趙相以理氣之說問曰退溪栗谷之論雖異究其歸趣則同蓋栗谷旣曰理不能獨發而必待於氣則卽退溪理發氣隨之意也但單舉此句則不能完備矣天下自有是非之不齊蓋以人之知見各異也而嶺人皆以退溪說為是洛人皆以栗谷說為是此豈公是非乎先生曰此事所爭只是毫釐之間而界分一差不翅遼越矣朱子語類旣有理發氣發之語語類或有記實之誤容有取舍處而中庸序有或生或原之訓朱夫子一生精力都在於庸學豈非十亭八當百世不易之正論乎趙相曰中庸序言心之虛靈知覺一而已矣心

卽兼理氣而言者也與此異矣先生知其所見之不合不欲強辨乃曰此非後學容易判斷者豈敢更議乎 論大學絜矩章趙相曰余於大學絜矩章句有所疑矣蓋此章經文始以絜矩為綱領而財用用人為兩大節第二段以好惡覆解絜矩之義其下三引詩又明好惡之意而章句則先謹乎德以下論財論貨處只言絜矩泰誓以下論用人處只言好惡章下註又言此章之義務在與民同好惡而不專其利皆推廣絜矩之義也似以財用用人分屬於絜矩好惡恐與經文不合此吾所以為疑也先生曰蓋平天下之道莫大於絜矩而絜矩之法惟在與民同好惡同其好惡則是能絜矩而民歸之矣不同其好惡則是不能絜矩而民叛之矣是以引南山有臺節南山以明之而以文王詩結之以明能與不能者之得失矣然而其所以能絜矩與不能亦由於義利之分循義則其心公可以能絜矩而與民同利矣循利則其心私不能絜矩而與民不同利矣是以先謹乎德緖之詳言本末內外之辨以明其能絜矩不能絜矩之所以分矣然而人君之所與理天下者人才而已用君子則引君以義而絜矩之政行矣用小人則誘君以利而絜矩之道廢矣君子者人之所同好也小人者人之所同惡也此泰誓以下數節所以申言南山有臺節南山好惡之意而能絜矩不能絜矩之意未嘗不寓於其中矣君子有道以下又以忠信驕泰申言義利得失之分其下三段又以理財言循義之效末二段兼以用人言之而極說循利之害以終之其大義全在於與民同好惡而不專其利所謂不專其利者乃所以同好惡者也其好惡人而用舍之者乃欲其與民同利也其語勢名目雖若為兩件相對而義理接續次第層出章句之或言絜矩或言好惡自是一串底意思豈可片片分開有若雙擧者然哉或問曰此章之意不過好惡義利之兩端而二者相循脈絡貫通必欲盡爲兩節則界辨雖若有餘而意味或反不足此言盡之矣○與鳴皐鄭公榦會松廣寺鳴皐公為濟源郵承約會松廣寺寺僧藍輿而出待洞門外先生却之○有唱酬詩 十二月受由還鄉呈辭不許

十年甲寅先生五十歲正月往雲住山奠拜祖考護軍公墓翌日下新昉省先考涵溪公墓先是嶺伯知先生有省掃先墓之行飭令永慶兩郡備奠羞至是羅將及工吏掃雪等候回至夏泉拜先墓宗族親友多來會○授奉直郎兼春秋館記注官○二月往橫溪議定塤篪遺集編次鳴皐鄭公曺公龍翰諸士友來會先生曰兩先生遺集異於他集隱居四十年暇被幷榻互相博約言論風旨渾然相合凡有所著輒皆聯書遂以塤篪錄自名其稿今日修正時又當依此合編而塤篪之名不可改也鳴皐曰二程全書分編兩夫子遺文塤篪錄之名雖當存之而分編似好先生曰

二程夫子初年出處不同且伯子早世叔子享壽晚年所著殆多其勢不得不分編今我兩先生出處無異吟咏之際迭相唱和簡牘之間每多聯名疑義答問或分或合其辭大小文字亦必商確而為之似不當分編鳴皐曰詩章書札銘書無妨而序記誌狀等文雖合編而并先墳後麁分作兩編似好遂定目錄○三月赴任所時湖南漕政方急督還過

沃川登喚仙樓有次壁上韻○四月出法聖浦監輸漕運米豆分載後泛舟遊前湖靈光倅鄭匡濟咸平倅金五應安都事白頤來會昌平士人羅景益來謁討文○是行過咸悅縣見路左有一墳臧列石物問之乃官奴冢也命刑吏撤去之○是月赴京路尼山訪尹掌令

東源仍論牛溪栗谷兩賢學問出處之疑尹掌令乃明齋之孫也叙寒暄畢求見師門手札尹公曰嶺人之論牛栗近來何如尚如前排攻乎先生曰嶺人非不以牛栗為名賢特於從祀之議以為不可輕遽至於陳疏今則此事已定有何排攻之事乎尹公曰若以為事貴慎重不可輕遽則固無足怪而詆斥之辭太不近似至以入山斥栗谷以不隨駕殺士斥牛溪出入禪學洛閩諸君子之所不免此何足為累未毫駕事蓋申砬敗報至卽日蒼黃去邠其時牛翁僻處深峽距津頭六十餘里何從而聞知乎既聞之後追至津上則大駕渡江後為備賊撤去舟楫無由飛渡悵

望而歸且以譴罷之臣罷名未祛無 召命赴難似有冒進之嫌只擬起義兵以效處野者死於野之義及 東宮分朝召命之至卽為奔赴仍走 大朝其時實狀如此今辨誣之疏只泛陳梗槩亦不敢直說其本情若以古人事論之楊龜山尹和靖不赴靖康之難誠以所處之地不得不然恐不可以此咎牛翁至於殺士之誣尤極孟浪牛翁退處山林鞫獄議讞何以知之先生曰曾見牛溪門人答松江門人書似以為松江主其事而牛溪則無所與矣尹公曰松江實欲救崔永慶累語於儕友間而 宣廟性度嚴峻天威震疊豈敢顯救耶但松江有酒病嘗乘醉指頸曰彼輩欲刃吾頸不可不除去故卒得構殺之名耳先生曰牛溪門人答書中有己丑獄事時松江當局治獄過濫之語以此觀之松江自不免矣尹公曰自古及今鞫獄安有不過濫之時乎蓋臺諫爭執朝論朋興位官雖欲伸救亦難如意松江亦有伸救之意而左右牽掣竟未之能特以其時當局之故獨受其咎耳牛溪與崔公本與相知故出獄之日遣子存問且給粮資松江與牛溪相親豈有欲殺之心乎先生曰牛溪遣子時崔公答曰見惡於若父而至此矣崔公若果為此說則宜其不免於禍也尹公曰此說亦虛矣牛溪遣子時崔公欣然款接此乃後日做出之言也先生曰曾見 宣廟寶鑑記牛溪事曰私淑陶山此翁於退陶以師弟處之乎尹公曰然矣先生曰栗谷亦以退陶為師否尹公曰今之尚論者亦以栗谷為師承退溪也先生曰於四七理氣之卞牛溪則尊信退說栗谷則非

之嶺人以為牛學勝於栗矣尹公曰人之知見不同故辨義理處亦不免差異雖洛閩諸賢或有互異處而古人不以是為病豈可以見解處不同論其優劣哉先生曰朱子於兩程尊信無何如而若有過當處則直曰程先生此說恐誤不少回互栗翁所見既如此則不從退說而自立己見亦無不可而但卞論之際稜角太露有若詆排者然此嶺人之所以不能無疑也尹公曰栗谷之尊信退陶乃其一生誠心石潭精舍只以靜菴退溪配食豈有一毫詆排之意耶○五月詣 闕

肅拜與戶判朴文秀出西江受各船米豆○六月與嶺南縉紳

上疏辨前監司權𢢜誣啓先是慶尚監司權𢢜前後辭職疏搆誣嶺人語意凶險嶺人之陳疏辨誣因循未果至是先生與嶺中諸宦者上疏伸辨疏畧曰嶺南一域素稱文獻之鄉大賢輩出遺風藹然頃年一二凶逆之出於一辟邑實是千萬古所未有之變恠而多士雪涕義旗相望必欲寢皮而後已有何隱憂之可言有何鎭服之可議而若其生釁之說此乃古人為夷狄設者也其將夷狄我嶺南耶若使嶺人真有隱伏之憂將生之釁則覆載之間決不可少須臾容其假息其不可徒懷隱憂姑事鎭服也明矣以重臣斷斷憂國之誠何不明言某事可憂某人可慮挺身勇赴汲汲譏詷聲罪致討絕朝家南顧之憂而乃反拘一身之利害徒為此規避之態也耶目見其可憂而避事不赴則是不忠也心知其無罪而陷

人不測則是不仁也不仁不忠君子之所不為重臣何不審慎於此而容易發口也至於慫惥元龜不知幾武弼之說尤有所痛心瞋膺而不自忍者元龜以梟獍之孽為奴邊邑雖厠隷下賤尚不欲與之近狎則嗾此奴而構人其謂嶺中士夫夫為之耶武弼之凶逆不道含生之所同憤而此不過一么麽一輿儓耳不幸出於嶺南故臣等之憤痛比他人尤甚今一併混斥之曰不知有幾武弼噫凶逆之人實是天地間極罪其不可無端誣擬於人也決矣近來世道日乖時象不佳擠排之際必以此等惡套相誣而獨於嶺人蹈藉偏甚頃者前監司臣柳復明之疏亦有過疑臆勒之語宜料重臣疏意再三煩複可駭可怕之語愈往而愈深耶臣等不勝痛𩰪之情敢冒死齊籲伏乞 聖明特垂俯察亟命究覈如有潛伏之憂可慮之釁一如重臣之言則嚴加誅討夬正王法如或不然則誣人之罪自有所歸明賜堪處以伸一道憤冤之情千萬幸甚云云疏入 批曰權𢢜之疏其無義過中業已洞知於嶺人何有哉○與京鄉親友設酌會話京友洪承旨尚賓洪司諫尚寅李判官齊聃李都事時顯洪都事曙洪正郞嬌洪注書瞻鄭監察廣運嶺友李正郎世垕金正郞聖鎔河文兼大淵金監察極齡成典籍憲植姜著作杭及先生凡十五人○七月肅謝還鄉到木川縣見館壁詩若序有感吟詩麗祖統合之日本縣五姓不服麗祖以牛馬象猪鳥賜姓其忠義誠為可尚而惜乎舊誌不為

褒奬反加僇辱烏得為後世勸戒先生有詩曰二子當年不食周羅時五姓更齊休殷人莫詫西山蕨木岳蒼松葉葉秋○過秋豐嶺訪鳳沙鄭公僑于金山有宗會錄親歸至大田會宗人叅洞約案即先生舊基○湖叟公自紫陽亦出居鳴山依藍田鄉約始創洞約其後西岡全公三益暘溪好仁明溪好義俱為序跋其後名碩俱在錄中先生以為此乃桑梓故里遂題名○八月呈辭得遞瓜期不遠故累呈辭狀是行有南征錄

十一年乙卯先生五十一歲正月行高祖考柏巖公焚黃祭有祭文及感吟○二月改墓圃隱先生遺像時先生為臨皐洞主○有詩○秋讀性理羣書及二程全書○冬與鳴皐公會銀海寺修正塤篪錄寺在公山中多奇勝處

十二年丙辰先生五十二歲春讀朱書節要有疑義劄錄○夏行長子一鑑冠禮

十三年丁巳先生五十三歲某月製丹丘鄉社奉安文

十四年戊午先生五十四歲正月答進士宋公命基書論黨錮之禍及人心道心之辨後又論定退書節要之規○二月哭長子一鑑喪○秋讀四傳春秋

十五年己未先生五十五歲夏讀朱子大全補畫字訛

十六年庚申先生五十六歲秋挈家入梅谷別墅

十七年辛酉先生五十七歲春移建舊廬○七月拜奉正大夫兵曹佐郎○八月赴京　肅謝時大駕陵幸先生適被禁喧之任前此禁郎以不能舉職至被重譴人莫不危之先生申勑曹吏竭誠曉諭都中觀者相戒曰無使賢官得罪也堵立四面寂無一聲　大駕還宮時特下教曰今行無喧囂聲汝之勤職可知也及歸同朝皆賀之是月兼春秋館記事官入侍　上問居地世德甚詳先生俱以實對○十月入侍　上宣醞諸臣是日冬至使陛辭上賜醞諸臣各三盃諸臣皆受盃近口不飲先生獨盡飲至三盃少飲後灌于器　上曰彼上番必是善飲而或慮失儀而節飲此敬君賜之意也其志可尚　命加賜一盃先生乃拜曰臣素非善飲而特命何敢辭也遂盡飲之後　上語筵臣曰此人質實有備南本色矣○十一月辭免兼職○十二月復以兼春秋入直藝文館先生於公暇閱書籍無不披玩或至夜分不寐有一僚友戲之曰藝文館謾作君讀書之所也先生曰媛室薰爐隨意看書亦一聖恩也又有一老胥曰吾見直此館者多矣親書冊好讀書之官今始見矣

十八年壬戌先生五十八歲二月除結城縣監○三月到任先生到縣先以蘇殘起弊為務商船鹽釜之稅及僧寺各匠所納一并半減貿易官納亦為廢卻民間收斂盡為還給威惠并施一境晏如吏奴逃藏者多有還集又養老勸學月以為常簿牒之暇披讀如課縣之流寓宰多恃勢者賦斂羅纚不遵法令先生依法繩之少不畏憚李判書秉泰亦寓是縣語人曰新太守頗得為官之法蓋惡之也○七月呈辭遞歸到公州銅川有吟曰解綬西城匹馬歸秋風蕭瑟謾吹衣斜陽偶入江郊路白鳥無心向我飛

十九年癸亥先生五十九歲三月會高山社校正塤篪錄○十二月入夏泉墳庵編修烏川世稿凡三卷

二十年甲子先生六十歲夏定忌祭儀式自先世并祭考妣涵溪公依家禮只設一位先生採

取禮家諸說祭考并設妣位祭妣單行之意告廟為定式○秋改竪判書公墓碑○冬修正家禮或問涵溪公嘗裒集東方先賢問答禮說以家禮為綱而分屬之且附疑變之節未及卒業先生就草稿依遺意分編類次凡十卷○答鄭允文重稷書論大田李忠莊公閭墓立碑事

二十一年乙丑先生六十一歲夏撰篪叟先生行狀○除夕與諸友守歲于高山社有酬唱詩

二十二年丙寅先生六十二歲春朱書節要集解成凡八卷四冊有序文○答曹天應龍錫改葬儀節問○答申錫橫書論處貧制產之道

二十三年丁卯先生六十三歲春就環皐之上占得書堂基使族中幹事者以始營築之役○有開基告文○夏聞霽山金公聖鐸訃爲位而哭及其返柩有挽詩

二十四年戊辰先生六十四歲二月梧麓書堂成在梅谷上三里○有記及雜咏十八絕

一〇六

○再答崔伯兼宗謙禮疑問崔宗謙先生從甥姪也自丱角登門學被奬勸累以禮疑質問先生條答之

二十五年己巳先生六十五歲四月爲文致祭于金霽山

二十六年庚午先生六十六歲春改整改葬備要鄭公櫶來會數十日而罷○有跋文○

夏禮記考誤成

二十七年辛未先生六十七歲三月編次疑禮通攷○四月會梧麓書

堂講論易學啓蒙朴公枰鄭公梯及李明叟景曾朴子準標來會○張公天軫東載來

訪○編正潛窩崔公實紀仍節署碣銘有小跋○答李孟猷弘离禮疑條

問○九月山水亭成在梅谷溪西○有記及雜咏十二絶○除通訓大夫咸鏡道

都事不赴

二十八年壬申先生六十八歲正月復會梧麓書堂修整師門禮書○

三月會諸族于夏泉書成先塋圖錄謄布各派○是月拜兵曹

佐郎不赴○八月家禮輯要成凡六卷三冊有序文○十一月拜

司諫院正言○十二月就拿時在京諸臺一不出肅自上命一并禁推先生從容就理處之晏

如

二十九年癸酉先生六十九歲正月叙拜司憲府持平以在外現告見遞○四

月又拜持平呈疏辭○六月會鳴皐公及鄉士友于臨皐書院

編修圃隱先生續集○與清臺權公相一書兼次善竹橋詩○

答崔兼之達濟書論定龍山院扁號東夾曰興仁西夾曰游藝後口授常享祝文○

答鄭公梯書定日城君圃隱親墓墓祭之規

三十年甲戌先生七十歲春李內翰世澤來候議朱書講錄校正事

監役李公守恒累致書於先生辨論心經朱書兩質疑之出於門人所記且要先生所編集解書藏置陶院中矣至是送子內

翰議來○夏答鳴皐公書論父在妻亡主喪疑節○八月又拜正

言以不及陵行卽遞○九月拜吏曹佐郎不赴○是月地主尹東涵來

訪山水亭

三十一年乙亥先生七十一歲二月會夏泉墳庵議竪詩塚碑壬辰之亂先生高祖柏巖公殉于月城陣湖叟公以遺衣招歸且哀辭納諸棺以葬之人謂詩塚○碑銘吳祭判光運撰○又拜

正言不赴○冬發義契穀賑諸族是歲無秋先生發義穀以助

三十二年丙子先生七十二歲正月陞通政大夫折衝將軍僉知中樞

府事○夏校孫魯岑遺稿有跋文○閏九月拜掌隷院判決事移拜

刑曹參議辭疏仍乞致仕呈政院還出給○哭訥隱李公光庭

有挽詩○冬校孫景節公實紀

三十三年丁丑先生七十三歲二月　坤宮昇遐赴哭班六日行素○三月

慈殿昇遐設位行望哭禮○夏答鄭汝章煒禮疑問○撰霞

谷書堂記○六月寢疾證革精神不爽鄉里之來候者款接之必致勉勵之意○命鄭重

稷一鐸託先事○七月七日丁酉命子一鑽藏架上書籍是日泄候

尤劇每泄必扶起而出户外子弟請置溷於房先生曰書冊在堂可穢於房乎○命婦女拜辭○初八

日戊戌申時終于正寢未時命一珪移置退溪集于他處仍使正席恬然而終訃出大夫士相與悼歎曰哲

人萎矣士林來會治喪朝廷致賻如儀棠營郡家皆優致賻

三十四年戊寅正月十九日丙午葬于雲住山新昉洞子坐之

原去涵溪公墓下十餘步遠近會葬者累百人致奠者百餘人○清臺權公相一與護喪所書曰吾黨不幸梅山令公遽乘

大化承訃慟哭不能自己醇古之質該博之識又早脫塵累靜養林泉以聖賢爲師書籍爲業其進德修行無愧於古人必有

間中著錄可傳於後世矣八耋老人不得挽誄於朋友親舊己累年矣平生從遊舊意無以少伸遠想山水新亭雲物含愁不

覺南望而涕泗爾

補

三十六年庚辰正月門下諸公爲師門修契有梧麓同社案編成師友錄

五十一年乙未行狀成大山李公象靖撰

正祖大王十一年丁未士林創建梅塢書社在梅谷山水亭之東

十四年庚戌刊文集十二卷六冊○大山李公校錦帶李公家煥序立齋鄭公宗魯跋

十九年乙卯會奠紙牌于梅社七菴金公夢華製奉安告由文常享文

哲宗大王四年癸丑刊家禮輯要六卷三冊○定齋柳公致明校

十四年癸亥創建廟宇雲山李公彙載製上梁文

同年埋誌石雲山李公撰銘

高宗大王元年甲子奉安位牌訂寓金公岱鎭製奉安文○後五年戊辰回朝令停撤

九年壬申竪碣石定齋柳公撰銘侍講李公肇日書

二十二年乙酉刊朱書節要集解八卷四冊○寒洲李公震相校

後八十一年丙午重刊文集八卷四冊續集二卷一冊年譜附錄及及門錄二卷一冊

翌年丁未刊別集長陵遷葬日記並南征錄凡二卷一冊

梅山先生文集卷之十一

梅山先生文集卷之十二

附錄

輓詞　李瀷

才生無益奈之何善價難求玉不瑕老子聞名空悵望夫君已
逝但長嗟山深自是蘭芬在石壓誰知笋出斜袖手歸泉吾豈
憾德音留使後人誇

又　洪重徵

爵彼騎龍山中有考槃士巢居味道腴永貞艮其趾往年過都
下訪我蓬蓽門癯然貌態眞坐席猶餘芬一別隔雲樹芝字勞
遠想榮塗一何晏司寇未赴　命忽聞少微晦未契嗟已矣山
南士氣索雨泣諸學子邦堪鄭公鄕書帶年年長淹疾强綴誄

東望懷惻愴

又　李山斗

純深家學嶷然姿安定門人見可知一部沈潛寒舍訣三條馳
騁廣川辭東南名勝公惟在廊廟宏才世共推白首忍揮知己
淚嗚皐物色一般悲

又　金履萬

青春傾盖泮之東濁世欽君長者風赫奕龍門曾躍鯉蹉跎烏
府晚乘驄往時聚散浮雲似今日存亡逝水同粉字丹旌小司
寇忍堪相送九原中

又　金命錫

康戌錫甬姓宣父假其年科第近思錄名聲太極篇沉淪慵玉
汝進退實關天莫以秋曹職瀛洲已失賢

又　金夏九

園林梅谷鄭公鄕書帶窓前幾綬長儒望斗山爭蝗慕刎儀霄
漢未鴻翔耆年自有孜孜樂噩夢誰呼起起忙鶴影冲空何處
負洛城談笑使人傷

又　張趾學

一代人豪士望紆蔚然聲采擅南隅肯隨浮俗趍名利獨抱遺
經味道腴儒鐸方看振衰世天心何遽禍吾徒玉山今日同庚
淚洒向東雲倍欷吁

又　孫孟杰

清如氷玉美如金人識其顏我識心晩歲功名雲外付古人消

息卷中尋流光不爲仁齡駐世道還從陸地沉遙想紛紛湖海
士生芻愁絶向梅岑

又　趙守誼

天於吾黨欲何如多抱遺經死未攄斯道榛蕪寒旅後惟公刎
翼晦陶餘玉溪明月瑤琴在烏府淸霜　紫誥虛傾慕幾年違
一識更瞻南斗恨難除

又　柳觀鉉

橫溪一派響潺湲秋月襟懷照水寒名重儒林推領袖望高
朝籍抱琅玕仁年恰滿宣尼壽天祿今終大理官南國吾誰
復在鳴翁衣履又青巒

又　曺光國

老筆禿了幾題輓輓公不但悼存沒嗚呼一慟兮爲　明時二
八虞庭公爲一金門通籍已多年玉燭輔理可指日陋巷早尋
顔瓢樂彭澤曾着陶腰折投紱歸田從所好俯讀仰思探玄鑰
沈潛義理踐履篤歲月晼晚邵望實然而念國進退憂不以在
家暫忘忽林泉樂地耀微星　廟堂虛位昇卿月儒林奄哭老
師逝搢紳咸歎國寶失嗚呼再慟兮爲吾嶺吾嶺于今何寂寥
蒼訥兩賢道帙閟顧窓二老法門凋雪山輕重惟公在洛江左
右衆望歸垂信頻撰八石文揚善多闡潛德輝家學淵源善繼
述師門旨訣傳在玆南州模楷北山嵬後學趍向路不迷也知
浮來時兩化惠我永州世出賢嗟公生死關時運適去夫子奠
楹年嗚呼三慟兮爲吾私兩家先契利斷金肆余後人繼舊好

少小相接便許心時將文字資鐫琢偎以空空取益深仙庄雲
烏出還時病窩眠蚕長掩闋樂彼梅園好風烟願言不得一往
還憶曾枉駕屢承款各在衰暮難更期昨歲　哭班輿疾赴攀
得阻範半餉時那知當日一別恨遽作幽明千古悲素幅來報
歸黃泉臨風哭望題無詞惟有山水亭上月來照簷樑增一噫

又　李世師

洋洋清潁曲學子得宗師壁上昭森理山前絶妙辭洛清龍有
臥韶奏鳳無儀今日斯文痛誰知匪哭私

又　柳晉鉉

吾道悠悠寥的傳　明時故放臥林泉　君民有志施無命爵
祿非心隕自天要識兼山玩象日請看君子學終年嶠南淑氣
令蕭索更向鳴皐涕淚漣

又　曺景稷

涵老恢基子肯堂永陽眞是鄭公鄉聞詩蚤似趍庭鯉傳鉢終
如立雪楊爲政一家惟孝友飭躬餘力又文章縱橫禮樂三千
字變化鯤鵬九萬翔堯舜生逢寧欲訣江湖有約奈難忘春深
梅谷甘長往歲暮荷衣保晚香和亦不流持論正遯猶無悶秉
心剛君民雅志頭憐白師友神交眷對黃山水亭幽全性命風
波界遠得康莊位兼齒德三尊達學接淵源一脈長宿望方爲
衰世聳微痾那意哲人亡百年牢落吾安倣萬事悲凉涕自滂
算了金蘭交定日居然四十二經霜襟期共許峩洋曲意氣相
傾翰墨場中歲以來多阻面甲春之暮又聯床安知款款三宵

話便作遽遽一夢忙何處嵯峨高士塚秖今寥寂舊仙庄儀容
尚想風前柳精爽猶存雪裡篁泉下重逢應不遠人間此別最
堪傷易名古有私爲謚何字於公可得當

又　金瑞一

奎壁精英玉雪襟暮年聲譽動儒林　清朝進退陶翁法正學
淵源晦老心日下誠懸丹藿照壠頭家住白雲深吾南一脉微
言絶更有何人理匣琴

又　洪禹龜

久仰魯多賢東南淑氣專無斯焉取斯夫子相後先學海志探
萬士望釋褐前晩暮功名際鴻逵暫周旋禮樂違初志世路狹
似船人方仰修辭自喜谷口田嗟哉守紅荷肯爲名利牽淡淡

古彛樽惜不清廟邉斯文今何厄德星晦其躔儒林氣共索豈
獨爲私憐鰥生僻而左望履空無緣永負御李頗爲著伐檀篇
尚賴玉一枝身後託青氊

又　柳聖曾

自從先輩沒已矣吾道亾高者騖遠外卑者甘塹坑寥寥大東
國悠悠正路荒永陽古汝南夫子邁袁黃躬行由謙厚天賦只
子諒學緣勤攻邃道以靜修光行庭人不見頹波手欲障辭官
官仍貴避名名益彰霜臺與天曹歷敭無不當不川非長往守
岡樂劑量春圃長杞菊不羨人膏粱一曲梅溪水君子所徜徉
每悵仙庄隔邦知鶴馭忙　聖主思卿佐朝議惜賢良便蕃
異數降汪濊　恩波洋在公復何憾爲道我自傷公亡未云幾

又哭侍郎喪斯文誠陽九後死將安仰緘辭寄千里臨題涕泗
滂

又　李憲復

儒冠巖穴士朝服　玉墀臣自是經綸手從來禮法身一疏伸
嶺謳三品恨時屯吾輩文章事如今屬底人

又　李行遠

人物東南渺天心竟若何斯文多異路夫子獨名家門户陶山
的淵源太古窩平生黃卷事義理極穿羅

又　權沇

世間多少讀書人未易從容坐下春靜裡七旬朱子卷淵氷餘
日更精神

詞學分離士異趍獨能刋落別枝梧登名邂逅寒泉卷大抵淵
流出一途

淑氣東南近眇然奈何夫子又皐泉從今玉潤清宵月誰把瑤
琴理絶絃

又　李憲國

斗南人物得公知士有刑模國有蓍世外薄緣官自逼書中契
濶道爲師頤心政似無心者處貴長如未貴時身後題輓渾謾
事若求斯老簡編垂

又　申煌

道之將廢哲人徂朝野凄涼失楷模勇退急流錢學士晴行潦
止卭堯夫涵溪庭下承家學太古窩中許大儒回首嗚臯消息

惡斯文厄會再嗚呼

又　權相龍

龍門第一早譽新閑卧東山度幾春夫子闗西無右士先生湖
上可知人經綸在手非忘世潦霽隨時自善身城闕從遊忙裡
事人間恨未掃床塵

又　金紘

橫溪門下最稱賢經學文章早有傳素守不曰榮道改眞工偏
向靜居專　清朝未試經邦策華秩虛隆致仕年痛哭如今無
限恨晚生曾未拜床前

又　李沂中

琴湖遙接泗洙湄慕仰高風歲幾移紙上功名時世責卷中事

業聖賢師育才化洽人皆得無位政成道不依京洛一手能振
德秪今還似了翁悲

又　權正宅

儒賢挽近說墳菴不出家門早得師性命源頭看大體文章餘
力冠宏詞高才不自難諧世雅意終然固守陂天地優閑應飾
我江山窈窕也爭雖溪連玉磵聽球瑟門對鳴皐當鼓旗奇刱
比樓丹穴樹好音相和碧梧枝閑中活計味無味世外塵機知
不知靜散冲襟元灑灑闇修光珮更離離雲雷寂寞龍身蟄歲
月消磨鶴髮垂永日長關玄草戶末年暫貳白雲司浮滄鎭處
堅如柱疑難酬徠應似龜三達尊爲南國望兩名官是一邦儀
故家經禮斯爲感東里衣冠未遽衰吾黨居然生氣色斯文終

亦有扶持中宵忽夢頻呼起一老嗟天不憖遺隻寬若堂空對
出入源如約趁相隨入間何世田爲海士類無宗屋撤籬頹上
風流千古閟山南府庫一時歆圖書冷落塵樓登門巷蕭條草
沒逵他日茂陵索遺草綸綸誰把上　天墀

又　南龍萬

緋袋　恩銜晩受知懸車非是負明時晴窓別有千秋業坐讀
經文欲起衰
扶道經邦任各分皐翁獨作出山雲斯民並與斯文厄隔月東
南二老墳
洛柳光風夢裡疑年華二十七番移平生未立門前雪白首空
題相紼詩

又　李範中

世德康成闕風猷子夏儔趍庭詩禮學立雪進修符望道心如
渴窮經志更劬紫陽黃卷對私淑德不孤

又　金樂行

[illegible]序餘響日微微非是吾公厭世時靜養方看斯道重大歸何
限後生悲完名好爵誰兼得醇德高風獨自持遺卷極知開來
學終然不及侍緇帷

又　鄭煜

盛德如公與誰羣獨抱遺經睨俗棼念斷趍營人共許工專敬
義世咸聞囊中尚有匡　君草筆下應無諛墓文寂寞山阿人
己去殘梅不語帶春寒

又　李象靖

深谷逶迤一樹梅亭亭玉貌迥超埃疏離寂歷先春色冷蘂連
娟睨雪開歲晏肯論和鼎事月明空遣暗香來幽芳采采無人
贈半夜凄風落滿苔
先輩風流看漸孤斯文一脉賴公扶橫溪門下傳心緖雲谷書
中悅道腴軒冕倘來雲欲視衡門無恙泌堪娛鳴皐昨夜驚消
息可奈東南運氣徂

又　金宅東

主屹山南宿德身文章雅望兩相倫經綸手向閑中老涵養工
於靜裏親高處自從平處得心　天仍與本天眞風前一夜驚梅
曲散落巖頭幾箇春

一一二

又　金正漢

少年何幸得瞻顔負笈追遊辨苦難竊慕盛名觀出處却憂吾道問平安洛陽遙恨春風隔湖上仍悲故宅寒遺集不知能殘卷願從賢子整襟看

又　張壽翁

痛乎吾南喪斯賢善類存亡奈係天早入師門傳古學晚辭徵辟樂林泉艮巢扁揭透義志頤養工深得孔年升世不曾承一款題些那禁淚言前

又　侍敎生李命天

仰止高山夢想頻新情舊契兩相因題名雁塔同先子立雪鱣堂繼後塵儒林方切依歸望邦國還逢殄瘁辰從此南州無考

德鳴皐暮色又傷神

又　李稹

吾道其南日斯文大運還江湖龍起晚林壑鳥歸閒學究天人際五專禮法間瑤琴絃再斷揮淚普賢山

又　朴孫慶

往者橫溪老許公是鄧林薰知留古氣輕銳謝新鐔考行着狂點論科近會參淵源薪受火旨訣鉢投鍼不是舊荊璧居然薦國琛古來摧鳳翮何處展騏駸歲月催將暮風雲鬱欲沉霜臺辭正笏雲署任抛簪四事渾疑邵五知偶似任書從歸後當工向晚來深歎息牛山木沉吟夜寐箴喚醒隨動靜探討報光陰孝德黃通老師儒呂大臨源泉知有本拳石儘成岑左海猶傳響曲臺更契心會通需秉筆聚訟得分金今日眞淘面千秋會賞音鯫生甘責沈先子早交歆宦迹同操瑟　君恩共語琴風塵湖縣夢離別禁城斟桑海還成古星霜累變今梅花迷舊信蘿路入孤吟厚誼長年感殘生短髮侵籠床空有願韓斗謾多欽那意廟門哭重露血淚襟篋中應蔵栗門下幾球琳文看小同肖疇教仲默尋塘開餘活水竹老自幽禽斯文將欲墜天意奪難諶和淚題詞罷寒更坐數砧

又　侍敎生李光靖

夫子嶺之秀身兼三達尊淵源承湖栢陶炙逮箎塤義理由天畀功名何足論未施醫國手空賦愛　君言白雪寡和唱孤蘭貧谷園醇醪味自淡陽煦氣全溫平地神仙在山林宰相存意

中書秩秩愁外水源源經禮窮編錄劄疑剔猥繁憂時髮已短戀學心猶敦鶴去遼天遠龍亡山鬼喧南州値否運鳴谷又招魂小子于何賴蘿歆淚寢門

又　李周遠

梅花洞裏一攀遲遙挹天葩歲暮奇德義時從南士得文章曾讀大篇知行藏末路益重艮詩禮名家有老師聞道鳴山同就窆塤箎餘響復賡誰

又　金宗德

明主慇中宰相前一譽一獎易移遷先生打破茲關久名上無心卽是仙

畫掩柴扉一草廬世人但道愛幽居先生不是閑無事大義已

明朱子書

掩罷衣冠各散歸雲殘雲住使人悲回頭欲問吾南事爭奈浸
浸運氣衰

又　侍教生任必大

南州人物渺然時惟有先生雅望持山水幽棲敦艮止圖書眞
味孰搖移門屛猥荷溫言辱灑掃堪嗟供役遲存順沒寧公豈
慽爲哭斯文涕淚洏

又　崔光岳

漠漠乾坤道塞榛雲岡深鎖艮巢春海東誰是文章士嶺外今
無問學人絳帳煤深觀易處菊畦秋晚執鋤辰緘生未遂摳衣
討早晚遺書挹道醇

又　金夢華

早服涵溪訓仍從二叟遊禮詳經與曲德合粟而柔蓮子長敲
案菊花度幾秋尚遺萬言草恨未徹　宸旒

又　侍教生李宜楨

一飮程門酎薰然意自酣過庭詩禮聞立雪道眞耽南國名聲
大重山氣像巖斯文天欲喪　朝野痛俱覃

又　侍教生張泰翰

耆舊猶傳塤與篪梅香馥馥播明時百年襟抱春噓暖千古淵
源月照池鄕社高開函丈席廊廟未售壽民醫崇標遽折將安
仰回首鳴皐又涕洟

又　門人曺衡玉

高門立雪自兒童宗匠吾南獨有公彭澤初非懷祿士陶山終
作詠梅翁襟期梧柳開中月詩禮塤篪去後風萬戶雷聲聽未
了天東一夜德星空

又　李世輔

風流谷口鄭先生人說南州第一英道學橫溪傳正脉文章北
斗掛高名身閑存養工夫熟家食山林氣味淸耆德云亡嗟已
矣鳴皐傾逝亦堪驚

祭文　本郡鄕校儒生曺善迺朴守道全宇楨

惟我先生學有淵源濡染家庭傳習師門謹守旨訣餘事文章
早登桂籍沓臻　天旌夬豈忘世樂彼東岡惟艮有巢山水扁
亭旣知所止仁智自樂有來自遠不倦叩竭隨材施敎人各有

得世道方頹屹若靈光壽豈不多尚祝無疆天不憖遺何遽易
簀斯文喪歟吾黨無祿凡此衿紳慟切公私一盃薦誠靈庶格
思

又　新寧鄕校儒生曺龍玉

天賦醇質夙播令聞才旣拔萃學有淵源優而乃仕羽儀　王
庭我王難售彼綬奚榮卷而歸來固守東岡旋招雖勤素履愈
堅溯源尋緒一世儒眞天不憖遺吾道屯蹇孔壽何慽程學無
傳孰不驚悼最我鄕隣多士齋咨來致精禋

又　臨皐書院儒生柳瀸

惟先生奎璧之姿河嶽之精世傳忠孝訓承家庭出遊大方早
判重輕際遇　昌明歷敭華秩芥視名利卷懷林壑一區梅谷

一一四

爰得考槃優游晦養素履安閑學窮道源神遊理窟造詣日深卓然先覺寢書詔後三千禮儀舉世欽風多士問疑吾儕無似亦被薰沐山仰有地天奪何速顧此臨院圃翁妥靈公爲傍裔措畫盡誠改摹遺像營梓續集斯文重地賴公振作今焉已矣於何矜式儒林相吊來薦泂酌尊靈洋洋庶賜鑑格

又　道岑書院儒生 成慶龍

惟先生國家蓍龜士林柢根惟一其工惟三其尊春風氣像秋月精神竊覸德儀庶幾古人惜其志業遭時蹇屯巍擢龍榜暫屈牛刀霜臺烏府只膺其號卷而歸來維山之北維谷有梅碩人攸軸婆娑日夕乃遂初服多士攸瞻北斗嶠嶽天何不憖而遽易簀同時鳴鳳又撤皐比寂寞吾永於何質疑睠彼艮巢公

德不孤立巖北屹芝岑南峙妥靈其間必有公議後學他年寓慕有地人雖云亡斯道其壽惟此菲薄咸我輿誠辦香祇告其格尊靈

又　立巖書院儒生 朴守榡 權是銓

惟先生天賦異質器宇深宏學有淵源什百其工卓然早成蔚爲儒宗暫出世路鑿枘難容樂彼丘園爰得我所惟娉內修夫豈外慕春風氣像霽月襟期質疑請益多士依歸 某等 俱以聾闒茸得龍門提撕不倦幾荷牖啓永擬周旋遽啓手足泰山其頹吾黨焉託靈辰不留祖道啓綍儀刑永閟謦欬莫接敢將血忱恭薦醴酌伏惟尊靈庶賜歆假

又　松谷書院儒生 柳齊斗

惟嶠以南鄒魯之鄉羣賢輩出聖學增光惟時先生稟受正中生長忠孝湖老涵公服習詩書塤叟箎翁曁厥鳴皐爲世詞宗蓮榜桂籍姓名齊馨二品三司次第蜚英疏傳已老陶腰何折梅山別谷瀟洒一室於焉考槃世念都歇圖書四壁簡編羣賢沉潛玩賾禮儀三千遠通考德章甫質疑斯文不孤吾道在茲一區林壑千古闕閣德星晦彩蒼穹不憖國喪蓍龜士失柢根鶴去九皐月纔三圓樑摧至慟公私何殊茲將輿情恭奠薄需

又　龍山書院儒生 崔宗漸

普賢維嶽淑氣鍾英性旣淳粹資又剛明學問有源制行無瑕涵溪的傳玉磵宗派射策天人羽儀　王庭霜臺讞府步武高驤牛刀蹔試鷄割斯忺不普厥施遂卷而懷一區梅谷爰得我

所對越賢聖朝講夕討挈領透奧飫髓咀腴遺書滿箱述退翼朱世無子雲孰尋其的緊我龍院先賢服食有堂有室嘉名肇錫編摩實蹟亦多揄揚遺典備舉覸橅孔彰木稼告灾少微沈輝山阿寂寞吾黨安歸一斝敢侑萬古長辭

又　橫溪書堂儒生 李景曾 權右銓 鄭一鉉

惟先生家學淵源師門宗嫡眞實其行博洽其識揚彩璉璋蜚英桂籍郎潛棘棲豈展所學尋我舊盟返我初服沉潛性理對越聖賢飫仁酣義日夕乾乾谷蘭播香皐鶴聞　天晚被　寵擢栢府微垣固守東岡永矢不諼艮以扃齋知止有定桑榆晩晩偃息嘯咏德邵耆耋　恩優緋玉瀝血乞休雅志彌確如何一疾遽啓手足法門凋零儒林索莫矧此小塾自公權輿密邇

丈席爰處爰居講學于斯論道于斯一區烟霞擥被光輝山頹以後瞻仰在公編禮校稿幾疲神精玉磵重建亦出區畫新記一篇乃是絕筆他日揭楣那忍觸目尼嶽雲愁桃潭波咽感古傷今輿情倍極靈辰不留素帷將移松風梧月髣髴襟期陳辭告訣一字千淚山高水長永世仰止

又　環丘書堂儒生李復春鄭一瑾鄭一欽

嗚呼先生厭世何忙幽蘭隕香美玉埋光緬惟烏川靈派悠久樹德之懋越自湖叟栢巖垂裕涵溪貽訓矧我塤篪並啓文運世篤詩禮先生是服溯洄之精踐履之篤知行交輸敬義交翼旣積而厚終乃高明艮以扁巢永辭浮名橫經講道棐几明窓辨禮三千立言開矇維吾之永如在閭中德義攸及秉彝同尚

顧玆書塾寔公所創營紀多勞規模已成頻臨杖屨獎勸諸生今焉已矣無復古風板輀厲誠公私均恫不昧者存監此微衷

又　孫是棿

惟靈涵溪賢子玉磵高弟出遊大方入聞詩禮天賦旣異教何勞成沉潛講劘日博以閎學優始仕出入　蝸陛擬展所蘊不周鑿枘早謝簪笏晚卜梅川樂彼山水亭構數椽繼往工深牖後責丕多士依歸屨滿户外丌上晦退要裡程周操旣內確名曷外求　恩綸雖頻素志靡改乃艮其趾名軒寓戒顧余愚矇幸被不遐源源往叩露肺良多公雖兄我我實師公得善眷眷銘佩在中昔我先人有德有言裒集未廣簡亦失編荷公整釐書始得全越吾季父文質彬彬才豐命嗇抱寃青春公為歎惜特筆揄揚幽明同感俾也可忘余叩仙區去年春暮開青疊疊講討移晷適達攝養久有愆度匙箸雖減神精不衰臨分惜別秋以為期謂是无妄早收勿藥醫彈技窮遽啓手足心驚氣短問諸穎樑天胡不慭哲人云亡七十三年豈云無壽位不滿德天意難究嶠南運否吾永孔尼竹波嗚咽烏阜寂寞衰遲此世踽踽安適哭以公私我痛深切卽遠有期壤樹是卜臨穴一痛是我素蓄衰病轉深惻寒藏六代奠一酌血文心香靈其不昧昭格洋洋

又　鄭梯

忠孝家聲詩禮世業烏川百年慶波不渴暨我涵翁矯矯英傑律身蹈矩理家循法公生卓異不越準的逸駕長途不進不輟

于時尼南二老秉拂摳衣請益烏頭久服磨礲浸灌旣渟且積容眷大策世眼不肉蜚英桂籍展布有日塹試凋郡旋尋初服維梅有谷碩人攸軸山水亭畔楊風梧月艮巢架上聖經子集凝神息慮寤歌前哲求之古人庶幾無怍鱣堂諸子獨傳衣鉢谷蘭播香鳴騶累入　旌招雖勤休致計宿望若仙停婆娑自適叔世紛紛孰窺閫閾況潛簡策胼手金石未書集鮮家禮要輯豈為私藏嘉惠後學顧我不穀義重偲切及此衰暮瞻仰益篤時過望座如入蘭室開迷牖惑片片推赤頃於梧社數月簪盍先師禮說未成篇帙亂稿散篇其紛如髮精識透鑑鑿鑿梳櫛次第搜輯奄成九冊雖忝緒論輒愧瞠若嵬然碩德饋外誰匹壽考無疆私心默祝夫何數歲沉綿床褥語及溪稿憂形於

色編目雖完刪定未訖菴翁遺事只擧什一請以病閒逮圖屬
筆天不憖遺奪我何速惟彼玉亭先師遺躅荒凉幾歲吾黨踖
踧指揮重建亭今突兀新記一篇摸寫顚末期以藍輿奉遊一
日令不可得只切痛惜公亾三月承宣又沒後死人世誰因誰
託之幽有期從此永訣松風淅瀝竹韻蕭瑟我懷之悲曷有其
極

又　鄭燁

卓彼圃翁始倡絶學啓我文明爲儒正嫡逮厥旁裔亦多偉人
湖叟裕後涵溪光前公趾厥美早服義方質旣醇實性又慈良
髫齡志學先立大者維時橫溪塤篪唱和公得所歸禮法之場
精思力踐日就月將旣宏以博亦精而詳英華內腴詞藻旁敷

摛藻科第游刃世需鴻逵始漸茅茹誰拔暫試牛刀奚展素蓄
撝三辭一乍出旋藏厭彼芬華守此東岡心無外營手閱書倉
道在日用政由家成殫誠盡禮惟祭與喪事皆纖悉無或遺忘
晦翁書札陶老春章門錄脫誤時賢雌黃公乃慨然搜輯闡明
晚年深工尤在是編尙在巾衍誰爲子雲年德俱卲必達必聞
下係時望上紆　天眷知臣莫如曰眞曰實冠多頂玉公豈是
屑進而郞廟雖未施設退而山野永爲矜式庶幾壽考惠我無
疆如何不淑摧我山梁顧我與公凫短鶴長誼百世敦居一舍
强與共休戚兩敦賢膓時相往來不阻暄凉自余窮獨作一尸
僅迹阻咫尺恨結參商昔公有疾送弟拜床先稿之訂遺亭之
記合有商量竢公良已今焉已矣增我涕泗邦國殄瘁山林凋

零傳家有寶匪金厥籯公雖不憾我獨傷慽卽遠有期佳城已
卜病違執紼摻義深忍遠具薄奠倩哭代侑英靈不昧庶賜歆
顧

又　宋履錫

惟我涵溪奮于南服禮以成家其家翼翼公惟翼子以昌家學
資質之美童子太極學文之優闖以近思其仕以禮夫豈躁爲
周還折旋步趨閩洛其進如傴其退如匿和而不流介而不易
梅谷之窮碩人之棲溪上有亭有圖有書觀易玩象惟艮之背
不獲不見允蹈斯義哭子如孰亦以理勝君子壽考天爵自崇
爵至益辭學老益篤聖賢遺言架上萬軸宗廟之美百官之富
公入其中飮食寓衷道理滿腔至于髮膚風和日舒氣像可觀

惟其內腴是以外粹禮書壞缺斯文之憂橫溪之裒編帙汗漫
公惟是正如客得歸亦曰輯要四禮所輸書成一家爲四方則
昔我先人蓋自童丱出就公家公與連業重表之親倫以朋友
講說相磨七十年于書劄筍束其臭如蘭嗟我不肖先遺險釁
宜死不死以有一事狀我先人惟公是待纍然以進稽顙以請
公時有疾顏色未康猶扶而坐有淚迸橫交遊感慨人世盛衰
一語再咽其意亹亹公曰玆事余其可辭待余少蘇執筆爲之
公又爲文祭我先人曰知兄者無如我信其知旣信其言豈諛
秋以爲期再拜以受曾未幾何報公易簀嗟公文章金石可畫
仁義之言其味菽粟得之者榮不得謂何退陶遺書如紫陽多
先人十年點節成編豈無同志屬之公焉去秋之初哭公之柩

書在柩旁手澤靡求絶學之悲士林所同其永恨者孰如我衷
祇奉瓣香敢陳私悃

又　　李大中

榮陽遙冑圃老名閥綿綿本支赫世載德公挺有異藍田之玉
合下家庭見知義方依歸賢師進修益章車輕路熟歷覽無邊
翺翔學圃咀嚼道腴經史之言旁搜飯發為文章其出滔滔
詞華絶倫見者縮手王明在上井渫何惻丹墀三千名擢第一
學優乃仕從王可終曰眞曰實　聖褒丁寧恩眷雖紆賢路則
屯蹔試牛刀焉展所蘊投紱歸來守此東岡睠彼梅谷水活山
蒼於焉邁軸聊以優游蕭然一室義理淵藪明窓棐几對越聖
賢翼朱述退攷訂有編事光前哲人擬拱璧良工苦心百世可

質晩祓　恩選復入脩門栢府薇垣紫誥累勤有包其囊餘數
千言出處已明進退自裕丘園賁趾年高德卲緋銀殊　渥有
隕自天白首感　恩丹心益懸鄉邦耆德士林矜式天何不遺
奄啓手足嗚呼已矣吾鄙何託顧余於公義屬渭陽公不我遐
眷誨頻詳視以弟兄勖以先誼我居稍間複嶺相締年來朽質
疾病侵尋拜違龐床餘五六稔尚冀難老承誨有辰那知今日
永閟衣冠斯文運否嗚皐繼逝云亾之痛後死湛涕卽遠有期
佳城已闢緘辭來哭披我衷臆尊靈不昧庶賜來格

又　　徐至淵

惟公德宇温栗氣質清粹禀之旣厚養之有素入聞詩禮出遊
大方德成於己行著于邦早擢巍科進塗且闊公則卷歸言遂
初服我林我泉左圖右書俯讀仰思慨想千古樂彼梅園幾年
堅坐寤寐嘯歌碩人之薖嗟惟聖學日趍蓁蕪公實慨然職思
其憂立德立言以繼以開自遠有朋盈門其來飲河果腹人各
有得顧余謭劣世篤交好況忝通家倍蒙款享非面則書片片
投示時以奉讀輒歎向若及公無恙擬候源源考德質疑穩承
德言世事纏縛有意莫遂到今思惟痛曷窮已昔我拜公公笑
以迎今我來斯我淚盈眶私情公義兩怛傷兮靈若有知鑒余
膓兮

又　　申龍起

雪月精神淵海器局栢老餘徽涵翁遺業早親有道宿探玄微
左右采獲益新光輝餘事文章摘髭科第謂展厥蘊以幸斯世

少試牛刀旋賦歸來尋我初服于磵之隈優哉游哉卒歲以嬉
日長丘林業富書詩雲谷千言義理淵藪毫分縷析凍融氷解
知行兼進動靜相須年高德卲為世模楷朝議有公　聖念未
已進秩雲司高卧不起益篤素履功深研究斯文根柢儒林領
袖天胡不憖奪我斯速小子顓蒙早承顏色誼分之重姻好之
篤眷遇偏隆依仰益切居間宿眷縱未數候一心傾渴每祝遐
壽樑木一摧吾鄙安仰嶠嶺運索同人心喪墜緒茫茫無處考
德儀容永閟謦欬莫接入門一哭萬事陳迹陳詞矢衷有淚沾
臆不昧者存監我衷曲

又　　李晩松

世令遷渝人鮮醇實鄒魯嶠南亦文勝質我儀圖之公堪醫俗

生晩心古資高行篤一任本眞不容假餙中積外發溫溫言色
追勉擧業專意聖學窮年近思名朝肇發蹭蹬卄載敦艮之吉
一曲梅溪卷裏日月德卲年高道腴心逸在家而聞晉途晩谿
志違需世无忘有疾鄕黨運否不憖遺一達觀秉化在公何怛
顧余小子有懷悽切吾祖甁窩富有著述盈緗遺秩校讎歲閱
豕亥之正屬公未卒揚美未言我感銘骨俛仰幽明悲來塡臆
今拜帷堂萬事陳迹霧輀將發音容永隔一盃醴齊奠此心曲

又　門人鄭重稷

尼南梅北伊關伊閩涵溪家庭玉磵師門先生是承厥派源源
天質本醇濟以學力粹如精金溫如良玉和而不流寬而有則
學雖有源道實自得門路旣正踐履且篤始勤而若終乃活熟

積之以成英華外發發策應製一擧三捷兆足有爲終焉觀象
蘄古爲圓豈公所尚棲遲冗散隨遇盡職年至當休有隕天爵
公曰老矣報君望絶進取何有守死丘壑亭高山水樂兼仁智
有巢揭艮盖取所止學者從之所居成市禮儀三百論者如訟
應之不窮大發其蘊所著旣多其文蔚粟或誌或狀而金而石
一區絃誦千古洙泗愚也譾譾詎有肖似幸得龍門久立楊雪
時惠鉗鎚幾發昏惑縱愧式穀庶免冥行親則弟兄義兼師生
感實鐫心未死何忘昨年流火往候牀側力疾起坐尤賜款曲
曰吾死矣所恃惟君君體我意毋或不勤頫首承教若隕淵谷
私自默禱或延時月庶幾餘生復叨鞭繩曾未幾時已戒淵氷
樑木一摧小子何託有業莫問有疑莫質情雖無窮禮則有差

師不立服但許加麻獨立冥途公私痛迫一慟而辭孚夜何晨
不昧惟靈歆此精禋

又　門人鄭一珪

嗚呼慟哉先生而至此耶先生而至此小子其誰依仰小子不
天早失庭敎而先生在矣往来軒墀蒙受鐫誨私心祝天庶幾
永庇我小子皇天不吊使先生遽有今日斯文喪耶吾黨何託
恭惟先生以粹美之資早承父師之敎沉潛乎性理疏瀹乎禮
家見識博洽踐履敦篤儼然爲士友領袖於是乎遠近信從者
衆戶屨常滿飮河果腹猗歟大哉吾先生道德文章小子何敢
知哉又何敢評量哉若其功名非先生本志也初頭發軔雖出
於科目而終焉觀象旋復遂初樂彼梅山爰卜菟裘而艮以名

巢山水揭亭於焉棲息若將終老　恩寵晩加位至三品則先
生之爵尊矣而先生之齒與德又與之俱尊古所謂三達尊者
先生兼之矣嗚呼先生渾厚之德孝友之行敦睦之風人莫不
心悅而誠服故及先生之喪雖婦孺之無知皂隷之下賤率皆
揮淚而相吊曰仁人亡矣可見先生之德入人者深而後自有
不期然而然者乎嗟呼自今以後門子弟孰不爲之摧心喪氣
而不肖小子較他人百倍其悲先集校勘之役先生與鳴臯公
刻意消詳而十帰餘壓尚多魚魯之溷墓道文字亦當委之於
兩賢之手先生之易簀未久鳴臯公又忽不淑吾嶺當世更誰
當此之任而秉此之筆也玉磵舊墟新亭突兀此先生所指揮
世亭既落先生著記文叙其事鳴臯公亦題跋於唱酬錄而手

墨未乾兩賢俱歿人事變遷果如是耶幽明異制卽遠有期一
閉幽扃德容何覿松風淅瀝梅月含愁感物增悲萬事亡羊一
觴奉薦千古永訣

又　張趾祖

小子幼少時習聞鄭氏之門有三君子曰塤叟篪叟曁涵溪公
而先生以涵溪爲父以塤篪爲師其樂有賢父師乎小子晩生
未及見先生少年時又蔑識嘗學其於先生之學問造詣未能
窺測其涯涘而記昔小子陪先子迎先生之車於弊舍時則先
生自湖邑投紱而歸也行李蕭然若處士風儀望之如神仙小
子始焉起敬納拜而跪于隅徐察先生之容貌辭氣眞所謂德
之符也其後獲侍杖屨於旬月之久竊觀先生之律身也奉祀

也接賓也齊家也凡其日用間行事雖至微至細者皆不出於
古人繩墨之外於此可以窺先生所養所存之萬一矣早以文
藝著名當世旣又嵬登科第以爲門户之榮此固世俗之所慕
而在先生則爲餘事也惟欲卷而懷之以益究其素志而嘉乃
眞賓　恩除累下則兆足有爲不仕無義而黽勉服事殊諷寡
諧終不得展布其所蘊此可爲世道發一慨然抑何有損於先
生哉一壑烟霞歌詠先生之道不知老之將至熟複乎朱子之
書探索乎禮家之說註解考證立言著論開後學之視聽庶幾
斯文重光吾道將明而奈何天不憖遺使後生末學倀倀然無
所矜式也嗚呼念我小子獲忝姻親之末景慕先生之德不啻
若星斗之仰而癡騃貧病一未能執經於函丈之下常謀一日

從容供灑掃之役仰質疑晦薰炙幽香今焉已矣此生此世於
何考德而問業焉嗚呼孤露餘生悲思塡臆今哭筵前復何以
爲懷也薄物奉奠文不盡言

又　申熿

淳源一散鮮克有粹厥或才優患不立志猗我先生挺生南服
有美其才濟以學力爰自髫齡已有慤植樂有賢父又遊大匠
入門出質銳意向上一室蕭然薰鑪淨几沉潛六經泝洄諸子
高着眼目大拓基址用工旣深見理愈明豈難登岸奄主儒盟
道味內腴英華外發通不受浧和不同俗神府淵淳德儀山嶷
何待矜持自就繩墨發而爲文法律森然俯首場屋罔敢比肩
一擧大闡華聞益彰脩塗逸駕可扶棟樑肉眼滔滔誰卞璞玉

一任用舍要盡我識試之小縣牛刀豈拙道與時乖爰反初服
睠彼幽居山高水駛玩索至理扁齋寓意理會羣言毫分縷析
朱書有解家禮有輯功大斯文事先前哲時抽大筆鐫金鏤石
有叩名理開心牖惑追其季歲　徵書頻繁迺　除栢府迺
命薇垣固守東岡甘心退伏昨收耆舊始　賜緋玉隷院司冦
猗曆進擢當謝之秋心丹髮白介石難渝素履彌確回看末路
倒多齮齕蹟公生平瀅無疵纇雖是詖口孰嚇祥鸞賢愚均服
身名俱完澤而不川縱施不博爲鎭一方譬如巨嶽何天不憖
遽喪宿德　邦國殄瘁士林索莫嗚呼哀哉昔我先人簡靜寡
與見公傾倒多聞是許粤歲青羊又同泮選洛邸頻從情好眷
眷式至後人其敢或渝小子不天十歲而孤輕肆偷薄如不覊

駒自及于門特荷誘掖有時省候至淹旬朔時承緖論屢發昏惑蹇步或踰公惠警策親則舅甥義兼師弟仰若星斗一意無替無端賤疾五載綿惙逮公示痾無計診審時憑尺紙仰探添歇謂必神勞心口胥祝纔承疾革繼傳耗惡南望長號肝腑如鑿歿不擧棺病未啓足省循平素痛恨山積今來一哭萬事非昔蛛網簡編塵堆几席感時撫迹我懷焉極靈辰不留祖道載設合散者氣去來者時存順歿寧公亦何悲墻埴寘途小子靡歸薄醴薦誠如聞嘆唏

又　門人崔宗謙

吾道衰歟斯文喪歟以先生博厚之德高明之學精深之工卓越之行胡爲至於斯也斯道無所傳後學無所師君子無所恃

而恐小人無所畏而肆然則先生之亾曷爲而不使我失聲而驚號也嗚呼天之付世敎於先生者大矣生而卑之以仁義禮智之性稟之以純剛至正之氣中和積于內忠恕著于外其踐履之篤存養之工若將可以措之於家而國而使其君臣父子昆弟夫婦朋友各得其道而不幸不用於時畢竟抱遺經而卷藏於窮山絶壑中反而求道於古人糟粕而尙友千古囂囂然樂堯舜之道味孔顔之學以繼往開來爲自任其學格物致知其敎灑掃應對其行孝悌忠信其事射御書數其讀心經近思四子其師伊洛關閩以之爲節文而有家禮輯要以之爲訓詁而有朱書集解以之寓懷而有梅山謾錄是皆彝倫常行之事博之約禮之要而可以爲法於世矣然則斯文之傳後學之師其在斯歟君子之所恃小人之所畏其在斯歟然則先生可謂百世儒宗一代師表也嗚呼先生之歿人無賢不肖至於樵牧巷婦亦莫不咨嗟先生之德蓋先生仁惠慈諒之普譬含生者有若陽春之和時雨之潤雖不家喩戶說而無不心悅誠服則足可驗先生之德之至矣嗚呼不肖無狀執贄門下坐程氏春風餘廿有三年其隨處提撕隨時警發鑄鎔陶化久而不倦至有疑禮往復亦多數百千言宗謙之粗習義方皆先生之賜也先生嘗語余曰一部朱書誠學者最緊宗謙奉敎退而讀讀了劄記逐日所誦書起止將以就正於函席間誰謂今日遽遭山頹之痛耶諄諄誨語尙今在耳此恨平生其可窮已嗚呼先生易簀後三月嗚皐大爺謁告歸家遽爾捐館天之降割斯文又胡

至此耶環顧當世知先生者益寡先生之行其誰之狀先生之學其誰之闡先生之文其誰與而讎校之也已而已而慟矣慟矣嗚呼聞先生之窆禮有期而適肘疾故坐違執紼情禮乖缺愧古人以忸怩緘辭永訣一字千淚嗚呼先生鑑余之誠

又　門人鄭一銓

先生之道德著於鄕邦先生之文章散於金石考誤輯禮可見事業之宏博天人爵兼可見齒德之俱卲梅山漫筆不但爲風光之美艮樂閑稿何莫非惠後之旨而仁山智水先生之遊玩也梧桐鳳凰先生之棲遲也其學則海涵河浩也其居則左圖右書也咀嚼乎晦陶之糟粕演繹乎寒旅之餘緖詩禮百家以爲茶飯往古聖賢以爲尙友口不言朝廷之得失心不設物我

之取舍光風霽月先生之胸襟也清氷美玉先生之操標也孳孳至善爲取予之關鍵溫溫德言爲遠邇之藥石則猗歟先生眞可謂振東方罕儔之眞儒也嗚呼先生早襲家庭之訓又趍道義之門機杼色澤衣鉢眞詮小子生晩晩來負笈於玉硐門下而問業未卒泰山其頹孔門游張其可不歸於曾氏之門乎曩者已未授我西山之經亦越庚申敎我晦翁之書耳提面命靡不用極而才甚魯鹵雖無變化之效而今其有今莫非先生之賜則小子今日痛迫之情曷有其極草土殘喘之人操文奉奠固不安心而至情所在不能自已且有昔人以此就正於寒崗先生而行之者故今倣古事綴辭來哭嗚呼先生庶賜降格

又

門人權遇銓

繄昔塤篪兩夫子講學于尼南山下當時及門之士蓋夥矣若論其嫡傳則惟先生一人耳先生生于涵翁之庭已有家學之淵源又得賢師薰陶而成就之造理旣深道尊德全偉我先生屐也眞儒先生少治進士業擧進士試治董川策登壯元第人皆以喫著不盡目之而先生之志則不在也小試于微曹末縣知其不可與卽捲而歸與小子後生講明性理之學歌詠先王之道使吾宗不絶之緖得有所扶持則先生之不出於世豈非斯文之幸耶晩而名聲益著旌招續繁而或起或不起起亦不久留先生之去就豈不綽綽有裕而嶠下士林之望日深仰之如泰山北斗有疑則質有事則扣有斯文大任則咸以歸其所以明道而惠後學果何如也若遇銓者徃來門下不得一究其蘊卒未免五十無聞之歸則非人哉遇銓也先生嘗念先人之不顯旣以詩悼之又以狀其行小子之感高誼而銘厚德豈敢須臾自徃自來者比今幸蒙 聖恩得奉先人 贈牒若使先生而在必喜而有所張大而先生已矣遇銓之私慟其可窮已

行狀

李象靖

公諱重器字道翁姓鄭氏自號艮巢又號梅山迎日縣人上世有諱襲明官樞密院知奏事殉直道著名麗代入 國朝多達官鉅人至中世諱從韶捷重試歷天官郞以文章節行名數世至諱允良從奉遊陶山李先生之門以樂善好古稱是生諱世雅進士擧遺逸黃山道察訪壬辰之難倡義討倭有功累 贈兵曹判書後贈謚剛義是生諱宜藩生員殉節於東都累 贈

承政院左承旨後贈吏曹參判寔爲公高祖曾祖諱好禮縣監祖諱時諶忠武衛大護軍考諱碩達通德郞隱居養德專心問學號涵溪處士妣安東權氏及第埶之女兵曹正郞龜峯德麟之後 明陵乙丑二月二十二日生公公天性簡重容貌偉碩自少不妄言笑坐立飮食惟長者之命甫十歲通孝經四子徃徃盡註成誦有奧旨未曉處必反復質問通解乃已處士公旣敎以義方命就學於篪叟先生欲令專意學問之工時塤篪二叟講學于横溪公以童子昵侍問業篪叟奇其才志諄諄誨以趍向之方且曰 國家以科目取士前輩多用是進若審內外輕重之分旁治亦何害於是隨衆肄業裒然有聲稱瓶窩李公衡祥見公問以經傳奧旨公應對精審又求見所製太極賦嘖

嘖歎曰吾見京鄕才子多矣未有夙就如此子者也處士公嘗
執脩於南岳李先生請護軍公墓銘辛巳命公往拜仍奉墓銘
而歸先生留與語經書旨義公辨對無滯仍質墓銘疑處先生
甚加稱賞曰爾童子而已有老成之見他日所就未可量也曰
學格致中和說指示爲學之方旣冠遍謁遠近諸先生丈德遊
陶山三溪訪先賢古蹟以廣其見聞乙未中司馬丁酉母夫人
示病公夙夜扶護湯餌必親嘗己亥五月丁憂戚易備至庚子
冬處士公患痘症甚危公祝天願代及遭喪絶而復甦仲弟及
二從弟染歿斂殯哭泣皆稱其情因得膈塞證幾不保癸卯服
闋絶意進取取洛建諸書反復潛玩亟往横溪丈席講質微意
構小屋於梅谷村墅左右圖書端坐讀誦有來學者教誨無倦

丁未春　朝廷設慶科被諸父兄勸勉赴鄕擧得雋及入省試
有司策近思錄多士牽愕眙不知所對公操筆入就詞達義精
諸生堵立講旨左右應酬少無倦怠意及奏卷考官歎曰此非
科臼手段遂擢置第一公痛未及具慶時作詩以寓感唱榜遊
街以殘僮弱馬行色蕭淡市童羣起嘲笑凝然若無聞也友人
有以劉子儀戲王沂公者賀之公曰爭名射利非素心也偶通仕
籍當隨分供職何必區區聞達於世也戊申逆竪起湖西蔓延
江右數邑公將西赴　闕下過辭蒼叟曰君此行固義也但
聞嶺西賊勢充斥君行必不達吾兄弟方入郡城招召一鄕爲
倡義擧君與其浪死道塗無寧偕我同仇以成義功亦一道也
公從之爲祭謀將規畫粗成聞賊竪已就戮乃止冬選補權知

承文副正字辛亥充假左史時遷　長陵都監尹淳持儀注進
上覽訖教曰百官皆服緦而隨帶胥吏依常時吉服可乎尹
淳曰各司胥吏爲其官隨從而已何變服之有公起而進曰臣
竊有所懷恐有越俎之嫌　上曰第言之公進曰丘濬家禮儀
節應服三年者服緦服餘皆素服此雖言士大夫之禮恐帝王
家禮亦無以異也　上曰注書言是也正合予意仍　命使問
議于大臣儒臣公奉　命歷問前贊成鄭齊斗議改定胥吏
素服公又言於鄭公曰儀注只依　寧陵古注今　兩陵并遷
禮曰並有喪者其葬也先輕後重其虞也先重後輕改葬一如
始葬之禮則儀注中恐當添入此一節鄭公從之聞者以爲得
禮秋陞副正字以先祖湖叟栢巖兩代忠義孝烈上言訟冤于

陵行時特蒙　贈爵之命以分史官詣遷　陵所竣事　賞
賜兒馬一匹冬陞正字壬子春轉著作夏陞博士秋菴叟訃問
至爲位而哭行加麻之制冬乞假赴哭操文致祭尋陞奉常直
長癸丑陞成均典籍移禮曹佐郎正郎尋　除湖南亞使兼海
運判官時豐原君趙公顯命爲方伯相與講論經旨議讞疑獄
族弟鳴皐公翰時爲濟原郵丞約會于山寺用程子不忍以人
代畜之義却肩輿不乘冬由還投狀辭不許甲寅兼春秋館記
注官以漕運方急承督關遂赴任領漕過咸悅路傍有塚備飾
儀物問之乃官奴所僭卽令撤去聞者快之漕事畢還鄕辭遞
辛酉　除兵曹佐郎適　大駕幸陵公當禁喧時禁郎多被罪
人皆爲公危之公申飭曹吏勿用鞭朴躬自曉諭四面寂無喧

擾 上還宮特召下教曰令行不聞喧聲甬奉職極可尚也賀
節使將陛辭公以兼史同入侍 上命賜酒各三爵諸臣多小
嘷而止公以 君賜不可虛辛二爵至三爵嘷而注于器 上
曰兼史必善飮者敬君賜而盡其爵慮失儀而節其飮其志可
尚 命加賜一爵公起伏曰臣雖不善飮 特命何敢辭遂卒
飮後入侍 上語筵臣曰此人質實不失嶺南本色矣再以兼
記注直宿藝文館常對書冊或至夜半僚友戲曰藝文館護爲
吾兄讀書肆也公笑曰煖室薰爐得觀書籍是亦 聖恩也有
一老胥曰直此館者多矣始見好讀書官員也壬戌春以兼史
入侍 上顧天官鄭錫五語及黨論之弊仍指公曰彼兼春秋
嶺南人鄕須克厥公道以體予意明日政 除結城縣監到官

以清儉自持起弊蘇殘勸士養老倣呂氏鄕約爲文曉一境其
畧曰敦倫正俗之道專由於鄕里之糾察而自失鄕約之廢墜
無復振作之方雖簪纓世族之家自非天質之卓異學識之該
洽鮮能遵守繩墨況蚩氓愚夫何以知善之可爲惡之不當爲
哉本縣雖僻在海隅名家巨族蔚然相望中間革除之變出於
意外是何異於鸞鳳之一鳥耶當職際此復邑之餘猥膺分憂
之責欲以宣敎化厚風俗爲政而目今里尹輩秩卑識昧難與
議此事奉煩各面尊位此非以簿書期會相瀆擾也實出於朱
夫子增損呂約之餘意仍以十條節目勸勉一鄕士子又以六
條勸庶民縣有疑訟公詳査以報方伯先納一邊言嚴關訊吏
公以公務適到營邸卽投狀極言獄事曲折方伯請與面議公

呈辭不見而歸方伯知不可奪遂馳 啓論罷邑民欲借寇而
未及歸槖蕭然不以一物自隨唯古篋書數帙而已行到公山
銅川吟一絶曰鮮綏西城四馬歸秋風蕭瑟謾吹衣斜陽偶入
江郊路白鳥無心向我飛及歸聲行槖還給吏卒皆感泣而歸
自是斂迹窮山溫理舊業作梧巖書堂以待來學又築山水亭
爲晩年棲息之所皆著詩記以識怡神養性之樂焉辛未 除
關北亞使壬申 除兵曹正郞皆不赴冬又 除司諫院正言
適兩司廝捱渾入禁推闡 命登途癸酉元朝就理及置對出
卽復路 除司憲府持平以在途遞尋又拜持平承 召擬上
書 春邸畧曰伏念我 大朝殿下寶筭漸高 聖體康寧而
猶慮萬機或倦命 邸下代理 邸下年雖冲子哉所受者大

一二四

事也所承者丕基也可不兢兢業業夙夜祗懼思所以不負付
託之重哉臣聞先儒曰天下萬事之本在於人主之一心誠以
君心既正然後朝廷正四方正而萬事萬民無不正也堯舜禹
授受之際丁寧告戒不越乎十六言千聖相傳之心法孰有加
於此乎夫中者不偏不倚無過不及之謂也人心道心人之所
不能無者而不有精一之工則人心勝道心消而發於事者必
有過不及之患矣必也精以擇之然後可以約人心之熾而不
雜一以守之然後可以持道心之正而不離既正既一則道心
爲主人心聽命動靜語默之際政事號令之間無一時之偏倚
而自無過不及之差矣雖然所謂中者本無定體隨時而異宜
以一堂言之則自有一堂之中以一舟言之則自有一舟之中

躋堂而處乎中然後可以洞闢四門遍察幽隱有明目達聰之美矣乘舟而處乎中然後可以均載四隅斟酌輕重有濟川越險之利矣而況莅萬民之衆總萬事之繁而可不處乎中哉臣愚以爲　邸下正心出治之要無過於此苟能節飮食以調氣血遠聲色以養精神追夏后之惜陰念殷宗之典學日開書筵頻接講官勉勉乎窮格之工乾乾乎誠正之方學日進德日邵古聖王執中之大法忽然在我而風動草偃之化自捷於影響矣末以朝臣偏黨之私政官用人之偏守令挾勢縱恣之弊累數千言到此安縣聞己遞遂不果上然公平日用功學問之實與夫引君當道措諸事業之方大畧備見於此矣秋又拜正言尋遞又拜吏曹佐郎正言皆不赴丙子　國有大慶文臣年七

十以上俱許陞資授公通政拜掌隷院判決事遷刑曹參議上辭疏引年乞休致未幾因事遞丁丑患膈痞上氣證二月　坤宮昇遐力疾入郡哭臨成服三月　金大妃禮陟疾甚不能赴扶出溪舍望哭成服六月證遂劇精神猶不衰鄕里來問應接不倦七月八日未時扶起而坐招婦女告以雍睦之道奉祭接賓之節卽令退去申時命正席安枕逌然而逝享年七十有三訃出遠邇驚悼　朝廷致賻如儀監司郡守皆優致賻戊寅正月十九日葬于雲住山新旼洞向午之原去處士公墓僅數十武公配聞韶金氏通德郞邦謙之女崇禎處士　贈執義是榲之孫有婦人善行治家有法與公生同年後公七年卒葬郡北還歸里梅谷乾坐之原有二男一女男長一鑑有才行先公歿次一鑽女適士人申熿一鑑一男夏潤一鑽二男夏瀾夏淵申二男昌㣧弘教夏潤一男一女男元休女適李㬌來餘幼公夙承詩禮之傳出而受賢師之教所以薰陶漸染以就其德器者自有不勞而成蓋其學以經傳爲宗而輔以洛建之書以誠篤爲工而持以悠久之力循循用功不厭不怠不爲矯世絶俗之行而自然人不能及威儀舒定言動端恪忿厲不見於辭氣罵詈不加於婢僕平居恂恂無以甚異於人而至臨事斷以義理則確然自守有人不可奪者自少尤盡心於奉先敦族之道倣義倉故事名曰義契作約文以記其事每歲助祭于宗家凡爲先事以及諸昆弟有吉凶費或遇歉歲皆仰是以資給累世墳墓優置祭田營竪墓碣外先之無後者禁護墳墓不廢奠掃之節先

塋累世族葬恐後世無以辨昭穆成圖著說以詔雲仍與鳴皐公同師共學相與甚篤每携入村墅山寺編次圃隱續集墳菴錄修正改葬備要疑禮通攷先處士嘗裒輯東方儒先禮說爲家禮或問未及就公分編類次爲成書又以喪禮備要頗有錯誤割裂之弊且闕冠昏二禮遂爲家禮輯要退陶先生節要朱子書以嘉惠後學而時事出處古今援引多艱晦未易曉取近世諸家劄錄參伍取舍間補己意名曰朱書節要集解又有詩文雜著若干卷嗟夫公天資洵美濟以問學亦既出而仕於朝矣使處以經幄論思之職所以導養　君德裨益治道者必有過於今之從政者而低徊棲遲於冗班散秩蓮幕縣紱之間晚入言司旋躋顯秩而公已引年告老矣鳴皐公嘗語人曰梅翁

學問純正德器渾成置之春坊玉署以備　經席之顧問必將
大有裨於　國家而世道齷齪未能展布其志豈非吾黨之所
慨惋耶噫此一言可謂知公之深而盡公之平生矣然使公幸
而得試於世未必能展布其所蘊而乃斂迹丘園玩心經籍以
肆其中晚之功著書立言以幸惠後人天之所以玉成於公者
其意安知不在此也象靖始拜公於京邸公辱加奬飾甚厚戀
德誠淺未克一造山門扣質名理每歛恨在心而公奄然不少
須矣乃者嗣胤君一鑽携遺集責以勘校且託以記德之狀自
惟蒙陋何足以與此事第以平日景慕之私有不敢辭者謹回
家牒稍加隱括以備秉筆君子之采擇云謹狀

梅山集　卷之十二　附錄　三十五

墓碣銘　柳致明

先生諱重器字道翁號梅山姓鄭氏本迎日縣人在麗有諱襲
明樞密院知奏事殉直道入　國朝有判書諱光厚三世諱從
韶天官郎以文章節行名三世諱允良參奉遊陶山李先生之
門生諱世雅進士以遺逸薦爲察訪　贈兵曹判書　賜謚剛
義以壬辰討倭有功也生諱宜藩生員亦討倭殉孝　贈吏曹
參判寔公高祖也曾祖諱好禮縣監祖諱時諶大護軍考諱碩
達郎涵溪處士妣安東權氏及第塾女正郎龜峯諱德麟後也
公生　明陵乙丑　英廟乙未中司馬丁未大闡戊申補權知
承文院副正字辛亥充假左史秋陞副正字尋陞正字壬子轉
著作陞博士又陞爲奉常直長癸丑陞成均典籍移禮曹佐正
郎　除湖南亞使兼海運判官甲寅兼春秋館記注官辛酉

除兵曹佐郎壬戌　除結城縣監未幾罷還辛未　除關北亞
使壬申　除兵曹佐郎皆不赴冬　除司諫院正言癸酉　除
司憲府持平秋又拜正言移吏郎還正言皆不赴丙子陞通政
拜掌隷院判決事遷刑曹參議疏辭遞丁丑寢疾卒享年七十
三明年正月葬所居永川新昉洞向午原先公兆次也公性簡
重容貌偉碩甫十歲通孝經四子時先處士涵溪公以儒行迪
後進塤篪二叟又皷作之家門問學之盛甲於南方公出入承
受執經周旋早有聲稱嘗著太極賦瓶窩李公衡祥見之曰吾
見世之才子多矣未有夙就如此者未冠又就見於葛庵李先
生先生異之舉格致中和說以詔之既孤絶意進取搆小屋日

梅山集　卷之十二　附錄　三十六

探討洛建書而於朱子書尤專精玩索殆忘寢食其入場屋爲
諸父强也省試有司策近思錄諸生愕眙爭問公應酬不倦旣
呈券擢爲第一或以劉子儀戲王沂公者賀之公曰偶爾通籍
只隨分供職聞達非素志也明年湖孼構兵公道梗不得勤王
佐篪叟倡義旅聞賊酋授首而罷其以假史入侍也時遷奉
兩陵儀注中胥吏不改吉服公奏改葬之禮應服三年者服緦
餘皆素服恐無　王朝士庶之不同　上從之又言　兩陵并
遷儀注中當添葬則先輕虞則先重一節大臣又是之其亞使
湖南也命撤官隷備石物衛塚者爲兵郎也護　駕在途不用
鞭朴誘止喧譁　上稱其善舉職且謂質實不失嶺南本色再
以記注直藝文館常觀書或至夜半僚友戲之曰藝文館護爲
公讀書肆也其爲縣以敦倫正俗爲先務爲文以曉之且行鄕

一二六

約而旋以忤上司棄歸歸橐蕭然築梧棲書堂以處學者又於
所居南岸築山水亭以自怡逮入言地則公已無意斯世矣嘗
草疏備言正君心正朝廷之道而已遽遂寢矣公在冲年起居
飲食惟長者之命前後侍疾嘗藥求代居憂哀毁致疾幾不能
保推養繼孝體近及遠皆有儀物累世墳墓必竪碣以表之辨
墓兆之昭穆爲圖以備久遠推及外先亦盡其誠諸昆弟吉凶
飢荒之備亦皆有條設義契仁及宗族是其德行之本也蓋其
平居恂恂不爲矯世絶俗之行而觀其心法則質直而好義語
其德性則休休而有容夫旣文之以禮樂可以施無不宜非知
德者其孰能知而取之哉與族弟鳴皐公翰同師共學相與甚
至共闡明師門之旨悉加整理所著有家禮輯要朱書節要集
解又有詩文若干篇行于世大山李先生狀其行曰公天資洵
美濟以問學亦旣出而仕於朝矣而棲遲於冗班散秩之間終
使公得試於世未必能展布所蘊而斂迹丘園肆其中晩之功
著書立言以幸後人則天所以玉成於公者其意安知不在此
也嗚呼其盡之矣配聞韶金氏諱邦謙女　贈執義鄭隱諱是
榲孫識度類君子生同年卒後七年葬郡北還歸里梅谷乾坐
之原二男一鑑一鑽一女申熿一鑑男夏潤一鑽二男夏瀾夏
潤申二男昌教弘教夏潤男元休夏瀾四男麟休鳳休龜休龍
休夏潤男芝休餘不盡錄其世承公祀者元休男裕魯裕魯男
致章也致章命致明以顯刻之辭辭不獲謹按狀而叙之系之
以銘銘曰

詩禮之謨誠篤之學一意傳習溪山海嶽浮雲利達素履邁軼
下之也早其見益澈餘七十年富有其業窣如之原穹然其石
琢之以辭庸示千億

墓誌銘

李彙載

梅山先生鄭公以湖海之英勵進修之志策名登　朝仕未究
蘊潛心經籍躬行禮教南中人士稱近世儒者必以爲歸蓋公
論也公諱重器字道翁姓鄭氏迎日人高麗知奏事珦直道諱
襲明爲上祖入　我朝多名德有諱允良號魯村參奉遊陶山
門下生諱世雅進士號湖叟舉遺逸壬辰難倡義有功　贈兵
判諡剛義是生諱宜藩生員號栢巖死事東都　贈吏曹參
判是爲公高祖曾祖諱好禮縣監祖諱時諶忠武衛大護軍考
諱碩達通德郎號涵溪處士妣安東權氏及第塾女　肅廟乙
丑二月二十二日生公于仙源里第公容貌魁偉性簡重寡言
笑十歲通孝經四子涵溪公欲令專意問學命就學於篪叟先生
篪叟奇其才志教誨不倦瓶窩李公衡祥來見問經傳奧義及朞
三百註應對不錯又求見所著太極賦歎曰天才也辛巳以涵溪
公命拜葛庵李先生先生舉格致中和說指示爲學之方乙未中生
員試己亥遭內艱庚子涵溪公患痘公祝天願代及没哀毁逾制
服闋絶意進取構小屋於梅谷村野左右圖書端坐讀誦丁未春
有慶科增廣公曰兩親不在誰爲榮不肯赴諸父兄强之入省試
對近思錄策擢置第一戊申逆變佐篪叟倡義軍謀已成聞賊竪
就擒乃止冬補承文副正字辛亥有　長陵遷禮公以假注書見

侍　上覽遷陵儀注問曰百官皆服緦而隨行胥吏吉服可
乎公進曰丘濬家禮儀節應服三年者服緦餘皆素服恐帝王
亦無以異也　上曰注書言正合予意仍命使問議于大臣儒
臣改定胥吏素服公又曰今　兩陵幷遷禮曰幷有喪者其葬
也先輕後重其虞也先重後輕改葬一如始葬之禮則儀注中
恐當添入此一節聞者以爲得禮冬陞正字壬子轉著作夏陞
博士尋陞奉常直長癸丑陞典籍移禮曹佐正郎尋　除湖南
亞使兼海運判官時趙公顯命爲方伯相與講經旨辨疑獄趙
公服其高識辛酉　除兵郎禁喧　上稱善以兼史入侍　上
命覸酒三爵諸臣皆受爵啐而止公以　君賜不可虛卒二爵
至三爵小飮而注于器　上曰兼史必善飮者命加賜一爵公起

伏曰臣雖不善飮　特命何敢辭遂卒飮　上語筵臣曰此人
質實不失嶺南本色矣直宿藝文館常對書册或至夜分不寐
館吏竊謂曰好讀書官員也壬戌　除結城縣監爲治淸謹公
廉傚呂氏鄕約爲文以曉境內門不受私謁以事忤方伯棄歸
歸橐蕭然惟簽書數帙而已作梧櫟書堂又築山水亭以待來
學辛未　除關北亞使壬申　除兵郎皆不赴冬拜司諫院正
言以兩司厮捱入禁推癸酉正月　除持平上書　春邸縷縷
數千言皆古聖王執中之大法又言朝廷黨比之私政官用人
之偏守令挾勢縱恣之弊在道聞本職已遞不果上秋拜正言
又拜吏曹佐郎皆不赴丙子　陞通政拜掌隷院判決事遷刑
曹參議上疏乞休致丁丑七月八日以疾卒享年七十三葬于

雲住山新旹洞處士公墓下向午之原配聞韶金氏通德郎邦
謙女崇禎處士是榅孫也有婦德治家有法與公同年生後公七
年卒有二男一女男一鑑有才行而夭次一鑽女適申橫一鑑
一男夏潤一鑽二男夏灝夏澗申橫二男昌教弘教夏潤一男
一女男元休女適李鳧來夏灝四男一女男麟休鳳休龜休龍
休女適李鳧休夏澗一男三女男芝休女長適李浚次適朴基
亨次適李遠祥餘不盡錄公天分甚高涵溪公始教先讀四書
而後讀史記盖其志已早定而他言不能惑也旣長就賢師聞
至言磨礱乎義理而間嘗及於經綸事物古今治亂無不博觀
而周知平居未明而起終日靜坐看書玩索涵養未得則思旣
得而喜次第條理迎刃自解至於餘事文章又沉浸濃郁當世

以作者名家者亦自以爲不及也學者有問諄諄開曉和氣藹然
居家日用隨處盡心設爲義稧著成節目奉先恤族皆有豫備
續成先公家禮或問編次圃隱續集所著家禮輯要朱書節要
集解本末詳備取舍得宜又有詩文雜著若干卷大山李先生
狀其行曰公天資洵美濟以問學使處以經幄論思之職將以
導養君德裨益治道必有以過於今之從政者低徊冗散晚入
言司遂躋顯秩而公已引年告老矣嗚呼公嘗語人曰梅翁學
問純正德器渾成而世道齟齬未得展其所志深加歎惜此可
謂知公矣公沒而士林刊其遺集集中有祭葛菴文曰明夷入腹
嶺伯聞之怒至毁全板而燒其書板可毁文不可毁人雖未見
全書輒先誦此句爲世道慨也銘曰

允矣先生學邃行尊薰炙父師發揮名論近思一策乃見經蘊賢路旣塞而不自奮我家梅谷永矢考槃圖書滿案專意佔鑽節要集解朱退之餘禮說多門亦有成書仕雖未達功則在後其志益勵其文不朽有屹雲住君子攸宅抱道没世以質幽刻

梅塢書社釋菜告由文　金夢華

永於山南稱鄭公鄉淑氣攸鍾名碩相望涵溪繼鳴塤箎同聲孰承厥緒有覺先生出入薰炙早受金丹潛心簡編刻意研鑽宗以經傳輔以洛建不厭不怠循循勉勉德器渾成問學日富發爲文章其味菽粟天人對策忠孝壯元出而筮仕奉職克敦記注證禮　王曰旨哉維質維實　天奬屢下尙展所蘊庶幾補敝退守東岡復修初服山水有亭緇帷暫闢有來執經兩端

叩竭迷塗指南昏衢揭燭家禮編要朱書襃解功存羽翼庶覺來裔晚被　旌招素履愈介盟深魚鳥夢斷名韁其身之晦其道之章展也懿德範我鄕邦以莫不欽矧爾及門尙德報祀秉彝攸存有儼斯宇杖屨之墟對越遺亭窓通衡廬精舍釋菜考亭義起父子同享西磵故事爰推所尊遂及先子一體薦誠牲幣俱潔尙其昭假永世無斁

常享祝文

學貫今古道由平常有作有述斯文罙光

廟宇上樑文　李彙載

百年之聲響未泯家學承承一畝之藏修常存廟貌翼翼事體增重襟紳聳觀恭惟涵溪梅山兩先生資高志堅父作子述闡教弘道之毅古稱圃隱名家主敬致和之功遠溯閩中遺韻或問輯要之編次文質得宜橫溪錦陽之從遊講磨資益安樂窩裏探邵子之窟根山水亭中體會論之仁智學問純正鳴皐公稱爲老師體製簡嚴訥隱翁讓與文柄顧玆梅塢之社尙記杖屨之墟占地於奧衍之區跨邃巖而入曠谷托興於荒閒之境納灝氣而引淸風春寒雪殘之時微吟緩步月落參橫之夜疎影澹香發舉滄洲紙牌之行乃有士林尸祝之禮古家之徽猷克繼兩世淵源後學之宗仰罙深一堂俎豆祭式粗備雖效奠菜之誠堂制未成實欠妥靈之擧所以新廟象設允矣舊社規模三架兩楹之靖深建玆重屋作階神門之排置繚以周垣纂道誠深徒弟盡服勤之義觀德禮備喬梓得俯仰之儀迨此詢謀僉

同遂見衆工齊事掛牌秉拂之地雲烟改觀崇德報功之祠丹雘流彩大杗小桷不但龍斷之咸宜左陽右陰可見古位之克正敬陳短唱助擧脩樑兒郎偉抛樑東詹牙擎日海天空巖臺景物還如古認得光明在卷中兒郎偉抛樑南臨皐樹色暮雲含綱常道學垂千古圃老遺徽若可探兒郎偉抛樑西公山佳氣到公棲梅花社裏遺香在弄笛三聲對石溪兒郎偉抛樑北滔滔洛水紀南國舟回斷港欲何之洙泗餘派流不息兒郎偉抛樑上朗月流輝門有閱報祀于今禮不忒一家德學人皆仰兒郎偉抛樑下烟雲朝暮繞山埜匣琴寥落有餘徽更望永陽諸大雅伏願上樑之後學規更新儒風益颺明天人性命之蘊認是傳習有由追鄕黨庠塾之儀豈曰文獻不足士多魯邦君

子周旋於一廟之中人稱鄭公名鄉興起於百世之下

梅塢書社奉安文　金岱鎭

惟老先生學邃道尊養德山林垂業家門先生式似資近識敏陽趍端序簡肄悱憤出就橫塾遂遊錦陽尙在妙齡已聞大方格致開端中和啓鑰法具經傳梯以建洛沈潛悠久由博造約倫彝著察德器渾確其相金玉其文布帛廣川對策乃達文石儀文稱旨質實承奬俾當周行將裨鴻朗一謝朱墨返我初服家而爲政優裁脩業畢硏編劃牌拂啓迪有詵其集咸被叩竭一心忠愛晩有辭章學術治猷驗之囊箱允矣先生百世典刑可無尸祝以寓墻羹權設牌享于此梅堂必本有義主先先生營度累紀神宇載成爰擧縟儀涓吉妥靈有儼崇几先生其侍

於薦有孚同好畢至尙其昭格臨上質旁綏我馨香惠我光明

附山水亭次韻詩　月城孫是椗

幽貞素志不渝盟占得梅岡架數楹山帶嵐晴濃淑氣溪因雨過瀉新聲青衫昔向秦京道皓首徒懸魏闕情學力純深資二樂從看光霽滿襟生

又　生員玉山張東載

貴人晩遂勝區盟築石爲臺草作楹碧峙當簷看秀色淸流近户聽寒聲豈從山水偷閑賞要就智仁托樂情仕隱量時非俗態風塵幾箇誤平生

又序略　族叔鄭碩憲

早結林泉魚鳥盟晩年幽趣寓新楹靜時好對雲山色動處忻聞磵水聲體得宣尼仁智訓驗他東舍隱求情登臨想象亭名義洒落高風警後生

又　安東權得重

不負青山是舊盟爲營巖隙數間楹花開雨後三春色樹送風前太古聲靜裏工夫惟有樂世間榮利已無情亭名二樂由仁智淸馥將看惠後生

又　鄭梯

褭鶴魚鷗趁舊盟負山臨水架新楹窓前宛對尼岑色枕畔如聞玉磵聲重厚當存安靜體周流須驗博通情峩洋餘韻今難續窃恐悠悠過我生

又　前承旨鄭幹

顧笑南宮昔主盟新開亭子矗乘楹工夫智反兼仁守家計山光與水聲雖退寧忘當世事將衰要得古人情攜登對討宣尼訓不覺林間暝色生

又　前監役曺光國

臺鳳還尋野鶴盟溪風山月滿疎楹何曾俱玉侯仙漏惟喜卧雲枕磵聲仁智教深能趾美功名味薄不嬰情涵流源遠賢岑屹更覺茲亭顏色生

又　安東權得銖

老去還尋舊壑盟便從佳景起簷楹相看不厭山開面靜聽無嫌磵有聲蔘朮供厨兼菽粟圖書滿壁養心情倘來榮寵浮雲視自愛幽閑度一生

又　前佐郎英陽南泰運

高人林谷結幽盟跨壑披雲架數楹立立峰巒粧秀色淙淙溪磵漾寒聲淵明已得超塵趣邵子恒存玩理情莫說鷺班軒冕貴何如此地樂吾生

又　族弟鄭昌陽

晚卜烟霞托契盟梅臯爰築屋三楹簷控業業雲巒翠門鎖潺潺磵水聲物外林泉真可樂世間榮利不嬰情山齋更有藏修地好向書窓講友生

又　進士夏城曺景稷

見君棲息遂初盟流峙中間屋數楹閑處倚窓眠月色興來扶杖步松聲孤雲出岫知何意倦鳥投林覺有情昨夜前山微雨過小溪春水一分生

又序略　族弟門人生員鄭重稷

物外曾深山水盟暮年營起數三楹晨開竹牖迎嵐影夜枕松軒聽磵聲靜且動時看至理清而秀處助閑情亭名到此非虛得二樂兼來送一生

又　達城徐至淵

詞壇昔日擅文盟晚歲林泉結數楹峯接尼南增蔚氣溪連洛北有餘聲青蘿白石元初分朱紱紅袍豈本情自適幽居仁智樂嚴桐朱武足平生

又　族弟鄭重喬

山水中間結素盟晚來新構屋三楹簷前秀岳層層色軒外清流曲曲聲雲接阿尼傳毅象波連玉磵溯幽情閑居興味人誰識長卧書窓度一生

又　舊民安東金翼南

早脫朝衣訪舊盟梅臯新築有三楹簷前攢岫陶山色枕下鳴泉洛水聲蕭灑琴書餘老癖幽閑魚鳥適衰情桐鄉遺愛今猶在多謝迷途指後生

又　族弟鄭重岐

林泉已宿退休盟晚卜幽庄起數楹彌仰山高開舊面盈科水漸有新聲收將流峙登臨趣要得詩書講究情物外優游亦君賜相隨漁釣樂平生

又　族弟鄭重範

物外棲閑是素盟誅茅鑿壁起三楹當簷列岫崢嶸氣入户鳴泉活潑聲動處周遊看智體靜時端坐驗仁情朝漁暮採逍遙地憂　國丹忱老一生

又　安東權宅銓

入山終副碩人盟蕭灑高亭只數楹歲暮松杉留舊色春來花鳥送新聲手携黃卷尊師說夢斷青雲蛻俗情智水仁山流峙處藹然和氣遂亭生

一卧梅亭愜素盟興來時輒倚前楹青山靜處閑無語流水動時活有聲案上圖書宜養性世間簪組詎關情明窓淨几工夫篤二樂要將過一生

又　族姪鄭一珪

林泉曾有水雲盟晩卜幽庄起數楹梧月懸簷龍霽色松風入
戶窕琴聲枚將經傳沉潛意領得溪山好樂情浮世功名看草
芥自安常分度平生

又　再從姪鄭一鋐

青雲寧負白雲盟臺上新齋只數楹列岫當窓交睽色清溪拍
石共喧聲磯親魚鳥忘機事架疊詩書養性情風味武夷如許
否滿畦杞菊兩餘生

又　族姪鄭一鍾

林巒猿鶴遂初盟好向梅溪刱數楹月自阿尼連霽色風從玉
磵奏和聲源頭活水無窮術窓外高岑不世情花柳前川當日
興敬亭山下樂平生

敬追次　月城孫三杰

山水何年尋舊盟亭臺今日仰前楹隔窓靉靆空愁色繞砌潺
湲但咽聲處處訪梅花泣露丁丁伐木客傷情斯文興廢關時
運碩德云亾奈後生

又　主倅豊壤趙載得

退休林壑卽公盟蕭灑遺亭尙數楹梧月楊風空好色溪琴山
鳥自幽聲心無軒冕歸田計腹滿詩書尙友情玉磵凄凉賢者
寂秪今章甫說先生

鱣湖此亦有幽盟歸意如公起小楹檻挹峩峩千疊翠門臨決
決四時聲誰能擺脫超塵臼我獨遲回絆世情俛仰高風攀不
得自憐五斗誤玆生

又　進士豊壤趙潞鎭

只麼青山萬古盟濂庭風月滿幽楹槃阿落落投簪志磵瑟泠
泠抱玉聲文禮博通攀奧域詩章圓渾得眞情梅岡水石餘高
躅長使貪葺炯想生

磊落林泉托嘯盟向陽縹緲濃沂楹終朝對牖憑虛翠入夜鳴
欄濯熱聲陋巷誰知絃誦樂清時要見退休情更看遺什名
亭意感善高風起後生

又　英陽南沃萬

與麋爲友與鷗盟山水中間寄數楹仁體驗來該智用孱顏看
處聽淙聲朝漁暮採皆眞樂梧月松風總是情高卧遺蹤今宛
在登臨斜日起予生

又　玉山張趾祖

良翁晩歲遂初盟一壑雲林起數楹濂洛群言尋舊緖武夷眞
景畫新聲庭梅園竹留閑趣流水高山不世情小子今來多感
意緇帷寂寞暮烟生

又　門人月城崔宗謙

魚鳥當年不負盟峩洋曲晩落梅楹靜時翠對窓前色動處寒
聽枕下聲厚重不遷知有體流行无息是爲情固知蹇蹇終無
咎氣像春風泥塑生

絲野誰人訪舊盟雲林深鎖小窓楹磯添兩瀨嫌塵慮巖送春
禽喚友聲偃蹇千尋餘景仰滄浪數曲任閑情從知丈席陪無
日却對遺編感淚生

一三二

又　再從姪鄭周晃
歸去來兮訪舊盟穿巖斷壁起茅楹窓前碨磊莊嚴態軒外澄
泓活潑聲俛仰幾兼仁智術體行要得聖賢情亭名千古工夫
在先我先生又後生

又　後學金聲震
一壑烟霞百歲盟萬鍾無意架三楹唐虞舊物窓前色洙泗餘
波枕下聲涵泳天淵陶老學徜徉雲谷晦翁情方塘雲散寒巖
靜樂以生平又後生

又　後學咸安趙景滿
耕田曾與水雲盟山水中間結數楹秀色峨峨簷後影清流聒
聒檻前聲智仁樂處非無意體用看時覺有情九仞眞功誠自

得滄浪一曲了平生

又　後學咸安趙相弼
良老當年有宿盟爲便休養結華楹山顏雨洗分明色水面風
來活潑聲雀賀已看重構意魚游未厭飲河情殘梅叢竹交輝
處思義菴亭感後生

又　族弟鄭壽嶠
溪山不負古人盟翠壁清流繞棟楹庭草逢春生舊色磵禽迎
客喚新聲追思杖屨逍遙樂亘耐宗親感慨情盡日憑欄不能
去依俙如見我先生

又　宗後生鄭夔鉉
丘壑清緣早踐盟扁將仁智揭軒楹青山尚帶興雲色活水猶
含救海聲坎止流行雖自適先憂後樂豈忘情新秋爽月精神
在銷我胸中鄙吝生

又　族姪鄭熺
一代斯文有主盟白雲深處屋三楹虛明窓色朝逾潔安穩溪
流夜有聲棲止自成仁智趣平生那識冷炎情幽尋此日偏多
感坐對三更梧月生

又　後學安陵李晉遠
儒林當世早尸盟誰識瓌才大廈楹氣像碨磊瞻嶽色襟期淡
蕩聽泉聲行藏已審隨流坎動靜須看養性情鄰鄉未遂執鞭
願遺宅偏深感慕生

又　族孫鄭忠弼

梅花社裡結幽盟一脉高山是數楹自古藏修扶世教祇今堂
構振家聲已從壽樂徵存省更向吟哦見性情最是考亭書妙
契單傳無處愧吾生

又　甥姪金城李應臣
不向禽魚負宿盟歸來林壑起簷楹山連尼峀增高標水送涵
溪續舊聲仁智已窮觀物理軒裳未絆考槃情陪遊往事成陳
跡俛仰難禁感慨生

又　後學固城李尚慶
晦翁雲谷想前盟俛仰高山縹緲楹紫草春歸蒼壁色瑤琴詩
在玉溪聲眞源自是傳餘脉古道元來不盡情悵望遺塵何處
覓梅花纔落碧梧生

又　後學月城崔興震
投紱歸來踐舊盟別區烟月起簷楹開窓有意看山色倚檻潛
心聽水聲喫緊工夫仁智字超塵身世靜閑情至今架上琴書
在剩使高風起後生
又　後學錦城金聖瑞
出世當年鶴與盟歸尋松菊屋三楹洞天自此看增色巖壑因
人聞有聲仁智講傳魯聖意烟霞摸得武夷情摳衣未及春風
座百歲餘塵感後生
又　後學聞韶金始玉
心期本與白鷗盟偶作　王家大棟楹道德千秋開後學文章
百世振名聲塵寰甓出成淳俗雲壑歸來絕宦情綠水青山眞

興味智仁樂者卽先生
又　後學月城孫鳳杰
先生曾有遂初盟山水中間架數楹軒納重重高岳色窓來曲
曲逝川聲靜時可驗吾心體動處方看萬物情誰識箇中仁智
妙鱣堂講問失鯫生
又　後學　朴泰斗
高人自有碧山盟靜裏乾坤屋數楹文苑誰當發句手武城暫
試誦絃聲風清梅鶴林公趣月白梧桐邵子情野老何知仁智
樂至今猶說鄭先生
又　後學邵城李廷鎭
卜居初意有深盟一壑盤旋劈數楹山色古今非俗態溪流前
後隔塵聲靜裡閑雅韜逸趣壺中光景養幽情臨亭孰不興追
慕處士遺風谷谷生
又　後學韓山李瑀
夫子遐尋谷口盟巖阿矗矗兩三楹春來幾點梅窓易絃絕猶
操王磵聲蓑竹懷人千古韻黃花待客歲寒情可憐樂善當年
興猿鳥無言暮靄生
又　後學　洪晩成
江湖曾有白鷗盟謝去朱門樂桂楹武峀隔千攀翠色濂溪曠
百接光聲晚壑春風追氣像寒淵秋月見心情瑤琴寶匣今猶
在斜日遺亭感後生

又　後學靈山辛命宅
投紱歸來踐素盟巖爲墻壁桂爲楹孤松栗里三更色流水夷
山九曲聲棲息林泉留好趣扁名仁智想眞情虹橋已斷遺亭
在此日登臨感後生
又　後學遂安李周榦
碩人邁軸弗諼盟倚澗穿巖列小楹園竹爽含輕雪色架琴閑
倚隔塵聲從知泰嶽巖巖氣遂合源泉浩浩情景仰遺風山水
在高長誰記古先生
又　後學聞韶金熙龍
樂道幽居堅素盟經營卜築數間楹山盤仙洞千重翠水激蒼
巖萬里聲仰看嵬嵬思厚德俯臨潑潑洗塵情登亭此日吾何
艷巷裏春光處處生

又 後學正郎金復仁
自是雲林有主盟層巒疊石換新楹幽泉夜入分明語喬木春
多太古聲君子孝思寓諸物仁人素樂發於情遺編不啻圭三
復剛恨斯文我晩生

又 序略 世下生完山李後松
山回水轉若留盟蕭灑遺風世外楹堂構肯傳先聖旨琴書宛
帶舊家聲吾言此地幽閒致誰見當年進退情所性不移時動
靜抱他仁智樂平生

又 後學夏城書采臣
先師當日結幽盟八耋重來倚暮楹道氣蒐蒐山戴色文章袞
袞水傳聲登臨這裏盤桓意流峙中間俛仰情遺躅于今何處

見楊風梧月滿襟生

又 後學固城李宗軾
心間不繫白鷗盟鑿石披雲架數楹頭上金盤揚皓色耳邊紅
玉送寒聲歸田尋壑緣山癖謝紛投簪絕宦情二樂欽承夫子
訓藏修遺馥倡諸生

又 後學都事張升遠
先生早託百年盟山水中間縛數楹五更花月觀梅影九曲風
烟聽棹聲流峙猶傳仁智樂登臨徒切仰行情爲報賢孫嗣守
責一篇瓊什誦先生
時賢次韻俱載梅溪錄依舊編入後來諸賢亦有賡韻成什
而今散佚不收只附澹屋張公詩以俟後攷爾

及門錄
按舊有及門執經同社三錄今序齒合爲一編
鄭重穓字允文號忍齋烏川人月松齋碩臨子居永川生 肅
宗甲戌進士有文集○有挽先生詩及祭文
李景曾字明叟號野隱碧珍人居永川生 肅宗甲戌同知有
文集○有挽先生詩
李猷遠字宏甫號冷泉載寧人存齋徽逸曾孫菊齋之燿子居
寧海生 肅宗乙亥有文集○有挽先生詩
鄭燁字汝章號弍好窩烏川人居慶州生 肅宗 有文集
○有祭先生文
鄭重武字乃文烏川人居永川生 肅宗戊寅

權淳字潤卿號菊軒花山人日新堂后準子居青松生 肅宗
己卯進士有文集○有挽先生詩
鄭重岐字子郁烏川人居永川生 肅宗庚辰○有挽先生詩
及祭文
鄭一珪字伯玉號忝先堂烏川人篪叟子生 肅宗辛巳○
有祭先生文
權濂字玉卿號厚菴花山人菊軒淳弟居青松生 肅宗辛
巳進士有文集
宋履錫字伯綏號南村冶城人梅軒命基子居漆谷生 肅宗
進士有文集○有挽先生詩及祭文
孫東烋字震伯月城人居永川生 肅宗 ○有挽先生詩

李弘禼字孟猷號慵窩月城人居慶州生　肅宗　○有挽
先生詩
徐至淵字巨源號默庵達城人居永川生　肅宗　○有挽
先生詩
崔達文字行餘月城人居慶州生　肅宗　○有挽先生詩
孫應九字伯孝號息庵月城人居慶州生　肅宗　○有挽
先生詩
金世鋑字美仲聞韶人居安東生　肅宗
南龍萬字鵬路號活山英陽人居慶州生　肅宗　生員癸
奉有文集○有挽先生詩
李大中字實卿驪州人居慶州生　肅宗壬午○有挽先生詩

及祭文
任必大字仲徵號剛窩豊川人居義城生　肅宗　有文集
○有挽先生詩
鄭煜字汝輝號梅軒烏川人居慶州生　肅宗　有文集○
有挽先生詩
朴斗相字子仰號　務安人居寧海生　肅宗　文縣監
○有挽先生詩
鄭一軾字仲瞻烏川人居永川生　肅宗辛巳○有祭先生文
鄭重範字閑仲烏川人居永川生　肅宗癸未○有挽先生詩
崔慶霖字聖澤月城人居慶州
申煋字天行號升窩鵝州人退淵濂孫居義城生　肅宗乙酉

鄭一駿字仲文烏川人居永川生　肅宗乙酉
鄭一寶字君用烏川人居永川生　肅宗丁亥○有祭先生文
李範中字夔卿號二香亭驪州人大中弟居善山生　肅宗戊
子蔭郡守○有挽先生詩
李命天字性仲永陽人居義城生　肅宗　○有挽先生詩
金師德字善膺雞林人居永川生　肅宗
朴守恒字　密陽人秉燭軒枰子居永川生　肅宗
權遇銓字君會號雲崖花山人東窩得重子居永川生　肅宗
乙丑
曺寶臣字賢寶夏城人居永川
曺世麟後改叙九字聖瑞號巽齋夏城人屛厓善長孫居永川

生　肅宗庚寅有文集○有祭先生文
鄭一憲字君常烏川人居永川生　肅宗庚寅○有祭先生文
鄭重呂字鎭萬烏川人居永川生　肅宗辛卯○有挽先生詩
及祭文
鄭一鐸字伯敎松庵重祿子先生再從姪生　肅宗辛卯
朴守性字　密陽人守恒弟居永川
鄭一鑰字休仲烏川人居永川生　肅宗壬辰
鄭一鎭字安仲號鶴皐先生再從姪生　肅宗癸巳有文集○
先生有祭公文
李光靖字休文號小山韓山人居安東生　肅宗甲午司馬別
提有文集○有挽先生詩

李憲默字伯容號安溪驪州人居慶州生 肅宗甲午文科判
○有挽先生詩
張趾祖字康如玉山人離月堂東載子居仁同生 肅宗甲午
○有祭先生文
鄭一銓字公擇號縮窩烏川人居永川生 肅宗甲午進士有
文集○有祭先生文
權達銓字君兼號耕厓花山人雲厓遇銓弟居永川生 肅宗
甲午
申熿字景晦號尼西鵝州人升窩煋弟先生女壻居義城生
肅宗乙未○有祭先生文
徐必規字乃圓達城人居永川生 肅宗乙未○有挽先生詩

及祭文
朴守悌字順卿號愚齋密陽人守性弟居永川生 肅宗乙未
○有挽先生詩及祭文 聯名
鄭重鼎字象三烏川人居永川生 肅宗乙未
曺永臣字亮甫號一菴夏城人居永川生 肅宗丁酉有文集
鄭一範字大則烏川人居永川生 肅宗戊戌○有祭先生文
鄭一鑌字精如先生從子生 肅宗戊戌
趙龍瑞字姬徵漢陽人
朴守古字熙叔號愚岡密陽人居永川
徐必矩字乃方達城人必規弟居永川生 肅宗戊戌
鄭一欽字君若烏川人居永川生 肅宗戊戌○有祭先生文

曺世鳳後改 九夏城人巽窩叙九弟居永川生 肅宗己亥
李應臣字聖能號鶴翁全義人先生甥姪居大邱 生 肅宗己
亥○有祭先生文
曺顯國字士達夏城人老隱景稷子先生甥姪居尙州生 肅
宗己亥
崔宗謙字伯益號霽巖月城人居慶州生 肅宗己亥有文集
鄭一鍵字邃如先生從子生 肅宗己亥○有祭先生文
○有挽先生詩及祭文
鄭一鑑字心如先生長子生 肅宗己亥有詩集
鄭一鋭字毅仲烏川人居永川生 肅宗己亥
鄭檢字子約烏川人

朴守道字叔達號清溪密陽人愚岡守古弟生 肅宗己亥○
有祭先生文 聯名
金熙龍字伯見聞韶人居安東生 肅宗己亥
鄭周冕字伯美烏川人鳴皐榦兄子居永川生 肅宗庚子○
有祭先生文
李景稷字文若號止止堂碧珍人居永川生 肅宗庚子○有
祭先生文
全字楨字君道竺山人居永川生 肅宗庚子
鄭一鉍字養叟烏川人居永川生 肅宗庚子
崔宗漸字伯逵月城人居慶州生 景宗辛丑○有祭先生文
權應奎字伯宗花山人居永川生 景宗辛丑文縣監

一三七

鄭一錩字用若烏川人居永川生 景宗壬寅
鄭一珩字楚寶烏川人居永川生 景宗壬寅
鄭一周字宗彥烏川人居永川生 景宗壬寅
鄭一鋐字寬而烏川人居永川生 景宗壬寅
李象遠字希道號畸窩載寧人居永川 生景宗壬寅有文集
鄭㙔字用晦號蒙巖烏川人居慶州生 景宗癸卯進士有文
集
鄭一鋼字甬剛烏川人居永川生 景宗癸卯○有祭先生文
鄭一錘字用中烏川人居永川生 景宗癸卯
李德望字睦叔號晚醒永川人居永川生 景宗癸卯○有祭
先生文

鄭一鋏字章如烏川人居永川生 景宗
鄭夏建字熙伯烏川人一軾子居永川生 景宗癸卯
高裕字順之號秋潭濟州人居尚州生 景宗 文承旨
鄭一鑽字學如號竹扉先生季子生 景宗甲辰有文集
鄭一珏字皆玉烏川人居永川生 景宗甲辰
安國臣字舜佐號梧軒順興人桐湖處宅子居新寧生 景宗
甲辰○有祭先生文
曺衡玉字允在夏城人居新寧生 景宗甲辰○有挽先生詩
李國臣字剛仲碧珍人居永川生 景宗甲辰
李鼎宅字大猷驪州人居慶州生 景宗甲辰
鄭忠弼字伯敬號魯宇烏川人居慶州生 英祖乙巳有文集

鄭夏宗字振卿烏川人居永川生 英祖乙巳○有祭先生文
鄭東範字孝述烏川人居 生 英祖乙巳
李龜宗字天明眞城人居禮安生 英祖丙午
鄭一樸字乃範烏川人居永川生 英祖丙午
鄭一鐨字道若烏川人忍齋重稷子居永川生 英祖丁未
徐聖集字士成達城人居永川生 英祖丁未
鄭一鉍字持彥烏川人居永川生 英祖丁未
鄭夏胄字景溫烏川人居永川生 英祖丁未
鄭一鑰字玄若號鶴圃烏川人居永川生 英祖己酉
李宜中字允伯號柰園永陽人居義城生 英祖
鄭夏淵字士希烏川人居永川生 英祖庚戌

辛命斗字汝一號德堂靈山人居永川生 英祖庚戌○有祭先生文
李龜容字汝成眞城人居禮安生 英祖庚戌
曺相玉字潤汝號二皓堂夏城人居新寧生 英祖辛亥
申孝源字達仲號雲溪鵝州人居義城生 英祖乙卯進士
鄭一鏘字光玉烏川人居永川生 英祖乙卯○有祭先生文
鄭一鏞字堅若烏川人居永川生 英祖丙辰
辛命宅字希老號菊庭靈山人居永川生 英祖丙辰
申昌敎字元明號梅隱鵝州人先生外孫居義城生 英祖丙
辰○有祭先生文
鄭一鏳字敬如先生從子生 英祖丁巳○有祭先生文
鄭一鍍字明如先生從子生 英祖丁巳○有祭先生文

鄭夏溫字潤叟先生從孫生 英祖甲子
鄭夏濼字士行烏川人居永川生 英祖乙丑
鄭夏澋字景學烏川人郊窩夏浚弟居永川生 英祖丁卯
鄭致一字以推烏川人居慶州生 英祖丁卯
鄭夏泌字溪甫烏川人居永川生 英祖戊辰
鄭夏説字學甫烏川人居永川生 英祖己巳
趙光璿字仲美漢陽人居　生 英祖辛未

梅山先生文集卷之十二

識

先祖梅山先生遺文原集十二卷刊行于世已近二百年中被橫厄板隨毁世道噫矣先祖平日未嘗以偏黨介于懷故於湖洛諸賢坦然許心往復論辨且研理治禮述周孔而憲朱李別有成編至時賢言不合古考據而訂之其闡明斯道大矣世之自小者豈得以窺其光明哉直蚍蜉之撼大樹於先祖至公大正心法何損焉重刊之營累發於士林之論而今始役焉孱孫綿力誠可惕也原集綜爲八卷并續集二卷年譜附錄各一卷依舊成十二卷 歲丁未冬至節八世孫華植敬書

梅山先生文集

卷之七 ~ 卷之十二